현대 특수교육학개론

Introduction to Contemporary Special Education

Deborah Deutsch Smith · Kimberly Garner Skow · Naomi Chowdhuri Tyler 공저
심성용 역

박영story

역자 서문

특수교육학개론 강좌를 대학에서 가르친 지 벌써 13년이 지났다. 그동안 나는 학생들이 '깨달음을 기반으로 한 사고의 전환'을 통해 장애에 대한 올바른 인식을 갖추고, 특수교육을 실천적 학문으로 깊이 체험할 수 있도록 돕는 것을 중요한 교수 목적으로 삼아 왔다. 이러한 교수·학습 방법은 첫째, 교재의 이론을 바탕으로 특수교육 및 통합교육 실천에 대한 명확한 지침을 제공하고, 둘째, 다양한 멀티미디어 자료 시청 및 분석을 통한 간접 학습 체험을 거쳐, 마지막으로 장애아동과 실제로 대면하여 의사소통 및 상호작용을 직접 경험하는 입체적 학습 방식으로 구성되어 있다. 실천적 학문인 특수교육에서는 특수한 교육적 요구를 가진 대상의 특성과 요구, 그리고 치료교육적 개입 및 중재를 증거기반으로 정확히 이해하기 위해 교재를 통한 이론 학습이 반드시 선행되어야 하며, 이는 내가 지향하는 입체적 교수·학습을 위해서도 필수적이다.

지금까지는 주로 국내 저자들이 쓴 책을 주 교재로 사용했고, 해외원서나 번역서는 보완적 자료로 활용하였다. 그러나 코로나19 팬데믹과 생성형 AI 기술의 급격한 발전으로 교육 현장이 급속히 변화했고, 특수교육 또한 예외가 아니었다. 뉴 노멀 시대의 새로운 교육 환경에서 장애인의 삶의 질 역시 긍정적인 방향으로 변화하고 있음을 현장에서 직접 체감하였다. 이에 따라 특수교육학개론 강좌에서도 최신 이론과 실제를 균형 있게 담고 있는 시의성 높은 교재가 필요함을 절실히 느끼게 되었다.

이러한 과정에서 발견한 책이 바로 『현대 특수교육학개론: 새로운 지평 제3판(원제: Introduction to Contemporary Special Education: New Horizons, 3rd ed., 2024)』이다. 이 책은 특수교육학개론의 최신 연구 동향과 증거기반 실제를 균형 있게 제시할 뿐만 아니라, 코로나19 이후의 교육 환경 변화와 기술 혁신에 따른 특수교육 분야의 발전상까지 폭넓고 체계적으로 다루고 있다. 특히 미국 특수교육의 역사와 법령, 주요 인물 및 사건을 심도 있게 소개하여 우리나라의 특수교육 법령 및 역사와 비교하며 강의하면 더욱 효과적인 학습이 가능할 것이다. 처음에는 미국의 역사적 배경이 다소 생소할 수 있지만, 특수교육 분야가 발달한 미국의 체계적인 발전사를 이해하는 것은 장애 및 특수교육에 대한 깊이 있는 이해를 돕는 데 필수적이라고 확신한다. 이러한 내용들은 주로 1장부터 3장까지 다뤄지고 있으며, 4장부터 마지막 장까지는 각 장애 영역과 학생들의 특성 및 중재 방법을 증거기반으로 전문적이고 시의성 있게 제공하여 독자들에게 높은 만족감을 줄 것이다. 다만, 원서에 장마다 제공된 전체 111개의 비디오 링크(저자 서문에서 특정적으로 언급된 5개의 비디오 자료 링크는 각 예시 옆에 첨부하였으니 확인 바란다)와 미국 문화 및 교육 현장 사진들은, 본문과 직접 관련된 중요한 사진을 제외하고 원출판사의 동의하에 생략하였다. 본문과 직접 연관된 표, 그림, 부가 설명 박스 등은 모두 충실히 번역하여 보존하였다.

이 책의 공동 저자인 Deborah Deutsch Smith, Naomi Tyler, Kimberly Skow는 미국 특수교육 분야에서 존경받는 권위자들로, IRIS 센터(https://iris.peabody.vanderbilt.edu/)와 협력하며 특수교육의 증거기반 실제를 연구하고 보급하는 데 앞장서 왔다. 이들이 제공하는 다양한 실제 사례와 최신 연구 결과, 구체적인 전략은 예비 교사와 현장 교사들이 특수교육학개론을 더욱 깊이 이해하고 실천하는 데 명확한 지침이 될 것이다. 각 장애 영역과 중재 방법, 문화적 다양성 및 형평성 이슈에 대한 실질적인 접근법뿐만 아니라 IEP 작성, 교육적 조정, 자기옹호, 자기조절 등 현장에서 즉시 활용 가능한 전략이 풍부하게 수록되어 있다. 본 교재의 장별 IRIS 모듈 정보는 저자 및 역자 소개 앞에서 확인할 수 있다.

이 책은 특수교육학개론 강좌에 특화된 교재이다. 교직과정생들이 졸업하기 전에 장애 및 장애학생들, 나아가 특수한 교육적 요구를 가진 모든 학생들에 관하여 체계적으로 학습할 수 있는 거의 유일한 과목이라는 점에서, 이 책의 다양하고 심도 있는 내용들은 예비교사들에게 매우 실질적이고 소중한 학습 기회를 제공할 것이다.

이 교재는 코로나19 팬데믹 상황에서 제기된 다양한 교육적 쟁점들까지 반영한 미국의 최신 특수교육학개론 교재라는 차별화된 장점을 가지고 있다. 다만 미국 교재의 특성상, 우리나라 특수교육 관련 내용이 교수학습 과정에서 보완된다면 더욱 효과적일 것이다. 따라서 이 책을 특수교육학개론 교재로 활용하고자 하시는 교수님들께 다음과 같은 강의계획을 제안한다. 15주 강의계획 중 2~3주 정도를 한국적 맥락의 내용에 할애하여 주시기 바란다.

먼저 우리나라 특수교육의 법적 기반인 「장애인 등에 대한 특수교육법」과 「장애인복지법」을 1주에 걸쳐서 핵심 내용을 다루어 주시길 권한다. 이어서 특수교육의 주요 장애 영역별 특성과 지원 방안에 관한 내용을 1~2주에 걸쳐서 체계적으로 학습할 수 있도록 구성해 주시기 바란다. 이러한 한국적 맥락의 내용들이 본 교재의 이론적 토대와 결합될 때, 학생들에게 더욱 실질적이고 깊이 있는 학습 경험을 제공할 수 있을 것이다.

끝으로, 독자들이 이 책을 통해 특수교육과 통합교육을 폭넓게 이해하고, 장애와 특수교육에 대한 깊고 풍부한 지식을 바탕으로 더 나은 통합사회 구현을 위한 의미 있는 첫걸음을 내딛기를 진심으로 기대한다.

2025년 8월 15일
나의 연구실에서

저자 서문

이 책에 관하여

『현대 특수교육학개론: 새로운 지평 제3판』은 오늘날 복잡한 학교 환경에서 다양한 예외성/예외적 특성(exceptionalities)을 지닌 학생들과 그 가족을 지원할 수 있도록 교육자를 준비시키기 위해 집필된 교재다. 이러한 역할을 잘 수행하려면, 학생과 가족이 학교에 가져오는 고유한 학습 요구와 상황에 대한 전문적 지식, 기술, 이해가 필요하다. 이 교재는 대학생에게는 초등, 중등, 특수교육 교사 또는 학교 관리자, 관련 서비스 제공자 등 교육전문가로 성장하기 위한 첫걸음이 되는 입문 과정으로 자리 잡고 있다. 많은 경우, 이 교과목이 예외성 학생에 관한 정보를 접할 수 있는 유일한 기회가 되기도 한다.

- 독자들에게 우리가 바라는 것은, 검증된 실제를 활용하고, 자신의 일에 몰입하며 열정을 가지고, 모든 학생을 소중히 여기는 효과적이고 역량 있는 교육자로 성장할 수 있는 최적의 길을 제시하는 것이다.
- 우리가 스스로에게 세운 목적은, 가능한 한 최신의 정확한 정보를 제공하고, 흥미로운 학습 경험을 창출하며, 그 과정에서 즐거움도 함께 나누는 것이다. 우리가 이를 어떻게 실현하는지 설명하겠다.

무엇보다도, 우리는 교육자가 효과적으로 일할 수 있는 도구를 갖추었을 때 자신의 일에 더 큰 만족을 느낀다고 굳게 믿는다. 그러한 도구들에는 자기조절 전략개발, 진도 모니터링, 기능적 행동사정평가(FBA)와 같은 연구기반 실제들이 포함된다. 각 장에서 그러한 실제들을 소개하고 텍스트, 표, 박스, 동영상 등을 통해 어떻게 실행되는지 설명하고 시연한다. 이 정보를 활용해, 경력 전반에 걸쳐 모든 학생의 성과를 향상시킬 더 나은 방법을 지속적으로 모색하는 독립적이고 비판적인 학습자로 성장하기를 바란다. 학교 교육과 교육 서비스는 전문가가 자신의 일에 열정을 가지고, 모든 아동을 소중히 여기며, 연구기반 및 증거기반 실제를 충실하게 적용할 때에만 진정으로 특별해질 수 있다. 이 교재가 그 여정의 출발점이 되기를 바란다.

학습과 이후의 업무에 몰입할 수 있기를 바란다. 이를 위해, 학습 선호도를 반영하여 다양한 방식으로 내용을 제공한다. 예를 들어, 정보를 간결한 표와 그림, 그리고 학생, 가족, 그리고 그들의 특수교육 경험을 생생하게 전달하는 사진을 통해 제시한다. 또한, 각 장의 도입 비네트와 인물 이야기 섹션에서는 Anderson Cooper, Michael Phelps, Helen Keller 등과 같이 장애를 지닌 인물들의 흥미로운 이야기를 소개한다. 더불어, 정보와 아이디어의 흐름이 끊기지 않도록 본문 내 인용표기를 의도적으로 제거했으며, 참고문헌은 각 장 끝에 따로 수록했다.

수년간 대학 강의, 교재 집필, 그리고 체계적으로 정보를 제시하는 온라인 IRIS 자료 개발을 통해 많은 것을 배웠고, 이러한 경험을 이번 개정판에 반영했다고 생각한다. 예를 들어, 학생들은 학습이 흥미롭고, 몰입할 수 있으며, 가능한 한 상호작용적이기를 기대한다. 학생들은 예외성을 지닌 개인, 그 가족, 교사의 관점을 직접 경험하길 원하며, 충실하게 실행된 효과적 실제가 짧은 정보 단위와 강력한 학습 보조자료로 제시되길 바란다. 또한 각 장이 일관된 방식으로 구성되어, 정의, 출현율 자료, 유아기·학령기·전환기·보조공학 등 다양한 정보를 어디서 찾을 수 있는지 쉽게 알 수 있을 때 학습이 더 쉬워진다는 점도 발견했다.

특수교육은 정체된 분야가 아니라 역동적으로 끊임없이 변화하는 분야다. 따라서 이 교재는 최신 연구기반 지식에 근거해야 하며, 실제로 그렇다. 본문 내 인용표기는 없지만, 제시된 정보는 모두 고품질 연구 결과와 동료평가 학술지, 연방기관, 전문단체의 최신 지식에 철저히 기반하고 있다. 장애 출현율, 학생 인구통계, 교육적 배치에 관한 최신 자료와 함께, 거의 700건에 달하는 새로운 참고문헌이 이 교재를 뒷받침하고 있다.

이번 판의 새로운 내용

새로운 지평 3판의 많은 구성요소들은 새롭게 추가되었거나 크게 강화되었으며, 이는 독자의 관심을 끌고 실제로 유용하고 흥미로울 것이다. 이러한 특징 대부분은 장마다 체계적인 순서와 형식으로 제시된다. 다음에서 그중 일부를 강조한다.

장애를 가진 롤 모델에 대한 집중 강화. 각 장은 유명인, 덜 유명한 인물, 그리고 유명해져야 할 인물 등 다양한 실제 인물을 조명하는 도입 비네트(Vignette)로 시작한다. 이들은 모두 우리가 배울 수 있고 본받을 수 있는 실제 사람들이다. 각 도입부에서는 특별한 상황을 가진 사람들의 이야기를 전한다. 이 비네트의 예시는 다음과 같다: 전투 중 두 다리와 왼팔 일부를 잃은 참전용사이자 상원의원인 태미 덕워스, 말더듬증이 있으면서도 2020년 민주당 전당대회에서 연설한 소년 브레이든 해링턴, 난독증을 가진 수상 경력의 배우 옥타비아 스펜서, 정신건강 문제를 사회적으로 알리고 있는 체조 선수 시몬 바일스, 영화 CODA에서 연기로 오스카상을 비롯한 여러 상을 수상한 청각장애 배우 트로이 코처, 그리고 학습장애를 가진 시인이자 극작가, 옹호활동가, 강연자인 리데릭 혼 등이 있다. 이 비네트 대부분은 새롭게 추가된 것이며, 한 편을 제외한 모든 비네트에는 이들이 직접 자신의 이야기를 들려주는 동영상 링크가 포함되어 있다. 또한 각 장애 범주별 장에 수록된 '개인 이야기' 섹션에도 주목하길 바란다. 이 부분에서는 자신의 상황에서 도전에 맞서고, 타인의 삶에 변화를 만들어내고 있는 인물들을 조명한다.

형평성과 다양성에 대한 강화된 내용. 우리는 개인적으로도, 전문적으로도 장애를 가진 학생뿐만 아니라 역사적으로 소외된 집단에서 온 학생들을 위한 형평성에 헌신하고 있다. 이러한 이유로, 관련 주제의 다룸을 더욱 강화하고 풍부하게 했다. 1장에서는 미국 학교의 구성에 대해 다루며, 장애학생을 역사적으로 소외된 집단으로 강조한다. 2장에서는 오늘날 교육체계에서 어려움을 겪는 모든 학습자, 특히 다양한 집단 출신의 학생들을 다룬다. 3장은 문화적·언어적으로 다양한 학습자에 전적으로 초점을 맞춘다. 또한 반복적으로 등장하는 '문화적 고려사항' 박스에서는 소외집단 학생과 자원이 부족한 학교, 영어학습자의 학교 성취, 특정 집단 학습자의 과대·과소 판별, 인종 및 민족의 교차성, 빈곤과 환경적 위험, 흑인 학생의 불평등한 유급·정학·퇴학 경험, 두 문화(예: 청각장애문화와 루이지애나 케이준 문화)를 넘나드는 삶 등 다양한 주제를 다룬다. 새롭게 추가된 본문에서는 미국 농촌과 도시에서의 오염과 독성물질 노출 문제 등도 생각해볼 수 있도록 한다.

증거기반 교수에 대한 집중 강화. 본 교재는 연구기반 및 증거기반 실제의 활용을 일관된 주제로 삼고 있으며, '연구기반실제에 관한 심층적 탐구'라는 반복 박스를 통해 이를 더욱 강화했다. 이 박스에서는 자기조절, 자기옹호, 차별화교수, 점자 문해력, 기능적 행동사정평가(FBA) 및 행동중재계획(BIP), 그림교환의사소통시스템(PECS) 등 다양한 실제를 강조한다. 또한, 본문 전체에 걸쳐 이러한 박스를 뒷받침하는 별도의 섹션을 마련하여, 영어학습자를 위한 보호된 교수관찰 프로토콜(Sheltered Instruction Observation Protocol) 등 다른 증거기반 실제에 대한 정보도 소개한다. 우리는 또한 '교사를 위한 팁'이라는 반복 박스를 통해, 실제로 효과적인 교수의 실천을 강조한다. 이 박스에서는 예비교사와 현직교사가 문화감응적·지속가능한 교수 실행, 개별화교육프로그램(IEP) 개발, 자기옹호 기술 지도, 자기조절 기술 지도, 교실 일과·교수·환경 조정, 개별 학생의 요구에 맞춘 교수 조정, 긍정적 학습환경 조성, 일반적인 교실 문제 해결, 긍정적 사회적 상호작용 촉진, 겸상적혈구빈혈 학생 지원 등 다양한 실제적 전략을 명확하게 이해할 수 있다. 증거기반실제(EBP)는 특수교육에서 매우 중요한데, 이는 장애학생의 학업, 사회, 행동적 성과를 실제로 향상시키는 것으로 과학적으로 입증된 교수 방법, 중재, 전략을 의미한다. EBPs는 학생의 개별적 요구와 강점, 연구 근거, 실제 적용 가능성, 가족의 의견 등을 종합적으로 고려해 선정·적용하며, 충실하게 실행하고 학생의 진전을 지속적으로 모니터링해야 한다. 특수교육에서 증거기반 실제를 활용하면, 학생의 학업·사회·행동적 성과가 향상되고, 모든 학생이 자신의 잠재력을 최대한 실현할 수 있는 환경을 조성할 수 있다. 증거기반 실제는 특수교육의 윤리적 표준이자 법적 요구사항(IDEA)으로, 교사는 이를 바탕으로 교육적 의사결정을 내리고, 효과적인 교수·중재를 실현해야 한다.

다층지원체계(MTSS)에 대한 최신 내용. 이전 판에서도 다루었지만, 다층지원체계(MTSS)의 발전과 광범위한 도입으로 인해, 학업 성공을 위한 중재반응모형(RTI)과 수년간의 실패를 예방하는 조기 중재, 그리고 행동 및 정서 문제의 조기 예방과 지원을 위한 긍정적행동중재및지원(PBIS)에 대한 새로운 설명이 추가되었다. 이 혁신적인 교육 접근법은 2장에서 처음 설명되고, 6장(학습장애)과 10장(정서행동장애)에서 더 심화된다. 이러한 논의는 개별화된 데이터기반 중재와 자료 수집 체계의 실제적 설명과 함께 진행되며, 이러한 내용은 교재 전반에 걸쳐 확인할 수 있다.

부모와 가족에 대한 새로운 내용. 각 예외성 범주별 장에는 이제 최소 한 개 이상의 부모 및 가족 참여에 관한 섹션이 포함되어 있다. 주제에는 가족 구성원과의 협력, 의미 있는 학교/가정 파트너십 개발, 개별화교육 프로그램(IEP) 팀에서의 부모와 가족의 역할 등이 포함된다. 예를 들어, 자폐스펙트럼장애 장의 새로운 도입부에서는 자신의 아들을 포함한 자폐아동을 위한 혁신적 교육 프로그램을 개발한 어머니 Leslie Palanker를 다룬다. 이 장에는 또한 남편 Jean-François Dufresne와 자폐성 성인을 위한 주거 및 직업 프로그램을 개척한 그의 활동에 대한 여러 섹션이 포함되어 있다.

코로나19와 장애학생에 미친 영향에 대한 새로운 내용. 코로나19 팬데믹은 미국의 교육 전문가, 학생, 가족에게 깊은 영향을 미쳤으며, 그 장기적 영향은 학생의 학업 성취와 정신건강에 결코 과소평가될 수 없다. 또한 교육자들은 온라인 또는 혼합형 교수로 신속히 전환해야 했고, 이는 교육자들의 모든 노력을 다해도 충분히 대응하기 어려운 도전이었다. 따라서 본문 전반에 걸쳐, 적절한 곳에서 팬데믹의 부정적 영향—대부분 학생, 특히 도시 및 농촌 지역 학생들에게 한 해의 학습 손실, 기술(인터넷 접근, 태블릿·스마트폰·컴퓨터 등 전용 기기)의 이용 가능성에 대한 잘못된 가정, 정신건강에 미친 영향, 특히 맞벌이 가정에 가중된 혼란과 스트레스—에 관한 정보를 제공한다.

출현율 및 교육적 배치에 대한 최신 자료. 장애인교육법(IDEA)에 따라 지원받는 학생과 영재 및 재능아 학생의 출현율과 교육적 배치에 관한 최신의 정확한 국가 자료를 이해하기 쉬운 형태로 수록했다. 여기에는 새롭게 개발되거나 수정된 그래프, 도표, 표가 포함되어 있어 가능한 한 최신 정보를 제공한다.

장애인의 영화 및 미디어 속 등장과 포용에 대한 집중 강화. 영화와 미디어에서 장애인을 어떻게 묘사하고 통합하는지에 관한 다룸이 더욱 강화되고 최신화되었다. 이는 학생들의 관심뿐 아니라, 이 정보가 학습에 흥미를 더해주기 때문이기도 하다. 우리는 이러한 묘사가 사회가 장애와 차이에 대해 어떻게 인식하고 바라보는지 보여주는 창을 제공한다고 굳게 믿는다. 이러한 논의는 대부분의 장에 걸쳐 흩어져 있으며, 2장과 4장을 제외한 모든 장에서 '영상 속에서' 박스를 찾을 수 있다. 가능한 경우, 이 박스는 새롭게 추가되어, 장애인을 바라보는 사회의 현대적 시각과 관점을 반영한다.

장별 주요 내용 업데이트

- 1장, 예외성에 관한 고찰. 오늘날 미국 학교의 구성과 인구통계에 대한 새로운 논의; 특수교육 서비스의 필요를 예방하거나 줄이기 위한 조기중재 서비스의 개념; 장애 우선 언어와 정체성 우선 언어 모두에 대한 논의; Endrew F. v. Douglas County School District에 의해 명령된 부모의 증가된 역할에 대한 강화된 논의.

- 2장, 모든 학습자를 위한 지원. 코로나19 팬데믹으로 인한 학생들의 성취 하락에 대한 자료; 조정, 보편적 학습설계 틀, 그리고 차별화교수에 대한 강화된 논의; 사이버 괴롭힘의 증가와 피해를 받은 사람들에 대한 결과적 영향에 대한 새로운 정보; 실용적 예시와 함께 개별화된 데이터기반 의사결정과 다층지원체계, 중재반응모형과 긍정적행동중재및지원 모두에 대한 추가 정보.
- 3장, 문화적 및 언어적 다양성 학습자. 환경 오염물질과 독소를 포함하여 저소득 유색인 지역사회에서 장애 위험을 증가시키는 요인들; 이러한 지역사회의 인프라와 역량에 대한 비극적 오해로 인한 코로나19의 부정적 영향; 교차문화적 부조화에 대한 강화된 설명과 교사들이 이러한 문제들을 다루고 가족들과 협력적 관계를 구축할 수 있는 방법.
- 4장, 기본 보장, 개별화된 프로그램, 그리고 전문화된 서비스. 무상적절공교육과 개별화교육프로그램 개발에 필요한 법률, 소송, 절차에 대한 견고한 기초 제공; Endrew F. v. Douglas County School District와 최소한의 진전 이상을 보장하기 위해 도전적이고, 야심적이며, 합리적이고, 측정 가능한 목적을 포함한 개별화교육프로그램의 결과적 변화에 대한 명확한 논의.
- 5장, 말-언어장애. 말더듬이 있는 어린 소년에 대한 새로운 흥미로운 시작 이야기; 언어 차이 대 언어 장애에 대한 확장되고 확대된 섹션들; 가정/학교 협력의 중요성을 강조하는 새로운 부모와 가족 섹션; 언어와 사회적 기술에 대한 코로나19 팬데믹의 영향.
- 6장, 학습장애. 잘 준비된 교사들과 반응적인 학교들의 중요성, 교사 부족, 그리고 학생 성취 저하를 초래하는 높은 교사 이직률에 대한 새로운 섹션들; 중재반응모형과 단계적 교수에 대한 업데이트된 다루기; 학습장애가 있는 대학생들을 위해 특별히 설계된 프로그램을 가진 대학들의 샘플 목록을 포함한 전환 계획과 대학 진학 준비; 중등교육 이후 교육의 준비와 참여에서 부모와 가족의 역할.
- 7장, 주의력결핍 과잉행동장애. 남학생들과 역사적으로 소외된 집단의 불균형적 대표성에 초점을 맞춘 새로운 내용; 약물치료와 그 효과성 모니터링에서 부모와 교사의 역할을 포함한 치료 접근법들; 504 계획 대 개별화교육프로그램을 통해 제공되는 서비스의 명확한 비교; 주의 문제가 있는 학생들에 대한 코로나19 팬데믹과 원격 학습의 영향, 주의력결핍 과잉행동장애가 있는 성공적인 사람들의 더 많은 예시; 새로운 기술과 앱.
- 8장, 자폐스펙트럼장애. 가족들에 대한 강화되고 새로운 섹션들; 출현율; 증거기반 실제; 고기능 개인들을 위한 고용 옵션과 중등도에서 중도 자폐가 있는 사람들을 위한 고용 및 생활 옵션을 포함한 전환; 부모 옹호활동; 근거 없는 치료에 대한 주의.
- 9장, 지적장애. 적응행동과 개인중심 체계 및 지원 네트워크에 대한 새로운 섹션들; 조기 중재 서비스; 지원고용과 대학 진학을 포함한 중등교육 이후 옵션들; 인종과 민족성, 빈곤, 그리고 환경적 위험의 교차점; 독립성을 지원하는 기술.
- 10장, 정서행동장애. 유급, 정학, 그리고 배치에 대한 새롭고 확장된 섹션들; 유아를 위한 고려사항을 포함한 행동과 사회적 기술을 위한 긍정적행동중재및지원과 단계적 중재; 부모와 가족 참여 및 행동 관리;

기능적 행동사정평가와 행동중재계획과 같은 증거기반 실제.

- 11장, 지체 및 건강장애. 응급 건강관리 계획에 대한 새로운 다루기; 청소년의 전환 요구; 자기옹호; 예방; 의지학과 로봇공학.
- 12장, 농과 난청. 장의 화면에서 특징과 연결되는 아카데미상 수상 청각장애 배우에 대한 새로운 흥미로운 시작 섹션; 전체 신생아 선별검사와 유아 사정평가 및 조기 발견에 대한 확장되고 새로운 다루기; 조기 중재 팀의 필수적 부분으로서의 가족; 농문화; 인공와우; 소프트웨어와 앱.
- 13장, 시각장애: 저시력과 맹. 역사적으로 소외된 집단과 빈곤층 사이의 불균형적인 시각장애 비율에 대한 새로운 자료; 가족의 역할; 점자 문해; 영화와 미디어에서의 포함; 기술의 발전.
- 14장, 기타 저발생률 장애: 중복장애, 시청각장애, 외상성 뇌손상. 가족과 유아기에 대한 새롭고 확장된 다루기; 어셔 증후군과 케이준 문화; 통합 놀이터와 여가 기회; 두 문화의 연결: 케이준과 농문화; 외상성 뇌손상 예방; 의학적 발전.
- 15장, 영재 및 재능아. 장애영재에 대한 확장된 다루기; 강점기반 접근; 서비스의 주별 비교; 역사적으로 소외된 집단을 포함하여 영재의 서비스 부족.

교육적 특징

장 시작 비네트(vignette). 각 장은 장애인, 옹호자, 또는 가족 구성원의 영감을 주고 흥미로운 프로필로 시작된다. 목적은 롤 모델인 실제 사람들을 특징으로 하여 독자들의 관심을 끌고 장의 내용에 대한 맥락을 제공하는 것이다.

학습 목표. 장 시작 섹션에 이어, 명확하고 간결한 학습 목표는 학생들에게 각 장에서 학습하기를 기대하는 것에 대한 이해를 제공한다.

정의 표. 간결하고 읽기 쉬운 정의 표는 각 예외성에 대한 연방(장애인교육법)과 전문 조직의 정의를 포함한다. 이러한 정확한 정의들은 각각에 대한 논의가 뒤따라 독자가 특수교육 서비스를 위해 각 범주에 포함되는 학생들에 대한 좋은 이해를 갖게 한다.

출현율과 배치 자료. 가장 최신 자료가 이해하기 쉬운 차트와 그래프로 제시되어 시간에 걸친 변화와 다른 학습자 집단과의 비교에 대한 명확한 이해를 가능하게 한다.

도전과 해결책. 각 도전과 해결책 그림은 예외성에서 나오는 특정 문제들에 대한 정보 조각들을 제공하고 이러한 도전들을 다루는 방법에 대한 그래픽이 뒤따른다.

조정 표. 학생의 교수 활동에 대한 접근이나 참여를 방해할 수 있는 교수 환경의 장벽을 제거하는 것이 매우 중요하기 때문에, 이러한 표들은 교사들에게 제시, 환경, 반응, 그리고 일정 또는 시간 조정을 어떻게 만들 수 있는지에 대한 명확한 예시를 제공한다.

연구기반실제에 관한 심층적 탐구 박스. 각각 다른 연구기반실제에 초점을 맞춘 각 박스는 명확한 실행 절차를 제공한다.

문화적 고려사항 박스. 텍스트 전반에 걸쳐, 이러한 특징들 각각은 교육자들이 효과적이고 반응적인 교육 프로그램을 만들 때 이해하는 것이 중요한 다른 역사적으로 소외된 집단이나 지역사회가 직면한 문제에 초점을 맞춘다.

영상 속에서 박스. 영화와 미디어는 예외성을 가진 사람들이 현재와 과거 모두에서 사회에 의해 어떻게 보이는지에 대한 중요한 렌즈이다. 이러한 묘사들은 고무적이고 흥미로울 뿐만 아니라 이루어진 진전과 여전히 필요한 더 많은 것에 대한 중요한 점들을 만들기 위해 신중하게 선택되었다.

교사를 위한 팁 박스. 이러한 특징들은 교육자들에게 학생들을 지원하고 개별화교육프로그램에 명시된 교육 교육과정에서 그들의 성공을 촉진하는 데 도움이 되는 교수 팁과 고려사항을 제공한다.

연대기. 역사적 맥락은 우리가 어디에 있었고 어디로 향하고 있는지에 대해 우리 모두에게 알려준다. 그러한 비극적 오류를 반복하지 않도록 과거로부터 교훈을 배우는 것이 중요하다.

장 요약. 각 장의 내용 끝에 위치한 요약은 학생들이 자신의 학습을 사정평가하고 확실하지 않은 개념들을 쉽게 검토할 수 있게 한다.

장 관련 참고문헌. 장 텍스트는 현재와 과거 연구에 철저히 기반하고 있다. 그러나 학생들의 읽기를 방해하지 않기 위해 텍스트 내 인용은 포함되지 않았다. 대신, 각 장의 내용에 대한 연구와 현재 정보가 모든 장의 끝에 제공된다.

Pearson 전자교과서, 학습 관리 시스템(LMS) 호환 사정평가 은행, 그리고 기타 교수자 자료

Pearson 전자교과서

Pearson 전자교과서는 사용하기 간단하고, 모바일에 최적화되며, 개인화된 읽기 경험이다. 이는 학생들이 오프라인일 때조차도 한 곳에서 쉽게 강조 표시하고, 노트를 작성하고, 핵심 어휘를 검토할 수 있게 한다. 완벽하게 통합된 동영상과 기타 풍부한 미디어는 학생들을 참여시키고 필요할 때 필요한 도움에 대한 접근을 제공할 것이다. Pearson 전자교과서에 접근하거나 로그인하려면 https://www.pearson.com/pearson-etext를 방문하라. 특징들은 다음을 포함한다:

비디오 예시. 각 장은 장과 교육학적으로 연계된 원리나 개념을 보여주는 비디오 예시를 포함한다. 이러한 비디오의 목적은 학생들에게 교실 상호작용을 관찰하고; 예외성을 가진 개인들, 그들의 가족 구성원들, 그들의 교사들의 관점을 경험하고; 마지막으로 전문 교육자들이 중요한 장 주제에 대한 그들의 견해를 공유할 때 그들의 견해를 고려함으로써 현재의 특수교육 교수와 학습 실제에 대해 성찰할 기회를 제공하는 것이다. 3판은 111개의 비디오 예시를 가지고 있으며, 거의 모두 이 판에 새로운 것이다.

3판에 포함된 비디오의 샘플은 다음과 같다:

비디오 예시 2.2: 5학년 교사가 보편적 학습설계의 원리와 지침을 어떻게 통합하는지 논의하고 시연한다: https://www.youtube.com/watch?v=hCHTxTfkBsU

비디오 예시 6.1: Octavia Spencer가 자신의 평생에 걸친 읽기장애를 드러내고, 왜 아동을 위한 미스터리 소설 쓰기에 관심이 있는지 논의하며, 읽기를 즐기는 올바른 길로 자신을 이끈 2학년 교사에게 공을 돌린다: https://www.youtube.com/watch?v=SmJhV6fr-PA

비디오 예시 8.4: Jean-François Dufresne이 저기능 자폐인들을 위한 혁신적인 생활과 직업 기회를 시작하기 위한 자신의 여정을 공유한다: https://www.youtube.com/watch?v=4UpEYfd1KvY

비디오 예시 11.3: 독립적으로 과제를 수행할 자유를 허용하는 로봇 손과 같은 의지 기기의 진화로 인해 오늘날 이용 가능한 놀라운 가능성들에 대해 배운다: https://www.youtube.com/watch?v=6fEa6BtYWNM

비디오 예시 14.6: 보조공학이 어떻게 중복장애가 있는 아동을 위해 세상을 열어줄 수 있는지 배운다: https://www.youtube.com/watch?v=sOdhWRhBY7s

IRIS 센터 모듈. Vanderbilt 대학교에 본부를 둔 IRIS 센터는 장애학생들을 가르치는 데 효과적인 것으로 보인 전략들을 기술하는 상호작용 온라인 학습 모듈을 개발한다. 다양한 모듈들이 저자들에 의해 선택되어 Pearson 전자교과서에 연결되어 있다. 3판은 15장 중 12장에 IRIS 모듈에 대한 29개의 링크를 가지고 있다.

3판에 포함된 IRIS 모듈의 샘플은 다음과 같다:

IRIS 모듈 3.1: 문화적, 언어적 차이: 교사들이 알아야 할 것

IRIS 모듈 5.2: 학습 기술 전략 (1부): 학습 기술을 효과적으로 가르치기 위한 기초

IRIS 모듈 8.1: 자폐스펙트럼장애: 교육자를 위한 개관

상호작용 용어집. 전자교과서의 모든 핵심 용어들은 굵게 표시되어 완전한 용어집 정의에 즉시 접근할 수 있도록 하여, 학생들이 읽으면서 빠르게 전문 어휘를 구축할 수 있게 한다.

LMS 호환 사정평가 은행

이 새로운 판과 함께, 모든 사정평가 유형들—퀴즈, 적용 연습, 그리고 장 시험—이 다음 학습 관리 시스템들을 위한 LMS 호환 은행에 포함된다: Blackboard, Canvas, D2L, 그리고 Moodle. 이러한 패키지 파일들은 가져오기, 과제 부여, 그리고 채점에 관해 교수자들에게 최대한의 유연성을 제공한다. 사정평가 유형들은 다음을 포함한다:

학습 목표 퀴즈. 각 장 학습 목표는 교수자들이 그들의 학습 관리 시스템을 통해 부여할 수 있는 학습 목표 퀴즈의 초점이다. 학습 목표들은 학습자들에게 가장 중요한 장 내용을 확인하고 각 장을 위한 조직적 틀로 작용한다. 각 퀴즈의 고차원 객관식 문제들은 장 내용에 대한 학생들의 이해를 측정하고, 학습에 대한 기대치를 안내하며, 새로운 지식의 책무성과 적용을 알려줄 것이다. 각 객관식 문제는 학생들의 학습을 안내하는 데 도움이 되도록 정답과 각 선택지에 대한 피드백을 포함한다.

적용 연습. 각 장은 적용 연습을 통해 학생들이 학습한 것을 적용할 기회를 제공한다. 3판은 45개의 적용 연습을 가지고 있으며, 그중 41개는 비디오 기반이고 4개는 시나리오 기반이다. 각 장은 3개의 적용 연습을 가지고 있다. 이러한 연습들은 단답형 형식이다. 학습을 안내하는 데 도움이 되도록 전문가가 작성한 모범 답안이 제공된다. 적용 연습들은 다음과 같은 적용 주제들에 초점을 맞춘다: (1) 교수 결정을 이끌기 위한 형성평가 자료 사용, (2) 다른 문화적, 언어적, 학업적 배경의 아동과 청소년과 함께 일하기, (3) 정서행동장애가 있는 학생들과 함께 사회적 문제해결 전략 사용, (4) 기능적 행동사정평가 계획의 효과성 평가, 그리고 (5) 자폐스펙트럼장애가 있는 사람들과 함께 학교에서 지역사회에서의 생활과 일로의 전환 계획.

장 시험. 제안된 시험 문항들이 각 장에 제공된다. 일부 문항들(하위 수준 질문들)은 학생들이 학습한 개념과 원리를 확인하거나 설명하도록 요구한다. 그러나 많은 다른 문항들(상위 수준 질문들)은 학생들이 그러한 동일한 개념과 원리를 특정 교실 상황들—즉, 실제 학생 행동과 교수 전략들—에 적용하도록 요구한다.

PowerPoint® 슬라이드

PowerPoint 슬라이드가 각 장에 제공되며 핵심 개념을 강조하고 텍스트의 내용을 요약하여 학생들에게 더 의미 있게 만든다. 종종, 이러한 슬라이드들은 또한 토론을 자극하고 학생들이 장 주제에 대한 이해를 정교화하고 심화시키도록 격려하기 위해 설계된 질문과 문제들을 포함한다.

참고: LMS 호환 사정평가 은행과 PowerPoint 슬라이드는 www.pearson.com에서 교수자 다운로드가 가능하다. 제목을 검색한 후, "I'm an educator"를 선택했는지 확인한 다음, "Instructor resources" 탭을 선택한다.

DDS, KGS, & NCT

차례

역자 서문 i

저자 서문 iii

제1장 예외성에 관한 고찰

예외성을 관점에서 바라보기 3

모든 학생 3

미국 학교의 구성 4

공립학교 인구의 변화 5

장애학생 6

IDEA 장애 범주 6

출현율(Prevalence) 8

영재교육 대상 학생 10

영재교육 대상 학생을 위한 서비스 10

간과되는 영재교육 대상 학생 11

장애와 사회적 정의 12

사회적 정의의 쟁점 12

시대에 걸친 장애인의 처우 12

영화에 반영된 장애에 대한 사회적 인식 14

역사적으로 소외된 집단으로서의 장애인 15

미국에서 장애인과 다른 역사적으로 소외된 집단의 경험 간 유사점 15

장애인의 옹호 활동 15

교육 참여 17

불평등한 교육 기회 17

통합학교 선택이 중요한 이유 18

변화 만들기 19
인식이 중요하다 19
인식과 태도의 영향 19
장애에 대한 다양한 관점 20
말의 중요성 21
신중한 소통 21
사람 우선 언어 vs. 장애 우선 언어 22
변화하는 환경 23
가족 참여의 증대 23
학업 성과 24
오늘날 장애학생 교육의 현황 24
더 큰 진보가 가능하다 24
고등교육에서의 성취 25
고등교육 참여 25
대학 참여 및 성취를 위한 지원 26
지역사회 참여 26
사회 및 일상생활 속으로의 통합 26
지역사회 접근성 향상을 위한 환경적 조정 27
요약 30
참고문헌 31

제 2 장 모든 학습자를 위한 지원

학교 성공을 위한 토대 마련: 양질의 수업 37
쟁점 이해: 학생 수행과 결과 37
증거기반실제(Evidence-Based Practices, EBP) 41
보편적 학습설계(Universal Design for Learning, UDL) 43

보편적 학습설계(Universal Design for Learning, UDL) 및 차별화교수(Differentiated Instruction, DI) 45
내용 46
과정 46
학습산출물 46
학습 환경 47
차별화교수와 보편적 학습설계: 비교 47
데이터기반 의사결정(Data-Based Decision Making) 48

다층지원체계(Multi-Tiered System of Supports, MTSS) 50
중재반응모형(Response To Intervention, RTI) 50
긍정적행동중재및지원(PBIS) 53

요약 56
참고문헌 57

제 3 장 문화적 및 언어적 다양성 학습자

다양성 학습자 65
다양한 환경 65
사회정의 쟁점 69
팬데믹의 영향 73
팬데믹 이후 학업 회복 74
불균형성 이해 75

문화적 다양성 78
불협화의 이해 78
문화 간 불협화를 예방 80
문화감응적이고 지속적인 수업 제공 82
부모와 가족 85

언어적 다양성 86
제2언어 습득 이해 86
영어학습자를 위한 효과적인 실제 89
요약 92
참고문헌 93

제 4 장 기본 보장, 개별화된 프로그램, 그리고 전문화된 서비스

장애학생 교육 105
연방 법률 105
기본 보장사항 107
엔드류(Andrew) F. 사건과 교육적 이익 110
장애아동 조기발견 및 서비스연계 112
IEP와 504조 과정의 단계 114
절차적 요구사항 116
부모와 가족 116
개별화 교육: 계획과 프로그램 118
IFSP와 IEP 118
IFSP와 IEP의 기본 요소 119
행동 및 중등 전환을 위한 추가 IEP 구성요소 121
수업 조정(Accommodation)과 수정(Modification)의 차이 123
실질적 요건 125
서비스, 인력, 그리고 환경 125
개별화 서비스 125
전문 인력 128
환경의 연속체 129

요약 134
참고문헌 135

제5장 말-언어장애

말-언어장애 기술 141
말-언어장애 정의 141
말-언어장애의 유형 142
말장애 144
언어장애 145
특성 146
출현율과 배치 149
특수교육 151
도전과 해결책 151
도전: 표현, 수용, 그리고 화용론적 어려움 151
해결책: 언어재활 및 기타 지원 154
조정 156
조기중재 157
판별 158
조기중재 서비스 160
학령기 162
전환교육 163
부모 및 가족 165
팬데믹의 영향 167
사람과 상황 168
기원과 역사 168
개인 이야기 169

미래 전망 170

예방: 의학적 및 환경적 중재 170
기술: 의사소통 개선 172

요약 174
참고문헌 176

제 6 장 학습장애

학습장애 기술 185

학습장애 정의 185
학습장애 설명 185
학습장애 판별 186

학습장애 유형 188
세 가지 학습장애 유형 189
학습장애 유형들이 어떻게 중첩되는가 190

특성 191
공통적 특성 191
추가적 특성 193

출현율과 배치 194
출현율 194
배치 195

특수교육 196

도전과 그 해결책 196
학습장애와 관련된 도전 197
학습장애 해결 방안 198
도전과 해결책: 잘 준비된 교사들과 반응적인 학교가 중요하다 199

조정 201
학습장애학생들을 위한 보편적 학습설계의 이점 201

추가적인 개별화된 조정의 필요성 202

조기중재 204

학습장애의 조기 경고 징후 204

조기중재의 이유 204

학령기 204

효과적인 교수 중재 204

학습전략 교수 206

전환 206

중등후 생활 준비 206

대학 선택 고려사항 207

부모와 가족: 대학 준비와 참여에서의 역할 209

사람과 상황 211

기원과 역사 211

학습장애의 기원 211

학습장애의 진화 213

개인적 이야기들 215

롤 모델: 장애를 가진 성인들 215

학습장애에 초점을 맞춘 조직들 215

미래 전망 216

예방: 보건의료와 기술 발전 216

기술: 적절한 보조공학 선택 218

요약 220

참고문헌 222

제7장 주의력결핍 과잉행동장애

ADHD 설명 234

ADHD 정의 234

ADHD 판별 235

ADHD의 유형들 236
부주의 236
과잉행동/충동성 237
복합형 238

ADHD의 특성 238
부주의, 과잉행동, 충동성 간의 공통점 238
긍정적 특성들 240
출현율 240
특수교육 서비스를 받는 ADHD 학생들의 출현율 241
ADHD 학생들의 불균형적 대표성 242

특수교육 246

도전과 그 해결책 246
ADHD와 관련된 도전들 246
ADHD를 줄이거나 극복하는 해결책들 247
ADHD 약물치료 모니터링을 위한 부모 파트너십: 가족, 학교 전문가, 그리고 의사들 249

조정 250
부주의 행동을 보이는 학생들을 위한 조정들 250
과잉행동과 충동성을 보이는 학생들을 위한 조정들 251

조기중재 252
어린 아동들의 ADHD 판별 252
조기중재를 위한 증거기반실제 253

학령기 255
ADHD 학생들을 위한 학교 서비스 256
일반교육 교실에서 ADHD 학생들 지원하기 258
코로나19 팬데믹과 ADHD 학생들 258

전환 259
ADHD 학생들을 위한 전환 목표들 259
ADHD에 초점을 맞춘 조직들 261

사람과 상황 261
기원과 역사 261
질환으로서의 ADHD의 기원 261
초점 변화: 관찰에서 연구와 교육으로 262
개인적 이야기들 263
ADHD를 가진 성공적인 사람들 263
문학, 아동 이야기, 영화: ADHD를 가진 캐릭터들 264
미래 전망 265
예방: 새로운 연구 265
ADHD 예방 266
입증되지 않은 예방 및 치료 대안들 266
기술: 적절한 보조공학 선택 267
ADHD를 가진 개인들을 돕는 기초 공학과 앱 267
조직화 및 보조 소프트웨어 268
요약 270
참고문헌 272

제 8 장 자폐스펙트럼장애

ASD의 설명 279
ASD 정의 279
ASD 설명 281
원인 282
ASD와 관련된 용어들 282
중증도 수준 282
특성 283
사회적 의사소통과 상호작용과 관련된 ASD의 특성 283
제한적이거나 반복적인 행동과 관련된 ASD의 특성 284

출현율과 배치 286
시간에 따른 출현율 286
증가하는 출현율 288

특수교육 290

문제들과 그 해결책들 290
ASD와 관련된 문제들 290
ASD 문제들의 완화 또는 극복 292

조정 293
교수적 조정 294
행동 문제들을 해결하기 위한 조정 295

조기중재 296
ASD의 조기 지표 296
기능적 의사소통 기술을 개발하는 검증된 실제 296

학교시기 298
교실 전략과 실제 298
연구기반실제와 지원 299

전환교육 303
고등학교 졸업 후 전환교육 준비 303

자폐스펙트럼장애가 있는 개인들을 위한 고용 선택권 305
중등도에서 중도 자폐스펙트럼장애가 있는 젊은 성인들을 위한 생활 선택권을 가진 고용 307
가족과 전환교육 결정 308

사람과 상황 309

기원과 역사 309
자폐스펙트럼장애의 역사 309
백신을 둘러싼 잘못된 정보 311

개인 이야기들 311
일부 자폐가 있는 사람들의 경험 312
가족에 미치는 영향 312
변화를 만들기: 비브르 에 트라바예르 오트르망(다르게 살고 일하기) 313

미래 전망 315
예방: 새로운 연구 315
자폐스펙트럼장애 예방 315
새로운 치료들: 부모들을 위한 주의사항 315
공학: 적절한 보조공학 선택하기 317
앱 고려사항 317
부모와 교사를 위한 앱들 318
요약 320
참고문헌 322

제 9 장 지적장애

지적장애 설명 329
지적장애 정의 329
지적장애 설명 329
지적장애의 정의적 특징 331
지적장애의 유형들 332
지적장애의 중증도 결정하기 332
원인 335
지적장애의 특성 336
인지와 적응행동 간의 관계 336
지원의 필요성 발생 337
출현율과 배치 337
예상보다 낮은 출현율 337
통합 비율 338
특수교육 339
도전과 해결책 339
지적장애로 인한 도전 340

해결책으로서의 지원 341

조정과 수정 343

경도 지적장애학생을 위한 조정 343

중등도 및 중도 지적장애학생을 위한 교수적 수정 344

조기중재 345

조기중재 서비스 345

유아교육 346

학령기 346

기능적 교육과정 346

자기결정 347

전환 348

성인기 결과 348

전환 프로그램 349

고등교육 이후 선택지 349

지원고용 350

사람과 상황 350

기원과 역사 350

지적장애를 위한 특수교육의 시작 350

사회 정의의 발전 351

개인적 이야기들 353

새로운 존중 353

한 가족의 참여 유산 353

미래 전망 355

예방: 환경 보호 355

판별과 예방의 연결 355

공공의 잘못된 정보의 위험 356

기술: 연결과 일정 관리 357

기술의 혜택 357

자기결정을 지원하는 기술 358

기술: 지원 네트워크의 구성요소 359

요약 361
참고문헌 363

제 10 장 정서행동장애

정서행동장애 설명 372

정서행동장애 정의 372
정서행동장애 설명 372
장애인교육법 정의에 대한 우려 373

정서행동장애의 유형 375
정서행동장애의 일반적 유형 375
덜 인식되는 정서행동장애 유형 375

특성 376
외현화 행동의 특성 376
내재화 행동의 특성 377

출현율과 배치 378
다른 장애와 비교한 정서행동장애의 출현율 379
배치 379
유급, 정학, 그리고 배치 결정 379

특수교육 383

도전과 해결책 383
정서행동장애학생들이 직면하는 도전 383
이러한 도전에 대한 해결책 384
행동과 사회적 기술을 개선하기 위한 다층 체계 386
부모와 가족 참여 및 행동관리 388

조정 388
외현화 행동을 다루기 위한 조정 388
내재화 행동을 다루기 위한 조정 389

조기중재 390
어린 아동의 정서행동장애 원인 390

정서행동장애의 조기 경고신호 391
어린 아동을 위한 다층지원체계의 적용 391

학령기 392
행동과 사회기술을 개선하기 위한 다층적 틀의 실행 392
1층: 모든 이를 위한 1차 예방 - 전략과 지원에 대한 초점 392
2층: 일부 학생 - 중재와 지원에 대한 초점 394
3층: 소수 학생 - 집중적인 중재와 지원에 대한 초점 397

전환 399
중등후 결과 399
중등후 결과 개선 399

사람과 상황 400
기원과 역사 400
정서행동장애가 있는 사람에 대한 역사적 치료 401
정서행동장애가 있는 사람에 대한 긍정적 치료의 사례 403

개인적 이야기 404
정서행동장애가 있는 사람들의 긍정적 사례 404
정서행동장애 아동과 청소년 및 그들의 가족을 지원하는 조직들 406

미래 전망 406
예방: 정신건강 서비스에 대한 적절한 접근 406
정서행동장애의 과소판별 406
예방: 총기 폭력과 정신질환 407

기술: 현재 고려사항과 미래 가능성 409
정신건강을 다루는 기술 409
미래 가능성 409

요약 410
참고문헌 412

제11장 지체 및 건강장애

지체 및 건강장애 설명 423

지체 및 건강장애 정의 423

특수교육을 필요로 하는 지체 및 건강장애 423

지체 및 건강장애와 특수교육 서비스 424

지체 및 건강장애의 유형 425

주요 지체장애 425

특성 426

지체 및 건강장애의 특성 426

일부 상태의 공통 특성 427

출현율과 배치 428

각 상태의 정확한 출현율 정보는 알려지지 않음 428

교육배치 429

특수교육 429

도전과 그 해결책 429

지체 및 건강장애가 있는 학생이 직면하는 공통 도전 430

지체 및 건강장애에 대한 공통 해결책 430

조정 431

일반교육 교육과정 접근 432

물리적 환경에 대한 장벽 제거 434

조기 중재 434

질병과 상태의 조기 판별 434

신생아 선별검사가 장애의 영향을 예방하거나 감소시키는 방법 435

학령기: 건강 응급상황, 건강관리, 발작, 그리고 다학제팀 436

의료 응급상황에서의 교사 역할 436

가족: 학교에서의 건강관리에서 그들의 중요한 역할 437

학교에서의 발작 437

관련서비스의 역할 439

건강장애가 있는 청소년의 전환 요구 440

사람과 상황 443
기원과 역사 443
시간에 걸친 불공정하고 부당한 대우 443
시민권과 주류 사회에 대한 접근을 보장하는 장애인의 역할 444
개인적 이야기 446
둔감한 가치관이 상처 주는 태도가 된다 446
태도 변화 447
미래 전망 448
예방: 사고와 질병 448
지체 및 건강장애의 발생률을 줄이기 위한 예방 448
지체 및 건강장애의 영향 감소 449
기술: 의지학(보철학)과 로봇공학 450
신기술: 의지학 451
신기술: 로봇공학 451
요약 453
참고문헌 454

제 12 장 농과 난청

농과 난청의 기술 461
농과 난청의 정의 461
청각 과정 461
장애인교육법 정의 462
청력손실의 판별 463
신생아 선별검사와 영아 사정평가 463
청각 평가 464
청력손실의 유형 465
특성 466
청력손실의 영향 466

청력손실과 청각정보 처리능력 간의 관계 468

출현율과 배치 469
학생 수 469
배치 470

특수교육 471

문제와 해결책 471
청력손실의 문제 471
청력손실의 문제 극복 472

조정 474
난청학생을 위한 조정 474
청각장애학생을 위한 조정 475

조기중재 476
조기중재 서비스 477
가족: 농과 난청아동을 위한 조기중재팀의 필수적 부분 477

학령기 478
통합 환경에서의 농과 난청학생들 478
청각장애학생과 난청학생을 위한 의사소통 방법 480

전환교육 481
중등후 교육 기회 481
전환지원 482

인물과 상황 482

기원과 역사 482
수어와 농공동체 482
사회정의를 향한 길 484

개인 이야기 484
더 통합적인 사회 485
지원 기관 및 단체 485

미래 전망 486

예방: 전수 선별검사와 환경 소음 노출 486

조기 발견의 발전 486
청각장애 예방 487
기술: 보청기, 임플란트, 그리고 혁신적인 소프트웨어 488
보청기의 유형 488
의학적 혁신 490
혁신적인 소프트웨어와 앱 491
요약 492
참고문헌 494

제 13 장 시각장애: 저시력과 맹

저시력과 맹의 설명 501
저시력과 맹의 정의 501
시력 과정 501
시각장애의 정의 502
저시력과 맹의 유형 503
시각장애 판별 503
시각장애의 유형과 원인 506
특성 508
시각장애의 신체적 및 학습 특성 508
놀이 510
사회적 기술 510
출현율과 배치 511
출현율 512
배치 513
특수교육 514
어려움과 그 해결책 514
어려움 514
해결책 514

조정 515
모든 시각장애 학생들을 위한 조정 515
저시력 학생들을 위한 조정 516
맹 학생들을 위한 조정 517
교실 환경에 대한 조정 517
조기중재: 운동 및 개념 발달 518
초기 운동 발달과 시력 손실 518
맹 아기들의 가족: 유아기 동안의 중요한 역할 518
학령기: 확장된 핵심 교육과정 521
시각장애학생들이 습득해야 하는 추가 기술들 521
보행지도기술 학습 522
점자 523
전환 524
시각장애가 있는 성인들의 고용과 시각장애가 없는 성인들의 비교 524
중등교육 이후 성공에 기여하는 요소들 525
인물과 상황 528
시각장애학생들을 위한 교육 프로그램의 발전 528
미국의 시각장애학생들 통합교육의 역사 529
오늘날 분리된 전문학교(특수학교)의 사용 529
개인적 이야기들 529
영화에서의 통합 530
시각장애가 있는 사람들이 성취 530
미래 전망 531
예방: 의학적 발전과 의료 기술 531
기술, 보조공학, 앱, 그리고 소프트웨어의 발전 532
요약 534
참고문헌 535

제14장 기타 저발생률 장애: 중복장애, 시청각장애, 외상성 뇌손상

기타 저발생률 장애 설명 542

중복장애 542

중복장애 정의 542

중복장애와 관련된 특성 542

외상성 뇌손상 543

외상성 뇌손상 정의 543

외상성 뇌손상과 관련된 특성 543

시청각장애 544

시청각장애 정의 545

시청각장애와 관련된 특성 545

출현율과 배치 546

저발생률 장애의 유병률 546

배치 548

특수교육 549

조정 549

자주 사용되는 조정의 유형 549

일반교육 교육과정 접근과 지식 입증 550

조기 중재 551

영유아 조기 발견 551

조기 중재 서비스의 유형 553

가족들: 생애 초기, 행동할 때 554

조직과 기관들 554

학령기 555

효과적인 중재들 555

최중도장애학생을 위한 특성화교수 555

전환교육 557

개별화교육계획의 전환교육 구성요소 558

기능적 기술 가르치기 560

사람들과 상황들 560

기원과 역사 560

롤 모델과 변화 주도자 560

주요 역사적 전환점 561

개인적 이야기들 562

지역사회 참여 562

통합 실제 565

미래 전망 565

예방: 외상성 뇌손상(TBI) 565

외상성 뇌손상의 주요 원인 565

외상성 뇌손상 예방 566

기술: 접근성 향상 568

의사소통을 위한 기술 선택사항 568

접근성 개선을 위한 기술 선택사항 568

의학적 발전: 더 밝은 미래의 약속 570

요약 571

참고문헌 573

제 15 장 영재 및 재능아

영재 및 재능아의 정의 577

영재 및 재능아의 정의 577

영재학생 판별 578

특성 582

출현율과 배치 586

특수교육 588

도전과제들과 그 해결책들 588

도전과제들 588

해결책들 591
조정 592
조기중재 596
학령기 599
부모와 가족 602
전환 602

사람들과 상황들 604
기원과 역사 604
개인적 이야기들 607

미래 전망 610
해결해야 할 과제 610
영재교육 프로그램은 의무화되지 않았다 610
영재 프로그램에서 소외되는 학생 집단들 612
기술: 확장되는 선택지 615

요약 618
참고문헌 619

용어집 628

제 1 장

예외성에 관한 고찰

리데릭 혼(LeDerick Horne)은 시인이자 극작가, 영감을 주는 연설가, 옹호자, 기업가이며, 또한 장애를 가진 사람이다. 그는 초등학교 3학년 때, 읽기와 철자 쓰기를 배우지 못하는 듯한 모습 때문에 학습장애가 있는 것으로 판별되었다. 학교에서 많은 어려움을 겪었음에도 불구하고, Horne은 대학에 진학하고 졸업하여 성공한 작가가 되겠다는 결심을 굽히지 않았다. 오늘날 그는 대학 졸업자이자 성공적인 작가, 기조 연설가, 남편이자 아버지일 뿐만 아니라, 다름을 지닌 모든 이들의 역할모델이기도 하다. 장애, 교육, 그리고 자신의 삶에 대한 통찰은 그를 대학 강연계에서 주목받는 연사로 만들었다. 그는 백악관, 유엔, 하버드대학교, 그리고 여러 정부 회의에서 발표를 해왔다. 그의 활동을 통해 우리는 다르게 배우는 사람들에 대한 더 나은 관점을 갖게 된다. 그는 태도가 어떻게 진화하며, 그것이 문화, 사회, 언어에 어떻게 반영되는지를 우리에게 가르쳐 준다. 또한 그는 사람들의 영감과 의지에 의해 태도가 변화된다는 점을 현명하게 조언한다.

Horne은 많은 사람을 대표하여 목소리를 내며, 우리 모두가 꿈을 꾸고, 손을 뻗어 기회를 붙잡을 것을 도전적으로 촉구한다. 그는 또한 자신과 타인, 그리고 사회로부터 최고의 것을 요구하라고 격려한다. 이러한 태도는 장애를 가진 사람들에게 특히 유익하게 작용한다.

LeDerick Horne에 관한 자세한 정보는 웹사이트 www.lederick.com에서 확인할 수 있다.

제 1 장 예외성에 관한 고찰

학습 목표

1.1 오늘날 학교와 학생의 인구통계학적 특성을 과거와 비교하고, 특수교육 장애 범주와 그 출현율의 차이를 설명하며, 영재교육 대상 학생들에게 제공되는 서비스가 전국적으로 일관되지 않은 이유를 제시한다.

1.2 장애인이 경험한 편견과 차별 사례를 문서화하고, 통합교육과 지역사회 참여에 대한 권리가 어떻게 쟁취되었는지 설명한다.

1.3 사람 우선 언어(people-first language)와 장애 우선 언어(disability-first language)의 의미를 설명하고, 장애인을 지칭하는 방식이 왜 중요한지 설명한다.

1.4 가족 참여, 학업 성과, 중등 이후 교육, 그리고 지역사회 참여라는 네 가지 차원을 사용하여 이루어진 진전을 설명하고 여전히 달성해야 할 목적을 논의한다.

예외성을 관점에서 바라보기

학습 목표

오늘날 학교와 학생의 인구통계학적 특성을 과거와 비교하고, 특수교육 장애 범주와 그 출현율의 차이를 설명하며, 영재교육 대상 학생들에게 제공되는 서비스가 전국적으로 일관되지 않은 이유를 제시한다.

모든 학생

- 미국 학교에 다니는 5천만 명의 아동 및 청소년은 배경, 인종/민족, 사회경제적 지위, 능력 면에서 매우 다양하다.
- 미국 학생들의 인구통계학적 특성은 지난 20년간 극적으로 변화했으며, 앞으로도 더 변화할 것으로 예측된다.

미국 학생의 대다수는 장애가 없다. 이들 대부분은 성장하고, 성취하며, 생산적인 성인으로서 사회에서 자신의 자리를 찾는다. 대부분에게는 이러한

그림 1.1 미국 공립학교 학생의 인종 및 민족 구성: 2020-2021학년도

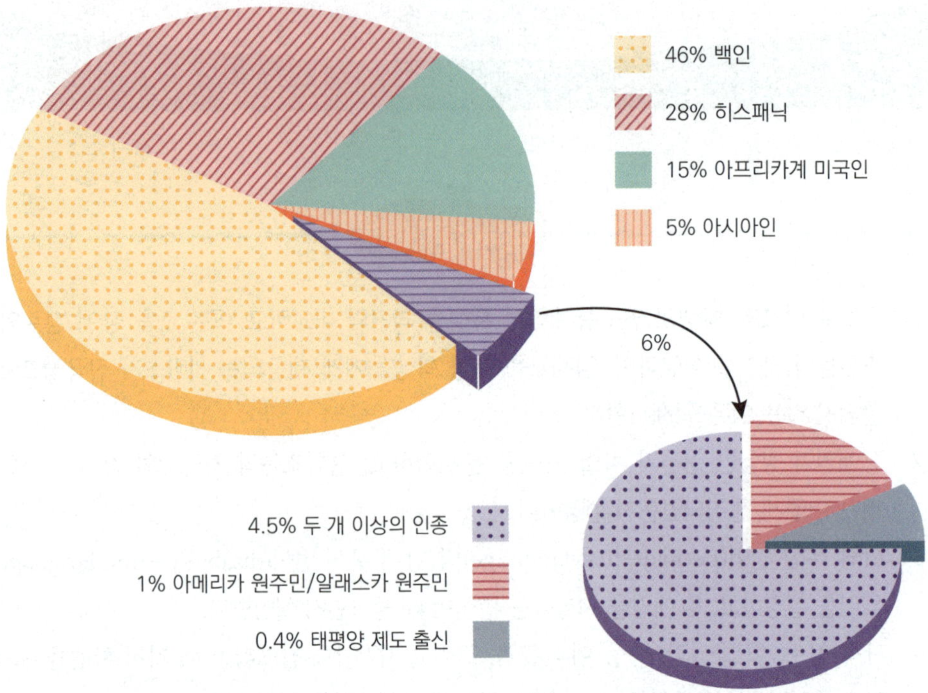

출처: 미국 교육부, 국립교육통계센터, 교육 현황, 2022년 교육 현황 보고서, 표 203.70, "인종/민족 및 주 또는 관할구역별 공립 초등 및 중등학교 등록 비율 분포: 2010년 가을, 2019년 가을, 2020년 가을," https://nces.ed.gov/programs/digest/d21/tables/dt21_203.70.asp에서 이용 가능

긍정적인 결과가 있음에도 불구하고, 너무 많은 다른 학생들이 삶의 환경 때문에 학교에서 어려움을 겪고 있다.

미국 학교의 구성

이 교재는 장애아동 및 청소년에 초점을 맞추고 있지만, 이들을 적절한 관점에서 바라보고 미국의 모든 청소년의 인구통계학적 특성과 그들의 교육 상황을 이해하는 것이 중요하다. 우리 중 많은 사람들이 미국 학생들에 대한 선입견을 가지고 있으며, 이는 종종 미디어 헤드라인에서 얻은 것으로 항상 전체 그림을 나타내지는 않을 수 있다. 교육적 지식과 교수 실천 또는 정책에 대한 결정을 신뢰할 수 있는 자료원의 실제 데이터에 기반하는 것이 중요하다. 때때로 그러한 데이터는 놀라울 수 있으며, 우리가 사실이라고 생각했던 것을 재고하고, 우리 자신의 인식을 재검토하며, 우리의 정보원에 의문을 제기하도록 한다. 미국의 모든 아동과 그들이 받는 교육의 그림을 제시하는 일부 데이터를 살펴보자. 읽어가면서 제시된 정보가 여러분의 신념과 일치하는지 자문해 보라.

약 5천만 명의 아동 및 청소년이 미국 학교에 다닌다. 이들은 배경, 인종 또는 민족, 사회경제적 지위(SES), 능력, 그리고 교육 시스템을 통해 제공받는 교육 유형에 있어 다양하다. 백인 아동이 1997년에는

학교 인구의 63%를 차지했지만, 현재는 전체 전국 학교 인구의 46%를 구성한다. 그림 1.1은 연방 정부가 미국의 인종 및 민족 집단에 사용하는 용어를 사용하여 2020-2021학년도의 학교 구성을 보여준다.

미국 아동의 대부분은 공교육 시스템을 통해 교육을 받는다. 약 4,800만 명의 학생이 공립 초등학교 또는 중등학교에 다니고 있으며, 약 500만 명의 추가 학생이 사립학교에 다닌다. 차터스쿨은 공립학교로 간주되므로, 이들 학생은 다른 모든 공립학교 학생과 함께 집계된다. 차터스쿨에 대한 모든 관심에도 불구하고, 2014년에 공립학교 학생의 5% 미만이 이러한 대안 교육기관에 다닌다는 것을 알면 놀랄 수 있다. 그러나 그 비율은 2020-2021학년도에 7.5%로 증가했다. 캘리포니아가 가장 많은 수(1,334개교에서 692,783명 학생 재학)를 보유했고, 텍사스(983개교에서 435,834명 학생 재학), 플로리다(690개교에서 341,045명 재학)가 그 뒤를 이었다. 차터스쿨 폐교율(4%)은 개교율(5%)보다 낮았다. 차터스쿨은 계속해서 많은 가족이 자녀 교육을 위해 선택하는 옵션이 되고 있다.

공립학교 인구의 변화

지난 20년 동안 미국 인구의 인구통계학적 특성과 생활 조건은 극적으로 변화했다. 2010년과 비교했을 때, 2020년 인구조사는 전체 미국 인구가 7% 증가했음을 발견했는데, 이는 1930년대 이후 가장 낮은 수준이다. 그러나 히스패닉/라틴계 인구는 약 23% 증가하여 가장 큰 증가세를 보였다. 집합적으로, 역사적으로 소외된 집단은 2010년의 36%, 2000년의 31%와 비교하여 미국 인구의 42%(1억 3,980만 명)를 차지한다. 아동만을 고려할 때, 2020년에는 52%가 역사적으로 소외된 집단에 속했으며, 이는 2010년 이후 12% 증가한 것이다. 이러한 성장이 미국 내 가족에게서 태어난 학생 수에 기인한다는 것을 알면 놀랄 수 있으며, 이들 중 많은 수가 이민자 가족 출신이지만 전부는 아니다. 미국 아동 4명 중 1명(2000년대 초 5명 중 1명에서 증가) 또는 1,820만 명이 이민자 가족 출신이지만, 비율은 전국적으로 크게 다르다. 캘리포니아(46%), 뉴저지(40%), 네바다(36%), 뉴욕(35%), 텍사스와 플로리다(모두 33%)가 이러한 아동의 가장 큰 비중을 차지한다. 웨스트버지니아(3%), 푸에르토리코(4%), 몬태나(4%), 미시시피(5%)가 이러한 아동의 가장 작은 비중을 차지한다. 부모가 이민자일 수 있지만, 이들 중 90%는 미국 시민이다. 이들 중 단지 3%만이 외국 태생이며, 부모의 37%는 미국 시민이 아니다. 14세에서 18세 사이의 청소년을 고려할 때, 아시아계 및 태평양 도서민(77%)이 이민자 가족에서 사는 가장 큰 집단이다. 이러한 데이터는 라틴계 아동에 대한 많은 사람들의 가정(assumption)에 도전해야 하며, 이는 부분적으로 이민 문제와 불법 체류 근로자에 대한 지속적인 미디어 보도 때문이다. 사실, 최근 연구 결과는 일반적으로 유지되는 다른 오해에 도전한다. 미국 태생 라틴계의 대다수는 영어를 사용하거나 이중언어(스페인어와 영어) 가정 출신이다. 실제로 1세대 라틴계의 61%가 스페인어 우세인 반면, 그 비율은 세대를 거치면서 크게 감소하여 2세대의 6%만이 스페인어 우세이며, 3세대에는 스페인어 우세인 구성원이 없다. 영어 능숙도는 사상 최고 수준이다. 경제적으로, 1세대 이민자들은 어려움을 겪는 경향이 있지만 2세대 라틴계는 고등학교를 마치고, 대학을 졸업하며, 다양한 직업에서 일하고, 중산층에 합류하고 있다. 이러한 아동 중 빈곤 속에 사는 수는 불과 10

년 전보다 상당히 줄어들었다. 교육은 이러한 학생과 그들의 가족에게 우선순위이며, 그들의 졸업 후 성공은 이러한 초점이 성과를 거두고 있음을 나타낸다.

이 정보를 아는 것이 왜 중요할까? 사람들에 대해 성급한 판단을 내리는 것은 인간의 본성이며, 이는 종종 고정관념이거나, 놓치고 있거나, 부정확하거나, 또는 불완전한 정보에 기반하기 때문이다. 교사는 라틴계 학생들이 가난한 가정 출신이거나, 부모가 이민자이거나, 영어를 잘하지 못한다고 가정할 수 있다. 그러나, 그 대신 교육자들은 어떤 학생에 대해서도 고정관념적인 가정을 하지 않도록 경계해야 하며, 모든 학생은 그들에게 도전하지만, 뛰어난 역량을 가질 기회를 제공하는 고품질 교육을 받을 자격이 있다.

미국 밖에서 태어난 아동의 비율은 약 3%로 낮지만, 전체 학생의 10%를 약간 넘는 학생들이 영어 학습자(ELs)이며, 영어 언어 학습자(ELLs)라고도 불린다—이들은 집에서 영어를 사용하지 않는다. 가장 큰 집단은 스페인어 사용자(75%)이다. 그러나 EL에는 스페인어 이외의 언어를 사용하는 학생들이 포함된다. 두 번째로 큰 집단은 아랍어를 사용하며, 영어는 집에서 사용되는 세 번째로 흔한 언어다. 중국어, 베트남어, 포르투갈어, 러시아어, 아이티어, 몽족어, 그리고 한국어가 다음으로 흔하게 보고된 가정 언어였다.

3장에서 배우게 되듯이, 이러한 학생들은 영어에 능숙하지 않으므로 교실 수업에서 혜택을 받기 위해 언어 지원이 필요하다.

장애학생

- 학생들은 장애인교육법에 명시된 장애 범주에 따라 특수교육 서비스를 받을 자격을 얻을 수 있다.
- 출현율은 장애 범주와 전국에 걸쳐 다양하다.

IDEA 장애 범주

미국 학생의 전체 인구 내에서, 일부 학생들은 장애를 가지고 있다. 모든 학령기 아동의 약 14%가 특수교육 서비스를 받을 자격이 있고, 받고 있다. 4장에서 이러한 학생들이 받을 자격이 있는 서비스에 관해 주와 학교 시스템을 안내하는 국가 법률에 대해 배울 것이다. 지금은 연방 정부가 2004년 장애인교육법(IDEA '04, 또는 간단히 IDEA)이라는 국가 법률을 통해 장애학생에게 그들의 교육적 필요를 충족시키기에 적절한 무상 공교육을 보장한다는 것을 알아두라. 이는 특수교육 또는 특수교육 서비스라고 불린다. IDEA에서 정부는 13개의 특정 장애 범주와 어린 아동을 위한 하나의 일반 범주를 개괄한다. 관련 기준을 충족하는 학생들은 특수교육 서비스를 받을 자격을 얻는다. 농과 청각장애 범주는 법에서 별도로 명시되어 있지만, 종종 결합된다. 또한 발달지체 범주는 특정 장애가 아직 확인되지 않았을 수 있는 어린 아동(9세까지)을 위한 일반 범주다. 연방정부가 사용하는 용어가 부모 단체, 전문 조직, 주 또는 대중이 사용하는 용어와 일치하지 않을 때가 있음을 인지하라. 예를 들어, 연방정부는 정서장애라는 용어를 사용하지만, 대부분의 전문 조직과 일부 주는 정서 및 행동장애라는 용어를 사용한다. 표 1.1은 IDEA에 포함된 장애를 설명하는 데 사용되는 용어의 목록과 간략한 설명을 제공한다. 가장 큰 집단을 먼저 나열하여 크기별로 그 집단들을 나열한

표 1.1 출현율 순서에 따른 IDEA 장애 범주

IDEA Term	기타 용어 및 정의	주석
말 또는 언어장애 (Speech or language impairments)	의사소통장애(communication disorders); 말장애, 언어장애 등(speech disorders, language disorders)	언어장애는 조음, 유창성, 음성 문제로 구성되며, 언어장애는 의미 구성과 관련됨
특정학습장애 (Specific learning disabilities)	학습장애 (learning disabilities; LD)	읽기, 수학 등 특정 학습 영역에서의 예기치 않은 저성취를 포함함
기타 건강장애 (Other health impairments)	건강장애 (special health care needs)	ADHD가 포함되어 비교적 높은 출현율을 나타냄
자폐(Autism)	자폐스펙트럼장애(autism spectrum disorders; ASD)	사회적 상호작용 및 의사소통의 어려움, 제한적이고 반복적인 행동 포함
발달지체(Developmental delay)	발달지체	만 3세에서 9세까지 비범주적 (noncategorical) 판별 허용
지적장애(Intellectual disabilities)	지적장애(intellectual and developmental disabilities; cognitive disabilities)	경도에서 중도까지의 범위 포함, 다른 장애와 동반되는 경우 많음
정서장애(Emotional disturbance)	정서행동장애(emotional and behavioral disorders; EBD)	품행장애(conduct disorders)는 포함되지 않음
중복장애(Multiple disabilities)	중복장애(multiple severe disabilities)	모든 중복장애 포함 아님, 주별 기준에 따라 달라짐
농, 청각장애 (Deafness; hearing impairments)	난청 그리고 농(hard of hearing and deaf; d/Deaf)	IDEA 상에서는 분리되어 있으나 보고 및 자료 분석 시에는 통합되기도 함
지체장애(Orthopedic impairments)	지체장애 (physical impairments; PI)	신경운동장애, 근골격계 이상 포함
시각장애(Visual impairments)	저시력 그리고 맹(low vision and blind)	시력 저하에서 실명까지 전체 범위 포함
농맹(Deaf-blindness)	시청각장애(deafblind)	청각과 시각 모두의 손상이 반드시 요구되지는 않음
외상성 뇌손상 (Traumatic brain injury)	외상성 뇌손상(TBI)	출생 후에 발생한 손상을 기준으로 함

*IDEA에서는 농(Deafness)과 청각장애(hearing impairments)를 두 개의 별개 장애로 명시한다.

다. 처음 나열된 세 집단(언어장애, 특정학습장애, 기타 건강장애)은 함께 전체 장애아동의 약 71%를 포함하며, 표의 하단에 있는 여섯 집단은 함께 전체의 4%만을 차지한다.

장애 범주별로 특수교육 서비스의 정의와 적격성 기준은 이 책의 후반부 각 장애별 장(chapter)에서 다루어진다. 일반적으로, 단순히 장애가 있다는 이유만으로 학생이 자동으로 서비스를 받을 수 있는 것은 아니다. 예를 들어, 시력 손상이 있어 안경을 착용하는 학생이라고 해도, 특수한 서비스가 항상 필요한 것은 아니다. 하지만, 그 학생이 안경을 착용하고 있음에도 불구하고 시력 손상으로 인해 교육적 수행이 실질적으로 부정적인 영향을 받는 경우라면, 그 학생은 아마도 특수교육 서비스 대상자로 적격하며, 이는 시각장애 학생 교사(TVI: Teacher of Students with Visual Impairments)와 같은 시각 전문가에 의해 해당 서비스가 제공될 수 있다.

추가적으로, 장애로 판별되지는 않았지만, 장애로 판별될 위험이 있는 학생들에게 제공되는 특수교육 서비스가 존재한다. '조기 개입'(early intervening)은 생후부터 만 5세까지의 장애 영유아를 위한 '조기 중재'(early intervention)와는 다른 개념으로, 2017년에 처음 명시되었고 2022년에는 연방규정집(Code of Federal Regulations)에 통합되었다. 이 서비스는 아직 장애로 판별되지 않았지만 특히 유치원에서 초등 3학년까지의 아동들을 중심으로 한 학령기 아동을 대상으로 하며, 학군은 IDEA 기금의 최대 15%까지를 이러한 특수교육 서비스 제공에 사용할 수 있다(Code of Federal Regulations, 2022). 예를 들어, 읽기 실패를 예방하여 그러한 문제가 복합적으로 발생하고 결국 특수교육 연계로 이어지는 것을 방지하는 것이 목적이다.

출현율(Prevalence)

IDEA가 1975년에 처음 제정된 이후 매년 연방정부는 각 주로부터 특수교육 서비스를 받는 학생에 대한 자료를 수집해 왔다. 이러한 자료는 「의회 연례 보고서(Annual Reports to Congress)」에 요약되어 있으며, 학생의 연령, 장애 범주, 인종/민족 등을 포함한 다양한 정보를 담고 있다. 이러한 국가 차원의 자료를 매년 모든 주로부터 수집하는 데에는 몇 가지 장점이 있다.

첫째, 이 자료는 특수 서비스를 받는 학생 수, 즉 출현율(prevalence)을 파악하는 데 도움이 된다. 미국 교육부의 최근 보고에 따르면, 5세에서 21세 사이의 미국 공립학교 학생 중 약 14%가 특수교육 서비스를 받고 있다. 이 출현율은 시간이 지나면서 다소 감소해 왔으며, 2004년에는 6세에서 21세 사이의 공립학교 학생 중 9%가 특수교육 서비스를 받고 있었다. 전체 출현율뿐 아니라, 이 자료는 장애 범주별 국가 및 주 수준의 출현율도 보여준다. 시간 경과에 따른 장애 유형별 전반적인 추세는 흥미로운 변화를 나타낸다. 수년간 학습장애는 전체 학령기 장애의 절반 이상을 차지해 왔다. 현재도 학습장애는 가장 높은 비율을 보이고 있지만, 조기 중재 기법 및 연구 기반 실제의 도입(일부는 2장과 6장에서 다룰 예정)으로 인해 그 출현율은 점차 감소하고 있다. 반면, 자폐스펙트럼장애(ASD)의 출현율은 최근 들어 급격히 증가하고 있는데, 이는 실제 발생 사례의 증가뿐 아니라, 과거보다 더 넓은 정의가 적용되어 더 많은 아동이 자격을 얻게 된 것 때문이다. 지체장애나 외상성 뇌손상과 같은 일부 장애는 발생률(incidence)은 증가하였으나, 의료기술의 향상으로 특수교육의 필요성은 시간에 따라 비교적 낮은 수준에서 유지되고 있다.

그림 1.2는 특수교육 서비스를 받는 학생들의 각 장애 범주별 비율을 보여준다. 또한, '출현율 대 중증도(Prevalence Rate versus Severity)'라는 제목의 박스는 이와 관련된 주요 고려사항을 소개하고 있다. 장애학생의 출현율에 대한 더 많은 정보는 다음 웹사이트에서 확인할 수 있다: http://nces.ed.gov/programs/coe/indicator_cgg.asp

그림 1.2 5-21세 학생의 출현율에 따른 장애 순서: 2020-2021학년도

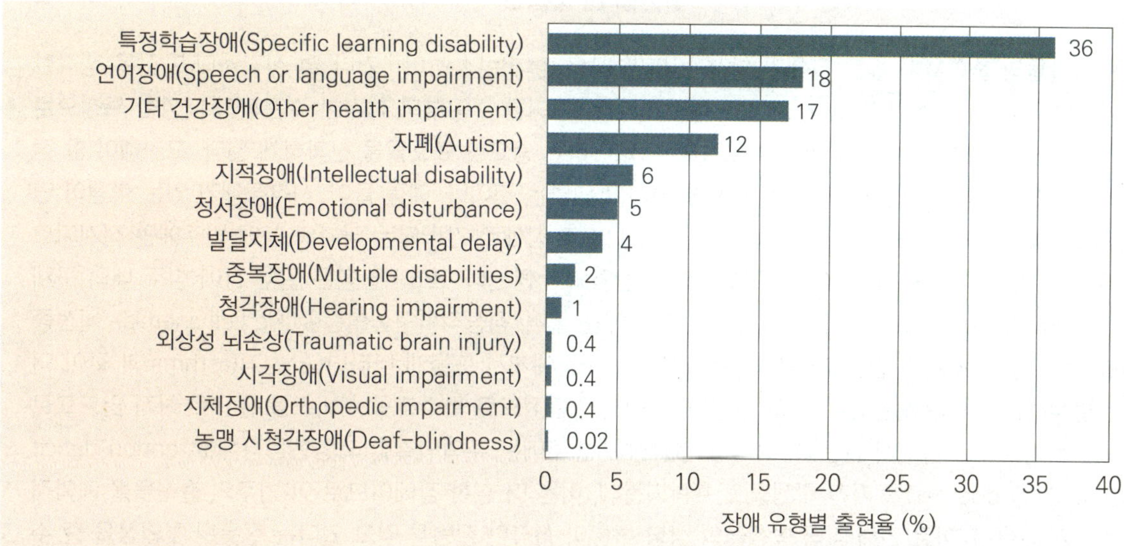

출처: 미국 교육부. (2022). 아동 수 및 교육 환경. [IDEA 제618조 데이터 제품: 주 수준 데이터 파일.] https://data.ed.gov/dataset/idea-section-618-state-part-bchild-count-and-educational-environments/resources에서 검색

이 그래프는 2020-2021학년도 5-21세 학생들의 장애 유형별 출현율을 백분율로 나타낸 것이다.

특정학습장애가 36%로 가장 높은 비율을 차지하며, 상위 3개 범주(특정학습장애, 언어장애, 기타 건강장애)가 전체의 71%를 차지한다.

국가 데이터 수집의 두 번째 이점은 정책입안자들이 주별 출현율 차이를 파악할 수 있다는 것이다. 5세에서 21세 사이의 학령인구 중 특수교육 서비스를 받는 학생 비율을 분석하면 놀라운 차이가 나타난다. 예를 들어, 하와이에서는 전체 학생의 약 7%, 아이다호에서는 약 8%가 특수교육 서비스를 받는다. 그러나 이들 주의 비율은 뉴욕, 뉴저지, 웨스트버지니아보다 훨씬 낮은데, 이들 주에서는 전체 학생의 약 13%가 이러한 서비스를 받는다. 이러한 차이가 존재하는 이유는 명확하지 않다. 또한 주별 범주별 차이도 의문스럽다. 예를 들어, 유타주는 특수교육 서비스를 받는 학생의 43%가 학습장애를 가지고 있다고 보고하는 반면, 켄터키주의 학습장애 비율은 19%로 훨씬 낮다. 거의 모든 특수교육 범주에서 이와 유사한 불일치가 존재한다. 주별 확인율의 이러한 변동성에 대한 한 가지 잠재적 이유는 절차상의 차이에 있다. 예를 들어, 한 주에서는 언어장애가 있는 학생이 학습장애 범주에 배정될 가능성이 더 높지만, 다른 주에서는 언어장애 범주에 배정될 수 있다. 또한 일부 주는 특정 장애에 대해 더 넓은 정의를 사용하는 반면, 다른 주는 더 제한적인 정의를 사용한다. 실제로 한 주에서는 장애가 있는 것으로 확인된 학생이 부모가 이주하면 다른 주에서는 확인되지 않을 수 있는 이러한 국가적 변동성은 우리가 장애 상태에 대해 생각하는 방식에 의문을 제기한다.

셋째, 데이터는 일부 집단이 장애를 가진 것으로

출현율 대 중증도

많은 사람들이 출현율이 높은 장애가 발생 빈도가 낮은 장애보다 경미하거나 덜 심각하다고 잘못 생각한다. 이러한 인식은 정확하지 않다. 모든 유형의 장애는 경미한 수준부터 심각한 수준까지 다양한 특성으로 나타날 수 있다. 또한 출현율 데이터만 고려하는 것은 다른 중요한 요소들을 간과하게 된다. 고려해야 할 점 중 하나는 많은 학생들이 여러 장애를 동시에 가지고 있다는 것이다. 예를 들어, 시각장애가 있는 학생이 언어장애도 함께 가질 수 있다. 그러나 이러한 학생들은 주 장애로 간주되는 하나의 장애 범주에만 집계되므로, 주나 국가의 출현율 데이터에는 중복 장애가 반영되지 않는다. 또 다른 점은 일부 장애 범주 내의 구체적인 데이터가 겉으로 드러나지 않는다는 것이다. 예를 들어, 겸상적혈구빈혈증(sickle cell anemia), 뇌전증(epilepsy), 암(cancer)과 같은 대부분의 건강장애는 아동에게서 드물게 나타난다. 천식(asthma)과 같이 더 자주 발생하는 질환은 높은 결석률의 원인이 되지만, 일반적으로 특수교육 서비스를 필요로 하지 않으므로 건강장애 범주에 포함되지 않는다. 그러나 건강장애 범주에는 주의력결핍 과잉행동장애(attention deficit hyperactivity disorder)를 가진 학생들도 포함되는데, 이는 더 흔한 장애이므로 이 범주의 출현율을 예외적으로 높게 만든다. 이로 인해 미국 학생들의 상당 부분이 심각한 질병을 겪고 있다는 잘못된 첫인상을 줄 수 있다.

과도하게 확인되거나 특정 범주에서 과도하게 대표되는지를 파악하는 데 도움이 된다. 다양한 인종/민족 집단 학생들의 불균형적 표상에 대해서는 3장에서 배우게 된다. 지금은 지난 20년 동안 다양한 배경을 가진 학생들, 특히 지적장애와 정서 및 행동장애 범주에서의 과도한 확인을 줄이는 데 상당한 관심이 집중되어 왔다는 것을 알아야 한다. 그 노력은 성과를 거두고 있다. 비례적으로, 흑인과 라틴계 학생들이 장애를 가진 것으로 잘못 확인되는 경우가 줄어들고 있으며, 이는 전체 출현율 감소에 반영되고 있다.

영재교육 대상 학생

- 영재교육 대상 학생을 위한 서비스는 전국적으로 크게 다르다.
- 많은 영재교육 대상 학생 집단이 종종 간과된다.

영재교육 대상 학생을 위한 서비스

연방정부는 영재성에 대한 데이터를 수집하지 않는데, 이는 이러한 학생들이 장애학생과 달리 특수교육 서비스를 보장받지 못하기 때문이다. 이들의 교육은 IDEA를 통해 보호받거나 재정 지원을 받지 못한다. 주에서 이러한 학생들에게 특별 서비스를 제공해야 한다는 연방 요구사항이 없으므로 보고(reporting)하라는 요구사항도 없다. 이것이 영재성, 창의성, 재능이 이 장의 "장애학생" 섹션의 출현율 수치에 포함되지 않는 이유다. 그러나 이러한 학생들과 그들의 특별한 요구에 대해서는 15장에서 더 자세히 배우게 된다. 그러나 전문가들은 전국적으로 모든 학생의 6~10%가 높은 수준의 지능, 창의성 또는 특별한 재능 때문에 어떤 형태의 특수교육 프로그램이 필요하다고 추정한다.

문화적 고려사항 소외된 학생과 자원이 부족한 학교

미국 학교에서 인종/민족, 문화, 사회경제적 지위(SES), 장애의 교차점은 간과되거나 과소평가될 수 없다. 도시나 농촌 지역의 빈곤한 학교들은 유색인종 학생과 가족, 그리고 장애학생이 불균형적으로 많다. 이들 중 많은 수가 수세기 동안 사회적으로 소외되어 온 집단 출신이며, 다른 이들은 최근 이민자들이다. 그럼에도 불구하고, 이들은 너무나 자주 교외 지역 학교와 비교하여 열악한 기반시설(예: 오래되고 낡은 건물, 잘 준비된 교사 부족)을 가진 자원이 부족한 학교에 다닌다. 교육 시스템이 모든 학생의 개별 학습 요구를 충족시키고자 노력하는 가운데, 수십 년 동안 교육자와 정책입안자들은 이러한 학교에 다니는 장애학생의 과도한 표상과 과도한 확인 가능성을 해결하기 위해 고군분투해 왔다. 분명히 쉬운 해결책은 없지만, 모든 학습자에 대한 교육적 결정에서 교사와 행정가가 수행하는 역할은 인정되어야 한다.

특별한 재능과 능력을 가진 학생들은 종종 특별하고 독특한 서비스가 필요한 것으로 생각되지만, 그들에게 제공되는 교육 프로그램의 유형에 관한 결정은 연방이 아닌 주 수준에서 이루어진다. 많은 주에서 자격을 갖춘 학생들은 장애학생을 위한 것과 유사한 특수교육 서비스를 제공받는다. 그러나 이러한 서비스는 연방정부가 주와 교육구에 보장하는 연방 법적 요구사항이나 추가 재정 지원 조항 없이 제공된다. 일부 주와 교육구에서는 특별한 재능과 재능을 가진 학생들이 특별한 조정, 서비스 또는 지원을 전혀 받지 못한다.

간과되는 영재교육 대상 학생

영재교육 대상 학생들이 자신의 잠재력을 발휘하기 위해 특별한 관심이 필요하지 않다는 일반적인 믿음과 달리, 사실은 다른 이야기를 말해준다. 일부 전문가들은 모든 영재학생의 절반이 학교에서 학습부진을 보이며, 자신의 재능이나 잠재력을 제대로 발휘하지 못한다고 가정한다. 그리고 독특한 재능이 일찍 드러난 학생들은 종종 일반교육 교육과정에 지루함을 느낀다. 비록 그들이 매우 지능이 높아 모든 아동의 상위 3~5%에 속하거나 다른 재능의 놀라운 수준을 보여주더라도, 종종 주저하거나 기대되는 수준까지 성취하지 못한다. 그들은 현재 우수성 격차(excellence gaps)라고 불리는 상황에 놓여 있다. 이러한 격차는 학교가 저성취 학생들에 초점을 맞추어 "성취 격차(achievement gap)"를 줄이거나 빈곤하고 저성과 학교에 다니는 학생들의 학업 성취도를 높이려고 할 때 발생한다. 이러한 접근법은 영재학생의 요구를 무시하는 결과를 낳을 수 있다. 일반적으로 필요한 관심을 받지 못하는 또 다른 영재학생 집단은 장애가 있는 영재학생들이다. 그들의 독특한 능력에 도전하는 특별한 차별화, 심화 또는 속진 프로그램 없이는 그들 역시 종종 학습부진을 보인다. 그들의 특별한 상황에 대한 더 많은 정보는 '생각해 볼 점: 장애영재(Twice Exceptional)' 박스에서 찾을 수 있다.

안타깝게도 영재 학습부진 학생들은 학교 경험에서 거의 가치를 찾지 못한다고 보고하며, 많은 수가 중퇴한다. 일부 추정에 따르면 모든 고등학교 중퇴자의 4분의 1까지가 영재학생이다. 그 결과는 관련된 개인과 그들의 가족에게 비극적이다. 놓친 잠

생각해 볼 점: 장애영재

많은 영재교육 대상 학생들이 특별한 재능이나 영재성을 가진 것으로 확인되지 않아 전문적인 교육 서비스를 전혀 받지 못한다. 이 장의 서두에 나온 LeDerick Horne과 같은 일부 개인들은 이중으로 특별하다—그들은 영재성이나 특별한 재능을 가지고 있으면서 동시에 장애도 가지고 있다. 그러나 장애가 종종 영재성을 가리게 되어 영재교육 의뢰 대상에서 간과되며, 이로 인해 이중 특별함을 가진 학생들은 영재교육에서 소외된 집단이 된다. 다른 소외된 영재학생들로는 다양한 인종이나 민족 집단 출신 학생들과 심화 기회가 쉽게 제공되지 않는 빈곤한 학교에 다니는 학생들이 있다.

재력과 사회적 기여는 오직 상상으로만 가능할 수밖에 없다: 기후 변화의 해결책, 암을 예방하는 백신, 절묘한 노래, 인상적인 벽화, 가뭄 지역을 위한 혁신적인 물 관리 기술, 또는 우리가 현재로서는 상상조차 할 수 없는 혁신적인 발견들이 이들의 잠재력과 함께 사라지는 것이다.

장애와 사회적 정의

학습 목표

장애인이 경험한 편견과 차별 사례를 문서화하고, 통합교육과 지역사회 참여에 대한 권리가 어떻게 쟁취되었는지 설명한다.

사회적 정의의 쟁점

- 과거부터 오늘날까지, 장애인이 부당한 대우를 받고 상당한 편견과 차별에 직면한 많은 사례가 있다.
- 이러한 편견과 변화하는 태도는 영화를 통해 추적할 수 있다.

시대에 걸친 장애인의 처우

장애의 역사는 이들 개인이 견뎌야 했던 불공정하고 끔찍한 처우를 기록하고 있다. 몇 가지 예를 들면 다음과 같다. 중세 시대에 일부 소인(이전에는 난쟁이라고 불림)들은 왕실에서 광대로 봉사하고 즐겁게 하기 위해 거느려졌지만, 대부분은 배척당하고 버려졌다. 18세기에 사람들은 종종 "결함이 있는" 아기들을 숲에 두고 죽도록 내버려두거나 자루에 넣어 다리 위에서 급류에 던져버렸다. 역사의 여러 시점에서 많은 사람들은 시적장애인이 사회에 위협이 되므로 사회를 보호해야 한다는 잘못된 믿음을 가지고 있었다. 결과적으로 이들 개인은 시설에 갇혔고, 그들이 자녀를 갖지 못하도록 불임 수술을 하는 것이 일반적인 관행이었다. 제2차 세계대전 동안 나치는 지적으로나 신체적으로 완벽하다고 여겨지지 않는 사람들을 학살하기 위해 강제 수용소로 보냈다. 권력의 자리에 있는 사람들조차도 자신의 장애를 숨겼는데, 미국의 32대 대통령(1933-1945)인 프랭클린 델라노 루스벨트(FDR)가 그 예다. 그는 39세에 소아마비에 걸려 이동성이 크게 손상되는 지체장애를 갖게 되었다. 그는 장애가 약함의 표시로 해

영상 속에서 **크립 캠프(Crip camp)**

이 장의 '영상 속에서'에 소개된 『크립 캠프』와 같은 영화들은 역사로부터 중요한 교훈을 가르쳐주며, 장애인들이 어떻게 자신들의 어려움을 대중으로부터 숨겨야 했는지를 상기시켜준다. 넷플릭스 수상작 다큐멘터리 영화인 『크립 캠프』는 이 장 전반에 걸쳐 소개되는 선구적인 장애 옹호자 고(故) 주디스 휴먼의 이야기를 들려주며, 20세기 후반부터 오늘날까지 이 나라의 장애 옹호 운동을 추적한다.

석될까 두려워 대통령 재임 기간 내내 대중으로부터 이를 숨겼다. 오늘날 FDR이 휠체어를 사용하는 모습을 보여주는 사진은 단 두 장만 존재한다. 1997년 FDR 기념관이 헌정되었을 때조차도 휠체어에 앉은 그의 동상은 포함되지 않았다.

주디스 휴먼과 그녀의 동료들의 이야기에서 배웠듯이, 차별은 먼 과거에만 국한되지 않고 오늘날에도 발생한다. 지난 세기 중반, 장애를 가진 아이가 태어났을 때 부모들은 종종 의사로부터 자녀를 시설에 수용하라는 말을 들었고, 거의 항상 그 제안에 따랐다. 이러한 관행은 1967년 버튼 블랫이 시설 수용의 끔찍한 실태를 대중에게 알린 유명한 저서 『연옥의 크리스마스』를 출간한 후 감소하기 시작했다. 이 사진 에세이는 주립 시설에서 지적장애인들이 받는 처우를 기록했다. 거의 20만 명의 장애인이 거주했던 이러한 생활 시설에서 이들은 격리되고 고립되었으며, 버려지고 잊혔다. 일반적으로 그들은 어떠한 교육이나 재활서비스도 받지 못했다. 가족들은 장애를 가진 친척들이 너무나 최소한의 음식, 주거, 의복만을 제공받았다는 사실을 알지 못했다.

이러한 대규모 집단 거주 시설에서의 학대는 광범위하게 일어났는데, 이는 그러한 거주지와 거주자들이 대중의 시야에서 벗어나 있었기 때문이다. 시설이 폐쇄되고 거주자들이 퇴소했을 때 그들이 독립적으로 살 수 있는 기술을 갖추지 못했던 것은 당연한 일이었다. 오늘날 미국에서 시설이 불법은 아니지만, 그 수는 줄어들었고, 남아 있는 소수의 시설 폐쇄를 요구하는 목소리가 계속되고 있다. 불행히도 거주 시설은 다른 나라들에서는 여전히 널리 퍼져 있다. 학대는 지속되는 경향이 있다. 예를 들어, 2020-2022년에 멕시코, 루마니아, 세르비아 및 기타 많은 국가의 장애인 거주 시설과 치료 센터에서 끔찍하고 학대적인 상황이 보고되었다. 국제장애인권리(Disability Rights International)와 같은 감시 단체들은 시설에서 방치된 사람들, 최소 한 멕시코 시설에서 100%의 여성이 불임 수술을 받은 사실, 전쟁이 격화될 때 다른 모든 사람들이 대피했음에도 남겨진 우크라이나 장애 고아들을 포함한 끔찍하고 충격적인 상황을 대중에게 알리고 있다. 법률이 사회의 옳고 그름에 대한 토대를 제공하지만, 형평성과 평등이 일상생활의 일부가 되는 사회정의를 보장하는 것은 모든 사람의 책임이다.

전 세계적인 옹호활동에 대한 더 많은 정보를 원한다면 다음 웹사이트를 참고하시오:

- Disability Rights International(국제장애권리기구): www.disabilityrightsintl.org
- Human Rights Watch(휴먼라이츠워치): www.hrw.org

영화에 반영된 장애에 대한 사회적 인식

많은 사람들에게 장애에 대한 유일한 소개 또는 지식은 TV나 영화에서 본 것에 기초한다. 때로 이러한 묘사는 부정적이거나 부정확하다. 영화는 종종 제작 당시 사회의 신념과 태도를 반영한다. 장애인을 다룬 미디어의 묘사를 회고적으로 살펴보면, 사회의 인식이 시간에 따라 어떻게 변화해 왔는지를 더 잘 이해할 수 있다. 장애운동가이자 저술가였던 고(故) 폴 롱모어(Paul Longmore)는, 20세기 초에 제작된 영화들은 장애인을 긍정적으로 묘사하는 경우가 거의 없었다고 지적하였다. 대부분의 캐릭터는 악의적이고, 사악하거나 자기연민에 빠져 있거나 냉소적이었으며, 그들의 장애는 종종 본인이나 가족 구성원의 죄에 대한 신의 벌로 묘사되었다. 유감스럽게도, '사악한 장애인(evil cripple)'이라는 묘사는 과거의 일로만 국한되지 않으며, 「닥터 스트레인지러브(Dr. Strangelove)」, 「오스틴 파워: 스파이 대 스파이(Austin Powers: The Spy Who Shagged Me)」, 「엑스맨: 데이즈 오브 퓨처 패스트(X-Men: Days of Future Past)」, 「더 업사이드(The Upside)」 등에서도 여전히 이러한 묘사를 찾아볼 수 있다.

다행히도 영화는 사람들이 타인을 인식하고 상호작용하는 방식에 긍정적인 영향을 줄 수도 있다. 오늘날 영화나 TV에서 장애를 가진 캐릭터들은 대부분 긍정적으로 묘사된다. 많은 캐릭터들이 장애를 특별히 부각하지 않는 앙상블 캐스트의 일원으로 등장하며, 에미상 수상자인 피터 딘클리지(Peter Dinklage)와 같이 영화, TV, 무대에서 다양한 주연 역할을 맡는 경우도 있다(예: 티리온 라니스터, 시라노). 일부 옹호자들에게 이는 장애가 보다 개방적으로 수용되고 있으며, 키가 크거나 작고, 젊거나 늙은 것처럼 인간 조건의 일부로 인식되고 있다는 긍정적 증거로 해석된다. 영화 「노트르담의 꼽추(The Hunchback of Notre Dame)」의 원작과 리메이크 작품들은 이러한 인식의 변화를 잘 보여준다. 초기 영화에서 콰지모도는 무섭고 끔찍한 존재로 묘사되었으나, 디즈니에서 제작한 최신 리메이크에서는 더욱 인간적이고 호감 가는 인물로 그려지며, 그의 장애를 초월한 존재로 제시된다.

오늘날 TV와 영화에서 장애를 가진 캐릭터들이 보다 긍정적이고 자연스럽게 묘사되고 있지만, 장애인의 일상생활을 적절히 반영할 수 있을 정도로 충분한 주·조연 역할이 확보되어 있지는 않다. 성소수자연맹미디어연구소(Gay & Lesbian Alliance Against Defamation Media Institute)에 따르면, 2022년 기준 정규 TV 프로그램에 등장하는 모든 캐릭터 중 장애가 있는 캐릭터는 3% 미만, 총 22명에 불과했다. 이 통계는 케이블과 스트리밍 프로그램에서도 유사하다. 장애를 가진 캐릭터는 실제 장애인이 아닌 배우가 연기하며, 「뻐꾸기 둥지 위로 날아간 새(One Flew Over the Cuckoo's Nest)」, 「기적의 사람(The Miracle Worker)」, 「레이(Ray)」, 「7월 4일생(Born on the Fourth of July)」 등은 주요 배우가 장애를 가지고 있지 않음에도 장애인을 연기하여 아카데미상 후보에 오르거나 수상한 대표적인 예시들이다. 이로 인해 발생한 비판은 과거 백인 배우가 아메리카 원주민 역할을 연기했던 것과 유사하다. 이러한 문제 제기로 인해 긍정적인 변화도 있었다. 미국 배우조합(Screen Actors Guild)과 미국 텔레비전·라디오예술가연맹(American Federation of Television and Radio Artists)은 장애를 가진 연기자들의 오디션 및 캐스팅 기회를 확대하기 위해 전국 위원회를 설립하였다. 이 위원회의 옹호활동 덕분에 최근 몇 년간 실제 장애인이 장애 캐릭터를 연기하는 비율이 증가했지만, 여전히 개선의 여지는 크다. 2022년 오스카 수상작 「코다(CODA)」는 청각장애 배우들이 주요 역할을 맡아 상당한 진전을 보여주었으며, 이 책의 제12장에서 해당 영화와 청각장애 배우들에 대해 더 자세히 다루게 된다.

역사적으로 소외된 집단으로서의 장애인

- 장애인은 역사적으로 소외된 다른 집단과 유사하다.
- 장애인은 차별과 부당한 대우에 맞서 싸우기 위해 스스로 옹호자가 되어 왔다.

미국에서 장애인과 다른 역사적으로 소외된 집단의 경험 간 유사점

1950~60년대의 민권운동(civil rights movement)은 흑인이 경험한 차별, 편견, 분리교육에 맞서 싸우며, 장애인의 통합과 시민권 운동의 기반을 마련하였다. 1950년대, 미국 연방대법원은 브라운 대 교육위원회 판결(Brown v. Board of Education)에서 인종에 따라 아동을 분리한 학교는 평등하지 않다고 판결하였으며, 이후 당시 용어로 '아프리카계 미국인(African American)' 학생들이 인종적·민족적으로 다른 배경을 지닌 또래 학생들과 함께 수업을 받도록 통합을 명령하였다. 1964년의 민권법(Civil Rights Act)은 모든 유색인종이 미국 사회에 완전하게 참여할 수 있는 길을 열었다. 이러한 판례와 입법은 역사적으로 소외된 집단에 대한 차별이 단지 도덕적으로 잘못된 것에 그치지 않고, 법적으로도 위법이라는 점을 분명히 하였다.

다른 집단들과 마찬가지로, 장애인 역시 편견을 경험해 왔고 지금도 여전히 그러한 편견에 직면하고 있다. 미국 사회에서 역사적으로 소외된 다른 집단들처럼, 장애인은 공정한 대우와 참여, 그리고 공동체 내에서의 온전한 존재로서 받아들여지는 데 있어 배제되어 왔다. 많은 사람들이 장애란 특정 능력의 결여라는 사실을 인정하면서도, 실제로 자신을 '핸디캡' 상태로 만드는 것은 사회라고 믿는다. 즉, 사회가 장벽을 제시하고 만들어내며, 사회가 그것을 제거할 수도 있으며, 따라서 사회가 장애인의 잠재력 실현을 방해하고 제한하는 사건들을 만들어낸다는 것이다.

장애인의 옹호 활동

장애인은 이제 스스로의 옹호자가 되었고, 자신들이 직면한 차별과 편견에 대한 사회적 인식을 높여왔다. 시민권 운동에서 얻은 교훈은 장애인과 그들의 가족, 친구들에게 목소리를 내고 의견을 표명하기 위해 싸워야 한다는 점을 가르쳐 주었다. 학대나 불공정한 대우를 폭로하고 긍정적이고 실질적인 변화를 이루어 내기 위해서는 종종 항의나 TV 및 소셜미디어를 통한 대중 인식 제고 노력이 필요하다.

지난 수십 년간, 장애인 권리옹호 활동에는 중요한 변화가 있었다. 처음에는 부모, 형제자매, 다른 가족 구성원, 그리고 전문가들이 장애인을 대변하는 옹호자였다. 그러나 1980년대 이후로는 장애인 당사자들이 직접 목소리를 내기 시작했으며, 사회적 정의와 시민권을 요구하게 되었다. 다음은 일상생활에서의 접근성과 평등에 있어 변화를 요구한 최초의 장애인 권리운동가 중 한 사람에 대한 주목할 만한 이야기다. 에드 로버츠(Ed Roberts)는 14세에 소아마비로 거의 사망할 뻔했다. 수많은 노력과 끈질긴 시도 끝에 1960년대 초반 대학 진학을 준비했지만, UC 버클리(University of California at Berkeley)는 로버츠가 "너무 중증 장애"라는 이유

에드 로버츠(Ed Roberts)와 주디 휴먼(Judy Heumann)은 장애인 권리운동가로서, 장애인의 시민권을 옹호한 역사적인 회의에 함께 참석하였다. 로버츠와 휴먼 모두 초기 권리운동가들 중 다수처럼 어린 시절 소아마비를 앓았고, 교육 체계에 포함되기 위해 싸워야 했다. 이들은 1983년 세계장애연구소(World Institute on Disability)를 공동 설립하였으며, 이 기관은 현재까지도 장애인의 시민권 보장을 위한 중요한 활동을 이어가고 있다. 에드 로버츠는 1995년에 사망하였지만, 주디 휴먼은 최근 다큐멘터리 「Crip Camp」에 등장하였고, 2023년 사망 직전까지 몇 주 전까지도 전 세계 모든 장애인의 권리를 보장하기 위한 활동을 계속해왔다. 세계장애연구소의 현재 활동에 대해 더 알고 싶다면 http://wid.org를 참조할 수 있다.

로 캠퍼스에서 수용할 수 없다고 통보했다. 당시 성인 장애인을 지원하기 위해 설립된 캘리포니아 직업재활국(California Department of Vocational Rehabilitation)조차도 사지마비 상태로 휠체어를 사용하는 로버츠에게는 "장애가 너무 심하다"는 이유로 교육비를 지원하지 않겠다고 밝혔다. 그러나 로버츠는 이러한 거절에도 불구하고 자비로 개인 보조인을 고용하며 학업을 이어갔고, 캠퍼스에서 "굴러다니는 4인조(Rolling Quads)"로 불리게 되었다. 그는 학사와 석사 학위를 취득한 후, 결국 그를 처음에 지원 거부했던 바로 그 기관의 국장이 되었다. 이후 그는 세계장애연구소(World Institute on Disability)를 공동 설립하였으며, 이는 많은 이들에게 장애인 시민권 운동의 공식적 출발점으로 여겨진다. 로버츠와 다른 장애인 당사자들의 옹호 활동은 사회로부터 체계적으로 배제되어온 현실에 대한 대중의 주목을 이끌어내는 계기가 되었다. 장애인 공동체가 미국 사회에서 자신의 자리를 확보하기 위한 투쟁은 결코 과소평가되거나 무시되어서는 안 된다. 장애인은 수많은 장벽에 직면했으며, 평등과 공정한 대우를 위한 싸움에 있어 끈질기게 저항해야 했다. 오늘날 우리는 장애인이 일상생활에 기본적으로 참여할 권리를 부정당했던 과거가 믿기지 않을 수도 있다. 그렇기에 이 책은 장애인 권리운동의 결정적인 중요성을 다시 한번 상기시키고자 한다. 이 장의 서두를 열었던 시인이자 장애인 권리옹호자인 리데릭 혼(LeDerick Horne)으로부터 우리는 다시 한번 배울 수 있다.

또 다른 획기적인 사례는 워싱턴 DC에 위치한 갤로뎃 대학교(Gallaudet University)에서 나타난다. 이 대학은 청각장애 학생을 위한 자유교양 교육과 직업 개발을 제공하는 미국의 대표적인 고등교육기관이다. 1988년, 갤로뎃 학생들은 새로 임명된 총장에 반대하여 항의했다. 그녀는 청각장애인이 아니었고, 미국수화(American Sign Language)를 알거나 사용하지 않았으며, 농문화(Deaf culture)에도 관여하지 않은 인물이었다. 게다가 총장 임명이 학생들의 의견을 전혀 반영하지 않은 채 이루어졌다는 사실도 학생들의 반발을 샀다. 이 학생들은 일주일간의 시위와 갤로뎃 캠퍼스에서 미 의회까지의 행진을 통해 자신들의 요구를 전국적으로 알렸다. 그 결과, 이사회는 결정을 번복하고 즉시 I. 킹 조던(I. King Jordan)을 총장으로 임명했다. 이 사건은 '지금 당장 농 총장을!(Deaf President Now, DPN)' 운동으로 불리며 전 세계에서 장애인 인권운동의 상징적인 외침으로 남아 있다. 청각장애인인 조던 총장은 갤로뎃 대학교의 중요성을 국제적으로 알렸으며, 우리 모두가 장애인을 바라보는 태도를 되돌아보도록 도전장을 내민 인물이다.

교육 참여

- 1960년대와 1970년대의 자료는 장애아동과 청소년이 교육을 지속적으로 박탈당하고 있다는 사실을 대중과 정책 입안자에게 보여주었다.
- 지난 40여 년 동안 장애학생은 점점 더 일반교육에 통합되어 왔다.

불평등한 교육 기회

장애학생 교육의 혜택에 대한 긍정적인 태도는 이미 수세기 전부터 발전해왔다. 그 시작은 18세기 후반 프랑스에서 이타르(Itard)가 '야생 아동' 빅터(Victor)를 대상으로 실시한 유명한 실험으로 거슬러 올라간다. 이 선구적인 연구에 대한 정보는 제9장에서 다룬다. 당시 부모들은 초기 옹호자였으며, 이 문제를 바로잡기 위해 적극적으로 행동했다. 이들은 권력 있는 사람들이었고, 연합하여 이러한 불의한 상황을 미 의회에 알리고 모든 아동과 청소년에게 공교육 접근을 보장하는 연방법을 제정하도록 촉구했다. 이러한 초기의 교육 노력에도 불구하고, 미국의 많은 장애학생들은 1970년대 중반까지도 무상적절공교육(FAPE)에 접근하지 못했다. 다음은 1970년대 초, 미 의회가 실제 상황을 조사하기 위해 수집한 주요 자료들이며, 역사적인 교육 기회의 박탈의 상황은 다음과 같았다:

- 1948년에는 전체 장애아동의 단 12%만이 특수교육 서비스를 받았다.
- 1962년까지도, 미국 50개 주 중 단 16개 주만이 경도 지적장애 학생들을 의무교육 대상에 포함하는 법률을 보유하고 있었다.

편견, 차별, 격리, 그리고 배제는 조사가 이루어진 1960년대와 1970년대에 만연했다:

- 많은 주에서는 청각장애, 지적장애, 정서장애 학생들을 학교에서 배제하라는 지침이 포함된 법률을 유지하고 있었다.
- 1970년, 미국의 학교는 전체 장애아동 중 단 5명 중 1명만 교육하고 있었다.
- 미국 내 장애아동 중 100만 명은 아예 교육에서 완전히 배제되어 있었다.
- 전체 800만 장애아동 중 절반 이상이 적절한 교육 서비스를 받지 못하고 있었다.
- 이들의 특수교육적 요구는 필요한 관련 서비스를 받지 못함으로 인해 충족되지 않고 있었다(예: 언어치료, 물리치료 등).
- 공립학교 체계 내 서비스는 매우 불충분하여, 가족들은 집에서 멀리 떨어진 지역에서 스스로 비용을 들여 외부 서비스를 찾아야 했다.

- 만약 적절한 예산이 확보된다면, 주 및 지역 교육청은 장애아동의 필요에 부합하는 특수교육 및 관련 서비스를 제공할 수 있다는 사실이 드러났다.

이러한 종합적인 조사 결과로 인해 미 의회는 행동에 나서게 되었다. 더 이상 장애학생들을 배제하거나 무상 공교육의 권리를 부정할 수 없게 된 것이다. 1974년, 의회는 연방법을 통과시켜 기본적 권리를 보장했다. 이 법은 당시 「장애아동교육법(Education for All Handicapped Children's Act)」이라 불렸고, 오늘날에는 「장애인교육법(IDEA: Individuals with Disabilities Education Act)」으로 명칭이 변경되었다. 이 법은 모든 장애아동이 자신에게 적절한 무상 공교육을 받을 수 있는 권리를 보장하였다. 또한, 이 법의 시행을 감독하기 위해 에드 마틴(Ed Martin)이 초대 국장을 맡은 「장애인교육국(Bureau for the Education of the Handicapped)」이 설립되었다. 이 법은 이후 여러 차례 재승인을 거치며 지속적으로 개선되고 확대되었으며, 오늘날까지도 장애아동과 청소년에게 기본적 권리를 보장하는 법으로 유지되고 있다.

통합학교 선택이 중요한 이유

1970년대와 1980년대에는 단 한 명의 장애학생도 공립학교에 다닐 권리를 거부당하지 않도록 하는 데 큰 진보가 있었다. 초점은 각 학생의 요구를 충족시키기에 적절하다고 여겨지는 교육을 제공하는 것이었다. 많은 경우, 학생들이 복잡한 요구를 다룰 수 있는 별도의 특수학교에 다니도록 결정이 내려졌다. 예를 들어, 이러한 학교들은 종종 특별히 준비된 교사, 물리치료사, 언어재활사, 작업치료사, 그리고 교사와 관련 서비스 제공자를 보조하는 보조교사들을 갖추고 있었다. 학교들은 특수 장비를 완비하고 있었으며, 종종 치료용 수영장까지 갖추고 있었다. 학생들이 분리된 학교에 다녔음에도 불구하고, 대부분의 전문가와 부모들은 그들이 가능한 최고의 교육을 받고 있다고 느꼈다. 그들의 의도는 좋았지만, 결과적으로 아동들은 지역사회, 일반적으로 발달하는 또래, 그리고 일반교육 교육과정으로부터 격리되고 분리되었다.

이러한 관행은 수년간 지속되었다. 때때로 교육구 또는 여러 교육구가 지체장애나 지적장애가 있거나 화장실 이용이나 이동에 어려움이 있는 학생들과 같은 특정 장애를 가진 학생들을 위한 특수학교를 만들었다. 다른 학교들은 학습장애, 정서 또는 행동장애, 기타 장애가 있는 학생들을 위한 특수학급을 운영했는데, 때로는 학교의 외진 지역(예: 학교 부지 끝에 있는 이동식 건물)에 위치했다. 결과적으로 대중의 관심은 곧 장애학생들이 어디에서 교육을 받는지로 옮겨갔다. 부분적으로는 신체적 어려움을 가진 성인들(이들 중 많은 수가 뇌성마비를 가지고 있거나 어린 시절 소아마비에 걸렸음)과 부모 단체의 옹호 덕분에 통합교육에 대한 요구가 곧 나타났다. 그 아이디어는 과거에도 그랬고 지금도 그렇듯이, 아동들이 자신의 형제자매, 이웃 친구들과 함께 인근 학교에 다니고, 가능한 한 일반교육 교실에서 일반교육 교육과정에 접근해야 한다는 것이었다. 결과적으로 특수교육은 이제 장소가 아닌 서비스로 생각된다. 장애학생들을 위한 궁극적인 목적은 모든 학생들과 마찬가지로 공교육을 마칠 때 대학이나 직업 준비가 되어 있는 것이다. 그림 1.3에 나타난 장애 옹호의 역사는 시간이 지남에 따라 이루어진 진전을 추적한다.

그림 1.3 장애 옹호의 역사적 연대표

476 CE - 1300 CE	장애인은 사회에서 외면당하고, 조롱받으며, 버려짐
1300 CE - 1799 CE	사회가 보호를 필요로 한다는 개념이 등장함
1954 - 1964	시민권 운동이 장애인 권리를 위한 기반을 마련함
1973 - 1980	장애인을 위한 시민권 운동 시작
1980 - 1990	발달지체
1990s - 2010	장애 친화적 언어 사용에 대한 관심 증가
2010 - 현재	통합교육이 향상되어 고등교육 기회가 확대됨
2020 - 현재	영화, 일상생활, 직장에서 장애인의 가시성 증진을 위한 옹호활동

변화 만들기

학습 목표

사람 우선 언어(people–first language)와 장애 우선 언어(disability–first language)의 의미를 설명하고, 장애인을 지칭하는 방식이 왜 중요한지 설명한다.

인식이 중요하다

- 인식과 태도는 개인과 사회가 장애와 능력에 어떻게 반응하는지에 영향을 미친다.
- 장애에 대해 생각하는 데 세 가지 관점—결함, 문화, 인본주의—을 사용할 수 있다.

인식과 태도의 영향

역사를 통틀어 많은 사례들이 인식과 태도가 사람들이 대우받는 방식에 영향을 미친다는 것을 반복적으로 보여준다. 집단 간의 차이는 축하받을 수도 있고 문제로 여겨질 수도 있다. 불행히도 부정적인 인식은 종종 편견과 차별로 변하며, 이는 너무나 자주 타인에 대한 끔찍한 대우로 이어진다. 종교, 인종/민족, 그리고 장애/비장애의 차이는 모두 그러한 부당한 대우의 근거가 되어왔다. 홀로코스트가 명백한 예다. 종교, 민족, 장애의 차이에 대한 불관용은 추정 1,100만 명의 고문과 죽음을 초래했다. 다른 예들은 잘 알려지지 않았을 수도 있지만, 그것들은 똑같이 끔찍하다. 사람들이 대우받는 방식은 그들의 성취 능력을 제한하는 장벽을 만들거나, 그들

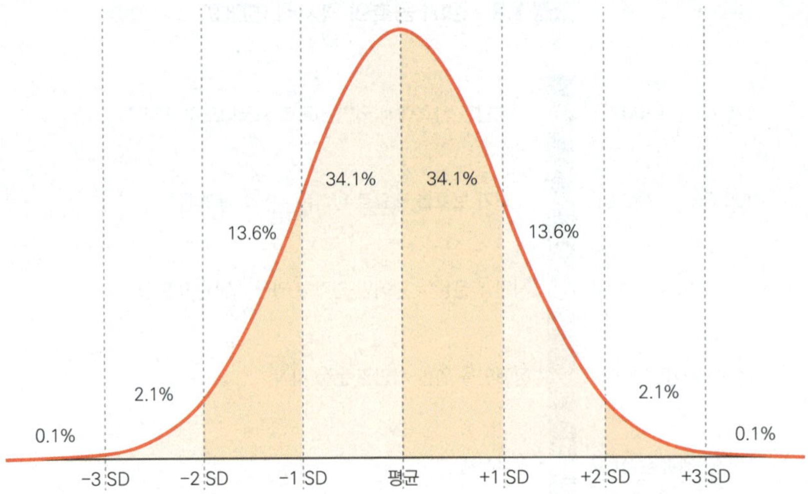

이 번창할 수 있도록 하는 기회와 지원을 제공할 수 있다. 이 교재 전반에 걸쳐 우리는 장애인이 직면하는 편견과 차별에 계속 주의를 환기시키고, 사람들이 존중받고 적절한 지원을 받을 때 일어나는 성공 사례를 강조할 것이다.

장애에 대한 다양한 관점

한 가지 중요한 사실은 장애가 보편적으로 합의된 개념이 아니라는 것이다. 장애에 대해 어떻게 생각하는가가 행동의 방향을 정한다. '무엇을 보는가?: 장애에 대한 인식' 모듈을 통해 장애인에 대한 자신의 태도와 신념을 탐구해 보라(http://iris.peabody.vanderbilt.edu/module/da/).

장애로 인한 차이의 개념에 대한 사회의 반응을 설명하는 데 세 가지 관점이 사용된다. 이러한 관점이나 지향은 장애나 특별한 요구와 관련된 다양한 행동과 반응을 이해하는 틀을 제공한다. 이 세 가지 다른 지향이나 관점을 살펴보자.

결함 관점은 인간의 행동과 특성이 그림에 표시된 것처럼 정규 곡선 또는 종 모양 곡선이라고 불리는 연속체를 따라 분포한다고 제안한다. 많은 사람들에 걸친 점수나 측정값은 대부분의 사람들이 분포의 중간에 위치하는 분포를 만드는 경향이 있다. 그들은 "평균"으로 간주된다. 예를 들어, 사람들은 서로 다른 키를 가지고 있다. 어떤 사람들은 극도로 작고, 다른 사람들은 예외적으로 크지만, 대부분의 키는 중간 어딘가에 위치한다. 모든 사람의 평균 키는 분포의 중심에 있다. 대부분의 특성에서 이러한 경우가 나타나지만, 이러한 사고방식의 문제는 어떤 단일 특성에 대해서든 이 지향이 우리 중 절반을 평균 이하, 즉 정상이 아닌 것으로 만든다는 것이다.

장애를 개념화하는 또 다른 방식은 문화적 관점에 기반한다. 다양한 문화권에서는 차이와 장애에 대해 상이한 시각이 존재한다. 이러한 문화적 다양성은 교육 현장에서 중요한 의미를 갖는다. 학생과 가족들은 장애의 원인 및 이에 대한 가족과 학교의 적절한 대응 방식에 대해 서로 다른 신념을 지닌 채 학교에 진입한다. 예를 들어, 미국 원주민 문화권의 많은 부모는 장애아동을 축복으로 인식하는 반면, 카리브 지역 일부 문화권에서는 해당 아동을 악마의 저주로 간주하기도 한다. 모든 문화가 장애에 대해 동일한 개념을 공유하지 않는다는 점을 인식하는 것은, 자녀의 장애 진단 사실을 통보받은 가족이 교육 전문가에게 보이는 반응이 상이한 이유를 이해하는 데 기여한다.

장애를 생각하는 세 번째 방식은 인본주의적 관점, 혹은 사회학적 관점이다. 오랜 기간 동안 장애에 대한 사회학적 관점은, 장애가 개인에게 미치는 영향을 부정하거나 축소한다는 비판을 받아왔다. 그러나 이 입장은 인본주의적 시각에서 해석될 필요가 있다. 이 관점의 핵심은 다수의 장애가 사회가 구축한 장벽(예: 계단, 연석, 고용 관행의 제한 등)에서 비롯된다는 점이다. 사회가 개인을 대하는 방식과 사회적 조건이야말로 실제 '장애'로 작용한다. 장애와 그 특성을 인식하는 것은, 비록 모든 것은 아닐지라도, 많은 문제를 해결할 수 있다. 이러한 관점은 미국 장애인법(Americans with Disabilities Act, ADA)의 이념적 토대가 되었으며, 해당 법은 정부, 학교, 기업이 물리적 및 근로 환경을 조정하고 차이에 민감하게 대응할 것을 요구한다.

말의 중요성

- 우리가 태도와 인식을 전달할 때 사용하는 말은 매우 중요하다.
- 대부분의 장애인은 자신의 장애를 설명하는 말이 자신을 규정하는 것이 아니라, 휠체어를 사용하는 것처럼 하나의 조건이나 상황을 표현하기를 선호한다. 반면, 일부는 장애가 자신을 구성하는 근본적인 일부이므로 그렇게 인정되어야 한다고 본다.

신중한 소통

타인에 대해 이야기하고 상호작용하는 방식은 다양한 메시지를 전달한다. 우리가 말을 할 때, 단순히 정보를 전달하는 것에 그치지 않고, 내재된 편견, 태도, 인식 또한 드러난다. 부주의한 언어 표현은 모욕적이거나, 무례하거나, 비하적일 수 있다. 구두 및 비언어적 표현 모두 많은 장애인과 그 옹호자들에게 매우 민감한 사안이다.

언어는 변화하는 개념과 신념을 반영하며 진화한다. 따라서 한때 사회적으로 용인되던 말이 이후에는 모욕적으로 간주될 수 있다. 예를 들어, 20세기 초에는 idiot(백치), imbecile(저능아), moron(정신박약자), mental retardate(정신지체자)와 같은 용어들이 일반적으로 사용되었다. 당시에는 이러한 단어들이 모욕적이지 않았지만, 이후에 부정적인 의미가 덧붙여지게 되었다. 이와 유사하게, 전문 기관과 그들의 간행물에서는 더 이상 정신지체라는 용어를 사용하지 않으며, 대신 지적 및 발달장애라는 용어를 사용한다. 장애인과 그 옹호자들이 이 사안에 대한 대중의 인식과 민감성을 높이는 데 성공함에 따라, 오래된 법률에서도 모욕적인 표현이 삭제되고 있다. 2010년 7월, 뉴욕주는 모든 공식 문서, 주 정부 기관 명칭, 모든 법률에서 정신지체라는 용어를 삭제하였다. 매사추세츠 등 다른 주 의회 역시 이를 시민권 문제로 간주하고, 기존 용어를 지적장애로 대체하였다. 연방정부도 2010년 10월 5일에 모든 연방법령에서 정신지체를 지적장애로 소급하여 대체하였다. 이 연방법은 "로사법(Rosa's Law)"으로 불리며, 지적장애인의 존엄성과 존중을 위한 지속적 투쟁에서 중대한 이정표로 간주된다. (로사법과 지적장애인 관련 사안은 9장에서 더 논의한다.)

오늘날 선호되는 용어인 지적장애 역시 언젠가는 모욕적으로 인식될 수 있음을 인식하는 것이 중요하다. 실제로, 옹호자와 학자들은 이러한 변화가 필연적이라고 확신하며, 모두가 사람을 무례하게 대하거나 부정적으로 분류하는 말이나 표현에 민감해야 한다고 본다. 현재 장애(disorder)라는 단어에 대한 논의가 진행 중인데, 이 용어는 세계보건기구(WHO)의 장애 진단 도구에 사용되고 있다.

불행히도, 모욕적이거나 경멸적으로 간주되는 많은 용어나 표현이 여전히 언론에서 사용되고 있다. 이제 인식이 제고된 만큼, 신문·잡지 기사, 온라인, 소셜미디어 등에서 이러한 표현을 발견할 수 있을 것이다. 언론에서 접하는 표현을 비판적으로 검토하며, 사람에 대한 언급이 어떻게 개선될 수 있을지 고민해야 한다. 긍정적인 언어 사용을 어떻게 촉진할 수 있을지 생각해보라.

이와 마찬가지로, 타인에 대한 반응 역시 존중과 수용에 관한 메시지를 전달한다. 이러한 상호작용, 즉 즉각적인 반응 역시 말과 마찬가지로 메시지를 전달한다. 한 번의 시선, 경직된 어깨, 뒷걸음질 등은 거절의 파괴적 메시지를 줄 수 있다. 이는 장애 유무와 관계없이 모두에게 해당되지만, 오랜 기간 열등감을 경험해온 사람들에게는 부정적 상호작용이 매우 상처가 될 수 있다. 교사는 이러한 복합적 문제를 이해하고, 학교에서 학생과 동료들이 타인의 감정에 더욱 민감해질 수 있도록 지도할 필요가 있다.

사람 우선 언어 vs. 장애 우선 언어

사람 우선 언어(people-first language)는 사람을 존중하는 방식으로 지칭할 수 있도록 돕는 일련의 지침이며, (1) 어떤 단어를 사용할지, 그리고 (2) 그 단어들을 어떤 순서로 배열할지를 고려한다. 사람 우선 언어를 사용할 때는, 개인을 먼저 언급하고 그다음에 장애를 말하는데, 이는 장애가 그 사람을 정의하지 않는다는 개념에 기반한 것이다. 이러한 언어 사용의 원칙은 장애보다 사람에게 주된 초점을 맞추고, 장애가 주체이고 사람은 부차적인 것처럼 보이게 하는 표현을 피한다. 예를 들어, 누군가 갈색 머리나 초록 눈을 가진 것처럼, 장애 또한 그 사람이 "가진" 특성이며, 그 사람이 "존재하는 방식"은 아니라는 점을 강조한다. 누군가 감기에 걸렸을 때, 우리는 그 사람을 "감기 사람"이라 부르지 않고, 단지 감기에 걸렸다고 표현하는 것과 마찬가지이다. 미국 질병통제예방센터(CDC)는 장애인을 지칭하거나 이야기할 때 사람 우선 언어를 사용하는 것이 가장 좋은 출발점이라고 권고하고 있다. 표 1.2는 사람 우선 언어 사용 지침의 예를 보여준다. 또한 CDC는 어떤 표현을 사용하는 것이 좋을지 확신이 없을 경우, 당사자에게 본인이 어떻게 불리기를 원하는지를 묻는 것이 중요한 전략이라고 제안한다.

그러나 모든 지침에 예외가 있듯이, 일부 사람들과 가족들은 장애 우선 언어(disability-first language), 또는 정체성 우선 언어(identity-first language)라고도 불리는 표현 방식을 선호한다. 이 언어 방식에서는 진단명보다 사람을 먼저 말하는 대신, 장애명을 앞세운다. 가장 보편적으로 장애 우선 언어가 적용되는 대표적인 예는 미국 청각장애인(Deaf Americans)이다. 이들은 미국수화(American Sign Language)를 주요 의사소통 수단으로 사용하며, 'd'를 대문자로 표기한 Deaf라는 용어를 앞세워 사용하는 것을 선호한다. 이 공동체의 구성원들에게는 자신들의 문화와 유산이 최우선 가치이기 때문이다(Deaf 문화는 제11장에서 더 다룬다). 또 다른 예로, 자폐스펙트럼장애(Autism Spectrum Disorder, ASD)를 가진 일부 사람들과 그들의 옹호자들은, 모든 사람이 그런 것은 아니지만, 자폐가 자신을 정의한다고 여기며, 사람 우선 언어 대신 장애

표 1.2 사람 우선 언어 사용 지침

Do Say(이렇게 말하자)	Don't Say(이렇게 말하지 말자)
장애가 있는 사람들	장애인(the disabled)
학습장애가 있는 학생	학습장애 학생(a learning-disabled student)
휠체어를 사용하는 사람	휠체어에 갇힌 사람 또는 휠체어에 의존하는 사람(confined/bound)
뇌성마비가 있는 사람	뇌성마비로 고통받는 사람(suffers from cerebral palsy)
지적장애가 있는 아동	저능아(retard)

우선 언어를 선호한다. 이 경우에는 'ASD를 가진 사람(a person with ASD)'보다는 '자폐인(an autistic person)' 또는 'ASD 개인(an ASD individual)'이라는 표현을 더 선호한다. 시각장애인의 경우도 마찬가지로, 어떤 이들은 자신을 '시각장애인(blind individuals)'으로 불리기를 선호하고, 어떤 이들은 그렇지 않다. 이러한 예시는 같은 공동체 내에서도 선호하는 언어 표현 방식에 대한 의견이 다를 수 있음을 보여주며, 항상 개인의 선호를 물어보는 것이 중요함을 상기시켜 준다.

변화하는 환경

학습 목표

네 가지 차원—가족 참여, 학업 성과, 중등 이후 교육, 지역사회 참여—을 활용하여 지금까지의 진전을 설명하고 여전히 달성해야 할 목표들을 논의한다.

가족 참여의 증대

- 시간의 흐름 속에서 가족과 부모의 옹호활동이 수행해 온 역할은 반드시 인정되고 평가받아야 한다.
- 연방대법원의 Endrew F. 대 더글러스 카운티 교육청 사건(Endrew F. v. Douglas County School District) 판결은 자녀의 교육 프로그램 개발과 실행에서 가족의 역할을 강화하고, 학교와 가정 간 협력의 필요성을 강조하였다.

장애가 있는 자녀의 삶에 있어서 가족의 역할은 간과되거나 축소되어서는 안 된다. 실제로 1975년 장애인교육법(IDEA)이 제정되기 이전 초기에는, 각 주(state) 단위로, 이후에는 연방정부의 개입을 요청하고 달성하기까지 부모들, 특히 어머니들이 자녀가 공교육에 참여할 권리를 위해 투쟁하였다. 자녀의 교육 프로그램을 계획하고 실행하는 과정에서의 가족 참여는 IDEA 제정 당시부터 핵심적인 요소였다. 그러나 2017년, 미국 연방대법원에 의해 이 역할은 더욱 강화되고 확립되었다.

Endrew 판결(Endrew F. 대 더글러스 카운티 교육청, 2017)에서, 연방대법원은 장애가 있는 각 학생에 대한 기대 수준은 높아야 하며, 진전 상황은 반드시

점검되어야 하고, 부모는 자녀의 교육 프로그램에 대한 의사결정에 참여해야 한다는 점을 명확히 하였다. 가족은 자녀의 개별화교육계획(IEP)에 명시된 목표를 이해하고, 학교 및 가정에서의 행동 개선에 기여할 수 있는 방안을 모색해야 한다. 교육자는 신뢰 형성 및 효과적인 가정-학교 협력 구축에 방해가 되는 태도와 실행 관행을 극복하기 위해 특별한 주의를 기울여야 하며, 공정하고 긍정적인 가정-학교 간 의사소통과 공동 의사결정을 촉진해야 한다. 모든 교육자는 부모와 IEP 팀 전체가 아동에게 적절한 교육을 구성하는 서비스 및 배치에 관해 중대한 결정을 내린다는 사실을 이해해야 한다. 이는 모든 관련자에게 심각하고도 중요한 책무이다.

학업 성과

- 더 많은 장애학생들이 초등학교와 중등학교에서 통합교육의 혜택을 받고 있으며, 성인기의 삶을 위한 대학 및 직업 준비 역량을 점점 더 갖추고 있다.
- 그러나 학업 성취와 중등 이후 교육에 대한 접근에서 여전히 과제가 존재하며, 이러한 과제들은 극복되어야 한다.

오늘날 장애학생 교육의 현황

이전 어느 때보다도 많은 장애학생들이 초·중등 교육과정에서 성공을 경험하고 있다. 이들 학생 중 더 많은 수가 고등학교 졸업 후 대학 진학이나 진로 준비가 되어있다. 이러한 향상에는 여러 요인이 기여한다:

(1) 장애학생의 성취 가능성에 대한 태도가 더욱 긍정적으로 변화했으며,

(2) 더 많은 학생들이 일반교육과정에 접근하고 있고,

(3) 통합교육 환경이 개별적 요구에 더 민감하게 반응하며,

(4) 검증된 교수법의 적용이 학업 실패를 예방하고 특수교육 의뢰를 줄이는 데 도움을 주고 있다.

그러나 이러한 진전은 아직 취약하며, 데이터기반 중재에 능숙한 우수 교사의 전국적 부족과 코로나19 팬데믹의 여파로 인해 위협받고 있음을 유념해야 한다.

여러 교과 영역뿐만 아니라, 사회적 기술 영역에서도 향상된 교육 성과가 이제 가능해지고 있다. 연구에 따르면, 충분한 준비를 갖추고 높은 자격을 지닌 교사는 장애학생의 교육 성과 향상에 기여하는 것으로 나타난다. 이러한 교사들은 증거기반실제(evidence-based practices, EBP)와 고수준 실천(high-leverage practices, HLP)을 실행하며, 교실 기반의 측정 체계를 통해 자신의 교수 효과성을 지속적으로 평가한다. 학생의 성취에 대한 책무성과 진전도 측정의 빈도가 높아지면서 비효율적인 교수법에 시간을 낭비하지 않게 되었다. 또한 장애학생들은 자신의 장애로 인한 어려움을 보완할 수 있도록 다양한 수업 조정(accommodation)을 활용할 수 있다. 그 결과, 학습장애 범주로 특수교육 대상이 된 학생의 77%가 일반 고등학교 졸업장을 취득하고 있는데, 이는 약 10년 전 67%에 비해 증가한 수치다.

더 큰 진보가 가능하다

더 큰 성취도 달성할 수 있다. 실제로 전문가들은 적절한 수업 조정과 교수전략이 제공된다면, 장애학생의 약 80%가 학년 수준의 성취를 달성할 수 있다고 강하게 믿는다. 그러나 이러한 성과를 이루기 위

해서는 상당한 노력이 필요하다. 더 많은 증거기반실제(EBP)가 엄격한 연구를 통해 검증되어야 하며, 더 많은 고수준실천(HLP)이 체계적으로 규명되어야 한다. 높은 기준을 충족하는 데 어려움을 겪는 모든 학생에게 집중적이고 개별화된 지속적 지원이 제공되어야 하며, 데이터기반 중재가 보편적으로 적용되어야 한다. 이를 위해서는 충분히 준비된 교육 인력이 필수적이다. 이러한 이유로, 현재의 성과 수준에 만족해서는 안 된다. 아래의 사실을 확인하라:

- 전체적으로 볼 때, 비장애학생 집단이 장애학생 집단보다 월등히 높은 성취를 보인다.
- 전국 단위 읽기 및 수학 평가에서, 장애학생의 평균 점수는 비장애학생보다 약 35~40점 낮다. 이 경향은 4학년, 8학년, 12학년 모두에서 일관되게 나타난다.
- 전국 평가에서, 4학년 장애학생 중 읽기에서 "숙련(proficient)" 이상을 기록한 비율은 11%, 수학은 16%에 불과하다. 이는 비장애학생의 4학년 읽기(37%), 수학(40%) 숙련 비율에 비해 현저히 낮다. 이러한 성취 격차는 중·고등학교에서도 지속된다.
- 장애청소년의 중도탈락률은 감소했지만, 여전히 13%가 졸업 전에 학교를 떠나며, 이는 비장애 또래의 2배에 해당한다.
- 전국적으로 교사 및 관리자(교장 등)의 심각한 인력 부족 현상이 나타나고 있다.

고등교육에서의 성취

- 긍정적인 추세: 장애가 있는 더 많은 개인들이 지역사회 대학 및 4년제 대학과 대학교를 포함한 고등교육기관에 진학하고 있음
- 고등학교 재학 중 전환 계획 수립과 고등교육기관에서의 지원이 장애를 가진 개인들이 대학 교육이라는 꿈을 실현하는 데 도움을 주고 있음

고등교육 참여

미국에서는 점점 더 많은 학생들이 고등교육기관(예: 지역사회 대학, 대학교)에 진학하고 있으며, 특히 역사적으로 소외되었던 집단에 속한 학생들, 그중에서도 장애가 있는 학생들의 진학률이 증가하고 있다. 다음은 이를 뒷받침하는 자료이다:

- 고등교육기관에 진학하는 장애학생들의 비율은 시간이 지남에 따라 지속적으로 증가하고 있다. 장애학생은 전체 학부생의 19%를 차지하며, 대학원생의 약 12%가 자신에게 장애가 있다고 보고하고 있다.
- 2021년, 장애학생 대다수가 4년제 대학에 진학하였으며, 69%는 4년제 대학에, 28%는 2년제 대학에 진학하였다. 이는 2005년과 비교해 큰 증가를 보인 수치로, 당시에는 고등학교 졸업 후 4년 이내에 대학에 진학한 장애학생 비율이 약 46%에 불과했다.
- 놀랍게도, 대학 재학 중 장애가 있었던 학생들 중 약 3분의 1 이상이 자신이 다니는 대학에 장애 사실을 알리지 않아, 받을 수 있는 정당한 지원을 포기하였다.
- 장애학생들의 6년 졸업률은 약 50%로, 비장애학생의 68%에 비해 낮다. 그러나 학사 학위를 취득한 장애인의 비율은 2008년부터 2021년 사이 두 배 증가했다.
- 전체 장애학생 중 시각장애 학생이 2년제 및 4년제 대학에 가장 높은 비율로 진학하고 있다.

이는 다른 장애 범주에 속한 학생들보다 더 높은 수치이다.

대학 참여 및 성취를 위한 지원

더 많은 장애학생들이 고등학교에서 성공을 경험하고, 이를 대학 및 대학교 수준에서도 이어가고 있다. 이들은 고등학교 시기에 제공된 전환 계획 및 서비스로부터 도움을 받고 있으며, 이를 통해 대학에서 제공되는 조정 및 지원을 요구하고 활용할 수 있도록 준비된다. 상당한 인지적 어려움을 지닌 학생들조차도 대학 캠퍼스에서 자신들의 자리를 찾아가고 있다.

장애인교육법(IDEA)의 법적 요건은 고등교육 기관에는 적용되지 않지만, 점점 더 많은 대학과 대학교들이 장애학생을 위한 특별 지원 부서를 두고 있다. 이 부서의 직원들은 학생들이 다양한 유형의 조정과 지원에 접근할 수 있도록 돕는다. 이 지원의 범위와 유형은 계속 확대되고 있으며, 예를 들어 시험 시간 연장, 필기 도우미, 강의노트 제공, 학습기술 지원, 대체 시험지, 보조 기기 및 보조공학기기 등이 포함된다.

일부 대학은 장애학생을 위한 독창적인 프로그램을 설계하였다. 예를 들어, 일리노이대학교 얼바나-샴페인 캠퍼스(University of Illinois at Urbana-Champaign)는 장애학생들이 비장애 동료들과 함께 거주하고 공부할 수 있도록 한 최첨단 기숙사를 운영하고 있다. 아이오와대학교(University of Iowa)는 지적장애 학생들이 캠퍼스 내 기숙사에서 생활하며 독립생활 기술에 초점을 맞춘 수업에 참여하는 특별 프로그램을 개발하였다. 센트럴플로리다대학교(University of Central Florida)는 성인 지적장애인을 위한 더욱 혁신적인 2년제 캠퍼스 프로그램을 마련하였으며, 이 프로그램은 전문 서비스 자격증 취득으로 마무리된다.

중요한 점은 점점 더 많은 장애인들이 대학 교육을 추구하고 있으며, 대학과 대학교가 더 포용적이 되고 향상된 서비스를 제공함에 따라 이러한 경향이 증가하고 있다는 것이다. 그러나 대학 및 대학교 진학에만 국한되지 않고, 모든 측면에서의 접근성을 보장하기 위한 추가적인 노력이 여전히 필요하다.

지역사회 참여

- 과거에 비해 장애인들이 지역사회에서 자립적으로 생활하고 경쟁 고용(competitive employment)을 확보하며 지역사회 내 존재감을 갖는 경우가 증가하고 있다.
- 포용적인 태도, 「장애인법(Americans with Disabilities Act, ADA)」, 그리고 물리적·사회적 장벽의 제거가 이러한 진전에 기여하였다.

사회 및 일상생활 속으로의 통합

장애인은 점차 사회에서 자리를 잡고 지역사회 구성원으로서의 존재감을 확립하고 있다. 이전보다 더 많은 장애인이 경쟁적 고용을 얻고, 독립적으로 생활하며, 지역사회 활동의 혜택을 누리고 있다. 이들 중에는 시인, 작가, 감독관, 발명가, 기업가, 교사, 과학자 등이 포함된다. 그러나 이러한 성취는 결코 쉽게 이루어진 것이 아니다. 장애의 역사는 차별, 편견, 그리고 충격적인 처우로 점철되어 왔다. 불과 얼마 전까지만 해도, 많은 미국인은 장애인에 대해 근거 없는 부정적 인식을 가지고 있었으며(앞서 논의한 미디어 재현 참고), 이러한 태도는 의도치 않은 심각한 결과를 초래했다. 장애인은 학교, 지역사회 생활, 여가, 경쟁적 고용 등 사회의 모든 영역에서 배제되었다. 본 장 앞부분에서 살펴본 바와 같이, 장애인은 시민권을 얻기 위해 투쟁해야 했으며, 대부분이 교육에서 배제되었고, 권리를 획득한 이후에도 분리된 학교와 학급에 격리되었다.

장애인의 지역사회 참여를 위한 투쟁은 여전히 계속되고 있다. 16~64세 장애인 중 38%가 취업하고 있는데, 이는 비장애인(74%)에 비해 낮지만, 장애인 고용률로서는 역사상 가장 높은 수준이다. 코로나19 팬데믹 이전에는 34%에 불과했다. 장애 유무와 관계없이, 대학 학위가 있는 경우 고용률이 더 높다. 장애인은 서비스직, 자영업, 공공부문에 종사할 가능성이 높지만, 비장애인에 비해 관리직이나 기술직 비중은 낮다. 사회 정의 실현이 명백히 옳은 일임에도, 장애인을 위한 연방 차원의 조치가 필요할 때가 있다. 대표적 사례가 미국 장애인법(ADA)으로, 이는 아이오와주 상원의원이었던 톰 하킨 등이 입법에 참여했다(4장에서 자세히 다룸). 이 법은 장애인의 미국 사회 전반에 대한 접근권을 보장하기 위한 것으로, 그 효과가 점차 확산되고 있다. ADA 시행 이후 장애인은 고용, 공공시설, 통신 등에서 차별이 감소하고 있다. ADA 덕분에 더 많은 식당, 극장, 호텔, 상점, 은행, 대학 건물이 접근성을 충족하거나 그 이상으로 리모델링·신축되고 있다. 이러한 변화로 장애인의 일상생활 전반에의 참여가 확대되고, 더 많은 이들이 독립적으로 생활하며 지역사회에 완전히 참여할 수 있는 가능성이 열렸다. 예를 들어, 친구와 카페에 가고, 퇴근 후 음료를 즐기고, 동네 극장에서 영화를 보고, 심지어 세계 여행도 한다. 지역사회 내 주택이나 아파트에서 거주하며 출퇴근한다. 상인, 여행업계, 여가산업 등도 이 새로운 고객층의 요구와 잠재적 이익을 인식하고, 맞춤형 서비스를 제공하고 있다. 예를 들어, 휠체어 접근이 가능한 버스는 이용자가 증가했고, 접근 가능한 산책로가 있는 공원과 촉각 전시물을 갖춘 박물관은 방문객이 늘었으며, 크루즈와 여행사도 장애인의 특수 요구를 반영한 프로그램을 설계하고 있다.

이러한 진전에도 불구하고, 부정적 태도와 배타적 행동은 여전히 존재한다. 따라서 장애인의 실질적 지역사회 참여를 위해 더 많은 노력이 필요하다. 예를 들어, 주택 소유자는 장애인 그룹홈(소규모 지역사회 거주시설) 건립을 허용하는 용도지역 변경에 반대하는 경우가 많다. 쇼핑센터 개발업자는 법적 최소 기준만 충족하는 엘리베이터와 경사로만 설치해 ADA의 취지를 무색하게 한다. 시·군·구청과 대학 당국도 건물 전체의 접근성을 높이기 위한 리모델링을 예산 문제로 지체시키기도 한다. 대학 캠퍼스 내에서도 이러한 장벽을 확인할 수 있을 것이다.

지역사회 접근성 향상을 위한 환경적 조정

다양한 형태의 환경 조정, 편의 제공, 그리고 수정은 장애인의 삶의 질을 향상시키는 데 기여한다. 일부 혁신은 특정 장애를 대상으로 개발되었지만—예를 들어 절단 장애인이 이동성을 회복하도록 돕는 로봇 기술과 같은—이러한 혁신으로부터 혜택을 받는 것은 비단 장애인만이 아니다. 예를 들어, TV 화면 하단에 대사를 표시하는 자막 표시는 청각장애인이 텔레비전을 시청할 수 있도록 돕는다. 그러나 이는 청각에 문제가 없는 사람들도 시끄러운 공항에서 뉴스나 스포츠 중계를 볼 수 있게 해준다. 또 다른 예로, 턱 내림 도로(curb cuts)나 경사로(ramp)는 휠체어 사용자들이 도로를 건너거나 건물에 들어가며 일상생활에 접근하기 쉽게 설계되었다. 그러나 이러한 구조물은 카트를 밀거나, 여행 가방을 끌

Ekaterina Minaeva/Alamy Stock Photo

2016년 1월, 여러 언론은 레고에서 휠체어를 탄 미니 피겨가 새롭게 출시된다는 소식을 앞다투어 전했다. 이는 레고 장난감이 그 장난감을 가지고 노는 아이들의 현실을 더 잘 반영하게 된 변화였다. 지역사회 접근성을 생각할 때, 이를 '가시성'의 관점에서 고민해보라. 광고, 웹, 신문, 잡지 등에서 장애인을 얼마나 자주 볼 수 있는가? 장애가 있는 다른 장난감 캐릭터를 본 적이 있는가? 그리고 이만큼 중요한 질문도 있다. 혹시 지금 이 이야기에서 언급하기 전까지, 이런 광고나 장난감에서 장애인이 보이지 않는다는 사실을 인식한 적이 있었는가?

거나, 유모차를 밀거나, 심지어는 스케이트보드를 타는 사람들에게도 유용하다.

위와 같은 사례들은 장애인을 위한 목적으로 개발되었지만, 대중을 대상으로 한 많은 제품들도 장애인에게 큰 혜택을 준다. 우리가 일상적으로 사용하는 기술을 생각해보자. 휴대전화는 언세나 소지할 수 있어 가족과 친구에게 즉각적으로 연락할 수 있게 해준다. 인터넷은 외출하지 않고도 온라인 뱅킹, 식료품 배달, 개인 쇼핑의 편의를 제공하며, 다양한 정보에 접근하고 전 세계 사람들과 쉽게 소통할 수 있게 한다. 노트북과 태블릿(iPad와 같은)은 글씨체를 노출하지 않고도 글을 쓸 수 있게 해주며, 자동 수정 기능은 비록 때때로 불편할 수는 있으나 철자를 자주 바로잡아준다. GPS(위성 위치 추적 시스템)는 길을 잃을 걱정 없이 여행할 수 있도록 도와준다. 이러한 기술의 적용은 장애인에게는 더욱 큰 혜택을 제공한다. 도움을 요청하거나 피자를 주문하는 전화 통화는 거의 모든 위치에서 가능하며, 터치스크린과 완전한 자막 기능이 탑재된 특수 전화도 이제 이용 가능하다. 온라인 뱅킹은 수표를 쓰거나 잔고를 계산할 필요를 없애준다. 노트북과 개인용 리더기는 글자 크기를 확대하거나 음성 출력을 제공할 수 있다. 또한, 컴퓨터는 과제나 문서를 작성할 때 조직화에 어려움을 겪는 사람들을 도울 수 있다. GPS와 음성 출력 기능이 탑재된 레이저 지팡이는 시각장애인의 방향 감각과 이동성을 향상시켜 준다.

잠재적 시장이 클 경우, 기업들은 연구개발(R&D)을 통해 투자한다. 장애인이 상당한 소비력을 가지고 있다는 점을 고려할 때, 모두에게 접근 가능하고 매력적인 제품을 개발하는 것은 훌륭한 비즈니스 전략이 된다. 점점 더 많은 하드웨어 및 소프트웨어 기술들이 다양한 버전으로 개발되어 모든 사람의 필요를 보다 잘 충족시키고 있다. 예를 들어, 비디오 게임인 'Lost and Hound'는 시각장애인을 위한 버전과 비장애인을 위한 버전이 각각 개발되어 있다. 이 게임은 플레이어가 구조견 '비스킷(Bisquit)'

과 함께 지진이나 붕괴된 광산에서 생존자를 구조하는 흥미진진한 임무를 수행하도록 한다. 두 버전 모두 장애가 있는 사람과 없는 사람이 함께 게임의 모험을 즐길 수 있게 해준다.

장애인을 향한 역사적 대우와, 태도, 인식, 교육 서비스, 그리고 지역사회 참여 측면에서 이룬 중대한 진전을 고려할 때, 우리 앞에 펼쳐질 미래의 가능성과 새로운 지평을 상상해보자. 새로운 기술과 연구가 우리 문 앞에 놓인 현재를 넘어, 모든 사람의 삶을 풍요롭게 해줄 혁신으로 우리를 어디까지 이끌 수 있을지에 대해서는, 오직 우리의 집단적 상상력만이 그려낼 수 있다.

요약

예외성(Exceptionality) 이해의 관점 정립

개선의 여지는 여전히 크지만, 미국의 5천만 명에 이르는 대부분의 학생들은 성장하며 성공하고, 성인이 되어 사회에서 자신의 자리를 찾는다.

- 미국의 학교 구성원은 점차 다양해지고 있으며, 학생들은 다양한 인종적·민족적, 언어적, 사회경제적 배경을 지니고 있다. 이러한 배경은 학업 성취에 중요한 영향을 미친다.
- 미국의 5세에서 21세 사이 아동·청소년 중 약 14%가 「2004년 장애인교육법(IDEA '04)」에 명시된 14개 적격 범주(13개 장애 범주와 발달지체)에 따라 특수교육 서비스를 받고 있다.
- 전체 학생의 6~10%는 학문적으로 뛰어나거나 창의적 재능을 지닌 예외적 학습자이지만, 이들의 특수한 요구는 종종 심화(enrichment), 속진(acceleration), 또는 특수교육 기회의 일관되지 않은 제공으로 인해 간과된다.

장애와 사회정의

형평성과 평등은 향상되고 있지만, 사회정의는 아직도 장애인에게 자동적으로 부여되지 않는다.

- 장애의 역사, 심지어 최근의 사례들조차도, 충격적인 대우, 편견, 차별로 가득 차 있으며 이는 시대별로 제작된 영화들 속에서도 반영되어 있다.
- 역사적으로 소외되어 온 다른 집단과 마찬가지로, 장애인들도 기본적인 시민권을 얻기 위해 투쟁해야 했다.
- 1970년대 이전에는 수백만 명의 아동이 공교육 받을 권리를 박탈당했고, 교육이 제공되더라도 대부분 분리된 환경에서 제공되었으며, 개인의 요구에 적절하지 않아 그들의 잠재력을 실현하고 미국 사회에서 자리를 잡을 기회를 제한하였다.

변화를 만드는 힘

집단적으로 그리고 개인적으로 노력함으로써 누구나 장애인의 삶에 변화를 가져올 수 있다.

- 사회가 장애를 어떻게 인식하느냐는 장애인을 대하는 방식과 그들에게 제공되는 기회를 좌우한다.
- 우리가 사용하는 언어는 우리의 인식을 반영하며, 이는 장애인에 대한 존엄성과 존중의 개념과 직결된다.

변화하는 환경

장애인의 최근 성취는 분명 인상적이지만, 이는 개선된 서비스가 온전히 구축되고 실제화될 때 실현될 수 있는 가능성의 시작에 불과하다.

- 태도의 개선, 가족 참여에 대한 보다 강력한 보장, 일반교육 교육과정에 대한 접근 확대, 통합교육, 그리고 새로운 증거기반실제의 도입으로 인해, 더 많은 장애학생들이 학교에서 보다 높은 수준의 성취를 이루고 있다.
- 더 많은 장애학생들이 대학에 진학하고 있으며, 고등교육 과정에서도 성공적인 경험을 이어가고 있다.
- 장애인은 지역사회 내에서 점차 강한 존재감을 형성해 가고 있으며, 우리 모두와 함께 일하고 살아가는 삶을 구현해 나가고 있다.

참고문헌

Ahern, L., Brizuela, L., Millán, I., Rodríguez, P., & Rosenthal, E. (2020). *Crimes against humanity: Decades of violence and abuse in Mexican institutions for children and adults with disabilities.* Disability Rights International. https://www.driadvocacy.org/wp-content/uploads/Mexico-2020-ENG-web.pdf

Albus, D., Lazarus, S. S., & Thurlow, M. L. (2015). *2012-13 publicly reported assessment results for students with disabilities and ELLs with disabilities*(Technical Report 70). University of Minnesota, National Center on Educational Outcomes.

Anastasiou, D., & Kauffman, J. M. (2017). Social constructionist approach to disability: Implications for special education. In A. R. Sadovnik, P. W. Cookson, S. F. Semel, & R. W. Coughlan (Eds.), *Exploring education*(5th ed., pp. 365-383). Routledge.

Andrews, A. (2019, January 25). Disabled actors say they are the last "civil rights movement" in Hollywood. *Chicago Tribune.* https://www.chicagotribune.com/entertainment/movies/ct-ent-disabled-actors-films-20190125-story.html

Appelbaum, L. (2021, January 14). *Percentage of characters with disabilities on TV reaches 11-year record high.* https://www.glaad.org/sites/default/files/GLAAD%20202122%20WWATV.pdf

Artiles, A. J. (2019). Fourteenth Annual Brown Lecture in Education Research: Re-envisioning equity research: Disability identification disparities as a case in point. *Educational Researcher,* 48(6), 325-335.

Artiles, A. (2020). Inclusive education in the 21st century disruptive interventions. *Educational Forum,* 84(4), 289-295.

Artiles, A. (2020). Interdisciplinary inequality research in the E/BD field: Animating intersectionality, reflexivity, and equity. *Journal of Emotional and Behavioral Disorders,* 30(2), 154-158.

Assouline, S. G., Ihrig, L. M., & Mahatmya, D. (2017). Closing the excellence gap: Investigation of an expanded talent search model for student selection into an extracurricular STEM program in rural middle schools. *Gifted Child Quarterly, 61*(3), 250-261.

Bailey, T., Kennedy, M. J., & Jackson, D. (n.d.). *High leverage practice #11: Identify and prioritize long- and short-term learning goals.* https://highleveragepractices.org/hlp-11-goal-setting

Ballard, J., Ramirez, B. A., & Weintraub, F. J. (1982). *Special education in America: Its legal and governmental foundations.* Council for Exceptional Children.

Blatt, B. (1965). *Christmas in purgatory: A photographic essay on mental retardation.* Human Policy Press.

Branson, J., & Miller, D. (2002). *Damned for their difference: The cultural construction of deaf people as disabled.* Gallaudet University Press.

Brown, L. (2015). *Identity-first language. Autistic Self Advocacy Network.* http://autisticadvocacy.org/home/about-asan/identity-first-language

Brown v. Board of Education, 347 U.S. 483 (1954).

Carver-Thomas, D., & Darling-Hammond, L. (2017, August 16). *Teacher turnover: Why it matters and what we can do about it.* Learning Policy Institute. https://learningpolicyinstitute.org/product/teacher-turnover-report

Centers for Disease Control and Prevention. (n.d.). *Communicating with and about people with disabilities.* https://www.cdc.gov/ncbddd/disabilityandhealth/pdf/communicating-with-people.pdf

Code of Federal Regulations. (2022, February 3). *Title 34, Subtitle 34, Chapter III, Part 300, Subpart C, § 300.226.* https://www.ecfr.gov/current/title-34/subtitle-B/chapter-III/part-300/subpart-C/section-300.226

Cohen, J. S. (2010, August 18). U. of I. opens state-of-the-art dorm for students with disabilities. *Chicago Tribune.* www.chicagotribune.com/news/education/ct-met-u-of-i-disability-dorm20100818,0,796860.story

Dragoo, K. E. (2020, October 12). *The Individuals with Disabilities Education Act: A comparison of state eligibility criteria.* Congressional Research Service.

Edgerton, R. B. (1967). *The cloak of competence: Stigma in the lives of the mentally retarded.* University of California Press.

Endrew F. v. Douglas County School Dist. RE-1, No. 15-827, 580 U.S. (2017), slip. op. at 11.

Erevelles, N. (1996). Disability and the dialects of difference. *Disability & Society,* 11, 519–537.

Fujiura, G. T. (2013). The demarcation of intellectual disability. *Intellectual and Developmental Disabilities,* 51, 83–85.

Garces-Bacsal, R. M., & Elhoweris, H. (2022). Decentering Whiteness in gifted education: Addressing the needs of the gifted "others" through social justice and culturally responsive pedagogies. *Gifted Child Quarterly,* 66(2), 121–123.

Gottlieb, J. (2010, June 7). Name change at agency to remove "retardation." *New York Times.* www.nytimes.com/2010/06/08/nyregion/08name.html

Groce, N. E. (1985). *Everyone here spoke sign language: Hereditary deafness on Martha's Vineyard.* Harvard University Press.

Kena, G., Hussar, W., McFarland, J., de Brey, C., Musu-Gillette, L., Wang, X., & Dunlop Velez, E. (2016). *The condition of education 2016*(NCES 2016-144). U.S. Department of Education, National Center for Education Statistics. https://nces.ed.gov/pubs2016/2016144.pdf

Kena, G., Musu-Gillette, L., Robinson, J., Wang, X., Rathbun, A., Zhang, J., ... Dunlop Velez, E. (2015). *The condition of education 2015*(NCES 2015-144). U.S. Department of Education, National Center for Education Statistics. https://nces.ed.gov/pubs2015/2015144.pdf

King, S. (2012, November 24). Right kids for these roles: Young actors with Down syndrome star in "Café de Flore" and *Any Day Now. Los Angeles Times,* D-4.

La Vor, M. L. (1976). Federal legislation for exceptional persons: A history. In F. J. Weintraub, A. Abeson, J. Ballard, & M. L. La Vor (Eds.), *Public policy and the education of exceptional children*(pp. 96–111). Council for Exceptional Children.

Lee, S. W. (2018). Pulling back the curtain: Revealing the cumulative importance of high-performing, highly qualified teachers on students' educational outcome. *Educational Evaluation and Policy Analysis,* 40(3), 359–381.

Longmore, P. (2003). *Why I burned my book and other essays on disability.* Temple University Press.

Makel, M. C. (2022). Additional challenges to achieving equity in gifted and talented education. *Gifted Child Quarterly,* 66(2), 101–102.

Martin, E. W. (1976). A helping relationship: Federal programs for special children: A national commitment to the rights of the individual—1776 to 1976. *Exceptional Children,* 43(3), 132–135.

Martin, E. W., Martin, R., & Terman, D. L. (1996). The legislative and litigation history of special education. *Special Education for Students with Disabilities, 6,* 25–39.

National Association for Gifted Children. (2015). *Addressing excellence gaps in K-12 education: NAGC position statement.* https://dev.nagc.org/sites/default/files/Position%20Statement/Excellence%20Gaps%20Position%20Statement.pdf

North, A. (2015, June 18). Making video games for everyone (not just the able-bodied). *New York Times.* http://takingnote.blogs.nytimes.com/2015/06/18/making-video-games-for-everyone-not-just-theable-bodied/?emc=edit_tnt_20150622&nlid=34601341&tntemail0=y&_r=0

Okundaye, J. (2021, April 23). As a self-advocate: The pros and cons of people first-language. *Massachusetts Advocates for Children.* https://www.massadvocates.org/news/ask-a-self-advocate-the-pros-and-cons-of-person-first-and-identity-first-language

Opper, I. M. (2019). *Teachers matter: Understanding teachers' impact on student achievement.* Rand Corporation. https://www.rand.org/pubs/research_

reports/RR4312.html

Peters, S. J. (2021). The challenges of achieving equity within public school gifted and talented programs. *Gifted Child Quarterly,* 66(2), 82–94.

Plucker, J. A., Hardesty, J., & Burroughs, N. (2013). *Talent on the sidelines: Excellence gaps and America's persistent talent underclass.* Center for Education Policy Analysis, University of Connecticut. http://cepa.uconn.edu/mindthegap

Raue, K., & Lewis, L. (2011). *Students with disabilities at degree-granting postsecondary institutions*(NCES 2011-018). U.S. Department of Education, National Center for Education Statistics.

Rice, L. (2012, March 2). Actors with Down syndrome. *The EW Report,* 48–54.

Riddell, S. (2007). A sociology of special education. In L. Florian (Ed.), *The Sage handbook of special education*(pp. 34–45). Sage.

Rioux, M. (2007). Disability rights in education. In L. Florian (Ed.), *The Sage handbook of special education*(pp. 107–116). Sage.

Robb, D. (2021, April 15). *SAG-AFTRA panelists say "Disability consistently overlooked in conversation about diversity & inclusion." Deadline*. https://deadline.com/2021/04/sag-aftra-panel-disability-hollywood-actors-gains-1234735412/

Rodriguez, P. (2015). *Twice violated: Abuse and denial of sexual and reproductive rights of women with psychological disabilities.* Disability Rights International. http://www.driadvocacy.org/wp-content/uploads/Mexico-report-English-web.pdf

Rodríguez, P., Aceves, J., Ahern, L., Brizuela, L., Jacobstein, D., Heffernan, J., ... Rosenthal, E. (2019, May). *At the Mexico-US border and segregated from society: Children and adults with disabilities subject to arbitrary detention, abuse and early death inside Mexican orphanages and institutions.* Disabilities Rights International. https://www.driadvocacy.org/wp-content/uploads/MEX-Report-May-2019.pdf

Roos, P. (1970). Trends and issues in special education for the mentally retarded. *Education and Training of the Mentally Retarded, 5,* 51–61.

Rosenthal, E., Jehn, E., & Galván, S. (2011, June). *Abandoned and disappeared: Mexico's segregation and abuse of children and adults with disabilities.* Disability Rights International.

Rosenthal, E., Kurylo, H., Brown, M., Mathews, E., Ahern, L., Milovanovic, D. C., ... Biriukova, T. (2022, May 5). *Left behind in the war: Dangers facing children with disabilities in Ukraine's orphanages.* Disabilities Rights International. https://www.driadvocacy.org/wp-content/uploads/DRI-Ukraine-Left-Behind.pdf

Rosenthal, E., Milovanovic, D. C., Rodríguez, P., & Ahern, L. (2021, June). *Mental disability rights initiative of Serbia: Serbia's forgotten children.* Disabilities Rights International. https://www.driadvocacy.org/wp-content/uploads/Serbia-2021-web-ENG-1.pdf

Safran, S. P. (1998). The first century of disability portrayal in film: An analysis of the literature. *Journal of Special Education, 31,* 467–479.

Safran, S. P. (2000). Using movies to teach students about disabilities. *Teaching Exceptional Children, 32,* 44–47.

Schalock, R. L., & Luckasson, R. (2013). What's at stake in the lives of people with intellectual disability? Part I: The power of naming, defining, diagnosing, classifying, and planning supports. *Intellectual and Developmental Disabilities, 51,* 86–93.

Schalock, R. L., Luckasson, R., & Shogren, K. A. (2007). The re-naming of mental retardation: Understanding the change to the term intellectual disability. *Intellectual and Developmental Disabilities, 45*(2), 116–124.

Screen Actors Guild. (2011, September 28). *Study reveals continued lack of characters with disabilities on television.* www.sag.org/study-reveals-continued-lack-characters-disabilities-television

Screen Actors Guild-American Federation of Television and Radio Artists. (2015). *Performers with disabilities.* http://www.sagaftra.org/content/performers-with-disabilities

Siperstein, G. N., Pociask, S. E., & Collins, M. A. (2010). Sticks, stones, and stigma: A study of students' use of the derogatory term "retard." *Intellectual and Developmental Disabilities, 48,* 126–134.

Skiba, R. J., Artiles, A. J., Kozleski, E. B., Losen, D. J., & Harry, E. G. (2015). Risks and consequences of oversimplifying educational inequities: A response to Morgan et al. *Educational Researcher, 45*(3), 221–225.

Smith, J. D., & Lazaroff, K. (2006). "Uncle Sam needs you" or does he?: Intellectual disabilities and lessons from the "Great Wars." *Mental Retardation, 44,* 433–437.

Tassé, M. J. (2013). What's in a name? *Intellectual and Developmental Disabilities, 51,* 113–116.

Taylor, S. J. (2006). Christmas in purgatory: A retrospective look. *Mental Retardation, 44,* 145–149.

Townsend, M., & Deerwater, R. (2022). *Where are we on TV 2021–2022.* GLADD Media Institute. https://www.glaad.org/whereweareontv21

U.S. Congress. *Americans with Disabilities Act of 1990.* Pub. L. No. 101–336, 104 STAT. 327.

U.S. Congress. *Civil Rights Act of 1964.* Pub. L. No. 82–352, 78 STAT. 241.

U.S. Congress. *Individuals with Disabilities Education Act.* Pub. L. No. 101–476.

U.S. Congress. *Individuals with Disabilities Education Act.* Pub. L. No. 105–17, 111 STAT. 37.

U.S. Congress. *Individuals with Disabilities Education Improvement Act of 2004.* Pub. L. No. 108–446.

U.S. Congress. *No Child Left Behind Act of 2001.* PL 107–110.

U.S. Congress. *Rehabilitation Act of 1973, Section 504.* 19 U.S.C. Section 794.

U.S. Department of Education. (1992). *Fifteenth annual report to Congress on the implementation of the Individuals with Disabilities Education Act.* U.S. Government Printing Office.

U.S. Department of Education. (1995). *Seventeenth annual report to Congress on the implementation of the Individuals with Disabilities Education Act.* U.S. Government Printing Office.

U.S. Department of Education. (2006). *Assistance to states for the education of children with disabilities program and the early intervention program for infants and toddlers with disabilities: Final rule. Federal Register,* 34 CFR Parts 300 and 301.

U.S. Department of Education. (2010). *Thirty-five years of progress in educating children with disabilities through IDEA.* www2.ed.gov/about/offices/list/osers/idea35/history/idea-35-history.pdf

U.S. Department of Education. (2022). *Child Count and Educational Environments.* [IDEA Section 618 Data Products: State Level Data Files.] https://data.ed.gov/dataset/idea-section-618-state-part-b-child-count-and-educational-environments/resources

U.S. Department of Education, Office of Special Education and Rehabilitative Services, Office of Special Education Programs. (2014). *Thirty-sixth annual report to Congress on the implementation of the Individuals with Disabilities Education Act, 2014.*

U.S. Department of Education, Office of Special Education and Rehabilitative Services, Office of Special Education Programs. (2017). *Questions and answers (Q&A) on U.S. Supreme Court case decision Endrew F. v. Douglas County School District RE-1.* https://sites.ed.gov/idea/files/qa-endrewcase-12-07-2017.pdf

Van Cleve, J. V. (Ed.). (2007). *The deaf history reader. Gallaudet University Press.*

Walrod, D. P. (2022). Equity through the participation of twice-exceptional students in gifted programming. *Gifted Child Quarterly, 66*(2), 142–143.

White, J. (2022, December 6). 1. How many charter schools and students are there? *Knowledge Base: Charter School Data, National Alliance of Public Charter Schools.* https://data.publiccharters.org/digest/charter-school-data-digest/how-many-charter-schools-and-students-are-there/

Winzer, M. A. (2007). Confronting difference: An excursion through the history of special education. In L. Florian (Ed.), *The Sage handbook of special education*(pp. 21–33). Sage.

제 2 장

모든 학습자를 위한 지원

살 칸(Sal Khan)은 수학, 과학, 역사 등 다양한 학습 분야에서 개인 맞춤형 완전학습을 위한 교육 동영상과 연습 기회를 제공하는 온라인 교육 자원인 칸 아카데미(Khan Academy)의 창립자이자 CEO이다. 처음에 살은 수학에 어려움을 겪고 있던 사촌을 돕기 위해 유튜브에 교육 동영상을 올렸다. 그 동영상들이 엄청난 조회수를 기록하자, 살은 "누구에게나, 어디서나 무료로 세계 수준의 교육을 제공한다"는 사명을 가지고 칸 아카데미를 시작하기로 결정했다. 오늘날 칸 아카데미는 전 세계적으로 4,200만 명 이상의 사용자를 보유하고 있다. 살은 또한 무료 온라인 개별 지도를 제공하는 schoolhouse.world의 창립자이기도 하다.

살은 개인 맞춤형 학습 기회를 통해 모든 학습자가 기초 지식을 개발하고 기술을 능숙하게 학습하도록 돕는 것을 믿는다. 2016년 TED 강연에서 발췌한 다음 내용에서 그는 학습에 대한 두 가지 핵심 아이디어를 공유한다.

> 오늘 이 자리에 선 이유는, 적어도 내가 칸 아카데미에서 관찰한 바에 따르면, 학습의 핵심이자 가장 중요한 지렛대 역할을 하는 두 가지 개념에 대해 이야기하기 위해서다. 그것은 바로 '숙달(mastery)'과 '마인드셋(mindset)'이라는 개념이다. 나는 이 두 가지를 사촌들과 함께 공부하던 초기 시절에 직접 목격했다. 그들 중 많은 아이들이 처음에는 수학에서 어려움을 겪었는데, 이는 학습 과정에서 누적된 여러 '공백(gap)' 때문이었다. 이런 공백이 쌓인 채로 대수학(algebra)에 도달했을 때, 그들은 너무 많은 지식의 공백 때문에 제대로 수업을 따라갈 수 없었다. 자신에게는 '수학 유전자(math gene)'가 없다고 생각하기도 했다. 하지만 조금 더 나이가 들어, 스스로 주도적으로 학습에 임하기 시작했고, 칸아카데미와 같은 자료를 찾아 활용하면서 그 공백을 메우고 개념을 숙달할 수 있었다. 이 경험은 그들의 마인드셋, 즉 능력이 고정된 것이 아니라 실제로 자신도 수학을 배울 수 있다는 신념을 강화시켜 주었다.

살 칸(Sal Khan)의 개혁의 목적은 모든 학습자, 즉 장애학생을 포함한 모든 학생이 기초 지식과 기술 숙달을 달성할 수 있도록 지원하는 데 있다. 본 장에서 다루듯, 많은 학생들이 일반교육 교실에서 충분한 지도를 받지 못해 성공에 필요한 기본 기술이나 기초 지식을 제대로 습득하지 못하고 있다. 핵심 수업이 충분하지 않을 때 그 영향은 학습에 어려움을 겪는 학생과 장애학생에게 더욱 크게 나타난다. 장애학생의 대다수가 일반교육 교실에서 대부분의 수업을 받는다는 점을 상기해야 한다. 일반교육에서의 기초가 튼튼하지 않으면, 이들이 받는 지원과 서비스의 효과도 떨어질 수밖에 없다. 장애학생을 포함한 모든 학생을 더 잘 지원하기 위해서는, 먼저 모든 학생의 교육에 영향을 미치는 몇 가지 포괄적 이슈를 살펴보고 이를 해결할 방안을 모색해야 한다. 다행히 지난 수십 년간 효과적인 교수 및 행동 지원에 관한 지식 기반이 크게 확장되었다. 또한, 기술의 발전으로 이러한 정보를 신속하고 쉽게 공유할 수 있게 되면서, 우리는 이전 세대보다 훨씬 더 모든 학생에게 고품질의 교육을 제공할 수 있는 역량을 갖추게 되었다.

제 2 장 모든 학습자를 위한 지원

학습 목표

2.1 증거기반실제(evidence-based practices), 보편적 학습설계(Universal Design for Learning), 차별화교수(differentiated instruction), 그리고 데이터기반 의사결정(data-based decision making)의 활용이 모든 학생을 위한 고품질 교육의 견고한 기반을 어떻게 구축할 수 있는지 설명할 수 있다.

2.2 학업을 위한 중재반응모형모형(Response to Intervention, RTI)과 행동을 위한 긍정적행동중재및지원(Positive Behavioral Interventions and Supports, PBIS)과 같은 다층지원체계(Multi-Tiered System of Supports, MTSS)의 개념적 틀을 이해할 수 있다.

학교 성공을 위한 토대 마련: 양질의 수업

학습 목표

증거기반실제(EBP), 보편적 학습설계(UDL), 차별화교수(DI), 그리고 데이터기반 의사결정(DBDM)이 모든 학생을 위한 고품질 교육의 견고한 토대를 어떻게 구축할 수 있는지 설명하라.

쟁점 이해: 학생 수행과 결과

- 효과적인 교수 및 행동 지원에 대한 지식이 있음에도 불구하고, 너무 많은 학생들—특히 장애학생들—이 학업에서 뒤처지거나, 중도탈락하거나, 학교에서 따돌림을 경험하고 있다.
- 장애학생의 견고한 교육적 토대는 장애 유무, 학습에 어려움을 겪는 학생, 영재·재능·창의적 학생 등 모든 학생에게 고품질 교육을 제공하는 데 달려 있다.

오늘날 학생들의 미래 삶의 질은 이전보다 훨씬 더, K-12(유치원부터 초등교육 전 과정) 교육이 대학이

표 2.1 읽기 및 수학에서의 학생들의 학업 성취도

학년	읽기 - 기본 또는 이하	읽기 - 능숙 또는 이상	수학 - 기본 또는 이하	수학 - 능숙 또는 이상
4학년	67%	33%	64%	36%
8학년	69%	31%	74%	26%
12학년	63%	37%	76%	24%

주: 4학년 및 8학년 학생의 데이터는 2022년 자료이며, 12학년 학생의 데이터는 2019년 자료이다.
출처: 미국 국가교육진단평가(NAEP, 2022a, 2022b)

나 직업훈련 등 고등교육(대학 및 진로 준비) 진학을 얼마나 잘 준비시키는지에 달려 있다. 그러나 모든 학생이 기대 수준의 수행을 보이고 있는 것은 아니다. 미국 국가교육사정평가(NAEP)는 매년 4학년과 8학년 학생의 수행 수준을 보고하고, 12학년 학생의 데이터도 주기적으로 수집한다. 이상적으로는 학생들이 '숙련(Proficient)' 범위에 도달해야 하며, 이는 견고한 학업 수행을 의미한다. 그러나 최근 자료(표 2.1)에서 명확히 드러나듯, 세 학년 모두에서 약 3분의 1만이 읽기에서 숙련 수준 이상을 기록했다. 수학 점수도 유사하게 실망스러워, 약 4분의 1에서 3분의 1만이 숙련 수준 이상을 보였다. 나머지 학생들, 즉 미국 학생의 다수를 차지하는 학생들은 읽기와 수학 모두에서 '기초(Basic)' 수준—필요한 지식이나 기술의 부분적 숙련만을 의미—또는 그 이하의 점수를 기록했다.

전통적인 NAEP(3개 학년 수준에서 학생들의 수행을 사정평가함)에 더하여, NAEP 장기 추세(LTT: Long-Term Trend) 평가는 일반적으로 4년마다 세 연령 집단(9세, 13세, 17세)을 대상으로 실시된다. LTT 평가는 코로나19 팬데믹으로 인한 학교 폐쇄 직전인 2020년 1월부터 3월 사이에 실시되었으며, 팬데믹이 학생들의 학습에 미친 영향, 즉 학습 손실 시간과 원격수업 기간의 영향을 평가하기 위해 2년 후인 2022년 1월부터 3월 사이에 다시 실시되었다. 불행하게도, 그 영향은 상당했다. 9세 학생들(일반적으로 4학년에 해당)의 읽기 평균 점수는 5점 하락했으며, 이는 1990년 이후 가장 큰 점수 하락이었다. 수학 평균 점수는 7점 하락했으며, 이는 1970년 이 자료가 처음 수집된 이후 처음 나타난 하락이다. 이 점수 하락은 모든 학생 집단—즉, 성취도가 가장 낮은 학생부터 가장 높은 학생에 이르기까지—전반에서 나타났지만, 점수 하락이 가장 큰 집단은 성취도가 낮은 학생들이었다. 다시 말해, 이미 뒤처져 있던 학생들이 더욱 뒤처지게 되었다.

NAEP 점수가 보여주듯, 초등학교와 중학교 수준에서 학업 수행이 저조한 학생들은 고등학교에 이르기까지 이러한 성향을 지속하는 경향이 있다. 이러한 학업 수행을 고려할 때, 16세에서 24세 사이의 약 200만 명이 학교에 다니지 않으며, 고등학교 졸업장이나 그에 상응하는 자격을 획득하지 못했다는 사실은 그리 놀라운 일이 아니다. 비록 고등학교 중퇴율이 역대 최저치(5.3%)를 기록하고 있음에도 불구하고, 다음의 통계 수치를 고려할 때 이 수치는 여

문화적 및 언어적 고려사항 **영어학습자(EL) 학생의 수행**

앞서 언급했듯, NAEP에서 전체 학생의 약 4분의 1에서 3분의 1만이 읽기와 수학에서 숙련 수준을 달성하고 있다는 점을 감안할 때, 대다수 학생의 수행 결과는 우려스럽다. 그러나 영어학습자(EL) 학생의 전망은 더욱 암울하다. 4학년과 8학년(2022년), 12학년(2019년) EL 학생의 읽기 평균 점수는 '기초(Basic)' 미만이었으며, 비(非)EL 학생의 평균 점수는 '기초' 이상이었다. 수학에서도 유사한 결과가 나타났다. 4학년 EL 학생의 평균 점수는 '기초'보다 2점 높았으나, 8학년과 12학년 EL 학생의 평균 점수는 '기초' 미만이었고, 이와 달리 비EL 학생은 평균적으로 '기초' 이상을 기록했다.

더 큰 문제는, 읽기와 수학 모두에서 영어학습자와 비영어학습자 학생 간 평균 점수 격차가 해마다 확대되고 있다는 점이다. 읽기의 경우, 4학년에서 EL 학생의 평균 점수는 비EL 학생보다 32점 낮았으며, 이 격차는 8학년에서 39점, 12학년에서 53점까지 벌어졌다. 수학에서도 유사한 양상이 나타나, 4학년에서 23점이던 점수 차가 8학년에서 36점, 12학년에서 41점으로 확대되었다. 이러한 사정평가 결과는 EL 학생이 기대 수준에 도달하지 못할 뿐 아니라, 해마다 비EL 또래와의 격차가 더욱 벌어지고 있음을 보여준다.

긍정적인 점은, 교사가 효과적인 교수법을 적용함으로써 이들 학생의 성과를 개선할 수 있다는 것이다.

전히 우려를 낳는다:

- 중퇴자의 약 53%는 유색인종 학생이다(이 문제는 3장에서 더 자세히 다룬다).
- 장애학생의 중퇴율은 비장애학생의 거의 두 배에 이른다.
- 고등학교를 중퇴한 학생은 실업 상태에 놓일 가능성이 더 높고, 빈곤 상태에 처하거나 공적 지원을 받을 가능성, 수감될 가능성, 건강 상태가 좋지 않을 가능성, 기대수명이 낮을 가능성이 더 크다.

실제로 고등학교를 중퇴하는 일은 단번에 일어나는 극적인 사건이 아니라, 종종 초등학교 시기부터 시작되어 시간에 걸쳐 점진적으로 발생하는 과정이다. 노숙 상태나 부모의 수감과 같은 몇몇 요인은 대부분의 교육자의 영향력 밖에 있는 경우가 많지만, 학문적으로 도전적이고 흥미로운 수업이나 교사의 기대와 같은 교육환경, 그리고 학생의 학교 내 수행 또한 중퇴율과 밀접하게 연관되어 있다. 대다수의 중퇴 학생들은 과제를 거의 수행하지 않았으며, 학교 수업에 흥미를 느끼지 못했고, 교육자들이 자신에게 관심이 없다고 느끼는 등 학교 환경에서 소외되고 단절된 상태였다고 보고한다. 이들은 수업을 자주 빼먹었고, 중퇴 직전 해에는 무단결석 기록이 있었다. 슬프게도, 중퇴한 학생들 중 상당수는 만약 교사들이 더 높은 기대를 가졌다면 자신도 더 열심히 노력했을 것이며, 노력만 했더라면 졸업할 수 있었을 것이라 믿고 있다.

마지막으로 반드시 해결해야 할 또 다른 문제는 상당수 학생들이 학교에서 범죄 및 안전 문제로 인해 안전하지 않다고 느낀다는 것이다. 비폭력 범죄 중에서는 학교폭력과 사이버폭력이 가장 많이 보고되는 유형이다. 학교폭력은 반복적이고 의도적이며 공격적인 행동으로, 일반적으로 힘의 불균형이 존재하며, 스스로를 효과적으로 방어할 수 없는 사람에게 신체적 또는 정서적 상처를 입히기 위해 수행된다. 이러한 행위는 신체적(예: 때리기, 밀치기), 언어적(예: 놀리기, 협박), 사회적(예: 따돌리기, 소문 퍼뜨리기) 행동을 포함한다.

학생들이 약하거나 "다르다"고 인식되는 경우, 장애, 성적 지향, 비만, 신체적 허약함, 혹은 어색한 사회적 기술 등의 특성 때문에 괴롭힘의 대상이 될 가능성이 더 높다. 사이버폭력(사이버 따돌림)은 온라인이나 문자 메시지, 소셜미디어 플랫폼 등 전자 매체를 통해 발생하는 괴롭힘이다. 지난 10년간 대면 괴롭힘은 다소 감소했으나, 사이버폭력은 오히려 증가했다. 또한, 학교 총기 사건 역시 증가 추세를 보이고 있다. 비록 이러한 사건은 여전히 드물지만, 최근 몇 년간 그 발생 빈도는 높아지고 있으며, 이는 학생과 지역사회에 장기적이고 심대한 영향을 미친다. 학교폭력에 대한 통계는 매우 충격적이다:

- 12세에서 18세 사이의 학생 중 5명 중 1명 이상이 학교에서 괴롭힘을 당했다고 보고한다.
- 일부 자료에 따르면 고등학생의 약 16%가 사이버폭력을 경험했다고 하며, 다른 조사에서는 중학생과 고등학생의 약 30%가 피해자라고 보고된다.
- 피해 학생은 학교를 자주 빠지거나 중퇴할 가능성이 높다.
- 피해 학생은 자살 생각을 보고할 가능성이 높다.
- 피해자는 종종 우울, 불안, 낮은 자존감, 성적 저하, 기타 스트레스 관련 건강 문제를 경험한다.
- 최근의 학교 총격 사건 가해자들 중 일부는 괴롭힘 피해자였다.
- 부상이나 사망을 초래한 학교 총격 사건은 역대 최고 수준이다.
- 방관자들도 두려움, 무력감, 죄책감 등의 부정적인 감정을 경험할 수 있다.

[stopbullying.gov] 웹사이트는 학생, 부모, 교사들을 위해 다양한 괴롭힘 유형, 위험 요인, 경고 신호, 효과적인 예방 프로그램에 대한 유익한 정보를 제공한다.

모든 학생, 특히 장애학생들을 더 잘 지원하고 그들의 요구를 충족하기 위해서는 위와 같은 광범위한 문제들을 반드시 해결해야 한다. NAEP 점수가 보여주듯, 상당수의 학생들이 학업 기술 숙달로 이어지는 고품질 교육을 받고 있지 않으며, 이는 일반교육의 기초가 부실하다는 것을 시사한다. 이로 인해 장애가 없음에도 불구하고 학업 성취도가 낮은 학생이 장애학생으로 잘못 판별되어, 그에 따라 특수교육 서비스를 받는 일이 발생할 수 있다. 이는 이러한 상황을 방지하고자 하는 정책과 절차의 취지를 무색하게 만든다.

앞 장에서 살펴본 바와 같이, 장애학생은 개별화된 교육을 받을 권리가 있으며, 이들 대부분은 일반학급 내에서 교육을 받되, 추가적이고 보다 집중적인 지원과 조정이 제공되어야 한다. 이러한 특수교육 서비스가 효과적이기 위해서는, 그것이 기반하고 있는 일반교육 자체가 견고해야 한다. 또한, 신체적·정서적 안전의 문제는 학생들의 학습 능력에 부정적 영향을 미친다. 아울러, 학업적으로 어려움을 겪는 학생들, 장애가 있는 학생들, 혹은 학교 공동체로부터 단절감을 느끼는 학생들은 중도탈락 위험이 크며, 이는 교육적 성취에 매우 부정적인 영향을 미친다. 현재 우리 학생들의 성취 수준을 고려할 때,

개선의 여지는 충분하다. 이는 미국 교육체계 자체를 부정적이거나 비판적으로 평가하려는 의도가 아니다. 오히려 다른 많은 나라들과 비교했을 때, 우리는 모든 학생을 교육하는 데 있어 상당한 진전을 이루었음을 인식한다. 그러나 미래의 교육자로서, 현재 존재하는 문제들을 모른 채 교육체계를 개선해 나가길 기대하는 것은 무리일 것이다.

현재 우리는 역사상 어느 때보다도 학생들에게 더 나은 교육을 제공할 수 있는 지식과 역량을 갖추고 있다는 점은 고무적이다. 그럼에도 불구하고, 너무 많은 교사가 수업의 초기 계획 단계부터 모든 학생의 학습 성과를 높일 수 있는 효과적인 실천법을 인지하지 못하거나, 이를 사용할 수 있는지 알지 못한다. 교사들은 학생이 학업적으로 어려움을 겪기 시작하거나 뒤처지기 시작할 때 이를 인식하거나 파악하지 못할 수 있으며, 그 하락세를 반전시키고 학생을 다시 정상 궤도로 이끌기 위해 취할 수 있는 적절한 대응 방안을 알지 못할 수도 있다. 또한, 안전하고 지지적인 학습 환경 조성의 중요성과 이것이 학생의 학업 및 행동 성과에 미치는 긍정적 영향을 충분히 이해하지 못할 수도 있다.

이 장에서 다루는 주제들은 이러한 문제의 일부를 해결할 수 있는 기본 시스템과 지원체계에 초점을 맞춘다. 이러한 시스템과 지원이 마련되고 실행될 때, (1) 모든 학생의 교육 수행이 향상되고, (2) 특수교육 서비스를 실제로 필요로 하는 학생—즉, 일반교육만으로는 성공이 어려운 장애학생—에게 제공될 가능성이 높아진다.

이 장에서는 각 주제에 대해 간략히 소개만 제공하며, 심화 내용은 다른 과목에서 다루게 될 것이다. 그러나 이 주제들이 반드시 언급되어야 한다고 생각하는 이유는, 학업 또는 사회·정서적으로 어려움을 겪는 학생의 요구를 반영한 반응적 교수기법을 통해 모든 학생에게 고품질 교육이 제공될 때, 학생들은 자신의 잠재력을 충분히 실현할 수 있다고 믿기 때문이다.

증거기반실제(Evidence-Based Practices, EBP)

- 증거기반실제는 엄격한 연구를 통해 그 효과가 입증된 교수 및 행동 지원 방법이다.
- 증거기반실제는 연구자들이 개발할 때 사용한 동일한 절차를 충실히 준수하여 실행되어야 한다.

수천 가지의 교수 및 행동 기법이 개발되어 왔지만, 이들 모두가 동일하게 효과적인 것은 아니다. 실제로, 일부는 매우 비효과적이기도 하다. 학생들이 매 학년 최대한의 학습 성장을 이루도록 보장하기 위해 교사는 증거기반실제(EBP)를 사용해야 한다. 교육 분야에서 증거기반실제(연구 검증, 실증 검증이라고도 함)란, 엄격한 연구와 데이터에 의해 그 효과가 입증된 방법을 의미한다.

EBP 운동은 의학 분야에서 시작되었으므로, 이 관점에서 생각해 보자. 만약 암 진단을 받았다면, 50년 또는 100년 전 유행하던 치료법을 원하겠는가, 아니면 최근 연구에서 대다수 사례에 효과적임이 입증된 치료법을 원하겠는가? 교육에서도 동일한 철학이 적용된다. 불행히도, 너무 많은 교사가 수십 년 전 유행했지만 연구로 효과가 입증되지 않은 구식 교수 전략을 여전히 사용하고 있다.

미국 교육부는 엄격한 연구의 "골드 스탠다드"를 무작위 대조 실험(randomized controlled trials)

그림 2.1 증거의 수준

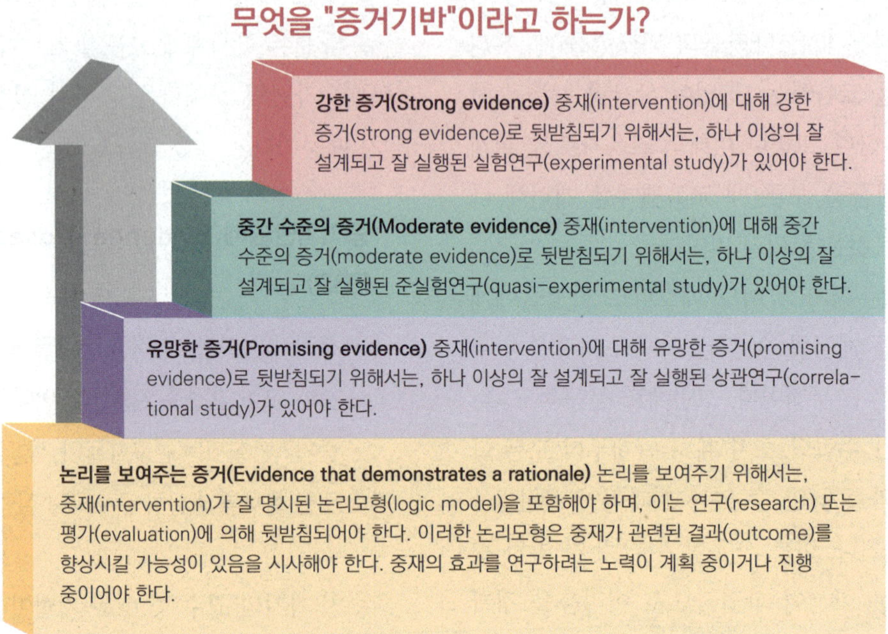

출처: National Center on Improving Literacy(2018).

으로 간주하고 있다. 이는 학생들을 연구 대상인 중재 집단 또는 대조군("기존 방식") 중 하나에 무작위로 배정하는 연구이다. 이러한 연구에서는 두 집단의 성과를 비교하여 중재 집단이 대조군보다 더 나은 결과를 보이는지 확인한다. 증거기반실제라면 중재 집단이 대조군보다 지속적으로 더 나은 성과를 보여야 한다.

경우에 따라, 저빈도 장애 학생 등 주요 특성을 가진 대규모 학생을 무작위로 중재 및 대조 집단에 배정하는 것이 불가능할 수 있다. 이때는 소집단 또는 개별 학생을 대상으로 한 단일 사례 설계(single-case design) 연구가 사용될 수 있다. 이러한 연구에서 중재의 긍정적 결과가 다양한 조건에서 반복적으로 재현되어야 효과적인 실천으로 간주된다.

증거기반실제를 실행할 때 교사들은 연구자들이 그 실제를 검증했을 때 사용한 것과 동일한 절차를 정확히 따라야 한다. 실행 충실도 또는 단순히 충실도라고 하는 이것은 모든 단계나 구성요소를 순서대로 실행하고 교수 세션의 길이와 빈도 및 기타 중요한 구성요소에 대한 규정된 지침을 준수하는 것을 포함한다. 앞서 언급한 의학적 비유를 다시 생각해보자. 검증된 암 치료 프로토콜에서 환자들이 24주 동안 주당 2회 치료를 받도록 규정했다면, 의사가 12주 동안 주당 1회만 치료를 처방한다면 어떤 기분이 들겠는가? 연구에 참여한 환자들과 동일한 암 치료 결과를 경험할 것이라고 생각하는가? 마찬가지로 교사가 교수 시간을 90분에서 60분으로 단축하거나, 중재의 단계를 생략하거나, 주당 4회 시행하는 계획을 주당 2회로 줄인다면, 학생들은 그 중재를 검증한 연구의 학생들과 동일한 긍정적인 교육 성과를 거둘 가능성이 낮다.

그림 2.1은 증거의 다양한 수준을 보여준다. 증거기반실제를 사용하고 충실도를 가지고 실행하는 교사들은 학생 학습을 위한 강력한 토대를 구축한다. 만약 토대가 견고하지 않다면, 즉 교사가 검증되지 않은 실제를 사용하거나 증거기반실제를 충실도 없이 실행한다면 학생 학습이 저해된다.

보편적 학습설계(Universal Design for Learning, UDL)

- 증거기반실제(EBP)의 적용은 다양한 학습 요구를 가진 학생 집단을 위한 고품질 수업의 한 요소에 불과하다.
- 보편적 학습설계는 학생의 학습에 대한 장벽을 줄이거나 제거할 수 있다.

증거기반실제의 활용은 학생의 학업적 성공 가능성을 높이지만, 이는 고품질 수업의 한 요소에 불과하다. 교사는 교실 내 다양한 학습자의 요구를 함께 고려해야 한다. 일부 학생은 영재이고, 일부는 장애가 있으며, 또 다른 학생들은 영어를 제2언어로 배우고 있다. 이들은 매우 다양한 흥미, 배경지식, 그리고 문화적 신념과 차이를 지닌다. 강점과 과제뿐 아니라, 무엇에 흥미를 느끼는지, 어떤 방식으로 배우기를 선호하는지, 학습한 내용을 어떻게 가장 효과적으로 보여줄 수 있는지도 각기 다르다. 이러한 학습자 다양성에 대응할 필요성을 인정하여, 정책 입안자들은 주요 연방 법률에 보편적 학습설계(UDL)를 명시하였다:

- 2004년 장애인교육법(IDEA)
- 2008년 고등교육기회법
- 2015년 모든 학생 성공법(ESSA)
- 2017년 국가교육기술계획

UDL은 교사가 잠재적 교육 장벽을 사전에 줄이고, 가능한 한 많은 학생이 교육과정에 접근할 수 있도록 하는 프레임워크를 의미한다. 엄격한 연구로 효과가 입증된 EBP와 달리, 이 프레임워크는 일반적으로 가치, 원칙, 지침에 의해 안내되는 조직적 구조다. EBPs는 종종 프레임워크 내에 내재되어 학생의 학습을 지원하고 성공을 촉진한다.

보편적 학습설계를 이해하려면, 이 UDL의 기반이 되는 건축 개념인 보편적 설계(유니버설 디자인, Universal Design: UD)의 측면을 이해하는 것이 도움이 될 수 있다. 보편적 설계는 초기 설계 단계부터 모든 사람이, 신체적 장애가 있는 사람을 포함하여, 자유롭게 접근할 수 있도록 장벽 없는 구조를 만드는 것이다. 예를 들어, 경사로는 휠체어나 보행기를 사용하는 사람의 장벽을 줄이지만, 유모차나 짐수레를 미는 사람에게도 유용하다.

마찬가지로, 보편적 학습설계는 이러한 보편적 설계의 개념을 교실로 확장하여, 모든 학생에게 장벽 없는 교육과정을 의도적으로 설계한다. 학교 교육과정은 목적, 방법, 자료, 평가 등으로 구성되며, 각각이 일부 학생에게는 장벽이 될 수 있다. UDL 프레임워크를 통해 교사는 각 교육과정 요소마다 유연한 선택지를 의도적으로 제공하여, 모든 학생이 참여하고 도전할 수 있도록 한다. 예를 들어, 텍스트 기반 자료는 시각장애 학생, 글자 해독이나 이해에 어려움을 겪는 학생, 시각 정보를 처리하는 데 어려움이 있는 학생 등 여러 학생에게 장벽이 될 수 있다. UDL 교육과정은 이러한 자료의 내용을 접근할 수 있는 다양한 선택지를 제공하는데, 예를 들어 동

그림 2.2 보편적 학습설계 가이드라인

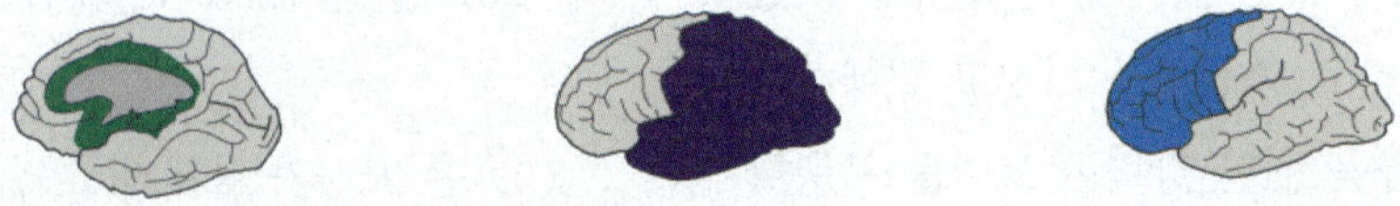

1. 참여의 다양한 수단 제공 (Engagement) 목적 있고, 동기 부여된 학습자 (Purposeful, motivated learners)	2. 표상의 다양한 수단 제공 (Representation) 자원 활용 능력이 풍부하고, 지식이 있는 학습자 (Resourceful, knowledgeable learners)	3. 행동 및 표현의 다양한 수단 제공 (Action & Expression) 전략적이고, 목적 지향적인 학습자 (Strategic, goal-directed learners)
자기조절을 위한 선택지 제공 • 동기를 최적화하는 기대와 신념 증진 • 개인적 대처 기술 및 전략 촉진 • 자기사정평가 및 성찰 능력 개발	**이해 촉진을 위한 선택지 제공** • 배경지식 활성화 또는 제공 • 핵심 개념, 주요 특징, 아이디어, 관계 강조 • 정보 처리, 시각화, 조작을 안내 • 전환 및 일반화 최대화	**실행기능을 위한 선택지 제공** • 적절한 목적 설정을 안내 • 계획 및 전략 개발 지원 • 수행 모니터링 능력 향상
노력 지속과 끈기를 위한 선택지 제공 • 목적과 목표의 중요성 강조 • 도전과제를 최적화하기 위해 요구사항과 자원 조절 • 협업과 공동체 의식 조성 • 숙달 지향 피드백 강화	**언어, 수학적 표현 및 기호를 위한 선택지 제공** • 어휘와 기호 명확화 • 구문과 구조 명확화 • 텍스트, 수학적 표기 및 기호 해독 지원 • 다양한 언어 간 이해 촉진 • 다양한 매체를 통한 설명	**표현 및 의사소통을 위한 선택지 제공** • 다양한 매체를 통한 의사소통 사용 • 구성 및 표현을 위한 다양한 도구 활용 • 연습과 수행을 위한 다양한 지원 수준 제공
흥미 유발을 위한 선택지 제공 • 개인의 선택권과 자율성 최적화 • 관련성, 가치, 진정성 최적화 • 위협과 주의 분산 요소 최소화	**지각을 위한 선택지 제공** • 정보 디스플레이 방식을 맞춤화하는 방법 제공 • 청각 정보에 대한 대안 제공 • 시각 정보에 대한 대안 제공	**신체적 행동을 위한 선택지 제공** • 반응 및 이동 방법의 다양화 • 도구 및 보조공학에 대한 접근 최적화

출처: CAST(2018).

영상이나, 텍스트를 소리 내어 읽어주는 디지털 자료 등이 있다.

UDL은 주로 인지과학, 인지신경과학, 신경심리학, 그리고 신경과학 연구에 기반한 세 가지 원칙에 근거한다.

- 다양한 동기 및 참여 방식 제공(학생이 자신의 학습에 동기를 느끼거나 흥미를 가지는 방식, 즉 학습의 '이유')
- 다양한 표상 방식 제공(학습 내용이 제공되는 방식, 즉 학습의 '무엇')
- 다양한 행동 및 표현 방식 제공(학생이 학습한 내용을 보여주는 방식, 즉 학습의 '방법')

그림 2.2에는 각 원칙별 구체적 지침이 제시되어 있다.

긍정적인 학생 학업 성과는 UDL 원리를 증거기

연구 특집: 보편적 학습설계(Universal Design for Learning, UDL)

- 13편의 연구를 검토한 결과, UDL 원칙에 부합하는 수업 및 중재는 모든 학년의 다양한 학생(장애학생과 비장애학생 모두)의 교수적 요구를 효과적으로 충족시킬 수 있음을 시사한다. 각 연구에서는 UDL 프레임워크 내에서 다양한 실천이 적용되었으며, 그 효과성에는 상당한 차이가 있었다(Ok 외, 2017).
- UDL 원칙을 적용해 설계된 교육과정은 장애학생이 직면할 수 있는 학습 장벽을 줄여주며, 이에 따라 추가적 수업 조정(accommodation)의 필요성도 감소한다. 또한, UDL이 도입된 강의를 수강한 학생들은 다른 강의를 수강한 학생들보다 더 높은 참여도와 만족도를 보였다(Al-Azawei 외, 2016).
- 18편의 연구를 분석한 결과, UDL 원칙(동기 및 참여, 표현, 수행 및 표현 방식)의 적용은 모든 학생의 학습 과정에 긍정적인 영향을 미치는 것으로 나타났다(Capp, 2017).
- 20편의 연구를 분석한 결과, UDL 기반 수업은 학생의 학업 성과에 긍정적 효과를 보였다. 이 효과는 장애 유무, 학년, 교과 영역에 관계없이 나타났다(King-Sears 외, 2023).

반실제와 함께 신중하게 적용하고, 내용 접근이나 지식 시연을 위한 다양한 선택지를 특정 목적을 고려하여 세심하게 실행할 때 나타날 가능성이 더 높다. 각 원리에서 선택지를 제공하는 수단으로 자주 활용되는 기술은 학생 참여도 향상과 상관관계를 보인다. 하지만 신중한 계획과 정확하고 목적 지향적인 실행 없는 기술 사용은 항상 현저히 향상된 학업 성과로 이어지지는 않는다. 반면 UDL 연구는 전반적으로 높은 학생 참여를 보여주는 경향이 있다.

UDL에 대한 더 자세한 정보는 cast.org의 CAST 웹사이트를 방문하시오.

보편적 학습설계(Universal Design for Learning, UDL) 및 차별화교수(Differentiated Instruction, DI)

- 차별화 교수(DI)를 실시하는 교사는 학생의 학습 요구에 맞추어 교육과정의 다양한 측면을 조정한다.
- 보편적 학습설계(UDL)는 교육과정 설계 단계에서 사전에 적용되는 선제적 접근이다.

차별화교수(Differentiated Instruction, DI)는 학생의 성공을 촉진하기 위해 교사가 활용할 수 있는 또 다른 교육 프레임워크이다. 이 접근법에서 교사는 교육과정, 수업, 사정평가를 조정하여 모든 학생의 학습 요구를 충족한다. 학생의 학습 요구에 맞는 수업을 설계하려면, 교사는 각 학생의 **준비도**(학업 수준, 특수 요구 포함, 주제에 대한 배경지식), **흥미**(관심 주제, 동기), **학습 프로필**(학습 선호 방식: 시각, 청각, 운동감각 등, 집단 구성: 개별, 소집단, 대집단, 환경: 조용한 공간 등)에 대해 잘 알고 있어야 한다. 여기서 학습 프로필은 특정 방식(예: 시각, 촉각)으로만 정보를 가장 효과적으로 배우거나 처리한다는 이론(학습양식, learning styles)과는 다르다. 실제로 대부분의 학생은 학습 내용이나 개념에 따라 다양한 방법을 선호한다. 학생의 학습 선호가 반드시 더 높은 학업 성취로 이어지는 것은 아니며, 교사는 학생의 수업 몰입도와 관련성을 높이기 위해 이 정보를 활용한다.

차별화교수에서 교사는 네 가지 교수 영역을 조정한다: 내용(content), 과정(process), 산출물(product), 그리고 학습 환경(learning environment).

내용

내용은 특정 학습 단원에 요구되는 지식이나 기능이다. 교사가 내용을 차별화할 때, 학생들은 동일한 개념이나 기능을 학습하지만 난이도나 다루는 깊이는 학생에 따라 다를 수 있다. 내용을 차별화하기 위해 교사들은 다음을 포함할 수 있다:

- 다양한 자료—서로 다른 읽기 수준이나 다양한 깊이의 범위를 가진 텍스트와 보조 자료(예: 동영상, 컴퓨터 시뮬레이션) 사용.
- 단계별 내용—모든 학생이 동일한 교수 활동(예: 워크시트, 학습센터)을 완료하되, 학생 준비도 수준에 따라 내용의 난이도를 달리하는 것. 예를 들어, 소수가 포함된 곱셈 문제를 계산할 때 한 집단의 학생들은 24 × 1.4와 같은 문제를 작업한다. 첫 번째 기능을 쉽게 익힌 다른 집단은 더 많은 자릿수(137 × 2.35)가 있는 문제를 계산하고 이러한 계산을 사용하여 고급 문장제 문제(예: 야드당 $5.95인 천의 다양한 길이 비용 구하기)를 풀어본다. 세 번째 집단은 매력적인 컴퓨터 활동을 사용하여 얻는 추가 연습이 필요하다.

과정

과정은 학생이 학업 내용이나 자료에 접근하는 방식이다. 과정을 차별화하는 교사는 모든 학생이 동일한 내용을 학습하기를 기대하지만, 학생들이 그 내용에 접근하거나 학습하는 방법은 다를 수 있다. 과정을 차별화하기 위해 교사들은 다음을 포함할 수 있다:

- 학습 센터—교실의 특정 영역에 위치하며 특정 주제에 초점을 맞춘 다양한 활동. 학생들은 독립적으로, 짝을 이루어, 또는 심지어 소집단으로 작업하여 지식을 심화하거나 새로 학습한 기능을 구축하거나 강화할 수 있다.
- 단계별 활동—동일한 내용이나 기능에 대해 서로 다른 준비도 수준(낮음, 중간, 높음 수준)의 학생들을 가르치고 도전시키도록 설계된 교수 과제. 이러한 과제는 복잡성 수준, 전달되는 정보의 깊이, 또는 추상화 수준에서 차이가 날 수 있다.

학습산출물

산출물은 학생이 이해한 것을 보여주는 학습 과정의 최종 결과물이다. 교사가 산출물을 차별화할 때, 학생들이 동일한 개념이나 기능에 대한 지식을 다양한 방식으로 시연할 수 있도록 한다. 과정을 차별화하기 위해 교사들은 다음을 포함할 수 있다:

- 단계별 산출물—학생들이 동일한 내용이나 기능에 대한 지식을 시연하면서 서로 다른 준비도 수준(낮음, 중간, 높음 수준)의 학생들에게 도전할 수 있도록 설계된 사정평가.
- 학습 메뉴—학생들이 원하는 선택지를 선택할 수 있는 학습 목표와 관련된 선택 목록. 예를 들어, 단원 말미에 학생들은 전통적인 시험 응

연구 특집: 차별화교수

- 교수 및 사정평가 과제를 차별화하는 데 사용된 전략은 영어 학습자, 영재, 학습장애 학생, 또는 학습부진 학생을 포함하여 교실의 모든 학생에게 효과적이었다(McQuarrie et al., 2008).
- 차별화교수가 사용된 혼합 능력 교실의 초등학생들은 이러한 유형의 교수가 실행되지 않은 교실의 학생들보다 더 높은 성취 수준을 보였다(Stavroula et al., 2011; Valiandes, 2015).
- 대부분 초등학생을 대상으로 실시된 28개 연구 검토에서, 모든 교사가 공통적인 학생 특성(예: 읽기 능력)에 기반하여 교수를 차별화했다. 많은 연구에서 전체 집단에서 소집단 교수로 전환하는 환경 변화를 보고했다. 또한 모든 연구에서 교수를 차별화하는 데 필요한 만큼 교사의 의사결정이 증가했음을 나타냈다(Bondie et al., 2019).
- 중등학교 교실에서 실시된 연구 검토에 따르면 차별화교수는 학생 학습에 적은 정도에서 중간 정도의 긍정적 효과를 나타냈다(Smale-Jacobse et al., 2019).

시, 논문 작성, 발표, 짧은 동영상 제작, 또는 짧은 연극 공연을 통해 학습한 내용을 시연하는 방식을 선택할 수 있다.

학습 환경

학습 환경은 교실의 물리적 요소와 분위기 모두를 의미한다. 교사들은 독립적 활동과 집단 활동을 지원하기 위해 유연한 교실 배치를 사용하여 학습 환경을 차별화할 수 있다. 또한 학생들이 안전하고 지지받는다고 느끼는 학습 환경을 조성하기 위해 교실 행동 관리 실제를 실행할 수 있다. 학습 환경을 차별화하기 위해 교사들은 다음을 포함할 수 있다:

- 유연한 집단화—학습 활동과 학생들의 서로 다른 요구를 충족하기 위해 변화하는 학생 집단화 방법. 예를 들어, 학생들은 일부 활동에서는 독립적으로 작업하고 다른 활동을 완료하기 위해서는 집단으로 작업할 수 있다.
- 조용한 공간—학습 환경에서 분리되고 방해 요소가 없는 교실 내 지정된 영역. 이러한 유형의 공간은 작업할 조용한 영역을 선호하는 학생들을 지원할 수 있다.

차별화교수 교실은 전통적인 교실과 상당히 다르므로, 교사들은 변화를 주저할 수 있다. 하지만 한 가지 요소(예: 내용, 과정, 산출물), 한 교과 영역, 또는 심지어 한 가지 활동으로 시작하여 교수 실제에 포함하는 차별화의 양을 점진적으로 증가시킬 수 있다. 차별화교수와 관련된 긍정적인 학습 성과를 고려할 때, 이는 모든 학습자를 지원하는 논리적인 방법이다.

차별화교수와 보편적 학습설계: 비교

보편적 학습설계와 차별화교수 사이에는 몇 가지 명확한 유사점이 있다. 둘 다 교사가 학생 참여를 증가시키고 학생의 성과를 극대화하기 위해 다양한 전략과 증거기반실제를 실행하는 교육 프레임워크이다. 둘 다 학생에 대한 높은 기대를 유지하고 학습을 촉진하는 기술 및 기타 도구를 포함하여 학습자

표 2.2 사정평가의 유형

평가 유형	수행 시점	평가 내용
진단 사정평가(Diagnostic)	수업 이전	개별 학습자의 요구(needs) 파악
형성 사정평가(Formative)	수업 중	학습자가 수업에 어떻게 반응하고 있는지 여부
총괄 사정평가(Summative)	수업 이후	기술 및 내용에 대한 학습자의 숙달도(proficiency)

에 대한 지원을 포함한다. 또한 둘 다 유연한 집단화와 교수 설계 내에서의 유연성을 포함한다. 보편적 학습설계와 같이 차별화교수는 일반적인 학생뿐만 아니라, 영재, 장애, 또는 영어 학습자와 같은 특별한 학습 요구를 가진 학생들의 학습도 향상시킨다.

하지만 보편적 학습설계와 차별화교수 사이에는 학생의 요구를 다루기 위해 언제 그리고 어떻게 변화가 이루어지는지와 관련하여 상당한 핵심 차이점도 있다. 보편적 학습설계는 처음부터 학습에 대한 접근을 줄이거나 방지하는 장벽을 제거하는 것을 목적으로 교육과정을 설계할 때 실행되는 사전 예방적 접근이다. 보편적 학습설계는 학습자 변이성을 예상하여 교육과정에 자원과 선택지를 구축한다. 그러면 학생들이 자신에게 가장 잘 맞는 선택지를 판별하고 선택하도록 격려받기 때문에 이는 학생 중심 접근이다. 반면에 차별화교수는 교수를 계획하고 실행할 때 포함되는 반응적 접근이다. 따라서 차별화교수는 학생의 학업 능력, 학습 프로파일, 그리고 관심에 반응하여 교사가 만드는 조정이나 적응을 포함한다. 교사가 전략을 선택하기 때문에 이는 매우 교사 주도적 접근이다. 보편적 학습설계와 차별화교수는 서로 다른 프레임워크이지만, 둘 다 유연한 학습 환경을 촉진하고 학생들의 다양한 학습 요구를 충족하기 위해 함께 사용될 수 있다.

데이터기반 의사결정(Data-Based Decision Making)

- 교사는 진단, 형성, 총괄평가에서 수집한 데이터를 활용해 수업을 계획하고 수정해야 한다.
- 다양한 형성평가는 교사가 학생의 진도에 대한 정보를 신속하게 수집할 수 있게 해준다.

많은 교사가 학년 초에 학생이 이미 숙달한 기술과 추가로 가르쳐야 할 기술을 파악하기 위해 평가를 실시한다. 이는 수업을 계획하는 데 전략적으로 유용하지만, 연중 내내 어떻게 가르치고 수업을 조정해야 하는지에 대한 통찰을 제공하지는 않는다. 대부분의 학생이 내용을 습득할 것이라는 기대만으로 수업을 진행하기보다는, 교사는 학생의 진도에 대한 데이터를 지속적으로 수집하고, 그 결과를 바탕으로 수업을 조정함으로써 학생의 기술과 학습 결과를 궁극적으로 향상시켜야 한다. 이러한 접근을 데이터기반 의사결정(data-based decision making)이라고 한다. 교사가 수업을 안내하는 데 활용할 수 있는 유용한 데이터를 제공하는 세 가지 주요 사정평가는 다음과 같다(각각의 이점은 표 2.2 참조):

- 진단 사정평가(Diagnostic assessments): 수업이 시작되기 전에 실시하며(예: 읽기 진단 검사), 학생의 강점과 어려움을 겪는 기술 영역을 파

그림 2.3 검사도구 표본

Sample Mastery Measurement Probe

Name ______________ Date ______________

a. $\frac{3}{5}+\frac{1}{5}=$	b. $\frac{2}{8}+\frac{5}{8}=$	c. $\frac{1}{3}+\frac{1}{3}=$
d. $\frac{2}{6}+\frac{2}{6}=$	e. $\frac{7}{15}+\frac{6}{15}=$	f. $\frac{1}{2}+\frac{1}{2}=$
g. $\frac{9}{16}+\frac{13}{16}=$	h. $\frac{1}{4}+\frac{1}{4}=$	i. $\frac{17}{32}+\frac{13}{32}=$
j. $\frac{18}{23}+\frac{4}{23}=$	k. $\frac{9}{18}+\frac{3}{18}=$	l. $\frac{2}{7}+\frac{4}{7}=$
m. $\frac{3}{9}+\frac{4}{9}=$	n. $\frac{5}{12}+\frac{4}{12}=$	o. $\frac{13}{17}+\frac{3}{17}=$
p. $\frac{2}{6}+\frac{1}{6}=$	q. $\frac{14}{20}+\frac{4}{20}=$	r. $\frac{1}{10}+\frac{7}{10}=$
s. $\frac{7}{13}+\frac{4}{13}=$	t. $\frac{3}{30}+\frac{22}{30}=$	u. $\frac{9}{15}+\frac{5}{15}=$

Sample CBM Probe

Name ______________ Date ______________

a. $8\overline{)23}$	g. $41741 + 53697$	i. 8×9
d. $3\overline{)61}$	e. $7174 + 3293 + 89$	f. $5\overline{)25}$
g. 24×63	h. 3×4	i. 6×8
j. 487×32	k. 21×12	l. 7×5
m. $4\overline{)64}$	n. $5\overline{)40}$	o. 24×46
p. 916×2	q. $\frac{23}{30}-\frac{17}{30}=$	r. $305 - 33$
s. $345 - 38$	t. $7 - 3$	u. $\frac{3}{4}-\frac{2}{4}=$

악한다. 교사는 이 정보를 바탕으로 수업을 계획할 수 있다.

- 형성 사정평가(Formative assessments): 수업이 진행되는 동안 실시하며(예: 퀴즈, 퇴장 티켓), 학생이 수업에 어떻게 반응하는지 보여준다. 교사는 이 결과를 활용해 학생의 기술 또는 내용 진도를 측정하고, 추가 지도가 필요한 학생을 식별할 수 있다. 또한, 모든 학생이 동일한 개념에서 어려움을 겪는다면, 수업 자체가 명확하지 않았음을 의미하므로 해당 개념을 재지도해야 한다.
- 총괄 사정평가(Summative assessments): 수업기간(예: 단원, 학기) 종료 시 실시하며, 학생이 내용을 얼마나 잘 학습했는지 평가한다. 여기에는 단원/장별 시험, 연말 국가수준 평가(일명 고부담 검사)가 포함된다. 이러한 사정평가는 수업 종료 후 실시되기 때문에, 성적이 낮은 학생의 기술을 즉각적으로 보완하기에는 시기적으로 늦은 경우가 많다.

데이터기반 의사결정은 교사가 학생의 학습 진도, 반응, 필요에 따라 수업을 지속적으로 조정함으로써, 모든 학생의 학업 성취와 교육의 질을 높이는 핵심적인 절차이다.

교사들은 학생 성과를 사정평가하기 위해 진전 모니터링이라고 하는 형성 사정평가의 한 유형을 사용할 수 있다. 이는 상당히 빠르고 쉬운 과정이다. 교사들은 먼저 짧은 시험(진전 모니터링 측정도구 또는 검사도구라고 하는)을 자주—월별, 주별, 또는 심지어 일별로—실시하고 채점한다. 다음으로, 학생들의 점수를 개별 그래프에 표시한다. 학생 성과에 대한 이러한 시각적 표시는 교사들이 학생들이 가르치고 있는 기능이나 내용을 학습하고 있는지 확인할 수 있도록 한다. 사정평가 결과를 사용하여 교사들은 교수를 조정하거나 학습부진 학습자를 위한 추가 지원을 더해야 하는지 결정할 수 있다. 진전 모니터링에는 두 가지 유형이 있다:

- 숙달 측정(Mastery measurement, MM)—이러한 유형의 진전 모니터링은 특정 기능 세트(예: 분수 덧셈) 또는 현재 교수 내용에 대한 학생 성취를 평가한다. 사정평가되는 내용이나 기능 세트는 교사들이 교육과정의 각 단원을 진행하면서 지속적으로 변화한다.
- 일반 성과 측정(General outcome measures, GOM)—종종 교육과정중심측정(CBM)이라고 하는 이러한 유형의 진전 모니터링은 전체 연간 교육과정에 걸쳐 하나의 학업 영역(예: 수학, 읽기, 쓰기)에서 기능들의 표집을 다룬다. 교사는 학생들을 사정평가할 때마다 동등한 난이도의 문제나 질문이 포함된 CBM 측정도구의 다른 버전을 사용한다. 연초에는 학생들이 내용에 거의 노출되지 않았기 때문에 학생들의 점수가 상대적으로 낮을 것이다. 하지만 주마다 학생들이 더 능숙해짐에 따라 그 점수들은 꾸준히 증가해야 한다. 전체 연간에 걸친 내용을 포함하기 때문에 GOM은 이전에 가르친 기능이나 내용의 유지를 평가한다. 또한 학생들이 교수 순서에서 나중에 도입될 기능이나 내용에 학습한 것을 일반화할 수 있는지 측정한다.

그림 2.3은 두 개의 수학 검사도구 표본을 포함한다. 숙달 측정 검사도구는 하나의 기능(분수 덧셈)을 다루는 반면, CBM 검사도구는 다양한 기능들(자연수와 분수의 덧셈과 뺄셈, 곱셈, 나눗셈)을 다룬다는 것을 주목해야 한다.

진전 모니터링에 대한 더 많은 자료(실행 도구와 연구 결과 포함)는 국가집중중재 센터(intensiveintervention.org)와 다층지원체계 센터(https://mtss4success.org)를 방문하시오.

다층지원체계(Multi-Tiered System of Supports, MTSS)

학습 목표

학업을 위한 중재반응모형모형 프레임워크와 행동을 위한 긍정적행동중재/개입및지원(PBIS) 프레임워크와 같은 다층지원체계의 개념적 프레임워크를 이해한다.

중재반응모형(Response To Intervention, RTI)

다층지원체계(MTSS)는 모든 학생에게 양질의 교수를 제공하고, 이어서 더 집중적인 도움이 필요한 학생들을 위해 점진적으로 집중적인 지원 수준을 제공한다. 중재반응모형은 학습부진 학습자를 판별하고 학업 지원을 제공하며, 학습장애 학생을 판별하는 데 사용될 수 있는 MTSS의 한 유형이다. 다층지원체계(MTSS)는 학생을 위한 다층적 지원을 포함하는 프레임워크다. 각 단계는 학업 또는 행동 문제

그림 2.4 RTI 단계

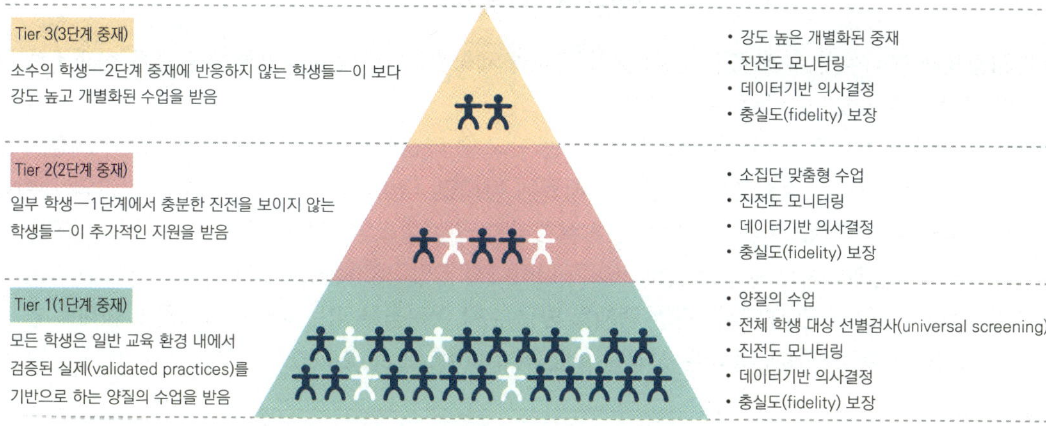

출처: IRIS Center의 허가를 받아 수정함, http://iris.peabody.vanderbilt.edu/module/rti-math/

로 어려움을 겪는 학생들을 위해 점진적으로 집중적인 지원을 제공한다. 대부분은 세 단계 또는 층으로 구성된 프레임워크가 효과적인 것으로 간주한다. 중재반응모형(RTI)은 학업 기능을 다루는 다단계 프레임워크다(그림 2.4). 1단계 또는 1차 예방이라고 하는 첫 번째 층은 모든 학생이 일반교육 교실에서 받는 양질의 교수다. 2단계 또는 2차 예방(때로는 2차 중재라고도 함)이라고 하는 두 번째 수준은 일부 학생들—1차 예방만으로는 적절한 진전을 보이지 않는 학생들—에게 중간 정도 강도의 추가 지원을 제공한다. 3단계 또는 3차 예방(종종 3차 중재라고 함)이라고 하는 세 번째 층은 소수 학생들—2차 지원으로도 여전히 불충분한 학생들—에게 집중적이고 개별화된 지원을 제공한다. 학생들은 제공된 교수나 중재에 대해 적절한 성장 또는 반응성을 보이는지 여부에 따라 더 많거나 적은 집중적 지원을 받는다. 교사들은 각 수준에서 증거기반실제를 실행하고 이미 학습한 진전 모니터링 자료를 수집하여 학생의 성장이 적절한지 여부를 결정해야 한다.

이 도표에서 진전 모니터링 자료는 추가적인 2단계 지원이 필요한 5명의 학생을 판별했다. 2단계 중재를 받은 후, 그 학생들 중 2명은 여전히 더 집중적인 지원이 필요했다. 따라서 그 2명의 학생은 3단계 지원을 받는다.

RTI는 학습부진 학습자를 판별하고, 점진적으로 집중적인 지원을 제공하며, 학생 진전을 모니터링하는 체계적인 과정을 따른다.

1. 전면 선별. 전면 선별은 학년 초에 모든 학생에게 실시되어 기능이 요구되거나 기대되는 수준에 미치지 못하여 학업 실패 위험에 있는 학생들을 판별한다. 선별검사는 연중 나중에(예: 2, 3, 4분기) 다시 실시되어 적절한 기능으로 시작했지만 나중에 뒤처진 학생들을 판별할 수 있다.
2. 1단계. 모든 학생은 일반교육 교실에서 증거기반실제를 사용하는 양질의 교수를 받는다. 이상적으로, 교육과정은 광범위한 학생의 요구를 다루는 보편적 학습설계 원리와 차별화교

연구 특집: 중재반응모형(RTI)

- 다층지원체계 프레임워크 내에서 2단계 읽기 지원을 제공받은 1-3학년 학생들은 음소 인식과 디코딩에서 향상된 성과를 보였다(Coyne et al., 2018).
- 한 연구는 유치원부터 8학년까지의 학생들이 있는 학교 중 다층지원체계를 실행하는 학교와 그렇지 않은 학교를 비교했다. 3년간 수집된 주 사정평가 자료에 따르면, 다층지원체계를 실행하는 학교의 개별화교육프로그램을 받는 학생들이 다층지원체계를 실행하지 않는 학교의 학생들보다 더 큰 수학 성과를 보였다. 하지만 읽기 성과에서는 주목할 만한 차이가 나타나지 않았다(Choi et al., 2020).
- 다층지원체계 프레임워크 내에서 2단계 중재를 받은 수학 어려움을 겪는 4학년 학생들이 중재를 받지 않은 학생들보다 사후검사에서 더 나은 성과를 보였다(Losinski et al., 2021).

수에 따라 계획되어 있다. 또한 장애학생의 학습 장벽을 줄이는 데 도움이 되는 학습 환경이나 교수 실제의 변화인 조정을 포함한다. 교사들은 위험군 학생들(즉, 전면 선별을 통해 판별된 학생들)의 향상을 추적하기 위해 주간 진전 모니터링을 사용한다. 좋은 교수로 이런 학생들 중 많은 수가 향상을 보이거나 여름 동안 잃어버린 기능을 회복할 것이나. 하지만 소수는 적절한 향상을 보이지 않을 것이다.

3. 2단계. 학생의 15-20% 정도가 1단계에서 적절한 진전을 보이지 않아 빈번한 진전 모니터링(예: 월 1-2회)과 함께 추가적인 지원이 필요할 것으로 추정된다. 이 지원은 취약한 기능 영역을 목표로 하고 교정적 피드백과 함께 더 많은 연습 기회를 제공하는 증거기반 중재를 통한 소집단 교수로 구성된다. 이러한 중재들은 권장되는 절차, 빈도, 기간을 준수하여 충실도를 가지고 실행되어야 한다. 진전 모니터링 자료가 학생의 기능이 충분히 향상되었음을 보여준다면, 2차 예방은 줄이거나 제거할 수 있다.
4. 3단계. 2단계 지원을 받은 후, 약 3-5%의 학생들이 계속해서 부적절한 진전을 보일 것이며, 이후 지속적인 진전 모니터링(예: 주 1회)과 함께 집중적이고 개별화된 중재를 받게 될 것이다. 학교 전문가들은 진전 모니터링 자료를 사용하여 교수나 중재에 대한 부적절한 반응을 보여주거나, 특수교육 서비스 적격성을 결정하기 위해 공식적인 평가를 실시할 수 있다. 따라서 3단계 지원은 학교나 학구의 정책에 따라 일반교육이나 특수교육 서비스에 속할 수 있다.

RTI 프레임워크는 두 가지 목적을 제공한다. 첫째, 교육자들이 학습부진 학습자에게 조기 중재 서비스를 제공할 수 있게 한다. 학업 어려움의 첫 징후에서 이러한 서비스를 제공함으로써, 교사들은 문제가 악화될 가능성을 줄일 수 있다. 둘째, RTI는 6장에서 더 자세히 학습하게 될 학습장애가 있는 학생들을 판별하는 데 사용될 수 있다. 어느 경우든, RTI는 이 장에서 학습한 많은 교육적 실제들—증거기반실제를 사용하는 양질의 교수, 실행 충실도, 그리고 진전 모니터링—을 학생의 요구에 반응하고, 학업 문제를 예방하며, 모든 학생에게 더 나은 학습 기회를 제공하는 프레임워크로 결합한다. 하지만 전체 RTI 프레임워크는 1단계에서 증거기반실제를 사용하는 양질의 교수가 이루어졌다는 전제에 의존한다는 점을 명심하라. 1차 교수가 부실했을 때, 학생들은 부적절하게 위험군으로 판별될 수 있다. 많은 수의 학생들이 2단계 지원이 필요한 것으로 판별된다면, 일반교육 교실에서 부실한 1차 교수를 받고 있을 가능성이 높다.

긍정적행동중재및지원(PBIS)

- 긍정적행동중재및지원(PBIS)은 행동 관리를 위한 다층지원체계다.
- PBIS 프레임워크에서는 모든 학생이 문제가 발생하는 것을 예방하기 위해 행동 기대에 대한 구체적인 교수를 받으며, 필요한 학생들에게는 더 집중적이고 증거기반인 중재가 제공된다.

긍정적행동중재및지원을 의미하는 PBIS는 문제행동을 예방하고 문제가 발생했을 때 증거기반 중재를 제공하는 것을 목직으로 하는 다층 프레임워크다. 학교 전체에서 실행되기 때문에 학교 차원 PBIS(School Wide PBIS)라고도 한다. PBIS의 포괄적인 목적은 모든 학생의 사회적, 정서적, 행동적, 그리고 학업적 성과를 향상시키는 것이다. 중재반응모형과 PBIS 프레임워크 사이에는 유사점이 있다. 중재반응모형과 같이 PBIS는 이 장에서 학습한 많은 교육적 실제들—증거기반실제, 실행 충실도, 그리고 진전 모니터링—을 학생의 요구에 반응하고 행동 문제를 예방하여 모든 학생이 학습 과정에 더 참여하고 양질의 교수의 혜택을 받을 수 있도록 하는 체계로 결합한다.

학생들이 학교를 시작할 때, 우리는 그들이 알아야 할 모든 학업 내용을 이미 숙달했다고 기대하지 않는다. 대신 교사들은 학생들에게 필요한 내용을 가르치기 위해 신중하게 계획되고 체계적이며 비계가 설정된 교수(Scaffolding instruction)를 제공한다. 반면에 우리는 학생들이 기대되는 학교 행동에 대한 이해와 또래와 어울리는 데 필요한 사회적 기능을 가지고 학교를 시작한다고 너무 자주 가정한다. 또한 그들이 교사와 적절하게 상호작용하기를 기대한다. 불행히도 우리가 행동 기대에 관해서는 신중하게 계획되고 체계적이며 비계가 설정된 교수를 제공하지 않기 때문에, 학생들은 그것이 무엇인지 추론하거나 시행착오 경험을 통해 알아내야 하는 경우가 많다.

학교가 PBIS 프레임워크를 채택할 때, 학생들은 기대되는 사회적 행동 기능을 명시적으로 배운다. 그들은 기대되는 행동의 구체적인 예시를 받고 다양한 환경(예: 교실, 복도, 급식실)에서 이러한 기능을 연습할 기회를 갖는다. 행동 문제는 증거기반실제를 사용하여 다루어지며, 추가 지원이 필요한 학생들에게는 더 집중적인 중재가 적용된다.

중재반응모형과 같이 PBIS는 세 단계를 가진다: 1단계(전면적 또는 1차 예방), 2단계(표적화된 또는 2차 예방), 그리고 3단계(집중적이고 개별화된 또는 3차 예방). 학교 환경에 대한 행동 기대를 학생들에게 가르쳐 문제행동을 예방하도록 설계된 1단계는 대략 85-90%의 학생들에게 효과적이다. 1단계는 다섯 가지 지도 원리에 기반한다:

1. 모든 아동에게 적절한 사회적, 정서적, 행동적 기능을 가르친다.

연구 특집: 긍정적행동중재및지원(PBIS)

- 1,200개 이상의 초등, 중등, 그리고 고등학교 자료에 따르면, 학교차원 긍정적행동중재및지원이 충실도를 가지고 실행될 때, 학교들은 즉시 더 적은 징계 문제를 경험하며, 이는 시간이 지나도 지속된다. 하지만 징계 문제 수는 학교차원 긍정적행동중재및지원을 낮은 충실도로 실행하는 학교들보다 더 빠른 속도로 감소하지는 않는다(Childs et al., 2016).
- 학교차원 긍정적행동중재및지원에 관한 연구들의 검토에 따르면 이 프레임워크는 징계 회부 수를 줄이고 학업 성취를 증가시킬 수 있다(Lee & Gage, 2020).
- 유치원부터 고등학교까지의 학생들이 있는 농촌, 도시, 교외 지역의 85개 학교 연구에서, 학교차원 긍정적행동중재및지원(즉, 1단계)에 대한 실행 충실도 자료가 2년에 걸쳐 비교되었다. 시간이 지나면서 높은 충실도를 보인 학교들은 교외 정학 사례를 더 적게 경험했다. 하지만 이러한 학교의 학생들은 향상된 성취 성과를 경험하지 않았다(James et al., 2019).

2. 문제행동이 발생하기 전에 또는 발생하자마자 조기에 개입한다.
3. 증거기반 중재를 사용한다.
4. 학생 진전을 빈번하게 모니터링한다.
5. 중재의 효과성에 대해 데이터기반 의사결정을 한다.

1단계의 주요 구성요소는 다음과 같다:

- 명시적으로 가르쳐지는 학교 차원 행동 기대
- 학교 차원 기대와 일치하는 교실 기대와 일과
- 적절한 행동을 격려하는 다양한 방법
- 원하지 않는 행동을 억제하는 다양한 방법
- 가족 참여와 피드백을 촉진하는 절차

모든 학생의 약 10-15%가 1단계 기초 지원에 적절하게 반응하지 않기 때문에 2단계 서비스가 필요하다. 이들은 더 심각한 문제행동에 참여할 위험이 있는 학생들이다. 학교는 학생들의 행동이 더 심각해지기 전에 그들을 판별하기 위해 체계적으로 사용할 하나 이상의 전략, 예를 들어 교무실 회부나 교사 추천을 결정해야 한다. 2단계 지원은 소집단 학생들을 위한 표적화된 교수(예: 사회성 기능 훈련), 긍정적 피드백의 기회를 제공하는 전략(예: 체크인/체크아웃[CICO]), 그리고 학생 행동의 원인이나 기능을 판별하는 것을 포함할 수 있다.

3단계는 문제행동의 반복적인 패턴을 보이는 학생들—2단계 지원보다 더 많은 지원이 필요한 대략 1-5%의 학생들—을 위한 것이다. 이 학생들은 위험하거나, 학습 과정을 방해하거나, 또래나 사회적 집단에서 배제되는 원인이 되는 행동을 보일 수 있다. 3단계에서는 전문가팀이 함께 협력하여 학생이 부적절한 행동에 참여하는 이유를 결정하기 위해 기능적행동사정평가(FBA)를 실시한다. FBA 결과를 사용하여 팀은 다음과 같은 행동 계획을 개발하고 실행한다:

- 학생이 원하지 않는 행동을 적절한 행동으로 대체하도록 돕는다.
- 대체 행동을 촉진하고 격려하면서 원하지 않는

행동의 유발 요인을 제거하기 위해 교수적, 물리적, 또는 사회적 환경을 조정한다.
- 필요에 따라 행동 계획의 모니터링, 평가, 그리고 수정을 가능하게 한다.

PBIS 센터는 연구 결과와 훈련 정보를 포함하여 PBIS에 대한 유용한 정보를 제공한다. 더 자세한 정보는 pbis.org를 참조하기를 바란다.

요약

양질의 교수

양질의 교수는 장애학생에게 개별화교육이 제공되기 전에 먼저 모든 학생에게 제공되어야 한다.

- 효과적인 교수 및 행동 실제에 관한 지식 기반이 상당히 증가했지만, 미국 교육 시스템은 여전히 모든 학생이 필요한 학업 기능을 갖추고, 학교에서 안전함을 느끼며, 졸업할 때까지 학교에 남아 있도록 보장하는 데 개선이 필요하다.
- 교사들은 학생의 학업 성공 가능성을 높이기 위해 충실도를 가지고 실행하는 증거기반실제를 사용해야 한다.
- 증거기반실제 사용에 더하여, 교사들은 보편적 학습설계 원리를 포함함으로써 잠재적인 교육 장벽을 사전에 줄이고 가능한 한 많은 학생에게 교육과정에 접근할 수 있게 할 수 있다.
- 그러면 교사들은 각 학생의 준비도, 관심, 그리고 학습 프로파일을 포함하여 학생의 학습 요구와 일치하도록 연중 내내 교수를 차별화할 수 있다.
- 형성 사정평가의 한 유형인 진전 모니터링은 학년 내내 빈번하게 이루어져 학생 성과에 대한 지속적인 피드백을 제공하고 학생들이 내용으로 어려움을 겪기 시작할 때 교사들에게 경고하는 기능을 갖는다.

다층지원체계

다층 프레임워크는 학생을 위한 다단계 지원을 포함한다. 가장 일반적인 프레임워크는 3개의 수준 또는 단계를 가진다. 각 수준은 학업 또는 행동 문제로 어려움을 겪는 학생들을 위해 점진적으로 집중적인 지원을 제공한다.

- 중재반응모형(RTI)은 학업 기능을 다루는 다층 프레임워크다. 이는 학습부진 학습자를 판별하고 학교 실패를 예방하기 위해 즉시 조기 중재 서비스를 제공할 뿐만 아니라, 학습장애가 있는 학생들을 판별하는 역할을 한다.
- 긍정적행동중재및지원(PBIS)은 점진적으로 집중적인 세 수준의 지원을 통해 행동 기능을 다루는 다층 프레임워크다.

참고문헌

Adams, C., Pierce, R., & Dixon, F. (2007). *Tiered curriculum project.* www.doe.in.gov/exceptional/gt/tiered_curriculum/

Al-Azawei, A., Serenelli, F., & Lundquist, K. (2016). Universal Design for Learning (UDL): A content analysis of peer-reviewed journal papers from 2012 to 2015. *Journal of the Scholarship of Teaching and Learning,* 16(3), 39–56.

Alliance for Excellent Education. (2010, September). *Fact sheet: High school dropouts in America.* www.all4ed.org/files/GraduationRates_FactSheet.pdf

Al Otaiba, S., Folsom, J. S., Schatschneider, C., Wanzek, J., Greulich, L., Meadows, J., ... Connor, C. M. (2011). Predicting first-grade reading performance from kindergarten response to tier 1 instruction. *Exceptional Children, 77,* 453–470.

American Academy of Child and Adolescent Psychiatry. (2017, April). *Facts for families: Bullying.* https://www.aacap.org/AACAP/Families_and_Youth/Facts_for_Families/FFF-Guide/Bullying-080.aspx

American Academy of Child and Adolescent Psychiatry. (2011, June). *Bullying.* www.aacap.org/galleries/default-file/Bullying_Fact_Sheet_2010.pdf

American Academy of Child and Adolescent Psychiatry, Task Force for the Prevention of Bullying. (2011, June). *Policy statement: Prevention of bullying related morbidity and mortality.* https://www.aacap.org/AACAP/Policy_Statements/2011/Prevention_of_Bullying_Related_Morbidity_and_Mortality.aspx

America's Promise Alliance. (2014). *Don't call them dropouts: Understanding the experiences of young people who leave high school before graduation.* https://files.eric.ed.gov/fulltext/ED602239.pdf

Bailey, T. R. (2020, August). *Is MTSS/RTI really that complicated? Let's get back to basics! Center on Multi-Tiered System of Supports.* https://mtss4success.org/blog/mtssrti-really-complicated-lets-get-back-basics

Bondie, R. S., Dahnke, C., & Zusho, A. (2019). Chapter 12: How does changing "one-size-fits-all" to differentiated instruction affect teaching? *Review of Research in Education,* 43, 336–362.

Bradley, R., Danielson, L., & Hallahan, D. P. (Eds.). (2002). *Identification of learning disabilities: Research to practice.* Erlbaum.

Bradshaw, C. P., Waasdorp, T. E., O'Brennan, L. M., & Gulemetova, M. (2011). *Findings from the National Education Association's nationwide study of bullying: Teachers' and education support professionals' perspectives.* www.nea.org/assets/img/content/Findings_from_NEAs_Nationwide_Study_of_Bullying.pdf

Bridgeland, J. M., Dilulio, J. J., & Morison, K. B. (2006, March). *The silent epidemic: Perspectives of high school dropouts.* www.ignitelearning.com/pdf/TheSilentEpidemic3-06FINAL.pdf

Capp, M. J. (2017). The effectiveness of Universal Design for Learning: A meta-analysis of literature between 2013 and 2016. *International Journal of Inclusive Education,* 21(8), 791–807.

CAST. (2018). *Universal Design for Learning Guidelines version 2.2.* http://udlguidelines.cast.org

Center on Multi-Tiered System of Supports. (2022). *10 essential features of tier 2.* https://mtss4success.org/sites/default/files/2022-05/10-features-tier2.pdf

Center on Positive Behavioral Interventions and Supports. (n.d.-a). *Tier 1.* https://www.pbis.org/pbis/tier-1

Center on Positive Behavioral Interventions and Supports. (n.d.-b). *Tier 2.* https://www.pbis.org/pbis/tier-2

Center on Positive Behavioral Interventions and Supports. (n.d.-c). *Tier 3.* https://www.pbis.org/pbis/tier-3

Centers for Disease Control and Prevention, National

Center for Injury Prevention and Control. (2017). *Preventing bullying.* https://www.cdc.gov/violenceprevention/pdf/yv/Bullying-factsheet_508_1.pdf

Chapman, C., Laird, J., Ifill, N., & Kewal-Ramani, A. (2011). *Trends in high school dropout and completion rates in the United States: 1972–2009.* U.S. Department of Education, National Center for Education Statistics. http://nces.ed.gov/pubs2012/2012006.pdf

Chaudry, S. (2021, December). *Differentiating between UDL and differentiated instruction.* https://www.novakeducation.com/blog/udl-vs-differentiated-instruction-a-new-perspective

Childs, K. E., Kincaid, D., George, H. P., & Gage, N. A. (2016). The relationship between school-wide implementation of positive behavior intervention and supports and student discipline outcomes. *Journal of Positive Behavior Interventions, 18(2),* 89–99.

Choi, J. H., McCart, A. B., & Sailor, W. (2020). Achievement of students with IEPs and associated relationships with an inclusive MTSS framework. *Journal of Special Education, 54*(3), 157–168.

Council for Exceptional Children. (n.d.). *Why do students drop out of school?*www.cec.sped.org/AM/Template.cfm?Section=Home&TEMPLATE=/CM/ContentDisplay.cfm&CONTENTID=9279

Coyne, M. D., Oldham, A., Dougherty, S. M., Leonard, K., Koriakin, T., Gage, N. A., ... Gillis, M. (2018). Evaluating the effects of supplemental reading intervention within an MTSS or RTI reading reform initiative using a regression discontinuity design. *Exceptional Children, 84*(4), 350–367.

Crevecoeur, Y. C., Sorenson, S. E., Mayorga, V., & Gonzalez, A. P. (2014). Universal Design for Learning in K-12 educational settings: A review of group comparison and single-subject intervention studies. *Journal of Special Education Apprenticeship, 3,* 1–23.

Davis, S., & Nixon, C. (2011). What students say about bullying. *Educational Leadership, 69,* 18–23.

Dynarski, M., Clarke, L., Cobb, B., Finn, J., Rumberger, R., & Smink, J. (2008). *Dropout prevention: A practice guide.* National Center for Education Evaluation and Regional Assistance, Institute of Education Sciences, U.S. Department of Education. https://ies.ed.gov/ncee/wwc/Docs/PracticeGuide/dp_pg_090308.pdf

Fowler, K., Windschitl, M., & Richards, J. (2019). Exit tickets. *The Science Teacher,* 86(8), 18–26.

Fuchs, D., & Fuchs, L. S. (2005). Responsiveness to intervention: A blueprint for practitioners, policymakers, and parents. *Teaching Exceptional Children, 38*(1), 57–61.

Fuchs, D., Fuchs, L. S., & Compton, D. (2004). Identifying reading disabilities by responsiveness to instruction: Specifying measures and criteria. *Learning Disability Quarterly, 27,* 216–227.

Fuchs, D., McMaster, K. L., Yen, L., Svenson, E., & Fuchs, L. S. (2004). Non-responders: How to find them? How to help them? What do they mean for special education? *Teaching Exceptional Children, 36*(6), 72–77.

Fuchs, D., Mock, D., Morgan, P. L., & Young, C. L. (2003). Responsiveness to intervention: Definitions, evidence, and implications for the learning disabilities construct. *Learning Disabilities Research & Practice, 18*(3), 157–171.

Fuchs, L. S., Butterworth, J. R., & Fuchs, D. (1989). Effects of ongoing curriculum-based measurement on student awareness of goals and progress. *Education and Treatment of Children, 12*, 63–72.

Fuchs, L. S., & Fuchs, D. (2002a). Curriculum-based measurement: Describing competence, enhancing outcomes, evaluating treatment effects, and identifying treatment nonresponders. *Peabody Journal of Education, 77*(2), 64–84.

Fuchs, L. S., & Fuchs, D. (2002b). What is scientifically-based research on progress monitoring? *National Center on Student Progress Monitoring.* https://files.eric.ed.gov/fulltext/ED502460.pdf

Fuchs, L. S., & Fuchs, D. (2006). Implementing responsiveness to intervention to identify learning disabilities. *Perspectives, 32*(1), 39–43.

Fuchs, L. S., Fuchs, D., & Powell, S. (2004). *Using CBM for Progress Monitoring. American Institutes for Research.*

Glass, D., Meyer, A., & Rose, D. H. (2013). Universal Design for Learning and the arts. *Harvard Educational Review, 83*, 98–119.

Griful-Freixenet, J., Struyven, K., Vantieghem, W., & Gheyssens, E. (2020). Exploring the interrelationship between Universal Design for Learning (UDL) and differentiated instruction (DI): A systematic review. *Educational Research Review, 29,* 100306.

Grinshteyn, E., & Yang, T. (2017). The association between electronic bullying and school absenteeism among high school students in the United States. *Journal of School Health, 87*(2), 142–149.

Hall, T. E., Cohen, N., Vue, G., & Ganley, P. (2014). Addressing learning disabilities with UDL and technology: Strategic Reader. *Learning Disabilities Quarterly, 38*, 72–83.

Hammond, C., Linton, D., Smink, J., & Drew, S. (2007). *Dropout risk factors and exemplary programs.* National Dropout Prevention Center, Communities in Schools.

Heyvaert, M., Wendt, O., Van den Noortgate, W., & Onghena, P. (2015). Randomization and data-analysis items in quality standards for single-case experimental studies. *Journal of Special Education,* 49, 146–156.

High school dropout crisis continues in U.S., study says. (2009, May 5). *CNN.com.* http://articles.cnn.com/2009-05-05/us/dropout.rate.study_1_dropouts-enrollment-graduations?_s=PM:US

Horner, R., Sugai, G., Todd, A., Dickey, C. R., Anderson, C., & Scott, T. (n.d.). *Check in Check out: A targeted intervention.* https://www.pbis.org/resource/check-in-check-out-a-targeted-intervention

Hornor, G. (2018). Bullying: What the PNP needs to know. *Journal of Pediatric Health Care, 32*(4), 399–408.

IRIS Center. (2006). RTI (part 1): *An overview.* http://iris.peabody.vanderbilt.edu/module/rti01-overview/

IRIS Center. (2010). *Differentiated instruction: Maximizing the learning of all students.* http://iris.peabody.vanderbilt.edu/module/di/

IRIS Center. (2019a). *Progress monitoring: Mathematics.* http://iris.peabody.vanderbilt.edu/module/pmm/

IRIS Center. (2019b). *Progress monitoring: Reading.* http://iris.peabody.vanderbilt.edu/module/pmr/

IRIS Center. (2023). *Universal Design for Learning: Designing learning experiences that engage and challenge all students.* https://iris.peabody.vanderbilt.edu/module/udl/

Irwin, V., Wang, K., Cui, J., & Thompson, A. (2022). *Report on indicators of school crime and safety: 2021*(NCES 2022-092/NCJ 304625). National Center for Education Statistics, U.S. Department of Education, and Bureau of Justice Statistics, Office of Justice Programs, U.S. Department of Justice. https://nces.ed.gov/pubsearch/pubsinfo.asp?pubid=2022092

James, A. G., Noltemeyer, A., Ritchie, R., & Palmer, K. (2019). Longitudinal disciplinary and achievement outcomes associated with school-wide PBIS implementation level. *Psychology in the Schools,* 56(9), 1512–1521.

Khan Academy. (n.d.). *Meet our leadership team.* https://www.khanacademy.org/about/our-board

King-Sears, M. (2009). Universal Design for Learning: Technology and pedagogy. *Learning Disability Quarterly, 32*, 199–201.

King-Sears, M. E., Johnson, T. M., Berkeley, S., Weiss, M. P., Peters-Burton, E. E., Evmenova, A. S., ... Hursh, J. C. (2015). An exploratory study of universal design for teaching chemistry to students with and without disabilities. *Learning Disability Quarterly,* 38, 84–96.

King-Sears, P. (2014). Introduction to Learning Disability Quarterly special series on Universal Design for Learning: Part one of two. *Learning Disability Quarterly,* 37, 68–70.

King-Sears, M. E., Stefanidis, A., Evmenova, A. S., Rao, K., Mergen, R. L., Owen, L. S., & Strimel, M. M.

(2023). Achievement of learners receiving UDL instruction: A meta-analysis. *Teaching and Teacher Education, 122.*

Lee, A., & Gage, N. A. (2020). Updating and expanding systematic reviews and meta-analyses on the effects of school-wide positive behavior interventions and supports. *Psychology in the Schools, 57*(5), 783–804.

Losinski, M., Ennis, R. P., Shaw, A., & Gage, N. A. (2021). Supporting students within an MTSS framework using SRSD fractions: Results of a regression discontinuity design. *Learning Disabilities Research & Practice, 36*(3), 213–223.

Marino, M. T., Gotch, C. M., Israel, M., Vasquez, E., III, Basham, J. D., & Becht, K. (2014). UDL in the middle school science classroom: Can video games and alternative text heighten engagement and learning for students with learning disabilities? *Learning Disability Quarterly, 37*, 87–99.

McQuarrie, L., McRae, P., & Stack-Cutler, H. (2008, February). *Differentiated instruction provincial research review: Choice, complexity, and creativity.* Alberta Initiative for School Improvement. http://education.alberta.ca/media/6412208/research_review_differentiated_instruction_2008.pdf

National Assessment of Educational Progress. (2022a). *NAEP Report Card: Mathematics.* https://www.nationsreportcard.gov/mathematics

National Assessment of Educational Progress. (2022b). *NAEP Report Card: Reading.* https://www.nationsreportcard.gov/reading/

National Center for Education Statistics. (2021a). *Percentage of high school dropouts among persons 16 to 24 years old (status dropout rate) and number and percentage distribution of 16- to 24-year-olds, by selected characteristics: Selected years, 2010 through 2020. Digest of Education Statistics.* https://nces.ed.gov/programs/digest/d21/tables/dt21_219.73.asp

National Center for Education Statistics. (2021b). *Population 16 to 24 years old and number of 16- to 24-year-old high school dropouts (status dropouts), by sex and race/ethnicity: Selected years, 1970 through 2020. Digest of Education Statistics.* https://nces.ed.gov/programs/digest/d21/tables/dt21_219.71.asp

National Center for Education Statistics. (2022). *Status dropout rates. Condition of Education.* U.S. Department of Education, Institute of Education Sciences. https://nces.ed.gov/programs/coe/indicator/coj

National Center on Improving Literacy. (2018). *What do we mean by evidence-based?*U.S. Department of Education, Office of Elementary and Secondary Education, Office of Special Education Programs.

Nelson, L. L. (n.d.). *UDL and differentiation: Finding harmony.* Swift Education Center. https://swiftschools.org/blog/udl-and-differentiation-finding-harmony/

Office of Educational Technology. (2017). *Reimagining the role of technology in education: 2017 national education technology plan update.* U.S. Department of Education. https://tech.ed.gov/netp/

Office of Management and Budget. (2015). *Fiscal Year 2015 budget of the U.S. government.* U.S. Government Printing Office. https://www.govinfo.gov/content/pkg/BUDGET-2015-BUD/pdf/BUDGET-2015-BUD.pdf

Ok, M. W., Rao, K., Bryant, B. R., & McDougall, D. (2017). Universal Design for Learning in pre-K to grade 12 classrooms: A systematic review of research. *Exceptionality, 25*(2), 116–138.

PACER's National Bullying Prevention Center. (2020). *Bullying statistics: By the numbers.* https://www.pacer.org/bullying/info/stats.asp

Rose, C. A., Monda-Amaya, L. E., & Espelage, D. L. (2011). Bullying perpetration and victimization in special education: A review of the literature. *Remedial and Special Education, 32*, 114–130.

Rumberger, R., & Lim, S. A. (2008, October). *Why students drop out of school: A review of 25 years of research.* California Dropout Research Project Policy Brief 15. https://www.issuelab.org/

resources/11658/11658.pdf

Safer, N., & Fleischman, S. (2005). Research matters: How student progress monitoring improves instruction. *Educational Leadership, 62*(5), 81–83.

Sandomierski, T., Loversky, T., & Jarot, N. (n.d.). *Check-in/Check-out systems.* www.pbis.org/common/cms/documents/Forum_09_Presentations/B6_CICO_Sandomierski.pdf

Schreier, A., Wolke, D., Thomas, K., Horwood, J., Hollis, C., Gunnell, D., ... Harrison, G. (2009). Prospective study of peer victimization in childhood and psychotic symptoms in a nonclinical population at age 12 years. *Archives of General Psychiatry, 66,* 527–536.

Seeley, K., Tombari, M. L., Bennett, L. J., & Dunkle, J. B. (2011, December). *Bullying in schools: An overview. OJJDP Juvenile Justice Bulletin*. U.S. Department of Justice. www.ojjdp.gov/pubs/234205.pdf

Sherlock-Shangraw, R. (2013). Creating inclusive youth sports environments with the Universal Design for Learning. *Journal of Physical Education, Recreation, & Dance, 84*, 40–46.

Smale-Jacobse, A. E., Meijer, A., Helms-Lorenz, M., & Maulana, R. (2019). Differentiated instruction in secondary education: A systematic review of research evidence. *Frontiers in Psychology, 10,* 1–23.

Sum, A., Khatiwada, I., McLaughlin, J., & Palma, S. (2011). *High school dropouts in Chicago and Illinois: The growing labor market and income, civic, social and fiscal costs of dropping out of high school.* Northeastern University, Center for Labor Market Studies. www.northeastern.edu/clms/wp-content/uploads/High-School-Dropouts-in-Chicago-and-Illinois.pdf

TED. (2016). *Sal Khan: Educator and social entrepreneur.* https://www.ted.com/speakers/salman_khan

Tomlinson, C. A., & Imbeau, M. B. (2010a). Common sticking points about differentiation. *School Administrator, 69*, 18–22.

Tomlinson, C. A., & Imbeau, M. B. (2010b). *Leading and managing a differentiated classroom*. ASCD.

Tomlinson, C. A., & Murphy, M. (2015). *Leading for differentiation: Growing teachers who grow kids.* ASCD.

Tucker, G. C. (n.d.). *What is differentiated instruction?*Understood. https://www.understood.org/en/articles/differentiated-instruction-what-you-need-to-know

U.S. Congress. *The Every Child Achieves Act of 2015.* S. 1177.

U.S. Congress. *Higher Education Opportunity Act of 2008.* PL No. 110-314.

U.S. Congress. *Individuals with Disabilities Education Improvement Act of 2004.* PL No. 108-446.

U.S. Congress. *The Student Success Act of 2015.* H.R. 5.

U.S. Department of Education, Institute of Education Sciences, National Center for Education Statistics, National Assessment of Educational Progress (NAEP). (2019a). *Mathematics assessment.* https://www.nationsreportcard.gov/mathematics/nation/scores

U.S. Department of Education, Institute of Education Sciences, National Center for Education Statistics, National Assessment of Educational Progress (NAEP). (2019b). *Reading assessment.* https://www.nationsreportcard.gov/reading/nation/scores/

U.S. Department of Education, Institute of Education Sciences, National Center for Education Statistics, National Assessment of Educational Progress (NAEP). (2022a). *Mathematics assessment.* https://www.nationsreportcard.gov/mathematics/nation/scores/

U.S. Department of Education, Institute of Education Sciences, National Center for Education Statistics, National Assessment of Educational Progress (NAEP). (2022b). *Reading assessment.* https://www.nationsreportcard.gov/reading/nation/scores/

U.S. Department of Education, Institute of Education Sciences, National Center for Education Statistics, National Assessment of Educational Progress (NAEP). (n.d.). *Long-term trend assessment results: Reading and mathematics.* https://www.nationsreportcard.gov/highlights/ltt/2022/

Valiandes, S. (2015). Evaluating the impact of

differentiated instruction on literacy and reading in mixed ability classrooms: Quality and equity dimensions of education effectiveness. *Studies in Educational Evaluation, 45,* 17–26.

Vaughn Gross Center for Reading and Language Arts at The University of Texas at Austin. (2003). *Introduction to the 3-tier reading model: Reducing reading difficulties for kindergarten through third grade students*(4th ed.). University of Texas System/Texas Education Agency.

Vaughn, S. R., & Fuchs, L. S. (2003). Redefining learning disabilities as inadequate response to treatment: Rationale and assumptions. *Learning Disabilities Research & Practice, 18*(3), 137–146.

Vaughn, S., Wexler, J., Barth, A. A., Cirino, P. T., Romain, M. A., Francis, D., ... Denton, C. A. (2011). Effects of individualized and standardized instruction on middle school students with reading difficulties. *Exceptional Children, 77,* 391–407.

Weselby, C. (2021, April 29). *What is differentiated instruction: Examples of how to differentiate instruction in the classroom.* Resilient Educator. https://resilienteducator.com/classroom-resources/examples-of-differentiated-instruction/

Zumeta, R. [MTSS Center American Institutes for Research]. (2016, February 2). *Understanding types of assessment within an RTI framework. In RTI Implementer Webinar Series*[Video]. National Center on Response to Intervention. YouTube. https://www.youtube.com/watch?v=hjU_cvL_j94

제 3 장

문화적 및 언어적 다양성 학습자

"그리고 이중언어 화자이며 이중문화인인 나는 애플파이와 쌀과 콩만큼이나 미국적이다."

– 미겔 카르도나 박사, 미국 교육부 장관 지명 후 수락 연설에서

위의 인용문은 카르도나 장관의 잘 알려진 발언 중 하나로, T셔츠와 커피머그컵에까지 등장할 정도이다. 이는 미국 교실의 학생들에게 반영된 이 나라 인구의 끊임없이 변화하는 다양성을 상징한다. 안타깝게도 다양한 배경을 가진 학생들은 이 장에서 논의할 이유들로 인해 학교에서 종종 어려움을 겪는다. 학생의 잠재력을 미리 판단하는 데 사용되는 많은 기준들로 볼 때, 카르도나 장관은 성과가 좋지 않을 것으로 예상되었을 것이다. 그는 공공주택 단지에서 자랐고 학교에 입학할 때까지 영어를 배우지 않았다. 그러나 그의 성공들—가족 중 최초로 대학을 졸업한 사람(그의 조부모는 푸에르토리코 출신 담배 농부였고, 아버지는 경찰관이었다), 최초로 교사가 되고 박사학위를 취득한 사람, 코네티컷 주 최연소 교장, 최초의 라티노 미국 교육부 장관—은 강력한 교육 프로그램이 긍정적인 학업 성과와 성공적인 성인기의 성과를 만들어낸다는 증거이다.

이 장에서는 모든 학습자, 특히 인종적, 민족적, 문화적, 또는 언어적으로 다양한 배경을 가진 학습자들을 지원하는 것에 대한 논의를 계속한다. 이러한 학생들과 그들의 가족 중 일부는 미국에 최근에 이민 온 사람들이고, 다른 일부는 수 세대에 걸쳐 이곳에 있어왔다. 이러한 많은 학생들이 지배적이거나 주류 미국 문화를 대표하지 않는 배경과 문화를 가지고 있거나 영어 이외의 언어를 사용하기 때문에, 이전 장에서 다룬 것들을 넘어서는 추가적인 교육적 고려사항이 필요할 수 있다.

제 3 장 문화적 및 언어적 다양성 학습자

학습 목표

3.1 미국 학생들의 다양성과 교육 불평등에 기여하는 요인들을 설명한다.

3.2 문화적 차이가 어떻게 학교에서 갈등을 만들 수 있는지, 그리고 교사들이 문화적으로 감응적이고 지속가능한 교수를 실행함으로써 이를 예방할 수 있는 방법들을 설명한다.

3.3 제2인어 습득 과정을 이해하고 영어 학습자를 가르치기 위한 효과적인 프로그램과 전략을 설명한다.

다양성 학습자

학습 목표

미국 학생들의 다양성과 교육 불평등에 기여하는 요인들을 설명하시오.

다양한 환경

- 미국 학교는 다양한 문화적·언어적 배경을 가진 학생들을 교육하는 길고 복잡한 역사를 가지고 있다.
- 미국의 학령기 아동들은 점점 더 다양해지고 있다.

학생 다양성에 대한 논의를 시작할 때는 공통된 어휘를 갖는 것이 도움이 된다. 장애인에 대한 용어 문제(1장 참조)와 유사하게, 인종적, 민족적, 또는 문화적 집단의 사람들을 지칭하는 데 사용되는 일부 용어는 받아들여질 수 있는 것으로 여겨지지만, 다른 용어들은 부적절한 것으로 간주될 수 있다. 그리고 장애 관련 용어와 유사하게, 선호되는 단어들은 시간이 지나면서 변화한다. 이러한 용어들 중 일부를 살펴보자.

미국 사람들은 연방정부가 미국 인구의 인종 범주를 판별하기 위해 사용하는 아래 용어들에 아마도 익숙할 것이다:

- 백인: 유럽, 중동, 또는 북아프리카에 기원을 둔 사람
- 흑인 또는 아프리카계 미국인: 아프리카의 흑인 인종 집단 중 어느 곳에든 기원을 둔 사람
- 아메리카 원주민 또는 알래스카 원주민: 북미와 남미(중미 포함)의 원주민 중 어느 곳에든

표 3.1 용어 정리

용어(Term)	권장 번역	해설
Hispanic	히스패닉	일반적으로 라티노(Latino)와 혼용되나, 언어 기반의 구분에 따라 스페인어 사용 국가 출신(또는 조상)의 사람을 지칭. 예를 들어 스페인과 대부분의 라틴 아메리카 및 카리브 국가 출신은 해당되지만, 포르투갈어를 사용하는 브라질 출신은 포함되지 않음.
Latino/Latina	라티노/라티나	남성과 여성형을 구분하는 용어로, 라틴 아메리카 및 카리브 지역 출신을 지리적 기준으로 지칭. 브라질 출신은 포함되지만, 스페인 출신은 해당되지 않음.
Latinx/Latine	라틴엑스/라티네	성중립적 언어 사용을 반영한 용어로, 젠더 및 LGBTQ 포괄성을 의도함. 일부 스페인어 사용자들 사이에서는 자연스럽지 않고 인위적이라는 비판도 있으며, 라틴엑스보다는 라티네(Latine)를 선호하는 경우도 있음. 조사 결과에 따르면, 젊고 여성인 집단일수록 이 성중립적 용어를 더 많이 사용하는 경향이 있음.
Minority	소수자(권장되지 않음)	과거에는 유색인종을 인구 비율로 지칭하기 위해 사용되었으나, 역사적으로 지배받는 집단에 대한 부정적 의미를 내포함. 또한 실제로는 이들이 인구의 50% 이상을 차지하는 지역이나 학교에서도 부정확하게 사용됨.
Minoritized	소수화된 집단	지배 집단에 의해 하위적 지위가 부여된 집단의 경험을 반영하는 용어. 이들은 권력, 표상, 자원 접근에서 차별을 받거나 낮은 지위로 인식될 수 있음.

기원을 두고 부족이나 공동체와의 소속을 유지하고 있는 사람

- 아시아인: 극동, 동남아시아, 또는 인도 아대륙에 기원을 둔 사람
- 하와이 원주민 또는 기타 태평양 섬 주민: 하와이, 괌, 사모아, 또는 기타 태평양 제도에 기원을 둔 사람

개인들은 이 자료를 자가 보고하며 “둘 이상의 인종”으로도 판별할 수 있다. 조사(예: 미국 인구조사)에서는 종종 다인종인 사람들이 여러 범주를 체크할 수 있는 옵션을 제공한다.

유색인종 학생이라는 용어는 백인이 아닌 배경을 가진 사람들을 가리킨다. 하지만 연방정부의 백인 정의에는 중동에 기원을 둔 사람들이 포함된다는 점에 주목하라. 따라서 유색인종 학생이라는 용어는 이란, 이라크, 아프가니스탄, 그리고 그 인근 국가 출신 학생들을 제외하게 되는데, 이는 많은 사람들의 인식과 상반된다. 민족 집단의 광범위한 구성원을 반영하는 용어들(예: 히스패닉, 라티노/라티나, 치카노/치카나)은 종종 국가의 서로 다른 지리적 지역에 따라 다양하다. 많은 사람들은 자신의 부족(예: 나바호, 아파치)이나 출신국(예: 멕시코인, 과테말라인)을 구체적으로 지칭하는 용어를 선호한다. 미국에 더 오랜 기간 거주한 사람들은 종종 두 국가나 문화를 모두 반영하는 용어(예: 멕시코계 미국인)를 사용한다.

표 3.1은 학습이나 학생들과의 작업에서 접할 수 있는 몇 가지 다른 관련 용어들 간의 차이를 설명한다. 일부는 익숙할 수 있고, 다른 것들은 이제 막 인기를 얻기 시작하고 있다. 지역적, 집단적, 그리고 개

인적 선호가 모두 선호하는 용어에 역할을 하며, 각 사람은 자신의 좋아하는 것과 싫어하는 것에 대한 개인적인 이유를 가지고 있고, 이러한 용어들은 시간이 지나면서 변화한다는 점을 명심해야 한다. 따라서 함께 일하는 사람이나 사람들의 집단에게 그들의 선호에 대해 묻는 것이 항상 최선이다.

다양한 문화 출신 학생들과 다중언어를 구사하는 학생들을 만나는 것은 미국 역사 전반에 걸쳐 미국 학급에서 볼 수 있는 자연스러운 것이었다. 1800년대에 이미 국가 인구는 많은 국가 출신 사람들로 구성되어 있었기 때문에 비영어 또는 이중언어 교수가 일반적이었으며, 12개 이상의 주에서 10개 이상의 서로 다른 언어로 제공되었다. 19세기 말에 주로 가톨릭교도인 이민자들이 남부, 중부, 동부 유럽에서 도착하기 시작했다. 주로 개신교도였던 북부와 서부 유럽 출신의 이전 이민자들은 새로 온 사람들에 의해 위협을 느꼈다. 그 결과, 새로운 이민자들은 자신들을 토착 거주민으로 여기는 사람들(많은 사람들이 스스로 이민자였음에도 불구하고!)의 이익을 증진하고 그들의 미국 문화 개념화를 보호하려는 운동인 토착주의의 희생자가 되었다. 새로운 이민자들은 큰 의혹으로 대우받았고, 정책이 바뀌어 많은 학교에서 영어 이외의 언어 교수가 금지되었다. 가정 언어가 영어가 아닌 아동들은 학업적으로 좋은 성과를 거두지 못했다.

수 세기 동안 이 나라에 살았던 아메리카 원주민과 멕시코계 미국인들은 서부의 노동 수요를 충족하기 위해 원래 미국으로 이민을 권장받았던 집단들(예: 중국인과 일본인 노동자들)이나 남부의 노동 수요를 충족하기 위해 포획되어 강제로 끌려온 집단들(즉, 아프리카 출신 노예들)과 마찬가지로 인종차별, 분리, 공격, 폭력을 경험했다. 우리 역사의 여러 시기에 특정 이민자 집단들이 미국에 입국하는 것을 막는 법률들이 통과되었는데(예: 1882년 중국인 배척법), 이러한 동일한 집단들이 국가 성장을 촉진하는 데 도움이 된 절실히 필요한 노동력을 제공했음에도 불구하고 그랬다. 제1차 세계대전 중에 "미국화"는 개인들이 새롭고 동질화된 국가의 일부가 되기 위해 가정 언어와 문화를 포기하는 나라인 용광로라는 아이디어로 이어졌다. 하지만 조화로운 문화를 만드는 대신, 각각의 새로운 이민자 집단은 그들 이전에 온 사람들과 유사한 편견을 경험했다. 1950년대와 1960년대에 시민권 운동은 지배받는 집단들, 특히 아프리카계 미국인들이 겪는 불평등에 대한 국가적 인식을 가져왔다. 사람들이 여전히 사회 전체에 참여하고 받아들여지면서도 자신들의 민족 언어, 문화, 관습을 유지해야 한다는 아이디어인 문화적 다원주의가 1960년대에 등장했다. 1980년대에 다문화교육은 모든 학생들이 다른 사람들의 문화를 감사하고 존중하는 법을 배우고 세계 경제 내에서 소통하고 일할 수 있는 시민을 양성하는 방법이 되었다. 이에 따라 경제적 세계화는 미국 기업들이 다른 나라에서 고수요 기능을 가진 노동자들을 모집하여 그들의 가족과 함께 이주하게 하여 미국 학교의 학생 다양성을 증가시킨다. 지난 35년 동안 자연재해, 악화되는 경제 상황, 대량학살, 그리고 내전은 역사상 가장 큰 전 세계적 인간 이주를 초래했으며, 2020년에 8,940만 명이라는 새로운 기록에 도달했다. 많은 망명 신청자, 난민, 그리고 가족을 위한 더 나은 삶을 추구하는 사람들이 미국으로 온다. 안타깝게도 일부는 1세기 반보다 더 오래전에 이민자들이 겪었던 것과 동일한 유형의 차별에 직면하며 환영받지

그림 3.1 미국 초·중등학생의 인종 및 민족 구성: 2020-2021학년도

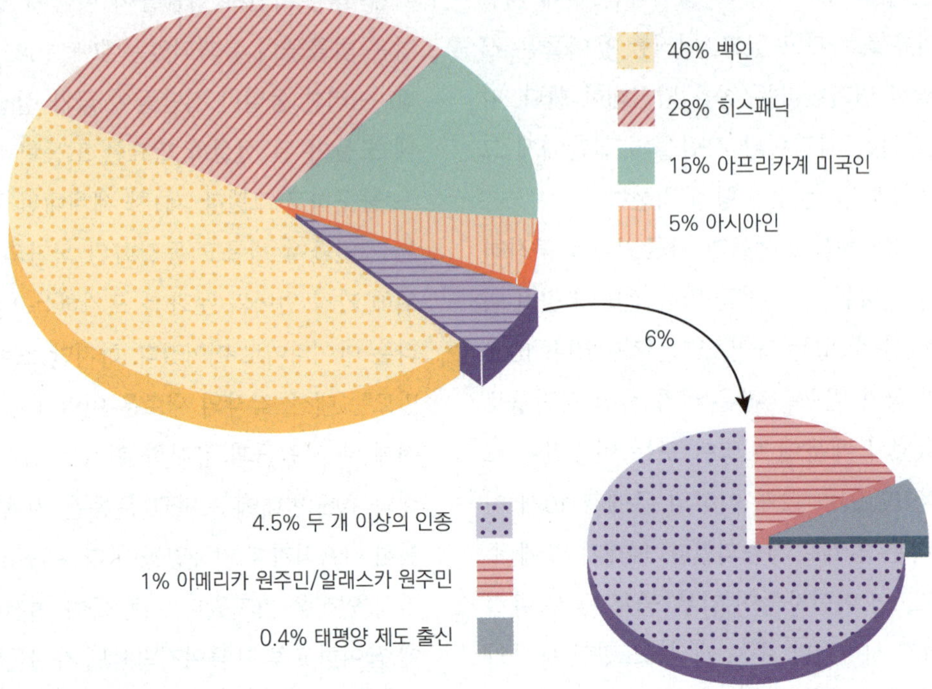

출처: 미국 교육부, 국립교육통계센터, 교육 현황, 2022년 교육 현황 보고서, 표 203.70, "인종/민족 및 주 또는 관할구역별 공립 초등 및 중등학교 등록 비율 분포: 2010년 가을, 2019년 가을, 2020년 가을," https://nces.ed.gov/programs/digest/d21/tables/dt21_203.70.asp에서 이용 가능

못한다고 느끼게 된다. 다행히 많은 다른 사람들은 이러한 개인들과 가족들이 미국의 풍부한 구조를 구성하며 그들 모두의 삶을 향상시키는 활기찬 기여를 제공한다는 것을 인식하는 사람들에 의해 환영받는다.

그림 3.1과 3.2에서 보이듯이, 미국 공립학교에 등록된 4,900만 명의 학생들은 매우 다양하다. 몇 가지 통계를 살펴보자:

- 21개 주와 컬럼비아 특별구에서 유색인종 학생들이 학생 인구의 절반 이상을 차지한다(다음 지도의 보라색과 적갈색 주들 참조).
- 미국 학생의 약 10%(510만 명)가 영어 학습자(EL)이다. 영어 학습자 학생 비율이 가장 높은 주들은 텍사스(19.6%), 캘리포니아(18.6%), 뉴멕시코(16.5%)이다.
- 많은 교육구에서 학생들과 그들의 가족은 100개가 넘는 다양한 언어를 사용한다. 예를 들어, 뉴욕시 학교에서는 150개가 넘는 다양한 언어가 사용되고 있다.
- 영어학습자인 학생들의 약 75%가 스페인어를 사용한다. 아랍어와 중국어가 그다음으로 흔한 가정 언어이다.

그림 3.2 주별 학생 다양성

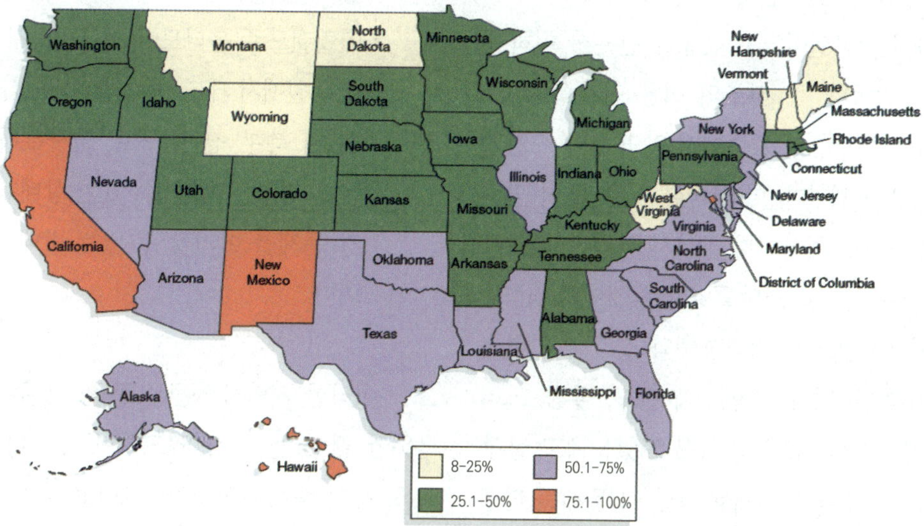

출처: 미국 교육부, 교육통계국(National Center for Education Statistics), 「교육 현황 보고서 2022」, 표 203.70, "주/관할구역별 공립 초·중등학교 인종/민족별 등록 학생 비율: 2010년 가을, 2019년 가을, 2020년 가을"

사회정의 쟁점

- 체계적 불평등이 소외계층 지역사회 출신 학생들에게 영향을 미친다.
- 저소득 지역의 학교들은 종종 해당 학생들에게 불공정한 교육을 제공한다.

불행히도, 다양한 배경을 가진 학생들은 주류 문화 출신의 또래들보다 낮은 학업성취도와 학교 수행능력을 보이는 경우가 많다. 이러한 상황은 미국에만 국한된 것이 아니다. 전 세계 많은 국가에서 지배적 문화 출신이 아닌 학생들이 열악한 학교 성과를 보이고 있다. 미국에서는 체계적 불평등이 이러한 성취 격차에 기여하고 있다. 예를 들어, 빈곤 속에서 살아가는 학생들은 식량 불안정, 의료 접근의 제한, 위험한 지역사회, 환경 독소, 그리고 저질의 학교들의 파괴적 영향을 받으며, 이 모든 것들이 그들의 삶 전반에 걸쳐 더 많은 불평등을 야기한다. 결과적으로, 이러한 학생들은 중산층이나 상류층 학생들보다 학업적으로 어려움을 겪고 더 높은 중퇴율을 보일 가능성이 높다. 그들의 불충분한 교육 훈련은 적절한 임금을 제공하는 직업에 대한 자격을 갖추지 못하게 만든다. 이로 인해 그들은 충분하지 않은 소득으로 자신의 자녀들을 양육하게 되며, 이것은 세대 간 빈곤의 순환을 초래한다. 백인 또래들과 비교했을 때, 유색인종 학생들은 빈곤 속에서 살아갈 가능성이 2~3배 더 높으므로, 세대 간 빈곤 순환은 이러한 가족들과 그들의 지역사회에 더 큰 영향을 미친다.

가장 기본적인 인간의 필요 자원인 깨끗한 물에 대한 접근이 역사적으로 소외된 집단들에게 어떻게 영향을 미치는지 살펴보자. 2015년, 미시간주 플린트의 독성 물에 관한 뉴스 보도는 빈곤 속에서 살아가는 가족들의 부당한 상황을 보여주었다. 당시 플린트는 약 100,000명의 인구가 있었으며, 그중 56%가 아프리카계 미국인이었고 40%가 빈곤선 이하에서 살아가고 있었다. 주 정부의 비용 절감을 위해, 플린트의 급수원이 휴런 호수에서 악명 높게 오염된 플린트 강으로 바뀌었다. 더 심각한 것은, 물이 필수적인 부식방지제로 처리되지 않아서 부식된 파이프에서 납이 급수원으로 스며들었다는 것이다. 납 중독은 되돌릴 수 없으며, 지적장애와 심각한 의학적 상태를 야기할 수 있다. 주민들이 탈모, 발진, 그리고 기타 건강 문제와 같은 증상을 보였음에도 불구하고, 공공 당국자들은 18개월 동안 이 문제를 인정하지 않았으며, 외부 연구자들이 독립적으로 물을 검사하고 그들의 발견 사항을 발표한 후에야 인정했다. 플린트 시민들을 대신하여 집단소송이 제기되었으며, 그들 중 많은 이들이 만약 플린트가 고소득의 주로 백인 지역사회였다면 주 정부가 급수원에 대해 동일한 변경을 했을지 의문을 제기했다. 소송의 결과와 관계없이, 주민들과 그들의 자녀들에 대한 납 중독의 장기적 영향은 심각할 것이다.

안타깝게도, 플린트는 예외적인 사례가 아니다. 플린트 위기 이후 몇 년 동안, 다른 주로 저소득 지역사회들이 안전하지 않은 물에 노출되었다:

- 미시간주 벤턴 하버, 2018년: 시의 급수 시스템에서 높은 수준의 납이 발견되었으나, 오염된 급수관의 교체는 2021년까지 시작되지 않았으며 아직 완료되지 않았다.
- 미시시피주 잭슨, 2022년: 시의 정수 시설에 대한 수십 년간의 방치로 인해 지속적인 급수 중단(주민들은 장기간 화장실 물을 내릴 수도 없어 건강 문제가 가중됨)과 당국자들이 소화 문제를 야기할 수 있다고 경고한 안전하지 않은 식수 공급이 발생했다.
- 메릴랜드주 볼티모어, 2022년: 서부 볼티모어의 급수원에서 대장균이 발견되었다. 대장균은 섭취 시 복부 경련, 구토, 설사부터 신부전과 같은 생명을 위협할 수 있는 상태까지 다양한 건강 문제를 야기할 수 있는 박테리아의 한 종류이다.

이러한 지역사회들은 종종 몇 주, 때로는 몇 달 동안 끓인 물 사용 권고하에 있었다. 주민들은 음용, 음식 준비(분유 포함), 그리고 양치질을 위해 생수를 사용해야 했다. 이 글을 읽으면서, 당신이 매일 사용하는 물의 양과 그만큼의 물을 집으로 운반하는 데 필요한 시간과 노력을 추정해 보라. 이러한 영향을 받은 지역사회의 많은 사람들이 급수 배급소에서 줄을 서는 데 하루의 상당 부분을 소비한 후, 집에서 물을 적재하고, 운반하고, 하역했다. 이것은 그들의 직장과 가족 생활에 일상적인 혼란을 야기했다. 신뢰할 만한 교통수단에 접근할 수 없는 다른 사람들은 급수 배급소에 갈 수 없어서 친구, 가족, 그리고 지역사회 조직의 지원에 의존하여 물을 가져다 주어야 했다. 많은 사람들이 물 위기의 신체적 영향에 더하여 높은 수준의 스트레스와 불안을 다루고 있다고 보고한 것은 놀라운 일이 아니다. 그러나 깨끗한 물에 대한 접근은 역사적으로 소외된 지역사회에 있는 사람들이 다루어야 하는 체계적 불평등의 한 구성요소일 뿐이다. 다른 것들로는 안전하고 저렴한 주거에 대한 접근, 건강한 식품 선택권(예를 들어, 많은 사람들이 '식품 사막'에서 살고 있음. 식품 사막(food deserts)이란 건강하고 경제적으로 부담 가능한 식품에 대한

그림 3.3 인종 및 사회경제적 수준별 학업 성취 격차

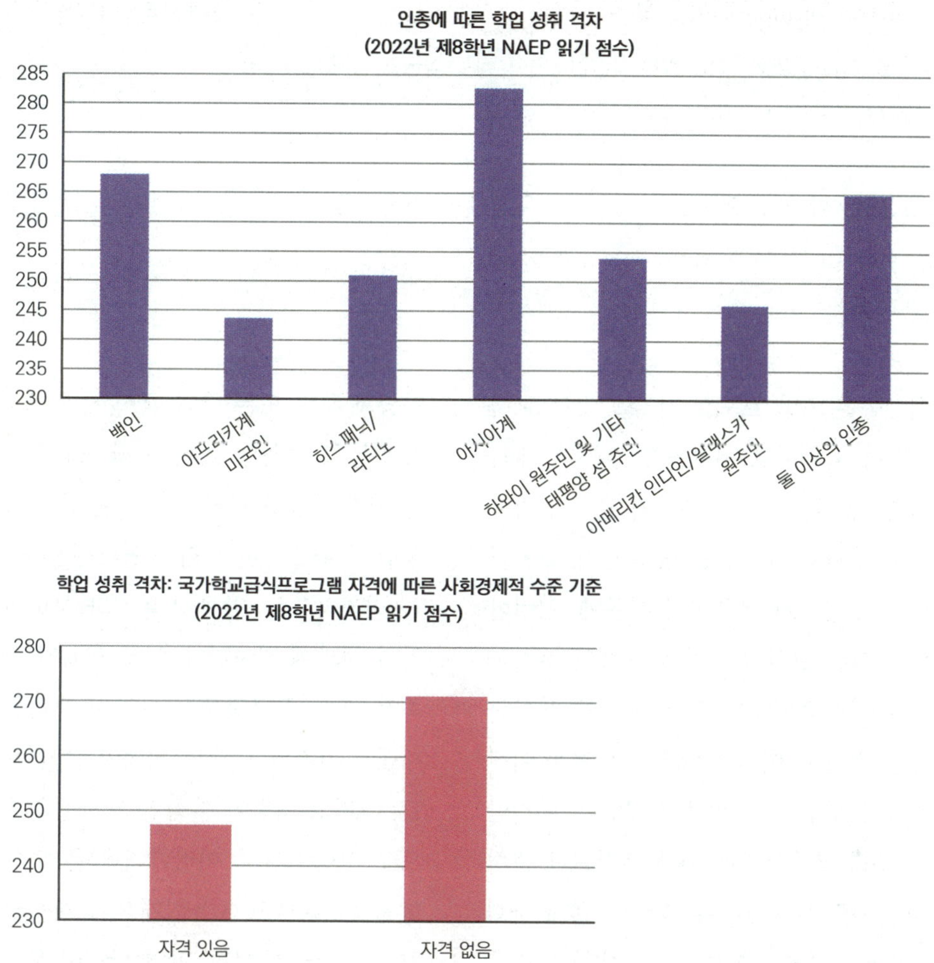

출처: 미국 교육부, 교육과학연구원(2022)

접근이 상대적으로 제한된 지역을 의미하는 개념이다), 양질의 의료 서비스, 그리고 공정한 교육이 포함된다.

불행히도, 그러한 체계적 불평등은 미국에서 오랜 역사를 가지고 있다. 50년 전에, 대법원은 백인과 아프리카계 미국인 학생들을 위한 분리된 학교들이 평등하지 않다고 판결했다(브라운 대 교육위원회). 그러나 백인 학생들과 유색인종 학생들은 오늘날에도 여전히 종종 분리되어 교육받고 있다. 유색인종 학생들은 빈번히 저소득 학교에 다니는데, 이러한 학교들은 더 크고, 더 높은 학생 대 교사 비율을 가지며, 더 적은 인적 및 재정적 자원을 가지는 경향이 있다(예: 제한된 교재, 거의 없거나 전혀 없는 고급과정[AP] 또는 대학 준비 수업, 제한된 방과후 활동). 실제로, 한 주에서 가장 부유한 교육구와 가장 가난한 교육구 간의 연간 지출 격차는 학생 한 명당 20,000달러에서 40,000달러에 이를 수 있다.

표 3.2 교사의 기대수준과 교수적 행동

교사의 기대 수준이 높은 경우	교사의 기대 수준이 낮은 경우
수업 중 학생이 응답할 수 있는 기회를 많이 제공함	질문을 거의 하지 않음
질문에 대해 생각하고 응답할 수 있는 충분한 시간을 제공함 (예: 대기 시간)	대기 시간이 짧음
정답에 대해 긍정적인 피드백을 제공함	학생의 응답에 대해 거의 피드백을 제공하지 않음
오답을 제시한 학생에게 안내하고, 올바른 답을 도출할 수 있도록 사고를 유도함	학생이 오답을 제시하면 다른 학생을 지목함

저소득 학교들은 또한 고도로 자격을 갖춘 교사들을 유치하고 유지하는 데 어려움을 겪는다. 결과적으로, 이러한 학교들은 가장 준비가 덜 된, 경험이 없는, 그리고 무자격 교사들을 공정한 몫보다 더 많이 가지게 된다. 준비가 부족하기 때문에, 이러한 교사들은 잘 관리된 교실 환경에서 동기를 부여하고, 문화적으로 감응적이며, 양질의 수업을 제공하는 데 어려움을 겪는다. 이러한 학교들은 교사 이직률과 학생 중퇴율 모두 높은 비율을 보인다. 이러한 격차들—저소득의 열등한 학교들과 부적절한 준비를 갖춘 교사들—의 누적 효과는 학생들에게 사회과학자들이 기회 격차라고 지칭하는 거대한 도전을 만들어낸다. 그 결과는 용납할 수 없다.

이것을 고려해 보라: 한 연구 조사에서 가난한 학교의 취약한 수업이 학생들로 하여금 고소득 지역 학교의 또래들보다 6학년까지 57주 상당의 수업을 적게 받는 결과를 초래하여, 6학년까지 3.5학년 수준의 성취 격차를 가져온다는 것을 발견했다.

기회 격차는 이러한 학생들 중 많은 이들에게 더 열악한 교육적 성과를 초래한다. 제2장에서, 우리는 가장 최근의 국가교육사정평가(NAEP) 점수를 논의했다. 그림 3.3의 그래프들은 두 가지 핵심 지표인 인종과 무료 또는 할인 급식 자격(저소득 가정을 위한 지표)을 사용하여 2022년 국가교육사정평가의 8학년 읽기 자료를 보여준다. 집단 간 자료를 비교할 때 성취 격차에 대한 우려가 명확해진다.

마지막으로, 암묵적 편견과 차별이 학생들의 열악한 성과에 기여한다. 일부 교육자들은 인종적, 민족적, 또는 문화적으로 다양한 학생들에 대해 낮은 기대를 가지며, 이는 도전적인 삶의 환경, 열악한 학교, 그리고 경험이 부족한 교사들의 영향을 복합적으로 가중시킨다. 이러한 인식은 교수적 행동에 영향을 미친다. 표 3.2에 개요가 제시된 교수 행동의 차이를 고려해 보라. 만약 당신이 우측 열보다는 좌측 열에 있는 행동을 보이는 교사의 학생이었다면 어떤 기분이 들겠는가? 어느 교사의 수업에서 당신이 더 나은 성과를 보일 것이라고 생각하는가?

연구에 따르면 낮은 기대나 부정적 태도는 종종 관련성이 없는 정보(예: 방언, 움직임 양식) 또는 단일한 검증되지 않은 정보에 기반한 그들 가족에 대한 고정관념적 인식(예: 어머니가 불법 약물을 사용함)에 근거한다. 학생들은 종종 이러한 부정적 인식을 내재화하고 무관심해지거나, 저조한 성과를 보이거나, 반항적 행동에 관여하게 되며, 이는 결국 교사들의

영상 속에서 **애벗 엘리멘터리(Abbott Elementary)**

학용품 부족, 복도의 불을 켜두기 위해 전기 배선을 "수리"하는 교사들, 가장 최근 세 명의 대통령이 나열되지 않을 정도로 오래된 역사 교과서... 이 모든 것이 어떻게 웃길 수 있을까? 그러나 퀸타 브런슨과 에미상 수상작인 애벗 엘리멘터리의 작가들과 출연진들은 필라델피아의 재정 지원이 부족한 공립학교에서 헌신적인 교사들이 직면한 매우 현실적인 도전들을 묘사하면서도 어떻게든 시청자들을 웃게 만든다. 이 프로그램의 개발자이자 주인공인 브런슨은 어머니의 교사 경험을 바탕으로 이 프로그램을 만들었으며, 자신의 이전 교사 중 한 명인 애벗 선생님의 이름을 따서 학교 이름을 지었다. 이 모큐멘터리 스타일의 TV 시리즈는 유색인종 학생들과 교육자들의 묘사로 긍정적인 관심을 받았으며, 그 진정성으로 실제 교사들로부터 찬사를 받았는데, 이는 프로그램의 다양한 작가팀 중 일부가 애벗과 같은 학교에 다녔고 자신의 가족 중에 교사가 있다는 점을 고려하면 놀라운 일이 아니다.

2022년에 브런슨은 타임지 선정 세계에서 가장 영향력 있는 100인 중 한 명으로 인정받았다. 타임 100 갈라에서 교사들을 위한 건배사 중에, 그녀는 "나는 TV에서 교사 역할을 하지만, 매일 내가 실제 생활에서 교사가 될 만큼 충분히 강할지 궁금해한다"고 언급했다. 그녀는 어머니의 발자취를 따르지는 않았지만, 이 직업에 충분한 긍정적 인식을 가져다주어서 애벗 엘리멘터리가 다른 사람들이 교사가 되도록 영감을 주고 있다.

낮은 기대를 강화한다.

많은 사람들은 학생들에게 평등한 교육—모든 학생이 동일한 교육을 받는 것—을 제공하는 것이 학업적 성공을 보장하기에 충분하다고 가정한다. 그러나 성취 격차와 기회 격차를 줄이기 위해서는 교육자들이 학생들에게 공정한 교육을 제공하려고 노력해야 하며, 이는 다른 배경을 가진 사람들이 평등한 성과를 달성하는 데 필요한 교육과 지원을 받는 것이다.

팬데믹의 영향

놀랍지 않게도, 역사적으로 소외된 지역사회 출신 학생들은 코로나19 팬데믹의 가장 심각한 영향을 경험했다. 2020년 3월 학교가 처음 폐쇄되었을 때, 전국의 저소득 학교 직원들은 먼저 기본적인 필요 사항들에 집중했다—매일 학교에서 받는 두 끼 식사에 의존하는 학생들에게 음식을 제공하는 것이었다. 일부 경우에, 직원들은 수백 끼의 식사를 준비하기 위해 학교에 일찍 도착했고, 그 후 스쿨버스가 정규 버스 정류장에서 학생들에게 배달했다. 많은 학생들을 위해 급식 서비스가 계속되었지만, 여전히 식량 불안정이 일상적인 어려움이 된 학생들이 너무 많았다. 저소득 학생들은 또한 양호교사, 상담교사, 언어재활사, 그리고 물리치료사와 작업치료사가 제공하는 다른 지원 서비스에 대한 접근을 잃었으며, 10대 부모들과 노숙 학생들에게 제공되는 추가적인 지원은 말할 것도 없었다.

학교가 결국 온라인 수업을 제공했을 때, 저소득 학생들은 종종 자신들의 수업에 접근할 기기나 인터넷 연결이 부족했다. 일부 가족의 경우, 하나의 기기가 형제자매들 사이에서 공유될 수 있었고, 각자는 형제나 자매가 배울 수 있도록 자신의 수업 시간 중 일부를 포기했다. 많은 학교와 교육구가 결국 가능한 한 많은 학생들에게 노트북이나 태블릿을 배달하는 방법을 찾았다. 그럼에도 불구하고, 기술 문해력 수준이 낮은 가족의 학생들은 성인들이 앱과 플랫폼을 설정하고 접근하거나, 학생 계정을 설정하거나, 심지어 사소한 기술적 결함을 해결할 수 없을 때 수업 시간을 잃었다. 그리고 너무 많은 학생들에게, 어떤 형태의 수업도 없는 날들이 몇 주, 그다음에는 몇 달이 되었다. 체계적 불평등이 심화되었다: 저소득 학교들이 더 오랫동안 폐쇄된 채로 남아있어서, 고소득 학생들이 저소득 학생들보다 더 많은 대면 학습을 받았다. 학습이 원격으로 이루어질 때에도, 중산층과 상류층 학생들의 기술에 대한 접근과 그들 수업의 더 낮은 학생 대 교사 비율이 더 나은 온라인 수업과 현저히 적은 수업일 손실을 가져왔다. NAEP 자료가 수학과 읽기에서 역사적 최저점을 보여주었고, 특히 유색인종 학생들 사이에서 그러했으며, 다른 자료들은 영어학습자들이 이 시기 동안 그들의 영어 숙련도에서 더 적은 향상을 보였다는 것—이는 결국 그들의 학교 성공에 영향을 미친다—을 보여주는 것은 놀라운 일이 아니다.

추가적인 스트레스 요인들이 이러한 학생들의 정신건강에 타격을 주었다. 사업체가 문을 닫으면서 해고를 당한 가족들에게 식량과 주거 불안정이 악화되었으며, 이러한 가족들은 의존할 비상 자금을 거의 가지고 있지 않았다. 부모와 보호자들은 종종 저임금의 필수 근로자(예: 생산 공장, 식료품점의 식품 공급 근로자)로 고용되어 코로나19에 대한 노출이 증가했지만 집 안에서 격리할 능력이 적고 의료 서비스에 대한 접근이 더 열악했다. 저소득 유색인종 지역사회의 사망률은 고소득 지역의 사망률보다 두 배나 높았으며, 이러한 불균형적인 비율은 후속 감염 물결에 걸쳐 계속되었다. 이러한 학생들이 2021년과 2022학년도 동안 결국 학교로 돌아왔을 때, 교육자들은 정신건강 문제와 위기(예: 불안, 우울, 자살 사고)의 발생 증가뿐만 아니라, 더 빈번한 언어적 및 신체적 공격성을 보고했다.

마지막으로, 팬데믹의 가장 우려스러운 영향 중 하나는 2020년 동안 추정 300만 명의 학생들이 미국 공립학교 시스템에서 사라졌으며, 그들 중 많은 이들이 아직 발견되지 않았다는 것이다. 학교 직원들이 이러한 학생들을 추적하기 위해 노력하면서, 그들은 일부 학생들이 보호자의 입원이나 사망으로 인해 가족 책임(예: 취업, 어린 형제자매 돌보기)을 떠맡아야 했다는 것을 발견했다. 다른 학생들은 완전히 중단할 때까지 온라인 학습에서의 시간을 점진적으로 줄였다. 이러한 학생들 중 일부는 대면 학습의 일상적인 신체적 루틴 없이 온라인 출석의 어려움을 보고했다. 이러한 도전은 종종 집 밖에서의 긴 근무 시간, 질병, 또는 그 시기 동안 저소득 지역사회를 괴롭힌 다른 어떤 도전들로 인한 보호자 지원의 감소와 결합되었다. 그럼에도 불구하고, 수십만 명의 학생들이 여전히 행방불명 상태로 남아있어, 학령기 인구의 상당 부분이 교육이나 학교가 제공하는 다른 사회적 지원에 대한 접근 없이 남겨져 있다.

팬데믹 이후 학업 회복

다행히도, 앞으로의 전망에는 더 나은 소식이 있다. 미국 교육부는 교육구들이 이용 가능한 미국 구조계획(ARP) 자금을 사용하여 모든 학생들의 팬데믹 이후 학습 회복을 지원하고 가장 큰 도전에 직면한 학생, 가족, 그리고 지역사회를 지원하기 위해 추가 자원을 목표로 하도록 권장했다. 첫 번째 단계는 대면 학습으로의 복귀에 중점을 두고 안전하고 건강한 학습 환경을 조성하는 것이었다. 이는 학생들의 기본적인 필요(예: 학교 급식) 제공, 그들의 사회적, 정서적, 정신건강 요구 충족, 그리고 신체적 안전(예: 코로나19 건강 및 안전 조치)뿐만 아니라, 사회-정서적 안전(예: 외상 정보 기반 실제)을 포함한 안전하고 통합적인 학습 환경 조성을 포함했다. 또한 학교 시스템에서 사라졌거나, 다른 방식으로 단절된 학생들을 추적하고 재참여시키는 것도 포함했다.

학생들이 학교로 돌아온 후, 다음 단계는 잃어버린 수업 시간의 영향을 상쇄하기 위해 속진된 학습 기회를 제공하는 것이었다. 교육자들은 먼저 학생들의 학업 기술과 개념 숙달 수준을 판별해야 했으며, 팬데믹 동안 학습의 불평등을 고려할 때, 동일한 연령이나 학년 수준의 학생들 사이에서 학업 기술 수준의 범위가 매우 다양했다. 교육자들은 그 후 어떤 증거기반 실제를 사용할지와 어떻게 속진된 학습을 제공할지를 결정했다. 각 학년 수준에서의 교내 속진은 후속 학년에서의 학습을 위한 기초가 되는 학생들에게 가장 필수적이거나 중요한 지식에 집중했다. ARP 자금은 고강도 개별지도(주당 여러 개별지도 세션)를 제공하고 방과후 및 여름 학습과 심화 프로그램을 제공할 수 있는 개별지도 교사와 다른 인력을 고용하는 데 사용되었다. 다층지원시스템이 학생들에게 더 집중적인 학업적, 행동적, 그리고 사회-정서적 지원을 제공하기 위해 사용되었으며, 진전 모니터링은 교육자들이 학생들의 진전을 바탕으로 그들의 실제와 중재를 조정하기 위해 자료를 사용할 수 있게 했다. 학교들이 학생들을 집에서 인터넷 접근과 양질의 기기에 연결하기 위해 노력하면서 기술적 불평등도 줄어들었다.

초기 자료는 학업 회복이 빠르게 일어날 수 있는 일이 아니라는 것을 보여준다. 돌이켜보면, 학업적 향상이 예상보다 더 천천히 일어나고 있다는 것이 놀라운 일이 아니어야 한다. 그들이 대면 학습으로 돌아왔을 때, 학생들은 학교 일과에 다시 익숙해져야 했고 노트 필기와 공부와 같은 기본적인 학교 행동을 다시 배워야 했다. 학교와 교육구가 혁신적인 전략을 실행하고 그 결과 자료를 사용하여 그들의 기법을 개선하면서, 학생들을 위한 학습 궤적이 시간이 지남에 따라 계속 개선될 것이라는 희망이 있다.

불균형성 이해

- 다양한 배경을 가진 학생들을 위한 공정한 교육에 대한 한 가지 우려는 특수교육에서의 그들의 불균형적 표상과 관련이 있다.
- 불균형성에 대한 조사는 판별과 배치 비율뿐만 아니라, 징계 조치를 분석한다.

앞서 배웠듯이, 다양한 배경을 가진 너무 많은 아동들이 불공정한 교육을 받고 있다. 일부 경우에, 이는 장애가 없음에도 불구하고 학생들을 특수교육 프로그램에 부적절하게 배치하는 결과를 초래할 수 있다. 1970년대에, 다양성을 위한 기후가 개선되고 있다고 여겨졌음에도 불구하고, 가혹한 현실은 인종적, 문화적, 그리고 언어적 차이가 너무 많은 학생들이 지적장애가 있다고 부적절하게 판별되는 결과를 가져왔다는 것이었다. 표 3.3의 세 가지 법원 사례는 다양한 학생들이 부적절하게 특수교육 서비스를 받은 차별의 사례들을 중심으로 했다.

특수교육 서비스가 개별화된 수업을 제공한다는 점을 고려할 때, 이러한 법원 사례에 해당하는 학생들이 특수교육 서비스를 받는 것이 왜 문제가 되

표 3.3 주요 판결 사례

연도	사건	판결 내용
1970	Diana 대 주교육위원회 (Diana v. State Board of Education)	지능검사(IQ tests)를 사용하여 히스패닉 학생들을 지적장애로 판별한 것은 차별적인 행위였다.
1971	Larry P. 대 라일스 (Larry P. v. Riles)	문화적으로 편향된 검사는 아프리카계 미국인 아동이 지적장애 학급에 과잉 배치되는 결과를 초래하였다.
1974	라우 대 니콜스 (Lau v. Nichols)	학교는 영어 학습자(EL)가 언어 장벽을 극복할 수 있도록 지원 서비스를 제공해야 한다.

었을까? 답은 간단하다: 장애가 없는 학생들을 특수교육에 배치하는 것은 잘못된 것이다. 특수교육에 불필요한 배치는:

- 종종 일반교육 환경에서의 제거를 의미하며, 다양한 배경을 가진 학생들의 경우, 성취에 대한 기대가 낮아진 더 제한적인 환경에 배치되는 것을 의미한다.
- 더 큰 성취 격차, 더 높은 중퇴율, 중등 후 교육 선택권에 대한 접근 감소, 그리고 성인으로서 더 열악한 장기적 결과를 포함한 부정적 결과의 가능성을 증가시킨다.
- 학생의 교육적 요구가 다른 방식으로 충분히 충족될 수 있고 또 그래야 함에도 불구하고, 특수교육 체계에 부담을 주게 된다.
- 장애를 완전히 이해하지 못하는 사람들의 사회적 낙인, 부정적 인식, 행동, 그리고 발언에 학생들을 불필요하게 노출시킨다.

특수교육에서의 인종적 및 민족적 차별과 관련된 우려 때문에, 교육자들과 정책 입안자들은 불균형적 표상의 발생률, 즉 일반 인구에서 한 집단의 존재와 특수교육에서의 존재 사이의 차이를 조사하기 시작했다. 불균형성을 계산하는 많은 방법이 있으며, 일부는 다른 것들보다 더 복잡하고 이 장의 범위를 벗어난다. 그러나 가장 기본적인 수준에서, 자료는 특정 학생 집단이 예상보다 높은 비율로 특수교육 서비스를 받는지(과대 대표화) 아니면 낮은 비율로 받는지(과소 대표화)를 판별하기 위해 분석된다. 앞서 언급했듯이, 과대 대표화에 대한 우려는 일부 학생들이 필요하지 않을 때 특수교육 서비스를 받고 대신 다른 교수적 지원으로부터 이익을 얻을 것이라는 점이다. 과소 대표화에 대한 우려는 학생들이 성공하기 위해 필요한 특수교육 서비스를 받지 못하고 있다는 점이다. 어느 상황에 있는 학생들도 그들의 필요에 적절한 교육을 받지 못한다.

불균형성을 고려하기 위해 센트럴 교육구의 등록 자료를 사용해 보자(표 3.4 참조). 만약 아프리카계 미국인 학생들이 전체 학교 인구의 15.6%를 구성한다면, 우리는 특수교육 학생 인구의 대략 15~16%가 아프리카계 미국인일 것으로 예상할 것이다(불균형성 계산의 구성 지수 방법). 그들이 특수교육 인구의 16.6%를 나타낸다는 점을 고려할 때, 특수교육에서 아프리카계 미국인 학생들의 비율이 약간 높게 나타날 것이다. 그러나 자료를 더 면밀히 살펴보면, 아

표 3.4 중앙 교육청 등록 자료 (일부 장애 유형)

구분	아메리카 원주민/알래스카 원주민	아시아계	흑인 (비히스패닉)	히스패닉	하와이 원주민/기타 태평양 섬 주민	백인 (비히스패닉)	2개 이상 인종
전체 공립학교 등록 학생	1.2%	4.6%	15.6%	15.7%	0.9%	60.5%	1.5%
전체 장애	1.5%	2.2%	16.6%	16.7%	2.1%	60.3%	0.6%
특정 학습 장애	2.8%	1.7%	18.5%	20.1%	1.8%	54.8%	0.3%
말 또는 언어 장애	2.4%	3.7%	12.5%	17.0%	2.0%	61.5%	0.9%
지적장애	1.3%	1.1%	30.0%	14.1%	1.9%	50.9%	0.7%
정서장애	1.6%	0.9%	25.0%	11.7%	1.6%	58.7%	0.5%
자폐스펙트럼 장애	0.7%	4.4%	13.4%	11.5%	1.0%	67.9%	1.1%

프리카계 미국인 학생들은 정서장애 범주 학생들의 25%와 지적장애 범주 학생들의 30%를 나타내므로, 이는 과대대표를 나타낼 것이다. 반대로, 아시아계 배경을 가진 학생들은 학교 인구의 4.6%를 구성하지만 특수교육 인구의 단지 2.2%와 지적장애를 가진 학생들의 단지 1.1%만을 차지한다—이는 과소대표화의 사례이다. 센트럴 교육구의 자료를 사용하여, 다른 우려 영역을 발견할 수 있는가?

센트럴 교육구의 자료에서 배웠듯이, 전체 특수교육 등록과 특정 장애 범주의 등록을 비교할 때, 등록 비율이 상당히 다양하다. 이 때문에, 장애인교육법은 주 정부가 각 교육구의 등록 자료를 검토하고 특수교육과 특정 장애 범주 내에서 불균형적 표상을 보이는 교육구들을 판별할 것을 요구한다. 더 나아가, 주 정부는 배치(즉, 교육적 환경과 일반적으로 발달하는 또래들과 함께 보내는 시간의 양)와 관련하여 불균형성을 검토해야 한다. 예를 들어(위의 센트럴 교육구 자료를 사용하여), 아메리카 원주민/알래스카 원주민과 하와이 원주민/기타 태평양 도서 원주민 학생들은 각각 정서장애 범주 학생들의 1.6%를 구성한다. 그러나 만약 아메리카 원주민/알래스카 원주민 학생들의 대부분이 또래들과의 상호작용이 거의 없는 분리된 교실에 배치되어 있지만, 아시아계 학생들의 대부분은 하루 중 대부분의 시간을 일반교육 교실에서 교육받는다면, 그 교육구는 배치 결정에 관해 우려할 이유가 있다.

주 정부와 교육구는 또한 징계 조치에서의 불균형성을 판별하기 위해 그들의 자료를 검토할 것을 요구받는다. 예를 들어, 히스패닉 학생들이 전체 학교 인구의 단지 15.7%만을 구성하지만 정학과 퇴학과 같이 학생을 교실이나 학교 환경에서 제거하는 모든 배제적 징계 실제의 거의 44%를 차지한다면 불균형성이 발생할 것이다. 학생들이 교무실로 보내질 때 15분에서 45분의 수업을 놓치고, 정학이나 퇴학을 당하면 더 많이 놓친다는 점을 고려할 때, 특정 학생 집단에 대한 불균형적 징계는 심각한 학업적 파급효과를 가질 수 있다.

연구 조사들은 특수교육에서 인종적, 문화적, 또는 언어적으로 다양한 학생들의 불균형적 표상에 관해 상충하는 결과들을 발견했다. 연구들은 표본 크기(교육구, 주, 또는 국가 학생 자료 세트), 장애 유형, 인종 또는 민족 집단, 그리고 관련된 가족 요인(빈곤, 교육 수준)과 교사 및 학교 특성(교사 인종, 학교 자원 담당자의 존재)의 고려에 따라 다양하다. 일부 연구들은 과대 대표화의 명확한 패턴을 발견한 반면, 다른 연구들은—빈곤과 부모 교육 및 소득 수준과 같은 배경 특성이 일치하는 백인 학생들과 비교했을 때—다양한 배경을 가진 학생들이 특수교육에서 과소 대표화되고 있음을 발견했다. 더 최근의 연구는 장애 진단과 배치와 관련하여 이러한 요인들의 교차성의 영향을 살펴보기 시작했다. 교사 인종과 징계 철학(예: 처벌 대 예방) 등의 요인들이 징계 실제의 심각성과 불균형성과 관련이 있는 것으로 발견되었다.

문화적 다양성

학습 목표

문화적 차이가 학교에서 어떻게 갈등을 만들어낼 수 있는지, 그리고 교사가 문화적으로 감응적이고 지속적인 수업을 실행함으로써 이를 예방할 수 있는 방법을 설명한다.

불협화의 이해

- 우리가 학교에서 아이들에게 기대하는 많은 행동들은 다른 문화나 국가 출신 학생들이 알지 못할 수도 있는 문화적 규범에 기반한다.
- 이러한 문화적 차이의 결과로, 학생들은 학교에서 어려움을 경험할 수 있다.

미국 주류 사회(즉, 백인, 중산층)와는 다른 배경을 가진 학생들은 문화적으로 다양하다고 여겨진다. 미국의 학생들이 천 개가 넘는 다양한 문화 출신이라고 추정된다. 문화는 우리가 하는 모든 것에 영향을 미친다. 그러나 우리 중 많은 이들에게, 우리의 문화는 당연하게 여기는 것이기에, 그것에 대해서 생각하지 않는다. 우리의 가장 기본적인 상호작용 중 하나를 고려해 보자: 새로운 사람을 만나는 것. 미국의 지배적 문화에서, 우리는 그 사람의 손을 잡고, 눈을 보며, 예상되는 인사말을 주고받을 수 있다(예: "안녕하세요, 만나서 반갑습니다"). 우리의 문화는 우리가 그 사람에게 얼마나 가까이 서는지, 악수 중에 얼마나 단단하게 그리고 얼마나 오래 그들의 손을 잡는지, 눈 맞춤의 시간과 강도, 우리 목소리의 톤과 볼륨, 그리고 우리가 묻는 질문들을 지시한다. 이제, 다른 문화 출신의 누군가를 만날 때 이 간단한 상호작용이 얼마나 많은 방식으로 잘못 해석될 수 있는지 생각해 보라. 만약 그들이 너무 가까이 선다면(우리 문화에는 너무 가깝지만, 그들의 문화에는 그렇지 않다면), 우리는 그것을 공격성이나 부적절한 친밀감으로 해석한다. 만약 그들이 너무 멀리 선다면, 그들은 냉담하다. 만약 그들이 악수 중에 우리 손을 너무 오래 잡는다면, 우리는 불편함을 느끼는 경향이 있다. 만약 그들이 너무 빨리 놓는다면, 우리는 그들

표 3.5 교실에서의 문화적 배경에 따른 오해의 사례

행동	가능한 오해
교사가 학생의 정답에 대해 엄지를 치켜세우는 제스처를 사용함	일부 중동 및 서아프리카 국가의 학생들은 이를 외설적인 손짓으로 간주하며, 이는 미국의 가운뎃손가락 제스처와 유사하게 여겨질 수 있음
교사가 "조용히 생각해 봅시다" 또는 "제이다! 앉고 싶니?"처럼 수동적인 화법을 사용함	많은 아프리카계 미국인 학생들은 직설적인 의사소통 방식에 익숙함. 명확한 지시("제이다! 앉으세요")가 없을 경우, 이를 명령이 아닌 선택지로 받아들일 수 있음. 교사는 이를 반항으로 오해할 수 있음
학생이 교사의 말을 들을 때 바닥을 바라봄. 이는 많은 문화권에서 존경의 표현임	교사는 학생이 자신의 말을 듣지 않거나 관심이 없다고 오해할 수 있음
동남아시아 출신 학생이 교사에게 꾸중을 들을 때 웃음으로 반응함. 이는 자신의 잘못을 인정하고 악의가 없다는 뜻의 표현임	교사는 웃음을 비웃음으로 해석하거나, 학생이 상황을 진지하게 받아들이지 않는다고 오해할 수 있음

출처: Dresser (2005); Weinstein et al. (2004).

이 관심이 없다고 가정한다. 눈 맞춤의 부족은 무례한 것으로 여겨질 수 있지만, 시선을 너무 오래 유지하는 것도 그렇다. 모든 측면을 고려하여 이 시나리오를 끝까지 생각해 보면, 문화적 차이가 작고 겉보기에는 중요하지 않은 상호작용을 어떻게 방해하고 참가자들이 서로에 대해 부정적인 첫인상을 갖게 할 수 있는지를 깨닫는다. 이제, 학생들과 교사들이 일반적인 하루 학교생활 동안 갖는 모든 상호작용을 고려해 보면, 심지어 사소하고 문화적으로 기반한 잘못된 인식도 학생들이 환영받지 못하거나 심지어 적대적인 환경에서 배우고 있다고 느끼게 할 수 있다는 것을 깨닫는다. 표 3.5는 몇 가지 비교적 일반적인 상황들을 예시로 제공한다.

일부 학생들의 경우, 그들의 문화적 특성, 행동, 그리고 행위는 종종 교실 문화나 교사의 기대와 상충하며(문화간 불협화음 또는 문화적 불연속성이라고 지칭됨), 학생들이 저조한 성과를 보이는 상황과 환경을 만들어낸다. 문화 간 불협화음이 잠재적으로 발생할 수 있는 네 가지 영역은 다음을 포함한다:

- 학습 경험과 선호. 학생들이 전통적으로 교육받는 방식에는 문화적 차이가 존재한다. 학생의 전통적인 학습 방법이 교실이나 교사의 기대와 상충할 때(예: 관찰과 문제 해결 대 사실 암기) 오해가 발생할 수 있다.
- 행동적 기대. 표 3.5의 예시들이 보여주듯이, 다른 문화들은 상이한 행동 규범을 가질 수 있다. 이러한 차이에 대한 이해가 부족한 교사들은 학생의 행동을 무관심하거나 무례한 것으로 잘못 해석할 수 있다.
- 의사소통 양식(Communication styles). 표 3.5의 제이다(Jada) 예시가 보여주듯이, 의사소통 양식의 차이는 의도하지 않게 갈등을 만들어낼 수 있다. 이러한 의사소통 양식 차이는 비언어적 규범, 질문 기법, 뉘앙스, 또는 적절한 대 부적절한 대화 주제를 포함할 수 있다.
- 교육과정 표상(Curricular representation). 교

표 3.6 교사의 자기성찰을 위한 질문

교수와 인종에 대한 자기성찰	학생, 인종, 사회적 맥락에 대한 성찰
나의 인종은 나와 인종이 다른 학생들과의 관계에 어떤 영향을 미치는가?	학생들의 인종은 나와의 관계에 어떤 영향을 미칠 것인가? 인종적 차이와 단절로 인해 어떤 갈등이 발생할 수 있는가?
나의 인종은 나의 사고방식, 신념, 행동, 의사결정에 어떤 영향을 미치는가?	나와 학생들에게 가장 중요한 이슈는 무엇인가? 인종은 이 이슈들과 어떤 관련이 있는가?
나는 학생 교육에서 나 자신을 어떻게 위치시키는가? 모든 인종의 학생들이 소속감을 느끼도록 학급 내 권력 구조를 어떻게 조정하는가?	교사로서의 나의 역할과 경험은 학생들의 경험과 전문성보다 우월한가? 학생들로부터 어떤 지식을 배울 수 있는가? 인종은 이러한 역할에 어떤 영향을 미치는가?
학생들의 지식, 경험, 인종을 나의 것과 어떻게 조정하고 조율하는가?	학교 안팎에서 대화에 참여하지 못하는 사람들을 대신해 인종 문제에 대해 말할 의향이 있는가? 인종차별에 대한 불의함을 어려운 상황에서도 표현할 의지가 있는가?

출처: Milner(2012)에서 발췌. 허가를 받아 수정함.

육과정, 수업, 그리고 교재는 교실의 다양성을 반영해야 한다. 교육과정이 주로 지배적 문화, 관점, 그리고 역사를 반영할 때 학생들은 보이지 않거나 소외된다고 느낄 수 있다.

문화 간 불협화음의 영향은 누적적일 수 있다. 예를 들어, 교사가 무례한 것으로 잘못 해석하는 문화적으로 적절한 행동으로 인해 반복적으로 징계받는 학생을 고려해 보라. 시간이 지남에 따라, 학생은 학교로부터 단절감을 느끼고 무관심해지며, 그 결과 열악한 학업 성과를 보인다. 자신이 불공정하게 대우받고 있다는 학생의 인식은 교사의 요청에 따르려는 의지를 감소시키고 더 많은 징계 조치를 초래하여 부정적인 순환을 만들어낸다. 놀랍지 않게도, 명백한 인종차별과 차별은 말할 것도 없고 암묵적 편견과 미세공격(마이크로어그레션)에 지속적으로 직면하는 역사적으로 소외된 집단 출신 학생들은 종종 불안, 우울, 자살 사고와 같은 부정적인 정신건강 문제뿐만 아니라 자존감과 삶의 만족도 감소를 경험한다. 문화적으로 감응적인 교사들은 문화 간 불협화음을 예방하고 이러한 부정적인 순환의 지속을 방지할 수 있다.

문화 간 불협화를 예방

- 비판적 자기성찰을 실천하는 교사는 문화 간 불협화가 발생할 수 있는 지점을 예측할 수 있다.
- 학생의 문화를 이해하는 교사는 문화적 기반의 문제가 발생하는 것을 예방할 수 있다.

문화는 우리가 소통하고, 정보를 처리하며, 학습하는 방식에 영향을 미치며, 이는 학교생활의 거의 모든 활동에 해당한다. 교사는 우선, 차이가 때로는 불편함을 야기할 수 있음을 인식해야 한다. 그러나 이러한 불편함의 원인은 종종 오해를 불러일으키는 지식의 부족에서 비롯된다.

이러한 부정적 반응을 예방하기 위해, 교사는 인종, 민족, 문화, 언어가 학습 과정에서 어떤 역할을 할 수 있는지 이해해야 한다. 유능한 교사는 자신의 태도와 가정에 대해 성찰적으로 검토한다. 또한, 이러한 신념이 교실 수업과 활동, 그리고 개인적 상호작용, 행동, 의사소통 방식에 미치는 영향을 고려한다. 표 3.6은 인종과 관련된 자기성찰의 출발점을 예시로 제시한다. 이러한 질문들은 문화적·언어적 차이를 지닌 개인에 대한 태도와 가정(assumption)에 대한 자기성찰로 쉽게 응용될 수 있다.

간단한 소개와 악수가 문화적으로 잘못 해석될 수 있는 많은 방법들의 예시를 되돌아 생각해 보라. 다른 유형의 교실 상호작용에서 유사한 의사소통 오류를 피하기 위해, 자기성찰에 참여하는 교사들은 자신의 교수 실제를 숙고한다("나는 일반적으로 어떤 유형의 질문을 하며, 학생들이 어떻게 반응하기를 기대하는가? 나는 학생들이 과제를 하는 동안 조용히 앉아 있기를 기대하는가, 아니면 서로에게 도움을 요청하도록 허용하는가?"). 그들은 또한 학생들이 학교 문화에 대해 무엇을 알고 있는지에 관한 자신의 가정을 고려한다("나는 학생들에게 공부하라고 말하지만, 그들이 그것이 무엇을 의미하는지 정말로 알고 있는가?"). 문화가 자신들의 태도, 가정, 그리고 행동을 어떻게 형성하는지 이해하는 것은 교사들이 더욱 효과적이고 반응적인 수업을 제공할 수 있게 할 것이다.

중요한 첫 번째 단계는 교사들이 자신의 학생들의 다양성을 인정하는 것이다. 이것이 명백해 보일지도 모르지만, Nieto와 Bode(2012)의 다음 구절을 고려해 보라:

> 많은 교사들과 학교들이 색맹이 되려는 시도에서 문화적 또는 인종적 차이를 인정하기를 원하지 않는다. "나는 흑인이나 백인을 보지 않는다"고 교사는 말할 것이다. "나는 오직 학생들만 본다." 이 진술은 색맹이 되는 것이 공정하고, 공평하며, 객관적이라고 가정하는데, 왜냐하면 이러한 추론에서 차이를 보는 것은 결함과 열등함을 보는 것이기 때문이다. 그것이 공정하고 정직하며 윤리적으로 들리지만, 그 반대가 실제로 사실일 수 있다. 만약 태도와 행동에서 비차별적이라는 의미로 사용된다면, 색맹은 나쁜 것이 아니다. 한편으로, 색맹은 차이를 받아들이기를 거부하고 따라서 지배적 문화를 규범으로 받아들이는 결과를 가져올 수 있다. ... 이러한 태도들은 특정 학생들의 정체성을 부정하여, 그들을 보이지 않게 만드는 결과를 가져온다.
>
> (뉴욕주 뉴욕시 피어슨 에듀케이션 인크의 허가를 받아 재인쇄 및 전자적으로 복제함.)

학생 다양성을 무시함으로써, 교사들은 색 회피에 참여하고 있으며, 이는 사람들이 집단을 독특하게 만드는 본질적 차이를 부정하는 편견 기반 믿음의 한 유형이다. 일부 경우에, 이것은 정체성 중립적 표출로 발생하며, 다른 경우에는 교육자들이 학생들과 집단들 전반의 공통점을 강조한다. 교사들은 먼저 학생들의 차이를 인정하지 않으면 학생들의 필요를 효과적으로 다룰 수 없다.

교사들을 위한 다음 단계는 자신의 학생들을 아는 것이다. 학생들이 알지 못할 수도 있는 학교 기반 문화적 지식이 무엇인지 인식하는 것은 교사들이 그러한 격차를 메울 수 있게 한다. 교사들이 자신의 학생들의 가족, 배경, 그리고 믿음에 대해 배우고 이해할 때, 갈등의 가능성은 줄어든다. 분명히, 많은 다양한 배경과 문화를 가진 학생들을 둔 교사들에게, 이것은 즉시 일어나지 않을 것이고 대신 점진적인 정보 수집을 요구할 것이다.

교사들은 또한 특정 집단들을 고정관념화하는 경향을 인식해야 한다. 예를 들어, 교사는 "세르지오의 부모는 멕시코 출신이므로, 세르지오는 아마도 특정한 학습과 행동 특성 및 의사소통 양식을 보일 것이다"라고 생각할 수 있다. 그러나 개인들의 집단을 고정관념화하거나 같은 문화 출신의 모든 사람들이 유사한 믿음과 전통을 가지고 있다고 가정하지 않는 것이 중요하다. 이러한 것들은 학생들의 문화적 배경뿐만 아니라 가족이 미국에 있었던 시간의 길이, 그들이 살고 있는 국가의 지리적 지역, 아이의 나이, 성별, 그리고 출생 순서, 집에서 사용되는 언어, 가족이 실천하는 종교, 다른 확대가족 구성원들과의 근접성, 그리고 가족의 사회경제적 수준(SES)과 같은 요인들에 의해서도 영향받을 수 있다. 따라서 멕시코계 미국 태생 아이인 세르지오는 최근 멕시코 이민자였다면 다른 문화적 믿음 체계를 유지할 수 있다.

문화감응적이고 지속적인 수업 제공

- 교사들은 문화적으로 유능해야 하며, 이는 학생들과 그들의 가정 문화에 대한 지식을 갖추는 것을 포함한다.
- 문화감응적(Culturally Responsive)이고 지속적인 수업은 각 학생의 문화를 검증하고 확인하면서 그들의 강점을 가르친다.

문화적으로 유능한 교사들은 다른 문화 출신 학생들에게 효과적인 수업을 제공할 수 있다. 문화적으로 유능한 교사들은 학생들의 차이(예: 인종, 민족, 언어, 사회경제적 수준)를 인정하고 이러한 차이가 학생들이 학습하는 방식에 영향을 미칠 수 있음을 인식한다. 이러한 교사들은 학생들과 그들 가족의 배경, 유산, 전통, 그리고 문화적 기대에 대해 지식을 갖추게 되고 그에 따라 자신들의 교수를 조정한다. 문화적으로 유능한 교사들은:

- 문화와 교육에서의 그 역할을 이해한다.
- 자신들의 문화적 태도와 가정 그리고 교실 수업과 활동에 대한 그것들의 후속적 영향에 대한 자기성찰적 검토에 참여한다.
- 학생들의 문화와 지역사회에 대해 배우는 책임을 진다.
- 학생 문화를 학습의 기초로 사용한다.
- 학생들의 가정 문화의 예시로 교실 수업을 풍부하게 하고 지역사회와 가족 구성원들을 참여시킨다(가족 참여에 대한 더 많은 정보는 다음 섹션에 있다).
- 교육과정이 다양한 관점과 많은 문화의 예시를 포함하는 문화감응적이고 지속적인 학습 환경을 만든다.

문화감응적교수(Culturally responsive instruction)는 교사들이 교실에서 자신들의 문화적 유능성을 입증하는 과정이다. 문화감응적교수는 자산 기반 접근법으로 시작하고 다양한 문화적 유산을 인정하고 정당화하며, 학습을 향상시키기 위해 학생들의 강점을 사용한다. 주류 지식의 부족을 결핍으로 보기보다는, 문화감응적교수에 참여하는 교사들은 학생들이 학습 환경에 가져오는 사전 지식, 기술, 그리고 경험을 인식하고 새로운 교실 교재와 활동에 의미를 연결하기 위해 그것들을 사용한다. 문화지속적교수(Culturally sustaining instruction)는 문화적 감응성을 넘어서 학생들의 문화적 및 언어적 배경의 수용과 포함뿐만 아니라 지속적인 성장도 촉진한다. 그렇게 함으로써, 학생들은 교실에서 계속 배우고 성공하지만, 그 후 그러한 학습을 그들의 가정 문화와 언어를 향상시키고 지속시키는 방식으로 그들의 가정과 지역사회에 다시 연결한다.

문화감응적교수는 사회과 수업에서나 특정 휴일이 있을 때(예: 싱코 데 마요)만이 아니라 모든 과목에서 다문화 지식, 자원, 그리고 교재를 포함한다. 결과적으로, 한 가지 혜택은 학생들이 자신들의 문화적 유산에 더하여 다른 사람들의 문화적 유산을 이해하고 감상하는 것을 배운다는 것이다. 이러한 증가된 이해와 감상은 의사소통이나 행동 차이로부터 초래되는 문화 기반 오해를 예방함으로써 학교 환경에서 문화 간 불협화음을 더 줄일 수 있다. 많은 학생들이 학교의 의사소통과 행동 기대가 그들의 가정과 지역사회의 것들과 다르다는 것을 알지 못한다. 문화적 차이가 교사들이 다루어야 하는 모든 행동 위반을 설명하지는 않지만, 일부 문제의 기초를 이해하는 것은 더 효과적인 해결책으로 이어질 수 있다. 진정한 비행이 발생할 때, 연구는 높은 학생 기대를 유지하면서 일관되고, 돌보며, 그러나 단호한 방식으로 학생들을 다루는 "따뜻한 요구자"인 교사들이 더 나은 교실 통제력을 가진다는 것을 보여준다. 더 나아가, 모든 학생들이 성취하도록 돕겠다는 명시적으로 표현된 약속과 결합된 긍정적 환경은 학생들이 낮아진 기대나 불공정한 대우를 감지할 때 발생할 수 있는 심리적 이탈을 예방할 수 있다. 문화적으로 유능한 교사들이 가르치는 수업에서, 인종적으로 그리고 문화적으로 다양한 학생들은 인지된 불공정한 징계에 반항하기보다는 자기통제적(self-disciplined)이 된다. 교실에서 상호 수용이 발생할 때, 교사들은 문화감응적이고 존중하는 방식으로 학생들을 참여시킨다. 그들은 학교 환경 밖에서 특정 행동의 적절성을 인정하지만 또한 오해를 피하기 위해 교실 기대를 명시적으로 가르치며, 이는 학생들이 "두 세계에서 걷기"를 배우도록 돕는다.

문화감응적이고 지속적인 수업에 참여하는 교사들은 다양한 학습적 요구, 선호, 그리고 의사소통 양식을 고려하는 광범위한 다양한 기법들을 포함한다. 제2장에서 배운 UDL과 MTSS에 대해 회상해 보라. 보편적 학습설계(UDL) 프레임워크를 활용하는 교사들은 공정한 교수적 실제를 촉진하는 방식으로 학습의 장벽을 판별하고 제거한다. UDL 프레임워크는 문화감응적이고 지속적인 교수 원리와 일치하는 참여, 표상, 그리고 표현의 다양한 수단을 통해 학생의 필요를 지원하고 확인한다. 다층지원시스템(MTSS) 프레임워크는 학생들의 필요에 기반한 증가하는 수준의 지원을 제공한다. 학업과 행동 지원에서의 사용에 더하여, MTSS가 다양한 배경을 가진 많은 학생들이 경험하는 정신건강 문제를 다루기 위해 어떻게 사용될 수 있는지 고려해 보라. 문화감응적인 MTSS 프레임워크는 정신건강 문제를 조기에 판별하고 다루는 데 도움이 될 수 있다. 문화감응적인 선별과 진전 모니터링 기법은 정신건강 문제의 위험에 있거나 경험하고 있는 학생들을 판별할 수 있다. 1단계에서, 학교들은 긍정적이고 문화적으로 확인하는 학교 분위기를 유지하고, 긍정적 행동과 관계를 촉진하며, 사회-정서적 기술 개발에서 수업을 제공할 수 있다. 이러한 행동들은 일부 정신건강 문제를 예방하면서 사회-정서적 건강과 웰빙을 촉진하는 데 도움이 될 수 있다. 문화감응적인 소집단 중재(2단계)는 1단계의 것들에 더하여 보충적 지원이 필요한 학생들을 위해 실행될 수 있다. 개별화되고 집중적인 중재와 정신건강 서비스는 3단계에서 판별된 정신건강 문제를 가진 학생들을 지원할 수 있다.

교사를 위한 팁 **문화감응적이고 지속적인 수업**

문화감응적이고 지속적인 수업에 참여하는 교사들은:

1. 자신의 문화적 믿음과 가정을 인식한다.
   a. 자신의 개인적 믿음과 가정이 보편적으로 받아들여지지 않는다는 것을 인정한다.
   b. 자신의 개인적 믿음이 자신의 행동과 학생들에 대한 기대에 어떻게 영향을 미치는지 이해한다.
   c. 문화간 갈등의 잠재적 원인을 판별한다.
   d. 학생들에 대한 자신의 공정한 대우를 모니터링한다.
2. 학생들과 진정으로 존중하고 돌보는 관계를 발달시킨다.
   a. 자신에 대한 정보를 공유한다.
   b. 교실 안팎에서 학생들의 삶에 진실한 관심을 보인다.
   c. 잘되고 있는 것뿐만 아니라 대인관계, 교실 문화, 그리고 수업을 개선하는 방법에 대해 학생들로부터 피드백을 구한다.
3. 학생들의 문화적 배경에 대해 적극적으로 배우고 그 지식을 교실에서 사용한다.
   a. 가족 배경과 구조, 관계 양식, 훈육, 시간에 대한 인식, 그리고 대인 간 공간과 같은 요인들이 학생 행동에 미치는 영향을 이해한다.
   b. 학생들에게 친숙한 의사소통 양식(언어적 및 비언어적)을 사용한다(예: 일반적인 표현, 언어적 부름-반응 패턴, 직설적인 지시).
   c. 참여를 증가시키기 위해 학생들의 사전 지식을 활성화하고 구축한다.
   d. 교실 학습을 그들의 지역사회의 실제 사례에 연결한다(예: 물 오염이 그들의 가정과 동네에 미치는 영향으로 연구하기).
4. 문화적으로 적절한 교실 관리전략을 사용한다.
   a. 특히 학생들이 익숙한 것과 다른 경우, 교실 기대(예: 규칙, 절차, 결과)를 명확하게 정의한다.
   b. 학생들이 교실 기대에 책임을 지도록 한다.
   c. 긍정적 행동에 집중한다.
   d. 차분하고 존중하는 방식으로 의사소통한다.
   e. 부적절한 행동을 즉시, 일관되게, 그리고 공정하게 다룬다.
5. 돌보는 교실 공동체를 구축한다.
   a. 모든 학생들에게 명확하고 높은 기대를 설정한다.
   b. 학생들이 서로에 대해 배우도록 돕는다.
   c. 존중과 친절에 대한 기대를 입증하고 강화한다.
   d. 개인적 발달을 기른다.

출처: Bondy et al. (2007); Cartledge and Kourea (2008); Regional Educational Laboratory (2019); Weinstein et al. (2004)에서 수정함.

부모와 가족

- 다양한 배경을 가진 부모들은 종종 자신들의 자녀 학교로부터 단절되었거나 환영받지 못한다고 느낀다.
- 교육자들은 가족과 그들의 지역사회를 존중하고 교육 과정의 모든 측면에서 그들을 참여시킬 필요가 있다.

이 책 전반에 걸쳐, 당신은 교육 과정에서 가족과 참여하는 것의 중요성에 대해 배우는데, 이는 그들 자녀의 학업 성취에 긍정적인 차이를 만드는 것으로 나타났다. 그러나 교사와 학생이 다른 배경 출신인 교실에서 문화적 불협화음이 발생할 수 있는 것처럼, 유사한 오해와 의사소통 오류가 학교와 가정 사이에 단절을 만들어낼 수 있다. 예를 들어, 교사에게 높은 사회적 지위를 부여하는 문화 출신의 부모들은 교사와 상호작용하기를 꺼리는 것처럼 보일 수 있지만, 실제로는 우려 사항을 논의하기 위해 전화나 회의를 요청하는 것을 무례하다고 여기기 때문에 교사의 권위에 양보하고 있는 것이다. 일부 경우에, 일상생활의 도전들—교통수단의 부족, 시간당 임금 직업에서 시간을 내는 것의 부정적인 재정적 영향—이 저소득 가족들이 학교 행사나 회의에 물리적으로 참석하고 참여하는 것을 더 어렵게 만든다. 다른 경우에, 영어 유창성의 부족이 그들로 하여금 학부모-교사 회의에 참석하거나 토론에 완전히 참여하는 것을 꺼리게 만들 수 있다.

불행히도, 교육자들의 행동이 부모의 참여를 막을 수도 있으며, 이는 결국 학교 직원들에 의해 무관심으로 잘못 인식된다. 많은 다양한 가족들이 그들이 어린이였을 때 학교 시스템에서의 자신들의 경험으로 인해 소외감, 불신, 또는 당혹감의 감정에 짓눌린 채 학교 환경에 온다. 부모들은 학교와 사회 서비스 직원들로부터 부정적인 대우, 거만한 태도, 그리고 못마땅한 판단을 받았다고 보고한다. 교육자들은 그러한 가족 구조가 그들이 익숙한 "전통적인" 가족 구조를 반영하지 않기 때문에 가족들에 대한 부정적인 인식을 품을 수 있다. 예를 들어, 확대가족 구성원들이나 실제로는 관련이 없는 사람들(예: 교회 지도자, 부족 원로)이 종종 아이의 교육과 양육에서 중요한 역할을 한다. 그러나 가족의 개념을 단순히 어머니와 아버지로 해석하는 교사는 아이의 일상적인 숙제나 공부에 적극적으로 참여하는 조부모, 이모, 삼촌, 사촌, 또는 다른 개인들로부터의 의사소통을 무시할 수 있다. 암묵적 편견은 또한 가족 상황에 대한 부정적인 인식을 초래할 수 있다. 가족이 유모를 고용하여 매일 학교에서 그녀를 데리고 와서 숙제를 감독하게 하는 아이나 보호자가 일 후에 데리러 올 때까지 방과후 프로그램에 있는 아이들에 대해서는 긍정적인 인식을 가지지만, 부모가 일을 마칠 때까지 매일 방과후에 모두 할머니 집에 가는 사촌들 그룹에 대해서는 부정적인 인식을 가지는 교육자를 고려해 보라. 간식, 놀이 시간, 그리고 숙제를 감독하는 할머니가 있는 긴밀한 가족의 강점을 인식하기보다는—이는 유모와 방과후 돌봄 직원들에게서 일어나는 것과 같은 일이다—교사는 그 상황을 "많은 무작위 사람들이 항상 그 집에 드나들고 있고 나는 실제로 몇 명이 거기에 살고 있는지 정말 모르겠다"는 상황으로 부정적으로 본다.

학교와 가족 사이에 존중이 있을 때 아이의 학교에서의 성공이 지원된다. 이는 아이들과 가족들이 그들의 교사와 학교가 그들의 다양한 문화적 유산과 언어를 가치 있게 여긴다고 확신할 때 향상된다. 앞서 논의한 문화감응적이고 지속적인 실제를 확장하기 위해, 교사들은 그들 학생들 가족의 강점, 기여, 문화, 그리고 언어를 교실로 가져올 수 있다. 예를 들어, 수 세대에 걸쳐 전해진 기법을 사용하여 도자기를 만드는 할머니가 손자의 미술 수업에서 이 과정을 시연할 수 있다. 교회 지도자가 종교적 휴일이나 행사에 대한 토론에 기여할 수 있다. 그리고 부족 지도자가 학교 의식에서 주례를 맡도록 요청받을 수 있다. 이러한 유형의 가족과 지역사회 참여는 가정-학교 파트너십을 조성하고 학생들의 학교 성공을 촉진하는 데 도움이 된다. 학교가 다양한 가족들과 의미 있는 파트너십을 조성할 수 있는 방법들은 다음을 포함한다:

- 학교가 서비스하는 지역사회의 배경, 유산, 그리고 문화에 대해 배운다.
- 암묵적 편견이 존재한다는 것을 인식하고 직원들이 이것들이 학생들과 가족들에 대한 그들의 인식과 상호작용에 어떻게 영향을 미치는지 판별하도록 돕는다.
- 가족들과 그들의 지역사회가 학교에서 환영받는다고 느끼도록 돕기 위해 신뢰와 존중의 분위기를 발달시키는 전략을 실행한다.
- 그들 자신의 선호, 일정, 그리고 편안함 수준을 존중하면서 가족들과 지역사회를 학교 활동에 참여시키는 의미 있는 방법을 모색한다.
- 디지털 문해력이 영어 숙련도만큼 학교 의사소통에 대한 접근에 영향을 미칠 수 있다는 것을 인식하면서—가족들의 선호하는 의사소통 수단을 판별하고 그것을 효과적으로 사용한다.
- 문제가 있을 때만이 아니라, 정기적이고 지속적인 기반으로 의사소통한다.
- 제한된 영어 숙련도를 가진 가족들의 경우, 학교와 그들의 프로그램에 대해 지식이 있는 훈련된 통역사를 활용한다.

언어적 다양성

학습 목표

제2언어 습득 과정을 이해하고, 영어학습자를 가르치기 위한 효과적인 프로그램과 전략을 설명한다.

제2언어 습득 이해

- 제2언어에서의 숙련도는 단계적으로 발달한다.
- 학업 언어 숙련도는 복잡하며 사회적 언어보다 발달하는 데 상당히 더 오랜 시간이 걸린다.

미국에서, 가정 언어나 모국어가 영어가 아닌 개인들은 언어적으로 다양하다고 지칭된다. 문화적으로 다양한 많은 학생들이 또한 언어적으로 다양하다. 이러한 학생들을 묘사하는 데 사용되는 다른 용어들로는 영어언어학습자(ELLs), 영어학습자(ELs), 신생 이중언어자(EB) 학생들, 또는 언어 소수자 학생들이 포함된다. 조기 아동기 분야에서, 이중언어 학습자라는 용어는 하나 이상의 언어를 동시에 학습하는 아동들을 지칭한다. 표 3.7은 연방정부에 의해 사용되는 구체적인 정의들을 제공한다.

영어(또는 어떤 제2언어)를 말하는 것을 배우는 것은 복잡하다. 제2언어 습득은 표 3.8에 개요가 제시된 다섯 가지 구별되는 단계를 거친다.

학생들이 이러한 단계들을 거쳐 진전하면서, 그

표 3.7 언어적 다양성을 지닌 학습자에 관한 정의

용어	정의	출처
영어 학습자(English learner)	1. 3세에서 21세 사이의 개인으로, 초등학교 또는 중등학교에 재학 중이거나 재학 준비 중이며 a. 미국에서 태어나지 않았거나 모국어가 영어가 아닌 자; b. 미국 원주민(Native American), 알래스카 원주민(Alaska Native), 또는 미국령 출신자로서, 영어가 아닌 언어 환경에서 자라 영어 능력에 중대한 영향을 받은 자; c. 영어가 아닌 언어를 사용하는 환경 출신의 이주자(migratory); 2. 영어 말하기, 읽기, 쓰기, 이해에서의 어려움으로 인해 나음의 상황이 발생할 수 있는 자: a. 주(state) 학업성취도 평가에서 숙련 수준 도달 불가; b. 영어로 진행되는 수업에서의 성공적인 학습 불가; c. 사회에 완전한 참여 기회 상실 가능.	모든 학생 성공법(Every Student Succeeds Act, 미국 교육부)
이중 언어 학습자 (Dual-language learner)	동시적으로 두 개 이상의 언어를 습득하거나, 제1언어 발달을 지속하면서 제2언어를 학습하는 아동을 지칭함. “이중 언어 학습자”라는 용어는 다음과 같은 다른 용어들을 포함함: 제한된 영어 능력자(LEP), 이중언어자(bilingual), 영어 언어 학습자(ELL), 영어 학습자(English learners), 그리고 영어 외의 언어(LOTE)를 사용하는 아동.	미국 보건복지부 산하 Head Start 사무국(Office of Head Start, OHS)

출처: 공법 114-95-2015년 12월 10일, 모든 학생 성공법; 헤드스타트청 이중언어학습자 정의, HHS/ACF/OHS, 2009.

들은 먼저 기본적 대인 의사소통 기술(BICS)(대화 또는 사회적 언어라고 생각하라)을 발달시키며, 이는 그들이 놀이터에서 잘 의사소통하고 친구들 및 교사들과 사회적으로 상호작용하도록 해준다. 이러한 사회적 언어 기술은 23년 내에 습득될 수 있다. 그러나 인지 학업 언어 숙련도(CALP) 또는 학업 언어는 훨씬 더 고급 기술을 요구한다. 학업 언어에 숙련되기 위해, 학생들은 내용별 어휘(예: 합의, 확산)를 이해하고, 더 복잡한 문장 구조를 이해하며, 고급 언어 기법(예: 은유)과 고차원 사고 기술(예: 연역, 추론)을 사용하여 토론에 참여할 수 있어야 한다. 학업 언어 기술은 사회적 언어 기술과 동시에 발달하지만, 학생들이 숙련되기까지는 57년의 의미 있는 노출과 연습이 걸린다. 그리고 한 언어를 다른 언어로 번역하는 단순한 능력만으로는 충분하지 않다. 언어의 숙달은 또한 관용구, 뉘앙스, 그리고 비언어적 메시지에 대한 이해를 요구한다. 사회적 언어와 학업 언어 모두에서, 수용적 언어 기술이 표현적 언어 기술보다 더 빨리 발달하므로, 영어학습자 학생들은 그들이 전달할 수 있는 것보다 더 많이 이해할 수 있다. 이는 당신이 자신의 제2언어 경험을 고려한다면 타당하다. 만약 당신이 학교에서 외국어를 공부했다면, 당

표 3.8 영어 습득 단계별 특성 및 어휘량

단계	특성	어휘량
1. 무언/수용기 (Silent/receptive or pre-productive)	이 단계의 학생들은 주로 침묵하며 다른 사람의 말을 들으면서 학습함. 주로 손짓이나 몸짓으로 의사소통하며 간단한 예/아니오 응답 가능.	수용 어휘 약 500단어
2. 초기 발화기 (Early production)	학생은 짧은 (예: 두 단어) 표현으로 생각을 표현할 수 있으며 간단한 질문에 응답 가능.	수용 및 표현 어휘 약 1,000단어
3. 발화 확장기 (Speech emergence)	학생은 더 긴 구와 간단한 문장을 사용할 수 있고 간단한 질문을 할 수 있으나, 생각을 충분히 표현하기 어려워 문법적 오류가 많음.	수용 및 표현 어휘 약 3,000단어
4. 중급 언어 숙달기 (Intermediate language proficiency)	학생은 더 길고 복잡한 문장을 사용하여 더 효과적으로 의사소통 가능. 이해가 되지 않을 경우 명확한 설명을 요청할 수 있음.	수용 및 표현 어휘 약 6,000단어
5. 고급 언어 숙달기 (Advanced language proficiency)	학생은 영어를 사용하는 또래와 마찬가지로 이해하고 표현할 수 있으며, 학습 활동에 완전하고 성공적으로 참여 가능.	교과 수준 어휘 습득

신은 아마도 그 같은 단어나 구문을 스스로 기억하고 말하려고 노력하는 것(표현적 언어)보다는 단어, 구문, 또는 짧은 대화 조각을 듣거나 읽을 때(수용적 언어) 이해하는 것이 더 쉽다는 것을 발견할 것이다. 사회적 언어와 학업 언어 사이의 차이에 대한 더 나은 이해를 주기 위해, 표 3.9의 예시들을 읽어보라. 당신 자신의 제2언어 경험(예: 고등학교 외국어 수업)을 사용하여, 그 예시들을 그 언어로 번역해 보라.

표에 있는 초등학교 수준 내용에서 나온 과학과 수학 예시들을 번역하는 것이 얼마나 어려운지 많은 사람들이 놀란다. 산화나 삼각함수 비율과 같은 용어가 있는 화학이나 수학 같은 고등학교 수준의 내용을 이해하거나 번역하는 것은 얼마나 더 어려울 것이라고 생각하는가?

사회적 언어와 학업 언어 사이의 본질적 차이에 대한 지식 부족은 교사들이 그들의 영어학습자 학생들의 영어 언어 숙련도를 과대평가하게 할 수 있다. 예를 들어, 교사는 학생이 복도나 놀이터에서 친구들과 이야기하는 것을 듣고 그녀의 영어 기술이 완전히 발달했다고 잘못 가정할 수 있다. 그 후, 이 같은 학생이 수업에서 어려움을 겪을 때, 교사는 그녀의 학업 언어 기술이 여전히 발달하고 있다는 것을 깨닫지 못하고 그녀가 충분히 노력하지 않거나, 공부하지 않거나, 특별한 학습 필요가 있다고 잘못 가정할 수 있다. 또는, 매우 다른 시나리오에서, 교사들은 그의 어려움이 제2언어 습득 문제 때문이라고 가정하기 때문에, 실제로 장애가 있는 영어학습자 학생을 특수교육 검사에 연계하는 것을 꺼릴 수 있다(특정 장애 범주에서 영어학습자 학생들의 과소대표의 한 가지 가능한 이유). 이러한 유형의 실수를 피하기 위해, 교사들은 언어 차이(예: 아직 영어를 배우지 못해서 학업적으로 어려움을 겪는 모국어가 스페인어인 화자)

표 3.9 사회적 언어 대 학업 언어

언어 기술 수준	예시
사회적 또는 회화 언어 (BICS)	• 그네 태워줄래? • 어제 새로 레이싱 게임 샀어. 오늘 오후에 우리 집에 와서 같이 해볼래?
학문적 또는 교실 언어 (CALP)	• 식물은 광합성이라는 과정을 통해 햇빛, 이산화탄소, 물을 이용해 스스로 양분을 만듭니다. • 분모가 10인 분수로 ½와 같은 값을 나타내시오. 그 분수를 소수로, 다시 백분율로 바꾸시오.

와 언어 장애(예: 첫 번째 언어든 두 번째 언어든 관계없이 언어를 이해하거나, 표현하거나, 조작하는 데 어려움을 겪는 학생) 사이의 구별에 대한 어느 정도의 이해를 가져야 한다. 우리는 제5장에서 이러한 차이들에 대해 더 논의한다.

영어학습자를 위한 효과적인 실제

- 영어학습자들이 그들의 영어 기술을 향상시키도록 돕는 많은 프로그램 선택권이 존재하며, 가장 효과적인 것은 이중언어 프로그램이다.
- 일반교육 교사들은 언어적으로 다양한 학생들이 그들의 영어 기술을 발달시키면서 학업 내용을 배우도록 돕는 전략을 사용할 수 있다.

이중언어 사용의 혜택은 전 생애에 걸쳐 있다. 이중언어 아기들은 조숙한 의사결정 기술과 고급 인지 통제를 보인다. 두 언어에서 학업 숙련도를 발달시키는 학생들은 종종 그들의 단일언어 또래들을 능가하는데, 이중언어 사용은 더 큰 인지적 유연성, 주의력, 작업 기억, 메타언어적 인식, 그리고 추상적 추론과 관련이 있기 때문이다. 이중언어를 사용하는 성인들은 글로벌 인력 시장에서 경쟁 우위를 가진다. 그리고 노인들의 경우, 이중언어 사용은 치매 증상의 발병을 평균 4년 지체시키는 것으로 보인다.

그럼에도 불구하고, 자신의 제2언어로 학교에서(또는 어디에서든) 학습하는 것은 몇 가지 독특한 도전을 만들어낸다. 학교들은 서비스가 필요한 학생 수, 자격을 갖춘 인력의 가용성, 자금 조달, 그리고 교육구 및 주 정책과 같은 요인들에 따라 영어학습자들을 지원하기 위한 다양한 프로그램들을 제공한다. 표 3.10은 프로그램 효과성 순서로 다양한 선택권들을 요약한다.

42,000명이 넘는 영어학습자 학생들의 자료를 가진 포괄적인 연구는 양방향 이중언어 프로그램이 가장 효과적임을 발견했다. 표에 나열된 이중언어 사용의 혜택과 일치하며, 대중의 잘못된 인식과는 반대로, 연구는 학생들이 그들의 첫 번째 언어로 내용 지식과 학업 기술을 발달시킬 때, 새로 습득된 지식이 그들의 두 번째 언어에서 내용 지식과 학업 기술의 발달로 전환된다는 것을 보여준다. 성공의 주요 예측 요인들은 다음을 포함했다:

- 학생의 모국어로 된 인지적으로 복잡하고 학년 수준의 내용 수업과 영어로 된 유사하게 복잡한 내용 수업의 결합.
- 부가적 이중언어 사용을 활용하는 학습을 위한 지지적인 사회문화적 환경.

표 3.10 영어학습자를 위한 일반적인 프로그램

프로그램 유형	프로그램 특성	일반적 논평
쌍방 몰입 프로그램(이중언어, 이중언어 몰입으로도 불림)	• 영어 학습자(ELs)와 영어 모국어 사용자가 함께 학습함. 제1언어(L1)와 제2언어(L2)를 모두 사용하여 학문적 내용을 학습하고 제2언어 습득 • 양 집단 모두의 이중언어 능력과 학문적 성취를 목적으로 함	• 가장 효과적인 프로그램 옵션으로 간주됨 • 영어 모국어 사용자의 모집 및 유지, 학부모의 장기적 지원 확보에 대한 우려 존재
발달형 이중언어 교육	• 영어 학습자를 위해 L1과 L2 모두를 사용하여 학문적 내용을 지도 • 대부분 유치원에서 시작 • 프로그램이 제공되는 연도 동안 지속적으로 참여 • 학문적 제2언어 능력을 달성하기 위해 평균 4~7년 소요	• 학문적 언어 발달 원칙에 부합하는 장기 프로그램 • 늦게 시작하거나 조기 종료 또는 전학 잦은 학생을 위한 적절한 대안 부족
전환형 이중언어 교육	• 영어 학습자를 위해 L1로 학문적 내용을 가르치고, 동시에 L2도 지도 • 대부분 유치원이나 1학년부터 시작, 목표는 약 2년 내 L2만 사용하는 수업으로 전환 • 학생은 일반 학급에서 따로 분리되어 서비스 제공	• 교사가 이중언어 사용 가능하며 학문적 내용과 영어를 모두 가르칠 수 있어야 함 • 제2언어 발달에 소요되는 시간이 부족한 점이 우려됨 • 종종 분리되고 낙인찍는다는 부정적 인식 존재
제2언어로서의 영어(ESL/ESOL)	• 영어 학습자를 위해 영어(L2)만으로 수업을 제공 • 목표는 일반 교육 학급으로의 전환 • 학생은 일반 학급에서 분리되어 서비스 제공 • 학문적 내용 학습보다는 영어 습득 자체에 초점	• 가장 널리 시행되는 프로그램 • 효과는 가장 낮은 편 • 교사가 영어 외의 언어를 구사할 필요는 없음

참고: L1은 모국어이고, L2는 제2언어이다.

일반교육 교사들은 학생의 영어 기술이 학업 내용을 배우기 위해 충분히 발달되어야 한다고 가정할 수 없으며, 이것이 일어날 때까지 기다릴 수도 없다. 만약 그렇게 한다면, 학생은 수년간의 정보를 놓치게 될 것이다. 대신, 교사들은 이중언어 또는 ESL 교사들이 전문화된 영어 수업을 제공하는 동시에 영어학습자들이 학업 내용을 배우도록 돕는 방법을 찾아야 한다. 다행히, 일반교육 교사들은 영어학습자 학생들을 위한 학습 기회를 향상시키기 위해 그들의 수업에서 특정한 교수 기법들을 사용할 수 있다.

보호교수(Sheltered Instruction, SI)는 영어학습자 학생들의 교실 수업에 대한 접근을 지원하기 위해 효과적인 수업과 UDL 기법의 구성요소들을 바탕으로 한다. 보호교수를 사용하는 교사들은:

- 언어를 신중하게 계획하고 사용한다.
  - 학생들이 두 언어로 처리할 시간을 주기 위해 더 천천히 말한다.
  - 설명이나 지시를 제공할 때 명확하고 간결한

연구기반실제에 관한 심층적 탐구 **보호교수 관찰 프로토콜**

보호교수 관찰 프로토콜(Sheltered Instruction Observation Protocol), 현재는 단순히 SIOP®로 지칭되는데, 이는 교사들이 다음 8가지 구성요소를 사용하여 체계적이고 일관된 형식으로 보호교수를 제공하는 연구기반 프레임워크이다:

1. 수업 준비. 교사들은 수업 내용과 언어 발달 모두에 대한 목표를 개발하고(아래 참조), 사용될 보충 교재를 판별하며, 의미 있는 활동을 만든다.
2. 배경 구축. 교사들은 학생들의 배경 경험과 사전 학습과 연결하고 또한 그들의 학업 어휘를 발달시키기 위해 노력한다.
3. 이해 가능한 입력. 교사들은 자신들의 말을 어떻게 조정할지, 학업 과제를 모델링할지, 그리고 이해를 향상시키기 위해 다양한 양식의 기법을 사용할지 고려한다.
4. 전략. 교사들은 학생들에게 학습 전략에 대한 수업을 제공하며, 또한 자신들의 수업을 비계화(scaffolding)하고 고차원 사고 기술을 촉진한다.
5. 상호작용. 교사들은 언어와 내용 발달을 위해 학생들을 적절하게 집단화하고 학생들이 자신들의 말을 정교화하도록 격려한다.
6. 연습과 적용. 교사들은 언어와 내용 학습을 연습하고 확장하는 활동을 제공한다.
7. 수업 실행. 교사들은 자신들의 수업이 계획된 목표를 충족하고 학생 참여를 촉진하도록 보장한다.
8. 검토와 사정평가. 교사들은 핵심 언어와 내용 개념을 검토하고, 학생 학습을 평가하며, 학생들의 산출에 대해 구체적인 학업적 피드백을 제공한다.

앞서 언급했듯이, 교사들은 수업 준비 구성요소 동안 자신들 수업의 내용 목표를 지원하기 위해 언어 목표를 개발한다. 다음 두 수업 목표를 고려해 보라:

- 내용 목표-학생들은 정사각형, 직사각형, 그리고 평행사변형의 둘레와 넓이를 계산할 수 있을 것이다.
- 언어 목표-학생들은 다음 용어들을 정의할 수 있을 것이다: 사각형, 정사각형, 직사각형, 그리고 평행사변형.

수학이 "보편적 언어"라고 지칭되어 왔지만, 학습자들이 단순한 수리 기술보다 훨씬 더 많은 것을 이해해야 한다는 것을 알 수 있다. 만약 영어학습자들이 기본 용어를 이해하지 못한다면 내용 목표를 완성하는 것이 얼마나 어려울지 상상해 보라. 언어 목표를 추가하는 것은 학생들이 계속해서 그들의 영어 언어 기술을 향상시키는 동안 내용 지식의 습득을 촉진한다.

언어를 사용한다.

- 어휘를 모니터링하고 익숙하지 않은 단어들을 설명한다.
- 체험 활동과 조작 교구를 활용한다.
- 협동 학습을 사용한다.
- 시연을 제공한다.
- 정보를 제시하는 다양한 양식의 수단을 사용한다.

요약

다문화 학습자

미국의 학교들은 다양한 문화적, 언어적 배경을 가진 학생들을 교육해온 길고 복잡한 역사를 가지고 있다.

- 미국의 학령기 아동들은 점점 더 다양해지고 있다. 이들은 수백 가지 언어를 사용하며 천 개가 넘는 문화를 대표한다.
- 다양한 배경을 가진 많은 학생들이 학교 실패의 위험에 놓이게 하는 불평등한 생활 환경에 직면하고 있다.
- 다양한 배경을 가진 학생들의 공평한 교육과 관련된 한 가지 우려는 특수교육에서의 불균형적 대표성(즉, 과대 및 과소 대표)이다.
- 불균형성 조사는 판별 및 배치 비율뿐만 아니라 징계 조치까지 분석한다.

문화적 다양성

주류 미국 문화나 지배적인 학교 문화와 다른 문화를 가진 학생들은 문화적으로 다양한 것으로 간주된다.

- 학교에서 아이들에게 기대하는 많은 행동들은 다른 문화나 국가 출신 학생들이 알지 못할 수도 있는 문화적 규범에 기반한다.
- 이러한 문화적 차이의 결과로 학생들은 학교에서 어려움을 겪을 수 있다.
- 비판적 자기성찰에 참여하는 교사들은 문화 간 불일치가 발생할 수 있는 지점을 예상할 수 있다.
- 학생들의 문화를 이해하는 교사들은 문화 기반 문제가 발생하는 것을 예방할 수 있다.
- 문화감응적이고 지속가능한 교수법은 각 학생의 강점을 활용하여 가르치는 동시에 그들의 문화를 인정하고 확인해준다.
- 교육자들은 가정과 지역사회를 존중하고 교육 과정의 모든 측면에 참여시켜 그들이 종종 경험하는 가정-학교 간 단절을 예방해야 한다.

언어적 다양성

가정 언어가 영어가 아닌 학생들(영어학습자, 언어적 소수 집단 학생)은 학년 수준의 학업 내용을 배우는 동시에 영어를 제2언어로 학습해야 한다.

- 제2언어 숙달은 단계적으로 발달하며, 학업 언어 숙달은 복잡하고 사회적 언어보다 발달하는 데 상당히 더 오랜 시간이 걸린다.
- 영어학습자들의 영어 실력 향상을 돕기 위한 많은 프로그램 옵션이 존재하며, 가장 효과적인 것은 이중언어 프로그램이다.
- 일반교육 교사들은 언어적으로 다양한 학생들이 영어 능력을 개발하는 동시에 학업 내용을 배울 수 있도록 돕기 위해 언어지원 교수법과 같은 전략을 사용할 수 있다.

참고문헌

Albrecht, S. F., Skiba, R. J., Losen, D. J., Chung, C. G., & Middelberg, L. (2012). Federal policy on disproportionality in special education: Is it moving us forward? *Journal of Disability Policy Studies, 23*, 14–25.

Alexander, W. (2022, September 8). Ask the OEDI: Hispanic, Latino, Latina, Latinx—which is best? Duke University School of Medicine. https://medschool.duke.edu/blog/ask-oedi-hispaniclatino-latina-latinx-which-best

Alfonseca, K. (2022, September 9). *Ongoing water crisis in US cities*. ABC News. https://abcnews.go.com/US/map-ongoing-water-crises-happening-us-now/story?id=89454219

Artiles, A. J. (2003). Special education's changing identity: Paradoxes and dilemmas in views of culture and space. *Harvard Educational Review*, 73, 164–202.

Artiles, A. J. (2010). Re-framing disproportionality research: Outline of a cultural-historical paradigm. *Multiple Voices for Diverse Exceptional Learners, 11*, 24–37.

Artiles, A. J. (2019). Fourteenth annual *Brown* lecture in education research: Reenvisioning equity research: Disability identification disparities as a case in point. *Educational Researcher*, 48(6), 325–335.

Artiles, A. J. (2020). Inclusive education in the 21st century disruptive interventions. *Educational Forum*, 84(4), 289–295.

Artiles, A. J. (2022). Interdisciplinary inequality research in the E/BD field: Animating intersectionality, reflexivity, and equity. *Journal of Emotional and Behavioral Disorders*, 30(2), 154–158.

Artiles, A. J., & Bal, A. (2008). The next generation of disproportionality research: Toward a comparativemodel in the study of equity in ability differences. *Journal of Special Education,* 42(1), 4–14.

Artiles, A. J., Harry, B., Reschly, D. J., & Chinn, P. C. (2002). Over-identification of students of color in special education: A critical overview. *Multicultural Perspectives*, 4, 3–10.

Aud, S., Hussar, W., Johnson, F., Kena, G., Roth, E., Manning, E., . . . Zhang, J. (2012). *The condition of education* 2012 (NCES 2012-045). U.S. Department of Education, National Center for Education Statistics. https://nces.ed.gov/pubs2012/2012045.pdf

Baca, L. M., & Cervantes, H. T. (Eds.). (2004). *The bilingual special education interface* (4th ed.). Merrill.

Bakalar, S., & Carlisle, M. (2020, March 23). "They feel like they've been remembered": Bus drivers deliver lunches to kids whose schools have closed due to coronavirus. *Time*. https://time.com/5808475/coronavirus-school-lunches-bus-drivers/

Banks, J. A. (2006). *Cultural diversity and education: Foundations, curriculum, and teaching* (5th ed.). Pearson Education.

Bernal, E. M. (2000). Three ways to achieve a more equitable representation of culturally and linguistically different students in GT programs. *Roeper Review*, 24, 82–88.

Billingsley, B. S., Bettini, E. A., & Williams, T. O. (2019). Teacher racial/ethnic diversity: Distribution of special and general educators of color across schools. *Remedial and Special Education*, 40(4), 199–212.

Blake, J. J., Jackson, L., Ruffin, N., Salter, P., Li, H., Banks, C., & Solari Williams, K. (2022). Black girls and school discipline: The role of teacher's race, pubertal development, and discipline philosophy on discipline decisions. *Journal of Emotional and Behavioral Disorders*, 30(2), 128–137.

Bondy, E., Ross, D. D., Gallingane, C., & Hambacher, E. (2007). Creating environments of success and resilience: Culturally responsive classroom management and more. *Urban Education*, 42(4), 326–348.

Brice, A., & Rosa-Lugo, L. I. (2000). Code switching: A bridge or barrier between two languages? *MultipleVoices*, 4, 1–9.

Brown v. Board of Education, 347 U.S. 483 (1954).

Brown, M. R., Higgins, J., Pierce, R., Hong, E., & Thoma, C. (2003). Secondary students' perceptions of school life with regard to alienation: The effects of disability, gender, and race. *Learning Disability Quarterly, 26*, 227–238.

Bryant, D. P., Smith, D. S., & Bryant, B. R. (2008). *Teaching students with special needs in inclusive classrooms*. Pearson Education.

Cardona, M. A. (2022, September 13). Dear colleague letter. Office of Elementary and Secondary Education. https://oese.ed.gov/files/2022/09/Assessment-Letter-FINAL_Redacted-9-2022.pdf

Carey, K. (2021, January 22). The potential plus of having a former "English learner" as Education Secretary. *New York Times*. https://www.nytimes.com/2021/01/18/upshot/cardona-educationsecretary.html

Cartledge, G., & Kourea, L. (2008). Culturally responsive classrooms for culturally diverse students with and at risk for disabilities. *Exceptional Children, 74*(3), 351–371.

Cartledge, G., & Loe, S. A. (2001). Cultural diversity and social skill instruction. Exceptionality, 9, 33–46.

Castania, K. (2003). *The evolving language of diversity.* Cornell Cooperative Extension, Cornell University.

Chapman, C., Laird, J., & KewalRamani, A. (2010). *Trends in high school dropout and completion rates in the United States: 1972–2008* (NCES 2011-012). National Center for Education Statistics, Institute of Education Sciences, U.S. Department of Education. https://nces.ed.gov/pubs2012/2012006.pdf

Cheng, L. L. (1996). Beyond bilingualism: A quest for communication competence. *Topics in Language Disorders*, 16, 9–21.

Cheng, L. L. (1999). Moving beyond accent: Social and cultural realities of living with many tongues. *Topics in Language Disorders, 19*, 1–10.

Cheng, L. L., & Chang, J. (1995). Asian/Pacific Islander students in need of effective services. In L. L. Cheng (Ed.), *Integrating language and learning for inclusion: An Asian-Pacific focus* (pp. 3–59). Singular.

Coffey, L. T. (2021, September 15). *The children who disappeared*. Today. https://www.today.com/specials/schoolduringpandemic/

Coutinho, M. J., & Oswald, D. P. (2006). *Disproportionate representation of culturally and linguistically diverse students in special education: Measuring the problem.* National Center for Culturally Responsive Educational Systems.

Crosson, A. C., & Silverman, R. D. (2021). Impact of COVID-19 on early literacy instruction for emergent bilinguals. *Reading Research Quarterly, 57(7)*, 5–14.

Cummins, J. (1984). *Bilingualism and special education: Issues in assessment and pedagogy.* College-Hill.

Cummins, J. (2010). Transformative multiliteracies pedagogy: School-based strategies for closing the achievement gap. *Multiple Voices for Diverse Exceptional Learners, 11*, 38–56.

D'Anguilli, A., Siegel, L. S., & Maggi, S. (2004). Literacy instruction, SES, and word-reading achievementin English-language learners and children with English as a first language: A longitudinal study. *Learning Disabilities Research & Practice, 19*, 202–213.

Davis, C., Brown, B., Bantz, J., & Manno, C. (2002). African American parents' involvement in their children's special education programs. *Multiple Voices*, 5, 13–27.

de Valenzuela, J. S., Copeland, S. R., & Qi, C. H. (2006). Examining educational equity: Revisiting the disproportionate representation of minority students in special education. *Exceptional Children, 72*(4), 425–441.

Diana v. State Board of Education, No. C-70-37 Rfp (N.D. Calif. 1970).

Diaz, Y., Knight, L. A., & Chronis-Tuscano, A. (Winter, 2008). Adaptation and implementation of behavioral parent training for Latino families: Cultural considerations and treatment acceptability. *Report on Emotional and Behavioral Disorders in Youth, 8*(1), 2–8.

Donovan, M. Z., & Cross, C. T. (Eds.). (2002). *Minority students in special education and gifted education.* Committee on Minority Representation in Special Education. National Academy Press.

Dresser, N. (2005). *Multicultural manners: Essential rules of etiquette for the 21st century.* Wiley.

Dyson, A., & Gallannaugh, F. (2008). Disproportionality in special needs education in England. *Journal of Exceptional Children, 42*(1), 36–46.

Echevarría, J., & Graves, A. (2011). *Sheltered content instruction: Teaching English learners with diverse abilities.* Pearson Education.

Echevarría, J., & Vogt, M. (2011). *Response to intervention (RTI) and English learners: Making it happen.* Pearson Education.

Echevarría, J., Vogt, M., Short, D. J., & Toppel, K. (2024). *Making content comprehensible for elementary English learners: The SIOP® model* (6th ed.). Pearson Education.

Elliott, D. (2022, October 1). *Jackson, Miss., residents struggle with basic needs as the water crisis disrupts life.* NPR. https://www.npr.org/2022/10/01/1126121420/jackson-miss-residents-struggle-with-basic-needs-as-the-water-crisis-disrupts-li

Fant, M. (2023, January 11). *Hit show "Abbott Elementary" renewed for season 3.* Huffpost. https://www.huffpost.com/entry/abbott-elementary-season-3-abc_n_63bed7a4e4b0cbfd55eeab07

Fish, R. E. (2019). Teacher race and racial disparities in special education. *Remedial and Special Education, 40*(4), 213–224.

Fletcher, T. V., Bos, C. S., & Johnson, L. M. (1999). Accommodating English language learners with language and learning disabilities in bilingual education classrooms. *Learning Disabilities Research & Practice, 14*, 80–91.

Ford, D. Y. (2012). Culturally different students in special education: Looking backward to move forward. *Exceptional Children, 78*(4), 391–405.

Ford, D. Y., Grantham, T. C., & Whiting, G. W. (2008). Culturally and linguistically diverse students in gifted education: Recruitment and retention issues. *Exceptional Children*, 74(3), 289–306.

Ganim, S., & Tran, L. (2016, January 13). *How tap water became toxic in Flint, Michigan.* CNN.com. http://www.cnn.com/2016/01/11/health/toxic-tap-water-flint-michigan/

Garcia, E. E. (2001). *Hispanic education in the United States.* Rowman & Littlefield.

Garrett, M. T., Bellon-Harn, M. L., Torres-Rivera, E., Garrett, J. T., & Roberts, L. C. (2003). Open hands, open hearts: Working with Native youth in the schools. *Intervention in School and Clinic, 38*, 225–235.

Gay, G. (2010). *Culturally responsive teaching: Theory, research, and practice* (2nd ed.). Teachers College Press.

Gay, G., & Kirkland, K. (2003). Developing cultural critical consciousness and self-reflection in preserviceteacher education. *Theory Into Practice, 42*(3), 181–187.

Gollnick, D. M., & Chinn, P. C. (2017). *Multicultural education in a pluralistic society* (10th ed.). Pearson Education.

Good, T. L., & Nichols, S. L. (2001). Expectancy effects in the classroom: A special focus on improving the reading performance of minority students in first-grade classrooms. *Educational Psychologist, 36*(2), 113–126.

Goode, T. (2002, August). *Cultural competence.* Presentation to Cultural Diversity Committee, National Council on Disability, Washington, DC.

Harry, B. (2002). Trends and issues in serving culturally diverse families of children with disabilities. *Journal of Special Education, 36*, 131–138.

Harry, B. (2007). The disproportionate placement of ethnic minorities in special education. In L. Florian (Ed.), *The Sage handbook of special education.* Sage.

Harry, B. (2008). Collaboration with culturally and linguistically diverse families: Ideal versus reality. *Exceptional Children, 74*(3), 372–388.

Harry, B., Arnaiz, P., Klingner, J., & Sturges, K. (2008). Schooling and the construction of identity among minority students in Spain and the United States. *Journal of Exceptional Children, 42*(1), 15–25.

Harry, B., & Klingner, J. (2006). *Why are so many minority students in special education? Understanding race and disability in schools.* Teachers College Press.

Hart, J. E., Cramer, E. D., Harry, B., Klingner, J. K., & Sturges, K. M. (2010). The continuum of "troubling"to "troubled" behavior: Exploratory case studies of African American students in programs for emotional disturbance. *Remedial and Special Education, 31*, 148–162.

Herrera, S. C., & Murry, K. G. (2011). *Mastering ESL and bilingual methods: Differentiated instruction for culturally and linguistically diverse (CLD) students* (2nd ed.). Pearson Education.

Holman, L. J. (1997). Working effectively with Hispanic immigrant families. Phi Delta Kappan, 78, 647–649.

Hosp, J. L., & Reschly, D. J. (2002). Predictors of restrictiveness of placement for African-American and Caucasian students. *Exceptional Children, 68,* 225–238.

Hosp, J. L., & Reschly, D. J. (2003). Referral rates for intervention or assessment: A meta-analysis of racial differences. *Journal of Special Education, 37,* 67–80.

Hsin, L., Rapaport, A., Osman, D., Kilborn, M., Pierson, A., & Garrett, R. (2022). *English proficiency and the pandemic: How Texas English learner students fared during the COVID-19 pandemic* (REL 2023-144). U.S. Department of Education, Institute of Education Sciences, National Center for Education Evaluation and Regional Assistance, Regional Educational Laboratory Southwest. https://ies.ed.gov/ncee/rel/Products/Publication/100897.

IDEA Data Center. (2014, May). *Methods for assessing racial/ethnic disproportionality in special education: A technical assistance guide (revised).* Westat.

Ingersoll, R. (2001). *Teacher turnover, teacher shortages, and the organization of schools.* Center for the Study of Teaching and Policy, University of Washington.

Institute of Education Sciences. (2022). *NAEP Report Card: Reading, national student group scores and score gaps.* https://www.nationsreportcard.gov/reading/nation/groups/?grade=8

Irwin, V., De La Rosa, J., Wang, K., Hein, S., Zhang, J., Burr, R., . . . Parker, S. (2022). *Report on the Condition of Education 2022* (NCES 2022-144). National Center for Education Statistics, U.S. Department of Education. https://nces.ed.gov/pubs2022/2022144.pdf

Jacobo, J. (2022, September 6). *Baltimore latest among major cities experiencingcontamination in water supply.* ABC News. https://abcnews.go.com/US/baltimore-latest-major-cities-experiencing-contamination-water-supply/story?id=89415625

Jairrels, V., Brazil, N., & Patton, J. R. (1999). Incorporating popular literature into the curriculum for diverse learners. *Intervention in School and Clinic, 34,* 303–306.

James, L. (2022, May 23). Quinta Brunson. *Time*. https://time.com/collection/100-most-influential-people-2022/6177794/quinta-brunson/

Jasper, A. D., & Bouch, E. C. (2013). Disproportionality among African American students at the secondary level: Examining the MID disability category. *Education and Training in Autism and Developmental Disabilities, 48,* 31–40.

Jung, J., Manley, J., & Shrestha, V. (2021, February). Coronavirus infections and deaths by poverty status:The effects of social distancing. *Journal of Economic Behavior and Organization, 182*, 311–330.

Kalyanpur, M. (2008). The paradox of majority underrepresentation in special education in India. *Journal of Exceptional Children, 42*(1), 55–64.

Kea, C. D., & Utley, C. A. (1998). To teach me is to know me. *Journal of Special Education, 32*, 44–47.

Kena, G., Musu-Gillette, L., Robinson, J., Wang, X., Rathbun, A., Zhang, J., . . . Dunlop Velez, E. (2015).

The condition of education 2015 (NCES 2015-144). National Center for Education Statistics, U.S. Department of Education. http://nces.ed.gov/pubs2015/2015144.pdf

Kimble, M. (2012, April 26). Arizona immigration: SB 1070 took toll on state's reputation. *Los Angeles Times*. http://articles.latimes.com/2012/apr/26/nation/la-na-nn-arizona-immigration-20120425

Kishi, G. (2004). *Pihana Nā Mamo: Students of Hawaiian Ancestry*. Native Hawaiian Special Education Project, Hawaii Department of Education.

Klingner, J. K., Hoover, J. J., & Baca, L. M. (Eds.). (2008). *Why do English language learners struggle with reading?: Distinguishing language acquisition from learning disabilities*. Corwin Press.

Kozleski, E. B., Sobel, D., & Taylor, S. V. (2003). Embracing and building culturally responsive practices. *Multiple Voices*, 6, 73-87.

Kozol, J. (1991). *Savage inequalities: Children in America's schools*. Crown.

Kozol, J. (1995). *Amazing grace: The lives of children and the conscience of a nation*. Crown.

Ladson-Billings, G. (2001). *Crossing over to Canaan: The journey of new teachers in diverse classrooms*. Jossey Bass.

Lane, K. L., Pierson, M. R., Stang, K. K., & Carter, E. W. (2010). Teacher expectations of students' classroom behavior: Do expectations vary as a function of school risk? *Remedial and Special Education, 31*, 163-174.

Larry P. v. Riles, Civil Action No. C-70-37 (N.D. Calif. 1971).

Lau v. Nichols, 414 U.S. 563 (1974).

Lee, V. E., & Burkam, D. T. (2002). *Inequality at the starting gate*. Economic Policy Institute.

Lessow-Hurley, J. (2005). *The foundations of dual language instruction*. Pearson Education.

Levinson, M., & Markovits, D. (2022, June 23). The biggest disruption in the history of American Education. *The Atlantic*. https://www.theatlantic.com/ideas/archive/2022/06/covid-learningloss-remote-school/661360/

Litvinov, A. (2021, July 8). Finding the lost students of the pandemic. *National Education Association News*. https://www.nea.org/advocating-for-change/new-from-nea/finding-lost-studentspandemic

Luse, B. [Host]. (2022, November 15). "Abbott Elementary" gets teachers [Podcast]. In *It's been a minute*. National Public Radio. https://www.npr.org/2022/11/14/1136569595/abbott-elementary-writersbrittani-nichols

Lynch, E. W., & Hanson, M. J. (2004). *Developing cross-cultural competence: A guide for working with young children and their families* (3rd ed.). Brookes.

Malone, C. M., Wycoff, K., & Turner, E. A. (2021). Applying a MTSS framework to address racism and promote mental health for racial/ethnic minoritized youth. *Psychology in the Schools, 59*, 2438-2452.

Mandell, D. S., Davis, J. K., Bevans, K., & Guevara, J. P. (2008). Ethnic disparities in special educationlabeling among children with attention-deficit/hyperactivity disorder. *Journal of Emotional and Behavioral Disorders, 16*, 42-51.

Marohn, K. (2022, March 22). *School bus drivers deliver meals instead of students*. National Public Radio. https://www.npr.org/2020/03/22/819725473/school-bus-drivers-deliver-meals-instead-of-children

Martínez-Álvarez, P. (2019). Dis/ability labels and emergent bilingual children: Current research and new possibilities to grow as bilingual and biliterate learners. *Race Ethnicity and Education, 22*, 174-193.

McCall, Z., & Skrtic, T. M. (2010). Intersectional needs politics: A policy frame for the wicked problem of disproportionality. *Multiple Voices for Diverse Exceptional Learners, 11*, 3-23.

Meckler, L. (2022, November 23). The science on remote schooling is clear. Here's whom it hurt most. *Washington Post*. https://www.washingtonpost.com/education/2022/11/23/covid-researchremote-school-poverty/

Milner, H. R. (2012). *Start where you are, but don't stay there*. Harvard University Press.

Milner IV, H. R., Fittz, L., Best, B., & Cunningham, H. B. (2022). What if special education could be seen as a site for justice? *Journal of Emotional and Behavioral Disorders, 30*(2), 159–166.

Mitropoulis, A. (2022, April 5). *COVID-19 has had "devastating and disproportionate" impact on poorest Americans, report finds*. ABC News. https://abcnews.go.com/Health/covid-19-devastatingdisproportionate-impact-poorest-americans-report/story?id=83893515

Montgomery, W. (2001, March/April). Creating culturally responsive, inclusive classrooms. *Teaching Exceptional Children, 33*, 4–9.

Morgan, P. L., Farkas, G., Hellemeier, M. M., & Maczuga, S. (2012). Are minority children disproportionatelyrepresented in early intervention and early childhood special education? *Educational Researcher, 41*, 339–351.

Morgan, P. L., Farkas, G., Hellemeier, M. M., Mattison, R., Maczuga, S., Li, H., & Cook, M. (2015).

Minorities are disproportionately underrepresented in special education: Longitudinal evidence across five disability conditions. *Educational Researcher, 44*, 278–292.

Morgan, P. L., Woods, A. D., Wang, Y., Hillemeier, M. M., Farkas, G., & Mitchell, C. (2020). Are schools in the U.S. South using special education to segregate students by race? *Exceptional Children, 86*(3), 255–275.

Morrier, M. J., & Hess, K. L. (2012). Ethnic differences in autism eligibility in the United States public schools. *Journal of Special Education, 46*(1), 49–63.

Moses, S. (2015, May 5). *Spending per student NYS school districts, 2015: Look up, compare any district, rank*. http://www.syracuse.com/schools/index.ssf/2015/05/spending_per_student_nys_school_districts_2015_lookup_compare_any_district_rank.html

National Center for Culturally Responsive Educational Systems. (2006). *Disproportionate representation of culturally and linguistically diverse students in special education: Measuring the problem.*

National Center for Education Statistics. (2022). English learners in public schools. *Condition of Education*. U.S. Department of Education. https://nces.ed.gov/programs/coe/indicator/cgf

National Center for Systemic Improvement. (2020, November 10). *Pursuing equity for Black students in K-12 education: Exploring the intersection of race and disability*. https://ncsi.wested.org/resources/pursuing-equity/tlc-exploring-the-intersection-of-race-and-disability/

National Center for Systemic Improvement. (2021, November). *Equity-driven systems coherence: Important questions to ask*. https://wested-ncsi-library-production.s3.us-west-1.amazonaws.com/system/resources/documents/000/000/763/original/NCSI-Equity-Driven-Systems-CoherenceImportant-Questions-to-Ask.pdf

Neal, L. I., McCray, A. D., Webb-Johnson, G., & Bridgest, S. T. (2003). The effects of African American movement styles on teachers' perceptions and reactions. *Journal of Special Education, 37*, 49–57.

New Mexico Public Education Department. (2022, February). *Using promising practices to support English learner students: A continuous improvement approach*.

New York City Department of Education. (2021, December). 2020-2021 *ELL demographics: At-a-glance*. https://infohub.nyced.org/docs/default-source/default-document-library/sy-2020-21-elldemographics-at-a-glance.pdf

Nieto, S., & Bode, P. (2012). *Affirming diversity: The sociopolitical context of multicultural education*(6th ed.). Pearson Education.

Obiakor, F. E. (1994). *The eight-step multicultural approach: Learning and teaching with a smile*. Kendall/Hunt.

Ochoa, S. H., Robles-Pina, R., Garcia, S. B., & Breunig, N. (1999). School psychologists' perspectives on referrals of language minority students. *Multiple Voices*, 3, 1–14.

Office of Elementary & Secondary Education. (2022). *Per pupil expenditure transparency*. https://oese.

ed.gov/ppe/

Office of Special Education and Rehabilitative Services. (2022, July 19). *Positive, proactive approaches to supporting children with disabilities: A guide for stakeholders*. https://sites.ed.gov/idea/files/guidepositive-proactive-approaches-to-supporting-children-with-disabilities.pdf

Ortiz, A. A. (1997). Learning disabilities occurring concomitantly with linguistic differences. *Journal of Learning Disabilities, 30*, 321–332.

Ortiz, A. A., Wilkinson, C. Y., Robertson-Courtney, P., & Kushner, M. I. (2006). Considerations in implementing intervention assistance teams to support English Language Learners. *Remedial and Special Education, 27*(1), 53–63.

Ortiz, A. A., & Yates, J. R. (2001). A framework for serving English language learners with disabilities. *Journal of Special Education, 14*, 72–80.

Parette, H. P., & Petch-Hogan, B. (2000). Approaching families: Facilitating culturally/linguistically diverse family involvement. *Teaching Exceptional Children, 33*, 4–10.

Patton, J. M., & Baytops, J. L. (1995). Identifying and transforming the potential of young gifted African Americans: A clarion call for action. In B. A. Ford, F. E. Obiakor, & J. M. Patton (Eds.), *Effective education of African American exceptional learners: New perspectives* (pp. 27–68). Pro-Ed.

Pew Research Center. (2022, September 15). *Who is Hispanic?* https://www.pewresearch.org/fact-tank/2022/09/15/who-is-hispanic/

Phyler v. Doe, 102 S. Ct. 2382 (1982). Regional Educational Laboratory Mid-Atlantic. (2019, June). *Teaching diverse learners using culturally responsive pedagogy*. Institute for Education Sciences. https://ies.ed.gov/ncee/edlabs/regions/midatlantic/app/Docs/Infographics/RELMA_Culturally_responsive_pedagogy_fact_sheet.pdf

Regional Educational Laboratory West. (2020, February). *Strategies to identify and support English learners with learning disabilities. Institute for Education Sciences*. https://ies.ed.gov/ncee/edlabs/regions/west/relwestFiles/pdf/REL_West_EL_SWD_brief-2020-revised.pdf

Reid, R., Casat, C. D., Norton, H. J., Anastopoulos, A. D., & Temple, E. P. (2001). Using behavior rating scales for ADHD across ethnic groups: The IOWA Conners. *Journal of Emotional and Behavioral Disorders, 9*, 210–218.

Reilly, K. (2022, February 4). Quinta Brunson on using comedy to address America's education problems in *Abbott Elementary. Time*. https://time.com/6145151/quinta-brunson-abbott-elementaryinterview/

Reschly, D. J. (2002). Minority overrepresentation: The silent contributor to LD prevalence and diagnosticconfusion. In R. Bradley, L. Danielson, & D. P. Hallahan (Eds.), *Identification of learning disabilities: Research to practice* (pp. 361–368). Erlbaum.

Robertson, C. (2011, September 28). Alabama wins in ruling on its immigration law. *New York Times*. www.nytimes.com/2011/09/29/us/alabama-immigration-law-upheld.html

Rossell, C. (2004/2005). Teaching English through English. *Educational Leadership, 62*, 32–36.

Rothstein, R. (2004, May 19). Social class leaves its imprint. *Education Week*, pp. 40–41.

Rueda, R., Lim, H. J., & Velasco, A. (2008). Cultural accommodations in the classroom: An instructionalperspective. *Multiple Voices*, *10*(1&2), 61–72.

Ruiz, N. (1995). The social construction of ability and disability: I. Profile types of Latino children identified as language learning disabled. *Journal of Learning Disabilities, 29*, 491–502.

Sadowsky, M. (2006, July/August). The school readiness gap. *Harvard Education Letter*. www.edletter.org/past/issues/2006-ja/readinessgap.shtml

Salend, S. J., & Salinas, A. (2003). Language differences or learning difficulties: The work of the multidisciplinaryteam. *Teaching Exceptional Children, 35*, 35–43.

Santos, R., Fowler, S., Corso, R., & Bruns, D. (2000).

Acceptance, acknowledgement, and adaptability: Selecting culturally and linguistically appropriate early childhood materials. *Teaching Exceptional Children, 32*, 14–22.

Scott, L. A., Evans, I., & Berry, R. (2022). Recommendations for teacher education programs to prepare practitioners for diverse urban schools. *Intervention in School and Clinic, 58*(2), 76–83.

Secretary of Education nominee Miguel Cardona opening statement. (2021, February 3). YouTube. https://www.youtube.com/watch?v=1qFmK_g0-cA

Short, D., & Echevarria, J. (2004/2005). Teacher skills to support English language learners. *Educational Leadership, 62*, 9–13.

Skiba, R. J., Poloni-Staudinger, L., Simmons, A. B., Feggins-Azziz, L. R., & Chung, C. (2005). Unproven links: Can poverty explain ethnic disproportionality in special education? *Journal of Special Education, 39*(3), 130–144.

Skiba, R. J., Simmons, A. B., Ritter, S., Gibb, A. C., Rausch, M. K., Cuadrado, J., & Chung, C. (2008). Achieving equity in special education: History, status, and current challenges. *Exceptional Children, 74*(3), 264–288.

Stiefel, L., Schwartz, A. E., & Conger, D. (2003). *Language proficiency and home languages of students in New York City elementary and middle schools.* Taub Urban Research Center, New York University.

Sullivan, A. (2011). Disproportionality in special education identification and placement of English language learners. *Exceptional Children, 77*, 317–334.

Sweller, N., Graham, L. J., & Van Bergen, P. (2012). The minority report: Disproportionate representationin Australia's largest education system. *Exceptional Children, 79*, 107–125.

Thomas, W. P., & Collier, V. P. (1997). *School effectiveness for language minority students* (NCBE Resource Collection Series No. 9). National Clearinghouse for English Language Acquisition. https://files.eric.ed.gov/fulltext/ED436087.pdf

Thorp, E. K. (1997). Increasing opportunities for partnership with culturally and linguistically diverse families. *Intervention in School and Clinic, 32*, 261–269.

Tiedt, P. L., & Tiedt, I. M. (2005). *Multicultural teaching: A handbook of activities, information, and resources*(7th ed.). Allyn & Bacon.

Time. (2022, June 15). *Why teachers deserve to be paid more* [Video]. YouTube. https://www.youtube.com/watch?v=zip0EXizZaw

Tornatzky, L. G., Pachon, H. P., & Torres, C. (2003). *Closing achievement gaps: Improving educational outcomesfor Hispanic children.* Center for Latino Educational Excellence, Tomás Rivera Policy Institute, University of Southern California.

Turner, C. (2021, February 2). *Education pick Miguel Cardona is new to Washington—but not to classrooms.* NPR. https://www.npr.org/2021/02/02/962050863/education-pick-miguel-cardona-is-new-towashington-but-not-to-classrooms

Tyler, N. T., Lopez-Reyna, N., & Yzquierdo, Z. (2004). The relationship between cultural diversity and the special education workforce. *Journal of Special Education, 38*, 22–38.

U.S. Census Bureau. (2022). *About the topic of race.* https://www.census.gov/topics/population/race/about.html

U.S. Congress. *Native American Languages Act of 1991,* Pub. L. No. 102-524.

U.S. Department of Education. (2006). Assistance to states for the Education of Children with Disabilities Program and the Early Intervention Program for Infants and Toddlers with Disabilities: Final rule. *Federal Register*, 34 CFR Parts 300 and 301.

U.S. Department of Education. (2021). *ED COVID-19 handbook (Volume 2): Roadmap to reopening safely and meeting all students' needs.* https://www2.ed.gov/documents/coronavirus/reopening-2.pdf

U.S. Department of Education, Institute of Education Sciences. (2022). *NAEP Report Card: Reading, national student group scores and score gaps.*

https://www.nationsreportcard.gov/reading/nation/groups/?grade=8

U.S. Department of Education, Office for Civil Rights. (2014). *Fact sheet: Ensuring students have equal access to educational resources without regard to race, color, or national origin.* http://www2.ed.gov/about/offices/list/ocr/docs/dcl-factsheet-resourcecomp-201410.pdf

U.S. Government Accountability Office. (2022, June). *K-12 education: Student population has significantly diversified, but many schools remain divided along racial, ethnic, and economic lines* (GAO-22-104737). https://www.gao.gov/assets/gao-22-104737.pdf

Vick, K. (2015, October 19). The great migration. *Time,* pp. 38-49.

Weinstein, C. S., Tomlinson-Clarke, S., & Curran, M. (2004). Toward a conception of culturally responsiveclassroom management. *Journal of Teacher Education, 55*(1), 25-38.

Werning, R., Loser, J. M., & Urban, M. (2008). Cultural and social diversity: An analysis of minority groups in German schools. *Journal of Exceptional Children, 42*(1), 47-54.

Yates, J. R., Hill, J. L., & Hill, E. G. (2002, February). "A vision for change" but for who?: A "personal" response to the National Research Council report. *DDEL News, 11*, 4-5.

Zelasko, N., & Antunez, B. (2000). *If your child learns in two languages*. National Clearinghouse for Bilingual Education, George Washington University.

제 4 장

기본 보장, 개별화된 프로그램, 그리고 전문화된 서비스

제1장에서 알 수 있듯이, 2023년에 세상을 떠난 주디 휴먼(Judy Heumann)은 장애를 가진 개인들을 위한 평생의 옹호자였다. 그녀는 핵심적인 연방 및 외교직을 맡았으며, 그 중 많은 것들이 "최초"였다—최초의 세계은행 장애와 개발 고문, 미국 국무부의 최초 국제 장애 권리 특별 고문, 그리고 컬럼비아 특별구 장애 서비스부의 최초 국장 등이 그 중 몇 가지이다. 그녀는 또한 미국 교육부의 특수교육 및 재활서비스청의 차관보로 근무했다. 모든 역할에서, 휴먼은 장벽을 허물고 수백만 명의 장애를 가진 아동과 성인들을 위한 기회를 개선하기 위해 싸웠다.

주디 휴먼은 이 책에서 다루는 몇 가지 핵심 법안의 개발과 실행에 참여했다: 재활법 제504조, 장애인교육법(IDEA), 그리고 미국장애인법(ADA). 이 장에서, 우리는 IDEA의 세부 사항과 그것이 장애가 있는 영아, 걸음마기 유아, 아동, 청소년 및 그들의 가족에게 제공하는 보장과 보호에 대해 자세히 살펴본다.

제 4 장 기본 보장, 개별화된 프로그램, 그리고 전문화된 서비스

학습 목표

4.1 미국에서 장애가 있는 영아, 걸음마기 유아, 아동, 그리고 청소년의 교육을 관장하는 연방 법률과 이러한 법률이 제공하는 기본 보장사항을 알고, 학생이 판별되어 평가를 위해 의뢰되고 특수교육 서비스에 대한 적격성을 갖추어 서비스를 받게 되는 단계를 이해한다.

4.2 행동중재계획(BIP)과 개별화전환계획(ITP)을 포함한 개별화가족서비스계획(IFSP)과 개별화교육프로그램(IEP)의 기본 구성요소를 이해한다.

4.3 장애 학생이 다양한 환경의 연속체에 걸쳐 전문 인력으로부터 개별화된 서비스와 지원을 받는 방법을 이해한다.

장애학생 교육

학습 목표

미국에서 장애가 있는 영아, 걸음마기 유아, 아동, 그리고 청소년의 교육을 관장하는 연방 법률과 이러한 법률이 제공하는 기본 보장사항을 알고, 학생이 판별되어 평가를 위해 의뢰되고 특수교육 서비스에 대한 적격성을 갖추어 서비스를 받게 되는 단계를 이해한다.

연방 법률

- 재활법 504조와 장애인교육법, 이 두 연방 법률이 미국 내 장애가 있는 아동과 청소년의 교육을 관장한다.
- 장애인교육법의 재승인과 기타 연방 법률은 장애 학생을 위한 서비스를 지속적으로 개선한다.

1장에서 학습한 바와 같이, 의회는 미국 시민에게 보호와 보장을 제공하기 위해 국가 법률을 제정한다. 1973년 재활법 504조는 모든 연령의 장애인의 시민권을 보호하고 그들의 요구가 충족되도록 보장한다. 이 법은 장애인에 대한 차별을 금지하며, 어떤 형태의 연방 자금을 받는 기관(예: 기관, 조직)에 적용

표 4.1 장애 아동 및 성인에게 영향을 미치는 주요 연방 법률

법률	연도	명칭	주요 조항 또는 변화
Section 504	1973	재활법 1973, 섹션 504	• 모든 장애인을 위한 기본적인 시민권 보장 • 편의 제공 요구
PL 94-142	1975	장애아동교육법/(EAHCA 또는 EHA)	• 최소 제한 환경에서 무상적절공교육 보장 • 개별화교육계획(IEP) 필수화
PL 99-457	1986	EHA(재인가)	• 영유아 서비스 조항 추가 • 아동 및 가족을 위한 개별화가족서비스계획(IFSP) 요구
PL 101-476	1990	장애인 교육법(IDEA)	• EHA를 IDEA로 명칭 변경 • 전환 계획 요구사항 추가 • 자폐 및 외상성 뇌손상 범주 추가
PL 101-336	1990	미국 장애인법(ADA)	• 고용, 교통, 공공시설 등에서 차별 금지 • 정상화 원리 준수 및 수행 • 학교 건물 접근성 단계적 요구 • 사회 참여 장벽 제거 지시
PL 105-17	1997	IDEA '97 (재인가)	• 주의력결핍 과잉행동장애를 '기타건강장애' 범주에 포함 • 기능적행동사정평가 및 행동중재계획 요구 • IEP에 전환 계획 포함
PL 107-110	2001	초 · 중등교육법(ESEA, 재인가; 일명 낙오학생방지법 [NCLB])	• 학생 성취에 근거한 고위험 책무제도 시행 • 데이터기반 실천 및 수업 요구 • 고도로 자격을 갖춘 교사 요구
PL 108-364	2004	보조기기법(ATA) (재인가)	• 학교-직업 전환 프로젝트 지원 • 보조기기 관련 전국 웹사이트 유지 • 단기 보조기기 대여 프로그램 운영
PL 108-446	2004	장애인교육법 2004 (IDEA '04, 재인가)	• NCLB와의 제휴 - 특수교사 자격 요건 강화 - 평가 참여 및 대안 평가 요구 • IEP 단기목표 폐지(대체사정평가 받는 학생은 제외) • 학습장애 판별 절차 변경 • 무기 · 약물 · 폭력 관련 중재교육 배치 허용
PL 110-235	2008	장애인 개정법 2008	• ADA 및 Section 504의 장애 정의 확대 • 완화 상태의 장애도 포함
PL 110-315	2008	고등교육기회법 (재인가)	• 장애학생 지도를 위한 예비교원 교육 강화 • 대학 진학 및 졸업률 제고 위한 지원 프로그램 개발 • 지적장애 학생 대상 대학 교육 프로그램 개발 촉진
PL 111-256	2010	로사(Rosa)법	• '정신지체' 용어를 '지적장애'로 대체
PL 114-95	2015	모든 학생의 성공법(ESSA, ESEA 재인가)	• 고도로 자격을 갖춘 교사 요건 폐지 • 영재학생 고려 포함 • 평가 수용을 통한 교육과정 접근 보장 증거기반 실제 및 보편적 학습설계(UDL) 강조. 왕따 및 학대 방지 포함 • 인지장애 학생 위한 대체 졸업장 고려 • 소외계층 및 장애학생 보호 강화

된다. 공립학교는 연방 자금을 받기 때문에 504조를 준수해야 하며, 따라서 장애나 상태로 인해 어느 정도의 지원이 필요한 학생에게 편의를 제공해야 한다.

그러나 1970년대 초, 의회는 미국 내 약 800만 명의 장애아동 교육과 관련된 문제를 연구한 결과 504조가 그들의 요구를 충족하기에 불충분하다는 것을 발견했다. 보다 구체적으로, 다음과 같은 사실을 발견했다:

- 백만 명의 장애아동이 공교육 체계에서 완전히 배제되었다.
- 모든 장애아동의 거의 절반이 적절한 교육 서비스를 받지 못하고 있었다.
- 공립학교 서비스가 부적절하여 가족들이 종종 집에서 먼 거리에 있고 자비를 들여 다른 서비스를 찾을 수밖에 없었다.
- 적절한 자금 지원이 있다면, 주와 지역 교육청이 이러한 아동의 요구를 충족하는 효과적인 특수교육 서비스를 제공할 수 있었다.

1975년, 의회는 공법(PL) 94-142, 장애아동교육법(EAHCA, 또는 단순히 EHA)을 통과시켰다. EHA의 초기 목적은 장애 학생이 장애가 없는 또래로부터 가능한 한 최소한의 분리나 격리와 함께 개별화된 교육을 받도록 보장하는 것이었다. 지난 40여 년 동안 이 법은 명칭 변경을 포함하여 여러 차례 재승인되었으며, 현재는 장애인교육법(IDEA)으로 불린다.

IDEA의 재승인마다, 관계자들은 당시 이용 가능한 최신 연구를 활용하여 법률을 개선했다. 예를 들어, 1986년 재승인(PL 99-457)은 영아와 걸음마기 유아를 위한 조기중재 서비스를 추가했는데, 이는 교육과 중재가 일찍 시작될수록 학생이 성장하면서 얻는 학업적, 행동적 향상이 더 크다는 연구 결과 때문이었다. 후속 재승인에서는 추가적인 장애 범주도 인정되었다. 예를 들어, 자폐증(현재는 자폐스펙트럼장애로 불림) 범주가 1990년 재승인(PL 101-476)에 추가되었는데, 이는 연구자들이 자폐증이 있는 아동이 기존 장애 범주와 현저히 다른 독특한 특성을 보인다는 것을 깨달았기 때문이다. 표 4.1은 장애인을 다루는 주요 연방 법률을 나열한다. 목록을 보면 시간이 지나면서 IDEA에 많은 변화가 있었음을 주목할 수 있다.

기본 보장사항

- 504조와 IDEA는 장애 학생의 교육을 서로 다른 방식으로 다룬다.
- IDEA는 6개의 기본 교육 보장사항을 제공한다.

504조와 IDEA 모두 장애 학생의 교육을 다루지만, 매우 다른 방식으로 접근한다. 한 가지 주요 차이점은 504조가 차별을 금지하는 시민권법이라는 것이다. 이 법은 적격한 학생의 교육을 지원하기 위한 자금을 제공하지 않으며, 대신 준수하지 않는 학교는 연방 자금을 잃을 수 있다. 이와 대조적으로, IDEA는 장애 학생에게 적절한 교육을 보장하는 법률이며 적격한 학생을 위한 특수교육 서비스 비용을 충당하는 데 도움이 되도록 주와 교육구에 자금을 제공한다. 표 4.2는 두 법률 간의 기타 주요 차이점을 요약한다.

IDEA의 교육 보장사항은 아동의 연령에 따라 다르다. 가족 구성원이 아동의 주 돌봄 제공자이자 최초 교사이기 때문에, 장애가 있는 영아와 걸음마기 유아(3세까지)를 위한 보장사항은 가족 참여와 밀

표 4.2 Section 504와 IDEA의 주요 차이점

구분	Section 504	IDEA
장애 정의	하나 이상의 주요 생활 활동을 제한하는 정신적 또는 신체적 상태; 그러한 손상의 기록이 있거나 손상이 있다고 여겨지는 경우 포함	13개의 장애 범주 각각에 고유한 정의 존재; 3~9세 아동에게는 신체, 인지, 의사소통, 사회-정서, 또는 적응 발달 지체가 있을 경우 '발달지체' 범주 사용 가능
적격성 조건	다음 중 하나 이상의 주요 생활 활동을 제한해야 함: 자기 관리, 수작업, 시각, 청각, 식사, 수면, 보행, 기립, 물건 들기, 굽히기, 말하기, 호흡, 학습, 읽기, 집중, 사고, 의사소통, 작업	다음 중 하나 이상의 범주에 해당해야 함: 자폐, 청각장애, 시청각장애, 청력 손상, 지적장애, 중복장애, 지체장애, 기타 건강장애, 심각한 정서장애, 특정 학습장애, 말 또는 언어장애, 외상성 뇌손상, 시각장애, 발달지체
적용 연령	모든 연령의 장애인	출생부터 21세까지의 아동 및 청소년
교육적 영향 요건	교육에 미치는 영향이 요구되지 않음	교육적 수행에 부정적인 영향을 미쳐야 함
서비스 제공 방식	편의를 위한 504 계획 개발 및 시행	개별화가족서비스계획(IFSP) 또는 개별화교육계획(IEP)의 개발 및 시행

접하게 연결되어 있다. 매우 어린 아동의 가족은 다음과 같은 권리를 갖는다:

- 다학제적 평가, 판별, 중재 서비스. 이러한 서비스는 아동의 요구에 적절하고 시의적절하게 제공되어야 한다.
- 개별화가족서비스계획(IFSP). 이 문서는 아동을 위한 목적, 제공될 서비스, 취학전 또는 기타 적절한 프로그램으로의 전환 계획을 명시한다. IFSP는 주요 가족 정보(예: 그들의 관심사, 우선순위, 이용 가능한 자원)를 포함해야 한다.
- 다학제팀의 구성원으로서 IFSP 개발에 참여. 많은 서비스가 가족의 가정에서 제공되며 가족이 이를 일상생활 루틴에 통합하는 능력에 의존한다. 따라서 부모 참여는 IFSP의 성공에 결정적이다. 더 나아가, 부모는 서비스가 시작되기 전에 정보에 입각한 서면 동의를 제공해야 한다.
- 갈등 해결. 적법절차(due process)라고도 하며, 아동의 평가나 서비스에 관한 이견을 해결하는 데 사용되는 절차이다.

IDEA하에서 특수교육 서비스를 받는 대부분의 아동과 청소년은 3세부터 21세까지의 취학 적격 연령 범위에 해당한다. IDEA는 이러한 학생에게 다음과 같은 권리를 부여하는 6가지 지도 원칙을 갖고 있다:

1. 무상적절공교육(FAPE). 특수교육 서비스는 부모에게 무료로 제공된다.
2. 편견 없는 평가. 이 평가는 지식을 갖춘 전문가팀에 의해 실시되며 의심되는 장애의 모든 영역을 사정평가한다. 사회경제적 지위나 문화적 또는 언어적 차이 등의 요인에 근거하여 차별하지 않는 다중 사정평가와 정보 출처를 포함해야 한다.

3. 개별화교육프로그램(IEP). 이 문서는 (평가에 의해 결정된) 학생의 현재 교육적 수행 수준에 대한 세부사항을 제공한다. 다학제팀은 평가 결과를 사용하여 연간 목적과 벤치마킹 목표를 설정하고, 학생이 그러한 목적에 도달할 수 있도록 하는 특수교육 서비스를 결정한다.
4. 최소제한환경(LRE)에서의 교육과 수업. 일반적으로 항상 그런 것은 아니지만, 이는 가능한 한 최대한 장애가 없는 또래와 함께 교육받는 것을 의미한다. 학생이 일반교육 교실에서 교육받지 않는 경우, 정당화가 IEP에 포함되어야 한다.
5. 부모 참여. 학교 인력은 부모와, 적절한 경우 학생과 협력하여 IEP를 개발해야 한다. 목적, 서비스 등을 결정할 때 선호도와 관심사를 포함한 학생과 부모의 의견이 고려되어야 한다.
6. 절차적 보호장치. 각 장애 학생의 부모에게는 특정 권리가 보장된다. 여기에는 자녀의 교육 프로그램에 관한 모든 회의에 초대받는 것, 자녀의 평가에 대한 허가를 주고 필요하다고 여겨지면 독립적인 평가를 받는 것, 자녀의 교육 기록에 접근하는 것, 중재와 적법 절차를 통해 불만을 해결하는 것, 그리고 (가능한 경우 모국어로) 이러한 보호장치에 대한 서면 설명을 받는 것이 포함된다.

IDEA는 장애학생에게 최소제한환경에서 무상적절공교육을 받을 권리를 보장한다. FAPE는 개별적으로 결정되는데, 한 장애 학생에게 적절한 것이 다른 학생에게는 그렇지 않을 수 있기 때문이다. LRE는 가능한 한 최소한의 분리나 격리와 함께 일반교육 교육과정에 대한 접근을 보장한다. FAPE와 LRE는 여러 다른 방식으로 해석되며, 이러한 용어를 명확히 하고 어떻게 균형을 맞춰야 하는지에 대한 상당한 논쟁이 있다. 논쟁의 한편에서는 통합의 개념을 학생의 개별화교육의 모든 구성요소를 일반교육 교실에서 제공하는 것으로 해석한다. 이러한 모델인 완전통합은 20세기 말에 인기를 얻었으며 많은 지지자와 함께한다. 논쟁의 다른 편에 있는 사람들은 집중적이고 개별화된 서비스가 하루의 일부분 또는 심지어 전체 동안 일반교육 교실 밖에서 더 적절하게 제공된다고 믿는다.

FAPE와 LRE 사이의 균형은 많은 교육자와 가족에게 딜레마가 될 수 있다(그림 4.1 참조). 왜 그럴까? 다음은 몇 가지 예이다:

- 개레스(Gareth)는 농인이며 의사소통을 위해 미국수화언어(ASL)를 사용한다. 그의 학급의 다른 학생들은 누구도 ASL을 사용하지 않아, 그를 사회적 상호작용에서 교육 통역사에 의존하게 만들며, 이는 제한적이다. 줄리안은 모든 사람—교사, 학생, 그리고 관리, 급식, 사무 직원—이 ASL을 사용하고 모든 수업과 과외 활동이 청각 손실이 있는 학생을 위해 맞춰진 청각장애학생을 위한 분리된 학교에 다니므로, 줄리안은 완전히 통합되어 있다.
- 멜로디(Melody)와 수라(Sura)는 중도 지적장애가 있는 고등학생이다. 멜로디의 부모는 그녀가 학교의 일상적인 사회적 활동과 과외 활동에 포함되기를 원하므로, 그녀는 상당한 수정을 통해 일반교육 학급에서 대부분의 교육을 받는다. 수라의 부모는 그녀가 다양한 생활 관련 기술—대중교통 이용하기, 직업 갖기, 식료

그림 4.1 LRE와 FAPE의 균형

품점에서 쇼핑하기—을 실제로 필요한 지역사회 환경에서 명시적 교육을 받기를 원한다.

- 아야메(Ayame)는 학습장애가 있으며, 읽기에서 집중적인 수업이 필요하다. 특수교사가 일반교육 교실에서 이러한 수업을 제공할 수 있지만, 아야메는 대집단 환경에서 집중하기 어려워하며, 이러한 배치에 대해서도 자의식을 갖고 있다. 따라서 그녀의 부모는 요청하고—그녀의 IEP에 명시되어 있듯이—그녀의 개별화된 읽기 수업이 특수교사가 소집단 또는 일대일 방식으로 그녀와 함께 작업할 수 있는 일반교육 교실 밖에서 매일 한 시간 동안 이루어질 것이다.

무상적절공교육과 최소제한환경 사이의 균형을 달성하는 것은 도전적일 수 있다. 분명히, FAPE와 LRE에 관한 결정은 학생과 가족의 개별적 요구를 고려하여 이루어져야 한다.

엔드류(Andrew) F. 사건과 교육적 이익

앞서 나열된 법률들은 장애 학생의 교육에 대한 요구사항을 포함하고 있다. 그러나 요구사항을 충족하는 방법이나 충족되어야 하는 정도에 대해 이견이 있을 때, 법률을 명확히 하기 위해 소송이 활용될 수 있다. 이는 미국 연방대법원 사건인 엔드류 F. 대 더글러스 카운티 교육구에서 일어났다. 그 사건에서 엔드류(가족들은 드류라고 불렀음)는 자폐스펙트럼장애(ASD)와 주의력결핍 과잉행동장애(ADHD)가 있는 5학년 학생으로, 학업과 행동 모두에서 개별화된 서비스와 지원에 대한 요구를 보였다. 그의 부모는 그의 학업 진전이 정체된 것 같고, 행동이 악화되고 있으며, 5학년을 위해 권장된 IEP 목적이 그가 달성하지 못한 4학년과 거의 동일하다는 점을 우려했다. 교육구와 합의에 이르지 못하자, 그들은 드류의 IEP를 거부하고 그를 공립학교에서 제적시켜 ASD 학생을 위한 서비스를 전문으로 하는 사립학교에 배치

교사를 위한 팁 **IEP(개별화교육계획) 개발 시 고려사항**

- IDEA에 명시된 IEP 개발 절차적 요건을 반드시 준수한다.
- 학부모가 단순히 동의하거나 서명하는 데 그치지 않고, IEP 개발 과정의 모든 단계에 실질적으로 참여할 수 있도록 적극적으로 노력한다.
- 학생의 현재 학업 성취 및 기능 수행 수준을 사정평가할 때, 모든 필요 영역을 포괄하고 실제적이며 의미 있는 평가가 이루어지도록 한다.
- 도전적이고 야심 차며, 측정 가능한 IEP 목적을 개발한다.
- 특수교육 서비스 및 지원은 동료평가를 거친 연구에 근거한 증거기반실제(EBP)에 따라 제공한다. 이러한 서비스와 지원은 학생의 개별적 상황에 비추어 적절한 진전을 이룰 수 있도록 합리적으로 설계되어야 한다.
- 체계적이고 지속적인 진도 모니터링을 실시하고, 그 결과를 학부모에게 보고한다.
- 진도 모니터링 데이터를 활용하여, 학생이 목적에 도달하지 못하고 있을 때, 데이터기반 의사결정 및 수업 조정을 실시한다.
- 학생의 IEP가 어떻게 진전을 가능하게 하는지, 학부모와 학교 관계자에게 명확히 설명할 수 있어야 하며, 이러한 설명은 실질적으로도, 적법 절차적(due process) 분쟁 상황에서도 방어 가능해야 한다.

출처: Yell and Bateman(2020).

했다. 새 학교에서 드류의 학업 수행은 개선되었고 행동도 마찬가지였다. 그의 부모는 교육구가 그에게 FAPE를 제공하지 못했으므로 사립학교 학비와 관련 비용을 상환해야 한다고 주장하며 적법 절차 불만을 제기했다.

그들의 불만이 법률 체계를 통해 진행되면서, 청문관과 판사들은 학교 체계에 유리한 판결을 내렸다. 그들의 판결은 특수교육에 관한 최초의 연방대법원 사건인 1982년 연방대법원 사건인 교육위원회 대 롤리에 근거했다. 그 롤리 판결은 제공된 특수교육 서비스가 학생이 수업으로부터 이익을 얻기에 충분하다면, FAPE에 대한 요구사항이 충족되었다고 판결했다. 엔드류 판결에 이르는 과정에서, 하급 법원들은 드류가 어떤 교육적 이익을 받았는지를 결정할 때 매우 낮은 실질적 표준—"단지 최소한보다 약간 많은"—을 사용했다. 그 표준으로는, 특수교육 서비스가 아무리 작더라도 어떤 교육적 이익이라도 제공했다면, 그것이 표준을 충족했다.

엔드류 판결에서, 미국 연방대법원은 낮은 최소한 교육적 이익 표준을 만장일치로 거부했다. 대신, 다음과 같이 판결했다: "IDEA하에서 실질적 의무를 충족하기 위해, 학교는 아동의 상황에 비추어 적절한 진전을 만들 수 있도록 아동을 가능하게 하기 위해 합리적으로 계산된 IEP를 제공해야 한다"(엔드류 F. 대 더글러스 카운티 교육구, 2017, p. 15). 이 판결은 각 장애 학생이 다르게 진전할 것임을("아동의 상황에 비추어") 인정하지만 그럼에도 불구하고, IEP가 이를 고려하고 도전적이고 야심 차지만 또한 합리적이며 측정 가능한 목적을 개발하여 학생이 최소한 이상의 진전을 만들도록 보장할 것을 요구한다.

엔드류 판결에 비추어, 교육구들은 교육적 이익에 대한 기대를 충족하기 위해 그들의 체계와 과정을 변경하고 있다. 교사를 위한 팁 상자는 교육자들이 학생이 그들의 상황에 비추어 적절한 진전을 만들 수 있도록 하는 IEP를 개발하고 있음을 보장하기 위해 취할 수 있는 사전예방적 단계를 제안한다.

장애아동 조기발견 및 서비스연계

- 장애가 있는 영아와 걸음마기 유아는 장애아동 조기발견 과정(child find)을 통해 판별된다.
- 장애가 있는 학령기 학생은 보통 학교 인력에 의해 평가를 위해 의뢰되지만, 장애아동 조기발견 의무가 그들에게도 적용된다.

일부 장애아동은 출생 시 또는 매우 어린 나이에 판별된다. 어떤 경우에는, 산전 검사가 아기가 태어나기도 전에 염색체 장애(예: 다운증후군을 일으키는 21번에 3개의 염색체를 갖는 경우)를 판별했을 수 있다. 다른 경우들은 장애가 신체적으로 명백하기 때문에 출생 즉시 인식된다: 영아가 특정 상태나 증후군에 의해 야기된 명확한 안면 차이를 가지고 있거나 기형이거나 결손된 사지를 가지고 있을 수 있다. 일부 건강 상태는 신생아 선별검사를 통해 결정될 수 있으며, 이 중 많은 것들이 보편적으로 요구되고 신생아가 병원을 떠나기 전에 실시된다. 예를 들어, 겸상적혈구병(SCD)과 페닐케톤뇨증(PKU)은 아기의 발뒤꿈치에서 채취한 몇 방울의 혈액을 분석하여 판별할 수 있으며, 조기진단과 의학적 중재는 이러한 상태에 의해 야기되는 생명을 위협하는 영향이나 결과적 장애로부터 영아를 보호할 수 있다(9장과 11장에서 더 자세히 학습). 다른 빠르고 간단한 선별검사 절차는 선천성 심질환이나 청각 손실 같은 상태를 판별할 수 있다.

일부 아동은 출생 시 판별되지 않고, 대신 영아기나 걸음마기 동안 명백해지는 장애를 갖고 있다. 성장하면서, 대부분의 아동은 주요 발달 이정표를 통해 진전한다(표 4.3 참조). 이정표를 달성하지 못했지만, 그 기술이 일반적으로 숙달되는 나이보다 더 나이가 많은 영아나 걸음마기 유아는 발달지체의 징후를 보이며 장애를 가지고 있을 수 있다.

질병통제예방센터 웹사이트(cdc.gov)는 가족이 자녀의 발달을 모니터링하는 데 사용할 수 있는 무료 이정표 추적 앱을 포함하여, 발달 이정표에 대한 상세한 정보를 제공한다. 주요 연령대의 이정표 체크리스트 외에도, 이 사이트는 이러한 이정표를 보여주는 아동의 동영상과 우려되는 특성에 대한 정보를 포함하고 있다.

모든 부모가 이러한 발달지체를 인식하는 것은 아니며, 특히 영아가 첫째 아이이거나 같은 연령의 다른 영아나 걸음마기 유아와 접촉이 거의 없는 경우에는 더욱 그렇다. 대신, 이러한 지체는 건강검진 시 소아과 의사, 주의 깊은 이웃, 보육 제공자, 또는 다른 가족 구성원에 의해 발견될 수 있다. 그런데 이러한 사람들이 우려사항이 있을 때 무엇을 해야 할까? 장애가 있는 모든 아동이 판별되고 적절한 서비스를 받도록 보장하기 위해, IDEA의 장애아동 조기발견 의무는 주정부가 특수교육 서비스가 필요할 수 있는 아동을 판별, 위치 확인, 평가하는 종합적인 체계를 실행하도록 요구한다. 장애아동 조기발견 체계를 통해 아동에게 장애가 있다고 의심하는 누구든지—소아과 의사, 이웃, 보육 제공자, 또는 가족 구성원—는 지정된 기관에 연락하여 아동을 추가 평가를 위해 의뢰할 수 있다.

일단 판별되면, 출생부터 3세까지의 장애가 있

표 4.3 주요 발달 이정표

나이	사회정서	언어/소통	인지	신체
2달(month)	얼굴을 바라보고, 말을 걸면 미소 짓는다	짧은 소리를 내며, 큰 소리에 반응한다	사람 움직임을 따라보고, 사물을 몇 초간 응시한다	배를 바닥에 대고 눕히면 머리를 들 수 있다; 등을 대고 눕히면 양팔과 다리를 움직인다
4달	미소, 눈맞춤, 소리 등을 사용해 양육자의 관심을 끈다	옹알이를 하며, 어른의 말에 반응하여 소리를 낸다; 사람 목소리에 고개를 돌린다	배가 고프면 병에 입을 벌린다; 손을 흥미롭게 바라본다	배를 바닥에 대고 눕히면 팔꿈치로 몸을 지탱하며 상체를 든다; 장난감을 팔로 휘두르거나 손을 입으로 가져가는 등 기본적인 눈-손 협응을 보인다
6달	익숙한 사람을 알아보고, 거울 보는 것을 좋아하며, 웃는다	'딸깍' 소리나 끽끽거리는 소리를 내며, 다른 사람과 번갈아 가며 소리를 주고받는다('대화' 참여)	물건을 입에 넣어 탐색하고, 관심 있는 물건에 손을 뻗는다; 배가 부르면 음식을 거부하기 위해 입을 다문다	배를 바닥에 대고 눕히면 팔을 뻗어 몸을 일으킨다; 배에서 등을 향해 몸을 구른다
9달	낯선 사람에게 부끄러워하거나 매달린다; 다양한 얼굴 표정을 보이며, 이름을 부르면 쳐다본다; 까꿍 놀이에 미소 짓고 웃는다	들어 올려 달라고 팔을 든다; 소리를 결합하여 낸다(예: '다다다')	떨어뜨린 물건을 찾는다; 두 물건을 부딪친다	지지 없이 앉을 수 있으며, 앉는 자세로 스스로 자세를 바꿀 수 있다; 손가락을 사용해 음식을 자신 쪽으로 끌어온다
12달	다른 사람과 간단한 놀이(예: 짝짝이)를 한다	작별 인사로 손을 흔든다; 보호자를 이름(예: '엄마', '아빠')으로 부른다; '안돼'라는 말에 반응하고 이해한다	어른이 숨긴 물건을 찾는다; 장난감이나 작은 물건을 용기에 넣는다	혼자 서 있으려 하고, 가구를 붙잡고 걷는다; 작은 물건(예: 시리얼 조각)을 엄지와 집게손가락으로 집는다

출처: 질병통제예방센터(2022).

는 영아와 걸음마기 유아는 조기중재 서비스를 받을 수 있다.

일부 학생은 학교에 다니면서 학습의 학업적 또는 행동적 측면에서 어려움을 겪을 때까지 인식되지 않는 장애를 갖고 있다. 이러한 학생의 판별 과정은 일반교육 교실에서 시작되며, 보통 증거기반실제를 사용한 양질의 교육을 받고 있음에도 불구하고 적절한 학업 진전을 보이지 않을 때이다. 이러한 경우, 일반교육 교사, 전문상담교사, 또는 다른 학교 전문가가 IEP 과정을 시작할 수 있다. 이 과정은 장애가 있는 학생을 판별하고, 특수교육 서비스가 필요한지 결정한 다음, 그러한 서비스를 개발, 실행, 평가하도록 설계된 일련의 단계로 구성된다.

그러나 학생이 공식적인 IEP 과정으로 의뢰되기 전에, 교사는 일반교육 교실에서 몇 가지 간단한 조정을 통해 학생의 요구가 충족될 수 있는지 확인하기 위해 먼저 일부 의뢰전 중재를 시도해야 한다. 교사는 다음 중 하나를 통해 의뢰전 중재를 통합할 수 있다:

- 다층지원체계(MTSS) 틀. 이는 2장에서 학습한 접근법이다. 어려움을 겪는 학생은 그들의 수행이 특수교육 서비스를 통해 제공되는 개별화된 교육이 필요함을 보여줄 때까지 점점 더 집중적인 수준의 교육적 지원을 받는다. IDEA는 이를 특히 학습장애가 있는 학생을 판별하기 위한 선택사항으로 허용한다.
- 의뢰 전 과정. 개인으로 구성된 학교 기반 팀(아동연구팀이나 학생지원팀과 같은 다양한 명칭을 가질 수 있음)이 문화적 또는 언어적 차이나 빈곤 또는 가족 스트레스 요인과 관련된 문제와 같은 다른 요인이 어려움을 야기할 수 있는지 결정하기 위해 학생에 대한 정보를 검토한다. 팀 구성원은 또한 최소한의 교실 또는 교수적 조정, 차별화교수, 또는 경미한 지원이 학생의 수행을 기대 수준으로 향상시킬지 고려한다. 향상이 일어나지 않으면, 학생은 평가를 위해 의뢰된다.

이 두 선택사항 모두 학생이 잘 수행하지 못하는 이유로 비장애 요인(예: 안경 필요, 문화적 또는 언어적 차이, 부실한 교육)을 배제하려고 시도한다. 학령기 아동에 대한 대부분의 의뢰는 교육 인력으로부터 나오지만, 장애아동 조기발견 의무는 이 연령대에도 적용된다. 따라서 코치, 스카우트 리더, 교회 청소년 그룹 리더, 그리고 학교 밖에서 학생과 함께 일하며 장애의 존재를 의심하는 다른 성인들도 의뢰를 시작할 수 있다.

IEP와 504조 과정의 단계

- IEP 과정은 8단계로 구성된다.
- IDEA를 통해 특수교육 서비스 자격을 갖추지 못한 일부 장애학생은 여전히 504조를 통해 지원과 편의를 받을 수 있다.

조기중재 서비스에 적격한 영아와 걸음마기 유아(3세까지)의 경우, 전문가팀이 가족과 함께 IFSP를 개발한다. 특수교육 서비스에 적격한 3세부터 21세까지의 학생의 경우, 다학제팀이 가족과 함께 개별화된 교육의 세부사항과 IDEA의 다른 보장사항을 제공하는 IEP를 개발한다. IEP 과정은 표 4.4에 개요가 제시되어 있다. IDEA가 특정 행동이 완료되어야 하는 시간 틀을 명시하고 있음에 주목하라.

IEP 과정을 거치는 모든 학생이 특수교육 서비스 자격을 갖추는 것은 아니다. 학업적으로 어려움을 겪는 일부 학생은 장애가 없다. 다른 학생들은 장애가 있지만 그들의 장애가 교육적 수행에 부정적 영향을 미치지 않기 때문에 특수 서비스 자격을 갖추지 못한다. 그러나 장애가 있지만 특수교육 서비스를 필요로 하지 않는 일부 학생은 여전히 조정이나 관련 서비스의 혜택을 받을 수 있다. 이러한 학생의 경우, 다학제팀이 필요한 편의와 서비스의 제공을 포함하는 504 계획을 개발한다. 휠체어를 사용하고 엘리베이터가 없는 2층 건물의 학교에 다니는 학생의 경우를 생각해보자. 간단한 조정은 학생의 모든 수업이 1층에 위치하도록 보장하는 것이다. 그 학생은 도뇨관을 사용하기 때문에 관련 서비스로서 학교 간호를 필요로 할 수 있다. (그리고 엘리베이터 부족이 학교 건물을 접근 불가능하게 만든다는 사실을 눈치챘다면—별개이지만 관련된 문제인 장애인미국법

표 4.4 IEP 절차의 8단계

단계	목적	중요 사항
1단계: 사전 중재	장애가 없는 학생이 단순한 조정으로 문제를 해결할 수 있음에도 불구하고 불필요하게 특수교육에 의뢰되지 않도록 하기 위함	일반교사와 학교 지원팀은 학생이 양질의 수업과 추가 지원을 받았는지를 확인하고, 영어 능력 부족, 안경 필요, 배고픔 등의 요인이 학습 문제의 원인이 아닌지를 점검함. 팀은 학생의 어려움 시기와 반응을 기록하고 수업 중 자료를 수집해 진행 상황을 모니터링함.
2단계: 의뢰	학생을 공식적인 평가 대상으로 의뢰	학업 성취도가 또래보다 현저히 낮거나 지속적으로 문제 행동을 보이는 학생이 의뢰 대상이 될 수 있음. 부모의 서면 동의가 반드시 필요함.
3단계: 평가	학생이 장애를 가지고 있는지 여부를 판단	모든 우려 영역을 사정평가하는 다양한 검사가 실시됨. 검사는 편향되지 않고 정확한 결과를 얻을 수 있는 언어로 시행되어야 함. 배경정보는 학부모, 교사, 학교/의료 기록 및 수업 관찰을 통해 수집됨. 평가 결과는 부모 동의 후 60일 이내에 완료되어야 하며, 주에 따라 더 짧을 수 있음.
4단계: 적격성 판단	학생이 특수교육 서비스 대상인지 판단	다학제팀(IEP팀)이 두 가지 기준을 바탕으로 판단함: (1) 발달 지연 또는 IDEA에서 정의한 13개 장애 범주 중 하나에 해당하는 장애가 있고, (2) 이로 인해 교육 성과에 부정적 영향이 있는 경우.
5단계: IEP 개발	학생의 개별화 교육 세부 사항을 문서화	IEP팀은 부모와 함께 학생의 특수교육 서비스를 문서화함. 서비스 제공 장소는 최소제한환경(LRE)을 고려하여 결정. 고학년 학생은 자기옹호를 위해 회의에 참여하는 것이 바람직함. 부모의 서면 동의가 필요. 적격성 판단 후 30일 이내에 IEP 회의가 열려야 함.
6단계: IEP 실행	IEP에 명시된 특수교육 서비스를 제공	학생의 개별화 교육이 시작됨. 서비스는 일반 및 특수교사, 관련 서비스 제공자가 수행함. 개발 직후 가능한 한 빠르게 시행되어야 함.
7단계: 연례 검토	학생이 적절한 진전을 이루고 있는지를 점검	대부분의 주에서 매년 IEP를 검토하여 목적 달성 여부를 확인하고, 필요시 복식 수성이나 일반학급 내 시간 조정 등을 실시함. 이전 IEP 개발 후 12개월 이내에 검토가 이루어져야 함.
8단계: 재평가	학생의 교육적 요구에 대한 최신 정보를 수집	3단계와 4단계를 반복하여 현재의 수행 수준과 자격 지속 여부를 판단함. 일반적으로 3년마다 재평가가 이루어지며, 학부모와 교육청이 동의하는 경우 생략 가능함.

하에서의 고려사항—잘한 것이다!) ADHD가 있는 다른 학생은 쉽게 산만해지고 무질서하다. 그 학생의 504 계획은 두 가지 조정을 포함한다. 첫 번째는 더 긴 과제를 학생이 완료하기 더 쉽다고 여기는 섹션으로 나누는 것이다. 두 번째 조정은 학생이 과제 노트를 사용하도록 요구하는 것으로, 이는 수업에서 수업으로, 그리고 방과 후 집으로 가져가며 가정-학교 의사소통 도구 역할을 한다. 교사들은 학생이 과제

그림 4.2 504조 계획 대 IEP 결정 순서도

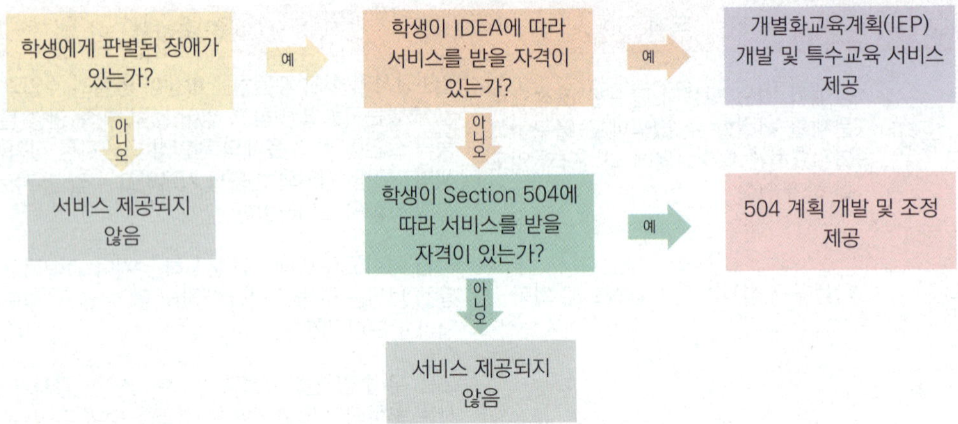

를 기록하고 그것을 완료하는 데 필요한 모든 용품(책, 노트)을 나열하도록 확인한다. 학생의 부모는 숙제 완료를 모니터링하기 위해 노트를 사용한다.

그림 4.2의 순서도는 학생이 IDEA를 통한 특수교육 서비스보다는 조정을 포함한 504조 계획을 받게 되는 경우를 이해하는 데 도움이 될 수 있다.

절차적 요구사항

IDEA는 장애학생과 그들 가족의 권리를 보호하기 위한 특정 요구사항들을 포함하고 있다. 절차적 요구사항은 IEP가 어떻게 그리고 언제 개발되는지에 초점을 둔다. IEP 과정의 단계들을 따르는 것은 '어떻게'에 대한 것이고, IDEA에서 규정한 시간틀 내에서 그렇게 하는 것은 '언제'에 대한 것이다. 절차적 요구사항을 충족하는 IEP는 기술적으로 건전한 것으로 간주된다.

그러나 절차적 요구사항을 따르지 않는 것은 FAPE의 거부를 야기할 수 있다. IDEA에 따르면, 절차적 위반은 세 가지 상황에서 학생의 FAPE 위반을 구성할 수 있다:

1. 학생의 FAPE에 대한 권리를 저해할 때
2. 자녀의 FAPE에 관한 의사결정 과정에 참여할 부모의 기회를 저해할 때
3. 학생에게 교육적 혜택의 박탈을 야기할 때

학교와 학생의 가족이 의견이 일치하지 않아 분쟁해결이나 적법절차를 통해 해결하게 되는 경우, 청문관이나 법원이 결정할 첫 번째 사항 중 하나는 해당 교육구가 IDEA의 절차를 준수했는지 여부이다. 따라서 교육자들이 일반적인 절차적 오류를 피하고 대신 양질의 IEP 개발을 보장하기 위해 노력하는 것이 중요하다(표 4.5 참조).

부모와 가족

부모 참여는 아동 교육의 매우 중요한 구성요소여서 부모는 IDEA의 6가지 지도 원리 중 두 가지인 부모 참여와 절차적 보호조치의 초점이 되고 있다. 더욱이 부모를 참여시키지 않는 것은 IEP팀과 교육자들이 범하는 가장 일반적인 절차적 오류 중 하나이다. 그러나 부모 참여란 정확히 무엇인가? 그리고 왜 IDEA는 이에 그토록 큰 강조를 두는가?

표 4.5 일반적인 절차적 오류와 이를 방지하기 위한 팁

일반적인 절차적 오류	오류 사례	교육자를 위한 팁
부모 참여 실패	부모가 IEP 회의에 대한 적절한 통지를 받지 못함. IEP 개발에 대한 부모 의견이 저해됨(예: 학교 직원이 제안의 대부분을 하고, 부모에게 말할 시간을 거의 주지 않으며, 부모의 역할을 단순한 "서명자"로 봄).	IEP 의사결정 과정에 부모를 참여시킴. 부모 참여는 형식적인 것으로 여겨져서는 안 되며, IEP팀의 완전한 의사결정 구성원으로 참여해야 함.
필수 IEP 구성요소 누락 또는 불완전	IEP가 필수 섹션에서 구체적인 정보가 부족함(예: 학생의 현재 학업성취 및 기능적 수행 수준을 모두 요약하지 못함). IEP가 필수 구성요소를 누락함(예: 학교 직원을 위한 프로그램 수정 또는 지원에 대한 기술이 없음).	모든 IEP 내용 요구사항이 IEP 회의에서 다뤄지고 IEP 문서에 포함되도록 보장함. 필수 구성요소 체크리스트, 포함되어야 할 정보 목록, 답변되어야 할 질문 세트는 모두 도움이 될 수 있는 도구임.
IEP팀에 적절한 사람들을 포함시키지 않음	IDEA에서 요구하는 IEP팀 구성원 중 한 명 이상이 IEP 회의에서 누락됨. 이러한 상황에서 개발된 IEP는 이러한 핵심 인력의 의견과 전문성이 부족함.	미리 계획하고 일정을 조정하여 모든 필수 IEP 팀 구성원이 회의에 참석하도록 보장함. 학생이 자신의 상황에 비추어 적절한 진전을 이룰 수 있게 하는 IEP를 개발하기 위해 모든 팀 구성원으로부터 충분한 의견을 격려함.
학생의 배치나 서비스의 사전결정	IEP 회의 이전에 학교 직원들이 이미 학생의 프로그램에 대한 결정을 내림(예: 어떤 교실과 교사, 어떤 유형과 서비스 시간수).	IEP 회의 동안 학생의 서비스(즉, 프로그램과 배치)의 모든 측면을 논의할 계획을 세움. 프로그램을 먼저 개발한 후 배치 결정을 내림.

부모 참여는 부모 개입, 가족 개입, 또는 가족-학교 파트너십과 같은 다른 용어로 지칭될 수 있다. 일반적으로 이러한 용어들은 모두 가족과 학교 직원이 함께 협력하여 아동의 학습을 지원하고 향상시키는 실제를 지칭한다. 부모라는 단어는 종종 가족과 동의어로 사용되는데, 이는 아동의 부모가 아닌 가족 구성원들—조부모, 이모, 삼촌, 사촌, 심지어 형제자매—이 아동의 삶에 매우 관여할 수 있고 심지어 주양육자가 될 수도 있음을 인정하는 것이다.

부모 참여는 "부모 통지"나 학교 활동이나 기능에 대한 업데이트를 통해 단순히 가족에게 알리는 학교에서 가정으로의 일방향 의사소통 이상의 것이다. 부모 참여는 가족이 자녀의 교육에 의미 있게 참여할 수 있는 방법을 개발하려는 학교의 의도적 노력을 요구하며, 각 가족이 독특하고 한 가족에게 유익한 개입 방법이 다른 가족에게는 효과가 없을 수 있음을 인식하는 것이다. 많은 장애아동의 경우, 부모들이 아동이 발달 이정표를 달성하지 못하고 있음을 가장 먼저 알아차리고 장애를 의심한다. 장애 영유아와 어린 아동을 위한 서비스는 관련서비스 제공자들이 부모가 언어나 소근육 운동 목적을 지원하는 활동을 일상적인 루틴과 활동에 어떻게 통합할 수 있는지 시연하면서 종종 가정에서 이루어진다. 그리고 Judy Heumann의 이야기와 Endrew F. 판결이 보여준 바와 같이, 부모 옹호활동은 종종 많은 연령이 높은 장애아동을 위한 FAPE를 보장하는 핵심이다.

가족 개입은 아동의 학교 성공에 그토록 긍정적인 영향을 미쳐서 교육 모범실제로 간주된다. 연구에 따르면 부모가 자녀의 교육에 참여할 때, 학생들은 더 높은 출석률을 보이고, 더 나은 행동을 보여주며, 더 높은 학업성취를 나타내고, 더 강한 사회정서적 기술을 보이며, 더 높은 졸업률을 갖는다. 부모참여와 관련된 긍정적 결과와 부모가 IEP 과정에서 배제될 때 학교에 미치는 법적 파급효과를 고려할 때, 교육자들이 가족과 긍정적인 관계를 발전시키고 자녀의 교육을 지원하기 위해 의미 있는 방식으로 협력하는 것이 유익하다.

개별화 교육: 계획과 프로그램

학습 목표

개별화가족서비스계획(IFSP)과 개별화교육프로그램(IEP)의 기본 구성요소를 이해하며, 여기에는 행동중재계획(BIP)과 개별화전환계획(ITP)이 포함된다.

IFSP와 IEP

- 각 장애아동은 개별화 교육을 받으며, 이는 출생부터 3세까지의 영유아를 위한 IFSP 또는 3세부터 21세까지의 학생을 위한 IEP 중 하나에 기술된다.
- 영유아와 장애학생의 교육을 담당하는 모든 직원은 이러한 문서에 접근할 수 있어야 하지만, 기밀성은 유지되어야 한다.

IDEA에 의해 의무화된 IFSP와 IEP는 교육 전문가들이 영유아와 학령기 학생을 위한 개별화된 FAPE의 설계와 실행을 안내하는 실무 문서이다. 이러한 문서들은 많은 목적을 갖고 있지만, 이들의 포괄적인 목적은 학생의 개별화 교육의 세부사항을 제공하는 것으로, 궁극적으로 학생을 진로나 고등교육을 위해 준비시킬 성공적인 조기중재와 학교 경험의 연속이다.

영유아를 위한 문서와 학령기 학생을 위한 문서는 다르다. 앞서 학습한 바와 같이, IFSP는 영유아(출생부터 3세까지)에게 FAPE를 보장하는 서면 문서로, 종종 전체 가족에 초점을 두고 가정과 같은 자연환경에서 서비스를 제공하는 방법에 대한 지침을 제공한다. 조기중재 프로그램에 참여하는 영유아를 둔 가족들은 종종 이 시기를 집중적인 것으로 여기며, 장애와 서비스에 대한 가파른 학습 곡선을 경험한다. 그들의 삶은 조언, 훈련, 지침, 그리고 개인화된 서비스를 제공하는 많은 돌봄과 관심을 가진 전문가들로 가득하다. IFSP는 가족이 자녀가 받아야 할 서비스를 추적하는 데 도움을 준다. IFSP는 또한 서비스를 조정해야 하는 다양한 서비스 제공자들에 의해 사용된다.

IDEA는 장애유아가 3세에 유치원이나 이와 유사하게 적절한 환경으로 전환하도록 요구하는데, 이는 가족에게 어렵고 다소 두려울 수 있다. 많은 유아의 경우, 주로 가족의 가정에서 제공되던 서비스가 이제 유치원에서 제공될 것이므로, 부모들은 자녀의 교육에 대한 통제나 참여가 줄어든다고 느끼거나 또래 수용과 상호작용에 대해 걱정할 수 있다. 이러한 변화가 원활하게 진행되도록 하기 위해, IFSP는 아동과 가족이 익숙하고 편안해하는 것—자연환경에서의 매우 집중적이고 개별적으로 제공되는 중재—에서 보다 전통적이고 덜 개별화된 유치원 프로그램으로 전환하는 데 도움을 주는 구체적인 계획을 포함한다.

표 4.6 IFSP와 IEP 간의 차이점

특징	IFSP	IEP
서비스 대상	장애영유아(출생부터 3세까지)와 그들의 가족	장애유치원생과 장애학생(3세~21세)
환경	자연환경(예: 가정, 지역사회 환경), 보육 환경, 클리닉이나 서비스 제공자 사무실, 그리고 병원	학교, 가정, 그리고 병원
가족 비용	일부 서비스에 대한 비용이 가족에게 청구될 수 있음(소득에 따른 차등제) 또는 보험으로 보장됨	가족에게 비용 없음, 단 다른 선택사항을 선택하는 경우는 제외(예: 독립적인 평가)

IFSP와 대조적으로, IEP는 장애가 있는 학령기 학생(유치원—3세—부터 21세까지)을 위한 특수교육과 관련서비스를 기술한다. 이 관리 도구는 이러한 학생들을 위해 계획된 모든 교육 서비스의 초석이다. IEP는 특수교육 서비스, 편의제공, 관련서비스, 그리고 책무성 조치의 독특한 배열을 반영한다.

IFSP와 IEP가 FAPE와 장애아동에 대한 특수교육 및 관련서비스 제공을 보장하지만, 표 4.6에서 강조된 바와 같이 이 두 문서 간에는 주요 차이점들이 있다.

부모는 자녀의 IFSP나 IEP 사본을 가져야 한다. 가족이나 학생과 함께 일하는 모든 학교 전문가들—교사, 보조교사, 관련서비스 제공자, 그리고 학교 행정가—은 이러한 문서에 접근할 수 있어야 한다. 이러한 직원들은 각 학생의 목표, 교수와 사정평가를 위해 사용되는 조정과 보조공학, 그리고 제공될 특수교육 서비스의 세부사항을 알아야 한다. 그들은 또한 학생이 참여해야 하는 검사의 유형들을 알아야 한다.

IFSP와 IEP는 학교 직원들이 접근하기에 불편한 교육구 사무실에 위치해서는 안 된다. 오히려 일년 내내 학생의 교사들과 기타 관련 직원들이 참고자료로 쉽게 이용할 수 있어야 한다. 그러나 IFSP나 IEP에 대한 접근은 기밀성의 필요와 균형을 이루어야 한다. 개인식별정보가 포함된 모든 문서와 마찬가지로, IFSP와 IEP는 사용되지 않을 때는 잠긴 서랍이나 안전한 디지털 파일 서버나 플랫폼에 보관되어야 한다. 또한 기밀성을 유지하기 위해, 학생의 교육이나 IEP와 관련된 구체적인 사안들은 다른 사람들이 엿들을 수 있는 개방된 공간(복도, 교사 휴게실)에서 성인들에 의해 논의되어서는 안 된다. (이것은 실제로 장애학생들뿐만 아니라 모든 학생을 논의할 때의 좋은 실제이다.)

IFSP와 IEP의 기본 요소

- 모든 IFSP는 영유아의 개별화 서비스가 실행되도록 보장하기 위한 핵심 요소들을 포함해야 한다.
- 마찬가지로, 모든 IEP는 최소제한환경에서 학생이 무상적절공교육을 보장하기 위한 핵심 요소들을 포함해야 한다.

모든 IFSP는 영유아와 가족에게 개별화된 서비스 제공을 안내할 기본 정보를 포함해야 한다. IFSP의 핵심 구성요소들은 다음과 같다:

- 현재 기능 수준. 이러한 수준들은 모든 관련 영역(신체 발달, 인지 발달, 언어 및 언어 발달, 심리사회적 발달, 그리고 자조 기술)에서 아동의 능력을 기술한다.

- 가족의 강점과 요구. 이러한 고려사항들은 가족 구성원들이 아동의 발달을 어떻게 지원할 수 있는지와 그들이 어려움을 겪거나 도움이 필요할 수 있는 영역들을 개괄한다.
- 기대 결과. 이 구성요소는 목적 달성을 위한 절차, 평가 기준, 그리고 시간계획을 명시한다.
- 필수 서비스. 필수 서비스 범주는 아동과 가족이 받을 서비스뿐만 아니라 그 제공의 장소와 일정을 기술한다.
- 시작 날짜. 이것은 서비스가 시작될 날짜를 명시한다.
- 서비스 조정자의 이름. 이 사람은 IFSP에서 개괄된 서비스들의 감독과 조정을 제공한다.
- 반년마다 검토. 이 검토는 6개월마다 실시되며, 부모들은 아동의 진전에 대해 업데이트를 받고, IFSP에 대한 변경사항이 결정된다.
- 전환계획. 이것은 3세에 아동을 유치원이나 기타 적절한 서비스로 전환하기 위한 잘 계획된 방법들을 기술한다.

IEP의 일부 요소들은 IFSP의 요소들과 유사하다. 예를 들어, IEP는 IFSP의 현재 기능 수준과 유사한 학생의 현재 수행 수준을 포함해야 한다. 그러나 IEP의 대부분의 기본요소들은 IFSP의 요소들과 다르며, 이는 포괄하는 다른 연령 범위를 고려할 때 예상되는 바이다. 최소한 모든 학생의 IEP는 다음을 포함해야 한다:

- 학생의 현재 학업성취 및 기능적 수행 수준(PLAAFP) 기술. 이것은 학생의 종합 평가 결과(예: 사정평가 점수)를 포함해야 하고 학생의 장애가 일반교육 교육과정 참여와 진전에 어떻게 영향을 미치는지 기술해야 한다.
- 측정 가능한 연간 목적. 도전적이고 야심 찬 목적들—학년 수준 내용 표준과 연계된—은 일반교육 교육과정 참여 및 장애로 인한 기타 교육적 요구와 관련되어야 하며 일년에 걸친 학생의 예상 진전에 기반해야 한다. IEP팀은 PLAAFP 기술에서 판별된 모든 요구 영역을 다루는 목적들을 개발해야 한다.
- 특수교육과 관련서비스 및 보조적 도움과 서비스에 대한 기술. 학생이 측정 가능한 연간 목적을 달성할 수 있는 능력을 지원할 제공될 구체적인 교육 서비스들이 개괄되며, 여기에는 특별히 고안된 교수(SDI), 조정 제공, 프로그램 수정, 또는 일반교육 교육과정과 방과후 활동 참여를 가능하게 하는 지원이 포함된다. 이러한 서비스들은 가능한 한 최대로 동료 심사 연구(즉, 증거기반실제)에 기반해야 하고 최소제한환경에서 제공되어야 한다.
- 교육자들이 연간 목적 달성을 향한 학생의 진전을 측정할 방법에 대한 기술. 지속적인 진전 모니터링(2장 참조)은 교육자들이 학생의 프로그램에 필요한 변경사항(예: 학생의 진전이 느려지거나 멈춤, 학생이 목적을 달성하여 IEP팀이 새로운 목적을 개발해야 함)에 관해 데이터기반 결정을 내리는 데 도움이 될 것이다. 이 섹션은 또한 부모가 자녀의 진전에 대해 어떻게 통보받을 것인지를 자세히 설명한다.
- 학생이 장애가 없는 학생들과 함께 참여하지 않을 정도에 대한 설명. 최소제한환경 원칙에 따라, IEP는 학생이 장애가 없는 또래들과 함께 일반교육 수업과 방과후 활동에 참여하지

않을 상황에 대한 정당화를 문서화해야 한다.

- 학교 직원을 위한 프로그램 수정이나 지원에 대한 기술. 이 섹션에 포함된 지원들은 학생이 연간 목적 달성을 향해 나아가도록 돕기 위해 제공되어야 하며, 여기에는 일반교육 교육과정에서 진전을 이루고 최소제한환경에서 방과후 및 기타 비학업적 활동에 참여하는 것이 포함된다.
- 주 및 교육구 차원의 검사 참여에 필요한 조정 제공에 대한 기술. 이 구성요소는 이러한 사정평가에 필요한 적응을 기술하거나, 학생이 참여하지 않을 경우, 불참 이유를 열거하고 학생이 어떻게 대안적으로 사정평가될 것인지를 설명한다.
- 서비스 시작의 예상 날짜와 그들의 빈도, 장소, 그리고 기간. 빈도와 기간 정보는 특정 서비스가 제공될 시간의 양(예: 주 5회 45분)을 포함할 수 있다. 배치 결정은 모든 서비스와 지원이 판별되고 전체 연속체 환경이 고려된 후에만 내려진다.

연령이 높은 학생들을 위한 IEP는 두 가지 추가 구성요소를 포함한다:

- 전환교육 서비스. 16세부터(가능하면 더 일찍), 학교 졸업 후 목적을 판별하고 전환교육 사정평가와 서비스 요구를 기술하기 위해 전환교육 구성요소가 IEP에 포함된다.
- 성년 권리. 학생이 성년 연령(대부분의 주에서 18세)에 도달하기 최소 1년 전부터, 학생들은 그들에게 이양될 권리에 대해 통보받아야 한다.

행동 및 중등 전환을 위한 추가 IEP 구성요소

- 행동중재계획(BIP)은 학생의 문제행동을 감소 또는 제거하기 위한 구체적 방법을 명시한다.
- 개별화 전환계획(ITP)은 고등학교에서 직업, 대학, 성인기로의 전환 목적과 그 달성 방법을 구체적으로 제시한다.

IEP에는 두 가지 추가 계획이 포함될 수 있다. 첫 번째는 행동중재계획(Behavior Intervention Plan, BIP)으로, 문제행동이 있거나 학교 규율을 위반한 장애학생을 위해 개발된다. 이 경우, IDEA는 IEP팀이 향후 문제행동의 발생 가능성을 줄이거나 제거하기 위한 BIP를 수립할 것을 요구한다. BIP에는 학생이 좌절감, 부정적 또는 압도적인 감정, 기타 부적절한 행동을 유발하는 요인에 적절히 대처할 수 있도록 대체 행동을 개발하는 기술도 포함된다. BIP 개발을 위해 기능적행동사정평가(FBA)가 실시되며, 이는 학생이 특정 행동을 보이는 이유를 파악하는 데 도움을 준다.

IDEA 규정은 BIP 사용에 관한 몇 가지 지침을 포함한다:

- 학생의 행동이 학습을 방해할 때, IEP팀은 긍정적행동중재및지원(2장에서 학습한 내용)과 기타 증거기반 전략의 사용을 고려해야 한다.
- 학생 행동이 행동강령을 위반할 때, FBA가 실시되어야 하고 적절한 경우 행동중재 서비스와 수정(BIP를 포함하는)이 실행될 수 있다.
- 학생의 행동이 학생의 장애의 결과로 결정되면, IEP팀은 다음 중 하나를 반드시 해야 한다:
  - FBA를 실시하고 BIP를 실행한다.

Taz를 위한 행동중재계획(BIP)

Taz는 사회적·언어적 발달지체가 있는 유치원생으로, 교실에서 소리를 지르거나 다른 학생을 때리는 행동을 보인다. FBA(교사 및 부모 면담, 교실 관찰 등)를 실시한 결과, IEP 팀은 다른 학생이 Taz에게 허락 없이 다가와 놀려고 할 때 이러한 행동이 나타난다고 가정하였다. Taz는 자신의 불쾌감을 언어적·사회적으로 표현할 기술이 부족해 소리를 지르고 때리는 행동을 보이고, 다른 학생들이 도망가면서 이 행동이 강화된다. IEP 팀은 BIP를 통해, 또래가 Taz에게 다가가기 전에 먼저 물어보도록 지도하고, Taz에게는 "지금은 놀고 싶지 않아"와 같은 구체적 문구와, 불편할 때 사용할 수 있는 대체 행동(예: 자리를 피하기)을 가르치도록 하였다.

- 이전 FBA를 검토하고 필요한 경우 현재 BIP를 수정한다(기존 BIP를 가진 학생의 경우).

앞서 우리는 IDEA의 각 재승인이 장애학생을 위한 개별화 교육을 개선하기 위해 가장 최신의 연구를 사용한다고 언급했다. IDEA의 1997년 재승인에서 정책입안자들이 연령이 높은 학생들을 위한 IEP에 개별화전환계획(ITP)을 요구했을 때가 바로 그런 경우였다. 당시 자료는 장애학생들의 열악한 학교 졸업 후 결과를 보여주었다: 받아들일 수 없을 정도로 높은 학교 중퇴율, 낮은 고용 수준, 부실한 직업훈련, 그리고 낮은 대학 등록률과 졸업률. 장애가 있는 젊은 성인의 대다수는 가족 구성원과 함께 집에서 살았고 장애가 없는 개인들보다 훨씬 덜 빈번하게 여가 활동에 참여했다.

ITP는 1990년대에 판별된 암울한 결과를 방지하기 위해 성인 생활의 다음 단계와 관련된 구체적인 목적을 포함한다. 이제 학생이 16세가 되면, IDEA는 그 시점에 유효한 IEP가 다음을 반드시 포함하도록 규정한다:

- 훈련, 교육, 고용, 그리고 적절한 경우 독립생활 기술 영역에서 연령에 적합한 전환교육 사정평가에 기반한 적절하고 측정 가능한 중등교육 후 목적을 포함한다.
- 학생이 그러한 목적을 달성하는 데 도움이 되는 데 필요한 전환교육 서비스와 교과과정을 열거한다.
- 학생이 성인으로서의 권리에 대해 통보받았다는 기술을 포함한다(학생이 성년 연령에 도달하기 최소 1년 전).
- 학생이 고등학교를 졸업할 때 전환교육 요구와 성취의 요약을 포함한다.

성인 장애인에게 지원을 제공하는 외부 기관들이 있으며, 이러한 기관의 대표자들은 ITP를 개발하는 IEP팀의 일부이다. 그러한 기관들과 그들의 대표자들은 대학으로의 전환교육, 직업훈련, 독립생활 기술 개발 등을 지원할 수 있다.

ITP가 개발되면, 매년 검토되고 업데이트된다. 중등교육 후 선택사항 외에도, ITP는 사회적 기술과 지역사회 참여를 다루어야 한다. 학생들이 스스로를 옹호하고, 직업 경험을 얻으며, 독립생활에 필요한 기술을 개발하도록 돕는 것은 고등학교 졸업 후 성공에 중요할 수 있다.

일부 장애학생들은 18세에 고등학교를 떠날 준비가 되어 있지 않다. 일부는 졸업을 위한 학점을 취득하기 위해 학교에서 추가 시간이 필요하다. 다른 학생들은 고등학교 후에 필요한 직업적 또는 독립생활 기술을 습득하기 위해 추가 훈련이 필요하다. 이러한 학생들을 위해, IDEA는 21세까지(22번째 생일까지) FAPE를 제공한다. 그럼에도 불구하고 모든 장애학생이 정규 고등학교 졸업장으로 졸업하는 것은 아니다. 가장 심각한 인지장애가 있는 학생들은 그들의 장애가 정규 졸업장에 필요한 고등학교 내용을 숙달하는 것을 방해하기 때문에 대신 대안 졸업장이나 수료증을 받을 수 있다. 이 모든 정보—학생이 학교에 남아있을 기간과 학생이 정규 졸업장, 대안 졸업장, 또는 수료증을 받을 것인지 여부—는 ITP에 포함된다.

수업 조정(Accommodation)과 수정(Modification)의 차이

- 장애학생은 수업 및 평가에서 다양한 지원(수업 조정, accommodation)을 받을 권리가 있다.
- 수업 조정만으로 학생의 성공이 충분히 보장되지 않을 경우, 수정(modification)과 같은 더 많은 지원이 필요할 수 있다.

IEP에는 각 학생이 필요로 하는 수업 조정이나 수정에 관한 정보가 반드시 포함되어야 한다. 이는 특수교육 및 관련 서비스, 보조적 지원과 서비스 항목에서 상세히 기술된다. 수업 조정은 학생이 수업 내용을 접근하고 학습 결과를 보여주는 방식을 변경하는 것으로, 학생의 학습 기대치나 수행해야 할 과제의 양을 바꾸지 않는다. 즉, 장애로 인해 발생할 수 있는 장벽을 제거하여, 학생이 일반교육과정에 접근하고 비장애 또래와 보조를 맞출 수 있도록 돕는 역할을 한다. 예를 들어, 6학년 시각장애 학생 브렌난(Brennan)은 일반적으로 배포되는 학습지를 완성할 수 없지만, 점자 또는 디지털 자료로 제공받고, 점자 타자기(브레일러)나 컴퓨터를 사용해 응답할 수 있다면 과제를 수행할 수 있다.

일부에서는 수업 조정이 장애학생에게 부당한 이점을 준다고 오해하지만, 이는 사실이 아니다. 승인된 수업 조정을 사용한다고 해서 항상 시험 점수나 학업 성적이 향상되는 것은 아니다. 즉, 수업 조정은 더 나은 성적을 보장하지 않으며, 비장애 또래보다 유리한 기회를 제공하는 것도 아니다.

수업 조정은 시력이 좋지 않은 학생을 칠판 가까이에 앉히는 것처럼 단순할 수도 있고, 과제 수행 시간을 연장하거나 컴퓨터 사용을 허용하는 등 복잡할 수도 있다. 음성-텍스트 변환 소프트웨어와 같은 일부 조정은 보조공학(assistive technology)을 통해 지원되며, 이는 관련 서비스로 간주된다. 수업 조정(수업 조정 및 평가 조정 모두 포함)은 일반적으로 네 가지 범주로 분류된다.

1. 제시 방식 조정(Presentation accommodations): 수업 전달 방식이나 평가 제시 방식의 변경
2. 환경 조정(Setting accommodations): 수업 또는 평가 환경의 변경
3. 응답 방식 조정(Response accommodations): 과제나 평가에 대한 학생의 응답 방식 변경
4. 일정/시간 조정(Scheduling or timing accommodations): 과제 수행 또는 평가 응시 시점의 변경

표 4.7 자주 사용되는 조정의 예시

제시 방식 (Presentation)	환경 설정 (Setting)	응답 방식 (Response)	일정 및 시간 조정 (Scheduling or Timing)
점자(Braille)	움직일 기회 증대/감소	점자 타자기(Brailler)	시험 중 휴식
강조 표시(Highlighting)	산만함 최소화	의사소통 또는 음성 기기	시간 연장
큰 글자(Large print)	칸막이 책상에 배치	컴퓨터 또는 기계	유연한 시험 일정
촉진(Prompting)	좌석 위치/근접성 조정	시험 감독자/대필자 사용	여러 세션으로 나누어 보기
소리 내어 읽기(예: 지시문, 지문)	분리된 방에서 시험 보기	수화로 응답하기	학생에게 가장 적절한 시간에 시험 보기
지시 재읽기 또는 설명하기	소집단에서 시험 보기	맞춤법 검사기 사용	여러 날에 걸쳐 시험 보기
수화(Signing)		녹음기 사용	
지시 단순화 또는 바꾸어 말하기		시험지에 직접 쓰기	

출처: Rogers et al. (2022)에서 각색.

일부 전문가와 기관에서는 다섯 번째 범주로 도구 및 자료 조정(Equipment or materials accommodations)을 인정하기도 한다. 이는 학생이 과제를 수행할 때 사용하는 도구의 변경을 포함하며, 예를 들어 단어 은행, 곱셈표, 그래픽 오거나이저, 조작 교구 등이 해당된다. 도구 및 자료 조정은 앞서 언급한 네 가지 범주와 중복될 수 있다. 예를 들어, 저시력 학생이 대활자 과학 교과서를 사용하는 경우, 이는 도구 및 자료 조정이면서 동시에 정보 접근 방식을 바꾸는 제시 방식 조정이기도 하다. 본문에서는 수업 조정을 네 가지 범주로 분류하되, 도구 및 자료 조정이 적합한 경우도 함께 인정한다.

표 4.7에는 범주별로 자주 사용되는 수업 및 평가 조정의 예시가 제시되어 있다.

대부분의 장애학생은 일반교육 교실에서 성공하기 위해 수업 조정(accommodations)이 필요하다. 이러한 조정은 반드시 학생의 IEP 또는 504 계획에 명시되어야 하며, 교수와 사정평가 모두에 적용되어야 한다. 수업 조정은 특정 장애에 한정되지 않고, 학생의 개별적 요구에 따라 결정되어야 한다. 또한, 주 및 교육구마다 특히 주·교육구 단위 평가에서 허용되는 조정의 범위에 상당한 차이가 있음을 유의해야 한다. 마지막으로, 수업 조정은 개별화된 특수교육(특별히 고안된 수업, SDI)을 대체하는 것이 아니라 이를 보완하는 역할을 한다.

일부 장애학생의 경우, 수업 조정만으로는 일반교육 교실에서의 성공이 충분하지 않다. 이러한 학생들은 종종 수정(modifications)이 필요하다. 수업 조정과 마찬가지로, 수정 역시 수업, 교육과정, 사정평가에 변화를 주는 것이지만, 결정적인 차이가 있다. 수정은 학생이 배우거나 보여주어야 할 학습 기대 자체를 변경한다. 즉, 학생은 여전히 같은 주제나 과목을 배우지만, 학습 내용의 수준이나 범위가 달라진다. 예를 들어, 지적장애가 있는 6학년 학생이 1

학년 수준의 읽기 능력을 가졌다면, 학급이 태양계에 대해 학습할 때 이 학생은 더 낮은 수준의 읽기 자료와 단순화된 내용을 활용할 수 있다. 수정의 일반적 예시는 다음과 같다:

- 난이도 조정(예: 같은 주제에 대해 더 낮은 읽기 수준의 자료 사용, 객관식 시험에서 선택지 수 축소)
- 과제 범위 및 초점 축소(예: 단원의 어휘를 단순화하거나, 에세이 대신 개요 작성)
- 학생이 수행하는 과제 양 축소(예: 한 과제를 두 과목에 제출하도록 허용)

수업 조정과 마찬가지로, 수정 역시 학생의 IEP에 명시되어야 하며, 특정 장애에 한정되지 않고 개별적 요구에 따라 결정되어야 한다. 수업 조정과 수정은 종종 혼동되어 상호 교환적으로 사용되지만, 그 차이를 명확히 이해하는 것이 중요하다. 아래 각 사례가 수업 조정인지 수정인지 구분해볼 수 있다.

- 교사가 미아(Mia)가 풀어야 할 나눗셈 문제 수를 줄이고, 홀수 번호 문제만 배정하여 여전히 고난도 문제를 접하게 한다.
- 교사가 디에고(Diego)가 풀어야 할 덧셈 문제 수를 줄이고, 가장 쉬운 문제만 배정한다.
- 시각장애 학생 가렛(Garrett)은 학급에서 읽는 소설의 오디오 버전을 사용한다.
- 지적장애가 있는 라일라(Lyla)는 같은 주제를 배우지만, 더 낮은 학년의 과학 교과서를 사용한다.
- 소근육 운동에 어려움이 있는 케이든(Caden)은 손글씨 대신 컴퓨터로 답안을 작성할 수 있다.
- 메리트(Merrit)는 과학 과제로 연구보고서 대신 주제에 대한 10가지 사실을 작성한다.

실질적 요건

앞서 이 장에서 절차적 요건이란 IEP 과정('어떻게')이 정해진 기한('언제') 내에 따라야 함을 배웠다. 절차적 요건을 충족한 IEP는 기술적으로 적합하다고 본다. 반면, 실질적 요건은 IEP에 포함된 내용의 질, 즉 교육적 이득 제공의 충분성('무엇')에 초점을 둔다. 미국 연방대법원의 Endrew F. 판결은 실질적 기준을 "최소 수준 이상의 이득"을 넘어, "학생의 상황에 비추어 적절한 진전을 이룰 수 있도록 합리적으로 설계된 IEP"를 제공해야 한다고 명확히 했다. 절차적 오류와 마찬가지로, 실질적 오류 역시 교육자가 인지하고 피해야 할 공통 사례가 있으며, 이는 표 4.8에 정리되어 있다.

서비스, 인력, 그리고 환경

학습 목표

장애학생이 배치의 연속체를 가로질러 전문 인력으로부터 개별화된 서비스와 지원을 받는 방법을 이해한다.

개별화 서비스

- 각 장애학생은 집중적이고 개별화된 서비스 세트를 받는다.
- 관련서비스는 장애학생이 개별화 교육으로부터 혜택을 받을 수 있도록 하는 추가적이고 보완적인 지원을 제공한다.

표 4.8 일반적인 실질적 오류와 이를 방지하기 위한 팁

일반적인 실질적 오류	오류 사례	교육자를 위한 팁
평가가 완전하지도 개별화되지도 않음	교육구가 학생의 의심되는 장애와 관련이 없어 보인다는 이유로 여러 표준 선별검사를 실시하지 않음. 부모와 교사가 1학년 학생이 요구를 명확하게 의사소통할 수 없다는 우려를 표현하지만 언어 또는 언어 평가가 실시되지 않음.	완전하고 관련성 있으며 철저한 학생 평가가 실시되도록 보장하기 위해 모든 필수 사정평가의 체크리스트를 개발함. 예를 들어, 학업적으로 어려움을 겪고 있는 아동에게 표준 시력 선별검사의 필요성은 명백하지 않을 수 있음. 그러나 선별검사는 학생이 칠판을 읽는 것을 방해하고 학업적 어려움에 기여하는 시각장애의 존재를 밝혀낼 수 있음.
PLAAFP 기술이 학생의 모든 교육적 요구를 포함하지 않음	학생의 평가 결과가 수학에서 심각한 결함을 나타내지만 이러한 결함이 PLAAFP 기술에 자세히 설명되지 않음.	학생의 모든 요구 영역을 판별하는 자세하고 철저한 PLAAFP 기술을 작성함. 이러한 요구 영역은 연간 목적 개발의 기초가 됨.
IEP가 도전적이지 않거나, 야심적이지 않거나, 측정 가능하지 않은 하나 이상의 연간 목적을 포함함	IEP가 다음과 같은 연간 목적을 포함함: 학생 X는 수업에서 집중력과 주의력을 향상시킬 것임. 5학년 학생이 2학년 수준에서 읽고 있지만, 연간 읽기 목적은 반년 향상만을 목표로 함.	네 가지 구성요소를 포함하는 목적을 개발함: a. 표적행동(증가하거나 감소할 기술) b. 기술이 보여질 조건 c. 기대되는 수행의 기준 또는 수준 d. 학생이 기술을 수행할 시간틀. 도전적이고 야심적이면서도 현실적인 목적을 설정하기 위해 학생의 진전 모니터링 자료를 사용함.
IEP에서 기술된 특수교육 서비스와 관련서비스 및 보조적 도움과 서비스가 학생의 모든 요구를 조정하지 않음	학생이 행동 지원에 대한 요구를 보여주었고 IEP가 행동 개선을 위한 도전적이고 야심적이며 측정 가능한 목적을 열거하지만, 학생이 그러한 목적을 달성하는 데 도움이 될 서비스가 판별되지 않음. 학생이 주 3시간 읽기 집약 중재를 받지만, 적절한 수준의 교육적 혜택을 제공하기 위해서는 주 10시간이 필요함.	서비스 섹션과 연간 목적 섹션이 일치하는지 확인하기 위해 교차 점검함. 학생이 적절한 수준의 진전을 이루기 위해 필요한 적절한 수준의 서비스와 지원을 결정하기 위해 학생의 사정평가 결과, PLAAFP 기술, 진전 모니터링 자료, 그리고 IEP팀 구성원의 진문성을 사용함.

장애학생을 위해 광범위한 특수교육 서비스가 이용 가능하며, 그중 일부는 이전 섹션에서 소개되었다:

- 조기중재 서비스: 신체 발달, 인지 발달, 언어 및 언어 발달, 심리사회적 발달, 그리고 자조 기술에서 발달지체를 다루기 위해 IFSP를 갖고 있는 영유아에게 제공된다.
- 특수교육 서비스: 학업적 또는 행동적 영역에서 어려움을 다루기 위해 IEP를 갖고 있는 학생에게 제공된다.
- 전환교육 서비스: 직업교육, 고용, 그리고 중등 후 교육과 같은 고등학교 졸업 후 선택사항으로의 전환교육을 지원하기 위해 ITP를 갖고 있는 IEP의 청소년에게 제공된다. 전환교육 서비스는 또한 독립적으로 생활하고 여가 활동과 지역사회 참여의 기타 측면에 참여하는 데 필요한 기능적 기술을 다룬다.

장애학생에게 제공되는 특수교육 서비스는:

- 집중적: 일반교육 교실에서 제공되는 것보다 더 전문화된 교수를 요구함(추가 교수 시간, 더 작은 집단 규모, 또는 일대일 교수)

- 개별화됨: 아동이나 학생의 독특한 요구를 충족하기 위해 개발됨

이러한 전문화된 서비스 제공을 안내하는 주요 질문은 다음과 같다: 학생이 IEP 목적을 달성하기 위해 무엇이 필요한가? 이 질문에 대한 답변이 어떤 서비스가 제공될 것인지를 결정한다. 예를 들어, 학생이 읽기 기술 향상과 관련된 IEP 목적을 갖고 있다면, 읽기에서 집중적이고 개별화된 교수가 제공될 것이다. 매일 직장에 독립적으로 시내버스를 타는 것과 관련된 ITP 목적을 갖고 있는 학생은 바로 그것을 할 수 있는 능력으로 이어질 집중적이고 개별화된 교수를 받을 것이다.

이러한 집중적이고 개별화된 서비스들은 각 장애아동이나 장애학생의 독특한 요구를 다루기 위해 여러 방법으로 결합될 수 있다. 일부 아동은 소량의 전문화된 교수만 필요로 한다(예: 수학에서 매일 한 시간의 교수). 다른 아동들은 여러 영역에서 더 많은 교수를 필요로 한다(예: 읽기, 쓰기, 수학에서 매일 교수). 또 다른 아동들은 하루의 대부분을 이러한 전문화된 서비스를 받으며 보낼 수 있다.

많은 장애학생들은 또한 일반교육과 특수교육 서비스가 그들의 요구를 충족하기에 불충분하기 때문에 관련서비스를 필요로 한다. 다음은 한 가지 예이다. 뇌성마비를 가진 학생 시아라(Ciara)는 가방에서 책을 꺼낼 팔 힘이 없다. 그녀는 또한 교과서의 페이지를 넘기는 데 필요한 손가락 민첩성도 없다. 시아라가 이러한 것들을 할 수 없는 것이 그녀의 교육에 영향을 미치기 때문에, 그녀는 관련서비스를 받을 자격이 있다. 이 경우에, 그녀는 근력과 민첩성을 향상시키기 위해 물리치료(PT)와 작업치료(OT)를 받을 수 있다. 관련서비스는 일반교육과 특수교육 서비스를 지원하고 보완하는 광범위한 분야를 나타내며, 각 학생의 개별적 요구에 맞춰진다. 가장 일반적인 관련서비스 중 일부는 언어-언어치료, PT, OT, 사회사업 서비스, 그리고 심리서비스이다.

관련서비스에 대해 알아야 할 몇 가지 중요한 사항들은 다음과 같다:

- IDEA는 정책입안자들이 너무 규정적으로 되기를 원하지 않았기 때문에 관련서비스의 정확한 목록을 제공하지 않는다; 대신, 이러한 서비스들은 개인의 구체적인 요구에 기반하여 선택된다.
- 많은 경우, 학생들은 그들의 요구에 기반하여 둘 이상의 관련서비스를 받는다.
- 보통, 학생들은 매일 관련서비스를 받지 않는다. 많은 경우, 서비스는 주에 몇 번 제공된다.
- 관련서비스는 학교 간호사에 의해 제공되는 의료 서비스를 포함하지만 의사에 의해 수행되는 것들은 포함하지 않는다.
- 일부 경우, 다른 전문가들이 관련서비스 제공자에 의해 만들어진 권고안을 따른다(예: 체육교사가 체육 활동 동안 물리치료 목적을 강화함).
- 일부 주(state)의 매우 어린 아동에 대한 예외를 제외하고, 관련서비스는 학생 가족에게 무료로 제공된다.

그림 4.3은 영유아를 위한 개별화 서비스와 학령기 학생에게 제공되는 서비스 간의 차이점을 보여준다.

그림 4.3 조기중재와 특수교육 간의 차이점: 서비스

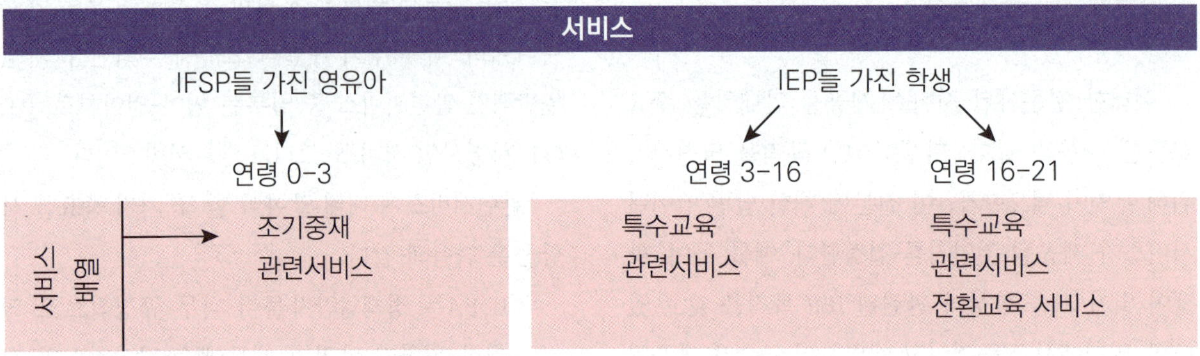

전문 인력

- 특수교육 서비스는 서로 다른 전문 영역을 갖고 있는 전문가들로 구성된 다학제팀에 의해 제공된다.
- 많은 유형의 관련서비스 제공자들이 장애학생의 교육을 지원하기 위해 이용 가능하다.

장애학생의 교육은 팀 접근법을 필요로 한다. 일반교육 교사, 특수교육 교사, 그리고 관련서비스 제공자들은 장애학생을 위한 양질의 교육을 보장하기 위해 협력적 관계로 일한다.

- 일반교육 교사들은 이러한 학생들 대부분에게 1차 교수를 제공한다.
- 특수교육 교사들은 일반교육 교사들에 의해 제공되는 교수를 지원하고, 강화하며, 보완한다.
- 관련서비스 제공자들은 학생들이 특수교육 서비스로부터 혜택을 받기 위해 필요한 기술을 개발하도록 돕는다.

유아기에는, 조기중재를 전문으로 하는 특수교육자인 서비스 조정자가 보육 교사, 관련서비스 제공자(예: 언어재활사), 그리고 부모와 협력하여 아동이 받을 서비스를 조정한다. 서비스 조정자는 영유아에게 모든 필수 서비스가 제공되도록 보장하기 위해 주(state)의 조기중재 체계 조항에 대해 지식이 있어야 한다.

학령기 학생들의 경우, 특수교육자들은 증거기반 교수 및 행동 실제, 조정, 그리고 데이터기반 의사결정에 대해 지식이 있어야 한다. 그들은 학생들의 일반교육 교육과정 접근을 개선하는 프로그램을 설계하는 데 도움을 주고 다양한 역할을 통해 학생 지원을 제공한다:

- 학생에게 직접 개별화 교수를 제공함
- 학생들이 학교 활동에서 최대한의 통합과 참여를 경험하도록 보장하기 위해 일반교육자들에게 협의 교사로 일함. 예를 들어, 협의 교사는 칠판의 메모를 읽을 수 없는 시각장애학생이나 입술을 읽는(독화법을 사용하는) 청각장애학생을 위해 일반교육 교사가 사용할 수 있는 교수 조정을 제안할 수 있음.
- 두 교육자가 그들의 전문성을 혼합하는 협력교수를 통해 주로 한 명의 일반교육 교사와 일함. 일반교육 교사는 내용 전문성(화학, 문학, 기하학)을 갖고 있고, 특수교육 교사는 집중적 중재에서 전문성을 갖고 있음. 그들은 교수, 조

정, 수정, 그리고 사정평가를 제공하기 위해 함께 일함. 우리는 함께라는 용어를 강조하는데, 이는 많은 협력교사들이 특수교육자가 교수를 계획하고, 실행하고, 평가하는 진정한 파트너가 되기보다는 교실에서 어려움을 겪는 모든 학생을 위한 과한 자격의 개인교사 역할을 하는 비효과적인 교실 루틴에 무심코 빠지기 때문임.

- 특수교육 교사의 감독하에 학생에게 교수, 지도, 모니터링, 또는 지원을 제공하는 보조교사를 감독함.

ITP를 갖고 있는 학생들과 일하는 특수교육가들은 전환교육 인력이라고 지칭된다. 전환교육 전문가는 전환교육 서비스를 조정하고 다양한 개인들과 기관들 간의 연락담당자 역할을 한다. 일부 전환교육 인력(예: 직업재활 전문가, 잡코치)은 독립적으로 생활하는 데 필요한 직업적 및 생활 기술을 가르치는 데 전문성을 갖고 있다. 다른 인력들은 고등학교 교과 학점 취득을 감독하고, 대학 캠퍼스 방문을 설정하며, IDEA에 따라 제공되는 고등학교 서비스에서 504조, ADA, 그리고 ESSA를 통해 제공되는 대학 지원으로의 전환교육 과정을 조정함으로써 대학 지원과 입학 과정에서 학생들을 지원한다.

관련서비스 제공자들은 그들의 주어진 영역(예: 언어치료, 물리치료)에서 전문화된 지식과 기술을 갖고 있다. 여러 관련서비스 제공자들이 같은 학생과 일하는 것은 흔한 일이다. 앞서 논의된 뇌성마비를 가진 학생 시아라를 떠올려보자. 우리는 그때 근력과 유연성을 포함한 그녀의 제한된 운동 기술로 인해, 그녀가 OT와 PT와 함께 일할 것이라고 언급했다. 또한, 그녀의 IEP팀은 시아라가 다른 관련서비스로부터 혜택을 받을 수 있다고 결정한다. 그녀의 언어를 이해하기 어렵기 때문에, 팀은 언어재활사가 그녀의 언어와 조음을 개선하기 위한 치료를 제공하고 보조공학 전문가가 그녀가 컴퓨터화된 음성 합성기 사용을 숙달하도록 도울 것이라고 결정한다. 이러한 서비스의 빈도, 강도, 그리고 기간은 시아라의 기술이 향상됨에 따라 시간이 지나면서 다양할 수 있다. 표 4.9는 장애학생들에게 이용 가능한 관련서비스 중 일부를 열거하고 각각에 대한 정보를 제공한다.

그림 4.4는 장애아동과 장애학생이 관련서비스 제공자를 포함한 광범위한 인력에 의해 제공되는 다양한 서비스를 받는 방법을 보여준다.

환경의 연속체

- 특수교육 서비스는 IDEA에서 요구하는 바와 같이 통합적인 환경에서 보다 제한적인 환경까지의 연속체를 제공하기 위해 다양한 환경에서 제공된다.
- 장애학생의 일반교육 참여율은 시간이 지나면서 향상되었다.

장애학생의 교육을 위한 가장 적절한 단일 장소는 없다. IDEA는 영유아가 가능할 때마다 자연환경에서 서비스를 받도록 요구하며, 여기에는 그들의 가정, 유아기 환경(예: 보육, 놀이 그룹) 등이 포함될 수 있다. 일부 관련서비스는 물리치료 클리닉과 같은 다른 장소에서 제공될 수 있다.

불행히도, 많은 영유아 가족들은 양질의 통합 유아기 프로그램을 찾으려고 할 때 다음과 같은 이유로 어려움을 경험한다:

표 4.9 관련서비스와 제공자의 예시

관련서비스	설명	제공자	전체 관련서비스 제공자 중 비율
언어치료	의사소통 장애의 예방과 치료를 위한 서비스 제공	언어재활사	33%
심리서비스(진단 및 평가 서비스 포함)	심리 및 교육 검사 실시(IEP 과정의 3단계와 8단계), IEP 회의 참여, 서비스와 중재에 관해 교사와 협의	학교심리사	17%
작업치료	과제를 수행하거나 독립적으로 기능할 수 있는 능력을 향상, 개발, 또는 회복	작업치료사	10%
사회사업	학교와 지역사회 자원을 동원하고 가족 구성원과 파트너십으로 일하여 학교 적응에 영향을 미치는 아동의 생활 상황 문제를 해결	사회복지사	9%
상담서비스/재활상담	진로 개발과 부모 상담을 포함한 심리적 지도 서비스 제공; 긍정적 행동중재 전략 개발	상담사, 재활상담사	9%
학교 보건서비스	장애학생이 FAPE에 참여할 수 있도록 하기 위해 설계된 보건서비스 제공	의료/간호 서비스 직원	8%
적응체육(치료레크리에이션)	여가 기능을 사정평가; 치료레크리에이션과 여가 교육 제공	체육 교사, 레크리에이션 및 치료레크리에이션 전문가	6%
물리치료	운동 기능, 움직임, 그리고 체력을 향상시키기 위해 노력	물리치료사	4%
교육통역	청각장애인이나 난청인을 위해 구어를 지문자나 미국수화언어와 같은 수동 의사소통의 형태로 번역	수어통역사	3%
보행훈련	심각한 시각장애학생이 학교와 지역사회에서 안전하고 독립적으로 이동할 수 있게 함	보행지도사	<1%
청능 서비스	청력 손실을 판별하고 진단; 적절한 증폭과 보청기 및 기타 청취 장치의 맞춤을 결정	청능사	<1%
보조공학	기능적 능력을 향상시키기 위해 사용되는 모든 항목, 장비, 또는 제품 시스템(보조공학 기기)의 선택, 획득, 또는 사용을 지원	보조공학 전문가	

출처: 미국 교육부 특수교육국(2021), Exhibit 45, p. 47

그림 4.4 조기중재와 특수교육 간의 차이점: 서비스와 인력

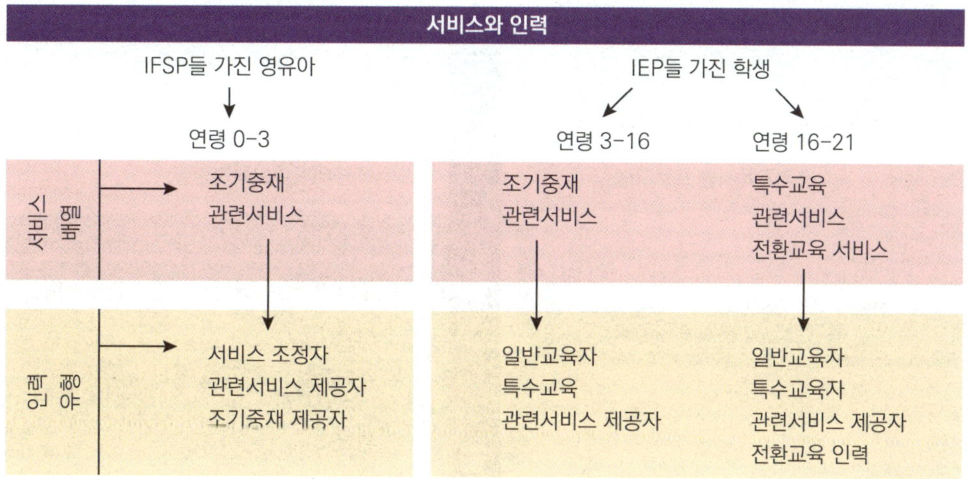

- 장애아동에 대한 부정적인 태도와 잘못되고 고정관념적인 믿음
- 유아교육 인력의 부적절한 인력배치, 교육, 그리고 전문성
- 유아교육 현장에서 종합적인 서비스 제공의 부족

이러한 통합의 장벽을 인식하여, 미국 보건복지부와 미국 교육부는 주와 지역 교육구가 영유아와 장애아동의 통합을 증가시키기 위한 명확하고 구체적인 기대를 포함하는 공동 정책 성명을 발표했다. 이 성명은 http://www2.ed.gov/policy/speced/guid/earlylearning/joint-statement-full-text.pdf에서 접근할 수 있다.

IDEA는 장애학생이 또래와 함께 교육받고 가능한 한 최대한으로 일반교육 교육과정에 접근할 수 있도록 제공받아야 한다고 요구한다—이것은 최소제한환경(LRE)이라고 지칭된다. 거의 모든 장애학생이 학교 일과의 상당 부분을 일반교육 수업에 참석하지만, 대부분은 일반교육 교실 밖에서 적어도 일부 특수교육 서비스를 받는다. 연방정부는 장애학생이 교육받는 다양한 환경에 대한 자료를 수집한다. 장애학생이 일반교육 환경에서 보내는 시간의 양을 분석할 때, 자료는 세 범주로 나뉜다:

- 하루의 80% 이상을 일반학급 내에서
- 하루의 40-79%를 일반학급 내에서
- 하루의 40% 미만을 일반학급 내에서

이 책 전반에 걸쳐, 우리는 장애학생의 교육 배치 또는 환경에 관한 자료를 제공하고 그렇게 할 때 이러한 범주들을 참조한다. 이러한 환경에서 교육이 이루어지는 학생들의 경우, 일반학급 밖에서 보내는 나머지 시간은 특수교육가나 관련서비스 제공자와의 개별화된 교수를 포함한다. 그들의 교육적, 행동적, 또는 건강상 요구에 따라, 일부 학생들은 더 제한적이거나 분리된 장소에서 교수를 필요로 한다: 분리된 특수교육 학교, 주거 환경, 가정, 그리고 병원 환경. 일부 ITP를 가진 학생들이 지역사회 환경에서 직업적 및 독립생활 기술에 대한 교수를 받지만(9장

그림 4.5 환경의 연속체

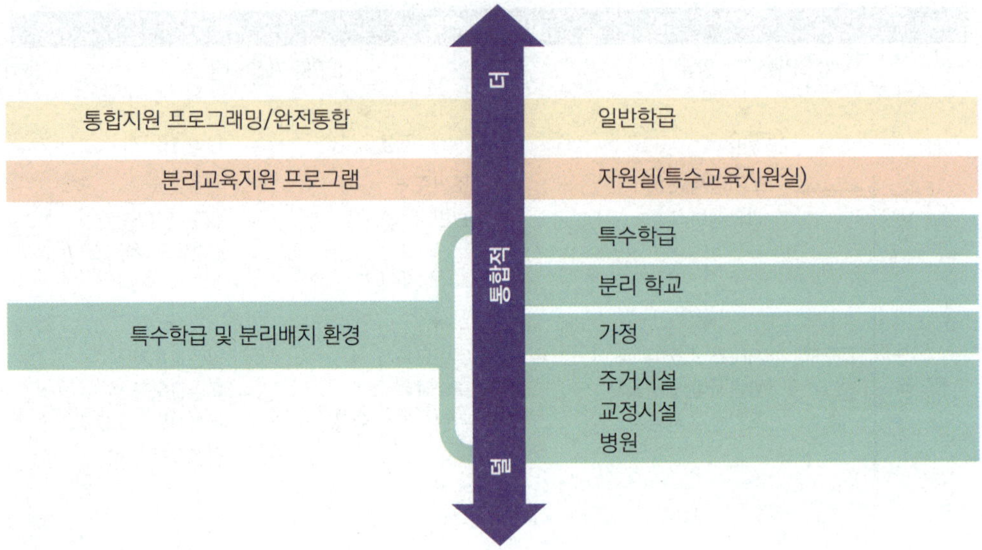

과 14장에서 논의하는 내용), 이러한 환경들은 분리된 특수교육 교실 범주 내에서 계산된다(그림 4.5 참조). 마지막으로, 소년 사법 체계의 일부 학생들은 교정시설에서 교육을 받는다.

현재, 장애학생의 60% 이상이 학교 일과의 80% 이상을 일반교육 교실에서 학습하며 보낸다. 그리고 96%는 형제자매, 이웃, 그리고 친구들과 함께 인근 학교에서 그렇게 한다. 이러한 통합률은 1975년 IDEA가 통과되었을 때와 매우 다르다; 그 당시에는 백만 명 이상의 아동이 공립학교에서 배제되었다. 그림 4.6은 장애학생을 위한 교육 환경이 시간이 지나면서 어떻게 변화했는지를 보여준다.

환경의 유형들은 특정 장애와 연관되어서는 안 된다. 예를 들어, 지적장애학생이 분리된 특수교육 교실 환경에 배치될 것이라고 가정해서는 안 된다. 또한 특수학교와 같은 더 제한적인 환경이 반드시 더 심각한 장애와 연관되어야 하는 것은 아니다. 심각한 장애를 가진 학생이 하루 종일 분리된 특수교육 교실에서 교육받아야 한다는 믿음은 경도나 중등도 읽기장애를 가진 학생이 하루 종일 일반교육 교실에서 교육받는 것이 최선이라는 가정만큼이나 부정확하다. 대신, 그 학생은 일반교육 환경 밖에서 집중적이고 개별화된 읽기 교수를 필요로 할 수 있다(예: 주 3일, 1시간씩).

그림 4.7은 영유아와 장애학생이 많은 분야의 전문성을 가진 인력에 의해 제공되고 환경의 연속체에서 전달되는 다양한 서비스를 받을 수 있는 방법들을 요약한다. 이러한 선택사항들이 구성될 수 있는 많은 방법들은 특수교육이 얼마나 진정으로 개별화될 수 있는지를 보여준다.

그림 4.6 장애학생을 위한 교육 환경: 1985년부터 2021년까지

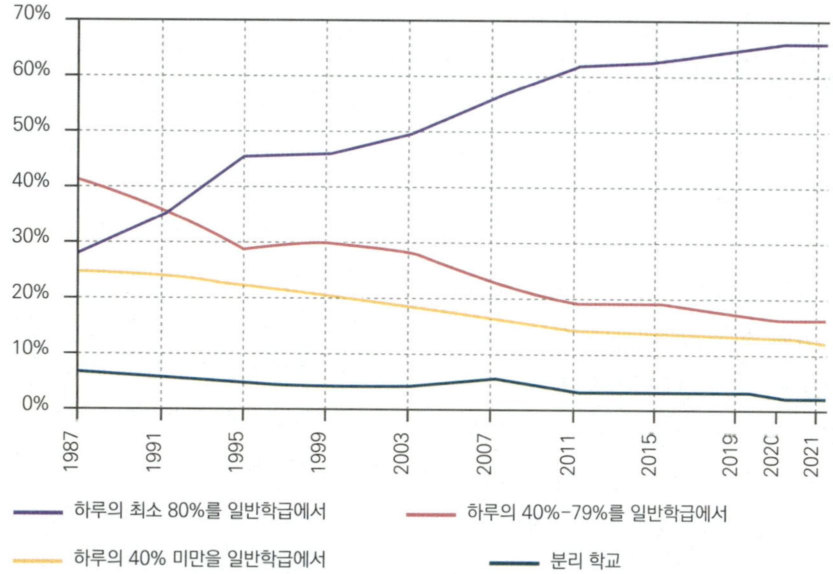

주: 2020년 이전에는 학령기 학생에 6~21세가 포함되었으나, 2020년부터는 5~21세로 확대되었다.

출처: 제21차~43차 연례 의회 보고서, 미국 교육부 특수교육국; www.ideadata.org 및 https://data.ed.gov/dataset/idea-section-618-state-part-b-child-count-and-educational-environments/resources에서 수집한 책임성 데이터; 미국 교육부(2022).

그림 4.7 장애 조기중재와 특수교육의 차이: 서비스, 인력, 환경

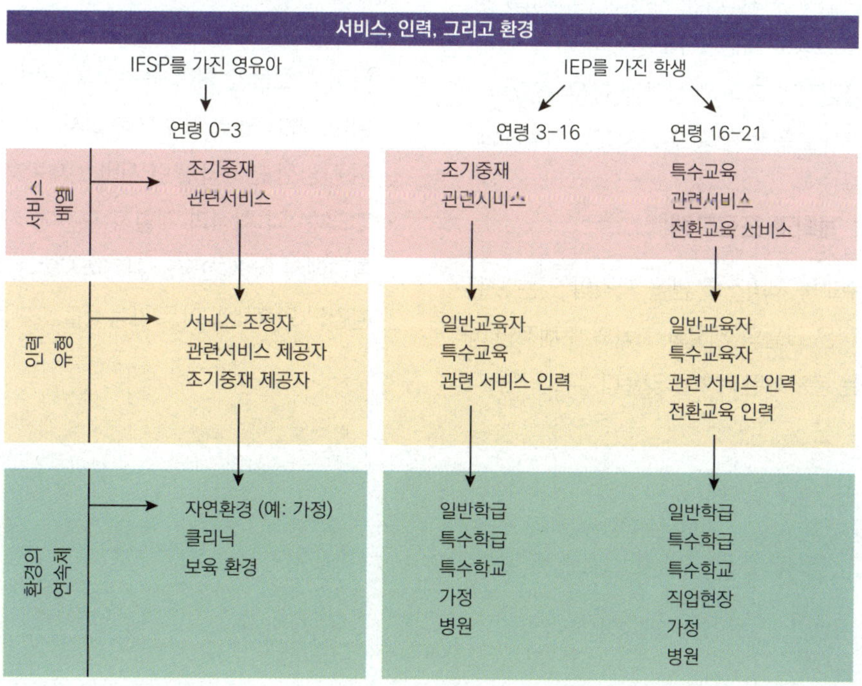

요약

장애학생 교육

장애학생을 위한 최소제한환경(LRE)에서의 무상적절공교육(FAPE)을 여러 연방법이 보장한다.

- 재활법 504조와 장애인교육법(IDEA)은 미국의 장애아동과 청소년의 교육을 관할하며, 미국장애인법과 모든 학생성공법의 핵심 구성요소들에 의해 강화된다.
- IDEA는 여섯 가지 기본 교육 보장을 제공한다: 무상적절공교육; 비차별적 평가; 개별화교육프로그램(IEP); 최소제한환경에서의 교육; 부모 참여; 그리고 절차적 보호장치(적법절차).
- 장애영유아는 장애아동 조기발견 과정을 통해 판별되는 반면, 대부분의 학령기 학생들은 학교 관련 인력에 의해 평가를 위해 의뢰된다.
- 학령기 학생들이 IDEA를 통해 서비스를 받는 8단계 과정에는 의뢰 전 단계, 의뢰, 평가, 적격성, IEP 개발, IEP 실행, 연간 검토, 그리고 재평가가 포함된다.
- 부모 참여는 긍정적인 교육적 성과에 매우 중요하여 IDEA의 여섯 가지 교육 보장 중 두 가지에서 다뤄진다.

개별화 교육: 계획과 프로그램

IDEA를 통해 특수교육 서비스를 받을 자격이 있는 모든 영유아와 장애학생은 그들의 개별화 교육의 구체적인 세부사항을 포함하는 문서화된 계획을 갖는다.

- 영유아(출생부터 3세까지)는 개별화가족서비스계획(IFSP)을 갖고; 3세부터 21세까지의 학생들은 IEP를 갖는다.
- IDEA는 모든 IFSP와 IEP가 포함해야 하는 핵심 요소들을 규정한다.
- 도전적 행동을 보이는 학생들(행동중재계획) 또는 고등학교에서 중등 이후 선택지로 전환하는 학생들(개별화전환계획)을 위해 추가 계획들이 IEP의 일부로 개발된다.
- 장애학생들은 조정이 불충분할 때 다양한 교수 및 평가 지원(조정) 또는 수정을 받을 자격이 있다.

서비스, 인력, 그리고 환경

장애학생이 받는 서비스, 그러한 서비스를 제공하는 인력, 그리고 서비스가 전달되는 환경은 모두 각 학생의 개별적 요구에 기반하여 결정되어야 한다.

- 특수교육 서비스는 집중적이고 개별화되어 있으며 관련 서비스라고 불리는 추가적인 보완적 지원을 포함한다.
- 다학제 전문가 팀이 특수교육 서비스를 제공한다. 이 팀은 일반교육과 특수교육 교사 간의 협력으로 시작하여 다양한 분야의 관련 서비스 제공자들로 확장된다.
- IDEA는 각 학생의 개별적 요구에 기반하여 통합적인 환경에서 더 제한적인 환경까지의 범위에 이르는 교육 환경의 연속체의 이용 가능성을 요구한다.

참고문헌

American Psychological Association. (2016). *Individuals with Disabilities Education Act (IDEA)*. http://www.apa.org/about/gr/issues/disability/idea.aspx

Appl, D. J., Hoffman, B., & Hughes, M. A. (2015, July). Readiness skills that support toddlers' transitioninto preschool. *Young Exceptional Children*. http://yec.sagepub.com/content/early/2015/07/03/1096250615593328.full.pdf+html

Barnhill, G. P. (2005). Functional behavior assessment in schools. *Intervention in School and Clinic, 40*, 131–143.

Brown, M. R., Paulsen, K., & Higgins, K. (2003). Remove environmental barriers to student learning. *Intervention in School and Clinic*, 39, 109–112.

Brown-Chidsey, R. (2007). No more "waiting to fail." *Educational Leadership*, *65*, 40–46.

Board of Education of the Hendrick Hudson School District v. Rowley, 458 U.S. 176 (1982).

Center for Parent Information and Resources. (2022, April). *10 basic steps in special education.* https://www.parentcenterhub.org/steps/

Centers for Disease Control and Prevention. (2022, December 8). *Important milestones: Your child by one year.* https://www.cdc.gov/ncbddd/actearly/milestones/milestones-1yr.html

Centers for Disease Control and Prevention. (2022, September 19). *Learn the signs. Act early.* https://www.cdc.gov/ncbddd/actearly/index.html

Council for Exceptional Children. (2002). *Understanding the differences between IDEA and Section 504.* http://www.ldonline.org/article/Understanding_the_Differences_Between_IDEA_and_Section_504

Council for Exceptional Children. (2008a, August). *Higher Education Opportunity Act reauthorization: Summary of selected provisions for individuals with exceptionalities and the professionals who work on their behalf.* http://www.cec.sped.org/~/media/Files/Policy/Higher%20Education/HEA%20Comprehensive%20Summary.pdf

Council for Exceptional Children. (2008b, August). *Higher Education Opportunity Act reauthorization, P.L.110-315. Summary of selected provisions for individuals with exceptionalities and the professionals who work on their behalf: Executive summary.* Retrieved from http://www.cec.sped.org/~/media/Files/Policy/Higher%20Education/HEA%20Executive%20Summary.pdf

Council for Exceptional Children. (2015, December 15). *CEC's summary of selected provisions in Every Student Succeeds Act (ESSA).* http://cecblog.typepad.com/files/cecs-summary-of-selected-issuesin-every-student-succeeds-act-essa-1.pdfdeBettencourt, L. (2002). Understanding the differences between IDEA and Section 504. *TEACHING Exceptional Children, 34*, 16–23.

Endrew F. v. Douglas County School District Re-1, 137 S. Ct. 988 (2017).

Families and Advocates Partnership for Education. (2001). *School accommodations and modifications.* http://www.wrightslaw.com/info/fape.accoms.mods.pdf

Fisher, D., & Frey, N. (2012). Accommodations & modifications with learning in mind. *Insert to the Special EDge*, pp. i–iv.

Fuchs, D., Fuchs, L. S., & Stecker, P. M. (2010). The "blurring" of special education in a new continuumof general education placements and services. *Exceptional Children, 76*, 301–323.

Gallo, C. (2011a, January). Account for unique student variable during LRE analysis. *Special Education Report, 37*, 4.

Gallo, C. (2011b, January). Push for LRE has gone too far, says leader of school for the deaf. *Special Education Report, 37*, 3.

Goran, L., Harkins Monaco, E. A., Yell, M. L., Shriner, J., & Bateman, D. (2020). Pursuing academic and functional advancement. *TEACHING Exceptional Children, 52*(5), 333–343.

Gratton-Fisher, E., & Zirkel, P. A. (2021). Ten legal lessons for special educators. *Exceptionality, 29*(1), 41–46.

Hall, D. (2007). *Graduation matters: Improving accountability for high school graduation.* Education Trust.

Harkin Honors 35th Anniversary of the Individuals with Disabilities Education Act. (2010, November 18). Press files, Thomas R. Harkin Collection, Drake University Archives and Special Collections, Des Moines, Iowa.

Harmon, S., Street, M., Bateman, D., & Yell, M. L. (2020). Developing present levels of academic achievement and functional performance statements for IEPs. *TEACHING Exceptional Children, 52*(5), 320–332.

Hang, Q., & Rabren, K. (2009). An examination of co-teaching: Perspectives and efficacy indicators. *Remedial and Special Education, 30*, 259–268.

The Heumann Perspective. (2020). *Meet Judy Heumann*. https://judithheumann.com/project/about/

Hong, B. S. S., Ivy, W. F., Gonzalez, H. R., & Ehrensberger, W. (2007). Preparing students for postsecondaryeducation. *TEACHING Exceptional Children, 40*, 32–38.

IRIS Center. (2010, rev. 2018). *Accommodations: Instructional and testing supports for students with disabilities*.http://iris.peabody.vanderbilt.edu/acc/

IRIS Center. (2011). *Related Services: Common supports for students with disabilities.* http://iris.peabody.vanderbilt.edu/module/rs/

IRIS Center. (2019). *IEPs: Developing high-quality individualized education programs.* https://iris.peabody.vanderbilt.edu/module/iep01/

IRIS Center. (2008, 2020). *Family engagement: Collaborating with families of students with disabilities.* https://iris.peabody.vanderbilt.edu/module/fam/

Lingo, A. S., Barton-Arwood, S. M., & Jolivette, K. (2011). Teachers working together: Improving learning outcomes in the inclusive classroom—practical strategies and examples. *TEACHING Exceptional Children, 43*, 6–13.

Luckner, J. L., & Bowen, S. K. (2010). Teachers' use and perceptions of progress monitoring. *American Annals of the Deaf, 155,* 397–405.

Madaus, J. W., & Shaw, S. F. (2006). The impact of the IDEA 2004 on transition to college for students with learning disabilities. *Learning Disabilities Practice, 21*, 273–281.

Mazzotti, V. L., Test, D. W., & Mustian, A. L. (2014). Secondary transition evidence-based practices and predictors: Implications for policymakers. *Journal of Disability Policy Studies, 25*, 5–18.

Muller, E., & Burdette, P. (2007). Highly qualified teachers and special education: Several state approaches. In Forum, 1–10. Project Forum, National Association of State Directors of Special Education.

PEAK Parent Center. (n.d.). *Accommodations & modifications fact sheet.* https://www.osepideasthatwork.org/parentkit/peak_factsheet.asp

Rogers, C. M., Ressa, V. A., Thurlow, M. L., & Lazarus, S. S. (2022, September). *A summary of the research on the effects of K-12 test accommodations: 2020* (NCEO Report 436). National Center on Educational Outcomes. https://nceo.umn.edu/docs/OnlinePubs/NCEOReport436.pdf

Ryder, R. (2016, February 1). *OSEP leadership update.* Presentation at the 2016 OSEP Virtual Leadership Conference.

Sayeski, K. L., Bateman, D., & Yell, M. L. (2010). Re-envisioning teacher preparation in an era of *Endrew F.*: Instruction over access. *Intervention in School and Clinic, 54*(5), 264–271.

Sayeski, K. L., & Zirkel, P. A. (2021). Orton-Gillingham and the IDEA: Analysis of the frequency and outcomes of case law. *Annals of Dyslexia*, 71, 483–500.

Suter, J. C., & Giangreco, M. F. (2009). Numbers

that count: Exploring special education and paraprofessionalservice delivery in inclusion-oriented schools. *Journal of Special Education, 43,* 81–93.

Test, D. W., Mazzotti, V. L., Mustian, A. L., Fowler, C. H., Kortering, L., & Kohler, P. (2009). Evidence-based secondary transition predictors for improving postschool outcomes for students with disabilities. *Career Development for Exceptional Individuals, 32*, 160–181.

Twachtman-Cullen, D., & Twachtman-Bassett, J. (2011). *The IEP from A to Z: How to create meaningful and measurable goals and objectives.* Jossey-Bass.

U.S. Congress. *Americans with Disabilities Act of 1990.* Pub. L. No. 101-336, 104 STAT. 327.

U.S. Congress. *Assistive Technology Act of 2004.* Pub. L. No. 108-364, 118 STAT. 1707.

U.S. Congress. *Education for All Handicapped Children Act (EHA).* Pub. L. No. 94-142.

U.S. Congress. *Education for All Handicapped Children Act (EHA)* (reauthorized). Pub. L. No. 99-457.

U.S. Congress. *Elementary and Secondary Education Act.* Pub. L. No. 107-110.

U.S. Congress. *Every Student Succeeds Act.* Pub. L. No. 114-95.

U.S. Congress. *Higher Education Opportunity Act (HEOA).* Pub. L. No. 110-315.

U.S. Congress. *Individuals with Disabilities Education Act.* Pub. L. No. 101-476.

U.S. Congress. *Individuals with Disabilities Education Act.* Pub. L. No. 105-17, 111 STAT. 37.

U.S. Congress. *Individuals with Disabilities Education Improvement Act of 2004.* Pub. L. No. 108-446. 118 STAT. 2647.

U.S. Congress. *Rehabilitation Act of 1973, Section 504,* 19 U.S.C. section 794.

U.S. Department of Education. (2006, August 14). 34 CFR Parts 300 and 301, Assistance to States for the Education of Children with Disabilities and Preschool Grants for Children with Disabilities: Final Rule. *Federal Register,* pp. 1263-1264.

U.S. Department of Education. (2021). *The 43rd annual report to Congress on the implementation of IDEA.* U.S. Government Printing Office. https://sites.ed.gov/idea/files/43rd-arc-for-idea.pdf

U.S. Department of Education. (2022). *Child count and educational environments* [IDEA Section 618 Data Products: State level data files]. https://data.ed.gov/dataset/idea-section-618-state-part-bchild-count-and-educational-environments/resources

U.S. Department of Education, Office for Civil Rights. (2012). *Questions and answers on the ADA Amendments Act of 2008 for students with disabilities attending public elementary and secondary schools.* http://www2.ed.gov/about/offices/list/ocr/docs/dcl-504faq-201109.html

U.S. Department of Education, Office of Special Education Programs, Data Analysis System (DANS). (2012a). *Children with disabilities receiving special education under Part B of the Individuals with Disabilities Education Act-2011.* www.ideadata.org

U.S. Department of Education, Office of Special Education Programs, Data Analysis Systems (DANS). (2012b). *Implementation of FAPE requirements* 2011, OMB#1820-0517: Part B, IDEA. www.ideadata.org

U.S. Department of Education, Office of Special Education and Rehabilitation Services. (2015, November 16). *Clarification of individualized education programs and state academic content standards*[Departmental letter]. http://www2.ed.gov/policy/speced/guid/idea/memosdcltrs/guidanceon-fape-11-17-2015.pdf

U.S. Department of Education, Office of Special Education and Rehabilitative Services, Office of Special Education Programs. (2015). *The thirty-seventh annual report to Congress on the implementation of the Individuals with Disabilities Education Act, 2015.* U.S. Government Printing Office.

U.S. Department of Health and Human Services & U.S. Department of Education. (2015, September 14). *Policy statement on the inclusion of children with disabilities in early childhood programs.* http://

www2.ed.gov/policy/speced/guid/earlylearning/joint-statement-full-text.pdf

Wright, P., Wright, P., & O'Connor, S. (2010). *Wrightslaw: All about IEPs. Harbor House Law Press*.

Yell, M. L. (2019). *The law and special education* (5th ed.). Pearson.

Yell, M. L. (2020). Policy to practice: Developing and implementing IEPs to support academic and functional progress for students. *TEACHING Exceptional Children, 52*(5), 276–277.

Yell, M. L., & Bateman, D. F. (2017). *Endrew F. v. Douglas County School District* (2017): FAPE and the U.S. Supreme Court. *TEACHING Exceptional Children, 49*(6), 420–428.

Yell, M. L., & Bateman, D. (2020). Defining educational benefit. *TEACHING Exceptional Children, 52*(5), 283–290.

Yell, M. L., Bateman, D., & Shriner, J. (2020). Developing and implementing educationally meaningful and legally sound IEPs: Bringing it all together. *TEACHING Exceptional Children, 52*(5), 333–343.

Yell, M. L., Collins, J., Kumpiene, G., & Bateman, D. (2020). The individualized education program: Procedural and substantive requirements. *TEACHING Exceptional Children, 52*(5), 304–318.

Yell, M. L., Katsiyannis, A., Parks Ennis, R., Losinski, M., & Bateman, D. (2020). Making legally sound placement decisions. *TEACHING Exceptional Children, 52*(5), 291–303.

Yell, M. L., Katsiyannis, A., Parks Ennis, R., Losinski, M., & Christle, C. A. (2016). Avoiding substantiveerrors in individualized education program development. *TEACHING Exceptional Children, 49*(1), 31–40.

Zand, D. H., Pierce, K. J., Bultas, M. W., McMillin, S. E., Gott, R. M., & Wilmott, J. (2015). Accuracy of knowledge of child development in mothers of children receiving early intervention services. *Journal of Early Intervention, 37*, 226–240.

Zarate, M. E. (2007). *Understanding Latino parental involvement in education: Perceptions, expectations, and recommendations*. University of Southern California, Tomás Rivera Policy Institute.

Zirkel, P. (2015). Special education law: Illustrative basics and nuances of key IDEA components. *Teacher Education and Special Education, 38*, 263–275.

Zirkel, P. (2019). An updated primer of special education law. *TEACHING Exceptional Children, 52*(4), 261–265.

Zirkel, P. (2020). Legal developments for students with dyslexia. *Learning Disability Quarterly, 43*(3), 127–139.

Zirkel, P. (2022). The four faces of a free, appropriate public education. *Intervention in School and Clinic, 57*(5), 355–358.

제 5 장

말-언어장애

13세 브레이든 해링턴(Brayden Harrington)은 말을 더듬는다. 그의 나이와 말-언어장애로 인해 그가 전국 방송 연설을 할 가능성은 낮아 보였지만, 2020년 민주당 전당대회에서의 그의 2분간 연설은 4일간의 행사에서 가장 많이 회자된 에피소드 중 하나였다. 브레이든은 어떻게 정치적 성향에 관계없이 많은 사람들로부터 긍정적인 평가를 받은 연설을 하게 되었을까?

그해 초, 브레이든과 그의 아버지는 당시 대통령 후보였던 조셉 알. 바이든(Joseph R. Biden)—아마도 세계에서 가장 잘 알려진 말더듬이—을 선거 유세 행사에서 만나러 갔다. 자신의 고백에 따르면, 브레이든은 정치에 관심이 없었지만 "...아버지가 나를 바이든을 보러 데려갔다"고 하며, 이는 구체적으로 그 후보의 말더듬 때문이었다. 연설 동안, 브레이든은 바이든이 "말막힘"을 보일 때마다 아버지를 팔꿈치로 찔렀는데, 이는 말더듬는 사람이 단어를 내뱉는 데 어려움을 보이는 경우를 지칭하는 비공식적인 용어이다. 그날 나중에 그들이 후보를 만났을 때, 바이든이 그에게 격려의 말을 해준 후 브레이든은 눈에 띄게 감정적이 되었다. 브레이든은 무대 뒤로 초대되었고, 그곳에서 바이든 씨는 연설을 해나가는 데 도움이 되도록 자신의 메모에 표시를 하고 단서를 추가하는 방법을 포함하여 자신이 배운 몇 가지 팁을 공유했다. 그들은 그 후에도 계속 소통했고, 이것이 결국 브레이든의 민주당 전당대회 연설로 이어졌다. 그의 연설에서, 브레이든은 바이든 씨가 가르쳐준 방식 그대로 표시한 자신의 메모를 청중에게 보여주었다.

그 이후로, 브레이든은 작가가 되었다. 그의 아동도서 『브레이든 Speaks Up: How One Boy Inspired the Nation』은 1년 후에 출간되었다. 브레이든의 이야기와 "울퉁불퉁한 말"에 대한 그의 경험을 공유하는 것 외에도, 이 책은 말더듬는 학생들을 지원하는 것에 대한 부모와 교사를 위한 팁들을 포함하고 있다.

제 5 장 말-언어장애

학습 목표

5.1 말-언어장애의 특성을 기술한다.

5.2 말-언어장애로 인해 발생하는 학업적 및 사회적 어려움을 다루는 효과적인 조정과 실제를 기술한다.

5.3 말-언어장애가 있는 사람들에 대한 일반적인 오해를 이해한다.

5.4 의학과 기술의 진보가 말-언어장애가 있는 사람들의 결과를 어떻게 개선하고 있는지 이해한다.

말-언어장애 기술

학습 목표

말-언어장애의 특성을 기술한다.

말-언어장애 정의

- 말-언어장애는 개인이 다른 사람과 효과적으로 의사소통하는 능력에 부정적인 영향을 미친다.
- 말장애는 개인이 물리적으로 말소리를 산출하는 능력에 영향을 미치고; 언어장애는 언어를 사용하거나 이해하는 능력에 영향을 미친다.

우리 대부분은 정보를 공유하고 받음으로써 매일 다른 사람들과 의사소통한다. 문자나 대화와 같은 일대일 의사소통이든 블로그나 팟캐스트를 통해 수백만 명에게 도달하는 것이든, 우리 의사소통의 질은 우리의 대인관계, 학업 수행, 그리고 직업적 성공에 영향을 미친다. 간단히 말해, 의사소통은 우리 삶의 거의 모든 측면에 영향을 미친다.

대부분의 사람들에게 효과적인 의사소통은 자연스럽게 이루어진다. 의사소통 과정은 최소한 두 사람(발신자와 수신자), 의사소통하고자 하는 공유된 욕구, 그리고 메시지를 요구한다. 발신자는 생각을 메시지로 번역하여 수신자에게 보낸다. 의사소통은 수신자가 발신자가 의도한 바로 그대로 메시지를 이해할 때만 성공한다. 반면에, 의사소통 실패는 다음

과 같은 경우에 발생한다:

1. 발신자가 말소리를 잘못 산출하여 수신자가 단어를 이해할 수 없을 때.
2. 발신자가 언어를 올바르게 사용하는 데 어려움이 있어 수신자에게 메시지가 불분명할 때.
3. 발신자의 메시지가 명확했음에도 불구하고 수신자가 의도를 해석하거나 이해하는 데 어려움이 있을 때.

말장애는 첫 번째 유형의 의사소통 실패를 야기하는 반면, 언어장애는 마지막 두 유형의 실패를 야기한다.

말장애가 언어장애와 어떻게 다른지 이해하려면, 먼저 말과 언어 간의 차이를 알아야 한다. 말은 구어 의사소통을 산출하는 물리적 행위이다. 말장애가 있는 사람은 말소리를 올바르게 만드는 데 어려움이 있거나 의사소통을 방해하는 음성이나 유창성 문제를 가질 수 있다.

말과 대조적으로, 언어는 다른 사람들과 생각과 아이디어를 교환하기 위해 사용되는 복잡하고 규칙 기반의 의사소통 체계이다. 언어는 의사소통의 기초이다. 우리는 그것을 사용하여 우리의 생각과 요구를 표현하고, 우리의 관찰을 기술하며, 다른 사람들과 상호작용한다. 언어장애가 있는 학생들은 다른 사람들이 그들의 의도된 메시지를 이해할 수 있는 방식으로 자신의 생각, 아이디어, 또는 요구를 표현하는 능력이 손상되어 있으며; 그들은 또한 다른 사람들이 전달하려고 하는 메시지를 이해하는 데 어려움을 갖는다.

말과 언어 문제는 많은 장애학생들에게 흔하다. 실제로, 학습장애, 지적장애, 그리고 자폐스펙트럼 장애가 있는 학생들의 대다수는 또한 동반되는 말이나 언어장애를 갖고 있다. 이러한 장애를 지칭하기 위해 각각 고유한 정의를 가진 수많은 용어들이 사용된다.

표 5.1은 IDEA의 말이나 언어장애 정의를 이 분야의 주요 조직인 미국언어청각협회(ASHA), 국립청각및기타의사소통장애연구소, 그리고 미국정신의학협회에 의해 개발된 여러 용어와 정의들과 비교한다.

IDEA는 손상(impairment)이라는 용어를 사용하는 반면, 다른 기관과 조직들은 장애(disorder)라는 용어를 사용한다는 점에 주목하라. 우리는 이 텍스트에서 이 두 용어를 상호교환적으로 사용한다. 말장애는 언어장애와 매우 다르기 때문에, 우리는 두 장애를 한 번에 언급할 때는 말-언어장애라는 용어를 사용하고, 둘을 구별할 때는 말이나 언어장애라는 용어를 사용한다. 추가적으로, 발달언어장애라는 용어가 더욱 널리 퍼지고 있는데; 이는 구체적으로 발달기 동안 언어장애가 판별된 아동들을 지칭하며, 이는 생애 후기에(예: 사고나 뇌졸중과 같은 의학적 사건으로 인해) 장애가 발생한 성인들과 대조된다.

말-언어장애의 유형

- 말장애는 조음, 유창성, 그리고 음성의 문제를 포함한다.
- 언어장애는 형태, 내용, 그리고 사용 영역에서 의사소통에 영향을 미친다.

표 5.1 말-언어장애의 정의

용어	정의	출처
말이나 언어장애	말더듬, 조음 손상, 언어장애, 또는 음성 손상과 같은 의사소통장애로서 아동의 교육 수행에 부정적인 영향을 미치는 것.	IDEA '04, 미국 교육부
의사소통장애	개념이나 구어, 비구어, 그래픽 기호 체계를 받아들이고, 보내고, 처리하고, 이해하는 능력의 손상. 의사소통장애는 청취, 언어, 그리고/또는 말의 과정에서 나타날 수 있다. 의사소통장애는 경도에서 중도까지 중증도가 다양할 수 있다. 그것은 발달적이거나 후천적일 수 있다. 개인들은 의사소통장애 중 하나 또는 어떤 조합이든 보일 수 있다. 의사소통장애는 1차 장애를 야기할 수 있거나 다른 장애에 2차적일 수 있다.	미국언어청각협회 (ASHA)
말장애	말소리의 조음, 유창성 그리고/또는 음성의 손상.	ASHA
말소리장애	a. 말 명료도를 방해하거나 메시지의 구어 의사소통을 막는 말소리 산출의 지속적인 어려움. b. 장애는 사회적 참여, 학업성취, 또는 직업적 수행을 개별적으로 또는 어떤 조합으로든 방해하는 효과적인 의사소통의 제한을 야기함. c. 증상의 발병은 초기 발달기에 있음. d. 어려움은 뇌성마비, 구개열, 청각장애나 청력 손실, 외상성 뇌손상, 또는 다른 의학적이나 신경학적 상태와 같은 선천적이거나 후천적인 상태에 기인하지 않음.	미국정신의학협회
언어장애	구어, 문어, 그리고/또는 다른 기호 체계의 손상된 이해 그리고/또는 사용. 장애는 (1) 언어의 형태(음성학, 형태론, 통사론), (2) 언어의 내용(의미론), 그리고/또는 (3) 의사소통에서 언어의 기능(화용론)을 어떤 조합으로든 포함할 수 있다.	ASHA
발달언어장애 (DLD)	언어 학습, 이해, 그리고 사용을 방해하는 의사소통장애. 이러한 언어 어려움은 청력 손실이나 자폐증과 같은 다른 상태나 언어 노출 부족과 같은 정상참작할 만한 상황으로 설명되지 않는다.	국립청각및기타의사소통장애연구소 (NIDCD)
언어장애	a. 다음을 포함하는 이해나 산출의 결함으로 인한 양식(즉, 구어, 문어, 수화, 또는 기타)에 걸친 언어 습득과 사용의 지속적인 어려움: 1. 축소된 어휘(단어 지식과 사용) 2. 제한된 문장 구조(문법과 형태론의 규칙에 기반하여 문장을 형성하기 위해 단어와 단어 어미를 결합하는 능력) 3. 담화의 손상(어휘를 사용하고 문장을 연결하여 주제나 일련의 사건을 설명하거나 기술하거나 대화를 하는 능력) b. 언어 능력이 연령에 대해 기대되는 것보다 실질적이고 정량적으로 아래에 있어, 효과적인 의사소통, 사회적 참여, 학업성취, 또는 직업적 수행에서 기능적 제한을 개별적으로 또는 어떤 조합으로든 야기함. c. 증상의 발병은 초기 발달기에 있음. d. 어려움은 청각이나 다른 감각 손상, 운동 기능장애, 또는 다른 의학적이나 신경학적 상태에 기인하지 않으며 지적장애... 또는 전반적 발달지체로 더 잘 설명되지 않음.	미국정신의학협회

출처: 34 CFR Parts 300 and 303, 장애아동교육을 위한 주 지원 및 장애영유아를 위한 조기중재 프로그램; 최종 규정, Section 300.8 (a)(11), 미국 교육부, 2006; 미국언어청각협회, "말이나 언어장애의 정의," 의사소통장애와 변이의 정의들—10.1044/policy.RP1993-00208, © 1993, p. 1, www.asha.org/policy/RP1993-00208.htm; 국립청각및기타의사소통장애연구소(2022); 미국정신의학협회(2013), pp. 42, 44에서 발췌.

그림 5.1 말장애 유형

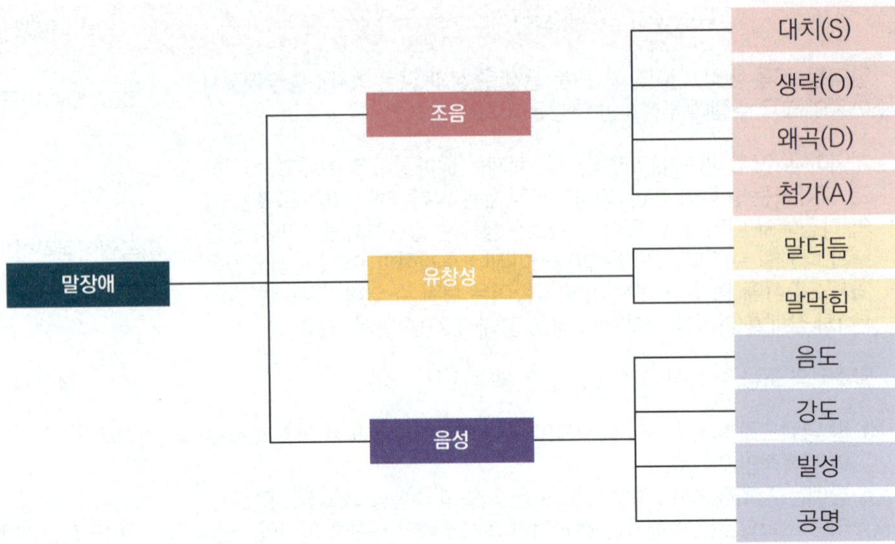

말장애

말장애에는 세 가지 유형이 있다: 조음, 유창성, 그리고 음성. 이들 중 어느 것의 문제든 청자들에게 주의를 산만하게 하고 의사소통 과정에 부정적인 영향을 미칠 수 있다(그림 5.1 참조).

조음 문제(조음오류)는 가장 일반적인 말장애 유형으로, 말소리의 결함 있는 산출로 인해 야기된다. 조음 오류에는 네 가지 종류가 있다—대치(Substitution), 생략(Omission), 왜곡(Distortion), 그리고 첨가(Addition)—이것들은 SODA라는 머리글자를 사용하여 기억할 수 있다. 교사들이 이러한 오류들을 접할 가능성이 있기 때문에, 우리는 표 5.2에서 각각의 예시를 제공했다.

일부 경우에, 학생들은 소리가 단어의 한 위치에서 발생할 때는 올바르게 조음하지만 다른 위치에서는 그렇지 않을 수 있다. 예를 들어, 어린 아동은 단어의 시작 부분에서 /l/ 소리를 발음하는 데 어려움이 있을 수 있지만("Let's go!" 대신 "Yet's go!") 단어의 끝에서 발음하는 데는 문제가 없을 수 있다("That's my ball.").

유창성 문제(비유창성)는 말의 흐름을 방해하는 단어 부분의 망설임이나 반복을 포함한다. 말더듬은 가장 일반적인 비유창성 유형이며 다음을 포함할 수 있다:

- 소리, 음절, 또는 전체 단어의 반복 (예: "The b-b-boy got a pre-pre-pre-pre-present")
- 연장, 또는 소리의 비자발적 길어짐 (예: "I'm ssssix years old")
- 막힘, 소리를 산출할 수 없음으로써 말의 흐름을 방해하는 침묵 구간을 만드는 것 (예: "Let's go [4초 멈춤] outside")

말더듬을 할 때 뚜렷한 눈 깜빡임과 같은 다른 신체적 행동이 발생할 수 있다. 말막힘은 다른 유형의 비유창성으로 빠른 말을 포함하며; 많은 멈춤, 시작, 그리고 정지를 포함하고; 정리되지 않으며; 소리

표 5.2 조음오류의 4가지 유형

오류 유형	정의	예시
대치(Substitution)	다른 소리로 대체되어 발음되는 오류	원래 의도: 나는 토끼를 봐요. (I see a rabbit.) 대치 오류: 나는 와끼를 봐요. (I see a wabbit.)
생략(Omission)	단어에서 소리나 음소가 생략되는 오류	원래 의도: 나 졸려. (I'm sleepy.) 생략 오류: 나 셰피야. (I'm seepy.)
왜곡(Distortion)	의도한 소리가 일반적이지 않은 방식으로 변형되어 발음되는 오류	원래 의도: 수잔이 금요일에 올 수 있니? (Can Susan come over on Friday?) 왜곡 오류: '수잔'의 /z/ 소리를 "measure"의 /zh/ 소리처럼 발음함
첨가(Addition)	단어에 불필요한 소리가 추가되는 오류	원래 의도: 나는 그녀가 그리워. (I miss her.) 첨가 오류: 나는 미싸 허를 그리워해. (I missaher.)

나 단어 어미를 빠뜨리고; 종종 알아들을 수 없다.

음성 문제—학생들에게는 흔하지 않은—는 음도(음성의 높거나 낮은 질), 강도(큰 소리나 작은 소리), 발성(음성이 너무 숨소리 같거나, 쉰 소리거나, 허스키하거나, 긴장된 소리), 그리고 공명(너무 많거나 너무 적은 비성)을 포함한다.

언어장애

언어장애가 있는 학생들의 경우, 의사소통은 언어의 세 가지 측면—형태, 내용, 또는 사용—중 하나의 실패로 인해 방해받는다(그림 5.2 참고).

형태는 모든 언어(구어, 문어, 수화)에서 사용되는 규칙 체계를 지칭한다. 구어에서 형태는 음운론, 형태론, 그리고 통사론의 세 구성요소를 갖는다. 언어장애가 있는 학생들은 이러한 요소들 중 어느 것이든 또는 모든 것에서 문제를 보일 수 있다. 음성 인식 기술은 유치원 시기 동안 발달하며 읽기의 전제조건이다. 이러한 기술들은 다음을 할 수 있는 것을 포함한다:

- 소리 분절을 탐지한다.
- 시작 소리를 해당 단어와 일치시킨다.
- 단어와 구에서 소리 분절을 판별한다.
- 운율을 인식하고 만든다.

형태론과 통사론 문제는 언어 기술에 다른 방식으로 영향을 미친다. 예를 들어, 언어장애가 있는 학생은:

- 동사의 -ed 접미사를 파악하지 못했기 때문에 친구의 이야기가 과거에 일어난 일과 관련되어 있다는 것을 오해할 수 있다(형태론).
- 잘못된 단어 순서를 사용했기 때문에 의도한 것과 매우 다른 메시지를 전달할 수 있다—"Is it time to go?" 대신 "It is time to go?"(통사론)

언어의 두 번째 측면인 내용은 구어나 문어 진술의 의도와 의미(즉, 의미론)를 반영한다. 의사소통은 직접적일 수 있거나("That is a really ugly shirt") 암시적일 수 있다("Are you sure you want to wear that shirt out in public?"). 언어장애가 있는 학생들은 의사소통의 정확한 의도나 의미를 이해하거나 전

그림 5.2 언어장애의 유형

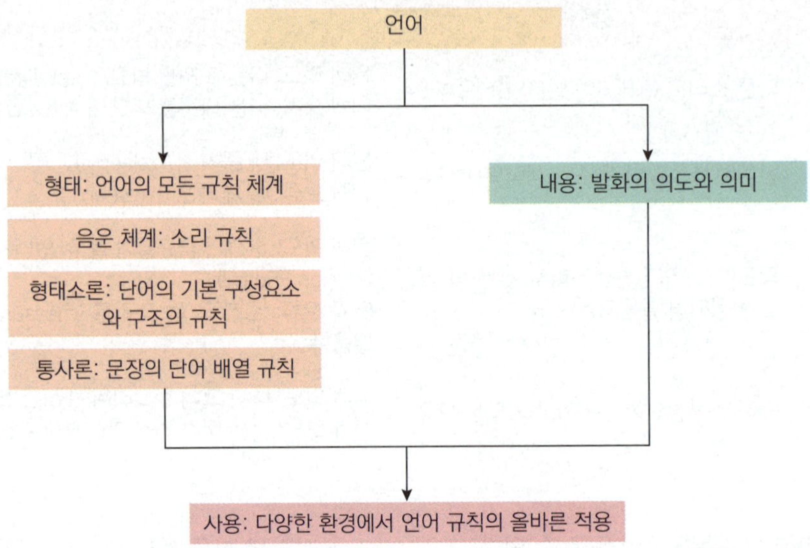

달하는 데 어려움이 있으며, 특히 간접적이거나 암시적인 진술에서 그렇다. 더욱이, 이러한 학생들은 충분한 배경 정보를 제공하지 않고 막연한 지시어를 사용하는 경우가 많다. 예를 들어, 아동은 놀이터에서 재킷을 놓고 왔다는 것을 설명하려고 할 때 "I left it"이라고만 말할 수 있으며; 더 자세한 정보 없이는 교사나 부모가 아동이 의사소통하려고 하는 것을 이해하지 못할 수 있다. 언어장애가 있는 아동들은 구어와 문어 모두에서 이러한 어려움을 보일 것이다.

형태와 내용은 사용, 즉 다양한 환경에서 언어를 올바르게 적용하는 능력에 결합된 영향을 미친다. 상황의 사회적 맥락에 따라 이것을 하는 능력을 화용론이라고 한다. 언어장애가 있는 학생들은 손상된 화용 언어의 결과로 종종 부적절한 사회적 기술을 보인다. 화용론은 다음을 포함한다:

- 다양한 목적으로 언어를 사용하기 (예: 누군가에게 인사하기, 무언가 요청하기, 답변 설명하기)
- 언어나 어조 수정하기 (예: 친구와 말하는 친밀감과 비교하여 교사나 교장에게 정중하게 말하기)
- 사회적으로 받아들여지는 언어 규칙 따르기 (예: 대화에서 순서 바꾸기, 주제에 머물기, 의사소통 실패를 인식하고 수리하기)

특성

- 말장애는 학업적 어려움을 초래하지 않으나, 사회적 문제와 자존감 저하는 흔히 발생한다.
- 언어장애의 특성은 표현 및 수용 언어 어려움뿐만 아니라, 화용 기술 결함을 포함한다.

말장애(조음, 유창성, 음성)가 있는 대부분의 학생들은 일반교육 수업에 참석하고 학업적으로 잘 기능한다. 보통 장애는 그들의 학업 학습에 영향을 미치지 않는다. 그러나 말더듬과 같은 심각한 말장애가 있는 학생들은 수업에서 말하기를 꺼릴 수 있으며, 이는 교사의 질문에 답하거나, 파트너나 소집단

그림 5.3 표현언어의 세부사항 부족

과 일하거나, 발표를 하는 능력을 억제한다. 더욱이, 이러한 학생들은 부적절감과 낮은 자신감을 경험할 수 있으며, 따라서 말하기를 요구하는 사회적 상황에서 또래와 상호작용하는 것을 불편해하거나 피할 수 있다. 결과적으로, 이것은 그들이 사귀는 친구, 다른 사람들과의 관계, 결국 추구하는 직업의 유형, 그리고 전반적인 삶의 질에 영향을 미칠 수 있다.

말장애와 대조적으로, 언어장애가 있는 아동들은 수용 언어(받은 정보를 이해하는 능력), 표현 언어(생각, 감정, 또는 정보를 전달하는 능력), 화용론(사회적 언어 능력), 또는 이들의 조합 문제로 인해 학업적 어려움을 경험할 수 있다. 교실에서 수용 언어는 지식을 습득하는 데 중요하다. 그러나 언어장애가 있는 많은 학생들은 작업 기억의 어려움을 보이며, 이는 그 후 강의와 서면 자료를 이해하고, 노트를 작성하고, 교사의 지시사항을 이해하고 따르거나, 교실과 학교 규칙을 준수하는 능력에 영향을 미친다. 수용 언어 결함이 있는 학생은 교사가 "숙제를 제출하고, 147 페이지 목록에서 실험 준비물을 모으고, 실험 절차 1번부터 5번까지 작업을 시작하세요"라고 말할 때 혼란을 경험할 수 있다. 3단계 지시사항은 특히 많은 세부사항과 함께 혼란스러울 수 있다. 결과적으로, 학생은 첫 번째 단계나 마지막 단계만 완료할 수 있으며—그들이 듣는 첫 번째나 마지막 것을 인지적으로 처리하는지에 따라—이는 그 후 그들이 다른 두 단계를 생략할 때 문제를 야기한다.

표현 언어는 교사의 질문에 답하기, 시험 보기, 보고서 쓰기, 그리고 발표하기와 같이 지식을 보여주는 데 필요하다. 표현 언어장애가 있는 학생은 교사의 질문에 대한 답을 알 수 있지만 그 지식을 구어 문장으로 공식화하는 데 어려움이 있을 수 있다. 이러한 학생들은 또한 무언가 "혀끝에 맴도는" 경험과 유사한 단어 인출의 어려움을 갖는다. 예를 들어, 11세 아동은 직사각형이라는 단어를 회상할 수 없을 수 있고, "정사각형과 같지만 위쪽과 아래쪽 변이 더 긴 형태"로 기술함으로써 문제를 해결한다. 결과적으로, 객체나 기호의 이름을 빠르고 정확하게 말하는 능력인 명명 속도의 지체는 흔한 표현 언어 문제이다. 또한, 표현 언어 문제가 있는 학생들은 정확한 정보를 전달할 수 있지만 완전한 이해에 필요한 수준의 세부사항까지는 아닐 수 있으며, 이는 그림 5.3에서 예시되어 있다.

문화적 및 언어적 고려사항

문화적 및 언어적 고려사항

영어 학습자(ELs)는 말-언어장애가 있다고 과대 판별되기도 하고 과소 판별되기도 한다. 일부 경우에서는 제2언어 습득의 특성이 언어지체나 손상으로 잘못 해석되어 과대 판별이 발생한다. 제3장에서 언급했듯이, 제2언어를 학습하는 학생들은 다른 사람들을 관찰하고 듣는 침묵기 또는 전 산출기를 거친다는 것을 기억해야 한다. 이어서 매우 짧은 구문을 사용하여 자신의 생각을 표현하는 초기 산출기가 따른다. 후기 단계인 언어 출현기와 중급 유창성 단계의 학생들은 구어 및 문어 의사소통에서 계속해서 문법적 오류를 보일 수 있다. 교사들은 학생들의 언어 행동을 수용언어나 표현언어 지연의 특성으로 잘못 해석하는 것을 피하기 위해 이러한 영어 언어 발달 단계를 인식해야 한다. 교사들은 또한 영어에는 다른 언어에서 발견되지 않는 일부 소리가 있다는 것을 고려해야 한다. 예를 들어, 모국어가 스페인어, 중국어, 이탈리아어, 또는 일본어인 학생들은 dg 소리(예: edge, dodge)를 말하는 데 어려움을 겪을 수 있지만, 이것이 조음 문제를 나타내는 것은 아니다. 더 나아가, 국가의 다른 지역 출신이거나 다양한 문화 출신의 학생들은 방언으로 말할 수 있으며, 이 또한 말-언어 손상으로 잘못 해석되어서는 안 된다.

이와 대조적으로, 말-언어 손상의 특성은 영어 학습자, 특히 어린 아동들에게서 간과될 수 있는데, 이는 그들이 여전히 제2언어를 습득하고 있다고 가정되기 때문이다. 결과적으로, 이러한 학생들은 언어 어려움이 더욱 두드러지고 눈에 띄게 되는 후기 학령기까지 추가 검사를 위해 연계되지 않는다.

다음 질문들은 영어 학습자의 언어 기술에 대해 우려하는 교사들에게 지침을 제공할 수 있다:

- 학생이 모국어에서도 유사한 언어지체를 보이는가?
- 학생이 모국어에서 연령에 적합한 의사소통 기술을 보이는가?
- 언어지체가 제2언어 습득 단계와 일치하는가?
- 말이나 언어 특성이 동일한 문화적 또는 언어적 배경을 가진 학생들의 특성과 일치하는가?
- 학생이 진전 모니터링 자료에서 나타나듯이, 1차 또는 1단계 양질의 교육에 적절하게 반응하는가?

학생의 특성이 제2언어 발달이나 문화적 차이와 일치하지 않는다면, 교육자들의 추가적인 조치가 필요할 수 있다(예: 2단계 또는 2차 중재 서비스 제공, 사전 연계 과정 시작).

이 아동의 모호한 진술은 정확하기는 하지만, 자신의 상황이 얼마나 긴급한지를 전달할 수 있는 구체성의 수준을 제공하지 못한다. 표현언어에 어려움이 있는 학생들은 말하기나 쓰기를 할 때 이와 유사하게 중요한 세부사항을 생략할 수 있다.

사회적 상호작용에 필요한 화용론은 언어적 역량과 의사소통 역량을 모두 요구한다. 효과적인 사회언어는 또래 집단 활동에 참여하고, 적절한 상호작용을 지속하며, 갈등을 협상하고 해결하고, 우정을 발전시키는 데 필요하다. 예를 들어, 화용론에 문제가 있는 아동들은 쉬는 시간에 게임에 참여하고 싶다고 요청하지 않을 수 있다. 대신, 그들은 무작정 끼어들어 게임을 방해하고, 그 과정에서 또래들을 소외시킬 수 있다. 이러한 학생들은 또한 대화 중에 한 주제에서 다른 주제로 전환하는 방법을 이해하는 데 어려움을 겪을 수 있으며, 대신 당면한 주제와 관련이 없는 무작위적인 발언처럼 보이는 말을 할 수 있다. 화용론적 어려움이 있는 학생들은 다음과 같은 어려움을 겪을 수 있다:

- 대화를 시작하고 유지하기.
- 신체 언어와 표정 해석하기.
- 청자가 더 많은 정보나 명료화를 필요로 한다는 것을 인식하기.
- 일반적인 사회적 관습에 참여하기(예: 인사, 작별 인사).
- 적절한 요청이나 응답 산출하기.
- 긍정적인 또래 관계 발전시키기.

영어 학습자가 공식적으로 평가를 받을 때, 가능한 경우 해당 학생의 언어 집단을 위해 특별히 개발된 사정평가(예: 모국어가 포르투갈어인 영어 학습자)를 사용해야 한다. 그러나 미국에서 사용되는 언어의 수가 많기 때문에, 이는 종종 불가능하다. 이러한 경우, 학생들의 언어 기술은 한 시점에서 한 번 실시하는 것보다는 지속적인 평가를 통해 더 정확하게 사정평가할 수 있다. 언어 손상이 있는 영어 학습자들은 일반적으로 발달하는 또래들만큼의 표현 어휘 향상 수준을 보이지 않으므로, 시간에 걸친 검사와 모니터링을 통해 교육자들이 적절한 성장이 일어나고 있는지를 판단할 수 있다. 또한, 작업기억과 명명 속도 과제에서의 수행은 언어장애가 있는 영어 학습자와 그렇지 않은 학습자를 신뢰성 있게 구별하는 것으로 나타났다.

출현율과 배치

- 다른 어떤 유형의 장애보다도 더 많은 아동들이 말-언어장애를 가지고 있다.
- 언어 어려움이 학교 수행에 부정적으로 영향을 미치므로, 많은 학령기 아동들이 학습장애 범주하에서 특수교육 서비스를 받을 자격을 갖게 된다.

말-언어장애는 높은 발생률을 가지고 있는 장애 범주이다. 이러한 학생들은 3-5세 장애아동의 가장 큰 범주(34%)를 구성하며, 5세에서 21세 사이 학령기 학생들의 두 번째로 큰 범주(학습장애 다음)를 구성한다(18%). 그러나 전체적으로는 다른 어떤 장애보다도 더 많은 학생들이 말-언어장애를 가지고 있다. 이것이 어떻게 가능한가? 연방정부는 학생들을 주요 장애 범주로만 집계한다. 그러나 많은 학생들이 하나 이상의 장애를 가지고 있다. 사실, 거의 모든 장애 범주의 학생들이 의사소통 어려움을 보인다. 대다수는 이해될 수 있을 만큼 충분히 명확하게 말할 수 있지만(말), 많은 학생들이 자신을 표현하거나, 다른 사람들의 의사소통을 이해하거나, 사회적으로 상호작용하는 데 상당한 어려움을 경험한다(언어). 주요 장애와 이차 장애를 모두 고려할 때, 말-언어장애가 있는 학생들이 가장 큰 집단으로 나타난다.

말-언어장애가 있는 학생들은 일반적으로 일반교육 교실에서 교육받는다. 실제로, 일반교육 환경은 이러한 학생들의 88% 이상이 학교 일과의 80% 이상을 보내는 곳이다(그림 5.4 참조). 그러나 이러한 비율은 연령 집단에 따라 약간 다르다. 제4장에서 학습했듯이, 더 많은 취학 전 아동들이 교실보다는 가정이나 서비스 제공자의 장소에서 서비스를 받는다. 이러한 아동들은 아직 학교에 다니지 않기 때문에, 언어재활사들은 종종 다른 환경에서 그들(과 그들의 가족들)과 함께 일한다. 그러나 이와 동일한 아동들

그림 5.4 말-언어장애가 있는 학생들의 교육배치, 5-21세(2021-2022학년도)

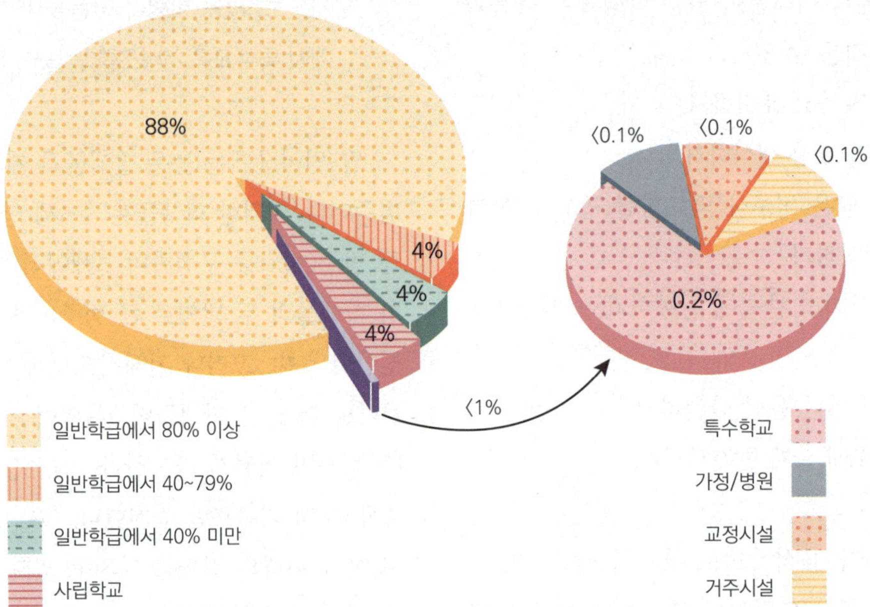

출처: U.S. Department of Education(2022).

이 학령기에 도달하면, 대부분이 학교에서 서비스를 받으며 매우 적은 수가 가정이나 임상 환경에서 서비스를 받는다.

언어 손상의 조기 판별과 후기 학습장애 판별 사이에는 흥미로운 관계가 존재한다. 그림 5.5는 IDEA의 말-언어장애 범주에서 서비스를 받는 아동 수를 학습장애로 판별된 아동들과 비교하여 보여준다. 더 많은 어린 아동들이 말-언어장애를 가지고 있지만, 나이가 들어감에 따라, 그들의 진단이 학습장애로 변화한다는 점에 주목하라. 이는 여러 가지 이유로 발생한다. 제6장에서 학습하게 되겠지만, 많은 학생들의 학습장애는 그들이 읽기에 어려움을 겪기 시작할 때 판별된다. 매우 어린 아동들(걸음마 아동과 취학 전 아동들)은 읽기에는 너무 어리므로, 이러한 어려움이 아직 명백하지 않다. 그러나 지체된 언어 기술은 명백하므로, 이러한 아동들은 처음에 말-언어장애를 가진 것으로 분류된다. 그들이 더 나이가 들어 학교에 다닐 때, 그들의 언어적 어려움은 학업적으로 또래들과 보조를 맞추는 능력에 영향을 미치며, 특히 강한 언어와 읽기 기술을 요구하는 과목에서 그러하다. 그림 5.5가 보여주듯이, 언어 지체가 있는 아동들이 종종 처음 판별되는 3세와 5세 사이에서는 말-언어장애 범주가 학습장애 범주보다 훨씬 더 크다. 두 범주 모두의 학생 수는 5세와 11세 사이에 상당히 증가한다. 그 시점부터, 읽기가 모든 학교 과업의 더욱 필수적인 부분이 되면서, 학습장애 범주의 수는 극적으로 증가한다. 그리고 말-언어장애가 있는 학생들이 재평가 과정(3년마다 발생함)을 거치면서, 많은 학생들이 주요 장애로서 학습장애를 가진 것으로 재분류되어, 학생들이 나이가 들어감에 따라 말-언어장애 범주의 수가 감소하게 된다.

그림 5.5 말-언어장애에서 학습장애로

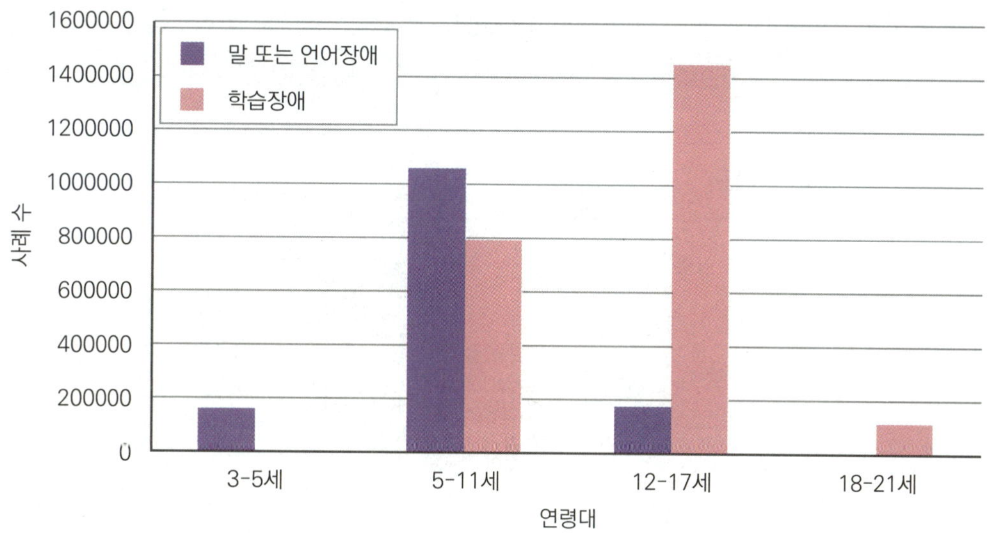

출처: U.S. Department of Education. (2022) . Child Count and Educational Environments . [IDEA Section 618 Data Products: State Level Data Files.] Retrieved from https://data.ed.gov/dataset/idea-section-618-state-part-b-child-count-and-educational-environments/resources

특수교육

학습 목표

말-언어장애가 만드는 학업적 및 사회적 도전에 대처하는 효과적인 조정과 실제를 기술하라.

도전과 해결책

- 말-언어장애는 언어 기반 학업 영역뿐만 아니라, 사회적 및 대인관계 영역에서 도전을 만든다.
- 언어재활사는 핵심 영역에서 명시적 교육을 제공하며, 학급교사들은 장애의 영향을 줄이기 위한 추가적인 지원을 제공할 수 있다.

도전: 표현, 수용, 그리고 화용론적 어려움

말-언어장애가 있는 학생들은 공통적인 발달 특성을 보인다(그림 5.6과 5.7 참조). 취학 전 아동으로서, 그들의 언어 발달은 지체되거나 그들의 말이 이해하기 어려울 수 있다. 자신의 말장애에 대해 자의식을 갖는 학생들은 종종 말하기를 꺼리거나 말하기를 포함하는 학교 및 사회적 상황을 회피한다. 3학년경에, 언어 손상이 있는 학생들은 종종 읽기 학습에 어려움을 겪으며, 학교 교육 전반에 걸쳐 언어 관련 기술을 요구하는 학업 과목에서 계속 어려움을 겪는다. 그들이 성인이 되면서, 말과 언어 모두의 문제는 사회적 및 개인적 상호작용에서의 성공을 방해할 수 있다.

말장애는 학업 자료를 학습하는 능력에 영향을 미치지 않지만, 언어 손상은 학생들이 다음과 같은

그림 5.6 도전: 말장애

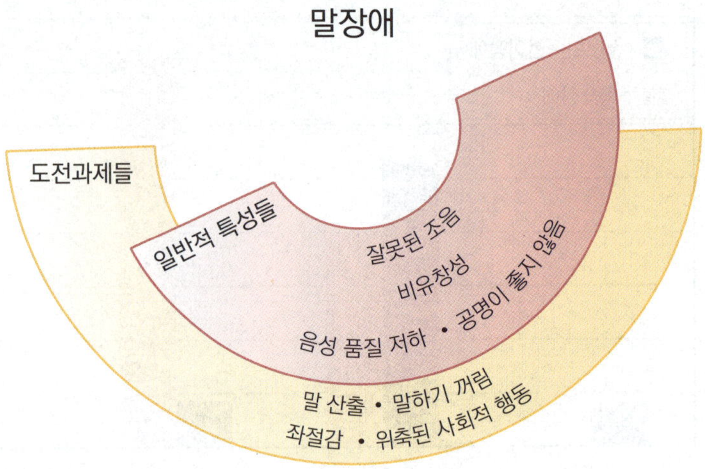

문제를 가질 때 학습에 부정적으로 영향을 미칠 수 있다:

- 무질서한 학습 및 공부 기법
- 읽기 이해 문제
- 효과적인 의사소통 어려움

이들 각각을 더 자세히 살펴보자.

언어 손상이 있는 학생들은 종종 비체계적 학습자이다. 더 구체적으로, 그들은 비전략적 학습자이다. 예를 들어, 다음 단어 목록을 암기하는 방법에 대해 생각해보라:

가지(eggplant) 상어(shark) 트랙터(tractor) 펭귄(penguin)

치타(cheetah) 당근(carrot) 호박(zucchini) 가젤(gazelle)

오토바이(motorcycle) 코끼리(elephant) 문어(octopus) 비행기(airplane)

어떤 사람들은 이러한 단어들을 범주별로 분류할 것이다: 채소, 동물, 탈것. 그들은 암기를 더 쉽게 하기 위해 동물 하위 그룹(바다 동물, 육지 동물)을 만들 수도 있다. 다른 사람들은 목록을 3-4개 단어 덩어리로 나눌 수도 있다. 또 다른 사람들은 각 단어의 첫 글자나 글자들을 사용하여 니모닉을 개발할 수도 있다(예: 가지(eggplant), 치타(cheetah), 오토바이(motorcycle)를 기억하기 위해 eat cheesy meatballs), 또는 치타가 가지를 먹으면서 오토바이를 타는 장면을 그려볼 수도 있다. 이와 대조적으로, 언어장애가 있는 학생은 명확한 암기 전략 없이 단어들을 반복해서 읽기만 할 수도 있다. 더 나아가, 그들은 자신이 열심히 공부하고 있다고 생각하면서도 실제로는 단어들을 학습하지 못하고 있다는 것을 깨닫지도 못할 수 있다.

읽기 이해, 특히 교과서에서 발견되는 것과 같은 학업 내용은 언어 손상이 있는 학생들에게 어려운 두 번째 영역이 될 수 있다. 텍스트는 종종 이해하기 어려운 복잡한 문장 구조로 쓰인다. 교과서 지문은

그림 5.7 도전: 언어장애

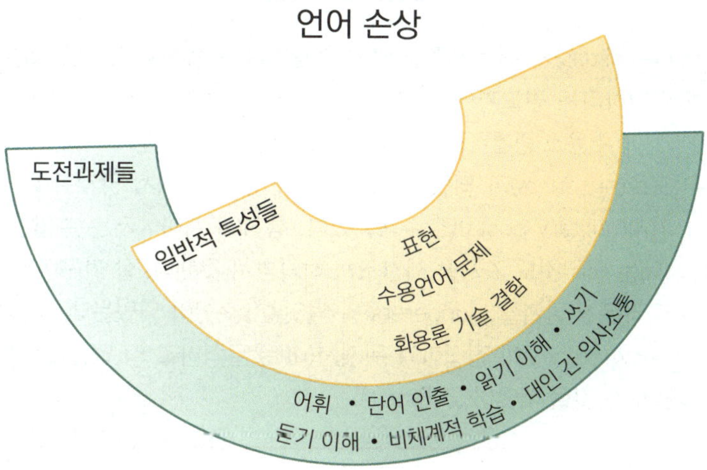

내용별 어휘를 포함하고 있으며, 언어 손상이 있는 학생들은 어휘력이 부족하고 맥락 단서를 사용하여 모르는 단어의 의미를 파악하는 능력이 떨어진다. 아래 눈물의 길(Trail of Tears)에 관한 지문을 읽으면서 이러한 도전들을 염두에 두기를 바란다.

다음 지문은 언어 손상이 있는 학생에게 많은 문제를 제시하는데, 이들은:

- militia나 wretches와 같은 단어를 해독(읽기)하는 데 어려움을 겪을 수 있다.
- 동의어를 혼동할 수 있나(pray를 prey로).
- 굵은 이탤릭체 용어들의 많은 의미를 모를 수 있다.
- 맥락 단서를 사용하여 모르는 단어의 의미를 파악할 수 없다.
- 약탈자들을 굶주린 늑대에 비유한 것이나 "rifle the houses"에 대한 언급을 이해하지 못하고 이러한 구문들을 잘못 해석할 수 있다(즉, 진짜 늑대들이 포로들을 따라왔다고 생각하거나 총이 집을 쏘는 데 사용되었다고 생각함).
- 마지막 단락이 선교사의 인용문이 아니라 일반 텍스트의 일부라고 생각할 수 있다.
- 작업기억 문제로 인해 질문에 답하거나 토론에 참여할 수 있을 만큼 충분히 오래 정보를 유지하지 못할 수 있다.

이것이 훨씬 더 큰 과제의 작은 지문 하나에 불과하다는 것을 고려할 때, 학생들이 텍스트 과제를 이해하는 데 문제를 겪거나 쉽게 압도당할 수 있다는 것을 이해할 수 있다.

효과적인 의사소통은 언어장애에 의해 영향을 받는 세 번째 영역이다. 언어는 교실 환경에서 일어나는 모든 것에 스며들어 있으므로, 언어 손상이 있는 학생들은 뚜렷한 불리함에 처해 있다. 그들은 교사의 지시, 또래의 사회적 단서, 또는 서면 지시를 이해할 가능성이 낮다. 또한 그들은 자신의 요구나 감정을 정확하게 표현하거나 수업에서 배운 것을 설명할 가능성도 낮다. 표 5.3은 언어 손상이 있는 학생의 반응을 일반적인 학교 상황에서 보여주는 몇 가

「눈물의 길」 지문

연방군과 주 민병대(state militias)가 체로키족을 임시 수용소(stockades)로 강제 이주시키기 시작했다. 군대에게 그들을 친절하게 대하라는 경고가 있었음에도 불구하고, 강제 연행(roundup) 과정은 참혹했다. 한 선교사(missionary)가 6월에 수용소 중 한 곳에서 목격한 상황을 다음과 같이 기록했다:

체로키족은 거의 모두 포로(prisoners)가 되었다. 그들은 자신들의 집에서 강제로 끌려 나와 부족 전 지역의 요새(forts)와 군사 기지(military posts)에 수용되었다. 특히 조지아에서는 수많은 사람들(multitudes)이 몸에 입고 있던 옷 외에는 아무것도 가져갈 시간조차 허락받지 못했다. 잘 가꾸어진 집들(well-furnished houses)은 포로들을 뒤따라온 약탈자들(plunderers)의 먹잇감(prey)이 되었는데, 이들은 마치 굶주린 늑대와 같았다. 이 비열한 자들(wretches)이 집집마다 뒤져서(rifle) 무력하고 죄 없는(unoffending) 주인들로부터 그들이 세상에서 가진 모든 것을 빼앗아갔다(strip).

원본 출처: Baptist Missionary Magazine 18 (Sept. 1938); cited in Hoig, The Cherokees and Their Chiefs, 167. https://www.nps.gov/articles/the-trail-oftears-and-the-forced-relocation-of-the-cherokee-nation-teaching-with-historic-places.htm

지 예를 제시한다. 언어 손상의 특성에 익숙하지 않은 교사는 학생이 질문을 주의 깊게 읽지 않았거나, 부주의하게 작업했거나, 무례하거나 반항적이었다고 잘못 믿을 수도 있다.

언어 손상의 징후를 인식하지 못하는 교사들과 또래들은 이러한 의사소통 오류로 인해 좌절감을 느낄 수 있으며, 학생들은 학업 성과 저하나 또래 갈등 및 배제를 경험한다.

해결책: 언어재활 및 기타 지원

말-언어장애가 있는 학생들이 성취할 수 있도록 돕는 많은 지원이 있다(그림 5.8과 그림 5.9 참조). 말-언어장애가 있는 학생들은 대개 언어재활을 받을 것이다. 제4장에서 소개했던 관련서비스 제공자인 언어재활사(SLP)는 말장애가 있는 학생들의 조음을 개선하기 위해 언어재활을 제공한다. 언어재활사는 학생들이 소리를 올바르게 산출할 수 있도록 하기 위해 많은 연습 기회를 제공하면서 그들과 함께 작업할 것이다. 언어재활사는 아동들에게 말의 속도(예: 더 느리게, 긴장 덜하게)와 호흡을 조절하고 모니터링하는 방법을 보여줌으로써 말더듬과 같은 비유창성을 줄이도록 도울 수 있다. 더 심각한 말 문제가 있는 학생들은 또한 이 장 뒷부분에서 논의할 보조공학(assistive technology)을 사용하여 구어를 보완하거나 대체할 수 있다. 예를 들어, 학생은 요구나 선호를 나타내기 위해 의사소통 판의 그림들을 가리킬 수 있다. 다른 학생은 화면의 일련의 사진, 아이콘, 또는 단어들을 가리킨 후 음성 출력("스파게티 더 주세요")을 생성하는 하이테크 옵션을 사용할 수도 있다.

또래들과 교사들이 학생의 말장애에 대한 이해, 민감성, 수용을 보여줄 때, 그들은 아동이 경험하는 스트레스의 많은 부분을 줄이는 데 도움을 주며, 이는 특히 비유창성의 경우 문제 발생을 줄일 수 있다. 또래들과 교사들은 다음과 같이 도울 수 있다:

표 5.3 학생 의사소통 오류 사례

시험/문제지 질문	학생의 응답	추가 정보
주기율표를 사용하여, 7개의 비활성기체(noble gases)를 나열하시오.	파랑(Blue)	주기율표에서 비활성기체는 모두 파란색으로 표시되어 있음.
아래 지도를 보고, 인구 밀도가 평방마일당 100명 이상인 도시가 몇 개인지 쓰시오.	애틀랜타(Atlanta)	지도상에서 애틀랜타는 인구 밀도가 평방마일당 100명 이상으로 표시되어 있음.
개인적 상호작용(교사의 질문)	**학생의 응답**	**추가 정보**
점심시간에 복도에 있는 학생에게 교사가 묻는다: "어디 가는 중이니?"	"허, 도서관이요(Duh, to the library)."	해당 학생은 점심시간에 도서관을 갈 수 있는 복도 통행증이 있음. 그러나 교사는 이 정보를 모름. 화용(Pragmatics) 문제: 학생은 다른 또래의 언어 습관('Duh')을 모방하려 했으나, 그것이 무례하게 들릴 수 있다는 것을 인식하지 못함.

- 학생이 의사소통에 어려움을 겪고 있을 때 눈을 돌리기보다는 눈맞춤을 유지하기
- 학생을 방해하거나 그녀를 위해 문장을 끝내기보다는 그녀가 문장이나 생각을 끝낼 때까지 기다리기
- 학생이 수용받는다고 느끼도록 존중하고 지지적인 환경 제공하기

언어장애가 있는 학생들도 언어재활사와 함께 일하는 것에서 도움을 받을 수 있지만, 그들은 표현, 수용, 그리고 화용언어 목적을 강조하는 언어치료(말치료 대신)를 받는다. 종종 이러한 목적들은 학생들이 공유되는 정보를 이해할 수 있도록(수용언어) 또는 자신의 생각을 더 잘 전달할 수 있도록(표현언어) 어휘와 문법 또는 청각적 이해를 개선하는 것과 같은 기술에 초점을 맞춘다. 이러한 기술들은 노트를 작성하기 위해 주요 아이디어를 판별하거나, 질문을 이해하고 답하거나, 파트너나 소그룹과 잘 의사소통하거나, 사회 활동에 참여하는 것과 같은 일반적인 교실 상황과 일치한다. 언어치료를 받는 언어 손상이 있는 영어 학습자들에 대해 염두에 둘 점은 중재가 보통 영어로 이루어진다는 것이다. 당연히, 후속적인 표현 또는 수용언어 개선은 영어에서만 발생한다. 결과적으로, 그들의 모국어 기술은 시간이 지남에 따라 감소할 수 있다.

언어재활사는 또한 필요하다고 생각하지 않을 수도 있는 영역에서 명시적 교수(explicit instruction)를 제공할 수도 있다. 예를 들어, 언어장애가 있는 학생들은 종종 신체 언어나 표정을 해석하는 데 어려움을 겪기 때문에, 그들은 이러한 유형의 비언어적 의사소통을 올바르게 해석하는 방법을 가르침 받을 필요가 있다. 더 나아가, 은유, 유추, 및 비유적 표현(예: couch potato, time flies: "couch potato"는 소파에 앉아서 TV만 보는 사람 또는 게으름뱅이를 의미

그림 5.8 해결책: 말장애

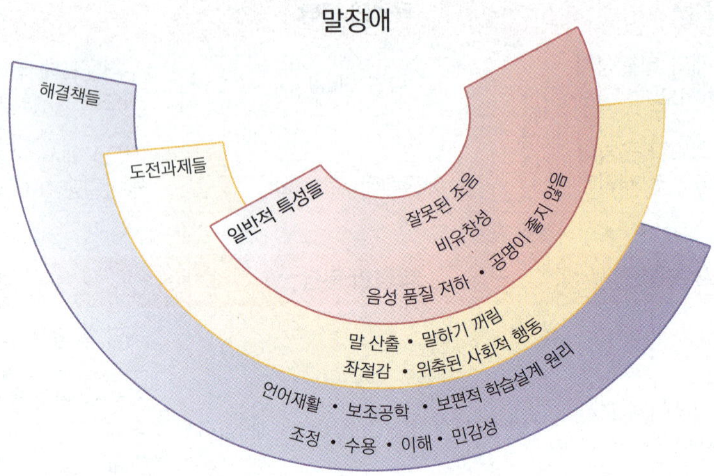

하고, "time flies"는 시간이 빨리 간다는 뜻)을 사용하고 이해하는 것은 학생들이 그것들을 문자 그대로 해석할 수 있기 때문에 도전적일 수 있다. 언어재활사의 작업을 강화하기 위해, 교사들은 언어의 이러한 개념적으로 어려운 측면들에 대한 교육을 자신들의 교실 수업에 통합할 수 있다.

학급교사들은 말-언어장애가 있는 학생들을 여러 방법으로 지원할 수 있다. 시작하기 위해, 교사들은 제2장에서 배운 보편적 학습설계 원리를 통합하고 차별화교수 기법을 사용할 수 있다. 지식을 보여주는 다양한 옵션들—연설을 해야 하는 것보다는—은 자신의 조음 문제에 대해 자의식을 갖는 학생들뿐만 아니라, 자신의 생각을 말로 표현하는 데 어려움을 겪는 표현언어 문제가 있는 학생들에게 대안을 제공할 것이다. 또한, 학급교사들은 일반교육 환경에서 해야 하는 조정을 포함하여 학생들의 개별화교육계획(IEP)에 포함된 정보에 대해 알고 있어야 한다.

조정

- 말장애가 있는 학생들은 종종 자신을 표현하는 데 도움이 되는 조정을 필요로 한다.
- 말장애가 있는 학생들과 대조적으로, 언어 손상이 있는 학생들은 수용언어와 화용론을 다루기 위한 추가적인 지원이 필요할 수 있다.

앞서 배웠듯이, 말장애가 있는 학생들은 종종 조음, 유창성, 음성에 어려움을 경험한다. 자신을 표현하는 데 어려움 때문에, 이러한 학생들은 종종 수업에 참여하거나 말하기를 꺼리거나 교실 안팎에서 또래들과 상호작용하기를 꺼린다. 교실에서 학생들의 성공을 촉진하기 위해, 교사들은 과제를 완료하거나 수업에서 의사소통하기 위해 아래와 같은 반응 조정의 사용을 허용할 수 있다:

- 과제에 대한 대안적 반응. 학생이 정보를 구두로 발표해야 하는 프로젝트가 배정될 때, 교사는 학생이 정보를 발표하기 위해 대안적 방법(예: 슬라이드쇼 발표)을 사용하도록 허용할 수 있다.

그림 5.9 해결책: 말장애

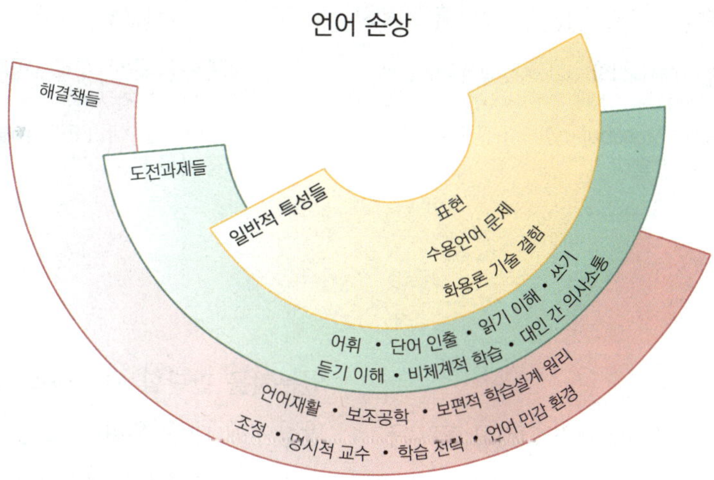

- 보완대체의사소통(AAC). 심각한 말 문제가 있는 학생들은 의사소통을 위해 구어 이외의 다른 방법인 AAC를 사용할 수 있다. AAC가 아이디어, 생각, 필요를 의사소통하기 위해 몸짓, 쓰기, 그림, 또는 기호를 사용하는 것을 포함할 수 있지만, 이러한 학생들은 종종 그림 의사소통 판, 기호 의사소통 판, 전자 기기(이 장 뒷부분에서 논의됨)와 같은 보완 기기를 사용한다.

언어 손상이 있는 학생들은 생각이나 정보를 전달하고, 제시되는 정보(예: 학업 내용, 지시사항)를 이해하며, 다양한 사회적 맥락에서 언어를 적절하게 사용하는 데 어려움을 겪는다. 그들은 종종 학업적 요구나 기대와 관련된 도전에 직면한다: 듣기 과제, 어휘, 단어 인출, 읽기 이해, 수업 토론, 쓰기, 그리고 사회적 기술. 표현언어와 수용언어와 관련된 문제를 해결하는 데 도움을 주기 위해, 교사들은 아래에 기술되고 표 5.4에도 나열된 것과 같은 여러 조정을 제공할 수 있다.

- 시각 자료. 언어 손상이 있는 학생들은 종종 핵심 요점을 판별하는 데 어려움을 겪기 때문에, 교사는 무엇이 중요한지에 대해 학생들의 주의를 집중시키기 위해 시각적 단서(예: 강조 표시, 굵은 글꼴)를 사용할 수 있다. 단어를 인출하거나 생각을 정리하는 데 어려움이 있는 학생들을 위해, 교사들은 또한 그들이 자신의 아이디어를 표현하기 위해 삽화와 같은 시각 자료를 사용하도록 허용할 수 있다.
- 언어적 반복, 단순화, 그리고 단서. 이러한 학생들은 구두로 제시되는 정보를 이해하는 데 어려움을 겪기 때문에, 교사는 학생들이 핵심 요점을 판별하고 중요한 정보에 주의를 기울이도록 돕기 위해 정보를 반복하고, 지시사항을 단순화하며, 언어적 단서를 제공할 수 있다.

조기중재

- 말-언어장애의 첫 징후는 걸음마 아동이나 취학 전 아동이 일반적인 발달 이정표를 달성하지 못할

표 5.4 언어 손상이 있는 학생들을 위해 자주 사용되는 조정의 예

제시 방식	환경 세팅	반응	시간 조정
• 사전 조직자(Advance organizers) • 디지털 텍스트(Digital text) • 어휘 미리보기(Previewing vocabulary) • 핵심 정보 또는 지시사항 반복 • 단순화된 지시 • 언어적 단서 제공 • 시각적 단서 제공	• 대체 환경 • 선호 좌석 배치	• 대체 반응 옵션 (AAC 포함) • 그래픽 조직자 사용 • 충분한 응답 대기 시간 제공 • 시각 자료 활용	• 시간 연장 • 시각적 일정표

때 나타난다.

- 부모와의 협력, 언어 풍부한 환경, 그리고 조기 음운 인식 훈련을 포함하는 양질의 조기중재 서비스는 언어장애의 영향을 줄일 수 있다.

판별

연령 관련 발달 이정표는 아동이 말-언어장애를 가지고 있는지를 판단하는 데 도움이 되도록 사용될 수 있다. 각 장애를 별도로 고려해보자.

그림 5.10이 보여주듯이, 말소리의 올바른 산출은 시간이 지남에 따라 발달하므로, 어린 나이에는 발달적으로 정상인 조음 오류가 나중에는 받아들여지지 않을 수 있다. 예를 들어, 차트는 대부분의 아동들이 2세경에 /k/ 소리를 내기 시작하고 일반적으로 4세까지 그 소리를 숙달한다는 것을 보여준다. 따라서 3세 아동이 /k/ 소리와 관련하여 조음 어려움을 갖는 것은 정상이지만, 그 아동이 5세에도 여전히 /k/ 소리를 낼 수 없다면 우려할 만한 이유가 될 것이다. 마찬가지로, 어린 아동들(6세 미만)이 특히 흥미진진하거나, 스트레스를 받거나, 흔하지 않은 상황에서 높은 비율의 비유창성을 보이는 것은 정상이다. 그러나 말더듬증은 취학 전체 아동의 75%는 결국 회복될 것이므로, 성인들은 말장애가 있는지를 판단할 때 아동의 나이를 고려해야 한다. 말장애에 대한 우려는 조음이나 유창성 오류가 지속적으로 연령에 부적절할 때만 정당화된다.

말소리와 마찬가지로, 언어 기술도 아동의 초기 몇 년 동안 체계적 순서로 발달한다. 이 시기의 언어 지체는 장애의 일반적인 지표이다. 표 5.5는 수용언어와 표현언어의 일반적인 발달 이정표를 보여준다. 언어 손상이 있는 아동들은 일반적인 이정표에서 기술을 보이지 않을 것이며(즉, 대신 늦게, 더 큰 나이에 보일 것이며) 같은 연령의 또래들보다 더 낮은 수행을 보인다. 이러한 아동들은:

- 첫 50개 단어를 습득하거나 단어들을 구문으로 결합하는 데 느리다.
- 또래들보다 적은 단어를 이해한다.
- 이해 기술이 부족하다.
- 의사소통할 때 적은 몸짓을 사용한다.

지체됨에 더하여, 언어장애가 있는 아동들은 또한 단절적인 언어 기술을 보인다(예: "Matt과 Spencer가 미끄럼틀에서 놀고 있다" 대신 "그 남자아이, 그리고 그가, 그들이 거기 간다"). 이러한 언어적 어려움은 아동이 자신의 요구나 좌절감을 표현하는 능력에 부정적인 영향을 미쳐, 보호자 및 다른 성인들이 이를 파

교사를 위한 팁 말-언어장애 학생 지원 방법

표현 언어(Expressive Language) 어려움 지원

- 학생이 모호한 어휘를 사용할 때 명확히 설명해 달라고 요청한다.
- 학생이 새 어휘를 사용하고 학습 중인 개념을 토의할 수 있는 기회를 마련한다.
- 학생이 수업 외 시간에도 새로운 어휘를 사용하도록 격려한다.
- 학생이 문법이나 어휘를 잘못 사용했을 때, 올바른 언어를 모델링하여 보여준다.
- 단어 찾기에 어려움이 있는 학생에게는 충분한 대기 시간을 제공한다.

수용 언어(Receptive Language) 어려움 지원

- 학생이 반응이 없을 때는 지시를 다시 표현하거나, 학생이 혼란스러워할 때는 설명을 바꿔서 전달한다.
- 필요하다면 지시를 반복한다.
- 한 단계 지시부터 시작하여 점차 여러 단계 지시로 확장한다.
- 지시를 줄 때 물리적 단서를 제공한다(예: 열어야 할 책을 들어 보이기 등).
- 학생에게 "이해했니?"라고 묻는 대신 다음 중 하나를 시도한다:
  - 지시를 다시 말하게 한다.
  - 내용을 자신의 말로 재진술하게 한다.
  - 무엇을 해야 하는지 직접 보여주게 한다.
  - 문제를 한두 개 풀고 교사에게 확인받게 한다.
- 활동 중 학생을 짝지어 상호 지원과 이해를 돕는다.
- 학생이 이해하지 못할 때 이를 스스로 인식하고, 어떻게 말로 표현할 수 있는지 가르친다.

화용(Pragmatics) 어려움 지원

- 표정과 몸짓 해석 방법을 지도하고 연습시킨다.
- 특정 사회적 상황에서 사용할 수 있는 대본화된 반응을 가르친다.
- 또래, 형제자매, 권위 있는 어른 등 상대에 따라 기대되는 다양한 의사소통 방식을 언제, 어떻게 사용하는지 가르친다.
- 학생이 문자 그대로 받아들일 수 있으므로, 풍자나 빈정거림(sarcasm) 사용을 피한다.

악하고 적절히 대응하는 데 어려움을 초래한다. 당연히, 말이 늦은 걸음마 아동들—12개월까지 첫 단어를 말하지 않았거나 30개월까지 50개 단어 어휘를 습득하지 못한 아동들—은 일반적으로 발달하는 또래들보다 심한 떼쓰기를 할 가능성이 더 높다. 이러한 떼쓰기는 "끔찍한 두 살"의 성장 통과기보다 더 빈번하고, 극단적이며, 비전형적이다.

제4장에서 기억하듯이 IDEA는 9세 미만의 아동들이 특정 장애로 분류되거나—또는 잘못 분류되지—않고 발달지체 범주하에서 특수교육 서비스

그림 5.10 샌더(Sander)의 차트: 90%의 아동이 특정 음소를 정확히 산출하는 연령

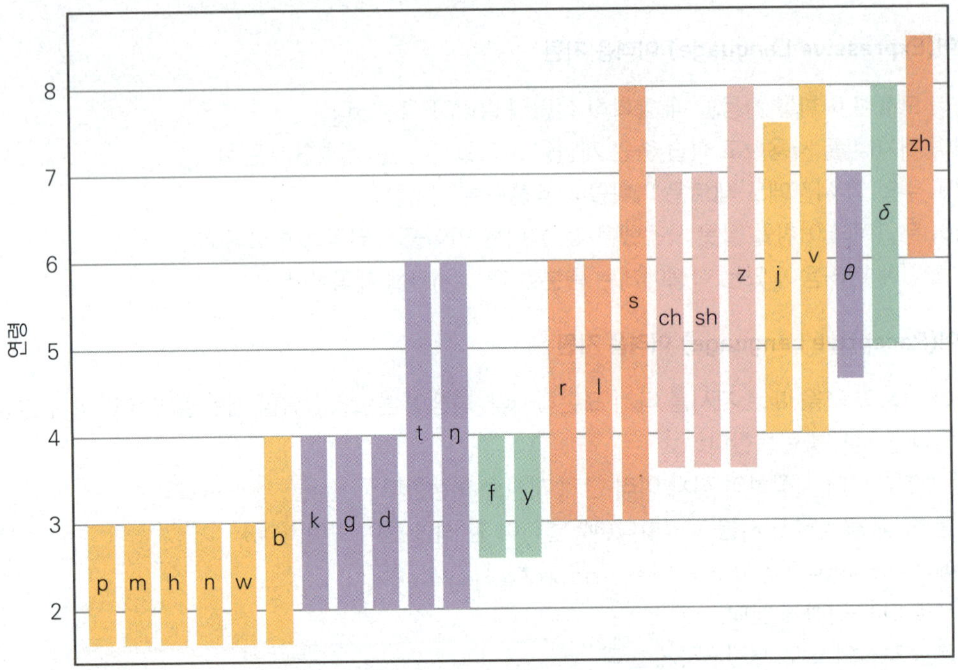

주석: 관례적 자음 산출의 평균 연령 추정치 및 상한 연령. 각 음소에 해당하는 실선 막대는 관례적 조음의 중위 연령(막대 시작점)에서 시작하여, 90%의 아동이 해당 음소를 정확히 산출하는 연령(막대 종료점)까지 표시된다.
음성 기호 설명: θ: 무성 치간 마찰음 (예: bathroom의 /th/ 소리), ð: 유성 치간 마찰음 (예: feather의 /th/ 소리), ŋ: 연구개 비음 (예: singing의 /ing/ 소리), ʒ: 유성 후치경 마찰음 (예: measure 또는 vision의 중간 자음 소리)

출처: Sander(1972), p. 62. © 미국언어청각협회(ASHA). 허가를 받고 재인용.

를 받을 자격을 갖도록 허용한다. 결과적으로, 언어 지체를 보이는 아동들이 항상 말-언어장애 범주에 포함되는 것은 아닐 수 있다.

조기중재 서비스

조기 말-언어 중재는 종종 부모와의 협력으로 아동의 가정에서 제공된다. 언어재활사는 어린 아동과 직접 작업하면서 동시에 부모들이 일상 활동(놀이시간, 식사, 목욕, 취침시간) 동안 실행할 수 있는 기법들을 시연할 수 있다. 부모들은 놀이 중에 모르는 단어를 가르치는 것("이 얼룩말을 봐[박제 얼룩말 장난감을 들어 올리며]—줄무늬가 있어")과 같은 여러 방법으로 아동의 어휘를 증가시킬 수 있다. 부모들은 또한 질문하고, 반응을 강화하며, 언어화를 확장하도록 격려함으로써 아동들의 표현언어 발달을 촉진할 수 있다:

> 부모(박제 얼룩말 장난감을 들어 올리며): 여기 동물 친구가 있어! 이게 어떤 동물이지?
> 아동: ㄷㅡ(Dee).
> 부모: 맞아, 얼룩말이야. "얼룩말"이라고 말할 수 있어?
> 아동: 디.
> 부모(얼룩말로 아동의 목 아래를 간지럽히며): 이 얼룩말이 너를 좋아해! "얼-룩-말"이라고 말할 수 있어?
> 아동(웃으며): 디-아.

표 5.5 언어 습득 기술

연령 (개월)	수용언어	표현언어
7-12	• 일반적인 단어 이해 (컵, 공, 개) • 이름, 간단한 구문에 반응 (안 돼, 이리 와)	• 양육자 이름 말하기 (엄마, 아빠) • 간단한 몸짓 하기 (안 돼라고 머리 흔들기, 안아달라고 팔 들기)
15	• 몸짓과 함께하는 간단한 지시 따르기 ("공 줘"라고 하며 공을 받기 위해 손 내밀기) • 명명될 때 친숙한 물체 보기	• 양육자 이름 외에 한두 개의 추가 단어나 부분 단어 말하기 (공을 위해 바) • 필요를 나타내기 위해 물체 가리키기
18	• 몸짓 없이 한 단계 지시 따르기 ("공 줘")	• 엄마나 아빠 외에 세 개 이상의 단어 말하기
24	• 책의 항목 그림 가리키기 ("달이 어디 있지?")	• 두 단어 결합 사용 ("주스 더") • 짧은 질문하기 ("엄마 어디?")
30	• 두 단계 지시 따르기 ("가서 공 가져 와서 나에게 던져") • 최소 한 색깔 인식, 요청될 때 가리킬 수 있음	• 50개 난어 말하기 • 대략 200개 단어 이해 • 두 단어 결합에 동사 추가하기 ("아빠 뛰기")
36	• 새로운 단어를 빠르게 습득	• 세 단어 결합 사용 ("주스 더 주세요") • 일부 전치사 사용 (안에, 위에, 아래에)

출처: 미국 언어-청각 협회(American Speech-Language-Hearing Association)(n.d.-a); 질병통제예방센터(Centers for Disease Control and Prevention)(n.d.).

옹알이에 대한 아동의 발성이 이 상호작용 동안 단일 소리(ㄷ-)에서 두 음절 발화(디-아)로 증가했다는 것에 주목하라. 반복적인 연습을 통해, 아동의 발성은 실제 단어에 더 가까워질 것이다. 그리고 그림 5.10의 샌더(Sander) 차트를 확인해보면, /z/ 소리는 아동들이 더 나이가 들어서 숙달하는 더 어려운 소리 중 하나라는 것을 알 수 있으므로, 양육자와 교사들은 조음 문제가 정당화되는지를 판단하기 위해 항상 아동의 나이를 발달 이정표와 상호 참조해야 한다.

효과적인 유아교육 교사들은 어린 아동들이 탐색하고, 아이디어를 교환하며, 친숙하고 새로운 장난감과 물체들과 상호작용할 기회를 갖는 언어 풍부한 환경을 개발한다. 취학 전은 담당하는 좋은 교사들은 언어 발달을 모든 수업에 통합하고 학생들이 말하도록 동기를 부여하는 흥미로운 활동에 참여시킨다. 이러한 교사들은 또한 사회적 기술을 개선하고 후속적인 부정적 또래 상호작용을 줄이는 화용론에서 명시적 교수(explicit instruction)를 제공한다. 마지막으로, 그들은 일상적인 읽기와 언어 활동을 통해 초기 음운 인식 기술을 구축한다. 교사들은 다음을 통해 아동들의 언어 발달을 지원할 수 있다:

- 아동들이 사회적 상호작용에서 사용할 어휘를 구체적으로 가르치고 모델링하기(예: 역할놀이나 극놀이를 위한 의사, 식료품, 미용실, 놀이터 상호작용을 위한 미끄럼틀과 그네)
- 아동들이 그것들을 요청하기 위해 자신의 말을 사용해야 하도록 일부 재료나 장난감을 손이 닿지 않는 곳에 두기
- 바보 같은 상황을 설정하고(예: 코트를 거꾸로 입

기) 아동들이 그것을 고치는 방법을 설명하게 하기
- 아동들에게 질문한 다음 그들의 답을 확장하고, 원하는 언어를 모델링하기(위의 부모 예시와 유사함)
- 아동들이 자신의 이름의 각 "부분"(음절)에 대해 박수치거나 노래에서 운율 단어를 연습하는 단어 게임하기

학령기

- 학습 전략은 학생이 더 효과적으로 학습할 수 있도록 가르치는 방법이다.
- 교사가 의사소통의 단절을 인식하고 교실 내 장벽을 적극적으로 줄이기 위해 노력하면, 많은 언어 관련 문제를 예방하거나 완화할 수 있다.

앞서 언급했듯, 언어장애가 있는 학생은 어휘력이 부족하거나 긴 문장, 복잡한 문장을 따라가는 데 어려움을 겪어 읽기 이해에 문제가 생길 수 있다. 때로는 자신이 방금 읽은 내용을 이해하지 못했다는 사실조차 인식하지 못하기도 한다. 어휘를 명시적으로 가르치되, 사전에서 정의를 베껴 쓰는 수동적 과제가 아니라, 학생이 용어와 적극적으로 상호작용할 수 있는 방식으로 지도하면 읽기 이해력이 향상될 수 있다.

학생에게 형태소 분석이나 문맥 단서 활용 등, 모르는 단어의 의미를 추론할 수 있는 다양한 이해 전략을 가르치는 것도 효과적이다. 단어와 개념 간의 연결을 보여주고, 주제에 대해 토론하거나 글쓰기를 할 기회를 제공하는 것도 도움이 된다.

특히 언어장애 학생에게 효과적인 증거기반실제(EBP) 중 하나는 학습 전략을 가르치는 것이다. 학습 전략은 정보를 습득하기 위한 명확하고 구체적인 메타인지적 절차를 제공하여, 학생이 기존에 사용하던 비조직적이거나 비효율적인 방법을 대체할 수 있게 한다. 학습 전략의 큰 장점은 장애학생뿐 아니라 모든 학생에게 도움이 된다는 것이다. 협력적 전략적 읽기(Collaborative Strategic Reading, CSR)는 학생의 읽기 이해력을 향상시키는 대표적 학습 전략이다.

교사들은 또한 잠재적인 의사소통 단절을 사전에 판별하고 예방함으로써, 언어 손상이 만드는 일부 도전들을 다룰 수 있다. "유아기" 섹션에서, 언어가 풍부한 취학 전 환경을 만드는 방법을 배웠다. 마찬가지로, 나이가 많은 학생들과 함께 일하는 교사들은 언어 발달을 촉진하고, 학생들의 언어 요구를 지원하며, 잠재적인 의사소통 함정을 예방하는 언어 민감 환경(language-sensitive environments)을 만들 수 있다. 언어 민감 환경을 만들 때, 효과적인 교사들은:

- 직접적인 어휘 교육을 제공한다.
- 자신의 교육 언어를 학생들의 이해 능력에 맞춘다.
- 학생들의 요구에 기반하여 교육을 조정, 수정, 그리고 보충한다(예: 많은 양의 정보를 더 작은 섹션으로 나누기; 시각적 단서 추가하기).
- 학생들의 경험과 문화에 연결된 관련 예시를 사용한다.
- 요점을 설명하기 위해 다양한 예시를 제공한다.
- 중요한 개념과 지시사항을 반복하거나 다시 표현한다.
- 구체적인 지시어를 사용한다("지리책 105페이지를 펴라" 대신 단지 "오늘 단원으로 책을 펴라"라고 하지 않음).

연구기반실제에 관한 심층적 탐구 **협력적 전략적 읽기(Collaborative Strategic Reading, CSR)**

협력적 전략적 읽기(CSR)는 학생이 협동학습 소그룹(3~5명의 다양한 능력의 학생으로 구성)에서 읽기 이해 전략을 활용하는 접근법이다. 주요 목적은 교과서와 같은 설명문(expository text) 읽기 이해력 향상이다. CSR은 학생이 글을 읽기 전, 읽는 중, 읽은 후에 사용할 수 있는 네 가지 전략으로 구성된다.

1. 미리보기(Preview)

글을 읽기 전에, 학생은 주제와 관련해 자신이 알고 있는 모든 것을 적고, 이를 소그룹에서 공유한다. 그다음, 텍스트를 훑어보고, 앞으로 배우게 될 내용에 대해 예측을 적고, 이를 또래와 나눈다.

2. 클릭과 클렁크(Click and Clunk)

글을 읽는 동안, 학생은 자신이 읽고 있는 내용을 이해하는지 스스로 점검한다. 이해가 잘 되는 부분(클릭)은 계속 읽고, 어려운 어휘나 이해가 되지 않는 부분(클렁크)을 만나면 멈춰서 다음과 같은 보완 전략(fix-up strategies) 중 하나 이상을 사용해 의미를 파악한다.

- 문장을 다시 읽고, 클렁크에 대한 동의어를 찾아본다.
- 해당 문장, 앞뒤 문장을 다시 읽으며 단서를 찾는다.
- 접두사나 접미사를 활용해 의미를 추론한다.
- 클렁크를 더 작은 단어로 나누어 본다.

3. 요점 파악(Get the gist)

역시 읽는 중에, 학생은 글의 주요 내용을 파악하고 10단어 이내로 요약해 본다.

4. 마무리(Wrap up)

글을 다 읽은 후, 학생은 질문을 만들고 답을 작성한다. 이어서 자신이 배운 내용을 글로 요약하고, 이를 또래와 공유한다.

이러한 같은 워크시트는 학생이 네 가지 전략을 순서대로 적용할 수 있도록 안내하며, 학습 결과를 구체적으로 기록할 수 있게 해준다.

- 간접적인 표현을 피한다("이해했니?" 대신 "숙제 과제를 완료하는 방법을 이해했니?"라고 말함).

표 5.3의 학생 의사소통 오류 예시들을 다시 살펴보자. 학생의 언어 손상 문제에 민감한 교사는 의사소통 단절의 가능성을 인식하고 표 5.6에서 보여주듯이 그에 따라 반응할 것이다.

전환교육

- 학습 기술 교육은 학생들을 대학에 준비시키기 위해 고등학교 또는 그 이전에 이루어져야 한다.
- 자기옹호 기술(self-advocacy skills)도 중요하며 학생들의 개별화전환교육계획(ITP)에 포함되어야 한다.

연구기반실제에 관한 심층적 탐구 **협력적 전략적 읽기(Collaborative Strategic Reading, CSR)**

CSR 학습 로그

주제: 생태계 ____________ 날짜: 03/10/XX

<table>
<tr><td rowspan="2">읽기 전</td><td rowspan="2">미리보기</td><td colspan="3">1. 나는 이 주제에 대해 이미 무엇을 알고 있는가:
√ 생태계는 환경이다.

2. 나는 무엇을 배울 것이라고 생각하는가:
√ 나는 사막과 열대 우림에 대해 무언가를 배울 것이다.</td></tr>
<tr></tr>
<tr><td rowspan="2">읽는 동안</td><td rowspan="2">줄기와 단서</td><td>첫 번째 섹션</td><td>두 번째 섹션</td><td>세 번째 섹션</td></tr>
<tr><td>• 줄기: 조화 - 서로 평화롭게 함께
• 단서: 생태계의 모든 부분은 서로 의존한다</td><td>• 줄기: 상호의존성-서로 의존함
• 단서: 생태계는 손상될 수 있다</td><td>줄기:
단서:</td></tr>
<tr><td>읽기 후</td><td>마무리</td><td colspan="3">지문의 중요한 아이디어에 대한 질문들:
1. 생태계란 무엇인가?
2. 생태계의 일부가 손상되면 어떤 일이 일어나는가?
3. 나는 무엇을 배웠는가:
√ 생태계를 돌봐야 한다.</td></tr>
</table>

언어 손상이 있는 학생들은 비체계적 학습자이며 핵심 정보나 관련 요점을 판별하는 데 어려움을 겪는다는 것을 기억하라. 그러한 특성들은 대학에서의 학업 성공에 훨씬 더 큰 도전을 만들 수 있다. 이러한 학생들은 학습 기술 교육에서 도움을 받을 수 있다. 학생들이 여러 영역에서 어려움을 겪을 수 있는 것처럼, 그러한 영역의 문제들을 다루기 위해 다양한 전략들이 사용될 수 있다.

그러나 언어장애가 있는 학생들은 이러한 전략을 스스로 습득하지 못하며, 사실 대부분의 학생들도 마찬가지다. 교사는 학습 전략을 명확하게 가르치고, 학생들의 사용을 지속적으로 관찰하며, 장기적으로 전략이 유지되고 활용될 수 있도록 교정적 피드백을 제공해야 한다.

학습 전략 지도는 필수적이며, 중·고등학교 학업 성과를 높이고 미래 대학 진학을 준비하기 위해 가능한 한 이른 시기에 시작하는 것이 가장 효과적이다. 학업 내용을 배우는 것이 학습 전략 향상의 궁극적 목적이지만, 학생들은 또한 대학 입학 요건과 장학금 자격을 위해 적절한 학점 평균을 유지하는 것의 중요성도 이해해야 한다.

장애학생은 대학에 진학할 때 IDEA가 보장하는 동일한 권리와 보호를 받지 못하므로, 자기옹호(self-advocacy)라는 기술을 배워야 한다. 이를 효과적으로 수행하려면 자신의 장애와 강점, 그리고 지원이 필요한 영역을 이해해야 한다. 가장 기본적으

표 5.6 학생 의사소통 오류에 대한 잠재적 교사 반응

시험/학습지 질문	학생 응답	추가 정보	가능한 교사 반응
주기율표를 사용하여 7개의 귀족(비활성) 기체를 나열하시오.	파란색	주기율표에서 귀족 기체들은 모두 파란색으로 표시되어 있다.	학생과 후속 조치를 취하고 "이 답을 어떻게 얻었니?"라고 묻는다. 그런 다음 질문의 문구를 검토하고 학생의 반응이 어떻게 그것에 답하지 못했는지 설명한다.
아래 지도를 보시오. 1제곱마일당 100명 이상의 인구 밀도를 가진 도시는 몇 개인가?	애틀랜타	지도에서 애틀랜타는 1제곱마일당 100명 이상의 인구 밀도를 가진 것으로 표시되어 있다.	
개인적 상호작용	학생 응답	추가 정보	가능한 교사 반응
점심시간에 복도에 있는 학생에게 교사가 질문한다: "어디 가는 거니?"	"당연히 도서관이죠."	학생은 점심시간에 도서관에 갈 수 있는 복도 통행증을 가지고 있지만 교사가 이러한 배경 지식이 없다는 것을 깨닫지 못한다. 화용론 문제: 학생은 다른 학생들의 "당연히"라는 표현을 모방하려고 하지만, 이것이 권위자에게 부적절한 응답이라는 것을 인식하지 못한다.	교사가 그들이 도서관에 갈 허가를 받았다는 것을 알지 못할 것이라는 것을 깨닫는 데 필요한 추론 단계를 통해 학생을 차분히 안내한다. 그들의 반응이 왜 부적절했는지 설명한다.

로, 학생은 자신의 장애를 "인정"해야 하며, 이는 오랜 시간 동안 또래에게 장애를 숨겨왔던 학생들에게는 어려운 일일 수 있다. 학생은 장애가 자신에게 어떤 영향을 미치는지 인식하고, 대학에서 필요로 할 수 있는 수업 조정에 익숙해져야 한다. 대부분의 대학에는 장애학생 지원센터가 있지만, 많은 학생들이 이러한 서비스를 충분히 활용하지 않는다. 상담사와의 상담을 소홀히 하거나, 조정 요청을 하지 않거나, 조정이 가능함에도 사용하지 않으며, 교수에게 자신의 장애를 알리지 않는 경우가 많다. 다행히도, 고등학교 시절 자기옹호를 배우고, 자신의 수업 및 미래 계획에 적극적으로 참여한 학생들은 대학에서 더 성공적이다. 이러한 기술 개발은 개별화 전환 계획(ITP)에 반드시 포함되어야 한다.

부모 및 가족

- 보호자는 종종 언어 및 말 발달지체를 가장 먼저 인지하는 사람들이다.
- 학교와 가족 간의 협력은 학생의 전반적 성과를 향상시킨다.

수용 및 표현 언어 발달 이정표를 달성하지 못하는 것은 말 또는 언어 발달지체의 초기 징후 중 일부임을 기억해야 한다. 소아과 의사는 일반적으로 각 건강검진에서 부모에게 연령에 맞는 기술이나 행동에 대해 질문하여 이러한 발달 이정표를 확인한다. 예를 들어, 9개월 검진에서는 아이가 안아 달라고 팔을 드는지 묻고, 1년 검진에서는 아이가 보호자를 부르는 이름(예: 엄마, 아빠, 할머니 등)을 묻는다. 우려가 있을 경우, 소아과 의사는 조기중재 서비스

다음과 같은 어려움이 있는 학생들은...	다음을 사용하는 것에서 도움을 받을 수 있다...
수용언어 (듣거나 읽은 정보를 처리하고 중요한 정보와 뒷받침하는 세부사항을 구분하기)	그래픽 조직자 이해 전략 (CSR과 같은) 노트 작성 전략
표현언어 (정보 설명하기)	쓰기 전략
정보 기억하기 또는 회상하기	니모닉(기억술)
조직화와 시간 관리	조직화 기법 시간 관리 전략

를 위한 추가 평가를 의뢰할 수 있다. 동시에 부모는 질병통제예방센터(CDC)에서 온라인으로 제공하는 발달 체크리스트나 양육서, 혹은 형제자매를 키우며 얻은 경험을 통해 이정표를 이미 알고 있을 수 있다. 이런 경우, 부모가 자신의 영유아가 발달지체를 보인다는 사실을 가장 먼저 인지하게 된다. 부모는 이러한 우려를 아이와 관련된 다른 성인(예: 보육교사, 유치원 교사 등)과 상의해 의견을 구한 뒤, 의사에게 전달할 수 있다. 이러한 우려는 반드시 적절히 고려되어야 하며, 무시되어서는 안 된다. 불행히도 많은 부모가 "조금 기다리면 따라잡을 것"이라는 말을 듣고, 아이가 언어 치료를 받을 수 있었던 시기를 놓친 것을 후회한다.

앞서 배운 바와 같이, 조기중재 서비스는 종종 아이의 가정에서 이루어지며, 가족 구성원은 일상생활에 언어 및 말 기술 발달을 지원하는 활동을 통합한다. 이러한 보호자 기반 중재는 아동의 단기 및 장기 결과를 향상시키는 데 효과적임이 입증되었다. 그러나 가족 구성원은 일반적으로 전략을 잘 배우고 실행하기 위해 교육과 지속적인 코칭이 필요하다. 중재는 가족의 문화와 일상에 맞게 조정되고, 가족에게 가치가 있을 때 더 성공적이다. 예를 들어, 부모는 식사 시간에 아이가 원하는 음식의 이름을 말하도록 격려하는 언어 활동을 통합할 수 있다. 비록 처음 소리나 첫 음절만 말하더라도 말이다. 이러한 상황에서 아이의 말이 향상되는 것은 부모에게 가치가 있다. 왜냐하면 아이가 손가락질하거나 칭얼거리는 대신 말로 요청할 수 있기 때문이다. 결과적으로, 부모는 매일 30분씩 조음 연습을 하는 것처럼 일상에 쉽게 맞지 않는 활동보다 이러한 활동에 더 적극적으로 참여할 가능성이 높다. 전문가도 가족 구성원으로부터 지속적인 피드백을 받아 중재가 도움이 되고 효과적인지 확인하고, 필요에 따라 조정해야 한다.

학령기 동안에도 가족의 역할은 계속 중요하다. 언어장애는 학생의 일상생활 여러 측면에 영향을 미치지만, 항상 인식되지 않기 때문에 오해가 어른들의 반응에 영향을 줄 수 있다. 예를 들어, 아이가 집에서 지시를 따르지 않아 문제를 일으킬 수 있지만, 부모는 아이의 작업기억 문제로 인해 두세 단계 지시(예: "식탁을 차리고, 동생을 저녁 먹으라고 부르고, 손을 씻으러 가라")를 수행하는 데 어려움이 있다는 것을 인식하지 못할 수 있다. 교육 전문가와의 긍정적이고 지속적인 소통은 부모가 아이가 어려움을 겪는 이유를 이해하고, 가정에서 지원할 수 있는 방안을 찾는 데 도움이 된다. 마찬가지로, 부모는 종종 교사보다 더 빨리 학업 문제를 인지하기도 한다. 예를 들어, 학생이 집에서 "선생님이 너무 빨리 말해서 필기를 다 못 하겠어요"라고 불평할 때, 부모는 아이가 선생님의 모든 말을 다 적으려 한다는 것을 알아챈다. 작업기억 문제로 인해 아이가 그렇게 하는 것이 어렵고, 실제 문제는 아이가 적어야 할 주요 아이디어와 세부 사항을 판별하고 선택하지 못한다는 것이다. 부모는 교사와 대화를 시작하는 데 편안함을 느껴야 하며, 학교와 긍정적인 관계를 유지하고 모든 당사자가 팀으로 협력하여 아이를 지원할 때 대화를 시작할 가능성이 높다.

부모와 가족 역시 말-언어장애의 사회적·심리적 영향을 다루는 데 있어 중요한 협력자이다. 예를 들어, 말을 더듬는 아동과 청소년은 사회적 상황에서 주목받는 것에 대한 상당한 불안과 두려움을 경험한다. 이러한 학생들은 평가받을 수 있는 상황을 회피하는 경향이 있으며, 말을 더듬지 않는 학생들에 비해 학교 출석률이 낮은 경우가 많다. 가족은 자녀가 학교와 관련된 상황에서 불안을 느낄 때 나타나는 행동 신호(예: 질문에 손을 들지 않음, 소그룹 활동에서 소극적임 등)를 교사에게 알려줄 필요가 있다. 어떤 경우에는 아동이 교사에게는 말하지 못하는 따돌림이나 또래 거부와 같은 문제를 가족에게 털어놓기도 한다. 또래들은 해당 아동이 의사소통이나 사회적 기술이 부족하다는 사실은 인지하지만, 그 원인을 이해하지 못할 수 있다. 그 결과, 좌절감을 느끼고 언어장애가 있는 아동과 어울리거나 사회적 관계를 맺는 것을 피할 수 있다. 전문상담교사와 학교심리사는 IEP팀의 일원으로서 학생의 정신건강 지원에 필요한 서비스를 제공할 수 있다.

팬데믹의 영향

코로나19 팬데믹은 아동의 보육 및 학교 접근을 방해하여, 언어가 풍부한 환경에 노출될 기회와 또래 및 성인과의 놀이·상호작용 기회를 제한했다. 전자기기 사용 시간이 증가하고, 또래와의 대면 놀이가 불가능해지면서, 영유아는 적절한 대인관계 기술을 연습하고, 몸짓 등 비언어적 신호를 이해할 기회가 줄어들었다. 마스크 착용은 영유아가 사회적 의사소통(화용)의 핵심인 표정 학습에 방해가 되었고, 나이가 더 많은 아동 역시 상점, 놀이터, 공원 등에서 자연스럽게 표정을 관찰하고 해석하는 경험이 줄었다. 교사들은 학생의 주의를 끌기 위해 사회적 거리두기 또는 비대면 방식의 새로운 전략을 개발해야 했다. 등교가 재개된 후에도 많은 아동·청소년이 사회적 상황에서 어색하게 행동할까 봐 걱정을 표했다.

전 세계적으로 부모, 소아과 의사, 아동 발달 전문가, 교육자들은 이러한 고립이 언어·발화 기술을 포함한 발달 이정표에 미치는 영향에 대해 우려를 표명했다. 초기 연구 결과는 많은 영유아에게서 언어 및 말 발달이 느려졌음을 확인했다. 이 교재 집필 시점에서 팬데믹이 학생의 언어, 말, 사회적 의사소통에 미치는 장기적 영향은 불확실하지만, 팬데믹 이전보다 더 많은 지체와 어려움이 관찰될 가능성이 높다. 평가 시, 이러한 지체가 팬데믹에 기인한 것인지, 아니면 장애의 징후인지를 구분할 필요가 있다. 교사와 부모가 학생의 진전과 우려 사항을 공유하고, 언어가 풍부한 환경과 지원을 제공하기 위해 협력하는 등, 학교-가정 간의 파트너십은 그 어느 때보다 중요하다.

사람과 상황

학습 목표

말-언어장애인의 일반적 오해를 이해한다.

기원과 역사

- 말-언어장애 학생을 위한 서비스는 원래 주로 조음(발음) 장애에 초점을 맞췄으나, 이후 언어장애까지 포괄하도록 발전해왔다.
- 오늘날 언어치료는 대부분의 말 또는 언어장애 학생이 일반교육 교실에서 성공할 수 있도록 지원하는 관련 서비스로 제공된다.

기원전 1000년 이전의 기록에 따르면, 말 또는 언어에 문제가 있는 사람들은 종종 "어릿광대"나 오락거리로 간주되었다. 예를 들어, 로마 제국 시기에는 장애인이 로마의 주요 도로였던 아피아 가(Appian Way) 변의 우리에 전시되어 지나가는 사람들의 구경거리가 되었다. 가족들은 Balbus Balaesus(라틴어로 '말더듬이'라는 뜻)라는 말을 더듬는 사람을 보기 위해 일부러 나들이를 계획하기도 했으며, 우리에 동전을 던지면 그가 말을 하려고 애쓰는 모습을 구경했다.

1800년대 중반, 프랑스 교육자 클로디우스 셰르뱅(Claudius Chervin)은 초기 언어중재 활동을 시작했다. 그는 한 학생의 말더듬을 성공적으로 개선했고, 이후 말더듬 치료 연구를 지속하여 1867년 파리에 말더듬 연구소(Institute of Stammering)를 설립했다. 미국에서는 20세기 초에 말-언어장애 학생을 위한 전문 서비스의 기초가 마련되었다. 당시에는 "언어 교정(speech correction)"이 학교가 아닌 클리닉에서 제공되었다. 최초의 학교 기반 프로그램은 1910년 시카고 공립학교에서 말을 더듬는 아동을 돕기 위해 순회교사를 고용하면서 시작되었다. 1913년, 뉴욕시 교육감은 말장애 아동을 위한 언어훈련 프로그램을 시작했다. 이듬해, 스마일리 블랜턴(Smiley Blanton)은 위스콘신대학교에 최초의 대학 언어클리닉을 열었다. 1925년에는 소수의 전문가들이 아이디어와 연구를 공유하기 위해 미국 언어교정학회(American Academy for Speech Correction, 현 미국 언어-청각 협회)를 창립했다.

1950~60년대에는 SLP(언어재활사, 당시에는 speech therapist[말치료사] 또는 speech clinician[말임상가]으로 불림)들이 학교에서 교사 지원 및 학생·가족 직접 서비스를 제공했다. 이 시기 SLP의 주 업무는 조음 문제 학생과의 소그룹 지도였으며, SLP 1인당 주당 200명 이상의 아동을 하루 30분씩 지도하는 경우도 많았다. 당시 통념상, 중증 언어 및 인지 문제 학생은 치료로부터 발달적 이득을 얻지 못한다고 여겨져 SLP 서비스를 받지 못하는 경우가 많았다.

1975년 이후, 복합적 언어 및 말 문제를 가진 학생이 공립학교에 더 많이 진학하면서 SLP의 역할이 변화했다. IDEA는 SLP를 관련 서비스 제공자로 규정하였고, SLP는 학습장애, 지적장애, 자폐스펙트럼장애 등 더 다양한 장애학생과 일하게 되었다. 이에 따라 미국 언어-청각 협회(ASHA)는 이 전문가들을 speech-language pathologist(말-언어병리사: 한국에서는 언어재활사가 공식 명칭임)로 명명하여, 보다 폭넓은 서비스 제공 범위를 반영했다. 대부분의 교사가 언어발달에 대한 준비가 부족했기 때문에, SLP는 중증 언어 문제 학생에게 적절한 교육을 제공하는데 더 큰 역할을 맡게 되었다.

서비스 제공 모델이 발전함에 따라, SLP는 현재 다양한 환경에서 폭넓은 서비스를 제공한다(4장에서 다룸). SLP는 영유아에게는 가정이나 클리닉에서 서비스를 제공하고, 부모에게는 가정에서 언어 및 말 발달을 지원할 수 있는 방법을 안내한다. 학령기 학생에게는 학업 및 학교 생활에서의 의사소통 기술 향상을 위한 연속적 서비스를 제공한다. 각 학생의 IEP 팀은 필요한 서비스 강도, 언어치료 목적, 최소제한환경(LRE) 등을 함께 고려한다. SLP 서비스는 아래의 사항들을 제공한다:

- 협의/협력적—교사와 언어재활사가 일반교육 환경에서 개별 학생의 요구를 충족시키기 위해 함께 작업한다.
- 교실 기반—언어재활사가 일반교육 환경에서 개별 학생들과 함께 또는 말-언어장애가 있을 수도 있고 없을 수도 있는 다른 학생들과의 소그룹으로 작업한다.
- 분리형—언어재활사가 일반교육 교실에서 떨어진 장소(예: 언어재활사 사무실, 도서관)에서 학생과 작업한다.

개인 이야기

- 청취자들은 누군가가 의사소통 어려움을 보일 때 인내심을 갖고 존중해야 한다.
- 교사들과 또래들은 간단하고 존중하는 방법으로 말-언어장애가 있는 학생들을 지원할 수 있다.

사람들은 어떤 사람의 말장애—특히 느리고 힘든 말이나 잘못된 조음—를 지적 손상이나 인지 쇠퇴의 징후라고 잘못 생각하고 이러한 개인들을 능력이 감소된 것처럼 대할 수 있다. 다른 사람들은 그 사람이 불안하거나 스트레스를 받고 있다고 가정하고 진정하거나, 심호흡을 하거나, 더 천천히 말하라고 조언할 수 있는데, 이는 도움이 되지 않는다.

많은 장애에 대한 대중의 인식은 부분적으로 개인들이 미디어에서 읽거나 보는 것에 기반한다. 그런 점에서, 좋은 미디어 묘사는 대중의 인식을 증가시킬 수 있는 반면, 나쁜 묘사는 오해를 만들 수 있다. 다행히도, 영화 「킹스 스피치」는 말더듬에 대한 대중의 이해를 증가시키는 데 긍정적인 진전을 만들었다. 실제로, 존 핸드릭슨(John Hendrickson)이 조 바이든(Joe Biden) 대통령과 그의 아내 질 바이든(Jill Biden) 박사와 말더듬에 대한 인터뷰를 진행했을 때, 둘 다 그 영화가 그들에게 준 감정적 영향을 언급했다.

사라 솔로몬(Sara Solomon)은 조지 W. 부시 대통령, 테네시 주 하원, 탁월한 특수아동협의회(Council for Exceptional Children), 블랙 엔터프라이즈(Black Enterprise) 매거진, 기업가 정신 연구소(Institute of Entrepreneurship) 등으로부터 인정받은 뛰어난 업적을 가진 영재 여성이다. 사라는 뇌성마비(CP)를 앓고 있는데, 이에 대해서는 11장에서 더 자세히 다룬다. 뇌성마비는 일반적으로 출생 시 또는 출생 전후에 발생한 뇌 손상으로 인해 걷기, 쓰기, 또는 언어 음성 형성에 필요한 근육 조절 능력에 장애를 초래할 수 있다. 사라는 대학과 의대 강의에 자주 초청되어 자신의 경험을 공유함으로써 미래의 교사와 의료진이 장애인을 더 잘 교육하고 돌볼 수 있도록 돕고 있다. 그녀가 아래에 제시한 많은 제안들은 말-언어장애 학생뿐만 아니라, 다른 유형의 장애를 가진 학생들에게도 적용될 수 있다.

영상 속에서 **킹스 스피치(The King's Speech)**

이 영화에서, 조지 6세 왕은 당시 비정통적이라고 여겨졌던 기법을 사용한 언어재활사 라이오넬 로그(Lionel Logue)와 함께 자신의 말더듬을 극복하기 위해 노력한다. 영화에서, 조지 왕의 최고 성취는 영국이 제2차 세계 대전에 참전하면서 생방송 라디오 연설을 전달한 것이었다.

미래 전망

학습 목표

의학과 기술의 발전이 말-언어장애가 있는 사람들의 결과를 어떻게 개선하고 있는지 이해한다.

예방: 의학적 및 환경적 중재

- 말장애의 많은 원인들이 의학적 중재를 통해 예방되거나 복구될 수 있다.
- 산전 엽산 보충제, 중이염의 신속한 치료, 유아기의 증가된 언어 자극과 같은 예방적 조치들이 언어 손상의 영향을 줄이거나 제거할 수 있다.

말장애는 호흡 또는 말 기제나 조음기관의 손상을 포함한 많은 상태로부터 발생할 수 있다. 예를 들어, 구개열—입천장의 개방—은 과도한 공기와 음파가 비강을 통해 흐르도록 하여, 비성 소리와 s, z와 같은 말소리를 산출하는 데 어려움을 초래한다. 윗입술의 두 쪽이 연결되지 않는 구순열도 일부 말소리를 형성할 수 없게 한다. 일반적으로 척추이분증과 기타 신경관 결함의 위험을 줄이기 위해 복용하는 산전 엽산 보충제는 구개열과 구순열의 발생률을 25-50% 줄일 수 있다. 이러한 상태가 발생할 때, 성형외과의, 치과의, 언어재활사, 그리고 다른 전문가들이 함께 작업하여 학생들이 결과적인 조음 문제와 미용적 문제를 극복하도록 돕는다. 구순열 수술은 8-12주 된 아동에게 시행될 수 있다. 외과의들은 구강과 비강 사이의 틈을 닫음으로써 구개열을 복구할 수 있다. 이 수술은 종종 단어를 형성하기 시작하기 전인 9-12개월 된 아동에게 시행된다. 그러나 일부 연구자들은 구개열이 단어 발달의 전구체인 초기 옹알이를 방해하므로 더 어린 나이에서의 수술을 옹호한다.

언어 손상은 부상, 유전적 상태, 청각 손상, 질병, 그리고 초기 언어 자극의 부족을 포함한 많은 원인을 갖는다. 일부 경우는 예방될 수 있다. 예를 들어, 실어증과 같은 상태를 일으킬 수 있는 뇌손상의 일부 사례는 자전거 타기나 스케이트 타기와 같은 활동 중에 적절한 헬멧을 착용함으로써 예방될 수 있다. 다른 경우에서는, 유전적 기반의 언어장애가 뇌 발달과 후속적인 언어 발달 능력에 영향을 미칠 수 있다. 흥미롭게도, 구순열과 구개열의 발생률을 줄이는 동일한 산전 엽산 보충제가 신경학적 이익을 가질 수 있다. 최근 연구에서, 임신 중에 어머니가 엽산 보충제를 복용한 아동들은 보충제를 복용하지 않았거나 엽산이 없는 보충제를 복용한 어머니의 아동들보다 3세에 심한 언어지체의 발생률이 절반이었다.

손상된 청력과 후속적인 언어를 듣고, 모방하고,

사라(Sara)의 제안

10. 유연하게 대처하라! 모든 일이 항상 계획대로 진행되지는 않는다. 조정하고, 수용하며, 다른 방법을 시도하라.
9. 도움이 되어라! 내가 필요로 하는 것이 무엇인지 항상 물어보고, 그다음에 진짜로 도와라!
8. 책임감을 가져라! 내가 교육 보조인을 둔다고 해서 그 사람이 너의 일을 대신한다고 생각하지 마라. 네가 바로 교사다!
7. 배려심을 가져라! 내가 보조인을 둔다고 해서 그 사람이 내 생각을 읽을 수 있는 것은 아니다. 꼭 나에게 물어라!
6. 인내심을 가져라! 내가 외국어를 하는 것처럼 들릴 수 있지만, 네가 하는 말을 다 이해하지 못한다는 뜻은 아니다. 내가 말하는 게 이해되지 않으면 다시 물어봐라(아마 여러 번 물어봐야 할 수도 있다).
5. 신경 써라! 내가 사용하는 모든 장비는 실제로 필요하다. 필요할 때 내가 쉽게 접근할 수 있도록 해라.
4. 통합하라! 모든 일에 나를 포함시켜라.
3. 함께하라! IEP 회의에 참석할 때는 내 강점과 필요를 실제로 이해할 수 있을 만큼 충분히 머물러라. 단지 부족한 부분만 보는 것이 아니다.
2. 소통하라! 나와 소통하고 나를 알아가라! 나는 단지 네 반의 장애 학생 그 이상이다!
1. 자신감을 가져라! 나에게 높은 기대를 가져라. 나는 그 기대에 부응할 것이다.

복제할 수 없는 능력은 또한 정상적인 언어 발달에 부정적으로 영향을 미칠 수 있다. 많은 영아, 걸음마 아동, 그리고 어린 아동들이 감기나 목 아픔과 같은 일반적인 발생으로 인해 야기될 수 있는 중이 감염인 만성 중이염을 앓는다. 일시적이지만, 이 상태는 핵심적인 발달 기간 동안 다른 사람들의 언어를 듣고 모방하는 그들의 능력에 영향을 미칠 수 있으며 언어 발달의 어려움을 초래할 수 있다. 그러나 증상을 보이는 아동들의 신중한 모니터링과 귀 감염이 발생했을 때의 즉각적인 의학적 관심은 관련된 언어 지체를 예방할 수 있다.

마지막으로, 다른 종류의 비의학적 예방은 증가된 부모 인식과 훈련을 포함한다. 가정 환경에서의 초기 언어 노출의 질과 양은 아동의 언어 발달에 크게 영향을 미칠 수 있다. 불충분한 언어 노출과 자극은 언어지체를 초래할 수 있다. 예를 들어, 일부 아동들은 종종 혼자 남겨지고, 정기적으로 말을 걸어지지 않거나, 자주 책을 읽어주지 않는다. 일부는 의사소통하려고 시도할 때 무시당하거나 부모가 그들의 말하기를 성가신 것으로 여겨 말하는 것에 대해 벌을 받기도 한다. 이러한 아동들 중 다수가 말할 이유도, 이야기할 것도, 공유할 경험도 거의 없다. 그러한 언어 결핍 환경에서 자란 아동들은 말-언어 지체를 보인다. 그러나 부모들이 아동의 가장 이르고 가장 중요한 언어 모델을 제공하므로, 언어 풍부한 환경과 기타 긍정적인 양육 행동의 중요성과 실행에 대한 부모 훈련은 그러한 불행한 결과를 예방할 수 있는 효과적인 조치이다.

사라(Sara)의 기술 지원

나는 경직성 사지마비 뇌성마비를 가지고 있다. 뇌성마비는 운동 기술에 영향을 미치며 나에게는 소근육과 대근육 기술뿐만 아니라 먹기, 삼키기, 말하기와 관련된 구강 운동 기술도 포함되었다. 나는 먹는 것을 좋아했고 할 말이 많았기 때문에 이것은 나에게 정말 문제였다. 내가 매우 어렸을 때 단어와 소리를 발달시키기 시작했을 때, 나의 수용언어가 표현언어를 훨씬 초과한다는 것이 분명해졌다. 그때 우리 엄마와 치료사들이 정말로 나의 의사소통 기술에 초점을 맞추기 시작했다. 그들은 선택을 하기 위해 매우 간단한 물체를 가리키는 것부터 시작해서, 그림 선택이나 선호를 판별하기 위해 간단한 사진을 사용하는 것, 그림 카드로 가득 찬 큰 책들까지 모든 것을 했다. 우리는 모든 것에 대한 카드와 사진을 가지고 있었다. 하지만 이 책들은 들고 다니기 힘들어지기 시작했다.

수화는 의사소통을 위한 훌륭한 선택이었다. 나의 비언어적 수화 어휘는 수백 개의 단어로 빠르게 늘어났고, 이런 방식으로 내 원하는 것과 필요를 충족시키는 것은 훌륭했다. 자신이 의사소통하고 있다는 것을 인식할 때 그것은 강력한 것이다. 하지만 나의 소근육 기술이 따라가지 못했기 때문에 내 수화는 나에게 다소 독특했다. 나는 정말로 사람들이 내가 구두로 말하는 것도 이해하기를 원했다. 나의 구강 운동 손상이 정말로 내 조음에 영향을 미쳤다. 소리를 형성하기 위해 입술을 붙일 수 없을 때 명확하게 말하기는 어렵다.

그래서 취학 전에 나는 많은 보완 기기 중 첫 번째인 AlphaSmart를 얻었다. 취학 전부터 대학까지 나는 내 구어를 보완하는 데 도움이 된 여러 보완 기기들(예: Delta Talker, Liberator™)을 가져왔다. 이 기기들은 수년에 걸쳐 더욱 정교해졌다. 기술이 변화함에 따라 내 기기들도 변한다. 이 기기들은 나로 하여금 급우들, 친구들, 가족, 그리고 지역사회에서 자유롭게 의사소통할 수 있게 해주었다. 나는 여전히 나 자신을 표현하기 위해 구어를 선호하지만, 그 도구가 간단한 사진이나 물체이든 복잡한 장비이든 관계없이 나와 같은 사람들이 의사소통하도록 도와주는 도구들을 갖는 것은 훌륭하다.

기술: 의사소통 개선

- 보조공학(assistive technology)은 말을 사용하여 자신을 표현할 수 없는 학생들의 표현언어 요구를 지원하는 데 사용될 수 있다.
- 조음, 조직화, 쓰기와 같은 기술을 돕는 다양한 앱을 이용할 수 있다.

일반적으로, 말장애가 있는 개인들은 언어 손상이 있는 사람들과는 다른 기술적 지원을 필요로 한다. 보완대체의사소통(AAC) 기기는 말을 통해 의사소통할 수 없는 개인들에게 대안을 제공한다. AAC는 저기술과 고기술 기기를 모두 포함한다. 의사소통 판은 저기술 기기의 예이며, 자주 사용되는 물건들(예: 장난감, 책), 구문들(예: "제발", "고마워"), 또는 필요들(예: 배고픔, 화장실)을 나타내는 그림들을 포함한다. 아동은 요구나 욕구를 의사소통하기 위해 그림을 가리킬 수 있다. 이와 대조적으로, 고기술 기기인 음성 합성기는 스스로 말할 수 없는 학생들을 위해 실제로 말소리와 단어들을 산출할 수 있다. 음성 합성기는 교사의 질문에 대한 즉각적인 응답부터 전체 연설이나 발표를 프로그래밍하는 것까지 모든 것에 사용될 수 있다. 앞서 만났던 사라 솔로몬은 평생에

그림 5.11 컴퓨터 앱으로 개발된 속성 웹

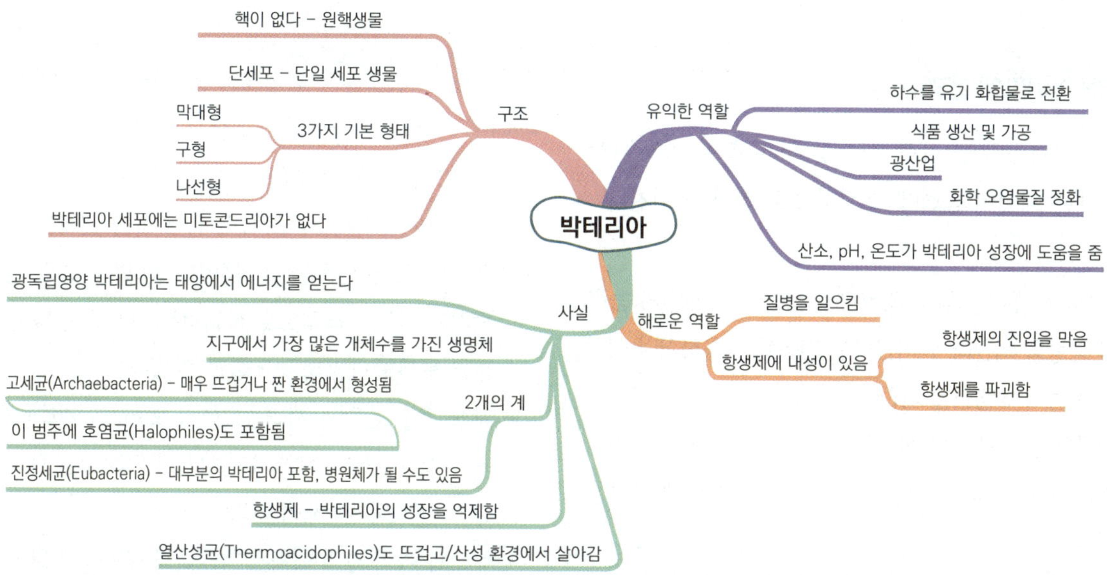

걸쳐 저기술과 고기술 기기를 모두 사용해왔다. 아래에서, 그녀는 자신의 발달하는 의사소통 기술이 수년에 걸쳐 AAC 기기 선택에 어떻게 영향을 미쳤는지에 대해 논의한다.

사라가 나열한 고려사항들에 더하여, 부모와 교사들은 보조공학 기기를 선택할 때 아동의 신체적 기술과 나이도 고려해야 한다. 일부 기기들은 누르기 위해 일정 수준의 손가락 힘을 요구하는 버튼을 가지고 있고, 다른 것들은 힘이 거의 들지 않거나 전혀 들지 않지만 더 큰 손가락 민첩성을 요구하는 터치스크린을 사용한다. 어린 아동들은 지저분하고 음식이 묻은 작은 손가락은 말할 것도 없고, 긁힘, 떨어뜨림, 엎지름을 견딜 수 있는 견고한 기술을 필요로 한다.

스마트폰과 태블릿을 위한 수많은 앱들이 말-언어장애가 있는 학생들에게 추가적인 지원을 제공할 수 있다. 이러한 앱들은 조음 개선부터 쓰기 과제를 돕는 텍스트 음성 변환 애플리케이션까지(아래에서 더 자세히) 다양한 기능을 제공한다. 앱을 선택할 때, 부모와 교사들은 앱의 목적, 그것이 학생의 의사소통 필요를 어떻게 지원할 수 있는지, 그 기능들, 그리고 리뷰와 평점과 같은 요소들을 고려해야 한다. 언어재활사들과 다른 부모들로부터의 추천과 피드백이 도움이 될 수 있다. 그리고 앱이 배우기 쉽고 유용한지를 판단하기 위해 짧은 기간 동안 시범 운영되어야 한다.

언어장애가 있는 학생들은 일반적으로 표현언어, 어휘, 그리고 생각 조직화에 어려움을 겪기 때문에, 쓰기 과제는 도전이 될 수 있다. 일부 앱들은 속성 웹, 개념 지도, 그리고 기타 시각적 지원과 같은 그래픽 조직자를 만드는 것을 도울 수 있다. 이러한 앱들을 사용하는 학생은 쓰기 과제를 더 잘 조직하거나 정보를 기억하는 능력을 향상시킬 수 있다. 그림 5.11의 속성 웹은 생물학 시험을 위해 공부하기 위해 고등학교 1학년 학생이 개발한 것이다.

요약

말-언어장애 설명

말-언어장애는 다른 사람들과 효과적으로 의사소통하는 개인의 능력에 부정적으로 영향을 미친다.

- 말장애는 말소리를 물리적으로 산출하는 개인의 능력에 영향을 미친다. 언어장애는 언어를 사용하거나 이해하는 능력에 영향을 미친다.
- 말장애는 조음, 유창성, 음성의 문제를 포함한다. 언어 손상은 형식, 내용, 사용 영역에서 의사소통에 영향을 미친다.
- 말장애는 학업적 어려움을 일으키지 않지만, 사회적 및 자존감 문제 발생은 일반적이다. 언어장애의 특성은 표현언어와 수용언어 어려움뿐만 아니라, 화용론 기술 결함을 포함한다.
- 주요 장애와 이차 장애를 모두 고려할 때, 다른 어떤 유형의 장애보다도 더 많은 아동들이 말-언어장애를 가지고 있다. 언어 어려움이 학교 수행에 부정적으로 영향을 미치므로, 많은 학령기 아동들이 학습장애 범주하에서 특수교육 서비스를 받을 자격을 갖게 된다.

특수교육

말-언어장애가 있는 학생들의 대다수는 일반교육 교실에서 교육을 받고 관련서비스로서 언어재활을 제공받는다.

- 언어재활사(SLP)는 핵심 영역에서 명시적 교육을 제공하며, 학급교사들은 장애의 영향을 줄이기 위한 추가적인 지원을 제공할 수 있다.
- 말장애가 있는 학생들은 종종 언어 손상이 있는 학생들과는 다른 조정을 필요로 한다.
- 말-언어장애의 첫 징후는 걸음마 아동과 취학 전 아동이 일반적인 발달 이정표를 달성하지 못할 때 나타난다. 다행히도, 양질의 조기중재 서비스는 이러한 장애의 영향을 줄일 수 있다.
- 언어 기반 기술을 가르치기 위해 학습 전략을 사용하고, 의사소통 단절을 인식하며, 교실에서 언어 장벽을 줄이기 위해 적극적으로 작업하는 교사들은 많은 언어 관련 문제를 예방하거나 줄일 수 있다.
- 학습 기술 전략과 자기옹호(self-advocacy)에 대한 교육은 학생들을 대학에 준비시키기 위해 고등학교 또는 그 이전에 이루어져야 한다.
- 학교와 가족 간의 협력은 학생들의 전반적인 결과를 향상시킨다.

사람과 상황

- 말-언어장애가 있는 학생들을 위한 서비스는 원래 주로 조음장애에 초점을 맞췄지만 언어 손상을 다루기 위해 발전했다.
- 오늘날, 언어재활은 말-언어장애가 있는 대부분의 학생들이 일반교육 교실에서의 성공을 지원하기 위해 받는 관련서비스이다.
- 청취자들은 누군가가 의사소통 어려움을 보일 때 인내심을 갖고 존중해야 한다.
- 교사들과 또래들은 간단하고 존중하는 방법으로 말-언어장애가 있는 학생들을 지원할 수 있다.

미래 전망

의학적 발전은 일부 유형의 상태를 예방하고 의사소통을 방해하는 신체적 문제를 복구할 수 있다. 기술적 발전은 말-언어장애가 있는 학생들의 의사소통을 향상시킬 수 있다.

- 또한, 부모의 인식과 훈련은 언어 자극을 증가시키고

언어 손상의 영향을 줄이거나 제거할 수 있다.

- 보조공학은 심각한 말장애가 있는 학생들의 표현언어 요구를 지원하는 데 사용될 수 있다.
- 조음, 조직화, 쓰기와 같은 기술을 지원하는 다양한 앱들이 이용 가능하다.

참고문헌

Akamoglu, Y., & Dinnebeil, L. (2015). Coaching parents to use naturalistic language and communicationstrategies. *Young Exceptional Children* , 20 (1), 41–50.

Allen, M. M., Ukrainetz, T. A., & Carswell, A. L. (2012). The narrative language performance of three types of at-risk first-grade readers. *Language, Speech, and Hearing Services in Schools , 43*, 205–221.

American Psychiatric Association. (2013). *Diagnostic and statistical manual of mental disorders* (5th ed.).

American-Speech-Language-Hearing Association (ASHA). (n.d.-a). *How does your child hear and talk?* https://www.asha.org/public/speech/development/chart/

American-Speech-Language-Hearing Association (ASHA). (n.d.-b). *Social language use (pragmatics).* www.asha.org/public/speech/development/Pragmatics/

American-Speech-Language-Hearing Association (ASHA). (n.d.-c). *Stuttering: Causes and number.* www.asha.org/public/speech/disorders/StutteringCauses.htm

American Speech-Hearing-Language Association (ASHA). (1993). Definitions of communication disorders and variations, *ASHA , 5* (Suppl. 10), 40-41.

American Speech-Hearing-Language Association (ASHA). (2008). *Cleft lip and palate.* https://www.asha.org/practice-portal/clinical-topics/cleft-lip-and-palate/

American Speech-Hearing-Language Association (ASHA). (2012). *Quick facts*. www.asha.org/quickfacts.htm

Anderson, N. B., & Shames, G. H. (2011). *Human communication disorders: An introduction* (8th ed.). Pearson Education.

Bakken, J. P., & Whedon, C. K. (2002). Teaching text structure to improve reading comprehension. *Intervention in School and Clinic , 37* , 229–233.

Bauman-Waengler, J. (2016). *Articulatory and phonological impairments: A clinical focus* (5th ed.). Pearson Education.

Bauman-Waengler, J. (2020). *Articulation and phonology in speech sound disorders* (6th ed.) . Pearson Education.

Bedore, L. M., Peña, E. D., Fiestas, C., & Lugo-Neris, M. J. (2020). Language and literacy together: Supporting grammatical development in dual language learners with risk for language and learning difficulties. *Language, Speech, and Hearing Services in Schools , 51* , 282–207.

Beech, M. (2018). *Accommodations: Assisting students with disabilities* (4th ed.). Bureau of Exceptional Education and Student Services, Florida Department of Education. https://www.fldoe.org/core/fileparse.php/7690/urlt/0070069-accomm-educator.pdf

Bernthal, J. E., & Bankson, N. W. (2004). *Articulation and phonological disorders* (5th ed.). Allyn & Bacon.

Blackorby, J., Wagner, M., Cadwallader, T., Cameto, R., Levine, P., & Marder, C., with Giacaione, P. (2002). *Behind the label: The functional implications of disability.* SRI International.

Blank, M., Rose, S. A., & Berlin, L. J. (1978). *The language of learning: The preschool years.* Grune & Stratton.

Boulineau, T., Fore, C., III, Hagan-Burke, S., & Burke, M. D. (2004). Use of story-mapping to increase the story-grammar text comprehension of elementary students with learning disabilities. *Learning Disability Quarterly, 27,* 105–121.

Brandel, J., & Loeb, D. F. (2011). Program intensity and service delivery models in the schools: SLP survey results. *Language, Speech, and Hearing Services in Schools, 42*, 461–490.

Bremer, C. D., Vaughn, S., Clapper, A. T., & Kim, A. (2002). Collaborative strategic reading (CSR): Improving secondary students' reading comprehension skills. *Improving Secondary Education and Transition Services through Research*, 1, 1–7.

Brown, J. A., & Woods, J. J. (2016). Parent-implemented communication intervention: Sequential analysis of triadic relationships. *Topics in Early Childhood Special Education, 36*(2), 115–124.

Carbone, N. (2011, May 8). Life imitates art: Colin Firth struggles to shake *King's Speech* stammer. *Time.* http://newsfeed.time.com/2011/05/08/life-imitates-art-colin-firth-struggles-to-shake-kingsspeech-stammer/

Centers for Disease Control and Prevention (CDC). (n.d.). *CDC's developmental milestones.* https://www.cdc.gov/ncbddd/actearly/milestones/index.html

Charney, S. A., Camarata, S. M., & Chern, A. (2021). Potential impact of the COVID-19 pandemic on communication and language skills in children. *Otolaryngology—Head and Neck Surgery, 165*, 1–2.

Chow, J. C., & Wehby, J. H. (2017). Profiles of problem behavior in children with varying language ability. *Journal of Emotional and Behavioral Disorders, 27,* 110–118.

Chow, J. C., & Wehby, J. H. (2018). Associations between language and problem behavior: A systematicreview and correlational meta-analysis. *Educational Psychology Review, 30*, 61–82.

Colvin, M. (2021). The impact of COVID-19 related educational disruption on children and adolescents: An interim data summary and commentary on ten considerations for neuropsychological practice. *The Clinical Neuropsychologist, 36,* 45–71.

Compton, D. L. (2002). The relationship between phonological processing, orthographic processing, and lexical development in reading-disabled children. *Journal of Special Education, 35,* 201–210.

Connor, D. J. (2012). Helping students with disabilities transition to college: 21 tips for students with LD and/or ADD/ADHD. *Teaching Exceptional Children, 44,* 17–25.

Conti-Ramsden, G., Durkin, K., Simkin, Z., & Knox, E. (2009). Specific language impairment and school outcomes. I: Identifying and explaining variability at the end of compulsory education. *International Journal of Language & Communication Disorders, 44,* 15–35.

Conture, E. G. (2001). *Stuttering: Its nature, diagnosis, and treatment.* Allyn & Bacon.

Culatta, B., & Wiig, E. H. (2006). Language disabilities in school-age children and youth. In N. B. Anderson & G. H. Shames (Eds.), *Human communication disorders: An introduction* (7th ed., pp. 352–358). Allyn & Bacon.

Cunningham, J. E., Hemmeter, M. L., & Kaiser, A. (2020). The relation between teachers' positive behavior support and language support. *Topics in Early Childhood Special Education, 40*, 131–142.

Dockrell, J. E., Lindsay, G., Connelly, V., & Mackie, C. (2007). Constraints in the production of written text in children with specific language impairments. *Exceptional Children, 73*(2), 147–164.

Donolato, E., Cardillo, R., Mammarella, I. C., & Melby-Lervig, M. (2022). Research review: Language and specific learning disorders in children and their co-occurrence with internalizing and externalizingproblems: A systematic review and meta-analysis. *Journal of Child Psychology and Psychiatry, 63*, 507–518.

Durkin, K., Simkin, Z., Knox, E., & Conti-Ramsden, G. (2009). Specific language impairment and school outcomes. II: Educational context, student satisfaction, and post-compulsory progress. *International Journal of Language & Communication Disorders, 44*, 36–55.Elleman, A. M., Oslund, E. L., Griffin, N. M., & Myers, K. E. (2019). A review of middle school vocabulary interventions: Five research-based recommendations for practice. *Language, Speech, and Hearing Services in Schools, 50*, 477–492.

Farnia, F., & Geva, E. (2019). Late-emerging developmental language disorders in English-speaking monolinguals and English-language learners: A longitudinal perspective. *Journal of Learning Disabilities, 52*, 468–479.

Farnsworth, M. (2018). Differentiating second language acquisition from specific learning disability: An observational tool assessing dual language learners' pragmatic competence. *Young Exceptional Children, 21*(2), 92–110.

Fletcher, J. M., Lyon, G. R., Barnes, M., Stuebing, K. K., Francis, D. J., Olson, R. K., . . . Shaywitz, B. A. (2002). Classifications of learning disabilities: An evidence-based evaluation. In R. Bradley, L. Danielson, & D. P. Hallahan (Eds.), *Identification of learning disabilities: Research to practice*(pp. 185–250). Erlbaum.

Fuchs, D., & Fuchs, L. S. (2005). *Response to intervention (RTI): Preventing and identifying LD*[Presentation]. Vanderbilt University.

Gámez, P. B., Griskell, H. L., Sobrevilla, Y. N., & Vazquez, M. (2019). Dual language and Englishonlylearners' expressive and receptive language skills and exposure to peers' language. *Child Development, 90*, 471–479.

Georgia Project for Assistive Technology. (n.d.). *Supporting participation in typical classroom activities for students with disabilities through the use of accommodations, modifications, and assistive technology solutions.* http://atto.buffalo.edu/registered/DecisionMaking/resourceroom-docs/GPATparticipation.pdf

Gerber, S., Brice, A., Capone, N., Fujiki, M., & Timler, G. (2012). Language use in social interactions of school-age children with language impairments: An evidence-based systematic review of treatment. *Language, Speech, and Hearing Services in Schools, 43*, 235–249.

Gleason, J. B. (2017). The development of language: An overview and a preview. In J. B. Gleason & N. B. Ratner (Eds.), *The development of language* (9th ed.). Pearson Education.

Grames, L. M. (2008). Advancing into the 21st century: Care for individuals with cleft palate or craniofacial differences. *The ASHA Leader, 13*, 10–13. http://leader.pubs.asha.org/article.aspx?articleid=2342996

Hager, E. M. (2012, July 25). For children who cannot speak, a true voice via technology. *New York Times*. www.nytimes.com/2012/07/26/technology/evolving-technology-gives-true-voices-tochildren-who-cannot-speak.html?_r=1&emc=eta1

Harwood, L., Warren, S. F., & Yoder, P. (2002). The importance of responsivity in developing contingentexchanges with beginning communicators. In J. Reichle, D. R. Beukelman, & J. C. Light (Eds.), *Exemplary practices for beginning communicators: Implications for ACC* (pp. 59–96). Brookes.

Hendrickson, J. (2020, January/February). What Joe Biden can't bring himself to say. The Atlantic. https://www.theatlantic.com/magazine/archive/2020/01/joe-biden-stutter-profile/602401/

Horton, S. V., Lovitt, T. C., & Bergerud, D. (1990). The effectiveness of graphic organizers for three classificationsof secondary students in content area classes. *Journal of Learning Disabilities, 23*, 12–22, 29.

Inspiration Software, Inc. (2012). *Inspiration®.*

Inspiration Software, Inc. (2012). *Kidspiration®.*

IRIS Center. (2006). *Improving writing performance: A strategy for writing persuasive essays.* http://iris.peabody.vanderbilt.edu/module/pow/

IRIS Center. (2008). *CSR: A reading comprehension strategy.* http://iris.peabody.vanderbilt.edu/module/csr/

IRIS Center. (2011). *Related services: Common supports for students with disabilities.* http://iris.peabody.vanderbilt.edu/module/rs/

Ives, B., & Hoy, C. (2003). Graphic organizers applied to higher-level secondary mathematics. *Learning Disabilities Practice, 18*, 36–51.

Jenkins, J. R., & O'Connor, R. E. (2002). Early identification and intervention for young children with reading/learning disabilities. In R. Bradley, L.

Danielson, & D. P. Hallahan (Eds.), *Identification of learning disabilities: Research to practice* (pp. 99–149). Erlbaum.

Jones, M. L., Menzies, R. G., Onslow, M., Lowe, R., O'Brian, S., & Packman, A. (2021). Measures of psychological impacts of stuttering in young school-age children: A systematic review. *American Speech-Language-Hearing Association, 64*, 1918–1928.

Justice, L. M. (2004). Creating language-rich preschool classroom environments. *Teaching Exceptional Children, 37*, 36–44.

Kaderavek, J. N. (2011). *Language disorders in children: Fundamental concepts of assessment and intervention*. Pearson Education.

Kan, P. F., Huang, S., Winicour, E., & Yang, J. (2020). Vocabulary growth: Dual language learners at risk for language impairment. *American Journal of Speech-Language Pathology, 29*, 1178–1195.

Klingner, J., & Eppolito, A. M. (2014). *English language learners: Differentiating between language acquisition and learning disabilities*. Council for Exceptional Children.

Klingner, J. K., Vaughn, S., Hughes, M. T., Schumm, J. S., & Elbaum, B. (1998). Outcomes for students with and without learning disabilities in inclusive classrooms. *Learning Disabilities Research & Practice, 13*(3), 153–161.

Klingner, J. K., Vaughn, S., & Schumm, J. S. (1998). Collaborative strategic reading during social studies in heterogeneous fourth-grade classrooms. *Elementary School Journal, 99*(1), 3–22.

Kuder, J. S. (2008). *Teaching students with language and communication disabilities* (3rd ed.). Pearson Education.

Lane, J. D., Gast, C. S., & Ledford, J. R. (2015). Including social opportunities during small group instruction of preschool children with social-communication delays. *Journal of Early Intervention, 37*(1), 3–22.

Larson, A. L., An, Z. G., Wood, C., Uchikoshi, Y., Cycyk, L. M., Hammer, C. S., . . . Roberts, K. (2020). Social validity in early language interventions for dual language learners: A systematic review of the literature. *Topics in Early Childhood Special Education, 40*, 39–51.

Lederer, S. H. (2018). Teaching children with language delays to say or sign more: Promises and potential pitfalls. *Young Exceptional Children, 21*(1), 7–21.

Lessow-Hurley, J. (2005). *The foundations of dual language instruction* (4th ed.). Pearson Education.

Levy, G. (2011, January 13). Stuttering versus cluttering: What's the difference? *ASHAsphere*. http://blog.asha.org/2011/01/13/stuttering-versus-cluttering-whats-the-difference/

Library of Congress. (2021). *Brayden Harrington: National Book Festival* [Video]. https://www.loc.gov/item/webcast-9932/

Manning, B. L., Roberts, M. Y., Estabrook, R., Petitclerc, A., Burns, J. L., Briggs-Gowan, M., . . . Norton, E. S. (2019). Relations between toddler expressive language and temper tantrums in a community sample. *Journal of Applied Developmental Psychology, 65*, 1–10.

Martínez-Álvarez, P. (2019). Dis/ability labels and emergent bilingual children: Current research and new possibilities to grow as bilingual and biliterate learners. *Race Ethnicity and Education*, 22, 174–193.

Matt-Landry, A., Boivin, M., Tanguay-Garneau, L., Mimeau, C., Brendgen, M., Vitaro, F., Tremblay, R. E., & Dionne, G. (2020). Children with persistent versus transient early language delay: Language, academic, and psychosocial outcomes in elementary school. *Journal of Speech, Language, and Hearing Research, 63*, 3760–3774.

Mazzotti, V. L., Test, D. W., & Mustian, A. L. (2014). Secondary transition evidence-based practices and predictors: Implications for policymakers. *Journal of Disability Policy Studies, 25*, 5–18.

Melzi, G., & Schick, A. R. (2017). Language and literacy in the school years. In J. B. Gleason & N. B. Ratner (Eds.), *The development of language* (9th ed.). Pearson Education.

Montgomery, J. W., Gillam, R. B., & Evans, J. L. (2021). A new memory perspective on the sentence comprehension deficits of school-age children with developmental language disorder: Implications for theory, assessment, and intervention. *Language, Speech, and Hearing Services in Schools, 52*, 449-465.

Moore, G. P., & Kester, D. (1953). Historical notes on speech correction in the preassociation era. *Journal of Speech and Hearing Disorders, 18*, 48-53.

National Center on Educational Outcomes. (n.d.). *Reading and students with speech or language impairments.* http://www.cehd.umn.edu/NCEO/onlinepubs/PARA/readingandspeech/index.htm

National Institute on Deafness and Other Communication Disorders. (2023, May 8). *Developmental language disorder.* https://www.nidcd.nih.gov/health/developmental-language-disorder

National Secondary Transition Technical Assistance Center. (n.d.). *Improving post-school education outcomes: Evidence-based secondary transition predictors.* www.nsttac.org/sites/default/files/assets/pdf/FactSheetEducation081909.pdf

Nippold, M. A. (2012). Different service delivery models for different communication disorders. *Language, Speech, and Hearing Services in Schools, 43*, 117-120.

Norris, J. A., & Hoffman, P. R. (2002). Phonemic awareness: A complex developmental process. *Topics in Language Disorders, 22*, 1-34.

Olswang, L. B., Coggins, T. E., & Timler, G. R. (2001). Outcome measures for school-age children with social communication problems. *Topics in Language Disorders, 21*, 50-73.

Owens, R. (2020). *Language development: An introduction* (10th ed.). Pearson Education.

Owens, R. E., Jr., & Farinella, K. A. (2019). *Introduction to communication disorders: A lifespan evidence based perspective* (6th ed.). Pearson Education.

Paul, R., & Roth, F. P. (2011). Characterizing and predicting outcomes of communication delays in infants and toddlers: Implications for clinical practice. *Language, Speech, and Hearing Services in Schools, 42*, 331-340.

Payne, K. T., & Taylor, O. L. (2006). Multicultural influences on human communication. In N. B. Anderson & G. H. Shames (Eds.), *Human communication disorders: An introduction* (7th ed., pp. 93-125). Allyn & Bacon.

Rahn, N. L., Coogle, C. G., & Storie, S. (2016). Preschool children's use of thematic vocabulary during dialogic reading and activity-based intervention. *Journal of Special Education, 50*(2), 98-108.

Ramig, P. R., & Shames, G. H. (2006). Stuttering and other disorders of fluency. In N. B. Anderson & G. H. Shames (Eds.), *Human communication disorders: An introduction* (7th ed., pp. 183-221). Allyn & Bacon.

Ratner, N. B. (2017). Atypical language development. In J. B. Gleason & N. B. Ratner (Eds.), *The development of language* (9th ed.). Pearson Education.

Redmond, S. M. (2011). Peer victimization among students with specific language impairment, attention-deficit/hyperactivity disorder, and typical development. *Language, Speech, and Hearing Services in Schools, 42*, 520-535.

Reed, V. A. (2012). *An introduction to children with language disorders* (4th ed.). Pearson Education.

Roberts, J. E., & Zeisel, S. A. (2002). *Ear infections and language development.* U.S. Department of Education and American Speech-Language-Hearing Association.

Robinson, N. B. (2003). Families: The first communication partners. In L. McCormick, D. R. Loeb, & R. L. Schiefelbusch (Eds.), *Supporting children with communication difficulties in inclusive settings: School-based language intervention.* Allyn & Bacon.

Rock, M. L. (2004). Graphic organizers: Tools to build behavioral literacy and foster emotional competency. *Intervention in School and Clinic, 40*, 10-18.

Roseberry-Mckibbin, C. (2021). Intervention for English learners with developmental language disorder: Connecting to classroom English language arts curriculum through increasing academic vocabulary skills. *Top Language Disorders, 41,* 322–332.

Roth, C., Magnus, P., Schjølberg, S., Stoltenberg, C., Surén, P., McKeague, I. W., . . . Susser, E. (2011). Folic acid supplements in pregnancy and severe language delay in children. *Journal of the American Medical Association, 306*, 1566–1573.

Salend, S. J. (2005). *Creating inclusive classrooms: Effective and reflective practices for all students* (5th ed.). Merrill/Prentice-Hall.

Salend, S. J., & Salinas, A. (2003). Language differences or learning difficulties: The work of the multidisciplinaryteam. *Teaching Exceptional Children*, 35, 35–43.

Sander, E. K. (1972). When are speech sounds learned? *Journal of Speech and Hearing Disorders,* 37, 62.

Sparks, S. D. (2022, April 8). Pandemic kids need early language support. Here's how teachers can help. *Education Week.* https://www.edweek.org/teaching-learning/pandemic-kids-need-early-language-support-heres-how-teachers-can-help/2022/04

Stanton-Chapman, T. L., & Brown, T. S. (2015). Facilitating commenting and requesting skills in 3-year-old children with disabilities. *Journal of Early Intervention, 37,* 103–118.

Starling, J., Munro, N., Togher, L., & Arciuli, J. (2012). Training secondary school teachers in instructionallanguage modification techniques to support adolescents with language impairment: A randomizedcontrolled trial. *Language, Speech, and Hearing Services in Schools, 43*, 474–495.

Stoel-Gammon, C., & Menn, L. (2017). Phonological development: Learning sounds and sound patterns.In J. B. Gleason & N. B. Ratner (Eds.), *The development of language* (9th ed.). Pearson Education.

Sunderland, L. C. (2004). Speech, language, and audiology services in public schools. *Intervention in School and Clinic, 39*, 209–217.

U.S. Department of Education. (2015). *Child count and educational environments* [IDEA Section 618 Data Products: State level data files]. http://www2.ed.gov/programs/osepidea/618-data/state-leveldata-files/index.html#bccee

U.S. Department of Education. (2022). *Child count and educational environments* [IDEA Section 618 Data Products: State level data files]. https://data.ed.gov/dataset/idea-section-618-state-part-b-child-count-and-educational-environments/resources

U.S. Department of Education, Office of Special Education Programs, Data Analysis System (DANS). (2012). *Children with disabilities receiving special education under Part B of the Individuals with Disabilities Education Act-2011.* www.ideadata.org

U.S. National Park Service. (n.d.). *A Trail of Tears Reading 3: "Every Cherokee man, woman, and child must be in motion . . . ."* https://www.nps.gov/articles/the-trail-of-tears-and-the-forced-relocation-of-thecherokee-nation-teaching-with-historic-places.htm

Utley, C. A., & Obiakor, F. (Eds.). (2001). *Special education, multicultural education, and school reform: Components of quality education for learners with mild disabilities.* Charles C Thomas.

Vaughn, S., Klingner, J. K., & Bryant, D. (2001). Collaborative strategic reading as a means to enhance peer-mediated instruction for reading comprehension and content-area learning. *Remedial and Special Education, 22*(2), 66–74.

Vaughn, S., Klingner, J. K., Swanson, E. A., Boardman, A. G., Roberts, G., Mohammed, S. S., & Stillman-Spisak, S. J. (2011). Efficacy of Collaborative Strategic Reading strategy with middle school students. *American Educational Research Journal, 48*, 938–964.

Vaughn, S., & Linan-Thompson, S. (2004). *Research-based methods of reading instruction: Grades K-3.* Association for Supervision and Curriculum Development.

Wagner, M., Newman, L., Cameto, R., Garza, N., & Levin, P. (2005). *After high school: A first look at the postschool experiences of youth with disabilities. A report from the National Longitudinal Transition Study-2*(NLTS2). SRI International.

Wehby, G. L., & Murray, J. C. (2010). Folic acid and orofacial clefts: A review of the evidence. *Oral Diseases, 16*, 11–19.

Wellman, R. L., Lewis, B. A., Freebairn, L. A., Avrich, A. A., Hansen, A. J., & Stein, C. M. (2011). Narrative ability of children with speech sound disorders and the prediction of later literacy skills. *Language, Speech, and Hearing Services in Schools, 42*, 561–579.

Wren, Y., Pagnamenta, E., Peters, T. J., Emond, A., Orthstone, K., Miller, L. L., & Roulstone, S. (2021). Educational outcomes associated with persistent speech disorder. *International Journal of Language & Communication Disorders, 56*(2), 299–312.

Windsor, K. S., Woods, J., Kaiser, A. P., Snyder, P., & Salisbury, C. (2019). Caregiver-implemented interventionfor communication and motor outcomes for infants and toddlers. *Topics in Early Childhood Special Education, 39*, 73–7.

Wright, C. A., & Kaiser, A. P. (2017). Teaching parents enhanced milieu teaching with words and signs using the Teach-Model-Coach-Review Model. *Topics in Early Childhood Special Education, 36*(4), 192–204.

Zubler, J. M., Wiggins, L. D., Macias, M. M., Whitaker, T. M., Shaw, J. S., Squires, J. K., . . . Lipkin, P. H. (2022, March). Evidence-informed milestones for developmental surveillance tools. *Pediatrics, 149*.https://publications.aap.org/pediatrics/article/149/3/e2021052138/184748/Evidence-InformedMilestones-for-Developmental

제 6 장

학습장애

옥타비아 스펜서는 영화와 TV에서의 뛰어난 연기로 가장 잘 알려진 배우다. 그녀는 연기력을 인정받아 아카데미상, 골든글로브상, 그리고 세 번의 미국배우조합상(Screen Actors Guild Awards)을 수상했다. 또한, 여러 차례 아카데미상 후보에 오른 소수의 유색인 여성 중 한 명이며, 흑인 여성 배우로는 최초로 2년 연속 아카데미상 후보에 올랐다. 대표작으로는 《A Time to Kill》, 《The Help》, 《Fruitvale Station》, 《Hidden Figures》, 《A Shape of Water》 등이 있다. 스펜서는 다수의 TV 시리즈에서도 꾸준히 주연 및 조연으로 활약해왔다. 많은 사람들이 잘 모르는 사실은, 그녀가 학습 · 읽기 장애(난독증)를 가지고 있다는 점이다. 스펜서는 자신이 어린 시절부터 읽기 장애를 겪었으며, 지금도 난독증을 가진 성인임을 공개적으로 밝히고 있다. 그녀는 자신이 남들과는 다르게 생각하며, 퍼즐을 빠르게 푸는 능력이 있다고 말한다. 또한, 자신의 학습장애 극복과 강점 발견에 동기를 부여해준 교사들에게 큰 감사를 표한다. 몽고메리(앨라배마) 공립학교에서 훌륭한 교사들을 만난 것이 자신의 인생에 큰 변화를 가져왔다고 강조한다. 이 점에서, 우리는 이 장과 전체 교재에서 준비된 교사와 학생의 요구에 민감하게 대응하는 학교의 중요성을 강조하고자 한다(이 장의 '도전과 해결책' 및 '개인 이야기' 섹션 참조).

제 6 장 학습장애

학습 목표

6.1 학습장애를 정의하고, 다양한 유형의 학습장애를 설명하며, 학습장애 학생이 보이는 특성을 인식하고, 학습장애 학생의 출현율 및 배치(교육 환경) 데이터를 시대별로 설명할 수 있다.

6.2 학습장애가 학업 성취와 대인관계 기술에 미치는 영향을 설명하고, 이러한 어려움을 완화할 수 있는 다양한 수업 조정(accommodation)을 제시하며, 유아교육 및 학급교사가 학습장애와 관련된 문제를 줄이기 위해 사용할 수 있는 방법을 재진술하고, 고등학교 시기에 가족과 학생이 성공적인 대학 진학을 위해 고려해야 할 요소를 설명할 수 있다.

6.3 학습장애 학생을 위한 교육의 역사를 설명하고, 장애학생과 그 부모를 위한 자원을 판별하며, 일반적으로 사용 가능한 기술 기기와 소프트웨어가 학습장애 학생이 흔히 겪는 읽기, 쓰기, 그리고 계산의 장벽을 어떻게 줄일 수 있는지 논의할 수 있다.

6.4 예방적 조치가 학습장애 발생률을 어떻게 줄일 수 있는지 설명하고, 새로운 기술이 학습장애와 관련된 뇌 기능을 어떻게 판별하는지 설명하며, 보조공학(assistive technology) 선택 시 고려해야 할 사항을 나열하고, 수업 조정으로 활용할 수 있는 다양한 기술의 특징을 식별할 수 있다.

학습장애 기술

학습 목표

학습장애를 정의하고, 다양한 유형의 학습장애를 기술하며, 학습장애가 있는 학생들이 보이는 특성을 인식하고, 시간에 걸친 학습장애가 있는 학생들의 출현율과 배치 자료를 설명한다.

학습장애 정의

- 학습장애가 있는 개인들은 예상치 못한 저성취를 보인다.
- 학습장애를 판별하는 두 가지 방법은 IQ-성취 불일치 모형과 중재반응모형(RTI)이다.

학습장애 설명

가장 넓은 의미에서, 학습장애(LD)가 있는 학생

표 6.1 학습장애의 정의

용어	정의	출처
특정학습장애 (Specific learning disability)	구어나 문어의 언어를 이해하거나 사용하는 데 관련된 기본적인 심리적 과정 중 하나 이상의 장애로서, 듣기, 사고, 말하기, 읽기, 쓰기, 철자, 또는 수학적 계산을 하는 불완전한 능력으로 나타날 수 있으며, 지각장애, 뇌손상, 최소뇌기능장애, 난독증, 발달성 실어증과 같은 상태들을 포함한다. 이 용어는 주로 시각, 청각, 또는 운동장애, 지적장애, 정서장애, 또는 환경적, 문화적, 또는 경제적 불이익의 결과인 학습 문제는 포함하지 않는다.	IDEA '04, 미국교육부(U.S. Department of Education)
학습장애 (Learning disabilities)	구어나 문어 언어를 이해하거나 사용하고, 수학적 계산을 하고, 움직임을 조정하거나, 주의를 향하는 능력에 영향을 미치는 장애. 학습장애는 매우 어린 아동에게 발생하지만, 장애는 보통 아동이 학령기에 도달할 때까지 인식되지 않는다.	미국국립보건원(National Institutes of Health, NIH)
특정학습장애 (Specific learning disorder)	A. 그러한 어려움을 목표로 하는 중재가 제공되었음에도 불구하고 최소 6개월 동안 지속된 다음 증상 중 적어도 하나의 존재로 나타나는 학업 기술을 학습하고 사용하는 어려움: 1. 부정확하거나 느리고 힘든 단어 읽기 2. 읽은 것의 의미를 이해하는 어려움 3. 철자의 어려움 4. 문어 표현의 어려움 5. 수 개념, 수 사실, 또는 계산을 숙달하는 어려움 6. 수학적 추론의 어려움 B. 영향받은 학업 기술이 개인의 생활연령에 대해 기대되는 것보다 실질적이고 계량적으로 낮으며, 개별적으로 실시된 표준화된 성취 측정과 포괄적인 임상 사정평가에 의해 확인되는 바와 같이 학업적 또는 직업적 수행이나 일상생활 활동에 심각한 방해를 일으킨다.	미국정신의학회(American Psychiatric Association, APA)

들은 평균 또는 평균 이상의 지능을 가지지만 예상치 못한 저성취—그들의 재능과 잠재력으로부터 예측되는 것보다 현저히 낮은 학업 수행—를 보인다. 이러한 저성취는 노력 부족, 빈약한 교육, 문화적 또는 언어적 차이, 또는 다른 외재적 영향으로 귀인될 수 없다. 학습장애에 대한 정의를 찾기 위해 표 6.1을 보고, 이 장애가 학생의 교육적 수행에 어떻게 영향을 미치는지에 대한 더 나은 이해를 얻기 위해 표 6.2를 보라.

학습장애 판별

학생은 장애인교육법(IDEA)의 특정학습장애 범주하에서 두 가지 방법으로 서비스를 받을 자격을 얻을 수 있다. 우리는 이미 첫 번째 방법을 언급했다: IQ-성취 불일치 접근법. 이 전통적인 방법에서, 학생은 잠재력 또는 능력(IQ 검사 점수로 결정됨)과 학업 성취 사이의 상당한 격차를 보여야 한다. 이 방법의 이론적 근거는 높은 잠재력을 가지지만 낮은 성취를 보이는 학생—다른 요인들로 설명될 수 없는 불일치—이 소거법에 의해 학습장애를 가진다는 것이다. 그림 6.1에서 보여주듯이, 이 접근법의 한 가지 문제는 학생들이 특수교육 서비스를 받을 자격을 갖기 위해 불일치가 충분히 커질 때까지—종종 초

표 6.2 선택된 학습장애 유형

용어	정의	출처
난독증	사람의 읽기 능력을 특별히 손상시키는 뇌 기반 유형의 학습장애. 이러한 개인들은 일반적으로 정상 지능을 가지고 있음에도 불구하고 기대되는 것보다 현저히 낮은 수준에서 읽는다. 장애는 사람마다 다르지만, 난독증이 있는 사람들 사이의 공통적인 특성은 음운 처리(소리의 조작), 철자, 그리고/또는 빠른 시각-언어적 반응의 어려움이다.	미국국립보건원(NIH)
난서증	쓰기 장애로 특징지어지는 신경학적 장애. 구체적으로, 이 장애는 사람의 쓰기를 왜곡되거나 부정확하게 만든다. 아동에게서, 이 장애는 일반적으로 그들이 쓰기에 처음 소개될 때 나타난다. 그들은 철저한 교육에도 불구하고 부적절하게 크기가 정해지고 간격이 벌어진 글자를 만들거나 틀리거나 철자가 틀린 단어를 쓴다. 이 장애가 있는 아동들은 다른 학습장애를 가질 수 있지만, 그들은 보통 사회적 또는 다른 학업적 문제는 없다.	미국국립보건원(NIH)
난산증	수를 이해하고 수학 사실을 학습하는 사람의 능력에 영향을 미치는 장애. 이러한 유형의 학습장애가 있는 개인들은 손상된 계산 기술과 수와 수학 사실을 이해하는 어려움을 보인다. 이는 기본적인 수 표상과 처리의 약점과 관련이 있으며, 이는 세기 없이 집합을 정량화하고, 간단한 수적 연산을 완료하기 위해 비언어적 과정을 사용하며, 집합의 크기를 측정하는 어려움을 초래한다.	미국학습장애협회(Learning Disabilities Association of America)

출처: American Psychiatric Association(2013); Learning Disabilities of America(2022); National Institute of Neurological Disorders and Stroke(2023a, 2023b, 2023c); U.S. Department of Education(2006), p. 1264.

등학교 3학년이나 4학년에—수년이 걸리는 경우가 많아서, 그들이 도움을 받기 전에 수년간 어려움을 겪게 한다는 것이다.

학습장애가 있는 학생들은 종종 치료 저항적 또는 교수 저항적이라고 여겨진다. 이것은 그들이 꺼리거나 배우려 하지 않는 학습자라는 뜻이 아니라, 일반교육 교사들이 일반적으로 제공하는 교육이 그들에게 효과적이지 않다는 의미이다. 이러한 특성들을 고려하여, IDEA는 또한 제2장에서 배운 중재반응모형(RTI) 과정을 학습장애가 있는 학생들을 판별하는 데 사용할 수 있도록 허용한다. 그러나 IDEA는 따라야 할 절차를 규정하지 않으므로, 일반교육과 특수교육 교사들이 자신들의 주와 지역의 지침을 검토하는 것이 중요하다.

RTI 과정이 다층지원체계(MTSS)이며 전체 선별검사로 시작한다는 것을 기억하라. 학생들은 먼저 일반교육 교실에서 진전 모니터링과 함께 양질의 교육을 받는다(1단계). 학습장애가 있는 학생들은 치료 저항적이기 때문에, 그들은 더 집중적인 서비스와 중재—최소한 2단계 동안의 표적화된 지원—를 필요로 한다. 학업적 향상을 만들기 위한 집중적이고 개별화된 지원이 3단계에서 제공된다. 진전 모니터링 자료는 과정 전반에 걸쳐, 각 단계에서 수집되며, 데이터기반 교육적 의사결정을 내리는 데 사용된다. 일부 학생들은 전체 선별검사 동안 너무 낮은 수행을 보여서 3단계 서비스가 즉시 필요할 수 있

그림 6.1 수행 격차의 확대

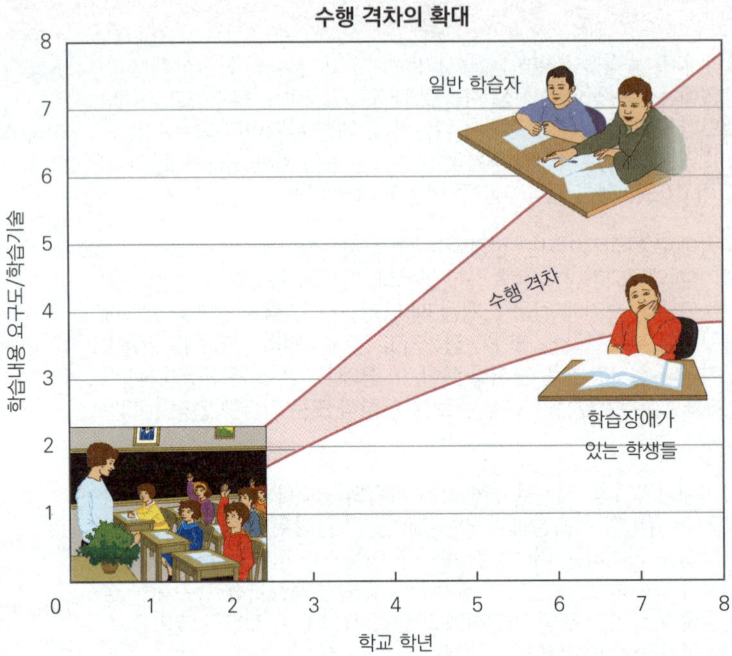

학습장애가 있는 학생들의 경우, 그들의 실제 수행과 기대 수행 사이의 격차는 시간이 지남에 따라 더 커진다. 불행히도, IQ-성취 불일치 모형으로 서비스를 받을 자격을 갖기 위해 격차가 충분히 커지기까지 수년간의 실패가 걸리는 경우가 많으며, 이는 추가적인 자존감과 사회-정서적 문제를 야기할 수 있다.

다. RTI 과정 내에서, 이러한 중재에 지속적으로 반응하지 못하는 학생들은 특수교육 서비스를 위해 연계된다. RTI 과정은 학생들이 더 집중적인 중재와 특수교육 서비스를 더 빨리 받기 시작한다면 수년간의 학교 실패를 예방할 수 있다. 모든 학생들에게 제공되는 교육의 질이 중요하다. 일반교육 교사가 증거기반의 양질의 교수를 제공하지 않는다면, 위양성(false positives)이 발생한다. 즉, 학생들이 낮은 학업 수행을 보이기 때문에 학습장애가 있다고 잘못 판별된다. RTI에 대한 더 많은 정보는 www.rti4success.org에서 찾을 수 있다.

그림 6.2에 보인 진전 모니터링 자료는 에밀리(Emily)가 1단계 교육으로 적절한 진전을 만들었고, 마르코(Marco)는 1단계에서 적절한 진전을 만들지 못했지만 2단계 중재가 실행되었을 때는 진전을 만들었으며, 조쉬(Josh)는 1단계나 2단계 교육 또는 중재로 적절한 진전을 만들지 못했다는 것을 나타낸다. 조쉬는 3단계 서비스를 필요로 하며 학습장애를 가질 수 있으므로, 추가적인 검사가 필요하다.

학습장애 유형

- 학습장애는 종종 세 영역에서 명백하다: 읽기, 쓰기, 그리고 수학.
- 학습장애가 있는 학생들은 한 영역 이상에서 어려움을 겪을 수 있다.

그림 6.2 1단계와 2단계에 대한 세 학생의 진전 모니터링 차트

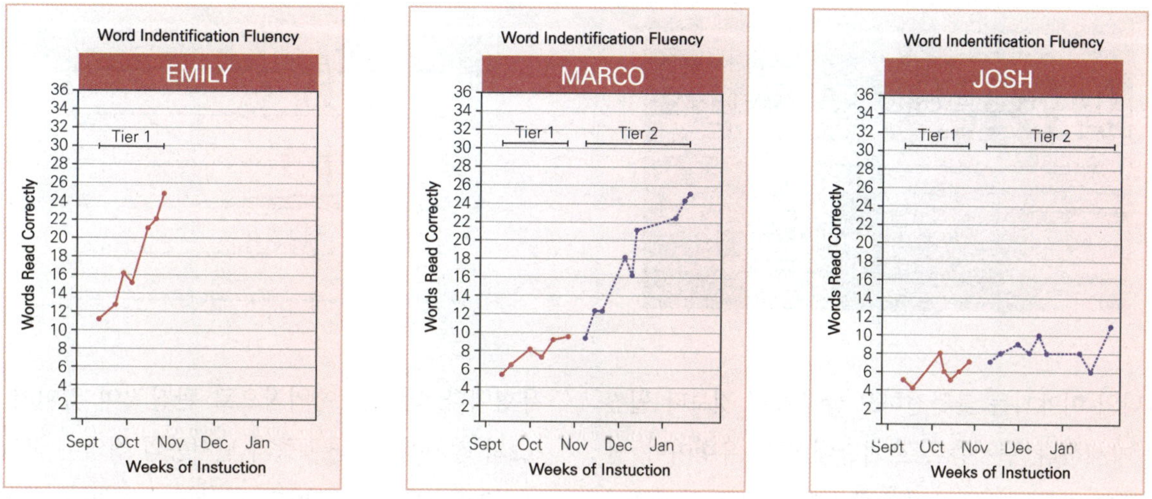

세 가지 학습장애 유형

학습장애의 새로운 개념화는 읽기, 쓰기, 수학 영역의 학업적 특성에 초점을 맞춘다. 이들 각각을 더 자세히 살펴보자.

읽기장애가 있는 학생들은 문어를 처리하는 데 문제가 있다. 더 구체적으로, 그들은 인쇄 기호(글자)의 결합을 인식하고 그것들을 기호가 나타내는 소리와 단어로 번역하는 데 어려움을 겪는다. 이러한 학생들 중 다수에게, 단어를 해독하려는 노력은 느리고 힘든 과정이므로, 그들이 읽은 것을 이해하는 능력도 후속적으로 감소한다. 결과적으로, 그들의 읽기 능력은 장애가 없는 급우들의 능력보다 현저히 낮다. 읽기 어려움은 특수교육 연계의 가장 일반적인 이유이다. 난독증은 읽기장애의 한 유형이지만, 읽기장애가 있는 모든 학생들이 난독증을 가진 것은 아니다.

쓰기장애가 있는 학생들은 문어를 산출하는 데 문제가 있다. 일부 경우에서, 쓰기장애가 있는 학생들은 펜이나 연필을 잡고 종이에 글자를 형성하는 신체적 행위와 어려움을 겪는다. 다른 경우에서, 그들은 머릿속의 생각을 종이 위의 단어로 번역할 수 없다. 그들은 종종 철자가 서툴러서, 단어를 음성학적으로 쓰거나 긴 단어를 쓰거나 철자 오류를 만드는 것을 피하기 위해 간단한 단어를 사용하기로 선택할 수 있다. 여기 예시가 있다. 학생 Alma가 이야기를 쓰고 있고 “The evil scientist laughed maniacally as his nefarious plan began to unfold(사악한 과학자는 그의 악랄한 계획이 펼쳐지기 시작하자 광적으로 웃었다)”라고 쓰고 싶어 한다. 그녀는 창의적이고 강한 어휘 기술을 가지고 있지만, 단어들을 종이에 적는 데 어려움을 겪는다. 그림 6.3에서 볼 수 있듯이, 그녀는 많은 단어의 철자로 어려움을 겪으며, 지우고, 다시 쓰고, 단어를 대체하여 그녀의 종이가 지우개 자국으로 가득 차서 다음과 같이 보인다:

이것은 그녀가 의도한 문장보다 훨씬 덜 묘사적일 뿐만 아니라, 이 짧은 문장이 5분 동안 쓰기를 한 후, 그녀가 성취한 전부이다. 배정된 시간이 끝날 때,

그림 6.3 알마(Alma)의 쓰기 샘플

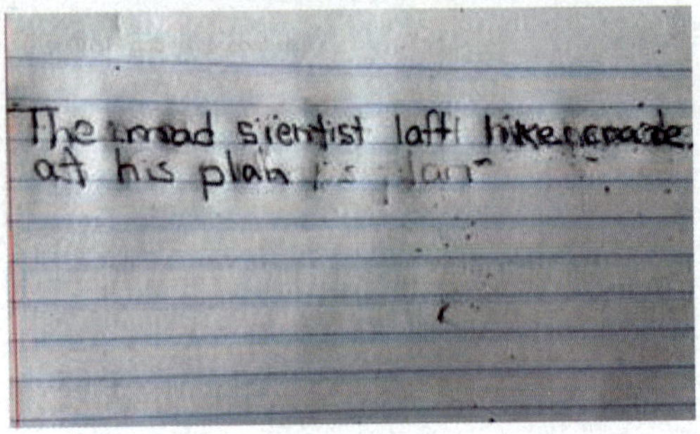

그림 6.4 알폰소(Alfonso)의 소수점 오용

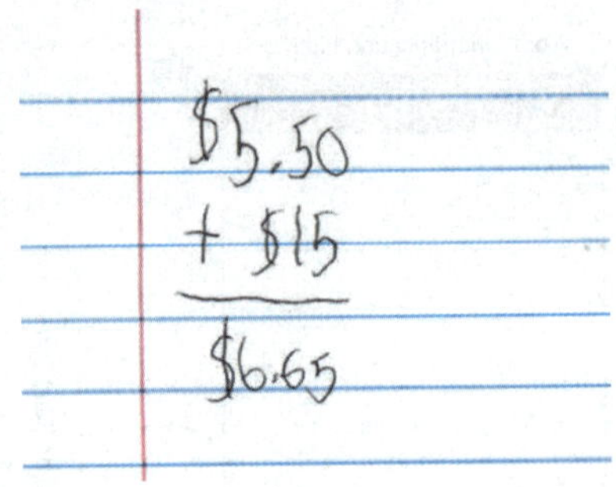

그녀의 이야기는 불완전하고 급우들의 것보다 훨씬 덜 자세하다. 난서증은 쓰기장애의 한 유형이며, 난독증과 마찬가지로 쓰기장애가 있는 모든 학생들이 난서증을 가진 것은 아니다.

수학장애가 있는 학생들은 수학 개념(기본적인 수 개념, 일대일 대응)을 이해하고, 수 사실을 암기하며, 계산을 수행하는 데 문제가 있다. 이러한 학생들은 종종 크다와 작다의 개념을 이해하는 데 어려움을 겪고, 또래들이 수 사실군을 암기한 후 수년이 지나도 손가락으로 세며, 자리 올림과 자리 내림(빌리기와 올리기) 규칙을 일관되지 않게 적용한다. 더 나아가, 이러한 학생들은 종종 비합리적이거나 비현실적인 답을 인식하는 데 어려움을 겪는다. 예를 들어, 수학장애가 있는 학생 알폰소(Alfonso)가 그림 6.4에서 보여주듯이 $5.50와 $15를 더할 때, 그는 $15에 소수점을 추가하는 것($15.00로 만들기)을 하지 못하고, 대신 다음과 같이 답을 계산했다:

$15.00에 대해 소수점을 추가하고 맞추지 못하는 것은 많은 학생들에게 다소 일반적인 실수이지만, 수학장애가 있는 학생은 답이 개연성이 없다는 것을 인식하지 못할 수 있으므로 실수를 찾기 위해 되돌아가지 않을 수 있다. 난산증은 수학장애의 한 유형이다. 당신은 예외적으로 관찰력이 있어서 표 6.2의 정의에서—난독증과 난서증의 정의는 국립보건원(NIH)에서 나온 반면, 난산증의 정의는 미국 학습장애협회에서 나왔다는 것을 알아차렸을 수도 있다. 이는 NIH가 난산증에 대한 정의를 가지고 있지 않기 때문인데—이는 수학장애에 관한 인식과 연구가 다른 유형의 장애보다 훨씬 뒤처져 있다는 하나의 지표이다.

학습장애 유형들이 어떻게 중첩되는가

일부 자료들은 학습장애가 있는 모든 학생들의 대략 3분의 1이 한 영역 이상에서 문제를 갖는다고 추정한다. IDEA가 특정학습장애를 "언어를 이해하거나 사용하는 데 관련된 기본적인 심리적 과정 중 하나 이상의 장애"로 정의한다는 것을 기억하라. 읽기와 쓰기가 모두 중첩되는 언어 관련 기술을 사용하기 때문에, 읽기장애가 있는 많은 학생들이 또한 쓰기장애를 갖는다.

읽기장애가 있는 많은 학생들이 또한 수학장애를 갖고 문장제 문제를 해결할 때 압도적인 도전에 직면하는데, 이는 성인기에 더 나은 고용과 더 높은 임금과 관련된 중요한 능력이다. 수학의 대부분이 언어 기반이며 계산을 할 수 있는 것보다 훨씬 더

많은 것을 포함한다는 것을 알고 놀랄 수도 있다. 이 간단한 예를 고려해보라:

아레사(Aretha)는 $6를 가지고 있고 프랭클린(Franklin)은 $3를 가지고 있다.

- 그들이 모두 합쳐서 얼마나 많은 돈을 가지고 있는가?
- 그들의 돈의 합은 얼마인가?
- Aretha가 Franklin보다 얼마나 더 많은 돈을 가지고 있는가?
- 그들이 가진 돈의 양의 차이는 얼마인가?
- Franklin이 가진 것은 Aretha의 돈의 몇 분의 몇인가?
- Franklin이 가진 것은 Aretha의 돈의 몇 퍼센트인가?

이러한 간단한 수학 문제들도 상당한 양의 읽기뿐만 아니라, 많은 언어 처리를 요구한다. 질문들이 다른 방식으로 표현될 수 있지만, 여전히 같은 답을 갖는다는 것에 주목하라. 학생들은 문제를 해결하기 위해 특정한 단어 단서들(모두 합쳐서, 합, 차이)을 이해해야 한다. 우리가 이전 장에서 논의한 언어장애의 특성들을 기억하는가? 위의 예는 언어장애가 있는 많은 학생들이 나이가 들어감에 따라, 왜 종종 학습장애를 가진 것으로 분류되는지를 보여준다—그들의 언어 어려움이 정보를 처리하고 학습하는 그들의 능력에 영향을 미친다. 그러나 새로운 연구는 이해에 초점을 맞춘 언어 교육이 아동들이 계산하는 방법을 배우기 시작하는 1학년부터 산수 교육에 내재되어야 한다는 것을 보여주고 있다. 아마도, 산수 교육은 언어 발달의 필수적인 부분으로 생각될 필요가 있으며, 여기서 어린 아동들은 언제 더하고, 빼고, 또는 항목들을 그룹화해야 하는지에 대한 핵심 단어들의 관계뿐만 아니라 다른 실행 기능을 요구하는 문제 유형들을 배운다.

특성

- 학습장애가 있는 학생들은 종종 시각 및 청각 처리에 문제가 있다.
- 작업기억(working memory)의 결함은 학습장애의 또 다른 특성이다.

공통적 특성

그들이 가진 학습장애의 유형(읽기, 쓰기, 수학) 또는 유형들의 조합이 무엇이든 관계없이, 이러한 학생들은 일부 공통점을 보인다. 예상치 못한 저성취와 특정한 학업적 결함에 더하여, 학습장애가 있는 학생들은 종종 시각 및 청각 처리에 문제를 보인다. 이것은 이러한 학생들이 시력이나 청력에 어려움을 갖는다는 의미가 아니라, 그들의 뇌가 보거나 듣는 정보를 해석하는 방식이 손상되어 있다는 의미이다.

시각 처리는 뇌가 시각 정보—시각을 통해 얻어지는 것—를 해석하고, 이해하고, 처리하는 방식을 가리킨다. 학습장애가 있는 많은 학생들은 시각 변별에 어려움을 겪는다: 그들은 글자 b, d, p, q를 구별하거나, m과 n을 구별하거나, 104, 140, 401, 410과 같은 유사한 숫자들을 구별하는 데 어려움을 겪는다. 일부 학생들에게는, 글자, 단어, 숫자들이 페이지에서 미끄러지는 것처럼 보여서 단어의 소리를 내거나 계산을 수행하기 어렵게 만든다. 시각 처리 문제가 있는 학생들은 또한 물체를 배경으로부터 구별하는 것을 도전적으로 느낄 수 있다: 칠판의 글자, 페이지의 숫자, 또는 그림 속의 물체.

그림 6.5 글자명 유창성 학습지 샘플

Letter Name Fluency

P	t	s	z	c	r	H	y	e	f
j	a	D	u	V	F	M	J	X	g
x	F	v	J	c	q	u	T	e	v
g	o	B	K	I	W	n	k	R	p
L	b	U	w	V	n	e	j	q	S
f	T	Y	r	H	C	I	m	A	i
M	z	r	u	z	k	G	f	C	t
i	x	l	g	E	O	Z	h	d	l
d	h	A	W	o	P	N	s	y	p
D	s	K	x	a	Q	j	D	b	R

Mon. Tues. Wed. Thur. Fri.

My goal:

청각 처리는 뇌가 청각 정보—청각을 통해 얻어지는 것—를 해석하고, 이해하고, 처리하는 방식을 가리킨다. 청각 처리 문제가 있는 많은 학생들은 단어가 개별적인 소리(음소)와 음절로 구성되어 있다는 것을 인식하는 데 어려움을 겪는다. 예를 들어, 그들은 cup이라는 단어의 개별 음소(/c/ /u/ /p/)나 cupcake라는 단어의 음절(cup-cake)을 판별하는 데 어려움을 겪을 것이다. 반대로, /c/ /u/ /p/ 소리가 주어지면, 그들은 함께 합쳐졌을 때 그 소리들이 cup이라는 단어를 만든다는 것을 깨닫지 못할 수 있다. cup, can, cake라는 단어들이 모두 같은 소리로 시작한다는 것이나 cake, bake, take라는 단어들이 운율을 갖는다는 것을 인식하는 것도 도전을 제시할 수 있다. 마지막으로, 이러한 학생들은 종종 언어적 지시, 이야기의 부분들을 기억하기, 또는 일련의 항목들(전화번호와 같은)을 반복하기와 같은 청각 기억을 포함하는 과제에서 어려움을 겪는다.

처리 유형(시각 대 청각)에 더하여, 학습장애가 있는 학생들은 처리 속도에서 차이를 보일 수 있다. 더 구체적으로, 이러한 학생들은 종종 또래들보다 더 느린 속도로 정보를 처리한다. 예를 들어, 글자 목록을 보여주고 가능한 한 빨리 읽으라고 요청받았을 때(빠른 글자 명명 또는 빠른 자동화 명명이라고 함), 학습장애가 있는 학생들은 더 많은 멈춤과 지연을 보이며, 이는 지정된 시간 동안 더 적은 글자가 명명되는 결과를 가져온다. 이와 동일한 유형의 멈춤과 지연이 학생들로 하여금 정보 처리를 요구하는 학업 과제를 완료하는 데 더 오래 걸리게 한다. 표 6.5는 진전을 모니터링하는 데 사용되는 글자명 유창성 학습지의 샘플을 보여준다.

이와 같은 빠른 글자 명명 검사는 초기 독자들을 위한 진전 모니터링 탐침으로 사용된다. 학생들은 1분 동안 할 수 있는 한 많은 글자를 읽고, 그들의 점수는 시간에 걸친 진전을 차트로 보여주기 위해 그래프로 나타난다. 학습장애가 있는 학생들은 그러한 과제에 참여할 때 종종 처리 속도 결함을 보인다.

추가적 특성

학습장애가 있는 학생들은 종종 작업기억(working memory)에서 결함을 보인다. 작업기억이 학업에 영향을 미치는 몇 가지 방식은 다음과 같다:

- 해독 기술(읽기). /c/ /u/ /p/ 소리가 결합되어 cup이라는 단어를 형성하는 위의 예를 다시 생각해보라. 이것이 청각 처리 예시였지만, 작업기억과도 관련이 있다. 단어의 소리를 내는 학생들은 그러한 소리들 각각을 작업기억에 넣는다. 그러나 그들이 작업기억 결함을 가지고 있어 첫 번째 소리를 기억할 수 없다면, 그들은 그것을 두 번째와 세 번째 소리와 혼합하여 단어를 만들 수 없다.
- 노트 작성. 과학 교사가 "오늘 우리는 세 가지 세포 부분에 대해 배울 것입니다: 세포벽, 세포질, 핵"이라고 말한다. 작업기억 문제가 있는 학생은 아마도 종이에 그것들을 적을 수 있을 만큼 충분히 오래 세 가지 세포 부분을 모두 기억하는 데 어려움을 겪을 것이다. 작업기억 결함을 청각 처리 문제와 결합하면 학습장애가 있는 많은 학생들이 왜 빈약하고 불완전한 노트를 갖는지 알 수 있다. 자세한 노트 없이는 공부하는 정보의 양이 손상되고 그들은 시험에서 낮은 수행을 보인다.
- 수학 계산. 다음은 수학 교과서의 문장제 문제이다: 30% 할인인 $79.98 재킷의 할인 가격을 계산하라. 수학에서 작업기억의 어려움은 학생들이 숫자를 종이에 옮겨 적을 때 숫자를 잘못 기억하게 할 수 있다. (물론, 그들의 학습장애는 또한 그들로 하여금 숫자를 뒤섞거나 순서를 바꾸게 할 수도 있다. 이러한 특성들 중 많은 것이 어떻게 중첩되는지 보기 시작하는가?) 그들이 문제를 올바르게 적었다면, 작업기억 문제는 그들로 하여금 이 다단계 문제에 포함된 일부 단계들을 잊게 할 수 있다. 그들은 곱셈 문제에서 단계들의 순서를 기억하는 데 어려움을 겪거나, $79.98의 30%를 올바르게 계산하지만 그다음 재킷의 할인 가격을 찾기 위해 원래 가격에서 그 답을 빼는 것을 잊을 수 있다.

작업기억은 주의력과 관련이 있으므로—놀랍지 않게—작업기억 결함을 가진 학습장애가 있는 많은 학생들이 또한 집중하고 주의를 유지하는 데 문제를 갖는다. 일부 경우에서, 이러한 주의력 문제들은 미미하고 단지 과제와 과제를 완료하는 데 걸리는 시간의 양에만 영향을 미친다. 다른 경우에서, 그것들은 주의력결핍 과잉행동장애(ADHD)의 공존하는 분류를 초래할 만큼 심각하다.

작업기억이 많은 학업적 및 생활 관련 과제의 성공적 완료에 핵심 구성요소이지만, 작업기억만 다루는 것은 전반적인 학업 수행을 개선시키지 않는다. 예를 들어, 학교 초기 연령의 위험군 학생들의 작업기억과 문장제 문제 해결 능력에 관한 최근 연구들은 일부 흥미롭고 아마도 다소 놀라운 결과들을 산출하고 있다.

1. 계산 기술이 문장제 문제를 해결하는 데 기본적이지만, 계산 기술만 가르치는 것은 위험군 학습자들에게 그러한 문제를 해결할 수 있는 능력의 개선으로 이어지지 않는다.
2. 언어 이해를 특별히 다루고 단순히 산술 과정(예: 덧셈, 뺄셈)을 촉발하는 핵심 단어를 찾는 것을 넘어 문장제 문제의 요구를 이해하는 전략을 제공하는 구조화된 접근법은 문장제 문

그림 6.6 백분율 비교: 장애 출현율, 5-21세

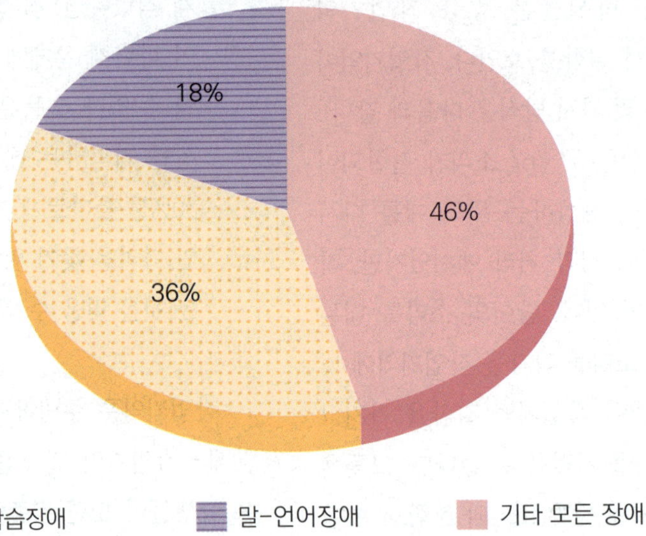

출처: U.S. Department of Education(2022a).

제를 해결하는 능력을 개선시킨다.

3. 작업기억 훈련만으로는 문장제 문제 해결과 작업기억을 모두 개선시키지만, 문장제 문제 해결을 개선하는 구조화된 교육적 접근법을 대체할 수는 없다. 반대로, 문장제 문제 해결 기술만 가르치는 것은 작업기억과 문장제 문제 해결을 모두 개선시키지만, 작업기억에서의 교육을 대체할 수는 없다. 아마도, 간접적으로 이 발견은 개선이 필요한 기술들에 대한 직접적이고 명시적인 교육의 중요성에 관한 연구 기반에 추가된다.

출현율과 배치

- 학습장애가 가장 큰 특수교육 범주를 구성하지만, 출현율은 지난 15년에 걸쳐 감소했다.
- 학습장애가 있는 학생들은 일반적으로 일반교육 교실에서 교육받는다.

출현율

주요 장애만 고려할 때, 이는 단연코 가장 큰 범주이다. 그림 6.6의 원형 차트는 지금까지 배운 두 장애—말-언어장애와 학습장애—를 나머지 모든 장애들을 합친 것과 비교한다. 분명히, 학습장애는 제일 큰 발생률을 갖고 있는 장애이다.

그림 6.7은 출현율 자료를 보는 또 다른 방법을 보여준다. 이 그래프는 학령기 학생들 사이에서 학습장애의 출현율이 다음으로 큰 장애 범주(말-언어장애)의 거의 두 배 크기이고 다른 고발생 장애들보다 몇 배나 크다는 것을 보여준다.

20세기 동안, 학습장애가 있는 학생들의 수는 수십 년간 꾸준히 증가했다. IDEA가 처음 통과되었을 때, 장애가 있는 모든 학생들 중 오직 약 4분의 1만이 학습장애 범주에서 서비스를 받았다. 나중에, 1990년대 동안, 학습장애가 있는 학생들은 IDEA

그림 6.7 출현율 비교: 고발생 장애들

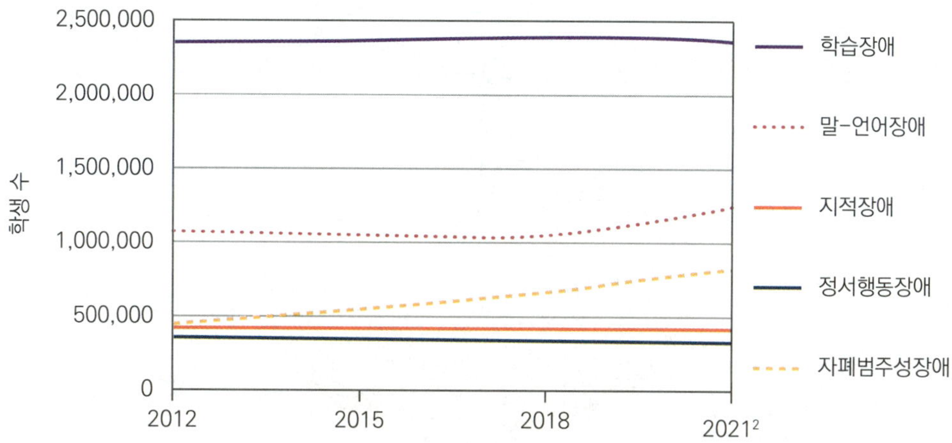

출처: U.S. Department of Education(2013, 2016), (2019), (2022a).

하에서 서비스를 받은 장애가 있는 모든 학생들의 절반을 대표했다. 그러나 이 세기 초기 동안, 장애가 있는 학생들의 총 비율은 상당히 일정하게 유지되었음에도 불구하고 학습장애가 있는 학생들의 전체 비율은 꾸준히 감소했다. 일부 전문가들은 학습장애 출현율의 감소가 RTI와 같은 다층지원체계의 예방 및 조기중재 전략의 효과성을 반영할 수 있다고 이론화한다. 다른 사람들은 다른 장애들에 대한 개선된 판별 절차가 학생들을 학습장애 범주에서 증가를 보이고 있는 자폐범주성장애와 같은 다른 장애 범주로 이동시켰다고 가설을 세운다.

배치

학습장애가 있는 대부분의 학생들은 일반교육 교실에서 교육을 받는다. 이러한 학생들이 평균 또는 평균 이상의 지능을 가지고 있으며 내용을 이해할 상당한 능력이 있다는 것을 기억하라. 따라서 조정과 보조공학(AT)이 학생들이 마주칠 수 있는 장벽을 우회하기 위해 활용될 수 있어서, 그들이 일반교육 교육과정에 접근할 수 있게 한다. 그러나 이러한 학생들은 또한 읽기, 쓰기, 수학 또는 이들의 조합이든 그들이 어려움을 겪는 영역에서 기술을 개선하기 위해 집중적이고, 명시적이며, 더불어 개별화된 교육을 필요로 한다. 예를 들어, 읽기에서 학습장애가 있는 학생들은 장애가 없는 급우들보다 평균 4년 뒤처져 있으며, 경도에서 중등도 장애가 있는 모든 학생들의 읽기 격차는 3년이다. 학생들이 학년 수준이 증가함에 따라 읽기에 점점 더 의존하는 일반교육 교육과정에서 이익을 얻기 위해서는, 이 성취 격차가 다루어지고 줄어들어야 한다. 이것이 일반교육 교실에서 달성될 수 있는가? 물론, 일반교육 교사들이 증거기반실제(EBP)를 사용하고, 교육을 개별화하며, 기초적인 읽기 기술을 명시적으로 가르친다면 그렇다. 불행히도, 증거는 대부분이 시간 제약, 다른 교육과정 요구, 지식 부족에 이르는 다양한 이유로 그렇게 하지 않거나 할 수 없다는 것을 나타낸다. 따라서 이러한 집중적이고 개별화된 서비스가 어디에서 어떻게 제공되어야 하는지에 관

그림 6.8 학습장애가 있는 학생들의 교육배치

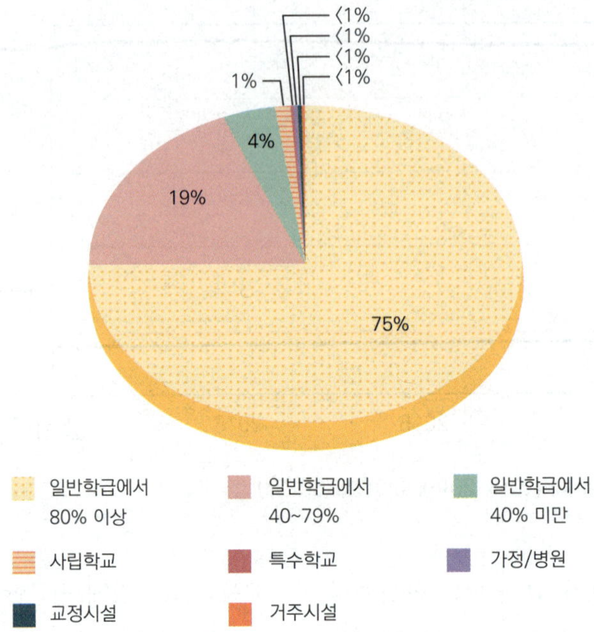

출처: U.S. Department of Education(2022a).

해 전문가들 사이에서 논쟁이 계속되고 있다. 성취 격차가 일반교육 교사들이 제공하는 교육만 받는 학생들과 비교하여 집중적인 교육에 참여하는 학생들에게는 절반 미만이기 때문에, 일부는 일반교육 환경만으로는 최적의 배치 선택이 아니라고 주장한다.

또한, 학습장애가 있는 학생들도 이와 관련하여 혼재된 선호를 갖는다. 일부는 또래들과 다르게 보이기를 원하지 않기 때문에, 일반교육 환경에 머물기를 선호한다. 다른 학생들은 소그룹 환경에서 더 잘 배울 수 있다고 믿으며 그들의 또래들이 유사한 기술 수준을 가질 때 덜 자의식을 느낀다. 장애가 있는 모든 학생들과 마찬가지로, 배치 결정과 서비스 제공은 각 학생에게 가장 좋은 것에 기반하여 개별화되어야 한다. 현재 배치 정보는 그림 6.8에 보인다.

특수교육

학습 목표

학습장애가 학업 수행과 대인관계 기술에 영향을 미칠 수 있는 방식을 설명하고, 이러한 도전을 줄일 수 있는 다양한 조정을 기술하며, 유아교육과 학급교사들이 학습장애와 관련된 문제를 줄이기 위해 사용할 수 있는 방법들을 재진술하고, 대학으로의 성공적인 전환교육을 촉진하기 위해 고등학교 시절에 가족과 그들의 자녀가 고려해야 할 요인들을 기술한다.

도전과 그 해결책

- 학습장애는 학업과 관련 기술뿐만 아니라 사회-정서적 영역에서 도전을 만든다.

문화적 및 언어적 고려사항 **영어 학습자(EL)의 학습장애 과소 및 과대 판별**

학습장애 학생의 출현율 데이터를 논의할 때, 3장에서 다룬 '비율 불균형(Disproportionality)' 개념을 상기할 필요가 있다. 현재, 영어 학습자(EL)가 단순히 제2언어 습득 문제로 인해 학업에 어려움을 겪는 것인지, 아니면 실제 학습장애로 인해 어려움을 겪는 것인지를 명확히 구분할 수 있는 신뢰할 만한 방법은 존재하지 않는다. 이로 인해 미국 교육부는 전국적으로 학군별로 과대 및 과소 판별 사례가 모두 발생하고 있음을 보고한다. 과대 판별(Overidentification)은 영어 미숙으로 인한 학업 성취 저조를 학습장애로 오인하여, 실제로는 영어 능력 부족이 원인임에도 불구하고 학습장애로 잘못 진단하는 경우다. 반대로, 과소 판별(Underidentification)은 학생의 학업 성취 저조가 실제로는 학습장애 때문임에도, 단순히 영어 능력 부족으로 오인하여 학습장애 진단이 이루어지지 않는 경우다. 두 경우 모두 학생은 적절한 서비스를 받지 못하게 된다. 이러한 딜레마는 정책 입안자, 학교 관리자, 교사, 가족 모두에게 큰 우려를 낳고 있다.

IQ-성취 불일치(IQ-achievement discrepancy) 모델을 사용할 경우, 영어 능력 부족으로 인해 학업 성취가 잠재력보다 현저히 낮게 나타나면 영어 학습자가 잘못 판별될 수 있다. 반면, 중재반응모형(RTI)을 사용할 때에도 Tier 1(일반학급) 수업이 영어 습득 요구를 충분히 반영하지 못하면, 동일한 학생이 오진될 수 있다. 따라서, 교사에게 영어 학습자 특성과 교수법에 대한 전문성 개발을 제공하고, 학교 및 학군 차원의 의뢰·판별 절차를 개선해야 한다는 지적이 있다.

교사가 고려해야 할 질문 예시

학생의 학업 저조가 학습장애 때문인지, 제2언어 습득 특성 때문인지 판단할 때 교사는 다음과 같은 질문을 활용할 수 있다:

- 학생의 언어적 차이를 고려하면서도, 충분한 양질의 수업이 제공되고 있는가?
- 학생의 읽기, 쓰기, 말하기, 듣기 등 기술 영역에서의 진도는 해당 연령, 문화 적응 수준, 영어 능력 수준에 비추어 기대치에 부합하는가?
- 학생의 학업 성취에 영향을 줄 수 있는 다른 요인(예: 수면 부족, 시력 문제, 교육 기회의 불균형 등)은 없는가?

학생의 특성이 제2언어 발달이나 문화적 차이와 일치하지 않는다면, 추가적인 교육적 조치(예: IQ-성취 불일치 접근에서 사전 의뢰 절차 개시, RTI 과정에서 Tier 2 또는 중재 서비스 제공 등)가 필요할 수 있다.

- 이러한 도전에 대한 해결책은 조정 선택을 안내하기 위한 보편적 학습설계 틀의 사용, 명시적 교수, 학습 전략, 그리고 기타 증거기반실제뿐만 아니라, 잘 준비된 교육자들이 학습장애가 있는 학생들을 가르치는 것을 포함한다.

학습장애와 관련된 도전

이제 이러한 학생들이 직면하는 학업적 어려움, 특히 읽기, 쓰기(철자 포함), 그리고 수학영역에서의 문제들에 대해 상당히 명확한 이해를 갖게 되었을 것이다. 시각 및 청각 처리와 작업기억의 결함은 또한 노트 작성, 학습 기술, 암기와 같은 학업을 지원하는 영역들에 영향을 미친다. 이러한 특성들과 연결된 것은 일반화의 어려움—정보나 전략을 한 상황에서 다른 상황으로 전이하거나 적용하는 것—이다. 예를 들어, 학생이 사회과에서 독해 이해 전략을 배울 수 있지만 같은 전략이 과학이나 영문학과 같은 다른 수업에서 사용될 수 있다는 것을 깨닫지 못할 수 있다.

이 장 앞부분에서 우리는 학습장애가 있는 학생들이 교수 저항적이고, 또래들과 같은 수준의 학업적 진전을 만들지 못하며, 일관되지 않은 수행을 보인다고—어느 날은 잘 배우거나 시험을 보지만, 다른 날은 어려움을 겪으며, 그리고 이전에 배운 것을 기억할 수 없다고—언급했다. 그러한 상황에 수반되는 좌절감과 함께, 이러한 학생들은 종종 학습된 무기력을 발전시킨다. 그들의 일관되지 않은 수행 때문에, 그들은 자신의 노력이 학습 결과에 영향을 미치지 않는다고 믿는다. 대신, 그들은 성공이나 실패를 외부 요인들로 귀인한다: 운, 쉬운 시험, 또는 그들을 좋아하지 않는 교사. 이러한 귀인들은 수동적 학습과 동기 부족으로 이어진다; 그들은 자신들이 할 수 있는 어떤 것도 그들을 성공하게 만들 수 없다고 믿는다. 종종, 이러한 학생들은 자신의 어려움에 주의를 끌고 싶지 않아서이거나 자신의 학습에 대한 통제력이 없다고 느끼기 때문에 질문을 하거나 도움을 구하지 않는다. 학생들이 일관되지 않게 수행할 때, 교사들과 부모들은 그들이 "장난치고 있거나," 노력하지 않거나, 심지어 무언가를 어떻게 하는지 기억할 수 없다고 말할 때 거짓말을 하고 있다고 잘못 추정할 수 있다. 학습장애가 있는 많은 학생들은 성인들이 이러한 상황에서 그들을 믿지 않으며 "더 열심히 노력하기만 하면 된다"와 같은 훈계를 듣는 것에 지친다고 불평한다.

학습장애의 사회-정서적 영향은 실제적이며, 이러한 아동들 중 가장 어린아이들에게까지 영향을 미친다. 그들은 급우들처럼 배울 수 없는 자신의 무능력이 종종 그들을 "열등하게" 느끼게 한다는 것을 이해한다. 교사들이 전체 학급이 모든 사람이 다르게 배운다는 것을 깨닫도록 돕고 이러한 급우들을 지지적이 되도록 돕지 않는 한, 그들은 종종 조롱당하거나 심지어 괴롭힘을 당한다. 장기적인 결과는 파괴적일 수 있으며, 개인들에게 자존감 감소와 부적절감의 감정을 남길 수 있다. 그러나 성공의 기쁨이 모든 사람에 의해 느껴질 때, 이 장의 도입 이야기에서 배웠고 이 장 뒷부분의 개인 이야기 섹션에서 배우게 될 것처럼, 자신감이 확립될 수 있다.

마지막으로, 학습장애가 있는 학생들은 종종 공존하는 언어나 주의력 문제를 가지며, 이는 언어 손상과 ADHD가 있는 학생들과 같은 많은 사회적 도전을 야기할 수 있다(각각 제5장과 제7장의 해당 장애에 대한 특성 섹션 참조). 결과적으로, 공존하는 언어 손상이 있는 학생들은 화용론과 어려움을 겪을 수 있다: 상호작용 시작하기, 대화에 적절하게 참여하기, 또는 의사소통 단절을 인식하고 복구하기. 공존하는 주의력 문제가 있는 학생들은 모든 정보를 처리하지 못하는 사회적 상황(대화, 규칙이 있는 게임하기, 지정된 시간이나 장소에서 친구들을 만나기로 약속하기)에서 어려움을 겪을 수 있다. 학습장애와 관련된 일반적인 도전들은 그림 6.9에서 찾을 수 있다.

학습장애 해결 방안

이러한 학생들과 함께 일하는 접근법은 다면적이다. 이러한 학생들은 일반적인 교수에 저항적이기 때문에, 결손 영역에서 집중적이고 개별화된 명시적 교수가 필요하다. 이러한 학생 집단을 위한 증거기

그림 6.9 도전: 학습장애

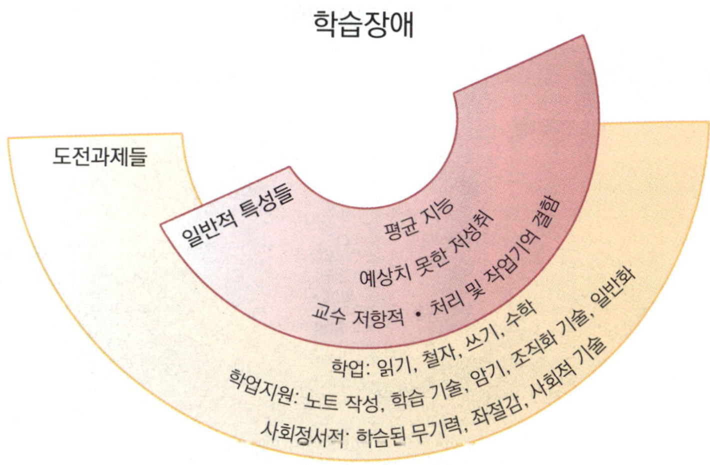

반중재에 대한 폭넓은 지식을 갖춘 전문가들(즉, 특수교사들)이 이러한 교수를 제공해야 한다. 그러나 이러한 교정이 이루어지는 동안 다른 모든 학업 영역에서의 교수와 학습이 중단될 수는 없다. 특수교사들이 특정 학업 영역을 교정하기 위해 노력하는 동안, 이러한 학생들은 학습장애의 영향이 학업 진전을 방해하지 않도록 하면서 교과 영역들—과학, 사회, 기타 등등—에서 교수를 계속 받아야 한다. 일반교사들은 보편적 학습설계(UDL)와 개별화 교수를 통합하여 이들의 일부 요구를 해결하는 동시에 조정을 실행하고 보조공학을 사용하여 학생들이 학습 환경에서 마주칠 수 있는 장벽들을 해결해야 한다.

일반교사들과 특수교사들은 또한 이러한 학생들에게 학습전략을 가르칠 수 있는데, 이는 모든 학생들에게 도움이 되지만 특히 학습장애를 가진 학생들에게 유용하다. 이러한 상위인지 전략들은 그들에게 학습하는 방법을 가르치고 결손 영역들과 이를 해결하는 방법을 포함하여 자신의 학습 과정들을 더욱 인식하게 한다. 학생들이 더욱 효율적인 학습자가 되면, 그들의 부정적 귀인과 학습된 무력감의 감정이 감소한다. 우리는 이 장의 학령기 부분에서 학습전략을 더 자세히 논의한다. 추가적으로, 이러한 학생들 중 상당수가 공존하는 언어장애를 가지고 있기 때문에, 언어장애를 가진 학생들을 위한 해결책들 중 많은 것들(5장에서 논의됨)이 또한 도움이 된다. 그림 6.10은 학습장애를 줄이거나 교정하는 몇 가지 해결책들을 강조한다.

도전과 해결책: 잘 준비된 교사들과 반응적인 학교가 중요하다

2장에서 학습했듯이, 코로나19 팬데믹은 미국 전역 학생들의 학업 성취 수준에 큰 감소를 야기했고, 추가적으로 교사들이 기록적인 수치로 직업을 떠나고 있다. 일반교사들은 학생들의 요구를 충족시키기 위해 거의 압도적인 도전에 직면해 있으며, 많은 교사들이 이 분야를 떠나는 것을 고려하고 있거나 이미 떠났다. 교사 부족은 학생 성취를 떨어뜨린다. 그러나 완전히 자격을 갖춘 특수교사의 부족은

그림 6.10 해결책: 학습장애

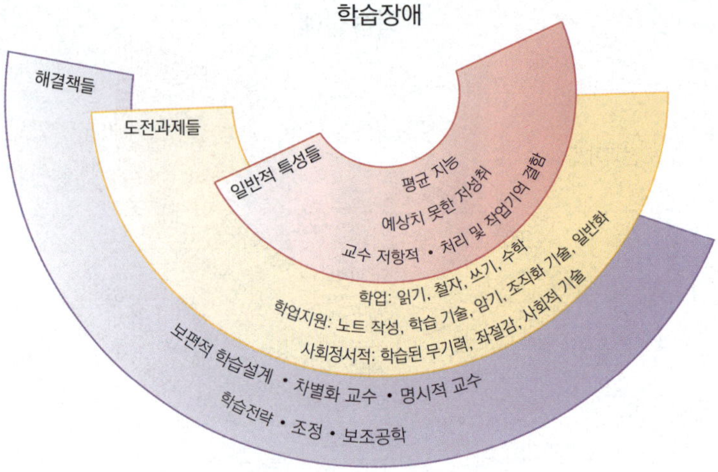

만연해 있었고 지금도 그러하며, 이제 팬데믹으로 인해 더욱 악화되었다. 2021-2022년에 48개 주가 특수교사 부족을 문서화했고, 모든 학군의 98%가 부족을 보고했다. 팬데믹 동안, 일부 주들은 그들의 특수교사 중 20% 이상이 자격을 갖추지 못했다고 보고했으며, 전국적으로 그 수는 그 이후 증가해왔다. 다시 말해, 특수교사의 부족은 심각하다. 주들은 이러한 사람들이 매우 복잡한 학습 요구를 가진 학생들을 가르칠 준비가 되어 있든 그렇지 않든 공석을 채우기 위해 가능한 모든 수단을 찾고 있다. 일부 주에서는 신규 채용자들이 아무런 준비나 경험 없이 교실에 들어가고 있다.

이것이 왜 중요한가? 첫째, 준비가 부족한 교사들은 완전한 교육과정과 교생실습 또는 실무연수를 받은 완전히 자격을 갖춘 교사들보다 직업을 떠날 가능성이 2~3배 더 높다. 둘째, 완전히 준비된 특수교사들은 장애학생들의 읽기와 수학 성취를 향상시킨다. 셋째, 잘 준비된 교사들은 그들의 학생과 가족들의 전반적인 삶에 변화를 만든다. 이 마지막 두 요점을 강화하기 위해, 방금 인용한 교사들이 기록적인 수치로 직업을 떠나고 있다는 자료에도 불구하고, 불만족이 보편적인 것은 아니다. 예를 들어, 많은 특수교사들은 그들의 일에 열정적이며 그들이 학생들의 삶에 진정한 변화를 만들고 있다는 것을 안다. 우리는 당신이 특수교육 전문가가 되거나 되어가는 것에 대해 긍정적이고 활기찬 감정을 갖기를 원한다. 다음 박스에서, 우리는 일부 특수교사들이 그들이 왜 가르치는지에 대한 견해에 관해 말한 것을 공유한다.

또한, 배우 옥타비아 스펜서가 오늘날의 그녀의 성공을 훌륭한 교사들과 대응적인 학교 체계 덕분이라고 인정한 이 장의 도입 부분을 기억해보라. 한 사례를 보자면, 당신은 8학년생인 제이드로부터 그녀의 교사가 어떻게 그녀의 읽기장애를 극복하도록 도왔는지와 그 새로운 능력이 그녀에게 가져다준 기쁨과 증가된 자신감에 대해 배웠다. 장애학생들과 그들의 가족에 대한 교사 부족의 영향에 관한 의회 보고서에서, 제인 웨스트는 그녀에게 말해준 한 부

특수교사가 말하는 "내가 가르치는 이유"

다음은 특수교육 교사들이 자신의 일에 대해 느끼는 열정과 영감에 관한 몇 가지 소감이다.

- 매튜 파테라(Mathew Paterra)는 "나는 개인적으로도, 직업적으로도 큰 만족을 주는 일을 하고 있다. 우리 학교 청소년들의 읽기 능력을 향상시키는 데 열정을 가지고 있다."고 말한다.
- 올리비아 엔더스(Oliva Enders)는 "내가 이 일에서 가장 좋아하는 점은 학생들의 다양한 성공을 함께 축하할 수 있다는 것이다. 그것이 어려운 수학 시험을 만점 받는 일이든, 도움을 요청하는 방법을 배우는 일이든, 셰익스피어 작품에서 더 깊은 의미를 찾는 일이든, 행동계획의 일환으로 '핫치토스'를 받는 일이든 상관없다. 크고 작은 성취 모두를 소중히 여기는 시간을 가지면, 학생들에게 학습이 흥미진진해지는 역동적인 분위기가 만들어진다. 나는 매일 그 분위기의 일부가 되는 것을 기대한다."고 전한다.
- 헤더 마줄루(Heather Marzullo)는 "학생들이 자신의 잠재력을 깨닫고, 자신이 어떤 사람이 될 수 있는지 알게 돕는 것—그것이 세상에서 가장 큰 보람이다. 아이들에게 그들의 가치를 보여주고, 내가 그들을 볼 때 느끼는 것을 아이들 스스로도 느끼게 해주는 것—그것이 내가 가르치는 이유다. 한 번도 책을 집어든 적 없던 아이가 줄거리에 푹 빠지게 되는 것—그것이 내가 가르치는 이유다."라고 믿는다.

출처: Rhodes(2016).

모의 이야기를 공유했는데, 그 부모의 아들은 전문화된 읽기 방법에 대한 전문성을 갖춘 완전히 준비된 교사들에게 접근할 수 있게 될 때까지 그의 난독증으로 인한 지속적인 도전과 좌절에 직면했다. 오늘날, 그녀의 아들은 항상 읽고, 학사 학위를 취득했으며, 산림학과 생태학 박사 과정에 등록되어 있다.

조정

- 보편적 학습설계를 실행함으로써, 교사들은 학습장애학생들이 새로운 내용을 학습하거나 그들의 지식을 입증하려고 할 때 마주치는 장벽을 줄이거나 제거할 수 있다.
- 학습장애학생들은 교실에서 성공하기 위해 종종 개별화된 조정이 필요하다.

학습장애학생들을 위한 보편적 학습설계의 이점

우리는 2장에서 보편적 학습설계를 소개했으며, 이를 모든 학습자의 요구를 충족시키는 데 도움이 되는 그 자체로는 증거기반실제가 아닌 틀로 설명했다. 상기시키자면, 보편적 학습설계는 교육과정 목적, 사정평가, 방법, 자료의 설계에서 발견되는 것과 같은 학습에 대한 장벽을 제거하고자 한다. 더 구체적으로, 학습자 변동성을 다루기 위해 이러한 구성요소들에 내장된 유연한 선택권과 지원은 학생들에게 학습에 참여하고, 내용을 학습하며, 그들이 학습한 것을 입증하는 다양한 방법을 제공한다. 이와 같이, 학습장애학생들이 학습 중에 자주 마주치는 많은 장벽들이 제거되거나 줄어들어, 그들이 학습 경험에 접근할 수 있게 한다. 수년간의 학업 실패 후에 학습에 대해 소외되고 동기를 잃게 된 학습장애

학생을 생각해보라. 단순히 학생들에게 내용을 학습하는 방법에서의 선택권을 제공하고, 자료에 대한 일부 교수적 선택을 하도록 허용하며(예, 연구할 주제), 학습을 입증할 선택권을 제공하는 것은 종종 증가된 참여와 더 깊이 있는 학습으로 이어진다. 이제 부족한 해독 기술 때문에 텍스트를 이해하는 데 어려움을 갖는 학생을 생각해보라. 교사가 교재의 디지털 버전을 선택권으로 제공할 때, 학생은 실제로 읽는 것에 고생하는 대신 텍스트 구절을 들을 수 있어, 핵심 교육과정의 자료에 접근할 수 있게 된다. 마찬가지로, 생각과 아이디어를 응집력 있고 조직적인 문장으로 표현하는 데 어려움을 겪는 학생은 구두 보고서나 체험적 프로젝트와 같은 다른 수단을 통해 지식을 입증할 수 있다. 보편적 학습설계가 학습자 변동성을 다루기 때문에, 학습장애학생들을 지원할 수 있는 유연한 선택권과 지원이 이미 학습 경험에 내장되어 있다.

추가적인 개별화된 조정의 필요성

모든 교사가 보편적 학습설계 틀을 실행하는 것은 아니며, 실행하는 교사들도 일반적으로 몇 개의 수업이나 학급에서 시작하여 수년에 걸쳐 점진적으로 다른 수업과 학급으로 확장한다. 따라서 모든 수업 시간이 보편적 학습설계 원리를 통합하는 것은 아니다. 추가적으로, 보편적 학습설계가 통합되어도 일부 학생들은 여전히 학습에 접근하기 위해 조정이 필요할 것이다. 조정은 학생의 개별화교육프로그램에 규정되며 교사들은 이를 제공해야 한다. 흥미롭게도, 표 6.3에 나열된 조정 중 일부(예, 디지털 텍스트, 시각적 단서, 어휘 미리보기)는 보편적 학습설계를 통합하는 교실에서 종종 모든 학생을 위한 선택권이 된다. 또한, 많은 학습장애학생들이 동반하는 말 또는 언어장애를 갖는다는 것을 상기하라. 이러한 이유로, 표의 많은 조정들이 5장에도 나열되어 있다.

학습장애학생들에게 두 가지 주요 도전은 읽기와 쓰기이다. 아래에 강조된 조정들은 이러한 도전들을 다루는 데 사용될 수 있다.

- 사전 조직자. 학습장애학생들이 이해에 어려움을 겪기 때문에, 사전 조직자는 읽기 전에 학생들에게 주요 아이디어를 알려주고 정보를 학생들의 사전 지식과 연결하는 데 사용될 수 있다.
- 필기 도우미. 학습장애학생들은 종종 부실한 필기를 한다. 일부는 필기를 하지 않고, 일부는 불완전한 필기를 하거나 핵심 요점 대신 관련 없는 정보를 기록하며, 다른 학생들은 교사가 말하는 모든 것을 기록하려고 한다. 학습장애학생이 중요한 내용을 놓치는 것을 방지하기 위해, 교사는 또래 짝을 배정하여 필기를 공유하게 하거나, 교사가 학생에게 발표 슬라이드의 사본을 제공할 수 있다.
- 디지털 펜. 또래 짝이 필기를 할 수 없거나(예, 결석) 교사가 슬라이드나 다른 정보의 사본을 제공하는 것을 잊을 수 있기 때문에, 디지털 펜(스마트 펜으로도 알려짐)이 훌륭한 선택권이 될 수 있다. 학생이 필기를 하는 동안, 이 기기는 학생의 펜 스트로크에 대한 디지털 자료를 수집하고 강의를 녹음한다. 나중에, 학생은 종이의 펜 스트로크를 터치하여 그 특정 필기가 작성된 때에 교사가 말하고 있던 것을 들을 수 있다. 또는, 학생은 디지털화된 필기를 컴퓨터에 업로드하여 원하는 만큼 자주 필기를 재검토하고 수정할 수 있다.

표 6.3 학습장애학생들을 위해 자주 사용되는 조정의 예시

제시 방식	환경	반응 방식	일정 및 시간
• 사전 조직자 • 디지털 텍스트 • 핵심 정보 미리 가르치기 • 어휘 미리 살펴보기 • 핵심 정보 또는 지시사항 반복 • 낭독 지원(텍스트, 문항) • 학습 요약 자료 • 언어적 실마리 • 시각적 실마리(예: 강조 표시, 색상 구분)	• 준비물 점검표 • 소음 감소용 헤드폰 • 교실 내 조용한 공간 또는 별도 공간 • 소집단 시험 환경	• 계산기 • 구체물 및 조작 가능한 학습도구 • 디지털 펜 • 그래픽 조직자 • 기다림 시간 증가 • 필기 도우미 • 구두 응답 • 시험지에 직접 응답 • 맞춤법 및 문법 도구 • 워드프로세서	• 과제 및 시험 시간 연장 • 여러 회로 나누어 시험 보기 • 시험 중 휴식 제공

• 구두 반응. 많은 학습장애학생들은 그들의 아이디어를 글로 표현하는 데 어려움을 갖는다. 그들은 적은 아이디어를 거의 정교화 없이 기록하고, 생각을 조직화하지 못하며, 나쁜 필체를 갖고, 그리고/또는 철자, 구두점, 대문자 오류를 만든다. 그들의 지식을 입증하는 대안적 수단으로, 교사들은 이러한 학생들이 구두로 반응하고, 대필자에게 답을 받아쓰게 하며, 녹음 기기에 답을 녹음하거나, 컴퓨터를 사용하도록(이는 특히 나쁜 필체, 철자, 또는 문법 기술을 가진 학생들에게 유용함) 허용할 수 있다. 우리가 앞서 언급한 "사악한 과학자가 그의 악랄한 계획이 펼쳐지기 시작하자 악의적으로 웃었다"고 쓰고 싶어 했던 학생을 상기하라. 그녀는 무엇을 쓰고 싶은지 알고 있었지만, 그녀의 학습장애가 그러한 생각을 종이에 적는 그녀의 능력을 억제했다. 만약 그녀에게 구두 반응 조정이 제공되었다면 그녀의 이야기가 얼마나 더 상세하고 매력적이었을지 상상해보라!

표 6.3은 학습장애학생들을 위해 일반적으로 사용되는 다른 조정들을 나열한다.

표 6.4 학습장애의 조기 경고 징후

학습장애를 가진 어린 아동들은 종종 다음에서 어려움을 갖는다:

읽기	쓰기	수학
• 음소 인식 • 음운 인식 • 빠른 글자 이름 대기	• 연필이나 크레용 잡기(연필 잡기) • 글자 형성 • 글자와 단어 사이에 공간 두기	• 물체 세기(일대일 대응) • 한 자리 숫자 읽기 • 물체들이 어떤 순서로든 세어질 수 있고 여전히 같은 수와 동일함을 인식하기

조기중재

- 학습장애의 조기 징후는 종종 3세경에 명백해진다.
- 취학전 기간 동안의 조기중재는 많은 아동들에게 학습장애의 영향을 줄일 수 있다.

학습장애의 조기 경고 징후

학습장애는 보통 아동들이 학교를 시작하고 읽기, 쓰기, 또는 수학에서 어려움을 겪을 때까지 판별되지 않는다. 학습장애를 가진 것으로 판별되는 취학전 아동은 매우 적지만, 부모들과 취학전 교사들은 몇 가지 일반적인 조기 지표들을 인식해야 한다. 이러한 아동들 중 다수가 언어장애를 가지고 있기 때문에, 그들은 5장에서 논의된 특성들을 보인다. 즉, 언어 습득을 위한 정상적인 발달 이정표를 충족하지 못하고 말지체를 보이며 장애가 없는 또래들보다 늦게 말하기 시작한다. 언어 발달과 읽기 사이의 연관성은 명확하다. 부족한 언어 발달은 취학전 기간 동안 언어장애로 판별된 많은 아동들이 학령기 동안 학습장애로 판별되는 이유를 설명한다.

학습장애의 기타 많은 특징들이 조기에 드러난다. 표 6.4는 학습장애를 가진 어린 아동들이 종종 어려움을 나타내는 영역들을 요약한다.

조기중재의 이유

표 6.4에 나열된 조기 경고 징후들이 학습장애를 나타내지만, 이러한 기술들은 또한 읽기, 쓰기, 수학의 기초이기도 하다. 예를 들어, 취학전 기간 동안의 음운 인식에 대한 명시적 교수는 나중에 이와 동일한 영역들에서 학생들의 기술을 향상시키는 것으로 나타났다. 이 교재에서 논의하는 어떤 장애와 마찬가지로, 조기중재가 빨리 시작될수록 아동에게 더 강한 장기적 결과를 가져다줄 것이다.

학령기

- 명시적 교수와 학습전략은 학습장애학생들의 학업 수행을 향상시킬 수 있다.
- 학습전략을 효과적으로 사용하기 위해서는 학습전략을 사용하는 방법의 과정이 명시적으로 교수되어야 한다.

효과적인 교수 중재

학습장애학생들을 위한 성공적인 교육의 핵심은 양질의 일반교육이다. 과제 완성과 검사 응시를 위한 연장된 시간이나 쓰기 과제에 워드 프로세싱을 사용할 수 있는 것과 같은 조정은 이러한 학생들이 그들의 학습을 입증할 수 있게 한다. 추가적으로, 학습장애학생들은 특정 약점 영역에서 명시적 교수가 필요하다. 방금 학습했듯이, 학습장애를 가진 어린 아동들은 음소 또는 음운 인식 기술을 자동적으

조기중재를 해야 하는 주요 이유

- 취학전 기간 동안 초기 읽기의 핵심 기술을 습득하지 못하는 학생들은 종종 평생 부실한 독자가 된다.
- 취학전 기간 동안 기초 수학 기술을 습득하지 못하는 학생들은 종종 학령기 전반에 걸쳐 수학 개념 학습을 어려워한다.
- 음운 인식을 숙달하지 못한 채, 1학년을 마치는 학생들은 4학년에서 부실한 독자가 되는 경향이 있다.
- 3학년에서 읽기에 어려움을 겪는 독자들의 약 75%가 고등학교에서도 읽기에 지속적으로 어려움을 겪을 것이다.
- 읽기 어려움 학생들은 집중적이고 개별화된 교수 없이는 따라잡지 못한다.
- 읽기의 핵심 기술(소리-기호 관계와 같은)에 대한 집중적이고 명시적인 교수가 조기에 제공될 때, 종종 그러한 학생들이 더 나은 독자가 되도록 돕는다.
- 양질의 교수, 빈번한 진전도 모니터링, 그리고 학생이 수학 기술과 개념 학습에서 분제를 신호할 때의 추가적인 명시적 교수는 수년간의 학업 실패를 예방할 수 있다.

로 "습득"하지 못하기 때문에, 교사들은 그러한 기술에서 명시적 교수를 제공해야 한다. 마찬가지로, 학령기 학생들은 읽기(해독, 유창성, 이해), 쓰기(철자와 작문), 수학(계산과 문제해결)에서 명시적 교수가 필요하다. 더 나아가, 이러한 학생들은 교수 저항적이기 때문에, 일반적인 교수 동안 제공되는 것보다 더 집중적인 중재가 필요하다. 이러한 집중성은 다양한 수단을 통해 달성될 수 있다: 일반교육에서 제공되는 것을 넘어서는 추가 교수 제공, 소집단 또는 일대일 형식으로 중재 전달, 그리고 학생이 추가적인 중재를 받는 시간의 양 증가. 지속적인 자료 수집(진전도 모니터링)이 계속되어야 하며, 모든 교수 결정은 자료에 의해 안내되어야 한다.

학생들이 고학년에 진입하면서, 학업적 요구가 증가한다(예, 정보를 위한 읽기, 필기하기, 조직적인 생각을 글로 표현하기). 학습장애학생들은 종종 이러한 요구를 충족시키는 데 필요한 전략이 부족하기 때문에, 어려움을 겪고 더욱 뒤처진다. 5장에서, 우리는 학생들의 읽기 이해 기술을 향상시키는 학습전략인 협력적 전략읽기(CSR)를 소개했다. 상위인지 전략들—그중 많은 것들이 기억술을 사용함—은 정보 학습이나 문제 또는 과제를 독립적으로 완성하는 것과 같은 기술을 위해 사용될 수 있는 단계, 규칙, 또는 방법이라는 것을 상기하라. 이들은 장애가 없는 학생들을 포함하여 학생들이 특정 내용을 학습하는 것과 대조적으로 학습하는 방법을 학습하도록 돕는다. 이들은 특정 교과에 묶여 있지 않으므로, 학생들은 하나의 전략을 여러 내용 영역에 걸쳐 사용할 수 있다. 학습전략들(일부 예시는 표 6.5 참조)은 일반적으로 초등학교 고학년과 중등학생들과 함께 사용되기 때문에, 이들은 그러한 학년의 학업적 요구들을 목표로 한다: 쓰인 텍스트 이해, 주요 아이디어와 중요한 정보 판별, 그리고 쓰기를 통한 지식 입증.

표 6.5 학습전략의 예시

학업적 요구	학습전략
쓰인 텍스트 이해	RAP—문단을 읽기(Read); 자신에게 "주요 아이디어가 무엇이었는가? 두 가지 핵심 뒷받침 세부사항이 무엇이었는가?"라고 묻기(Ask); 주요 아이디어와 세부사항을 자신의 말로 표현하기(Put)
주요 아이디어와 중요한 정보 기억하기	첫 글자 기억술 전략—목록이나 단계에서 단어들의 첫 글자를 사용하여, 학생들은 다른 단어(두문자어) 또는 문장(이행시)을 만든다. 그림 6.11에서 발견되는 예시에서 보이듯이, HOMES는 5개 오대호를 위한 기억술이다: 휴런(Huron), 온타리오(Ontario), 미시간(Michigan), 이리(Erie), 그리고 슈피리어(Superior) **그림 6.11** 첫 글자 기억술 전략 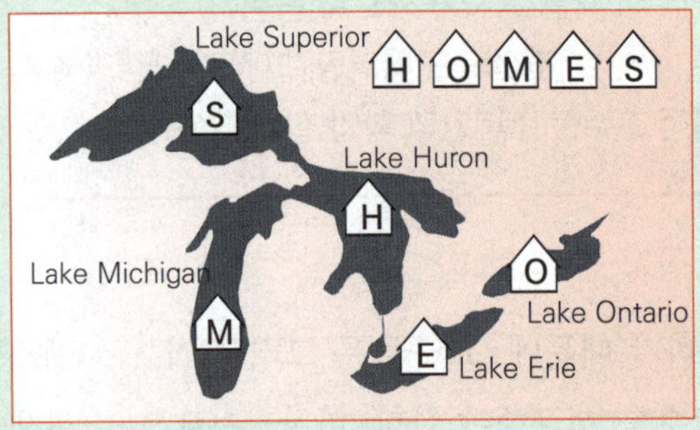
쓰기를 통한 지식 입증	POW+TREE—아이디어 선택하기(Pick), 아이디어 조직하기(Organize)(주제문(topic sentence), 이유(reason), 설명(explanation), 결말(ending)), 쓰기와 더 말하기(Write and say more)

학습전략 교수

학습장애학생들이 핵심 영역에서 기술을 숙달하기 위해 명시적 교수가 필요한 것과 마찬가지로, 교사들은 또한 학생들에게 학습전략을 명시적으로 가르쳐야 한다. 실제로, 교사들은 학생들에게 학습전략을 사용하는 방법을 가르치기 위해 전략적이고 순차적인 접근을 사용할 수 있다. 다음 박스에서 이에 대해 더 알아보라.

전환

- 중등후 교육을 위한 준비는 학습장애학생들에게 고등학교에서 더욱 집중적으로 이루어지며 학습기법, 자기옹호, 자신의 장애 이해, 그리고 정보에 기반한 선택을 하는 방법 학습에 대한 교수를 포함한다.
- IDEA가 대학생들에게 적용되지 않기 때문에, 학생들과 그들의 가족은 어떤 대학들이 좋고 반응적인 교육을 받고 졸업으로 이어질 수 있는 최선의 선택인지에 대해 많은 결정을 내려야 한다.

중등후 생활 준비

고등학교를 떠난 후 학생들에게는 많은 선택권이 있다. 우리는 많은 학습장애학생들이 그들의 중등후 추구를 위해 이 경로를 선택하거나 원하기 때문에 이 장의 전환 부분을 대학에 초점을 맞추기로

연구기반실제에 관한 심층적 탐구 **자기조절전략개발(SRSD)**

학습전략을 가르치는 데 효과적임이 입증된 한 가지 접근법은 자기조절전략개발(SRSD)이다. 이 접근법은 학생들에게 자기조절 전략을 사용하는 방법을 가르치는 것과 학생에게 학습전략을 효과적으로 가르치기 위한 다음 6단계를 결합한다:

- 배경지식 개발하기. 학생이 전략을 사용하는 데 필요한 기술을 개발하도록 돕는다.
- 논의하기. 전략이 학생에게 어떻게 도움이 될지 논의하고 전략과 언제 사용할지를 설명한다.
- 모델링하기. 각 단계에서 일어나는 사고 과정을 언어화하면서 전략의 단계들을 시연한다.
- 암기하기. 학생이 단계들과 각 단계에서 무엇을 해야 하는지를 학습하도록 요구한다.
- 지원하기. 학생이 전략을 숙달하는 동안 지원과 구체적인 피드백을 제공하고 점진적으로 지원을 줄인다(또는 철회한다).
- 독립적 실습 확립하기. 학생이 전략을 독립적으로 사용하는 동안 모니터링하고 새로운 상황에서 전략을 사용할 기회를 제공한다.

결정했다. 이전 장에서, 우리는 학습 기법, 필기하기, 시간 관리, 자기조절, 그래픽 조직자와 기억술의 사용과 같이 학습장애학생들에게도 중요한 기술들을 논의했다. 그 장에서, 우리는 자기옹호를 소개하고 이러한 기술들이 왜 중요한지에 대한 이유를 제공했다. 자기옹호는 복잡한 기술 집합으로 구성되며 달성하는 데 수년이 걸린다. 그 구성요소들은 분리되지 않으며, 오히려 상호 관련되어 있다. 교수는 고등학교 졸업 훨씬 이전에, 아마도 초등학교 후기부터 학교와 가정에서 중학교와 고등학교 기간에 걸쳐 층층이 쌓이거나 점진적인 교수와 함께 시작되어야 한다. 다음 박스에서, 우리는 자기옹호의 주요 영역에 대한 정보를 제공하고 종종 학생들의 개별화교육프로그램에 포함되는 목표들을 나열한다.

대학 선택 고려사항

많은 학생들에게, 대학 탐색은 전환 과정의 또 다른 구성요소이다. 올바른 대학을 찾는 것은 성공적인 경험에 매우 중요하다. 대학 진학을 생각하는 모든 학생들과 마찬가지로, 학습장애학생은 다음 질문들을 고려해야 한다:

- 학교에 내가 관심 있는 학업 프로그램과 전공이 있는가?
- 학교는 어디에 위치해 있는가?
- 입학 기준은 무엇인가?
- 전체 학생 수는 얼마나 되며, 일반적인 교양 과목에 등록하는 학생 수는 얼마나 되는가?
- 학교에 내가 관심 있는 교외 활동 프로그램이 있는가?
- 등록금과 수수료는 얼마이며, 어떤 다른 비용이 발생할 것인가?

학습장애학생들의 경우, 다음 추가 질문들을 고려해야 한다:

- 대학의 장애학생지원센터는 얼마나 포괄적인가?
- 성공을 위해 내가 필요한 지원과 서비스는 무엇인가?

자기옹호를 가르치는 팁

많은 특수교육 학생들에게, 자기옹호(self-advocacy)는 모든 학생들의 교사와 가족 구성원들 간에 조정된 명시적 교수와 실습을 위한 목표와 기회와 함께 그들의 개별화교육프로그램에서 명시되어야 한다. 먼저 그 구성요소들을 고려하고 그다음 이 기술과 능력 집합을 위한 목표로 번역될 수 있는 구체적인 목표들을 살펴보자.

자기옹호의 구성요소들

- 선택하기
- 의사결정하기
- 문제해결
- 목적 설정과 달성
- 자기결정
- 자기조절
- 도움 요청하기
- 자기인식

자기옹호를 위한 부분적 목표 진술의 예시들

학생들은 다음을 할 수 있어야 한다:

1. 자신의 장애를 명명하고 그것이 학교와 일상생활에서 자신에게 어떻게 영향을 미치는지 설명하기
2. 자신의 권리 진술하기
3. 자신의 강점 판별하기
4. 언제 그리고 어떻게 자신이 최선을 다하고 자신의 일에 가장 만족하는지 명확히 표현하기
5. 가장 도움이 되는 조정들과 어떤 상황에서 그것들이 유익한지 설명하기
6. 개별화교육프로그램 회의 동안의 의사결정과 일부 학급 과제 선택(예, 공부할 주제, 선택 과목, 읽을 책)에 참여함으로써 자신의 교육에 적극적 참여자가 되기
7. 성인들의 명시적 칭찬과 피드백에 안내받아 자존감과 자신감 달성하기
8. 자신을 위해 일어서고 도움을 구해야 하는 상황을 역할극하고 연습하기
9. 학교와 지역사회 자원들과 각각이 제공하는 도움의 유형들 판별하기
10. 자신을 위해 옹호할 때 정중함과 긍정적 태도 보이기

- 이러한 유형의 지원과 서비스가 이 학교에서 제공되는가?

학습장애를 가진 고등학생들과 그들의 부모들은 이 과정을 일찍 시작하고, 그들의 선택권을 신중하게 연구해야 한다. 그리 오래전이 아닌 과거에는, 학습장애학생들을 위한 고등교육 선택권이 거의 없었다. 버몬트의 랜드마크 대학은 난독증 학생들을 위해 특별히 설립된 최초의 대학이었으며, 수년에 걸쳐 확장되어 ADHD와 자폐성장애 학생들을 포함

하게 되었다. 오늘날, 선택권들은 거의 압도적이다. 몇몇 대학 안내서들은 심지어 그러한 대학들의 순위를 매기기도 하지만, 이 나라의 거의 모든 대학들이 최소한에서 광범위한 것까지 다양한 지원 서비스를 제공한다. 표 6.6에서, 우리는 학습장애학생들을 위해 특별히 매우 전문화된 지원 서비스를 제공하는 대학들의 알파벳순 대표적 표본을 강조한다. 목록이 포괄적이지는 않지만, 우리는 공립 대 사립 대학, 지원 서비스에 대해 추가 수수료를 부과하는 곳들, 그리고 지리적 위치의 균형을 맞추려고 노력했다.

부모와 가족: 대학 준비와 참여에서의 역할

모든 고등학교 졸업반 학생들이 어떤 중등 후 학교에 진학할지의 선택이 자신의 결정이라고 믿지만, 많은 요인들이 작용한다: 비용, 위치, 적합성, 그리고 합격률. 명백히, 대부분의 학생들에게 대학 선택은 가족의 결정이다.

학습장애학생들과 그들의 가족들에게 대학 준비는 훨씬 더 일찍 시작된다. 이러한 요인들 중 일부를 먼저 고려해보자. 가족들은 그들의 역할이 극적으로 변화하려고 한다는 것을 이해할 필요가 있다. 개별화교육프로그램을 가진 학생들에게는 조정과 전문화된 서비스가 보장되지만, 대학에서는 그러한 경우가 아니다. 또한, 부모들은 그들 자녀의 초등 및 중등 교육 프로그램에 직접 참여하도록 기대되지만, 대학 행정가들과 교수진들은 부모들이 자녀의 교육적 진전을 안내하거나 모니터링하려고 할 때 종종 간섭이라고 여기는 것을 환영하지 않는다. 많은 부모들에게, 이는 어려운 적응이다. 그러나 대학 진학 훨씬 이전의 많은 과제들이 그들의 자녀가 캠퍼스에 도착했을 때를 위해 잘 준비되도록 도울 수 있다. 다음은 몇 가지 예시들이다:

1. 조정을 포함한 지원 서비스를 받기 위해, 학생들은 장애학생지원센터에 등록해야 한다. 일반적으로, 이 과정은 학생이 장애를 가지고 있다는 문서를 포함하는 양식을 작성하도록 요구한다. 그 문서를 준비하는 것은 벅찰 수 있지만, 고등학교 전문상담교사나 다른 행정직원이 도울 수 있어야 한다.
2. 고등학교에서 학생들에게는 사례관리자가 배정되지만, 대학에서는 종종 장애학생지원센터에 연락 담당자가 있어 교수진에게 연락하고, 소성 준비(예, 필기 도우미, 오디오 녹음, 방해 없는 환경에서 시험 응시)나 직접 서비스를 도와준다. 가족들은 자녀들이 이러한 변화에 준비하도록 도울 수 있다.
3. 부모들은 자녀들을 그들의 상태와 필요한 조정에 대한 대화에 포함시킴으로써 자기옹호하도록 격려해야 한다.
4. 부모들은 또한 자녀들이 그들의 행동에 책임을 지도록 도와야 한다.

마지막으로, 가족들은 학교 선택에 대해 함께 결정해야 한다. 학생에게 가장 바람직한 대학이 어디인지에 더해 고려되어야 할 많은 요인들이 있다. 집단으로서, 각 사람은 각 학교를 평가해야 한다: 그들이 제공하는 지원 서비스, 제공되는 교육과정, 규모, 위치, 그리고 비용. 표 6.6을 다시 보면 목록에 있는 많은 학교들(그리고 목록에 없는 더 많은 학교들)이 지원 서비스에 대해 추가 비용이 있다는 것을 알 수 있다. 그것들을 사립대학 등록금에 더하면 일부는 가족의 예산으로는 감당할 수 없을 수도 있다.

표 6.6 학습장애학생들을 위해 설계된 프로그램을 가진 높은 순위 대학들의 샘플

대학	유형	위치	설명
아델파이 대학교	사립대학 - 두 가지 다른 수준의 지원에 대해 고액의 수수료 부과	뉴욕 가든시티	추가 수수료를 통해 학생들에게 학습 자원 프로그램 그리고/또는 더 개인화되고 집중적인 프로그램을 제공하는 사립대학
비컨 대학	사립대학	플로리다 리스버그	학습장애학생들만을 위해 독점적으로 서비스하는 대학
드폴 대학교	사립종합대학 - 학습 전문가 수수료는 서비스에 따라 다름	시카고	적응 기술을 위한 표준적인 무료 지원 서비스 외에, 학습 전문가들로부터의 개별화된 서비스가 수수료를 받고 이용 가능
호프스트라 대학교	사립대학 - 지원 서비스에 대해 추가 수수료 부과	뉴욕 헴스테드	추가 비용으로, 학습 전문가, 튜터링, 그리고 시간 관리, 실행 기능 기술, 학습전략에 대한 추가 교수를 제공하는 장애학생들을 위한 전문화된 프로그램 제공
랜드마크 대학	사립대학	버몬트 퍼트니	학습장애학생들만을 위해 독점적으로 서비스하는 최초의 대학
미들베리 대학	사립대학 - 두 가지 다른 수준의 지원에 대해 고액의 수수료 부과	버몬트 미들베리	포용과 다양성을 가치로 하는 사명 선언서, 높은 순위, 학습장애학생들을 위한 전문화된 서비스 제공
머스킹엄 대학교	사립대학 - 세 가지 다른 단계의 서비스와 지원에 대해 고액의 수수료 부과	오하이오 뉴콩코드	1983년에 시작된 플러스 프로그램; 프리미엄 프로그램은 일대일 튜터링 제공; 모든 수준에서 멘토링과 진전도 추적 서비스 제공
서던메소디스트 대학교	사립종합대학 - 추가 수수료 없음	텍사스 딜라스	학습 지원 센터에서 학업 코칭, 학습전략 교수, 또래 멘토링과 튜터링 제공
캘리포니아 대학교—어바인	공립종합대학 - 추가 수수료 없음	캘리포니아 어바인	다르게 학습하는 학생들을 위한 광범위한 지원 서비스 제공
코네티컷 대학교	공립종합대학 - 추가 수수료 없음	코네티컷 스토스	비욘드 액세스 프로그램은 학생들을 시간과 자기 관리, 자기옹호, 그리고 학업에서 전략 전문가들과 짝을 이룸
노스캐롤라이나 대학교 채플힐	공립종합대학 - 추가 수수료 없음	노스캐롤라이나 채플힐	포괄적인 학습 센터와 학습장애학생들에게 완전한 지원 서비스를 제공

사람과 상황

학습 목표

학습장애학생들을 위한 교수의 역사를 설명하고, 장애학생들과 그들의 부모를 위한 자원을 판별하며, 일반적으로 이용 가능한 기술 기기와 소프트웨어가 학습장애학생들이 종종 직면하는 읽기, 쓰기, 계산에 대한 장벽을 어떻게 줄일 수 있는지 논의한다.

기원과 역사

- 초기 전문가들은 명시적 교수, 진전도 모니터링, 학습전략에서 기법들을 개척했다.
- 이 분야의 보다 최근 연구는 전환 서비스와 영어 학습자들을 위한 서비스를 개선하면서 중재반응 모형 틀 내에서 증거기반 기법들을 구축하고 정제해왔다.

학습장애의 기원

1960년대 샘 커크(Sam Kirk)가 학습장애 분야를 창시했다고 일부에서는 인정하지만, 그 뿌리는 아돌프 쿠스마울(Adolph Kussmaul)이 읽기 무능력을 판별하고 단어맹이라는 용어를 만든 1800년대 후반에 기원한다. 그 직후, 난독증이라는 용어가 나타났고 읽기—또는 다른 동반 장애 없이 그것의 부족—가 독특한 장애일 수 있다는 아이디어가 등장했다. 그러나 이 초기 연구의 대부분이 전쟁이나 사고로 인한 뇌손상 때문에 후에 그들의 읽기와 언어 능력을 잃은 성인들에 초점을 맞추었다는 것을 주목하는 것이 중요하다. 오늘날, 우리는 성인 집단에서 어린 아동들로 일반화하는 것이 잘못된 것이며 아동들을 위한 생산적인 중재로 이어지지 않는다는 것을 안다.

1920년대와 1930년대 미국에서, 신경학 전문가인 사무엘 오튼(Samuel Orton)은 평균 또는 평균 이상의 IQ 점수를 가진 심각한 읽기 문제를 갖는 아동들을 위한 이론과 다감각적, 파닉스 기반 교정 읽기 기법을 개발했다. 그는 이러한 읽기 어려움을 어떤 종류의 뇌손상이나 중추신경계 기능장애 때문이라고 여겼다. 그의 아이디어는 읽기 문제가 연구기반 기법을 사용하여 가르침으로써 극복될 수 있다는 것이었다.

제2차 세계대전 전후인 1930년대와 1940년대 동안, 미시간의 웨인 카운티 훈련학교(Wayne County Training School)는 학습장애, 지적장애, 그리고 ADHD 학생들의 특성에 관한 연구의 주요 중심지가 되었다. 그곳에서 샘 커크(Sam Kirk), 알프레드 스트라우스(Alfred Strauss), 그리고 로라 레티넨(Laura Lehtinen)과 같은 심리학자들이 이러한 학생들의 학습 문제에 대응하여 특정 교수 전략들을 개발했다. 1961년에, 일리노이 심리언어능력검사(ITPA)가 출간되었다. ITPA의 주 개발자인 샘 커크는 이것을 학습장애학생들을 판별하고 학생의 강점, 약점, 학습양식(즉, 그들이 정보를 보거나 들음으로써 더 잘 학습하는지)에 관한 검사 결과에 기반하여 교수 접근법을 처방하는 데 도움이 되도록 사용하고자 했다. 비록 이 검사가 학습장애학생들을 판별하는 데 수년간 사용되었지만, 학습양식 기반 교수와 교정을 안내하기 위해 검사 결과를 사용하는 것은 성공적이지 못했고, 그 이론은 나중에 반박되었다.

1963년 4월 6일 시카고에서 열린 미국학습장애협회(LDA)의 부모와 전문가들의 획기적인 회의에서, 샘 커크와 다른 사람들이 학습장애라는 용어를 만들었다. 그 결과, 일부 학교 서비스가 이러한 학생들에게 제공되기 시작했다. 1960년대와 1970년대 초반 동안, 전문가들은 학습장애가 조기에 치료된다면 초등학교 기간 동안 해결될 수 있다고 믿었다. 따라서 학습장애학생들을 위한 서비스가 시작되었을 때, 중학교와 고등학교 학생들에게는 이용 가능하지 않았다.

1970년대 동안, 학습장애 분야는 학생들을 위한 효과적인 접근법에 대한 격렬한 논쟁에 휩싸였다. 과정/산출 논쟁이라고 불리는 이 논쟁에서, 한 집단인 과정 측은 읽기와 다른 학업 기술을 교정하기 위해 학생들의 지각 능력을 향상시키는 데 초점을 맞춘 교수를 촉진했다. 예를 들어, 마리안 프로스티그(Marian Frostig)는 아동들의 시각 지각 능력을 향상시키는 절차를 개발했다. 뉴얼 케파트(Newell Kephart)의 연구는 발달적 운동 기술에 초점을 맞췄다. 가장 주목할 만하게, 도만-델라카토 접근법(Doman-Delacato approach)은 아동들이 기어가기 기술을 다시 학습하게 했다. 이 모든 접근법들의 전제는 이러한 영역들의 향상이 읽기 향상을 가져올 것이라는 것이었다. 다른 집단인 산출 측은 명시적 교수가 학생들의 학업 기술을 향상시킬 것이라고 주장했다. 다시 말해, 읽기 기술의 향상을 원할 때, 읽기 기술을 가르치라는 것이다. 이 장에서 앞서 읽은 정보를 고려하면, 어느 쪽이 옳았는지 알 수 있다! 이 논쟁은 돈 해밀(Don Hammill)과 스티브 라센(Steve Larsen)의 연구가 지각적 접근법들은 거의 효과적이지 않지만, 학업 기술의 명시적 교수는 학습 결과를 향상시킨다는 것을 보여주었을 때 해결되었다.

논쟁이 정리된 후, 톰 로비트(Tom Lovitt, 워싱턴 대학교)와 스탠 데노(Stan Deno, 미네소타 대학교)는 오늘날 연구의 대부분에 기초가 되는 연구를 수행했다: 학생들의 학업 과제에 대한 빈번하고 직접적인 사정평가를 통해 학생들의 진전도를 모니터링하면서 학업 기술을 가르치기 위해 명시적 교수를 사용하는 것. 이것이 교육과정중심측정(CBM)과 진전도 모니터링 연구의 시작이었다. 댄 할라한(Dan Hallahan, 버지니아 대학교)과 동료들은 많은 학습장애학생들이 활용하는 초점이 없는 학습 접근법을 인식하고 학습과 이해를 향상시키는 선택적 주의력 기술을 가르치는 방법을 개발했다.

1980년대에, 연구자들은 많은 학습장애학생들이 학업 과제에 대한 접근에서 전략적이지 않다는 것을 발견했다. 돈 데슬러(Don Deshler)와 그의 동료들(캔자스 대학교)은 최초의 학습전략들을 개발했다. 그들은 특히 청소년들에 초점을 맞추어 수십 년 동안 이 연구를 계속 확장하고 정제했다. 그 결과가 전략적 교수 모델™(SIM)이었다. SIM은 이러한 학생들이 내용 교과서 읽기 이해와 중등 쓰기의 문해 관련 기술들을 다룰 때의 요구를 해결한다. 또한 1980년대 동안, 장애를 가진 것으로 판별된 모든 학생들의 50% 이상이 학습장애 범주를 통해 서비스를 받았기 때문에, 특수교육 학습장애 범주의 증가하는 규모에 대한 우려가 제기되었다. 동시에, 학습장애를 가진 것으로 판별되기 위해서는 IQ와 성취 사이의 상당한 불일치가 요구된다는 개념이 있었다: 평균 범위의 IQ와 기대치보다 최소 2학년 수준 이하의 성취. 이 모델은 기본적으로 조기중재를 부정했는데, 매우 어린 아동이 학업 성취에서 2년 뒤처진다고 검사되는 것은 거의 불가능하기 때문이다. IQ-

그림 6.12 학습장애 역사 연대표

성취 불일치 모델은 또한 "실패를 기다리는(wait-to-fail)" 접근법을 조장하여, 그들의 점수가 교육자들로부터 교수적 조치를 정당화할 때까지 아동들을 수년간 중재 없이 방치했다.

학습장애의 진화

금세기로 넘어온 후, 린과 더그 푹스(Lynn and Doug Fuchs, 밴더빌트 대학교), 돈 콤튼(Don Compton, 이전에 밴더빌트 대학교, 현재 플로리다 주립대학교), 그리고 샤론 본(Sharon Vaughn, 텍사스 대학교)과 그들의 동료들이 톰 로비트와 스탠 데노의 기초 연구를 확장했다. 그들은 오늘날 많은 교실에서 사용되는 중재반응모형(RTI) 접근법의 개발에 교육과정중심측정과 진전도 모니터링의 원리들을 통합했다. 그들은 교사들이 1단계에서 학습 어려움 학습자들을 더 빠르게 판별하고 모든 단계에 걸쳐 데이터기반 교수 결정을 내리도록 돕기 위해 이러한 과정들을 계속 정제하고 있다.

오늘날의 연구는 읽기, 쓰기, 그리고 수학에서 데이터기반 집중적 중재 기법들을 계속 정제하고 교수와 검사 환경 모두에서 조정의 사용을 개선하고 있다. 제2언어 습득의 지식 기반이 성장함에 따라, 연구자들은 이제 언어와 장애의 교차점을 탐구하고 그에 따라 기법들을 연마하고 있다. 다른 연구자

유행과 입증되지 않은 실제들

지난 세기 동안 유행적 방법들과 검증되지 않은 접근법들이 학습장애를 "치료"한다는 약속과 함께 자주 홍보되었다. 그러나 그러한 개념들은 과거에만 국한되지 않고 오늘날에도 여전히 풍부하다. 몇 가지 예시를 살펴보자. 마리안 프로스티그(Marianne Frostig)는 시각 지각을 향상시키는 자료를 개발했다. 그녀는 시각 지각 기술이 향상되면 읽기 능력이 향상될 것이라고 믿었다—연구가 검증하지 못한 이론이었다. 지각-운동 접근법을 사용하는 간접적 중재가 읽기 기술을 향상시킬 수 있다는 부정확한 믿음에서 그녀는 혼자가 아니었다. 도만-델라카토 접근법이 치료법으로 촉진한 또 다른 유행은 나이에 관계없이 학생들이 그들의 뇌를 "재패턴화"하거나 재훈련시키기 위해 기어가기 운동을 사용하게 하는 것이었다. 케파트(Kephart)는 아동들이 눈 속에서 천사를 만드는 것이 읽기 문제를 해결할 것이라는 아이디어를 촉진했다. 다른 유행들은 특별한 식이요법, 학생들 책상 위의 식물, 또는 형광등 제거가 학업적 그리고 행동적 수행을 향상시킬 것이라고 주장했다. 이러한 주장들은 과학적 증거로 뒷받침되지 않았다.

불행하게도, 이러한 유행들의 흔적이 오늘날에도 여전히 존재한다. 학생의 학습 양식—시각적, 청각적, 운동감각적—에 교수를 연결하는 것이 학습 결과를 향상시킬 것이라는 증거가 부족함에도 불구하고, 많은 교육자들이 여전히 그 효과성을 믿는다. 과정/산출 논쟁의 잔재인 처리 중재의 첨단 기술 버전들이 이제 이용 가능하다. 새로운 앱과 컴퓨터 게임들이 작업 기억을 증가시키고 처리 속도를 향상시킨다고(그리고 심지어 알츠하이머병의 발병을 지연시킨다고) 주장한다. 이러한 무효화된 절차들의 촉진이 IDEA와 모든 학생 성공법(ESSA)과 같은 현재 법률이 교사들이 증거기반실제(EBP)를 사용하도록 요구하는 한 가지 이유이다. 그리고 이 교재 전반에 걸쳐 강조하듯이, 백신 부정론자들은 질병과 질환을 예방하는 백신보다 아동들을 더 큰 위험에 빠뜨린다.

들은 현재 중등 후 교육 환경에 진입하는 다수의 학습장애학생들을 지원하기 위한 성공적인 중등 전환 과정에 초점을 맞춘다. 마지막으로, 일부 연구자들은 학습장애의 핵심에 있는 신경학적 과정들을 계속 탐구하여, 처리 속도와 작업 기억과 관련된 인지 프로파일을 조사하고 더 효과적인 데이터기반 개별화 중재를 제공하기 위해 학업 저성취 학생들과 학습장애를 가진 학생들을 구별할 수 있는 방법을 찾고 있다. 정책적 차원에서 2015년부터 학습장애협회는 아동과 성인의 뇌손상을 유발하는 것으로 연관된 화학 오염물질을 줄이는 데 성공적으로 노력해 왔으며, 대형 매장체인(예: Home Depot, Loews, Ikea, Walgreens, Ashley Furniture)과 협력하여 이들이 판매하는 제품에서 그러한 물질을 판별하고 제거하는 작업을 진행하고 있다. 요약을 위해 역사적 연대표인 그림 6.12를 참조하라.

특히, 학습장애는 많은 근거 없는 실제들로 시달려왔으며, 이는 가족들에게 불필요한 비용, 시간 낭비, 그리고 치료에 대한 희망의 좌절로 이어졌다. 다음 박스에서, 우리는 그중 일부를 강조하지만, 교훈은 항상 효과성에 대한 자료를 찾거나 "구매자는 조심하라!"는 오래된 격언을 따르는 것이다.

개인적 이야기들

- 학습장애를 가진 많은 성공적인 개인들이 학생들의 롤 모델 역할을 한다.
- 아이 투 아이(Eye to Eye)와 언더스토드(Understood)는 학습장애학생들과 그들의 가족에게 지원을 제공하는 두 조직이다.

롤 모델: 장애를 가진 성인들

학습장애를 가진 많은 성공적인 인물들이 그들의 삶—어려움과 성공—에 대해 공개적으로 이야기하고 다른 사람들을 위한 기회를 촉진한다. 이 부분에서, 우리는 이러한 개인들 중 몇 명만 강조하지만, 그들의 학습장애를 극복한 더 많은 성인들에 대해 알고 싶다면, 다음 사이트들을 확인하라: LD 자원 재단(https://www.ldrfa.org/famous-people-with-learning-disabilities-dyslexia/), 언더스토드(https://www.understood.org/en/articles/success-stories-celebrities-with-dyslexia-adhd-and-dyscalculia), 그리고 Greatschools.org(https://www.greatschools.org/gk/articles/famous-people-dyslexia-ld-or-ad-hd/). 이러한 URL들은 비즈니스, 과학, 건축, 정치, 엔터테인먼트, 스포츠, 그리고 더 많은 분야의 전문가들을 포함한다. 그들은 적절한 지원이 제공될 때 학습장애를 가진 개인들이 무엇을 성취할 수 있는지에 대한 증거를 제공한다.

텔레비전 유명인사이자 뉴스 리포터인 앤더슨 쿠퍼(Anderson Cooper)는 읽기장애를 가지고 있었으며, 어린 시절 그것을 숨기려고 노력했다. 글로리아 밴더빌트(Gloria Vanderbilt)의 아들인 그는 읽기와 쓰기가 매우 중요하게 여겨지는 높은 성취의 가족에서 자랐다. 그의 형은 열렬한 독자(reader)였지만, 앤더슨 쿠퍼는 그저 읽는 척했다. 그는 자신이 단어, 특히 글자를 이해할 수 없었다고 말한다. 그는 조기 진단, 세심한 교사들, 그리고 읽기 전문가와의 개별화된 작업이 그의 도전을 성공으로 바꾸었다고 인정한다. 쿠퍼는 학교가 끔찍하게 고립된 장소가 될 수 있지만, 보살피고 잘 훈련된 교사들이 그의 초기 삶에 변화를 만들었다고 말했다. 그는 강한 학생이 되었고, 예일 대학교를 졸업했으며, 저널리즘 분야에 진입했다. 그는 "필요한 자원과 지원을 제공할 수 있는 좋은 학교들이 존재한다"고 말한다.

40개 이상의 회사를 소유한 버진 그룹의 CEO이자 설립자인 리처드 브랜슨(Richard Branson)과 할인 주식 중개회사의 설립자인 찰스 슈와브(Charles Schwab)와 같은 사업 기업가들이 그들이 극복한 도전들을 공유한다. 브랜슨은 그의 읽기장애 때문에 학교에 있을 때 표준화 검사에서 일상적으로 실패했고 학교에서 매우 부진했다. 그는 대안 신문을 시작했을 때 그의 교장을 놀라게 했는데, 교장은 젊은 브랜슨에게 그가 백만장자가 되거나 감옥에 갈 것이라고 말했다고 전해진다. 음, 그는 이제 억만장자이고 감옥에 있지 않다.

금융계의 아이콘인 찰스 슈와브는 수학과 경제학에서의 그의 강점과 수업에서 그를 위해 필기를 해준 친구들의 지원으로 읽기에서의 약점을 보상함으로써 대학을 마쳤다고 인정한다. 그는 학교에서 어려움을 겪었지만, 그의 아들이 학습장애로 진단될 때까지 자신이 난독증을 가지고 있다는 것을 알지 못했다.

학습장애에 초점을 맞춘 조직들

많은 전문 조직들과 연방 기관들이 부모들과 학습장애를 가진 개인들에게 서비스와 자원을 제공

표 6.7 학습장애에 초점을 맞춘 집단들의 표본

조직 또는 기관	웹사이트	설명
LD 온라인	https://www.ldonline.org	학습장애에 관한 다양한 주제에 대해 교사와 부모를 위한 무료 자원 제공
미국학습장애협회(LDA)	https://ldaamerica.org	부모와 전문가를 위한 정보 및 연계 센터인 비영리 조직
국립학습장애센터(NCLD)	http://www.ncld.org	부모와 전문가를 위한 정보를 제공하는 옹호활동 집단; 현재 캠페인은 모든 취학전 아동들을 위한 문해 기술 육성
언더스투드	https://www.understood.org	15개 비영리 조직으로 시작하여 많은 지역사회 파트너들의 전문성을 모은 웹사이트; 많은 주제에 대해 부모들에게 풍부한 자원 제공

한다. 우리는 표 6.7에서 이들 중 일부를 강조한다. 그러나 먼저, 처음에 두 명의 대학생에 의해 설립되었고 현재 20년 후에도 다르게 학습하는 학생들에게 독특한 서비스를 계속 제공하는 특별한 조직을 소개한다. 아이 투 아이(Eye to Eye, http://www.eyetoeyenational.org)는 학습장애를 가진 데이비드 플링크(David Flink)와 학습장애와 ADHD를 가진 조나단 무니(Jonathan Mooney)에 의해 설립되었다. 아이 투 아이는 학습장애 그리고/또는 ADHD를 가진 학생들을 같은 장애를 가진 멘토들과 짝을 이어준다. 그들의 사명은 멘토링과 옹호활동을 통해 학습장애를 가진 모든 사람의 삶을 개선하여, 사회의 모든 측면에서 그들의 완전한 포용을 지원하는 것이다. 그들의 최우선 원리는 자존감 구축을 통한 역량 강화이다. 이 프로그램은 자기옹호, 리더십 기술 개발, 그리고 학습전략과 학업적 조정의 사용을 통해 학업 성취를 촉진하고자 한다. 설립 이후, 아이 투 아이는 멘토링을 받은 12,000명의 학생들과 전문성 개발을 받거나 회의에 참석한 40,000명 이상의 부모와 교육자들에게 서비스를 제공했다.

미래 전망

학습 목표

예방적 조치가 어떻게 학습장애의 발생률을 줄일 수 있는지 설명하고, 새로운 기술들이 어떻게 학습장애와 관련된 뇌 기능을 판별하고 있는지 서술하며, 보조공학을 선택할 때의 일부 고려사항들을 나열하고, 조정으로 사용될 수 있는 기술의 다양한 특징들을 판별한다.

예방: 보건의료와 기술 발전

- 학습장애의 특정 원인에 대해서는 알려진 것이 거의 없지만, 일부 위험요인들이 판별되었다.
- 새로운 뇌 매핑 기술들이 학습장애를 가진 개인들과 그렇지 않은 개인들의 뇌 기능 차이를 판별하고 있으며, 아동들이 읽기, 쓰기, 수학 기술을 어떻게 발달시키는지에 대한 더 나은 이해를 위한 가능성을 제시하고 있다.

보조공학 체크리스트

- ☐ 기기가 학생의 요구 영역을 지원하는가?
- ☐ 기기가 학생이 나이가 들어감에 따라 학생의 변화하는 요구를 충족시킬 유연성을 가지고 있는가?
- ☐ 기기가 학생이 사용하고 있는 다른 보조공학과 호환되는가?
- ☐ 학생이 그것을 사용할 의향이 있는가?
- ☐ 학생이 그것을 사용하는 데 필요한 기술을 가지고 있는가?
- ☐ 학생이 기기 사용 방법을 쉽게 학습할 수 있는가?
- ☐ 교사들이 기기 사용 방법을 기꺼이 학습할 것인가?
- ☐ 교사들이 교실에서 그것의 사용을 기꺼이 지원할 것인가?
- ☐ 교사들이 기기 사용을 쉽게 학습할 수 있는가?
- ☐ 제조업체(또는 다른 기관)가 기기에 대한 훈련, 기술 지원, 수리 서비스를 제공하는가?

기억하라, 장애를 예방하기 위해서는 먼저 그것의 원인을 규명해야 한다. 불행하게도, 학습장애의 신경학적 기능장애에 대한 특정 원인들은 명확하게 판별되지 않았다. 그러나 과학자들은 그들이 학습장애와 연관시킬 수 있는 다양한 위험요인들을 발견했다. 첫째, 그들은 학습장애가 가족 내에서 발생하는 것으로 보이기 때문에 유전적 연관이 있을 수 있다고 믿는다. 우리는 앞서 이에 대한 예시를 제시했다: 찰스 슈와브와 그의 아들 모두 학습장애를 가지고 있다.

연구자들은 또한 일부 산전(prenatal) 요인들이 아동들을 학습장애에 대한 더 큰 위험에 빠뜨릴 수 있다고 생각한다. 예를 들어, 알코올이나 약물 사용, 영양실조, 그리고 물이나 페인트의 납과 같은 환경 독소에 대한 노출은 아동기 동안 학습장애가 판별되는 단계를 설정할 수 있다. 또한, 발달기 동안의 뇌 손상은 읽기, 쓰기, 그리고 수학에서의 문제를 야기할 수 있다.

의학적 발전은 아직 학습장애를 예방하거나 그 영향을 줄일 수 없다. 그러나 연구자들은 아동들의 뇌가 어떻게 읽기, 쓰기를 학습하고 수학 기술을 발달시키는지를 연구하고 있다. 그들은 학습장애와 같은 특정 장애를 가진 개인들의 뇌가 그러한 장애가 없는 사람들의 뇌와 어떻게 다른지를 알아보기 위해 자기공명영상(MRI)을 사용하고 있다. 사람이 특정 과제에 참여하는 동안 혈류를 추적함으로써, 연구자들은 그러한 과제들(읽기, 계산)과 관련된 뇌 영역들을 판별할 수 있을 뿐만 아니라, 학습장애를 가진 개인들과 그렇지 않은 개인들의 뇌 기능 차이를 구별할 수 있다. 미래에, 확산 자기공명영상(dMRI)과 같은 이러한 뇌 매핑 기술들은 뇌의 신경 섬유를 매핑하여 정보가 뇌의 한 부분에서 다른 부분으로 어떻게 흐르는지를 추적한다. 그들은 또한 이 기술이 이러한 신경 경로들의 고장 원인과 그것들을 복구할 가능성을 규명하는 데 도움이 되기를 희망한다. 기억하라, 뇌 매핑은 미래에 대한 가능성을 제시한다; 현재로서는 증거기반교수 실제로 이어지거나 연결되지 않는다. 이 장 앞부분에서 언급된 일부 유행적 방법들과 검증되지 않은 접근법들과 마찬가지로, 부모들에게 뇌 매핑 기술을 광고하기 시작한 회사들이 있어 그들의 자녀 장애에 대한 "치료법"을 암시하고 있기 때문에 우리는 이를 언급한다. 교육자들과 부모들은 경계해야 하며 어떤 중재, 제품, 또는 기술에 대해서도 증거 기반에 대한 주장들을 분석해야 한다.

기술: 적절한 보조공학 선택

- 개별화교육프로그램 팀 구성원들은 최대한의 사용을 보장하기 위해 학습장애학생들을 위한 적절한 기술을 선택할 때 몇 가지 핵심 요인들을 고려해야 한다.
- 보조공학을 선택할 때 기술을 가르치거나 강화하는지 또는 조정을 제공하는지를 포함하여 다른 특징들이 고려되어야 한다.

개별화교육프로그램 팀의 한 가지 책임은 일반적으로 사용되는 기술(예, 데스크톱과 노트북 컴퓨터, 태블릿, 스마트폰)에서 발견되는 기능들을 포함할 수 있는 보조공학의 어떤 유형을 학생이 학교에서 성공하기 위해 필요로 하는지를 결정하는 것이다. 이는 종종 학생의 장애 영향을 보상하거나 해결할 수 있는 기술을 선택하는 것을 포함한다. 불행하게도, 많은 기능들이 학생들과 교사들이 그것들을 인식하지 못하거나 사용하는 방법을 모르거나, 일부 교사들이 그들의 수업에서 그것들의 사용을 허용하지 않기 때문에 잠재력대로 사용되지 못한다. 아래 박스의 체크리스트는 일관되고 효과적으로 사용되며, 원하는 결과를 산출하는 데 도움이 되는 보조공학 선택을 안내하는 몇 가지 질문들을 제공한다.

5장에서 학습했듯이, 보조공학 기기들은 저기술과 고기술 선택권 모두로 제공된다. 저기술 기기는 학생의 쓰기를 돕는 연필 잡이만큼 간단할 수 있고, 고기술 기기는 이 장의 조정 부분에서 학습한 디지털 펜이 될 수 있다. 우리는 또한 우리 대부분이 매일 사용하는 기기들에서 일반적으로 이용 가능한 접근성 기능들을 공유하고자 한다. 이러한 기능들 중 일부는 거의 모든 데스크톱과 노트북 컴퓨터, 태블릿, 스마트폰의 운영체제에 내장되어 있고, 다른 것들은 워드 프로세싱이나 스프레드시트에 사용하는 소프트웨어의 구성요소들이다. 교사들과 부모들이 학생들에게 가르치기 전에 이러한 기능들의 사용에 능숙해지고 그것들이 가르쳐질 때 효과적인 실제들(예, 점진적 지원, 모델링)을 사용하는 것이 중요하다. 표 6.8은 우리 대부분이 사용하는 기기들에서 일반적으로 이용 가능한 일부 접근성 기능들을 요약한다.

북셰어(Bookshare, www.bookshare.org)는 장애학생들을 위한 보조공학 지원의 또 다른 출처이다. 구체적으로, 북셰어는 다양한 접근 가능한 형식으로 488,000권 이상의 교과서, 소설, 잡지, 신문을 제공함으로써 인쇄물 읽기장애(학습장애, 시각장애, 또는 지체장애로 인해 인쇄물 읽기에 어려움을 갖는 사람들)를 가진 개인들을 지원한다. 개별화교육프로그램을 가진 학생들은 이러한 지원을 무료로 받을 수 있다.

표 6.8 기술이 쓰기와 계산의 장벽을 줄이는 방법

유형	기능	역할	혜택
운영체제	음성-텍스트 변환	구어를 인쇄된 형태로 번역	쓰기의 필요성 제거
	텍스트-음성 변환	인쇄된 텍스트를 구어로 번역	읽기의 필요성 제거
	디스플레이 사용자 지정	키보드나 마우스를 제어하기 위한 한 번의 키 누름 접근 허용	키보드 기능을 위한 여러 단계 간소화
워드 프로세싱 소프트웨어	문서 준비	보고서를 위한 문서 생성	만족스러운 보고서 작성을 위한 필기의 어려움 감소
	예측 텍스트	이미 입력된 단어들로부터 단어와 구문 제안	구두점과 문법 문제 해결, 그러나 미리보기와 수락 필요
	맞춤법 및 문법 검사기	잠재적으로 잘못 철자된 단어들과 문법 오류 판별	보고서의 질 향상
	유의어 사전	대안적 단어 제공	단어 중복의 문제 해결
	순차적 제목 구조	제목들을 순차적 순서로 배치	보고서 내용 조직화 도움
스프레드시트 소프트웨어	공식과 함수	자료 저장, 계산, 조작, 분석	수동으로 계산을 수행할 필요성 제거
	그래프 작성	수치 자료를 시각적 형식으로 제시	읽기 쉬운 형식으로 자료 제시 조직화

요약

학습장애 설명

학습장애는 평균 또는 평균 이상의 지능을 가진 학생들에게 학업적 강점과 약점의 불균등한 패턴과 함께 예상되지 않은 저성취를 야기하는 신경학적 기반 장애이다.

- 학습장애를 판별하는 두 가지 방법은 IQ-성취 불일치 모델과 중재반응모형(RTI)이다.
- 학습장애는 종종 읽기, 쓰기, 수학의 세 영역에서 명백하며, 학생들은 한 개 이상의 영역에서 장애를 가질 수 있다.
- 학습장애학생들은 종종 시각적 및 청각적 처리와 작업기억 결손에 문제를 갖는다.
- 학습장애학생들은 가장 큰 특수교육 범주를 구성하며, 대부분이 일반교육 환경에서 교육을 받는다.

특수교육

학습장애학생들은 보편적 학습설계 틀의 적용과 개별화 교수, 암시적 교수, 학습전략, 조정의 실행을 통해 제공되는 지원으로 다른 교과에서의 진전을 동시에 유지하면서 학업적 약점 영역에서 명시적 교수와 개별화된 중재가 필요하다.

- 학습장애는 학업과 필기하기, 학습 기법, 조직화 기술과 같은 관련 영역에서 도전을 만든다.
- 학습장애학생들은 교실에서 그리고 나중에 삶에서 성공하기 위해 개별화된 조정과 잘 준비된 교사들이 전달하는 데이터기반 교수가 또한 필요하다.
- 학습장애의 조기 징후는 종종 3세경에 명백하지만, 취학전 기간 동안의 조기중재는 그 영향을 줄일 수 있다.
- 학습전략은 학습장애학생들의 학업 수행을 향상시킬 수 있지만, 학생들이 효과적으로 사용하기 위해서는 그것들을 사용하는 방법의 과정이 명시적으로 가르쳐져야 한다.
- 고등학교 동안 학습 기법 교수와 자기옹호에 초점을 맞추는 것에 더해, 학습장애학생들과 그들의 가족은 학생이 대학에 진학하면 그들의 역할이 어떻게 변화할지를 준비해야 하며, 비용, 위치, 그리고 제공되는 지원과 서비스에 기반하여 대학을 선택할 때 정보에 기반한 선택을 해야 한다.

사람과 상황

학습장애 분야의 초기 연구 대부분이 현재 증거기반실제(EBP)를 위한 토대를 마련했지만, 입증되지 않은 유행적 방법들도 널리 퍼져 있었다.

- 초기 전문가들은 명시적 교수, 진전도 모니터링, 그리고 학습전략에서 기법들을 개척했고, 최근 연구는 중재반응모형 틀 내에서 증거기반 기법들을 정제했을 뿐만 아니라, 중등 전환과 영어학습자들을 위한 서비스를 개선했다.
- 학습장애를 가진 많은 성공적인 개인들이 역할모델이 되어주고 있으며, 학습장애학생들과 그들의 가족들에게 지원을 제공하는 조직들이 존재한다.

미래 전망

특정 원인에 대해서는 알려진 것이 거의 없지만, 학습장애의 위험요인들에 대해서는 더 많이 알려지고 있다. 오늘날의 데스크톱과 노트북, 태블릿, 그리고 스마트폰의 일반적으로 이용 가능한 기술적 기능들이 종종 학습장애로부터 야기되는 읽기, 쓰기, 계산에 대한 장벽을 제거할 수 있다.

- 새로운 뇌 매핑 기술들이 학습장애를 가진 개인들과 그렇지 않은 개인들의 뇌 기능 차이를 판별하고 있으며, 아동들이 읽기, 쓰기, 그리고 계산을 학습하는 방법에 대한 더 나은 이해를 위한 가능성을 제시하고 있다.
- 개별화교육프로그램 팀 구성원들은 적절한 보조공학을 선택할 때 특정한 핵심 요인들을 고려해야 하며, 교육자들은 학습장애학생들에게 혜택을 줄 수 있는 널리 이용 가능한 운영체제와 소프트웨어에서 이용 가능한 현재 기술적 기능들의 역할과 혜택을 이해할 필요가 있다.

참고문헌

Al Otaiba, S., Folsom, J. S., Schatschneider, C., Wanzek, J., Greulich, L., Meadows, J., . . . Connor C. M. (2011). Predicting first-grade reading performance from kindergarten response to Tier 1 instruction. *Exceptional Children*, *77*, 453–470.

Alnaim, F. A. (2016). History of learning disabilities: Reflection on the development of the concept and assessment. *Global Journal of Human-Social Science Research, 16*(3). https://globaljournals.org/GJHSS_Volume16/5-History-of-Learning.pdf

American Psychiatric Association. (2013). *Diagnostic and statistical manual of mental disorders* (5th ed.).

Backenson, E. M., Holland, S. C., Kubas, H. A., Fitzer, K. R., Wilcox, G., Carmichael, J. A., . . . Hale, J. B.(2015). Psychosocial and adaptive deficits associated with learning disability subtypes. *Journal of Learning Disabilitie* , *48*, 511–522.

Baker, S. K., Chard, D. J., Ketterlin-Geller, L. R., Apichatabutra, C., & Doabler, C. (2009). Teaching writing to at-risk students: The quality of evidence for self-regulated strategy development. *Exceptional Children, 75,* 303–318.

Beech, M. (2018). *Accommodations: Assisting students with disabilities* (4th ed.). Bureau of Exceptional Education and Student Services, Florida Department of Education. https://www.fldoe.org/core/fileparse.php/7690/urlt/0070069-accomm-educator.pdf

Billingsley, B. S., & Bettini, E. A. (2019). Special education teacher attrition and retention: A review of the literature. *Review of Educational Research, 89*(5), 697–744.

Boudah, D. J., & O'Neill, K. J. (1999). *Learning strategies*. ERIC Clearinghouse of Disabilities and Gifted Education. (ERIC Document No. ED433669)

Bridges, M. S., & Catts, H. W. (2011). The use of a dynamic screening of phonological awareness to predict risk for reading disabilities in kindergarten children. *Journal of Learning Disabilities,* 44, 330–338.

Brown, J. E., & Sanford, A. (2011, March). *RTI for English language learners: Appropriately using screening and progress monitoring tools to improve instructional outcomes.* U.S. Department of Education, Office of Special Education Programs, National Center on Response to Intervention.

Bryan, T., Burstein, K., & Ergul, C. (2004). The social-emotional side of learning disabilities: A sciencebased presentation of the state of the art. *Learning Disability Quarterly*, 27, 45–51.

Bryant, D. P., & Bryant, B. R. (2008). Introduction to the special series: Mathematics and learning disabilities. *Learning Disabilities Quarterly, 31*, 3–8.

Bui, Y., Schumaker, J. B., & Deshler, D. D. (2006). The effects of a strategic writing program for students with and without learning disabilities in inclusive fifth-grade classes. *Learning Disabilities Research & Practice, 21*, 244–260.

Burr, E., Haas, E., & Ferriere, K. (2015). *Identifying and supporting English learner students with learning disabilities: Key issues in the literature and state practice* (REL 2015-086). U.S. Department of Education, Institute of Education Sciences, National Center for Education Evaluation and Regional Assistance, Regional Educational Laboratory West. https://files.eric.ed.gov/fulltext/ED558163.pdf

Cardichon, J., Darling-Hammond, L., Yang, M., Scott, C., Shields, P. M., & Burns, D. (2020). *Inequitable opportunity to learn: Student access to certified and experienced teachers.* Learning Policy Institute. https://learningpolicyinstitute.org/product/crdc-teacher-access-report

Carver-Thomas, D. (2022, February 9). *Teacher shortages take center stage.* Learning Policy Institute. https://learningpolicyinstitute.org/blog/teacher-shortages-take-center-stage.

Carver-Thomas, D., & Darling-Hammond, L. (2017, August 16). *Teacher turnover: Why it matters and what we can do about it.* Learning Policy Institute. https://learningpolicyinstitute.org/product/teacher-turnover-report

Cavendish, W. (2013). Identification of learning disabilities: Implications of DSM-5 criteria for school-based assessment. *Journal of Learning Disabilities, 46*, 52–57.

College Consensus. (2022). *30 best colleges for students with learning disabilities.* https://www.collegeconsensus.com/rankings/best-colleges-for-students-with-learning-disabilities/

Compton, D. L., Fuchs, L. S., Fuchs, D., Lambert, W., & Hamlett, C. (2012). The cognitive and academicprofiles of reading and mathematics learning disabilities. *Journal of Learning Disabilities, 45*, 79–95.

Davis, J. M., Christo, C., & Husted, D. (2009). Reading fluency and students with learning disabilities: The relationship to test accommodations. *Journal of Learning Disabilities, 15,* 105–120.

Deno, S., & Mirkin, P. (1974, Spring). Data-based instruction: A system for improving learning and preventing reading failure. *Manitoba Journal of Educational Research, 9*(2), 1–9.

Deshler, D. (2005, January). A closer look: Closing the performance gap. *StrateNotes, 13*, 1–5.

Deshler, D. D., & Schumaker, J. B. (1986). Learning strategies: An instructional alternative for lowachieving adolescents. *Exceptional Children, 52*(6), 583–590.

Dexter, D. D., & Hughes, C. A. (2011). Graphic organizers and students with learning disabilities: A meta-analysis. *Learning Disability Quarterly, 34*, 52–72.

Eaton, M., & Lovitt, T. C. (1972). Achievement tests vs. direct and daily measurement. In G. Semb (Ed.), *Behavior analysis and education: 1972.* University of Kansas, Project Follow Through.

Engaging Technologies. (n.d.). *Livescribe smartpens.* http://www.engaging-technologies.com/smartpens.html

Estell, D. B., Jones, M. H., Pearl, R., & Van Acker, R. (2009). Best friendships of students with and without learning disabilities across late elementary school. *Exceptional Children*, 76, 110–124.

Eunice Kennedy Shriver National Institute of Child Health and Human Development, National Institutes of Health. (2018, September 11). *What causes learning disabilities?* https://www.nichd.nih.gov/health/topics/learning/conditioninfo/causes

Feng, L., & Sass, T. R. (2010). *What makes special-education teachers special?: Teacher training and achievement of students with disabilities* (Working Paper No. 49). National Center for Analysis of Longitudinal Data in Education Research. https://files.eric.ed.gov/fulltext/ED511762.pdf

Finn, C. E. Jr., Rotherham, A. J., & Hokanson, C. R. Jr. (Eds.). (2001). Conclusions and principles for reform. In C. E. Finn Jr., A. J. Rotherham, & C. R. Hokanson Jr. (Eds.), *Rethinking special education for a new century* (pp. 259–288). Thomas B. Fordham Foundation and the Progressive Policy Institute.

Foegen, A., Jiban, C., & Deno, S. (2007). Progress monitoring in mathematics. *Journal of Special Education, 41*, 121–139.

Fordham, A. (2022, February 2). *New Mexico asks National Guard to work as substitute teachers to keep classrooms open.* NPR. https://www.npr.org/2022/02/02/1077056059/new-mexiconational-guard-substitute teachers

Frostig, M. (1978). Five questions regarding my past and future and the past, present, and future of learning disabilities. *Journal of Learning Disabilities, 11*, 9–12.

Fuchs, D., & Deshler, D. D. (2007). What we need to know about responsiveness to intervention (and shouldn't be afraid to ask). *Learning Disabilities Research & Practice, 22*, 129–136.

Fuchs, D., Fuchs, L. S., & Vaughn, S. R. (Eds.). (2008). *Responsiveness to intervention.* International Reading Association.

Fuchs, D., & Young, C. L. (2006). On the irrelevance of intelligence in predicting responsiveness to reading instruction. *Exceptional Children, 73*, 8–30.

Fuchs, L., Fuchs, D., & Hollenbeck, K. N. (2007). Extending responsiveness to intervention to mathematics at first and third grades. *Learning Disabilities Research & Practice, 22*, 13–24.

Fuchs, L. S., Fuchs, D., & Malone, A. S. (2017). The taxonomy of intervention intensity. *Teaching Exceptional Children, 50*, 35–43.

Fuchs, L. S., Fuchs, D., & Prentice, K. (2004). Responsiveness to mathematical problem-solving instruction: Comparing students at risk of mathematics disability with and without risk of reading disability. *Journal of Learning Disabilities, 37*, 293–306.

Fuchs, L. S., Fuchs, D., Sterba, S. K., Barnes, M. A., Seethaler, P. M., & Changas, P. (2022). Building word-problem solving and working memory capacity: A randomized controlled trial comparing three intervention approaches. *Journal of Educational Psychology, 114*(7), 1633–1653.

Fuchs, L. S., Seethaler, P. M., Sterba, S. K., Craddock, C., Fuchs, D., Compton, D. L., . . . Changas, P. (2021). Closing the word-problem achievement gap in first grade: Schema-based word-problem intervention with embedded language comprehension instruction. *Journal of Educational Psychology, 113*(1), 86–103.

Gilmour, A., Fuchs, D., & Wehby, J. (2019). Are students with disabilities accessing the curriculum?: A meta-analysis of the reading achievement gap between students with and without disabilities. *Exceptional Children*, 85(3), 329–346.

Gerber, M. M. (2007). Globalization, human capital, and learning disabilities. *Learning Disabilities Research & Practice, 22*, 216–217.

Goldberg L. S. (n.d.). *What is a parent to do?: The parents' roles in college planning for children with learning disabilities.* https://www.ldworldwide.org/the-parents-role

Graham, S., & Harris, K. R. (2009). Almost 30 years of writing research: Making sense of it all with *The Wrath of Khan. Learning Disabilities Research, 24*, 58–68.

Graham, S., Harris, K. R., & Larsen, L. (2001). Prevention and intervention of writing difficulties for students with learning disabilities. *Learning Disabilities Research & Practice, 16*(2), 74–84.

Graney, S. B., Martinez, R. S., Missal, K. N., & Aricak, O. T. (2011). Universal screening of reading in late elementary school. *Remedial and Special Education, 31*, 368–377.

Graves, A. W., Brandon, R., Duesbery, L., McIntosh, A., & Pyle, N. B. (2011). The effects of tier 2 literacyinstruction in sixth grade: Toward the development of a response-to-intervention model in middle school. *Learning Disability Quarterly, 34*, 73–86.

Gresham, F. M., Sugai, G., & Horner, R. H. (2001). Interpreting outcomes of social skills training for students with high-incidence disabilities. *Exceptional Children, 67*, 331–344.

Gresham, F. M., & Vellutino, F. R. (2010). What is the role of intelligence in the identification of specific learning disabilities?: Issues and clarifications. *Learning Disabilities Research & Practice, 25*, 194–206.

Guglielmi, J. (2017, March 29). Octavia Spencer speaks out about growing up with dyslexia: I just remember thinking differently. *People.* https://people.com/celebrity/octavia-spencer-ongrowing-up-with-dyslexia/

Hallahan, D. P., Lloyd, J. W., Kauffman, J. M., Weiss, M. P., & Martinez, E. A. (2005). *Learning disabilities: Foundations, characteristics, and effective teaching* (3rd ed.). Allyn & Bacon.

Hallahan, D. P., & Mercer, C. D. (2002). Learning disabilities: Historical perspectives. In R. Bradley, L. Danielson, & D. P. Hallahan (Eds.), *Identification of learning disabilities: Research to practice*(pp. 1–67). Erlbaum.

Hamblet, E. C. (2014). Nine strategies to improve college transition planning for students with disabilities. *Teaching Exceptional Children, 46*, 53–59.

Hammill, D. D. (1990). On defining learning disabilities:

An emerging consensus. *Journal of Learning Disabilities, 23*, 74–84.

Hammill, D. D. (1993). A brief look at the learning disabilities movement in the United States. *Journal of Learning Disabilities, 26*(5), 295–310.

Hammill, D. D. (2004). What we know about the correlates of reading. *Exceptional Children, 70*, 453–468.

Hammill, D. D., & Larsen, S. (1974). The effectiveness of psycholinguistic abilities. *Exceptional Children, 41*, 5–14.

Hammill, D. D., Leigh, J. E., McNutt, G., & Larsen, S. C. (1988). A new definition of learning disabilities. *Learning Disability Quarterly, 11*(3), 217–223.

Harris, K. R., Graham, S., Mason, L., & Friedlander, B. (2008). *Every child can write: Educators' guide to powerful writing strategies.* Brookes.

Hong, B. S. S., Ivy, F. W., Gonzalez, H. R., & Ehrensberger, W. (2007). Preparing students for postsecondary education. *Teaching Exceptional Children, 40*, 32–88.

Hott, B. L., Isbell, L., & Montani, T. O. (2014). *Strategies and interventions to support students with mathematics disabilities.* Council for Learning Disabilities. http://www.council-for-learning-disabilities.org/wp-content/uploads/2014/12/Math_Disabilities_Support.pdf

Iati, M. (2022, January 13). Schools are facing dire shortages: Some are asking parents to fill in. *Washington Post.* https://www.washingtonpost.com/education/2022/01/13/schools-parentssubstitutes-omicron-shortage/

Impecoven-Lind, L. S., & Foegen, A. (2010). Teaching algebra to students with learning disabilities. *Intervention in School and Clinic, 46*, 31–37.

IRIS Center. (2006). *Improving writing performance: A strategy for writing persuasive essays.* http://iris.peabody.vanderbilt.edu/module/pow/

IRIS Center. (2008). SRSD: *Using learning strategies to enhance student learning.* http://iris.peabody.vanderbilt.edu/module/srs/

IRIS Center. (2009). *Universal Design for Learning: Creating a learning environment that challenges and engages all students.* http://iris.peabody.vanderbilt.edu/udl/

IRIS Center. (2013). *Study skills strategies (part 2): Strategies that improve students' academic performance.* http://iris.peabody.vanderbilt.edu/module/ss2/

Jamgochian, E. M., & Ketterlin-Geller, L. R. (2015). The 2% transition: Supporting access to state assessments for students with disabilities. *Teaching Exceptional Children, 48*(1), 28–35.

Jenkins, J., & Terjeson, K. J. (2011). Monitoring reading growth: Goal setting, measurement frequency, and methods of evaluation. *Learning Disabilities Research & Practice, 26*, 28–35.

Jones, D. (2003, November 10). Charles Schwab didn't let dyslexia stop him. USA Today, B-5.

Kato, M. M., Nulty, B. N., Olszewski, B. T., Doolittle, J., & Flannery, K. B. (2007). Helping students with disabilities transition to college. *Teaching Exceptional Children, 39*, 18–23.

Kavale, K. A. (2005). Effective intervention for students with specific learning disability: The nature of special education. *Learning Disabilities, 13*, 127–138.

Kavale, K. A., & Mostert, M. P. (2004). Social skills interventions for individuals with learning disabilities. *Learning Disability Quarterly, 27*, 31–43.

Kephart, N. (1960). *The slow learner in the classroom.* Merrill.

Kirk, S. A. (1977). Specific learning disabilities. *Journal of Clinical Child Psychology, 6*, 23–26.

Kirk, S. A., McCarthy, J. J., & Kirk, W. D. (1968). *Illinois test of psycholinguistic abilities (ITPA).* University of Illinois Press.

Kovaleski, J. F., & Prasse, D. P. (2004). Response to instruction in the identification of learning disabilities: A guide for school teams. *In Helping children at home and school II: Handouts for families and educators* (S8-159). National Association of School Psychologists. www.nasponline.org

Lafay, A., St-Pierre, M., & Macoir, J. (2017). The mental

number line in dyscalculia: Impaired number sense or access from symbolic numbers? *Journal of Learning Disabilities, 50*(6), 672–683. https://doi.org/10.1177/0022219416640783

Lambert, D. (2022, January 10). *Amid shortages, schools settle for unprepared special education teachers. EdSource.* https://edsource.org/2020/amid-shortages-schools-settle-for-underprepared-specialeducation-teachers/621656

Learning Disability Association of America (LDA). (2020). *A timeline of learning disability history.* https://ldaamerica.org/a-timeline-of-learning-disability-history/

Learning Disabilities of America (LDA). (2022). *Dyscalculia.* https://ldaamerica.org/disabilities/dyscalculia/

Lightner, L. (2022). *35 self advocacy IEP goals: Self-determination examples.* A Day in Our Shoes. https://adayinourshoes.com/self-advocacy-iep-goals/

Lindsley, O. (1990). Precision teaching: By teachers for children. *Teaching Exceptional Children, 22*, 32–37.

Lissner, S. L. (2006). *Transition to college: Strategic planning to ensure success for students with learning disabilities*. National Center for Learning Disabilities. www.LD.org

Lovitt, T. C. (1977). *In spite of my resistance: I've learned from children*. Merrill.

Lovitt, T. C. (2007). *Promoting school success* (3rd ed.). Pro-Ed.

Lovitt, T. C. (2010). Tom Lovitt: Reflections on a career and the field of learning disabilities. *Interventionin School and Clinic, 46*, 54–59.

Lovitt, T. C., & Hansen, C. (1978). The use of contingent skipping and frilling to improve oral reading and comprehension. *Journal of Learning Disabilities, 9*, 481–487.

Lyon, G. R., Fletcher, J. M., Shaywitz, S. E., Shaywitz, B. A., Torgesen, J. K., Wood, F. B., . . . Olson, R. (2001). Rethinking learning disabilities. In C. E. Finn Jr., A. J. Rotherham, & C. R. Hokanson Jr. (Eds.), *Rethinking special education for a new century* (pp. 259–288). Thomas B. Fordham Foundation and the Progressive Policy Institute.

Madaus, J. W., & Shaw, S. F. (2006). The impact of the IDEA 2004 on transition to college for students with learning disabilities. *Learning Disabilities Research & Practice, 21*, 273–281.

Madaus, J. W., & Shaw, S. F. (2010). *College as a realistic option for students with learning disabilities.* Council for Learning Disabilities. http://www.council-for-learning-disabilities.org/college-as-arealistic-option-for-students-with-learning-disabilities

McFarland, L., Williams, J., & Miciak, J. (2013). Ten years of research: A systematic review of three refereed LD journals. *Learning Disabilities Research & Practice, 28*, 60–69.

McMaster, K., & Espin, C. (2007). Technical features of curriculum-based measurement in writing: A literature review. *Journal of Special Education, 41*, 68–84.

Mellard, D., McKnight, M., & Jordan, J. (2010). RTI tier structures and instructional intensity. *Learning Disabilities Practice, 25*, 217–225.

Mellard, D., McKnight, M., & Woods, K. (2009). Response to intervention screening and progress monitoring practices in 41 local schools. *Learning Disabilities Practice, 24*, 186–195.

Menzies, H. M., Mahdavi, J. N., & Lewis, J. L. (2008). Early intervention: From research to practice. *Remedial and Special Education, 29*, 67–77.

Moll, K., Göbel, S. M., Gooch, D., Landerl, K., & Snowling, M. J. (2016). Cognitive risk factors for specific learning disorder: Processing speed, temporal processing, and working memory. *Journal of Learning Disabilities, 49*, 272–281.

Moon, N. W., Todd, R. L., Morton, D. L., & Ivey, E. (2012). *Accommodating students with disabilities in science, technology, engineering, and mathematics (STEM): Findings from research and practice for middle grades through university education.* Center for Assistive Technology and Environmental Access, Georgia Institute of Technology. http://

www.catea.gatech.edu/scitrain/accommodating.pdf

Moran, A. (2014, March). *Inside the brain: What MRIs are teaching us.* https://www.understood.org/en/learning-attention-issues/getting-started/what-you-need-to-know/inside-the-brain-whatmris-are-teaching-us

Morin, A. (n.d.). *6 tips for helping your high-schooler learn to self-advocate.* https://www.understood.org/en/articles/6-tips-for-helping-your-high-schooler-learn-to-self-advocate

Murphy, P. A. (2021). Belief without evidence?: A policy research note on Universal Design for Learning. *Policy Futures in Education, 19*(1), 7–12.

National Center for Learning Disabilities. (2006). *Accommodations for students with LD.* http://www.ldonline.org/article/8022/

National Institute of Neurological Disorders and Stroke (NINDS). (2023a). *Dysgraphia.* https://www.ninds.nih.gov/health-information/disorders/dysgraphia

National Institute of Neurological Disorders and Stroke (NINDS). (2023b). *Dyslexia.* https://www.ninds.nih.gov/health-information/disorders/dyslexia

National Institute of Neurological Disorders and Stroke (NINDS). (2023c). *Learning disabilities.* https://www.ninds.nih.gov/health-information/disorders/learning-disabilities

National Joint Committee on Learning Disabilities. (2011). Comprehensive assessment and evaluation of students with learning disabilities. *Learning Disability Quarterly, 34,* 3–16.

National Joint Committee on Learning Disabilities. (2011, March). *Learning disabilities: Implications for policy regarding research and practice.* LD Online. https://www.ldonline.org/ld-topics/special-education/learning-disabilities-implications-policy-regarding-research-and

Nowicki, E. A. (2003). A meta-analysis of the social competence of children with learning disabilities compared to classmates of low and average to high achievement. *Learning Disability Quarterly, 26,* 171–188.

O'Connor, R. E., Bocian, K. M., Beach, K. D., Sanchez, V., & Flynn, L. J. (2016). Special education in a 4-year response to intervention (RtI) environment: Characteristics of students with learning disabilityand grade of identification. *Learning Disabilities Research & Practice, 28,* 98–112.

Ofiesh, N. S., Hughes, C., & Scott, S. S. (2004). Extended test time and postsecondary students with learning disabilities: A model for decision making. *Learning Disabilities Research & Practice, 19,* 57–70.

Orr, A. C., & Hammig, S. B. (2009). Inclusive postsecondary strategies for teaching students with learning disabilities: A review of the literature. *Learning Disability Quarterly, 32,* 181–196.

Pearl, R. (1982). LD children's attributions for success and failure: A replication with a labeled LD sample. *Learning Disabilities Quarterly, 5,* 173–176.

Peng, P., & Fuchs, D. (2016). A meta-analysis of working memory deficits in children with learning difficulties: Is there a difference between verbal domain and numerical domain? *Journal of Learning Disabilities, 49,* 3–20.

Posey, A. (n.d.). *Universal Design for Learning (UDL): A teacher's guide.* https://www.understood.org/en/articles/understanding-universal-design-for-learning

Pullen, P. C. (2016). Historical and current perspectives on learning disabilities in the United States. *Learning Disabilities: A Contemporary Journal, 14*(1), 25–37.

Reid, R., & Lienemann, T. O. (2006). *Strategy instruction for students with learning disabilities.* Guilford Press.

Richards-Tutor, C., Baker, D. L., Gersten, R., Baker, S. K., & Smith, J. M. (2016). The effectiveness of reading interventions for English learners: A research synthesis. *Exceptional Children, 82,* 144–169.

Ritchey, K. D., & Goeke, J. L. (2006). Orton-Gillingham and Orton-Gillingham-based reading instruction: A review of the literature. *Journal of Special Education, 40,* 171–183.

Rhodes, G. (2016, May 3). *Why I teach.* U.S. Department

of Education, Office of Special Education. https://sites.ed.gov/osers/tag/why-i-teach/

Rubinstien, M. B. (n.d.). *Self-advocacy: Strategies for all ages.* https://www.smartkidswithld.org/getting-help/raising-independent-kids/self-advocacy-strategies-ages/

Scanlon, D. (2013). Specific learning disability and its newest definition: Which is comprehensive? And which is insufficient? *Journal of Learning Disabilities, 46*, 26–33.

Schumaker, J. B., & Deshler, D. D. (2009). Adolescents with learning disabilities as writers: Are we selling them short? *Learning Disabilities Research & Practice, 24*, 81–92.

Scruggs, T. E., Mastropieri, M. A., Berkeley, S. L., & Marshak, L. (2010). Mnemonic strategies: Evidence-based practice and practice-based evidence. *Intervention in School and Clinic, 46*, 79–86.

Seethaler, P. M., & Fuchs, L. S. (2010). The predictive utility of kindergarten screening for math difficulty. *Exceptional Children, 77*, 37–59.

Sienkiewicz, T. (2019, June 13). *20 great colleges for students with learning disabilities.* https://www.petersons.com/blog/20-great-colleges-for-students-with-learning-disabilities/

Singh, M. (2022, August 22). *IEP goals for self advocacy.* https://numberdyslexia.com/iep-goals-forself-advocacy/

Smith, G. W., & Riccomini, P. J. (2013). The effect of a noise reducing test accommodation on elementarystudents with learning disabilities. *Learning Disabilities Research & Practice, 28*(2), 89–95.

Strauss, A. A., & Lehtinen, L. (1947). *Psychology and education of the brain-injured child.* Grune & Stratton.

Swanson, H. L. (2009). What about Bob or IQ and LD? *New Times for DLD, 27*, 1–2.

Top Ten Reviews. (n.d.). *Digital pen review.* http://digital-pen-review.toptenreviews.com

Tulkin, A. (2021, September 17). *How students with disabilities and parents need to prepare for college.* https://grownandflown.com/students-disabilities-college/

Understood. (n.d.). *Celebrity spotlight: Anderson Cooper no longer hides his dyslexia.* https://www.understood.org/en/articles/celebrity-spotlight-anderson-cooper-no-longer-hides-his-dyslexia

Understood Team. (2014–2022). *Seven things to know about college disability services.* https://www.understood.org/en/articles/7-things-to-know-about-college-disability-services

Understood Team. (n.d.). *15 college programs for kids who learn and think differently.* https://www.understood.org/en/articles/15-college-programs-for-kids-with-learning-and-thinking-differences

U.S. Department of Education. (1995). *The seventeenth annual report to Congress on the implementation of IDEA.* U.S. Government Printing Office.

U.S. Department of Education. (2005a). *Number of children served under IDEA by disability and age group, 1994 through 2003.* www.ideadata.org

U.S. Department of Education. (2005b). *Twenty-seventh annual report to Congress on the implementation of the Individuals with Disabilities Education Act. Government Printing Office.* http://www2.ed.gov/about/reports/annual/osep/index.html

U.S. Department of Education. (2006). Assistance to states for the education of children with disabilities program and the early intervention program for infants and toddlers with disabilities; Final rule. *Federal Register*, 34 CFR Parts 300 and 301.

U.S. Department of Education. (2009). *Higher education and disability: Education needs a coordinated approach to improve its assistance to schools in supporting students* (GAO Report 10-33). U.S. Government Accountability Office.

U.S. Department of Education. (2013). *Child count and educational environments.* [IDEA Section 618 Data Products: State Level Data Files.] Retrieved from https://data.ed.gov/dataset/ideasection-618-state-part-b-child-count-and-educational-environments/resources

U.S. Department of Education. (2016). *Child count and educational environments.* [IDEA Section 618 Data Products: State Level Data Files.] Retrieved from https://data.ed.gov/dataset/ideasection-618-state-part-b-child-count-and-educational-environments/resources

U.S. Department of Education. (2019). *Child count and educational environments.* [IDEA Section 618 Data Products: State Level Data Files.] Retrieved from https://data.ed.gov/dataset/ideasection-618-state-part-b-child-count-and-educational-environments/resources

U.S. Department of Education. (2022a). *Child count and educational environments. IDEA Section 618 Data Products: State Level Data Files.* https://data.ed.gov/dataset/idea-section-618-statepart-b-child-count-and-educational-environments/resources

U.S. Department of Education. (2022b, October 24). *Remarks by U.S. Secretary of Education Miguel Cardona on Nation's Report Card.* https://www.ed.gov/news/speeches/remarks-us-secretaryeducation-miguel-cardona-nations-report-card

U.S. Department of Education, Office of Special Education Programs (OSEP). (2005). *Number of children served under IDEA, by disability and age group (6–21), 1994 through 2003 (2003)*, Data Table AA. www.ideadata.org

U.S. Department of Education, Office of Special Education Programs (OSEP), Data Accountability Center. (2012). *IDEA data: Analytic tool Part B Educational environments.* www.ideadata.org

U.S. Department of Education, National Center for Education Statistics (NCES). (2013). *Children 2 to 21 years old served under IDEA, Part B: Selected years, 1976–77 through 2011–12*, Data Table 204.30. https://nces.ed.gov/programs/digest/d13/tables/dt13_204.30.asp

Walker, M. A., & Stevens, E. A. (2017). Reading instruction for students with learning disabilities: An observation study synthesis (1980–2014). *Learning Disability Quarterly, 40*, 17–28.

Wallace, T., Espin, C. A., McMaster, K., Deno, S. L., & Foegen, A. (2007). CBM progress monitoring within a standards-based system: Introduction to the special series. *Journal of Special Education, 41*, 66–68.

Wanzek, J., & Vaughn, S. (2011). Is a three-tier reading intervention model associated with reduced placement in special education? *Remedial and Special Education, 32*, 167–175.

West, J. (2022, May 25). *Tackling teacher shortages.* Testimony to House Subcommittee on Labor/HHS/Education Appropriations. https://docs.house.gov/meetings/AP/AP07/20220525/114831/HHRG-117-AP07-Wstate-WestJ-20220525.pdf

West, J. E. (2023). *Advocating for the common good: People, politics, process and policy on Capitol Hill.* Rowman & Littlefield.

제 7 장

주의력결핍 과잉행동장애

시몬 바일스(Simone Biles)는 올림픽 메달 7개와 세계선수권 메달 25개를 획득하며 체조 경기에서 놀라운 성과로 알려져 있다. 바일스는 많은 사람들에 의해 역대 최고의 체조선수로 여겨진다. 그녀는 또한 ADHD와 불안에 대한 그녀의 어려움에 대해 공개적으로 이야기해왔다. 그녀는 어린 시절부터 리탈린을 복용해왔으며, 심지어 경기 중에도 그 약물을 사용할 수 있는 치료적 예외 승인을 미국 올림픽 위원회로부터 받았다. 정신건강 문제를 이유로 2020년 도쿄 하계올림픽에서 기권한 후, 그녀와 다른 선수들은 스포츠에서 정신건강의 역할에 대한 국제적 대화를 시작했다.

제 7 장 주의력결핍 과잉행동장애

학습 목표

7.1 주의력결핍 과잉행동장애(ADHD)가 다른 특수교육 범주들 중에서 어떻게 독특한지 논의하고, 이를 정의하며, ADHD의 다양한 유형을 설명하고, ADHD 학생들의 특성을 진술하며, 이 장애를 가진 학생들의 출현율과 배치 자료를 설명한다.

7.2 ADHD가 학업 수행과 대인관계 기술에 미칠 수 있는 영향을 설명하고, 이 장애를 가진 학생들을 위한 다양한 치료 선택권을 논의하며, 조기 경고 징후를 진술하고, 504 계획과 개별화교육프로그램을 통해 제공되는 서비스와 지원의 차이점과 그것들이 왜 다른지를 설명하며, 이러한 도전을 줄일 수 있는 조정들을 나열하고, ADHD 학생들이 성인기로의 전환을 준비하기 위해 특별한 관심이 필요한 이유를 설명한다.

7.3 ADHD 학생들을 위한 교수(instruction)의 역사를 설명하고, 이 장애를 가진 성공적인 개인들을 판별하며, 이러한 개인들이 ADHD 학생들에게 중요한 역할모델이 될 수 있는 이유를 설명한다.

7.4 ADHD 원인에 대한 새로운 연구를 설명하고, 이에 대한 인기 있는 미검증 치료 유행들 중 일부를 판별하며, ADHD 학생들이 이 상태의 영향을 보완할 수 있도록 도움이 될 수 있는 일부 앱과 소프트웨어 선택사항들을 제시하라.

ADHD 설명

학습 목표

주의력결핍 과잉행동장애(ADHD)가 다른 특수교육 범주들 중에서 어떻게 독특한지 논의하고, 이를 정의하며, ADHD의 다양한 유형을 설명하고, ADHD 학생들의 특성을 진술하며, 이 장애를 가진 학생들의 출현율과 배치 자료를 설명한다.

ADHD 정의

- ADHD 학생들은 그들의 학업, 대인관계, 자존감이 영향을 받을 정도로 부주의, 과잉행동, 그리고/또는 충동성을 보인다.
- 가장 일반적으로 사용되는 정의인 DSM-5의 정의는 아동이 여러 환경에서 그리고 장기간에 걸쳐 그러한 행동을 보일 것을 요구한다.

ADHD 학습을 시작하면서, 우리는 이 장애의 매우 다르고 독특한 측면들을 제시함으로써 그 배경을 설정하고자 한다. 이 교재에서 학습하는 다른 장애들과 달리:

- ADHD는 별도의 특수교육 범주가 아니라, 오히려 기타 건강장애 범주에 포함된다.
- 그런 이유로, 정확한 출현율과 배치 자료를 얻기가 더 어렵다.
- ADHD 학생들의 높은 비율, 약 40%로 추정되는 학생들이 장애인교육법(IDEA)을 통해 서비스를 받지 않거나 개별화교육프로그램(IEP)을 통한 특수교육 서비스를 보장받지 못하고 있다.
- 교육적 수행이 특수교육 서비스 자격을 얻을 만큼 ADHD로 인해 충분히 영향을 받지 않는 학생들 대부분은 504 계획을 통해 필요한 지원을 제공받는다.

주의력결핍 과잉행동장애(ADHD)는 과도한 부주의, 과잉행동, 또는 충동성으로 특징지어지는 상태이다. 많은 학생들이, ADHD로 진단받은 학생들뿐만 아니라, 이러한 특성들을 보인다. 그러나 ADHD로 진단받은 학생들은 그것들을 많은 일상활동을 방해할 정도로 현저하게 보인다. 이러한 학생들은 종종 교과서 구절을 읽거나, 워크시트나 프로젝트를 제출하거나, 시험을 마칠 만큼 충분히 오래 주의를 유지할 수 없기 때문에 낮은 혹은 낙제점수를 받는다. 그들은 수업 중에 지속적으로 자리를 떠나거나, 방해하거나 끊임없이 말하거나, 겉보기에 하찮은 것들에 의해 주의가 산만해지기 때문에 교사들과 문제가 생길 수 있다. 많은 사람들이 여전히 이 상태를 주의력결핍장애(ADD)라고 언급하지만, 그 용어는 1987년까지 사용되었고 그때 과잉행동이라는 단어가 이름에 추가되었다. 사용해야 할 현재의 올바른 용어는 주의력결핍 과잉행동장애이다.

ADD와 ADHD는 두 용어 사이에 구별되는 차이점 없이 같은 상태 또는 장애이다. IDEA에는 별도의 ADHD 장애 범주가 없으며, 대신 ADHD 학생들은 기타 건강장애(OHI) 범주 하에서 특수교육 서비스 자격을 얻어야 한다. 이 때문일 수도 있지만, 연방정부는 학생들을 판별할 때 사용할 정의에 대해 주와 학군에 거의 지침을 제공하지 않는다. 미국에서, ADHD의 가장 널리 받아들여지고 사용되는 정의는 연방 기준보다 훨씬 더 자세한 정신장애 진단 및 통계 편람 제5판(DSM-5)에서 미국정신의학회가 개

표 7.1 ADHD의 정의들

용어	정의	출처
기타 건강장애	환경 자극에 대한 높아진 주의를 포함하여 제한된 체력, 활력 또는 주의력을 가지는 것으로, 교육 환경과 관련하여 제한된 주의력을 야기하며 (i) 주의력결핍장애 또는 주의력결핍 과잉행동장애와 같은 만성적 또는 급성 건강 문제로 인한 것이고 (ii) 아동의 교육적 수행에 부정적으로 영향을 미치는 것	IDEA '04, 미국 교육부
주의력결핍 과잉행동장애	모든 미국 아동의 3-5%에게 영향을 미치는 신경행동학적 장애. 과제에 집중하고 연령에 적절한 억제(인지적 단독 또는 인지적 그리고 행동적 모두)를 실행하는 사람의 능력을 방해한다. ADHD의 일부 경고 징후들은 지시 듣기 실패, 자신과 학업을 조직화할 수 없음, 손과 발로 안절부절못함, 과도한 말하기, 프로젝트, 집안일, 숙제를 미완성으로 남겨두기, 그리고 세부사항에 주의를 기울이고 반응하는 데 문제를 갖는 것을 포함한다. ADHD에는 여러 유형이 있다: 주로 부주의 하위유형, 주로 과잉행동-충동 하위유형, 그리고 복합 하위유형. ADHD는 보통 아동기에 진단되지만, 이 상태는 성인기까지 지속될 수 있다.	국립신경학적장애뇌졸중연구소(NINDS), 국립보건연구소(NIH)
주의력결핍/과잉행동장애	(1) 그리고/또는 (2)로 특징지어지는, 기능이나 발달을 방해하는 부주의 그리고/또는 과잉행동-충동성의 지속적 패턴 (1) 부주의: 다음 증상들 중 6개(또는 그 이상)가 최소 6개월 동안 발달 수준과 일치하지 않고 사회적 및 학업적/직업적 활동에 직접적으로 부정적 영향을 미치는 정도로 지속됨. [주: 구체적 증상들은 이 장의 "특성" 부분에 나열됨] (2) 과잉행동과 충동성: 다음 증상들 중 6개(또는 그 이상)가 최소 6개월 동안 발달 수준과 일치하지 않고 사회적 및 학업적/직업적 활동에 직접적으로 부정적 영향을 미치는 정도로 지속됨. [주: 구체적 증상들은 이 장의 "특성" 부분에 나열됨]	미국정신의학회, DSM-5 (부분 정의)

출처: 34 CFR Parts 300 and 303, 장애아동교육지원 및 장애영유아조기중재프로그램; 최종 규정(p. 46757), 미국 교육부, 2006, 연방관보; 미국정신의학회(2013), pp. 59–66; 국립신경학적장애뇌졸중연구소(2022).

발한 것이다. 표 7.1은 이 상태가 학생에게 어떻게 영향을 미칠 수 있는지에 대한 더 나은 이해를 제공하기 위해 ADHD의 몇 가지 정의를 제공한다.

ADHD 판별

ADHD의 증상들은 경미한 것부터 심각한 것까지의 범위로 분류될 수 있다. 미국 아동들의 경우, 평균 진단 연령은 7세이다. 그러나 심각한 증상을 보이는 아동들의 경우, 평균 진단 연령은 5세로 더 이르다. 어린 나이에는(경미한 증상) 우려의 원인이 되지 않는 ADHD 특성도, 그것들은 종종 아동이 학교를 시작하고 조용히 앉아 있거나 주의를 기울일 수 없을 때 눈에 띄게 되는 경우가 많다.

부주의 또는 과잉행동/충동성의 구체적 특성들에 더해, DSM-5는 또한 다음 요구사항들을 나열한다:

- 몇 가지 부주의 또는 과잉행동-충동적 증상들이 12세 이전에 나타남.
- 몇 가지 부주의 또는 과잉행동-충동적 증상들이 2개 이상의 환경(예, 집, 학교, 또는 직장; 친구들이나 친척들과 함께; 다른 활동들에서)에서 나타남.

• 증상들이 사회적, 학업적, 또는 직업적 기능을 방해하거나 그 질을 떨어뜨린다는 명확한 증거가 있음.
• 증상들이 조현병이나 다른 정신병적 장애의 과정 중에만 발생하지 않으며 다른 정신장애로 더 잘 설명되지 않음. (미국정신의학회, 2013, pp. 59-66)

ADHD가 IDEA에서 별도의 특수교육 범주로 명시되지 않기 때문에, 연방정부는 주들에게 판별 기준에 관한 구체적 지침을 제공하지 않는다. 따라서 주들은 ADHD 학생들을 판별하는 서로 다른 방법들을 가지고 있다. 각 학군은 그들 개별 주의 지침을 따라야 한다. 그럼에도 불구하고, ADHD의 의학적 진단에 대한 전국적 요구는 없으며, 오히려 ADHD 결정을 내리는 것은 학교의 사정평가 팀의 몫이다.

ADHD의 유형들

- ADHD 학생들은 부주의 또는 과잉행동과 충동성을 보일 수 있다.
- 학생들은 한 가지 이상의 ADHD 유형의 특성들을 보일 수 있다.

많은 사람들이 ADHD 학생들이 기본적으로 과잉행동적이라고 생각하는데, 이는 일반적인 오해이다. 실제로는 세 가지 유형이 있다. ADHD를 가진 개인들은 극심한 부주의(DSM-5에서 주로 부주의 양상이라고 함), 과잉행동과 충동성(주로 과잉행동-충동적 양상), 또는 특성들의 조합(복합 양상)의 증상들을 보일 수 있다. 진단을 돕기 위해, DSM-5는 또한 이러한 증상들 각각에 대한 구체적 예시들을 제공한다. 각 증상에 '종종'이라는 단어가 포함되어 있다는 점에 주목하라. 이러한 증상들은 가끔씩 발생하지 않으며, 학생의 일상생활에서 일관되게 명백하다.

부주의

ADHD를 가진 일부 학생들은 주로 부주의 증상들을 보인다. 부주의는 특히 지속적인 노력이 요구될 때 부모들과 교사들에 의해 일반적으로 관찰되는 특성이지만, 때로는 간과된다. 그러나 부주의함, 산만함, 건망증은 모두 이러한 유형의 ADHD와 관련된다. 부주의한 학생들은 하나의 수학 문제를 완성하는 데 필요한 겉보기에 짧은 시간 동안 집중할 수 없을 수 있다. 그 결과, 그들이 정확하게 풀 수 있는 기술을 가지고 있다는 것이 명확함에도 불구하고, 워크시트에서 많은 문제를 놓칠 수 있다. 부주의한 학생들은 종종 더 작은 세부사항에 집중할 수 없거나, 과제의 잘못된 특징에 주의를 기울인다. 주의력 문제는 조직적이거나 효율적인 방식으로 학습에 접근하거나 한 과제에서 다른 과제로 전환하는 것을 어렵게 만든다. DSM-5(미국정신의학회, 2013)는 부주의 행동의 증상들을 나열하며, 그중 최소 6개가 ADHD 진단을 위해 나타나야 한다(17세 이상의 청소년과 성인의 경우 최소 5개):

• 종종 세부사항에 세밀한 주의를 기울이지 못하고, 학업, 직장, 또는 다른 활동에서 부주의한 실수를 한다.
• 종종 과제나 놀이 활동에서 주의를 지속하는 데 어려움을 갖는다.
• 종종 직접 말을 걸어도 듣지 않는 것처럼 보인다.
• 종종 지시를 끝까지 따르지 않으며, 학업, 집안일, 또는 직장에서의 의무를 완성하지 못한다.
• 종종 과제와 활동을 조직화하는 데 어려움을

갖는다.

- 종종 지속적인 정신적 노력이 필요한 과제에 참여하는 것을 피하거나, 싫어하거나, 꺼린다.
- 종종 과제나 활동에 필요한 물건들을 잃어버린다.
- 종종 외부 자극에 의해 쉽게 산만해진다.
- 종종 일상 활동에서 건망증을 보인다. (pp. 59-66)

과잉행동/충동성

ADHD를 가진 일부 학생들은 과잉행동의 증상들을 보인다. 과잉행동은 ADHD와 가장 일반적으로 연관되는 특성이다. 그러나 이것이 과도한 수준의 활동을 의미하지만, “너무 많다”는 개념에 대한 교사들과 부모들의 판단은 종종 주관적이다. 활동이 칭찬받을 만하다면, 아동은 활기차거나 열정적인 것으로 여겨질 수 있다. 활동이 성가시다면, 교사들은 그 개인을 안절부절못하거나, 꿈틀거리거나, 지속적으로 과제를 벗어나는 것으로 묘사할 수 있다.

일부 연구는 학생들이 그들의 행동을 더 잘 통제하는 것을 학습함에 따라 과잉행동이 나이와 함께 감소한다고 나타낸다. 그러나 같은 연령의 또래들과 비교할 때, ADHD를 가진 청소년들은 여전히 상당히 더 높은 수준의 안절부절못함과 관련된 활동을 보인다. 더 나아가, ADHD를 가진 청소년들과 성인들은 집중이 중요한 때(예, 대학 수업 중이나 직장에서의 회의 중)에 공상이나 그들의 마음을 통해 흐르는 지속적인 생각과 아이디어의 흐름으로 인한 주의산만과 관련된 지속적인 도전을 가질 수 있다. 일부 개인들은 과도한 활동이 줄어들었지만, 그것이 내적 안절부절못함의 감정으로 대체된다고 보고한다.

충동성은 자신의 행동이나 반응을 통제할 수 없음으로 설명될 수 있다. 충동성을 가진 학생들은 질문을 충분히 생각해보기 전에 빠른 답을 불쑥 내뱉는 경향이 있다. 그들은 대화를 방해하거나, 그들에게 떠오르는 어떤 잡다한 생각에든 무작위로 댓글을 달거나, 이전 활동을 마치지 않고 새로운 활동으로 뛰어들 수 있다. 이러한 행동들은 그들의 교사들에게 좌절감을 만들고 또래들로부터의 사회적 수용 감소를 야기한다. 그리고 그들이 종종 생각 없이 행동하기 때문에, 이러한 학생들은 주위를 보지 않고 길로 뛰어들거나, 위험한 높이에서 놀이기구에서 뛰어내리거나, 결과를 고려하지 않고 담배나 약물을 시도하는 것과 같은 해롭거나 위험한 행동에 참여할 더 큰 위험에 있다.

과잉행동과 충동성의 주관적 평가와 관련된 일부 문제들을 피하기 위해, DSM-5는 증상들을 제공하며, 그중 최소 6개가 ADHD 진단을 위해 나타나야 한다(17세 이상의 청소년과 성인의 경우 최소 5개):

- 종종 손이나 발로 안절부절못하거나 두드리거나 자리에서 꿈틀거린다.
- 종종 자리에 앉아 있기를 기대받는 상황에서 자리를 떠난다.
- 종종 부적절한 상황에서 뛰어다니거나 기어오른다.
- 종종 조용히 놀거나 여가 활동에 참여할 수 없다.
- 종종 “계속 움직이며,” “모터에 의해 움직이는” 것처럼 행동한다.
- 종종 과도하게 말한다.
- 종종 질문이 완성되기 전에 답을 불쑥 내뱉는다.
- 종종 자신의 차례를 기다리는 데 어려움을 갖는다.
- 종종 다른 사람들의 말을 끊어 방해하거나 참견(끼어들기)하는 행동을 보인다.(미국정신의학회, 2013, pp. 56-66)

표 7.2 세 가지 유형의 ADHD 개요

부주의	과잉행동/충동성	복합
명시된 부주의 증상들 중 6개 이상을 보여야 함	명시된 과잉행동 또는 충동성 증상들 중 6개 이상을 보여야 함	부주의와 과잉행동/충동성 모두의 기준을 충족해야 함
최소 6개월 동안 지속됨	최소 6개월 동안 지속됨	
아동의 발달 수준과 일치하지 않음	아동의 발달 수준과 일치하지 않음	
사회적 및 학업적 활동에 영향을 미침	사회적 및 학업적 활동에 영향을 미침	
과잉행동 또는 충동성의 기준을 충족하지 않음	부주의의 기준을 충족하지 않음	
정신의학적 장애의 결과가 아님	정신의학적 장애의 결과가 아님	

복합형

ADHD를 가진 일부 학생들은 증상들의 복합 양상을 보인다. 복합 양상으로 진단받은 학생들은 부주의와 과잉행동-충동성의 조합을 보인다. 이 진단을 위해, 학생들은 주로 부주의 양상을 위한 요구되는 특성들뿐만 아니라, 주로 과잉행동-충동적 양상을 위한 요구되는 특징들을 보여야 한다. DSM-5에서 명시된 아동을 위한 세 가지 유형의 ADHD에 대한 빠른 검토를 위해 표 7.2를 학습하라.

ADHD의 특성

- 실행기능에 대한 문제는 ADHD 학생들에게 전형적이며 학업, 행동, 사회적 기술에 부정적으로 영향을 미칠 수 있다.
- ADHD 학생들은 또한 많은 강점들을 보인다.

부주의, 과잉행동, 충동성 간의 공통점

ADHD의 세 가지 정의적 특성들—부주의, 과잉행동, 충동성—은 모두 우리가 계획하고, 자기조절하며, 그리고 목적지향적 활동에 참여할 수 있게 하는 인지적 능력인 실행기능(executive functioning)과 관련된다. ADHD를 가진 학생은 손상된 계획이나 조직화를 가지며, 이는 과제를 완성하거나 체계적 절차에 참여하는 능력에 영향을 미친다. ADHD를 가진 아동은 많은 프로젝트나 집안일(방 청소, 숙제하기, 또는 심지어 그림 그리기)을 시작할 수 있지만, 결코 그것들을 끝내지 못한다. 그 결과, 부모들은 일들이 완성되도록 확실히 하기 위해 아동을 계속 확인해야 하기 때문에 종종 좌절한다. 이와 동일한 특성들이 학교에서도 명백하며, 여기서 실행기능장애는 종종 학업 수행과 행동적 및 사회적 기술에서 문제를 야기한다.

많은 ADHD 학생들이 학업 수행에서 상당한 어려움을 겪는다. 그들의 산만함과 집중할 수 없음 때문에, 그들은 ADHD가 없는 급우들보다 학업 과제에 참여하는 시간을 더 적게 보낸다. 예를 들어, ADHD 학생들은 다른 학생의 연필 두드리기와 같은 외부의 교실 사건들에 의해 너무 산만해져서 교사의 수업이나 수업 활동에 집중할 수 없을 수 있다.

데이비드 닐리먼(David Neeleman)

"만약 내가 그것[ADHD]을 없앨 수 있는 마법의 약을 먹을 수 있다면, 나는 그렇게 하지 않을 것이다."

—데이비드 닐리먼

젯블루 CEO이자 항공 기업가인 데이비드 닐리먼은 ADHD의 전형적인 부주의하고 충동적인 특성들을 보인다. 그는 "딴 곳에 정신이 팔려 있다"는 것을 쉽게 인정하며, 그와 함께 일하는 사람들은 그의 끊임없이 변화하는 사고의 흐름을 따라가는 것이 어려울 수 있다고 고백한다. 그러나 30대 후반에 자신이 ADHD를 가지고 있다는 것을 발견한 닐리먼은 자신의 ADHD를 자산으로 여긴다. 그는 자신의 창의성(이는 그가 현재 항공 여행객들이 당연하게 여기는 편의인 전자티켓을 발명하는 데 도움이 되었다), 에너지, 그리고 멀티태스킹 능력을 그의 ADHD의 긍정적 반영으로 간주한다. 그러나 그는 또한 이 장애의 더 좌절스러운 측면들에 대응하기 위해 구체적인 전략들을 사용한다. 자신을 조직적으로 유지하기 위해, 그는 루틴을 개발하고, 시갑과 시계와 같은 중요한 것들을 항상 같은 장소에 두며, 자신을 고도로 조직적인 사람들로 둘러싸이게 한다.

학습장애학생들과 마찬가지로, ADHD를 가진 학생들은 종종 학습된 무력감을 보이고 그들의 성취를 외부 요인에 귀인한다. 그 결과, 그들은 덜 끈기 있고, 더 적은 노력을 기울이며, 학습에서 더 적은 즐거움을 갖는다. 이는 종종 더 낮은 성적과 학업 실패에 대한 증가된 위험으로 이어진다. 이러한 학생들은 종종:

- 오랜 기간 공부하는 데 문제를 갖는다.
- 조직적이지 못하고(예, 숙제를 찾는 데 어려움) 건망증을 보이는(예, 마감일을 기억하지 못함, 허가서 제출 실패) 경향이 있다.
- 엉성하고, 부주의하거나, 불완전한 과제를 제출한다.

실행기능은 또한 부적절한 행동을 억제하는 우리의 능력을 통제한다. 이러한 학생들은 교사들이 그들이 조용히 작업하기를 원할 때 매우 활동적이고, 자리를 떠나며, 급우들과 이야기한다. 그들의 위반 대부분은 상대적으로 경미하지만, 전체 학교 일과 동안 합계되면, 방해의 과도함이 쉽게 명백해진다. 그 결과, 교사-학생 상호작용은 종종 긴장된다.

과잉행동, 충동성, 그리고 부주의는 사회적 기술에 영향을 미치며, 그 결과 ADHD 학생들은 또래로부터의 거부를 경험할 수 있다. ADHD 특성들이 심화됨에 따라, 긍정적 사회적 상호작용은 감소한다. 또래들은 허락 없이 활동에 끼어들거나, 게임 규칙을 따르지 않거나, 무작위 댓글을 불쑥 내뱉는—특히 그러한 댓글들이 무감각하거나 의도치 않게 상처를 주는 경우—충동적인 급우와 놀 가능성이 더 낮다. ADHD 학생들은 또한 장애가 없는 학생들보다 더 큰 정도로 괴롭힘의 피해자가 된다. 실제로, 연구는 동반하는 ADHD와 학습장애를 가진 학생들이 이러한 장애들 중 하나만 가진 학생들보다 더 많이 괴롭힘을 당한다고 나타낸다. 또래 거부 때문에, ADHD 학생들은 종종 자신들을 사회적 실패자로 판단하고 더 많은 고독한 활동들(예, 컴퓨터 게임하기, 텔레비전 시청)에 참여하며, 이는 증가하는 소외와 위축의 순환에 기여한다.

긍정적 특성들

ADHD를 가진 많은 개인들이 큰 강점들을 가지고 있다는 것을 기억하는 것이 중요하다. 부모들과 교사들이 이 장애의 부정적 측면들에 초점을 맞추는 경향이 있을 수 있지만, 긍정적 특징들도 마찬가지로 존재한다. 예를 들어, 이러한 학생들은 강렬한 창의성, 직관력, 정서적 인식, 그리고 활력을 보일 수 있다. 추가적으로, 그들은 문제해결에 대해 비범하거나 비표준적인 접근을 취하고, 상황을 다른 관점에서 보며, "틀 밖에서 생각하는" 능력을 보일 수 있다. 그 결과, ADHD를 가진 사람들은 기업가들, 발명가들, 그리고 예술가들 중에서 높은 비율로 나타난다(이 장의 "개인적 이야기들" 부분 참조). 일부 사람들에게, ADHD는 강점이 될 수 있으며, 큰 혜택과 성공을 위해 활용될 수 있는 그들의 일부가 될 수 있다.

출현율

ADHD에 대한 전국적 등록부나 의무 보고 시스템이 존재하지 않으므로, 이 장애를 가진 아동들의 정확한 수는 알 수 없으며, 판별된 수는 주마다 상당히 다양하다. 현재 추정치는 미국 질병통제예방센터(CDC)를 대신하여 실시된 전국 부모 조사를 포함한 다양한 출처에서 나온다. ADHD 출현율의 추정치는 대략 아동의 5%였다. 그러나 CDC는 최근 새로운 수치를 발표하여, 4세에서 17세 사이 아동들의 약 9.8%(600만 명)가 ADHD를 가지고 있다고 추정하지만, 이러한 아동들 중 다수가 행동이나 품행 문제 및 불안과 같은 다른 상태들도 가지고 있다. 이러한 백분율들이 ADHD의 출현율이 학습장애의 출현율보다 높을 수 있음을 나타내지만, ADHD를 가진 모든 학생들이 특수교육 서비스를 필요로 하는 것은 아니다. 남아들은 일반적으로 여아들보다 두 배 이상의 비율로 판별된다(13.2% 대 5.6%). 그러나 일부 연구들은 여아들이 과소판별되고 있다고 보여 주었는데, 이는 그들의 행동적 특성들이 남아들의 것과 어떻게 다른지에 대한 인식 부족 때문일 수 있다. 예를 들어, ADHD로 판별된 여아들은 주로 부주의 유형을 가질 가능성이 더 높다. 부주의한 아동이 과잉행동적이거나 충동적인 아동보다 덜 파괴적이기 때문에, 부모들과 교사들은 증상들을 알아차리고 추가적인 지원을 구할 가능성이 더 낮다.

CDC에 따르면, ADHD로 판별된 학생들의 수는 2003년부터 2011년까지 기간 동안 연간 5% 증가했지만, 2016년과 2019년 사이에는 400,000명 감소했다. 일부는 우리가 ADHD 학생들을 과도하게 판별하고 있다고 추측하지만, 다른 사람들은 ADHD를 가진 모든 아동들의 절반 미만이 적절한 진단과 치료를 받는다고 반박한다. 전국적으로 다양한 판별률에 대해 많은 설명들이 제시된다. 우리는 이 장의 뒷부분에서 발견되는 문화적 고려사항 박스에서 그중 일부를 깊이 다루지만, 지금은 그림 7.1에서 발견되는 지도를 학습하라. 판별률의 그러한 변화를 설명할 수 있는 몇 가지 이유를 생각할 수 있는가?

전 세계적으로 ADHD를 가진 아동들의 출현율은 크게 다양하다. 이러한 변동성은 지리적 위치나 문화적 관행과 인식과 관련이 있는 것이 아니라, 오히려 사용된 정의와 자료 수집 방법론의 차이에 의해 야기된다. 예를 들어, 이탈리아의 ADHD 출현율은 0.9%이고, 스페인은 1.8%, 멕시코는 3%이다. 미국의 출현율은 9.8%로 더 높으며, 독일(18%)과 우크

그림 7.1 3~17세 아동·청소년의 부모 보고 ADHD 유병률(%)

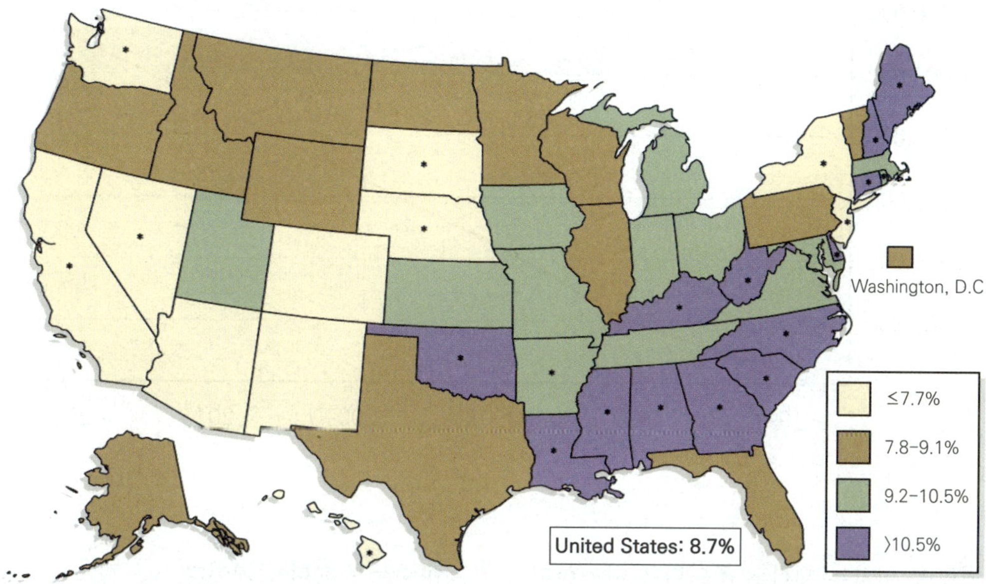

주: 별표(*)는 해당 주의 추정치가 미국 전체 평균과 통계적으로 유의미한 차이($p < .05$)가 있음을 나타냄.
출처: Danielson 외(2022).

라이나(20%)와 같은 나라들은 훨씬 더 높은 비율을 가지고 있다는 점에 주목하라.

특수교육 서비스를 받는 ADHD 학생들의 출현율

특수교육 서비스를 받는 ADHD 학생들의 수는—당신이 아마 추측했듯이—또한 알려지지 않았다. 많은 ADHD 학생들이 기타 건강장애 범주에 포함되어 있지만, 그것은 그 범주 내의 많은 상태들 중 하나일 뿐이며(11장에서 다른 많은 것들을 논의함), 하위범주 자료는 수집되지 않는다. ADHD가 많은 다른 장애들과 공존하기 때문에, 문제는 더욱 복잡해진다. 이전 장들에서 학습했듯이, IDEA는 주들이 각 범주(예, 말 또는 언어장애, 학습장애)에서 서비스를 받는 장애학생들의 수에 대해 매년 보고하도록 요구한다. 그러나 주들은 그들의 일차 장애로 서비스를 받는 학생들의 수만 보고한다. 따라서 ADHD를 가진 일부 학생들은 학습장애 범주에서 계산되고, 다른 학생들은 정서 또는 행동장애 범주에서 계산되는 식이다.

그림 7.2는 시간에 따른 기타 건강장애 범주의 상당한 증가를 보여준다. 여러 건강 상태들이 이 범주에 포함되어 있지만, 많은 전문가들은 출현율의 극적인 증가가 ADHD와 연결되어 있다고 믿는다. 4장에서 상기했듯이 ADHD는 1997년 IDEA 재승인에서 이 범주에 추가되었다. 기타 건강장애 범주의 학생 수가 그 재승인 후 현저히 증가했지만, 증가는 실제로 더 일찍 시작되었다. 그 당시 이러한 증가에 영향을 미친 것은 무엇이었는가? 1990년 IDEA 재승인 후, 미국 교육부는 ADHD(당시 ADD라고 불림)를 가진 학생들이 그들의 ADHD가 교육적 수행에 부

그림 7.2 IDEA하에서 서비스를 받는 학생들의 증가: 기타 건강장애 범주

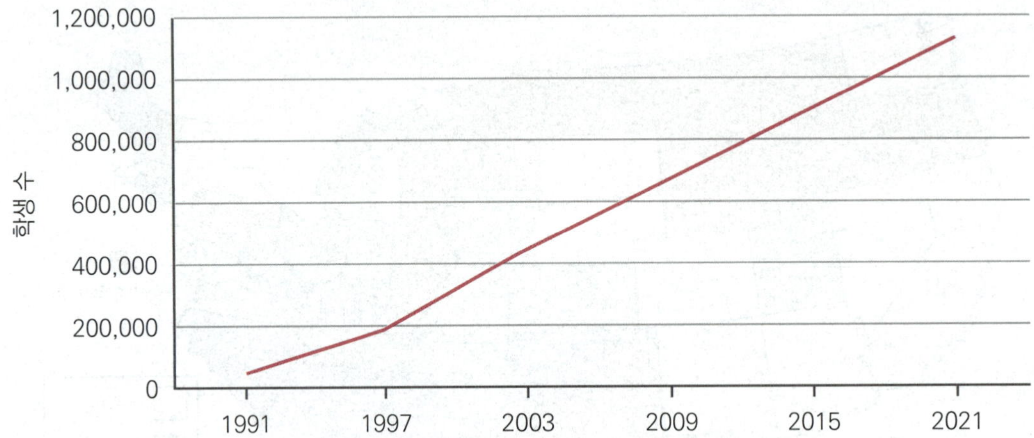

출처: 미국 교육부(2013–2015).

정적으로 영향을 미치는 제한된 주의력을 야기한다면 기타 건강장애 범주 하에서 서비스를 받을 수 있다는 것을 명료화하는 공동 정책 각서를 발표했다. 각서의 시기와 이 범주 학생 수의 후속 증가가 결합되어, 많은 전문가들은 증가가 ADHD 학생들의 포함 때문이라고 믿게 한다.

기타 건강장애 범주는 ADHD 학생들이 포함되기 전에는 저발생 범주였다. 현재는 고발생 범주이다. 그림 7.3에서 발견되는 차트에서 볼 수 있듯이, 현재 학습장애와 말 및 언어장애에 이어 IDEA의 세 번째로 큰 장애 범주이다.

이 원형 차트는 IDEA 하에서 서비스를 받는 학생들의 장애 범주별 분포를 보여준다:

이 차트는 기타 건강장애 범주가 현재 IDEA의 세 번째로 큰 장애 범주임을 명확히 보여준다. 학습장애가 여전히 가장 큰 범주(36%)이고, 말/언어장애(18%)가 두 번째이며, 기타 건강장애(17%)가 세 번째로 나타난다. 이는 ADHD 학생들이 이 범주에 포함되면서 저발생 범주에서 고발생 범주로 변화했음을 보여주는 중요한 증거이다.

ADHD 학생들의 불균형적 대표성

특정 학생 집단들이 ADHD로 과대 또는 과소 판별되고 있는가? 이것이 간단한 질문처럼 들리지만, 그렇지 않으며, 연구들은 상충하는 결과들을 가지고 있다. 이러한 상황의 이유는 부분적으로 연방정부가 ADHD에 대한 통합된 자료를 수집하지 않기 때문일 수 있는데, 그 이유는 (1) ADHD가 별도의 특수교육 범주가 아니고, (2) ADHD 학생들의 높은 비율이 개별화교육프로그램이 아닌 504 계획을 통해 서비스를 받으며, (3) 이러한 다른 유형의 교육적 계획을 가진 학생들을 위한 통합된 자료 수집 시스템이 존재하지 않기 때문이다.

자료 세트와 관계없이, 남아들은 일관되게 여아들의 두 배 비율로 ADHD로 판별된다. 명백히, 남아들이 과대대표되고 있다. 이러한 차이의 한 가지 이유는 학교 문화와 기대에 있을 수 있다. 남아들은

그림 7.3 장애 출현율: 2021-2022학년도

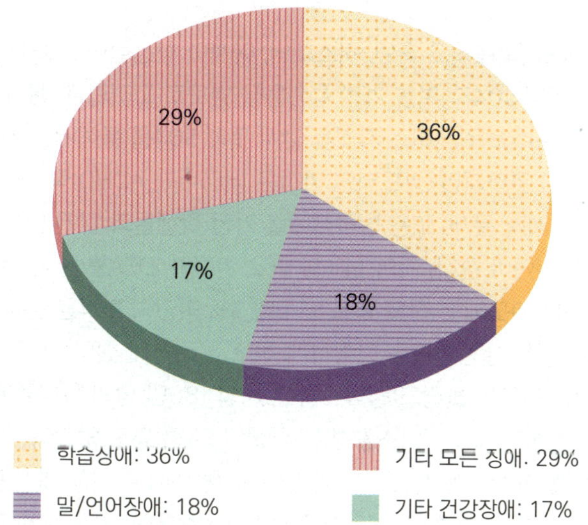

출처: 미국 교육부(2022).

단순히 더 활동적이고 학업을 위해 오랜 시간 가만히 앉아 있어야 한다는 교사들의 기대에 덜 순응할 수 있다. 다시 말해, 그들은 여아들보다 더 많은 "문제"를 일으키는 경향이 있어, 과잉행동적이라는 더 많은 의뢰로 이어진다.

인종과 민족성에 관해서는, 자료가 더 복잡해진다. 다음 박스에서, 우리는 504 계획을 통해 서비스를 받는 흑인, 백인, 히스패닉/라틴계 학생들이 다른 출현율로 대표되는지 알아보기 위해 이용 가능한 자료를 세분화한다.

문화적 고려사항 ADHD를 가진 학습자 집단들의 과대 및 과소 판별

압도적인 결론은 백인 학생들이 과대대표되고 흑인, 히스패닉, 아시아 학생들이 ADHD 진단을 받은 학생들 중에서 과소대표된다는 것이다. 그러나 504 계획을 가진 학생들을 별도로 고려할 때 통계는 더 선명한 맥락으로 나타난다. IDEA를 통해 제공되는 특수교육 서비스 자격을 얻지 못해 504를 통해서만 지원과 서비스를 받는 학생들의 구체적 진단을 우리는 알지 못하지만, 압도적인 가정은 대다수가 ADHD 학생들이라는 것이다. 그러나 외상성 뇌손상, 우울증, 불안장애, 시각 문제, 또는 청각장애를 가진 학생들과 같은 많은 다른 학생들도 504를 통해 조정과 지원을 받을 자격이 있어야 한다. 거의 14%의 학교 인구가 IDEA를 통한 서비스 자격을 얻는 장애를 가지고 있는 반면, 2017-2018학년도에는 전체 학교 인구의 3% 미만이 504를 통해서만 서비스를 받았다. 이러한 사실들은 옹호 집단들과 정책 결정자들을 당황하게 하고 우려하게 했다. 미국 교육부 민권청(OCR)이 주들로부터 수집한 자료의 면밀한 검토는 놀랍고 경악스럽다. 거의 180만 명의 학생들에게 서비스를 제공하는 3,298개 학군의 분석에서, 504를 통해서만 서비스를 받는 학생이 단 한 명도 없었다! 이러한 발견들은 역사적으로 과소대표된 집단 출신 학생들이 504를 통해 지원을 받는 다른 비율로 인해 복합된다. 경보가 울렸다: 주들과 학군들이 주목받고 있으며, 현재 진행 중인 OCR 자료 수집에서는 504 학생들의 전반적 과소대표뿐만 아니라 그들의 인종적 또는 민족적 배경에 특별한 주의를 기울이고 있다.

ADHD 학생들의 과대 및 과소 대표성

기억하라, ADHD는 별도의 장애 범주가 아니라 오히려 기타 건강장애 범주의 일부이기 때문에, 우리는 주들이나 전국의 ADHD 학생들의 정확한 수나 백분율을 알지 못한다. 일관되지는 않지만, IDEA를 통해 서비스를 받는 ADHD 학생들에 대한 대부분의 연구는 흑인 학생들과 비교할 때 상당히 더 많은 백인 학생들이 판별된다고 나타낸다. 그러나 연구와 관계없이, 그들 모두는 히스패닉과 아시아 학생들이 ADHD로 진단받은 학생들 중에서 상당히 과소대표된다고 보고한다. 또한, 백인 학생들이 다른 모든 학생 집단들보다 ADHD 약물을 받을 가능성이 더 높다. 왜 다른 집단들 사이에서 다른 판별률이 존재할까? 한 가지 설명은 일부 행동들이 한 집단에서는 기대되지만 다른 집단에서는 그렇지 않기 때문에 집단별 의뢰율이 다르다는 것이다. 제시되는 또 다른 설명은 정보에 밝은 부유한 부모들이 그들의 자녀가 시험에서 연장 시간과 같은 조정에 접근할 수 있도록 장애를 "쇼핑"한다는 것이다.

504 계획을 통해 서비스를 받는 ADHD 학생들의 과대 및 과소 대표성

전반적으로, 상대적으로 적은 학생들이 504 계획을 통해서만 서비스를 받는다는 것을 기억하라; 전국 학교 학생들의 약 2.7%이다. 그럼에도 불구하고, 명확한 대표성의 불일치가 명백해진다.

주들 간에 상당한 변동이 있지만, 루이지애나와 같은 몇 개 주를 제외하고는, 504 계획을 가진 백인 학생들이 전국적으로 상당히 과대대표되고 있다. 표 7.3에 제시된 전국 자료와 몇 개 주 예시들을 살펴보자.

504 계획을 가진 히스패닉/라틴계와 흑인 학생들은 상당히 과소대표되고 있다. 백인 학생들에 대해 방금 했던 것처럼, 표 7.4에 나타난 전국 자료와 몇 개 주 예시들을 살펴보자.

이러한 자료는 계시적이지만, 아직 답해지지 않은 많은 질문들을 남긴다. 왜 주들 간에 그러한 변동성이 존재하는가? 왜 일부 집단들과 개인들은 대부분의 다른 사람들은 그렇지 않을 때 504를 통해 지원을 받는가? 이러한

문화적 고려사항 **ADHD를 가진 학습자 집단들의 과대 및 과소 판별**

자료가 제기한다고 생각하는 다른 질문들은 무엇인가? 옹호자들, 정책 결정자들, 연구자들은 이러한 불일치 뒤에 있는 이유들을 찾아내고 서비스의 불공평한 수령을 해결하기 위해 취해져야 할 조치들이 무엇인지 알아내는 임무를 수행하고 있다.

표 7.3 504 계획을 가진 백인 학생들의 과대대표성

지역	백인 학생들의 전체 백분율	504 계획을 가진 백인 학생들의 백분율
미국	47	61
애리조나	39	62
아칸소	61	76
컬럼비아 특별구	11	23
네바다	32	54
뉴욕	44	75
로드아일랜드	57	76
사우스캐롤라이나	60	70

출처: 미국 교육부, 민권청(2020a, 2020b).

표 7.4 504 계획을 가진 히스패닉/라틴계와 흑인 학생들의 과소대표성

지역	히스패닉/라틴계 학생들		흑인 학생들	
	전체 백분율	504 계획을 가진 학생들	전체 백분율	504 계획을 가진 학생들
미국	27	20	15	12
애리조나	42	25	5	4
아칸소	13	5	20	15
컬럼비아 특별구	17	12	70	59
네바다	43	25	11	9
뉴욕	18	11	25	9
로드아일랜드	26	13	9	5
사우스캐롤라이나	9	4	34	22

출처: 미국 교육부, 민권청(2020a, 2020b).

학습 목표

ADHD가 학업 수행과 대인관계 기술에 미칠 수 있는 영향을 설명하고, 이 장애를 가진 학생들을 위한 다양한 치료 선택권을 논의하며, 조기 경고 징후를 진술하고, 504 계획과 개별화교육프로그램을 통해 제공되는 서비스와 지원의 차이점과 그것들이 왜 다른지를 설명하며, 이러한 도전을 줄일 수 있는 조정들을 나열하고, ADHD 학생들이 성인기로의 전환을 준비하기 위해 특별한 관심이 필요한 이유를 설명한다.

도전과 그 해결책

- ADHD는 학업과 관련 기술뿐만 아니라, 사회정서적 영역에서도 도전을 만든다.
- 이러한 도전에 대한 해결책은 보편적 학습설계 틀의 적용과 조정, 행동치료, 자기조절 전략, 약물과 같은 효과적인 실제들의 적용을 포함한다.

ADHD와 관련된 도전들

이 장 앞부분에서 논의했듯이, ADHD 학생들은 손상된 실행기능을 가지며, 이는 주의 지속을 어렵게 만든다. 따라서 이러한 학생들은 종종 집중하지 못하거나 공상하는 것처럼 보인다. 실행기능은 또한 부적절한 행동을 억제하는 것에 책임이 있다. ADHD에 수반되는 충동성은 이러한 기술의 부족과 직접적으로 연결된다. 문제적 행동을 억제하는 데 필요한 자기통제 없이, 이러한 아동들은 종종 위험하고 위험한 활동에 참여한다. 또한, 이러한 아동들은 때로는 과잉행동을 보이며, 이는 그들이 피곤해져야 할 훨씬 이후까지 계속 움직이게 한다. 성찰적인 12세 소녀가 한때 그녀의 과잉행동을 이렇게 설명했다: "내 뇌는 내가 피곤해야 한다고 말하고 있는 것 같은데, 내 몸은 계속 움직이고 싶어 해요!"

세 가지 ADHD 특성들의 조합은 이미 언급된 학업적 및 사회적 문제들 외에 추가적인 문제들로 이어진다. 공이 찻길로 굴러가는 일반적인 아동기 상황을 상상해보라. ADHD를 가진 아동은 (1) 다가오는 차들을 알아차리지 못하고(부주의), (2) 멈춰서 양쪽을 보려고 생각하지 않으며(충동성), 그리고/또는 (3) 단순히 계속 움직이고 뛸 필요가 있어서 멈추고 싶지 않기 때문에(과잉행동) 주위를 보지 않고 길로 뛰어들 가능성이 훨씬 더 높다. 당신이 추측할 수 있듯이, ADHD를 가진 아동들은 ADHD가 없는 아동들보다 더 많은 부상, 사고, 병원 방문을 한다. 더 나아가, 그들의 부상은 더 심각하며, 그들은 또한 우발적 중독으로 입원하고, 중환자실에 입원하며, 부상으로 인한 장애(예, 외상성 뇌손상)를 갖게 될 상당히 더 큰 가능성을 갖는다.

이러한 아동들은 가족 구성원들에게 좌절된 상황을 만들 수 있다: 거칠게 놀다가 케이크, 가구, 또는 심지어 다른 아이들을 넘어뜨릴 때 생일파티가 망가지고, 형제자매들과 다른 친척들이 멈추지 않고 움직이며 규칙을 따를 수 없는 아이와 놀기를 원하지 않으며, 부모들은 베이비시터를 고용하는 데 어려움을 가질 수 있다. 부모들은 종종 지치고 자녀의 통제할 수 없는 행동에 대해 어떻게든 자신들이 책임이 있다고 느낀다. 이러한 같은 행동들 중 많은 것들이 학교 환경으로 전이되며, 여기서 이러한 학생들은 친구를 만드는 데 어려움을 겪고 교사들에게 좌절감을 야기한다.

그림 7.4 도전: ADHD

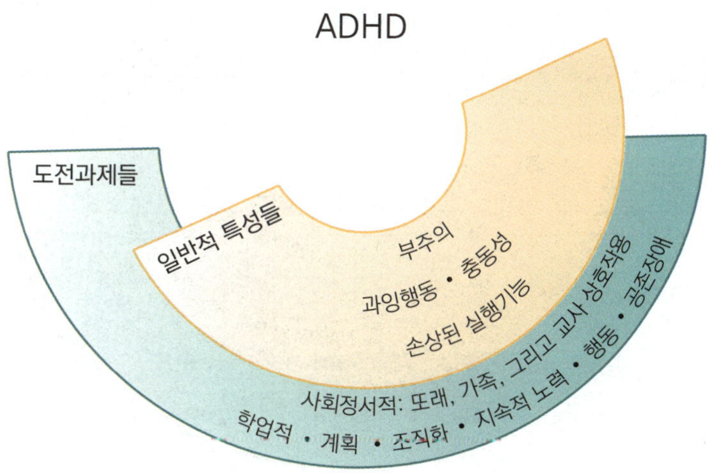

대부분의 학생들에게, ADHD는 다른 장애와 공존하며, 이러한 상황은 일반적으로 동반이환/중복장애라고 언급된다. 연구자들은 ADHD를 가진 모든 학생들의 3분의 1에서 절반이 또한 6장에서 학습한 학업적 도전을 야기하는 학습장애를 가지고 있다고 추정한다. ADHD 학생들의 약 4분의 1이 또한 불안, 우울증, 적대적 반항장애(ODD), 품행장애(CD)를 포함한 정서 또는 행동장애를 가지고 있다. 남아들은 더 공격적이고 반사회적 행동들을 보여, 이 범주에 대한 더 높은 의뢰율을 야기한다. 여아들이 동등한 수준의 충동성을 보일 수 있지만, 그들은 종종 더 낮은 수준의 과잉행동, 공격성, 반항, 품행 문제를 가지기 때문에 정서 또는 행동 문제로 특수교육에 의뢰될 가능성이 더 낮다. 추가적으로, 10장에서 정서 및 행동장애를 논의할 때 학습하게 되듯이, 그들의 불안과 우울증 증상들은 종종 간과된다. 그림 7.4는 ADHD와 종종 관련된 도전들을 강조한다.

ADHD를 줄이거나 극복하는 해결책들

대부분의 장애학생들과 마찬가지로, 성공적인 접근법들은 다면적 접근이다. 일반교사들은 보편적 학습설계(UDL)와 개별화 교수의 틀을 통합하고 증거기반 기법들을 적용하여 모든 학생들을 위한 강한 교육적 기반을 만들 수 있다. 높은 동기를 부여하는 교수 자료들은 학생들이 집중하고 참여하도록 도울 수 있으며(다시, ADHD를 가진 학생들만을 위한 것이 아님), 조정과 보조공학은 문제 영역에서 추가적인 지원을 제공할 수 있다. 그림 7.5는 ADHD에 대한 일부 해결책들을 요약한다.

이러한 강한 교육적 실제들에 더해, ADHD를 가진 아동들과 함께 사용되는 네 가지 다른 치료 접근법들이 있다: (1) 치료 없음, (2) 약물치료만, (3) 행동치료만, 그리고 (4) 약물치료와 행동치료. 6세 이상의 아동들에게, 미국소아과학회는 첫 번째 치료선으로 복합 접근법(#4)을 권고한다. 그림 7.6은 각 치료 유형의 백분율에 대한 자료를 보여준다.

그림 7.5 해결책: ADHD

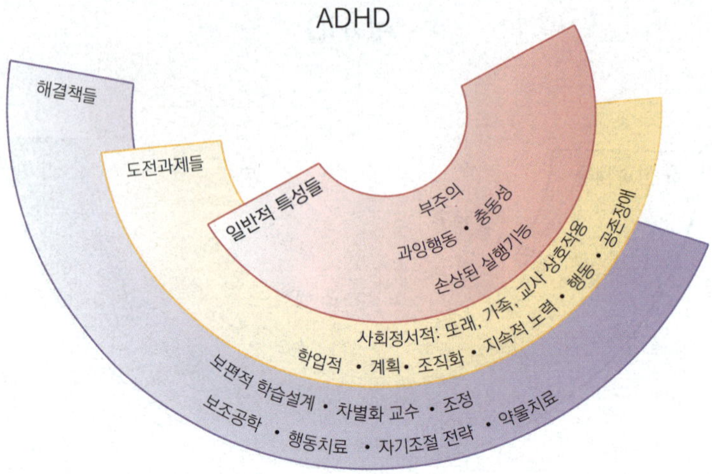

그림 7.6에서 언급되듯이, ADHD 학생들을 위한 가장 일반적인 치료 접근법은 단독으로 또는 행동치료와 결합된 약물치료이다. 약물치료는 학습 활동에 참여할 수 있기 위해 필요한 추가적인 도움을 제공할 수 있다. 이렇게 생각해보라: 일부 학생들이 더 잘 보기 위해 안경이 필요한 것처럼, 일부 학생들은 주의산만을 무시하고 수업에서 더 잘 주의를 기울이거나 그들의 행동을 통제하도록 돕기 위해 약물이 필요하다. 식품의약국(FDA)은 두 범주로 나뉘는 ADHD 치료를 위한 31가지 다른 약물들을 승인했다: (1) 자극제 약물과 (2) 비자극제 약물. 자극제 약물이 일반적으로 첫 번째 접근법이지만, 올바른 약물과 용량을 찾는 것은 의사들, 가족 구성원들, 교사들을 포함하는 시행착오 과정이 될 수 있다. 그러나 이 유형은 ADHD를 가진 사람들의 20-30%에서 효과적이지 않다. 이러한 경우들에서, 의사들은 3가지 FDA 승인 비자극제 약물들 중 하나를 처방할 것이다.

왜 이미 과잉행동적인 학생에게 자극제를 주는지 궁금할 수 있다. 한 가지 이유는 그것들이 효과적이고 충동성, 과각성, 산만함과 같은 ADHD의 핵심 증상들을 개선하기 때문이다. 실제로, 자극제라는 용어는 오해를 불러일으킬 수 있다. 이 약물들은 아동 전체를 자극하는 것이 아니라, 오히려 뇌만을 자극한다. 이러한 약물들은 중추신경계의 각성 수준을 증가시켜, 혈류를 향상시키거나 뇌의 전두엽에서 전기적 활동을 증가시키는 것으로 여겨진다. 이러한 영역들은 실행기능과 연결되어 있어, 작업 기억, 주의력, 계획, 자기조절과 같은 측면들이 향상된다. 이러한 자극제들은 또한 뇌 기능을 향상시키는 특정 신경전달물질의 수준을 증가시킨다고 믿어진다.

ADHD, 아동, 약물 사이의 상호작용을 둘러싼 일부 논란이 있다. 한 가지 우려는 아동들을 위한 처방의 급속한 증가이다. 다른 우려들은 많은 젊은이들이 경험하는 부작용들(예, 식욕 감소, 수면 문제, 메스꺼움, 짜증, 두통)에서 비롯되는데—이는 종종 처방된 약물이나 용량 수준의 변화 필요성을 알리는 징후들이다. 명백히, 아동들의 건강과 수행을 신중

그림 7.6 ADHD 치료법

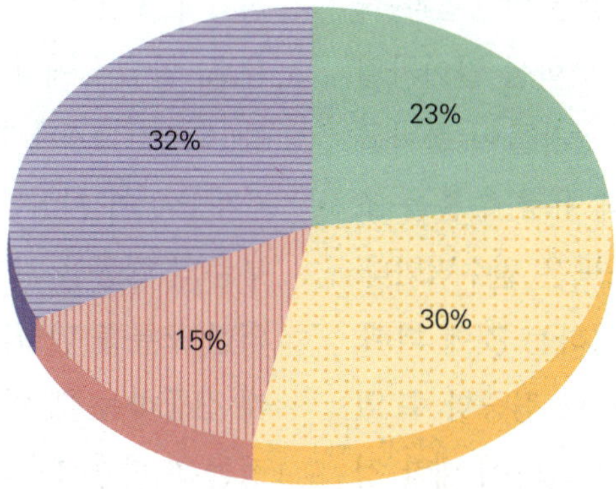

출처: 질병통제예방센터(2022b).

하게 모니터링할 필요성은 필수사항이다. (우리는 이를 부모 파트너십에 대한 다음 부분에서 논의한다.) 또한, 일부 부모들은 장기 연구의 부족과 수년 또는 심지어 수십 년 사용 후의 위험 때문에 조심스러워한다. ADHD에 대한 오해들("이 아이들은 ADHD가 없다; 그들의 부모가 그냥 훈육하지 않을 뿐이다" 또는 "그들은 TV를 너무 많이 봐서 짧은 주의집중 시간을 갖는다")과 부정적인 언론 보도들이 부모들과 아동들로 하여금 다른 사람들에게 약물 사용에 대해 알리는 것을 꺼리게 할 수 있지만, 효과적인 치료는 의사들, 교사들, 가족 구성원들의 파트너십을 요구한다. 그럼에도 불구하고, 의학적 치료는 ADHD 증상들을 줄이며 더 심각한 지표를 가진 학생들을 위한 다면적 중재 계획의 한 구성요소로 고려되어야 한다.

ADHD 약물치료 모니터링을 위한 부모 파트너십: 가족, 학교 전문가, 그리고 의사들

방금 학습했듯이, ADHD 약물들은 올바른 약물과 용량이 결정되어야 할 때뿐만 아니라, 아동들이 성장하고 그들의 몸이 변화함에 따라 시간에 걸쳐서도 면밀히 모니터링되어야 한다. 적절한 진단이 이루어진 후, 올바른 약물을 찾는 과정은 어느 정도 시행착오가 될 수 있는데, 이러한 약물들이 개별 아동들에게 다르게 작용하기 때문이다. 약물이 효과가 있다는 징후들은 다음을 포함한다:

- 과제에 집중하는 능력 향상
- 세부사항에 대한 더 큰 주의
- 덜한 충동성
- 개선된 기분
- 더 나은 기억
- 개선된 수면

최선의 약물과 그 용량을 찾기 위해, 의사들은 학교와 가정에서 수집된 정보에 의존해야 한다. 교사들과 부모들을 위한 관찰 기록지들은 온라인에서 (예, https://www.additudemag.com/wp-content/uploads/2017/05/AParents-Guide-to-ADHD-

Medications.pdf 참조) 또는 의사 사무실에서 이용 가능하다. 기억하라, 교사들은 이러한 학생들과 하루에 최대 7시간을 보내며 행동의 변화를 알아차릴 가능성이 높다. 가족들과 의료 제공자들이 올바른 약물을 선택하고 최대 혜택을 위해 용량 수준을 조정하기 위해 노력할 때, 교사 피드백은 필수적이다. ADHD의 핵심 증상들을 모니터링하는 것에 더해, 교사들은 하루 시작과 끝에서 과제에 집중할 수 있는 능력, 조직화 기술, 과제 완성, 사회화에 대한 정보를 수집해야 한다. 부모들과 가족 구성원들은 약물의 유형, 사용 시간, 약물 효과가 사라지는 때, 식욕, 수면 패턴, 동기, 그리고 다른 증상들(예, 두통, 메스꺼움, 틱)을 모니터링해야 한다. 그러나 교사들과 가족 구성원들은 의학적 치료가 ADHD의 증상들을 완화할 수 있지만, 그러한 치료만으로는 학업적 기능을 직접 개선하지 않는다는 것을 명심해야 한다. 학업과 행동 모두에서 향상을 만들기 위해서는 양질의 교수와 면밀히 평가된 행동적 및 의학적 중재의 조합이 필요하다.

조정

- 주로 부주의 증상을 보이는 ADHD 학생들은 종종 그들의 집중할 수 없음과 조직화 부족을 다루는 조정들로부터 혜택을 받는다.
- 과잉행동과 충동성을 보이는 ADHD 학생들은 그들의 과도한 활동과 충동성을 목표로 하는 조정들로부터 더 많은 혜택을 받을 수 있다.

부주의 행동을 보이는 학생들을 위한 조정들

학습장애학생들이 종종 ADHD 학생들(부주의 증상들)과 같은 도전들 중 일부를 공유한다는 것을 상기하라. 그들은 건망증이 있고, 핵심 특징들이나 정보 조각들에 집중하는 데 어려움을 가지며, 조직적이지 못한 방식으로 학습에 접근한다. 이러한 이유로, 학습장애학생들에게 혜택을 주는 많은 조정들(예, 사전 조직자, 필기 도우미, 반복된 지시, 시각적 및 청각적 단서)이 이러한 학생들에게도 효과적이다. 또한, 부주의 행동을 보이는 ADHD 학생들은 종종 부주의한 오류를 만들고 과제를 완성할 만큼 충분히 오래 집중하는 데 어려움을 갖는다. 아래에 나열된 조정들은 학습 환경에서 이러한 학생들을 지원하는 데 도움이 될 수 있다.

- 우선적 좌석 배치. 부주의를 관리하는 데 도움이 되도록, 교사들은 학생의 책상을 창문과 출입구로부터 멀리 그리고 교사의 책상과 긍정적 역할모델인 다른 학생 근처에 배치할 수 있다.
- 소음이나 방해 요소 감소. 이러한 학생들은 쉽게 산만해지기 때문에, 단순히 방해 요소를 줄이거나 제거하는 것이 그들이 당면 과제에 집중할 수 있게 할 수 있다. 쉽게 실행할 수 있는 두 가지 조정은 소음을 줄이기 위한 헤드폰과 시각적 방해 요소를 줄이기 위한 학습 칸막이이다.
- 자료 체크리스트. 조직화 부족(그리고 중요한 정보나 단계 잊기)을 다루기 위해, 교사들은 필요한 자료나 과제를 완성하기 위한 단계들의 체크리스트를 제공할 수 있다.
- 반복된 지시. 모든 과제의 요구사항이 이해되었는지 확실히 하기 위해, 교사들은 지시를 구두로 반복할 뿐만 아니라 서면으로도 사본을 제공할 수 있다.
- 타이머와 알람. ADHD 학생들이 종종 그들의 과제를 조직화하고 우선순위를 매기는 데 문제를 가지기 때문에, 교사들은 학생들이 제시

간에 과제를 완성하도록 돕기 위해 타이머나 알람을 사용할 수 있다.

- 가정용 추가 교재 세트. ADHD 학생들은 종종 일상 활동에서 건망증을 보이기 때문에, 그들에게 필요한 교과서와 학용품을 두고 학교를 떠나는 것은 드문 일이 아니다. 학생들이 숙제에서 뒤처지는 것을 방지하는 데 도움이 되도록, 교사들은 가정에 보관할 추가 교과서 세트를 제공할 수 있다.
- 간단한 과제. 그들의 짧은 주의집중시간 때문에, 이러한 학생늘은 짧은 과제로부터 혜택을 받을 수 있거나 더 큰 과제들이 더 작은 구성요소들로 나뉠 때 더 잘 수행할 수 있다. 어느 경우든, 학생들은 즉각적인 피드백을 받아야 한다. 이는 그들이 하기 쉬운 부주의한 오류들을 알려줄 수 있다.

과잉행동과 충동성을 보이는 학생들을 위한 조정들

많은 ADHD 학생들은 부주의 증상들을 보이는 학생들과는 다른 도전들을 경험한다. 그들은 안절부절못함, 과도한 활동, 집중, 그리고 그들의 행동 통제에 어려움 을 갖는다. 이러한 상황은 주어진 장애 범주의 모든 학생들이 같은 조정들을 제공받아서는 안 되는 이유의 대표적인 예이다. ADHD를 가진 모든 학생들이 같은 조정들 중 일부로부터 혜택을 받을 수 있지만, 그들의 요구는 크게 다르며 그들의 조정들은 개별화되어야 한다. 다음은 과잉행동적이거나 충동적 증상들을 보이는 학생들을 위해 고려할 만한 몇 가지 조정들이다.

- 신체적 움직임. 종종 이런 유형의 ADHD를 가진 학생들은 장시간 가만히 앉아 있는 데 어려움을 가지며 움직임으로부터 혜택을 받는다. 교사들은 여러 가지 방법으로 이를 쉽게 조정할 수 있다: 학생들이 수업 중에 그들의 책상에서 서서 작업하도록 허용하거나, 그들을 빠른 심부름에 보내거나, 칠판 지우기나 교실 애완동물 먹이 주기와 같은 비학업적 과제를 배정하는 것. 특정 감각 도구들(예, 손에 쥐는 스트레스 볼, 학생이 발로 찰 수 있도록 의자 다리 주위에 놓인 고무밴드)은 학생들에게 움직임을 위한 다른 기회들을 제공한다.
- 빈번한 휴식. 일반적으로, 이러한 학생들은 또한 오랜 시간 동안 집중하는 데 어려움을 갖는다. 활동 후에, 또는 긴 활동이나 시험 중에 짧은 휴식을 허용하는 것은 유익할 수 있다.
- 교사 근접성. ADHD 학생들은 종종 과제를 벗어나고 부적절한 교실 행동에 참여한다. 교사들이 학생들과 가까운 근접성에 있을 때, 그들은 이러한 행동들에 참여할 가능성이 더 낮을 수 있고, 만약 그렇게 한다면, 교사가 더 쉽게 그들을 재지도할 수 있다.

표 7.5는 ADHD 학생들을 위해 일반적으로 사용되는 일부 조정들을 강조한다.

조정을 제공하는 것에 더해, 교사들은 이러한 학생들이 더 큰 성공을 달성하도록 돕기 위해 교실과 교수 실제에 조정을 할 수 있다. 교사를 위한 팁 박스는 교사들이 마주칠 수 있는 몇 가지 일반적인 상황들과 그것들을 성공적으로 다루기 위한 팁들을 나열한다.

표 7.5 ADHD 학생들을 위해 자주 사용되는 조정 예시들

제시	환경	반응	일정 또는 시간
• 사전 조직자 • 조직화된 자료 • 촉진 • 녹음된 지시 • 반복된 지시 • 언어적 또는 시각적 단서	• 필요한 자료 체크리스트 • 추가 교재 세트 • 우선적 좌석 배치 • 조용한 영역 또는 별도 교실 • 소음/방해 요소 감소 • 감각 도구 • 소집단 또는 일대일 교수 • 학습 칸막이	• 그래픽 조직자 • 필기 도우미	• 간단한 과제(또는 부분으로 나눔) • 시험을 위한 연장된 시간 • 빈번한 휴식 • 여러 검사 세션 • 더 짧고 빈번한 학습 기간 • 타이머와 알람

조기중재

- ADHD를 가진 어린 아동들은 일반적인 취학전 아동들보다 더 강한 수준에서 부주의, 과잉행동, 충동성을 보이며 소아과의사나 다른 의료 서비스 제공자에 의해 진단되어야 한다.
- 행동치료는 아동들과 그들의 부모들 모두가 ADHD 관련 행동들을 다루는 더 효과적인 방법들을 학습하는 검증된 실제이다.

어린 아동들의 ADHD 판별

ADHD의 정의적 특성들은 부주의, 과잉행동, 충동성이다—대부분의 취학전 아동들의 일반적인 특징들이다. 이러한 이유로, 일부 부모들은 행동들이 어린 아동들에게 전형적이라고 믿으며 ADHD의 조기 징후들을 인식하지 못할 수 있다. 그들의 어린 자녀들이 산만할 것을 기대하지 않는 다른 부모들은 그들이 우려하는 것이 어린 아동들의 단지 정상적인 행동들일 때 과도하게 걱정하고 그들의 자녀들에게 무엇인가 잘못되었다고 생각할 수 있다. 그러나 ADHD로 진단받은 아동들은 이러한 특성들을 일반적인 아동들보다 더 높은 비율로 그리고 더 많은 강도로 보인다는 것을 기억하라. ADHD를 가진 아동들의 평균 판별 연령이 7세이지만, 심각한 증상을 가진 아동들의 평균 연령은 5세이고, 유아들은 2세만큼 일찍 진단될 수 있지만, 많은 전문가들에 의해 4세가 진단을 위한 가장 이른 시기로 권고된다. 기억하라, ADHD 진단을 위해서는 증상들이 6개월 동안 일관되게 나타나야 한다. 이러한 아동들 중 다수에게, 부모들과 취학전 교사들은 공식적인 진단 이전에 수년 동안 ADHD와 관련된 행동들을 다뤄왔다. 많은 경우에, 그들은 아동의 행동이나 그것을 관리하거나 통제하는 자신들의 무능력에 좌절감을 느낀다. ADHD의 조기 징후들은 다음 박스에서 확인할 수 있다.

가정에서 갖는 우려들에 대해, 취학전 아동들의 부모들은 먼저 정신건강 전문가가 아닌 그들 자녀의 소아과의사나 다른 의료 전문가에게서 도움을 구해야 한다. 소아과의사가 판별 과정을 처리하거나 가족을 아동 심리학자나 정신과의사에게 의뢰할 수 있다. 기억하라, 학령기 아동들에게는 의학적 진단이 요구되지 않지만, 매우 어린 아동들에게는 소아과의사들이 과정을 안내하는 것이 높게 권고된다. 이러한 전문가들은 진단을 내리기 위해 가족과 교사 면담 및 행동 체크리스트와 함께 DSM-5의

교사를 위한 팁 일반적인 문제들 다루기

일반적인 문제 영역들	교사를 위한 팁들
학업적	
과제 시작하기	• 학생의 주의를 끈다. • 명확한 한 단계 지시를 사용한다. • 지시를 구두로 그리고 서면으로 제공한다.
과제 완성하기	• 각 과제가 완성될 때 구체적이고 긍정적인 강화를 제공한다. • 수용 가능한 과제에 대한 기준을 설정한다. • 완성에 대한 근거를 제공한다. • 또래 보조자를 배정한다.
행동적	
과제에 집중하기	• 체험적 활동을 사용한다. • 높은 동기를 부여하는 활동을 배정한다. • 교수 활동을 빈번하게 교대한다.
한 활동에서 다른 활동으로 전환하기	• 한 활동에서 다른 활동으로 바뀌기 5분 전에 경고를 준다. • 표준적이고 예측 가능한 일정을 사용한다. • 전환 중 요구사항에 대해 학생에게 상기시킨다(예, 책상 위 물건들 치우기, 소집단으로 줄 서기).

ADHD 정의를 사용한다. ADHD의 임상 진단을 받은 아동이 학교를 시작할 때 자동적으로 조기중재 서비스나 특수교육 서비스를 받는 것은 아니다. 특수교육 서비스 자격을 얻기 위해서는, 학생이 교육적 수행에 부정적으로 영향을 미칠 만큼 충분히 심각한 증상들을 가져야 한다.

조기중재를 위한 증거기반실제

첫 번째 권고되는 행동 과정은 행동수정, 인지행동중재, 또는 심리사회적 치료라고도 언급되는 행동치료이다. 행동치료는 문제 행동들을 줄이거나 제거하는 것과 긍정적 행동들을 도입하고 증가시키는 것에 초점을 맞춘다. 이 시나리오를 고려해보라. 4세인 파올로는 거실을 돌며 뛰어다니고, 소파와 커피테이블 위에서 뛰는 것을 좋아한다. 그의 어머니는 좌절하여 그에게 지속적으로 소리를 지르고, 그의 아버지는 다양한 형태의 처벌(타임아웃, 방으로 보내기, 장난감 빼앗기)을 실행한다. 두 부모 모두 높아진 스트레스 수준을 표현하고 그의 행동을 다루는 최선의 방법에 대해 논쟁하게 된다. 파올로의 경우, 행동치료의 목적들은 그의 뛰기와 점프 행동을 줄이고 더 긍정적인 대안들(예, 걷기와 앉기; 뛰기와 점프가 적절한 밖에 나가고 싶다고 요청하기)을 증가시키는 것이다. 행동치료사들은 또한 파올로의 부모들과 함께 일하

ADHD의 조기 경고 징후들

유아들에서 ADHD를 나타낼 수 있는 두 가지 행동 영역이 있다: 과잉행동과 충동성. 이러한 행동들 중 많은 것들이 유아들에게 기대되며, 다른 아이들과 비교할 때 극단적인 경우에만 우려의 이유가 된다.

과잉행동의 징후들

- 앉아 있을 때 지나치게 안절부절못하고 꿈틀거리기
- 식사하기와 책을 읽어주는 것과 같은 조용한 활동을 위해 가만히 앉아 있을 수 없음
- 안절부절못함
- 몇 분 이상 주의를 기울이는 것을 요구하는 활동들을 싫어함
- 과도하게 말하고 소음 만들기
- 장난감에서 장난감으로 뛰어다니기
- 과도하게 뛰어다니거나 부적절한 때에 기어오르는 것과 같이 지속적인 움직임에 있기

충동성의 징후들

- 다른 사람들에 대해 극단적인 조급함을 보이기
- 차례를 기다리는 데 어려움 갖기
- 다른 사람들 방해하기
- 완전히 질문받기 전에 답하기
- 다른 사람들의 문장 끝맺기
- 빠르게 관심 잃기

다른 징후들

- 진정하는 데 어려움 갖기
- 좌절, 분노, 또는 폭발하기 쉬움
- 무모함
- 자신이나 다른 사람들에 대해 공격적으로 행동하기
- 취학전 기관에서 퇴학당하기
- 수면에 대한 요구가 거의 없음

여, 그들에게 중재를 위한 효과적이고 적절한 방법들을 보여줄 것이다.

행동치료의 부모 훈련 구성요소는 가족들이 다음을 하도록 돕는다:

- 구조화된 가정 환경 확립하기. ADHD 학생들은 ADHD가 없는 학생들보다 더 많은 구조를 필요로 한다. 구조를 제공함으로써, 부모들은 아동들이 기대와 그러한 기대들이 충족되지 않을 때의 결과를 이해하도록 돕는다.
- 긍정적 강화를 효과적으로 활용하기. 긍정적 행동을 강화하는 것은 중요하며, ADHD 학생들은 종종 지연 만족에 어려움을 갖는다. 따라서 구체적이고 즉각적인 피드백을 제공하는 것이 장기간 후에 피드백을 주는 것보다 더 큰 효과성을 보여주었다.
- 공정하고 일관되게 결과 전달하기. 결과들은 구조화된 가정 환경의 일부로 제시되어야 한다. 결과 전달에서의 어떤 비일관성도 아동에게 혼란을 야기하고 의도치 않게 과정을 방해한다.
- 문제가 있을 때 적절하게 중재하기. 훈련 없이, 부모들은 긍정적 효과를 산출하는 것들보다는 비효과적인 중재들(예, 소리 지르기, 때리기)에 의존할 수 있다.
- 학교와 의료 전문가들과 효과적으로 의사소통하기. 가능할 때마다, 아동 보육이나 취학전 기관 직원들은 가족 구성원들이 가정에서 목표로 하고 있는 같은 행동들에 대해 작업해야 한다. 의료 전문가들은 진전도를 모니터링하고 필요하다면 추가적인 자원을 권고하는 데 도움을 줄 수 있다.

행동치료는 빠른 해결책이 아니다. 행동적 변화가 일어나는 데는 어느 정도 시간이 걸린다. 미국소아과학회와 CDC는 행동치료가 어린 아동들을 위한 첫 번째 중재여야 하며 행동치료만으로는 충분하지 않을 때 약물치료가 두 번째 치료로 추가되어야 한다고 강조한다. 다음은 가족들이 인식해야 할 몇 가지 연구를 통한 발견된 사항들이다:

- 매우 어린 아동들에게, 일관되게 실행될 때 행동치료의 효과는 약물치료만큼 강하다.
- 행동치료의 긍정적 효과들은 치료 후 수년 동안 여전히 명백하다.
- 행동치료를 먼저 시작하는 사람들은 약물치료가 결국 추가될 경우, 더 낮은 용량을 필요로 한다.
- 행동치료와 약물치료를 통합하는 다면적 치료 접근법이 약물치료만 하는 것보다 더 효과적임이 증명되었다.

현재 자료는 훨씬 더 많은 어린 아동들이 행동치료만을 받는 것보다 약물치료를 단독으로 또는 결합하여 복용하고 있음을 나타낸다. 이 때문에, CDC는 첫 번째 행동 과정으로서 행동치료의 사용을 증가시키는 것을 목적으로 하는 공공 인식 캠페인을 가지고 있다.

학령기

- ADHD를 가진 모든 학생들이 개별화교육프로그램을 통해 IDEA하에서 서비스를 받는 것은 아니다. 일부는 504 계획을 가지고 있는 반면, 다른 학생들은 추가적인 조정이나 중재를 필요로 하지 않는다.

- 자기조절 전략은 학생들이 자신의 행동을 모니터링하고 관리하는 것을 학습하도록 도울 수 있다.

ADHD 학생들을 위한 학교 서비스

학교 서비스에 관해서, ADHD 학생들은 세 집단으로 나뉜다.

1. 학교 지원 없음. 일부 학생들은 교실에서 적절히 수행하며 교사들로부터 추가적인 지원을 필요로 하지 않는다. 이러한 학생들은 이전 행동 중재들과 현재 약물 용량의 조합이 그들의 요구를 적절히 해결하는 다면적 중재를 받았을 수 있다. 이러한 학생들이 추가적인 지원을 필요로 하지 않는 또 다른 이유는 그들이 고도로 구조화되고 조직적이며, 예측 가능한 루틴을 따르고, 참여적이고 동기를 부여하는 교수를 제공하는 교사에게 배정되었기 때문이다. 이러한 경우들에서, 부모들과 교사들은 학생들이 계속 잘 수행하도록 보장하기 위해 진전도만 모니터링하면 된다.
2. 504 계획. IDEA 하에서 특수교육 서비스 자격을 얻지 못하는 일부 학생들은 재활법 504조를 통해 조정(예, 시험이나 과제에서 연장된 시간)을 받지만 특수교육 서비스는 받지 않는다. 그들은 "하나 이상의 주요 생활 활동을 상당히 제한하는 신체적 또는 정신적 손상"을 가지고 있기 때문에 504조를 통한 서비스 자격을 얻는다. 학습은 주요 생활 활동으로 간주된다. 504조 하에서 보장되는 권리들은 사정평가, 개별화된 교육, 적법절차, 그리고 일부 부모와 적법절차 진행을 포함한다. 4장에서 기억할 수 있듯이, 504조는 장애를 가진 개인들에게 사회에 대한 접근을 보장하는 민권법이다. 장애학생들은 학습에 대한 장벽을 마주칠 때 교육에 대한 접근이 거부되며, 이후 학교 직원들이 이를 제거해야 한다. 이와 같이, 학교 직원들은 학생의 504 계획에서 명시된 학습 장벽을 줄이거나 제거하는 조정을 제공해야 한다.
3. 개별화교육프로그램. 다른 학생들은 (1) 장애를 가지고 있고 (2) 장애가 그들이 전문화된 서비스를 필요로 할 정도로 교육적 수행에 부정적으로 영향을 미친다고 결정되면 IDEA 하에서 특수교육 서비스 자격을 얻는다. 이러한 학생들은 조정을 포함하여 그들이 받는 특별한 서비스들을 명시하는 개별화교육프로그램을 가진다.

504 계획과 개별화교육프로그램을 통해 제공되는 교육 프로그램들 사이의 차이점들은 상당하다. 504 계획은 조용한 환경에서 시험을 볼 수 있는 것과 같은 환경의 변화, 교사들이 가르치는 주제의 핵심 개념들에 대해 더 많은 안내를 제공하는 것과 같은 교수의 변화, 그리고 학생들에게 수업 개요를 제공하는 것과 같은 교육과정의 변화를 포함할 수 있다. 개별화교육프로그램은 명시된 목적들, 그러한 목적들이 어떻게 충족되고 측정될지, 그리고 많은 학생들에게는 교육과정이 어떻게 차별화될지를 포함한다. 개별화교육프로그램은 최소 3년마다 검토되는 서면 문서여야 하지만, 504 계획은 서면일 필요가 없다. 그러나 연간 검토가 권고된다. ADHD를 가진 학생들의 대다수가 어떤 종류의 지원을 받는 반면, 43%가 개별화교육프로그램을 가지고 단지 14%만이 504 계획을 가지고 있는 것으로 추정된다.

연구기반실제에 관한 심층적 탐구 **자기조절(Self-regulation)**

자기조절 전략은 때로 자기관리 전략(Self-management strategies)이라고도 언급되며, 학생들이 자신의 행동을 통제하거나 학업 수행을 향상시키기 위해 사용할 수 있는 절차들이다. 일반적으로, 자기조절 전략들은 네 가지 범주로 분류된다:

- 자기모니터링(자기점검). 학생들이 자신의 행동적 또는 학업적 진전도를 사정평가하고 종종 체크리스트나 자기모니터링 시트를 사용하여 결과를 기록한다(그림 7.7 참조).
- 자기지시 또는 자기대화. 학생들이 과제나 활동을 통해 자신을 안내하기 위해 자기유도적 진술이나 격려의 말들을 사용한다(예, 문단 쓰기, 집중 유지, 어려운 상황 대처, 답 평가하기, 과제 완성에 대해 자신에게 축하하기).
- 목적 설정. 학생들이 종종 교사의 도움을 받아 더 작은 하위목적들의 연속을 포함할 수 있는 목적을 결정한다. 이 목적은 달성 가능하고(너무 쉽거나 너무 어렵지 않은) 측정 가능해야 한다.
- 자기강화. 학생들이 강화제를 선택하고 과제를 완성하거나 미리 결정된 목적을 달성하면 자신에게 보상한다. 강화제는 유형적(예, 연필, 피자), 사회적(예, 파트너와 함께 작업하기, 친구들과 영화), 또는 활동 관련(예, 컴퓨터 게임)일 수 있다.

자기조절 전략들이 독립적으로 사용될 수 있지만, 그것들은 또한 조합으로도 작동한다. 교실 교수 중에 집중하는 데 어려움을 갖고 독립적 과제를 완성하는 대신 자주 공상하는 헤이든을 돕기 위해 이 네 가지 전략들이 어떻게 결합될 수 있는지 살펴보자. 이러한 행동들을 다루기 위해, 교사는 그녀와 만나 헤이든에게 이제 그녀가 자신의 행동을 자기조절할 책임을 갖게 될 것이라고 설명한다. 아래의 자기모니터링 시트를 사용하여, 헤이든은 그녀의 수행(과제에 집중하기)을 추적할 것이다. 사전 녹음된 오디오에서 신호음을 들을 때마다, 그녀는 자신에게 "내가 주의를 기울이고 있었나? 내가 해야 할 일을 하고 있었나?"라고 묻는다. 헤이든은 그것이 적절한지(과제 집중) 그렇지 않은지(과제 이탈)를 결정함으로써 자신의 행동을 평가하는 것을 학습한다. 그녀는 지정된 행(예) 또는 (아니오)에 체크를 하여 이 정보를 기록한다. 협력적으로, 헤이든과 그녀의 교사는 그녀의 목적이 전체 수업 시간 동안 과제 집중 행동을 유지하는 것이라고 결정한다. 그러나 그녀는 7분의 더 작은 하위목적으로 시작하여 점진적으로 전체 시간까지 늘려갈 것이다. 독립적 과제 중에 자신을 과제에 집중시키기 위해, 헤이든은 "집중해. 5문제만 더 남았어."와 같은 자기지시 진술들을 사용한다. 각 수업 시간 끝에, 헤이든은 그녀의 자기모니터링 시트를 검토한다. 만약 그녀가 과제에 집중했다는 것을 나타내는 최소 7개의 체크를 가지고 있다면, 그녀는 스티커로 자신에게 보상한다(자기강화).

그림 7.7 과제 집중 행동을 위한 자기조절 양식 샘플

학생 이름: 헤이든　　　　　날짜: 11-6
질문: "내가 주의를 기울이고 있었나? 내가 해야 할 일을 하고 있었나?"
신호음을 들을 때마다 예 또는 아니오를 체크하세요.

	1	2	3	4	5	6	7	8	9	10
예										
아니오										

일반교육 교실에서 ADHD 학생들 지원하기

ADHD 학생들은 다른 학생들보다 더욱 학습과 사회적 수행을 지원하는 구조를 필요로 한다. 교사들은 많은 방법으로 도울 수 있다. 첫째—그리고 이는 학급의 모든 학생들에게 혜택을 준다—그들은 다음을 포함하는 포괄적인 교실 행동 관리 계획을 가져야 한다:

- 명확하고 간결한 규칙들
- 일반적인 교실 절차들의 설명
- 일관되고 공정하게 실행되는 결과들

ADHD 학생들은 예측 가능한 루틴을 가진 고도로 구조화된 교실에서 학업적으로 그리고 행동적으로 더 잘 수행한다. 일반적인 행동 지원은 명확한 지시, 활동의 다가오는 변화에 대한 사전 통지, 그리고 과제에서 벗어나는 것처럼 보이는 학생들을 위한 촉진을 포함할 수 있다.

또한, 교사들은 과제를 학생들의 배경과 관심사에 흥미롭고 관련되게 만들 수 있을 뿐만 아니라, 보편적 학습설계와 차별화 교수 틀의 원리들을 실행할 수 있다. ADHD 학생들은 교수와 학습 활동이 다양할 때 더 잘 집중을 유지할 수 있다. 많은 ADHD 학생들이 또한 언어장애나 학습장애를 가지고 있기 때문에, 그들의 학업적 지원은 5장과 6장에서 읽은 것들과 유사하다. 학습전략은 학생들에게 수학 문제 해결, 문단이나 보고서 쓰기, 또는 교과 영역 사실들 암기와 같은 학업 과제를 완성하기 위한 명시적이고 체계적인 방법들을 제공한다. 그래픽 조직자는 학생들이 자료의 중요한 요소들에 집중하고 연결하도록 도울 수 있다. 학습 기법 교수는 수동적 학습자인 학생들에게 특히 도움이 되는 반면, 조직화와 시간 관리 기술에서의 교수와 코칭은 학생들의 책상과 사물함에서 어수선함을 줄이고, 그들이 시간을 더 효과적으로 조직화하고 사용하도록 도우며, 분실되고 불완전한 과제의 수를 줄일 수 있다. 앞의 박스는 이 전략을 더 자세히 설명한다.

코로나19 팬데믹과 ADHD 학생들

코로나19 팬데믹의 장기적 영향들이 이제야 인식되기 시작하고 있으며, 특히 ADHD 학생들에게 그러하다. 2장에서 학습했듯이, 봉쇄 기간 동안의 팬데믹은 모든 교사들, 학생들, 그리고 그들의 가족들에게 어려움을 주었으며, 그 결과로 나타난 학업적 손실과 정서적 도전들은 수년 동안 느껴질 것이다. 팬데믹은 끝나지 않았고, 삶은 진정으로 "정상"으로 돌아가지 않았다. 학생들이나 급우가 양성 판정을 받을 때 가정 학습으로의 복귀 기간들이 계속될 수 있을 것이다.

전 세계적인 연구들에서, 결과들은 유사하다. 그들의 삶에서 구조를 필요로 하는 ADHD를 가진 개인들에게, 상대적으로 고립되는 것은 독특한 결과들을 가져왔다. 삶의 루틴들이 박탈되었다. 사회적 고립, 교사들과 학교 환경이 제공하는 구조로부터 떨어져 있는 것이 타격을 주었다. 통제되고 있던 증상들이 통제 불능이 되었다. 아동들은 더 짜증스러워지고, 더 방해가 되거나 파괴적인 행동들을 보이며, 활동 수준이 증가하고, 주의력이 감소했다. 그들은 또한 우울증의 증가된 가능성과 같은 손상된 정신건강을 경험했다. 원격학습은 ADHD가 없는 학생들보다 더 큰 학업적 손실과 학교와의 더 적은 참여를 야기했다.

그들의 주의력 문제들 때문에, 원격학습은 예외적으로 어려워졌고, 많은 경우에, 단순히 불가능했다. 각 가족 구성원(예, 재택근무하는 각 부모, 원격학습을 경험하는 각 아동)을 위한 충분한 수의 전용 작업 공간의 가능성을 갖지 못하는 것은 많은 가족들을 교사들이나 임상의들로부터의 지원 없이 어려움을 겪게 했다. 보고들에 따르면 가족 구성원들이 아동에게 소리 지르기(43%), 언어적 학대(25%), 그리고 아동 처벌하기(27%)의 현저한 증가로 나타나는 것처럼 과도하게 좌절하게 되었다. ADHD가 없는 아동들과 비교할 때, 이러한 아동들은 더 적은 부모 모니터링을 경험했다.

증상들이 증가했기 때문에 팬데믹 동안 ADHD에 대한 의뢰가 증가했다. 2019년과 비교할 때, 2020년에 주의력결핍 과잉행동장애 아동 및 성인 조직(CHADD)에 대한 전화 기반 및 온라인 문의가 각각 62%에서 70% 증가했다. ADHD 진단도 증가했다: 전체적으로, 성인과 아동에 대해 약 26%의 증가였다. 또한, 2020년에 17% 더 많은 아동들이 처음으로 약물 복용을 시작했다. 이미 약물을 복용하고 있던 사람들 중, 21%가 용량 증가가 필요했고 16%가 약물을 바꿔야 했다. 팬데믹 동안, 59%가 그들의 관리팀을 바꿨고, 28%가 원격의료 서비스를 사용하기 시작했는데, 이는 미래를 위한 긍정적 조치들에 대한 신호일 수 있다.

삶이 코로나19 이전 상황의 어떤 유사성으로 돌아가고 아동들이 대면 학교교육으로 돌아감에 따라, ADHD 학생들이 학교와 삶에서 성공할 더 큰 기회를 갖도록 돕는 가능한 해결책들은 무엇인가? 교사들은 학업 과제를 단순화하고, 교수 과제를 더 작은 구간들로 나누며, 휴식 시간을 늘리고, 일일 성적표를 만드는 것이 긍정적 결과를 갖는다는 것을 발견하고 있다. 의료 서비스 제공자들은 약물을 관리하기 위해 그들의 환자들과 긴밀한 연락을 유지하기 위해 원격의료를 사용하고 있다. 상담사들과 정신건강관리 제공자들은 원격의료와 같은 시스템들이 그들의 내담자들이 시간 관리와 조직화 목적들을 따라가는 데 도움이 된다는 것을 발견하고 있다. 가족들을 위한 지원 네트워크는 또한 조직적으로 유지하기, 그들 자신의 스트레스 관리하기, 그들 자신의 정서 조절하기, 자조 활동에 참여하기, 그리고 그들의 자녀들 지원하기에 대한 팁들을 받는 데 도움이 되는 것으로 증명되고 있다. 모든 전문가들에게 명확한 것은 ADHD 학생들이 신중한 모니터링과 추가적인 지원들을 필요로 한다는 것이다.

전환

- ADHD 학생들을 대학과 성인기에 준비시키는 데 특별한 관심을 기울여야 한다.
- 몇몇 평판 있는 조직들이 학생들이 중등 전환 과정을 거쳐갈 때 타당한 권고와 자원들을 제공한다.

ADHD 학생들을 위한 전환 목표들

전문가들이 한때 ADHD를 가진 아동들과 청소년들이 그들의 문제들을 벗어날 것이라고 믿었지만, 우리는 이제 대부분의 개인들에게 증상들이 그들의 삶 전반에 걸쳐 계속된다는 것을 안다. ADHD 학생들을 위한 대학으로의 전환은 고등학교에서의 강한 기초로 시작된다. 그러나 이러한 학생들 중 다수가 이미 그들의 학업적 성공을 방해하는 부정적 특성들을 보인다. 최근 연구는 장애가 없는 또래들과 비교할 때, ADHD를 가진 고등학생들이 상당히 다음을 보고한다고 보여준다:

- 더 많은 약물 남용
- 더 낮은 학업 참여와 더 적은 학습 시간

그림 7.8 성공적인 중등후 전환을 위한 단계들

- 더 많은 정서적 어려움들
- 파티, 컴퓨터와 비디오 게임, 그리고 온라인 사회적 활동에 참여하는 더 많은 시간

중등후 목적들과 활동들이 고려될 때, 이러한 학생들은:

- 중등후 교육에 지원하거나 등록할 가능성이 더 낮다.
- 4년제 대학에 진학할 가능성이 더 낮다.
- 낙제 점수를 받을 가능성이 더 높다.
- 수업에서 철회할 가능성이 더 높다.
- 학위를 취득할 가능성이 더 낮다.

ADHD 학생들의 약 40%가 그들의 학업 수행이 자격을 얻기에 너무 높기 때문에 특수교육 서비스를 받지 않고, 대신 504 계획을 통해 지원을 받는다는 것을 고려하면 이러한 통계들에 놀랄 수 있다. 그러나 우리가 방금 공유한 통계들을 고려하면, 많은 ADHD 학생들이 중등후 교육적 경험들로부터 혜택을 받기 위해 다양한 지원들을 필요로 한다는 것이 명확하다.

전환 계획 과정은 이전 장들에서 언급된 것과 동일한 고려사항들 중 많은 것들을 포함한다. 5장에서, 우리는 학생들을 대학에 준비시키는 것의 중요성을 논의했다: 학습 기법 교수 제공하기, 그들이 고등학교 졸업 요구사항들(예, 최소 과목 수, 평점 평균)을 인식하도록 돕기, 그리고 그들에게 학습 기법과 또한 자기옹호하는 방법을 가르치기. 이러한 전략들은 고등학교와 대학에서 학생들에게 도움이 될 수 있다. 6장에서, 우리는 대학을 선택할 때 고려할 요인들을 논의했다: 입학 요구사항들과 대학의 장애학생지원센터를 통한 지원의 자격과 제공. 우리는 또

한 학습장애에 관한 6장의 "전환" 부분에서 현재 많은 대학들에서 ADHD 그리고/또는 학습장애학생들을 위해 이용 가능한 특별 프로그램들의 광범위한 배열을 논의했다. 고등학교는 대학으로의 전환을 준비하는 시기이다. 고등학교와 대학 생활의 독립성 사이에는 많은 차이점들이 있다는 것을 기억하라. 그림 7.8은 각 개인을 위한 적합한 대학에 대한 접근을 모색할 때 따라야 할 핵심 단계들을 상기시켜 준다.

ADHD에 초점을 맞춘 조직들

교육자들과 학생들 및 그들의 가족들에게 이용 가능한 많은 조직들과 자원들(예, 미국학습장애협회[LDA], 국립학습장애센터, 언더스투드)이 또한 ADHD와 관련된 자원들과 다른 정보를 제공한다. ADHD에 단독으로 초점을 맞춘 주요 조직은 CDC의 국립출생결함발달장애센터(National Center on Birth Defects and Developmental Disabilities)가 자금을 지원하는 국가 정보센터를 운영하는 주의력결핍 과잉행동장애 아동 및 성인(CHADD)이다. 지원 서비스를 제공하는 것에 더해, 이 조직은 또한 '어텐션'이라는 잡지를 발간하고 부모들과 ADHD를 가진 개인들을 위한 풍부한 자원들을 제공한다(https://chadd.org/ 참조). 또한, 국립보건연구소는 교사들, 부모들, ADHD를 가진 개인들에게 유용한 광범위한 자원들을 제공한다(https://www.nimh.nih.gov/health/publications/attention-deficit-hyperactivity-disorder-in-children-and-teens-what-you-need-to-know 참조).

사람과 상황

학습 목표

ADHD 학생들을 위한 교수의 역사를 설명하고, 이 장애를 가진 성공적인 개인들을 판별하며, 이러한 개인들이 ADHD 학생들에게 중요한 역할모델이 될 수 있는 이유를 설명한다.

기원과 역사

- ADHD의 첫 번째 문서화된 특성들은 1700년대 후반에 발생했다.
- ADHD 연구는 많은 다른 분야의 전문가들에 의해 수행된다.

질환으로서의 ADHD의 기원

ADHD의 특성들은 225년 이상 동안 잘 문서화되어 있다. 1798년에, 스코틀랜드 의사 알렉산더 크리히턴(Alexander Crichton)이 오늘날 인식되는 부주의 양상의 많은 측면들을 포함하는 주의장애에 대한 설명을 발표했다. 크리히턴은 주의를 유지할 수 없음 때문에 지속적인 움직임을 언급하는 "주의의 번덕스러움"을 논의했다. 그는 심지어 일부 형태의 부주의가 나이와 함께 감소할 것이라고 주장했다. 1840년대에, 독일의 하인리히 호프만(Heinrich Hoffmann) 박사가 젊은 아동들에게 부적절한 행동들의 위험성에 대해 가르치기 위한 지저분한 피터, 게으른 프리츠, 안절부절못하는 필립과 같은 인물들로 가득한 장난스러운 시들과 기발한 이야기들의 아동 도서를 출간했다. (안절부절못하는 필립에 대해서는 이 장의 "개인적 이야기들" 섹션에서 더 학습한다.) 거의 60년 후, 영국 의사인 조지 스틸(George Still) 박사가 부주의와 충동성에 문제를 가진 아동들을 설명했으며, 이를 "도덕적 통제의 결함"에 귀인했다. 그의 고전적인 1902년 논문에서, 스틸은 출현율이 여아들보다 남아들 사이에서 더 높으며 대부분의 경우가 초기 아동기에 명백하다고 언급했다.

초점 변화: 관찰에서 연구와 교육으로

1917-1918년 뇌염 유행 후 ADHD에 대한 관심이 높아졌는데, 의사들이 주의력, 활동 조절, 충동성의 문제들을 포함하여 뇌 감염에서 생존한 아동들에서 나타난 뚜렷한 행동적 및 인지적 문제들을 알아차렸을 때였다. 1930년대 동안, 쿠르트 골드스타인(Kurt Goldstein)이 부상당한 제1차 세계대전 독일 군인들과의 그의 연구에서 뇌손상과 관련된 학습과 행동 문제들을 더 문서화했다. 골드스타인의 연구에 영향을 받은 미국 연구자들 하인츠 베르너(Heinz Werner), 뉴얼 케파트(Newell Kephart), 알프레드 스트라우스(Alfred Strauss), 로라 레티넨(Laura Lehtinen)은 1930년대 후반과 1940년대에 뇌손상 이론을 세기했으며, 이는 결국 실제 뇌손상의 명확한 증거를 찾을 수 없을 때 "미소뇌기능장애(minimal brain dysfunction)"와 같은 더 경미한 용어를 포함하도록 수정되었다. 윌리엄 크루익생크(William Cruickshank)는 뇌손상이 긍정적으로 확립될 수 있는 뇌성마비 학생들과의 그의 연구에서 그들의 연구를 토대로 하여, 과잉행동과 산만함과 같은 특성들을 보이는 평균 지능의 학생들을 위한 시범 교실들을 개발했다. 크루익생크의 교실 환경들은 방해 요소가 없었다: 일일 루틴들이 엄격하게 준수되고, 학생들은 칸막이에서 작업했으며, 벽에는 장식이 거의 없었고, 심지어 교사들의 보석 착용도 권장되지 않았다. 그의 프로그램의 결과가 엇갈렸지만—학생들은 행동에서는 향상을 보였지만 학업에서는 그렇지 않았다—그의 교실들은 오늘날 ADHD 학생들을 위해 권고되는 고도로 구조화된 학습 환경의 선구자였다.

1960년대의 연구는 주로 과잉행동에 초점을 맞췄고, 1970년대는 부족한 주의집중시간과 충동 통제와 관련된 문제들에 대한 증가된 인식을 보았다. 이 기간 동안의 연구들이 더 엄격해졌지만, 아동 식단에서 설탕과 식품 첨가제의 감소에 초점을 맞춘 비검증 치료들이 인기를 얻었고, 과잉행동이 부실한 양육 관행에 귀인될 수 있다는 근거 없는 믿음도 마찬가지였다. 다행히, 1980년대의 연구들은 자극제 약물의 효과성을 확인했고 또한 연구자들에 의해 관찰되고 초기에 아동의 행동을 야기했다고 여겨졌던 더 부정적이고 통제적인 양육 행동들이 실제로는 그들의 자녀들이 자신의 행동을 효과적으로 통제할 수 없음에 대한 반응으로 발달되었다는 것을 보여주었다. 지난 30년 내의 뇌영상 연구들이 주의력과 억제를 통제하는 뇌 영역들에서의 감소된 활동의 명확한 지표들과 함께 이 장애에 대한 생물학적 기초를 더 검증했다.

ADHD는 교육, 의학, 신경과학, 심리학, 그리고 더 많은 분야의 전문가들에 의해 수행되는 연구들과 함께 가장 많이 연구된 아동기 질환으로 계속되고 있다. 풍부한 연구와 전 세계적 출현율에도 불구하고, 일부 사람들은 여전히 그 존재를 의문시하며, ADHD를 가진 아동들의 충동적이고 과잉행동적인 행동을 다른 요인들(예, 부실한 양육, 너무 많은 설탕, TV, 비디오 게임)로부터 기인한 것이라고 탓한다.

표 7.6 ADHD를 가진 유명한 사람들

역사적 인물 발명가들 (추정)	기업가들	연예인들		운동선수들
		음악 산업	영화와 텔레비전	
Leonardo da Vinci (르네상스인/예술가/발명가)	Richard Branson (버진항공 창립자)	Adam Levine (음악가)	Paris Hilton (인플루언서, TV 유명인, 호텔 상속인)	Terry Bradshaw (풋볼 선수 /스포츠해설자)
Alexander Graham Bell (전화 발명)	Walt Disney (만화가/디즈니랜드 창조자)	Solange Knowles (가수/작곡가)	Howie Mandel (코미디언/게임쇼 진행자)	Simone Biles(체조 선수)
Thomas Edison (전구 발명)	Bill Gates (마이크로소프트 창립자)	Justin Timberlake (가수/배우)	Ty Pennington (홈 인테리어 전문가)	Michael Jordan (농구 선수)
	David Neeleman (젯블루 창립자)	will.i.am (음악가/블랙아이드피스)	Karina Smirnoff (댄싱 위드 더 스타즈)	Jason Kidd (농구 선수이자 코치)
	Jamie Oliver (영국 레스토랑 사업가/요리책 저자)	Wolfgang Amadeus Mozart (작곡가)	Will Smith (배우/프로듀서)	Michael Phelps (수영 선수)
	Paul Orfalea (킨코스 창립자)	Britney Spears (가수/연예인)	Robin Williams (배우)	Babe Ruth (야구 선수)

개인적 이야기들

- ADHD를 가진 많은 개인들이 그들의 창의성과 높은 에너지를 성공적인 경력으로 전환하는 것을 학습하고 다른 사람들을 위한 역할모델이 된다.
- ADHD를 가진 개인들에 대한 책들이 어린 아동들을 교육하고 동기를 부여할 수 있다.

ADHD를 가진 성공적인 사람들

"유명한 사람들과 ADHD"에 대해 인터넷 검색을 해보면 나타나는 이름들에 아마 놀랄 것이다. 많은 발명가들과 기업가들이 이 목록에 있으며, 이는 우리가 앞서 논의한 창의성과 독창성의 증거이다. 많은 뛰어난 연예인들과 운동선수들도 그러한 목록에 포함된다. 예를 들어, 당신은 이 장의 도입 부분에서 올림픽 챔피언 체조선수 시몬 바일스를 만났다. 마룬 파이브의 가수이자 작곡가인 아담 르빈(Adam Levine)은 ADHD를 가지고 있다. 그는 10번의 그래미 후보 지명과 3번의 그래미상, 플래티넘과 골드 앨범 발매, 그리고 다수의 빌보드 뮤직, 아메리칸 뮤직, 피플스 초이스 어워드를 수상했다. 8년 동안, 르빈은 TV 쇼 "더 보이스"의 코치였으며 향수와 의류 라인을 개발했다. 그는 어린 시절부터 ADHD의 도전들에 직면했고 학교에서 어려움을 겪었다. 그는 마침내 10대 초반에 진단받았으며 그와 그의 부모들이 그의 어려움들과 그의 증상들을 다루고 관리하는 방법에 대해 더 나은 이해에 도달했기 때문에

영감을 주는 불완전한 영웅들

"퍼시를 ADHD/난독증을 가진 캐릭터로 설정한 것은
이러한 장애를 가진 내가 아는 모든 아이들의 잠재력을 기리는 나만의 방법이었다."

—릭 라이어던

베스트셀러 소설 시리즈 "퍼시 잭슨과 올림포스의 신들"은 릭 라이어던의 어린 아들 헤일리를 위한 잠자리 이야기로 시작되었다. 헤일리는 학교에서 어려움을 겪었고 읽기를 싫어했다. 그러나 그는 그리스 신화를 좋아했으므로, 중학교 교사이자 작가인 그의 아버지가 잠자리에서 유명한 이야기들을 들려주곤 했다. 어느 날 밤, 그들이 새로운 이야기들을 다 했을 때, 헤일리는 아버지에게 하나를 만들어내도록 격려했고, 퍼시 잭슨의 전제가 탄생했다. 나중에, 헤일리가 ADHD와 난독증으로 진단받았을 때, 라이어던은 그러한 특성들을 그의 반신 소년 영웅에게 통합하기로 결정했다. 실제로, 9권 시리즈의 모든 반신들이 ADHD와 난독증을 가지고 있으며, 이는 그들의 엘리트 올림포스 혈통의 지표이다. ADHD와 난독증을 가진 수많은 젊은 독자들이 라이어던에게 편지를 써서, 그의 책들이 어떻게 자신들과 자신들의 능력에 대한 그들의 인식을 바꾸었는지를 공유했다. 라이어던은 그의 가상의 영웅들이 어디에서든 어려움을 겪는 학생들이 그들의 강점으로 자신들을 정의하도록 동기를 부여하기를 희망한다. 당신은 www.rickriordan.com에 있는 릭 라이어던의 웹사이트에서 이러한 책들 각각의 요약을 볼 수 있다.

그것이 어깨에서 짐이 내려진 것 같았다고 말한다. 르빈은 또한 성인 ADHD에 대한 인식을 증가시키고자 하는 "Own It" 캠페인의 대변인이다. 또 다른 잘 알려진 유명인은 9세에 ADHD로 진단받은 수영 챔피언 마이클 펠프스(Michael Phelps)이다. 그의 어머니인 데비 펠프스(Debbie Phelps)는 그녀의 책 "모든 계절을 위한 어머니"에서 마이클의 현재 성공을 이 장에서 학습한 요인들의 조합에 귀인한다: 약물치료, 행동치료, 지속적인 칭찬과 강화, 그리고 그의 에너지를 위한 출구로서의 수영.

표 7.6을 보면, 6장에서 읽었던 킨코스의 창립자인 리처드 브랜슨을 인식할 수 있을 것이다. 실제로, 이러한 개인들 중 다수가 동반하는 학습장애를 가지고 있는데, 이는 매우 일반적이며, 또한 학교에 있을 때 괴롭힘을 당했다고 보고한다. 이 표는 ADHD를 가지고 있거나 가지고 있는 것으로 여겨지는 많은 개인들을 나열한다. 더 완전한 목록을 보려면, https://greatist.com/health/adhd-celebrities#famous-men-with-adhd를 참조하라.

문학, 아동 이야기, 영화: ADHD를 가진 캐릭터들

아동들과 청소년들에 대한 묘사는 ADHD에 대한 통찰을 제공할 수 있다. "질환으로서의 ADHD의 기원" 부분에서 언급한 1845년에 쓰인 책의 더 유명한 시 중 하나인 "안절부절못하는 필립의 이야기"는 명백히 ADHD의 많은 특성들을 가진 아동을 묘사한다. 시간에 걸쳐 그러한 다른 많은 예시들이 존재한다.

마크 트웨인의 미국 고전 "톰 소여의 모험"의 캐

영상 속에서 **물고기의 모험(A Fishy Adventure)**

첫 번째 영화인 『니모를 찾아서』에서 우리는 주의가 산만해져서 가족과 헤어지게 된 물고기 도리를 만났다. 그녀의 기억 문제는 두 번째 영화인 『도리를 찾아서』에서도 계속되며, 부모와 재회하는 훌륭한 모험을 겪는다. 이 마음을 따뜻하게 하는 이야기는 ADHD를 가진 많은 아동에게 힘의 원천이 되어왔다.

릭터 톰 소여가 ADHD의 모든 특성들을 가졌다는 합의가 증가하고 있다. 인기 있는 아동 도서들에서 ADHD를 가진 캐릭터들의 더 최근 예시들이 있다. 주인공의 묘사적이면서도 가슴 아픈 스토리텔링을 통해, "조이 피그자가 열쇠를 삼켰다(Joey Pigza Swallowed the Key)"를 읽는 교사들과 학생들은 그가 얼마나 행동하고 협력하고 싶어 하는지 그리고 가만히 앉아 있거나 조용히 있을 수 없음에도 불구하고, 그의 삶에서 성인들과 또래들의 인정을 얼마나 절실히 갈망하는지를 학습한다. 독자들은 그가 부분적으로 그의 주변에서 일어나는 다른 모든 것에 대한 과도한 주의 때문에 집중할 수 없어서 행했던 미완성 활동에서 다음 활동으로 이동할 때 그의 광란적인 뇌가 작동하는 방식에 대한 통찰을 얻는다.

퍼시 잭슨과 올림포스의 신들 시리즈의 십대 반신 영웅인 퍼시 잭슨은 ADHD와 학습장애를 가지고 있다. 시리즈 전반에 걸쳐, 퍼시는 한 위험한 모험에서 다음 모험으로 이동하면서 그와 그의 친구들을 살리는 강점들을 인정하면서 유머로 그의 장애들의 도전들을 다룬다. 다음 박스는 작가가 어떻게 시리즈를 시작하게 되었고 왜 이 시리즈의 책들을 계속 쓰는지를 설명한다.

ADHD를 가진 캐릭터들은 또한 텔레비전과 영화에서도 발견된다. 예를 들어, "심슨 가족"의 11번째 에피소드에서 캐릭터 바트가 ADHD로 진단받고 리탈린 약물을 복용하게 되었다. 마지막으로, 이 장의 "영상 속에서" 특집은 기억 문제를 가진 어린 물고기에 대한 고전 만화 영화들에 대한 당신의 관심을 끈다. 그것들은 아동들과 성인들을 계속 사로잡고 있다.

미래 전망

학습 목표

ADHD 원인에 대한 새로운 연구를 기술하고, 검증되지 않은 인기 있는 치료 유행 중 일부를 판별하며, 이 조건의 영향을 보상하는 데 ADHD 학생들을 도울 수 있는 앱과 소프트웨어 옵션들을 열거한다.

예방: 새로운 연구

- 연구자들은 현재 ADHD의 원인들을 조사하고 있으며, 이 중 일부는 상호 관련된 것으로 보인다.
- 일부 치료법들은 인기가 있음에도 불구하고 연구를 통해 입증되지 않았다.

ADHD 예방

ADHD의 정확한 원인은 알려지지 않았으므로 예방 노력은 아직 개발될 수 없다. 연구자들은 이 조건이 어떤 종류의 뇌손상(외상이나 감염으로부터), 유전(강한 유전적 요소가 있는 것으로 보임), 그리고 위험 요인들(예: 태아기 알코올이나 담배 노출, 아동기 납 노출)을 포함할 수 있는 다양한 원인들로부터 발생한다고 믿는다. 따라서 6장에 나열된 임산부를 위한 많은 보편적 권고사항들이 적용 가능하다: 흡연과 음주 같은 고위험 행동 줄이기, 산전 건강 개선, 그리고 빈곤 관련 문제들 해결. 아동기 독소 노출을 예방하기 위한 더 큰 노력들도 수행되어야 한다. 예를 들어, 의료 전문가들은 아동의 납 섭취 영향을 잘 알고 있다. 그러나 미시간주 플린트의 물 위기와 로스앤젤레스의 엑사이드 자동차 배터리 공장으로부터의 납 오염의 여파로, 다른 도시들과 주들의 수원과 가정, 학교, 그리고 보육시설 주변 땅에서 위험할 정도로 높은 수준의 납이 발견되어 부모들에게 새로운 우려를 야기하고 있다. (이러한 위험한 오염물질의 원인들과 그것들이 만드는 비극적 결과들에 대해서는 지적장애에 관한 9장의 "예방" 섹션에서 더 자세히 알아본다.)

ADHD와 관련된 정확한 신경학적 조건들을 조사한 연구들은 ADHD를 가진 대상자들이 다음을 보인다는 것을 발견했다:

- 뇌의 전두엽(실행 기능을 담당하는 영역)에서 혈류와 전기적 활동 감소
- 뇌의 다양한 영역에서 해부학적 차이
- 신경전달물질 수준의 차이(뇌의 한 부분에서 다른 부분으로 메시지 전달을 담당하는 도파민 같은 화학물질)

새로운 연구는 ADHD와 살충제 노출 사이의 연관성을 보여주었다. 한 연구는 유기인산염 살충제 잔류물 수준이 가장 높은 아동들(소변 샘플을 통해 검출됨)이 또한 ADHD 비율이 가장 높다는 것을 발견했다. 이 연구로부터 몇 가지 우려사항들이 제기되었다:

- 유기인산염은 해충들의 뇌에서 신경 연결에 영향을 주어 해충을 제거한다. 동물 연구에서 살충제 노출은 과잉행동과 인지 손상을 일으켰으므로, 아동에게 유사한 영향을 미칠 가능성이 있다.
- 유기인산염은 일반적으로 3-6일 내에 몸에서 제거되므로, 이 연구에서의 살충제 수준은 지속적인 노출을 나타내며, 이는 일반적으로 섭취되는 과일과 채소를 통해서일 가능성이 높다.
- 허용 가능한 수준보다 약간 높은 살충제 잔류물을 가진 아동들은 ADHD 특성을 보일 가능성이 두 배 높았으며, 이는 살충제의 낮은 수준조차도 부작용을 야기할 수 있음을 나타낸다.

유기인산염은 주거용 사용이 금지되어 있지만, 여전히 상업적으로 사용되고 있다. 그러나 유기인산염을 대체한 주거용 살충제들도 ADHD와 유사한 행동과의 연관성을 보이고 있다.

입증되지 않은 예방 및 치료 대안들

앞서 학습한 바와 같이, ADHD가 가장 많이 연구된 아동기 장애임에도 불구하고, 그 역사는 연구로 검증되지 않고 대신 대중의 인기 있는 의견에 기반한 실제들로 가득하다. 불행히도 이러한 경향은 오늘날에도 여전히 발생하고 있으며, 특히 ADHD 증상을 완화한다고 주장되는 특별한 식단이나 보충

제와 관련해서 그렇다. 이 영역에서의 몇 가지 연구 결과들은 다음과 같다:

- 첨가물과 방부제가 없는 식단이 자녀들의 증상을 상당히 줄였다는 주관적인 부모 보고에도 불구하고, 신중하게 통제된 연구들은 그 효과를 확인하는 데 실패했다. 이러한 식단들은 첨가물과 방부제에 부작용을 보이는 소수의 아동 집단에게는 유익할 수 있지만, ADHD의 치료법은 아니다.
- 아동의 식단에서 가능한 민감화 식품들을 제거하는 저알레르기성 또는 제거 식단들은 혼재된 결과를 보였다. 이들은 종종 우유, 밀 시리얼, 달걀, 초콜릿, 견과류, 그리고 감귤류 식품을 포함하는 음식들을 제한하므로, 대부분의 가족들이 실행하기에 시간이 많이 걸리고 어렵다. 위의 식단들과 마찬가지로, 이들은 특정 음식 알레르기를 가진 소수의 아동들에게는 유익할 수 있지만 ADHD를 가진 아동의 전체 집단에게 일반화될 수는 없다.
- ADHD와 다가불포화지방산(polyunsaturated fatty acids)의 낮은 수준 사이에는 연관성이 존재한다. 오메가-3와 오메가-6 보충제들이 잠재적 치료법으로 연구되었지만, 결과는 명확하게 입증되지 않았다. 추가 연구가 필요하다.
- 연구는 아연 보충제가 ADHD 증상을 감소시킬 잠재력을 가지고 있다고 나타냈지만, 특히 아연 결핍이 풍토병인 중동 국가들의 개인들에게 그렇다. 미국 연구들은 아연 보충제가 각성제 약물의 효과를 향상시킬 수 있다고 보여주었지만, 더 많은 연구가 필요하다.
- 낮은 철분 수준과 ADHD 사이의 상관관계를 조사한 연구들은 혼재된 결과를 보였다. 아연과 유사하게, 철분 보충제는 각성제의 효과를 향상시킬 수 있지만, 다시 말해서, 이 영역에서 지식을 증가시키기 위해 더 많은 연구가 수행되어야 한다.

이러한 연구 결과들로부터의 교훈은 건강한 식단이 모든 아동에게 유익하지만, 제한적인 식단이나 보충제는 ADHD 증상에 거의 영향을 미치지 않는다는 것이다. 교사들과 부모들은 ADHD를 가진 아동의 결과를 개선하기 위해 이 장의 앞부분에서 논의된 것들과 같은 증거기반실제를 사용해야 한다.

기술: 적절한 보조공학 선택

- 스마트폰과 태블릿 앱은 학생들이 학습에 집중하고 시간 관리 및 조직화 기술을 지원하는 데 도움이 될 수 있다.
- 소프트웨어 애플리케이션은 ADHD 학생들에게 동기를 부여하고, 참여시키며, 그리고 영감을 줄 수 있다.

ADHD를 가진 개인들을 돕는 기초 공학과 앱

기술의 발전은 ADHD 학생들에게 많은 가능성을 제공한다. 장애가 있거나 없는 많은 사람들이 태블릿, 스마트폰, 심지어 기술이 집약된 시계와 같은 기기들을 사용하기 때문에, 이러한 기기들은 개인에게 부당한 주의를 끌지 않으며, 이는 많은 학생들과 장애가 있는 성인들에게 공통적인 우려사항이다. 또한 이러한 기기들의 확산은 점점 더 낮은 비용을 초래했다.

스마트폰과 태블릿을 위한 많은 애플리케이션들이 ADHD 학생들에게 도움이 된다. 이들 중 상당수는 기기에 기본으로 제공된다. 예를 들어, 기본 달력 앱은 학생이 다가오는 프로젝트와 과제 마감일, 시험, 약속, 그리고 스포츠 연습과 같은 일정을 입력할 수 있게 한다. 이러한 달력 앱들은 사용자가 항목들을 색상으로 코딩하고(예: 화학/파랑, 대수/초록, 스포츠/보라), 알림 경보를 설정하며, 메모를 추가할(예: "대수 시험을 위해 계산기 가져오기") 수 있는 옵션들과 함께 제공된다. 다른 앱들은 학생들이 알림을 작성하고, 체크리스트를 만들며, 목록의 각 항목을 완료할 시간 간격을 설정할 수 있게 한다. 프로그래밍 가능한 간격 타이머가 있는 운동 앱들은 자기조절 지원으로 사용될 수 있다; 운동선수에게 운동 모드를 바꾸라고 신호하도록 설계된 동일한 경보음이 학생에게 주의력을 자기 점검하고 진행 상황을 자기 기록하라고 신호할 수 있다. 주변음이나 백색 소음은 ADHD를 가진 개인들의 인지 기능을 향상시키는 것으로 나타났다. 주의를 산만하게 하는 소음을 차단하고 당면한 과제에 집중하는 데 도움이 되는 다양한 소리들을 제공하는 많은 앱들이 이용 가능하다. 부모, 교사, 그리고 학생들은 또한 ADHD를 가진 개인들의 사용을 위해 설계되고 광고되는 많은 앱들을 찾을 수 있다. 모든 항목과 마찬가지로, 잠재적 사용자들은 구매하거나 다운로드하기 전에 리뷰와 평점을 읽어야 하는데, 일부는 광고만큼 좋지 않기 때문이다. 또한 많은 비싼 앱과 소프트웨어들은 무료 체험 기간을 제공하므로, 구매하기 전에 그 유용성을 테스트해볼 수 있다.

조직화 및 보조 소프트웨어

앱과 마찬가지로, 장애가 없는 학생들을 위해 개발된 많은 소프트웨어 애플리케이션들도 ADHD를 가진 학생들에게 도움이 된다. 많은 학생들이 해독할 수 없는 필기체나 조직화되지 않거나 뒤섞인 생각들을 포함하는 과제를 제출한다. 이러한 경우에, 기본 워드 프로세싱 소프트웨어는 철자 검사기와 같은 지원을 제공하면서 지저분한 필기체와 서식을 제거하는 데 도움이 될 수 있다. 학생들이 에세이나 보고서를 작성하도록 돕기 위해 설계된 소프트웨어는 흩어진 생각들을 조직화하고, 논리적 순서로 배치한 다음, 서식이 적용되고 보기 좋은 문서를 작성하는 구조를 제공할 수 있다. Kidspiration®과 Inspiration®과 같은 프로그램들은 학생들이 학습과 보고서 작성을 위한 그래픽 조직도 작성을 용이하게 함으로써 학생들을 지원한다.

Evernote와 같은 소프트웨어는 메모, 이미지, 웹페이지, 그리고 목록과 같은 것들을 저장할 편리한 장소를 제공함으로써 사람들이 조직화되도록 돕는다. 이것은 또한 목표나 성취를 달성했을 때 시각적 보상을 제공하고 Coach.me라고 불리는 앱을 통해 일반적으로 비용을 지불하고 코치와 사용자를 연결해줄 수 있다. 30/30은 사용자가 원하는 작업 시간을 설정한 다음 휴식을 취하고 다시 주기를 시작할 수 있게 함으로써 시간 관리에 도움이 될 수 있다.

일부 소프트웨어는 학생들의 학습에 동기를 부여하기 위해 높은 흥미의 활동들을 제공한다. 예를 들어, PBS는 색상, 모양, 패턴, 심지어 과학과 수학을 가르치기 위해 인기 있는 캐릭터들 중 일부를 특징으로 하는 무료 게임들을 제공한다. Todo Math는 매우 동기부여가 되는 게임들과 재미있는 활동들로 아동들을 유치원에서 1학년 말까지의 수학 기술로 이끈다. Science 30은 National Science Foundation에 의해 개발되어 아동들이 뱀과 해파리가 어떻게 움직이는지와 같은 다양하고 매혹적인 주제들을 탐구할 수 있는 과학과 공학 이미지 및 비디오에 쉬운 접근을 제공한다. 인터넷에서 찾기 시작하면, 동기를 부여하고 지도하는 데 사용될 수 있는 흥미진진한 모험의 풍부함에 놀라게 될 것이다. 예를 들어, National Aeronautics and Space Administration은 학생들을 우주에서의 가상 비행으로 데려가고, 우주비행사들이 우주에서 어떻게 비언어적으로 소통하는지 보여주며, 블랙홀에 대해 가르치고, 훨씬 더 많은 것들을 제공한다. 미술관의 많은 가상 투어들이 온라인으로 접근될 수 있다. 학생들은 선사시대로 거슬러 올라가는 유럽과 아시아의 보물들을 보기 위한 그리스의 베나키 박물관, 뉴욕의 프릭, 로스앤젤레스의 게티 박물관들, 심지어 파리의 루브르, 그리고 훨씬 더 많은 곳들과 같은 장소들의 가상 투어를 경험한다. 하늘과 세계가 그들의 손끝에 있으며, 이러한 투어들과 경험들은 학교 아동들을 위해 개발되었다.

요약

ADHD 설명

ADHD는 개인들이 부주의, 과잉행동, 그리고/또는 충동성을 그들의 학업, 고용, 또는 생활의 다른 영역들이 부정적으로 영향받을 정도로 보이는 질환이다.

- DSM-5로부터의 ADHD의 가장 일반적으로 사용되는 정의는 아동이 다양한 환경에서 그리고 장기간에 걸쳐 특성들을 보일 것을 요구한다.
- ADHD 학생들은 부주의, 과잉행동과 충동성, 또는 특성들의 조합을 보일 수 있다.
- ADHD 학생들이 많은 강점들을 보이지만, 실행기능의 문제들은 전형적이며 학업, 행동, 그리고 사회적 기술에 부정적으로 영향을 미칠 수 있다.
- 모든 ADHD 학생들이 특수교육 서비스를 받는 것은 아니다; 받는 학생들 중 다수가 기타 건강장애 범주로 분류된다.

특수교육

ADHD는 학업과 관련 기술들뿐만 아니라 사회-정서적 영역에서도 문제를 만든다. 학습장애 또한 학업과 노트 작성, 학습 기술, 그리고 조직화 기술과 같은 관련 영역들에서 문제를 만든다.

- 이러한 문제들에 대한 해결책들은 보편적 학습설계 틀, 조정, 행동치료, 자기조절 전략들, 그리고 약물의 사용을 포함한다.
- 성공적인 조정은 학생이 주로 부주의 증상들을 보이는지 또는 주로 과잉행동과 충동적 증상들을 보이는지에 따라 다를 수 있다.
- 어린 아동들은 보통 소아과 의사나 다른 의료 제공자에 의해 진단된다.
- 모든 ADHD 학생들이 IDEA 하에서 서비스를 받는 것은 아니다; 약 40%가 504 계획을 가지고 있으며, 다른 학생들은 추가적인 조정이나 중재를 필요로 하지 않는다.
- 행동치료는 아동들과 그들의 부모 모두가 ADHD 관련 행동들을 다루는 더 효과적인 방법들을 배우는 검증된 실제이다; 자기조절 전략들은 학생들이 자신의 행동을 모니터하고 관리하는 방법을 배우도록 도울 수 있다.
- 코로나19 팬데믹은 ADHD 학생들과 그들의 가족들에게 특히 어려웠다.
- ADHD 고등학생들에 대한 특별한 관심이 필요한데, 이는 많은 이들이 경험하는 성인기 결과의 부정적인 경로를 바꾸고 그들을 고등교육 이후 경험에 더 잘 준비시키기 위해서다.

사람들과 상황들

ADHD는 1700년대부터 문서화되었으며, 많은 다른 분야의 전문가들에 의한 연구가 수행되었다.

- ADHD는 가장 많이 연구된 아동기 장애 중 하나이다.
- ADHD를 가진 많은 개인들이 그들의 창의성과 높은 에너지를 성공적인 경력으로 유도하는 방법을 배우고 이 조건을 가진 학생들에게 롤 모델로 기능한다.

미래 전망

연구자들은 현재 ADHD의 원인들과 치료법들을 연구하고 있다.

- 보편적 예방 조치들(예: 양질의 산전 의료)이 도움이 된다; 그러나 일부 치료법들은 인기가 있음에도 불구하고

연구를 통해 입증되지 않았다.

- 많은 스마트폰과 태블릿 앱들과 소프트웨어가 학생들이 학습에 집중하도록 돕고, 시간 관리와 조직화 기술을 지원하며, 학생들의 학습에 참여시키고 동기를 부여한다.

참고문헌

Abrams, Z. (2022, March 1). Helping adults and children with ADHD in a pandemic world. *Monitor on Psychology, 53*(2). https://www.apa.org/monitor/2022/03/feature-adhd

ADDitude Editors. (2022, July 25). *ADHD symptoms unmasked by the pandemic: Diagnoses spike among adults, children.* https://www.additudemag.com/adhd-symptoms-diagnosed-treated-in-pandemic/

ADDitude Editors with Dupar, L., & Dodson, W. (2019). *A parent's guide to ADHD medication.* https://www.additudemag.com/wp-content/uploads/2017/05/A-Parents-Guide-to-ADHDMedications.pdf The Advocacy Institute. (2015, August). *Analysis finds students with disabilities served under Section 504 overwhelmingly White, disproportionately male.* https://www.advocacyinstitute.org/resources/504analysisCRDC2012.shtml

American Academy of Pediatrics. (2011). ADHD: Clinical practice guidelines for the diagnosis, evaluation, and treatment of attention deficit hyperactivity disorder in children and adolescents. *Pediatrics.* http://pediatrics.aappublications.org/content/pediatrics/early/2011/10/14/peds.2011-2654.full.pdf

American Psychiatric Association (APA). (2000). *Diagnostic and statistical manual of mental disorders*(4 th ed., text revision).

American Psychiatric Association (APA). (2013). *Diagnostic and statistical manual of mental disorders*(5th ed.).

Anderson, D. (2022, November 18). *What is the difference between ADD and ADHD?* https://childmind.org/article/what-is-the-difference-between-add-and-adhd/

Applebaum, A. (2010, August 9). *The ADHD-ventures of Tom Sawyer.* Slate. https://slate.com/newsand-politics/2010/08/the-strange-comforts-of-reading-mark-twain-in-the-age-of-oppositionaldefiant-disorder.html

Beech, M. (2018). *Accommodations: Assisting students with disabilities* (4th ed.). Bureau of Exceptional Education and Student Services, Florida Department of Education. https://www.fldoe.org/core/fileparse.php/7690/urlt/0070069-accomm-educator.pdf

Belsky, G. (n.d.). *Cognitive behavior therapy: What is CBT?* https://www.understood.org/en/articles/faqs-about-cognitive-behavioral-therapy

Bouchard, M. F., Bellinger, D. C., Wright, R. O., & Weisskopf, M. G. (2010). Attention deficit hyperactivitydisorder and urinary metabolites of organophosphate pesticides. *Pediatrics, 125*(6), 1270-1277.

Breaux, R., Dvorsky, M. R., Marsh, N. P., Green, C. D., Cash, A. R., Shroff, D. M., . . . Becker, S. P. (2021). Prospective impact of COVID-19 on mental health functioning in adolescents with and without ADHD: Protective role of emotion regulation abilities. *Journal of Child Psychology and Psychiatry, 62*(9), 1132-1139.

Buzanko, C. (2022, November 28). *When toddler tantrums are actually ADHD: Early signs of ADD and emotional dysregulation.* https://www.additudemag.com/toddler-tantrums-adhd-emotions-earlysigns/

Casa Pacifica: Centers for Children and Families. (2017, October 19). *Adam Levine talks about ADHD.* https://www.casapacifica.org/news/blog/adam_levine_talks_about_adhd/#:~:text=As

Cavendish, W. (2013). Identification of learning disabilities: Implications of DSM-5 criteria for schoolbased assessment. *Journal of Learning Disabilities, 46,* 52-57.

Cénat, J. M., Blais-Rochette, C., Morse, C., Vandette, M. P., Noorishad, P. G., Kogan, C., . . . Labelle, P. R. (2021). Prevalence and risk factors associated with attention deficit hyperactivity disorder among US black individuals: A systematic review and meta-analysis. *JAMA Psychiatry, 78*(1), 21–28.

Cénat, J. M., Kokou-Kpolou, C. K., Blais-Rochette, C., Morse, C., Vandette, M. P., Dalexis, R. D., . . . Kogan, C. S. (2022). Prevalence of ADHD among Black youth compared to White, Latino and Asian youth: A meta-analysis. *Journal of Clinical Child and Adolescent Psychology.* [Epub ahead of print]

Centers for Disease Control and Prevention (CDC). (2016a, May 3). *ADHD in young children: Use recommended treatment first.* http://www.cdc.gov/vitalsigns/adhd/index.html

Centers for Disease Control and Prevention (CDC). (2016b, April 26). *Behavior therapy first for young children with ADHD.* http://www.cdc.gov/features/adhd-awareness/index.html

Centers for Disease Control and Prevention (CDC). (2022a, August 9). *ADHD in the classroom: Helping children succeed in school.* https://www.cdc.gov/ncbddd/adhd/school-success.html

Centers for Disease Control and Prevention (CDC). (2022b, August 9). *Data and Statistics About ADHD.* https://www.cdc.gov/ncbddd/adhd/data.html

Centers for Disease Control and Prevention (CDC). (2022c, August 9). *Symptoms and Diagnosis of ADHD.* https://www.cdc.gov/ncbddd/adhd/diagnosis.html

Centers for Disease Control and Prevention (CDC). (2022d, August 9). *Treatment of ADHD: My child has been diagnosed with ADHD – Now what?* https://www.cdc.gov/ncbddd/adhd/treatment.html

Cha, A. E. (2016, May 3). CDC warns that Americans may be overmedicating youngest children with ADHD. *Washington Post.* https://www.washingtonpost.com/news/to-your-health/wp/2016/05/03/cdc-warns-that-americans-may-be-overmedicating-two-to-five-year-olds-with-adhd/

Children and Adults with Attention Deficit Hyperactivity Disorder (CHADD). (n.d.). *Mission and history.* www.chadd.org/Content/CHADD/AboutCHADD/Mission/default.htm

Children and Adults with Attention Deficit Hyperactivity Disorder (CHADD). (2017a, March 30). *Apps to help you through the day.* https://chadd.org/adhd-weekly/apps-to-help-you-get-throughthe-day/

Children and Adults with Attention Deficit Hyperactivity Disorder (CHADD). (2017b, July 27). *Five you and your kids will like: Fun apps for kids.* https://chadd.org/weekly-editions/adhd-weekly-2017-07-27/

Children and Adults with Attention Deficit Hyperactivity Disorder (CHADD). (2018a). *ADHD in preschoolers: What parents should look for* (Infographic). https://d393uh8gb46l22.cloudfront.net/wpcontent/uploads/2020/04/ADHD_in_Preschoolers.pdf

Children and Adults with Attention Deficit Hyperactivity Disorder (CHADD). (2018b). *Preschoolers and ADHD.* https://d393uh8gb46l22.cloudfront.net/wp-content/uploads/2018/05/preschoolers.pdf

Children and Adults with Attention Deficit Hyperactivity Disorder (CHADD). (2019, August 1). One in three students with ADHD not receiving accommodations. *ADHD Weekly.* https://chadd.org/adhd-weekly/one-in-three-students-with-adhd-not-receiving-accommodations/

ChildMind Institute. (2021, November 21). *Complete guide to ADHD medications.* https://childmind.org/guide/parents-guide-to-adhd-medications/

Chung, W., Jiang, S. F., Paksarian, D., Nikolaidis, A., Castellanos, F. X., Merikangas, K. R., & Milham, M. P. (2019). Trends in the prevalence and incidence of attention deficit hyperactivity disorder among adults and children of different racial and ethnic groups. *JAMA Network Open, 2*(11), e1914344.

Consortium for Citizens with Disabilities (CCD). (2021, December 18). *Letter to The Honorable Catherine E. Lhamon, Assistant Secretary for Civil Rights, U.S. Department of Education, Office for Civil Rights.* https://c-c-d.org/fichiers/CCD-Education-TaskForce-Letter-on-504-Recs-12_18.pdf

Crawford, A. (2016, September 21). *Bravo, Simone Biles, for taking a stand against ADHD stigma.* ESPN. https://www.espn.com/espnw/voices/story/_/id/17602540/bravo-simone-biles-taking-standadhd-stigma

Danielson, M. L., Bitsko, R. H., Ghandour, R. M., Holbrook J. R., Kogan, M. D., & Blumberg, S. J. (2018). Prevalence of parent-reported ADHD diagnosis and associated treatment among U.S. children and adolescents, 2016. *Journal of Clinical Child and Adolescent Psychology, 47*(2), 199–212. https://doi.org/10.1080/15374416.2017.1417860

Danielson, M. L., Holbrook, J. R., Bitsko, R. H., Newsome, K., Charania, S. N., McCord, R. F., . . . Blumberg, S. J. (2022). State-level estimates of the prevalence of parent-reported ADHD diagnosis and treatment among U.S. children and adolescents, 2016 to 2019. *Journal of Attention Disorders, 26*(13), 1685–1697.

DuPaul, G. J., Gormley, M. J., & Laracy, S. D. (2013). Comorbidity of LD and ADHD: Implications of DSM-5 for assessment and treatment. *Journal of Learning Disabilities, 46*, 43–51.

DuPaul, G. J., Pinho, T. D., Pollack, B. L., Gormley, M. J., & Laracy, S. D. (2017). First-year college students with ADHD and/or LD. *Journal of Learning Disabilities, 50*(3), 238–251.

Gantos, J. (1998). *Joey Pigza swallowed the key.* Farrar, Straus & Giroux.

Gilbert, D. L., Isaacs, K. M., Augusta, M., MacNeil, L. K., & Mostofsky, S. H. (2011). Motor cortex inhibition: A marker of ADHD behavior and motor development in children. *Neurology, 76*, 615–622.

Graham, S., Harris, K. R., & Olinghouse, N. (2007). Addressing executive function problems in writing: An example from the self-regulated strategy development model. In L. Meltzer (Ed.), Executive function in education (pp. 216–236). Guilford Press.

Harris, K. R., Friedlander, B. D., Saddler, B., Frizzelle, R., & Graham, S. (2005). Self-monitoring of attention versus self-monitoring of academic performance: Effects among students with ADHD in the general education classroom. *Journal of Special Education, 39*(3), 145–156.

Harrison, J. R., Bunford, N., Evans, S. W., & Owens, J. S. (2013). Educational accommodations for students with behavioral challenges: A systematic review of the literature. *Review of Educational Research, 83*(4), 551–597.

Holland, K. (2020, March 25). *9 celebrities with ADHD.* https://www.healthline.com/health/adhd/celebrities

Honos-Webb, L. (2005). *The gift of ADHD: How to transform your child's problems into strengths.* New Harbinger.

Inspiration Software, Inc. (1998–2005). *Inspiration®.*

Inspiration Software, Inc. (1998–2005). *Kidspiration®.*

The Iowa Clinic. (2020, May 29). *18 early warning signs of ADHD you can observe in your children.* https://www.iowaclinic.com/primary-care/specialties/pediatrics/early-warning-signs-adhd-children/

IRIS Center. (2008). SOS: *Helping students become independent learners.* http://iris.peabody.vanderbilt.edu/module/sr/

IRIS Center. (2013). *Study skills strategies (part 2): Strategies that improve students' academic performance.* http://iris.peabody.vanderbilt.edu/module/ss2/

Kim, Y., & Chang, H. (2011). Correlation between attention deficit hyperactivity disorder and sugar consumption, quality of diet, and dietary behavior in school children. *Nutrition Research and Practice, 5*, 236–245.

Korpa,T., Pappa,T., Chouliaras, G., Sfinari, A., Eleftheriades, A., Katsounas, M., . . . Pervanidou, P. (2021). Daily behaviors, worries and emotions in children and adolescents with ADHD and learning difficulties during the COVID-19 pandemic. *Children, 8*, 995.

Learning Disabilities Association of America (LDA). (n.d.). *IEPs vs. 504 plans.* https://ldaamerica.org/ieps-vs-504-plans/

Losen, D. J., Martinez, P., & Shin, G. H. R. (2021). *Disabling inequity: The urgent need for race-conscious resource remedies.* Center for Civil Rights Remedies at the Civil Rights Project, UCLA. https://www.civilrightsproject.ucla.edu/research/k-12-education/special-education/disabling-inequity-theurgent-need-for-race-conscious-resource-remedies/?searchterm=The%20urgent%20need%20for%20race-conscious

Low, K. (2011, October 19). *Adam Levine talks about ADHD*. http://add.about.com/od/famouspeoplewithadhd/a/Adam-Levine-Talks-About-Adhd.htm

Madell, M. (2022, November 7). *Signs and symptoms of ADHD in toddlers*. https://www.healthline.com/health/adhd/toddlers

McCarthy, L. F. (2022, July 25). *The decision to medicate: ADHD medications for children*. https://www.additudemag.com/adhd-medications-for-children/

Millichap, J. G., & Yee, M. M. (2012). The diet factor in attention deficit hyperactivity disorder. *Pediatrics, 129*(1), 1–8.

Mink, J. W. (2011). Faulty brakes? Inhibitory processes in attention deficit hyperactivity disorder. *Neurology, 76*, 592–593.

Mohammadi, M-R., Zarafshan, H., Khaleghi, A., Ahmadi, N., Hooshyari, Z., Mostafavi, S-A., . . . Salmanian, M. (2021). Prevalence of ADHD and its comorbidities in a population-based sample. *Journal of Attention Disorders, 25*(8), 1051–1195.

Montijo, S. (2019, September 24). *33 famous faces with ADHD*. https://greatist.com/health/adhdcelebrities

National Institute of Mental Health, National Institutes of Health (NIH). (2008). *Attention deficit hyperactivity disorder (ADHD)* (NIH Publication No. 08-3572). http://www.nimh.nih.gov/health/publications/attention-deficit-hyperactivity-disorder/adhd_booklet.pdf

National Institute of Neurological Disorders and Stroke (NINDS), National Institutes of Health (NIH). (2022, July 25). *Attention deficit-hyperactivity disorder: Definition*. https://www.ninds.nih.gov/health-information/disorders/attention-deficit-hyperactivity-disorder

National Resource Center on ADHD. (2016). *Tips for educators: Providing classroom accommodations to help students with ADHD*. https://chadd.org/wp-content/uploads/2018/05/ClassroomAccommodations.pdf

Passell, L. (n.d.). Mom to live by: Debbie Phelps. *Parenting*. www.parenting.com/article/mom-tolive-by-debbie-phelps?page=0,1

Phelps, D. (2009). *A mother for all seasons*. HarperCollins.

Pollak, Y., Shoham, R., Dayan H., Gabrieli-Seri, O. G-S., & Itai Berger, I. (2022). Symptoms of ADHD predict lower adaptation to the COVID-19 outbreak: Financial decline, low adherence to preventive measures, psychological distress, and illness-related negative perceptions. *Journal of Attention Disorders, 26*(5) 735–746.

Rafferty, L. A. (2010). Step-by-step: Teaching students to self-monitor. *Teaching Exceptional Children, 43*(2), 50–58.

Reid, R., & Lienemen, T. O. (2006). *Strategy instruction for children with learning disabilities: What it is and how to do it*. Guilford Press.

Riordan, R. (n.d.). *An interview with Rick*. www.rickriordan.com/about-rick/an-interview-with-rick.aspx

Riordan, R. (2010, October 15). Rick Riordan on four ways to get kids with ADHD to read. *Wall Street Journal*. http://blogs.wsj.com/speakeasy/2010/10/15/rick-riordan-on-four-ways-to-get-adhdkids-to-read/

Rosenthal, E., Franklin-Gillette, S., Jung, H. J., Nelson, A., Evans, S. W., Power, T. J., . . . DuPaul, G. J. (2022). Impact of COVID-19 on youth with ADHD: Predictors and moderators of response to pandemicrestrictions on daily life. *Journal of Attention Disorders, 26*(9), 1223–1234.

Ross, E. (2019, December 24). *Where are all the characters with ADHD? Here!* https://researchild.org/where-are-all-the-characters-with-adhd-here/

Saey, T. H. (2011, September 10). ADHD linked to rare gene counts. *Science News*, 10.

Shah, R., Raju, V. V., Sharma, A., & Grover, S. (2021). Impact of COVID-19 and lockdown on children with ADHD and their families: An online survey and a continuity care model. *Journal of Neurosciences in Rural Practice, 12*(1), 71–79.

Shi, Y., Hunter Guevara, L. R., Dykhoff, H. J., Sangaralingham, L. R., Phelan, S., Zaccariello, M. J., & Warner, D. O. (2021). Racial disparities in diagnosis of attention deficit hyperactivity disorder in a US National Birth Cohort. *JAMA Network Open, 4*(3), e210321.

Sibley, M., Ortiz, M., Gaias, L. M., Reyes, R., Joshi, M., Alexander, D., & Graziano P. (2021). Top problems of adolescents and young adults with ADHD during the COVID-19 pandemic. *Journal of Psychiatric Research, 136*, 190-197.

Simpsons Wiki. (n.d.). *Brother's little helper.* https://simpsons.fandom.com/wiki/Brother%27s_Little_Helper

Sing, A., Yeh, C. J., Verma, N., & Das, A. K. (2015). Overview of attention deficit hyperactivity disorder in young children. *Health Psychology Research, 3,* 23-25.

Still, G. F. (1902). Some abnormal psychical conditions in children. *Lancet,* 1, 1008-1012, 1077-1082, 1163-1168.

Strauss, A. A., & Lehtinen, L. (1947). *Psychology and education of the brain-injured child.* Grune & Stratton.

Tannock, R. (2013). Rethinking ADHD and LD in DSM-5: Proposed changes in diagnostic criteria. *Journal of Learning Disabilities, 46*, 5-25.

U.S. Congress. *Individuals with Disabilities Education Improvement Act of 2004.* P.L. No. 108-446. 118 STAT. 2647.

U.S. Congress. *Rehabilitation Act of 1973, Section 504,* 19 U.S.C. Section 794.

U.S. Department of Education. (2013-2015). *2012-2014 Child count and educational environments,* Part B [IDEA Section 618 Data Products: State level data files].

U.S. Department of Education. (2016). *2015-2016 Child count and educational environments,* Part B [IDEA Section 618 Data Products: State level data files]. https://data.ed.gov/dataset/idea-section618-state-part-b-child-count-and-educational-environments/resources

U.S. Department of Education. (2022). *Child count and educational environments* [IDEA Section 618 Data Products: State level data files]. https://data.ed.gov/dataset/idea-section-618-state-part-bchild-count-and-educational-environments/resources

U.S. Department of Education, Office of Civil Rights. (2020a). *Number and percentage of public school students with disabilities served solely under Section 504 of the Rehabilitation Act of 1973 overall and by race/ethnicity, and those who are English language learners, by state: School year 2017-18 (Section 504 enrollment).* https://ocrdata.ed.gov/estimations/2017-2018

U.S. Department of Education, Office of Civil Rights. (2020b). *Public school students overall and by race/ethnicity, students with disabilities served under IDEA and those served solely under Section 504, and students who are English language learners, by state: School year 2017-18 (enrollment).* https://ocrdata.ed.gov/estimations/2017-2018

U.S. Department of Education, Office of Special Education and Rehabilitative Services. (1991, September 16). *Joint Policy Memorandum.* http://www.wrightslaw.com/law/code_regs/OSEP_Memorandum_ADD_1991.html

U.S. Department of Education, Office of Special Education Programs, Data Analysis System (DANS). (2012). *Children with disabilities receiving special education under Part B of the Individuals with Disabilities Education Act-2011.* www.ideadata.org

U.S. Department of Health and Human Services. (n.d.). *Bullying and children and youth with disabilities and special health needs.* http://www.stopbullying.gov/at-risk/groups/special-needs/bullyingtipsheet.pdf Volpe, R. J., DuPaul, G. J., Loney, J., & Salisbury, H. (1999). Alternative selection criteria for identifying children with ADHD: Observed behavior and self-reported internalizing symptoms. *Journal of Emotional and Behavioral Disorders, 7,* 103-109. Williams, S. (2010, February 5). Percy Jackson: My boy's own adventure. *The Guardian.* www.guardian.co.uk/lifeandstyle/2010/feb/08/percy-jackson-rick-riordan

Woodyard, C. (2002, October 8). JetBlue soars on CEO's creativity. *USA Today.* www.usatoday.com/educate/Entre9.pdf

제 8 장

자폐스펙트럼장애

레슬리 팰랭커(Leslie Palanker)는 대학을 졸업한 후 프랑스 파리로 간 미국인으로, 훗날 결혼하게 되는 장-프랑수아 뒤프레네(Jean-François Dufresne, JF)를 만났다. (이 장의 "개인적 이야기" 섹션에서 JF를 만나볼 것이다.) 그들에게는 3년 터울의 두 아들이 있었다. 매년 여름 가족은 레슬리의 부모가 살고 있던 앨버커키로 왔다. 형인 조(Joe)는 3세가 되었을 때 이중언어(프랑스어/영어) 사용자였다. 그는 앨버커키에서 친구들을 사귀고, 지역 여름 수영팀에서 수영하며, 그 당시 많은 미국 아동들이 경험했던 전형적인 여름을 보내며 자랐다. 그러나 조의 남동생은 같은 경험을 하지 않았다. 레슬리와 JF는 뤽(Luc)의 초기 발달에 대해 뭔가 전형적이지 않다고 느꼈다. 데보라 도이치 스미스(Deborah Deutsch Smith)가 저술한 특수교육 입문 교재 제2판 개인적 이야기 섹션에서 레슬리는 "아기였을 때 그는 너무 까다롭고, 너무 동요되었으며, 우리의 첫째와는 전혀 달랐다..."(1992, p. 522)라고 썼다. 뤽이 3세가 되었을 때, 은퇴한 의사인 레슬리의 아버지는 그해 여름 가족이 프랑스로 돌아가기 전에 뤽이 검사를 받아야 한다고 주장했다. 그들은 진단을 받고 뉴멕시코를 떠났다: 뤽은 중도 자폐증을 가지고 있었다. 뤽을 위한 최고의 교육 프로그램을 찾는 종종 좌절스럽고 혼란스러운 여정이 시작되었다.

그 당시 프랑스에서 자폐아동의 교육과 치료는 의사들의 영역으로 여겨졌다. 레슬리와 JF는 정신과 의사들과 병원 직원들과의 상호작용이 긍정적이지 않다는 것을 발견했다. 그래서 그들은 "우리를 도울 수 있는 주요 아동병원의 말-언어재활사/심리학자를 찾았다. 3세에 뤽은 일주일에 두 번 심리학자를 만나기 시작했다. 또한 일주일에 한 번, 그는 언어 전 리듬 수업에 참여했고... 우리는 '도우미'가 동반한다는 조건으로 그를 받아준 사립 이중언어 학교를 찾았다"(Smith, 1992, p. 522). 상황은 잘 진행되었고, 뤽이 말을 하지는 않았지만 가족과 함께 즐거워했으며 일반적으로 더 다루기 쉬워졌다. 그러나 그들은 곧 갈림길에 섰다. 프랑스의 의무 취학 연령은 6세이지만, 그 당시에는 장애아동에 대한 의무교육 요구사항이 없었고, 저기능 자폐증 아동을 위한 공립학교는 없었다.

샬레 부인(Madame Chaulet)은 언어 전문가로서 매우 어려운 학습 문제를 가진 아동들을 가르치는 구조화된 방법을 가지고 있었다. 그녀의 교육 때문에 뤽과 그의 집단의 다른 아동들은 "읽기, 쓰기, 1학년 수학을 배웠다"(Smith, 2001, p. 504); 뤽은 앉아서 학교 과제를 하고 학습할 수 있었다. 프랑스의 대부분 프로그램들이 더 심리학적이거나 정신의학적 지향을 가지고 있었던 반면, 샬레의 접근법은 교육과 학업에 초점을 맞췄다. 뤽이 나이가 들면서 프로그램은 계속해서 발전하고, 적응하며, 그리고 개별화되었다. 이 기간 동안 뤽은 피아노 연주, 승마, 수영, 읽기, 상당한 양의 언어 이해, 그리고 물론 아이패드 놀이를 배웠다.

현재 30대인 뤽은 여전히 말을 하지 않고, 독립적으로 살 수 없으며, 많은 "자폐적" 행동을 보인다. 그는 공장에서 일자리를 가지고 있으며, 그곳에서 장애가 없는 사람들과 함께 일한다. 그리고 주중에는 다른 자폐근로자들과 함께 공장 근처에서 생활한다. 그는 주말에 집에 간다. 이 혁신적이고 흥미진진한 프로그램에 대해서는 이 장의 "전환" 섹션에서 더 자세히 알아본다. "개인적 이야기" 섹션에서는 JF 뒤프레네가 이 프로그램을 개발하기 위해 거쳐간 여정과 오늘날 주요 기업들에 의해 어떻게 복제되고 있는지에 대해 알아본다.

제 8 장 자폐스펙트럼장애

학습 목표

8.1 자폐스펙트럼장애(ASD)를 정의하고, ASD의 다양한 유형들을 기술하며, 이 장애를 가진 학생들의 특성을 인식하고, ASD 학생들의 출현율과 배치 자료를 설명한다.

8.2 ASD가 학업 수행과 대인관계 기술에 미칠 수 있는 영향을 설명하고, 이러한 문제들을 줄일 수 있는 조정을 기술하며, 부모와 학급교사들이 ASD와 관련된 문제들을 줄이기 위해 사용할 수 있는 방법들을 이해하고, ASD 학생들이 학교, 직업, 독립생활과 같은 중등교육 이후 선택사항들로 전환하는 데 도움을 주는 지원을 기술한다.

8.3 ASD 학생들을 위한 교육의 역사를 기술하고, 이 분야를 괴롭혀 온 사기성 연구 주장들중 일부를 진술하며, 오늘날의 더 긍정적인 접근법들을 논의한다.

8.4 ASD 원인에 대한 새로운 연구를 기술하고, ASD에 대하여 인기는 있으나, 검증되지 않은 치료 유행들 중 일부를 판별하며, 교사와 부모들이 학생들과 자신들을 위해 적절한 앱과 보조공학을 선택할 수 있는 방법을 이해한다.

ASD의 설명

학습 목표

자폐스펙트럼장애(ASD)를 정의하고, ASD의 다양한 유형들을 기술하며, 이 장애를 가진 학생들의 특성을 인식하고, ASD 학생들의 출현율과 배치 자료를 설명한다.

ASD 정의

- ASD는 사회적 상호작용과 의사소통 기술의 결함과 고착된 관심 및 반복 행동으로 특징지어진다; 정의는 정의하는 기관이나 단체의 초점에 따라 다르다.
- 이 조건을 지칭하는 데 여러 용어가 사용되며, 이 중 일부는 의도적으로 사람 우선 언어를 사용하지 않는다.

표 8.1 자폐스펙트럼장애(ASD)의 정의

용어	정의	출처
자폐증(Autism)	자폐증은 언어적 및 비언어적 의사소통과 사회적 상호작용에 심각한 영향을 미치는 발달장애를 의미하며, 일반적으로 3세 이전에 명백해지고, 아동의 교육적 수행에 부정적 영향을 미친다. 자폐증과 종종 관련된 다른 특성들은 반복적 활동과 상동 운동에 참여, 환경 변화나 일상 루틴 변화에 대한 저항, 그리고 감각 경험에 대한 비정상적 반응이다. (i) 아동의 교육적 수행이 주로 그 아동이 [IDEA에서 정의하는] 정서장애를 가지고 있기 때문에 부정적 영향을 받는 경우 자폐증은 적용되지 않는다. (ii) 3세 이후에 자폐증 특성을 보이는 아동도 [위의] 기준이 충족되면 자폐증을 가진 것으로 판별될 수 있다.	IDEA '04, 미국 교육부
자폐스펙트럼장애 (Autism Spectrum Disorder)	A. 다음에 의해 현재 또는 과거에 나타나는 바와 같이, 다양한 맥락에서 사회적 의사소통과 사회적 상호작용의 지속적 결함. 1. 사회-정서적 상호성의 결함 2. 사회적 상호작용을 위해 사용되는 비언어적 의사소통 행동의 결함 3. 관계를 발전시키고, 유지하며, 이해하는 데 있어서의 결함 B. 현재 또는 과거에 다음 중 최소 둘에 의해 나타나는 바와 같이, 제한되고 반복적인 행동, 관심, 또는 활동의 패턴. 1. 상동적이거나 반복적인 운동 움직임, 사물 사용, 또는 말 2. 동일성에 대한 고집, 루틴에 대한 비융통성 있는 고착, 또는 언어적 또는 비언어적 행동의 의식화된 패턴 3. 강도나 초점에서 비정상적인 고도로 제한되고 고착된 관심 4. 감각 입력에 대한 과반응성 또는 저반응성이나 환경의 감각적 측면에 대한 비정상적 관심 C. 증상들은 초기 발달 기간에 나타나야 한다(그러나 사회적 요구가 제한된 능력을 초과할 때까지 완전히 나타나지 않을 수 있거나, 생애 후기에 학습된 전략에 의해 가려질 수 있다). D. 증상들은 사회적, 직업적, 또는 현재 기능의 다른 중요한 영역에서 임상적으로 의미 있는 손상을 야기한다. E. 이러한 장애들은 지적장애(지적 발달장애) 또는 전반적 발달지체로 더 잘 설명되지 않는다. 지적장애와 자폐스펙트럼장애는 종종 공존한다; 자폐스펙트럼장애와 지적장애의 공병 진단을 내리기 위해서는 사회적 의사소통이 일반적인 발달 수준에 대해 기대되는 것보다 낮아야 한다.	미국정신의학회 (부분 정의)
자폐스펙트럼장애 (Autism Spectrum Disorder)	자폐스펙트럼장애(ASD)는 뇌의 차이로 인해 야기되는 발달장애이다. ASD를 가진 사람들은 대부분의 다른 사람들과 다른 방식으로 행동하고, 의사소통하며, 상호작용하고, 학습할 수 있다. 그들의 외모에서 다른 사람들과 구별되는 점은 종종 없다. ASD를 가진 사람들의 능력은 상당히 다양할 수 있다. 예를 들어, ASD를 가진 사람들은 고급 대화 기술을 가질 수 있는 반면 다른 사람들은 비언어적일 수 있다. ASD를 가진 일부 사람들은 일상생활에서 많은 도움이 필요하다; 다른 사람들은 거의 또는 전혀 지원 없이 생활하고 일할 수 있다.	질병통제예방센터 (부분 정의)

출처: 34 CFR Parts 300 and 301, Assistance to States for the Education of Children with Disabilities and Preschool Grants for Children with Disabilities; Final Rule(pp. 1260–1261), 미국 교육부, 2006년 8월 14일, Federal Register; 미국정신의학회(2013), pp. 50–59; 질병통제예방센터(2022a).

수년 전, 자폐스펙트럼장애는 종종 ASD 우산이라고 불리는 것에서 5개의 별개 장애를 포함하는 것으로 여겨졌다: 자폐증, 아스퍼거 장애(아스퍼거 증후군이라고도 불림), 달리 명시되지 않은 전반적 발달장애(PDD-NOS), 아동기 붕괴성 장애, 그리고 레트 장애(레트 증후군이라고도 알려짐). 그러나 2013년에 미국정신의학회는 그 정의를 변경했고, 현재의 정신장애 진단 및 통계 편람 5판(DSM-5)의 ASD 정의는 더 이상 이 조건을 다른 유형들로 나누지 않는다; 대신에 표 8.1에 제시된 포괄적인 정의를 사용한다. ASD라는 용어가 증후군들이나 조건들의 우산을 포괄한다는 오래된 개념이 더 이상 이 장애에 대한 지배적인 관점이 아니라는 것을 이해하는 것이 중요하다.

ASD 설명

자폐스펙트럼장애(ASD)는 다음으로 특징지어지는 조건을 지칭한다:

- 사회적 상호작용과 의사소통 기술의 결함, 그리고 고착된 관심과 반복 행동.
- 정확한 원인들이 아직 판별되지 않았지만, 이 장애에 대한 다양한 원인들이 존재하며 대부분의 기저에는 유전적 연관성이 있다는 것이 더 명확해졌다.

ASD는 많은 다른 정의들을 가지고 있으며, 각각은 그것이 개발된 기관이나 단체의 초점을 반영한다. 예를 들어, 장애인교육법(IDEA) 정의는 특수교육 서비스를 받을 자격을 얻기 위해 개인의 교육적 수행이 부정적 영향을 받는다는 것을 요구한다(이전 장들에서 학습한 내용을 기반으로 예상할 수 있듯이). DSM-5 정의는 더 진단적 초점을 반영한다—다시 말해서, 7장에서 학습한 내용을 기반으로 예상할 수 있는 것이다. 종종 인터넷을 검색하는 일반 대중이 사용하는 질병통제예방센터(CDC)의 정의는 약간 다른 접근법을 취한다. 표 8.1은 비교를 위해 이 세 가지 정의를 제공한다.

CDC는 ASD 진단에 필요한 핵심 구성요소들을 다음과 같이 명확히 한다:

- 아동은 사회적 의사소통과 상호작용의 세 가지 측면 각각에서 지속적 결함을 가져야 한다.
  - 사회정서적 상호성(즉, 비정상적 사회적 접근, 정상적인 주고받는 대화에 참여할 수 없음; 관심, 정서, 또는 감정을 공유하지 않음; 정서 표현 감소; 사회적 참여를 시작하거나 반응하지 못함)
  - 사회적 상호작용을 위해 사용되는 비언어적 의사소통, 눈 맞춤과 몸짓 언어의 부적절한 사용, 제스처나 얼굴 표정을 이해하고 사용할 수 없음
  - 관계를 발전시키고, 유지하며, 이해하기; 공유, 친구 만들기, 또래에 관심 갖기의 어려움
- 아동은 또한 제한되고 반복적인 행동의 네 가지 측면 중 최소 두 개에서 지속적 결함을 가져야 한다.
  - 상동적이고 반복적인 운동 움직임(예: 반향언어, 사물과 장난감을 줄 세우기, 사물 뒤집기)
  - 같은 루틴 고수, 같은 음식 먹기(아마도 같은 순서로), 한 활동에서 다른 활동으로 전환하기 어려워하는 것과 같은 의식화된 행동을 야기하는 동일성에 대한 고집
  - 특정 사물이나 활동에 반복적 방식으로 몰두하게 하는 고도로 제한되고 융통성 없는 관심사
  - 통증, 온도, 소리, 질감, 또는 빛의 원천에 대한 과민성이나 비정상적 민감성 부족

원인

ASD의 구체적이고 명확한 원인이나 원인들은 아직 발견되지 않았으며, 오늘날의 합의는 한 가지 구체적인 원인이 ASD를 야기하지 않는다는 것이다. 이전 장들에서 학습한 바와 같이, 조건이나 장애의 원인이 판별되면, 치료법이나 효과적인 치료의 도래가 일반적으로 멀지 않다. 오늘날 알려진 것은 유전학이 ASD 사례의 대부분에 관여되어 있으며, 유전적 위험 요인을 촉발하는 환경적 연관성이 있을 수 있다는 것이다. 나이 든 부모에게서 태어난 아동들이 더 높은 위험에 있다. 자폐아동 한 명을 둔 부모들은 ASD를 가진 두 번째 아동을 가질 가능성이 2-18%이다. 일란성 쌍둥이 연구에서, 한 명이 영향을 받으면, 쌍둥이도 약 36-96%의 확률로 영향을 받는다. 그러나 이란성 쌍둥이에서는 가능성이 더 낮아져서 31%로 떨어진다. 오늘날의 연구는 이 사실에 대해 명확하다: 아동기 백신은 자폐증을 야기하지 않는다. 우리는 이 발견에 대해 이 장의 뒷부분에서 더 논의한다.

ASD와 관련된 용어들

아마도 일부 정의들은 자폐스펙트럼장애라는 용어를 사용하는 반면, 다른 것들은 자폐증을 사용한다는 것을 주목했을 것이다. 이에 대한 두 가지 이유가 있다. 첫째, 이것은 지속적으로 변화하는 용어의 또 다른 예를 나타낸다. 일반적으로 자폐증이라는 용어는 자폐스펙트럼장애로 대체되었다; 그러나 변화가 자리 잡는 데는 시간이 걸린다. 두 번째 이유는 출처와 관련이 있다. 교육법인 IDEA가 자폐증이라는 용어를 사용한다는 것을 주목하라. 의료 기관인 CDC와 미국정신의학회는 자폐스펙트럼장애라는 용어를 사용한다. IDEA가 다음에 재승인될 때 교육 용어가 변경될 가능성이 있지만, 그것은 아직 지켜봐야 할 일이다. ASD를 가진 아동의 조부모들에 의해 설립된 옹호 기관인 Autism Speaks는 그 간행물에서 두 용어 모두를 사용하며, ASD를 가진 개인들과 그 기관이 서비스하는 가족들의 교육적 및 의료적 요구를 모두 인정한다.

많은 장애인들이 사람 우선 언어를 선호하지만, ASD 공동체의 상당수는 자신들의 조건에 의해 정의된다고 느끼며 ASD를 가진 사람이라고 하기보다는 자폐인이라고 자신들을 지칭한다. 이러한 개인들은 또한 "나는 자폐증을 가지고 있다"라고 하기보다는 "나는 자폐인이다"라고 말할 수 있다. 더 나아가, 자폐 스펙트럼에 있는, 또는 스펙트럼에 있는, 이라는 용어들을 들어봤을 것이다. 자폐스펙트럼장애에서 스펙트럼이라는 단어는 ASD 내의 특성들의 다양성을 지칭하며, 각각은 경도에서 중도까지의 중증도 범위를 가진다. 따라서 자폐 스펙트럼에 있는 사람과 스펙트럼에 있는 사람이라는 구문들도 ASD를 가진 개인을 지칭한다. 마지막으로, 신경다양성과 신경전형적의 변형들은 각각 ASD를 가진 사람들과 그렇지 않은 사람들을 지칭하는 새로 등장하는 용어들이다.

중증도 수준

- ASD의 중증도 수준은 경도에서 중도까지 범위에 있다.
- 개인은 다른 기술들과 특성들에 걸쳐 다양한 중증도 수준을 보일 수 있다.

스펙트럼의 양 끝에 있는 아동들은 서로 매우 다르다. 스펙트럼의 저기능 끝에 있는 아동은 완전히 비언어적일 수 있는 반면, 고기능 ASD를 가진 아동은 매우 강한 언어 기술을 가질 수 있지만 그것들을 부적절하게 사용하고 사회적으로 어색한 것으로 인식될 수 있다.

이러한 차이들을 더 자세히 살펴보자. 아래 제시된 자료 중 일부는 추정치임을 기억하되, 이것들은 ASD가 이 집단의 개인들에게 제시하는 도전의 중증도와 문제의 복잡성 범위에 대한 좋은 아이디어를 제공한다.

- 40%가 비언어적이다.
- 31%가 공존하는 지적장애를 가진다(9장에서 이에 대해 학습한다).
- 거의 50%가 안전한 곳에서 배회하거나 뛰쳐나간다.
- 8세 미만 중 28%가 자해 행동(예: 머리 박기, 팔 물기, 피부 긁기)을 보인다.
- 50% 이상이 하나 또는 그 이상의 만성 건강 상태를 가진다.
- 33%가 뇌전증(발작 장애)을 가진다.
- 약 11-40%가 불안장애를 가진다.
- 아동의 7%와 성인의 26%가 우울증을 경험한다.
- ASD를 가진 많은 사람들은 위에 나열된 경미한 문제들만 경험하거나, 반대로 이러한 것들을 거의 가지지 않는다.

ASD를 가진 개인들의 매우 작은 하위집단은 분리 기능(splinter skills)으로 알려진 독특한 행동을 보인다. 이러한 개인들은 자폐 서번트(Autistic savants)로 알려져 있다. 영화 레인맨을 본 적이 있다면, 주인공 레이몬드가 바닥에 떨어진 성냥의 개수를 즉시 세거나, 지난 수십 년간의 중요한 사건들의 날짜를 기억하거나, 전화번호부에 있는 모든 사람들의 전화번호를 기억할 수 있었던 것을 떠올릴 수 있을 것이다. 레이몬드의 캐릭터는 자폐 서번트였으며, 이것들이 분리기능의 예들이다. 실제 생활에서 이러한 기능들은 많은 흥미로운 방식으로 나타난다: 한 번만 들은 후 피아노로 복잡한 곡을 연주하기, 기억으로 복잡하게 세밀한 도시 장면을 그리기, 미래 날짜가 무슨 요일에 해당할지 즉시 계산하기. 이러한 분리기능들이 관찰자들에게는 매혹적이지만, 개인에게는 거의 생산적이거나 기능적이지 않다.

ASD의 발현이 사람마다 매우 다르기 때문에, ASD 공동체의 구성원들은 종종 "ASD를 가진 한 사람을 만났다면, 당신은 ASD를 가진 한 사람만을 만난 것이다"라고 말한다. 다시 말해서, 한 사람의 특성에 기반해서 ASD에 대해 안다고 생각하는 것을 일반화하지 말라. 왜냐하면 다른 사람의 특성은 훨씬 다를 것이기 때문이다.

특성

- 사회적 의사소통과 상호작용의 결함은 ASD를 가진 개인들에게 대인관계에서 어려움을 만든다.
- 동일성에 대한 요구와 제한적이고 반복적인 행동은 일상 활동의 실행에서 문제를 야기할 수 있다.

사회적 의사소통과 상호작용과 관련된 ASD의 특성

IDEA는 이러한 특성들을 "언어적 및 비언어적 의사소통과 사회적 상호작용"의 문제라고 지칭하는 반면, DSM-5는 이들을 "사회적 의사소통과 사회적 상호작용"의 결함이라고 지칭한다. 이 장의 "정의" 섹션에서 우리는 사회적 의사소통과 상호작용의 세 가지 하위영역에 대하여 각각 설명했다. 상기시키자면, 그것들은 다음과 같다:

표 8.2 진단 기준의 적용: 사회적-의사소통과 상호작용 결함

예시	조나단의 증상
사회-정서적 상호성	조나단은 먼저 말을 걸지 않으면 대화에 참여하지 않는다. 말을 걸어도 적절하게 반응하지 않고 대신 상대방이 말한 것을 반복한다(반향언어로 알려짐).
비언어적 사회적 의사소통	사람들에게 반응할 때 눈 맞춤을 하지 않는다. 그의 얼굴은 자주 감정을 보이지 않는다. 주변 아동들이 조용하든, 행복하든, 슬프든 상관없이 그의 태도는 변하지 않는다.
대인관계	쉬는 시간과 점심시간 동안 혼자 시간을 보내는 것을 선호한다.
고려되어야 할 기타 진단 기준	
이른 나이에 명백하게 드러남	조나단의 부모는 2세경에 이러한 행동들을 주목했다. 그의 보육교사들도 학교에서 유사한 행동들을 주목했다.
사회적, 직업적, 또는 교육적 영역에서의 손상	조나단은 친구가 없다. 주말에 혼자 시간을 보내며 생일 파티나 다른 사회적 활동에 거의 초대받지 않는다. 조나단은 학교에서 대집단이나 소집단 활동에 참여하지 않는다. 대신 혼자 앉아서 몸을 흔든다. 그의 많은 급우들이 그가 절대 대화를 시작하지 않고 비정상적인 몸짓 언어와 적은 사회적 행동을 보이기 때문에 불편함을 느낀다. 종종 성인이 그에게 말을 걸어도 인정하지 않고 교사의 요청을 일관성 없게 따른다.
지적장애나 전반적 발달지체로 더 잘 설명되지 않음	조나단은 지적장애나 발달지체를 가지지 않는다.

- 사회-정서적 상호성
- 비언어적 사회적 의사소통
- 대인관계

의사소통 문제에 더하여, 대부분의 개인들은 사회적 상황을 해석하거나 다른 사람의 관점을 이해하는 데 어려움을 가진다. 예상할 수 있듯이, ASD를 가진 사람들은 그러한 장애가 없는 사람들보다 또래 우정이 적다. ASD를 가진 일부 개인들은 완전히 위축되어 자신들을 고립시키는 반면, 어떤 사람들은 자신들과 가장 가까운 사람들과 유대를 형성하지만 가족과 가까운 친구들의 범위 밖에 있는 사람들과는 적절한 관계를 발전시키고 유지하는 데 있어서 문제에 직면한다. 중증도 수준과 상관없이, 의사소통 능력은 사회적 상호작용에 영향을 미치며 그 반대도 마찬가지이다.

두 표(표 8.2와 8.3)는 진단 기준과 관련된 증상들의 예를 제공한다. 첫 번째에서 1학년 학생인 조나단이 보이는 ASD의 사회적-의사소통과 상호작용 특성들이 어떻게 나타나는지 살펴보자.

제한적이거나 반복적인 행동과 관련된 ASD의 특성

IDEA는 제한적이거나 반복적인 행동을 "반복적 활동과 상동 운동"이라고 지칭한다; DSM-5는 이들을 "제한되고 반복적인 행동, 관심, 또는 활동의 패턴"이라고 지칭한다. DSM-5는 진단을 돕기 위해 네 가지 예를 포함한다:

- 상동적이거나 반복적인 행동. 손 흔들기는 ASD 아동들에게 흔한 상동적 행동이지만, 이

러한 아동들이 상동적 행동을 보이는 방식은 개인마다 독특하다. 예를 들어, 아동은 배낭의 끈을 확인하는 것과 같은 움직임을 계속해서 반복할 수 있다. 다른 경우에, 아동들은 종종 매우 단순하게 시작하는 정교한 의식을 발전시킨다: 아동이 음식을 한 입 먹고 포크를 내려놓는다; 음식을 한 입 먹고, 포크를 내려놓고, 입으로 톡 하는 소리를 낸다; 음식을 한 입 먹고, 포크를 내려놓고, 두 번 톡 하는 소리를 낸다. 가족이나 교사들이 깨닫기 전에, 아동은 10단계 또는 12단계의 의식을 발전시킨다.

- 동일성에 대한 고집이나 루틴에 대한 비융통성 있는 고착. 동일성에 대한 욕구는 아동들이 식사 때 특정 음식만을 원하거나 특정 옷만 입으려고 하게 만들 수 있다(이 문제에 대해서는 곧 더 다룬다). 일부 경우에, 아동은 다른 사람들이 루틴을 따르기를 고집할 수 있다(예: 교사는 매일 같은 순서로 학생들의 이름을 불러야 하고, 부모는 항상 학교나 상점으로 같은 길로 운전해야 한다). 아무리 작은 변화라도 아동의 반응은 종종 과도하다.
- 비정상적으로 강하고 제한된 관심. 일부 아동들은 다른 모든 것을 배제하고 특정 관심(예: 기차 엔진)에 집중할 수 있다. 그는 다른 철도차량, 승무원차, 기차 세트, 또는 장난감 기차역이 아닌 오직 엔진으로만 놀고 싶어 할 수 있다—오직 엔진만. 더 나아가, 놀이는 전형적이지 않을 수 있다; 아동은 엔진들을 줄 세우고, 분해하고, 바퀴를 돌리지만, 선로에서 운행하거나 다른 차량을 끌게 하지는 않을 수 있다. 이러한 제한적 관심을 가진 아동들은 엔진을 그리고 엔진에 관한 TV 프로그램이나 영화를 보려고 할 수 있다(또는 엔진이 나오는 장면을 제외한 영화의 모든 부분을 무시하거나 빨리 감기를 할 수 있다). 그들은 엔진에 대해 이야기하며, 다른 사람들을 지루하게 하는 자질구레한 사소한 것들을 암송할 수 있다. 얼굴 표정과 몸짓 언어를 읽을 수 없고, 그들의 관점을 이해하거나, 그들의 지루함에 대해 공감할 수 없기 때문에(사회적-의사소통과 상호작용 결함과 연결된 문제들), 다른 사람들이 주제를 바꿔도 기차 엔진 주제로 돌아간다.
- 감각 입력에 대한 비정상적 반응. 이러한 비정상적 반응들은 세 가지 범주로 나뉜다: 과반응성(과반응), 저반응성(거의 또는 전혀 반응하지 않음), 그리고 감각 추구. 과반응성의 경우, 아동들은 대부분의 사람들이 약한 감각 자극으로 여기는 것에 과도한 반응을 보일 수 있다. 예를 들어 어린 아동들의 목소리, 전화벨 소리, 또는 누군가 피아노를 치는 소리에 귀를 막거나 비명을 지르는 것이다. 일부 아동들에게, 과도한 반응은 음식이나 의복에 대한 동일성 고집과 연결되어 있다. 이러한 아동들이 특정 음식의 냄새나 질감에 매우 부정적인 반응을 보일 때, 그들은 그것들을 먹기를 거부하며, 이는 결국 그들의 식단을 제한한다. 마찬가지로, 특정 의복 질감이 너무 거칠게 느껴질 수 있다; 셔츠의 태그나 양말의 솔기가 견딜 수 없게 느껴진다. 아동은 그 항목들을 입기를 거부할 수 있으며, 부모들이 받아들일 수 있는 옷을 찾으려고 하면서도 여전히 학교와 직장에 시간에 맞춰 가려고 할 때 길고 스트레스가 많은 아침 루틴으로 이어진다. 의복 대안을 찾을 수 없다면, 아동은 견딜 수 없는 질감 때문에 학교에서 짜증을 내거나 폭발할 수 있다.

표 8.3 진단 기준의 적용: 제한적이거나 반복적인 행동의 예

예시	조나단의 증상
동일성에 대한 고집, 루틴에 대한 비융통성 있는 고착	조나단의 아침 루틴은 옷 입기로 구성된다: 먼저 양말, 그다음 바지, 그다음 셔츠, 그다음 신발(침대 발치에서 기다리고 있어야 함); 아침 식사하기; 이 닦기; 그리고 침대 정리하기. 방을 함께 쓰는 남동생이 그의 신발을 옮겼을 때나 어머니가 아침 식사 전에 침대를 정리하라고 할 때처럼 루틴이 바뀌면 화를 낸다.
감각 경험에 대한 비정상적 반응	조나단은 특정 질감의 음식 먹기를 거부하며, 이는 제한된 식단을 야기했다. 그는 또한 뻣뻣하거나 지퍼나 단추가 있는 옷에 대해 불평하며, 면 티셔츠와 운동복 바지를 선호한다. 조나단은 모래 위를 맨발로 걷는 것을 좋아하지 않아서 해변 휴가를 어렵게 만든다. 신발을 신고도 잔디 위를 걷는 것을 좋아하지 않아서, 쉬는 시간 동안 종종 아스팔트 농구장이나 학교 놀이터로 이어지는 인도에 머물러 있다. 조나단은 높은 음이나 큰 소리를 좋아하지 않는다. 유아였을 때, 갓난아기인 남동생 근처에 있는 것을 좋아하지 않았다. 아기가 울면, 조나단은 귀를 막고, 몸을 흔들며, 울곤 했다.

저반응성의 경우, ASD를 가진 개인들은 감각 자극에 거의 또는 전혀 반응을 보이지 않을 수 있다. 일부 경우에, 이것은 아동이 뜨거운 스토브 버너에서 본능적으로 손을 빼지 않을 때와 같이 부상을 야기할 수 있다. 때때로 자기자극 행동 또는 자극행동이라고 불리는 감각 추구 행동은 아동이 감각 입력을 받기 위해 행하는 몸 흔들기, 빙글빙글 돌기, 손 흔들기, 또는 심지어 머리 박기를 포함할 수 있다. ASD를 가진 대학 교수이자 작가인 템플 그랜딘(Temple Grandin)은 손가락 사이로 모래를 흘리는 것과 같은 자신의 자극행동이 진정하고 주변 세계의 소음, 혼란, 스트레스를 차단하는 데 도움이 되었다고 설명한다.

표 8.3에서 이전 표에서 논의되었던 1학년생 조나단으로 돌아가면서 제한적이거나 반복적인 행동의 다양한 증상들의 예를 찾아보자.

출현율과 배치

- ASD의 출현율은 극적인 비율로 증가하고 있다.
- 증가의 원인에 관한 많은 가설들이 있지만 명확한 답은 없다.

시간에 따른 출현율

그림 8.1에 제시된 함께 제공된 그래프가 나타내듯이, ASD의 출현율은 지난 30년 동안 극적인 증가를 보였다. 1985년에는 약 2,500명 중 1명의 아동만이 자폐증으로 진단되었다. 1995년까지 출현율은 500명 중 1명으로 급증했다. CDC의 자폐증과 발달장애 모니터링 네트워크에 따르면, 2002년에는 약 150명 중 1명의 아동이 ASD를 가진 것으로 판별되었다. 그리고 2020년에 CDC는 미국 아동 36명 중 1명이 ASD를 가지고 있다고 보고했다. 이는 지난 35년 동안 6,800% 이상의 증가이다! CDC는 또한 현재 남아 23명 중 1명이 ASD로 진단되었다고 추정하며, 이는 여아의 출현율(88명 중 1명)보다 4배 높다.

이러한 급격한 증가는 전 세계적으로 관찰되고

그림 8.1 증가하는 ASD 출현율

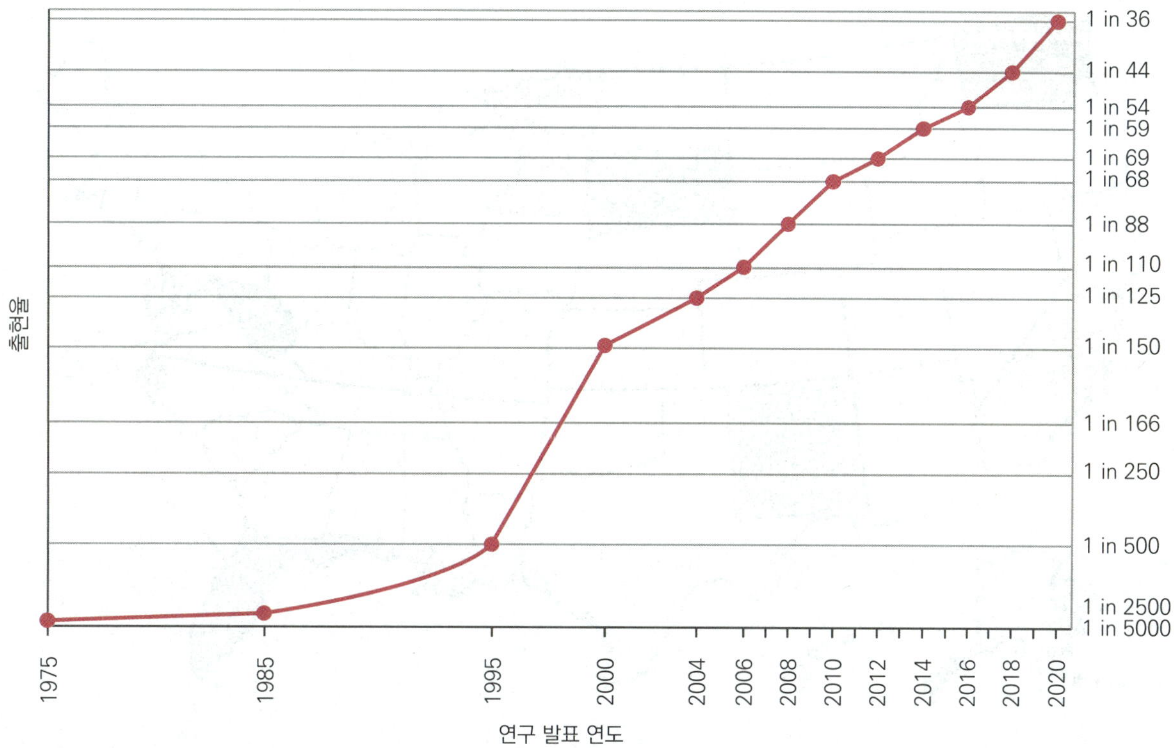

출처: 질병통제예방센터(2016, 2023).

있지만, 비율은 국가마다 상당히 다르다. 아시아, 유럽, 그리고 북미의 대부분 국가들은 인구의 1-3%를 ASD를 가진 것으로 판별했다. 일부 차이의 이유는 판별을 위해 사용되는 진단 방법과 기준의 차이 때문인 것으로 여겨진다. 다른 차이는 장애에 대한 문화적 태도와 관점 때문이며, 이는 부모들의 도움 추구 성향에 영향을 미친다.

미국에서는 CDC와 미국 교육부가 보고하는 출현율 사이에 큰 차이가 있다. IDEA 자료에 따르면, 18세에서 21세 사이의 상대적으로 적은 수의 학생들을 포함하여 모든 학생의 1.7%가 ASD를 가지고 특수교육 서비스를 받는다. CDC에 따르면, 출현율은 2.8%이다. 일부 차이는 교육적 수행이 부정적 영향을 받아야 한다는 요구사항을 포함하는 IDEA의 더 제한적인 정의로부터 나올 수 있다.

CDC 자료와 마찬가지로, IDEA 자료는 주들 간에 큰 차이를 보인다. 그림 8.2에서 찾을 수 있는 지도에서 이러한 차이들 중 일부를 살펴보자. 웨스트버지니아주와 뉴멕시코주는 모두 장애학생 중 약 7%가 ASD를 가진다고 보고한다. 반면에, 캘리포니아주와 미네소타주는 약 15%의 비율을 보고하는데, 이는 웨스트버지니아주와 뉴멕시코주의 두 배 이상이다. 플로리다주, 워싱턴주, 사우스다코타주와 같은 다른 주들은 그 중간 어디선가의 비율을 보고한다. 출현율이 지리적 위치나 지역에 영향을 받는다는 가설들은 미네소타주가 이웃한 사우스다코타

그림 8.2 ASD로 판별된 장애학생의 백분율: 선별된 주들

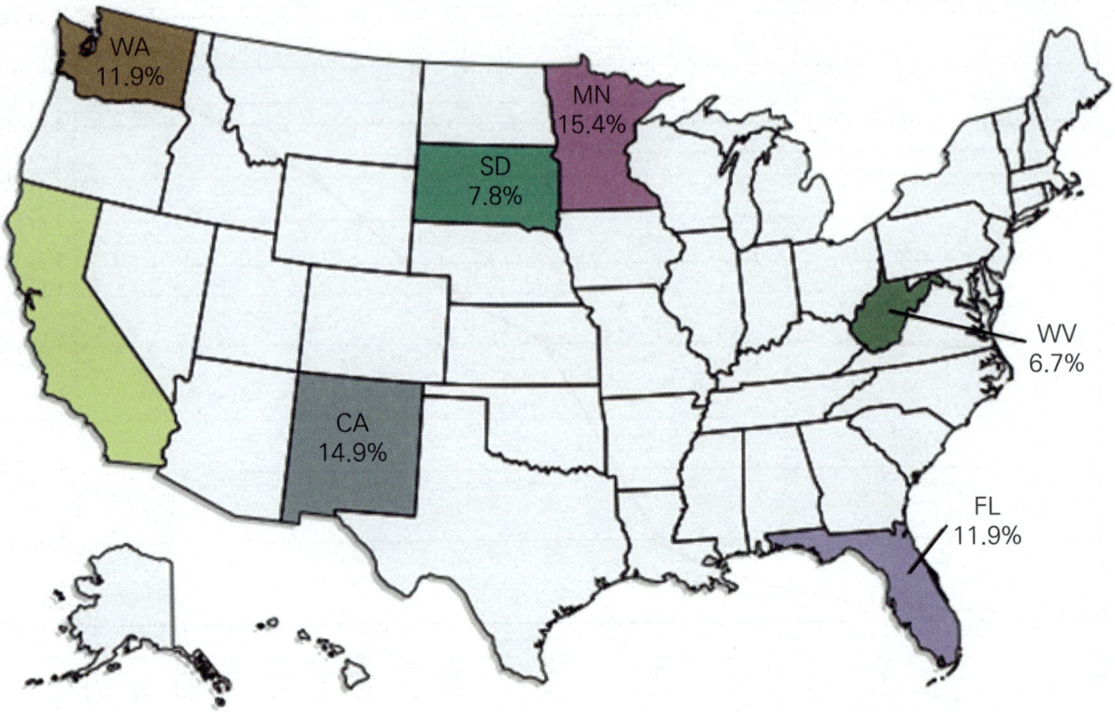

출처: 미국 교육부. (2022). Child Count and Educational Environments. [IDEA Section 618 Data Products: State Level Data Files.] Retrieved from https://data.ed.gov/dataset/idea-section-618-state-part-b-child-count-and-educational-environments/resources

주의 약 두 배 비율을 가진다는 것을 인식할 때 반증된다.

주별 불일치와 상관없이, ASD 학생들은 현재 IDEA에서 기술되는 네 번째로 큰 장애 범주를 구성한다. 그림 8.3에서 찾을 수 있는 원형 차트는 지금까지 학습한 적격성 범주들의 지속적인 진행을 보여준다. 이 차트는 장애아동 중의 출현율을 보여주는 반면, 위의 지도는 모든 아동 중의 출현율을 보여준다는 점을 주목하라.

증가하는 출현율

출현율의 변화가 많은 요인들과 연관되어 있다는 것을 인식하는 것이 중요하다. 첫째, 정의의 변화는 판별되는 개인의 수에 반영된다. 예를 들어, 자폐증의 초기 정의는 매우 심각하게 영향을 받은 개인들만을 포함했다—대부분 지적장애를 가지고; 비언어적이고, 의사소통하지 않으며, 자해하고; 사회적 관계를 형성할 수 없고; 고립을 선호하는 것이다. 자폐증의 이러한 초기 개념들에 대해서는 역사 섹션에서 더 자세히 학습하지만, 정의가 넓어졌을 때 더 많은 개인들이 ASD를 가진 것으로 판별되었다는 것은 명백해진다. 둘째, 판별 절차가 개선되어, 현재 더 많은 매우 어린 아동들이 판별되고 조기중재 서비스를 받고 있다. 셋째, 이전에 장애를 가진 것으로 판별되었지만, 다른 범주(예: 지적장애, 언어장애, 학습

그림 8.3 장애 출현율: 2021-2022학년도

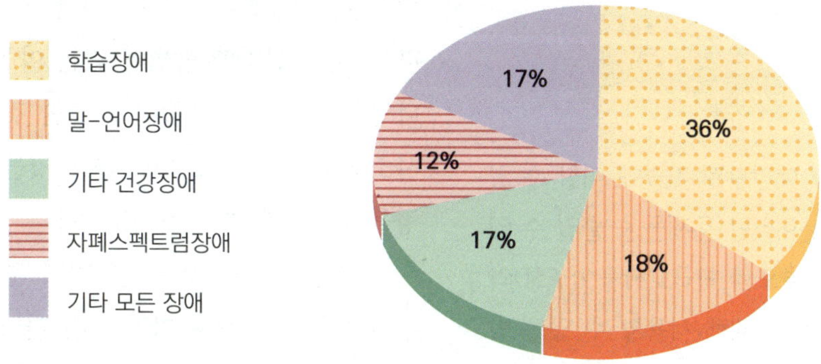

출처: 미국 교육부. (2022). Child Count and Educational Environments. [IDEA Section 618 Data Products: State Level Data Files.] Retrieved from https://data.ed.gov/dataset/idea-section-618-state-part-b-childcount-and-educational-environments/resources

장애)에 있던 일부 아동들이 오늘날에는 ASD를 가진 것으로 분류된다. 마지막으로, 우리가 아직 이해하지 못하는 이유들로 인해 발생률이 증가하고 있을 수 있으며, 실제로 이 장애의 사례가 더 많아지고 있을 수 있다.

전문가들이 ASD 출현율의 진정한 증가가 발생하고 있을 수 있다고 인정하지만, 그들은 성급한 결론을 내리는 것에 대해 주의를 제기한다. 합의는 유전학, 환경 위험 요인들, 그리고 선별 및 판별 절차의 변화 사이의 다면적 역할과 상호작용을 더 잘 이해하기 위해 상당히 더 많은 연구가 필요하다는 것으로 보인다.

방금 언급했듯이, 장애 정의가 변하거나 적격성 기준이 더 좁아지거나 넓어질 때, 출현율도 영향을 받는다. 예를 들어, 이전 정의들과 적격성 기준은 스펙트럼의 저기능 또는 중도의 중증도 단계에 초점을 맞췄다. 1994년에 DSM-IV에서 스펙트럼의 고기능 단계를 포함하는 새로운 정의가 발표되었다. 이를 염두에 두고, 그림 8.1의 출현율 그래프를 보라. 새로운 정의가 발표된 해 다음 해인 1995년에 출현율의 상당한 증가가 시작되었다는 것을 주목하라. ASD의 DSM-5 정의는 2013년에 변경되었으므로, 현재 우리가 가진 출현율 자료는 2013년 이전에 ASD로 진단받은 학생들의 자료와 정확히 비교할 수 없다. 연구자들은 연간 출현율을 계속 모니터링할 것이다; 그러나 변화가 ASD 출현율의 증가나 감소 때문인지 또는 정의와 적격성 요구사항의 변경 때문인지 판단하기는 어려울 수 있다.

학습 목표

ASD가 학업 수행과 대인관계 기술에 미칠 수 있는 영향을 설명하고, 이러한 문제들을 줄일 수 있는 조정을 기술하며, 부모와 학급교사들이 ASD와 관련된 문제들을 줄이기 위해 사용할 수 있는 방법들을 이해하고, ASD 학생들이 학교, 직업, 독립 생활과 같은 중등교육 이후 선택사항들로 전환하는 데 도움을 주는 지원을 기술한다.

문제들과 그 해결책들

- 사회적-의사소통과 행동 문제들에 더하여, ASD를 가진 아동들은 종종 신체적 및 정신적 건강 우려를 가진다.
- 이러한 문제들에 대한 해결책들은 응용행동분석과 그림교환의사소통체계와 함께 보편적 학습설계, 차별화교수, 조정, 보조공학, 그리고 의학적 중재를 포함한다.

ASD와 관련된 문제들

지금까지 ASD에 대해 충분히 학습했으므로 ASD의 특성들—사회적, 의사소통, 행동 결함—이 대인관계와 행동 영역 내에서 문제들을 만든다는 것을 인식할 것이다. 이러한 특성들 중 많은 것이 학습과 후속 학교 학업을 방해한다. 추가적으로, ASD를 가진 일부 개인들은 그들의 행동에 심각한 문제를 가진다. 그들은 다음과 같을 수 있다:

- 자해를 가하기—그들의 행동을 내향적으로 돌려 자신을 해치기.
- 공격성을 보이기—그들의 행동을 외향적으로 돌려 다른 사람들을 해치기.

때때로 행동 문제들은 의사소통 어려움과 연결되어 있다. 좌절감이나 두려움을 느끼거나 고통스럽다는 것을 설명할 방법이 없는 아동들과 성인들은 다양한 방식으로 행동을 표출할 것이다. 일부는 의사소통하려는 시도이고; 다른 것들은 부정적인 감정을 사라지게 하려는 시도이다.

아직 논의하지 않은 한 가지 문제는 건강 관련 우려이다. 여기서 두 가지 건강 관련 문제를 논의한다: 공존하는 건강 상태와 의료 접근. ASD를 가진 개인들은 뇌전증과 같은 특정 건강 상태의 정상보다 높은 비율을 가진다. 많은 사람들이 또한 수면 장애를 가진다: 잠들기 어려워하거나 전형적인 것보다 훨씬 적게 잔다. 이것은 특히 많은 모니터링과 감독이 필요한 아동들을 가진 부모들에게 신체적으로 지치게 할 수 있다. 자폐인들은 또한 위장관 장애, 특히 심한 변비의 정상보다 높은 비율을 가진다. 그리고 많은 사람들이 종종 앞서 논의한 음식 기피 문제와 연결된 영양 결핍을 가진다. ASD를 가진 많은 사람들이 음식과 질감 기피 때문에 제한된 식단을 가짐에도 불구하고, 그들은 일반적으로 개인들이 비식품 물건을 먹는 조건인 이식증을 보인다. 따라서 이식증을 가진 자폐아동은 으깬 감자, 푸딩, 사과소스와 같은 부드러운 음식만 먹을 수 있지만, 밖에서 놀 때 막대기, 풀, 멀치(mulch)를 먹거나, 안에 있을 때는 클립, 크레용, 심지어 침대시트를 먹을 수도 있다. 이식증은 아동들이 날카롭거나, 위험하거나, 독성이 있는 물체를 섭취할 때 특히 우려되며, 부모와 교사들이 지속적으로 경계해야 한다.

신체적 건강 우려에 더하여, ASD를 가진 개인들은 또한 불안, 우울증, 강박장애를 포함한 정신건강 문제의 더 높은 비율을 가진다. 한 연구는 ASD를 가진 성인들 사이에서 ASD가 없는 성인들의 비교

그림 8.4 ASD의 문제들

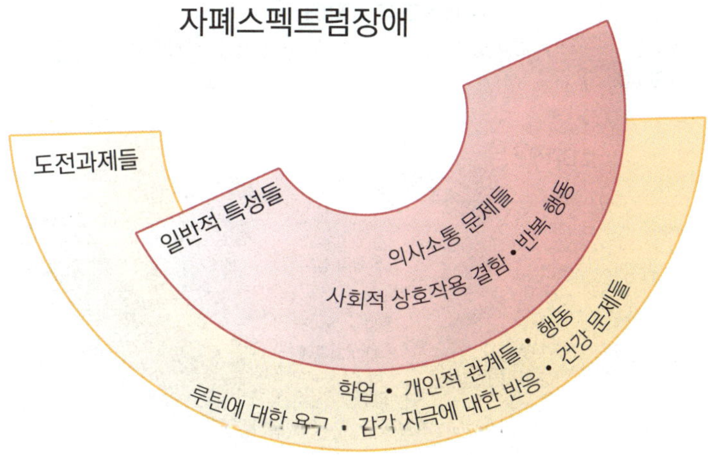

집단보다 상당히 높은 자살 시도 비율을 발견했다; 그러나 자살을 시도한 사람들 중 절반은 우울증 진단을 받지 않았다. 이러한 자료는 연구자들로 하여금 이 집단에서 우울증 비율이 과소진단되고 있다는 가설을 세우게 했다.

ASD와 관련된 다양한 건강 우려를 고려할 때, 양질의 의료는 필수로 보인다. 그러나 많은 가족들이 자녀들에게 이러한 서비스를 제공하기 어렵다고 느낀다. ASD의 특정 특성들이 어려움에 기여한다. 지난번 치과 방문을 떠올려보고, 감각 민감성이 있다면 스케일링을 받는 것이 얼마나 어려울지 상상해보라. 기울어진 의자 위의 밝은 조명; 목 주변의 천; 날카롭고 반짝이는 기구들로 하는 모든 찌르고 건드리는 행위; 그리고 기계의 윙윙거리는 소리를 생각해보라. 간단한 치과 방문이나 건강검진은 자폐아동들이 공격적으로 행동하게 하고 부모와 의료 전문가들에게 스트레스를 야기할 수 있다.

많은 경우에, 의사소통 결함이 그들이 왜 두려워하거나 고통스러워하는지 표현할 수 없게 할 수 있다. 이러한 아동들이 아플 때, 그들은 어떻게 느끼는지 또는 어디가 아픈지 의사에게 설명할 수 없다. 반대로, 의사와 부모들이 왜 치아를 깨끗하게 하거나 건강검진을 하려고 하는지 설명해도, 그들은 이해하지 못할 수 있다.

ASD를 가진 개인에게 정신건강관리를 제공하는 것 또한 어렵다. 종종 의사소통의 결함이 그들이 어떻게 느끼는지 표현하기 어렵게 만든다—이는 위에서 논의한 의심되는 우울증 과소진단에 기여하는 한 요인이다. 이러한 장애를 치료하는 정신과 의사들은 약물이 불안이나 우울 수준에 어떤 영향을 미쳤는지 환자의 의사소통 능력에 의존할 수 없으므로, 정확하지 않을 수 있는 가족 구성원들의 인식에 의존하는 경우가 많다.

ASD와 관련된 일반적인 문제들이 그림 8.4에서 강조되어 있다.

그림 8.5 ASD의 해결책들

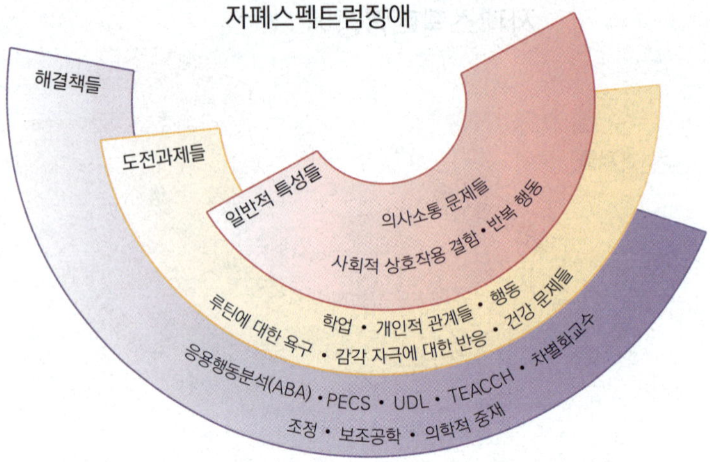

ASD 문제들의 완화 또는 극복

ASD의 주요 문제들을 해결하기 위해, 부모와 교사들은 행동 문제들뿐만 아니라 사회적 및 의사소통 문제들을 해결해야 한다. 각각은 동등하게 중요하다. 모든 해결책을 충분히 자세하게 논의할 수는 없지만, 이 장 전체에 걸쳐 효과적임이 입증된 세 가지 방법의 개요를 제공할 것이다: 응용행동분석(ABA), 그림교환의사소통체계(PECS), 그리고 TEACCH(또는 구조화된 TEACCH교수). 그리고 이전 장들에서 학습한 바와 같이, 보편적 학습설계(UDL) 원리, 차별화교수, 그리고 조정의 적용은 항상 도움이 된다. 다음에 ABA의 개요를 제공하고 이 장의 "조기중재"와 "학교시기" 섹션에서 PECS와 TEACCH를 논의한다. 그림 8.5에서 일반적으로 적용되는 해결책들을 강조한다.

응용행동분석은 바람직한 행동을 증가시키고 원하지 않는 행동을 줄이거나 제거하는 매우 많이 연구되고 검증된 방법이다. 이것은 B. F. 스키너의 연구에서 비롯되었으며 수십 년에 걸쳐 연구자 팀들에 의해 더욱 정교해졌다. ABA는 많은 기술들—의사소통, 사회적, 놀이, 운동, 학습전, 자기관리—을 다루며 구조화된 상황과 비구조화된 상황 모두에서 적용될 수 있다. ABA는 종종 주당 25-40시간 제공되며 공인행동분석사™(BCBA)에 의해 지도된다. 이 접근법의 핵심에는 함께 제공되는 박스에 기술된 핵심 구성요소들이 있다.

이들은 구성요소라는 점을 주목하라; 단계가 아니다. 다시 말해서, 교사는 먼저 FBA를 수행하고, 그다음 과제 분석을, 그리고 그다음에는 개별 시행을 수행할 필요가 없다. 오히려, 이러한 핵심 구성요소들은 바람직한 결과를 위해 개별적으로 또는 조합하여 사용될 수 있다. 구성요소들은 ABA에 독특한 것이 아니다; 그들은 새로운 기술을 가르치거나 어려움을 겪는 학습자들과 장애학생들을 위해 기술을 차별화하는 효과적인 요소들이다. 예를 들어, 신발 끈 매는 법을 배웠을 때를 생각해보라. 아마도 이것을 하나의 완전한 과정으로 배우지 않고, 오히려 일련의 더 작은 단계들(과제 분석)로 배웠을 것이

응용행동분석 접근법의 핵심 구성요소

기능적행동사정평가(FBA). ABC 분석을 통해, 아동의 행동들(즉, 행동)이 관찰되고 기록되어 특히 원하지 않는 행동의 원인이나 목적을 판별한다. 구체적으로, ABC 분석은 다음을 고려한다:

- 선행사건—행동에 앞서는 사건들
- 행동—바람직하지 않은 행동(들)
- 결과—행동을 강화하거나 유지하는 사건들

과제 분석. 다단계 과제나 기술이 더 쉽게 학습될 수 있는 더 작은 단계들로 나뉜다.

반복 교수(개별/변별 시행). 더 큰 기술의 일부인 작은 과제나 단계가 제시되고 숙달이 달성될 때까지 반복적으로 가르쳐진다. 그러면 순서에서 다음 과제나 단계가 가르쳐진다. 전체 기술이 숙달될 때까지 과정이 계속된다. 순서의 단계들은 처음부터 끝까지 가르쳐질 수 있으며, 이는 전진 연쇄라고 불리거나, 끝에서 처음으로 역순으로, 이는 후진 연쇄라고 불린다.

긍정적 강화. 토큰, 특권, 칭찬을 포함한 체계적인 보상이 바람직한 기술과 행동을 학습하고 실행하는 데 대해 제공된다.

직접 사정평가 또는 측정.기술이나 과제를 학습하고 숙달하는 개인의 진전을 모니터하기 위해 자료가 자주 수집된다.

다. 아마도 끈을 교차하는 것을 첫 번째 단계로 하고 고리를 단단히 당기는 것을 마지막 단계로 하는 전진 연쇄(forward chaining)를 통해 배웠을 것이다. 지퍼 사용법을 배운 것을 기억하는가? 후진 연쇄(backward chaining)를 통해 이 기술을 배웠을 수 있다; 성인이 두 조각을 맞추어 시작해주고 당신은 지퍼를 잡고 위로 당기는 마지막 단계를 완료했다. 시간이 지나면서 점차적으로, 결국 전체 과제를 독립적으로 수행할 수 있을 때까지 두 조각을 맞추는 법을 배웠다. 이상적으로, 누군가가 각 단계를 성공적으로 완료할 때 긍정적 강화까지 주었다!

ABA는 다양한 기술들을 가르치는 데 사용될 수 있다(표 8.4 참조). 일반적으로 유아를 위해 설계되지만, 더 나이 든 아동들과도 사용되었다. 2-3년의 치료 후, 일부 아동들은 통합교육 환경에서 성공하는 데 필요한 기술들을 획득했다. ABA가 다른 중재 접근법들보다 더 나은 결과를 산출하지만, 모든 ASD 학생들에게 균일하게 효과적이지는 않다. 현재까지, 왜 일부 아동들에게 이 방법이 다른 아동들보다 더 강력한지 아무도 이해하지 못한다.

조정

- 교사들은 사회적 의사소통과 사회적 상호작용과 관련된 장벽을 해결하기 위해 ASD 학생들에게 조정을 제공할 수 있다.
- 행동 문제들을 해결하기 위해서는 다른 조정들이 필요할 수 있다.

표 8.4 응용행동분석(ABA)의 용도와 예시

용도	예시
새로운 기술 가르치기	기능적 생활 기술 (예: 옷 입기, 자기관리, 시간 관리, 선택하기) 의사소통 기술 (예: 어휘 증가) 사회적 기술 (예: 나누기, 놀이)
바람직한 행동 증가	또래와 적절하게 상호작용하기 협력적 놀이에 참여하기
바람직하지 않은 행동 감소	떼쓰기 제거하기 싸움 멈추기
학습 일반화	새로운 환경으로 학습 전이하기 새로운 상황에 학습 적용하기 새로운 사람들과 학습된 기술 사용하기

교수적 조정

개인적 요구가 다양하지만, 말-언어장애를 가진 학생들과 함께 사용되는 동일한 조정들 중 일부가 종종 ASD 학생들과 함께 사용된다. 그러한 지원 중 두 가지는 정보 제시를 지원하는 시각적 단서와 학생이 반응할 수 있는 추가 시간 허용(즉, 확장된 대기 시간)이다. 많은 ASD 학생들이 미세(소근육)운동 기술에 어려움을 가지기 때문에, 그들은 또한 필기와 관련된 장벽을 줄이기 위해 학습장애 학생들에게 종종 제공되는 동일한 조정들(예: 컴퓨터, 대안적 반응, 필기 도우미)로부터 도움을 받는다. 일부 ASD 학생들이 일반교육 교육과정에 접근하고 학업적으로 성공하도록 도울 수 있는 이러한 유형의 지원들에 더하여, 모든 ASD 학생들은 다른 사람들과 의사소통하고 또래들과 사회적으로 참여하는 것과 관련된 장벽을 줄이는 데 도움이 될 수 있는 지원들로부터 도움을 받을 수 있다. 학생의 기능 수준에 따라, 사회적 의사소통과 사회적 상호작용의 결함을 해결하기 위해 다음 조정들 중 하나가 사용될 수 있다.

- 보완대체의사소통(AAC) 체계. 기능적 언어가 거의 없거나 전혀 없는 학생들은 대화를 시작하고, 정보를 교환하며, 그들의 원하는 것과 요구를 표현하기 위해 AAC 체계를 사용하도록 가르쳐질 수 있다. 자폐스펙트럼장애 아동들을 위해 특별히 설계된 하나의 AAC 체계는 PECS이다. 이 체계로, 아동은 원하는 항목이나 활동을 요청하고, 질문에 답하며, 대화를 시작하기 위해 그림 기호나 문장 띠를 교환한다. PECS는 이 장의 "조기중재" 섹션에서 더 깊이 탐구된다.
- 또래 친구. 일부 ASD 학생들은 또래와의 상호작용을 시작하는 데 어려운 시간을 가지고, 어떤 학생들은 혼자 놀기를 선호하며, 또 다른 학생들은 사회적으로 어색하거나 부적절한 행동을 보인다. 이러한 이유로, 학생을 강한 사회적 기술을 가지고 수업의 집단 작업 기간과 비학업적 기간(예: 점심, 쉬는 시간) 동안 학생을 지원할 수 있는 또래와 짝을 이루는 것이 유익할 수

표 8.5 ASD 학생들을 위한 일반적인 조정

제시	환경	반응	일정 또는 시간
• 사전 조직자 • 시험 지시사항 읽어주기 • 시각적 또는 문자 지시사항 • 구두 정보를 동반하는 시각 자료	• 헤드폰 • 휴식을 위한 조용한 영역 • 소음/방해 요소 감소 • 분리된 시험 장소	• 적응된 키보드 • 대안적 반응 방법 • AAC 체계 • 컴퓨터 • 증가된 대기 시간 • 필기 도우미 • 시각적 지원	• 간단한 과제 (또는 부분으로 나누기) • 명확하게 확립된 루틴/일정 • 시험이나 과제를 위한 연장된 시간 • 강의계획서 • 시각적 일정표

있다. 학생이 또래 친구와 대화를 시작하는 것에 편안해지면, 교사는 몇 명의 더 많은 학생들을 포함하는 구조화된 활동을 만들어, 학생이 더 큰 집단에서 상호작용하되 또래 친구의 지원을 받을 수 있게 한다.

행동 문제들을 해결하기 위한 조정

교사들이 ASD 학생들과 주의력결핍 과잉행동장애(ADHD) 학생들의 행동 문제들을 해결하기 위해 동일한 조정들을 사용할 수 있는가? 답은 아마도 이지만, 개인의 요구에 달려 있다. ADHD 학생들의 문제들은 종종 부주의하거나, 과잉행동적이거나, 충동적인 행동과 관련되어 있다는 것을 상기하라. ASD 학생들의 경우, 행동 문제들은 종종 루틴의 변화를 다루지 못하는 학생들의 무능력, 그들의 반복적 행동에 대한 간섭, 그리고 감각 입력에 대한 과반응성(증가된 반응) 또는 저반응성(제한된 반응)으로부터 야기된다. 두 집단의 학생들 모두에게, 소음과 다른 방해 요소들이 새로운 정보를 학습하고 그 학습을 보여주는 것을 방해할 수 있으므로, 전체적으로 이러한 학생들은 종종 시험을 위한 분리된 방이나 소음 감소 헤드폰과 같은 조정들로부터 도움을 받으며, 이것들을 우리는 ADHD 장에서도 조정으로 나열했다. 사회적 의사소통과 상호작용의 결함 때문에, ASD 학생들은 종종 그들의 행동을 통해 의사소통하며, 이는 추가적인 어려움을 만들 수 있다. 아래 강조된 두 조정들은 자극 부족이나 과자극과 루틴의 변화를 다루지 못하는 무능력과 관련된 행동 문제들을 줄일 수 있다.

- 자극 감소 또는 증가. 위에서 언급했듯이, 시험을 위한 분리된 장소와 헤드폰은 쉽게 과자극되는 ASD 학생들을 위해 소음과 청각 자극을 줄이는 효과적인 수단이 될 수 있다. 흥미롭게도, 헤드폰은 또한 감각 입력에 대한 민감도가 감소되어 추가 자극이 필요한 학생들을 위해 음악과 같은 청각 자극을 제공하는 데 사용될 수도 있다.
- 명확하게 확립된 루틴과 일정. 일반적으로, ASD 학생들은 예측 가능성을 좋아한다. 활동들이 일관된 패턴을 따르거나 매일 같은 시간에 발생할 때, 이러한 학생들은 덜 동요되고 학교에서 더 성공적이다. 학생들이 하루 종일 무엇을 기대할지 알도록 돕기 위해, 교사는 교실에 문자 일정표나, 제한된 언어나 읽기 기술을 가진 학생들을 위한 시각적 일정표를 게시할 수 있다.

표 8.6 ASD의 조기 경고 신호

많은 경우, ASD를 가진 어린 아동들은	
○○을 할 것이다	○○을 하지 않을 것이다
• 눈 맞춤이나 신체적 접촉 피하기 • 혼자 놀기를 선호하기 • 루틴의 사소한 변화에도 동요되기 • 상동행동 보이기 (손 흔들기, 빙글빙글 돌기, 또는 발성과 같은 반복 행동)	• 자신의 이름에 반응하기 (12개월까지) • 관심 있는 물체를 가리키기 (14개월까지) • 다른 사람들이 관심 있는 물체를 가리킬 때 반응하거나 보기 • 인형을 재워주는 것과 같은 가상 놀이나 상상 게임하기 (18개월까지) • 공동 주의에 참여하기

표 8.5는 ASD 학생들을 위해 일반적으로 사용되는 조정들을 강조한다.

조기중재

- ASD는 명확한 조기 경고 신호를 가지며, 이 중 많은 것들이 아동의 첫 번째 생일까지 명백하다.
- 그림교환의사소통체계는 표현 의사소통 기술을 향상시키기 위해 사용되는 검증된 실제이다.

ASD의 조기 지표

IDEA의 정의는 ASD 증상이 3세까지 명백해야 한다고 요구하는 반면, DSM-5는 그것들이 조기 발달 기간 동안 나타나야 한다고 요구한다. ASD의 많은 조기 경고 신호들은 아동의 첫 번째 생일만큼 일찍 명백하다. CDC는 부모들이 주의해야 할 가능한 "위험 신호들"을 나열하며, 표 8.6에 요약되어 있다.

아동이 어린 나이에 판별될 때, 조기중재 서비스는 아동의 독특한 요구에 따라 다양한 지원과 치료를 포함할 수 있다: 의사소통을 향상시키기 위한 말-언어치료, 기술을 가르치고 강화하기 위한 ABA, 그리고 감각 문제를 해결하기 위한 작업치료. 조기중재 서비스의 전형과 마찬가지로, 어린 나이에 이러한 지원을 받기 시작하는 아동들은 더 나은 장기적 결과를 가진다—더 일찍일수록 더 좋다.

노스캐롤라이나 대학교 채플힐 캠퍼스의 프랭크 포터 그레이엄 아동발달연구소와 Autism Speaks 간의 공동 프로젝트인 ASD 유아 이니셔티브는 조기중재를 지원하는 많은 유용한 자원을 가지고 있다. 이들은 http://asdtoddler.fpg.unc.edu/learning-modules에서 촉진, 기능적 행동사정평가, 비디오 모델링("학교시기" 섹션에서 비디오 지원에 대해 더 자세히), 그리고 더 많은 중재에 관한 온라인 모듈들을 포함한다.

기능적 의사소통 기술을 개발하는 검증된 실제

PECS는 기능적 언어가 거의 없거나 전혀 없는 ASD 학생들을 위한 AAC 체계로 설계되었다. 그 효능을 지지하는 수년간의 연구와 함께, PECS는 의사소통 기술을 향상시키기 위해 ABA에 크게 의존한다. 이 체계를 사용하여, 아동은 메시지를 전달하는 그림을 선택한다. 그 그림은 그러면 요청을 이행할 수 있는 사람에게 건네진다. 따라서 아동이 쿠키를 원한다면, 아동은 쿠키 그림을 교사에게 주고, 교사는 차례로 아동에게 쿠키를 준다. PECS는 한 단어 요청으로 시작하여 결국 그림의 문장 띠를 통해 의사소통을 확장한다. 이 방법은 의사소통을 촉진할

연구기반실제에 관한 심층적 탐구 **그림교환의사소통체계**

실행 이전. 개인의 선호를 판별하고 원하는 물체, 행동, 또는 필요를 나타내는 그림 카드를 준비한다.

1단계: 학생들에게 의사소통하는 방법을 가르친다. 두 명의 훈련자(의사소통 파트너와 도우미)가 학생이 그림 기호를 집어 원하는 항목이나 활동과 교환하는 것을 돕는다. 처음에, 원하는 항목이 학생의 손이 닿지 않는 곳에 놓인다. 학생이 항목에 손을 뻗을 때, 의사소통 파트너는 학생이 그림 카드를 사용하도록 촉진하기 위해 손을 펴고 도우미는 학생이 올바른 행동을 수행하도록 신체적으로 돕는다. 학생이 항목으로 보상받을 때, 훈련자가 그 이름을 말한다. 학생이 과정을 학습하면서, 신체적 도움과 촉진이 점감된다.

2단계: 자발성과 일반화를 촉진한다. 학생에게 다양한 자연스러운 환경에서 그리고 다른 의사소통 파트너들(예: 부모, 형제자매, 교사, 또래)과 함께 단일 그림 카드로 의사소통할 많은 기회가 제공된다. 추가적으로, 훈련자는 학생이 원하는 항목에 접근하기 위해 더 긴 거리를 이동하도록 격려하는 두 가지 방법을 사용한다. 첫째, 훈련자가 학생으로부터 더 멀리 이동하고, 그다음 그림 카드들이 더 멀리 놓인다. 이 단계는 때때로 거리와 지속성이라고 불린다.

3단계: 학생들에게 변별하는 것을 가르친다. 선호하는 것(예: 책) 하나와 선호하지 않는 것(예: 양말) 하나, 두 항목의 그림이나 기호가 의사소통 책에 놓인다. 의사소통 파트너가 두 항목 모두와 상호작용한다. 학생이 올바른 그림(즉, 선호하는 항목)을 선택할 때, 의사소통 파트너는 구두 칭찬을 하고, 항목을 제공하며, 항목의 이름을 말한다. 아동이 더 많은 그림들 사이에서 변별해야 하도록 학생의 의사소통 책에 있는 그림 기호의 수가 점차 증가된다.

4단계: 문장 구조를 소개한다. 학생이 12개에서 20개의 그림을 사용하고 변별할 수 있게 되면, 아동에게 문장 띠를 사용하는 방법을 가르친다(예: 원하는 항목 그림 옆에 "나는 원한다" 기호 놓기). 다시, 신체적 도움이 제공된 다음 점감되고, 의사소통 파트너가 항목을 제공하고 문장을 소리 내어 읽는다. 학생들은 또한 형용사, 동사, 전치사를 사용하여 문장을 확장하는 방법을 배운다.

5단계: 학생들에게 질문에 답하는 것을 가르친다. 의사소통 파트너가 학생에게 "무엇을 원하니?"라고 묻는다. 학생은 문장 띠, "나는 원한다" 기호와 원하는 항목의 그림으로 반응하도록 가르쳐진다.

6단계: 학생들에게 의견을 말하는 것을 가르친다. 의사소통 파트너들은 "무엇이 보이니?"와 같은 질문을 묻는 것으로 시작하고 학생은 "나는 (항목을) 본다"와 같은 문장을 조립하여 반응하도록 가르쳐진다. 학생이 도움 없이 질문에 답할 수 있게 되면, 그 또는 그녀는 환경에 대해 의견을 말함으로써 대화를 시작하도록 격려받는다.

그림 8.6 PECS 문장 띠의 예

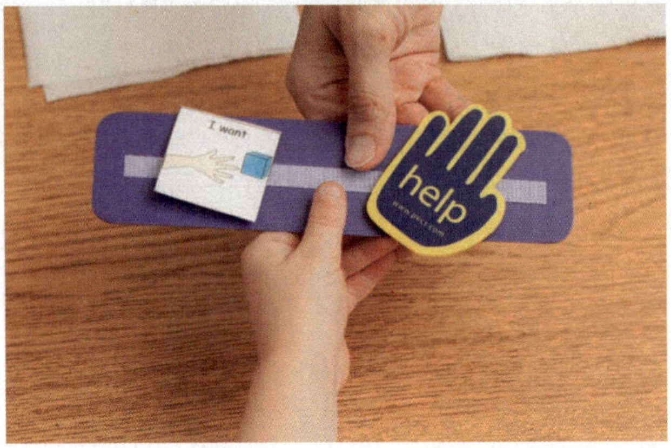

출처: "The Six Phases of PECS," www.pecs.com. Pyramid Educational Consultants의 허가를 받아 수정됨.

뿐만 아니라, 아동들이 무언가를 원한다면 다른 사람들과 상호작용하도록 유도한다. PECS에서 사용되는 6가지 주요 단계나 단계들이 앞의 박스에 개략적으로 설명되어 있다.

공식 PECS 웹사이트(www.pecsusa.com)는 많은 비디오 예시들을 포함하여 체계와 훈련에 관한 상당한 정보를 제공한다. 다음 링크를 클릭하고 Part 3: Overview of the Phases of PECS®까지 스크롤하여 6가지 PECS 단계가 다양한 연령의 아동들과 어떻게 시연되는지 보라. http://www.pecsusa.com/videos.php

학교시기

- 이전 장들에서 학습한 많은 전략들이 ASD 학생들의 의사소통, 학업, 그리고 행동 문제들을 해결하는 데 사용될 수 있다.
- 증거기반 시각적 및 청각적 지원은 질서, 동일성, 그리고 루틴에 대한 학생의 욕구를 해결할 수 있다.

교실 전략과 실제

이전 장들에서 학습한 많은 중재와 서비스들이 ASD 학생들에게 효과적이다. 이러한 중재들 중 일부가 ASD와 관련된 특성들을 어떻게 해결할 수 있는지 검토해보자.

- 지체된 언어나 의사소통 어려움. 의사소통 기술을 향상시키기 위해 말-언어치료가 필요하다. 많은 경우에, 학생들은 어린 아동으로서 이 치료를 시작하고 학교시기 동안 서비스가 계속된다. PECS는 아동이 의사소통하도록 돕기 위해 다양한 유형의 보조공학과 마찬가지로 교실에서 사용될 수 있다.
- 학업적 어려움. 이 장의 앞부분에서 학습한 조정 유형들에 더하여, 학습장애 학생들에게 효과적인 동일한 학업적 실제와 전략들 중 많은 것들이 ASD 학생들에게도 작용할 것이다: 보편적 학습설계 틀, 차별화교수, 명시적 교수, 그리고 학습 전략.

교사를 위한 팁 **개별 학생들의 독특한 특성에 맞춰 교수 조정하기**

학생의 고도로 집중된 관심을 수업 활동에 통합한다. 앞서 논의한 기차 엔진을 좋아하는 학생 조나단을 기억하는가? 그들의 속도와 가속도에 대한 정보가 수학 문제에 통합될 수 있고, 그는 기차 엔진에 대해 쓰는 것으로 연구 보고서 요구사항을 충족할 수 있는 등등이다.
눈 맞춤을 요구하지 않는다; 시간이 지나면서 눈 맞춤이 자연스럽게 발달하거나 작업할 기술로 목표가 될 수 있다.
학생의 수용을 모델링하고 다른 학생들의 놀림이나 괴롭힘을 즉시 해결한다.
학생이 통제감을 느낄 수 있게 하는 선택권을 제공한다. 예를 들어, 조나단은 시끄러운 식당에서 점심 먹는 것을 거부한다. 교사는 그가 나머지 학급보다 5분 일찍 먹기 시작할 것인지 아니면 다른 학생들과 같은 시간에 점심을 먹을 것인지 묻는다. 학생은 전자를 선택하여, 그에게 이 문제에서 발언권을 준다. 이것은 또한 다른 방식으로 문제를 해결한다. 이것은 그가 다른 학생들이 도착하기 전에 점심의 절반을 먹을 수 있게 한다. 식당이 가득 차면서 소음이 증가하고, 학생은 들어가자마자 소음에 맞닥뜨리기보다는 점차적으로 변화에 적응할 수 있다.
학생의 감각적 욕구를 인식하고 가능하다면 교실을 변경한다. 예를 들어, 학생이 시각적 자극에 과민감하다면, 지나치게 장식된 교실은 과자극적일 수 있다.

- 행동 문제. 행동치료와 자기조절 전략은 모두 ASD 학생들에게 효과적인 증거기반실제이다. 이 장의 앞부분에서 행동을 포함하여 많은 기술들을 향상시키기 위해 집중적 지원을 제공하는 ABA에 대해 학습했다. 일부 경우에, 아동이 왜 특정한 방식으로 행동하는지 판단하기 위해 기능적 행동사정평가가 필요할 수 있다. 교사들이 행동의 기능을 판단할 수 있다면 (예: 아동이 과민감한 소음을 내는 다른 아동들이 있을 때 비명을 지르고 때린다), 문제 행동을 더 적절한 것으로 대체하는 행동중재계획을 개발할 수 있다.

학생의 개별화교육계획(IEP)이나 504 계획에 나열된 중재와 조정을 제공하는 것에 더하여, 교사들은 ASD 학생들이 학교에서 더 많은 성공을 경험하도록 돕기 위해 많은 일들을 할 수 있다. 이미 확립된 교실 루틴에 통합될 수 있는 몇 가지 실제들이 위 박스에 나열되어 있다.

연구기반실제와 지원

최근 몇 년 동안, 특히 노스캐롤라이나 대학교 채플힐 캠퍼스의 프랭크 포터 그레이엄 아동발달연구소의 National Clearinghouse on Autism Evidence and Practice Review Team에 의한 상당한 노력이 엄격한 연구를 통해 효과적임이 입증된 중재와 실제들을 판별하려고 했다. 다음은 이러한 접근법과 중재들 중 일부에 대한 간략한 강조이다:

- 선행사건기반 중재: 표적행동의 가능성을 증가시키고 덜 바람직한 것들을 감소시키기 위해 활동에 앞서는 사건들의 배치
- 보완대체의사소통: 기기나 의사소통 책으로 보조되거나 수동 의사소통을 통해 보조되지

않는 구두/음성이 아닌 의사소통의 사용

- 대안행동의 차별적 강화(DRA): 바람직하지 않은 행동에 참여하지 않을 때 긍정적 결과(즉, 보상)로 바람직한 행동을 증가시키는 체계적 과정(10장에서 이 절차에 대해 더 자세히 학습한다)
- 직접교수: 표적기술이나 행동을 명시적으로 가르치기
- 소거: 도전적 행동을 줄이거나 제거하기 위해 강화 사건들을 제거하기
- 기능적 행동사정평가: 중재 계획을 개발하기 위해 행동의 목적을 판단하기(절차에 대해 더 자세한 내용은 10장 참조)
- 모델링: 표적행동을 시연하기
- 또래기반 교수와 중재(PBII): 또래들이 ASD를 가진 급우를 직접 지원하고 도움으로써 사회적 상호작용을 촉진하기
- 촉진: 표적행동의 습득이나 사용을 돕기 위해 제스처, 구두 단서, 또는 다른 "힌트"를 사용하기
- 강화: 표적행동의 빈도를 증가시키기 위해 결과(예: 보상, 칭찬)를 제공하기
- 자기관리: 학생들에게 그들의 적절하고 부적절한 행동을 인식하고, 자신의 수행을 기록하며, 그러한 행동에 참여하는 것에 대해 스스로에게 강화를 제공하도록 가르치기
- 과제 분석: 기술이 더 작은 단계들로 습득되도록 기술들을 더 작은 단위들로 나누기
- 시각적 지원: 학습자들의 필요한 기술 사용을 지원하는 시각적 표시

추가적으로, 이 장에서 우리는 ASD 학생들에게 효과적임이 입증된 다음의 연구기반 중재들에 대한 더 많은 세부사항을 제공했다: 시각적 지원, ABA, 그리고 PECS.

질서, 동일성, 그리고 루틴에 대한 매우 높은 욕구를 가진 학생들의 경우, 특히 그들이 멈추고, 활동을 바꾸며, 새로운 활동으로 이동해야 하는 전환 동안 하루 종일 문제들이 발생할 수 있다. 다행히, 이러한 경우에, 교사들은 이전 섹션에 나열된 것들 중 일부인 다양한 연구기반실제들을 사용할 수 있다. 시각적 지원에 기반한 것들이 표 8.7에 요약되어 있다.

아침 일과표(그림 8.7 참조)로 시작해서 먼저/그다음 보드(그림 8.8 참조)로 이어지고 사회적 상황이야기(social story)와 시각적 및 청각적 지원의 예시들로 마무리되는 사용법이다. 시각적 지원은 자폐스펙트럼장애가 있는 개인들이 세상을 이해할 수 있도록 환경에 구조를 제공하는 UNC TEACCH 자폐 프로그램의 핵심 구성요소이다. 전제는 자폐가 있는 개인들이 시각적 학습자이며, 학습 환경이 시각적 단서로 촉진되어야 한다는 것이다. 목적은 물리적 환경을 조직하고 활동의 순서를 정하는 시각적 단서를 제공하여 활동들을 예측 가능하고 이해할 수 있게 만드는 것이다. 새로운 기술이 습득되면, 교사의 촉진이 점차 줄어들면서 아동들은 점점 더 독립적으로 그 기술들을 수행하도록 가르침받는다. 구조화된 TEACCH 틀은 다섯 가지 원리에 기반한다:

1. 교실이나 작업 영역의 물리적 구조와 조직은 명확하게 정의된 경계를 가지며 필요한 과제를 수행하는 동안 학생의 요구를 충족하도록 배치된다.
2. 시각적 일과표는 일상 일과를 이해할 수 있고 예측 가능하게 만든다.
3. 작업 일과표는 기대를 설정하고 활동 측정은 서면 지시에 대한 최소한의 의존을 사용하여 독립성을 촉진한다.

표 8.7 증거기반 시각적 지원

유형	설명	예시
	시각적 지원	
시각적 일과표	변화가 언제 일어날지 학생이 예상할 수 있도록 돕기 위한 특정 기간(아침, 오후, 하루)의 일과표 요약	**그림 8.7** 아침 일과표 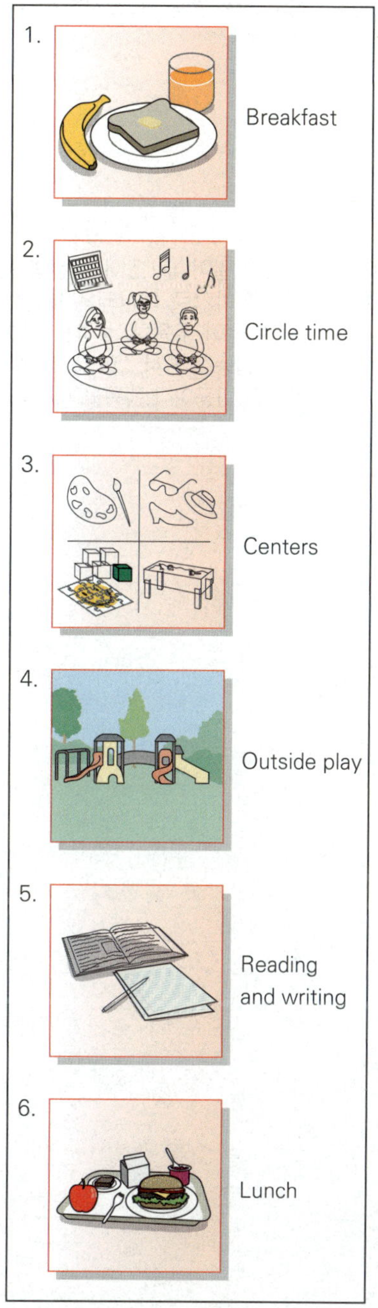

유형	설명	예시
		시각적 지원
먼저/그다음 보드	선호하는 물건이나 활동(그다음)을 받기 위해 (먼저) 완료되어야 하는 필수적인 행동이나 활동(종종 선호하지 않는 활동)을 묘사하는 두 개의 그림	**그림 8.8** 먼저/그다음 보드 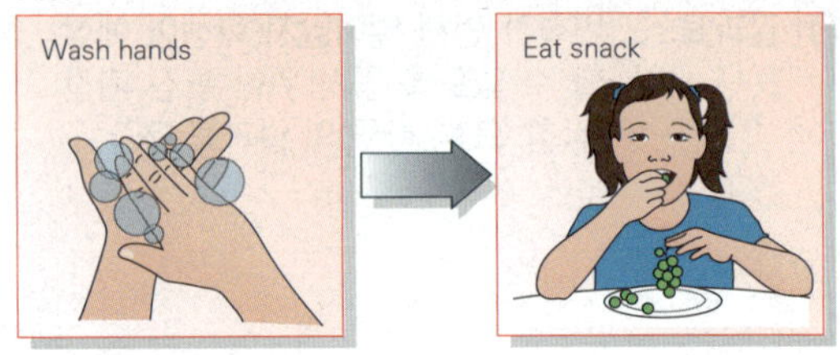 출처: 먼저/그다음 보드
사회적 상황이야기 또는 사회적 서술	활동이 일어나기 전에 학생과 함께 읽는 이야기로, 예상되는 사회적 상황, 학생이 주목해야 하는 사회적 또는 행동적 단서, 그리고 바람직한 적절한 반응이나 행동을 제시함	My name is Mack.  retoncy/Shutterstock This is the playground at school.  retoncy/Shutterstock When I am on the playground, I stay inside the fence.  retoncy/Shutterstock When I stay inside the fence, I can play with my friends. When I stay inside the fence, I can see and hear my teacher. When I stay inside the fence, I am safe.

유형	설명	예시
시각적 지원		
비디오 모델링 또는 비디오 프라이밍(예비학습)	학생이 해당 기술을 수행해야 하는 상황 직전에 보여주는 바람직한 기술이나 행동의 비디오 시연	소집단 활동 중 또래 상호작용은 니라브를 불안하게 만든다. 소집단 시간 직전에 교사는 "잠깐 실례합니다. 잠시 휴식이 필요해요."라고 말하고 마음이 진정되어 집단으로 돌아갈 수 있을 때까지 교실을 돌아다니는 학생의 비디오를 보여준다.
시각적 타이머	새로운 활동이 시작되기 전까지 경과된 시간 또는 남은 시간을 학생이 볼 수 있도록 하는 모든 유형의 시간 측정 장치	
청각적 지원		
언어적 시전 경고	시간 틀과 그 시간 틀이 만료되었을 때 일어날 활동을 포함하는 언어적 진술	"5분 후에 우리는 책과 다른 물건들을 정리하고 점심을 먹으러 갈 것입니다."
청각적 신호	지정된 시간 틀이나 활동의 시작 또는 종료를 알리는 모든 소리	물건을 정리하고 점심을 먹으러 갈 시간임을 나타내기 위해 타이머가 울린다.

4. 일상은 필수적이다.
5. 시각적 지원과 시각 기반 단서는 일상 일과 내에서 개별 과제를 설명하는 데 사용된다.
6. TEACCH에 대해 더 자세히 알고 싶다면 http://teacch.com을 방문하기 바란다.

또한 국가자폐스펙트럼장애 전문개발센터에서는 출생부터 22세까지의 자폐스펙트럼장애 아동 및 청소년을 위한 증거기반실제에 대한 온라인 요약과 상호작용 모듈을 http://autismpdc.fpg.unc.edu/evidence-based-practices에서 제공한다.

전환교육

- 고기능 자폐스펙트럼장애 학생들은 다양한 중등교육 후 교육 선택권, 진로 인식 기회, 그리고 사회적 기술 훈련에 노출되어야 한다.
- 일과 생활을 위한 중등교육 후 선택사항들은 부모와 자폐스펙트럼장애가 있는 개인들에게 도전을 제시할 수 있지만, 창의적 해결책들은 다른 사람들이 고려하고 채택할 수 있는 모델들과 함께 주목할만한 선택사항들을 보여준다.

고등학교 졸업 후 전환교육 준비

고기능 자폐스펙트럼장애 학생들은 장애가 없는 또래들과 동일한 중등교육 후 선택권을 가진다: 대학(2년제 또는 4년제 선택권), 직업교육, 그리고 취업. 이러한 학생들이 어떤 경로를 택할지 결정하는 데 도움이 될 수 있는 전환교육 사정평가는 학업 성취뿐만 아니라, 직업적 관심, 자기결정, 적응행동, 그리고 독립생활 기술도 다루어야 한다. 이러한 사정평가들 중 일부는 표준적이다(아마도 고등학교 재학 중 어느 시점에 직업 관심 검사를 받았을 것이다). 다른 것들은 장애학생들을 위해 특별히 개발된 전문화된 것들이다(예: 적응행동 및 독립생활 기술 검사). 이러한 사정평가의 결과는 학생들과 그들의 가족이 진로 관심, 중등교육 후 교육이나 직업 훈련이 필요한지 여부, 학생이 어디서 누구와 살 것인지, 개발될 기술들, 그리고 필요한 지원의 유형과 강도를 결정하는 데 도움이 될 수 있다. 대부분의 학생들은 중등교육 후 환경에서 성공하는 데 필요한 모든 기술을 갖추지 못할 것이기 때문에, 사정평가는 또한 학생들을 졸업 후 삶에 준비시키기 위해 고등학교 기간 동안의 교수를 안내하는 데 도움이 된다.

학생들의 전환교육 계획은 중등교육 후 교육을 준비하는지, 아니면 취업을 준비하는지에 따라 다른 목적을 포함할 것이다. 대학을 목표로 하는 학생들의 경우, 전환교육 계획은 이전 장에서 학습한 많은 동일한 구성요소들을 포함한다: 고등학교 졸업을 위한 과정 요건 충족; 필요한 평점 평균 자격 요건을 유지하기 위한 학습 기술 학습 및 활용; 신중한 대학 선택; 그리고 자기옹호 기술 개발. 많은 대학들이 캠퍼스에서 자폐스펙트럼장애 학생들을 지원하는 프로그램들을 개발했다. 응용행동분석 프로그램 가이드는 자폐스펙트럼장애 학생들을 위해 특별히 설계된 상위 30개 대학 프로그램들을 목록화하고 있다(https://www.appliedbehavioranalysisprograms.com/colleges-for-students-autism/ 참조). 각각은 다른 유형의 프로그램들을 제공한다. 벨뷰 칼리지, 드렉셀 대학교, 이스턴 일리노이 대학교와 같은 일부는 다른 많은 대학들과 함께 자폐스펙트럼장애 학생들이 수업에 참석하고, 기숙사에서 생활하며, 성공할 수 있도록 지원하는 특별 프로그램들을 제공한다. 비콘 칼리지, 디파이언스 칼리지, 켄트 주립대학교, 랜드마크 칼리지와 같은 다른 대학들은 자폐스펙트럼장애가 있는 대학생들을 위한 고도로 전문화된 지원 프로그램들을 제공한다. 진정으로, 선택권들은 많으며 수와 강도가 증가하고 있어서, 10년 전에는 존재하지 않았던 더 큰 선택권들을 제공하고 있다.

대조적으로, 대학이 아닌 중등교육 후 취업에 관심이 있는 학생들을 위한 전환교육 계획은 다음 중 하나 이상을 포함해야 한다:

- 진로 탐색. 이는 학생들이 관심 있는 지역 사업체와 회사 방문, 잠재적 고용주와의 면담, 그리고 진로 박람회를 포함할 수 있다.
- 직무 체험. 이는 학생이 관심 있는 직무 책임을 수행하는 사람을 관찰하고, 직장에 대해 알아보며, 그 직무에 필요한 의사소통 및 대인관계 기술의 유형을 관찰할 기회를 제공한다.
- 작업 표본. 이는 학생이 전문적 훈련을 요구하지 않는 직무 과제에 참여하거나 무급으로 선택된 직무 과제를 학습하면서 직장에서 의미 있는 시간을 보낼 수 있게 한다.
- 서비스 학습. 많은 고등학생들에게 요구되는 기대이며 장애학생들에게 가치 있는 자원봉사 서비스 활동은 지역사회 및 직업적 기회에 대한 추가적 노출을 제공한다.
- 인턴십. 위의 선택권들보다 더 공식적인 배치로, 학생들은 주어진 기간 동안 직장에서 지정된 직무를 배우고 수행한다. 유급 또는 무급 직책이 될 수 있다.
- 도제(Apprenticeships). 학생이 특정 직종의 직업 기술을 배우는 또 다른 유형의 공식적 배치로, 시간 기반(즉, 1년) 또는 역량 기반일 수 있다.
- 유급 고용. 연구에 따르면 방과 후 및 여름 고용을 포함하여 고등학교 동안 직업을 갖는 것은 자폐스펙트럼장애뿐만 아니라 다양한 장애

를 가진 학생들의 긍정적인 졸업 후 고용 결과의 일관된 예측 변인이다.

이러한 다양한 기회들의 참여 효과는 개별화교육프로그램 팀에 직업재활 기관과 같은 곳의 구성원들이 포함될 때 극대화된다. 장애가 있는 성인의 유급 고용 확보를 위해 일하는 직업재활 상담사들은 직무 배치를 찾아주고, 직무 관련 훈련을 제공하는 등의 도움을 줄 수 있다.

기술적 또는 진로 관련 기술 외에도, 고용주들은 일관되게 사회적 역량(예: 타인과 긍정적으로 상호작용하는 능력)을 직무 성공에 중요한 것으로 평가한다. 그러나 자폐스펙트럼장애 학생들은 종종 대화 참여, 전문적 방식으로의 행동, 또는 개인 공간 존중과 같은 사회적-의사소통 기술에 문제를 가진다. 이러한 기술 결함은 동료들과의 갈등을 야기할 수 있으며 승진 기회 부족이나 심지어 해고로 이어질 수 있다. 따라서 사회적-의사소통 기술에 대한 명시적 교수가 필요하다. 사회적 서술이 도움이 될 수 있으며, 스크립트화된 반응을 가르치는 것(예: 누군가에게 소개된 후 악수하고 "만나서 반갑습니다"라고 말하도록 학생을 가르치는 것)도 도움이 될 수 있다. 또래들 또한 사회적 상황 동안 사회적 단서, 강화, 또는 심지어 튜터링을 제공하도록 가르칠 수 있는데, 이는 또래 매개 교수 및 중재로 알려진 실제이다.

자폐스펙트럼장애가 있는 개인들을 위한 고용 선택권

많은 자폐스펙트럼장애가 있는 개인들이 많은 재능과 능력을 가지고 있음에도 불구하고, 집단으로서 그들의 고용률은 암울하다. 일할 의지와 능력이 있는 모든 장애인의 실업률은 장애가 없는 사람들의 실업률보다 두 배 이상 높다. 이 문제를 해결하기 위해, 정부는 총 1억 7천 7백만 달러 규모의 새로운 보조금 프로그램인 실제 일에 대한 실제 급여 이니셔티브를 시작했다. 이 프로젝트들은 공공 및 민간 부문 모두에서 장애인들을 위한 더 많은 고급여 일자리 창출을 위한 인센티브 프로그램을 수립하기 위해 주의 직업재활 기관들에 지원되고 있다. 의도는 장애가 있는 사람과 없는 사람들이 나란히 일하며 친환경 일자리, 필수 근로자 산업, 교통, 그리고 예술과 같은 포용적이고 통합된 고용 영역에서 비교할 만한 임금을 받는 더 많은 경쟁고용 기회들이 개발되는 것이다. 바라건대, 그러한 프로그램들이 장애인들이 빈곤 속에서 살며 실업을 경험하는 현재의 우려를 해결할 것이다.

자폐협회(Autism Society)와 자폐말하기(Autism Speaks)에 따르면, 자폐스펙트럼장애가 있는 성인들의 상황은 다른 장애가 있는 사람들보다 훨씬 더 나쁘다. 보고서에 따르면 자폐스펙트럼장애가 있는 젊은 성인의 거의 42%가 20대 동안 한 번도 유급 일을 하지 않았으며, 자폐스펙트럼장애가 있는 젊은 성인의 66% 이상이 고등학교를 마친 후 2년 동안 실업 상태이며 고등교육에도 참여하지 않고 있다. 자폐가 있는 25세 성인의 거의 50%가 한 번도 유급 일자리를 가져본 적이 없으며, 주 정부 지원 직업재활 서비스를 이용한 약 18,000명 중 60%만이 유급 일자리를 얻고 떠났고 그중 80%는 주당 평균 160달러의 파트타임으로 일했다. 직장 조정의 58%가 비용이 들지 않고 나머지 비용은 약 500달러라는 점에서 이는 불행한 일이다. 자폐스펙트럼장애가 있는 성인들에게 일할 기회를 제공하는 고용주들과 프로그램들

문화적 고려사항 **전환교육 계획은 가족과 그들의 문화를 반영해야 한다**

개별화교육프로그램 팀이 개별화된 전환교육 계획을 개발하기 위해 노력할 때, 학생의 요구뿐만 아니라 그들의 문화적 맥락 내에서 가족의 신념, 요구, 그리고 선호를 고려하는 것이 중요하다. 예를 들어, 개별화교육프로그램 팀은 자폐스펙트럼장애가 있는 학생 바냐가 지원주거 형태에서 생활하도록 계획할 수 있지만, 그녀의 가족은 그녀가 부모와 함께 살다가 부모가 사망한 후에는 형제자매나 다른 가족 구성원들과 함께 살기를 원한다. 그들의 인도 문화에서는 확대가족 구성원들이 함께 생활하며 장애가 있는 사람뿐만 아니라, 모든 가족 구성원들에게 다양한 수준의 지원을 제공하는 것이 일반적이다. 이러한 관행은 성인 자녀들이 가족의 집에서 나가기를 기대하는 미국 주류 문화 규범과는 상반된다. 또 다른 경우에, 학생 타히르는 지역 정육점에서 청소하는 일을 훈련받고 있다. 그의 부모들은 그가 돼지고기 제품을 다루어야 할 수도 있기 때문에 반대하는데, 이는 그들의 종교적 신념에 위배된다. 두 사례 모두가 보여주듯이, 부모와 학생들이 구성원인 개별화교육프로그램 팀은 결정을 내릴 때 학생의 학업, 행동, 사회정서적 요인뿐만 아니라 문화와 관련된 요인들도 고려해야 한다.

의 자료가 놀라운 성공률을 보인다는 점에서 더욱 불행한 일이다. 다음으로 많은 자폐가 있는 개인들의 강점을 활용하는 일자리 프로그램의 한 예를 살펴보자.

전 세계적으로, 많은 조직들이 자폐스펙트럼장애가 있는 개인들의 저고용과 실업 문제를 해결하기 위한 프로그램들을 개발했다. 이 중 가장 큰 조직인 오티콘(Auticon)은 자폐스펙트럼장애가 있는 아들을 둔 디르크 뮐러-레무스(Dirk Müller-Remus)에 의해 2011년에 시작되었다. 아이디어는 기술 관련 사업에서 고용 기회를 촉진하고 자극하는 것이다. 이 노력은 독일에 기반을 두고 있지만, 현재 8개국 이상에서 사업을 전개하고 있다. 2018년에 오티콘은 미국 시장에 진출하기 위해 산타모니카에 기반을 둔 소프트웨어 테스팅 회사인 마인드스파크(Mind-Spark)를 인수했다. 여기에 아이디어가 있다: "자폐는 처리 오류가 아니라 다른 운영 체제이다"(Auticon, 2022). 오티콘은 세부사항에 대한 주의, 논리적 분석, 패턴 인식, 오류 탐지, 그리고 일상적 활동에 대한 지속적 집중과 같은 영역에서 뛰어난 인지적 강점을 가진 자폐가 있는 근로자들을 고용한다. 이 중 많은 것들이 자폐스펙트럼장애의 일반적인 특성이지만, 품질 보증과 테스팅, 분석, 소프트웨어 개발과 이전, 보고, 그리고 성능 테스팅을 필요로 하는 회사들에게는 매우 가치 있는 것들이기도 하다. 오티콘은 이러한 근로자들을 고용하여, 그들이 그런 서비스를 필요로 하는 회사들의 컨설턴트가 되도록 한다. 근로자들은 그들의 자폐가 있는 근로자들이 최대한의 잠재력을 발휘할 수 있도록 조정과 근무 조건을 보장하는 직무코치들과 프로젝트 매니저들의 지원을 받는다. 신발 제조, 보험, 금융에서부터 정보 기술과 소프트웨어 개발에 이르는 다양한 회사들의 책임자들로부터의 보고에 따르면 작업이 뛰어났고, 생산성을 높였으며, 예외적인 표준이었다고 한다.

중등도에서 중도 자폐스펙트럼장애가 있는 젊은 성인들을 위한 생활 선택권을 가진 고용

장 시작 부분의 일화와 레슬리 팰랑커(Leslie Palanker)와 그녀의 아들 뤽(Luc)에 대한 이야기를 다시 생각해보자. 그것은 레슬리의 남편이자 뤽의 아버지인 JF 뒤프레인(JF Dufresne)의 작업으로 계속된 이야기의 시작이다. JF는 중등도에서 중도 자폐스펙트럼장애가 있는 가족과 성인들이 전 세계적으로 직면하는 두 가지 문제인 고용과 생활 배치를 해결하고자 하는 흥미진진한 프로그램인 비브르 에 트라바예르 오트르망(Vivre et Travailler Autrement, 다르게 살고 일하기)을 개발했고 개발하고 있다. 이는 미국에서 본느 마담(Bonne Madame) 잼과 젤리로 가장 잘 알려진 프랑스 회사 안드로스(Andros) 때문에 기반을 두고 초기에 가능해졌다. 이 장의 끝부분에 있는 개인 이야기 섹션에서 그것이 어떻게 시작되었는지 더 자세히 알게 될 것이다. 지금은 프랑스 전역에서 복제되고 있고 바라건대 전 세계적으로 복제될 이 프로그램의 몇 가지 핵심 측면들이 있다.

정부, 기업, 그리고 민간 후원자들을 통해, 요구르트와 다른 유제품이 생산되고 저기능 자폐가 있는 사람들이 주중에 살고 일할 수 있는 시범 프로그램이 시작된 오노(Auneau)에 있는 안드로스의 현대적 공장에서 일하고 생활하는 배치가 제공된다.

일과 생활 프로그램 모두 현재 평일 동안 그곳에서 살고 일하는 뤽을 포함하여 자폐가 있는 근로자들의 요구를 수용하기 위해 학습과 근무 환경을 안내하는 자폐 전문가들의 지원을 받는다. 적응된 일과 생산 현장의 전문가들이 일 경험을 개별화하지만, 업무 배정은 회사에 의해 통제된다. 안드로스는 장애가 없는 사람들과 나란히 일하는 자폐가 있는 사람들에게 영구적인 파트타임 일자리를 제공한다. 그들은 동료들과 같은 일을 수행하지만, 절반 시간(주당 17.5시간) 일하며 용돈과 식료품비를 위한 임금을 받고 생활비에 기여한다. 공장 근처의 샤르트르(Chartres)에 있는 특수교육 프로그램의 교사들에 의해 개발된 영리한 전략이 이러한 개인들이 공장에서 배정된 업무를 수행할 때와 또한 나중에 하루 동안 집안일을 하고, 식사를 준비하고, 저녁 식사를 위해 식탁을 차리고, 나중에 치우는 일을 할 때 숙련도를 가질 수 있게 그들을 안내한다. 이 시스템은 TEACCH는 아니지만, 작업 노력과 하루의 활동들을 안내하기 위해 그림들을 사용한다. 이 시스템은 또한 각 그림 아래에 단어들을 포함하고, 그림들에 벨크로 뒷면이 있어서 그것들을 움직여 과제의 필요한 구성요소들의 설계도를 제공하고, 누가 어떤 과제를 작업하고 있는지 보여주며, 그것이 완료되었는지를 나타낼 수 있다. 동료 근로자들도 이 시스템이 그들이 생산 일정과 배정을 추적하는 데 도움이 된다고 보고한다.

현재 11명의 자폐가 있는 근로자들이 오노에 있는 안드로스 공장에 고용되어 있다. 모든 자폐가 있는 근로자들은 주말에 집에 간다; 세 명의 근로자들은 일이 끝난 후 집에 가서 가족과 함께 살지만, 약 여덟 명의 근로자들은 평일 동안 파크 하우스(Parc House)에서 살고 주말에 집에 간다. 2016년에 개장한 파크 하우스는 오래된 성의 부지에 있는 별관이며 공장에서 가까운 거리에 있는 지역 마을에 있다. 이곳은 현재 각 자폐 참가자가 자신만의 욕실이 있는 큰 침실을 가진 최첨단의 접근 가능한 생활 배치이다. 휴식, 사교, 그리고 식사를 위한 많은 밝고 통풍이 잘되는 추가 방들이 이용 가능하다. 매주 초에, 파크 하우스에서 생활하는 사람들은 주간 메뉴를 계획하고, 그에 따라 쇼핑하며, 식료품 저장실을 공유한다. 그들은 큰 주방에서 자신들의 식사를 요리하고, 식탁을 차리며, 치운다. 그들은 자신들의 집안일을 수행한다. 그들은 조직된 문화적 나들이와 레크리에이션 활동에 참여한다. 파크 하우스에서 생활하는 사람들이 지원 직원의 일부 도움을 받아 만든 여러 개의 작은 정원과 닭장을 위한 야외 공간이 있으며, 이것은 아침 식사용 계란을 제공한다.

성공 사례는 놀랍다. 모든 자폐가 있는 근로자들이 12개월의 수습 기간을 완료했고 그들의 일자리에 계속 고용되었다; 그들은 회사에 의해 자산으로 여겨진다; 그들은 다른 방법으로는 불가능했을 훨씬 더 나은 생활양식을 가지고 있다; 그리고 그들의 동료 근로자들은 그들의 성취를 자랑스러워하며 그들과 나란히 일하는 것을 기뻐한다. 마을 주민들은 이러한 자폐가 있는 사람들을 그들 지역사회의 일부로 환영한다. 또한, 그 결과는 기존 돌봄보다 더 낮은 비용이 든다. 이 개념은 다른 안드로스 현장과 미쉐린(Michelin), 로레알(L'Oréal), 루이 비통(Louis Vuitton) 등과 같은 대기업들에 의해 복제되고 있다.

가족과 전환교육 결정

모든 가족들은 그들의 자녀가 장애가 있든 없든 자녀들의 삶에 걸쳐 수많은 전환교육을 경험한다. 대부분의 어린 아동들은 가정에서 보육원이나 유아교육 프로그램으로 전환된다. 많은 가족들에게, 이는 어떤 유형의 프로그램이 그들의 자녀와 가족 예산 및 상황의 요구에 맞을지에 대한 많은 결정을 요구한다. 그러한 다른 전환교육적 판단들은 학교를 갈 때와 학교교육의 각 단계에서 내려진다. 종종 많은 선택과 어려운 결정들을 내려야 한다. 그러고 나서, 다시 한번, 중등교육 후 선택권들에 대한 평가가 있다—그것이 일, 전문대학, 또는 4년제 대학이든지. 장 시작 부분에서 학습한 바와 같이, 자폐스펙트럼장애 아동의 부모들에게는 각 전환교육 기간이 다룰 새로운 도전과 내릴 결정들을 가져올 수 있지만, 이제 자녀들이 나이가 들면서 가족들이 만든 도전과 일부 해결책들을 구체적으로 살펴보자.

중등도에서 중도 장애, 특히 자폐스펙트럼장애가 있는 나이 든 자녀를 둔 가족들은 거의 압도적인 도전과 많은 경우 큰 걱정, 특히 생활 배치에 관한 걱정에 직면한다. 나이 드는 부모들 사이의 공통적인 우려는 그들이 더 이상 자녀들을 돌볼 수 없을 때 자녀들에게 무슨 일이 일어날 것인가에 집중된다. 이전 섹션에서, 우리는 다르게 살고 일하기(Vivre et Travailler Autrement)를 소개했다. 이 장의 뒷부분에서 찾을 수 있는 "사람과 상황" 섹션에서, 그 프로그램을 만들기 위해 일한 사람들과 그들이 극복한 도전들에 대해 알게 된다. 그들의 젊은 자폐가 있는 성인들이 생산적인 일에 참여하고 또한 훈련과 전문 직원을 통해 지원받는 생활할 곳을 가지고 있기 때문에 그것이 독특하다는 것을 기억하라. 불행하게도, 매우 적은 가족들이 그러한 선택권이나 선택지를 이용할 수 있다.

이제 한 미국 가족이 취한 다른 접근법에 대해 생각해보자. 빌리카나스(Villicanas) 가족은 항상 집에서 살았던 그들의 33세 아들 페레즈(Perez)를 위해 이용 가능한 생활 배치에 좌절하고 실망했다. 그들은 그가 말을 하지 못하고 건강상 합병증을 가지고 있기 때문에 그룹홈에는 너무 취약하다고 생각했다. 근처 아파트 임대료는 너무 비쌌지만, 그들은 그가 다른 가족 구성원들 가까이에서 살기를 원했다. 그들은 절망적이라고 느꼈고, 그래서 주에서 지원하는 지역 센터의 도움을 받아 문제를 자신들의 손으로 해결했다. 로스앤젤레스 지역에서 '할머니 집'이라고 불리는 부속 주거 단위의 최근 급증 때문에, 그들은 또 다른 임무를 맡았다: 건설, 건축 허가, 그리고 혼란스러운 규정의 전문가가 되는 것. 비싸긴 했지만, 그들은 모든 종류의 조정을 갖춘 침실 하나, 주방, 그리고 욕실을 완비한 휠체어 접근 가능한 집을 그들의 부지에 짓기로 결정했다. 비록 그들의 아들이 재산을 소유할 수는 없지만, 그의 형제자매들은 할 수 있고, 모두 때가 되면 그들 중 한 명과 그들의 직계가족이 본채로 이사와서 페레즈를 돌볼 것에 동의했다. 비슷한 도전에 직면한 자녀를 둔 많은 부모들이 직면하는 전환교육적 도전에 대한 행복한 해결책이다!

사람과 상황

학습 목표

자폐스펙트럼장애 학생들을 위한 교수의 역사를 설명하고, 그 분야를 괴롭혀온 일부 사기적인 연구 주장들을 언급하며, 오늘날의 더 긍정적인 접근법들을 논의한다.

기원과 역사

- 자폐스펙트럼장애의 역사는 이 장애에 대한 연구와 인식의 진화를 연대기로 기록한다.
- 자폐스펙트럼장애의 원인에 대한 잘못된 정보는 자폐스펙트럼장애가 있는 아동, 그들의 가족, 그리고—백신-자폐 연관성을 거짓으로 주장한 사기적 연구 때문에—이 질환이 없는 아동들에게까지도 부정적인 영향을 미쳤다.

자폐스펙트럼장애의 역사

자폐스펙트럼장애가 항상 인간 상태의 일부였음에도 불구하고, 그 실제 판별은 비교적 최근의 일이다. 1911년, 스위스 정신과 의사인 오이겐 블로일러(Eugen Bleuler)는 적극적으로 자신들만의 세계로 물러나는 조현병 환자들을 설명하기 위해 자폐라는 용어를 만들어냈다. 몇십 년 후인 1943년, 또 다른 정신과 의사인 레오 카너(Leo Kanner)는 "극단적인 자폐적 고립"을 보이고 의사소통하지 못하거나 주변 사람들과 정상적인 사회적 관계를 형성하지 못하는 11명의 아동에 대해 보고했다. 그 당시, 자폐 증상들은 현재와 같이 경증에서 중증까지의 범위로 분류되지 않았다. 오히려, 자폐 분류는 언어, 인지, 그리고 행동에 중증 문제를 가진 개인들만을 포함했다.

카너가 자폐를 특성화하고 있을 무렵과 거의 같은 시기에, 오스트리아에서 일하는 정신과 의사인 한스 아스퍼거(Hans Asperger)는 개인들이 자폐 증상을 가지고 있지만 고기능이며, 종종 특별한 재능을 가진 관련 질환을 설명했다. 아스퍼거는 그가 연구한 많은 아동들을 "작은 교수들"이라고 불렀는데, 그들이 자신이 좋아하는 주제에 대해 매우 상세하게 이야기할 수 있었기 때문이다. 이러한 분절기술에도 불구하고, 그들은 타인에 대한 공감을 거의 보이지 않았고, 친구를 사귈 수 없었으며, 종종 특별한 관심사에 몰두했다. 많은 전문가들은 이 질환을 자폐의 경미한 형태로 여겼고 때때로 "고기능 자폐"

라고 설명했는데, 이러한 개인들 중 많은 사람이 직업을 갖고 독립적인 삶을 살 수 있었기 때문이다. 이 질환은 결국 한스 아스퍼거의 이름을 따서 명명되었고, 처음에는 아스퍼거 장애 또는 아스퍼거 증후군이라고 불렸다. 20세기 대부분에 걸쳐, 정신의학은 자폐스펙트럼장애 치료에 거의 희망을 제시하지 못했다.

1994년, 미국정신의학회는 아스퍼거 장애를 DSM-IV 정의에 추가했다. DSM의 그 버전은 전반적 발달장애라는 용어를 사용했으며, 이는 다섯 개의 별개 장애들을 포함했다: 자폐성 장애, 아스퍼거 장애, 달리 분류되지 않는 전반적 발달장애(PDD-NOS), 레트 장애, 그리고 아동기 붕괴성 장애. DSM의 1994년 판은 또한 앞서 언급했듯이 후속적인 출현율 증가에 기여한 고기능 자폐를 포함하도록 정의를 확대했다. 2005년까지, 자폐스펙트럼장애에 대한 아이디어들이 다시 바뀌었다. 다섯 개의 별개 장애들 대신, 일반적으로 자폐스펙트럼장애의 일부로 세 개만이 포함되었다: 자폐, 아스퍼거 장애, 그리고 PDD-NOS. 새로운 연구 결과들이 지속적인 대중과 전문가의 논의 및 토론과 결합되어, 2013년 DSM-5가 출시되고 자폐스펙트럼장애를 경증에서 중증까지 범위를 갖는 하나의 장애로 분류했을 때 이 장애의 재개념화로 이어졌다.

1960년대에, 연구자들은 자폐와 관련 장애들의 역학적 기초를 조사하기 시작했을 뿐만 아니라 언어, 행동, 그리고 사회적 기술을 향상시키기 위한 연구기반실제들을 개발하기 시작했다. 자폐가 나쁜 양육에 의해 야기된다는 이론을 지지하는 증거는 발견되지 않았다(아래에서 논의됨). 대신, 전문가들은 자폐스펙트럼장애가 유전적 기초를 가진 신경생물학적 문제들로부터 비롯된다고 결론지었다. 이 시기 동안의 행동 교수 기법의 연구와 개발은 오늘날 자폐스펙트럼장애가 있는 학생들과 함께 사용되는 많은 검증된 실제들의 토대를 마련했다. 이바 로바스(Ivar Lovaas)와 다른 연구자들은 자폐스펙트럼장애 아동들을 위한 응용행동분석 접근법의 힘을 입증하는 40년 이상의 연구가 된 것을 시작했다. 젊은 자폐 프로그램(Young Autism Program, YAP)은 이 작업에서 성장했다. YAP는 과제분석, 개별시행, 긍정적 강화, 그리고 직접적 또는 명시적 교수와 같은 앞서 논의된 절차들에 의존하는 집중적(주당 최대 40시간) 프로그램이다. YAP에서는 아동이 일상생활의 모든 측면에 독립적으로 참여하는 데 필요한 모든 기술들이 숙달될 때까지 한 번에 하나의 기술을 가르친다. 상당한 연구가 YAP를 지지하지만, 그것은 주로 학교 기반이 아닌 가정 기반 환경에서 평가되었다.

자폐스펙트럼장애가 있는 사람들의 가족 구성원들도 그 분야의 역사에 영향을 미쳤다. 버나드 림랜드(Bernard Rimland)는 그의 아들이 자폐스펙트럼장애 진단을 받은 후 자폐스펙트럼장애 연구에 자신의 경력을 바친 심리학자였다. 1965년, 림랜드는 현재 자폐협회(Autism Society)라고 불리는 자폐아동을 위한 국가 협회라는 부모 옹호 단체를 결성했다. 오늘날, 그 조직의 웹사이트(http://www.autism-society.org)는 그 질환에 대한 신뢰할 만한 정보를 수집, 조직, 그리고 배포한다. 자폐말하기(Autism Speaks)는 자폐스펙트럼장애가 있는 아동의 조부모인 밥과 수잔 라이트(Bob and Suzanne Wright)에 의해 2006년에 설립되었다. 그들의 조직에 대한 라이트 부부의 목적은 원인을 결정하고, 효과적인 치료를 판별하며, 자페스펙트럼장애의 치료법을 찾기 위한 연구를 위해 자금을 모으는 것이었다. 그들의 노력은 연구, 예방, 그리고 치료를 위한 수백만 달러의 민간 및 연방 자금을 창출했다. 자폐 말하기 웹사이트(https://www.autismspeaks.org)는 자폐스펙트럼장애에 대한 또 다른 신뢰할 만한 정보원이다.

백신을 둘러싼 잘못된 정보

불행하게도, 자폐스펙트럼장애의 원인에 관한 거짓 주장들은 아동들과 그들의 가족들에게 돌이킬 수 없는 해를 끼쳤다. 1967년, 저명한 심리학자인 브루노 베텔하임(Bruno Bettelheim)은 나쁜 양육이 유아기 자폐를 야기한다는 이론을 제시했다. 특히, 그는 차갑고 냉담한 "냉장고 어머니들"이 그들의 정서적 냉담함이 아기들과의 불충분한 정서적 유대로 이어졌기 때문에 그 장애를 만들어냈다고 주장했다. 그는 또한 그가 부재하거나 약한 아버지들로 여기는 이들에게 책임을 돌렸다. 베텔하임의 자폐에 대한 견해의 홍보는 가족들에게 파괴적이었다. 부모들은 그 장애에 대해 자신들과 서로를 비난했고, 치료 노력들은 비효과적인 정신분석 방법들과 기관 배치에 집중되었다.

두 번째 경우에서, 의료 사기가 여러 대륙의 건강 위기를 야기했다. 1998년, 존경받는 의학 학술지인 『랜싯(The Lancet)』이 3가지 통합 홍역, 볼거리, 그리고 풍진(MMR) 백신이 위장 문제와 자폐를 야기한다고 주장한 영국 연구자 앤드류 웨이크필드(Andrew Wakefield)의 논문을 게재했다. 언론의 광풍이 뒤따랐고 웨이크필드는 세계를 다니며 학회에서 발표하고 인터뷰를 하며 MMR 백신의 보이콧을 촉구했다. 그 결과, 수천 명의 영국과 미국 부모들이 백신을 거부했고, 이는 그들의 아동들을 그러한 질병들과 그것들이 야기하는 장애들(예: 지적장애, 청각장애, 시각장애), 그리고 심지어 죽음의 큰 위험에 처하게 했다.

언론 보도가 과열되고 백신 접종률이 떨어지는 동안, 다른 의학 연구자들은 웨이크필드의 발견을 성공하지 못한 채 재현하려고 시도했다. 연구 후 연구가 자폐스펙트럼장애와 백신 사이의 연관성을 발견하지 못하자, 영국 기자 브라이언 디어(Brian Deer)는 웨이크필드의 연구를 둘러싼 상황을 조사하기 시작했고 비전문적 행위와 의도적 사기를 발견했다. 의료 전문가들, 정부 기관들(예: CDC), 그리고 대부분의 정책 입안자들 사이에서 백신이 자폐나 다른 아동기 장애를 야기하지 않는다는 명확한 이해에도 불구하고, 피해는 이미 가해졌다. 미국과 다른 국가들의 많은 부모들은 한때 거의 근절되었으나 백신 미접종으로 인해서 아동들이 보호받지 못해서 재출현하는 것으로 보이는 아동기 질병들에 대해 자녀들이 백신을 접종받기를 원하지 않는다. 예를 들어, 2022년에 소아마비 사례들이 미국, 영국, 이스라엘, 그리고 전 세계 다른 국가들에서 판별되고 있다. 소아마비는 위험한 질병으로, 감염된 많은 사람들을 심각한 건강 상태와 다른 장애들로 남겨둔다. 사례 수는 여전히 적지만, 아동들이 소아마비뿐만 아니라 최근 수십 년 동안 거의 볼 수 없었던 홍역과 볼거리 같은 다른 질병들로부터 보호받을 필요성에 대한 경고음이 울렸다.

개인 이야기들

- 자폐스펙트럼장애가 있는 사람들의 대변인인 템플 그랜딘과 일상생활에서 자신의 길을 만들어가

는 젊은 자폐가 있는 성인들의 삶에 대한 TV 프로그램이 이 장애에 대한 개인적 통찰을 제공한다.

- 자폐스펙트럼장애는 전체 가족, 즉 아동, 부모, 그리고 다른 가족 구성원들에게 상당한 영향을 미칠 수 있다.

일부 자폐가 있는 사람들의 경험

의사소통이 자폐스펙트럼장애에 의해 영향받는 주요 영역 중 하나이기 때문에, 이 장애가 있는 많은 개인들은 그것이 자신들에게 어떻게 영향을 미치는지 적절히 표현할 수 없다. 대학 교수이자 세계적으로 유명한 동물 사육 전문가인 템플 그랜딘은 자폐스펙트럼장애에 대한 자신의 경험에 대해 공개적으로 말하며 이 질환에 대한 드문 통찰을 제공한다. 그녀의 저서 『그림으로 생각하기: 자폐와 함께하는 나의 삶』에서, 그녀는 자신이 어떻게 그림으로 생각하는지 그리고 단어들이 그녀에게 어떻게 제2언어와 같은지 설명한다. 그녀의 마음속에서, 그녀는 말로 하고 쓰인 단어들을 소리가 포함된 풀컬러 비디오와 그림들로 번역한다. 그랜딘은 자신이 감정을 경험하지만 그것들이 종종 아이 같다고 강조한다. 그녀는 자신이 아이였을 때 울화발작을 했지만 그것들이 실제로는 분노나 좌절의 표현이 아니라 오히려 "회로 과부하"의 결과였다고 설명한다. 그녀는 자신의 감정들을 더 자세히 설명한다: "내가 화가 날 때, 그것은 오후 뇌우와 같다; 분노는 강렬하지만, 일단 내가 그것을 극복하면, 감정은 빠르게 사라진다... 나는 여전히 삶의 주요 동기가 복잡한 감정들에 의해 지배되는 사람들을 이해하고 그들과 관계를 갖는 데 어려움을 겪는다. 나의 행동들은 지성에 의해 안내되기 때문이다"(Grandin, 1996, p. 90). 템플 그랜딘의 이야기는 또한 HBO 영화에도 소개되었다.

이 장의 "영상 속에서" 특집에서, 우리는 스트리밍 회사에서 제작한 시리즈를 소개함으로써 약간 다른 접근을 취한다. 우리는 독립적인 성인기로 자신들의 길을 찾으려고 노력하는 자폐스펙트럼장애가 있는 세 명의 젊은이들에게 초점을 맞춘 2022년 아마존 프라임 시리즈를 강조한다. 이 쇼의 많은 측면들이 그것을 차별화한다. 첫째, 쇼의 제작자인 제이슨 카팀스(Jason Katims)는 자폐가 있는 아동의 부모이다. 둘째, 모든 주인공들이 "신경다양성" 개인들이고, 제작진의 많은 구성원들이 "스펙트럼상에 있다"고 정체성을 밝힌다. 셋째, 세 명의 주연 배우들 각각이 자폐스펙트럼장애를 가지고 있다. 자폐스펙트럼장애가 있는 시청자의 리뷰들은 긍정적이다—개선을 위한 제안들이 있지만—그리고 등장인물들과 관련되기 쉬웠고 화면에서 "보이는" 것이 좋았다는 의견으로 마무리되어, 쇼의 진정한 묘사를 증명한다.

가족에 미치는 영향

부모, 형제자매, 그리고 다른 친척들을 포함하여 많은 가족 구성원들에게, 자폐스펙트럼장애의 영향은 압도적이고 모든 것을 소모하는 것으로 느껴질 수 있다. 그들은 학교에서 받는 것 이상의 응용행동분석과 언어치료 같은 지원, 필요한 구조와 일상의 설정, 그리고 지속적인 감시와 감독 제공을 위해 과도한 양의 시간과 돈을 소비한다. 그러나 일상적 상호작용의 사회적이고 의사소통적 요구들은 일상생활 활동들에서 문제를 야기할 수 있다: 상점에 가기, 동네를 걷기, 형제자매의 스포츠 경기 보기. 아동의 일상에서의 작은 변화들이 울화발작과 가족 구성원들의 후속적인 불편함이나 당황을 야기할 수 있다. 일부 부모들은 사람들이 이해할 수 있도록 자신의

영상 속에서 **있는 그대로(As We See It)**

> 때로는 재미있고, 때로는 감미롭고, 종종 가슴 아픈 이 쇼는 각각 독립을 성취하고, 친구를 사귀고, 일자리를 얻고, 종종 어색한 상황들을 헤쳐나가려고 노력하는 세 명의 룸메이트들을 따라간다. 각 사람은 다른 배경에서 왔고 다른 도전들을 경험하지만, 모두 성인기의 복잡한 세계를 헤쳐나가려고 노력한다. 줄거리는 이러한 젊은이들이 그들의 나이에 흔한 정상적인 관계들에 참여하려고 노력하지만 확실히 더 달성하기 어려운 상황을 따라간다. 각자는 서툰 사회적 상호작용을 헤쳐나가고, 감정들을 다루고, 도전들에 맞서고, 성공들을 경험해야 한다.

아이가 "나는 자폐가 있습니다"라고 쓰인 셔츠를 입기를 바란다고 표현했다; 다른 부모들은 실제로 행동적 에피소드 동안 구경꾼들에게 나누어주는 자신의 아이의 상태를 설명하는 작은 카드들을 가지고 있다. 슬프게도, 일부 가족들은 어색하거나 불편한 사건들을 피하기 위해 아이를 공공장소에 데리고 나가는 시간을 제한한다.

많은 가족들이 자폐스펙트럼장애와 관련된 비용들로 어려움을 겪는다—다양한 의료적 및 정신건강 상태들을 위한 건강관리뿐만 아니라 보충적 치료들(예: 언어치료, 응용행동분석)이 엄청난 재정적 부담을 만든다. 최근 자료에 따르면 자폐스펙트럼장애가 있는 아동을 지원하는 연간 비용이 60,000달러에 달할 수 있다. 평생 지원 비용은 140만 달러이고 그 사람이 지적장애도 가지고 있다면 240만 달러로 상승한다. 아동의 장애가 스펙트럼의 중증 쪽에 해당하고 아동이 집중적 지원을 필요로 할 때, 부모가 근무 시간을 줄이거나 심지어 완전히 직장을 떠나는 것이 흔하며, 이는 가족의 재정에 추가적인 부담을 가한다.

변화를 만들기: 비브르 에 트라바예르 오트르망(다르게 살고 일하기)

한 놀라운 인물과 그가 설립한 조직이 저기능 자폐가 있는 사람들을 위한 중등교육 후 일과 생활 선택권을 늘림으로써 프랑스의 자폐 공동체에 믿을 수 없는 영향을 미치고 있다. 장-프랑수아(JF) 뒤프레인은 이 영향을 프랑스 전역과 전 세계로 확대하여, 저기능 자폐가 있는 개인들과 그들의 가족들이 중등교육 후 선택권을 이용할 수 있고 접근할 수 있게 만들기를 희망한다.

JF는 변화를 만드는 독특한 위치에 있는 변화 주도자이다. 그는 흠잡을 데 없는 자격을 갖춘 사업가이다: 주요 광고 회사의 사장이자 유제품, 제과, 디저트 제품을 생산하는 대규모 농업 관련 사업체인 안드로스(미국에서 가장 주목할 만한 것은 본느 마담 잼과 젤리 라인)의 최고 경영진이다. 그는 또한 비브르 에 트라바예르 오트르망(다르게 살고 일하기; vivreettravaillerautrement.org)이라고 불리는 협회의 설립자이자 회장이다. 2015년에 설립된 이 협회는 자폐가 있는 사람들과 그들의 가족들을 대신하여 옹호활동을 한다. 이러한 자격들이 JF에게 변화를 만드는 데 필요한 영향력을 준다. 그의 열정은 그

JF가 직면한 도전들

프랑스에서는 국가가 장애인들을 지원해야 하고, 그래서 각 장애인과 그들의 가족들을 대신하여 모든 결정을 내린다. 정부는 그 사람의 기술들을 사정평가하고 어떤 서비스를 제공할 것인지와 그 사람이 어떤 일을 하도록 훈련받을 것인지를 결정한다. 이러한 결정들은 "의료-심리사회적 방향"에서 내려진다. 국가 공무원들은 JF에게 뤽이 평생 재활 시설에 배치될 것이라고 말했다. JF가 방문한 일부 시설들은 문이 잠겨 있었다. "그것들은 감옥이나 정신병원 같은 기관들이었다." 관리자들은 모두 자폐에 대한 훈련을 받지 않은 의사들이었다; 그들은 단순히 자폐가 있는 젊은 성인들에 대한 서류를 완성하기 위해 설문지를 작성했다. JF가 이러한 곳들에서 본 사람들은 매우 활동적이지 않았고, 그는 그들이 약물을 투여받고 있다고 확신했다. 남성과 여성이 함께 섞여 있었다; 관리자들은 때때로 문제가 있다고 인정했다. JF는 자신의 아들이 약물을 투여받고 평생 갇혀 있게 될 것이라는 사실에 공포를 느꼈다고 말한다. 의사들은 JF에게 뤽이 절대 일하지 못할 것이며 그가 다른 부모들처럼 단지 아들의 능력을 과대평가하고 있을 뿐이라고 말했다.

JF는 "실험을 해보기로" 결정하고, 다른 것을 시도하며, 자신의 아들을 포함할 시범 프로그램을 설정했다. 먼저, 그는 그것을 기꺼이 할 공장을 찾아야 했다. JF가 안드로스에서 일하고 있었기 때문에, 그는 뤽을 알고 있고 그 아이디어에 흥미를 느낀 회사의 소유주/사장에게 갔다. JF는 자폐가 있는 사람들이 노동력의 생산적인 구성원이 될 수 있다는 것을 입증하는 사례를 만들고 싶었다. 안드로스의 소유주가 동의했다.

둘째, 그는 직원들(예: 코치, 지원 인력)을 고용하기 위한 자금 조달을 받아야 했다. 하지만, 그가 구상한 프로그램은 프로그램들이 맞춰야 하는 요구사항과 범주들을 가진 보건가족법에 해당하지 않았다. 그들은 지역 병원을 통한 시범으로써 자금이 그들에게 흘러갈 수 있는 방법을 찾았다. 공장에서 멀지 않은 샤르트르의 병원이 동의했다. 그들은 심지어 매일과 매주의 로드맵 역할을 하는 시각적 자료들로 이어진 기술적 지원을 제공했다!

셋째, 그들은 2014년에 자폐가 있는 사람들이 이미 공장에서 일하고 있는 직원들과 나란히 일할 수 있는 작업 프로그램으로 시작했지만, 지폐가 있는 근로자들이 평일 동안 살 수 있는 생활 배치를 원한다는 것을 알고 있었다. (모든 사람이 주말에는 집에 간다.) 이전에 알아본 파크 하우스는 매우 오래된 성의 일부였던 오래된 농가의 재건축 후 2016년에 문을 열었다. 전체 프로젝트의 성공은 JF에게 다른 회사들과의 모든 복제 노력들이 근무 관계와 일치하는 생활 배치를 가져야 한다는 것을 확신시켰다.

넷째, 지역 공동체가 그 노력에 참여하고 헌신해야 했다. 프로젝트를 설명하고 두려워하지 말라고 말하는 전단지들이 상점 주인들에게 보내졌다. 오후에, 자폐가 있는 근로자들은 마을에 가서 식료품을 산다. 많은 소개 행사들 후에, 공동체는 환영하는 곳이 되었고 모든 마을 축하 행사의 일부가 되었다. 그것은 새로운 시민들을 포용한다.

사람들이 계속해서 그것이 절대 기능하지 못할 것이라고 말했음에도 불구하고, 이 첫 번째 노력은 대성공이었다! 자폐가 있는 근로자들은 행복하고 생산적이다. 그들의 동료 근로자들은 기뻐하고, 노동조합들은 매우 지지적이다. 생산성 자료가 그 사례를 증명한다; 공장의 전체 생산성이 증가했다. 전반적으로, 회사의 이미지가 향상되었고, 정부는 이제 그 기준에 "맞는" 다른 프로그램들과 마찬가지로 직접 자금을 지원하고 있다. 복제할 때가 되었다. 총 8개 현장이 이제 두 번째 안드로스 공장 현장과 여러 로레알 공장들을 포함하여 비교할 만한 프로그램들을 개발했다. 그들은 비브르 에 트라바예르 오트르망 조직으로부터 기술적 지원을 받고 있다. 희망은 프랑스 내외에서 향후 몇 년 내에 20개 현장을 갖는 것이다.

의 삶의 경험에 기반한다: 그와 이 장의 시작 부분에서 만난 레슬리 펠랑커가 그들의 자폐가 있는 성인 아들인 뤽의 부모이다. 그가 효과적인 변화 대행인(주도자)인 가장 중요한 이유는 아마도 JF의 성격일 것이다. 그는 따뜻하고, 친절하고, 상냥하고, 카리스마가 있지만, 강인한 협상가이다. 우리는 이 장의 "전환교육" 섹션에서 뒤프레인 씨가 안드로스에서 설립한 일/생활 프로그램의 개요를 제공했다. 앞의 박스에서, 다르게 살고 일하기가 어떻게 생겨나게 되었는지의 이야기가 JF에 의해 설명된다.

미래 전망

학습 목표

자폐스펙트럼장애 원인에 대한 새로운 연구를 설명하고, 자폐스펙트럼장애에 대한 일부 인기 있는 비검증 치료 유행들을 판별하며, 교사와 부모가 학생들과 자신들을 위해 적절한 앱과 보조공학을 선택하는 방법을 이해한다.

예방: 새로운 연구

- 알려진 예방 조치는 없지만, 현재 연구는 자폐스펙트럼장애가 다중 유전적 요인과 환경적 연관성의 조합에 의해 야기된다고 시사한다. 다른 요인들이 자폐스펙트럼장애와 연관되어 있지만, 그것들이 반드시 원인은 아니다.
- 부모들은 검증되지 않은 치료들을 경계해야 한다.

자폐스펙트럼장애 예방

이 장의 시작 부분에서 발견되는 "원인" 섹션에서, 자폐스펙트럼장애의 단일 원인은 알려져 있지 않으므로 현재 예방 조치가 존재하지 않는다는 것을 학습했다. 자폐스펙트럼장애의 유전적 구성요소에 대한 상당한 합의가 존재하지만, 다른 일부 장애들 및 질환들과는 달리, 특정 유전자나 유전자 조합은 아직 판별되지 않았다. 연구자들은 자폐스펙트럼장애가 명확히 유전적 구성요소를 가지고 있다고 확신하는데, 가족 구성원들 사이에서 자폐스펙트럼장애의 현저히 높은 비율이 발생하고, 백 개가 넘는 유전자, 유전적 표지자(유전자 또는 DNA 서열), 그리고 유전적 돌연변이들이 그 질환과 연결되어 있기 때문이다. 자폐스펙트럼장애가 있거나 없는 쌍둥이 쌍에 대한 수천 건의 연구에서, 그 영향의 56%에서 95%가 유전적이라고 추정된다. 다른 요인들도 조산, 저체중 출생, 제왕절개 분만, 그리고 산전 교통 관련 대기 오염 노출(특히 임신 3기 동안)과 같이 자폐스펙트럼장애와 연관되어 있다. 이러한 요인들이 자폐스펙트럼장애와 연관되어 있다는 점을 주목하는 것이 중요하다. 연관성은 특정 요인들이 존재할 때 자폐스펙트럼장애 사례들의 더 높은 수가 발생하지만 반드시 원인은 아니라는 것을 의미한다. 현재 의학적 고찰은 자폐스펙트럼장애가 무엇보다도 유전적 질환이라는 것이다. 하지만, 연구자들은 또한 환경적 영향들을 주목했으며, 이는 개인이 환경적 자극에 의해 촉발될 수 있는 자폐스펙트럼장애에 대한 유전적 소인을 가질 수 있다는 가설을 지지한다.

새로운 치료들: 부모들을 위한 주의사항

아동이 자폐스펙트럼장애로 판별될 때, 조기중재 서비스들은 장애의 영향을 상당히 줄일 수 있다. 따라서, 자폐스펙트럼장애가 있는 아동들을 가능한 한 일찍 판별하기 위해 18개월과 24개월 유아들에

신뢰할 만한 자료원들

이 장 전체에 걸쳐, 우리는 해당 섹션의 내용과 관련되거나 일치하는 신뢰할 만한 조직들에 대한 다수의 링크들을 제공했다. 사용의 편의를 위해 그것들을 다시, 모두 함께 한 곳에 제공하는 것이 도움이 될 것이라고 생각했다.

- 자폐스펙트럼장애 유아 이니셔티브, http://asdtoddler.fpg.unc.edu
- 자폐과학재단, http://autismscience foundation.org/what-is-autism/beware-of-nonevidence-based-treatments/
- 자폐협회, www.autism-society.org
- 자폐말하기, www.autismspeaks.org
- 질병통제예방센터, www.cdc.gov
- 자폐스펙트럼장애 국가전문개발센터, http://autismpdc.fpg.unc.edu

대한 전면적 선별이 권장된다. 이러한 유아들은 그들의 독특한 사회적-의사소통 및 행동적 요구에 개별적으로 맞춤화된 언어-언어치료, 응용행동분석, 그리고 다른 지원들과 같은 서비스들을 받기 시작할 수 있다.

자폐가 있는 아동의 부모들은 자폐 치료를 홍보하는 치료들에 대한 연구의 비판적 소비자가 되어야 한다. 무엇보다도, 치료가 자폐스펙트럼장애를 치료할 수 있다는 모든 주장은 거짓이다. 자폐스펙트럼장애에 대한 알려진 치료법은 없으며, 사회적-의사소통 기술을 향상시키고 행동적 도전들을 줄일 수 있는 연구기반 중재들만이 있을 뿐이다. 부모들과 가족 구성원들은 백신에 대한 것뿐만 아니라, 검증되지 않은 치료들에 대한 거짓 정보에 대해 고도로 경계해야 한다. 우리는 자폐를 "치료하는" 검증되지 않은 프로그램들, 치료들, 그리고 절차들에 대한 광고들과 증언들로 폭격당하고 있다. 라디오든, 인터넷을 통해 배포되든, 블로그든, 또는 텔레비전이든, 우리는 모두 긴급한 주의와 다른 사람들의 모집이 필요한 치료들에 대한 주장들을 들어왔다. 그러한 피해자화가 새로운 현상이 아니고 학습장애가 출현율의 증가를 보았던 1970년대와 1980년대에 이전에 보였던 것이지만, 이 새로운 경향은 자폐스펙트럼장애가 있는 아동의 부모들을 속이려고 한다. 광고되고 있는 것들 중에 실행 가능한 치료 절차가 있을 수도 있지만, 대부분은 그렇지 않을 가능성이 높다. "구매자는 조심하라!"는 오래된 표현이 따라야 할 길이어야 한다. 예를 들어, 돌고래 보조 치료와 같은 일부 치료들은 비교적 안전하고 재미있을 수 있지만, 자폐스펙트럼장애 증상들에 긍정적인 변화를 만들어내지는 못한다. 표백제 치료(아동들에게 희석된 표백제를 포함하는 경구 용량이나 관장을 주는 것)와 같은 다른 치료들은 극도로 위험하다. 검증되지 않은 한 인기 있는 치료는 글루텐 프리/카제인 프리 식단이다.

글루텐은 밀, 보리, 그리고 호밀에서 발견되는 단백질이고; 카제인은 유제품에서 발견되는 단백질이다. 이 식단이 언어, 주의, 활동과 수면 수준, 또는 배변 습관에 영향을 미치지 않는다는 일관된 증거에도 불구하고, 모든 가족의 50%에서 75% 어디에서든 자폐스펙트럼장애가 있는 자녀들을 이 제거 식단에 두었다고 추정된다. 또한, 현재까지 자폐스펙트럼장애의 핵심 증상들을 치료하는 데 효과적인 약물은 없지만, 일부 약물들은 불안, 수면 장애, 그리고 발작과 같은 공존 증상들에 도움이 될 수 있다. 약물을 고려하기 전에, 부모들은 자폐 전문가인 의사와 함께 일해야 한다. 어떤 치료나 치료를 시작하기 전에, 부모들은 그 사용을 지지하는 과학적 기초가 있는지 질문하고 또한 위험과 잠재적 이익들을 이해해야 한다. 교사들이 부모들을 도울 수 있는 것이 바로 여기이며, 치료나 절차를 검증하는 데 관련된 것을 이해하고, 고품질 연구의 핵심 지표들(예: 피험자들의 무선 배정, 잘 매칭된 비교 집단들, 사전 및 사후 검사 설계들)을 알며, 신뢰할 만한 정보 자료들의 판별을 지원하는 데 그들을 돕는다. 자폐가 있는 아동들과 젊은 성인들에게 효과적인 것으로 입증된 그러한 실제들에 대한 상기를 위해, 이 장의 "학령기" 섹션을 다시 참조하라. 앞의 박스에서, 우리는 현재 정보를 위한 일부 신뢰할 만한 자료원들을 목록화한다.

공학: 적절한 보조공학 선택하기

- 앱을 선택할 때, 그것이 어떤 장애를 위해 개발되었는지보다는 실제 기능을 고려하라.
- 앱들과 다른 기술 자료들은 자료 수집과 분석에서 교사들과 부모들을 돕기 위해 활용 가능하다.

앱 고려사항

개발자들은 장애인들을 위한 수십 개의 앱들을 만들어왔으며, 그중 일부는 특히 자폐스펙트럼장애 학생들에게 유익하거나 그들을 위해 독점적으로 개발되었다고 광고된다. 그러나, 장애 특화 앱이 소비자들이 고려해야 할 핵심 특징은 아니다. 일반 대중을 위해 개발된 많은 앱들이 자폐가 있는 개인들에게 효과적이며 자폐스펙트럼장애가 있는 사람들을 위해 특별히 개발되었다고 광고되는 것들보다 종종 덜 비싸다. 오히려, 특정 특성들이나 목적들—사회적 기술, 자기조절, 언어 사용, 행동 지원이나 추적, 불안 감소—의 개선에 대한 초점이 더 적절하다. 앱들을 선택할 때, 목적, 연령 범위, 기술, 사용 용이성, 비용, 그리고 평판 좋은 조직들로부터의 평점이나 추천과 같은 일부 핵심 요인들을 고려하는 것을 기억하라. 자폐말하기 웹사이트는 https://www.autismspeaks.org/tips-using-assistive-technology-devices에서 보조공학 기기 사용 팁들을 제공한다. 기술은 특히 자폐가 있는 사람들에게 매력적이다; 그것은 절대 모든 것을 소모하거나 인간 상호작용을 대체해서는 안 된다. 표 8.8은 자폐스펙트럼장애 학생들을 위한 일부 일반적인 표적 영역들과 그러한 요구들을 다루는 일부 현재 앱들을 목록화한다. Proloquo2Go가 친숙하게 들린다면, 그것은 우리가 제5장에서 말-언어장애를 위해 최초 소개했기 때문이다.

이 특정 앱은 장애가 아닌 기술이 어떻게 주요 선택 고려사항이 되어야 하는지를 보여준다. 기술은 빠르게 변화한다는 것을 기억하라. 그래서 이러한 앱들은 예시적 사례들로 제공된다; 이 목록은 결코 완전하지는 않다.

표 8.8 아동을 위한 샘플 앱들

표적 영역	앱	설명
의사소통	Proloquo2Gowww.assistiveware.com/product/proloquo2go	말하는 데 어려움이 있거나 전혀 말할 수 없는 사람들을 위한 보완대체의사소통 앱으로, 이 앱은 7,000개 이상의 기호, 자연스럽게 들리는 텍스트 음성 변환 음성 등을 제공한다.
의사소통	PECS® IV+ https://pecsusa.com/apps/	이러한 앱들은 PECS 의사소통 보드와 유사하게 설계되었으며 이 검증된 의사소통 체계의 디지털 버전들을 제공한다.
시각적 일과표, 과제 관리, 조직화	IMPACT Every Day https://impacteverydayapp.com	이 앱은 학생들이 하루 전체를 계획하고, 활동을 추가하고, 알림을 설정하고, 도움을 요청하는 등을 할 수 있는 사용하기 쉬운 시각적 플랫폼을 가지고 있다. 활동들은 또한 며칠, 몇 주, 그리고 몇 달 앞서 계획될 수도 있다.
자기조절	Calm Counter—Social Story and Anger Management Toolhttps://www.youtube.com/watch?v=NLVZmRkfeoE	이 앱은 아동들에게 스스로를 진정시키는 방법을 가르치기 위해 사회적 상황이야기를 사용한다; 거꾸로 세기와 심호흡 같은 시각적 단서와 전략들을 사용한다. 교사들을 위한 무료 버전이 있다.

부모와 교사를 위한 앱들

일부 앱들은 성인들이 행동을 추적하고, 수행 자료를 수집하며, 시간을 관리하는 데 도움이 되지만, 그러한 소프트웨어는 입력된 정보만큼만 좋다는 것을 기억하는 것이 중요하다. 다시, 핵심은 단순히 자폐 특화라고 광고하는 것들을 선택하기보다는 그들의 기능, 평점, 사용 용이성, 그리고 비용에 기반하여 앱들을 선택하는 것이다. 예를 들어, www.wevideo.com 웹사이트는 비디오 모델링과 함께 사용할 비디오들을 편집하는 데 도움이 된다. 교사들과 부모들은 무료 계정을 만들고, 그들의 비디오들을 업로드한 다음, 전문화되거나 비싼 소프트웨어의 필요성을 제거하면서 비디오들을 편집하기 위해 사이트의 도구들을 사용할 수 있다. 다른 경우들에서, 부모들과 교사들은 응용행동분석 자료 수집과 분석을 위한 지원을 제공하기 위해 시각적 일과표를 개발하는 데 도움이 될 수 있는 자원들을 필요로 할 수도 있다. 표 8.9는 몇 가지 예들을 제공한다.

표 8.9 부모와 교사를 위한 샘플 앱들

표적 영역	앱	설명
의사소통	iCommunicatehttp://a4cwsn.com/grembe-inc/	의사소통 보드, 시각적 일과표, 스토리보드, 일상, 선택 보드, 그리고 플래시카드를 만든다; 그림들과 스토리보드, 일상, 그리고 일일 일과표가 미리 로드되어 있다; 오디오를 녹음하고, 텍스트 음성 변환을 사용하고, 개인 사진을 사용하는 등이 가능하다.
행동 자료 수집	Behavior Tracker Prowww.behaviortrackerpro.com	기능적 행동사정평가를 위한 선택권을 포함하여 자료 수집을 지원한다; 표적행동 선택을 허용한다; 자료 분석을 지원하고 자료의 차트, 그래프, 그리고 빈도표를 제공한다.
행동 자료 수집	Skill Tracker Prohttp://www.behaviortrackerpro.com/products/stp/STP-for-iPhone.aspx	기술 습득을 추적하고, 유지 점검을 계획하며, 자료를 엑셀 워크시트로 내보내는 것으로 응용행동분석 실행을 촉진한다; 교사들, 개별화교육프로그램 팀 구성원들, 그리고 가족 구성원들과 공유될 수 있는 중재 회기를 비디오 녹화하는 선택권을 포함한다.

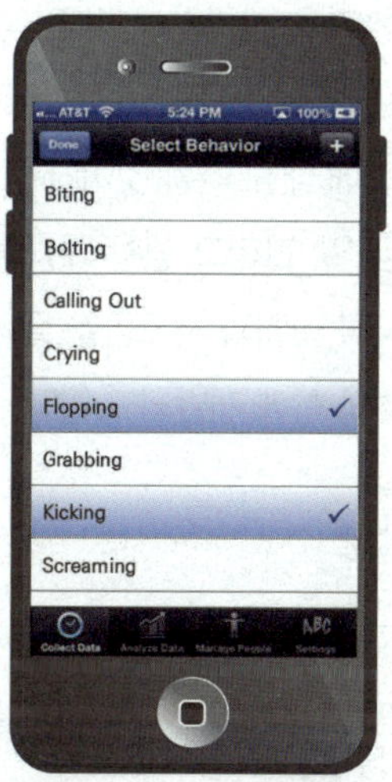

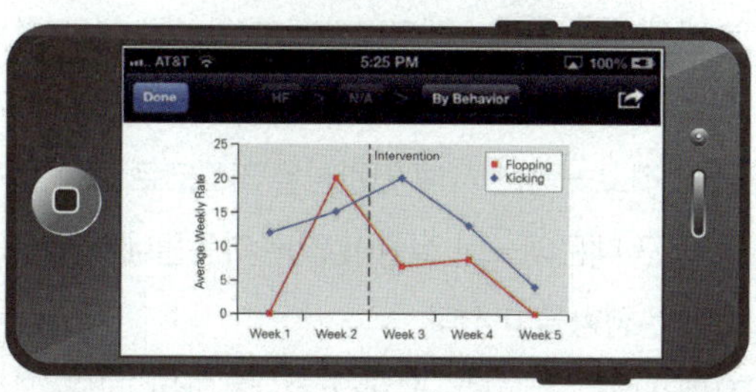

Behavior Tracker Pro 앱은 교사들과 치료사들이 우려되는 정확한 행동들에 대한 자료를 수집할 수 있게 한다(위쪽). 또한 빈도표와 그래프 같은 의미 있는 시각적 형식으로도 자료를 표시한다(아래쪽).

요약

자폐스펙트럼장애 설명

자폐스펙트럼장애(ASD)는 개인들이 사회적 상호작용과 의사소통 기술의 결함뿐만 아니라, 고착된 관심과 반복적 행동을 보이는 질환이다.

- 자폐스펙트럼장애가 있는 개인은 다양한 기술과 특성에 걸쳐 다양한 중증도 수준을 보일 수 있다.
- 사회적 의사소통과 사회적 상호작용의 결함은 자폐스펙트럼장애가 있는 개인들의 대인관계에 어려움을 만들며, 동일성에 대한 요구와 제한적이고 반복적인 행동들은 일상 활동의 수행에 문제를 야기할 수 있다.
- 응용행동분석(ABA)은 바람직한 행동을 증가시키고 원하지 않는 행동을 줄이거나 제거하는 고도로 연구되고 검증된 방법이다.
- 자폐스펙트럼장애의 출현율이 극적인 비율로 증가하고 있지만, 이것이 왜 일어나는지에 대한 명확한 답은 없다.

특수교육

자폐스펙트럼장애는 학업, 행동, 신체적 및 정신적 건강, 대인관계, 그리고 일상생활 또는 독립생활 활동의 많은 영역에서 도전을 만든다.

- 이러한 도전들에 대한 해결책은 보편적 학습설계 틀, 차별화교수, 조정, 보조공학, 그리고 의료적 중재와 함께 응용행동분석, 그림교환의사소통체계(PECS), 그리고 TEACCH를 포함한다.
- 자폐스펙트럼장애 학생들은 행동적 도전들을 다루는 데 필요한 것들과는 다른 사회적 의사소통과 사회적 상호작용과 관련된 증상들에 대한 다른 조정들을 필요로 할 것이다.
- 자폐스펙트럼장애는 명확한 조기 경고 신호들을 가지며, 그중 많은 것들이 아동의 첫 번째 생일까지 명백히 드러난다.
- 그림교환의사소통체계는 표현적 의사소통 기술을 향상시키는 데 사용되는 검증된 실제이다.
- 이전 장들에서 학습한 많은 전략들이 자폐스펙트럼장애 학생들의 의사소통, 학업, 그리고 행동적 도전들을 다루는 데 사용될 수 있으며, 증거기반 시각적 및 청각적 지원들은 질서, 동일성, 그리고 일상에 대한 요구에 도움이 될 수 있다.
- 전환교육 계획은 고기능 자폐스펙트럼장애 학생들(예: 중등교육 후 교육 선택권, 진로 인식 기회, 그리고 사회적 기술 훈련)과 스펙트럼의 저기능 쪽 학생들(예: 고용과 독립생활)에 대해 다룰 것이다.
- 새로운 고용, 일, 그리고 생활 배치들이 자폐가 있는 개인들의 역사적 실업과 저고용을 줄이는 데 대한 미래의 긍정적 신호와 함께 개발되고 있다.

사람과 상황

자폐스펙트럼장애는 1911년에 처음 문서화되었다; 연구의 많은 부분이 정신의학 분야에서 나온다.

- 불행하게도, 자폐스펙트럼장애의 원인에 대한 잘못된 정보는 자폐스펙트럼장애가 있는 아동들, 그들의 가족들, 그리고—백신-자폐 연관성을 거짓으로 주장한 사기적 연구 때문에—이 질환이 없는 아동들에게까지도 부정적인 영향을 미쳤다.
- 자폐스펙트럼장애는 전체 가족, 즉 아동, 부모, 그리고 다른 가족 구성원들에게 상당한 영향을 미칠 수 있다.

미래 전망

현재, 연구자들은 자폐스펙트럼장애의 원인과 치료를 연구하고 있다. 현재 발견들은 다중 유전적 요인과 환경적 연관성의 조합이 이 질환을 야기한다고 시사하며, 현재 치료법은 없다.

- 부모들은 검증되지 않은 치료들을 경계해야 한다.
- 학생들을 위한 것이든 부모들을 위한 것이든 앱이나 보조공학을 선택할 때, 목적이나 기능이 주요 고려사항이어야 한다.

참고문헌

American Psychiatric Association (APA). (2003). *Diagnostic and statistical manual of mental disorders*(4th ed., text revision).

American Psychiatric Association (APA). (2013). *Diagnostic and statistical manual of mental disorders*(5th ed.).

Applied Behavior Analysis Programs. (n.d.). *Applied behavior analysis program guide*. https://www.appliedbehavioranalysisprograms.com/

Asperger, H. (1991). Autistic psychopathy in childhood. In U. Frith (Ed. & Trans.), *Autism and Asperger syndrome* (pp. 37–92). Cambridge University Press. (Original work published 1944)

Auticon. (2022). *Why choose Auticon*. https://auticon.us/projects-services/

Autism Focused Intervention Resources and Modules Team. (2018). *Autism focused intervention resources and modules*. National Professional Development Center on Autism Spectrum Disorder, FPG Child Development Center, University of North Carolina. http://afirm.fpg.unc.edu

Autism Science Foundation. (2022). *Beware of non-evidence-based treatments*. https://autismsciencefoundation.org/beware-of-non-evidence-based-treatments/

Autism Society. (2022). *Employment: Statistics*. https://autismsociety.org/resources/employment/

Autism Speaks. (2022). *Autism statistics and facts.* https://www.autismspeaks.org/autism-statistics-asd Baer, D. M., Wolf, M. M., & Risley, T. R. (1968). Some current dimensions of applied behavior analysis. *Journal of Applied Behavior Analysis, 1,* 91–97.

Baron-Cohen, S. (2001). Theory of mind and autism: A review. In G. Lavaine Masters (Ed.), *International review of research in mental retardation* (pp. 169–184). Academic Press.

Bartholomew, D. (2018, June 14). German employer of autistic professionals to acquire MindSpark. *Los Angeles Business Journal*. https://labusinessjournal.com/technology/german-employer-autisticprofessionals-acquire-min/

Beech, M. (2018). *Accommodations: Assisting students with disabilities* (4th ed.). Bureau of Exceptional Education and Student Services, Florida Department of Education. https://www.fldoe.org/core/fileparse.php/7690/urlt/0070069-accomm-educator.pdf

Behavior Analyst Certification Board. (2014). *Applied behavior analysis treatment of autism spectrum disorder: Practice guidelines for healthcare funders and managers* (2nd ed.). http://bacb.com/wpcontent/uploads/2015/07/ABA_Guidelines_for_ASD.pdf

Bettelheim, B. (1967). *Infantile autism and the birth of self.* Free Press.

Blacher, J., & Christensen, L. (2011). Sowing the seeds of the autism field: Leo Kanner (1943). *Intellectual and Developmental Disabilities, 49*, 172–191.

Bondy, A., & Frost, L. (2002). *A picture's worth: PECS and other visual communication strategies in autism.* Woodbine House.

Boone, L. (2022, September 12). Helping a family plan for the future: A mother was worried about housing her disabled son: Enter an ADU. *Los Angeles Times*. https://enewspaper.latimes.com/infinity/article_share.aspx?guid=29e9e9de-817e-40ac-8bc1-4f6a5a496dd0

Buescher, A. V. S., Cidav, Z., Knapp, M., & Mandell, D. S. (2014, August). Costs of autism spectrum disorders in the United Kingdom and the United States. *JAMA Pediatrics, 168,* 721–728. http://archpedi.jamanetwork.com/article.aspx?articleid=1879723

Cadorniga, C. (2022 January 21). *"As We See It" features autistic actors as autistic characters in a representation win.* https://www.distractify.com/p/

as-we-see-it-actors-autism
Cease-Cook, J., Fowler, C., & Test, D. W. (2015). Strategies for creating work-based learning experiences in schools for secondary students with disabilities. *Teaching Exceptional Children, 47,* 352–358.
Centers for Disease Control and Prevention (CDC). (2022a, December 9). What is autism spectrum disorder? https://www.cdc.gov/ncbddd/autism/facts.html
Centers for Disease Control and Prevention (CDC). (2022b, April 6). *Diagnostic criteria for autism spectrum disorders.* https://www.cdc.gov/ncbddd/autism/hcp-dsm.html
Centers for Disease Control and Prevention (CDC). (2022c, March 28). *Signs and symptoms of autism spectrum disorders.* https://www.cdc.gov/ncbddd/autism/signs.html
Centers for Disease Control and Prevention (CDC). (2022d, March 9). *Treatment and intervention services for autism spectrum disorders (ASD).* https://www.cdc.gov/ncbddd/autism/treatment.html
Centers for Disease Control and Prevention (CDC). (2022e, March 31). *What is autism spectrum disorder?* https://www.cdc.gov/ncbddd/autism/facts.html
Centers for Disease Control and Prevention (CDC). (2023, March 28). *Data & statistics on autism spectrum disorder.* https://www.cdc.gov/ncbddd/autism/data.html
Cerny, B. (n.d.). *Applied behavior analysis program guide: 30 best colleges for students on the autism spectrum.* https://www.appliedbehavioranalysisprograms.com/colleges-for-students-autism/
Cihak, D. F., Smith, C. C., Cornett, A., & Coleman, M. B. (2012). The use of video modeling with the Picture Exchange Communication System to increase independent communicative initiations in preschoolers with autism and developmental delays. *Focus on Autism and Other Developmental Disabilities, 27,* 3–11.
Colvert, E., Tick, B., McEwen, F., Stewart, C., Curran, S. R., Woodhouse, E., . . . Bolton, P. (2015). Heritability of autism spectrum disorder in a UK population-based twin sample. *JAMA Psychiatry, 72,* 415–523.
Deer, B. (2011a). *Exposed: Andrew Wakefield and the MMR-autism fraud.* http://briandeer.com/mmr/lancet-summary.htm
Deer, B. (2011b, January 6). Secrets of the MMR scare: How the case against the MMR vaccine was fixed. *British Medical Journal, 342,* c5347.
DO-IT (Disabilities, Opportunities, Internetworking, and Technology). (2015). *What are typical challenges and accommodations for students with Asperger's disorder and high-functioning autism?* http://www.washington.edu/doit/what-are-typical-challenges-and-accommodations-students-aspergersdisorder-and-high-functioning
Dragoo, K. E. (2020, October 12). *The Individuals with Disabilities Education Act: A comparison of state eligibility criteria.* Congressional Research Service.
Freeman, R. D. (1967). Controversy over "patterning" as a treatment for brain damage in children. *Journal of the American Medical Association, 202,* 385–388.
Frost, L., & Bondy, A. (2002). *Picture Exchange Communication System manual* (2nd ed.). Pyramid Educational Products.
Grandin, T. (1996). *Thinking in Pictures and Other Reports on my Life with Autism.* New York: Vintage Books.
Hart, S. L., & Banda, D. R. (2010). Picture Exchange Communications System with individuals with developmental disabilities: A meta-analysis of single subject studies. *Remedial and Special Education,31,* 476–488.
Hidden Talents ABA. (2022, July 24). *How technology can help children with autism.* https://hiddentalentsaba.com/how-does-technology-help-autism
Höfer, J., Hoffman, F., & Bachmann, C. (2016). Use of complementary and alternative medicine in

children and adolescents with autism spectrum disorder: A systematic review. *Autism*, 21(4), 387-402.

Hume, D., Boyd, B. A., Hamm, J. V., & Kucharczyk, S. (2014). Supporting independence in adolescents on the autism spectrum. *Remedial and Special Education, 35*, 102-113.

Hume, K., Sreckovic, M., Snyder, K., & Carnahan, C. R. (2014). Smooth transitions: Helping students with autism spectrum disorder navigate the school day. *Teaching Exceptional Children, 47*, 35-45.

Hurwitz, S. (2013). The gluten-free, casein-free diet and autism: Limited return on family investment. *Journal of Early Intervention, 35,* 3-19.

Hurwitz, S., & Watson, L. R. (2016). Joint attention revisited: Finding strengths among children with autism. *Autism, 20,* 538-550.

Hyman, S. L., Stewart, P. A., Foley, J., Cain, U., Peck, R., Morris, D. D., . . . Smith, T. (2016). The glutenfree/casein-freediet: A double-blind challenge trial in children with autism. *Journal of Autism and Developmental Disorders, 46,* 205-220.

IMDb. (2022). *Review of As We See It.* https://www.imdb.com/title/tt12530128/

IRIS Center. (2013). *Secondary transition: Helping students with disabilities plan for post-high school settings.* http://iris.peabody.vanderbilt.edu/module/tran/

IRIS Center. (2014). *Autism spectrum disorder: An overview for educators.* http://iris.peabody.vanderbilt .edu/module/asd1/

Jacob, P. (2020). *Le droit à la vraie vis: Les personnes vivant avec un handicap prennent la parole.* Dunod.

Kalkbrenner, A. E., Windham, G. C., Serre, M. L., Akita, Y., Wang, X., Hoffman, K., . . . Daniels, J. L. (2015). Particulate matter exposure, prenatal and postnatal windows of susceptibility, and autism spectrum disorders. *Epidemiology, 26*, 30-42.

Kanner, L. (1943). Autistic disturbances of affective contact. *Nervous Child, 2*, 217-250.

Ledford, H. (2022, August 22). Spate of polio outbreaks worldwide puts scientists on alert. *Nature*. https://www.nature.com/articles/d41586-022-02233-6

Lee, G. K., & Carter, E. W. (2012). Preparing transition-age students with high-functioning autism spectrum disorders for meaningful work. *Psychology in the Schools, 49*, 988-1000.

Lord, C., & Schopler, E. (1994). TEACCH services for preschool children. In S. Harris & J. Handleman (Eds.), *Preschool education programs for children with autism.* PRO-ED.

Lovaas, O. I. (1987). Behavioral treatment and normal educational and intellectual functioning in young autistic children. *Journal of Consulting and Clinical Psychology, 55*, 3-9.

Lovaas, O. I. (1993). The development of a treatment-research project for developmentally disabled and autistic children. *Journal of Applied Behavior Analysis, 26*, 617-630.

Maenner, M. J., Warren, Z., Williams, A. R., Amoakohene, E., Bakian, A. V., Bilder, D. A., . . . Shaw, K. A. (2020). Prevalence and characteristics of autism spectrum disorder among children aged 8 years—Autism and Developmental Disabilities Monitoring Network, 11 sites, United States. *Morbidity and Mortality Weekly Report Surveillance Summaries, 72*(No. SS-2), 1-14. https://www.cdc.gov/mmwr/volumes/72/ss/ss7202a1.htm?s_cid=ss7202a1_w

Mazzotti, V., & Rowe, D. (2015). Meeting the transition needs of students with disabilities in the 21st century. *Teaching Exceptional Children, 47*, 298-300.

McCormick, C., Hepburn, S., Young, G. S., & Rogers, S. J. (2016). Sensory symptoms in children with autism spectrum disorder, other developmental disorders and typical development: A longitudinal study. *Autism, 20*, 572-579.

Mesibov, G. B., & Shea, V. (2010). The TEACCH program in the era of evidence-based practice. *Journal of Autism and Developmental Disorders, 40*, 570-579.

National Professional Development Center on Autism Spectrum Disorders. (2010). *Picture Exchange Communication System (PECS): Steps for implementation.* http://autismpdc.fpg.unc.edu/sites/autismpdc.fpg.unc.edu/files/PECS_Steps.pdf

National Professional Development Center on Autism Spectrum Disorders. (2020, January 27). *Evidence-based practices.* Frank Porter Graham Child Development Institute, University of North Carolina at Chapel Hill. https://autismpdc.fpg.unc.edu/evidence-based-practices

Odom, S. L., & Wong, C. (2015, Summer). Connecting the dots: Supporting students with autism spectrum disorder. *American Educator,* 12–19, 44.

Offit, P. A. (2011). *Deadly choices: How the anti-vaccine movement threatens us all.* Basic Books.

Orange Foundation. (2022). *Autism and professional insertion – it works!* http://www.vivreettravaillerautrement.org/wp-content/uploads/2018/08/Dispositif_Maison_du_parc.pdf

Ott, J. N. (1976). Influence of fluorescent lights on hyperactivities and learning disabilities. Journal of *Learning Disabilities, 9,* 417–422.

Povenmire-Kirk, T. C., Bethune, L. K., Alverson, C. Y., & Kahn, L. G. (2015). A journey, not a destination: Developing cultural competence in secondary transition. *Teaching Exceptional Children, 47,* 319–328.

Pyramid Educational Consultants. (n.d.). *What is PECS?* http://www.pecsusa.com/pecs.php

Pyramid Educational Consultants. (2012). *PECS and the pyramid approach.* www.pecs.org.uk/general/documents/2011Infobrochure.pdf

Pyramid Educational Consultants. (2022). PECS® IV +.

Raz, R., Roberts, A. L., Lyall, K., Hart, J. E., Just, A. C., Laden, F., & Weisskopf, M. G. (2015). Autism spectrum disorder and particulate matter air pollution before, during, and after pregnancy: A nested case-control analysis within the Nurses' Health Study II cohort. *Environmental Health Perspectives, 123,* 264–270.

Rowe, D. A., Mazzotti, V. L., Hirano, K., & Alverson, C. Y. (2015). Assessing transition skills in the 21st century. *Teaching Exceptional Children, 47,* 301–309.

Rudy, L. J. (2022, January 18). *Apps for autism.* https://www.verywellhealth.com/apps-for-autism-4768574

Russa, M. B., Matthews, A. L., & Owen-DeSchryver, J. S. (2015). Expanding supports to improve the lives of families of children with autism spectrum disorder. *Journal of Positive Behavior Interventions, 17,* 95–104.

Sam, A. M., Cox, A. W., Savage, M. N., Waters, S. V., & Odom, S. L. (2020). Disseminating information on evidence-based practices for children and youth with autism spectrum disorder: AFIRM. *Journal of Autism Developmental Disorders, 50,* 1931–1940.

Sam, A. M., Kucharczyk, S., & Waters, V. (2018). Online tools to support the delivery of evidencebasedpractices for students with ASD. *Teaching Exceptional Children, 50*(3), 141–152.

Shogren, K. A., & Plotner, A. J. (2012). Transition planning for students with intellectual disability, autism, or other disabilities: Data from the National Longitudinal Transition Study-2. *Intellectual and Developmental Disabilities, 50,* 16–29.

Skinner, B. F. (1953). *Science and human behavior.* Macmillan.

Smith, D. D. (1992). *Introduction to special education: Teaching in an age of Challenge* (3rd ed.). Allyn & Bacon.

Smith, D. D. (2001). *Introduction to special education: Teaching in an age of Opportunity* (4th ed.). Allyn & Bacon.

Spencer, R. D., Petersen, D. B., & Gillam, S. L. (2008). Picture Exchange Communication System (PECS) or sign language: An evidence-based decision-making example. *Teaching Exceptional Children, 41,* 40–47.

Steinbrenner, J. R., Hume, K., Odom, S. L., Morin, K. L., Nowell, S. W., Tomaszewski, B., . . . Savage, M. N. (2020). *Evidence-based practices for children, youth, and young adults with autism.* Frank Porter Graham Child Development Institute, University of North Carolina at Chapel Hill, National Clearinghouse on Autism Evidence and Practice Review Team.

Sturmey, P., & Sevin, J. A. (1994). Defining and assessing autism. In J. L. Matson (Ed.), *Autism in children and adults: Etiology, assessment, and intervention* (pp. 13–36). Brookes/Cole.

Taylor, C. (2014, June 24). *Raising an autistic child: Coping with the costs.* http://time.com/money/2918134/cost-raising-autistic-child/

Travers, J. C., Higgins, K., Pierce, T., Boone, R., Miller, S., & Tandy, R. (2011). Emergent literacy skills of preschool students with autism: A comparison of teacher-led and computer-assisted instruction. *Education and Training in Autism and Developmental Disabilities, 46,* 326–338.

University of North Carolina School of Medicine. (2012). *TEACCH approach.* http://teacch.com/about-us-1/what-is-teacch

U.S. Bureau of Labor Statistics. (2022, September 2). Economic News Release: Table A-6. *Employment status of the civilian population by sex, age, and disability status not seasonally adjusted.* https://www.bls.gov/news.release/empsit.t06.htm

U.S. Department of Education. (2006). Assistance to states for the education of children with disabilities program and the early intervention program for infants and toddlers with disabilities; Final rule. *Federal Register,* 34 CFR Parts 300 and 301.

U.S. Department of Education. (2022). *Child count and educational environments.* [IDEA Section 618 Data Products: State Level Data Files.] Retrieved from https://data.ed.gov/dataset/idea-section-618-state-part-b-child-count-and-educational-environments/resources

U.S. Department of Education, Office of Special Education Programs, Data Analysis System (DANS). (2012). *Children with disabilities receiving special education under Part B of the Individuals with Disabilities Education Act-2011.* www.ideadata.org

U.S. Department of Education Press Office. (2022, September 21). *Education Department awards $177 million in new grants to increase competitive employment for people with disabilities.* https://www.ed.gov/news/press-releases/education-department-awards-177-million-new-grants-increasecompetitive-employment-people-disabilities

Very Well Health. (2022). *Autism apps.* https://www.verywellhealth.com/apps-for-autism-4768574

Vivre et travailler autrement.org. (2017). *Opening of the Parc House: Innovative site for insertion of through work of autistic people* [Brochure]. http://www.vivreettravaillerautrement.org

Weng, O., Savage, M. N., & Bouck, E. C. (2014). iDIY: Video-based instruction using iPads. *Teaching Exceptional Children, 47,* 11–19.

제 9 장

지적장애

숀 알레옹(Shawn Aleong)은 템플 대학교의 대학생이자 펜실베니아 장애인권리기구의 인턴이며, 전국유색인종지위향상협회의 회원이다. 그는 또한 장애인 및 시민권 옹호자이기도 하다. 이전에, 그는 필라델피아 경찰자문위원회의 회원이었고 장애인의 권리를 옹호하는 조직인 필라델피아 아크(The Arc of Philadelphia)의 이사회 구성원이었다. 알레옹은 뇌성마비와 지적장애를 가지고 있다. 2022년, 조 바이든 대통령은 그를 존 F. 케네디 대통령의 암살 후 1966년 린든 존슨 대통령에 의해 설립된 대통령 지적장애인위원회에 임명했다. 이 장의 뒷부분에서 더 자세히 알게 될 케네디 대통령은 지적장애가 있는 각 개인의 삶을 개선하기 위한 정책들을 개발하고 있었지만 그것들의 실행 전에 암살당했다. 21명의 시민과 13명의 연방 대표를 포함하는 대통령 지적장애위원회는 부분적으로는 그를 기리기 위해 설립된 위원회이다. 알레옹은 이 중요한 위원회에 임명된 지적장애가 있는 소수의 개인들 중 한 명이다. 첫 번째는—텔레비전 쇼 글리의 스타 중 한 명인 로렌 포터(Lauren Potter)와 줄리 앤 페티(Julie Ann Petty)가—2012년에 임명되었다.

제 9 장 지적장애

학습 목표

9.1 지적장애를 정의하고, 지적장애 유형을 분류하는 두 가지 방법을 설명하며, 이 장애의 세 가지 특성 간의 관계를 설명하고, 다른 장애들과 비교하여 출현율과 통합률을 논의한다.

9.2 지적장애가 학습과 독립생활에 영향을 미칠 수 있는 방법들을 설명하고, 이러한 도전들을 다룰 수 있는 다양한 조정과 수정을 설명하며, 유아교육과 학급교사들이 지적장애와 관련된 문제들을 줄이기 위해 사용할 수 있는 방법들을 이해하고, 지적장애가 있는 개인들을 위한 전환교육 고려사항들을 설명한다.

9.3 지적장애 학생들을 위한 교수의 역사를 설명하고 옹호활동과 변화하는 태도의 영향들을 논의한다.

9.4 예방 조치들이 지적장애의 발생률을 어떻게 줄일 수 있는지 설명하고, 부정확한 공공정보가 예방 조치들의 실행을 어떻게 위협하는지 논의하며, 기술이 지적장애가 있는 개인들, 특히 독립생활 영역에서 어떻게 도움이 될 수 있는지 설명한다.

지적장애 설명

학습 목표

지적장애를 정의하고, 지적장애 유형을 분류하는 두 가지 방법을 설명하며, 이 장애의 세 가지 특성 간의 관계를 설명하고, 다른 장애들과 비교하여 출현율과 통합률을 논의한다.

지적장애 정의

- 지적장애는 출생과 22세 사이에 나타나는 만성적이고, 중증이며, 평생에 걸친 장애이다.
- 지적장애와 관련된 세 가지 핵심 우려 영역은 인지, 적응기술, 그리고 지원의 필요이다.

지적장애 설명

현재 미국에서는 지적장애에 대한 두 가지 다른 정의가 사용된다. 대부분의 주는 장애인교육법(IDEA) 정의를 사용한다. 하지만, 많은 전문가들은

표 9.1 지적장애의 정의들

용어	정의	출처
지적장애	지적장애는 현저한 평균 이하 일반 지적 기능을 의미하며, 적응행동의 결함과 동시에 존재하고 아동의 교육적 수행에 부정적으로 영향을 미치는 발달기 동안 나타난다.	IDEA '04, 미국 교육부
지적장애	지적장애는 지적 기능과 개념적, 사회적, 그리고 실제적 적응기술로 표현되는 적응행동 모두에서 현저한 제한을 특징으로 한다. 이 장애는 22세 이전에 발생한다. 다음 다섯 가지 가정이 이 정의의 적용에 필수적이다: 1. 현재 기능의 제한은 개인의 연령 또래와 문화에 전형적인 지역사회 환경의 맥락 내에서 고려되어야 한다. 2. 타당한 사정평가는 의사소통, 감각, 운동, 그리고 행동적 요인들의 차이뿐만 아니라 문화적 및 언어적 다양성을 고려한다. 3. 개인 내에서, 제한은 종종 강점과 공존한다. 4. 제한을 설명하는 중요한 목적은 필요한 지원의 프로파일을 개발하는 것이다. 5. 지속적인 기간 동안 적절한 개인화된 지원과 함께, 지적장애가 있는 사람의 삶의 기능은 일반적으로 향상될 것이다.	미국지적발달장애협회
지적장애 (지적발달장애)	지적장애(지적발달장애)는 개념적, 사회적, 그리고 실제적 영역에서 지적 및 적응기능 결함을 모두 포함하는 발달기 동안 발병하는 장애이다. 다음 세 가지 기준이 충족되어야 한다: 1. 추론, 문제 해결, 계획, 추상적 사고, 판단, 학업 학습, 그리고 경험으로부터의 학습과 같은 지적 기능의 결함이 임상적 사정평가와 개별화된 표준화 지능 검사 모두에 의해 확인된다. 2. 개인적 독립성과 사회적 책임에 대한 발달적 및 사회문화적 표준을 충족하지 못하는 적응기능의 결함. 지속적인 지원 없이는, 적응 결함이 가정, 학교, 직장, 그리고 지역사회와 같은 다중 환경에 걸쳐 의사소통, 사회적 참여, 그리고 독립생활과 같은 일상생활의 하나 이상의 활동에서 기능을 제한한다. 3. 발달기 동안 지적 및 적응 결함의 발병.	미국정신의학회

출처: 미국정신의학회(2013), p. 35; Schalock et al. (2021a), pp. 13–15; 미국 교육부(2006), p. 1263.

이러한 개인들을 대신하여 일하는 미국에서 가장 오래된 전문 조직인 미국지적발달장애협회(AAIDD)에 의해 원래 2010년에 채택되고 2021년에 수정된 정의를 선호한다. AAIDD 이름의 두 번째 부분이 발달장애를 언급한다는 것을 주목하라. 발달지체와 혼동하지 말아야 할 발달장애는 지적장애를 포함하지만 또한 아동기에 나타나고 만성적이고, 중증이며, 평생에 걸친 다른 장애들도 포함하는 포괄적 용어이다. 영향받는 개인들은 인지적 및 신체적 장애를 모두 가질 수 있다. 예를 들어, 신체적 및 인지적 구성요소를 모두 가진 뇌성마비가 있는 아동은 발달장애를 가진 것으로 여겨질 것이다. 하지만, 모든 뇌성마비가 있는 개인들이 인지적 또는 지적장애를 가지는 것은 아니라는 것을 기억하는 것도 중요하다.

연방 및 AAIDD 정의 모두 표 9.1에 제공되어 있다. 이 두 정의를 주의 깊게 살펴보라. AAIDD 정의는 연방 정부의 정의보다 더 상세하고 포괄적이다. 더욱이, IDEA 정의는 발달기 동안 발생하는 장애를 언급한다. AAIDD는 2021년에 그것이 의미하는 바를 수정하여, 발병 연령을 개인의 18번째 생일 이전에서 22세로 변경했다. 다시 말해, 장애는 개인의 22번째 생일 이전에 발생해야 한다.

지적장애의 정의적 특징

AAIDD 정의는 이 장애의 특징을 정의하는 두 영역을 언급한다. 첫 번째 영역은 지적 기능이고 두 번째는 적응행동이다. 개인이 지적장애를 가지고 있다고 결정하는 이 두 특징의 종합적 평가들은 이 장애가 그 사람에게 영향을 미치는 방식의 표출에 대응하여 효과적인 지원 계획을 정의하고 맞춤화할 수 있다. 이 장의 뒷부분 "해결책" 섹션에서 지원 네트워크에 대해 더 자세히 알게 될 것이다.

일부는 지적 또는 인지적 제한을 지적장애의 정의적 특징으로 생각하지만, 그것은 너무 편협한 견해이다. 과거에는, 개인이 지적장애를 가지고 있는지 결정하기 위해 지능 또는 인지의 측정만이 사용되었다. 미국 법원, 부모들, 연방 정부, 그리고 전문 조직들의 비판에도 불구하고, 전 세계 대부분의 주와 국가들은 지적장애와 그 중증도 수준을 판별할 때 여전히 지능(IQ) 검사에 의존한다. 부모들과 전문가들은 판별 목적으로 이러한 검사를 사용하는 것에 대해 두 가지 주요 우려를 가지고 있다. 첫째, 지능은 복잡하고 많은 구성요소들(예: 언어적, 논리-수학적, 공간적, 음악적, 대인적)을 가지고 있지만, 지능 검사들은 종종 인지의 좁은 측면만을 다룬다. 둘째, 이러한 검사들은 내재된 편견을 포함하는데, 특히 검사받는 개인이 역사적으로 과소대표된 집단 출신일 때 그렇다. 그 편견은 종종 더 낮은 IQ 점수로 이어진다. 두 문제 모두 일부 학생들에서 지적장애의 오판별로 이어질 수 있다. 그럼에도 불구하고, AAIDD는 이제 판별 기준의 일부로 IQ 검사의 사용을 지지한다. IQ 검사들은 지적장애가 존재하는지와 그 중증도 수준에 대한 빠른 답을 제공한다. 일반적으로, IQ 검사에서 평균(100점)보다 최소 2 표준편차(최소 30점) 낮게 점수를 받는 개인들은 지적장애의 한 기준을 충족한다.

적응행동(adaptive behavior)은 지적장애의 두 번째 정의적 특징이다. 그림 9.1은 세 가지 적응행동 기술 영역 내의 구성요소들을 보여준다: 개념적, 사회적, 그리고 실제적. 이것들이 모두 독립적으로 기능하는 데 필요한 기술들과 연결되어 있다는 것을 주목하라. 이러한 영역들 중 어느 것에서든 어려움은 평생에 걸쳐 심각한 문제들로 이어질 수 있다. 개념적(기초 사고) 기술의 문제들은 언어, 읽기와 쓰기, 돈, 시간, 수 개념들, 그리고 기초 이해와 관련된 도전들로 이어진다. 사회적 기술의 문제들은 타인과 잘 상호작용하고, 긍정적인 자존감을 갖고, 사회적 책임과 관련된 개념들을 이해하는 것을 방해한다. 실제적 기술의 문제들은 독립생활, 개인 관리, 일정이나 일상 따르기, 건강관리, 직업 유지, 그리고 교통수단의 어려움들을 포함한다. 적응행동의 표준화 검사들은 지적장애의 이 중요한 구성요소의 사정평가를 객관화하여, 이 영역의 능력이 정량화될 수 있게 한다. IQ와 적응행동의 조합 결과를 해석하는 것은 고도로 훈련된 전문가들의 임상적 판단을 필요로 한다.

지능과 적응행동의 결과들이 결합될 때, 지적장애를 보상하는 데 도움이 되는 데 필요한 지원의 강도와 유형들이 제자리에 놓일 수 있다. 이러한 지원

그림 9.1 세 가지 적응기술 영역의 예시들

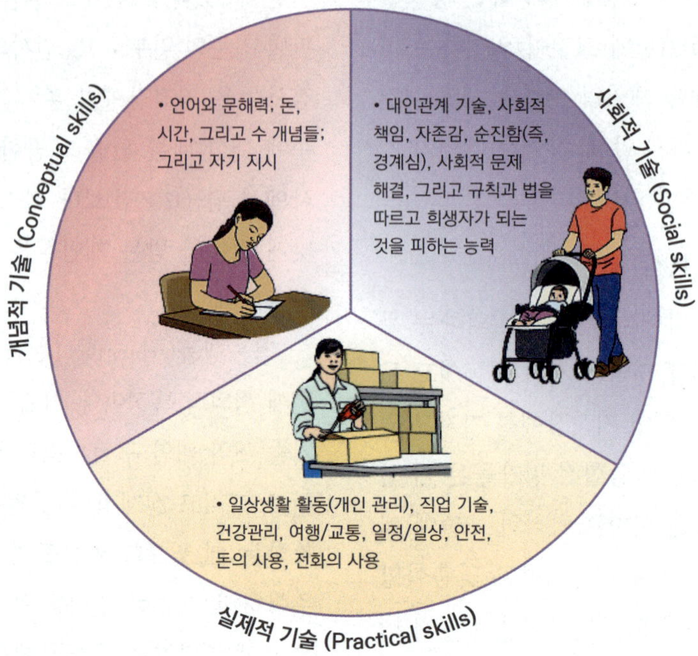

체계나 네트워크들은 개인의 연령과 발달에 따라 시간이 지남에 따라 변화한다. 이 장의 뒷부분에서 지원에 대해 더 자세히 알게 될 것이다. 지금은 이러한 지원들이 직무코치, 개인 보조원, 교사, 또는 친구로부터의 조정이나 직접적 지원과 같은 많은 형태를 취한다는 것을 이해하는 것이 중요하다. 그것들은 이 장애가 제시하는 도전들로부터 개인을 해방시키기 위한 것이지만 통제적이거나 제한적이어서는 안 된다. 그것들은 개별적으로 결정되어야 하고 개인이 가능한 한 독립적으로 기능하는 데 필요한 수준까지만 적용되어야 한다. 또한, 개인은 지원의 선택에 참여해야 하고 지원이 제자리에 놓이는 활동들을 결정하는 데 도움을 주어야 한다. 하지만, 지원들이 이 장애를 제거하는 것이 아니라, 오히려 그 도전들 중 일부를 개선한다는 것을 아는 것이 중요하다.

지적장애의 유형들

- 지적장애는 경도에서 중도까지의 범위를 가진다; 하지만, 모든 사례의 95% 이상이 경도 범위에 있다.
- 가장 흔한 두 가지 유형인 취약X증후군과 다운증후군은 유전적 원인을 가진다; 세 번째로 가장 흔한 유형인 태아알코올스펙트럼장애는 임신한 여성의 알코올 섭취에 의해 야기된다.

지적장애의 중증도 결정하기

기억하라, 세 가지 우려 영역이 지적장애를 정의한다: 인지, 적응행동, 그리고 지원의 필요. 인지와 적응행동 제한의 중증도(severity)는 경도에서 최중도까지 범위를 가진다; 중증도가 증가함에 따라, 더 지속적이고 집중적인 지원의 필요가 더 커진다. 또한, 인지가 더 제한적이 될수록, 일반적으로 적응행

그림 9.2 정규곡선과 지적장애

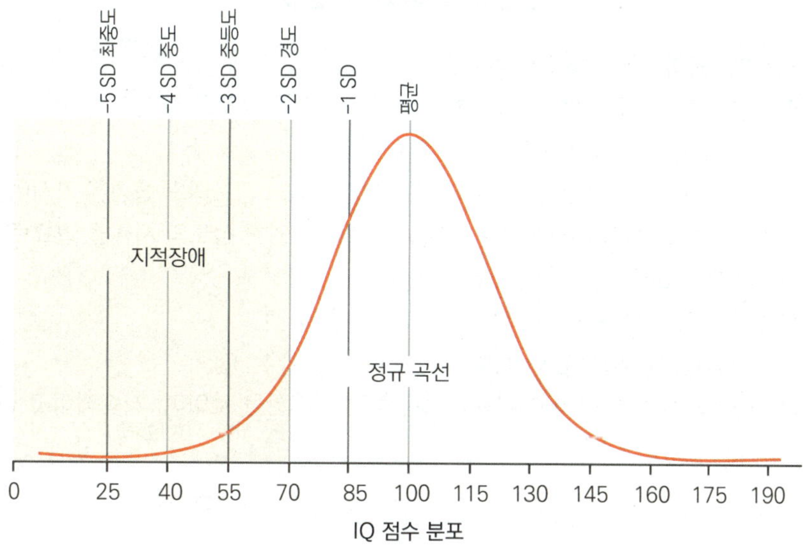

동도 그렇게 된다. 이러한 특성들은 모두 상호관련되어 있다. 우리 모두가 적응행동에 제한이 있는 매우 밝은 사람들을 알고 있지만, 인지에 상당한 제한이 있으면서 적응행동에도 심각한 제한이 없는 사람을 찾는 것은 드물다.

대부분의 사람들이 지적장애에 대해 생각할 때, 그들은 인지적 제한에 초점을 맞춘다. 이러한 이유로, 우리는 이 특성을 먼저 고려한다. 기억하라, IQ 검사와 적응행동 척도의 점수들이 일반적으로 지적장애를 결정하는 데 사용된다. 이러한 검사들의 기초를 살펴보자. 이러한 검사들은 지능, 키, 그리고 체중과 같은 인간 특성들이 인구의 절반이 평균 위에, 절반이 평균 아래에 양방향으로 점점 감소하는 구간들에 떨어지는 방식으로 분포된다는 아이디어에 기반하여 구축된다. 예를 들어, 의사는 부모들에게 그들의 유아가 체중에서 50백분위수이고 키에서 80백분위수라고 말할 수 있다. 이는 그들의 아이의 체중이 그 연령의 아동들의 50%보다 크거나 같고 그 연령 집단의 아동들의 80%보다 키가 크거나 같다는 것을 의미한다. 유사한 개념이 IQ 검사와 적응행동 척도의 점수들에 적용될 수 있다.

지적장애의 진단은 평균 점수 100보다 2 표준편차(SDs) 이상 낮은 두 측정 모두의 점수들로 시작한다. SD는 15점이므로, 70 이하의 점수들이 지적장애에 대한 IQ 점수 기준을 충족한다. IQ 점수가 평균 아래로 더 많이 떨어질수록, 장애는 더 심각하고 복잡해진다. 이론적으로, 지적장애의 "경도" 분류는 평균보다 2 SDs 미만의 점수들(IQ 점수 69)로 시작하고, "중등도"는 대략 평균보다 3 SDs에서 시작하며, "중도"는 대략 평균보다 4 SDs에서 시작하고, "최중도"는 평균보다 약 5 SDs에서 시작한다. 그림 9.2는 정규곡선과 IQ 점수들의 분포를 보여준다.

경도, 중등도, 중도, 그리고 최중도 지적장애의 이론적 분류가 평균 아래 SD의 수에 기반하지만, 실제로 사용되는 실제 점수들은 약간 다르다. 박스는

중증도별 지적장애 분류

- 경도(mild) 지적장애: 50에서 69 사이의 점수 범위
  결과: 학습 어려움을 가지고, 일할 수 있으며, 좋은 사회적 관계를 유지할 수 있고, 사회에 기여한다.
- 중등도(moderate) 지적장애: 35에서 49 사이의 점수 범위
  결과: 아동기 동안 현저한 발달지체를 보이고, 자기관리에서 어느 정도의 독립성을 가지며, 적절한 의사소통과 학업 기술을 보유하고, 지역사회에서 살고 일하기 위해 다양한 정도의 지원을 필요로 한다.
- 중도(severe) 지적장애: 20에서 34 사이의 점수 범위
  결과: 지원에 대한 지속적인 요구를 가진다.
- 최중도(profound) 지적장애: 20 미만의 점수
  결과: 자기관리, 실금, 의사소통, 그리고 이동성에서 심각한 제한을 보이며; 지속적이고 집중적인 지원을 필요로 한다.

대부분의 주에서 IQ 점수를 사용할 때 중증도 수준별 분류를 보여준다.

정규곡선을 보여주는 그림을 다시 살펴보자. 대부분의 점수는 정규곡선의 중간에 나타나며, 가장 큰 점수 집단은 평균보다 1표준편차 위와 평균보다 1표준편차 아래 사이에 위치한다. 평균에서 더 멀리 떨어진 각 구간에서는 점진적으로 더 적은 점수들이 나타난다는 점에 주목하라. 거의 모든 장애와 마찬가지로, 대부분의 지적장애 사례는 경도이며, 중도나 최중도 범위에 해당하는 경우는 상당히 적다. 그림 9.3은 동일한 자료를 다른 방식으로 비교하여 거의 모든 지적장애 사례(95% 이상)가 경도 범위에 해당한다는 점을 강조한다. 이 사실은 많은 사람들이 모든 지적장애 사례가 중도 범위에 있다고 잘못 가정하는데, 이는 실수이며 이러한 학생들이 성취할 수 있는 것에 대한 기대를 낮추게 할 수 있기 때문에 중요하다.

지적장애의 평가 및 분류 과정은 복잡하다. 이는 인지와 적응행동 모두에 대한 사정평가를 포함한다. 두 영역이 종종 관련되어 있지만, 능력의 패턴은 개인마다 다양하다. 동일한 지능지수를 가진 사람들도 종종 적응행동의 강점에서 차이를 보인다. 한 사람은 매우 강한 사회적 기술을 가지고 있지만 더 약한 개념적 기술을 가지고 있어서 언어, 문해력, 또는 돈, 시간, 수 개념과 관련된 영역에서 지원이 필요할 수 있다. 다른 사람은 강한 실제적 기술, 즉 교통시스템을 이용하고 일정을 따르는 능력을 가지고 있지만 개념적 영역에 해당하는 기술에서는 동등한 강점을 가지지 않을 수 있다. 전문가들은 각 개인에게 필요한 지원 네트워크를 결정하기 위해 적응행동에 대한 객관적 평가를 수행하는 것이 어려울 수 있으므로, AAIDD에서 개발한 지원강도척도와 같은 사정평가 도구가 도움이 될 수 있다. 이 장의 후반부에서 지원이 지적장애로 인한 많은 어려움을 해결하는 데 어떻게 도움이 되는지 논의할 것이다.

그림 9.3 중증도별 지적장애 출현율

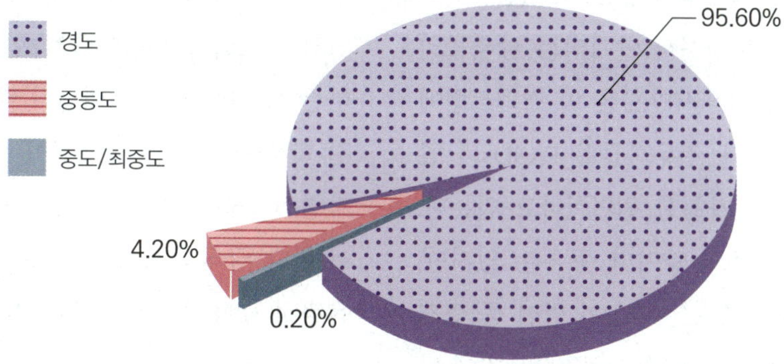

원인

지적장애를 분류하는 또 다른 접근법은 원인별 분류이다. 사례의 약 3분의 1은 원인이 알려져 있지 않지만, 다른 사례들에 대해서는 수백 가지 원인이 발견되었다. 대부분은 다섯 가지 주요 범주로 분류될 수 있다:

- 유전적(genetic) 또는 유전성(hereditary) 원인
- 미숙아 또는 저체중아
- 독성물질
- 질병
- 아동학대 및 방임

다섯 가지 원인 범주 내에서 세 가지 주요 상태가 가장 많이 나타난다. 이 중 두 가지는 유전적 기반을 가지고 있고 세 번째는 독성물질에 의해 야기된다. 첫째, 취약 X 증후군(FXS)은 X 염색체의 돌연변이로 인한 지적장애의 유전적 또는 유전성 원인이다. 1991년에 처음 확인된 이 증후군은 현재 지적장애(그리고 일부 자폐증 사례)의 가장 흔한 원인으로 인식되고 있다. 이 상태를 가진 사람의 정확한 수는 알려져 있지 않지만, 남성 7,000명 중 약 1명, 여성 11,000명 중 약 1명에게 영향을 미치는 것으로 추정된다. FXS를 가진 남아는 평균 지능지수가 55이며, 여아는 덜 심각한 문제를 갖는 경향이 있지만 여전히 상당한 어려움을 겪는다. 이 상태를 가진 개인들은 상당한 인지적 문제를 가질 수 있으며 복잡한 문장 사용, 읽기, 말하기에 어려움을 겪는 경향이 있다.

둘째, 다운증후군 역시 유전적 기반을 가지고 있으며 개인이 21번 염색체의 여분 사본을 가지는 염색체 이상에 의해 야기된다. 이 상태는 1866년에 이 상태를 가진 개인을 처음 기술한 영국 의사 존 랭던 다운의 이름을 따서 명명되었다. 가장 흔한 유형의 다운증후군인 삼염색체성 21에서는 21번째 염색체 세트가 정상적인 한 쌍 대신 세 개의 염색체를 포함한다. 이 상태는 부모, 특히 어머니가 나이가 많을 때 발생할 가능성이 더 높다. 다운증후군을 가진 개인들은 경도 또는 중등도 지적장애를 가지는 경향이 있으며 몇 가지 뚜렷한 특징들(예: 이완된 근긴장도, 유사한 평평한 얼굴 특징, 눈 안쪽 모서리의 작은 주름, 손바닥을 가로지르는 하나의 깊은 주름)을 보인다. 또한 호흡기 문제, 심장 문제, 청력 손상과 같은 여러 다른 문제들을 가질 가능성이 더 높다. 질병통제예방센터(CDC)는 매년 미국에서 태어나는 아기 약 6,000명(700명 중 1명)이 다운증후군을 가지는 것으로 추정

한다고 밝혔다.

셋째, 태아알코올스펙트럼장애(FASDs)는 어머니가 임신 중에 알코올을 마셔서 야기되는 상태들의 집합이다. 태아알코올증후군(FAS)은 이 스펙트럼에서 가장 심각한 장애이다. 전문가들은 FASDs가 인지 문제의 주요한 예방 가능한 원인이라고 믿는다. 태아에게 안전한 알코올의 양이나 종류는 없지만, 아동에 대한 영향의 중증도는 여성이 임신 중 언제 알코올을 마셨는지와 얼마나 많이 섭취했는지에 달려 있다. 매년 태어나는 아기의 약 1%가 어떤 유형의 FASD를 가지는 것으로 추정된다. FASDs의 전형적인 문제들은 인지, 사회적 기술, 그리고 자신의 행동 결과에 대한 이해를 포함한다.

지적장애의 특성

- 인지 문제는 기억하기, 추론하기, 한 과제에서 다른 과제로 학습을 전이하기와 같은 기술의 어려움을 포함하며, 적응기술 문제는 사회적 기술, 독립적 생활, 직업 유지와 같은 영역을 포함한다.
- 지적장애를 가진 개인들이 인지적 및 적응기술을 다루는 데 도움을 주기 위해서는 지원 네트워크가 필요하다.

인지와 적응행동 간의 관계

"지적장애의 정의" 섹션에서 우리는 AAIDD가 지적장애의 정의에 두 가지 정의적 특징이나 특성을 포함한다고 설명했다: (1) 인지 문제와 (2) 적응행동 문제.

앞서 언급했듯이, 지적장애의 가장 정의적인 특성은 손상된 인지이며, 이는 지능 검사에서 70 미만의 점수로 정의된다. 지적장애를 가진 개인들은 장애가 없는 또래의 97%보다 낮은 인지 능력을 가진다. 손상된 인지는 간단한 과제를 학습하기 어렵게 만들고 의사소통을 잘하는 능력을 방해할 수 있다. 인지는 기억하고 이미 학습한 지식과 기술을 적용하는 능력에 영향을 미치기 때문에, 지적장애를 가진 학생들은 다른 사람들이 부수적으로 또는 거의 자연스럽게 학습하는 기술들을 명시적으로 가르쳐야 한다. 궁극적으로, 인지 손상의 정도가 필요한 교육과정 내용의 유형을 결정한다: 학업적, 생활기술, 또는 둘 다.

지적장애의 두 번째 정의적 특성인 적응행동은 우리가 지역사회에서 독립적으로 기능할 수 있게 해준다. 이것이 지적장애를 가진 사람들만의 문제 영역이 아니라는 점을 기억하라. 매우 똑똑하고 학교에서 좋은 성적을 받지만 끔찍한 사회적 기술을 가지고 있고 일상생활을 관리할 수 없는 것처럼 보이는 사람들을 생각해보라. 친구들과 동료들은 종종 이러한 사람들을 무질서하고, 건망증이 있으며, 때로는 "자신에게 너무 똑똑한" 사람으로 여긴다. 그러나 그들은 여전히 살아갈 수 있고, 독립적으로 살고, 직업을 가지며, 친구를 사귈 수 있다. 하지만 지적장애를 가진 사람들의 경우는 그렇지 않으며, 이는 적응행동에 대한 광범위한 문제를 초래한다. 그들의 적응행동 기술 부족은 독립적으로 생활하고, 좋은 직업을 가지며, 친구를 사귀고, 지역사회에서 여가활동에 참여하는 능력에 영향을 미치며, 이 모든 것들은 지역사회 참여를 위해 필요하다.

오늘날 전문가들 사이에서는 지능과 적응행동을 함께 고려해야 한다는 공감대가 증가하고 있다. 이들이 이러한 결론에 도달한 것은 미시간주 플린트 출신 아동들에 대한 최근 연구 결과 때문이다. 이 아동들은 낮은 IQ 점수로 판별되었지만 적응행동 사정평가에서는 적절한 범위의 점수를 보였다.

미국정신의학회는 정신장애 진단 및 통계 편람 제5판(DSM-5; 2013)에서 중증도 분류는 IQ 점수보다는 적응행동에 기초해야 한다고 규정하였다. 좋은 소식은 개인의 IQ는 상당히 안정적인 경향이 있는 반면, 적응행동은 발달장애아동에게 치료와 개선이 가능하며 독립적인 생활을 위해 필요한 것이라는 점이다. 이들은 또한 적응행동이 부모의 사회경제적 지위나 인종 또는 민족성에 덜 영향을 받는다고 주장한다. 그 근본적인 이유는 아마도 적응행동에 대한 초점이 자신의 환경에서의 일상적 기능에 있기 때문일 것이다.

지원의 필요성 발생

도움을 받는 것은 개인의 기술 및 능력 수준과 삶의 요구를 충족하는 데 필요한 수준 간의 차이를 줄이거나 제거할 수 있다. 지적장애인의 경우, 체계적이고 때로는 집중적이며 개별화된 지원을 통해 지역사회에서 생활하고, 직업을 갖고, 여가 활동에 참여하며, 삶을 즐길 수 있다. 이러한 지원의 필요성은 지적장애의 두 가지 정의적 특성의 결과이다. 어떤 경우에는 지원이 집중적이고 지속적이어야 한다. 즉, 어떤 사람들은 평생에 걸쳐 지속적이고 계속적인 도움이 필요할 수 있다. 이러한 지원은 삶의 한 영역(예: 직장을 오가는 교통수단)에서 필요할 수도 있고 여러 영역(예: 직무 수행, 여가 활동 참여)에서 필요할 수도 있다.

네트워크 내의 전문가들과 부모 및 친구 같은 기타 사람들은 사람들이 원하거나 해야 할 일을 성취할 수 있도록 어떤 유형의 도움을 제공할지 결정할 수 있는 전문 영역을 가지고 있다. 이러한 사전예방적 접근은 장애의 부정적 측면만을 고려하는 것보다 더 긍정적이고 건설적이다. 이 체계는 타인에 대한 의존성을 촉진하는 것과 동시에 선택할 기회를 격려하고 창출함으로써 개인이 계획 과정에 참여할 수 있도록 하는 것 사이의 균형을 요구한다. 예를 들어, 적응행동에 문제가 있는 사람들은 타인으로부터의 도움을 받아들이는 것을 학습해야 하지만, 자기자율성을 개발하기 위해 어디서 도움이 필요하고 어디서는 필요하지 않은지를 설명할 수 있어야 한다.

출현율과 배치

- 지적장애 범주의 크기는 정규곡선 추정치에 기초하여 예상되는 것보다 적다.
- 지적장애학생들은 다른 대부분의 장애학생들보다 일반교육에서 더 적은 통합을 경험한다.

예상보다 낮은 출현율

지적장애의 출현율은 다른 장애와 동등하지 않다. 즉, 지능검사 점수로 예측되는 비율과 비교할 때 예상보다 낮다. 왜 그럴까? 먼저, 학교 인구의 몇 퍼센트가 지적장애를 가질 것으로 예상되는지 다시 생각해보자. 이 장의 앞부분에서 IQ와 적응행동이 지적장애를 정의하는 데 사용될 때, 진단 기준은 평균 IQ 점수 100보다 2 표준편차 아래에서 시작한다는 것을 학습했다. 이 사실이 모든 학생의 지능 또는 IQ 점수와 비교하여 장애의 출현율에 어떻게 적용될 수 있는지 생각해보자. 그림 9.4에서 보여주는 그래프처럼, 정규곡선에서 모든 점수의 97.8%가 평균 점수보다 2 표준편차 아래 표시 위에 있다. 따라서 모든 학생의 2.2%가 지적장애의 기준을 충족하고 진단받을 것으로 예상된다.

통계적으로 전체 학생의 약 2%가 지적장애로 판별될 것으로 예상되지만, 실제로는 1% 미만(0.9%)만이 지적장애 범주를 통해 특수교육 서비스를 받고

그림 9.4 정규곡선에 따른 IQ 점수의 분포

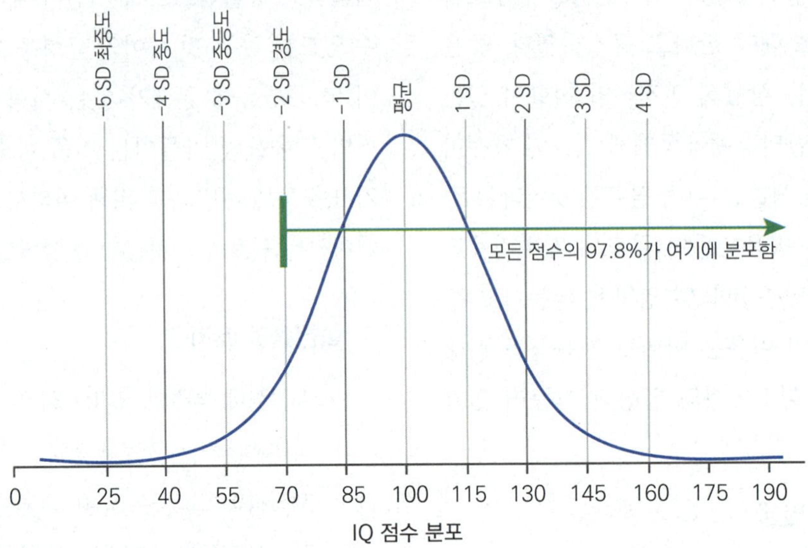

있다. 이는 1980년대에 이 범주로 특수교육 서비스를 받던 학생 수의 약 절반에 해당한다.

왜 오늘날 지적장애로 판별된 학생의 실제 비율이 예상 비율보다 훨씬 낮은 것일까? 그 이유는 두 가지가 있다. 첫째, 자폐스펙트럼장애나 중복장애와 같은 다른 장애 범주에도 지능검사에서 평균보다 2 표준편차 낮은 점수를 받은 학생들이 포함된다. 둘째, 지적장애와 관련된 역사적 낙인과 분리의 영향으로 인해, 많은 교육자들이 특히 역사적으로 소수 집단에 속한 학생들에게 이 범주를 적용하는 데 신중을 기하고 있다.

통합 비율

1975년 IDEA 제정 이후, 특히 지난 30년간 점점 더 많은 장애학생들이 자신이 거주하는 지역의 일반학교 일반학급에 통합되고 있다. 그러나 그림 9.5에서 볼 수 있듯, 전체 장애학생(녹색)과 지적장애학생(파란색)의 배치 또는 포함 비율을 비교하면, 지적장애가 없는 학생들이 통합교육을 받을 확률이 더 높다. 이 자료는 1985년 이후 전체 장애학생과 지적장애학생의 통합 비율을 비교한 것이다.

모든 장애학생의 참여율이 시간이 지남에 따라 향상된 점에 주목할 필요가 있다. 1985년에는 전체 장애학생의 약 26%가 하루 중 80% 이상을 일반교육 학급에서 보냈다. 2013년에는 전체 장애학생의 62%가 지역사회 학교의 일반학급에서 하루 중 80% 이상을 보냈다. 그러나 지적장애학생의 통합 비율은 항상 다른 장애학생에 비해 훨씬 낮았다. 1985년, 지적장애학생의 통합 비율은 매우 낮았으며, 당시 하루 중 80% 이상을 일반학급에서 보낸 지적장애학생은 3%에 불과했다. 2021년에도 전체 학교생활의 대부분을 일반학급에서 보내는 지적장애 학생은 19%에 그쳤다.

이제 지적장애학생들이 어디서 교육받는지 더 자세히 살펴보자. 그림 9.6에 제시된 그래프를 살펴보자. 2021년에는 다른 장애를 가진 대부분의 학생

그림 9.5 모든 장애학생과 지적장애학생의 통합 비율 비교

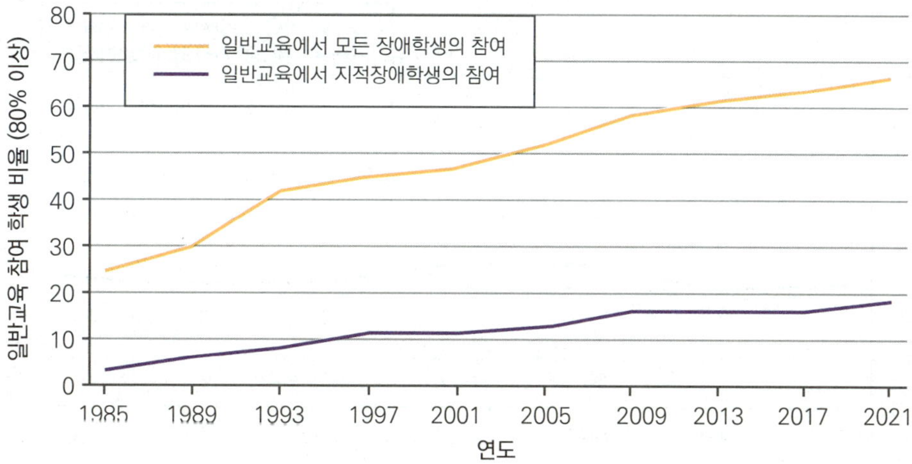

출처: 미국 교육부. (2018, 2022). 아동 수 및 교육환경 [IDEA 제618조 자료 제품: 주 수준 자료 파일]. https://data.ed.gov/dataset/idea-section-618-state-part-b-child-countand-educational-environments/resources

들과 달리, 지적장애학생의 대다수가 일반교육 교실 밖에서 대부분의 교육을 받았다. 이 학생들의 대다수(75% 이상)가 경도 지적장애를 가지고 있다는 사실에도 불구하고, 이 학생들의 약 19%만이 하루 중 적어도 80%를 일반교육 환경에서 보내는 반면, 모든 장애학생의 약 3분의 2가 그러하다. 이러한 참여율은 모든 특수교육 범주 중 가장 낮다. 이러한 자료는 놀라울 것이다. 몇 가지 가능한 이유가 이러한 배치율을 설명할 수 있다. 예를 들어, 많은 지적장애학생들이 특히 고등학교 시기 동안 전형적인 학교 환경 밖에서 지역사회기반 교수에 참여한다. 교수는 종종 자연스럽거나 실제 생활 환경(지역사회)에서 일대일로 제공된다. 지역사회기반 경험을 통해, 학생들은 전형적인 고등학교 교육과정의 일부가 아니지만 나중의 독립생활에 중요한 교통, 일상생활, 그리고 직업 기술을 학습한다.

특수교육

학습 목표

지적장애가 학습과 독립생활에 미칠 수 있는 영향을 설명하고, 이러한 도전에 대응할 수 있는 다양한 조정과 수정을 기술하며, 유아교육 및 학급 교사들이 지적장애와 관련된 문제를 줄이기 위해 사용할 수 있는 방법들을 이해하고, 지적장애인을 위한 전환 고려사항을 기술한다.

도전과 해결책

- 지적장애는 인지능력과 적응기술 영역에서 도전을 만든다.
- 지적장애의 특성일 뿐만 아니라, 지원의 체계나 네트워크는 이러한 도전에 대한 부분적 해결책이기도 하다.

그림 9.6 지적장애학생들이 교육받는 곳

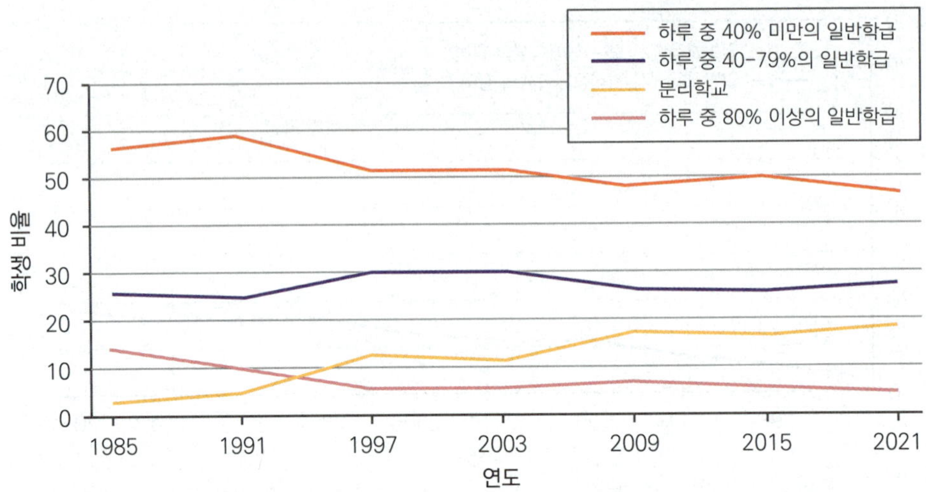

출처: 미국 교육부. (2016, 2022). 아동 수 및 교육환경 [IDEA 제618조 자료 제품: 주 수준 자료 파일]. https://data.ed.gov/dataset/idea-section-618-state-part-b-child-countand-educational-environments/resources

지적장애로 인한 도전

먼저, 모든 사람은 고유한 능력, 강점, 한계, 그리고 요구를 가지고 있다는 것을 기억해야 한다. 그럼에도 불구하고, 지적장애의 두 가지 정의적 특성은 때때로 개인과 그들의 가족 구성원들에게 압도적으로 보일 수 있는 도전을 초래한다.

지적장애를 가진 모든 사람들은 정도의 차이는 있지만 인지나 지적 기능에 문제를 가지고 있다. 한 가지 결과는 언어를 이해하고 사용하는 데 어려움이 있을 수 있으며, 이는 의사소통, 읽기, 그리고 지시 따르기에 영향을 미칠 수 있다. 대인관계의 주고받음을 이해하는 것도 영향을 받을 수 있다. 또 다른 도전은 쉬는 시간을 위해 준비하는 방법(예: 과제 정리하기, 재킷 가져오기, 교실 문에서 줄 서기)과 같은 간단한 일상조차 기억하지 못하는 무능력이다. 지적장애 사례의 대다수가 경도 범위에 속함에도 불구하고, 장애는 여전히 사고 기술에 영향을 미친다. 복잡한 과제나 상황을 추론하거나 생각하는 것(즉, 문제해결)은 인지 기능과 관련된 도전이지만, 지적장애의 두 번째 특징인 적응행동에도 영향을 미친다.

적응기술의 문제는 기본적인 생활기술을 수행하는 개인의 능력에 영향을 미친다. 인지적 문제가 없는 많은 사람들도 적응기술에 어려움을 가지고 있지만(예: 시간에 맞춰 직장에 도착하기, 수입 범위 내에서 지출하기), 대부분에게 이러한 문제는 주요한 생활 문제를 만들지 않는다. 게다가, 그들은 종종 약점 영역을 보상하거나 문제를 인식하고 수정할 수 있다(30분 일찍 일어나거나 직장에 가는 다른 경로를 택하기, 예산을 세우거나 두 번째 직업 구하기). 대조적으로, 지적장애인들은 일반적으로 적응기술 영역 중 적어도 하나, 만약 전부가 아니라면, 에서 적절하게 기능하거나 독립적으로 생활하는 능력이 영향을 받을 정도로 도전에 직면한다. 그림 9.7은 이 장애가 종종 제시하는 도전들을 강조한다.

그림 9.7 지적장애의 도전

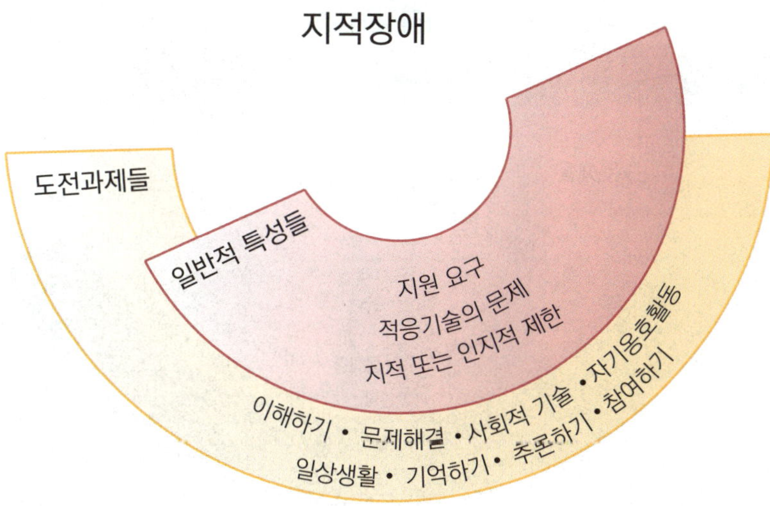

해결책으로서의 지원

앞서 지적장애의 두 가지 정의적 특징인 지능(인지)과 적응행동이 지원의 필요성에 대한 토대를 마련한다는 것을 학습했다. 종종 지적장애인들은 다양한 출처에서 나오는 서로 다른 유형의 지원을 사용한다. 예를 들어, 직장에서 성공하기 위해 일부 개인들은 직무코치, 동료, 그리고 교통 전문가로부터의 도움이 필요할 수 있다. 그들의 모든 서비스는 함께 모여 지원의 네트워크를 형성하며, 이는 다른 두 특성과 관련된 문제를 해결하거나 줄이는 데 도움이 될 수 있다.

지원은 각 개인의 독특한 강점과 능력에 반응하기 위해 개별화되거나 개인중심적이어야 하므로, 각 개인의 지원 네트워크는 고유하다. 또한 포괄적이고 조정되며 결과 지향적이어야 한다. 또한 특정 증후군이나 상태를 반영할 수 있으며 종종 지원 네트워크가 다루어야 하는 추가적인 특징을 가지고 있다. 예를 들어, 취약X증후군을 가진 대부분의 개인들은 사회적 의사소통, 비언어적 행동 이해, 표현 언어 사용, 그리고 학업적 학습 참여에 어려움을 가지고 있다. 일부는 의사소통 도전을 돕기 위해 보조공학 기기가 필요할 수 있으며, 참여 문제를 다루기 위해 교육환경에서 추가적인 구조가 필요할 수 있다. 다운증후군을 가진 개인들은 보통 만성적인 건강 문제에 직면한다. 건강관리, 좋은 영양, 그리고 적절한 운동에 대한 훈련은 명백한 지원이다. 그러나 직장과 의사 약속에 시간에 맞춰 도착하는 것을 보장하기 위해 시간 관리 전략과 대중교통 일정에 대한 교수로부터도 도움을 받을 수 있다는 것을 깨닫지 못할 수 있다. 태아알코올증후군을 가진 학생들은 종종 자신의 행동의 결과를 이해하는 데 어려움을 가진다. 그들은 기능적 행동 사정평가가 교육계획의 필수 구성요소인 특별히 설계된 행동관리 프로그램이 필요할 수 있다.

우리 모두는 일상생활에서 지원의 네트워크를 사용한다. 이러한 일반적인 지원들은 어디에서 나오

그림 9.8 지적장애가 제시하는 특성에 대한 해결책

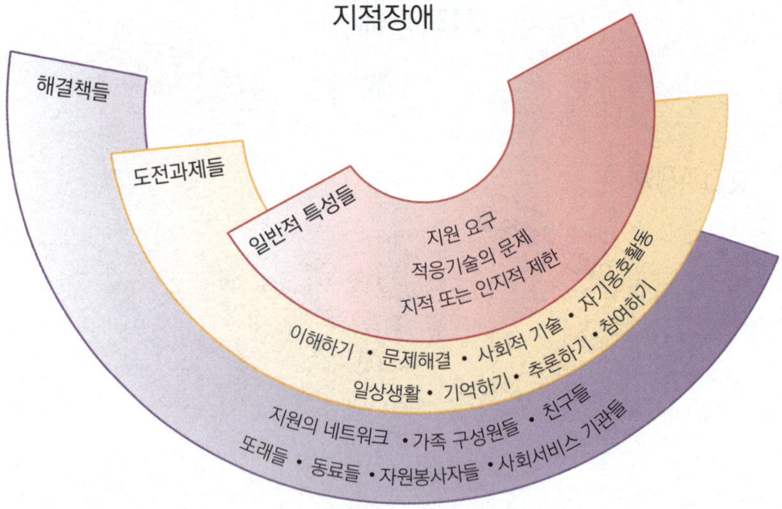

는가? 많은 것들이 자연스럽게 발생하는 지지적 관계들은 거의 모든 환경과 삶의 거의 모든 측면에서 사람들 사이에 존재한다. 사람들은 간단한 것부터 어려운 것까지 복잡성이 다양한 일상적인 과제에서 서로 도움을 준다. 도움은 가족 구성원들, 학교의 또래와 전문가들, 동료, 친구, 이웃, 그리고 어떤 경우에는 다양한 사회서비스 기관들로부터 온다. 장애가 없는 학생과 성인들에게 도움은 삶의 많은 영역에서 온다: 학교 교통 안전 지도원들은 학생들이 안전하게 길을 건너도록 도움을 주고, 학교 전문상담교사들은 고등학생들이 적절한 대학을 선택하고 지원하는 복잡한 과제를 탐색하도록 도움을 주며, 동료는 새로운 장비를 안전하게 사용하는 데 지침을 제공하고, 친구는 저녁식사와 영화를 보러 차를 몰고 가겠다고 제안한다. 지적장애인들에게 이러한 지원들은 종종 평생에 걸쳐 신중하게 계획되고 지속되어야 한다. 대부분의 사람들이 사용하는 지원보다 더 집중적이지만, 출처는 종종 동일하다: 가족, 친구, 학교의 또래, 그리고 동료.

지적장애가 있는 성인들을 위해 일부 고유하거나 전문화된 지원들이 개발되었다. 지하철, 전철 서비스, 또는 버스 시스템 사용법 학습과 같은 이들 중 많은 것들은 고도로 전문화되어 있으며 종종 시와 지방 정부 프로그램을 통해 제공된다. 사회서비스 기관들은 사람들이 의료, 주거, 그리고 직업 배치에 접근하는 것을 지원한다. 직업재활 기관들은 훈련과 고용 기회 창출을 위해 직장에서 집중적인 지원을 제공한다. 필요한 지원의 양이 개인마다 다르고 시간이 지남에 따라 변할 수 있기 때문에, 지원을 필요한 만큼의 도움만을 그리고 필요할 때만 제공함으로써 개인의 요구에 대응하는 유동적인 개념으로 생각하는 것이 도움이 될 수 있다. 그림 9.8은 이 장애를 가진 개인들이 마주치는 도전을 다루기 위한 지원 네트워크를 구성하는 다양한 사람들을 나열한다.

지원의 네트워크를 고려할 때, 두 가지 중요한 영역인 통합교육과 여가시간 참여에서 지원을 표적으로 하는 몇 가지 서비스 조직을 강조하고자 한다. 케네디 가문의 구성원인 앤서니 슈라이버는 1989년에 베스트 버디즈 인터내셔널을 창설했다. 미국 50개 주 전체와 전 세계 56개 국가 및 지역에 3,000개 이상의 지부를 두고 있으며, 이 프로그램들은 장애가 있거나 없는 130만 명 이상의 사람들의 삶에 긍정적인 영향을 미쳤다. 이 조직의 직업 프로그램은 지적장애 및 발달장애인들이 통합 고용에서 좋은 직업을 찾도록 돕는다. 베스트 버디즈는 또한 지적장애가 있는 사람과 없는 사람을 지지적 환경에서 매칭하는 주거 생활 프로그램을 제공한다. 그러나 이 조직은 학생 자원봉사자들이 지적장애인들이 학교와 지역사회에서 더욱 완전하게 참여하도록 돕는 중학교 및 고등학교 프로그램으로 가장 잘 알려져 있다. 이 조직은 장애가 없는 학생들이 지적장애가 있는 사람들과 우정을 형성하도록 격려한다. 이러한 자원봉사자들은 학교 과제를 돕거나, 고등학교 축구 경기에 참석하거나, 영화를 보러 갈 수 있다. 베스트 버디즈 인터내셔널과 참여 방법에 대한 자세한 정보는 www.bestbuddies.org를 참조하기 바란다.

유니스 케네디 슈라이버가 시작하고 케네디 가문 구성원들이 적극적으로 홍보한 또 다른 서비스 조직인 스페셜 올림픽은 젊은 사람들이 운동 능력을 개발하고, 여가 활동을 즐기며, 다른 운동선수들과 같은 유형의 경쟁 행사에 참여할 수 있도록 지원의 네트워크를 제공한다. 스페셜 올림픽 조직은 전체 가족과 지역사회가 참여하는 지역, 권역, 국가, 심지어 국제 행사를 주최한다. 스페셜 올림픽 세계대회는 2년마다 열리며, 전 세계 국가들의 지적장애가 있는 운동선수들이 참여한다. 2022년 5월, 이 조직은 팬데믹 이후 첫 번째 국제 행사를 개최했다. 몰타에서 열린 이 대회에서는 26개국의 1,000명의 운동선수들이 다양한 스포츠 경기에서 경쟁했다. 스페셜 올림픽 프로그램이 어떻게 삶을 변화시키는지에 대한 흥미진진한 이야기는 www.specialolympics.org를 참조하기 바란다.

조정과 수정

- 경도 지적장애학생들은 인지적 도전을 다루기 위한 교수 및 평가 조정으로부터 도움을 받을 수 있다.
- 가장 중증의 인지적 손상을 가진 학생들은 대안적 사정평가와 함께 대안적 학업성취 표준과 같은 적응이 필요할 수도 있다.

경도 지적장애학생을 위한 조정

지적장애의 중증도가 경도에서 최중도까지 범위에 있기 때문에, 교사들은 이 학생 집단과 함께 광범위한 조정을 사용해야 할 수 있다. 어떤 장애의 경우와 마찬가지로, 지적장애학생들은 그들의 개별적 요구에 맞는 조정을 받아야 한다. 경도 지적장애학생들은 간단한 과제를 학습하고, 정보를 기억하며, 그들이 학습한 지식과 기술을 적용하는 데 어려움을 가진다. 과제를 더 작은 교수 단계로 나누거나 시각적 알림을 제공하는 것과 같은 간단한 조정은 학생들이 이러한 장벽 중 일부를 극복하도록 도울 수 있다. 정보 처리도 문제가 될 수 있기 때문에, 이 학생들은 지시사항을 다시 읽어주거나 단순화하는 것으로부터 도움을 받을 수 있다. 또는 그림을 제공하거나 더 큰 기술의 성공적인 완료를 위한 순차적 단계를 윤곽 잡기와 같은 시각적 단서로부터 도움을 받을 수 있다.

표 9.2 경도 지적장애학생을 위해 자주 사용되는 조정의 예

제시	환경	반응	일정계획 또는 시간
• 과제를 조각으로 나누기 • 그림이나 도표가 있는 지시사항 • 텍스트를 소리내어 읽기 위한 텍스트 음성 변환 소프트웨어가 있는 사람 또는 컴퓨터(지시사항, 문제, 지문) • 지시사항 다시 읽기 또는 명확히 하기 • 단순화 또는 바꾸어 말하기	• 청각적 방해요소를 줄이기 위한 헤드폰 • 같은 방이나 별도 방에서 덜 방해되는 작업 영역	• 컴퓨터 • 신호 또는 표시 • 필기자 • 감독관/대필자 • 촉진 • 단어 선택지나 단어 은행이 있는 문장 틀 • 맞춤법 검사기 • 녹음기 • 시험 책자에 쓰기	• 과제나 평가를 완료하기 위한 추가 시간 • 자주 휴식 • 더 짧은 과제나 평가 • 하루 중 특정 시간

이 학생들은 또한 읽기 장벽을 다루기 위한 조정이 필요할 수 있다. 학업 목표가 단어를 해독하는 것과 반대로 내용에 접근하는 것일 때, 종종 다른 사람이 학생에게 텍스트를 읽어주거나 학생이 텍스트 음성 변환 소프트웨어가 있는 컴퓨터를 사용하는 것이 도움이 된다. 철자, 문장 구성, 정보 조직, 또는 손으로 텍스트를 쓰는 것에 어려움을 겪는 학생들에게는 그래픽 조직자, 단어 선택지가 있는 문장 틀, 또는 단어 은행과 같은 조정이 도움이 될 수 있다. 학생이 과제를 완료하기 위해 컴퓨터를 사용하거나 응답을 기록하기 위해 대필자를 사용하도록 허용하는 것은 필기에 어려움이 있는 학생들에게 큰 지원이 될 수 있다. 마지막으로, 과제나 사정평가를 완료하는 데 더 많은 시간을 허용하는 것은 이 학생들이 더 큰 성공을 달성하도록 도울 수 있다.

교사들은 또한 많은 지적장애학생들이 새로운 과제에 집중하고 시작하거나, 과제를 수행하는 동안 주의를 유지하거나, 중요한 정보를 판별하는 데 어려움을 가진다는 것을 알아야 한다. 따라서 주의력 결핍 과잉행동장애(ADHD) 학생들을 위해 제7장에서 학습한 많은 조정들이 지적장애학생들에게도 효과적일 것이다.

모든 지적장애학생의 95%가 경도 범위에 속하기 때문에, 위에 나열된 조정들과 표 9.2의 조정들은 결코 완전한 것은 아니지만 경도 지적장애학생들에게 초점을 맞추고 있다. 이들 중 일부가 다른 장애학생들에게도 제안되었다는 것을 알 수 있을 것이다. 예를 들어, "환경" 칸 아래에 나열된 조정들은 ADHD 학생들에게 도움이 될 수 있다. 하나의 조정이 많은 다른 장애에 효과적일 수 있다는 것을 기억하는 것이 중요하므로, 개별 학생의 요구를 지원하는 어떤 조정도 고려되어야 한다. 또한 학생들이 평가받을 때, 교수 중에 제공되는 것과 동일한 조정을 제공받아야 한다는 것을 명심하는 것이 중요하다.

중등도 및 중도 지적장애학생을 위한 교수적 수정

중등도 및 중도/최중도 지적장애학생들은 표 9.2에 나열된 많은 조정으로부터 도움을 받을 수 있지만, 그들의 교육 프로그램에 더 실질적인 수정이 필요할 수 있다. 제4장에서 수정에 대해 학습했는데, 여기서 조정과 수정 사이의 중요한 차이를 설명했다. 조정은 교수나 평가의 내용이나 주요 학습 결과를 변경하지 않는다는 것을 기억하라. 대신에, 예를 들어 점자 자료, 수화 통역사, 과제를 완료하기 위한 연장된 시간, 또는 교수나 평가 자료의 오디오 버전의 사용을 허용한다. 그러나 수정은 학생이 학습하기를 기대받는 것을 변경한다. 주제나 과목은 급우들과 동일하지만, 어려움의 수준, 복잡성의 수준, 또는 기대되는 과제의 양이 줄어든다. 상기시키자면, 표준 교육과정에 대한 그러한 변경사항들은 학생들의 개별화교육계획에서 명시되어야 한다. 그러한 상황들은 종종 일반교육 교육과정에 접근하는 중등도 및 중도 지적장애학생들에게 발생한다. 예를 들어, 가장 심각한 인지적 손상을 가진 학생들(모든 장애학생의 1% 미만)은 대안적 학업성취 표준(alternate academic achievement standards)에 기반한 교수를 받을 수 있다. 이는 학년 수준 내용과 연결된 성취 표준이다. 그러나 내용은 보통 단순화되거나 내용의 양이나 깊이가 줄어들었다. 이는 더 느린 속도의 교수를 허용하고 학생들이 표적 내용과 기술을 파악하기 위한 더 많은 시간을 제공한다. 대안적 학업성취 표준에 기반한 교수를 받는 학생들은 또한 대안적 사정평가(alternate assessments)를 받게 될 것이다. 이러한 검사들은 학년 수준 내용과 관련이 있지만, 내용의 일부분이나 내용의 더 단순화된 버전에 대한 학생의 지식만을 사정평가한다.

조기중재

- 조기중재 서비스는 평생에 걸쳐 지적장애의 영향을 줄일 수 있다.
- 지적장애가 출생 시나 그 직후에 판별될 때, 조기중재 서비스는 종종 아동의 가정에서 제공되는 서비스와 함께 즉시 시작된다.

조기중재 서비스는 인지적 장애의 중증도와 영향을 줄일 수 있기 때문에 중요하다. 이들은 가족이 장애아동의 교육에 대한 오랜 참여를 시작하는 때이고 학생이 중요한 기초기술을 개발하는 때에 발생한다. 이는 언어가 발달하기 시작하고, 사회적 기술이 형성되며, 인과관계에 대한 이해가 형태를 갖추는 때이다. 인지적 도전을 가진 많은 학생들은 장애가 없는 친구들이 자연스럽게 학습하는 동안 이러한 영역에서 명시적 교수로부터 도움을 받는다.

조기중재의 힘은 놀랍고, 유아교육 프로그램들은 장애가 있는 어린 아동들뿐만 아니라, 발달지체나 학교 실패의 위험에 있는 어린 아동들에게도 필수적이다. 유아교육 참여는 특수교육 판별률의 12% 감소와 관련이 있다. 실제로, 지적장애를 포함한 장애가 있는 성인들 중 유아교육 경험에 참여한 사람들은 모든 측정에서 그렇지 않은 사람들을 능가한다: IQ 점수, 고등학교 졸업률, 소득 수준, 주택과 자동차 소유, 그리고 시민권(예: 투표권 행사). 개인에 대한 이익 외에도, 사회도 이익을 얻는다. 유아교육 경험에 지출되는 모든 세금 1달러는 후의 교육 절약, 소득에 대한 세금, 복지 절약, 그리고 범죄의 사회적 비용 중 일부의 감소로부터 17달러의 경제적 수익을 제공한다. 그리고 물론 이러한 계산들은 인간적 이익을 완전히 반영하지 않는다. 많은 장애아동들에게 유아기 동안 두 단계의 교수나 중재가 발생한다: 조기중재 서비스와 유아교육. 이들을 별도로 간단히 살펴보자.

조기중재 서비스

많은 지적장애아동들은 출생 시나 그 직후에 판별된다. 다운증후군과 같은 특정 유전적 이상징후를 가진 일부는 태어나기 전에 판별된다. 많은 아기들은 명백한 장애의 신체적 징후 때문에 출생 시에 판별된다. 다른 아기들은 산전 약물 노출이나 매우 낮은 출생 체중과 같은 알려진 위험 요인을 가지고 있어 출생 직후 시작되는 조기중재 서비스의 대상이 된다. 이러한 조기중재 서비스는 영아기 동안 시작된다. 이러한 교육 경험의 다른 점 중 하나는 환경이 일반적으로 아동과 가족의 가정이지, 더 전통적인 학교와 같은 환경이 아니라는 것이다.

조기중재 서비스의 많은 다른 측면들은 각 아동과 가족 구성원들의 고유한 요구를 충족하기 위한 것이다. 직접 서비스는 다학제 전문가들의 배열에 의해 제공되고 서비스 코디네이터에 의해 관리되고 촉진된다. 가족과의 협력으로, 교수의 표적들은 3세 미만 아동들의 발달적 요구를 충족하도록 설계된다. 예를 들어, 그들은 뻗기, 뒹굴기, 기어가기, 그리고 걷기와 같은 기술들을 포함할 수 있다. 또한 부모들이 의사소통, 인지, 놀이, 그리고 운동 기술을 자극하는 방법을 학습하도록 돕는 것을 포함할 수 있다. 가족과 아동 모두의 요구에 기초하여 구성된 팀은 종종 언어병리사, 물리치료사, 보조공학전문가, 간호사, 그리고 유아기 발달에 전문성을 가진 다른 사람들을 포함한다. 전체 가족이 이러한 집중적인 서비스의 수혜자들이다. 이러한 서비스들은 IDEA를 통해 제공되고 개별화가족서비스계획을 통해 보장된다. 가정에서 서비스를 받기 시작하는 많은 아기들과 그들의 가족들은 3번째 생일에 유아교육 프로그램으로 전환한다.

유아교육

유아교육 경험은 나중에 학교와 삶에서 유용한 중요한 기술을 개발하기 위한 토대를 제공한다. 조기중재 프로그램들이 일반적으로 가정에 제공되는 반면, 유아교육 프로그램들은 그렇지 않다. 많은 것들이 장애가 있거나 없는 어린 아동들이 함께 학습하고 성장하는 통합 환경이다. 아동들의 개별화가족서비스계획에 의해 안내되는 개별화된 프로그램들이 교수를 이끈다. 계획, 공간, 자료, 그리고 교수는 개별 아동들의 요구와 목적을 반영하고 적응되며 구조, 직접 체험 학습, 야외 시간, 언어 발달을 위한 기회, 그리고 놀이와 균형을 이룬다. 평가는 성공적인 유아교육 경험의 핵심 구성요소이다.

지적장애학생들, 특히 더 중증의 경우를 가진 학생들에게, 통합교육은 학교보다는 지역사회 환경에서의 교수가 더 일반적인 초등학교, 중학교, 그리고 고등학교 시기보다 유아교육과 유치원 시기 동안 이루어지는 것이 더 일반적이다. 유아교육 교육과정은 주와 교육구 성취 검사에서 높은 점수를 달성하는 것이 관심사인 상급 학년의 교육과정보다 통합적 실제에 더 적합하다.

학령기

- 지적장애학생들은 가능한 한 많이 일반교육 교육과정에 접근해야 하지만, 일상생활기술에 초점을 맞춘 기능적 교육과정도 성인으로서 더 큰 독립성으로 이어질 수 있다.
- 선택을 하고 자신의 요구와 욕구를 옹호하는 능력인 자기결정은 독립적으로 생활하는 데 필요한 중요한 기술의 집합이다.

기능적 교육과정

장애를 가진 다른 모든 학생들과 마찬가지로, 각 프로그램은 개인의 요구를 충족하도록 설계되어야 한다. 지적장애학생들이 다른 장애학생들과 같은 비율로 일반교육 교육과정에 참여하지 않는다는 것

기능적 교육과정에서 학습되는 기술의 예

생존 단어 읽기

- 거리 표지판: 걸어가기, 걸어가지 말기, 정지
- 안전 단어: 위험, 독, 출입 금지

쓰기

- 정보 받기: 전화 메시지 받기, 식당에 가는 길 쓰기, 일하는 방법에 대한 메모하기
- 정보 전달하기: 다른 사람에게 메모 남기기, 지시사항 제공하기

수학

- 시간과 돈: 시간 말하기, 물건을 사기 위해 돈 세기
- 측정: 요리 측정, 목공

을 이미 학습했다. 덜 통합적인 교육은 낮은 기대와 이 학생들이 성취할 수 있는 것에 대한 가정 때문일 수 있다. 그러나 그것은 일반교육 교실에서 일반적으로 가르쳐지지 않는 기술을 학습하기 위한 다른 교육과정 참여의 결과일 수 있다.

일반교육 교육과정은 많은 기회를 제공하고 성공적인 성인이 되는 데 필요한 많은 복잡한 기술을 학습하는 환경을 구축한다. 예를 들어, 기초 읽기 기술은 지역사회에서 독립적으로 생활하고 일하는 데 필요한 기본적인 생존 기술을 포함하여 문해적 성공의 길을 마련한다. 또한, 일반교육 교육과정은 진로와 대학 준비에 필요한 학업 능력을 다루어야 한다. 그러나 중등도에서 중도 지적장애를 가진 대부분의 학생들은 일반교육 교육과정을 통해 다뤄지지 않는 학습 요구를 가지고 있다. 그들은 성인 생활에서 가능한 한 독립적이 되기 위해 일상생활과 직업 기술을 명시적으로 가르쳐져야 하며, 이는 다른 교육과정을 요구한다. 기능적 교육과정에서, 학생들의 읽기, 쓰기, 그리고 수학 교수는 종종 실용적 기술에 초점을 맞춘다. 그것은 적응기술을 다룬다: 직업을 갖고, 지역사회에서 생활하며, 친구를 사귀고, 집에서 직장으로 또는 여가 활동으로 독립적으로 이동하는 데 필요한 것들. 증거는 이러한 중요한 일상생활과 직업 기술을 자연스러운 환경(예: 직장에서, 시내버스에서)에서 학습하는 것이 더 나은 숙달을 가져온다는 것을 보여준다. 그래서 교수는 자주 개별화되고 지역사회에서 실시되며 종종 지역사회기반교수(Community-Based Instruction, CBI)로 지칭된다. 일상생활기술의 몇 가지 예가 상자에 제시되어 있다.

자기결정

불행히도, 지적장애아동들은 자연스럽게 좋은 선택을 하는 것과 관련된 기술을 개발할 기회를 거부당하는 경우가 많다. 이 아동들이 자신의 관심사를 추구하고 자신의 생각과 욕구를 표현하도록 격려하는 대신, 교사, 부모, 그리고 가족 구성

연구기반실제에 관한 심층적 탐구 **자기결정 교수**

역량이 강화된 개인은 삶에 대한 정보에 기반한 선택과 결정을 할 수 있다—어디서 어떻게 살지, 어디서 일할지, 무엇을 먹을지, 그리고 어떤 여가 활동을 추구할지. 그러한 선택을 하는 것은 어떤 활동과 결과가 선호되는지 아는 것, 결정의 결과를 이해하는 것, 문제를 해결하는 것, 자신을 옹호하는 것, 그리고 결과를 평가하는 것과 같은 일부 복잡한 능력을 요구한다. 학생들의 자기결정을 지원하기 위해, 교육 전문가들은 다음을 할 수 있다:

1. 학생들이 자신, 자신의 능력, 요구, 그리고 선호를 이해하도록 돕는다.
2. 학생들이 어떤 지원과 서비스가 자신들에게 이용 가능해야 하는지 학습하고 서비스와 지원의 선택, 실행, 그리고 평가를 위한 의사결정 과정에 참여하도록 한다.
3. 목적 설정과 그들의 달성에 대한 자기모니터링을 포함하여 효과적인 선택을 하는 방법을 학생들에게 가르친다.

교사들은 그러한 활동들이 일상적인 교수 기회에 통합되는 것을 보장하기 위해 자기결정 체크리스트를 만들고 사용함으로써 학생들이 필요한 기술을 얻도록 도울 수 있다.

원들이 너무 자주 가장 간단한 결정에서조차 그들을 위해 선택을 한다. 그 결과, 그들은 종종 자신의 선호, 좋아하는 것, 그리고 싫어하는 것에 대한 이해나 표현 능력을 개발하지 못한다. 자기결정(self-determination)이라고 지칭되는 이러한 기술을 얻는 것은 자연스럽게 오지 않는다. 지적장애인들은 독립적인 성인이 되기 위해 종종 실제 생활 환경에서 명시적 교수와 연습이 필요하다. 다행히, 일반교육 교육과정과 함께 이러한 기술을 가르칠 기회는 풍부하다. 그러한 교수는 다른 내용 영역에서 시간을 빼앗을 필요가 없다. 오히려, 정말로 필요한 것은 교수가 어떻게 제공되고 무엇이 교수 루틴에 통합되는지에 대한 방향의 변화이다. 기회가 주어질 때, 이 학생들은 선택을 하고, 자신의 요구와 욕구를 설명하며, 자신의 삶에 대한 결정을 내리는 데 참여하는 방법을 학습할 수 있다. 상당한 연구를 통해 검증된 증거기반 실제인 자기결정이 아래에 기술되어 있다.

전환

- 대학 및 진로 준비는 고용과 독립생활 결과를 개선하는 중요한 전환 목적이다.
- 종종 직무코치, 동료의 도움, 그리고 고용주의 양보를 포함하는 지원고용은 경쟁고용의 기회를 제공할 뿐만 아니라, 비용 효과적이기도 하다.

성인기 결과

불행히도, 지적장애가 있는 성인들은 그들이 마땅히 누려야 하는 만큼 잘 지내지 못한다. 이 개인들에 대한 자료 보고는 일반적으로 좋지 않다. 지적장애가 있는 성인들은 종종 좋은 급여의 직업을 갖지 못하며, 독립적으로 생활하지도 못한다. 예를 들어, 가족의 83%가 지적장애가 있는 그들의 친척이 실업 상태라고 진술한다. 다른 보고들은 이 성인들의 52%만이 일하거나, 직업 훈련 프로그램에 참여하거나, 학교에 다닌다고 나타내며, 이는 나머지 48%

가 어떻게 그들의 하루를 보내고 있는지 궁금하게 한다. 게다가, 그들의 고용 부족은 독립적으로 생활하는 능력에 직접적으로 영향을 미친다. 지적장애가 있는 모든 성인의 98%가 지역사회에서 생활하지만, 78%는 가족 구성원과 함께 산다. 단지 7%만이 독립적으로 산다. 이러한 좋지 않은 성인기 결과는 행동의 필요성을 시사한다.

전환 프로그램

특수교육 전환 서비스와 프로그램들은 진로 준비에 대한 더 전통적인 접근을 제공한다. 이 프로그램들의 결과는 좋다: 특수교육 프로그램의 졸업생들은 고용될 가능성이 더 높고 더 높은 수입을 가질 가능성이 높다. 특히 그들이 고등학교 시기 동안 직업 훈련, 유급 근무 경험, 강한 부모 참여, 그리고 기관 간 협력을 가졌다면 그렇다. 지역사회의 직업 기회는 풍부하며, 많은 경력이 고등학교 동안의 직업 훈련 경험을 통해 시작된다. 식료품점, 동물병원, 또는 사무용품 회사와 같은 지역사회 사업체에서 일하는 지적장애인들은 장애인만 일하는 환경에서 직업을 가진 사람들이나 전혀 일하지 않는 사람들보다 더 큰 만족을 표현한다. 경쟁고용에서 성공하는데 필요한 직업 기술을 개발하는 것은 종종 학령기 동안과 그 후에 전환팀을 요구한다. 이러한 사실들 때문에, 전환 프로그래밍은 상급 학생들의 개별화 교육계획의 중요한 부분이다. (제4장에서 이 정보를 검토하라.)

이 학생들 중 많은 사람들을 위해 전환 서비스가 어떻게 작동하는지는 다음과 같다. 고등학교 동안, 그들은 독립적으로 직장을 오가는 방법을 학습하는 것을 포함하는 기능적 교육과정에 참여한다. 그들은 또한 직무코치, 특수교사들, 그리고 학교와 고용주 사이의 연결 네트워크로부터의 도움과 함께 다양한 직업에서 일한다. 고등학교에서 구조화된 근무 경험의 한 가지 목적은 중요한 직업 관련 기술을 학습하는 것이다. 다른 하나는 다른 진로 기회를 탐색하고 이러한 선택지에 관한 선호와 관심을 개발하는 것이다. 학생들이 더 많은 경험을 얻으면서, 그들의 선호가 고려되어야 하고, 그들은 고용 유형을 선택하고 배치 결정에 참여하도록 허용되어야 한다. 적용된 지역사회기반 교수 상황에서 자기결정과 선택하기 기술을 개발하기 위한 풍부한 기회가 존재한다.

고등교육 이후 선택지

더 새로운 접근은 지적장애인을 위한 대학 선택지를 제공한다. 이 접근은 차이를 만들고 있는데, 대학 생활을 경험하는 지적장애인들이 그렇지 않은 사람들보다 더 잘 지내고 있기 때문이다. 지적장애 학생을 위한 모든 고등교육 이후 프로그램의 목록을 유지하는 포용적 고등교육 네트워크에 따르면, 2022년에 314개의 대학과 대학교가 현재 지적장애인을 위한 혁신적이고 독특하게 설계된 프로그램을 제공한다. 한 선구적 프로그램인 REACH는 아이오와 대학교에 기반을 두고 있다. 2008년에 시작된 이 모델 프로그램은 자기결정, 실용적 읽기, 기술, 직업 기술, 그리고 독립생활을 촉진한다. 이 학생들은 전형적인 대학생들과 함께 기숙사에서 생활한다. 2021년 가을에 63명의 학생이 등록했다. 2022년 현재, 이 프로그램은 215명의 졸업생을 배출했으며, 그중 89%가 졸업 1년 후 고용되었고, 60%가 독립적으로 생활하고 있으며, 100%가 최소한 최저임금을 받고 있다. 제1장에서 센트럴 플로리다 대학교의 또 다른 유사한 프로그램에 대해 논의했다.

다음 링크는 미국 고등교육부가 지원하는 국가

센터인 Think College로부터 지적장애학생을 위한 대학 선택지에 대해 더 많이 학습하는 데 도움이 될 것이다: www.thinkcollege.net

지원고용

고등학교나 대학 이후, 많은 지적장애인들은 지역사회에서 유급 직업을 찾고 유지하기 위해 지원의 체계나 네트워크를 통한 지속적인 도움이 필요하다. 즉, 고등학교 시기 동안 시작된 전환 서비스와 훈련은 종종 성인기까지 계속되어야 한다. 이러한 지원의 지속은 많은 다른 방식으로 발생한다. 정부 기관들은 그렇지 않으면 경쟁적 직업을 갖지 못할 개인들을 지원고용 프로그램을 통해 도울 수 있다. 이 프로그램들은 그들이 직업을 찾고, 그 직위에 필요한 기술을 학습하며, 직업을 유지하는 방법을 이해하도록 돕는다. 직무코치들은 개인들과 함께 일하며, 그들이 직업의 모든 부분을 학습하도록 도울 수 있다. 추가적으로, 동료들은 장애가 있는 그들의 동료를 도울 수 있도록 훈련받는다. 이 성인들의 고용을 촉진하기 위해, 고용주들은 장애인을 고용하는 것에 대한 세금 혜택을 받을 수 있다. 지원고용(supported employment) 프로그램들은 1980년대에 시작되었고, 수년에 걸쳐 발전했으며, 초기 예측을 훨씬 뛰어넘는 배당금으로 성과를 거두고 있다. 지원고용의 비용-편익 비율은 2:1이다. 즉, 500달러를 지출할 때마다, 근로자 보상의 편익은 1,000달러이다. 이 직원들은 적절한 시간 동안 일하고, 세금을 내며, 임금을 번다. 이 시스템은 비용 효과적일 뿐만 아니라, 더 나은 전반적인 성인기 결과와 만족에도 기여한다. 고용주들은 이전에 지역사회에서 일할 수 없다고 여겨졌던 장애인들이 생산적인 근로자라고 보고한다.

사람과 상황

학습 목표

지적장애학생을 위한 교수의 역사를 기술하고 옹호와 변화하는 태도의 영향을 논의한다.

기원과 역사

- 특수교육은 1798년 프랑스에서 농부들이 아비뇽의 숲에서 야생 소년을 발견하고 그를 돌봄과 치료를 위해 파리의 의사에게 데려갔을 때 시작되었다.
- 지적장애와 역사적으로 관련된 낙인은 이 개인 집단에 대한 사회 정의의 주요 도전과 장벽으로 남아 있다.

지적장애를 위한 특수교육의 시작

지적장애는 항상 인간 역사의 일부였다. 그러나 교육과 치료에서의 체계적인 노력은 프랑스 의사인 장-마르크-가스파르 이타르가 자신의 제자인 빅터에게서 이 장애의 기본적 특성을 관찰한 1700년대까지 시작되지 않았다. 많은 사람들에 의해 최초의 특수교육 학생으로 여겨지는 빅터는 인지, 적응기술, 그리고 언어 발달에 도전을 가지고 있었고 지속적인 지원이 필요했다. 그의 이야기는 "영상 속에서" 특집에서 기술된 The Wild Child, 또는 L' Enfant Sauvage에서 정확하게 묘사되어 있다. 지역 농부들은 빅터가 약 12세일 때 프랑스 시골의 숲에서 그를 발견했다. 그는 동물처럼 생활하고 있었으며, 스스로를 돌보고, 네 다리로 걷고, 말할 수 없었다. 이 영화는 이타르와 그의 가정부가 소년과 함께 일하며 오늘날 사용되는 많은 교수적 중재를 개척하는 모습을 보여준다. 빅터가 놀라운 진전을 보였지만, 이

영상 속에서 **시작에서(In the beginning)**

영화 L' Enfant Sauvage(The Wild Child)는 특수교육의 시작에 대한 실화를 들려준다. 프랑스 시골에서 "야생 아동"의 발견과 파리에서의 그의 후속 치료는 당시 인간과 동물 사이의 차이에 대한 상당한 논쟁을 불러일으켰다. 이 영화는 이타르가 소년을 사회화하고, 기본 기술을 교수하며, 언어를 가르치기 위해 사용한 교수 절차를 보여준다. 이타르가 연구기반실제를 아는 혜택을 갖지 못했음에도 불구하고, 그는 이후 검증된 많은 전략들—긍정적 강화, 우발적이고 체계적인 교수—을 실행했으며, 오늘날 사용되는 많은 증명된 실제의 토대를 마련했다.

타르는 궁극적으로 빅터를 당시의 진정으로 독립적인 신사로 만드는 데 성공하지 못했기 때문에 자신의 노력을 실패로 여겼다. 그럼에도 불구하고, 그의 작업은 지적장애인의 교육과 인도적 처우의 시작을 의미한다.

에두아르 세귄은 1844년에 이타르의 교육 유산과 지적장애인에 대한 공정한 처우 개념을 미국에 가져왔다. 세귄은 미국 특수교육의 아버지로 여겨진다. 그 직후인 1848년에, 사무엘 그리들리 하우는 지적장애아동을 위한 별도의 기숙학교 아이디어를 미국에 도입했다. 그러나 그는 기관들이 두려움, 불신, 그리고 학대를 낳는 수치스러운 분리된 환경이 될 수 있다고 예측했다. 그의 예측은 사실로 증명되었다. 그림 9.9의 연표가 보여주듯이, 더 긍정적인 태도와 돌봄으로의 변화는 앞으로 한 세기 이상 동안 일관되지 않았고, 이 장애에 대한 부정적이고 심지어 잔인한 반응이 지속되었다. 지적장애인들은 심각한 학대, 편견, 그리고 차별의 희생자였다. 그들은 독일 홀로코스트에서 희생되었고, 전 세계적으로 교육을 거부당하고 사회에서 기피되었다. 유럽과 미국에서, 이 개인 집단은 기관에 분리 수용되어 비인도적 처우를 받았다.

사회 정의의 발전

편견과 차별의 씨앗은 지적장애인의 역사 깊숙이 심어져 있으며, 이는 오늘날에도 사회 정의가 중요한 문제로 남아 있는 이유를 설명할 수 있다. 아마도 이 개인들이 시간에 걸쳐 경험한 처우에 대한 짧은 배경이 인식, 언어, 그리고 태도가 이 집단에게 왜 그렇게 중요한지를 이해하는 데 도움이 될 것이다. 이 집단이 사회에 미치는 부정적 영향에 대한 종종 허구적이고 많이 과장된 이야기들은 거의 150년 전으로 거슬러 올라간다. 1877년, 사회학자이자 뉴욕 교도소 협회의 자원봉사 조사관인 리처드 더그데일은 주크스 가족의 여러 세대에 걸친 범죄 활동, 고용 부족, 그리고 기타 부정적 측면에 대해 썼다. 그는 인지적 장애를 가진 사람들이 사회에 위험하다는 것—당시 나라를 괴롭히던 범죄, 빈곤, 그리고 기타 사회적 병폐의 근원—을 설명하고, 사회를 보호하기 위해 그들을 기관에 수용하고 그들과 같은 더 많은 사람들을 생산하는 것을 방지하기 위해 불임 시술을 해야 한다고 원했다. 그러나 더 최근의 계보 연구는 더그데일이 주크스 가족 계보의 일부분에만 초점을 맞췄고 그들의 지역사회에서 성공적이고 존경받는 다른 구성원들을 포함시키지 않았다는 것을

그림 9.9 지적장애인을 위한 교육과 지원 연표

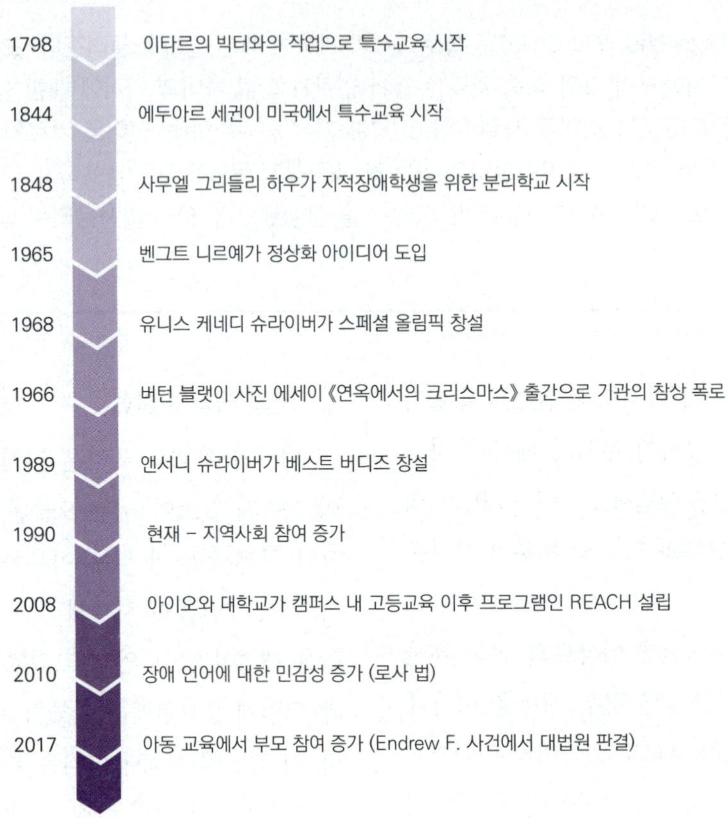

보여주었다.

더그데일만이 지적장애인에 대한 이야기를 부풀린 것은 아니었다. 1912년, 헨리 고다드는 범죄 활동에 취약한 "정신박약" 사람들의 가족 출신인 데보라 칼리캑의 이야기를 발표했다. 고다드는 지적장애가 유전에 의해 전달되므로 상황을 교정하기 위해 할 수 있는 것이 없다고 주장했다. 더그데일과 마찬가지로 고다드의 결론은 그러한 사람들을 사회에서 제거하고 그들의 인구를 통제해야 한다는 것이었다. 인류를 개선하기 위한 생식의 의도적 계획이나 방지에 관한 이 운동은 우생학이라고 지칭된다. 1917년까지, 네 개 주를 제외한 모든 주가 지적장애 아기들이 일상적으로 보내지는 기관을 가지고 있었으며, 이들 대부분은 크고 분리되어 있었다. 그들은 더 이상 아동들이 번영하고 학습할 수 있는 기숙학교가 아니라, 대신 학대와 방치의 끔찍한 장소가 되었다. 모든 장애의 역사에 대한 더 많은 정보는 www.disabilityhistory.org의 장애 사회 역사 프로젝트를 참조하기 바란다.

1960년대와 1970년대는 태도와 실제에서 큰 변화의 시기였다. 연구자들과 프로그램 개발자들은 지적장애학생들이 일상생활기술과 언어 발달 영역 모두에서 이전에 누구나 생각했던 것보다 더 많이 학습할 수 있다는 것을 증명했다. 스웨덴의 벤그트

니르예는 이 개인들에 대한 현재 사고의 기본이 될 정상화의 개념을 처음 도입했다. 니르예는 모든 시민이 일상생활을 위한 동일한 기회와 조건을 제공받아야 한다는 믿음을 제시했다. 지적장애인들은 장애가 없는 사람들처럼 지역사회에서 정상적인 삶을 살 기회를 가져야 한다. 울프 울펜스버거는 니르예의 아이디어들을 미국에 가져왔고, 여기서 그것들은 개발되고 확장되었다. 그 결과, 지적장애인 대부분이 기관에서 나와 동료들과 함께 일하고 친구 및 가족과 시간을 즐기는 전형적인 삶의 꿈과 희망을 가지고 지역사회로 왔다. 특수교육 옹호자인 버턴 블랫은 모든 기관의 폐쇄를 요구했고 지역사회 생활과 가족 사회 서비스에 대한 아이디어를 계속 개발했다.

오늘날, 지적장애인들은 여전히 사회와 지역사회에서 자신들의 자리를 위해 싸우고 있지만, 진전이 이루어지고 있다. 그들은 미국 지역사회의 일상생활에서 진정한 일부가 되고 있다. 그들은 학교에 다니고, 일부는 특별한 대학 프로그램에 참여하며, 일부는 좋은 일을 찾고, 대부분은 지역사회에서 생활한다. 그 어느 때보다도, 이 개인들은 그들의 희망과 꿈이 현실이 될 수 있다고 믿는다.

개인적 이야기들

- 수년에 걸친 언어의 변화는 지적장애인에 대한 사회의 태도 변화를 반영한다.
- 지적장애인 가족들의 헌신과 옹호는 많은 다른 사람들의 삶에 긍정적인 영향을 미쳤다.

새로운 존중

오랜 시간 동안, 이 장애를 가진 개인들은 분리, 차별, 그리고 무례함에 직면했다. 그러나 상황이 개선되고 있는 것으로 보인다. 최근 몇 년 동안, 모든 장애인에 대해 이야기할 때 사용되는 언어에 증가하는 관심이 기울여졌다(제1장의 사람우선 언어 섹션을 다시 참조). 우리가 사용하는 단어들은 언어가 인식의 반영이기 때문에 중요하다. 우리가 말하는 것은 존엄성과 존중에 대한 명확한 메시지를 보낸다. 이것이 2007년에 장애인과 관련된 가장 오래된 전문 조직인 미국지적발달장애협회가 조직 이름에서 정신지체라는 용어를 지적장애로 변경한 이유이다. 또한 의회가 2010년에 모든 연방 법률과 규정에서 정신지체라는 용어를 지적장애로 소급하여 대체한 로사 법을 통과시킨 이유이기도 하다. 그 이후로, 스페셜 올림픽 조직과 많은 옹호자들이 모든 사람의 언어에서 "R 단어"를 제거하는 캠페인을 선도해왔다. 그들은 상황에 관계없이 정신지체라는 용어의 사용을 중단할 것을 요구하고 있다.

한 가족의 참여 유산

장애아동의 출생이 전체 가족에 미치는 영향은 부인할 수 없다. 가족의 각 구성원이 반응하는 방식은 다양하다. 종종 적어도 한 형제자매는 장애인을 대신하여 일하는 평생의 헌신을 추구한다. 일부는 전문 교육자가 되고, 다른 이들은 옹호자나 자원봉사자가 된다. 많은 이들이 부모가 더 이상 그렇게 할 수 없을 때 지적장애가 있는 형제자매에 대한 책임을 맡는다. 3세대에 걸친 지적장애인과 사회적 중요성 문제에 대한 케네디 가족의 옹호는 많은 개인과 가족의 삶을 긍정적으로 변화시킨 유산이다.

이 가족의 사회 정의에 대한 헌신은 아주 오래전에 시작되었다. 1918년에 태어난 로즈메리 케네디는 지적장애를 가지고 있었고 그 당시에 흔했던 것처럼 성인 생애의 대부분을 가족과 친구들로부터 떨어진 분리된 환경에서 살았다. 로즈메리의 형제들과 여동생은 모든 장애인, 특히 인지적 도전을 가진 사람들에 대한 존엄성과 존중을 모델로 하는 사회 정의, 옹호, 그리고 획기적인 서비스 기관 개발에 대한 가족의 헌신을 시작했다. 로즈메리의 여동생 유니스 케네디 슈라이버는 1962년에 인지적 장애를 가진 아동과 청소년이 운동 발달과 경쟁의 수단을 가질 수 있도록 자신의 뒷마당에서 캠프 슈라이버를 시작했다. 이 뒷마당 캠프는 현재 전 세계 550만 명의 운동선수에게 서비스를 제공하는 스페셜 올림픽으로 발전했다. 로즈메리의 형제인 로버트 케네디는 그와 제럴도 리베라가 뉴욕의 기관인 윌로브룩에서의 끔찍한 학대에 주의를 환기시켰을 때 탈시설화 운동을 자극했다. 그의 행동은 당시 보스턴 대학교 교수였던 버턴 블랫이 1966년 사진 에세이 《연옥에서의 크리스마스》에서 그러한 주거 시설의 참상을 폭로하도록 격려했으며, 이는 온라인에서 무료로 이용할 수 있다. 지적장애인을 위한 주거 배치, 대규모 집단 환경, 그리고 대규모 그룹홈이 오늘날 미국과 전 세계에 여전히 존재한다는 것을 주목해야 한다. 분리, 비가족 생활, 그리고 학대의 가능성으로 인해 유엔이 2021년에 모든 그러한 시설의 폐쇄를 요구했다.

로즈메리의 또 다른 형제인 존 F. 케네디 대통령은 모든 장애학생을 위한 교육, 연구, 그리고 교사 훈련에서 필요한 개선을 연구하기 위한 국가 위원회를 설립하려는 노력을 시작했지만, 지적장애에 특별한 초점을 맞췄다. 린든 존슨 대통령이 케네디의 암살 후 실제로 이 위원회를 구성했고, 위원회는 오늘날에도 여전히 활동하고 있다. 세 번째 형제인 테드 케네디 상원의원은 1975년 최초의 IDEA 법률과 1990년 장애인법 제정에 중요한 역할을 했다.

케네디 가족의 2세대—특히 유니스 케네디 슈라이버의 자녀들—는 장애인에 대한 가족의 헌신을 이어갔다. 앤서니 케네디 슈라이버는 조지타운 대학교 학생이었을 때 베스트 버디즈 인터내셔널을 설립했다. 이 조직은 대학생들을 자원봉사자로 연결하여 지적장애인에게 지원을 제공한다. 그의 형제인 팀 슈라이버는 현재 스페셜 올림픽의 회장이자 "R 단어"를 금지하고 많은 지적장애인이 경험하는 편견과 차별을 제거하는 운동의 주요 대변인이다. 캘리포니아의 전 영부인이자 아널드 슈워제네거의 전 아내인 마리아 슈라이버는 어린 소녀와 지적장애가 있는 소년 사이의 특별한 우정에 대한 아동 도서 《티미에게 무슨 문제가 있나요》를 썼다. 그녀는 장애인을 위한 프로젝트의 활발한 모금자로 남아 있으며 스페셜 올림픽과 베스트 버디즈 모두의 이사회에서 봉사하고 있다.

대부분이 현재 20대인 케네디 가족의 3세대 중 많은 이들이 사회 서비스에 적극적으로 참여하고 있다. 그들의 관심사는 인권, 환경, 노숙자, 빈곤 지역사회, 그리고 문제가 있는 청소년과 같은 많은 중요한 문제들을 중심으로 한다. 그들이 어떤 영향을 미칠지는 시간만이 말해줄 것이다. 케네디 가족의 이야기는 헌신과 옹호의 이야기이다. 집합적으로, 그들은 그렇게 많은 사람들의 삶에 변화를 만들어 왔고 계속 만들고 있다. 우리는 모두 그들이 설정한 본보기에서 사회운동의 힘에 대해 많은 것을 배울 수 있다.

미래 전망

학습 목표

예방 조치가 지적장애의 발생률을 어떻게 줄일 수 있는지 설명하고, 부정확한 공공 정보가 예방 조치의 실행을 어떻게 위협하는지 논의하며, 공학(기술)이 특히 독립생활 영역에서 지적장애인에게 어떻게 도움이 될 수 있는지 설명한다.

예방: 환경 보호

- 환경독소와 아동학대는 지적장애의 두 가지 예방 가능한 원인이다.
- 부정확한 공공 정보는 예방 조치의 실행을 위협한다.

판별과 예방의 연결

원인이 판별되면, 무력화시키는 영향을 예방하는 방법들이 곧 뒤따르는 경우가 많다. 그러나 이러한 지식이 있음에도 불구하고, 예방적 행동이 항상 취해지는 것은 아니다. 우리는 책임감 있는 시민으로서, 아무런 행동을 취하지 않았을 때 아동에게 미치는 해악 사이의 원인과 결과 관계를 이해해야 한다. 몇 가지 예를 살펴보자.

독소는 환경에 풍부하다. 납과 같은 환경독소에 대한 노출은 지적장애의 주요 원인이지만, 더 나은 규제와 더 깨끗한 환경을 통해 예방 가능하다. 납중독과 아동의 지적장애 사이의 연결은 명확하다. 다행히, 납이 수십 년 동안 많은 제품에서 금지되었기 때문에 1990년대 후반 이후 아동의 혈중 납 수치 상승의 발생률이 감소했다. 그러나 6세 미만 아동의 약 4.3%가 중등도로 상승된 수치를 가지고 있다.

더 높은 위험에 있는 아동들은 수년 전에 납 기반 페인트로 칠해진 오래된 아파트와 주택의 벽에서 납에 노출되는 저소득 가정 출신이다. 이 아동들과 그들의 가족들은 또한 오래전에 문을 닫은 공장들이 위치한 인근 지역에 살 가능성이 더 높다. 이러한 공장들은 보호 규제 없이 운영되어 주변 지역을 오염시켰던 시대에 가동됐다. 로스앤젤레스 카운티의 엑사이드 자동차 배터리 재활용 공장은 그러한 경우의 비극적인 예이다. 수년 동안, 보일 하이츠, 벨, 동부 로스앤젤레스, 그리고 버논의 인근 도시에 사는 아동들이 높은 수준의 납에 노출되었다. 그들의 가족들은 이주할 여유가 없고, 지역은 여전히 독성이 있다. 네 지역사회의 100,000개 이상의 가정이 오염되어 있다. 공장이 2015년에 문을 닫았지만, 2020년 파산 합의로 회사가 현장을 포기하도록 허용하여 납세자들이 정화에 대한 책임을 지게 되었다. 2021년, 캘리포니아 주지사 개빈 뉴섬은 가정과 인근 지역을 정화하기 위해 자신의 예산에 4억 5천 4백만 달러를 포함시켰다. 그러나 아동과 가족들이 안전해지기까지는 수년이 걸릴 것이다.

게다가, 납은 여전히 토양과 무연 가솔린(현재 금지됨)의 잔여물이 남아 있는 오래된 고속도로 구간을 따라 남아 있다. 납은 오늘날의 항공 연료에서 여전히 발견되고, 불행히도 납 페인트의 존재에 대해 일상적으로 확인되지 않기 때문에 때때로 아동용 장난감에서도 발견된다. 슬프게도, 납중독은 과거의 일이 아니다. 제3장에서, 우리는 미시간주 플린트의 납 오염된 물에 대해 언급했다. 도시가 돈을 절약하고 싶어 했지만 무슨 대가로? 문제들이 계속되었다. 분명히, 그것은 시민들을 큰 위험에 빠뜨렸고 궁극적인 재정적 비용은 엄청나다.

문화적 고려사항 **인종, 민족성, 빈곤, 그리고 환경 위험의 교차점**

우리는 방금 캘리포니아의 보일 하이츠와 그 인근 도시들 그리고 미시간주 플린트의 경우들을 기술했다. 이 지역사회의 아동과 가족들은 납을 포함한 파괴적인 독소에 노출되었고 노출되고 있다. 그러한 노출은 많은 건강 위험으로 이어지며 지적장애의 원인으로 알려져 있다.

자료가 스스로 말하도록 하자. 두 지역 모두 가족들이 더 안전한 지역으로 이주하고 다른 가족들이 이 지역사회로 이주하지 않기 때문에 인구가 꾸준히 감소하고 있다. 엑사이드 재활용 공장의 현장이자 훨씬 더 큰 재앙의 진원지인 버논에는 단지 107명만이 여전히 살고 있다. 2017년, 보일 하이츠 주민의 95%가 라티노였고, 2021년, 플린트에 사는 사람들의 54%가 흑인이었다. 이러한 비율은 인근 도시나 그들 각각의 주에서의 그들의 대표성보다 훨씬 크다. 보일 하이츠의 평균 가족 소득은 36,451달러이고, 플린트에서 평균 소득은 24,221달러(남성 26,422달러; 여성 22,215달러)—모두 국가 빈곤 수준 이하이다.

우리는 얼마나 많은 다른 지역사회가 유사한 상황에 있는지 알지 못하지만, 그들은 확실히 전국에 걸쳐 존재한다. 당신의 지역, 주, 또는 권역을 생각해보라. 그러한 위험에 직면한 유사한 지역사회를 판별할 수 있는가?

독소 제거 외에, 더 나은 예방 조치가 어떻게 차이를 만들 수 있는지에 대한 두 가지 다른 예가 여기에 있다. 아동학대는 뇌 손상과 그로 인한 인지 문제를 포함하여 아동에게 파괴적인 해를 끼친다. 이 놀라운 통계를 생각해보라: 미국에서 매일 1,837명의 아동이 학대나 방치의 희생자가 된다. 분명히, 아동학대는 예방 가능하고, 아동들은 학대하는 가족 구성원들로부터 더 잘 보호될 수 있으며, 아동을 해치는 것에 대한 처벌이 더 엄중할 수 있다.

또 다른 측면에서, 정확한 수치를 아는 것은 불가능하지만, 일부 전문가들은 매년 미국에서 40,000명의 아기가 산전 알코올 노출의 증상을 가지고 태어난다고 추정한다. 그러나 질병통제예방센터는 더 낮은 수치를 인용한다: 800에서 8,000 출생 사이의 어딘가이다. 모든 아기가 똑같이 영향을 받는 것은 아니다. 손상은 임신한 어머니가 소비한 알코올의 양과 임신 중 시점 및 어머니가 음주한 기간(첫 번째, 두 번째, 세 번째, 또는 모든 삼분기)에 따라 달라지기 때문이다. 태아알코올스펙트럼장애를 가진 많은 아동들은 학교에 다닐 때 특수교육 서비스가 필요하다. 이 장애 스펙트럼의 가장 중증 단계에 있는 태아알코올증후군을 가진 사람들은 매우 심각한 인지적, 행동적, 그리고 종종 신체적 장애 때문에 극소수만이 성인으로서 독립적으로 생활할 수 있다. 태아알코올증후군의 각 사례 비용은 최소 200만 달러로 추정된다. 금전적 비용을 넘어서, 이 아기들에게 가해진 손상은 비극적이며, 100% 예방 가능하다. 아동에 대한 산전 음주의 비극적이고 장기적인 영향 때문에, 안전한 알코올 소비량은 없으며, 임신 중 여성이 안전하게 음주할 수 있는 시기라는 것도 없다.

공공의 잘못된 정보의 위험

아동과 그들의 어머니를 질병으로부터 보호하기 위한 면역화 프로그램의 중요성은 아무리 강조해도 지나치지 않다. 지적장애의 발생률은 Rh 혈액 부적합성과 풍진, 뇌수막염, 홍역을 일으키는 바이러스와 같은 것들에 대한 면역화를 통해 크게 줄어들었다. 1944년, 의사들은 임신한 여성이 그들의 아기와 같은 Rh 인자를 공유하지 않을 때의 위험한 결과를 발견했다. 백신이 개발될 때까지, 중증 장애를 가지고 태어난 훨씬 더 많은 아동들 외에도 매년 10,000명의 사망이 발생했다.

풍진, 또는 독일 홍역은 태아에게, 특히 첫 번째 삼분기 동안 어머니가 감염된 경우에 파괴적인 영향을 미친다. 1960년대 중반에는 사람들을 이 질병으로부터 보호할 백신이 없었다. 1964-1965년의 전염병은 수만 명의 신생아 사망과 유산을 초래했다. 감염되어 태어난 20,000명의 영아 중, 11,600명이 최중도 청각장애를 가졌고, 3,580명이 시각장애를 가졌으며, 1,800명이 지적장애를 가졌다. 풍진 백신의 개발과 광범위한 사용 후, 이 질병은 미국에서 사실상 제거되었다. 미국에서 완전히 박멸된 것으로 생각되었던 홍역의 경우도 마찬가지이지만, 불행히도 발병이 여전히 발생한다. 그러나 이러한 질병들은 환경에 잠복해 있고 매우 전염성이 높으며 어린 아동들에게 파괴적일 수 있어 지적장애를 일으킬 수 있다. 매년, 전 세계에서 온 예방접종을 받지 않은 여행자들이 바이러스를 가져온다. 예를 들어, 약 10년 전인 2014년과 2015년에, 다주에 걸친 홍역 발병이 2015년 디즈니랜드를 방문한 예방접종을 받지 않은 사람들과 연결되었다. 질병은 빠르게 퍼져 어린이집과 학교의 폐쇄를 초래했다. 영향을 받은 아동들 중 일부는 예방접종을 받기에는 너무 어렸거나(1세 미만) 다양한 건강 상태로 인해 너무 취약했지만, 다른 아동들은 부모가 의도적으로 예방접종을 시키지 않기로 선택했기 때문에 병에 걸렸다. 질병통제예방센터에 따르면, 2019년에 31개 주에서 1,282건의 개별 홍역 사례가 있었다. 다행히, 2021년에는 49건만이 보고되었다. 발병과 개별 사례의 이러한 감소는 공중보건 경계와 예방접종을 통한 아동 보호에 대한 증가한 관심 덕분이다.

홍역, 볼거리, 그리고 풍진(MMR) 예방접종률은 지역사회마다 상당히 다르다. 미국의 전체 비율은 약 93%이며, 몇 개 주는 80%에 가깝다. 집단면역을 달성하기 위해서는 95%의 예방접종률이 필요하다. 이 수준에서, 예방접종을 받을 수 없는 아동들은 다른 모든 사람이 예방접종을 받았기 때문에 이러한 질병으로부터 보호받는다. 2017년, 미국은 홍역 면역화율에서 세계 103위를 기록했다. 왜 부모들이 아동들로부터 백신을 보류하고 있는가? 가장 일반적인 이유는 보호받지 못한 아동들의 위험에 대한 공공의 잘못된 정보와 백신을 장애의 원인으로 부정확하게 비난하는 것이다. 예를 들어, MMR 백신과 자폐스펙트럼장애 사이에 입증된 연결은 존재하지 않지만, 그러한 관계에 대한 믿음이 여전히 지속된다(잘못된 정보의 위험과 대중이 아동들을 질병으로부터 보호받지 못하게 두어 여전히 위험한 행동에 관여하고 있는지에 대한 예는 제8장을 참조).

기술: 연결과 일정 관리

- 기술은 지적장애인들을 그들의 지원체계나 네트워크 내의 사람들과 연결할 수 있다.
- 기술은 독립성에 기여하고 개선된 지역사회 참여로 이어지는 기술을 향상시키는 데 도움이 될 수 있다.

기술의 혜택

일부 사람들은 지적장애인들이 기술을 사용하는 방법을 배울 수 없다고 가정한다. 그것은 단순히 사실이 아니다. 현재 기술의 혜택과 소프트웨어 애플리케이션의 폭발적 증가는 지적장애가 있는 학생과 성인에게 중요하다. 우리 중 많은 사람들이 컴퓨터, 태블릿, 그리고 스마트폰에서 하루 중 점점 더 많은 시간을 보낸다. 이러한 기기들은 우리의 삶을 조정하고, 서류를 준비하며, 예산을 모니터링하고, 정보에 대한 접근을 제공하며, 우정을 유지하고, 심지어 우리가 길을 잃거나 곤경에 처했을 때 도움을 주기도 한다. 그러나 이러한 기술에 대한 접근은 특히 고임금 직업은 말할 것도 없고, 일반적으로 직업을 찾고 유지하는 데 어려움이 있는 사람들에게는 도전적이고 비용이 엄두가 나지 않을 수 있다.

모든 사람이 이메일, 소셜 미디어, 그리고 스마트폰을 통해 친구들과 연락을 유지하는 것 같다. 최근까지, 지적장애학생들은 종종 이러한 교류에서 제외되었다. 그러나 베스트 버디즈 인터내셔널이 제공하는 7개 프로그램 중 하나인 e-버디즈(e-Buddies) 덕분에, 이메일은 이제 지적장애학생들의 학교와 일상생활의 중요한 부분이 되었다. 이 조직에 따르면, 이 프로그램은 지적장애가 있는 사람들을 장애가 없는 또래 자원봉사자들과 짝을 맺는다. 그들은 최소 1년 동안 일주일에 적어도 한 번 서로 이메일을 주고받으며 관심사, 연령, 그리고 성별로 매칭된다. 이 짝들은 같은 주나 지역 출신이 아니며 직접 만나는 것이 허용되지 않는다. e-버디즈는 모든 짝을 위한 안전, 개인정보 보호, 그리고 우수한 경험을 보장하기 위해 가능한 모든 것을 한다. 모든 e-버디즈 지원자들은 심사를 받고, 사용되는 이메일 시스템은 개인 이메일 주소를 드러내지 않는 중앙 e-버디즈 메일박스를 거친다. 이 프로그램의 많은 혜택 중 하나는 지적장애학생들이 컴퓨터와 의사소통 시스템을 사용하도록 동기를 부여한다는 것이다. e-버디즈에 대해 더 자세히 알아보려면 여기를 클릭하라: www.e-buddies.org

자기결정을 지원하는 기술

지적장애를 포함한 모든 유형의 장애를 가진 사람들이 인터넷을 사용하면서 온라인으로 물건을 구매하고, 다른 사람들과 소통하며, 정보를 검색할 수 있는 능력 때문에 역량 강화와 해방감을 보고한다. 일반 대중이 이용할 수 있는 앱과 장애인을 위해 특별히 개발된 앱들이 도움이 될 수 있다. 예를 들어, 우리 중 많은 사람들이 현재 위치를 정확히 찾아주거나, 목적지로 안내해주거나, 현재 사건에 대한 뉴스 알림을 보내주는 앱을 사용한다. 우리는 또한 음성 활성화와 화상 회의를 허용하는 소프트웨어와 애플리케이션을 통해 가족, 교사, 그리고 업무 동료들과 연결하기 위해 그것들을 사용한다.

대부분의 태블릿과 스마트폰은 복잡한 도전에 직면한 개인들에게 도움이 될 수 있는 범용 접근 기능을 가지고 있다. 읽을 수 없는 학생들에게, 텍스트 음성 변환 기술은 인쇄 장벽을 제거한다. 그림 아이콘은 수천 개의 단어를 "말하는" 앱에서 삽화를 제공한다. 내장된 캘린더 프로그램은 중요한 약속, 일일 일정, 그리고 심지어 여가 활동을 추적하는 데 도움이 된다. 구글 캘린더는 사용자에게 무료로 제공되며 노트북, 휴대폰, 그리고 아이패드와 같은 여러 플랫폼에서 작동한다. 그러한 기기와 관련 소프트웨어는 지적장애가 있거나 없는 사람들에 의해 광범위하게 사용된다. 우리 중 많은 사람들이 일상생활에서 여러 용도로 사용될 수 있는 앱을 사용하는 방법을 보여줄 필요가 있다. 구글 캘린더의 그러한 애플리케이션 중 하나는 일일 일정을 따르고 그러한 사건들의 알림을 받을 수 있게 한다(예: 하루를 위

그림 9.10 캘린더 앱과 스티커를 통해 하루를 조직하는 예

해 준비하기, 학교나 직장에 가기 위해 떠나기, 점심 먹기). 그림 9.10은 하루 종일 개인을 안내하기 위해 캘린더 앱의 여러 기능을 사용하는 예를 제공한다.

가능성은 무한하지만, 지역사회의 새로운 직업에 배치된 지적장애가 있는 고등학생에게 이 기술이 어떻게 작동할 수 있는지에 대한 예시가 여기에 있다. 전체 주의 일정이 교사나 멘토의 도움을 받아 개인에 의해 일일 관리 도구에 입력된다. 직장에 가기 위해 버스를 타는 시간이 알림으로 설정된 알람과 함께 캘린더에 입력된다. 시내버스를 이용하여 직장에 가는 방법에 대한 지시사항이 입력되고, 직무코치, 동료들, 그리고 감독자의 이름도 입력된다. 휴식, 점심, 그리고 하루 끝의 시간 일정도 입력된다. 마지막으로, 개인은 하루의 일정을 완료하기 위해 귀가 버스 노선의 일정을 입력한다. 그 학생은 또한 활용할 수 있는 사회적 및 여가 활동을 상기시킬 수도 있다. 위성위치확인시스템(GPS)도 사용하는 사람들은 새로운 작업장의 위치, 집으로 가는 길, 또는 지역사회 센터를 찾는 데 추가적인 도움을 받을 수 있다.

기술: 지원 네트워크의 구성요소

기술의 폭발적 발전은 불과 몇 년 전만 해도 상상할 수 없었던 전망과 기회를 열어준다. 그러나 하드웨어와 소프트웨어 모두인 기술을 사용하는 방법을 학습하는 것은 우리 중 많은 사람들에게 도전적일 수 있다. 컴퓨터 사용 방법에 대한 명시적 교수, 컴퓨터 구입에 대한 도움, 컴퓨터 기기 설정에 대한 도움(예: 카메라 연결하기, 마이크 활성화하기), 그리고 접근 가능한 소프트웨어 사용 지원은 이 세기의 기능적 교육과정의 중요한 부분이 될 수 있다. 기회는 무제한이며, 접근과 지역사회 참여에 대한 더 큰 결과를 가져온다.

기술은 독립적인 생활을 어렵게 하는 장애물을 극복하게 도와주며, 또한 포괄적인 지원체계 안에서 중요한 구성요소로 자리매김하고 있다. 스마트 홈 기술의 적용으로, 돌봄 제공자들은 독립생활을 달성할 수 없는 개인들을 원격으로 지원하고 안전과 보안을 제공하는 데 필요한 정보를 얻을 수 있다. 물론, 개인의 협력과 함께, 혜택은 클 수 있다. 예를 들어, 신발 밑창의 센서나 휴대폰의 GPS 기능은 돌봄

제공자들이 쇼핑 모험, 일일 산책, 그리고 인근 탐험을 추적하여 안전을 보장하고 개인이 안전하게 집에 도착하는 시점을 알 수 있게 한다. 현관문을 잠그는 것을 잊는 사람들에게, 스마트 잠금장치가 대신해 준다. 배회하는 사람들에게, 야외 보안 카메라가 개인적 감독을 줄이고 더 많은 독립성을 제공하는 답이 될 수 있다. 스마트 주방 기기는 오븐이 의도치 않게 밤새 켜진 채로 남겨지지 않도록 보장할 수 있다. 로봇 청소기는 청소 서비스의 비용을 줄일 수 있으며, 알렉사나 시리와 같은 음성 명령 기술은 집안의 많은 일들을 도울 수 있다. 가능성은 무한하며, 지역사회 참여뿐만 아니라, 독립적으로 생활하고 일하는 목적을 가지고 있다.

요약

지적장애 기술

지적장애는 현저히 손상된 인지기능(예: 기억하기, 추론하기, 한 과제에서 다른 과제로 학습 전이하기), 적응기술의 문제(예: 사회적 기술, 독립적으로 생활하기, 직업 갖기), 그리고 지원의 필요성으로부터 기인한다. 지적장애는 출생과 18세 사이의 발달 기간 동안 나타난다.

- 지적장애는 최중도 및 중도에서 경도까지 범위에 있다. 그러나 모든 사례의 95% 이상이 경도 범위에 있다.
- 지적장애의 가장 흔한 두 원인인 취약X증후군과 다운증후군은 유전적 기반을 가지고 있다. 세 번째로 가장 흔한 원인인 태아알코올스펙트럼장애는 임신한 여성의 알코올 섭취로부터 기인하며 예방 가능하다.
- 다른 장애를 가진 일부 학생들이 점점 더 큰 수준의 통합교육을 경험한 반면, 지적장애학생들은 여전히 일반교육 교실과 교육과정에 대한 접근이 적다. 한 가지 이유는 그들이 종종 더 제한적인 환경에서 교육을 받기 때문이지만, 그러한 대안적 교육 경험에 참여하지 않는 학생들의 경우에는 발전의 여지가 많다.

특수교육

지적장애학생들이 일반교육 교육과정에 대한 접근을 거부당해서는 안 되지만, 그들 중 많은 사람들은 성인으로서 지역사회에서 생활하고 일하는 데 필요한 기술을 학습하는 기능적 교육과정이 필요하다.

- 가족, 친구, 동료, 그리고 사회서비스 기관으로부터의 지원 네트워크와 도움의 필요성은 지적장애의 정의적 특징의 결과이지만, 이 장애가 제기하는 도전에 대한 해결책이기도 하다.
- 조정은 학생들의 개별적 요구를 반영해야 한다. 모든 지적장애학생들이 교수 및 평가 조정으로부터 도움을 받을 수 있지만, 가장 심각한 인지적 문제를 가진 학생들은 대안적 사정평가와 함께 대안적 학업성취 표준과 같은 적응이 필요할 수도 있다.
- 양질의 조기중재와 유아교육 서비스는 평생에 걸친 혜택을 가진 교육 프로그램의 중요한 시작을 제공한다.
- 기능적 교육과정은 지역사회 참여, 직업 갖기, 친구 사귀기, 그리고 독립적으로 생활하는 데 필요한 실용적이고 적응적인 기술에 초점을 맞춘다.
- 선택을 하고 자신의 요구와 욕구를 옹호하는 능력인 자기결정은 독립적으로 생활하는 데 필요한 중요한 기술의 집합이다.
- 대학 및 진로 준비는 고용과 독립생활 결과가 개선되도록 하는 중요한 전환 목적이다.
- 종종 직무코치, 동료의 도움, 그리고 고용주의 양보를 포함하는 지원고용은 경쟁고용의 기회를 제공할 뿐만 아니라 비용 효과적이기도 하다.

사람과 상황

아마도 다른 어떤 장애인 집단보다도, 지적장애인들은 역사의 시작부터 편견과 차별에 직면해왔다. 오늘날, 사람우선 언어를 사용하고, 우리가 선택하는 단어에서 존엄성과 존중을 표현하며, 지적장애인들을 환영하고, 지역사회 참여의 기회를 제공하는 것은 이 장애와 관련된 낙인을 줄이는 데 도움이 된다.

- 특수교육은 1798년 프랑스에서 농부들이 아비뇽의 숲에서 야생 소년을 발견하고 그를 돌봄과 치료를 위해 파리의 의사에게 데려갔을 때 시작되었다.

- 오늘날, 아동과 성인은 더 이상 고립된 주거 기관에서 평생을 보내기 위해 보내지지 않지만, 그들은 독립적으로 생활하고 지역사회에서 직업을 갖기 위해 더 잘 준비되어야 한다.
- 많은 개인, 가족, 옹호 집단, 그리고 조직들이 사회와 지역사회에서 자신들의 자리를 찾고 있는 지적장애인들의 삶에 진정한 차이를 만든다.

미래 전망

정부, 정책 입안자들, 그리고 개인들은 예방적 행동을 통해 지적장애의 중증도를 줄이고 심지어 사례 수를 낮출 수 있다. 일반적으로 이용 가능한 기술에 대한 증가된 접근은 이 개인들의 일상적인 생활 참여를 개선할 수 있다.

- 이 장애의 발생률을 줄이기 위해 실질적으로 더 많은 조치들(예: 환경에서 납 제거하기, 모든 아동이 예방접종을 받도록 보장하기, 의료에 대한 접근 증가시키기, 임신한 어머니들이 음주하지 않도록 설득하기)이 취해질 수 있다.
- 컴퓨터 기술은 지적장애가 있는 개인들을 지원을 제공할 수 있는 다른 사람들과 연결하고 그들이 하루를 구조화하고 조직하도록 돕는 데 사용될 수 있다.

참고문헌

ABC7.com Staff. (2021, May 17). *Exide cleanup: Newsom budget proposed $554M for Vernon battery plant site.* ABC7 Los Angeles/Eyewitness News. https://abc7.com/exide-contamination-vernontechnologies-lead-gov-gavin-newsom/10652210/

American Academy of Pediatrics. (2015, October 19). *AAP says no amount of alcohol should be considered safe during pregnancy.* https://www.aap.org/en-us/about-the-aap/aap-press-room/pages/AAPSays-No-Amount-of-Alcohol-Should-be-Considered-Safe-During-Pregnancy.aspx

American Association on Intellectual and Developmental Disabilities (AAIDD). (2015a). *Frequently asked questions on AAIDD's new diagnostic Adaptive Behavior Scale (DABS).* http://aaidd.org/intellectual-disability/diagnostic-adaptive-behavior-scale/faqs#WMxgsxi72Np8

American Association on Intellectual and Developmental Disabilities (AAIDD). (2015b). *Frequently asked questions on intellectual disability.* http://aaidd.org/intellectual-disability/definition/faqs-onintellectual-disability#.Vg7dT1ZwjFE

American Psychiatric Association. (2013). *Diagnostic and statistical manual of mental disorders* (5th ed.).

ATECH. (2022). *Intellectual and developmental disabilities.* https://www.assistivetechtraining.org/assistive-technology-for-developmental-disabilities/

Ayllon, T., & Azrin, N. H. (1964). Reinforcement and instructions with mental patients. *Journal of Experimental Analysis of Behavior, 7*, 327–331.

Bailey, D. B., Jr., Raspa, M., Holiday, D., Bishop, E., & Olmsted, M. (2009). Functional skills of individualswith fragile X syndrome: A lifespan cross-sectional analysis. *American Journal of Intellectual and Developmental Disabilities, 114*, 289–303.

Bakalar, N. (2011, January 3). Rh Factor, 1944. *New York Times.* www.nytimes.com/2011/01/04/healthy/04first.html?_r=1&emc=tnt&tntemail0=y

Beech, M. (2018). *Accommodations: Assisting students with disabilities* (4th ed.). Bureau of Exceptional Education and Student Services, Florida Department of Education. https://www.fldoe.org/core/fileparse.php/7690/urlt/0070069-accomm-educator.pdf

Blatt, B. (1965). *Christmas in purgatory: A photographic essay on mental retardation.* Human Policy Press.

Bouck, E. C., & Satsangi, R. (2014). Evidence-base of a functional curriculum for secondary students with mild intellectual disability: A historical perspective. *Education and Training in Autism and Developmental Disabilities, 49*, 478–486.

Brown, I., & Radford, J. P. (2007). Historical overview of intellectual and developmental disabilities. In I. Brown & M. Percy (Eds.), *A comprehensive guide to intellectual and developmental disabilities.* Brookes.

Burton, J. (2017, April 25). *Measles vaccination rates by country.* World Facts: World Atlas. https://www.worldatlas.com/articles/countries-with-the-highest-measles-vaccination-rates.html

Carter, E. W., Lane, K. L., Jenkins, A. B., Magill, L., Germer, K., & Greiner, S. M. (2015). Administrator views on providing self-determination instruction in elementary and secondary schools. *Journal of Special Education, 49*, 52–64.

Carter, E. W., Owens, L., Trainor, A. A., Sun, Y., & Swedeen, B. (2009). Self-determination of skills and opportunities of adolescents with severe intellectual and developmental disabilities. *American Journal on Intellectual and Developmental Disabilities, 114*, 179–192.

Cate, D., Diefendorf, M., McCullough, K., Peters, M. L., & Whaley, K. (Eds.). (2010). *Quality indicators of inclusive early childhood programs/practices:*

A compilation of selected resources. University of North Carolina at Chapel Hill, FPG Child Development Institute, National Early Childhood Technical Assistance Center.

Cavkaytar, A. (2012). Teaching café waiter skills to adults with intellectual disability: A real setting study. *Education and Training in Autism and Developmental Disabilities, 47*(4), 426–437.

Center for Parent Information and Resources (CPIR). (2021, July). *Overview of early intervention services.* https://www.parentcenterhub.org/ei-overview/

Centers for Disease Control and Prevention (CDC). (2015). *Measles cases and outbreaks*. http://www.cdc.gov/measles/cases-outbreaks.html

Centers for Disease Control and Prevention (CDC). (2020, November 5). *Top 4 things parents need to know about measles*. https://www.cdc.gov/measles/about/parents-top4.html

Centers for Disease Control and Prevention (CDC). (2022a, April 1). *Fetal alcohol spectrum disorders (FASDs).* https://www.cdc.gov/ncbddd/fasd/index.html

Centers for Disease Control and Prevention (CDC). (2022b, January 6). *Fetal alcohol spectrum disorders (FASDs): Data and statistics.* https://www.cdc.gov/ncbddd/fasd/data.html

Centers for Disease Control and Prevention (CDC). (2022c, June 6). *Measles cases and outbreaks.* https://www.cdc.gov/measles/cases-outbreaks.html#outbreaks

Centers for Disease Control and Prevention (CDC). (2021a, August 23). *Fragile X syndrome: Data and statistics*. https://www.cdc.gov/ncbddd/fxs/data.html

Centers for Disease Control and Prevention (CDC). (2021b, April 21). *What is Down syndrome?* https://www.cdc.gov/ncbddd/birthdefects/downsyndrome.html

Child Trends Databank. (2015). *Lead poisoning.* http://www.childtrends.org/?indicators=leadpoisoning

Cimera, R. E. (2010). National cost efficiency of supported employees with intellectual disabilities: 2002–2007. *American Journal of Intellectual and Developmental Disabilities, 115*, 19–29.

Cimera, R. E. (2012). The economics of supported employment: What new data tell us. *Journal of Vocational Rehabilitation, 37*, 109–117.

City of Los Angeles – Department of City Planning. (2019). *Boyle Heights: Demographic profile*. https://planning.lacity.org/odocument/f09e7f04-93d6-4a5b-9aa4-0cf428397a02/2017_demo_profile_boyle_hts.pdf

Dragoo, K. E. (2020, October 12). *The Individuals with Disabilities Education Act: A comparison of state eligibility criteria.* Congressional Research Service.

Gelf, S. (1995). The beast in man: Degenerationism and mental retardation, 1900–1920. *Mental Retardation, 33*, 1–9.

Goode, D., Hill, D., Reiss, J., & Bronston, W. (2014). *A history and sociology of the Willowbrook State School*. American Association on Intellectual and Developmental Disabilities.

Harison, P., & Oakland, T. (2015). *Adaptive behavior assessment system (ABAS-3)* (3rd ed.). Western Psychological Services.

Hartman, M. A. (2009). Step by step: Creating a community-based transition program for students with intellectual disabilities. *TEACHING Exceptional Children, 42*, 6–58.

Heasley, S. (2015, January 20). *Study finds postsecondary programs boost outcomes.* Disability Scoop.http://www.disabilityscoop.com/2015/01/20/study-postsecondary-outcomes/19972/

Hewitt, A., Emerson, E., & Stansliffe, R. (2013). Introduction to the special issue: Community living and participation. *Intellectual and Developmental Disabilities, 51*, 293–297.

Itard, J. M. G. (1962). *Wild boy of Aveyron* (G. Humphrey & M. Humphrey, Trans.). Prentice-Hall. (Original work published 1801)

Kirk, S. A., & Johnson, G. O. (1952). *Educating the retarded child.* George G. Harrap & Co.

Larson, S. A., Lakin, K. C., Salmi, P., Scott, N., & Webster, A. (2010). Children and youth with intellectual or developmental disabilities living in congregate care settings (1977–2009): Healthy People 2010 Objective 6.7 outcomes. *Intellectual and Developmental Disabilities, 48*, 396–400.

Lee, S.-H., Wehmeyer, M. L., & Shogren, K. A. (2015). Effect of instruction with the self-determined learning model of instruction on students with disabilities: A meta-analysis. *Education and Training in Autism and Developmental Disabilities, 50*, 237–247.

Lent, J. R., & McLean, B. M. (1976). The trainable retarded: The technology of teaching. In N. G. Haring & R. L. Schiefelbush (Eds.), *Teaching special children* (pp. 197–223). McGraw-Hill.

Litvack, M. S., Ritchie, K. C., & Shore, B. M. (2011). High- and average-achieving students' perceptionsof disabilities and of students with disabilities in inclusive classrooms. *Exceptional Children, 77*, 474–487.

Luckasson, R., Coulter, D. L., Polloway, E. A., Reis, S., Schalock, R. L., Snell, M. E., . . . Stark, J. A. (1992). *Mental retardation: Definition, classification, and systems of supports*. American Association on Mental Retardation.

Matheson, C., Olsen, R. J., & Weisner, T. (2007). A good friend is hard to find: Friendship among adolescents with disabilities. *American Journal on Mental Retardation, 112*, 319–329.

Moore, E. J., & Schelling, A. (2015). Postsecondary inclusion for individuals with an intellectual disability and its effects on employment. *Journal of Intellectual Disabilities, 19*, 130–148.

National Center for Biotechnology Information, U.S. National Library of Medicine. (2011). *Fetal alcohol syndrome*. www.ncbi.nlm.nih.gov/pubmedhealth/PMH0001909/

National Center on Educational Outcomes. (2013). *Alternate assessments for students with disabilities*. http://www.cehd.umn.edu/NCEO/TopicAreas/AlternateAssessments/altAssessTopic.htm

National Institute of Child Health and Human Development, National Institutes of Health. (2021a, August 5). *Fragile X: Medical treatments*. https://www.nichd.nih.gov/health/topics/fragilex/conditioninfo/medicationtreatments

National Institute of Child Health and Human Development, National Institutes of Health. (2021b, August 5). *Fragile X syndrome*. https://www.nichd.nih.gov/health/topics/fragilex

Newman, L., Wagner, M., Knokey, A.-M., Marder, C., Nagle, K., Shaver, D., . . . Schwarting, M. (2011). *The post-high school outcomes of young adults with disabilities up to 8 years after high school: A report from the National Longitudinal Transition Study-2 (NLTS2)* (NCSER 2011-3005). SRI International.

Nirje, B. (1969). The normalization principle and its human management implications. In R. Kugel & W. Wolfensberger (Eds.), *Changing patterns in residential services for the mentally retarded* (pp. 179–195). President's Committee on Mental Retardation.

Nirje, B. (1976). The normalization principle. In R. B. Kugel & A. Shearer (Eds.), *Changing patterns in residential services for the mentally retarded* (Rev. ed., pp. 231–240). President's Committee on Mental Retardation.

Nonnemacher, S. L., & Bambara, L. M. (2011). "I'm supposed to be in charge": Self-advocates' perspectives on their self-determination support needs. *Intellectual and Developmental Disabilities, 49*, 327–340.

Oeseburg, B., Dijkstra, G. J., Groothoff, J. W., Reijneveld, S. A., & Jansen, D. E. (2011). Prevalence of chronic health conditions in children with intellectual disability: A systematic literature review. *Intellectual and Developmental Disabilities, 49*, 59–85.

Prabhalla, A. (2007, February 20). Mental retardation is no more—New name is intellectual and developmental disabilities [Press release]. http://sath.org/page/Mental_Retardation_Is_No_More151New_Name_Is_Intellectual_and_Developmental_Disabilities/10130/741/

Rogan, P., & Rinne, S. (2011). National call for organizational change from sheltered to integrated employment. *Intellectual and Developmental Disabilities, 49,* 248–260.

Rosenthal, E. (2021). Residential care controversy: The promise of the UN Convention on the Rights of Persons with Disabilities to protect all children. *International Journal of Disability and Social Justice, 1*(1), 95–117. https://www.jstor.org/stable/10.13169/intljofdissocjus.1.1.0095

Schalock, R. L., Borthwick-Duffy, S., Bradley, V. J., Buntinx, W. H. E., Coulter, D. L., Craig, E. M., . . . Yeager, M. H. (2010). *Intellectual disability: Definition, classification, and systems of supports* (11th ed.). American Association on Intellectual and Developmental Disabilities.

Schalock, R. L., & Luckasson, R. (2013). What's at stake in the lives of people with intellectual disability? Part I: The power of naming, defining, diagnosing, classifying, and planning supports. *Intellectual and Developmental Disabilities, 51*, 86–93.

Schalock, R. L., Luckasson, R., & Tasse, M. J. (2021a). *Intellectual disability: Definition, diagnosis, classification, and systems of support* (12th ed.). American Association on Intellectual and Developmental Disabilities.

Schalock, R. L., Luckasson, R., & Tassé, M. J. (2021b, March). *Twenty questions and answers regarding the 12th edition of the AAIDD manual: Intellectual disability: Definition, diagnosis, classification, and systems of supports.* American Association on Intellectual and Developmental Disabilities.

Schweinhart, L. J. (2005). *The High/Scope Perry Preschool study through age 40: Summary, conclusions, and frequently asked questions.* High/Scope Educational Research Foundation. www.highscope.org

Seither, R., Calhoun, K., Yusuf, O. B., Dramann, D., Mugerwa-Kasujja, A., Knighton, C. L., & Black, C. L. (2023, January 13). Vaccination coverage with selected vaccines and exemption rates among children in kindergarten—United States, 2021–22 school year. *Morbidity and Mortality Weekly Report, 72*, 6–32.

Sheppard, L., & Unsworth, C. (2011). Developing skills in everyday activities and self-determination in adolescents with intellectual and developmental disabilities. *Remedial and Special Education, 32,* 393–405.

Shogren, K. A., & Broussard, R. (2011). Exploring the perceptions of self-determination of individuals with intellectual disability. *Intellectual and Developmental Disabilities, 49,* 86–106.

Shriver, T. (2011, March 30). Stop using the r-word [Video clip]. *The Colbert Report.* www.colbertnation.com/video/tags/Tim%2BShriver

Siperstein, G. N., Pociask, S. E., & Collins, M. A. (2010). Sticks, stones, and stigma: A study of students' use of the derogatory term "retard." *Intellectual and Developmental Disabilities, 48,* 126–134.

Smith, J. D., & Wehmeyer, M. L. (2012). *Good blood, bad blood: Science, nature, and the myth of the Kallikaks.* American Association on Intellectual and Developmental Disabilities.

Smith, V. C., & Turchi, R. (2019, August 20). *Fetal alcohol spectrum disorder: FAQs of parents and families.* https://www.healthychildren.org/English/health-issues/conditions/chronic/Pages/Fetal-AlcoholSpectrum-Disorders-FAQs-of-Parents-and-Families.aspx

Snell, M. E., & Luckasson, R. A., with Borthwick-Duffy, S., Bradley, V., Buntinx, W. H. E., Coulter, D. L., . . . Yeager, M. H. (2009). The characteristics and needs of people with intellectual disability who have higher IQ scores. *Intellectual and Developmental Disabilities, 47,* 220–233.

Soukakou, E. P. (2010). *The Inclusive Classroom Profile.* Frank Porter Graham Child Development Institute. http://build.fpg.unc.edu/sites/build.fpg.unc.edu/files/resources/Soukakou-InclusiveClassrom-Profile-sample-9-2010-1.pdf

Soukakou, E. P. (2012). Measuring quality in inclusive preschool classrooms: Development and validation of the Inclusive Classroom Profile (ICP). *Early Childhood Research Quarterly, 27*(3), 478–488.

Special Olympics. (2009). *Rosa's Law.* www.

specialolympics.org/PrintArticle.aspx?id=12302

Steere, D. E., & DiPipi-How, C. (2012). When you can't get out: Strategies for supporting communitybased instruction. *TEACHING Exceptional Children, 45,* 60–67.

Talarico, L. (2011). *Teacher born with Down syndrome breaks stereotypes.* www.wltx.com/news/national/article/121995/2/Teacher-Born-With-Down-Syndrome-Breaks-Stereotypes

Tassé, M. J. (2013). What's in a name? *Intellectual and Developmental Disabilities, 51,* 113–116.

Tassé, M. J., Schalock, R. L., Balboni, G., Bersani, Jr. H., Borthwick-Duffy, S. A., Spreat, S., . . . Zhang, D. (2017). *Diagnostic Adaptive Behavior Scale (DABS) user's manual.* American Association on Intellectual and Developmental Disabilities.

Taylor, S. J. (2006). Christmas in purgatory: A retrospective look. *Mental Retardation, 44,* 145–149.

U.S. Congress. *Individuals with Disabilities Education Improvement Act of 2004.* Pub. L. No. 108-446. 118 STAT. 2647.

UI REACH. (2021, Fall/Winter). *Newsletter.* University of Iowa, College of Education. https://education.uiowa.edu/ui-reach-fallwinter-2021-newsletter

UI REACH. (2022). *Convocation ceremony.* University of Iowa, College of Education. https://education.uiowa.edu/sites/education.uiowa.edu/files/2022-05/UI%20REACH%20Convocation%202022%20Program.pdf

UI REACH, College of Education. (2011). *REACH: Realizing Educational and Career Hopes: A college program for students with intellectual, cognitive, and learning disabilities.* www.education.uiowa.edu/services/reach/default/AboutREACH.aspx

U.S. Department of Education. (1993). *Fifteenth annual report to Congress on the implementation of the Individuals with Disabilities Education Act.* U.S. Government Printing Office.

U.S. Department of Education. (2001). *Twenty-third annual report to Congress on the implementation of the Individuals with Disabilities Education Act.* U.S. Government Printing Office.

U.S. Department of Education. (2005). *Alternate achievement standards for students with the most significant cognitive disabilities* (Non-Regulatory Guidance). https://www2.ed.gov/policy/elsec/guid/altguidance.pdf

U.S. Department of Education. (2006, August 14). 34 CFR Parts 300 and 301, Assistance to states for the education of children with disabilities and preschool grants for children with disabilities; Final Rule (pp. 1263–1264). *Federal Register.*

U.S. Department of Education. (2011). *IDEA data: Data tables Part B child count (2010).* www.ideadata.org

U.S. Department of Education. (2012). *Individuals with Disabilities Education Act (IDEA), Part B, data collection history.* http://www2.ed.gov/programs/osepidea/618-data/collection-documentation/legacy-data-collection-information/data-history/b-datahistory.pdf

U.S. Department of Education. (2013a). *Child count and educational environments* [IDEA Section 618 Data Products: State-level data files]. http://www2.ed.gov/programs/osepidea/618-data/statelevel-data-files/index.html#bccee

U.S. Department of Education. (2013b). *Child count and settings* [IDEA Section 618 state-level data file]. http://www2.ed.gov/programs/osepidea/618-data/state-level-data-files/index.html#bccee

U.S. Department of Education. (2013–2015). *Child Count and Settings* [IDEA Section 618 State-level data file]. http://www2.ed.gov/programs/osepidea/618-data/state-level-data-files/index.html#bccee

U.S. Department of Education. (2014). *Child count and educational environments.* [IDEA Section 618 Data Products: State-level data files]. http://www2.ed.gov/programs/osepidea/618-data/state-leveldata-files/index.html#bccee

U.S. Department of Education. (2015). *Child count and educational environments.* [IDEA Section 618 Data Products: State-level data files]. http://www2.ed.gov/programs/osepidea/618-data/state-leveldata-files/index.html#bccee

U.S. Department of Education. (2016). *Child count*

and educational environments [IDEA Section 618 Data Products: State-level data files]. https://data.ed.gov/dataset/idea-section-618-state-part-b-childcount-and-educational-environments/resources

U.S. Department of Education. (2018). *Child count and educational environments* [IDEA Section 618 Data Products: State-level data files]. https://data.ed.gov/dataset/idea-section-618-state-part-bchildcount-and-educational-environments/resources

U.S. Department of Education. (2022). *Child count and educational environments* [IDEA Section 618 Data Products: State level data files]. https://data.ed.gov/dataset/idea-section-618-state-part-bchild-count-and-educational-environments/resources

U.S. Department of Education, Office of Special Education Programs, Data Accountability Center. (2012). *IDEA data: Analytic tool Part B educational environments.* www.ideadata.org

U.S. Department of Education, Office of Special Education Programs, Data Analysis System (DANS). (2012). OMB #1820-0043: *Children with disabilities receiving special education under Part B of the Individuals with Disabilities Education Act 2011.* www.ideadata.org

U.S. Department of Health and Human Services, Substance Abuse and Mental Health Services Administration. (2011, June 15). *The financial impact of fetal alcohol syndrome.* www.fasdcenter.samhsa.gov/publications/Cost.cfm

Wehmeyer, M. L. (2013). Disability, disorder, and identity. *Intellectual and Developmental Disabilities, 51*, 122-126.

Wehmeyer, M. L., & Smith, J. D. (2006). Leaving the garden: Reconsidering Henry Herbert Goddard's exodus from the Vineland Training School. *Mental Retardation, 44*, 150-155.

Westling, D. L., Kelley, K. R., Cain, B., & Prohn, S. (2013). College students' attitudes about an inclusive postsecondary education program for individuals with intellectual disability. *Education and Training in Autism and Developmental Disabilities, 48*, 306-319.

Winton, P., Turnbull, A., & Blacher, J. (1984). *Selecting a preschool: A guide for parents of handicapped children.* University Park Press.

Winzer, M. A. (1993). *The history of special education: From isolation to integration.* Gallaudet University Press.

Wolfensberger, W. (1972). *The principle of normalization in human services.* National Institute on Mental Retardation.

Wolfensberger, W. (2002). Social role valorization and, or versus, "empowerment." *Mental Retardation, 40*, 252-258.

Wright, P. W. D., & Wright, P. D. (2015, February). Transition, transition services, and transition planning. *Wrights Law.* http://www.wrightslaw.com/info/trans.index.htm

World Population Review. (2022a). *Flint Michigan population 2022.* https://worldpopulationreview.com/us-cities/flint-mi-population

World Population Review. (2022b). *Vernon, California population 2022.* https://worldpopulationreview.com/us-cities/vernon-ca-population

Zgheng, S., LeWinn, K., Ceja, T., Hanna-Attish, M., O'Connell, L., & Bishop, S. (2021, August 11). Adaptive behavior as an alternative outcome to intelligence quotient in studies of children at risk: A study of preschool-aged children of Flint. *Frontiers in Psychology.*

제10장

정서행동장애

빅토리아 개릭 브라운은 전 디비전 1(Division I) 대학 운동선수이다(과거에 미국 대학 최고 수준에서 운동했던 선수). 그녀는 남가주대학교(USC)에서 배구를 했으며, 워크온으로 대학 경력을 시작하여 4년간 선발 선수가 되었다. 팀은 PAC-12 챔피언십에서 우승했다. 브라운은 NCAA 엘리트 에이트 이벤트에 두 번 출전했고 2018년 PAC-12 콘퍼런스에서 가장 많은 디그(상대팀이 득점하는 것을 방지하는 수비 플레이)로 1위를 기록했다. 그녀는 USC의 디그 기록을 보유하고 있다. 이 기록이 브라운의 놀라운 운동 능력을 증명하지만, 대학 선수로 발전하는 동안 우울증, 불안, 그리고 신체상 문제를 포함한 정신건강 문제가 표면화되었다.

2019년 단지 22세의 나이에, 브라운은 비영리 단체인 Athletes and Mental Health: The Hidden Opponent를 설립했으며, 이는 운동선수의 정신건강 프로그램을 옹호하고 많은 대학 및 프로 운동선수들이 직면하지만 너무 자주 전문적으로 치료받지 못하는 문제들에 대한 인식을 제고한다. 2022년, 이 조직은 200개 캠퍼스에 400명의 홍보대사를 두어 이러한 문제들을 조명하고 운동선수들이 필요할 때 전문적 도움을 받도록 돕고 있다.

오늘날, 동기부여 연설가로서 브라운은 운동선수들에게 전방십자인대 파열이나 염좌와 같은 신체적 부상이 있다면, 그것을 견디며 경기해서는 안 되고 보통 대학이나 대학교에서 제공하는 운동 트레이너와 같은 전문적 도움을 구해야 한다고 상기시킨다. 브라운은 정신질환이 무시되어서는 안 되며, 종종 보이지 않지만 부상으로 치료되어야 한다고 믿는다. 정신건강 문제는 다뤄져야 하며, 그렇지 않으면 악화될 것이다.

제 10 장 정서행동장애

학습 목표

10.1 정서행동장애를 정의하고, 세 가지 유형의 외현화 행동과 세 가지 유형의 내재화 행동을 기술하며, 정서행동장애학생의 특성을 나열하고, 정서행동장애학생의 출현율과 배치 자료를 다른 장애학생들과 비교하며, 정서행동장애학생과 함께 자주 사용되는 배치 선택지에 대한 우려를 설명한다.

10.2 정서행동장애가 개인적 관계와 학업 기술에 미칠 수 있는 영향을 설명하고, 행동과 사회적 기술을 개선하기 위한 다층 체계를 기술하며, 행동관리에서 가족 구성원들의 역할을 논의하고, 외현화 및 내재화 행동 특성으로부터 기인하는 도전을 줄일 수 있는 조정을 나열하며, 어린 아동에서 정서행동장애의 조기 경고 신호를 다루는 것이 왜 중요한지 설명하고, 각 층에서 사용되는 네 가지 중재를 나열하고 정의하며, 정서 행동장애 학생의 고등교육 이후 결과를 개선하는 방법을 논의한다.

10.3 정서행동장애인에 대한 치료의 역사를 기술하고 이 분야의 몇 가지 현재 우려사항을 설명한다.

10.4 정서행동장애의 과소판별이 정신건강 서비스 접근의 장벽인 이유를 설명하고, 총기 폭력과 정신질환의 관계를 논의하며, 기술이 정신건강 문제를 가진 사람들을 어떻게 도울 수 있는지 기술한다.

정서행동장애 설명

학습 목표

정서행동장애를 정의하고, 세 가지 유형의 외현화 행동과 세 가지 유형의 내재화 행동을 기술하며, 정서행동장애학생의 특성을 나열하고, 정서행동장애학생의 출현율과 배치 자료를 다른 장애학생들과 비교하며, 정서행동장애학생과 함께 자주 사용되는 배치 선택지에 대한 우려를 설명한다.

이 장의 배경을 설정하기 위해, 정서행동장애학생들이 관련서비스 제공자들(예: 학교심리사, 사회복지사, 행동전문가, 그리고 특수교사)과 같은 다양한 전문가들로부터 지원과 중재를 받는다는 것을 이해하는 것이 중요하다. 그러한 집중적인 서비스에도 불구하고, 정서행동장애학생들은 개별화교육계획을 가진 다른 학생 집단뿐만 아니라 개별화교육계획이 없는 학생들보다 정학, 퇴학, 그리고 체포될 가능성이 현저히 높다. 그들은 가장 높은 중도탈락률과 다른 어떤 장애학생 집단보다 가장 낮은 고등학교 졸업률을 가지고 있다. 그들은 또한 저소득 가정(62%), 대학 학위를 가진 부모 한 명(22%), 그리고 저성과 학교(33%) 출신인 경향이 있다. 코로나19 팬데믹은 이 학생들에게 상당한 정도로 영향을 미쳤다. 우리는 이 장 전반에 걸쳐 이러한 요인들을 논의하지만, 이러한 매우 취약한 학생들에 대한 우리의 논의를 먼저 맥락에 두는 것이 중요하다고 느꼈다.

정서행동장애 정의

- 정서행동장애학생들은 심각하고 만성적이며 광범위한 문제 행동을 과도한 정도로 나타낸다.
- 정서장애에 대한 장애인교육법 정의에 대한 우려에도 불구하고, 학생들이 특수교육 서비스에 자격을 부여받기 위해서는 이 정의가 사용되어야 한다.

정서행동장애 설명

정서행동장애학생들은 심각하고 만성적이며 광범위한 문제 행동을 나타낸다. 이 개인들은 하나 이상의 정신건강 상태를 가질 수 있다. 전문가들이 정서행동장애의 대안적 정의를 제시했지만, 학교와 주 기관들은 정서장애라는 용어를 사용하는 장애인교육법 정의를 준수해야 한다. 모든 정서행동장애학생이 특수교육 서비스를 필요로 하는 것은 아니다. 행동 문제가 교육 수행에 부정적으로 영향을 미칠 정도로 극단적인 학생들만이 자격이 있다(표 10.1 참조).

대부분의 사람들이 삶의 어느 시점에서 짧은 기간 동안 경미한 부적응을 경험한다는 것을 인식하는 것이 중요하므로, 특수교육 서비스 자격을 얻기 위해서는 아동이 오랜 시간 동안 그리고 현저한 정도나 심각한 강도 수준으로 특성을 나타내야 한다. 문제 행동의 강도, 빈도, 그리고 지속 기간 외에, 전문가들은 그것들이 우려사항인지 결정하기 위해 다른 요인들(예: 연령 적절성)을 고려해야 한다. 낮잠을 자라고 요청받았을 때 소리 지르고 우는 2세 아동의 문제 행동은 수학 학습지를 완료하라고 요청받았을 때 소리 지르고 우는 12세 아동의 것과는 매우 다르게 인식된다. 분명히, 두 번째 아동의 행동은 부적절하며, 어떤 유형의 중재나 지원이 필요하다. 그러나 우울증과 같은 덜 가시적인 행동이나 상태의 적절성을 결정하는 것은 어려울 수 있다. 게다가, 교육, 정신건강, 그리고 연구 공동체는 종종 유사한 유형의 행동을 지칭하기 위해 직업이나 분야별 용어를 사용하며, 이는 혼란스러울 수 있다. 정신건강 전

표 10.1 정서행동장애의 정의

용어	정의	출처
정서장애	정서장애는 아동의 교육 수행에 부정적으로 영향을 미치는 오랜 기간 동안 그리고 현저한 정도로 다음 특성 중 하나 이상을 나타내는 상태를 의미한다: (A) 지적, 감각적, 또는 건강 요인으로 설명될 수 없는 학습 무능력 (B) 또래와 교사와의 만족스러운 대인관계를 구축하거나 유지하는 무능력 (C) 정상적인 상황에서 부적절한 유형의 행동이나 감정 (D) 불행이나 우울의 일반적이고 광범위한 기분 (E) 개인적 또는 학교 문제와 관련된 두려움과 관련된 신체적 증상을 발전시키는 경향 (ii) 정서장애는 조현병을 포함한다. 이 용어는 [장애인교육법에 정의된] 정서장애를 가진다고 결정되지 않는 한, 사회적으로 부적응인 아동에게는 적용되지 않는다.	장애인교육법 '04, 미국 교육부
정서 또는 행동장애	정서 또는 행동장애는 학업, 사회적, 직업적, 또는 개인적 기술을 포함하여 교육 수행에 부정적으로 영향을 미치는 적절한 연령, 문화적, 또는 민족적 규범과 너무 다른 학교 프로그램에서의 정서적 또는 행동적 반응을 특징으로 하는 장애를 의미하며, 이는: (a) 환경의 스트레스 사건에 대한 일시적이고 예상되는 반응 이상이고; (b) 적어도 하나는 학교와 관련된 두 개의 다른 환경에서 일관되게 나타나며; (c) 팀의 판단에 따라 아동이나 청소년의 병력이 그러한 중재가 효과적이지 않을 것임을 나타내지 않는 한, 교육 프로그램 내의 개별화된 중재에도 불구하고 지속된다. 정서 또는 행동장애는 다른 장애와 공존할 수 있다.	국가정신건강 특수교육연합; Forness와 Knitzer (1992)
정신질환	정신질환은 개인의 사고, 감정, 행동 또는 기분에 영향을 미치는 상태이다. 이러한 상태들은 일상생활에 깊은 영향을 미치고 다른 사람들과 관계를 맺는 능력에도 영향을 미칠 수 있다.	국가정신질환연맹
아동의 정신장애	아동의 정신장애는 고통과 하루를 보내는 데 문제를 일으키는, 아동들이 일반적으로 학습하고, 행동하거나, 감정을 다루는 방식의 심각한 변화로 기술된다.	질병통제예방센터

출처: 질병통제예방센터(2022a); Forness와 Knitzer(1992), p. 13; 국가정신질환연맹(2023); 미국 교육부(2006a), p. 1262에서.

문직의 사람들은 종종 정신장애 진단 및 통계 편람 제5판(DSM-5; 미국정신의학회, 2013b)을 참조하는데, 이는 정서행동장애의 포괄적 정의를 가지고 있지 않다. 대신에, DSM-5는 별개의 구별되는 상태와 장애에 대한 매우 구체적인 진단 기준을 포함하고 있으며, 그중 일부는 이 장의 뒤에서 포함된다.

장애인교육법 정의에 대한 우려

장애인교육법 정의는 전문가들로부터 많은 비판을 받아왔다. 이에 여러 전문가들이 수년 전 모여 또 다른 정의를 제안했다. 그 정의는 표 10.1에 제시되어 있다. 왜 30개 이상의 전문 조직과 옹호 집단이 장애인교육법에 포함된 정의에 대한 대안적 정의로 제안된 정의를 지지할까? 여전히 많은 사람들이 가지고 있는 믿음은 장애인교육법 정의가 심각한 반사회적 행동을 보이고 특수교육과 정신건강 서비스가 필요한 많은 아동과 청소년을 배제한다는 것이다.

이 두 정의가 이 장애를 지칭하기 위해 다른 용어를 사용한다는 것을 주목하라. 연방 정부는 정서장애라는 용어를 사용하는 반면, 전문 조직들은 정서행동장애라는 용어를 사용한다. 여기서 우려는 이것이 제목에 장애를 사용하는 유일한 특수교육 범주이며, 이 단어가 부모 및 다른 사람들과 소통할

표 10.2 품행장애 특성 요약

필수 기준	핵심 문제 영역	적용
개인은 적어도 세 가지 행동을 보여야 함	• 괴롭히기, 위협하기, 또는 협박하기 • 신체적 싸움 시작하기 • 무기를 사용하여 심각한 신체적 해를 가하기 • 사람에게 신체적 잔혹 행위 • 동물에게 신체적 잔혹 행위 • 대면하여 훔치기 • 대면하지 않고 훔치기 • 누군가에게 성적 활동 강요하기 • 손상을 일으킬 의도로 방화하기 • 의도적으로 재산 파괴하기 • 집, 건물, 또는 자동차에 침입하기 • 무언가를 얻거나 피하기 위해 거짓말하기 • 밤새 외박하기(13세 이전 시작) • 가출하기 • 무단결석하기(13세 이전 시작)	요나스(12세): • 학교 무단결석(이번 분기 10회) • 좀도둑질 • 기물파손 • 가정침입 중 체포됨(지난주)
행동은 반복적이고 지속적이어야 하며 타인의 기본권이나 사회적 규범/규칙을 위반해야 함	• 지난 12개월 동안 적어도 세 가지 기준 발생 • 지난 6개월 동안 적어도 한 가지 기준 발생	10회의 무단결석 사례는 반복적이고 지속적인 행동을 구성함. 세 가지 기준(무단결석, 절도, 기물파손)이 지난 1년 내에 발생함. 가정침입은 지난 6개월 내에 발생함.
행동이 다른 활동들을 현저히 손상시킴	문제를 일으킴: • 사회적 • 교육적 • 직업적	요나스는 친구가 거의 없고, 학교에서 낙제하고 있으며, 개싸움을 시키려 했기 때문에 개 산책시키는 아르바이트에서 해고당했음

때 부정적인 함의를 가진다는 것이다. 국가의 특수교육자 전문 조직인 특수아동협의회(CEC)는 이 장애를 위한 분과인 정서행동건강 분과를 가지고 있으며, 그 저널의 제목은 행동장애이다. 이 장애 영역에 가장 일반적으로 사용되는 이름은 행동장애이지만, 장애인교육법 정의를 준수해야 하는 학교 인원들은 정서장애라는 용어를 사용한다. 일부 전문가들은 이 두 용어가 다른 메시지를 보낸다고 믿는다: 하나는 심리학자가 다뤄야 할 깊은 심리적 문제이고 다른 하나는 학교 중재에 관한 적절한 문제이다.

구체적으로, 전문가들의 우려는 다음 이유들에 기초한다:

- 정서장애라는 용어는 순전히 행동적인 장애를 가진 학생들을 배제하고, 장애라는 단어가 부정적인 함의를 가진다.
- 교육 수행에 대한 언급은 오직 학업 수행만을 의미하는 것으로 좁게 해석될 수 있어 학교 관련 사회적 기술, 생활기술, 또는 직업기술과 같은 교육의 다른 측면들을 배제한다.
- 사회적 부적응의 징후를 보이는 학생들의 배제는 많은 학생들을 필요한 지원을 받을 수 없게 만든다.

학교에서의 훈육과 폭력과 관련하여 특히 사회

적 부적응에 주어진 관심에도 불구하고, 이 학생들은 주의력결핍 과잉행동장애와 같은 다른 자격 조건을 함께 가지지 않는 한 특수교육 서비스에 자격이 없다. 일부는 사회적으로 부적응이라는 용어를 품행장애를 가진 학생들에 대한 언급으로 해석하는데, 이는 특수교육 서비스의 자격으로 단독으로 사용될 수 없다. 그러나 DSM-5 정의의 기준을 사용하는 표 10.2의 품행장애 기술에서 명백하듯이, 이 상태를 가진 학생들은 집중적인 지원과 서비스가 필요하다. 교육자들, 정책 입안자들, 그리고 옹호자들은 아직 해결책 없이 이러한 문제들을 계속 논의하고 있다.

정서행동장애의 유형

- 정서행동장애는 외현화 행동, 내재화 행동, 그리고 저발생률 상태를 가진 것들로 나눌 수 있다.
- 내재화 행동이 학교 환경에 덜 파괴적임에도 불구하고, 극도로 심각할 수 있지만 과소판별된다.

정서행동장애의 일반적 유형

정서행동장애는 세 가지 다른 유형으로 분류될 수 있다: 외현화 행동, 내재화 행동, 그리고 저발생률 상태. 외현화 행동은 공격성, 과잉행동, 충동성, 비순응, 또는 비행과 같은 행동을 포함한다. 공격성(언어적 또는 신체적)은 누군가나 무언가에 의도적 해를 가하는 관찰 가능한 행동을 포함한다. 매우 어린 아동(특히 남자아이)의 공격성은 미래의 폭력, 비행, 그리고 학교 중도탈락을 예측한다. 우리는 제7장에서 과잉행동과 충동성을 주의력결핍 과잉행동장애의 일반적 특성으로 논의했다. 주의력결핍 과잉행동장애와 정서행동장애가 종종 결합하여 발생한다는 것을 기억하라. 따라서 정서행동장애학생들이 종종 이 두 특징을 나타낸다는 것은 놀랍지 않다. 비순응, 즉 규칙이나 지시를 따르거나 준수하기를 거부하는 것은 교사들이 흔히 표현하는 좌절감이다. 비행은 일반적으로 절도나 폭행과 같은 불법 행위에 청소년이 참여하는 것을 지칭한다. 비행인 일부 아동들이 정서행동장애도 가지고 있지만, 많은 아동들은 그렇지 않다. 마찬가지로, 정서행동장애를 가진 모든 아동이 비행을 저지르는 것도 아니다. 그럼에도 불구하고, 이 청소년들 중 다수가 형사사법제도 개입의 위험에 있다는 것을 알아야 한다.

덜 인식되는 정서행동장애 유형

외현화 행동과 대조적으로, 내재화 행동은 덜 명백하고, 위축된 행동을 특징으로 하며, 거식증이나 폭식증, 불안, 그리고 우울증과 같은 상태를 포함할 수 있다. 거식증(식욕부진증)과 폭식증은 체중과 신체상에 대한 집착과 연결된 생명을 위협하는 섭식장애이며 십 대 소녀들 사이에서 가장 널리 퍼져 있다. 불안장애의 핵심 증상은 일상 상황에 대한 비합리적 두려움이며, 이는 과도하고, 압도적이며, 지속적일 수 있다. 불안장애는 가장 흔한 정신질환이고 또한 고도로 치료 가능하지만, 영향을 받는 사람들의 약 3분의 2만이 치료를 받는다. 불안장애는 여학생들에게 더 자주 나타난다. 강박장애는 반복적이고 원치 않는 생각이나 강박관념과 반복적 행동(예: 손 씻기, 세기, 확인하기, 청소하기)을 특징으로 하는 불안장애의 한 유형이다. 우울증은 단순히 슬픈 감정 이상이다. 그것은 절망감, 무가치감, 무기력감, 식욕상실, 이전에 즐거웠던 활동에 대한 관심 부족, 그리고 자살 사고의 지속적인 감정을 포함할 수 있는 심각한 상태이다. 우울증은 일상 활동에 참여하거나 완료하는 개인의 능력을 방해한다. 청소년들은 성인

표 10.3 아동기 우울증의 경고 신호

유아기	6-8세	9-12세	청소년기
• 분노 • 수면 문제 • 섭식 문제 • 분리불안	• 잦은 사고 • 관심 끌기 행동 • 학교 문제	• 무기력 • 낮은 자존감 • 자기파괴적 행동 • 자살 사고	• 섭식 및/또는 수면 패턴의 변화 • 낮은 에너지, 무관심, 위축 • 신체적 불편감(두통, 복통) • 집중 또는 의사결정의 어려움 • 반항적 행동 • 약물 남용 • 죽음에 대한 집착

과 유사한 증상을 나타낸다. 그러나 우울증은 종종 아동에게서 인식하기 어려운데, 그들의 증상이 매우 다르고 연령별로 다양한 경향이 있기 때문이다. 그 결과, 아동의 증상이 간과되거나 잘못 해석될 수 있다. 예를 들어, 우울한 아동들은 번잡한 길로 뛰어들어 자신을 해치려고 시도할 수 있지만, 성인들은 그 아동이 단지 무모할 뿐이라고 생각할 수 있다. 내재화 행동은 일반적으로 파괴적이지 않기 때문에, 종종 교육 전문가들로부터 충분한 관심을 받지 못한다. 표 10.3은 아동기 우울증의 경고 신호를 제공한다.

일부 상태는 학령기 아동에게 드물게 발생하지만(저발생률) 발생할 때는 상당히 심각하다. 그러한 상태 중 하나인 조현병(Schizophrenia)은 기이한 망상(예: 경찰이 자신의 생각을 통제한다고 믿기), 환각(예: 무엇을 해야 하는지 말하는 목소리), 극도의 혼란, 수동적이거나 무반응적 행동, 정서적 반응성 부족, 그리고 일관성 없음을 포함한다. 조현병은 15세와 45세 사이에 가장 널리 퍼져 있다. 그러나 아동에게 발생할 때, 가족에 대한 영향은 파괴적이다. 조현병을 가진 아동들은 의료 및 정신건강 분야의 다학제팀 구성원들의 협력을 포함하는 개별화교육계획이 필요하다.

부모정보자원센터의 팩트시트 《정서장애 업데이트!》는 다양한 유형의 정서행동장애와 특정 상태에 대한 정보를 제공한다(https://www.parentcenterhub.org/emotionaldisturbance/).

특성

- 외현화 행동을 가진 학생들은 종종 공격성, 과잉행동, 충동성, 비순응, 그리고 비행을 나타낸다.
- 내재화 행동의 특성—위축과 사회적 불안—은 탐지하기 더 어려웠고 코로나19 팬데믹에 의해 악화되었다.

외현화 행동의 특성

이전 주제에서 언급했듯이, 외현화 행동을 가진 학생들은 언어적 및 신체적 공격성, 과잉행동, 충동성, 비순응, 그리고 비행을 현저하고 과도한 정도로 나타낸다. 적대적 반항장애(Oppositional defiant disorder, ODD))는 이러한 행동들 중 많은 것을 포함한다. 표 10.4는 DSM-5의 적대적 반항장애에 대한 일부 핵심 진단 기준을 요약한다. 적대적 반항장애와 관련된 특성들이 학생의 사회적 상호작용, 개인적 관계, 학교에서의 성공, 그리고 지역사회에서의 수용에 어떻게 영향을 미칠지 상상해보라.

표 10.4 적대적 반항장애 특성

요구된 기준	증상	적용
적어도 네 가지 증상을 보임.	• 화를 잘 냄 • 쉽게 짜증을 냄 • 화를 내거나 분개함 • 권위자 또는 성인과 논쟁함 • 요청이나 규칙을 따르지 않음 • 의도적으로 다른 사람들을 짜증 나게 함 • 실수에 대해 다른 사람을 탓함 • 악의적이거나 보복적인 행동을 보임	9세 아르투로는 브랜든이 컴퓨터를 너무 오래 사용하자 참지 못하고 화를 낸다. 그는 브랜든에게 소리를 지르고, 교사의 앉으라는 요청을 거부한다. 그는 교사와 논쟁하며, 브랜든이 더 빨랐다면 자신이 화낼 필요가 없었을 것이라고 말한다. 그는 교장실로 가는 길에 브랜든과 교사를 탓하고, 이후 '브랜든이 일으킨 모든 문제에 대해 복수하기 위해' 브랜든의 수학책에서 페이지를 찢는다.
증상은 지속적이고 빈번하며, 한 명 이상의 사람과의 상호작용에서 빌생해야 함.	• 어린 아동(5세 미만)의 경우 거의 매일 • 더 큰 아동(5세 이상)의 경우 적어도 주 1회 • 최소 6개월 이상 지속	아르투로는 다른 급우들과 함께 이러한 행동을 주 1~2회 보인다. 그는 이러한 행동을 지난 2년간 지속해왔다.
증상이 기대되는 행동 규범과 일치하지 않음.	다음과 관련하여 부적절함: • 연령 • 발달 수준 • 성별 • 문화	아르투로의 행동은 그의 문화적 배경에서 같은 연령대 남자아이들에게는 비전형적인 것이다.
행동이 다른 활동에 심각한 손상을 초래함.	문제를 야기: • 사회적 • 교육적 • 직업적	아르투로의 급우들은 그를 피한다. 그는 감정 폭발 전에 장시간 집중하거나 주의를 유지하지 못하여 학업 실패를 초래한다.

내재화 행동의 특성

위에서 기술한 명백한 행동과 대조적으로, 내재화 행동은 교사들에 의해 덜 자주 인식되고 보고된다. 예를 들어, 불안장애를 가진 학생은 위협적으로 인지되는 사건을 예상하며 불안을 느낀다. 불안장애의 관련된 특성들은 근육 긴장과 조심스럽거나 회피하는 행동을 포함하며, 이는 부모, 교사, 또는 다른 성인들이 쉽게 관찰할 수 없다. 표 10.5는 DSM-5의 사회불안장애에 대한 일부 핵심 진단 기준을 요약한다. 사회불안장애를 가진 사람들은 개인이 다른 사람들의 면밀한 관찰에 노출될 수 있는 하나 이상의 사회적 상황에 대한 현저한 두려움이나 불안을 가진다. 사회적 상황은 사회적 상호작용(누군가와 대화하기, 새로운 사람 만나기), 관찰될 수 있는 장소에 있기(먹거나 마실 때), 또는 수행하기(학교 집회에서)를 포함할 수 있다. 불안장애를 가진 아동들은 종종 시간에 맞춰 어딘가에 도착할 수 있을지, 그들의 학교 과제가 충분히 좋은지, 급우가 그들을 좋아할지에 이르기까지 모든 것에 대해 걱정한다.

코로나19 팬데믹은 우리 대부분에게 스트레스를 초래했지만, 특히 아동과 청소년에게 불안을 일으켰다. 그들은 가족 구성원이 병에 걸릴지, 감염된다면 회복할 수 있을지, 그리고 병에 걸릴 두려움 때문에 밖에 나가야 하는지에 대해 걱정했다. 2016년

표 10.5 사회적불안장애

요구된 기준	증상	적용
불안을 드러내거나 타인이 부정적으로 평가할 수 있는 방식으로 행동하는 것에 대한 두려움.	거절이나 타인의 기분을 상하게 할 수 있다는 두려움으로 인한 창피함과 당혹감에 대한 공포	12세 아사(Asa)는 두 가지 두려움을 가지고 있다: 교사가 수업 중 자신을 지명하여 질문하는 것과, 또래 친구가 질문하는 것. 만약 정답을 말하지 못하면 친구들이 자신을 피할까 봐 두려워한다.
사회적 상황은 일반적으로 두려움이나 불안을 유발함.	아동의 경우, 다음과 같은 방식으로 나타날 수 있음: • 울음 • 짜증 • 움직이지 않음 • 수업 중 잠든 것처럼 보임 • 매달림 • 위축됨 • 말하지 못함	아사는 많은 날 수업 중 두려움으로 인해 마비된 것처럼 움직이지 못한다. 책상에 엎드려 잠든 것처럼 보이기도 한다. 친구가 '지금 무슨 교과서를 읽어야 해?'라고 물어보면 대답하지 못한다. 점심시간에는 종종 화장실에서 울며, 또래 친구들이 자신을 싫어한다고 생각한다.
사회적 상황에 대한 두려움이나 불안이 실제 위협에 비해 과도함.	상황이 실제로 유발하는 위협에 비해 두려움이나 불안이 과도함.	아사는 자신이 두려워하는 상황을 실제로 경험한 적이 없음에도 불구하고, 매일 학교에 가기를 꺼린다.
두려움, 걱정 또는 회피가 지속적(6개월 이상)이며 임상적으로 의미 있는 고통 또는 손상을 초래함.	다음 영역의 기능에 영향을 미침: • 사회적 • 직업적 • 기타	아사는 두려움 때문에 수업에 집중하거나 필기를 하지 못하며, 이로 인해 세 과목에서 낙제하고 있다.
두려움, 불안 또는 회피가 다른 요인으로 설명될 수 없음.	다음 요인으로 설명될 수 없음: • 약물이나 약물의 생리적 효과 • 의학적 상태 • 다른 정신질환 (예: 공황장애, 자폐스펙트럼장애)	아사는 그녀의 두려움을 설명할 수 있는 다른 의학적 또는 심리적 상태를 가지고 있지 않다.

과 2020년 사이에, 아동의 불안장애 비율은 7.1%에서 9.2%로 증가한 것으로 추정되었지만, 2021년에는 그 비율이 19%에서 24% 사이로 증가했다. 사회불안장애의 평균 발병 연령은 13세이지만, 범위는 5세에서 15세이고, 소녀들이 이 장애를 가질 가능성이 더 높은 것 같다. 이 장의 "영상 속에서" 특집에서, 우리는 불안장애를 가진 아동에 대한 마음이 따뜻해지는 영화를 소개한다. 표 10.5를 학습한 후, 소년이 나타내는 이러한 행동들이 이 섹션을 읽지 않았다면 당신의 관심을 끌었을 것이라고 생각하는가?

볼 수 있듯이, 내재화 행동의 특성들은 외현화 행동의 특성들과 매우 다르다. 표 10.6은 이 두 주요 유형의 가장 일반적인 특성들의 예를 요약한다.

출현율과 배치

정서행동장애학생들과 정서행동장애 위험에 있는 학생들은 제한적 환경(예: 대안적 배치, 교외정학)에 불균형적으로 배치되며, 특히 흑인 남학생들이 그렇

표 10.6 외현화 및 내면화 행동 예시

외현화 행동 (Externalizing Behaviors)	내면화 행동 (Internalizing Behaviors)
타인의 기본 권리를 침해함	심한 수줍음을 보임
사회 규범이나 법을 위반함 (예: 절도)	우울해함
재산 피해를 일으키거나 손상시킴	섭식장애가 있음 (예: 신경성 식욕부진 또는 폭식증)
적대감 또는 반항적 태도를 보임	사회적으로 위축됨
논쟁하거나 분노 폭발을 보임	근거 없는 공포 또는 불안을 느낌
신체적으로 공격적임	낮은 자기존중감을 표현함
교사의 지시에 불응함	과도한 걱정을 함
강박적-강제적 행동을 보임	공황 상태를 경험함
타인 또는 동물에게 신체적 위해를 가하거나 위협함	자기파괴적 행동을 보임
외설적이거나 음란한 몸짓을 사용함	자살 생각을 표현함

다. 장애인교육법은 학생의 장애로부터 직접 기인하는 위반에 대한 특정 징계 절차를 가지고 있다.

다른 장애와 비교한 정서행동장애의 출현율

제1장에서 장애 범주들과 그들의 출현율 순서를 기술했을 때를 기억하라. 정서행동장애가 자폐성장애, 발달지체, 그리고 지적장애와 함께 중간에 위치한다는 것을 주목했을 것이다. 정서행동장애는 이 집단 중 가장 낮은 출현율을 보인다. 한 가지 설명은 정서행동장애가 학령기 아동들, 특히 내재화 특성을 가진 학생들 사이에서 과소판별된다는 것일 수 있다. 그림 10.1의 원형 차트는 정서행동장애학생들의 비율을 다른 모든 장애 범주와 비교한다.

배치

많은 사람들이 정서행동장애학생들이 자급식이나 분리된 환경에서 교육을 받는다고 생각하지만, 그들의 교육은 실제로 다양한 환경에서 이루어진다: 일반교육 교실, 자원교실, 분리된 특수교육 교실, 특수학교, 청소년 교정시설, 주거기관, 그리고 병원. 그림 10.2에서 보여주듯이, 정서행동장애학생들의 가장 큰 비율이 일반교육 환경에서 하루의 대부분을 보낸다. 그러나 통합으로의 움직임에도 불구하고, 정서행동장애학생들은 다른 장애를 가진 또래들과 비교하여 가장 제한적인 환경(즉, 가정/병원, 주거시설, 교정시설)에 상당히 더 많이 배치된다.

유급, 정학, 그리고 배치 결정

학년을 유급하거나, 정학 또는 퇴학 처분을 받는 것은 학교 중도탈락, 교육자들로부터의 소외, 그리고 낮은 성적과 같은 부정적이고 장기적인 결과를 가진다. 유급은 학업적 또는 행동적 문제, 또는 둘 다의 결과인 반면, 정학과 퇴학은 일반적으로 징계 조치이다. 각 조치의 영향을 더 잘 이해하기 위해 문서화된 장애가 있거나 없는 학생들에 대해 각 상황을 별도로 살펴보자.

그림 10.1 장애 출현율: 2021-2022학년도

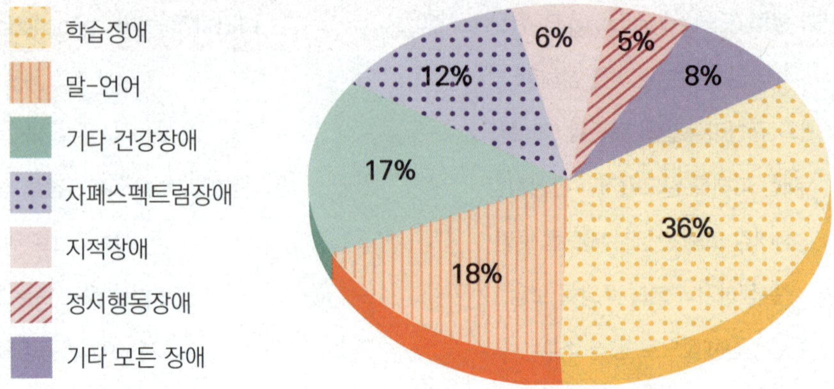

출처: 미국 교육부(2022a).

유급은 학생이 학년을 반복하는 것을 의미한다. 학년 유급이 효과적인 실제가 아니라는 것을 보여주는 수년간의 연구에도 불구하고, 유급당한 학생들은 시간이 지나도 유급당하지 않은 학생들보다 더 잘 학습하지 못할 뿐만 아니라, 더 우려스러운 것은 이 학생들이 괴롭힘을 당할 가능성이 더 높고, 부모와 미래 교사들로부터 낮은 기대를 받으며, 성인이 되어 더 적게 벌 가능성이 더 높다는 것이다. 놀랍게도, 학년 유급은 여전히 18개 주에서 의무화되어 있고 12개 다른 주에서 표준화된 성취 검사의 기준점에 도달하지 못한 학생들에게 적용되고 있다. 분명히, 코로나19 팬데믹으로 인한 성취도 손실은 더 많은 학생들을 유급 경험의 증가된 위험에 빠뜨린다.

학교에서 사용하는 두 가지 다른 유형의 정학이 있다: 교내정학과 교외정학. 일부는 교내정학이 여전히 학생들을 학교에 두고 교육 서비스를 받게 한다고 주장할 수 있지만, 단 며칠일지라도 그 조치는 여전히 심각하다. 교외정학은 학교 환경에서 학생을 제거하는 것으로, 분명히 교수 시간의 손실을 초래하고 그들에게 문제에 빠질 더 많은 기회(예: 기물파손, 좀도둑질, 그리고 기타 비행 행위)를 허용할 뿐만 아니라 아동들을 낮은 학업 성취, 학교 중도탈락, 그리고 평생에 걸친 형사사법제도와의 증가된 접촉의 궤도에 올려놓는다. 장애학생들을 포함한 모든 학생들의 교외정학 비율이 지난 10년간 상당히 감소했지만, 여전히 모든 학생의 4.5%로 놀랍도록 높다(5.6%에서 감소). 중학교와 고등학교 학생들의 더 높은 비율이 정학을 경험한다(10년 전 9.6%와 비교하여 7.4%). 이는 특히 중학교와 고등학교 장애학생들과 흑인 학생들에게 그러하며, 두 집단 모두 12%를 훨씬 웃도는 비율을 가지고 있다. 전국적으로 상당한 차이가 있지만, 2017-2018학년도에 250만 명의 학생이 정학당하여 1,100만 수업일 이상을 잃었다는 것을 아는 것은 충격적이다.

연방 정부 관리들은 장애학생들의 정학에 대해 매우 우려하고 있으며 정학 비율이 크게 줄어들거나 제거되기를 강력히 권고한다. 정부는 학생들이 학교의 행동강령을 위반하고 그로 인한 징계 조치를 받을 때 따라야 하는 많은 절차를 마련했다. 문제의 핵심은 장애학생들이 학교나 그들의 개별화교

그림 10.2 5-21세 정서행동장애학생들의 교육 배치

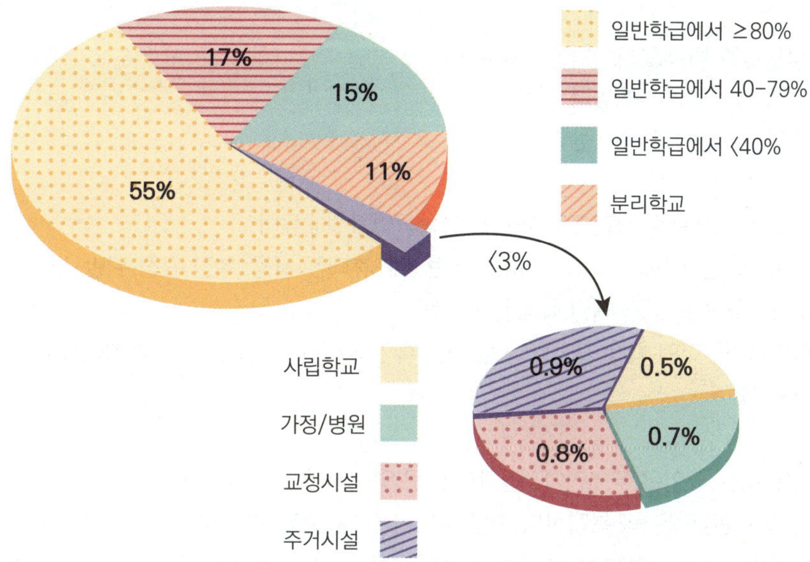

출처: 미국 교육부(2022a).

육계획에 명시된 환경에서 정학당할 때, 그들이 더 이상 무상적절공교육을 받지 못하고(제4장 참조), 배치 변경이 발생했다는 것이다. 정서행동장애학생들의 경우, 정학을 초래한 행동이 그 장애로 인해 야기되었다면(장애인교육법에서 현시 결정이라고 함), 그들은 본질적으로 그들의 장애의 결과로 정학당하는 것이다. 느슨한 비유는 학습장애학생이 시험에 실패했다고 정학당하거나, 언어장애학생이 교사의 지시를 이해하지 못했다고 정학당하는 상황일 것이다. 이러한 상황들 중 어느 것도 수용 가능하거나 적절하지 않을 것이다.

장애인교육법 규정은 장애학생들을 위한 학교 징계 정책 실행에 대한 구체적인 지침을 제공한다. 여섯 가지 핵심 지침은 다음과 같다:

1. 행동강령 위반은 중간대안교육환경(Interim Alternative Educational Settings, IAES), 다른 환경, 또는 그러한 대안들이 장애가 없는 학생들에게 적용되는 것과 같은 정도로 최대 수업일 10일 동안의 정학을 위해 현재 환경에서 제거를 초래할 수 있다.
2. 현재 배치에서 제거된 학생들은 그들의 개별화교육계획 목적 달성을 향한 진전을 만들기 위해 계속 교육 서비스를 받아야 한다.
3. 배치 변경 결정의 수업일 10일 이내에, 개별화교육계획팀은 행동이 장애나 개별화교육계획의 잘못된 실행의 결과였는지 결정해야 한다.
4. 이 중 어느 것이 적용된다면(즉, 현시 결정), 팀은 다음을 해야 한다:
   - 기능적 행동 사정평가 실시
   - 행동중재 실행
   - 아동을 원래 배치로 돌려보내기
5. 행동중재계획이 시행 중일 때 행동이 발생했다면, 팀은 필요에 따라 계획을 검토하고 수정해야 한다.

문화적 고려사항 **흑인 학생들의 불평등한 유급, 정학, 퇴학 경험**

백인과 라티노 급우들과 비교할 때, 흑인 학생들은:

- 교내정학을 받을 가능성이 3배 높다.
- 학교에서 정학당할 가능성이 4배 높다.
- 퇴학당할 가능성이 3배 높다.
- 학교 부지 내나 학교 활동 중 사건으로 체포될 가능성이 3.5배 높다.
- 3년 기간에 걸쳐, 흑인 학생의 26%가 경미한 위반(예: 휴대폰 사용, 복장 규정 위반, 부적절한 언어)으로 적어도 한 번의 정학을 받은 반면 백인 학생은 2%였다.
- 성별에 관계없이 다른 어떤 학생 집단보다 높지만, 흑인 남학생(17.6%)이 흑인 여학생(9.6%)보다 더 높은 교외정학률을 가진다.

이러한 격차를 설명하는 요인은 무엇인가? 간단한 답은 암묵적 또는 명시적 인종주의와 편견이다. 일부 연구가 이 설명을 뒷받침하지만, 답은 더 복잡하다. 인종주의가 단일 답이라면, 흑인 남학생과 흑인 여학생의 처벌과 정학률 사이의 차이가 서로 그렇게 큰 차이를 보이지 않을 것이다. 일부 연구들은 기대에 주목하는데, 예를 들어 흑인 남학생들이 더 나이 들어 보이는 경향이 있어서 다른 학생들에게는 연령에 적절하다고 여겨질 행동들이 이 학생 집단에게는 심각하고 연령에 적절하지 않다고 여겨져 더 가혹한 결과를 받을 만하다고 생각된다는 것이다. 또한, 학생들의 행동에 대한 처벌적 반응은 특히 수혜자들이 그것을 불공정하거나 부당하다고 본다면 오래 지속되고 부정적인 영향을 미칠 수 있다는 것을 기억하라. 한 사례가 더 많은 상황의 순환을 시작하여 신뢰 부족, 적대감, 그리고 더 많은 "나쁜" 행동을 초래할 수 있다. 교사와 학교 관리자들의 처벌적 반응의 다른 비율을 설명할 수 있는 더 많은 요인을 생각할 수 있는가?

이러한 높고 불균형적인 비율을 줄이기 위해 무엇을 할 수 있을까? 유급, 정학, 그리고 퇴학의 심각하고 부정적인 영향에 대한 우리의 이전 논의를 고려할 때, 한 가지 목적은 처벌적 실제의 사용을 전반적으로 줄이고 그에 따라 모든 학생들의 학업 수행을 증가시키는 것일 수 있다. 1층 실제를 실행하는 것이 정학률을 20% 감소시킨다는 것을 이미 학습했다. 또 다른 접근은 징계 대신 회복적 정의 실제(restorative justice practices)를 사용하는 것이다. 여기서, 학생들은 먼저 함께 모여 서로의 다른 관점을 듣고 그들의 차이를 해결한다. 두 번째 수준에서, 경미한 분쟁에 관련된 학생들이 "반응적 원"에서 함께 모여 안내된 대화를 통해 그들의 문제를 해결하고 해결책을 문제해결하여, 문제가 재발하지 않거나 줄어들도록 한다. 마지막 단계에서, 훈련받은 촉진자가 대화나 대화를 안내한다. 전반적인 결과는 모든 학생들이 존중, 신뢰, 그리고 긍정적인 학습 환경을 경험하는 학교 문화의 변화이다.

6. 현시 결정에 관계없이, 학생들은 무기, 약물, 또는 심각한 신체적 상해를 가하는 것과 관련된 위반에 대해 최대 수업일 45일 동안 중간 대안교육환경으로 제거될 수 있다.

유급과 모든 형태의 정학에 대한 시민권 옹호자들, 부모들, 학교 관리자들, 그리고 교사들의 많은 우려를 고려할 때, 대안적 징계 선택지들이 고려되어야 한다. 이 장의 "학교" 섹션에서 발견되는 행동과 사회적 기술을 위한 다층지원체계(즉, 긍정적행동중재및지원)에 대한 섹션에서, 우리는 학교 환경을 재설계함으로써 유급과 정학을 예방하거나 감소시키는 것으로 나타난 절차들의 실행에 대한 세부사항을 제공한다. 자료는 긍정적행동중재및지원의 1층(단계)이 정학률을 20% 감소시킨다는 것을 나타낸다! 대안을 고려하는 또 다른 이유는 경미한 위반에 대해서도 흑인 아동과 청소년에게 적용되는 처벌적 징계 실제의 불균형적 사용에 있다. 이 정보는 교육자들이 교실에서 더 문화감응적 교수를 사용하도록 이끌어야 한다. 다음에 발견되는 이 장의 "문화적 고려사항" 상자에서, 우리는 우리 모두가 우려해야 할 몇 가지 경악할 만한 통계를 제공한다.

특수교육

학습 목표

정서행동장애가 개인적 관계와 학업 기술에 미칠 수 있는 영향을 설명하고, 행동과 사회적 기술을 개선하기 위한 다층 체계를 기술하며, 행동관리에서 가족 구성원들의 역할을 논의하고, 외현화 및 내재화 행동 특성으로부터 기인하는 도전을 줄일 수 있는 조정을 나열하며, 어린 아동에서 정서행동장애의 조기 경고 신호를 다루는 것이 왜 중요한지 설명하고, 각 층에서 사용되는 네 가지 중재를 나열하고 정의하며, 정서행동장애학생의 고등교육 이후 결과를 개선하는 방법을 논의한다.

도전과 해결책

- 행동적 도전 외에, 정서행동장애학생들은 또한 다층 지원체계를 통해 다뤄질 수 있는 사회적 기술과 학업에서 어려움을 겪는다.
- 부모와 가족의 참여는 성공적인 행동관리 프로그램에 중요하지만, 그것은 신뢰, 협력, 공유된 의사결정, 그리고 열린 의사소통의 토대를 요구한다.

정서행동장애학생들이 직면하는 도전

외현화 및 내재화 특성의 결과인 도전들은 사회적 기술과 학업 수행 모두의 어려움으로 복합된다. 장애가 있거나 없는 다른 모든 학생 집단과 비교할 때, 현재 자료는 정서행동장애학생들이 가장 낮은 사회적 및 학업적 결과 중 일부를 가진다는 것을 나타낸다. 그들의 도전적인 행동과 제한된 사회적 기술은 종종 교사들의 관심을 요구하고, 교수를 방해하며, 긴장된 개인적 관계로 이어지고, 학습 환경에 부정적으로 영향을 미친다.

사회적으로 유능하다는 것은 여러 가지를 의미할 수 있다: 갈등 동안 자제력을 행사하기, 다른 사람들과 협력하기, 또는 자신의 요구를 적절하게 표현하기. 그러나 이러한 기술이 필요한 상황에서, 정서행동장애학생들은 종종 다음 중 하나를 보여준다:

- 기술 결함—무언가를 할 수 없음
- 수행 결함—무언가를 하지 않으려 함
- 유창성 문제—무언가를 잘하거나 자동성을 가지고 수행하기에 충분한 연습을 하지 않았음

다음 상자에서 이러한 결함의 몇 가지 예를 살펴보자.

위에서 기술한 도전들 외에, 정서행동장애학생들은 또한 사회적 상황에 다르게 반응한다. 표 10.7에서 여러 예시가 제공된다.

많은 정서행동장애학생들이 또한 낮은 학업 수

사회적 기술 시나리오

점심 후, 중학생들 한 무리가 남학생 대 여학생으로 즉석 프리스비 뺏기 게임을 시작한다. 강한 사회적 기술을 가진 세이지는 손을 흔들고 급우에게 "여기로!"라고 소리치며 쉽게 게임에 참여하고, 급우는 그에게 프리스비를 던진다. 대조적으로, 소렐은 게임에 적절하게 참여하는 방법을 모르므로(기술 결함), 프리스비를 가진 여학생을 태클하여 교장실 방문과 급우들의 분노를 자아낸다. 헤더는 게임에 참여하고 싶어 하고 효과적으로 그렇게 하는 방법을 알지만, 그것이 일으키는 불안 때문에 그렇게 하지 않기로 선택한다(수행 결함). 대신, 그녀는 게임 주변부를 맴돌다가 마침내 떠나서 불행하게 혼자 앉는다. 로즈메리도 집단에 적절하게 참여하는 방법을 알고 있다. 그러나 그녀는 이와 같은 사회적 게임 활동에 참여한 경험이 거의 없어 그렇게 하는 것이 불편하다(유창성 결함). 자신의 불안감을 감추기 위해, 그녀는 학교 체육관 뒤에서 담배를 피우는 상급생들 집단에 참여한다(불행히도 그녀가 기술, 수행, 또는 유창성 결함을 가지지 않은 행동).

행을 보여준다. 그들은 학년을 유급하거나 학교에서 정학 또는 퇴학당할 가능성이 더 높다. 그들의 행동은 종종 필요한 기술을 학습하는 능력을 방해한다. 이 학생들은 일반적으로 낮은 수준의 학업 참여를 가지고 있으며 불쾌하거나, 매력적이지 않거나, 너무 어려운 과제를 피하기 위해 문제 행동을 한다. 그 결과, 그들은 종종 기초 기술(예: 읽기, 쓰기, 수학)이 부족하고 학업적으로 뒤처진다. 그들 중 다수가 일반교육 또래들보다 더 심각한 학업 문제를 가지고 있으며 다른 장애를 가진 많은 학생들보다 더 큰 학업적 결함을 보인다. 실제로, 일부 연구 자료는 정서행동장애학생들 중 상당수가 학습장애학생들만큼 심각한 학업적 결함을 나타낸다고 표시한다. 기껏해야, 이러한 학업적 어려움은 안정적으로 남아 있는 것으로 보이고, 최악의 경우 시간이 지남에 따라 악화된다. 정서행동장애 증상이 더 심각할수록, 학업 수행이 더 많이 영향을 받으며, 이는 학교 실패, 중도탈락, 그리고 청소년 비행의 가능성을 증가시킨다. 실제로, 정서행동장애학생들은 다른 어떤 장애 범주의 학생들보다 더 자주 유급당하고 더 높은 학교 중도탈락률을 가진다. 청소년 사법제도에 연루되는 학생들은 그들의 개별화교육계획에서 명시된 서비스와 지원을 받을 가능성이 훨씬 낮다. 이러한 도전들은 그림 10.3에 요약되어 있다.

이러한 도전에 대한 해결책

많은 정서행동장애학생들은 높은 수준의 스트레스 및/또는 혼란을 경험하는 가정 출신이다. 그 결과, 그들의 부모는 학교에서의 성공을 위한 필요한 행동 기술을 그들에게 가르치지 않았을 수 있다. 그러한 경우에, 학교는 이 아동들의 삶에서 훨씬 더 큰 의미를 가지며 학교 생활과 성공의 모든 측면이 영향을 받을 수 있기 때문에 훨씬 더 복잡할 수 있다. 종종, 정서행동장애학생들은 강한 학업 교수, 사회적 기술 훈련, 개별화된 행동 중재, 그리고 많은 경우 정신건강 서비스와 의료적 중재를 포함하는 포괄적인 종합지원 세트가 필요하다. 우리는 이 장의 "학교" 섹션에서 이러한 각 영역을 더 자세히 논의한다. 기억해야 할 중요한 것은 종종 정서행동장

표 10.7 사회적 기술 결함의 예

외현화 행동을 보이는 학생	내면화 행동을 보이는 학생
• 중립적인 상호작용을 적대적인 의도로 오해함(예: 복도에서 실수로 부딪혔을 때, 상대방이 싸움을 걸었다고 생각함) • 원하는 것을 얻기 위해 공격적인 전략을 사용함(예: 대화나 협상보다는 위협이나 신체적 폭력을 사용함)	• 또래와의 상호작용을 피함(예: 쉬는 시간이나 점심시간에 혼자 앉아 또래가 접근하지 않는 장소에 있음) • 스트레스나 불안에 반응하여 이상하거나 산만한 행동을 보임(예: 음성 틱, 얼굴 틱 등)

그림 10.3 정서행동장애: 도전

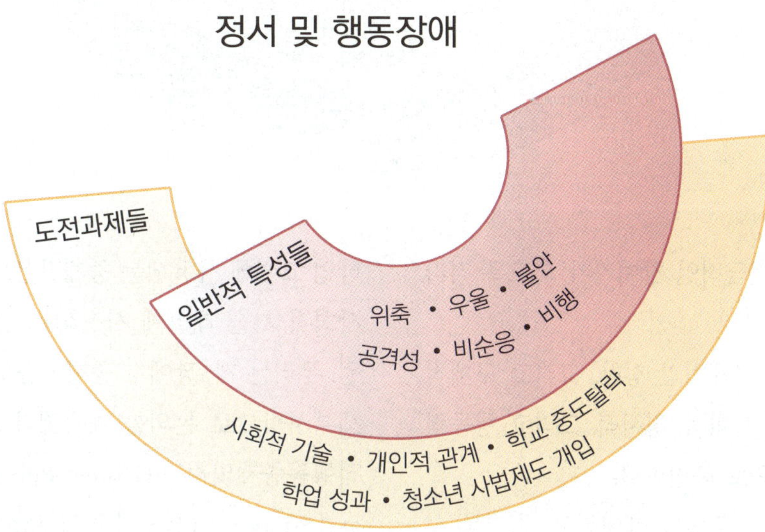

애학생들이 여러 영역에서 직접 교수와 중재가 필요하다는 것이다. 이 섹션의 끝에서, 우리는 입증된 교수적 및 행동적 중재 실제가 적용되는 다층 체계를 설명하지만, 먼저 그림 10.4에서 몇 가지 기본적인 해결책을 강조한다.

교사들은 잘 가르치고, 효과적인 교실 행동관리 체계를 사용하며, 그들 학생들의 개별적 요구에 반응적이어야 한다. 교실이나 개별 학생들의 차이를 관리하는 데 미숙한 교사는 학생들이 좌절하거나 위축되는 환경을 의도치 않게 만들 수 있다. 어떤 경우에는, 교사가 학생의 행동에 부적절하게 반응할 때 상황을 악화시킬 수 있다. 많은 학교에서, 소수의 교사들—종종 행동관리 기술이 부족한 교사들—이 대부분의 교무실과 특수교육 의뢰를 한다. 게다가, 잘못 관리된 교실에 배치된 학생들은 잘 관리된 교실의 또래들보다 현저히 높은 문제 행동과 공격성 비율을 보인다. 학생들의 사회적, 정서적, 그리고 행동적 요구를 지원하고 다루기 위해 따라야 할 단계들은 다음과 같다:

- 긍정적인 교실 환경을 만든다.
- 학생들이 수업 과제를 위한 보충 주제와 책에 대한 선택을 하도록 허용함으로써 그들의 교수

그림 10.4 정서행동장애: 해결책

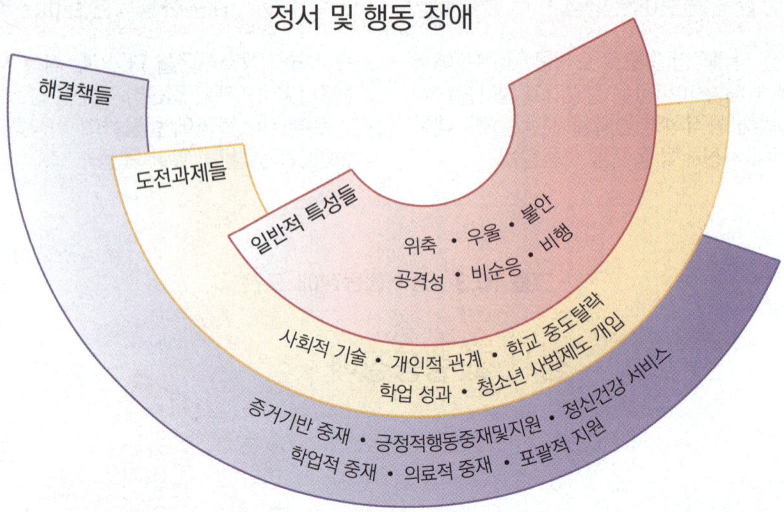

프로그램에서 적극적인 참여자가 되도록 격려한다.

- 안내된 피드백, 구체적인 칭찬, 그리고 구체적인 교정을 통해 사회적, 정서적, 그리고 행동적 성장을 적극적으로 촉진한다.
- 자료를 사용하여 교수를 안내하고, 중재를 선택하며, 충실하게 실행한다.
- 성공적인 결과를 위해 어떤 층의 지원이 필요한지 결정하기 위해 학생들의 수행 자료를 반응적으로 사용한다.

이 과정에 대한 더 많은 정보는 https://www.pbis.org/resource/supporting-and-respondingto-behavior-evidence-based-classroom-strategies-for-teachers를 참조하라.

행동과 사회적 기술을 개선하기 위한 다층 체계

이 교재 전반에 걸쳐, 우리는 제2장에서 발견한 다층지원체계(MTSS)의 초기 제시를 기반으로 한다: 학업 교수에 사용되는 중재반응모형(RTI)과 행동 및 사회적 기술 개발에 사용되는 긍정적행동중재및지원. 우리는 제5장에서 중재반응모형에 대한 더 많은 세부사항으로 논의를 계속했다. 이 장에서는, 긍정적행동중재및지원(Positive Behavior Interventions and Supports, PBIS)이나 그 요소들 중 많은 것이 전국의 학교에서 매우 일반적으로 사용되기 때문에, 우리는 다층지원체계의 이 적용과 그 실행에 초점을 맞춘다. 먼저, 우리는 체계를 검토하고, 이 장의 "학교" 섹션에서 나중에 체계가 유아교육 환경에서 어떻게 적용되는지 논의한다. 그런 다음 우리는 초등학교부터 고등학교 환경까지 세 층 각각에서 사용되는 전략과 중재의 예를 제공한다.

중재반응모형과 마찬가지로, 긍정적행동중재및지원은 세 층으로 구성된 체계이며, 각각은 이전 층보다 연속적으로 더 집중적이라는 것을 기억하라. 층별 서비스와 각 층에서 서비스를 받는 학생들의 비례적 수에 대한 빠른 상기를 위해 그림 10.5를 참

그림 10.5 다층지원체계 세 층의 도식

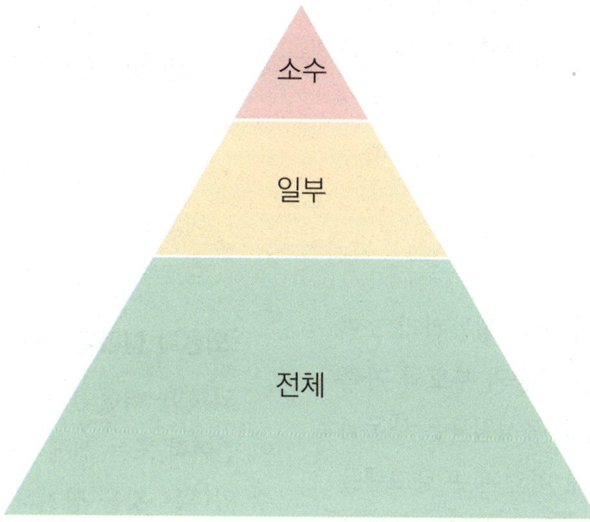

조하라. 각 층 내에서, 증거기반 실제와 핵심 실제 모두인 효과적인 실제들이 데이터기반 의사결정 체계를 통해 적용된다. 다음은 긍정적행동중재및지원 접근에서 사용되는 세 층의 개요이다.

1층은 모든 학생을 위한 것이다. 증거기반의 검증된 실제를 사용하는 효과적인 일반교육 핵심 교수가 모든 학생들의 기초이다. 그 근본에서, 학업적으로 어려움을 겪는 많은 학생들이 행동적 문제의 징후를 보이는데, 부분적으로는 교실의 학업적 요구를 충족할 수 없는 좌절감 때문이다. 학업적 성공과 함께 종종 행동 문제의 감소가 온다. 또한, 행동적 기대가 명확하게 이해되고 부적절한 행동에 대한 결과가 일관되게 다뤄지는 교실은 모든 학생들이 학습하기에 더 긍정적인 환경이다. 그런 점에서, 교실 규칙과 포괄적인 행동관리 계획은 학생들이 기대를 이해하고 따르는 환경을 만든다.

2층은 일부 학생들(약 15-20%)을 위한 것으로, 1층과 일반교육 학급이나 학교에서 적절한 진전을 이루지 못한 학생들이다. 추가적인 도움 없이는, 그들은 더 심각한 문제의 위험에 있다. 이 단계에서, 교사들은 학생들에게 우려되는 특정 행동에 대한 더 명시적인 지시를 주고 또한 특정 문제에 대한 추가적인 보상이나 강화와 안내된 피드백을 제공한다. 긍정적행동중재및지원이 학교 전체적이고 학교 공동체의 모든 구성원들(예: 부모, 보조교사, 학교 직원, 관리자, 관련서비스 제공자)을 포함하지만, 2층에서는 행동 프로그램에서 더 많은 의사소통과 참여로 참여가 종종 증가한다. 예를 들어, 부모들은 일일 또는 주간 행동 성적표, 가정에서의 후속 조치에 대한 도움, 그리고 개선된 수행에 대한 보상에 대한 지침을 받을 수 있다.

3층은 그들의 행동적 및 사회적 문제를 다루기 위해 더 집중적이고 지속적인 중재를 필요로 하는 복잡한 사회적, 정서적, 또는 행동적 문제를 나타내는 소수의 학생들(약 3-5%)을 위해 예약된다. 드문 경우에, 가장 도전적인 문제를 가진 학생들은 2층을 건너뛰고 즉시 3층 서비스를 시작한다. 초기 단계는 기능적 행동 사정평가를 실시하는 것이며, 그다음 개별화교육계획의 일부로 행동중재계획의 개발이 뒤따른다. 대부분의 교육구에서, 3층 서비스는 특수교육을 통해 제공되고 고도로 준비된 교사나 행동분석가에 의해 전달된다.

부모와 가족 참여 및 행동관리

긍정적행동중재및지원이나 어떤 행동관리 노력의 성공적인 실행의 중심에는 아동의 부모와 가족이 있다. 모든 학생들에게, 가족 구성원들은 행동과 사회적 기술을 가르치기 위해 마련된 프로그램을 포함하여 학교의 교육 프로그램을 지원하는 데 핵심이다. 그들은 적절한 행동에 대한 기대에 대해 잘 알고 있어야 하고 가정에서 그리고 가족 외출과 여가 활동 중에 학교 프로그램을 후속 조치함으로써 도와야 한다. 장애학생들에게, 전체 가족과 다른 돌봄 제공자들과의 파트너십을 구축하는 것은 필수적일 뿐만 아니라, 제1장에서 논의한 2017년 대법원의 Endrew F. v. Douglas County School District 판결에서 제시된 요구사항이기도 하다. 종종, 그들의 참여는 자동적이지 않으며, 교육자들은 일부 부모들이 개별화교육계획 회의와 심지어 부모 면담을 준비하고 그들 자녀의 프로그램에 완전히 적극적인 참여자가 될 수 있도록 행동관리의 기본 원칙을 이해하기 위해 도움이 필요하다는 것을 이해해야 한다. 교육자들은 효과적인 가정-학교 협력과 공유된 의사결정에 대한 잠재적 장벽을 극복하기 위해 그들의 태도와 의사소통 방법에 특별한 주의를 기울여야 한다. 그러한 관계 구축은 학교 문화에 익숙하지 않거나 신뢰하지 않을 수 있는 소외 집단 출신 가족들과 일할 때 특히 중요하다.

조정

- 정서행동장애학생들은 과잉행동과 비순응과 같은 외현화 행동을 다루는 조정으로부터 도움을 받을 수 있다.
- 내재화 행동을 나타내는 학생들은 스트레스를 줄이고 또한 그들의 특정 학습 요구를 다루는 조정으로부터 도움을 받을 수 있다.

외현화 행동을 다루기 위한 조정

외현화 행동을 나타내는 정서행동장애학생들이 언어적 또는 신체적으로 공격적이고 비순응적일 수 있다는 것을 상기하라. 정서행동장애학생들 외에 많은 학생들에게 쉽게 실행될 수 있고 효과적인 한 가지 조정은 일관되게 적용되는 결과와 함께 명확하게 진술된 규칙을 설정하는 것으로, 이는 학생들이 그들 행동의 결과를 이해하도록 돕는다. 앞서 학습했듯이, 이 학생들 중 다수가 또한 주의력결핍과잉행동장애를 가지고 있어서, 그들은 과잉행동적이고 충동적이다. 그러한 학생들은 소음과 방해요소 감소, 짧은 과제, 그리고 빈번한 휴식과 같은 제7장에서 설명된 조정으로부터 도움을 받을 가능성이 있다. 다음은 외현화 행동을 가진 학생들을 도울 수 있는 두 가지 다른 조정이다.

- 선택지 제공하기. 외현화 행동을 가진 학생들은 종종 교사와 같은 권위자들과 권력 투쟁에 들어간다. 이는 학생이 요청에 따르거나 과제를 완료하라고 요청받을 때 발생할 수 있다. 학생들에게 명령을 주는 대신 선택지를 제공하는 것("지금 에세이를 끝내고 싶니 아니면 수학 과제를 시작하고 싶니?")은 그들이 상황에 대한 통제감을 느끼도록 한다.

표 10.8 정서행동장애학생들을 위하여 자주 사용되는 조정 예시

제시 방식	환경	반응	일정 또는 시간 조정
• 필기 도우미 제공 • 단서 제공 • 강의 녹음본 제공 • 수업 전 교과서 및 강의계획서 제공 • 언어적 또는 시각적 단서 제공	• 단계별 체크리스트 또는 계획표 • 학급 규칙 및 절차 명확화 • 우선 배치(선호 좌석 제공) • 소음 및 방해 요소 최소화 • 시험 시 별도 공간 제공 • 소집단 또는 일대일 교수 • 움직일 수 있는 기회 제공	• 대체 반응 방식 허용 • 컴퓨터 소프트웨어 활용 • 선택권 제공	• 짧은 과제 또는 과제 분할 제시 • 시험 시간 연장 • 자주 휴식 제공 • 짧고 빈번한 학습 시간 운영

- 소집단 교수. 이 조정은 집중을 유지하거나 행동을 통제하는 데 어려움이 있는 정서행동장애학생들뿐만 아니라, 주의력결핍 과잉행동장애학생들에게도 종종 권장된다. 소집단으로 교수를 제공할 때, 교사는 학생 행동을 더 가깝게 모니터링하고, 지원을 제공하며, 피드백을 제공할 수 있는 능력을 가진다.

내재화 행동을 다루기 위한 조정

외현화 행동을 가진 학생들과 마찬가지로, 내재화 행동(거식증, 폭식증, 불안, 우울증)을 가진 학생들도 학업적이고 사회적인 도전을 경험한다. 따라서, 같은 권장사항들 중 일부가 두 학생 집단에 적용된다. 예를 들어, 두 집단의 학생들 모두 집중하는 데 어려움을 가질 수 있으며 결과적으로 촉진, 필기자, 빈번한 휴식, 그리고 대안적 시험 장소로부터 도움을 받는다. 또한, 두 집단의 학생들은 종종 조직화, 목적 설정, 그리고 과제 완료에서 도전을 보인다. 계획표나 완료할 단계의 체크리스트가 도움이 될 수 있다. 그러나 외현화 행동을 가진 학생들과 달리, 내재화 행동을 가진 학생들은 종종 높은 수준의 스트레스를 경험한다. 아래는 교사들이 이 학생들을 위해 고려하고 싶어 할 수 있는 몇 가지 조정이다.

- 우선적 좌석 배치. 이 경우, 우선적 좌석 배치는 학생을 출입구 근처에 배치하는 것을 의미할 수 있다(행동 문제가 있는 학생들을 교사 근처에, 시각장애가 있는 학생들을 칠판 근처에 배치하는 것과는 달리함). 이는 스트레스를 받고 압도감을 느끼는 학생이 교수나 또래들을 방해하지 않고 교실을 떠남으로써 빈번한 휴식을 취할 수 있게 한다. 또한 학생들이 그들의 불안 수준을 증가시키는 급우들 근처에 앉는 것을 피할 수 있게 할 수도 있다.
- 시험과 과제를 위한 연장된 시간. 시험이나 과제를 완료하는 데 더 많은 시간을 주는 것은 불안을 경험하는 학생들의 스트레스를 줄일 수 있다. 그것은 또한 기분과 에너지 수준이 변동하는 우울증을 가진 학생들에게도 도움이 될 수 있다.

표 10.8은 정서행동장애학생들을 위해 일반적으로 사용되는 조정들 중 일부를 강조한다.

그림 10.6 위험에 있는 아동과 청소년의 장기적 부정적 결과로의 경로

조기중재

- 어린 아동의 정서행동장애 원인은 보통 다중의, 중복되는 위험 요인들을 포함한다.
- 매우 어린 아동들이 정서행동장애의 징후를 나타낼 때, 효과적인 조기중재 프로그램은 문제 행동을 제거하거나 줄이고 장기적 문제를 최소화할 수 있다.

어린 아동의 정서행동장애 원인

원인들은 판별하기 어려울 수 있으며, 여러 동시 발생 요인들로부터 기인할 수 있다. 예를 들어, 연구는 산전 약물 노출과 아동기 정서행동장애 사이의 관계를 시사한다: 헤드스타트 유아교육 프로그램의 약물 노출 아동의 53%가 유치원 시기까지 장애를 가진 것으로 판별된다. 물론, 우리는 이러한 통계에 대한 가정 환경의 영향을 무시할 수 없다: 불법 약물을 복용하는 임신한 여성은 아마도 그녀 아동의 정신건강에 영향을 미칠 핵심적인 양육 기술도 부족할 것이다(예: 아동이 낮은 감독, 처벌적이거나 일관되지 않은 훈육, 적은 긍정적 상호작용을 받을 수 있다). 단일한 부정적 경험이 반드시 정서적 문제로 이어지지는 않지만, 장기간에 걸친 다중 위험 요인들(예: 빈곤, 학대 및/또는 방치, 부모의 스트레스, 폭력 노출, 일관되지 않은 기대와 규칙, 혼란)은 그러한 문제들의 발달에 기여

할 수 있다. 아동들이 고위험 배경에서 올 때, 그들은 종종:

- 주변 사람들을 모방함으로써 문제 행동을 학습한다.
- 대처 기제로서 문제 행동을 발달시킨다.
- 심리적 외상에 의해 촉발되는 정신질환을 발달시킨다.

그림 10.6은 사회적 위험 요인에 대한 노출이 어떻게 장기적인 부정적 결과로 이어질 수 있는지를 보여준다. 대조적으로, 그것은 또한 조기중재에 대한 노출이 어떻게 장기적인 긍정적 결과를 가져올 수 있는지를 묘사한다.

정서행동장애의 조기 경고신호

매우 어린 아동은 일반적으로 자신의 감정, 정서, 생각을 언어적으로 표현할 수 없다. 따라서 어린 아동의 정신건강 상태에 대한 많은 조기 징후는 행동에 기반한다. 다음과 같은 몇 가지가 있다:

- 극도의 불안을 보임
- 과도하게 걱정함
- 과잉행동을 보임
- 빈번한 악몽을 꿈
- 공격성을 보임
- 불순종함
- 빈번한 분노 발작을 보임

어린 아동은 불안이나 걱정과 같은 정서를 언어로 표현할 수 없을 것이므로, 그들의 감정은 다른 방식으로 명백해질 수 있다: 잠자리에 들거나 불안을 야기하는 다른 활동에 참여하기를 거부함; 스트레스를 유발하는 사건에 직면했을 때 흐느끼거나 울음; 또는 식욕이나 수면 습관의 변화.

내재화 행동 문제는 어린 아동에게서 판별하기 어려울 수 있지만, 극단적인 외현화 행동은 종종 3세경에 명백해진다. 실제로, 유아원 아동의 15%가 매일 세 번 이상의 명백한 공격적 행동(예: 때리기와 발로 차기, 밀기)에 관여하며, 10%가 매일 심각한 반사회적 행동(예: 욕하기, 못된 장난치기)의 에피소드를 보인다. 적절한 중재 없이는, 유아원 아동에게서 보이는 심각한 문제행동은 시간이 지나도 매우 안정적인 경향이 있다. 다시 말해, 아동이 나이가 들면서 사라지지 않는다. 필요한 지원 없이는, 그들은 심지어 악화될 수 있고 그림 10.6에서 보여주는 그래픽이 설명하는 장기적인 부정적 결과로의 경로를 시작할 수 있다. 행동과 학업 문제는 어린 나이에 판별될 때 가장 쉽게 해결된다.

어린 아동을 위한 다층지원체계의 적용

조기 중재는 문제가 더 심각해지거나 확고하게 고착화된 패턴이 되기 전에 문제를 다룰 수 있다. 중재는 일반적으로 예측 가능하고 부정적인 순서로 발전한 것을 깨뜨리기 위해 아동과 가족 모두를 포함해야 한다. 이것은 아동의 생애 후반에 더 집중적인 중재의 필요성을 피하는 데 도움이 될 수 있다.

효과적인 조기 중재 프로그램은 종종 다음의 구성요소를 가진다:

- 적극적인 부모 참여
- 행동과 그 결과 간의 관계에 대한 사례를 통한 교수
- 다양한 환경에서의 적절한 행동에 대한 교수(환경 요구)
- 우정을 만들고 유지하는 방법에 대한 교수(예: 사회기술 훈련)

피라미드 모델: 어린 아동과 함께 다층지원체계 접근법 적용하기

어린 아동의 사회-정서적 역량 증진을 위한 피라미드 모델은 어린 아동을 위해 개발된 긍정적 행동지원 틀과 유사한 다층적 틀이다. 피라미드 모델의 목적은 어린 아동의 사회-정서적 역량을 증진하고 도전적 행동을 다루며, 성과 자료가 그렇게 나타낼 때 아동이 더 많은 지원이 필요할 때 중재하고, 유아교육 교사의 더 많은 역량을 구축하는 것이다. 어린 아동의 발달 단계에 적절한 증거기반 실제가 틀 내에 통합되어 있으며, 이는 다음을 포함한다:

- 보편적 실제 —이것들은 양육적이고 반응적인 관계와 양질의 지원적 환경의 발달에 초점을 맞춘다.
- 2차 실제 —사회-정서적 기술 습득, 유창성, 일반화, 유지에서 명시적 교수가 제공된다.
- 3차 중재 —가장 지속적이고 도전적인 행동을 다루기 위해 집중적이고 개별화된 중재가 실행된다.

피라미드 모델을 활용하는 교실의 어린 아동은 전형적인 유아교육 환경의 아동보다 더 강한 사회기술과 더 적은 도전적 행동을 보인다.

이러한 이유로, 유아교육 전문가들은 현재 유아원 환경에서 다층지원체계 접근법의 적용을 강력히 권장하고 있다. 다음 박스에서, 우리는 어린 아동과 함께 사용되는 피라미드 모델을 강조한다.

학령기

- 긍정적 행동지원 틀은 모든 환경에서 집중적인 중재가 필요한 학생을 포함하여 모든 학생을 위한 행동을 수정하기 위해 효과적인 실제를 선택하고 적용하는 접근법을 제공한다.
- 기능적 행동사정평가와 행동중재계획은 더 심각한 행동을 다루는 데 사용될 수 있다.

행동과 사회기술을 개선하기 위한 다층적 틀의 실행

학교 전체와 교실 행동 관리를 위한 긍정적 행동지원 틀은 이 텍스트에서 여러 번 논의된다: 2장, 5장, 그리고 이 장의 여러 섹션에서. 이 틀이 모든 학생을 긍정적인 학습 환경을 개발하고 유지하기 위한 건전한 절차로 지원하는 것으로 시작하는 다층적 체계임을 상기하라. 2층은 일부 학생, 즉 추가적인 지원이 필요한 학생을 위해 실행되며; 지속적이고 집중적인 중재가 필요한 소수의 학생을 위해서는 3층 절차가 시행된다. "도전에 대한 해결책" 섹션에서 약속한 바와 같이, 여기서 우리는 각 층에서 사용되는 전략과 중재의 사례를 제공한다. 완전하지는 않지만, 이러한 설명은 세 층의 다른 접근법과 목적을 명확히 하는 데 도움이 될 것이다.

1층: 모든 이를 위한 1차 예방 - 전략과 지원에 대한 초점

1층은 일반교육 교실에서 일어나며 모든 학생을 위해 있다. 시작으로, 교실은 환영하는 환경이어야 하며, 여기서 교사는 수업에 오는 모든 사람을 환영

표 10.9 반응 기회와 구체적 칭찬

항목	OTR (반응 기회 제공)	구체적 칭찬
설명	학생들에게 질문에 답하거나 과제를 수행하거나 지시를 따를 기회를 여러 번 제공함: • 새로운 학습 내용: 분당 4-6회 • 이미 학습한 내용: 분당 8-12회 학생들이 일제히 대답하는 합창 반응(choral responding)이나 엄지손가락 올리기/내리기 등의 시각적 반응 기법은 높은 OTR 비율을 달성하는 데 효과적임. 이는 교사가 학생들을 한 명씩 질문하지 않고도 다수의 반응을 동시에 사정평가할 수 있게 해줌.	학생이 어떤 행동을 잘 수행하거나 지시 또는 학급 규칙을 잘 따랐을 때 즉각적이고 구체적이며 긍정적인 피드백을 제공함(예: "바로 자습에 착수한 모습이 아주 좋아"는 모호한 "잘했어"보다 효과적임)
연구 결과	높은 OTR 비율은 다음의 증가와 관련됨: • 학업 성취 • 학생 몰입	교사의 칭찬 빈도가 높을수록 다음의 증가와 관련됨: • 지시 따르기 • 학업 몰입 • 과제 집중 행동 • 규칙 준수

하고, 그들의 삶에 대해 묻고 오늘이 얼마나 좋은 날이 될지 말해준다. 이것은 또한 가능한 한 많은 행동문제나 발생을 일관된 절차를 사용하여 예방하기 위해 학교 전체 기대를 설정하는 것을 포함한다. 예를 들어, 기대는 명확하고 간결하며 단순하고(예: "지시를 따르라," "존중하라," "준비하라"), 다양한 환경에서 어떻게 행동할지에 대한 세부적인 사례가 있다. 학생은 연습할 기회를 제공받고, 교사는 학생이 기대를 충족할 때 강화를 제공한다. 많은 학교에서, 교실 행동 관리 체계가 있으며—이는 교실 규칙, 절차, 그리고 순응과 불순응 모두에 대한 결과의 형태로 학생의 행동에 대한 명확한 지침을 제공하고—견고한 토대를 제공한다. 교사는 다음과 같은 효과적인 교수 행동에 참여함으로써 문제행동을 더욱 예방할 수 있다:

- 수업을 시작하기 전에 모든 자료를 준비하고 손이 닿는 곳에 두기
- 즉시 교수 시작하기
- 학생의 주의를 얻고 사전 조직자 제공하기
- 학생의 주의를 유지하고 적절한 반응 기회를 제공하기 위해 적절히 빠른 교수 속도 유지하기
- 학업적 반응과 행동적 반응 모두에 대한 구체적 칭찬 제공하기
- 필요할 때 스캐폴딩, 교정적 피드백, 또는 재지시 제공하기
- 공식적 측정과 비공식적 측정 모두를 통해 정기적으로 학생 성과 사정평가하기
- 적극적 감독 제공하기

증거기반실제인 OTR과 고효과 실제인 구체적 칭찬, 이 두 개의 실제가 표 10.9에서 더 자세히 설명된다. 이들은 단순하고 실행하기 쉬우며, 1차 또는 보편적 층에서 모든 학생과 함께 사용하여 적절한 행동에서 큰 향상을 만들어낼 수 있는 효과적인 교수 실제와 상호보완적이다. 불행히도, 증가된 반응 기회의 긍정적 효과에도 불구하고, 교사는 파괴적

좋은 행동 게임(Good Behavior Game)

좋은 행동 게임은 하루 중 정해진 기간 동안 교실 규칙을 따르고 긍정적인 행동에 참여하는 학생에게 보상을 준다. 다음과 같이 작동한다:

교사가 학생을 팀으로 나눈다.

- 팀의 어떤 구성원이든 지정된 시간 동안 파괴적이거나 불순응 행동에 참여하면, 전체 팀이 체크 표시를 받는다.
- 전체 팀의 총 체크 표시 수가 미리 정해진 수(종종 4개) 아래에 머물면 전체 팀이 이긴다.
- 모든 팀은 미리 설정된 체크 표시 수를 초과하지 않는 한 이길 수 있다.
- 팀 상품은 점차 유형적인 것(예: 스티커)에서 더 추상적이거나 내재적인 것(예: 교사 칭찬, 자기만족)으로 이동한다.

교사는 팀 구성원이 보이는 긍정적인 행동을 강화해야 한다. 또한 모든 팀이 이길 수 있는 능력을 갖도록 보장해야 하며, 학급의 한 명 이상의 학생이 자신의 행동을 적절히 통제할 수 없을 때는 좋은 행동 게임을 사용해서는 안 된다. 이러한 상황은 팀 구성원 간의 마찰이나 문제가 되는 학생에 대한 괴롭힘을 야기할 수 있다.

행동을 유발할 것을 두려워하여 정서행동장애 학생을 참여시킬 가능성이 낮다. 또한, 정서행동장애 학생은 구체적 칭찬을 받을 가능성이 낮다. 그럼에도 불구하고, 두 실제 모두 1층의 필수적인 구성요소가 되어야 한다.

학생이 바람직한 행동을 연습하도록 돕는 재미있는 방법은 게임과 같은 상황을 만드는 것이다. 40년 이상의 연구가 좋은 행동 게임(Good Behavior Game)이 긍정적인 교실 행동을 개선하고 유지하며 파괴적이고 공격적인 행동을 감소시키는 것, 특히 교사에 의해 이런 종류의 과도한 행동을 보이는 것으로 초기에 평가받은 남학생 사이에서 검증하고 있다. 더욱 좋은 것은, 종단 연구가 초등학교에서 좋은 행동 게임을 한 학생들이 청년기에 약물과 알코올 남용, 비행, 그리고 폭력 범죄로 인한 감금의 유의미하게 낮은 비율을 보였다는 것을 보여주었다. 다음 박스에서 설명되는 좋은 행동 게임은 일반교육 교실에서 긍정적인 학생 행동을 증가시킬 수 있는 증거기반 행동 중재의 또 다른 사례이다.

2층: 일부 학생 - 중재와 지원에 대한 초점

1차 예방 노력보다 더 많은 것이 필요한 학생을 위해, 더 지원적인 중재가 제공된다. 이것들은 표적화된 소집단 또는 개별 중재이다. 표 10.10에서, 우리는 일반적으로 사용되는 2층 중재의 일부를 나열하고 각각을 간략히 설명한다. 이 목록은 완전하지 않으며, 우리는 이것들과 다른 것들을 더 깊이 있게 배우기를 격려한다. 그런 다음 우리는 또한 이들이 어떻게 실행되는지에 대한 더 나은 이해를 제공하기 위해 이러한 실제 중 몇 가지를 강조한다.

이제, 이러한 중재들 중 몇 가지를 더 완전히 살

표 10.10 2층 중재의 사례

중재 유형	설명
행동 계약 (Behavior Contract)	학생, 보호자, 교사 간의 합의로, 하루 동안 한두 가지 바람직한 행동을 명시하고, 수행 시간대와 목표 달성 시 강화제를 규정하며, 기대 행동 및 그에 따른 결과를 명확히 기술함.
구조화된 휴식 (Structured Breaks)	교사나 학생이 짧은 휴식(5분)을 요청하면, 지정된 장소(교실 내 조용한 공간 또는 관리자 사무실 등)에서 쉬거나 간단한 심부름을 수행함. 타이머가 꺼지면 바로 수업에 복귀해야 함.
출석-귀가 체크 (Check-In/Check-Out)	매일 아침 학생은 성인에게 목표 행동이 명시된 체크리스트를 받고, 교사는 하루 동안 피드백을 제공함. 귀가 전 보호자와 이를 검토하고 서명한 후 다음 날 다시 제출함.
일일 성과 카드 (Daily Report Card)	하루가 끝날 때 학생은 보고 카드를 받아 집으로 가져가며, 이 카드에는 정해진 목표 행동 및 그에 대한 행동 성과가 기록됨.
보상 체계 (Reward System)	학생은 바람직한 행동에 대한 표시(토큰, 체크 표시, 스티커 등)를 받고, 이를 통해 보상(자유시간, 간식, 문구류 등)으로 교환할 수 있음.
자기점검/자기관리 (Self-Monitoring/Self-Management)	학생은 하루 중 다양한 시점(교시 종료 시 또는 매시간 등)에 자신의 행동을 사정 평가하고, 사전 제작된 기록지를 사용하여 자가 기록함.
갈등 해결 교수 (Teach Conflict Resolution)	소집단으로 구성된 학생들이 교사의 안내 하에, 어려운 사회적 상황에 대처하는 대안적 방법을 논의, 문제해결, 역할극 형태로 연습함.

펴보자. 교사, 부모, 그리고 학생 간에 우려되는 행동에 관한 공식적인 합의를 제공하는 행동계약부터 시작하자. 아마도 이러한 계약이 어떻게 작동하는지에 대한 더 나은 이해를 얻는 최선의 방법은 그러한 합의를 연구하는 것이다. 사례가 그림 10.7에 제시되어 있다.

체크인/체크아웃은 행동계약과 일일 보고서에서 사용되는 것과 동일한 요소들 중 일부를 통합한다. 비록 공식적인 계약은 아니지만, 이것은 매일 아침 검토되는 충족해야 할 표적행동과 목적을 명시하고, 학교 하루 전체에 걸쳐 자료가 수집되며, 진전—또는 그 부족—에 대한 보고서가 매일 집으로 보내진다. 이제, 다른 접근을 취하여 사회기술 훈련을 고려해보자. 사회기술은 사회기술 결손이 있는 학생에게 명시적으로 교수되어야 한다. 사회기술 교수는 다음을 포함해야 한다: (1) 교수, (2) 시연, (3) 연습, 그리고 (4) 실행. 이 접근법에서, 학생의 행동 레퍼토리에 없는 기술—"못하는" 문제(기술 결손)이지 "안 하는" 문제(수행 결손)가 아닌—이 교수된다. 효과적인 사회기술 프로그램의 핵심 구성요소는 다음을 포함한다:

- 가능한 한 조기에 교수 시작하기
- 긍정적 훈육 기법의 사용에서 교사와 부모 훈련하기
- 일반교육 교육과정 내에 사회기술 교수 포함하기
- 일반화와 유지를 증진하기 위한 많은 연습 기회 제공하기
- 또래 지원 사용하기

그림 10.7 행동계약 사례

미들 밸리 교육구

호손 초등학교

일일 행동계약 보고서

이 계약은 아스톤, 심슨 부인(부모), 그리고 글래스 교사 간의 것이다. 계약은 2023년 10월 20일에 시작되며 학교 하루가 끝날 때 아스톤과 글래스 교사에 의해, 그리고 다음 학교 날 이전에 심슨 부인에 의해 매일 검토된다.

목적:

1. 아스톤은 매일 아침 완성된 숙제 과제, 자료, 그리고 어머니가 서명한 이 양식을 학교에 가져올 것이다.
2. 아스톤은 자신의 책상에서 학습하고 급우들을 방해하지 않을 것이다.
3. 아스톤은 교사의 도움을 요청하기 위해 손을 들 것이다.

목적 달성을 돕는 전략:

1. 아스톤은 수업에 올 때 하루에 필요한 모든 자료를 가지고 있을 것이고 모든 개인적 필요를 해결했을 것이다(예: 간식 먹기, 화장실 이용하기).
2. 심슨 부인은 아스톤에게 모든 기대를 상기시키고 그가 학교에 갈 준비가 되었는지 확인할 것이다.
3. 글래스 교사는 아스톤에게 하루의 기대에 대한 체크리스트를 제공할 것이다.

교실에서 목적이 충족되면:

1. 글래스 교사는 아스톤이 하교를 위한 줄에서 첫 번째가 되도록 허용할 것이다.
2. 아스톤은 주간 보상을 향한 점수를 얻을 것이다(예: 10분의 자유 시간).

진전 모니터링

목적 1 달성	예	
목적 2 달성	거의	읽기 시간에 클리프톤을 방해함
목적 3 달성	개선 중	5회 중 3회

날짜: 월요일, 10월 24일

학생 서명: 아스톤
교사 서명: 글래스 교사
부모 서명:________

연구기반실제에 관한 심층적 탐구 **기능적 행동사정평가(FBA)와 행동중재계획(BIP)**

많은 학생이 무언가를 얻거나 피하려는 시도로 잘못 행동한다. 학생이 왜 문제적 행동에 참여하는지(즉, 행동의 기능)를 결정하기 위해, 학교 인력은 기능적 행동사정을 실시할 수 있다. 이것은 다음을 포함한다:

1. 문제행동과 바람직한 행동을 판별하고 정의하기. 문제행동과 바람직한 행동은 쉽게 인식되고 기록될 수 있도록 모호하거나 막연한 용어와 대조되는 정확하고 측정 가능한 용어로 정의되어야 한다. 예를 들어, 그레고르가 교사에게 욕설로 소리 지른다는 것은 그레고르가 교사에게 무례하다는 표현보다는 관찰하고 측정하기가 더 쉽다.
2. 자료 수집하기. 행동이 언제 그리고 어디서 발생하는지, 행동의 빈도(얼마나 자주 발생하는지) 또는 지속시간(얼마나 오래 지속되는지), 선행조건(행동을 유발했을 수 있는 행동 직전에 일어나는 일), 그리고 결과(행동을 강화했을 수 있는 행동 직후에 일어나는 일)에 대한 자료가 수집된다. 이러한 자료는 부모, 교사, 그리고 학생을 면담하거나; 학생의 행동에 대한 질문을 포함하는 양식을 완성하도록 요청하거나; 학생을 관찰함으로써 수집될 수 있다.
3. 행동의 기능을 결정하고 가설을 검증하기. 자료를 바탕으로 행동에 대한 가설적 기능이 결정된다: 그레고르는 너무 어려운 수업 과제를 피하기 위해 교사에게 욕설을 소리친다. 다음으로, 기능을 확인하기 위해 행동의 가능한 원인이 검증되어야 한다: 교사가 그레고르에게 그의 학업 기술 수준에 맞는 과제를 준다. 그레고르는 더 이상 욕설을 소리치지 않는다. 교사가 그레고르에게 약간 더 어려운 과제를 주면, 그는 욕설을 소리친다. 가설이 올바른 것으로 보인다.
4. 행동중재계획 개발하기. 학생에게 문제행동의 대체를 가르치는 중재가 개발된다. 대체행동(또는 바람직한 행동)은 학생에게 동일한 요구를 충족하는 더 나은 방법을 제공한다: 과제가 너무 어려울 때, 그레고르는 교사의 도움을 받기 위해 손을 들 것이다.
5. 중재 실행하기. 행동중재계획의 모든 단계가 실행되어야 한다. 교사는 자료 수집을 계속하고 학생이 바람직한 대체행동에 참여할 때 긍정적 강화를 제공할 것이다.
6. 중재 평가하기. 이러한 자료는 중재가 효과적인지 그리고 학생의 행동이 개선되고 있는지를 결정하기 위해 검토되고 평가되며; 필요에 따라 조정이나 수정이 이루어진다.

3층: 소수 학생 – 집중적인 중재와 지원에 대한 초점

3층 중재와 지원은 가장 집중적인 요구를 가진 학생을 위해 보류된다. 배타적이지는 않지만, 이러한 학생은 장애가 있는 것으로 판별되고 특수교육 서비스를 받는다. 가장 심각하고 만성적이며 전반적인 행동을 다루기 위해, 문제행동의 기능과 언제 그리고 어떤 조건에서 발생하는지를 결정하기 위해 기능적 행동사정평가(Functional Behavioral Assessment, FBA)가 실시된다. 그런 다음 이 정보를 바탕으로 기능에 기반한 중재가 설계된다. 개별화교육계획의 일부인 기능적 행동사정평가 과정과 후속적인 행동중재계획(BIP)의 개발(4장에서 논의됨)이 아래 박스에서 설명된다. 기능적 행동사정평가에 기반한

표 10.11 사회적 기술 훈련과 체크인/체크아웃

	사회적 기술 훈련	CICO
설명	다음 영역의 기술 향상을 위한 체계적 교수 제공: • 또래 관계(친구와의 상호작용) • 자기관리(화 조절) • 순응(교사 지시 따르기) • 자기주장(도움 요청하기) • 학업(독립적으로 과제하기)	적절한 행동에 대한 지속적인 긍정적 강화를 위한 다섯 가지 구성요소: 1. 담당 교사나 상담사와의 아침 점검 2. 모든 수업시간에 활용하는 일일 행동 점수표 3. 설정된 행동 목표에 대한 체계적인 교사 피드백 4. 담당 교사와의 오후 점검 및 점수표 검토 5. 부모 서명을 통한 가정-학교 연계 소통
연구 결과	다음 기술의 향상과 관련됨: • 또래 상호작용 기술(함께 놀기, 나누어 쓰기) • 사회적 의사소통 기술(질문하고 답하기, 칭찬하기)	다음 조건에서 더 효과적임: • 집단 중재보다는 개별 중재 • 회피 행동을 보이는 학생보다는 관심 끌기 행동을 보이는 학생

중재는 문제행동을 70% 감소시키는 것으로 나타났으며 광범위한 장애와 행동을 가진 학생에게 효과적이다. 다음 박스는 기능적 행동사정평가를 실시하고 행동중재계획을 개발하는 데 사용되는 단계를 제공한다.

기능적 행동사정평가는 표준 3층 중재이지만, 모든 연령의 장애가 있거나 없는 사람들을 위해 교실 안팎의 환경에서 모든 유형의 행동의 기능을 분석하는 데도 사용된다는 점을 주목해야 한다. 비학업적 사례에서, 십 대가 "왜 내 남동생은 항상 저녁 식사 후에 화장실에 가야 하지?"라고 물을 수 있다. 기능적 행동사정평가 자료는 그가 저녁 집안일(식탁 치우기와 설거지하기)을 피하기 위해 그렇게 한다는 것을 나타낼 수 있다. 그의 화장실 행동은 어머니가 그가 돌아오기를 기다리다 지쳐서 형이나 누나에게 설거지를 시킬 때 심지어 강화될 수도 있다!

기능적 행동사정평가 실시와 행동중재계획 개발에 대한 더 많은 정보와 각각의 사례를 보려면, IRIS 모듈을 방문하라. 모듈을 통해 작업한 후, 룸메이트, 친구, 형제자매, 그리고 중요한 타인의 행동을 분석하고 수정하기 위해 새로 습득한 기술을 사용해 볼 수 있다(http://iris.peabody.vanderbilt.edu/module/fba/).

정서행동장애 학생을 위한 또 다른 3층 지원은 학생과 그들 가족의 다양한 요구를 다루기 위해 전문 영역들을 결합하는 포괄지원서비스(wraparound services)를 포함한다. 이것은 촉진자에 의해 조정되고 전문가의 다학제팀에 의해 관리되는, 심각한 정신건강 또는 행동 상황을 다루기 위한 포괄적이고 전체적인 청소년과 가족 주도적 과정을 제공하는 서비스 전달 선택사항이다. 이러한 팀은 사회복지사, 상담사, 심리학자, 정신과의사, 응용행동분석가, 교육자, 의사, 또는 정신건강의 모든 측면에서 전문성을 제공하는 다른 사람들을 포함할 수 있다. 이러한 서비스는 전반적인 웰빙에 중요하다. 또한, 의학적 중재가 일부 학생에게 필요할 수 있다. 현재 추정치는 정서행동장애가 있는 모든 학생의 38%에서 79%가 현재 다양한 상태에 대해 처방약을 복용하고 있다는 것이다. 예를 들어, 항우울제는 불안장애나 우울증이 있는 학생에게 처방될 수 있고, 항정신병약물이나 기분안정제는 조현병과 양극성 장애가 있는 학생에게 처방될 수 있다. 많은 경우에, 학생은 두 가지 이상의 약물을 동시에 복용할 수 있다. 교사, 부모, 그리고 정신건강 전문가는 약물의 효과를 모니터링하고 그것이 바람직한 결과를 산출하고 있는지를 보장하기 위해 협력적으로 작업해야 한다.

전환

- 정서행동장애 학생의 장기적 결과는 다른 유형의 장애가 있는 학생보다 더 나쁘다.
- 교사, 상담사, 전환교육 전문가, 그리고 그 밖에 다른 전문가들은 정서행동장애 학생의 미래 교육 및 고용 성공을 증가시키기 위한 긍정적 단계를 취할 수 있다.

중등후 결과

불행히도, 이러한 학생들은 매우 나쁜 결과를 가진다. 학교에 있는 동안, 그들은 모든 장애학생 중에서 수업 빠지기, 교외 정학과 퇴학 경험의 가장 높은 비율을 가진다. 그들은 모든 장애학생 중에서 가장 낮은 고등학교 이수율을 가진다. 예상대로, 고등학교 졸업장 없이는, 이러한 학생들은 낮은 대학 진학률과 높은 실업률 및 불완전 고용률을 가진다. 그들이 고용될 때, 그들의 사회적이고 행동적인 도전은 그들의 작업 경험에 부정적으로 영향을 미쳐서, 높은 직업 이직률을 야기한다. 그들은 빈번히 나쁜 대인관계와 정신건강 서비스에 대한 높은 요구를 가진다. 종단 자료는 정서행동장애 청소년의 3분의 2까지가, 그들 중 다수가 어린 나이에 시작하는 비행 이력을 가지고, 결국 형사사법제도와 어떤 개입을 가진다는 것을 보여준다.

중등후 결과 개선

이전 자료는 정서행동장애 학생에 대한 암울한 그림을 그린다. 그러나, 학교 후 성공의 핵심 예측인자를 다루는 중재가 이러한 결과를 개선하는 데 사용될 수 있다:

- 사회기술 교수
- 일반교육 학급에의 통합
- 고등학교 이수 또는 졸업
- 선택기반 및 개인중심 활동을 사용하여 자기결정을 개발하도록 허용하는 자기옹호 교수
- 스포츠와 다양한 행사를 포함한 학교기반 활동에의 참여 증진
- 진로인식 활동 제공
- 그림자 관찰, 인턴십, 그리고 작업-학습을 통한 다양한 직업 경험에의 노출
- 기관 간 협력
- 사회적 네트워크 개발

이것들 중 일부는 우리가 앞선 장에서 다뤘기 때문에 친숙할 것이다. 그러나, 교사, 상담사, 그리고 전환교육 전문가는 정서행동장애 학생의 요구를 충족하기 위해 전형적인 절차나 중재에 일부 수정을 해야 한다. 몇 가지 사례를 살펴보자.

청소년이 성인으로서의 성공을 위해 필요로 하는 사회기술 교수의 유형은 유아기나 학령기 동안 필요한 교수와 크게 다르다. 예를 들어, 높은 직업 이직률을 예방하기 위해, 사회기술 교수는 직업을 얻는 것뿐만 아니라, 고용된 후 그것을 유지하기 위해 필요한 긍정적인 사회적 상호작용에 초점을 맞춰야 한다. 화난 고객이나 어려운 동료를 다루거나 감독자와의 의견 불일치를 처리하는 것(강한 자기옹호

기술이 또한 필요한 상황)과 같은 일반적인 작업 상황에 대한 연습 기회가 제공되어야 한다. 이러한 학생들 중 다수가 효과적인 사회적 또는 의사소통 기술이 모델링되는 것을 보지 못하는 가정 환경에서 와서, 그들은 우리 중 많은 사람이 상식적인 행동이라고 가정할 수 있는 영역에서 명시적 교수를 필요로 한다: 단순히 나타나지 않는 것보다는 아프거나 직장에 늦을 때 전화하기; 늦거나 아프다고 전화하는 날수 제한하기; 일정 변경 요청하기; 또는 휴가가 필요할 때 충분한 통지 제공하기. 이러한 학생은 또한 고용주에게 자신의 장애를 공개할지 여부나 소년사법제도에서의 그들의 개입과 관련된 문제를 설명하는 것과 같은 더 독특한 시나리오를 생각해보는 데 도움이 필요하다.

진로인식 활동 동안, 학생은 그들의 강점과 일치하는 진로를 판별하는 것을 배우는 동시에 최선으로 피해야 할 진로를 인식해야 한다. 예를 들어, 고객 서비스나 인사 분야의 진로는 사회불안장애가 있는 학생에게 최적의 선택이 아닐 수 있다. 도전적 행동이나 분노 관리 문제가 있는 학생은 그러한 행동의 유발요인이 거의 없거나 전혀 없는 직업과 작업 환경을 선택해야 한다.

우리는 학교 인력과 직업재활과 같은 기관의 사람들이 중등후와 직업적 목적을 지원하기 위해 함께 작업하는 기관 간 협력을 앞선 장에서 논의했다. 필요할 때, 이러한 파트너들은 또한 학생에서 성인 장애 서비스로의 원활한 전환을 보장하기 위해 작업한다. 정서행동장애 학생의 경우, 아동 복지나 아동 보호 서비스, 행동 또는 정신건강 프로그램, 약물 남용 치료 프로그램, 그리고 소년사법제도와 같은 추가 기관이 개입될 수 있다. 이러한 기관이 협력적 노력의 일부일 때, 개별화교육계획 팀 구성원은 사회복지사, 상담사, 그리고 보호관찰관을 포함할 수 있다.

정서행동장애가 있는 많은 청소년은 긍정적이거나 생산적인 생활방식에 항상 도움이 되지 않는 사회적 네트워크를 가지고 있다. 이러한 학생이 지원적이고 긍정적인 사회적 네트워크를 개발하도록 돕는 것은 더 성공적인 장기적 결과로 이끌 행동의 유형을 강화할 수 있다. 전환 인력은 건강하고 건설적인 우정의 함양을 격려하기 위해 청소년과 작업할 수 있다. 그들은 또한 학생이 지역사회 스포츠와 여가 시간 행사나 서비스 지향적 조직과의 작업과 같은 보람 있는 활동에 참여하도록 도울 수 있다. 이러한 활동을 통해, 그들은 긍정적인 또래와 성인 롤 모델을 접할 가능성이 더 높다. 유사한 도전을 성공적으로 다루고 그들의 멘티를 지원하는 방법에 대한 훈련을 받은 청소년인 또래 멘토의 사용은 증가된 독립성으로의 전환 동안 정서행동장애 청소년을 지원한 전략이다.

사람과 상황

학습 목표

정서행동장애가 있는 개인에 대한 치료 역사를 설명하고 이 분야의 일부 현재 우려사항을 설명하라.

기원과 역사

- 역사적으로, 정신건강 문제가 있는 사람에 대한 보살핌과 치료는 나쁘고, 잔인하고, 학대적이었다.
- 시간이 지나면서, 이러한 개인에 대한 긍정적이고

인도적인 치료의 사례가 존재하며, 희망적인 징후들은 정서행동장애가 있는 사람들을 위한 더 친절하고 긍정적인 미래를 나타낸다.

정서행동장애가 있는 사람에 대한 역사적 치료

불행히도, 정서행동장애가 있는 사람에 대한 치료는 시간이 지나도 끔찍했다. 학대의 뿌리와 이유는 깊이 확립되어 있고 극복하기 어렵다. 그러한 학대가 재발하는 것을 예방하기 위해 이 역사를 아는 것이 중요하다. 모든 사람은 이 집단의 사람들에게 사회 정의와 공정성이 보장이 될 수 있도록 잔인함과 학대의 사례에 대하여 경계해야 한다.

많은 고대 문화에서, 행동 관습을 따르지 않고, 다르게 행동하는 사람들은 악마에게 사로잡혔다고 일반적으로 믿어졌다. 이들은 사회가 기피하고 두려워해야 할 것으로 기대되는 사람들이었다. 일부는 성격장애와 비정형적 행동 패턴이 전염성이 있고 일반 대중이 그러한 상태를 "전염"되는 것으로부터 보호가 필요하다고 믿었다. 결과적으로, 정서행동장애가 있는 사람들은 지역사회에서 제거되었다.

중세시대의 처우는 특히 가혹했다. 정서행동장애를 가진 사람들은 흔히 감금되거나 빈민수용소(Poorhouses)에 수용되어 구타당하고, 쇠사슬이나 구속복(Straitjackets)에 묶이고, 심지어 고문까지 당했다. 1547년에, 성 마리아 베들레헴이 정신장애가 있는 사람들을 위한 첫 번째 기관으로 런던에 설립되었다. 끔찍한 장소였던 그곳은 베들람이라고 불리게 되었고, 이는 현재 소음과 혼돈을 가리키는 데 사용되는 용어이다. 베들람의 상황은 참을 수 없었다—거주자들은 사슬에 묶이고, 맞고, 굶주렸다. 대중은 이러한 개탄스러운 상황을 알고 있었을 뿐만 아니라 격려했다; 당시 인기 있는 오락의 형태는 베들람의 "미치광이들"을 보기 위해 가족과 함께 나들이를 가는 것이었다. 상황에 대한 공중의 분노는 일어나지 않았고, 인도적 보살핌이나 치료에 대한 어떤 요구도 없었다.

9장에서 배웠듯이, 지적장애가 있는 사람들을 위한 미국 기관의 역사는 끔찍했다. 시설들은 좋은 의도로 시작되었지만 사람들이 개탄스러운 상황에서 살기 위해 창고처럼 보관되는 장소가 되었다. 정서행동장애가 있는 사람들을 위한 기관이나 수용소에서도 마찬가지였다. 대체로, 이러한 분리된 거주기관의 폐쇄는 지적장애가 있는 사람들을 위한 더 나은 결과와 지역사회 존재를 개발하는 중요한 단계였다. 그러나, 정신질환이 있는 사람들에게는 동일하지 않다.

1970년대에, 대규모 집단 기관들이 충분한 자금이 지원되는 지역사회기반 프로그램으로 대체된다는 감탄할 만한 의도된 목적과 함께 폐쇄되었다. 불행히도, 대안 프로그램을 위한 불충분한 자금이 할당되었고, 석방된 사람들의 요구를 다루기 위해 너무 소수가 이용 가능했다. 결과는 국가적 비극이었다. 적절한 서비스 없이 남겨진, 정신질환이 있는 많은 개인들이 거리에서 끝나게 되어, 오늘날 전국의 도시와 지역사회를 계속 괴롭히는 노숙자 문제를 만들었다.

미국의 노숙자 인구는 경보 수준이다. 전국적으로 수십억 달러를 지출했음에도 불구하고, 문제는 다루기 어려워 보인다. 2018년과 2020년 사이에, 캘리포니아는 문제를 다루기 위해 130억 달러를 지출했는데, 해당 문제는 그 기간과 그 이후에도 오히려 증가하기만 했다. 미국에서 가장 인구가 많은 주인 캘리포니아와 뉴욕은 놀라운 수의 사람들이 보호소 없이 살고 있다. 캘리포니아에서는 평소 어느 날 밤이든지 약 16만 명의 사람들이 길거리에서 생활하고 있는 것으로 추정된다. 노숙자 문제를 설명하는 여러 이유는 생활비, 주거비, 그리고 충분한 보호소 생활 시설의 부족에서 나온다; 또 다른 근본 원인은 정신질환이다. 예를 들어, 2020년에, 로스앤젤레스의 보호소 없는 노숙자의 25%가 심각한 정신질환(즉, 정신병적 장애, 조현병)을 가진 것으로 추정되지만; 다른 추정치는 51%로 훨씬 높다. 정의의 차이가 불일치를 설명한다. 분명히, 치료 선택사항이 있는 보호소 시설은 시도되고 있는 한 가지 해결책이지만, 그것들이 단순히 충분하지 않고 개인들이 그것들을 사용해야 한다는 요구사항이 없다.

정서행동장애가 있는 개인들은 다른 부정적인 상황에 직면한다. 예를 들어, 정서행동장애가 있는 학교 아동들은 다른 학생들보다 더 처벌적인 중재를 경험한다. 많은 주가 부정적 효과와 그 사용을 지지하는 연구의 부족에도 불구하고 여전히 체벌(때리기, 뺨 때리기, 손 치기)의 사용을 허용한다. 그 적용에 가장 취약한 사람들은 장애학생(정서행동장애가 있는 학생뿐만 아니라), 저소득 배경의 학생, 그리고 문화적이고 언어적으로 다양한 남학생(특히 흑인)이다. 신체적 억압의 사용은 학생들이 억압되는 동안 타박상을 입고, 부상당하고, 심지어 사망한 사건들이 밝혀지면서 논란의 주제가 되었다. 학교에서 사용되는 억압의 유형은 다음을 포함했다:

- 신체적 억압. 학생이 몸통, 팔, 다리, 또는 머리를 자유롭게 움직일 수 있는 능력이 감소되어 움직이지 못하게 된다. 학생이 바닥에 얼굴을 아래로 향하게 잡히는 엎드린 억압은 치명적일 수 있다.
- 기계적 억압. 학생이 움직임의 자유를 제한하는 장치나 장비의 사용을 통해 움직이지 못하게 된다.

국가 장애권리 네트워크의 조사는 장애아동이 억압된 사례, 7세 남아가 반복적으로 억압되고 물이 부어진 한 사례, 그리고 아동이 행동 중재로서 전기기술자의 장갑이 손과 팔에 테이프로 붙여진 채로 의자에 억압된 또 다른 사례를 보고한다. 이들은 억압이 경험이 없고 제대로 훈련받지 못한 직원에 의해 사용되고 상대적으로 경미한 위반에 대해 시작된 때의 몇 가지 사례이다. 네트워크는 또한 정신질환이 있는 6세 아동이 교실 벽장에 격리되었다고 보고했다. 격리는 아동이 비자발적으로 아동이 물리적으로 떠나는 것이 방지되는 방이나 지역에 감금되는 과정이다; 그러한 경우에, 문이 잠기거나 막힐 수 있다. 이 관행의 남용은 매우 작은(예: 4피트 곱하기 4피트) 방에, 때로는 적절한 환기 없이 또는 조명 없이, 한 번에 몇 시간 동안 학생을 가두는 것; 화장실 사용이 허용되지 않았기 때문에 학생이 자신의 소변에 앉도록 강요하는 것; 그리고 자해 행동이 있는 학생을 모니터링하지 않는 것을 포함한다. 몇 가지 비극적인 경우에, 학생들이 갇혀 있는 동안 자살했다.

교육부의 시민권 사무소는 극단적인 경우를 제외하고는, 최후의 수단으로 그리고 학교 인력의 적절한 훈련과 감독과 함께 신체적 억압과 격리의 사용을 억제하는 지침을 발표했다. 또한, 교육부는 학생 행동을 통제하기 위해 긍정적 행동지원과 다른 예방적 기법의 사용을 격려한다. 분명히, 교사들의 손을 통해 우리 아동들을 해로부터 보호하는 더 나은 일을 할 수 있다. 교육부 권고사항의 전체 세트인 "팩트 시트: 장애학생의 억압과 격리"는 https://www2.ed.gov/about/offices/list/ocr/docs/dcl-factsheet-201612-504-restraint-seclusion-ps.pdf에서 다운로드할 수 있다.

정서행동장애가 있는 사람에 대한 긍정적 치료의 사례

시간에 걸쳐 일관되지는 않았지만, 정신질환이 있는 사람들이 항상 나쁘게 대우받은 것은 아니었다. 예를 들어, 고대 이집트에서, 정신적 및 신체적 질병은 하나의 문제로 여겨졌고 다른 방법으로 치료되지 않았다. 의사와 제사장들은 모든 질병에 대해 긍정적인 치료법을 사용했다.

수 세기가 걸렸지만, 중세의 부정적인 태도, 믿음, 그리고 두려움은 결국 바뀌었다. 1792년에, 프랑스 정신과의사 필리프 피넬은 "정신이상자"를 위한 파리 수용소인 살페트리에르에서 환자들의 더 친절한 치료(즉, 사슬 풀기)를 요구했다. 같은 시기에, 미국 정신의학의 아버지인 벤자민 러시는 정신질환이 있는 개인을 진단하고 치료하는 더 인도적인 방법을 제안했다. 영국에서 돌아와 "정신이상자 개혁 운동"에 노출된 후, 도로시아 딕스는 우스터의 매사추세츠 정신병원에서 살도록 강요당하면서 우리에 갇히고, 사슬에 묶이고, 맞은 "정신이상자"의 학대를 문서화했다. 1843년에, 그녀는 자신의 연구 결과를 기념서라는 책으로 출간했으며, 이는 정신장애가 있는 개인을 위한 개선된 서비스로 인정받는다. 이에 대응하여, 국가적 운동이 시작되었고, 정신질환이 있는 사람들을 위한 수용소가 거의 모든 주에 설립되었다. 1800년대 중반까지, 미국 정신이상자 기관 의료감독관 협회(현재의 미국 정신의학협회)가 설립되었다. 이러한 초기 기관들이 긍정적이고 희망을 만들어냈지만, 상황과 치료는 시간이 지나면서 악화되어, 결국 그들의 폐쇄로 이어졌다.

아동을 위한 긍정적 프로그램의 개발은 레오 카너의 책 『아동 정신의학』이 1935년에 출간된 후 시작되었다. 카너(8장의 "역사" 섹션에서 자폐스펙트럼장애 학생과의 작업이 강조된 정신과의사)는 미국에서 아동을 위한 서비스 개발을 최전선으로 가져왔다. 그는 존스 홉킨스 대학교 병원에서 첫 번째 소아 정신과를 설립하고 아동을 위한 긍정적인 정신건강 서비스의 필요성에 대한 인식을 높였다. 1960년대와 1970년대 동안, 연구자, 학자, 그리고 교육자들은 정서행동장애 학생을 가르치는 새로운 방법을 만들었다. 1962년에, 노리스 해링과 라킨 필립스는 『정서적으로 장애가 있는 아동 교육』을 출간했는데, 이는 행동 원리, 구조화된 환경, 그리고 가정과 학교 환경 간의 협력을 사용한 학교에서의 그들의 실험적 작업을 문서화한 책이었다. 같은 해에, 엘리 바우어는 현재의 정서적 방해에 대한 연방 정의의 토대 역할을 하는 행동장애의 정의를 출간했다. 1960년대에, 니콜라스 홉스는 가정과 지역사회 환경을 포함한 생태학적 접근법의 효과를 입증하는 획기적인 노력인 프로젝트 Re-Ed를 소개했다. 프랭크 휴잇의 산타모니카 프로젝트는 구조, 일관성, 그리고 행동 관리가 효과적임을 입증한 설계된 교실을 개발했다. 1964년에, 놀이 시간 동안 유아원생의 또래와의 사회적 상호작용에 대한 교사의 주의의 긍정적 효과에 관한 고전적인 연구가 출간되었다. 응용행동분석 기법을 강조한 이 연구는 환경이 사람의 행동에 어떻게 영향을 미칠 수 있는지의 중요성에 대한 새로운 관심을 불러일으켰다.

1980년대에, 오리건 대학교 연구자인 롭 호너와 조지 수가이는 전형적인 학교 훈육 절차와 반대되는 작업에 착수했다. 반응적이고 처벌적인 결과에 초점을 맞추는 대신, 그들은 예방적이고 긍정적인 행동 지원의 효과를 조사하기 시작했다. 그들의 작업은 긍정적행동중재및지원(PBIS) 틀의 개발로 귀결되었다.

오늘날, 우리는 정서행동장애가 있는 개인의 역사에서 또 다른 긍정적 순환의 경계에 있을 수 있다. 분명히 노숙자 문제가 정책입안자들의 관심을 얻었고, 문제를 다루기 위해 상당한 자금이 투입되고 있으며, 사람들이 거리에서 벗어나는 데 도움이 될 주택, 서비스, 그리고 다른 접근법에서 대대적인 개혁을 위한 많은 제안과 시범 프로젝트가 만들어지고 있다. 더 이상 시 교도소가 위기 중재의 장소로 기능하지 않을 것이다. 그러한 야심 찬 계획이 실행되는 데 수년이 걸리지만, 예외적으로 중요한 것은 대중 의견의 변화이다. 이러한 복잡한 문제를 해결하는 최선의 접근법에 대한 대화가 일어나고 있다. 긍정적 행동을 위한 시기가 바로 지금이라는 합의가 구축되고 있다.

개인적 이야기

- 정서행동장애가 있는 성공적인 성인이 많이 있으며, 그들 중 다수가 여전히 평생 지원을 필요로 한다.
- 많은 평판 좋은 조직이 정서행동장애가 있는 개인과 그들의 가족을 위한 신뢰할 만한 정보와 지원을 제공한다.

정서행동장애가 있는 사람들의 긍정적 사례

많은 성공적인 성인이 이 범주에 속한다. 이 장의 서두 일화에서 배운 빅토리아 가릭 브라운이 그러한 사람 중 하나이다. 스타워즈 영화의 레아 오르가나 공주로 가장 잘 알려진 고 캐리 피셔는 양극성 장애를 가지고 있었다. 그녀는 공개적으로 자신의 고투를 나누었고 정신질환과 관련된 낙인을 제거하려는 노력으로 종종 칭찬받았다. 모금 회사인 오마제가 스타워즈: 깨어난 포스의 출연진과 파트너십을 맺어 그들이 좋아하는 자선단체를 위한 기금을 모을 때, 피셔는 다음 섹션의 "조직" 목록에 나열된 PACER 센터의 아동 정신건강 및 정서행동장애 프로젝트를 선택했다.

그러나, 많은 사람들의 현재 성공에도 불구하고, 그들의 이야기 중 일부가 재발 보고를 포함할 가능성이 있다는 것을 인식하는 것이 중요하다. 왜 우리가 이것을 말하는가? 정신건강 장애를 포함한 대부분의 장애는 평생에 걸쳐 지속되는 상태이다. 모든 사람과 마찬가지로, 이러한 장애와 관련된 도전에 직면하는 사람들은 좋은 날과 나쁜 날을 가진다. 그리고 일부에게는, 수년간의 성공이 격렬한 투쟁의 기간으로 구두점이 찍힐 수 있다. 다음은 너무나 일반적인 시나리오이다. 조현병이나 양극성 장애가 있는 개인은 중재(즉, 처방약, 상담, 치료)를 받은 후 개선을 본다—기분이 나아지고, 증상이 적어지거나 없어진다. 이것 때문에, 그들은 정상적인 생활로 돌아가고 도전이 새롭게 시작된다. 다른 경우에, 생물학적 변화—성장, 체중 증가, 호르몬 변화—가 약물에 대한 개인의 반응에 영향을 미쳐서, 그것을 덜 효과적으로 만들고 증상 재발과 행동 퇴행을 야기할 수 있다. 재발이 발생할 때, 교사, 가족 구성원, 친구, 또는

영상 속에서 **지원은 때때로 작은 꾸러미로 시작된다**

2020년 가족 친화적 넷플릭스 시리즈 『듀드의 치유력』에서, 노아는 불안장애가 있는 사랑스러운 어린 소년에게 주요 사건인 중학교로의 전환을 시작하려고 한다. 그의 가족은 그에게 매일의 생각을 나누는(그리고 TV 시청자들과도) 정서지원견을 구해준다. 듀드와 노아의 익살스러운 행동을 따라가면서, 우리는 노아가 자신감과 친구들을 얻는 것을 본다.

동료든 그 사람의 지원 집단에 있는 개인들이 전문적 도움을 구하도록 지원, 도움, 그리고 격려를 계속 제공하는 것이 중요하다.

다행히, 오늘날, 정신건강과 정신건강 서비스의 필요성에 대한 대중 인식이 자신의 경험을 나누기 위해 나선 유명인과 공직자들 덕분에 상당 부분 나아졌다. 예를 들어, 최근 체조선수 시몬 바일스와 테니스 챔피언 나오미 오사카와 같은 많은 운동선수들이 불안과 우울증에 대한 개인적 경험을 공개적으로 나누었을 뿐만 아니라, 도움의 필요성을 숨기려고 노력하기보다는 더 많고 즉시 이용 가능한 지원 서비스에 대한 접근을 요구했다. 또한, 미셸 오바마와 같은 공인들이 우울증과 같은 정신건강 문제와 그러한 문제가 어떻게 긍정적으로 다뤄져야 하는지에 대해 대중의 관심을 가져왔다. 정서행동장애를 음지에서 끌어내는 것은 미래가 그들의 생애 어느 시점에서 이 장애가 야기하는 도전에 직면하는 사람들을 위한 더 나은 삶을 가질 것이라는 긍정적 징조이다.

많은 영화가 정신질환과 정신질환이 있는 중심 인물을 가지고 있었다. 이러한 영화들 중 일부는 해피엔딩을 가지지만, 많은 것들은 그렇지 않다; 그럼에도 불구하고, 그들은 정서장애가 그들의 삶과 그들 주변 사람들에게 어떻게 영향을 미치는지에 대한 통찰력을 제공한다. 예를 들어, 고전적인 아카데미상 수상작인 1975년 영화 『뻐꾸기 둥지 위로 날아간 새』는 주인공들이 폭군적인 간호사에 대항하여 반란을 일으키기 위해 뭉치면서 비극적이고 때로는 재미있는 시나리오의 연속을 통해 기관화된 보살핌이 어떠했는지를 상기시켜 준다. 감동적인 영화 『이만큼 좋을 수가』에서, 우리는 강박장애 행동이 주인공의 젊은 싱글맘과의 로맨틱한 관심에 어떻게 영향을 미치는지 내부 관점을 얻는다. 1999년 영화 『처녀 자살 소동』에서, 우리는 젊은 소녀와 정신병원에서의 그녀의 18개월 체류를 따라간다. 2001년 영화 『뷰티풀 마인드』는 영국의 뛰어난 수학자 존 내시의 조현병으로의 쇠퇴와 그 상태가 그의 아내와 친구들에게 가하는 부담에 관한 것이다. 2012년 영화 『실버 라이닝 플레이북』에서, 우리는 정신질환이 있는 두 인물의 로맨틱한 관계의 일상적 성공과 실패를 경험하고 댄스 콘테스트에서 우승한 후 그들의 상금으로 레스토랑을 여는 것을 본다. 2012년 다큐멘터리 『켈시를 누가 신경 쓰는가?』는 켈시가 필요로 하는 종합지원을 제공하는 학교 인력 팀의 실제 도전, 투쟁, 그리고 믿을 수 없을 정도로 힘든 작업을 묘사하는 성공의 이야기이다. 이 장의 "영상 속에서"에서, 우리는 어린 소년의 불안장애와 그의 서비스견과의 모험을 살펴본다.

정서행동장애 아동과 청소년 및 그들의 가족을 지원하는 조직들

많은 조직이 가치 있는 정보를 제공하고 지원을 제공한다. 우리는 여기서 그중 세 곳을 강조한다.

- 국가 정신질환 연맹(NAMI). 이 조직은 웹사이트(www.nami.org)를 통해 다양한 정신건강 상태, 경고 신호, 치료에 대한 정보를 제공하고 특정 집단을 대상으로 한 지원을 제공한다: 가족 구성원, 청소년, 대학생, 재향군인과 현역군인, 다양한 지역사회, LGBTQ(레즈비언, 게이, 양성애자, 트랜스젠더, 퀴어), 그리고 법 집행 및 종교 지역사회에 있는 사람들. NAMI는 또한 옹호활동과 인식 활동을 통한 적극적 참여를 위한 많은 선택사항을 제공하고 사람들이 개인적 이야기를 나눌 수 있는 웹사이트 공간을 제공한다.
- 국가 정신건강 연구소(NIMH). 이 연방 기관은 불안장애, 경계성 성격장애, 섭식장애, 자살 예방, 양극성 장애, 우울증, 강박장애, 조현병 등과 같은 주제에 대한 광범위한 자원 목록을 제공한다. 웹사이트(https://www.nimh.nih.gov)에서 최신 연구 결과와 신뢰할 만한 정보를 제공한다.
- PACER 센터. 부모 훈련 및 정보 센터로서, 장애가 있는 아동의 가족에게 정보, 지원, 워크숍, 그리고 다른 관련 기관과 조직으로의 연계를 제공한다. 정서행동장애와 아동 정신건강 문제에 대한 웹사이트 섹션(https://www.pacer.org/publications/ebd.asp)은 풍부한 정보를 제공하며, PACER의 국가 괴롭힘 예방 센터(http://www.pacer.org/bullying/)는 괴롭힘을 다루는 많은 유형의 자원을 제공한다.

미래 전망

학습 목표

정서행동장애의 과소판별이 정신건강 서비스 접근의 장벽인 이유를 설명하고, 총기 폭력과 정신질환의 관계를 논의하며, 기술이 정신건강 문제가 있는 사람들을 어떻게 도울 수 있는지 설명하라.

예방: 정신건강 서비스에 대한 적절한 접근

- 장기적 결과를 개선하기 위해, 부모, 교사, 그리고 다른 성인들은 정서행동장애의 경고 신호를 인식하고 학생들이 적절한 정신건강 서비스를 받도록 보장해야 한다.
- 미디어와 일부 입법 지도자들이 제시하는 일반적인 믿음에도 불구하고, 총기 폭력은 정신질환에 의해 야기되지 않지만, 총기 폭력은 정신질환을 야기할 수 있다.

정서행동장애의 과소판별

사실은 정서행동장애가 있는 대부분의 학생이 적절한 서비스를 받지 못하고 있다는 것이다. 모든 학령기 아동의 1% 미만(즉, 0.68%)이 장애인교육법의 정서장애 범주하에서 특수교육 서비스를 제공받는다. 그러나, 일부 전문가들은 실제 출현율이 모든 학생의 3~6%에 더 가깝다고 믿는다. 정서행동장애가 있는 학생과 서비스를 받는 학생 사이에 왜 그러한 불일치가 있는가? 정서행동장애가 있는 많은 학생이 서비스를 받지 못하는 이유는 다음과 같다:

- 장애인교육법 정의가 불분명하고 주관적으로 남아 있다.
- 학교 인력이 아동에게 낙인을 찍는 정서장애

라벨을 주기를 꺼린다.

- 많은 교육구에서 서비스가 거의 없거나 제한적이거나 자금 제약이 판별되는 학생 수를 제한한다.
- 사회적으로 부적응한 학생의 배제에 관한 혼란이 존재한다.
- 내재화 행동을 보이는 학생은 과소판별된다.
- 심각한 문제가 있는 학생만 판별되고, 경도 또는 중등도 손상이 있는 학생은 간과된다.

마지막 항목의 정보는 다수의 학생이 정신질환 진단을 내리는 데 필요한 만성적이고 심각하거나 지속적인 수준에 아직 도달하지 않았지만 분명히 도움이 필요한 증상을 보인다는 우려를 제기한다. 질병통제예방센터에 따르면, 자살은 10세에서 14세 사이의 아동과 청소년 사이에서 두 번째 주요 사망 원인이다. 고등학생 사이에서, 자료는 정말 걱정스럽다: 2019년에, 고등학생의 9%가 지난 12개월 동안 자살을 심각하게 고려했다고 보고했으며, 여학생이 남학생보다 높은 비율을 보였고(11% 대 6.6%) 아메리카 원주민/알래스카 원주민의 경우 더욱 높았다(25.5%). 그러나, 이러한 아동과 청소년의 대부분은 정서행동장애로 판별된 학생이 아니며, 이는 모든 학생에서 정신건강 상태의 더 정확한 인식의 필요성을 강조한다.

이 장의 첫 번째 섹션들을 통해, 우리는 특정 정신건강 상태의 증상을 제공했다; 다음에서 우리는 부모, 교사, 그리고 다른 성인들이 인식하도록 훈련받아야 하는 일반적인 경고 신호를 강조한다. 학생이 이러한 신호를 보일 때, 그들은 즉각적인 정신건강 지원(예: 연계, 상담)을 받아야 한다. 가장 일반적인 증상 중 일부는 다음을 포함한다:

- 과도한 걱정, 두려움, 또는 슬픔
- 혼란된 사고, 집중 또는 학습의 어려움
- 극단적인 기분성 또는 기분 변화
- 비정상적으로 강하거나 장기간의 짜증이나 분노 감정
- 수면 습관의 변화, 피로, 그리고 적은 에너지
- 식욕의 증가나 감소 또는 식습관의 변화
- 현실에 대한 인식의 변화
- 두통, 복통, 또는 일반적인 아픔과 같은 신체적 질병
- 사회적 활동 그리고/또는 가족과 친구들의 은둔 또는 회피
- 약물 남용
- 자살에 대한 말 또는 좋아하는 물건을 나눠주기

예방: 총기 폭력과 정신질환

미국의 총기 폭력의 4%만이 정신질환이 있는 사람에 의해 저질러진다. 이 사실은 학교, 교회, 또는 쇼핑몰 학살의 각 비극적 사건 후에 미디어와 의회 의원들로부터 문제의 근본이 정신질환이라고 듣기 때문에 놀라울 수 있다. 정신질환이 총기 폭력의 직접적 원인이 아니라면, 예측인자는 무엇인가? 자료는 아동학대의 이력, 약물 남용, 괴롭힘당하기, 그리고 폭력의 이력이 주요 기여 요인임을 나타낸다.

정신질환이 총기 폭력의 이유가 아닌 반면, 그것에 노출되는 것은 정신건강 문제를 야기할 수 있다. 예를 들어, 학교에서 총기 폭력에 노출된 아동은 정서 조절, 분노 폭발, 학교와 가정에서의 반항, 불안, 수면 문제, 우울증, 자살 생각, 그리고 분리불안의 어려움에서 유의미하게 높은 비율을 경험한다. 총기 폭력으로 인해 가족 구성원을 잃는 아동에게도 마

표 10.12 정신건강을 위한 앱 사례

목적	앱 이름	주요 기능
기분 추적 긍정적 사고 생성 스트레스 감소	Mood Kit	인지행동치료 원리 및 기법 기반 다양한 활동 제공 일지 기능을 통해 변화 추적 가능
자살 사고 감소	Stop Suicide	심리학적 기법 기반 마음을 진정시키고 합리적으로 사고하도록 유도 스트레스 감소용 녹음 음원 포함 기분 개선 연습 제공
섭식장애 회복 지원	Recovery Road	섭취량, 감정 상태, 목적 설정 등 데이터 시스템 포함 치료 계획과 연계 가능
행동관리 및 일일 성과 카드	Daily Report Card Online	상호작용적인 웹 기반 도구 개별화된 접근 아동이 직접 데이터 입력 가능 칭찬, 구체적 피드백, 자료 수집 기능 제공 학생별 일일 성과 카드 자동 생성

찬가지이며, 이것 또한 상당한 비율로 증가하고 있다. 분명히, 그러한 아동은 복합적 효과를 예방하기 위해 정신건강 서비스에 대한 접근이 필요하다. 정신건강 문제는 개인을 총기 폭력의 피해자가 될 위험에 놓는다. 주의력결핍 과잉행동장애, 양극성 장애, 우울증, 그리고 조현병과 같은 상태를 가진 사람들은 정신건강 상태가 없는 사람들보다 총기 폭력의 피해자가 될 가능성이 더 높다. 2019년에서 2020년은 이 연령집단에서 총기로 인한 사망의 48% 증가를 보았다. 다른 국가와 달리, 모든 연령집단에서 총기로 인한 사망과 부상은 사상 최고치이다. 2020년에, 총기 살인은 1세에서 17세 아동의 주요 사망 원인이 되어, 수십 년 만에 처음으로 자동차 사고를 넘어섰다.

코로나19는 총기 폭력으로 인한 살인의 35% 증가를 야기한 상황에 기여했다. 2020년에, 3월 15일 이후, 11세 미만의 1,888명의 아동과 12세에서 17세 사이의 6,589명의 아동이 총격으로 사망했는데, 반면 2020년 전체 해에는 752명만이 질병 자체로 사망했다. 이러한 사망 중 78.8%가 남아였다. 불균형적으로, 이러한 사망은 흑인과 라틴계 지역사회의 높은 비율을 가진 저소득 지역에서 발생했다. 매일, 약 22명의 아이가 총에 맞고 5명이 부상으로 사망한다. 약 40%가 자살로 추정된다. 전문가들은 학교 폐쇄가 가족에게 더 많은 심리적 부담과 사회적 고립을 야기했다고 믿는다; 그러나 또한, 집에서 더 많은 시간과 함께, 총기가 종종 보관되고 불행히도 너무 자주 잠겨지지 않아서, 아동이 더 많은 접근을 갖게 된다.

교육자와 정신건강 전문가에게 명확해 보이는 것은 정신건강과 총기 폭력 사이에 강한 관계가 있다는 것이지만, 정신건강 문제가 그 발생의 주요 이유라는 것이 아니라, 오히려 그것의 일반적인 결과라는 것이다. 핵심 예방 전략은 우리가 방금 논의한 요인들 중 어떤 것이든 존재할 때 상담과 다른 전문적 서비스에 대한 이용 가능한 접근인 것으로 보인다.

기술: 현재 고려사항과 미래 가능성

- 기술 사용은 개선된 정신건강을 촉진하고 행동 중재 프로그램을 지원할 수 있다.
- 미래 기술 혁신은 정신건강 중재에 대한 가능성을 가지고 있다.

정신건강을 다루는 기술

기술의 사용은 정서행동장애가 있는 사람들의 정신건강 요구를 지원하기 위한 흥미롭고 신나는 선택지들을 열어주었다. 이제 다양한 관련 용도로 사용할 수 있는 앱들이 제공되고 있다: 불안 발작에 대한 자기관리, 약물 복용 알림, 또는 사회적 상황을 다루기 위한 훈련 기법과 비디오. 다른 경우에, 앱은 치료사와 같은 사회적 지원 집단 구성원과 사용자를 연결된 상태로 유지하는 단순한 기능을 한다. 표 10.12는 다양한 정신건강 문제가 있는 개인을 돕기 위해 현재 이용 가능한 앱의 범위를 강조한다; 또한 이 장의 "2층: 일부 학생 - 중재와 지원에 대한 초점" 섹션에서 배운 증거기반 실제인 일일 보고서의 온라인 버전을 포함한다.

미래 가능성

현재 기술 적용은 이미 휴대폰과 시계의 센서를 사용하여 건강 특성(심박수), 움직임 패턴, 그리고 사회적 상호작용(문자, 전화통화)에 대한 자료를 수집하고, 미래 행동을 예측한다(예: "교통이 정상입니다—지금 출발하면, 직장에 도착하는 데 13분이 걸릴 것입니다"). 미래 앱은 이러한 자료를 음성 변조, 호흡률, 그리고 다른 식별자에 대한 자료와 결합하여 사용자가 스트레스, 조증 에피소드, 또는 우울증을 경험하고 있을 때를 판단할 수 있을 것이다. 여러 앱이 심지어 협력하여 작동할 수 있으며; 더 정교한 것들은 다중 수준의 지원을 제공할 수 있다. 예를 들어, 한 앱이 사용자가 불안을 경험하고 있는지를 감지할 때, 대처 또는 자기관리 기술을 지원하는 두 번째 앱이 열리고, 동시에 그가 지원 집단의 구성원에게 연락하고 싶은지에 대한 질의를 보낸다.

요약

정서행동장애 기술

- 정서행동장애 학생은 심각하고 만성적이며 전반적인 문제행동을 과도한 정도로 보인다.
- 정서행동장애 학생은 장애인교육법의 정서장애 범주 하에서 특수교육 서비스에 적격하다.
- 장애인교육법 정의와 이 특수교육 범주의 명칭에 대한 우려는 전문 조직들이 연방정부가 채택하지 않은 그들이 정서행동장애라고 부르는 것에 대한 대안적 정의를 개발하도록 이끌었다.
- 정서행동장애는 세 가지 유형의 행동 특성으로 나눠질 수 있다: 외현화와 내재화 행동 그리고 저발생 상태.
- 외현화 행동을 보이는 학생은 종종 공격성, 과잉행동, 충동성, 불순응, 그리고 비행을 보인다; 내재화 행동—위축, 우울증, 그리고 불안—을 보이는 학생은 종종 주목받지 않는다.
- 정서행동장애 학생은 다른 장애학생보다, 특히 흑인 남학생이 교내 및 교외 정학을 받고 퇴학당할 가능성이 더 높다.
- 장애인교육법은 학생의 장애로부터 직접 야기되는 위반에 대한 특정 훈육 절차를 가지고 있으며, 이는 배치에 영향을 미칠 수 있다.

특수교육

정서행동장애는 많은 영역에서 도전을 만든다: 학업, 사회기술, 그리고 행동.

- 긍정적 행동지원 틀 내에서의 사회기술과 학업에서의 명시적 교수는 일부 도전을 다룰 수 있다; 그러나, 정서행동장애가 있는 많은 학생은 또한 정신건강 서비스나 전문가의 다학제팀으로부터의 종합지원서비스를 필요로 한다.
- 부모와 가족의 참여는 성공적인 행동 관리 프로그램에 중요하지만, 그것은 신뢰, 협력, 공유된 의사결정, 그리고 열린 의사소통의 토대를 필요로 한다.
- 정서행동장애가 있는 일부 학생은 과잉행동과 불순응과 같은 외현화 행동을 표적으로 하는 조정으로부터 이익을 얻을 수 있다. 내재화 행동을 보이는 다른 학생은 불안과 우울증을 다루는 조정으로부터 이익을 얻을 수 있다.
- 어린 아동의 정서행동장애 원인은 일반적으로 다중적이고 중첩되는 위험 요인을 포함한다. 효과적인 조기중재 프로그램은 장기적인 부정적 결과의 경로로 이끌 수 있는 문제행동을 제거하거나 감소시킬 수 있다.
- 코로나19 대유행으로 인한 상황은 아동, 특히 불안장애에서 증가된 행동과 정서적 문제를 야기했다.
- 긍정적 행동지원 접근법은 각 서비스 층에서 더 적고 적은 학생에게 제공되는 각 층에서 다른 검증된 중재와 지원을 실행하기 위한 다층적 틀을 설정한다. 3층 서비스는 더 심각한 행동과 정신건강 문제를 다루기 위해 기능적 행동사정평가와 행동중재계획으로 시작한다.
- 교사, 상담사, 전환 전문가, 그리고 다른 전문가들은 정서행동장애 학생의 미래 교육 및 고용 성공 기회를 증가시키기 위한 긍정적 단계를 취할 수 있다.

사람과 상황

역사적으로, 정신건강 문제가 있는 사람에 대한 보살핌과 치료는 나쁘고, 잔인하고, 학대적이었다.

- 정서행동장애가 있는 개인에 대한 치료가 시간이 지나면서 개선되었지만, 억압과 격리와 같은 부정적 실제가

오늘날에도 여전히 학교에서 사용된다.

- 많은 평판 좋은 조직이 정서행동장애가 있는 개인과 그들의 가족을 위한 신뢰할 만한 정보와 지원을 제공한다.

미래 전망

장기적 결과를 개선하기 위해, 부모, 교사, 그리고 다른 성인들은 정서행동장애의 경고 징후를 인식하고 학생들이 적절한 정신건강 서비스를 받도록 보장해야 한다.

- 총기 폭력은, 미디어와 일부 입법 지도자들이 제시하는 일반적인 믿음에도 불구하고, 성신질환의 결과가 아니지만, 총기 폭력은 종종 정신질환을 야기한다; 코로나 19는 총기 폭력의 증가에 기여했다.
- 기술 사용은 개선된 정신건강을 촉진하고 행동 중재 프로그램을 지원할 수 있다

참고문헌

Aldabbagh, R., Glazebrook, C., Sayal, K., & Daley, D. (2022, September). Systematic review and metaanalysis of the effectiveness of teacher delivered interventions for externalizing behaviors. *Journal of Behavioral Education*. [EPub ahead of print]

Allen, K. M., Hart, B. M., Buell, J. S., Harris, F. R., & Wolf, M. M. (1964). Effects of social reinforcement on isolated behavior of a nursery school child. *Child Development, 35*, 511–518.

American Federation of Teachers. (n.d.). *Gun violence and mental health.* https://www.aft.org/childrenshealth/mental-health/gun-violence-and-mental-health

American Psychiatric Association. (2013a). Conduct disorder. In *Diagnostic and statistical manual of mental disorders* (5th ed., pp. 461–462, 469–475).

American Psychiatric Association. (2013b). *Diagnostic and statistical manual of mental disorders* (5th ed.).

American Psychiatric Association. (2013c). Oppositional defiant disorder. In *Diagnostic and statistical manual of mental disorders* (5th ed., pp. 461–466).

American Psychiatric Association. (2013d). Social anxiety disorder. In *Diagnostic and statistical manual of mental disorders* (5th ed., pp. 222–226, 810, 813).

American Psychological Association. (2021, October 7). *For Black students, unfairly harsh discipline can lead to lower grades.* https://www.apa.org/news/press/releases/2021/10/black-students-harshdiscipline

Axelrod, S., & Hall, R. V. (1999). *Behavior modification: Basic principles.* PRO-ED.

Babyak, A. E., Luze, G. J., & Kamps, D. M. (2000). The Good Student Game: Behavior management for diverse classrooms. *Intervention in School and Clinic, 35*, 216–223.

Barger, M. M., Kim, E. M., Kuncel, N. R., & Pomerantz, E. M. (2019). The relation between parents' involvement in children's schooling and children's adjustment: A metaanalysis. *Psychological Bulletin, 145(9)*, 855–890.

Barrish, H., Saunders, M., & Wolf, M. (1969). Good Behavior Game: Effects of individual contingencies for group consequences on disruptive behavior in a classroom. *Journal of Applied Behavior Analysis, 2*, 119–124.

Beech, M. (2018). *Accommodations: Assisting students with disabilities* (4th ed.). Bureau of Exceptional Education and Student Services, Florida Department of Education. https://www.fldoe.org/core/fileparse.php/7690/urlt/0070069-accomm-educator.pdf

Bower, E. M. (1960). *Early identification of emotionally disturbed children in school* (Rev. ed.). Thomas.

Bower, E. M. (1982). Defining emotional disturbance: Public policy and research. *Psychology in the Schools, 19*, 55–60.

Bowman-Perrott, L., Burke, M. D., Zaini, S., Zhang, N., & Vannest, K. (2016). Promoting positive behavior using the Good Behavior Game: A meta-analysis of single-case research. *Journal of Positive Behavior Interventions, 18*, 180–190.

Bradshaw, C. P., Schaeffer, C. M., Petras, H., & Ialongo, N. (2010). Predicting negative life outcomes from early aggressive-disruptive behavior trajectories: Gender differences in maladaptation across life domains. *Journal of Youth and Adolescence, 39*, 953–866.

Braun, A., & Cronketon, E. (2022, June 21). *13 of the best mental health apps to use in 2022.* https://www.healthline.com/health/mental-health/mental-health-apps

Breeman, L. D., van Lier, P. A. C., Wubbels, T., Verhulst, F. C., van der Ende, J., Maras, A., . . . Tick, N. T. (2016). Effects of the Good Behavior Game on the behavioral, emotional, and social problems of children with psychiatric disorders in special education settings. *Journal of Positive Behavior Interventions, 18*, 156–167.

Brigham, A. (1847). The moral treatment of insanity. *American Journal of Insanity, 4*, 1–15.

Bullis, M., & Yovanoff, P. (2006). Twenty-four months after high school: Paths taken by youth diagnosed with severe emotional and behavioral disorders. *Journal of Emotional and Behavioral Disorders, 14*, 99–107.

Carlson, G. A., & Kashani, J. H. (1988). Phenomenology of major depression from childhood through adulthood: Analysis of three studies. *American Journal of Psychiatry, 145*, 1222–1225.

Center for Adolescent Research in Schools. (2014). *The CARS classroom-based interventions manual.* Lehigh University. https://coe.lehigh.edu/sites/coe.lehigh.edu/files/documents/CARS%20Classroom%20Manual%202-15.pdf

Center for Parent Information and Resources (CPIR). (2021a, November). *Emotional disturbance updated!* https://www.parentcenterhub.org/emotionaldisturbance/

Center for Parent Information and Resources (CPIR). (2021b, September). *Placement and school discipline*.https://www.parentcenterhub.org/disciplineplacements/

Center on Positive Behavioral Interventions and Support (PBIS). (n.d.). *What is tier 3 support?* https://www.pbis.org/pbis/tier-3

Center on Positive Behavioral Interventions and Support (PBIS). (2019). *Pyramid model early intervention (Part C) benchmarks of quality.* https://www.pbis.org/resource/pyramid-model-early-interventionpart-c-benchmarks-of-quality

Center on Positive Behavioral Interventions and Support (PBIS). (2021). *PBIS*. www.pbis.org/pbis

Center on Positive Behavioral Interventions and Support (PBIS). (2022a, July). *Positive, proactive approaches to supporting children with disabilities.* https://www.pbis.org/current/positive-proactiveapproaches-to-supporting-children-with-disabilities

Center on Positive Behavioral Interventions and Support (PBIS). (2022b, January 4). *Supporting and responding to student's social, emotional, and behavioral needs: Evidence-based practices for educators (Version 2).* https://www.pbis.org/resource/supporting-and-responding-to-behavior-evidence-based-classroom-strategies-for-teachers

Centers for Disease Control and Prevention (CDC). (2022a, November 16). *Children's mental disorders.* https://www.cdc.gov/childrensmentalhealth/symptoms.html

Centers for Disease Control and Prevention (CDC). (2022b, November 2). *Disparities in suicide*. https://www.cdc.gov/suicide/facts/disparities-in-suicide.html

Center for Intervention Research in Schools (CIRS). (2019). *Daily report card online (DRCO).* https://dailyreportcardonline.com

Children's and Adult Center for OCD and Anxiety. (n.d.). *Sample accommodations for anxious kids*. http://worrywisekids.org/node/40

Conroy, M. A., Sutherland, K. S., Snyder, A. L., & Marsh, S. (2008). Classwide interventions: Effective instruction makes a difference. *TEACHING Exceptional Children, 40*, 24–30.

Costenbader, V., & Buntaine, R. (1999). Diagnostic discrimination between social maladjustment and emotional disturbance. *Journal of Emotional and Behavioral Disorders, 7*, 2–10.

Council for Children with Behavioral Disorders. (1989). Position Paper on definition and identification of students with behavioral disorders. *Behavioral Disorders, 15*(3) 180–189.

Cruz, L., & Cullinan, D. (2001). Awarding points, using levels to help children improve behavior. *TEACHING Exceptional Children, 33*, 16–23.

Davis, B. (2021, December). *Holding students back: An inequitable and ineffective response to unfinished learning.* Education Trust. https://edtrust.org/resource/holding-students-back-an-inequitableand-ineffective-response-to-unfinished-learning/

Davis, C. A., Brady, M. P., Williams, R. E., & Hamilton, R. (1992). Effects of high-probability requests on the acquisition and generalization of responses to requests in young children and behavior disorders. *Journal of Applied Behavior Analysis, 25*, 905–916.

Deutsch, A. (1949). *The mentally ill in America: A history of their care and treatment from colonial times*(2nd ed.). Columbia University Press.

Division for Emotional and Behavioral Health, Council for Exceptional Children (CEC). (2022, November 6). *Behavior disorders: Definitions, characteristics & related information.* https://debh.exceptionalchildren.org/behavior-disorders-definitions-characteristics-related-information

Duckworth, S., Smith-Rex, S., Okey, S., Brookshire, M., Rawlinson, D., Rawlinson, R., . . . Little, J. (2001). Wraparound services for young schoolchildren with emotional and behavioral disorders. *TEACHING Exceptional Children, 33*, 54–60.

Dunlap, G., & Fox, L. (2015, November). *The Pyramid Model: PBS in early childhood programs and its relation to school-wide PBIS.* The Pyramid Model Consortium. http://www.pyramidmodel.org/uploads/9/5/6/3/9563066/pbs_and_pyramid_model.pdf

Eber, L., Smith, C. R., Sugai, G., & Scott, T. M. (2002). Wraparound and positive behavioral supports in the schools. *Journal of Emotional and Behavioral Disorders, 10*, 171–180.

Elliott, S., & Gresham, F. M. (1991). *Social skills intervention guide.* American Guidance Service.

Endrew F. v. Douglas County School Dist. RE-1, No. 15-827, 580 U.S.(2017), slip. op. at 11.

Feil, E. G., Walker, H. M., & Severson, H. H. (1995). The Early Screening Project for young children with behavior problems. *Journal of Emotional and Behavioral Disorders, 3*, 194–202.

Flannery, S., Gerber, E., & Bubrick, J. (2023, January 3). *Generalized anxiety disorder in kids.* https://childmind.org/article/generalized-anxiety-disorder-in-kids/

Forness, S. R., & Knitzer, J. (1992). A new proposed definition and terminology to replace "serious emotional disturbance" in Individuals with Disabilities Education Act. *School Psychology Review, 21*(1), 12–20.

Fox, L., & Hemmeter, M. L. (2014). *Implementing Positive Behavioral Intervention and Support: The evidencebaseof the Pyramid Model for supporting social emotional competence in infants and young children.* Pyramid Model Consortium. http://www.pyramidmodel.org/uploads/9/5/6/3/9563066/implementing_positive_behavioral_intervention_and_support.pdf

Gage, N. A., Lewis, T. J., & Stichter, J. P. (2012). Functional behavioral assessment-based interventions for students with or at risk for emotional and/or behavioral disorders in school: A hierarchical linear modeling meta-analysis. *Behavioral Disorders, 37*, 55–77.

Gilson, D. H. (2022, June 14). *Gun violence and mental health.* National Alliance on Mental Health. https://www.nami.org/Blogs/From-the-CEO/June-2022/Gun-Violence-Mental-Health

Gupta, S. (2021, January 6). How schools can reduce excessive discipline of Black students. *Science News.* https://www.sciencenews.org/article/school-discipline-gap-black-students-punishment-race-bias

Habib, D. (2012). *Who cares about Kelsey?* DH Photography, LLC.

Hemmeter, M. L., Fox, L., Snyder, P., & Algina, J. (2014, July). *A classroom-wide model for promoting social emotional development and addressing challenging behavior in preschool children.* The Pyramid Consortium. http://www.pyramidmodel.org/uploads/9/5/6/3/9563066/social_emotional_development__addressing_challenging_behavior_in_preschool_children.pdf

Hemmeter, M. L., Snyder, P., Fox, L., & Algina, J. (2016). Evaluating the implementation of the *Pyramid Model for Promoting Social-Emotional Competence* in early childhood classrooms. *Topics in Early Childhood Special Education, 36*, 133–146.

Hirsch, S. E., Bruhn, A. L., McDaniel, S., & Mathews, H. M. (2022). A survey of educators serving students with emotional and behavioral disorders during the Covid-19 pandemic. *Behavioral Disorders, 47*(2), 95–107.

Hollo, A., Wehby, J. H., & Oliver, R. M. (2014). Unidentified language deficits in children with emotional and behavioral disorders: A meta-analysis. *Exceptional Children, 80*, 169–186.

Horner, R. H., & Sugai, G. (2002). *School-wide positive behavior support: Implementers' blueprint and selfassessment*. University of Oregon, OSEP Center on Positive Behavior Support.

Ikhnana, S. (2022, June 16). *The ultimate guide to tier 2 behavior interventions in PBIS*. https://www.whyliveschool.com/blog/tier-2-behavior-interventions

IRIS Center. (2009). *Functional behavioral assessment: Identifying the reasons for problem behavior and developing a behavior plan*. http://iris.peabody.vanderbilt.edu/module/fba

The IRIS Center. (2012, 2021). *Classroom behavior management (Part 1): Key concepts and foundational practices*. https://iris.peabody.vanderbilt.edu/module/beh1/

The IRIS Center. (2002, 2012, 2021). *Classroom behavior management (Part 2, Elementary): Developing a behavior management plan*. https://iris.peabody.vanderbilt.edu/module/beh2_elem/

The IRIS Center. (2002, 2012, 2021). *Classroom behavior management (Part 2, Secondary): Developing a behavior management plan*. https://iris.peabody.vanderbilt.edu/module/beh2_sec/

IRIS Center. (2014). *Early childhood behavior management: Developing and teaching rules*. https://iris.peabody.vanderbilt.edu/module/ecbm/

Jameson, J. M., Stegenga, S. M., Ryan, J., & Green, A. (2020). Free appropriate public education in the time of COVID-19. *Rural Special Education Quarterly, 39*(4), 181–192.

Justice Policy Institute. (2015). *The tip of the iceberg: What taxpayers pay to incarcerate youth*. http://www.justicepolicy.org/uploads/justicepolicy/documents/factsheet_costs_of_confinement.pdf

Kamenetz, A. (2020, May 27). *Survey shows big remote learning gaps for low-income and special needs children*. National Public Radio. https://www.npr.org/sections/coronavirus-live-updates/2020/05/27/862705225/survey-shows-big-remote-learning-gaps-for-low-income-and-special-needs-children

Kanner, L. (1957). *Child psychiatry*. Thomas.

Kauffman, J. M., & Landrum, T. J. (2018). *Characteristics of emotional and behavioral disorders of children and youth* (11th ed.). Pearson.

Kegler, S. R., Simon, T. R., Zwald, M. L., Chen, M. S., Mercy, J. A., Jones, C. M., . . . Dills, J. (2022). Vital signs: Changes in firearm homicide and suicide rates—United States, 2019–2020. *Morbidity and Mortality Weekly Report, 71*(19), 656–663.

Kellam, S. G., Mackenzie, A. C. L., Brown, C. H., Poduska, J. M., Wang, W., Petras, H., & Wilcox, H. C. (2011). The Good Behavior Game and the future of prevention and treatment. *Addiction Science & Clinical Practice, 6*, 73–84.

Kern, L., Baton, E., & George, H. P. (2021, November). *Strengthening family participation in addressing behavior in an IEP*. Center on Positive Behavioral Interventions and Supports. https://www.pbis.org/resource/strengthening-family-participation-in-addressing-behavior-in-an-iep

Kern, L., & Wehby, J. H. (2014). Using data to intensify behavioral interventions for individual students. *TEACHING Exceptional Children, 46*, 45–53.

Klodnick, V. V., Sabella, K., Brenner, C. J., Krzos, I. M., Ellison, M. L., Kaiser, S. M., . . . Fagan, M. (2015). Perspectives of young emerging adults with serious mental health conditions on vocational peer mentors. *Journal of Emotional and Behavioral Disorders, 23*, 226–237.

Lane, K. L. (2003). Identifying young students at risk for antisocial behavior: The utility of "teachers as tests." *Behavioral Disorders, 28*, 360–389.

Lane, K. L. (2004). Academic instruction and tutoring

interventions for students with emotional/behavioral disorders: 1990 to present. In R. B. Rutherford, M. M. Quinn, & S. R. Mathur (Eds.), *Handbook of research in emotional and behavioral disorders* (pp. 462–486). Guilford Press.

Lane, K. L. (2007). Identifying and supporting students at risk for emotional and behavioral disorders within multi-level models: Data driven approaches to conducting secondary interventions with an academic emphasis. *Education and Treatment of Children, 30*, 135–164.

Lee, H., Rojewski, J. W., Gregg, N., & Jeong, S. (2015). Postsecondary education persistence of adolescents with specific learning disabilities or emotional/behavioral disorders. *Journal of Special Education, 49*, 77–88.

Leung-Gagné, M., McCombs, J., Scott, C., & Losen, D. J. (2022). *Pushed out: Trends and disparities in outof-school suspension.* Learning Policy Institute.

Lewis, T. J., Jones, S. E. L., Horner, R. H., & Sugai, G. (2010). School-wide Positive Behavior Support and students with emotional/behavioral disorders: Implications for prevention, identification, and intervention. *Exceptionality, 18*, 82–93.

Lewis, T. J., & Sugai, G. (1999). Effective behavior support: A systems approach to proactive schoolwide management. *Exceptional Children, 31*, 1–24.

Lipscomb, S., Haimson, J., Liu, A. Y., Burghardt, J., Johnson, D. R., & Thurlow, M. L. (2017). *Preparing for life after high school: The characteristics and experiences of youth in special education. Findings from the National Longitudinal Transition Study 2012: Vol. 1. Comparisons with other youth* (NCEE 2017-4016). U.S. Department of Education, Institute of Education Sciences, National Center for Education Evaluation and Regional Assistance.

Maggin, D. M., Wehby, J. H., & Gilmour, A. F. (2016). Intensive academic interventions for students with emotional and behavioral disorders: An experimental framework. *Journal of Emotional and Behavioral Disorders, 24*, 138–147.

Maggin, D. M., Zurheide, J., Pickett, K. C., & Baillie, S. J. (2015). A systematic evidence review of the Check-In/Check-Out program for reducing student challenging behaviors. *Journal of Positive Behavior Interventions, 17*, 197–208.

McIntosh, K., Gion, C., & Bastable, E. (2018). *Do schools implementing SWPBIS have decreased racial and ethnic disproportionality in school discipline?* Center on Positive Behavioral Interventions and Supports. https://www.pbis.org/resource/do-schools-implementing-swpbis-have-decreasedracial-and-ethnic-disproportionality-in-school-discipline

Miller, M. J., Lane, K. L., & Wehby, J. (2005). Social skills instruction for students with high incidence disabilities: An effective, efficient approach for addressing acquisition deficits. *Preventing School Failure, 49*, 27–40.

Morrison, N. (2019, April 5). Black students "face racial bias" in school discipline. Forbes. https://www.forbes.com/sites/nickmorrison/2019/04/05/black-students-face-racial-bias-in-schooldiscipline/?sh=5c9f5b5136d5

Moxham, S. (2022, September 15). The hidden opponent. *The Oval Magazine.* https://www.theovalmagazine.com/post/the-hidden-opponent

Nadworny, E. (2020, April 16). *To stay in touch with students, teachers bypass computers, pick up phones.* National Public Radio. https://www.npr.org/2020/04/16/833099546/to-stay-in-touch-with-studentsteachers-bypass-computers-pick-up-phones

National Alliance on Mental Illness (NAMI). (2023). *Mental health conditions.* https://www.nami.org/About-Mental-Illness/Mental-Health-Conditions

National Center for Education Statistics (NCES). (2019, February). *Indicator 15: Retention, suspension, and Expulsion.* https://nces.ed.gov/programs/raceindicators/indicator_rda.asp

National Center on Intensive Interventions (NCII). (2016). *Self-management.* https://intensiveintervention.org/sites/default/files/Self_Management_508.pdf

National Disability Rights Network. (2022, February). *Restraint and seclusion: Federal policy update.* https://www.ndrn.org/wp-content/uploads/2022/02/Restraint-and-Seclusion-White-PaperAC-020222.pdf

National Institute of Mental Health (NIMH). (2016a, February 19). *A BRIGHT technological future for mental health trials: The BRIGHTEN study.* http://www.nimh.nih.gov/news/science-news/2016/a-bright-technological-future-for-mental-health-trials.shtml

National Institute of Mental Health (NIMH). (2016b, May). *Technology and the future of mental health treatment.* http://www.nimh.nih.gov/health/topics/technology-and-the-future-of-mental-healthtreatment/index.shtml

Norlin, J. W. (2012). *FBAs and BIPs: Meeting IDEA compliance obligations.* LRP Publications.

Nicolas, A. (2020). *Our interview with Victoria Garrick.* https://differentandable.org/stories/our-interview-victoria-garrick

O'Brien, S. (2023, January 9). *Victoria Garrick, former USC volleyball player, and current mental health & body image advocate gives advice to athletes.* https://www.2adays.com/blog/victoria-garrick-formerusc-volleyball-player-and-current-mental-health-body-image-advocate-gives-advice-to-athletes/

Orsander, M., Mendoza, P., Burgess, M., & Arlini, S. M. (2020). *The hidden impact of COVID-19 on childrenand families with disabilities.* Save the Children International.

PBS World. (2023). *Tier 2 interventions.* https://www.pbisworld.com/tier-2/

Pena, P. A., & Jena, A. (2022). Child deaths by gun violence in the US during the COVID-19 pandemic. *JAMA Network Open, 5*, e2225339.

Risley, T. (2005). Montrose M. Wolfe (1935-2004). *Journal of Applied Behavior Analysis, 38*, 279-287.

Robertson, R. (2022 August 9). *More time at home meant more kids died of gun violence during the early pandemic.* Everyday Health. https://www.everydayhealth.com/public-health/child-gun-violencedeaths-increased-covid-19/

Ryberg, R., Her, S., Temkin, D., & Harper, K. (2021, August 9). *Despite reductions since 2011-2012, Black students and students with disabilities remain more likely to experience suspension.* Child Trends. https://www.childtrends.org/publications/despite-reductions-black-students-and-students-withdisabilities-remain-more-likely-to-experience-suspension

Scheuermann, B., Peterson, R., Ryan, J. B., & Billingsley, G. (2016). Professional practice and ethical issues related to physical restraint and seclusion in schools. *Journal of Disability Policy Studies, 27*, 86-95.

Shah, K. (2020, April 26). *Coronavirus uncovers Georgia's rural education divide.* National Public Radio. https://www.gpbnews.org/post/corona-virus-uncovers-georgias-rural-education-divide

Sinclair, E. (1998). Head Start children at risk: Relationship of prenatal drug exposure to identification of special needs and subsequent special education kindergarten placement. *Behavioral Disorders, 23*, 125-133.

Souma, A., Rickerson, N., & Burgstahler, S. (2012). *Academic accommodations for students with psychiatric disabilities.* http://www.washington.edu/doit/sites/default/files/atoms/files/Academic_Accom_Psych.pdf

Strain, P. S., Steele, P., Ellis, R., & Timm, M. (1982). Long-term effects of oppositional child treatment with mothers as therapists and therapist trainers. *Journal of Applied Behavior Analysis, 15*, 163-169.

Streeter, J. (2022, May). *Homelessness in California: Causes and policy considerations.* Stanford Institute for Economic Policy Research. https://siepr.stanford.edu/publications/policy-brief/homelessnesscalifornia-causes-and-policy-considerations

Sugai, G. (2011). *Maximizing impact of PBIS implementation at school and district levels.* OSEP Center on PBIS, University of Connecticut.

Sugai, G., & Horner, R. (2002). The evolution of discipline practices: School-wide positive behavior supports. *Child and Family Behavior Therapy, 24,* 23-50.

Talbott, E., & Thiede, K. (1999). Pathways to antisocial behavior among adolescent girls. *Journal of Emotional and Behavioral Disorders, 7,* 31-39.

Torrey, E. F. (1997). *Out of the shadows: Confronting America's mental illness crisis.* Wiley.

Trout, A. L., Nordness, P. D., Pierce, C. D., & Epstein, M. H. (2003). Research on the academic status of children with emotional and behavioral disorders: A review of the literature from 1961 to 2000. *Journal of Emotional and Behavioral Disorders, 11,* 198-210.

Unruh, D. K., & Murray, C. J. (2014). Improving transition outcomes for students with emotional and behavioral disorders. In H. M. Walker & F. M. Gresham (Eds.), *Handbook of evidence-based practices for emotional and behavioral disorders* (pp. 410-431). Guilford Press.

U.S. Census Bureau. (2015). *Per pupil spending varies heavily across the United States.* http://www.census.gov/newsroom/press-releases/2015/cb15-98.html

U.S. Congress. *Individuals with Disabilities Education Improvement Act of 2004,* 20 U.S.C. 1400 et seq.(2004) (reauthorization of Individuals with Disabilities Act 1990).

U.S. Department of Education. (2006a). 34 CFR Parts 300 and 303, Assistance to states for the educationof children with disabilities and the early intervention program for infants and toddlers with disabilities; Final Regulations (p. 1262). *Federal Register.*

U.S. Department of Education. (2006b, August 14). 34 CFR Parts 300 and 301, Assistance to states for the education of children with disabilities and preschool grants for children with disabilities; Final Rule. *Federal Register.*

U.S. Department of Education. (2012). *Restraint and seclusion resource document.* http://www2.ed.gov/policy/seclusion/restraints-and-seclusion-resources.pdf

U.S. Department of Education. (2015). *Students ages 6 through 21 served under IDEA, Part B, as a percentage of population, by disability category and state* [IDEA Section 618 Data Products: Static Tables, 2014-2015 Part B Child Count and Educational Environments]. http://www2.ed.gov/programs/osepidea/618-data/static-tables/index.html

U.S. Department of Education. (2022a). *Child count and educational environments* [IDEA Section 618 Data Products: State-level data files]. https://data.ed.gov/dataset/idea-section-618-state-part-bchild-count-and-educational-environments/resources

U.S. Department of Education. (2022b, July 19). *Positive, proactive approaches to supporting children with disabilities: A guide for stakeholders: OSEP Policy Support 22-01 (TA guide).* https://sites.ed.gov/idea/files/guide-positive-proactive-approaches-to-supporting-children-with-disabilities.pdf

U.S. Department of Education. (2022c, July 19). *Questions and answers: Addressing the needs of children with disabilities and IDEA's discipline provisions: OSEP Q&A22-02.* https://sites.ed.gov/idea/files/qa-addressing-the-needs-of-children-with-disabilities-and-idea-discipline-provisions.pdf

U.S. Department of Education, Office for Civil Rights. (2016a). *2013-2014 Civil Rights Data Collection: A first look.* http://www2.ed.gov/about/offices/list/ocr/docs/2013-14-first-look.pdf

U.S. Department of Education, Office for Civil Rights. (2016b, December). *Fact sheet: Restraint and seclusion.* https://www2.ed.gov/about/offices/list/ocr/docs/dcl-factsheet-201612-504-restraintseclusion-ps.pdf

U.S. Department of Education, Office of Special Education and Rehabilitative Services. (2015). *Thirtyseventhannual report to Congress on the implementation of the Individuals with Disabilities Education Act, 2015.* http://www2.ed.gov/about/

reports/annual/osep/2015/parts-b-c/37th-arc-for-idea.pdf

U.S. Department of Education, Office of Special Education and Rehabilitative Services. (2023, January 30). *OSEP director highlights discipline policies as reflective of OSEP priorities, two TA centers share preventive models, resources.* https://sites.ed.gov/idea/osep-director-releases-second-blogdiscipline-discussion-series

U.S. Senate, Health, Education, Labor, and Pensions Committee. (2014, February 12). *Dangerous use of seclusion and restraints in schools remains widespread and difficult to remedy: A review of ten cases.*

Vidair, H. B., Sauro, D., Blocher, J. B., Scudellari, L. A., & Hoagwood, K. E. (2013). Empirically supported school-based mental health programs targeting academic and mental health functioning: An update. In H. M. Walker & F. M. Gresham (Eds.), *Handbook of evidence-based practices for emotional and behavioral disorders* (pp. 15-53). Guilford Press.

Wagner, M., & Davis, M. (2006). How are we preparing students with emotional disturbances for the transition to young adulthood?: Findings from the National Longitudinal Transition Study-2. *Journal of Emotional and Behavioral Disorders, 14*, 86-98.

Walker, H. M., & Sprague, J. (1999). The path to school failure, delinquency, and violence: Causal factors and potential solutions. *Intervention in School and Clinic, 35*, 67-73.

Walsh, K., Furey, W. J., & Malhi, N. (2021 December). Narrative review: COVID-19 and pediatric anxiety. *Journal of Psychiatric Research, 144*, 421-426.

Wehby, J. H., & Kern, L. K. (2014). Intensive behavior intervention: What is it, what is its evidence base, and why do we need to implement now? *TEACHING Exceptional Children, 46*, 38-44.

Welsh, R. O. (2021, August 19). Why, really are so many black kids suspended? *Education Week*.https://www.edweek.org/leadership/opinion-why-really-are-so-many-black-kids-suspended/2021/08

Williamson, B., Eynon, R., & Potter, J. (2020). Pandemic politics, pedagogies and practices: Digital technologies and distance education during the coronavirus emergency. *Learning, Media and Technology, 45*(2), 107-114.

Witte, A., Singleton, F., Smith, T., & Hershfeldt, P. (2021, June). *Enhancing family-school collaboration with diverse families.* Center on Positive Behavioral Interventions and Supports. https://www.pbis.org/resource/enhancing-family-school-collaboration-with-diverse-families

World Health Organization (WHO). (2016). *Depression.* http://www.who.int/mediacentre/factsheets/fs369/en/Zigmond, N. (2006). Twenty-four months after high school: Paths taken by youth diagnosed with severe emotional and behavioral disorders. *Journal of Emotional and Behavioral Disorders, 14*, 99-107.

제11장

지체 및 건강장애

태미 덕워스 상원의원(일리노이)은 군복무 여성, 아시아계 미국인, 그리고 지역사회 봉사 프로젝트에 참여하는 사람을 포함하여 여러 집단의 많은 사람에게 롤 모델이 되는 놀라운 미국인이다. 그녀는 이라크 전쟁 참전용사이자 퍼플 하트 수훈자이며, 전투 임무를 수행한 소수의 여성 중 첫 번째이고, 중령으로 퇴역했으며, 미국 하원에서 두 번의 임기를 수행했고, 2016년에 상원에 선출되었다. 2004년에, 덕워스의 헬리콥터가 피격되어 그녀는 다리를 잃고 왼팔의 부분적 사용을 잃었다. 2018년에, 덕워스 상원의원은 재직 중 출산한 첫 번째 인물이 되었고 심지어 상원 의사당에서도 신생아를 직장에 데려오겠다고 주장했다. 그녀와 남편은 두 딸의 자랑스러운 부모이다.

제 11 장 지체 및 건강장애

학습 목표

11.1 신체·건강 상태의 유형을 설명하고, 이러한 장애의 공통 특성을 나열하며, 특수교육 서비스를 필요로 하는 학생들의 정확한 출현율이 알려지지 않은 이유에 대한 세부사항을 제공하라.

11.2 지체 및 건강장애로 인한 도전이 학교 환경에서 발견되는 물리적 환경의 조정으로 어떻게 다뤄질 수 있는지 설명하고, 교사가 이러한 상태를 가진 학생의 독특하고 개별적인 요구에 어떻게 대응할 수 있는지 설명하라.

11.3 지체 및 건강장애가 있는 개인이 인간 역사를 통해 어떻게 나쁘게 대우받아 왔는지, 어떤 행동이 그들이 대우받았던 방식의 개선으로 이어졌는지, 그리고 미국 생활에서 그들의 참여가 어떻게 여전히 개선될 수 있었는지의 사례를 제공하라.

11.4 신기술이 이러한 개인이 학교와 일상생활에서 참여하는 방식에 어떻게 변화를 만들어 왔고 그리고 앞으로도 만들어 갈 것인지 설명하라.

지체 및 건강장애 설명

학습 목표

신체·건강 상태의 유형을 설명하고, 이러한 장애의 공통 특성을 나열하며, 특수교육 서비스를 필요로 하는 학생들의 정확한 출현율이 알려지지 않은 이유에 대한 세부사항을 제공하라.

지체 및 건강장애 정의

- 지체 및 건강장애는 움직임을 제한하거나 전문적인 건강관리를 필요로 하는 많은 다른 상태에서 발생한다.
- 장애가 교육적 수행에 부정적으로 영향을 미치지 않는 학생은 특수교육 서비스에 적격하지 않다.

특수교육을 필요로 하는 지체 및 건강장애

연방정부는 지체장애와 건강장애를 별도의 특수교육 범주로 간주한다. 이러한 장애에 대한 장애

표 11.1 신체 및 건강 관련 장애의 정의

용어	정의	출처
정형외과적 손상(지체장애)	정형외과적 손상(지체장애)이란 아동의 교육적 수행에 부정적인 영향을 미치는 중증의 정형적 손상을 의미함. 이 용어에는 선천적 기형, 질병(예: 소아마비, 뼈 결핵 등)으로 인한 손상, 기타 원인(예: 뇌성마비, 절단, 골절 또는 화상 등)에 의한 손상이 포함됨.	IDEA '04, 미국 교육부
기타 건강 손상(건강장애)	기타 건강 손상(건강장애)이란 강도, 활력 또는 각성 상태의 제한을 의미하며, 이는 환경 자극에 대한 높은 민감성과 관련되며 교육 환경에서의 경계에 제한을 초래함. 이는 다음의 두 조건을 만족함: 1. 다음과 같은 만성적 또는 급성 건강 문제로 인한 것임: 천식, 주의력결핍장애 또는 주의력결핍 과잉행동장애, 당뇨, 뇌전증, 심장 질환, 혈우병, 납 중독, 백혈병, 신염, 류머티즘열, 겸상적혈구빈혈, 뇌전증, 투렛증후군 등 2. 아동의 교육적 수행에 부정적인 영향을 미침.	IDEA '04, 미국 교육부

출처: 미국 교육부(2006), pp. 1263–1264.

인교육법 정의는 표 11.1에 나와 있다.

우리는 이 장에서 지체장애와 건강장애라는 두 특수교육 범주를 논의하는데, 이는 그들의 정의가 보이게 하는 것만큼 분리되거나 구별되지 않기 때문이다. 일반적으로 정형외과적 손상(지체장애라고도 함) 하에 분류되는 일부 상태는 장기적 건강 문제를 야기할 수 있고 그 반대도 마찬가지이다. 예를 들어, 뇌성마비가 있는 한 학생은 신체적 도전에 직면하고 언어와 보행을 위한 움직임을 통제하는 방법을 배우기 위해 물리치료사로부터 상당한 지원이 필요할 수 있지만, 특별한 건강관리 요구는 없을 수 있다. 뇌성마비가 있는 다른 학생은 신체적 제한, 발작, 그리고 심각한 건강관리 문제를 가질 수 있다. 아마도 다른 어떤 집단보다도, 신체적 또는 건강 문제가 있는 학생은 학습과 물리적 환경에 대한 조정을 필요로 한다. 이러한 조정은 이러한 학생들이 일반교육 또는 통합 교육 환경에서 완전히 참여할 수 있도록 재활법 504조에 의해 요구된다. 지체 및 건강장애가 있는 많은 학생이 조정을 필요로 하지만, 그들이 항상 특수교육 서비스를 필요로 하는 것은 아니다.

지체 및 건강장애와 특수교육 서비스

첫째, 모든 지체장애가 특수교육 대응을 필요로 하는 것은 아니다. 학생이 특수교육 서비스에 적격한지를 결정할 때, 핵심 고려사항은 학생에 대한 상태의 영향이다. 정형외과적 손상은 두 가지 중요한 기준을 충족해야 한다: (1) 심각해야 하고 (2) 교육적 수행에 부정적으로 영향을 미쳐야 한다. 지체장애가 있는 모든 학생이 특수교육 서비스를 필요로 하거나 받는 것은 아니지만, 그들은 부피가 큰 장비를 저장하기 위해 교실에서 더 많은 공간을 제공하거나 휠체어가 교실에서 자유롭게 지나갈 수 있도록 허용하는 것과 같은 일부 특별한 조정(이 장의 후반부에서 논의됨)을 필요로 할 수 있다.

둘째, 지체장애와 마찬가지로, 모든 건강장애가 특수교육 대응을 필요로 하는 것은 아니다. 다시, 학생이 특수교육 서비스에 적격한지를 결정할 때 상태

그림 11.1 지체장애의 상태들

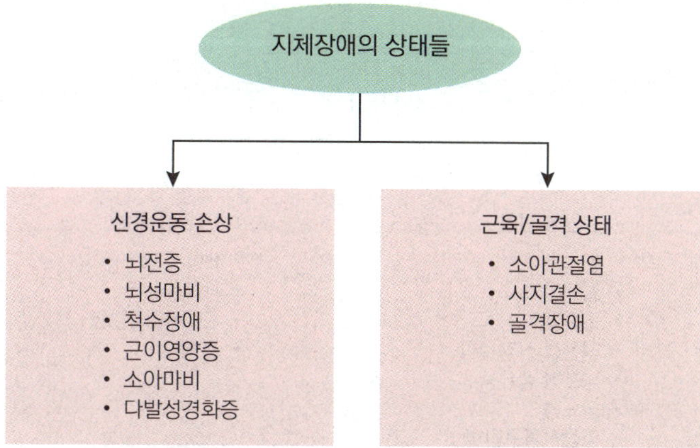

의 영향이 핵심이다. 건강손상은 세 가지 중요한 기준을 충족해야 한다: (1) 제한된 힘, 활력, 또는 각성 상태를 야기해야 하고; (2) 만성적 또는 급성 건강 문제로 인한 것이어야 하며; (3) 교육적 수행에 부정적으로 영향을 미쳐야 한다.

건강 상태의 영향은 아동의 삶에 다양한 방식으로 영향을 미칠 수 있다. 교사는 일부 건강 상태가 평생에 걸친 것이지만, 그것들의 영향은 날마다 변할 수 있다는 것을 알아야 한다. 대조적으로, 다른 건강 상태는 일시적이고 짧은 시간만 지속된다. 더 나아가, 일부 상태는 교육적 수행에 영향을 미치지 않고 특별한 서비스를 필요로 하지 않는다. 그러한 경우에, 적절한 대응은 학생이 집이나 병원에서 아플 때 중요한 교수를 놓치지 않도록 보장하는 것만큼 간단할 수 있다. 예를 들어, 천식은 학교 결석의 가장 일반적인 이유이다. 교사는 가능한 한 많은 알레르기 유발물질(예: 교실 애완동물, 분필 가루)을 교실에서 제거하고 숙제와 수업 과제가 아마도 이메일이나 급우를 통해 집에 있는 해당 학생에게 보내지도록 보장함으로써 이러한 학생을 도울 수 있다. 그들은 또한 거의 모든 아동이 코로나19 대유행 동안 했듯이 원격 학습을 통해 수업 활동에 참여할 수 있다. 그러한 행동들은 특수교육 서비스를 필요로 하지 않는다. 그러나, 상태가 의학적으로 취약한 것으로 간주되는 학생의 경우, 특수교육 서비스가 그들의 집이나 병원에서 직접 방문하거나, 원격 기술을 통해 학교를 그들에게 가져다주는 기간이 있을 수 있다.

지체 및 건강장애의 유형

- 지체장애는 두 가지 주요 상태 집단—신경운동 손상과 근육/골격 상태—을 포함한다.
- 건강장애는 두 가지 주요 상태 집단—만성 질환과 감염성 질환—을 포함한다.

주요 지체장애

장애인교육법이 정형외과적 손상이라고 부르는 지체장애가 있는 학생은 그들의 교육적 수행에 영향을 미칠 만큼 충분히 중대한 신체의 구조나 기능 문제를 가진다. 그러한 많은 학생에게, 그들의 신체적 도전은 교육적 수행에 영향을 미치지 않지만, 그들은 학교와 교실에 대한 접근을 제한하지 않는 물

그림 11.2 건강장애의 상태들

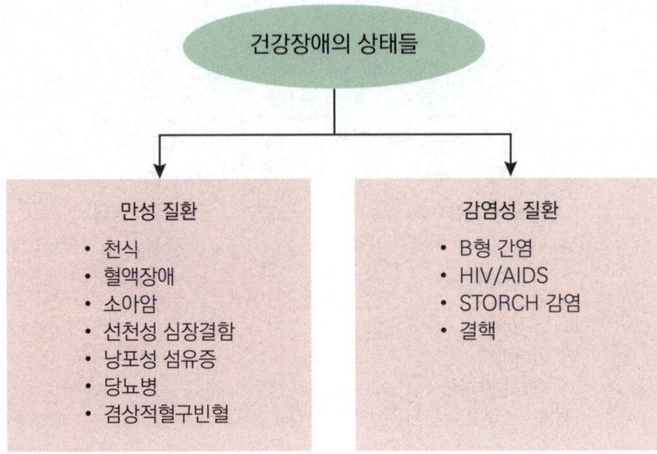

리적 환경을 필요로 한다. 예를 들어, 뇌성마비가 있는 일부 아동은 매우 제한된 이동성을 가지고 휠체어를 사용하지만, 학업적 수행을 다루기 위한 특수교육 서비스를 필요로 하지 않는다. 그러나, 같은 상태를 가진 다른 학생들은 그들의 학업적 수행에 영향을 미치는 더 복잡한 문제를 가진다. 그러한 학생들은 특수교육 서비스를 필요로 하고 적격하다.

지체장애는 두 집단으로 나뉘는 많은 다른 상태에서 기인한다: 신경운동 손상과 근육/골격 상태. 각 분류 하에서 분류되는 상태들이 그림 11.1에 나와 있다.

학생을 위한 특별한 건강관리 요구나 건강장애를 만드는 상태나 질병을 설명하는 기타 건강장애/손상. 그림 11.2에서 보이듯이, 건강 상태는 두 집단으로 나뉜다: 만성 질환과 감염성 질환.

특성

- 지체 및 건강장애는 각각 고유한 특성 집합을 가진 많은 다른 상태를 포함한다.
- 특성들은 독특한 패턴으로 결합되어, 각 학생에 대한 개별화된 대응을 필요로 한다.

지체 및 건강장애의 특성

많은 지체 및 건강장애에 대해, 특성들은 이러한 학생들이 경험하는 특별한 요구를 만든 상태만큼 독특하다. 예를 들어, 지체장애가 있는 일부 학생은 장애가 없는 급우들과 상당히 유사한 학습 특성을 가지지만, 학교와 교실의 물리적 환경에 상당한 변화가 필요하다. 그러나, 다른 학생들은 때때로 그들의 건강 상황이 너무 소모적이어서 다른 모든 것이 이차적이 된다는 것을 발견한다. 또 다른 학생들은 일정 시점에서는 많은 특별한 고려사항을 필요로 하고 다른 시점에서는 소수의 특별한 조정만을 필요로 하는 일화적인 건강 상황을 가진다. 그럼에도 불구하고, 아동이 만성적으로 아플 때 가족 구성원의 삶은 극적으로 변한다. 교육자가 이러한 가족들이 아동의 질병 전반에 걸쳐 다른 시점에서 경험하는 스트레스와 우려를 이해하는 것이 중요하다. 지체 및 건강장애가 있는 학생의 학업적 삶에서 진정한 변화를 만드는 교육 전문가들은 무엇보다도 먼저 개별적 학습 요구에 대응적이다.

일부 상태의 공통 특성

우리가 이러한 학생들이나 그들의 독특한 장애에 대한 일반화를 하지 않는 것의 중요성을 강조하지만, 일부 상태는 특정한 특징을 가지며, 그중 여러 가지가 이 장 전반에 걸쳐 포함된다. 이 세션에서, 우리는 학교에서 보이는 더 일반적이지만 여전히 저발생인 상태인 뇌성마비, 겸상적혈구병, 그리고 당뇨병과 관련된 특성을 논의한다. 나중에, 우리는 뇌전증으로 인한 발작 관리를 어느 정도 자세히 논의한다.

뇌성마비는 유아기 또는 유아기 초기에 발생하며 비가역적인 신경학적 상태이다. 그 중증도는 뇌손상의 정확한 위치, 뇌손상의 정도, 그리고 중추신경계 관련의 범위에 달려 있다. 뇌성마비가 있는 많은 개인은 손상된 이동성과 불량한 근육 발달을 가진다. 운동 기능이 영향받는 뇌성마비가 있는 사람들은 단독으로 또는 조합으로 다음의 특성을 보인다: 경련적 움직임, 경련, 비자발적 움직임, 그리고 근긴장도 부족. 그러한 상황에서, 이동성이나 다른 일상 활동을 돕는 보조공학기기와 조정(예: 또래 필기 도우미)이 가장 도움이 될 수 있다.

뇌성마비가 있는 많은 사람에게, 불량한 근긴장도와 운동 기능의 어려움은 이해 가능한 언어 산출의 문제를 만든다. 불행히도, 많은 사람들이 언어적 어려움을 지적장애의 신호로 잘못 해석한다. 뇌성마비가 있는 아동의 약 절반에서 어느 정도의 지적장애가 존재하지만, 다른 아동들은 지적으로 영재이다. 뇌성마비와 지적장애가 항상 조합으로 발생한다고 가정하는 것은 비극적인 실수이다.

일부 질병은 다른 학생보다 한 집단의 학생을 더 공격한다. 예를 들어, 겸상적혈구병은 유전성의 생명을 위협하는 혈액장애이다. 일반 인구에서는 드물지만, 모든 사례의 95%가 흑인에게서 발생하여 한 인종 집단에 불균형적으로 영향을 미친다. 겸상적혈구병은 심각하고 파괴적일 수 있다. 이 상태는 적혈구가 딱딱해지고 초승달 또는 겸상 모양을 취하게 한다. "겸상적혈구 위기"라고 불리는 동안, 이러한 딱딱하고 초승달 모양의 세포들이 작은 혈관을 막을 수 있어서, 일부 조직의 산소를 박탈하고 극심한 통증, 부은 관절, 고열, 그리고 심지어 뇌졸중을 야기한다. 겸상적혈구병이 있는 사람들이 감염과 탈수에 더 높은 위험에 있기 때문에, 교사는 모든 사람이 자주 손을 씻는 것과 이러한 아동들이 자주 물을 마실 시간을 갖도록 허용하는 것과 같은 간단한 안전 예방조치를 따르도록 확실히 해야 한다. 많은 개인에게, 이러한 겸상적혈구 위기는 일화적이어서(주기적으로 발생하여), 학교에서 장기간 떨어져 있게 된다.

당뇨병은 생명을 위협하고 쇠약하게 하는 질병이다. 제1형 당뇨병(이전에 소아당뇨병이라고 함)은 신체가 인슐린 생산을 중단할 때 발생하여, 결과적으로 포도당을 에너지로 분해하는 능력을 손상시킨다. 제1형 당뇨병은 드물고 일반적으로 아동기나 성인 초기에 진단된다. 제2형 당뇨병은 신체가 인슐린을 적절히 사용하지 않아서 혈당 수치가 상승할 때 발생한다. 두 유형의 당뇨병의 발생률이 모두 증가하고 있지만, 제2형 당뇨병의 증가는 과체중인 미국 아동과 청소년의 수와 비례적으로 관련되어 있다. 특히 혈당 수치가 균형을 잃을 때(예: 저혈당증, 또는 낮은 혈당; 고혈당증, 또는 높은 혈당), 학생은 서툼, 언어적 어려움, 흐린 시야, 혼란, 부주의, 두통, 발작, 또는 의식 잃음을 경험할 수 있다.

출현율과 배치

- 주들이 별도의 상태별로 장애인교육법을 통해 서비스받는 학생을 보고하지 않기 때문에, 각 신체 또는 건강 상태의 출현율은 알려지지 않았다.
- 지체 또는 건강장애가 있는 학생은 장애인교육법에서 명시한 모든 특수교육 배치 선택사항을 사용한다.

각 상태의 정확한 출현율 정보는 알려지지 않음

정확한 출현율 정보가 알려지지 않은 주된 이유는 연방정부가 이러한 장애에 대해 두 개의 범주를 사용하고 주들에게 이러한 장애를 야기하는 특정 상태를 보고하도록 요구하지 않기 때문이다. 따라서, 우리는 각각의 지체 및 건강장애에 대해 장애인교육법을 통해 서비스받는 학생의 특정 수나 비율을 알지 못한다. 이유는 다음과 같다:

- 특수교육 서비스를 필요로 하는 특정 건강 또는 신체 상태에 대한 국가적 또는 주 기반 등록부가 유지되지 않는다.
- 많은 건강과 신체 상태는 상태가 교육적 수행에 영향을 미치지 않기 때문에 특수교육 서비스의 필요성을 야기하지 않으므로, 지체 및 건강장애가 있는 아동의 전체 수는 장애인교육법을 통해 서비스받는 수보다 높다.
- 일부 개인이 다중 상태를 가지기 때문에, 그들은 다른 특수교육 범주에서 보고될 수 있다.

신체·건강손상이 있는 아동에 대해 생각할 때, 다른 요인들을 염두에 둬야 한다. 1장의 그림 1.2를 다시 보라. 장애가 있는 모든 학령기 아동의 0.5% 미만이 지체장애 범주에 속하며, 이는 가장 작은 장애 범주 중 하나임을 주목하라. 건강장애 범주는 훨씬 크며, 모든 장애학생의 약 16%에게 서비스를 제공한다; 그러나, 이 범주는 더 일반적인 상태인 주의력결핍 과잉행동장애가 있는 학생을 포함한다. 1997년(주의력결핍 과잉행동장애 학생이 건강장애 범주에 추가된 때)과 2010년 사이에, 이 집단의 크기는 284% 이상 증가했으며, 이러한 비율은 계속 상승하고 있다. 2010년에서 2021년까지, 출현율은 약 60% 증가를 보였다. 많은 다른 상태가 건강장애를 야기할 수 있고 이들 대부분은 드물다는 것을 기억하라. 주의력결핍 과잉행동장애가 이 범주에 포함되지 않았다면, 지체장애와 같은 저발생 집단이 될 것이다.

지체 및 건강장애를 야기하는 대부분의 상태는 아동에게서 드물다. 다시 말해, 영향받는 사람이 적다. 일부 특정 데이터베이스는 아동에서 이러한 상태의 출현율에 대한 기록을 유지한다. 더 일반적인 것들이 표 11.2에 나열되어 있다. 그러나, 이러한 통계는 특수교육 서비스를 필요로 하지 않는 아동을 포함한 전체 출현율을 제공한다는 것을 기억하라. 천식이 좋은 예이다. 실제로, 천식은 미국에서 가장 일반적이고 비용이 많이 드는 질병 중 하나이며 미국 학령기 아동의 결석의 주요 원인이다. 그러나, 이러한 학생들 중 소수만이 학교에서 성공하기 위해 특수교육 서비스에 적격하거나 필요로 한다. 따라서, 표의 비율은 장애인교육법과 특수교육을 통해 서비스받는 이러한 학생들의 비율보다 훨씬 크다.

표 11.2 상태별 출현율

건강 상태	미국 아동 출현율	교사를 위한 유의사항
천식	5.8%	• 아동에게 가장 흔한 만성질환 • 호흡 곤란 및 만성 기침을 유발함 • 결석의 주요 원인 (연간 1천만 건 이상)
뇌전증 (발작 2회 이상 경험한 아동)	0.6%	• 만 17세 이하 아동 약 47만 명이 영향받음 • 약 70%의 경우 약물로 발작 조절 가능
제1형 당뇨병	0.3%	• 소아 당뇨 대부분은 제1형 • 지속적인 관리 필요 • 교직원이 인슐린 투여, 혈당 확인, 식사 조절 등 지원 필요할 수 있음
뇌성마비	0.3%	• 질병이 아닌 상태 • 소아기에 가장 흔한 운동 장애 • 진행성 질환 아님 (시간이 지나도 악화되지 않음)
겸상적혈구병	전체 아동의 0.02%흑인 아동의 0.27%라틴계 아동의 0.006%	• 유전성 혈액 질환 • 현재 신생아 대상 선별 검사 시행 중 • 정밀한 의학적 관리 필요

출처: 미국 천식알레르기재단(2022); 질병통제예방센터(2018, 2021b, 2022c, 2022d).

교육배치

다른 장애학생 집단보다도, 특수교육에 적격한 건강장애와 일부 지체장애가 있는 학생은 장애인교육법하에서 이용 가능한 전체 범위의 배치 선택사항을 사용한다. 지체장애가 있는 모든 학생의 절반 이상(58%)이 그들의 지역 인근 학교에 다니고 매 학교 하루의 80% 이상 통합 일반교육 학급에 참여한다. 건강장애가 있는 학생의 70% 이상이 학교 하루의 80% 이상 일반교육 학급에 참여한다. 수는 적지만, 지체 및 건강장애가 있는 일부 학생은 가정이나 병원 환경에서 교육을 받는다. 예를 들어, 건강손상이 있는 모든 학생의 2%보다 약간 많은 수가 그들의 교육이 특수학교, 거주시설, 그들의 가정, 또는 병원에서 전달되어야 할 정도로 심각한 만성 질환을 가진다.

특수교육

학습 목표

지체 및 건강장애로 인한 도전이 학교 환경에서 발견되는 물리적 환경의 조정으로 어떻게 다뤄질 수 있는지 설명하고, 교사가 이러한 상태를 가진 학생의 독특하고 개별적인 요구에 어떻게 대응할 수 있는지 설명하라.

도전과 그 해결책

- 지체 및 건강장애가 있는 학생은 종종 신체적 능력, 이동성, 건강, 피로, 결석, 그리고 간헐적 건강 위기와 관련된 도전에 직면한다.
- 보조공학, 또래 지원, 원격학습, 보편적 학습설계, 그리고 관련서비스 제공과 같은 대응적 지원이 그러한 도전의 효과를 완화할 수 있다.

그림 11.3 도전: 지체 및 건강장애

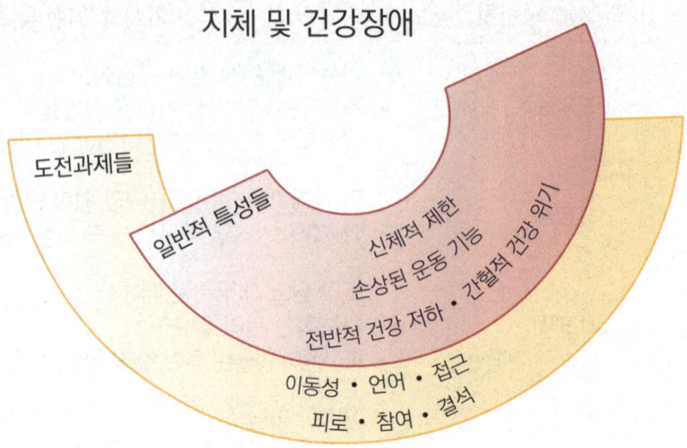

지체 및 건강장애가 있는 학생이 직면하는 공통 도전

이 장의 "특성" 섹션에서, 우리는 이러한 장애가 제시하는 많은 특징을 설명하면서 각 상태가 독특한 조합을 가지고 각 아동의 상황이 개별적으로 고려되어야 한다는 것을 강조했다. 일반적으로, 공통 특성은 신체적 능력의 제한, 손상된 운동 기능, 건강 상태 저하, 그리고 간헐적 건강 위기이다. 이것들은 교실 수행에 영향을 미칠 수 있는 무수한 도전으로 이어질 수 있다. 예를 들어, 신체적 제한은 손상되거나 제한된 이동성을 야기한다. 일부 학생은 더 자유롭게 움직이는 데 도움이 되는 휠체어나 보행기를 사용한다. 이러한 개인에게, 물리적 환경에 대한 접근은 학교 인력의 특별한 관심을 필요로 한다. 손상된 운동 기능은 일부 학생이 연필을 사용하거나, 책에서 페이지를 넘기거나, 심지어 명확하게 말하는 것을 제한하거나 방해한다. 그들이 지체장애나 건강장애를 가지든, 이러한 학생들 중 다수가 또한 큰 피로를 경험한다. 학교 활동에 참여하는 데 드는 모든 추가적 노력은 피곤하고 겉보기에 참여하지 않는 결과를 낳을 수 있다. 건강 문제가 있는 많은 학생이 의사를 자주 방문하거나 학교에 가기에 너무 아프기 때문에 높은 수준의 결석을 경험한다. 교육자는 참여 부족과 또래 및 교육과정에 대한 접근 부족이 가능한 한 학습을 손상시키지 않도록 그러한 문제를 다뤄야 한다. 그림 11.3은 지체 및 건강장애가 있는 아동이 종종 경험하는 도전을 요약한다.

지체 및 건강장애에 대한 공통 해결책

많은 도전이 교실 환경에 대한 간단한 조정으로 극복될 수 있는 반면, 다른 것들은 교사, 학생, 그리고 가족에게 특별한 서비스를 제공할 수 있는 전문가 팀의 작업을 필요로 한다. 다음 섹션에서, 우리는 이러한 독특한 요구를 구체적으로 다루는 많은 조정을 개괄한다. 여기서, 우리는 학생이 직면하는 문제들 중 일부를 해결하는 데 도움이 될 수 있는 일부 구체적인 지원을 간략히 제시한다.

지체장애가 있는 많은 학생이 제한된 이동성을 경험한다. 그들이 걸을 수 있을지라도, 그들의 노력은 그들이 돌아다니기 위해 보조공학(예: 지팡이, 목발, 휠체어)을 필요로 할 정도의 힘든 노력과 비효율

그림 11.4 해결책: 지체 및 건강장애

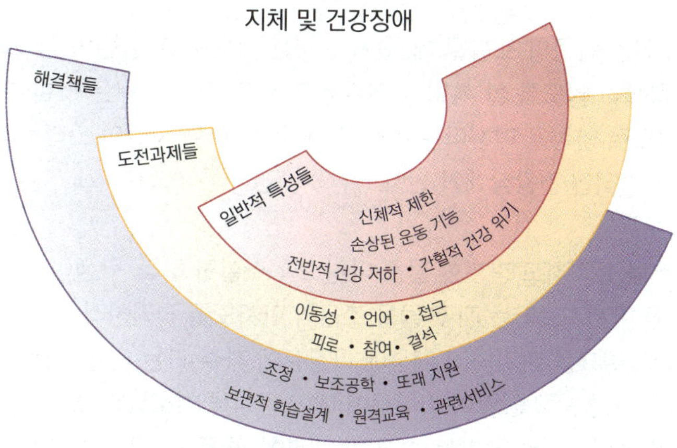

성으로 특징지어질 수 있다. 뇌성마비가 있는 학생은 또한 영향받은 사지를 지지하고 기능성을 증가시키거나 결국 뼈 기형과 추가적인 이동성 제한으로 이어질 구축을 예방하기 위해 보조기가 필요할 수 있다. 더 나아가, 보편적 학습설계의 원리(검토를 위해 2장 참조)는 지체장애가 있는 학생에게 많은 적용을 가진다. 예를 들어, 제한된 운동 기능을 가진 학생은 종종 쓰기에 어려움을 가지므로, 그들의 학습을 표현하거나 증명하기 위한 다른 선택사항(예: 구두 보고서)을 허용하는 것이 효과적일 수 있다.

건강장애가 있는 학생은 독특한 지원을 필요로 하는 다중 도전에 직면할 수 있다. 모든 지원이 완전한 해결책을 제공하지는 않을지라도, 많은 것이 장애의 영향을 해결하거나 줄인다. 예를 들어, 관련서비스 제공자는 조정의 실행을 돕고 교수 환경에서 보조공학기기의 사용을 촉진한다. 빈번한 결석을 다루기 위해, 교사는 학생을 교실에 연결하기 위해 원격교육(원격학습이라고도 함), 화상 채팅(예: 줌, 스카이프, 페이스타임), 그리고 가상 회의와 같은 다양한 기술을 사용할 수 있다. 또래는 교실에서 떨어져 있거나 운동 제한이나 과도한 피로로 인해 교실에서 필기에 문제가 있는 학생을 위해 필기를 할 수 있다.

교사는 지체 및 건강장애가 있는 학생을 매우 많은 방식으로 도울 수 있다. 교사를 위한 팁 박스의 사례는 심각하고 장기적인 특별한 건강관리 요구에 직면하는 이러한 학생을 위한 교육적 결과를 개선하기 위해 얼마나 많은 다른 대응이 결합될 수 있는지를 보여준다.

모든 아동이 독특하다는 것, 특히 지체장애, 건강장애, 또는 둘의 조합을 가진 아동이 그렇다는 것을 기억하라. 각 상태에 대한 대응은 종종 다학제팀의 많은 구성원으로부터의 전문화된 서비스와 모든 교육자와 가족 구성원의 특별한 관심을 필요로 한다. 이들 중 일부에 대해 이 장의 후반부에서 배운다. 그림 11.4는 지체 및 건강장애가 있는 학생이 직면하는 도전을 다루는 일부 일반적인 해결책을 제공한다.

조정

- 기술, 유연한 일정, 서비스 동물, 그리고 워드 처리 소프트웨어와 같이 지체 및 건강장애가 있는 학생

교사를 위한 팁 **겸상적혈구병 학생**

교실에 겸상적혈구병이 있는 아동이 포함될 때, 교사는 모든 사람이 이 질병이 심각하고 유전적이며 학생의 잘못이 아니라는 것을 확실히 알도록 할 특별한 의무를 가진다. 모든 사람은 또한 그것이 매우 드문 상태이지만 흑인에게 불균형적으로 영향을 미친다는 것을 알아야 한다. 그 사실이 고려될 때, 그것은 그 아동 집단에게 다섯 번째로 가장 일반적인 건강장애가 된다.

1. 학생이 하루 종일 수분을 유지하고 충분한 물을 마시도록 확실히 하라. 학생이 물병을 가까이 두도록 허용하고 한 번에 많은 양을 마시기보다는 자주 물을 조금씩 마시도록 격려하라.
2. 이 상태가 더 많은 소변 필요를 야기하기 때문에 화장실에 자주 가는 것을 허용하라. 영구적인 특별 통행증을 갖는 것은 교수에 대한 방해를 줄이고 학생에 대한 관심을 최소화한다.
3. 극도의 더위나 추위가 에피소드를 유발할 수 있기 때문에, 통풍이 되는 장소나 에어컨 통풍구 근처나 선풍기 앞에 학생을 앉히는 것을 피하라. 학생이 필요에 따라 체온을 조절하기 위해 여분의 옷을 갖추도록 격려하라.
4. 격렬한 활동을 줄이면서도 여전히 적당한 운동과 최대한의 참여를 허용하기 위해 쉬는 시간과 체육 동안 조정을 허용하라(예: 점수 기록자, 교사의 조수, 심판).
5. 부상의 경우 특별한 예방조치를 취하라. 부상에 차가운 팩을 놓지 마라. 상처에 압력을 가하고, 사지를 올리고, 의료진의 관심을 요청하라.
6. 뇌졸중의 신호를 주시하라. 학생의 개별화된 건강관리계획을 알고 쉽게 이용 가능하도록 확실히 하라. 빠르게 행동할 준비를 하라.
7. 학생의 정서적 웰빙에 주의를 기울이라. 이러한 학생들은 또래에 의해 놀림받아서, 그들이 위축되고 스스로를 고립시키게 할 수 있다. 그들이 가능한 한 많은 다른 급우들과 함께 학습하고 놀 수 있는 기회를 가능한 한 많이 만들어라.
8. 부모와 지속적으로 소통하라. 이메일, 문자, 전화, 또는 가정과 학교 사이에 메모를 주고받는 것일 수 있는 쉽고 유동적인 소통 체계를 마련하라.

출처: 질병통제예방센터(2015)에서 수정.

이 사용하는 많은 조정이 급우들과 일반교육 교육과정에 대한 지속적인 접근을 허용한다.

- 교사는 신중한 사고, 가구 재배치, 저장을 위한 공간 제공, 그리고 시각적 정보를 모든 사람의 눈높이에 배치함으로써 접근 불가능한 학교 환경으로 인한 장벽을 줄일 수 있다.

일반교육 교육과정 접근

아마도 다른 어떤 집단보다도, 신체적 또는 건강 문제가 있는 학생은 그들이 일반교육 또는 통합 교육 환경에서 완전히 참여할 수 있게 하는 조정을 받는다. 재활법 504조가 조정의 이용가능성을 요구한다는 것을 상기하라. 그러나, 교사는 신체적 또는 건강 상태가 있는 모든 학생이 특수교육 서비스를 필요로 하거나 받는 것은 아니라는 것을 기억해야 한다.

건강손상이 있는 학생이 지체장애가 있는 학생과는 다른 조정을 필요로 할 수 있지만, 두 장애 범주의 학생은 종종 지구력, 병원 방문, 그리고 질병과 관련된 도전에 직면한다. 이러한 이유로, 다음의 조정과 지원 중 일부가 적절한 교육을 제공하는 데 도움이 될 수 있다:

- 원격교육. 취약한 건강을 가진 일부 학생에게, 학교는 한 장소에 존재하지 않는다. 학생이 학교에 다니기에 너무 아플 때, 그들의 교육은 가정이나 병원에서 일어날 수 있다. 그들은 기술을 사용하여 일반교육 교육과정에 계속 접근할 수 있다. 많은 학교가 과제 게시, 완료된 숙제 업로드, 토론 게시판, 블로그 등의 선택사항을 제공하는 온라인 학습 관리 체계(예: 스쿨로지, 구글 클래스룸)를 사용한다. 이러한 체계는 정기적으로 학교에 다닐 수 없는 학생에게 완벽하다. 교사는 수업 강의의 비디오를 게시할 수 있고; 학생은 화상 채팅을 통해 수업 토론에 참여하고, 공동 문서에서 협력하며, 실천 공동체를 형성할 수 있다. 다른 경우에, 학생은 그들이 자신의 속도로 수업 내용을 진행할 수 있게 하는 온라인 강좌 선택사항을 필요로 할 수 있다.
- 디지털 교과서. 교과서는 종종 문제를 제시한다: 그것들은 운반하기에 너무 무겁고, 페이지를 조작하기 어려울 수 있다. 표준 교재는 노트북이나 모바일 기기에 쉽게 전달되는 전자교재로 대체될 수 있다. 개별교육계획을 가진 학생은 www.bookshare.org에서 접근 가능한 온라인 도서관인 북셰어를 통해 무료로 전자책을 주문할 수 있다.

건강 상태나 지체장애가 있는 많은 학생이 예외적으로 피곤하거나, 장기간 지속적으로 작업할 충분한 에너지가 없거나, 또래들을 따라갈 데 필요한 근력이 없는 기간을 경험한다. 조정은 다음과 같은 지원을 포함할 수 있다:

- 유연한 일정. 예를 들어, 건강 상태가 오후에 압도적인 피로를 야기하는 학생을 위해 더 어려운 수업을 아침에 배정하거나 복잡한 과제의 마감일을 연장하는 것이 필요한 전부일 수 있다.
- 워드 처리 소프트웨어. 이것은 다른 사람만큼 빠르고 효율적으로 쓸 수 없는 학생이 읽기 가능한 문서를 생산하면서 급우들을 따라갈 수 있게 한다.
- 장애인보조견. 이렇게 고도로 훈련된 보조견들은 손의 정밀 조작이 어렵거나 찬장 문을 열거나 무거운 책을 나르는 등의 작업을 수행할 신체적 힘이 부족한 개인들을 도울 수 있다. 추가적으로, 서비스 동물은 발작이 임박했다는 것을 개인에게 경고하고 발작을 할 때 그 사람을 보호할 수 있다. 이러한 개들이 학생과 함께 학교에 올 때, 또래들은 동물들이 일하고 있으며 그들의 임무수행이 방해받을 수 없다는 것을 이해해야 한다는 점에 주목하라. 서비스견에 대한 지속적인 보살핌과 관리가 어떤 수준의 성숙함과 헌신을 필요로 하기 때문에, 많은 조직이 12세에서 18세에 이르는 소유자에 대한 최소 연령 요구사항을 가진다. 서비스견의 책임과 역할에 대해 교육받은 나이가 많은 학급 또래들은 그 동물들을 애완동물처럼 대하거나 수업에서 동물에 의해 주의가 산만해질 가능성이 낮다.

표 11.3 지체 및 건강장애가 있는 학생을 위한 제시, 환경, 반응, 그리고 일정 조정

제시 방식 (Presentation)	환경 설정 (Setting)	반응 방식 (Response)	일정 또는 시간 조정 (Scheduling or Timing)
• 디지털 교재	• 접근 가능한 위치	• 컴퓨터	• 휴식 시간
• 필기 도우미	• 접근 가능한 작업 공간 (예: 조절 가능한 책상)	• 대필자	• 시간 연장
• 위치 조정 도구 (예: 북스탠드)	• 원격 교육	• 음성-텍스트 변환 소프트웨어	• 유연한 일정
• 작업 공간에 자료 고정	• 또래 또는 그룹과 함께 작업	• 단어 예측 소프트웨어	• 과제 분할 또는 축소

표 11.3은 지체 및 건강손상이 있는 학생에게 이익이 될 수 있는 조정을 강조한다. 다시, 적절한 조정을 결정할 때, 개별화교육계획 팀은 학생의 기능적 능력과 요구를 고려해야 한다.

물리적 환경에 대한 장벽 제거

지체장애가 있는 학생이 학교 하루 전반에 걸쳐 많은 조정을 받을 수 있지만, 그들은 종종 학교 건물과 교실이 접근 불가능하다는 것을 발견한다. 특히, 오래된 학교들은 휠체어나 이동성 문제를 염두에 두고 설계되지 않았다. 마찬가지로, 교사는 종종 신체적 제한이 있는 학생의 요구를 고려하지 않고 교수 효율성을 위해 그들의 교실을 설치한다. 그러나, 물리적 환경에 대한 수정은 지체장애가 있는 학생을 위한 장벽을 줄이는 데 중요하다. 교사는 다음을 통해 이동성 문제가 있는 학생을 위한 더 환영적이고 친근한 교실 환경을 만들기 시작할 수 있다:

- 움직임에 대한 위험과 장벽 제거
- 교실 통행 패턴 개선
- 유연한 좌석 배치 만들기
- 보조공학기기를 저장할 안전하고 확실한 공간 제공
- 부피가 큰 장비를 저장하거나 휠체어가 자유롭게 지나갈 수 있도록 교실에서 더 많은 공간 만들기
- 테이블, 책상, 그리고 다른 가구 재배치
- 휠체어에서 볼 수 있는 높이에 시각적 정보(예: 그래프, 포스터, 차트) 배치
- 접근 가능한 위치에 용품 배치

조기 중재

- 신생아 선별검사의 발전이 이제 많은 상태의 조기 판별을 허용한다.
- 조기 판별은 아동의 생애에서 중요한 시점에 치료와 서비스의 전달을 가능하게 하며, 이는 장애의 영향을 예방하거나 감소시킬 수 있다.

질병과 상태의 조기 판별

최근까지, 많은 주요 지체 및 건강장애의 발생률은 충분히 일찍 판별되지 않았기 때문에 감소되거나 예방될 수 없었다. 이제, 신생아 선별검사가 생명을 구하고 장애를 예방하고 있다. 신생아 선별검사의 아이디어는 반복적 노출과 함께 지적장애를 야기할 수 있는 페닐케톤뇨증(PKU)으로 알려진 상태

인, 우유의 단백질을 처리할 수 없는 아기를 판별하기 위해 1960년대에 처음 소개되었다. 유아기에 페닐케톤뇨증을 판별하고 가족에게 알리는 것은 그들이 페닐케톤뇨증이 있는 아기에게 우유와 단백질이 높은 다른 음식을 주는 것을 삼가도록 허용했다. 그 선구적 노력 이후로, 증가하는 수의 신생아 선별검사가 개발되었다. 예를 들어, 약 30개의 대사 장애가 이제 유아가 병원을 떠나기 전에도 그들로부터 취한 혈액 패널에서 판별될 수 있다. 이러한 검사는 선천성 갑상선기능저하증, 선천성 톡소플라스마증, 낭포성 섬유증, 이분척추, 페닐케톤뇨증(PKU), 겸상적혈구병, 그리고 많은 다른 장애를 감지한다.

산전 선별검사의 발전은 이러한 상태들 중 많은 것을 가진 아동을 위한 개선된 결과에 대한 새로운 지평을 열어주었다. 1996년에 처음 시행된 태아 수술은 아동이 태어나기 전에 심각한 선천적 결함의 치료를 위한 상대적으로 새로운 선택사항이다. 이러한 절차가 연간 800건 미만으로 시행되는 것으로 추정된다. 그러나, 결과는 유망하고 미래 가능성의 일견을 제공한다. 예를 들어, 2021년 연구는 태어나기 전에 이분척추를 교정하기 위해 태아 수술을 받은 4세 아동이 출생 후 수술을 받은 아동보다 뇌의 과도한 체액인 수두증의 감소된 빈도와 더 나은 이동성을 가졌다는 것을 발견했다. 절차는 여전히 아기와 어머니에게 위험하지만, 연구가 계속 발전하고 의료진을 안내함에 따라 그러한 수술이 훨씬 더 안전해지고 더 많은 상태를 포함할 것이라는 많은 낙관론이 의료계에 확산되고 있다.

다른 유형의 선별검사는 다른 신체적 또는 건강 상태를 가진 유아를 판별하는 데 도움이 된다. 예를 들어, 50개 주 모두가 심각한 청각손상이나 농이 있는 아기를 판별하는 데 도움이 되는 조기 청력 감지 및 중재에 대한 어떤 종류의 순응 프로그램을 가진다(이는 12장에서 더 자세히 논의된다).

신생아 선별검사가 장애의 영향을 예방하거나 감소시키는 방법

일부 신생아가 처음에는 건강해 보일 수 있지만, 선천성 심장결함, 농, 또는 혈액 상태와 같은 매우 심각한 상태가 존재할 수 있다. 신생아 선별검사는 아동과 가족에게 생명을 구하는 기법을 가져오는 데 중요할 수 있는 조기 판별과 치료를 목표로 한다. 이러한 검사는 일반적으로 아기가 떠나기 전에 병원에서 실시되거나, 병원에서 태어나지 않은 경우 출생 직후 인근 의사 사무실, 병원, 또는 클리닉에서 실시된다.

때때로 이러한 검사는 추가 검사를 필요로 하는 위양성 결과를 제공한다. 그러나, 신생아가 중요한 상태의 징후를 보일 때, 뇌손상, 장기 손상, 그리고 심지어 사망과 같은 심각한 문제를 예방하는 데 도움이 되는 단계가 종종 취해질 수 있다. 때때로 교정 행동은 아기의 식단을 바꾸는 것만큼 간단할 수 있다. 예를 들어, 페닐케톤뇨증의 경우에, 단백질이 풍부한 음식과 일부 감미료가 아기의 몸에 축적된다. 아기를 특별한 식단에 두는 것은 뇌손상을 예방할 수 있다. 갑상선기능저하증과 같은 다른 상태는 느린 성장과 뇌손상을 피하기 위해 약물을 이용한 조기 치료를 필요로 한다. 겸상적혈구병을 조기에 감지함으로써, 적절한 치료가 시행될 수 있고 심각한 질병이 발전하지 않도록 예방적 조치가 제도화될 수 있다. 선천성 심장결함을 감지하는 것은 수술로 문제의 교정을 수행한다; 조기 중재자는 그런 다음 정상적 발달이 일어날 수 있는 물리적 환경을 준비하도록 가족을 도울 수 있다. 다른 상태의 조기 판별은 예방적 행동을 허용하고 심각한 증상이 발생할 경우 조치가 빠르게 취해질 수 있도록 가족과 의사를 준비시킬 수 있다. 매해 더 많은 주가 아기가 병원을 떠나기 전에 증가하는 수의 유전적, 내분비적, 그리고 대사적 상태를 정기적으로 검사한다. 의료 기술의 이러한 발전은 그렇지 않으면 평생 장애의 위험에 있는 아동을 위한 더 나은 결과로 이끈다.

학령기: 건강 응급상황, 건강관리, 발작, 그리고 다학제팀

- 학교에서의 발작을 포함한 건강 응급상황은 그들 학교의 절차와 규약을 알고, 아동을 안전하게 지키며, 급우들을 안심시키는 교사의 신속한 행동을 필요로 한다.
- 다른 관련서비스 제공자들이 함께 모여 지체 또는 건강장애가 있는 각 학생의 독특한 요구를 다루기 위해 다학제팀을 형성한다.

"특수교육" 섹션의 시작에서 배웠듯이, 지체 및 건강장애로 인해 제시되는 일부 도전은 상대적으로 간단한 해결책을 필요로 한다; 그러나, 이제 알게 될 것처럼, 다른 것들은 관련서비스 제공자, 교사, 그리고 가족의 복잡하고 조정된 행동을 필요로 한다.

의료 응급상황에서의 교사 역할

교사의 책임은 교수를 넘어 확장되며, 의료 위기가 학교에서 발생할 때, 교사는 학생에게 도움을 제공하는 데 중요한 역할을 한다. 아동의 건강 응급상황과 사고는 어디서든 일어날 수 있고 실제로 일어난다. 그것들은 일반적으로 예측 불가능하고 부정적 결과를 최소화하기 위해 성인의 신속한 대응을 필요로 한다. 많은 학교 인력이 학생이 넘어져서 팔이 부러지거나, 연습장에서 부상을 당하거나, 고열의 신호를 보일 때 취해야 할 행동을 안다. 더 심각한 의료 응급상황에 대해, 많은 학교가 따라야 할 명확한 절차 집합을 가진다. 모든 교사와 현장 학교 관리자가 학교의 절차에 정통하다는 것이 중요하다.

아동이 그들의 하루 중 상당 부분을 학교에서 보내기 때문에, 아동기 부상의 추정 10~20%가 그곳에서 발생한다는 것은 놀랍지 않다. 더 나아가, 만성 건강관리 요구가 있는 점점 더 많은 아동이 그들의 인근 학교에 다니면서, 학교에서의 의료 응급상황의 발생률이 증가했다. 동시에, 학교 간호사가 더 이상 단일 학교에 배정되는 경우는 드물다; 대부분이 일주일 내내 순환하면서 여러 학교에 순회 의료 보장을 제공한다. 결과적으로, 교사가 종종 약물, 응급상황, 그리고 부상을 다루는 최전선에 있다. 분명히, 발작, 질식, 출혈, 머리 외상, 알레르기 반응, 그리고 스포츠 사고와 같은 사건에 대한 응급 계획과 규약이 있어야 한다. 또한, 모든 학교는 의료 용품을 쉽게 준비해 두어야 하고, 응급 의료 서비스에 언제 그리고 어떻게 연락할지에 대한 절차도 있어야 한다.

교사는 특별한 건강관리 요구를 가진 모든 학생을 알고 있어야 한다. 그들 중 다수가 약물, 활동 수준, 식이 요구, 장비, 교통, 조정, 그리고 응급 절차(부모와 의료진에 대한 연락 정보 포함)에 대한 중요한 정보를 포함하는 개별화된 건강관리계획을 가진다. 특수교육 서비스를 받는 학생의 경우, 이러한 계획들은 그들의 개별화교육계획의 일부이다. 개별화된 건강관리계획은 최신이고 모든 관련 학교 인력이 쉽게 접근할 수 있어야 한다. 다음에 개별화된 건강관리계획, 다른 응급 계획, 그리고 양식에 대해 더 배운다.

가족: 학교에서의 건강관리에서 그들의 중요한 역할

건강장애가 있는 모든 아동은 개별화된 건강관리계획, 완성된 응급 정보 양식, 그리고 응급치료계획을 가져야 한다. 이러한 문서에 포함된 정보는 개별화교육계획이나 504 계획의 개발에 사용된다. 실제로, 개별화된 건강관리계획은 각각의 계획의 일부가 된다. 가족 구성원은 종종 의사, 학교 간호사, 교사, 그리고 다른 학교 인력 사이의 연락자로서 그들 자신을 발견한다. 그들과 그들의 아동은 기술과 장비(예: 기관절개술, 수유관, 인슐린 펌프, 포도당 모니터)에 대한 정보가 현재적이고 정확하다는 것을 보장하는 행동의 중심에 있다. 어떤 특별한 장비든 캠퍼스에서 이용 가능해야 한다. 예를 들어, 천식 응급상황에 대한 준비(천식이 학령기 아동에게서 매우 일반적이라는 것을 기억하라)는 산소, 분무기, 그리고 자가 주사(self-injectable) 놓을 수 있는 에피네프린이 학교에 있어야 한다는 것을 필요로 한다. 가족은 종종 이러한 응급 기기가 학교에 구비되어 교직원들이 사용할 수 있도록 하는 것을 옹호하고 보장하는 역할을 담당한다.

미국소아과학회는 개별화교육계획이나 504 계획이 있든 없든 간에 모든 학생이 매년 업데이트되는 응급치료계획을 갖추도록 강력히 촉구한다. 교실에서든, 운동장에서든, 또는 운동장에서든 누구에게나 사고는 일어날 수 있다. 이러한 계획들은 119 신고 시 쉽게 접근하여 응급요원에게 전달할 수 있어야 한다. 학생의 의사, 가족 구성원 연락처, 그리고 약물, 알레르기, 건강 상태에 대한 기본 정보가 정확하고 최신인 것은 응급상황 시 소중한 시간을 절약할 수 있다. 학교는 또한 학교 인력의 역할을 명시하는 행동 계획이 필요하다. 예를 들어, 누가 아동과 함께 머물고, 누가 119에 신고하고, 누가 부모에게 연락할 것인가가 그 예이다. 그러나 건강장애가 있는 학생의 경우, 이러한 계획들은 필수적이며 간호사나 관리자 사무실에 보관되어 쉽게 접근할 수 있고 최신 상태여야 한다. 놀랍게도, 이러한 보편적 준비는 이루어지지 않고 있다. 천식이 있는 학생의 약 24%와 음식 알레르기가 있는 학생의 51%만이 응급계획을 갖추고 있는 것으로 추정된다. 대부분의 소아과 의사들은 가족과 의사가 작성하여 학교에 제공할 수 있는 응급치료계획과 응급정보양식의 템플릿 양식을 가지고 있다. 가족의 참여는 필요할 뿐만 아니라 중요하다. 불행히도, 모든 것이 제대로 갖춰지고 최신 상태인지 확인하는 책임은 종종 가족 구성원에게 부여된다. 교사와 다른 학교 인력은 가족 및 전체 학교 팀과 협력하여 적절한 사람들이 적절한 정보를 가지고 있고 응급상황 시 필요할 수 있는 모든 사람이 접근할 수 있도록 하는 과정을 촉진함으로써 부담을 덜어주는 데 도움을 줄 수 있다.

정보 양식의 무료 사본은 https://www.acep.org/by-medical-focus/pediatrics/medical-forms/emergency-information-formfor-children-with-special-health-care-needs/에서 다운로드할 수 있다.

학교에서의 발작

정상적인 기능을 방해하는 뇌의 비정상적인 전기 에너지 폭발인 발작(seizure)은 우리 대부분이 생각하는 것보다 더 흔하다. 발작은 뇌에서 한 번에 너무 많은 전기 신호가 발생할 때 일어난다. 이러한 통제되지 않는 전기 신호는 인식, 움직임, 또는 감각의 변화를 야기한다. 일부 사람들은 선호되는 용어인 발작 대신 경련이라는 용어를 사용한다. 30가지 이

표 11.4 주요 발작 유형

집단	유형
전반성 발작: 뇌의 양쪽에 모두 영향을 미침	결신발작(소발작): 빠른 눈 깜빡임이나 몇 초간 허공 응시
	강직간대발작(대발작): 사람이 소리를 지르거나, 의식을 잃거나, 땅에 쓰러지거나, 근육 경련이나 연축을 보이고, 이후 피로가 따름
국소발작(부분발작): 뇌의 한 영역에 위치	단순 국소발작: 경련, 이상한 맛이나 냄새와 같은 감각 변화를 야기할 수 있음
	복합 국소발작: 사람이 혼란스럽거나 멍한 상태가 되어, 몇 분간 질문에 답하거나 지시를 따를 수 없게 할 수 있음
	이차성 전반화 발작: 뇌의 한쪽에서 시작하여 국소발작으로 시작한 후, 뇌의 양쪽으로 퍼져서 전반성 발작이 됨

출처: 질병통제예방센터(2020c)에서 수정.

상의 발작 유형이 있으며, 뇌전증이 있는 사람은 한 가지 이상의 유형을 가질 수 있다. 다음은 몇 가지 중요한 사실들이다. 첫째, 모든 아동의 4~6%가 한 번의 발작을 경험하는 것으로 추정된다. 둘째, 한 번만 발작을 한 아동은 뇌전증이 있는 것이 아니다. 셋째, 뇌전증(epilepsy)은 신경운동 손상으로, 사람이 두 번 이상의 발작을 하는 의학적 상태이다; 그러나 1,000명 중 0.6%의 학생만이 뇌전증을 가진다. 그리고 넷째, 뇌전증이 있는 대부분의 아동은 상태를 통제하기 위해 약물을 복용하거나 특별한 식단을 사용한다. 그들은 스포츠를 하고, 데이트하고, 사교하며, 다른 모든 사람처럼 대우받기를 원한다. 뇌전증이 있지만 발작이 없는 청소년은 운전면허를 받을 수 있다.

교사와 학교 인력은 급우들이 뇌전증이 천식과 같은 의학적 상태이며 뇌전증이 있는 학생을 괴롭히거나 놀리는 이유가 되어서는 안 된다는 것을 이해하도록 도와야 한다. 그들은 괴롭힘을 당하는 친구를 지원하고 괴롭히는 사람에게 맞서야 한다. 괴롭히는 사람은 성인에게 신고되어야 한다. 뇌전증이 있는 사람들이 더 높은 괴롭힘 비율을 가지는 한 가지 이유는 아마도 이 상태에 대한 두려움 때문일 것이다. 발작은 예기치 않게 일어나고, 일부 유형의 발작은 에피소드 동안 통제되지 않는 움직임을 야기하기 때문에 충격적이거나 놀라울 수 있다. 학교의 모든 사람은 발작에 대해 더 많이 알아야 하고 에피소드 동안 성인이 따라야 하는 안전이나 응급처치 절차를 알아야 한다. 표 11.4는 주요 발작 유형의 간략한 개요를 제공하고 교사를 위한 팁 박스는 발작 시 따라야 할 단계를 제시한다.

발작이 발생할 때, 교사는 이중 책임을 진다. 그들은 사건 후 학생이 적절한 의료 관심을 받도록 예방조치가 취해진다는 것을 확실히 해야 하고 또 다른 발작 에피소드에 대비해야 한다. 그들은 또한 급우의 행동에 의해 놀랐을 수 있는 급우들의 두려움을 해소하고 다른 건강손상이 있는 학생과 마찬가지로 발작을 경험한 학생을 교실로 다시 환영해야 한다.

교사를 위한 팁 **학교에서의 발작 응급처치**

- 발작 시간을 측정하라.
- 아동을 안전하게 보호하라.
- 침착함을 유지하라.
- 반 친구들을 안심시켜라.
- 아동을 바닥에 조심스럽게 눕혀라.
- 주변을 정리하라.
- 머리 밑에 베개를 받쳐라.
- 옆으로 눕혀라.
- 아동의 입에 아무것도 넣지 마라.
- 기도를 확보하라.
- 아동을 붙잡거나 억제하지 마라.
- 경련이 멈춘 후 휴식하게 하라.
- 수업 참여를 재개시켜라.
- 발작이 5분 이상 지속되거나 아동이 호흡 곤란을 겪으면 의료진에게 도움을 요청하라.

출처: 미국뇌전증재단(2020)에서 수정.

관련서비스의 역할

다양한 관련서비스 제공자들이 함께 모여 서로 다른 지체 및 건강장애가 제시하는 요구와 도전을 다루기 위한 독특한 다학제 팀을 형성한다. 그들은 교사와 협력하고 때로는 특정 서비스나 치료를 제공한다. 학교 간호, 물리치료, 그리고 작업치료가 이러한 학생들을 위해 가장 일반적으로 사용되는 관련서비스이지만, 많은 다른 서비스들도 활용된다(장애인교육법을 통해 제공되는 관련서비스의 검토를 위해 4장 참조). 학생 상태의 유형과 복잡성이 매우 다양하다는 것을 기억하라. 개별화교육계획 회의 동안, 개별적으로 결정된 다학제 팀(예: 교육자, 학교 간호사, 물리치료사, 작업치료사, 학교 심리학자)의 구성원들이 함께 모여 개별 학생이 필요로 하는 정확한 서비스를 명시한다. 각 관련서비스 제공자가 전문화된 전문성을 가지고 있지만, 팀의 결합된 포괄적 지식은 학생이 학교, 가정, 그리고 지역사회에서 활동에 참여할 때 더 큰 성공을 가져올 수 있다.

지체장애나 건강장애 중 어느 것도 특정 관련서비스와 연관시키지 않는 것이 중요하지만, 학교 간호사를 건강장애가 있는 학생과 연관시키는 것은 자연스럽고, 종종 옳다. 만성적이고 장기적인 질병이 있는 학생의 경우, 학교 간호사는 종종 사례 관리자의 역할을 담당한다. 그들은 각 학생의 개별화된 건강관리계획에 명시된 특정 조정과 수정의 실행을 조정한다.

건강장애가 있는 대부분의 학생은 일반교육 교육과정에 접근하고 성공하기 위해 매우 적은 조정을 필요로 한다. 그러나 일부 학생은 그들의 인근 학교에 다니기에 너무 아플 수 있다. 이러한 경우에, 교수는 그들의 가정이나 심지어 병원 환경에서 전달되어야 할 수 있다. 이러한 학생들이 학교로 돌아갈 만큼 건강해질 때, 그들은 처음에 파트타임으로 그렇게 하며, 점진적으로 학교에서 보내는 시간을 늘린다. 이 첫 번째 전환 기간 동안, 학교 간호사는 다른 의료진, 가정 기반 교사, 병원 교육자, 학급교사, 그리고 가족 구성원과 조정하여 건강관리 서비스의 원활한 조정을 보장함으로써 귀중한 서비스를 제공한다. 재입학 전략은 학습뿐만 아니라, 학교에서 떨어져 있고 감소된 힘을 다루는 것의 사회-정서적 영향을 다뤄야 한다.

물리치료사는 학생의 움직임의 질을 평가하고 비효율적인 운동 패턴을 보상하고 변화시키는 방법을 가르친다. 지체장애가 있는 대부분의 학생은 걷기든 논문 쓰기든 그들의 근육을 통제하고 자유롭게 움직이는 도전을 극복하기 위해 도움이 필요하다. 이것은 종종 물리치료사가 먼저 학생의 기술을 사정하고 그런 다음 학생에게 치료를 제공하고 교사와 협의하는 것을 필요로 한다.

작업치료사는 상체 움직임, 소근육 기술, 그리고 일상생활 활동에서 사용되는 다른 기술을 사정평가하고 개선하기 위해 작업한다. 물리치료사와 작업치료사는 함께 학생의 신체적 능력을 분석하고 그런 다음 어떤 보조공학기기가 유익할지를 결정한다(종종 보조공학 전문가와 함께). 학생의 신체적 능력을 평가한 후, 작업치료사는 다음과 같은 문제로 교사를 도울 수 있다:

- 그들이 제공해야 하는 조정이 무엇인지 알기
- 신체적 어려움이 있는 학생이 강의 중 필기할 때 편안하게 앉을 수 있도록 적절한 자세 이해하기
- 휠체어가 자유롭게 지나갈 수 있도록 교실 배치하기

이러한 전문가들은 연필, 컴퓨터 키보드, 또는 책상과 의자를 적응시키는 효과적인 방법을 알기 때문에, 그들은 또한 제한된 힘을 가진 학생이 수업에서 수업으로 무거운 책가방을 운반하는 데 도움이 될 기기를 판별하는 데 도움을 줄 수 있다.

건강장애가 있는 청소년의 전환 요구

우리는 방금 지체 및 건강장애가 있는 학생의 첫 번째 전환 단계가 질병이나 부상으로 인해 학교에서 떨어져 있어야 하는 상태를 가진 학생들에게 발생한다고 언급했다. 그들이 학교로 돌아갈 때, 그들은 종종 재적응할 시간이 필요하고 그 전환 시간에 대한 조정을 받아야 한다. 일반적으로, 학교 간호사는 학교 재입학을 긍정적인 경험으로 만들고 아동의 요구를 충족하기 위해 건강 전문가와 가족과 조정하는 데 도움을 준다. 많은 학교 간호사들이 또한 개별화교육계획이나 504 계획을 가진 학생을 위한 건강 전환계획의 광범위한 조정에 도움을 준다. 학교 간호사는 기밀성을 유지하면서 네트워크 시스템과 주요 이해관계자들 간에 정보를 소통하고 촉진하는 데 고유한 자격을 갖추고 관련 경험이 있다. 그들은 또한 지역사회 자원을 가족과 학생과 연결하는 데 도움을 줄 수 있다.

그러나 이제 성인기와 독립성으로의 전환을 시작하면서 지속적인 건강관리 요구를 가진 학생들에게 주의를 돌리고자 한다. 그들과 그들의 가족은 다뤄야 할 많은 문제들을 가지고 있다. 청소년기는 대부분의 십 대들이 자신의 삶에 대한 통제를 시작하고 싶어 하는 시기이며, 장애가 있는 학생들에게는 자신의 장애를 점점 더 인식하게 되는 시기이다. 그들은 건강관리 제공자와 자신의 건강에 대한 대화에 참여하고 의사결정 과정의 일부가 되기를 원한

다. 그들이 자신의 건강 목적을 이해하고 교사가 학령기 전반에 걸쳐 촉진할 수 있는 자기옹호 기술을 개발하는 것이 중요하다. 예를 들어, 교사는 건강 상태가 있는 학생들이 그것이 무엇인지와 성공하기 위해 어떤 조정이 필요한지를 설명하도록 격려할 수 있다. 학생이 학교에서 일과 중 약물을 복용해야 한다면, 교사는 처음에는 학생에게 복용할 시간이라고 상기시킬 수 있지만, 그런 다음 그들이 스스로 기억할 수 있는 체계를 개발하도록 돕고 결국 실제로 그렇게 했는지를 독립적으로 점검하도록 도울 수 있다. 그러한 자기옹호 능력은 대학에 진학하여 룸메이트와 학생 서비스 직원과 협상하든 직장으로 옮겨가서 고용주, 감독자, 그리고 동료와 거래하든 사용될 것이다. 그들이 사회보장 급여를 받는다면, 고등학교를 떠나기 전이 임금을 받으면서도 급여를 유지할 수 있는 인센티브 기회에 대해 급여 상담사와 이야기할 시기이다.

개인이 18세가 될 때까지, 그들은 자신의 건강관리에 대한 완전한 책임을 지거나 다른 계획을 세우고 문서화해야 한다. 아직 그렇게 하지 않았다면, 소아과의사에서 일반의로 전환할 시기이다. 많은 것이 관련되어 있다; 그들이 알아야 할 것들과 해야 할 것들이 있다. 우리는 다음에 그중 몇 가지를 강조하지만, 이 모든 것에서 독립성 수준을 달성하려면 상당한 계획과 팀워크가 필요하다는 것을 인식한다. 필요한 모든 지식과 기술을 숙달하는 것은 벅찬 일일 수 있다; 그중 일부가 아래에 나열되어 있다. 성공적인 전환을 돕기 위해, PACER 센터는 청소년, 그들의 가족, 그리고 옹호자를 위한 상세한 체크리스트를 개발했으며, 이는 https://www.pacer.org/transition/resource-library/publications/NPC-54.pdf에서 이용할 수 있다.

- 다음을 할 수 있음으로써 기본적인 건강관리 지식을 보여주기:
  - 자신의 장애나 건강관리 상태 설명하기
  - 다른 사람에게 특정 요구 설명하기
  - 필요한 조정을 위해 자기옹호하기
  - 복용하는 약물의 이름과 용량 알기
  - 건강관리 제공자의 이름 알기
  - 언제 119에 전화하거나 응급 치료를 받아야 하는지 알기
- 다음의 관리 담당하기:
  - 건강관리 정보(의료용 ID 팔찌, 보험 카드)
  - 건강관리 기록과 문서
  - 의사 예약과 원격 진료
  - 약물
  - 개인 건강(식단, 운동, 위생)
  - 건강관리 재정(보험, 본인부담금, 공제액, 보장 선택사항)

이러한 복잡한 기술을 달성하는 핵심은 자기옹호를 할 수 있는 것이다. 이 장의 "연구기반실제 자세히 보기" 박스는 학생이 자기옹호와 자기결정 능력을 얻도록 돕는 데 포함된 단계의 요약을 제공한다.

연구기반실제에 관한 심층적 탐구 **자기옹호**

자기옹호란 무엇인가?

자기결정이라고도 불리는 자기옹호는 자신을 위해 목소리를 내고, 자신의 요구를 설명하며, 선택사항을 평가하고, 목표를 달성하기 위해 주도권을 잡고, 협상하며, 자신의 행동의 결과를 받아들이는 능력을 가져오는 복잡한 기술 집합의 숙달을 필요로 한다.

왜 중요한 능력인가?

자기옹호를 할 수 있는 것은 지체 및 건강장애가 있는 학생에게 특히 중요하다. 젊은 성인이 자신의 삶에 대한 더 큰 책임을 지게 되면서, 그들은 자신의 삶을 계획하고, 독립하며, 건강관리 요구를 관리하는 데 주요한 역할을 할 수 있어야 한다. 학생이 학교를 떠날 준비가 될 때까지, 그들은 고용주, 동료, 룸메이트, 친구, 의료 전문가, 또는 교수로부터 도움을 구하는 것이든 자신을 위해 옹호할 수 있어야 한다. 또한, 연구는 자기옹호를 하는 학생이 더 학업적으로 성공하고 학교에 참여하며, 전환 계획에 기여하고, 더 긍정적인 중등후 참여를 달성하며, 더 높은 삶의 질과 성인 초기에 더 긍정적인 경험을 보고한다고 시사한다.

자기옹호의 구성 기술은 무엇인가?

자기옹호를 할 수 있는 것은 복잡한 기술 집합을 적용할 수 있는 능력을 필요로 한다. 이는 개인이 다음을 할 수 있어야 함을 필요로 한다:

- 선택하기
- 결정하기
- 문제해결하고 선택사항 평가하기
- 개인적 목적 설정히기
- 자신감 보여주기
- 요구와 욕구 의사소통하기
- 시간과 일상 활동 관리하기
- 개인적 강점과 약점 이해하기
- 다른 사람으로부터 지원 구하기

자기옹호는 어떻게 개발되는가?

지나치게 단순화된 답은: 학령기 전반에 걸쳐 자기옹호 목적을 구축하고 보여줄 교수와 기회를 통합하는 것이다. 위에 나열된 자기옹호의 모든 구성요소가 함께 결합되어야 한다. 그것이 일어나려면 각 구성요소가 학령기 전반에 걸쳐 학생의 개별교육계획의 주제적 부분이 되어야 한다. 자기옹호를 위한 교수와 기회는 초등학교 시절에 시작되어 고등학교까지 계속 발전해야 한다. 그러나 개별적으로 결정된 개별교육계획 목적이 개발될 때, 문화적 가치가 학생 독립성과 가족 상호의존성 사이에서 균형을 이루도록 보장하고 개별교육계획 목적이 그 개인의 독특한 상황을 충족하도록 학생을 포함시키기 위해 가족과 협력하는 것이 중요하다.

초등학교 시절 동안, 교사는 학생이 다른 사람에게 자신의 장애나 건강 상태를 설명하고 질문을 하고 답을 공식화하도록 도움으로써 자신의 관심과 요구를 표현함으로써 의사소통하는 것을 배우도록 도울 수 있다.

연구기반실제에 관한 심층적 탐구 **자기옹호**

교사는 자기결정을 연습할 기회를 제공하기 위해 처음에는 간단하고 시간이 지나면서 더 복잡한 선택을 포함시킬 수 있다. 예를 들어, 읽을 책을 배정하거나 쓸 논문의 주제를 배정하는 대신, 교사는 학생이 여러 선택사항 중에서 선택하도록 허용할 수 있다. 교사는 점심으로 카페테리아에서 무엇을 선택할지에 대해 어떻게 선택하는지를 모델링하고 학생이 건강한 식단을 위해 어떤 선택을 해야 하는지 생각해보도록 도울 수 있다. 학생은 자신의 강점과 약점을 설명하고 자신의 목적을 다른 사람에게 의사소통하는 언어 기술을 개발해야 한다.

학생은 매일 그리고 일주일에 걸쳐 달성해야 하는 것들의 체크리스트를 개발하는 것을 배울 수 있다. 아동이 나이가 들면서, 그들은 언제 약물을 복용하고, 짧은 휴식을 취하거나, 조정을 요청해야 하는지를 기억하는 데 도움이 되는 그래픽 조직자를 만들 수 있다. 학생은 또한 건강관리 정보(예: 보험 카드, 응급상황 시 연락할 사람 목록, 의료용 ID 팔찌)를 가지고 있다는 것을 확실히 하는 더 많은 책임을 져야 한다. 여기서, 교사와 가족은 먼저 부드러운 상기시킴, 명시적 교수, 그리고 점점 더 많은 책임을 지는 것에 대한 일부 강화와 칭찬과 함께 협력할 수 있다. 교사는 학생에게 숙제와 과제 마감일을 추적하기 위해 디지털 달력을 사용하는 방법을 가르치기 위해 함께 작업할 수 있으며—이는 나중에 건강관리 예약, 대학 과제, 또는 업무 의무를 관리하는 데 적용될 수 있는 기술이다. 고등학교에 다니게 되면, 학생은 질문이나 과제에 대한 명확화를 구하거나 건강 상태가 변했음을 알리기 위해 교사에게 문자를 보내는 것을 배울 수 있다. 이 기술을 점진적으로 숙달하는 것은 나중에 대학이나 업무 상황에서 학생에게 도움이 될 것이다. 또한 건강관리 제공자와의 상호작용을 준비하는 데도 도움이 될 것이다.

이제 자기옹호를 달성하는 것이 수년이 걸릴 수 있다는 것이 분명해야 한다. 교수와 기회는 학령기 초기에 시작되어 체계적으로 계획되고 학생의 개별교육계획에 명시된 작은 단계로 발전해야 한다. 학생이 이 능력을 숙달하도록 돕는 것은 가족과 학교 인력 그리고 학생 참여 전반에 걸친 팀워크, 협력, 그리고 조율을 필요로 한다.

사람과 상황

학습 목표

지체 및 건강장애가 있는 개인들이 인간 역사를 통해 어떻게 나쁘게 대우받아 왔는지, 어떤 행동들이 그들이 대우받았던 방식의 개선으로 이어졌는지, 그리고 미국 생활에서 그들의 참여가 어떻게 여전히 개선될 수 있었는지의 사례를 제공하라.

기원과 역사

- 인간 역사의 시작부터, 지체 및 건강장애가 있는 개인들은 잔인하고 비인도적인 대우를 받으며 나쁘게 대우받아 왔다.
- 그들 중 다수가 지체 및 건강장애를 가진 활동가들이 오늘날의 접근성, 태도, 그리고 참여의 변화에 대한 책임이 있다.

시간에 걸친 불공정하고 부당한 대우

지체 및 건강장애의 역사는 인류의 역사만큼 오

래되었다. 불행히도, 이러한 개인들과 그들의 상태에 대한 많은 이야기들은 끔찍하며—오해, 학대, 그리고 비극으로 가득하다. 그러나, 역사는 우리의 현재 지식을 고려할 때 오늘날 우리에게는 이상해 보이지만, 일부 치료가 선의였다고 말해준다. 예를 들어, 척수 손상에 대한 치료의 증거는 선사시대로 거슬러 올라간다. 가장 초기에 문서화된 치료는 목에 고기와 꿀을 바르는 것이었다!

기원전 400년경, 그리스의 의사인 히포크라테스는 신체적·건강 상태가 고려되는 방식을 바꾸었다. 목과 신체 기형을 교정하기 위해 사람의 몸을 틀에서 늘이는 것과 같은 그의 많은 치료법은 성공적이지 않았다. 뇌전증이 햇볕에 너무 오래 앉아 있어서 생긴다고 생각하는 것과 같은 그의 일부 아이디어는 잘못 인도된 것이었다. 그럼에도 불구하고, 히포크라테스는 과학적 방법이 의학에 적용되어야 한다고 주장했다. 그는 질병과 다른 개인적 차이에 대한 미신적 인식을 제거하려고 노력했다. 그 시대의 일부 사고와 반대로, 그는 무언가나 누군가에 대한 신들의 분노가 인간 고통의 이유가 아니라고 확신했다. 불행히도, 그러한 미신적 아이디어들이 수 세기 된 신화에 뿌리를 두고 있지만, 그것들은 오늘날에도 일부 문화에서 여전히 남아 있다.

여러 세기에 걸쳐, 장애가 있는 사람들은 다른 모든 사람과 다르게 대우받아 왔다. 때때로, 왕족과 부유한 가족들은 오락 목적으로 장애가 있는 사람들을 두었다. 많은 궁정 어릿광대들이 지체장애가 있는 사람들이었다. 중세 시대 일부 문화에서는, 명백한 신체적 차이를 가지고 태어난 유아들을 죽도록 버려두었다. 그러나 끔찍한 대우는 고대 역사에만 국한되지 않는다. 1930년대와 1940년대, 제2차 세계대전 동안, 건강과 아름다움의 기준에 따라 부적절하다고 여겨진 사람들이 히틀러의 홀로코스트의 희생자가 되었다.

20세기 미국에서, 지체 및 건강장애가 있는 많은 학생들이 치료적 수영장을 포함하여 이용 가능한 최신 물리치료 장비를 종종 갖춘 특수학교에 다녔다. 그 시대의 최선의 사고는 많은 분야의 전문가들과 광범위한 서비스를 이러한 특별한 요구를 가진 학생들에게 가져다주는 것이었다. 그러나, 결과는 고립과 분리였다. 그들의 교육이 형제자매와 인근 친구들의 교육과 분리되었기 때문에, 지체장애가 있는 많은 전 학생들이 이러한 학교들을 폐쇄하기 위해 성공적으로 노력했다.

시민권과 주류 사회에 대한 접근을 보장하는 장애인의 역할

1960년대에, 흑인에 대한 시민권 거부가 대중의 관심을 끌었다. 차별과 편견의 문제들이 법원과 의회에 제기되었고, 이러한 개인들의 기본권을 보호하기 위한 법률이 통과되었다. 얼마 후, 장애인들이 그들의 시민권을 얻고 사회정의를 달성하기 위해 유사한 옹호활동과 입법 패턴을 따랐다. 장애인들은 일상생활에 대한 접근을 요구한 시민권 활동가가 되었다. 이러한 초기 옹호자들 중 다수가 소아마비로 인한 지체 및 건강장애를 가지고 있었고, 그들은 분리되고 격리된 특수학교의 졸업생들이었다. 그들은 어떤 상황에서도 분리는 평등하지 않다고 주장했다. 1장에서 소개된 에드 로버츠와 주디 휴먼은 장애인이 일상생활에 완전히 참여할 수 있다는 것을 보장하는 권리를 위해 싸운 그러한 옹호자들 중 두 명이었다. 그들은 휠체어 연좌농성과 시위를 조직하고, 의회에 로비하며, 소송을 제기했다. 지체 및 건강장

그림 11.5 연대표: 시간에 걸친 옹호활동과 진전

460년 - 기원전 370년	서양 의학이 과학적 학문이 됨
1933년 - 1945년	장애는 여전히 숨겨야 할 것이었음
1955년 - 2015년	미국에서 소아마비 근절 캠페인 성공
1968년	에드 로버츠가 장애인 권리 운동을 시작함
1990년	장애인에게 시민권을 보장하기 위해 미국장애인법이 통과됨
1975년 - 2023년	주디 휴먼이 전 세계 장애인에게 권리를 확장하기 위해 노력함
2014년 - 현재	식품의약국이 상업적 외골격을 승인하고 생체공학 개발이 확장됨
2023년	504조가 재승인을 위해 검토되고 있음

애가 있는 사람들의 역사에 대한 더 많은 정보는 이 장의 그림 11.5의 연대표에서 찾을 수 있다.

장애인 공동체 구성원들의 그러한 행동은 1973년 재활법 504조(차별 금지)의 통과를 촉진했고, 나중에 1990년에는 공공 건물과 식당에서 물리적 장벽의 제거를 요구하는 미국장애인법의 제정으로 이어졌다(이러한 법률은 4장에서 검토할 수 있다). 미국장애인법의 재승인이 검토되고 있으며, 장애학생과 다른 상태를 가진 학생, 특히 정신건강 문제가 있는 학생에게 더 많은 보호를 제공할 계획이다. 앞으로 다가올 새로운 변화와 관계없이, 미국장애인법이 학교, 지역사회, 또는 직장에서 전형적인 활동에 참여하는 능력을 제한하는 이동성 문제에 직면한 개인들의 삶에 큰 변화를 가져왔다는 것을 이해하는 것이 중요하다. 예를 들어, 엘리베이터가 접근 불가능한 계단을 대체하지는 않지만, 편리한 대안을 제공한다.

미국장애인법은 장애인에게 접근성과 감소된 차별과 편견을 보장할 뿐만 아니라, 그 실행은 환경이 협상하기 더 간단할 때 모든 사람이 이익을 얻는다는 것을 보여주었다. 예를 들어, 문 레버는 손에 물건을 가득 든 사람들에게 문손잡이보다 더 쉬운 접근을 제공한다. 거의 모든 보도 횡단에 있는 경사로인 연석 절단부는 보도에서 유모차를 미는 사람들, 주차장에서 장보기 카트를 미는 고객들, 그리고 공항에서 짐을 가진 승객들에게 도움이 된다. 접근 가능한 공원 산책로는 우리 중 더 많은 사람이 야외를 즐길 수 있게 한다. 보도, 산책로, 건물, 그리고 심지

보편적 설계

수년 동안, 많은 건물들이 신체손상이 있는 개인들에게 접근 가능하지 않았다. 학교를 포함한 일부 다층 건물들은 엘리베이터를 갖추지 않아서, 휠체어를 탄 개인들에게 접근을 불가능하게 만들었다. 1990년에 통과된 미국장애인법은 모든 공공 건물과 서비스가 장애인에게 완전히 접근 가능해야 한다고 요구했다. 이에 대응하여, 건축가들은 이 법률의 규정을 넘어서서 장애인을 포함하여 가능한 한 많은 사람들이 접근할 수 있는 새로운 건물의 개발을 위한 지침을 제공하는 보편적 설계 원리를 개발했다. 이제 건물 이상에 적용되는 이러한 원리들은 공평하고, 유연하며, 단순하고, 직관적인 사용을 위한 선택사항을 포함하면서 적은 신체적 노력을 필요로 하는 원래의 개념적 설계를 개선하기 위해 노력한다. 예를 들어, 보편적으로 설계된 집의 문틀은 휠체어와 보행기를 위해 약간 더 넓고, 싱크대와 조리대는 더 낮거나(또는 심지어 전자적으로 더 높거나 낮은 높이로 조정될 수 있으며), 오븐 문을 위한 혁신적인 설계는 그것들이 당겨져서 열리고 그런 다음 길 밖으로 미끄러져 나가도록 하여, 뜨거운 오븐에 손을 넣는 것을 더 안전하게 만든다. 보편적 설계는 또한 주방 도구와 같은 제품에도 적용될 수 있다. 혁신가 샘 파버는 관절염이 있던 그의 아내를 위해 넓은 손잡이를 가진 감자 껍질 벗기는 기구를 설계했다. 그 감자 껍질 벗기는 기구는 가능한 한 많은 사람들이 사용할 수 있는 물건을 개발하는 회사인 OXO가 만든 1,000개 이상의 제품 중 첫 번째가 되었다. 아래의 일반적인 가정용품들을 보라. 당신은 집에 보편적으로 설계된 제품을 가지고 있을 수도 있고 그것을 깨닫지도 못할 수도 있다!

어 가전제품들이 이제 보편적 설계의 원리를 염두에 두고 설계되며(박스 참조), 이는 2장에서 배운 보편적 학습설계의 교육적 개념의 토대이다.

미국장애인법의 통과에 자극받아, 기업들은 장애인을 위한 특정 서비스를 개발하는 것이 수익성이 있을 수 있다는 것을 발견했다. 오늘날, 일부 크루즈는 취약한 건강을 가진 개인들을 배려하여, 모든 사람이 휴가를 즐길 수 있게 한다. 특별한 스키, 항해, 그리고 캠핑 프로그램이 이제 지체 및 건강장애가 있는 아동들에게 이용 가능하다.

개인적 이야기

- 미국 사회는 신체적 완벽함을 바람직함 및 인기와 동일시하는 가치를 가지고 있다: 지체장애가 있는 학생들은 소외되거나 고립감을 느낄 수 있다.
- 증가된 노출과 인식은 미디어에 반영되듯이 지체 및 건강장애가 있는 개인에 대한 태도를 변화시킬 수 있다.

둔감한 가치관이 상처 주는 태도가 된다

청춘, 아름다움, 그리고 신체적 건강은 현대 미국 사회의 강박이다. 유명인과 운동선수를 통해, 연예와 광고 산업은 종종 비현실적인 아름다움과 건강의 이미지를 투사한다. 텔레비전 쇼, 광고, 뮤직 비디오, 그리고 영화에서 신체적 완벽함에 대한 메시지를 알아차린 적이 있는가? 당신이나 당신의 친구들이 신체적 외모를 기준으로 다른 사람들에게 평점을 매긴 적이 있는가(1부터 10까지의 척도로 그들을 순위를 매기는 것과 같이)? 이야기에서, 신체적 매력이나 힘은 종종 미덕이나 선함과 연관되고 불완전함과 "기형"은 악함과 연관된다. 예를 들어, 악명 높은 힘든 숨소리가 전 세계 세대에 걸쳐 인식되는 다스 베이더는 스타워즈 영화의 악한 적이다. 이런 종류의 부정적 상징주의는 『노트르담의 꼽추』, 『다크 크리스털』, 『라이온 킹』, 그리고 『오즈의 마법사』를 포함한 많은 책과 영화에서 반복되었다. 무서운 생물의 돌 머리를 건물에 두는 전통은 고대 시대에 시작되어, 두려움을 불러일으키고 교회를 보호하는 것의 중요성을 강화하기 위해 1100년대 동안 교회의 인기 있는 특징이 되었다. 워싱턴 DC의 국립 대성당 북서쪽 탑 높은 곳에서, 다스 베이더의 조각상이 대성당의 돌 벽으로부터 물을 멀리 보내기 위한 배수관 역할을 하는 다른 가고일들과 합류한다.

지체 및 건강장애가 있는 학생들은 항상 또래 활동에 포함되지 않는다. 신체적 상태가 전형적인 놀이터 활동에 참여하는 것을 방해하는 어린 아동들은 쉬는 시간 동안 게임에서 무시되거나 제외될 수 있다; 놀이터 장비가 접근 불가능할 수 있다. 학생들은 방과 후 동아리, 스포츠, 또는 다른 활동에 참여하기 어려울 수 있다. 나이가 들면서, 신체·건강 상태가 있는 청소년들은 휠체어나 전동 스쿠터가 친구들의 차에 들어갈 수 없거나 건강 상태가 주말에 어울리거나 집에서 밤을 보내는 능력을 제한할 때 전형적인 청소년 활동에서 마찬가지로 배제될 수 있다. 많은 청소년들이 데이트에 대해, 잠재적인 남자친구나 여자친구에게 매력적으로 보이지 않을 것이라고 걱정하지만, 이러한 감정은 지체 및 건강장애가 있는 청소년에게 강화될 수 있다. 그리고 슬프게도, 지체 및 건강장애가 있는 모든 연령의 학생들이 일반 학생 인구보다 더 높은 괴롭힘 비율을 경험한다. 장애가 신체적 외모에 영향을 미치는 아동들은 그들의 장애와 관련하여 경멸적인 이름으로 불린다고 보고한다. 심각한 알레르기가 있는 학생의 경우, 괴롭힘은 반응을 유발할 물질에 의도적으로 노출시키는 것을 포함할 수 있다.

태도 변화

장애인이 사회에서 더 가시적이 되면서, 이러한 노출은 인식과 수용을 증가시킨다. 수용은 더 긍정적인 태도를 낳고, 이는 통합을 위한 더 능동적인 조치로 이어진다. 예를 들어, 우리가 여전히 갈 길이 멀지만, 더 많은 수의 놀이터가 보편적 설계 원리에 따라 건설되어 모든 아동의 접근성을 개선하고 있다. 전형적인 학교 하루 밖의 훨씬 더 많은 영역에서 조정이 이루어지고 있다. 또래들은 고등학교 행진 밴드 공연 동안 휠체어를 탄 친구들을 밀어주고, 접근 가능한 장소에서 여가 활동을 계획하며, 휠체어를 실을 만큼 충분히 큰 자동차 트렁크를 가진 친구에게 기여하기 위해 기름값을 모은다. 추가적으로, 친구들은 피로의 신호를 주시하고 필요할 때 활동을 바꾸는 것을 배운다.

미디어 묘사도 더 긍정적이 되고 있다. 예를 들어, 최근 개발인 장애인을 특집으로 하는 더 많은 광고를 알아차렸을 것이다. 영화 『소울 서퍼』는 상어에게 팔을 잃은 젊은 서핑 챔피언 베타니 해밀턴의 이야기를 묘사하고, 가족, 믿음, 그리고 불굴의 정신의 중요성을 보여준다. 1장에서 배웠듯이, 개선의 여지가 크지만, 최근 몇 년간 영화와 텔레비전에서 장애인의 더 긍정적인 통합이 일어났다. 예를 들어, 텔레비전 쇼 『스피치리스』는 뇌성마비가 있는 배우 미카 파울러를 주연 역할로 특집편성했다. 텔레비전 쇼 『NCIS: 뉴올리언스』의 수사 컴퓨터 전문가/해커가 휠체어를 사용한다는 것을 알아차렸을 것이다. 또한 휠체어를 사용하는 대릴 미첼이 2014년부

영상 속에서 **시간의 간략한 역사(A Brief History of Time)**

영화 『시간의 간략한 역사』는 스티븐 호킹이 직면하고 극복한 압도적인 개인적·전문적 도전을 묘사한다. 이 매우 인간적인 이야기는 그의 개인적 삶의 기쁨과 비극을 보여주지만, 또한 그의 위대한 업적과 대중 및 학술계로부터 받은 존경을 중심으로 한다.

터 시리즈가 2021년에 끝날 때까지 이 역할을 연기했다.

장애인의 수용과 참여가 어떻게 변했는지를 더 보여주기 위해, 고 스티븐 호킹의 이야기가 그 점을 잘 보여준다. 과거에는, 그러한 복잡한 도전을 가진 사람들이 가장 가능성 있게 무시되었지만, 그의 지체 및 건강장애에도 불구하고, 그는 우주의 기원에 대한 인간의 이해에 기여했고 전 세계적으로 그의 업적으로 알려졌다. 호킹은 『시간의 간략한 역사』의 저자이자, 연구자, 왕립학회 회원, 그리고 미국 국립과학원 회원이었다. 케임브리지 대학교의 전 수학 교수이자 세계에서 가장 뛰어난 과학자 중 한 명으로 여겨지는 호킹은 우주의 기원에 대해 이론화하고, 일반적으로 받아들여지는 모델에 도전하며, 획기적인 연구를 제안했다. 그의 능력은 그가 우리가 살고 있는 우주를 이해하기 위해 노력하는 인류로서 불완전함의 기여를 이해하고, 공개적으로 인식하며, 우리 모두에게 인정하도록 조언할 수 있게 했다. 호킹은 또한 21세째 생일 직후 쇠약하게 하는 질병인 근위축성 측삭경화증(ALS)으로 진단받은 지체장애가 있는 사람이었다. 그는 이동성을 위해 전동 휠체어를 사용했고 의사소통을 위해 컴퓨터 음성 합성기를 사용했다. 그는 세 명의 자녀와 세 명의 손자를 두었고, 여행과 공개 강연 투어의 활발한 일정을 유지했으며, 2018년 사망할 때까지 우주여행을 희망했다.

미래 전망

학습 목표

신기술이 이러한 개인들이 학교와 일상생활에서 참여하는 방식에 어떻게 변화를 만들어 왔고, 앞으로 어떻게 만들 것인지 설명하라.

예방: 사고와 질병

- 지체 및 건강장애를 야기하는 상태의 원인을 이해하는 것은 예방 조치의 개발로 이어질 수 있다.
- 의학의 발전, 건강관리에 대한 접근, 그리고 증가된 대중 인식이 지체 및 건강장애의 감소된 영향의 열쇠를 쥐고 있을 수 있다.

지체 및 건강장애의 발생률을 줄이기 위한 예방

질병을 줄이는 많은 상식적인 접근법이 이미 잘 알려져 있지만, 예방 기법이 일상적으로 사용되지는 않는다. 다음은 좋은 예이다. 우리가 질병이 어떻게 전파되는지에 대해 많이 알고 있지만, 아직 보편적 건강관리 예방조치가 교실에서 표준 실제가 되도록 보장하지 못했다. 이러한 실제의 대부분은 손을 자주 씻고, 손 소독제를 자주 사용하며, 교실이 깨끗하다는 것을 확실히 하는 것과 같이 간단하다. 이러한 절차는 면역체계가 손상된 학생을 보호하고 질병

표 11.5 지체 및 건강장애의 원인과 예방

지체장애		건강장애	
원인	예방	원인	예방
자동차 사고	아동용 보호 장치 안전벨트 자동차 에어백 오토바이 헬멧 운전 규칙 준수	감염과 질병	백신 접종 건강관리 접근 자주 손 씻기 일회용 장갑 사용 좋은 위생
물과 다이빙 사고	다이빙 안전 수영 안전	천식	알레르기 유발물질 제거
총상	총기 통제 무기 훈련 탄약 격리 보관	중독/독소	안전한 보관 능급저지
스포츠 부상	보호 장비 헤드기어 컨디션 조성/훈련	조산	산전 관리 건강관리 접근
아동 학대	가족 지원 서비스 경계하는 교사들 부모 훈련	인간면역결핍바이러스 (HIV) 감염	금욕 또는 안전한 성관계 약물 회피 혈액 주변에서 장갑 사용

과 후속 결석을 예방하는 데 도움이 될 수 있다. 슬프게도, 그러한 보편적 예방조치가 대부분의 교실에 있지 않다.

마찬가지로, 너무 자주 지체장애는 예방 가능한 사고와 부상에서 기인한다. 사고든 아동 학대든, 부상은 뇌성마비, 발작장애, 척수 손상, 뇌손상, 그리고 심지어 사망으로 이어질 수 있다. 엔지니어들은 아동을 척수 손상으로부터 보호하기 위해 더 효과적인 아동 안전 시트, 에어백, 안전벨트, 그리고 다른 보호 장치를 지속적으로 설계하고 있다. 나이가 많은 아동은 자전거를 타거나, 미식축구를 하거나, 스키를 타거나, 자동차에 타거나, 스케이트보드를 탈 때 헬멧, 무릎 보호대, 그리고 다른 보호 장비와 같은 안전 장비를 사용하는 것의 중요성을 이해해야 한다. 일반적으로, 대중이 더 잘 알려지고 학교, 가정, 그리고 지역사회에서 사고의 끔찍한 결과를 예방하는 예방조치와 보호에 참여할 때 장애가 줄어들 수 있다. 표 11.5는 일부 지체 및 건강장애의 특정 원인의 사례를 제공한다. 추가적으로, 미래의 의료 발전은 오늘날의 질병을 예방하고 치료하는 데 도움이 되는 더 많은 백신, 치료법, 그리고 다른 중재를 제공할 것이다.

지체 및 건강장애의 영향 감소

미래는 지체장애와 건강장애 모두의 발생률과 영향이 감소될 것이라는 큰 약속을 가지고 있다. 연구자들이 더 많은 장애의 원인을 성공적으로 찾아내면서, 예방적 해결책이 종종 뒤따라온다. 과학자들은 많은 질병과 건강 상태에 대한 새로운 치료법을 발견하기 위해 열심히 노력하고 있다. 지체장애의 많은 경우와 마찬가지로, 새로운 의료 절차, 백신, 그리고 다른 예방 조치가 개발되면서 건강장애의 발생률이 감소할 것이다. 그러나, 가족과 그들의 아동이 양질의 건강관리에 접근할 수 없다면 의료 발전은 쓸모없다. 이 접근은 많은 장애의 예방에서 핵심 요소이다; 피할 수 없는 것들에 대해서는, 그들의 영향이 줄어들 수 있다. 산전 검진은 문제가 발생할 경우 어머니와 유아를 위한 집중적 의료 관리에 대한 접근을 보장할 수 있고; 발달하는 유아에게 해를 줄 수 있는 모성 질병에 대한 진단과 치료를 제공하며; 태아가 감염, 바이러스, 약물, 알코올, 그리고 다른 독소에 노출되는 것을 예방하는 데 도움을 준다. 모든 임신한 여성에게 산전 관리를 제공하는 것은 비용을 충분히 가치 있게 한다. 그 대가로, 장기적 건강 비용이 감소되고 장애의 개인적 비용을 피할 수 있다. 아동기의 건강관리에 대한 접근은 또한 감염성 질병의 장기적 효과로부터 아동을 보호하여, 장기적 건강관리 비용에서 수십억 달러를 절약하고 수백만 명의 생명에서 장애 관련 합병증을 예방한다.

지체장애의 예방과 마찬가지로, 강화된 대중 인식이 중요하다. 8장에서 백신의 중요성에 대한 논의를 상기하라. 부모는 유행성이하선염, 홍역, 그리고 수두와 같은 질병에 대해 그들의 아동에게 백신을 접종함으로써 감염의 확산을 예방하는 데 도움을 줄 수 있다. 부모는 자폐스펙트럼장애 사례의 증가에 대해 아동기 백신을 비난한 미디어 보고와 같은 잘못된 정보 때문에 그러한 조치를 보류해서는 안 된다.

기술: 의지학(보철학)과 로봇공학

- 팔다리가 없는 사람들이 독립적으로 움직일 수 있게 하는 의지보조기기와 같은 신기술은 수십 년 전에는 거의 상상할 수 없었던 움직임의 자유를 허용할 것이다.
- 로봇공학 엔지니어들은 개인이 자신의 마음을 사용하여 인공사지의 움직임을 통제하거나 일상생활을 도와주는 로봇을 사용할 수 있게 하는 기술을 개발하고 있으며, 이는 상상할 수 없는 미래를 암시한다.

다양한 형태의 의지보조기기가 수 세기 동안 이용 가능했다. 피터 팬의 이야기와 후크 선장 캐릭터나 모비 딕 이야기에서 아합의 나무다리에 대해 생각해보라. 물론, 시간이 지나면서 개선이 일어났으며, 일부는 단순히 미용적이고 다른 것들은 더 기능적이었다. 지난 수십 년 동안, 발전은 사람들이 인공 손, 팔, 그리고 발을 사용하여 걷고, 뛰고, 쓰고, 심지어 잼 항아리를 여는 유용한 움직임을 얻거나 되찾을 수 있게 했다. 기능적인 사지 대체품을 만드는 것에 대한 관심은 2001년과 2015년 사이의 군사 충돌에서 주요 전투 부상을 입고 돌아와 군대나 직장으로 복귀해야 하는 약 1,645명의 군인들 때문이다. 이러한 관심의 수혜자는 자동차와 스포츠 사고로 부상당한 사람들뿐만 아니라 선천적 사지 결함이 있는 아동들이다. 그러나, 이러한 기기들 중 많은 것에 대한 불만족은 신체 동력 기기를 가진 성인의 26%와 전기 기기를 가진 성인의 23%가 그것들을 포기하는 실망스러운 지속 사용 수준으로 이어졌다. 아동의 거부율은 더욱 높다(신체 동력의 45%와 전기 의지보조기의 35%). 왜 이럴까? 사용자들은 의지보조기가 불편하고, 심지어 고통스러우며, 원하는 목표를 달성하지 못한다고 보고한다. 아동은 1년 이내에 그들의 기기를 빨리 자라서 사용할 수 없게 되고 교체 비용은 20,000달러에서 80,000달러로—많은 가족에게는 너무나 큰 돈이다.

최근에, 대학과 민간 회사의 연구자들뿐만 아니라, 독립적인 기술 혁신가들이 비용, 기능, 그리고 외관의 중요한 문제들을 다루고 있다. 다음에, 이러한 발전들 중 일부와 단기적 지평선에 있는 것에 대해 배운다.

신기술: 의지학

아마도 다른 어떤 장애인 집단보다도, 의지학과 로봇공학의 발달하는 과학이 신체적 도전에 직면한 사람들에게 이익을 줄 것이다. 의지학의 혁신은 다른 모든 사람처럼 걷고 뛰기 위해 인공사지를 필요로 하는 많은 사람들을 위해 경기장을 평등하게 만들고 있다. 특별한 사지들이 다른 목적을 위해 설계되고 개발되고 있다. 그것들은 사람들이 스키 휴가를 즐기고, 아침 조깅을 하고, 산에서 하이킹을 하거나, 쇼핑몰을 거닐 수 있게 한다. 그러나, 의지 전문가들은 직관적인 운동 기능, 무언가를 만지는 것으로부터의 감각, 그리고 진정으로 독립적인 움직임을 재창조하기 시작하고 있을 뿐이다. 이는 특히 상지와 손의 복잡한 기능뿐만 아니라 다리, 무릎, 그리고 기본적인 직관적 움직임에서 그렇다. 그들은 큰 진전을 이루고 있다; 그것은 미래에 대한 약속 이상이지만, 오늘날 나타나고 있는 현실이다. 근육과 신경 재생 그리고 움직임을 안내하기 위해 로봇 기기에 메시지를 보내는 영역에서의 수술적 발전이 고기능 의지의 개발로 이어지고 있다.

의수는 예외적으로 다재다능하고 손이 없는 사람들이 타이핑하고, 식기를 사용하고, 연필이나 펜으로 쓰고, 그렇지 않으면 잡을 수 없는 물체를 잡을 수 있게 한다. 더 새로운 모델들은 예외적으로 유연하고, 가벼우며, 큰 힘을 가지고, 많은 기능이 가능하다. 일부는 인간 피부를 닮은 고무 폼으로 둘러싸여 있어서, 진짜 손의 외관을 준다. 사용자가 사물을 느낄 수 있게 도와주는 미래적인 제품들이 개발 중이거나 막 시장에 나오고 있다.

신기술: 로봇공학

컴퓨터로 제어되는 기계 장치를 개발하는 과학과 기술인 로봇공학 분야는 연구, 개발, 그리고 혁신을 위한 유망한 새로운 영역을 제공한다. 이 영역에서의 급속한 발전이 사지를 잃고 전쟁에서 돌아온 군인들의 비극적인 경우들 때문이지만, 이 기술은 선천적 결함, 자동차 사고, 아동기 사고, 그리고 스포츠 부상 때문에 사지를 사용할 수 없는 지체장애가 있는 사람들에게 이익을 주고 있다. 이러한 발전들 중 일부는 아이패드와 다른 태블릿과 같은 현재의 컴퓨터 기술과 소프트웨어를 활용한다. 로봇 경연대회에서 경쟁하는 고등학생과 대학생들이 미래에 우리 모두에게 이익을 줄 개발에서 그들의 기술을 연마하고 있다. 그 응용 가능성은 거의 상상을 초월할 정도이다. 물론 로보캅이나 바이오닉 우먼 같은 영화와 TV 캐릭터를 만들어낸 시나리오 작가들의 상상력은 예외이다!

많은 사람들이 일상생활에 참여하기 위해 사용하는 휠체어는 단점들을 가지고 있다. 한 가지 큰 불리한 점은 일어서서, 누군가의 눈을 보고, 그들의 수준에서 대화를 할 수 없다는 것이다. 다른 것들은 계단을 오르고 작은 공간에서 움직일 수 없다는 것을 포함한다. 그러한 도전들은 과거에 맡겨질 수 있다. 2014년에, 미국 식품의약국은 척수 손상이 있는 사람들이 다시 걸을 수 있게 도와주는 첫 번째 착용 가능한 전동 기기의 마케팅과 판매를 승인했다. 리워크 개인용 6.0 시스템은 개인의 다리와 상체를 지지하는 금속 보조기; 기울기 센서; 움직임을 공급하는 배터리 작동 모터; 그리고 기기에 서고, 걷고, 앉도록 명령하는 무선 원격 제어를 포함하는 착용 가능한 전동 외골격이다. 개인은 컴퓨터와 전원 공급 장치를 포함하는 백팩을 착용하고 추가 안정성을 위해 목발을 사용한다. 또한 리워크에서 제조된 리스토어는 뇌졸중을 경험한 사람들이 기능적 보행과 걷기 기술을 되찾는 데 도움이 되도록 설계된 전동 경량 슈트이다. 전국의 대학과 기업 연구소들이 기능하지 않는 손이 다시 작동하게 하고, 운동 손상이 있는 아동이 자유롭게 걸을 수 있게 하며, 이전에는 가능하다고 생각되지 않았던 장벽을 깨뜨리기 위해 로봇 기술을 확장하고 있다. 리워크는 외골격 기기를 개발한 첫 번째 회사들 중 하나였지만, 오늘날 전국의 대학 연구소들(예: 유타 대학교의 바이오닉 연구소, 밴더빌트 대학교의 지능형 메카트로닉스 센터, 미시간 대학교의 로봇공학 연구소)에서 주요 작업이 진행되고 있다. 그들의 목표는 기능하게 하기 위해 별도의 노트북 컴퓨터가 필요 없는 자립형의 접근 가능하고, 저비용이며, 그리고 가벼운 기기를 개발하는 것이다. 전동 의지로 계단을 한 계단씩 올라가는 것은 더 이상 꿈이 아니라 현실이다. 이러한 흥미진진한 새로운 기술 적용의 최전선에 무엇이 있는지는 상상할 수밖에 없다.

요약

지체 및 건강장애 기술

지체 및 건강장애는 이동성을 제한하고 특별한 건강관리 요구를 초래하는 많은 다양한 상태에 의해 발생한다; 이 모든 상태들은 영향을 받는 개인들에게 미치는 영향을 최소화하기 위한 고유한 대응을 필요로 한다.

- 지체장애나 건강장애를 가진 모든 학생이 특수교육 서비스를 필요로 하는 것은 아니다.
- 그러나, 이러한 학생들의 거의 모두는 성공하기 위해 필요한 조정과 환경에 대한 적응을 받기 위해 교육과 관련서비스 전문가 팀의 도움을 필요로 한다.
- 특수교육 대응을 필요로 하는 건강장애는 주의력결핍과잉행동장애를 제외하고는 아동들 사이에서 드물게 나타나지만, 정확한 수치는 확인할 수 없다.
- 건강장애가 있는 학생의 특별한 집단이 의학적으로 취약한 것으로 간주된다. 종종, 그들의 교육 전반에 걸쳐, 이러한 학생들의 교육적 요구는 특수학급, 가정, 또는 병원에서 충족될 수 있다.

특수교육

교사는 특별한 서비스를 필요로 하든 아니든 지체 및 건강장애가 있는 아동의 삶에서 중요한 역할을 한다.

- 교사는 학교에서 발생하는 건강장애와 응급상황을 관리하는 데 도움을 줌으로써 크게 지원할 수 있다.
- 학습과 물리적 환경에 대한 간단한 조정이 이러한 학생들이 교육과정, 사정평가, 그들의 또래, 그리고 학교 문화에 접근하는 데 도움을 준다.
- 신생아 선별검사는 지체 및 건강장애의 예방과 영향 완화에 기여한다.
- 관련서비스 제공자, 일반교사와 특수교사, 가족, 그리고 지체 및 건강장애가 있는 학생 사이의 협력이 건강과 학업적 성공이라는 모든 사람의 목적 달성을 지원할 수 있다.

사람과 상황

일상생활에서 직면하는 도전과 그들이 극복하기 위해 노력하고 있는 장기적인 역사적 편견에도 불구하고, 지체 및 건강장애가 있는 사람들이 현대 사회에서 그들의 자리를 차지하고 있다.

- 그들 중 다수가 스스로 장애를 가진 옹호자들은 접근성과 수용성을 개선한 태도와 법적 보호의 변화를 이끌어 냈다.
- 개선된 수용성은 지체 및 건강장애가 있는 개인의 더 긍정적인 묘사가 미디어(즉, 영화와 텔레비전)에서 나타나고 있는 것으로 명백해졌다.

미래 전망

오늘날의 과학 지식과 기술 발전은 장애를 야기하는 부상과 질병을 예방할 수 있으며, 실제로 발생했을 때에는 그 영향을 줄일 수 있다.

- 한 학생에서 다른 학생으로의 질병 전파는 백신 접종과 손을 자주 씻고 손 소독제를 자주 사용하는 것과 같은 간단한 보편적 건강관리 예방조치를 사용함으로써 종종 예방될 수 있다.
- 자동차 시트와 보호 장비와 같은 안전 예방조치와 잘 설계된 기기가 심각한 부상을 예방한다.
- 현재 진행 중인 연구와 개발이 로봇공학을 새로운 수준으로 발전시키고 있다; 놀라운 의지보조기와 인공사지가 이제 이용 가능하며, 미래는 로봇뿐만 아니라, 그 사람의 생각에 의해 제어되는 움직임을 가진 팔과 다리를 제공할 것이다.

참고문헌

American Association of Pediatrics. (2008). *Medical emergencies occurring at school.* http://pediatrics.aappublications.org/content/122/4/887

American Speech-Language-Hearing Association. (2015). *Early hearing detection and intervention (EHDI).* www.asha.org/Advocacy/federal/Early-Hearing-Detection-and-Intervention/

Asthma and Allergy Foundation of America. (2022, May 25). *Most recent national asthma data.* https://www.cdc.gov/asthma/most_recent_national_asthma_data.htm

Bates, T. J., Fergason, J. R., & Pierrie, S. N. (2020 June 3). Technological advances in prosthesis design and rehabilitation following upper extremity limb loss. *Current Reviews in Musculoskeletal Medicine, 13*(4), 485-493.

Beech, M. (2018). *Accommodations: Assisting students with disabilities* (4th ed.). Bureau of Exceptional Education and Student Services, Florida Department of Education. https://www.fldoe.org/core/fileparse.php/7690/urlt/0070069-accomm-educator.pdf

Carter, E. W., Lane, K. L., Jenkins, A. B., Magill, L., Germer, K., & Greiner, S. M. (2015). Administrator views on providing self-determination instruction in elementary and secondary schools. *Journal of Special Education, 49*(1), 52-64.

Center for Parent Information and Resources (CPIR). (2019, March). *Best practices in self-advocacy skill building.* https://www.parentcenterhub.org/prioirty-selfadvocacy/

Centers for Disease Control and Prevention (CDC). (2015). *Tips for supporting students with sickle cell disease.* http://www.cdc.gov/ncbddd/sicklecell/documents/tipsheet_supporting_students_with_scd.pdf

Centers for Disease Control and Prevention (CDC). (2018, September 17). *Epilepsy.* https://www.cdc.gov/healthyschools/bam/diseases/epilepsy.html

Centers for Disease Control and Prevention (CDC). (2020a, September 30). *Epilepsy.* https://www.cdc.gov/epilepsy/about/fastfacts.htm

Centers for Disease Control and Prevention (CDC). (2020b, December 14). *Sickle cell disease* (SCD): *What is sickle cell trait?* https://www.cdc.gov/ncbddd/sicklecell/traits.html

Centers for Disease Control and Prevention (CDC). (2020c, September 30). *Types of seizures.* https://www.cdc.gov/epilepsy/about/types-of-seizures.htm

Centers for Disease Control and Prevention (CDC). (2021a, April 16). *Asthma data visualizations.* https://www.cdc.gov/asthma/data-visualizations/default.htm

Centers for Disease Control and Prevention (CDC). (2021b, December 29). *Percentage of diagnosed diabetes.* https://www.cdc.gov/diabetes/data/statistics-report/diagnosed-diabetes.html

Centers for Disease Control and Prevention (CDC). (2022a, April 16). *Asthma data visualizations.* https://www.cdc.gov/asthma/data-visualizations/default.htm

Centers for Disease Control and Prevention (CDC). (2022b, March 8). *Caring for complications of sickle cell disease.* https://www.cdc.gov/ncbddd/sicklecell/betterhealthtoolkit/caring-for-commoncomplications.html

Centers for Disease Control and Prevention (CDC). (2022c, May 2). *Data and statistics for cerebral palsy: Prevalence and characteristics.* https://www.cdc.gov/ncbddd/cp/data.html

Centers for Disease Control and Prevention (CDC). (2022d, May 2). *Data and statistics on sickle cell disease.* https://www.cdc.gov/ncbddd/sicklecell/data.html

Children's Hospital of Philadelphia. (2022). *Fetal surgery infographics.* https://media.chop.edu/data/files/pdfs/fetal-surgery-infographic.pdf

Christensen, D., Van Naarden, B. K., Doernberg, N. S., Maenner, M. J., Arneson, C. L., Durkin, M. S., . . . Yeargin-Allsopp, M. (2014). Prevalence of cerebral palsy, co-occurring autism spectrum disorders, and motor functioning—Autism and Developmental Disabilities Monitoring Network, USA, 2008. *Developmental Medicine and Child Neurology, 56,* 59–65.

Cleveland Clinic. (2021, September 2). *Bionic arm restores natural behaviors in patients with upper limb amputations.* Disabled World. www.disabled-world.com/assistivedevices/prostheses/bionic-arm.php

Council for Exceptional Children's Division of Career Development and Transition Publications Committee. (2013, August). *Fast facts: Self-determination.* https://www.zear-autismresources.com/uploads/1/3/4/5/134550915/self-determination_and_self-advocacy.pdf

DO-IT (Disabilities, Opportunities, Internetworking, and Technology) Center. (2015). *What is the difference between accessible, usable, and universal design?* http://www.washington.edu/doit/whatdifference-between-accessible-usable-and-universal-design

Dolch, E. W. (1948). *Helping handicapped children in school.* Garrard Press.

Eberle, L. (1922). The maimed, the halt and the race. *Hospital Social Service, 6*, 59–63.

Epilepsy Foundation of America. (2020). *Seizure first aid: How to help someone having a seizure.* https://www.epilepsy.com/sites/default/files/upload/image/SFA%20Lockscreen.jpg

Family Voices. (2021, October 21). *Improving health care transition through tele-transition services.* https://familyvoices.org/resources

Fisher, R. S., Cross, J. H., French, J. A., Higurashi, N., Hirsh, E., Jansen, F. E., . . . Zuberi, S. M. (2017). Operational classification of seizure types by the International League Against Epilepsy: Position paper of the ILAE Commission for Classification and Terminology. *Epilepsia, 58*(4), 522–530.

Gereige, R. S., Gross, T., & Jastaniah, E. (2022). Individual medical emergencies occurring at school. *Pediatrics, 150*(1), e2022057987.

Holzberg, D. G., Test, D. W., & Rusher, D. E. (2019). Self-advocacy instruction to teach high school seniors with mild disabilities to access accommodations in college. *Remedial and Special Education, 40*(3), 166–176.

Hood, S., Gabert, L., & Lenzi, T. (2022 June). Powered knee and ankle prosthesis with adaptive control enables climbing stairs with different stair heights, cadences, and gait patterns. *IEEE Transactions on Robotics, 38*(3), 1430 1441.

IRIS Center. (2007). *School nurses: Roles and responsibilities in the school setting.* http://iris.peabody.vanderbilt.edu

IRIS Center. (2009). *Universal Design for Learning: Creating a learning environment that challenges and engages all students.* http://iris.peabody.vanderbilt.edu/udl/

Jones, R. (Ed.). (1983). *Reflections on growing up disabled.* Council for Exceptional Children.

La Vor, M. L. (1976). Federal legislation for exceptional persons: A history. In F. J. Weintraub, A. Abeson, J. Ballard, & M. L. La Vor (Eds.), *Public policy and the education of exceptional children* (pp. 96–111). Council for Exceptional Children.

Lightner, L. (2021, December 8). *35 self-advocacy IEP goals: Self-determination examples.* A Day in Our Shoes. https://adayinourshoes.com/self-advocacy-iep-goals/

Longmore, P. (2003). *Why I burned my book and other essays on disability.* Temple University Press.

National Association of School Nurses. (2019, January). *Transition planning for students with healthcare needs* [Position Statement]. https://www.nasn.org/nasn-resources/professional-practice-documents/position-statements

National Institute of Diabetes and Digestive Kidney Diseases. (2020 May). *Helping the student with diabetes succeed.* https://www.niddk.nih.

gov/health-information/professionals/clinical-tools-patientmanagement/diabetes/helping-student-diabetes-succeed-guide-school-personnel?dkrd=hisce0022

National Institute of Neurological Disorders and Stroke, National Institutes of Health. (2015). *NINDS cerebral palsy information page.* http://www.ninds.nih.gov/disorders/cerebral_palsy/cerebral_palsy.htm

National Newborn Screening and Global Resource Center. (2014). *General information: History and overview of newborn screening.* http://genes-r-us.uthscsa.edu/resources/newborn/overview.htm

Office of Disability Employment Policy (ODEP), U.S. Department of Labor. (2020). *Transition quickguide: Take charge of planning and managing your own health and career goals.* https://www.gottransition.org/resource/?transition-quickguide

PACER Center. (2017). *Inspiring possibilities: Transition health plan for youth with disabilities and their families.* https://www.pacer.org/transition/resource-library/publications/NPC-54.pdf

PACER Center. (2022). *Individual health care plans and emergency information forms.* https://www.pacer.org/health/samplehealthplans.asp

PACER's National Parent Center on Transition and Employment. (2022). *Building self-advocacy and self-care management skills.* https://www.pacer.org/transition/learning-center/health/building-selfadvocacy.asp

Schachter, S. C., Shafer, P. O., & Sirven, J. I. (2014). *Seizure first aid.* http://www.epilepsy.com/get-help/seizure-first-aid

Schena, D., Rosales, R., & Rowe, E. (2022). Teaching self-advocacy skills: A review and call for research. *Journal of Behavioral Education.* [Epub ahead of print]

Shaw, B. (1995, May/June). Ed Roberts: 1939-1995. *Disability Rag,* p. 25.

Sickle-Cell.com, Editorial Team. (2020, November 16). *How common is sickle cell disease?* https://sicklecell.com/statistics

Singer, B. D., & Mogensen, J. (2021, August). Getting students to self-advocacy: Step by step. *The ASHA LeaderLive.* https://leader.pubs.asha.org/do/10.1044/leader.FTR1.26082021.32/full/

State of Victoria, Australia, Department of Education and Training. (2020 June). *Health care needs: Supporting students during transition between hospital, home and school.* Retrieved on August 20, 2020, from https://www2.education.vic.gov.au/pal/health-care-needs/guidance/supporting-studentsduring-transition-between-hospital-home-and

U.S. Congress. *Americans with Disabilities Act of 1990,* Pub. L. No. 101-336, 104 STAT.327.

U.S. Congress. *Individuals with Disabilities Education Improvement Act of 2004.* Pub. L. No. 108-446. 118 STAT. 2647.

U.S. Congress. *Rehabilitation Act of 1973. Section 504,* 19 U.S.C. section 794.

U.S. Department of Education. (2002). *Twenty-fourth annual report to Congress on the implementation of the Individuals with Disabilities Education Act.* U.S. Government Printing Office.

U.S. Department of Education. (2006, August 14). 34 CFR Parts 300 and 301, Assistance to states for the education of children with disabilities and preschool grants for children with disabilities; Final Rule (pp. 1263-1264), *Federal Register.*

U.S. Department of Education. (2022). *Child count and educational environments* [IDEA Section 618 Data Products: State-level data files]. https://data.ed.gov/dataset/idea-section-618-state-part-bchild-count-and-educational-environments/resources

U.S. Department of Education, Office of Special Education Programs, Data Analysis System (DANS). (2012). *Children with disabilities receiving special education under Part B of the Individuals with Disabilities Education Act-2011.* www.ideadata.org

U.S. Department of Health and Human Services. (n.d.). *Bullying and children and youth with disabilities and special health needs.* http://www.stopbullying.gov/at-risk/groups/special-needs/bullyingtipsheet.pdf.

U.S. Department of Justice, Civil Rights Division,

Disability Rights Section. (2011). *Revised ADA requirements: Service animals.* http://www.ada.gov/service_animals_2010.htm

U.S. Food and Drug Administration (FDA). (2014, June 26). *FDA news release: FDA allows marketing of first wearable, motorized device that helps people with spinal cord injuries to walk.* http://www.fda.gov/NewsEvents/Newsroom/PressAnnouncements/ucm402970.htm

U.S. Service Animals Official Service & Support Animal Registration. (n.d.). *US service animals—Who qualifies for a service dog?* https://usserviceanimals.org/blog/who-qualifies-for-a-service-dog/

White, P., Schmidt, A., Ilango, S., Shorr, J., Beck, D., & McManus, M. (2020, July). *How to implement the six core elements of health care transition™* 3.0. Got Transition, National Alliance to Advance Adolescent Health. https://www.gottransition.org/6ce/?how-to-implement

Worley, R., Greenberg, R. G., Rocque, B. G., Liu, T., Dicianno, B. E., Castillo, J. P., . . . Wiener, J. S. (2021). Neurosurgical procedures for children with myelomeningocele after fetal or postnatal surgery:A comparative effectiveness study. *Developmental Child Neurology, 63*(11), 1294–1301.

Wynter, K. (2015, August 27). *Paralyzed teen walks for the first time in nearly a year thanks to robotic exoskeleton.* http://ktla.com/2015/08/27/paralyzed-teen-walks-for-1st-time-in-a-year-thanks-torobotic-exoskeleton/Zajac, M. (2021, January). *How common is sickle cell disease?* https://sickle-cell.com/statistics

제12장

농과 난청

트로이 코처(Troy Kotsur)는 2021년 영화 코다(CODA)에서의 획기적인 역할로 남우조연상 오스카상을 수상한 최초의 농인 남성 배우이자, 오스카상을 받은 두 번째 농인 배우다. 오스카상을 받은 최초의 농인 배우는 1987년 작품 "작은 신의 아이들(Children of a Lesser God)"에서의 역할로 수상한 말리 매틀린(Marlee Matlin)이며, 그녀 역시 코다에 출연했다. 코처는 개별 연기 부문에서 미국 배우 조합상에 후보로 지명되고 수상한 최초의 농인 배우다. 그는 브로드웨이에 올려진 "욕망이라는 이름의 전차(A Streetcar Named Desire)"와 "빅 리버: 허클베리 핀의 모험(Big River: The Adventures of Huckleberry Finn)" 등 많은 미국수어(ASL) 작품에 출연한 오랜 경력의 배우다. 그는 로스앤젤레스에 기반을 둔 데프 웨스트 시어터(Deaf West Theater)의 20편 이상의 작품에 출연했다. 코처는 전국 농인 극장(National Theater of the Deaf)과 함께 순회공연을 했으며, "스타워즈(Star Wars)"와 "크리미널 마인드(Criminal Minds)" 같은 주류 영화와 텔레비전 작품에도 출연했다. 그는 청인 가족에게서 농인으로 태어났다. 생후 9개월에 그의 전농이 발견되었을 때, 그의 가족 전체가 그와 소통할 수 있도록 미국수어를 배웠다. 그는 워싱턴 DC의 갤러뎃 대학교(Gallaudet University)를 포함한 농학교들에 다녔다. 그는 농인 배우 디앤 브레이(Deanne Bray)와 결혼했으며, 영화의 주인공처럼 음악을 사랑하는 농인 부모를 둔 청인 딸, 자녀를 두고 있다.

우리 대부분은 청취 과정을 당연하게 여긴다. 우리는 소리를 의미로 바꾸는 것이 얼마나 놀랍고 수월한지, 또는 소리가 우리에게 어떤 감정을 불러일으킬 수 있는지에 대해 생각하지 않는다. 우리는 오랜 친구의 목소리에 따뜻함을 느끼고, 큰 천둥소리에 놀라며, 바다 파도 소리에 편안함을 느끼고, 군중의 함성에 흥분하며, 음악 선율에 감동한다. 우리가 지식을 확장하고, 아이디어를 공유하며, 감정을 표현하고, 직장과 사회적 상황에서 소통할 때, 타인과의 상호작용과 개인적 성장 또한 청각 과정에 의해 영향을 받는다. 하지만 정보가 우리가 접근할 수 없는 방식으로 전달된다면 우리는 많은 것을 놓치게 된다. 이 장을 읽으면서 이 점을 염두에 두길 바란다.

제 12 장

농과 난청

학습 목표

12.1 청각장애와 농의 정의 차이를 설명하고, 청각선별검사의 유형을 기술하며, 청력도표를 해석하고, 농 또는 난청학생들의 특성을 재진술하며, 이러한 학생들이 교육받는 다양한 환경을 설명한다.

12.2 청력손실이 소통, 대인관계, 학업기술에 미칠 수 있는 영향을 논의하고, 이러한 문제를 줄일 수 있는 조정을 기술하며, 부모와 일반교육교사가 청력손실과 관련된 문제를 줄이기 위해 사용할 수 있는 방법을 설명하고, 농 또는 난청학생들이 학교, 직업, 독립생활 등의 중등후 선택사항으로 전환하는 데 도움이 되는 지원을 비교한다.

12.3 청각장애학생을 위한 교수의 역사를 문서화하고 통합의 긍정적인 사례들을 공유한다.

12.4 조기중재와 예방의 이점을 설명하고 청력손실의 치료와 대응에서의 기술적 진보를 판별한다.

농과 난청의 기술

학습 목표

청각장애와 농의 정의 차이를 설명하고, 청각선별검사의 유형을 기술하며, 청력도표를 해석하고, 농 또는 난청학생들의 특성을 재진술하며, 이러한 학생들이 교육받는 다양한 환경을 설명한다.

농과 난청의 정의

- 정상적인 청각 과정은 소리를 의미 있는 정보로 변환하는 많은 단계를 포함한다.
- 장애인교육법(IDEA)은 농이라는 용어를 가장 심각한 유형의 청력손실을 지칭하는 데 사용하고, 청각장애를 다른 모든 유형을 지칭하는 데 사용한다.

청각 과정

우리가 듣는 방식은 정말 놀라우며 귀의 세 부분을 포함한다:

그림 12.1 인간 귀의 구조

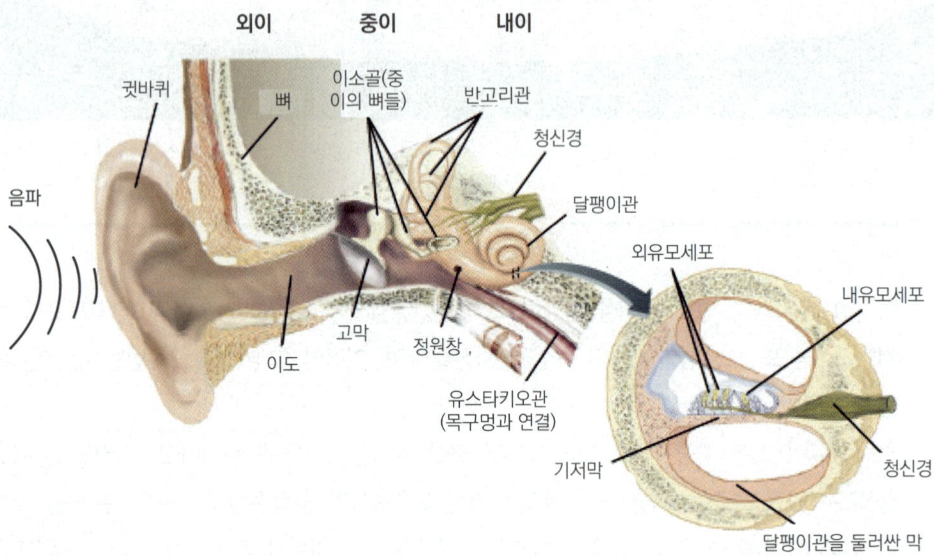

출처: Carlson, S., Mandell, D.J. and Williams, L. (2004) /Pearson Education.

- 외이—귓바퀴와 외이도
- 중이—고막, 유스타키오관, 그리고 이소골(추골, 침골, 등골)
- 내이—달팽이관, 그 막들과 유모세포, 그리고 반고리관

음파가 공기, 물, 또는 다른 매체를 통과할 때, 고막(고실막)을 진동시킨다. 이러한 진동은 내이로 전달되어, 뇌로 자극을 보내는 수용체 세포를 통과한다. 뇌는 이러한 자극을 의미 있는 소리로 번역한다. 청력손실은 외이에서부터 중이를 거쳐 내이로, 그리고 청신경을 거쳐 뇌로 가는 경로 어디에서든 막힘이나 손상으로 인해 발생할 수 있다. 그림 12.1은 소리가 외이에서 중이를 거쳐 내이로 이동하여 전기화학적 신호로 번역되고 청신경을 통해 뇌로 전달되는 정상 청각의 과정을 보여준다.

장애인교육법 정의

일반적으로 청각장애인은 청각 사용에 제한이 있다. 이들이 갖는 기능적 청각의 유형과 정도는 매우 다양하다. 청각장애는 일반적으로 난청과 농의 두 그룹으로 분류된다. 이들은 장애인교육법(IDEA)에서 용어는 약간 다르지만 별개의 장애 범주로 간주된다. 농은 가장 심각한 유형의 청력손실을 지칭하며, 청각장애는 다른 모든 유형을 지칭한다. 농과 청각장애에 대한 장애인교육법 정의는 표 12.1에 제시되어 있다.

이 학생들에게는 많은 용어가 적용된다. 청력손실 학생, 청각장애학생, 난청학생, 청각장애학생은 모두 일반적으로 사용되는 사람 중심 언어이다. 그러나 정체성 중심 언어의 사용—청각장애학생, 농 및 난청학생, 그리고 청각장애학생(여기서 농은 농문화와 농인 공동체를 지칭하는 데 사용됨)—은 농인 공동

표 12.1 농과 청각장애의 정의

용어	정의	출처
농	농은 아동이 증폭 여부와 관계없이 청각을 통한 언어 정보 처리에 손상을 받을 정도로 심각한 청각장애를 의미하며, 이는 아동의 교육적 수행에 부정적으로 영향을 미친다.	장애인교육법 '04, 미국 교육부
청각장애	청각장애는 영구적이든 변동적이든 청각의 손상을 의미하며, 이는 아동의 교육적 수행에 부정적으로 영향을 미치지만 농의 정의에는 포함되지 않는다.	장애인교육법 '04, 미국 교육부

출처: 미국 교육부(2006), 1261-1262쪽.

체의 일부인 경우처럼 일부 개인, 가족, 또는 개인적 네트워크에서 선호된다. 1장에서 배웠듯이, 개인이나 가족에게 선호하는 용어가 무엇인지 묻는 것이 현명한 결정이다.

농아동은 일반적으로 입학 전에, 보통 신생아 또는 소아 청각선별검사를 통해 또는 관찰력이 있는 가족구성원이나 돌봄제공자에 의해 판별된다. 그 결과, 이 아동들은 장애가 진단되면 보통 조기중재 서비스를 받는다. 청각장애학생들은 더 늦은 나이에 판별될 수 있으며, 특수교육 과정을 거친 후에 개별화교육프로그램(IEP)이 개발된다. 모든 장애인교육법 장애 범주와 마찬가지로, 어떤 유형의 청력손실을 가진 학생도 교육적 수행에 부정적 영향을 받지 않으면 특수교육 서비스를 받을 자격이 없다.

청력손실의 판별

- 청각학자들은 기도 및 골도 전도 방법을 사용하여 청각능력을 검사하고 결과를 청력도표에 기록한다.
- 청력손실은 유형, 중증도, 또는 청력손실이 발생한 연령에 따라 분류될 수 있다.

신생아 선별검사와 영아 사정평가

오늘날 모든 50개 주, 워싱턴 DC, 푸에르토리코에서 신생아 선별검사 프로그램을 운영하고 있으며 대부분의 주에서 99.9%의 참여율을 보이고 있다. 부모는 일반적으로 종교적 이유로 참여하지 않을 선택권이 있다. 주 또는 보험회사가 절차 비용을 부담하며, 이는 보통 아기가 가족과 함께 떠나기 전에 병원에서 실시되지만 아기가 생후 1개월이 되기 전에 이루어져야 한다. 즉, 매년 태어나는 약 400만 명의 아기 중 거의 그만큼이 생애 초기에 청력손실에 대한 선별검사를 받는다. 영아는 지시를 따르거나 소리에 반응하여 손을 들 수 없기 때문에, 나이가 많은 사람들에게 사용되는 기도청력검사 같은 방법은 신생아에게 유효한 사정평가 도구가 아니다. 달팽이관의 유모세포는 청각 과정에서 진동한다. 이 유모세포들이 진동할 때, 이음향방사(OAEs)라고 불리는 매우 낮은 수준의 소리를 만들어낸다. 이러한 방사는 신생아의 청력손실을 고통 없이 선별검사할 수 있게 한다. 이음향방사 청각선별검사에서는 작은 탐침을 아동의 외이도에 넣어 낮은 음량의 소리를 만들어낸다. 소리에 반응하여 달팽이관은 이음향방사를 만들어내며, 이는 중이에서 외이도로 이동한 후 탐침의 작은 마이크로폰에 의해 포착된다. 이음향방사는 30초 이내에 휴대용 선별검사 기기에 의해 분석되어 영아가 선별검사를 통과했는지 또는 추가 검사를 의뢰해야 하는지를 나타낸다. 조기 판별은 조

그림 12.2 데시벨과 헤르츠로 나타낸 일반적인 소리

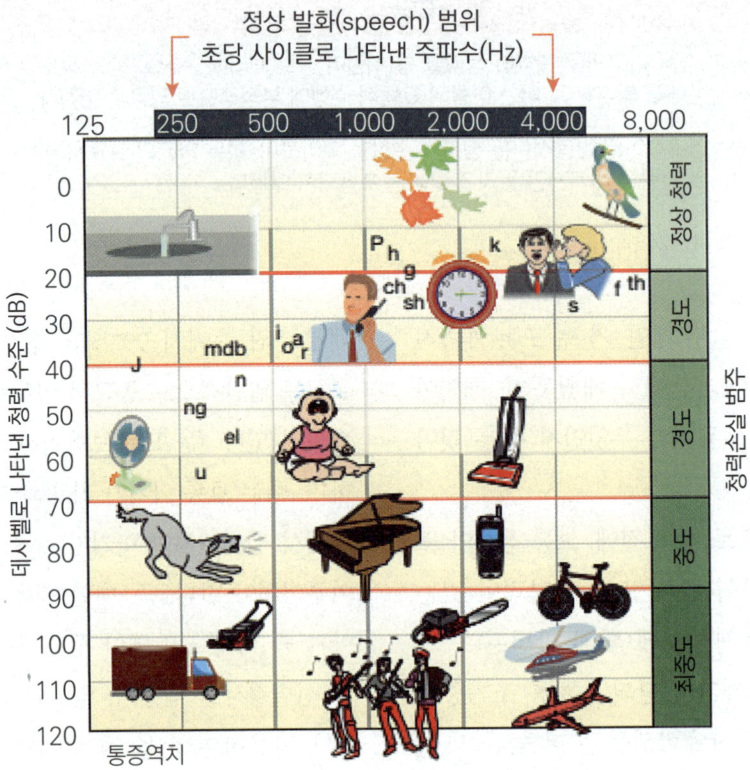

주파수 수준은 차트의 세로선으로, 강도 또는 음량 수준은 가로선으로 표시된다.

기중재로 이어지며, 이는 언어발달, 소통, 학교 성과에 대한 장기적 결과에 크게 도움이 되는 것으로 입증되었다. 조기중재의 힘에 대해서는 이 장의 뒷부분에서 배우게 된다.

또한 처음에 이음향방사 청각선별검사와 추가 검사를 통과한 어린 아동들도 아동기 동안 나중에 청력손실이 발생할 수 있다는 점을 알아두어라. 다음에서 아동기 청력손실의 판별에 대해 알아보자.

청각 평가

아동이나 성인의 청각을 사정평가할 때 소리의 두 가지 특성이 측정된다: 주파수와 강도이다. 그림 12.2에 제시된 청력도표는 다음에 나오는 정보를 읽을 때 이러한 개념을 명확히 하는 데 도움이 될 것이다.

소리의 주파수는 초당 진동수이다. 높은 주파수는 귀를 통해 높은 음조나 톤으로 지각되며, 낮은 주파수는 낮은 음조나 깊은 소리로 지각된다. 헤르츠(Hz)는 주파수를 측정하는 단위이다. 정상 귀는 약 20에서 20,000Hz 범위의 소리를 듣는다. 언어음은 인간 청각 범위의 대략 중간(250에서 4,000Hz 사이)에 해당한다. 음악에 대한 지식이 있다면, 피아노의 가운데 도의 주파수가 약 250Hz라는 것을 아는 것이 도움이 될 것이다. 청력도표의 다음 세로선인 500Hz는 가운데 도보다 약 1옥타브 높고, 1,000은 가운데

도보다 2옥타브 높으며, 이런 식으로 계속된다.

사정평가되는 두 번째 소리 특성은 음강도 또는 음량이다. 데시벨(dB)은 소리의 강도를 측정하는 단위이다. 더 부드럽고 조용한 소리는 낮은 데시벨 측정값을 가지며, 더 큰 소리는 높은 값을 갖는다. 125dB 이상의 데시벨 수준은 평균적인 사람에게 고통스럽다. 0에서 120dB 범위의 소리는 개인이 서로 다른 주파수를 얼마나 잘 들을 수 있는지 검사하는 데 사용되며, 정상 청력을 가진 아동은 0dB에서 소리를 지각할 수 있어야 한다. 그림 12.2에서 언급했듯이, 언어음과 환경의 소음들은 다양한 주파수(Hz)와 강도(dB)를 갖는다. 청각능력과 관계없이 인간은 모든 소리를 지각할 수 없다. 예를 들어, 일부 개 호루라기는 인간의 청각 범위를 넘어서는 높은 주파수를 사용한다.

청각능력 전문가인 청각학자들은 개인의 청각이 정상인지 결정하는 사정평가를 실시한다. 아동과 성인에게 청각학자들은 순음—특정 주파수의 음파—을 다양한 헤르츠와 데시벨의 조합과 다양한 음조와 음량 대역에서 사용한다. 그들은 정확한 주파수와 강도로 소리를 만들어내는 기구인 청력계 같은 특수 장비를 사용한다. 이러한 청력검사의 결과는 그림 12.2와 같은 격자나 그래프인 청력도표에 기록된다. 각 귀는 별도로 검사되며, 결과는 서로 다른 기호로 차트에 표시된다. 청력역치는 사람이 각 주파수 수준에서 가장 부드러운 소리를 처음 지각하는 때를 기록하여 결정된다. 청력계는 사람이 다양한 헤르츠 수준에서 0dB로 청력손실이 없음을 나타내도록 설정된다. 20dB선 아래로 떨어지는 점수는 어느 정도의 청력손실을 나타낸다.

대부분 아동의 청각은 청력계로 만들어진 순음을 사용하는 기도청력검사법으로 사정평가된다. 아동의 귀에 이어폰을 착용시키고, 아동들은 소리를 들었다는 것을 나타내기 위해 손을 든다. 이러한 검사는 보통 소아과 의사가 건강검진에서 또는 학교 간호사가 실시한다. 청력손실이 의심될 때, 청각학자는 소리가 외이와 중이를 우회하여 직접 내이로 갈 수 있도록 이마에 진동기를 놓는 골도청력검사법을 사용하여 검사를 계속한다.

청력손실의 유형

청력손실은 종종 유형, 중증도, 발생 연령에 따라 분류된다. 먼저 청력손실의 유형을 고려해보자. 이는 종종 다음과 같이 분류된다:

1. 전음성 난청. 이는 외이나 중이에서 발생하며 음파가 내이로 전달(전도)되는 것을 방해한다. 이는 종종 일시적이거나 교정 가능하다. 비행기를 타거나 산에서 자동차를 탈 때 기압 변화로 인한 전음성 난청을 경험했을 수도 있다. 청각학자들은 위에서 논의한 골도사정평가법을 사용하여 전음성 난청을 결정할 수 있다. 골도역치가 정상(0 dB 근처)이고 기도역치가 비정상일 때, 청력손실은 전음성이다.
2. 감각신경성 난청. 이는 내이, 유모세포, 또는 청신경의 손상으로 인해 발생한다. 이러한 유형의 청력손실은 때때로 신경성 농이라고 불린다. 유모세포에 더 큰 손상이 있을수록 더 심각한 청력손실이 된다. 현재로서는 이 손상이 영구적이지만, 의학 연구의 발전으로 새로운 유모세포 생성의 열쇠가 될 수 있는 유전자가 판별되었다는 것이 밝혀지고 있다. 이러한 종류의 손실은 노인들에게 흔하며, 성인의 약 20%가 생애 중 어느 시점에서 영향을 받지만

아동에게는 흔하지 않다. 감각신경성 난청은 전음성 난청보다 교정하기가 훨씬 어렵다.

3. 혼합성 난청. 이는 전음성과 감각신경성 난청 모두의 결과이다.
4. 청신경병증 스펙트럼 장애. 소리는 정상적으로 귀에 들어가지만, 내이나 청신경의 문제나 손상으로 인해 소리가 뇌에서 이해할 수 있는 방식으로 조직화되지 않는다.

청력손실을 분류하는 또 다른 방법은 손실의 정도나 중증도에 따른 것으로, 이는 청력손실의 유형과 관계없이 중요하다. 청력손실의 중증도는 다음 수준으로 나뉜다:

- 경도 난청(21-40 dB)—조용한 말소리나 먼 거리에서 나는 말소리를 듣거나 이해하는 데 어려움이 있으나, 보통의 듣기 능력은 유지됨
- 중등도 난청(41-55 dB)—일반적인 대화음성을 따라가기 어려움
- 중고도 난청(56-70 dB)—큰 소리의 언어만 들을 수 있음
- 중도 난청(71-90 dB)—큰 소리의 언어도 이해하기 어려움
- 최중도 난청(91 dB)—보조청취기기만이 개인이 구두로 제시된 정보를 이해할 수 있게 함

일반적으로 경도에서 중등도 범위의 손실은 난청으로 분류된다. 중도와 최중도 청력손실은 농으로 분류된다.

발생 연령을 사용하여 청력손실을 분류하는 방법들도 있다:

- 선천성 난청—출생 시나 출생 전에 발생
- 후천성 난청—출생 후에 발생
- 언어습득 전 농—아동이 말하기와 언어 이해를 배우기 전에 발생. 아동의 농은 선천적이거나 영아기에 발생
- 언어습득 후 농—사람이 말하기와 언어 이해를 배운 후에 발생. 이러한 유형의 청력손실이 중도나 최중도이지만, 이러한 개인들 중 다수가 언어 사용과 타인과의 구두 소통 능력을 유지할 수 있음

질병통제예방센터(CDC) 웹사이트(www.cdc.gov/ncbddd/hearingloss/types.html)는 청력손실, 선별검사와 진단, 자료와 통계 등에 대한 훌륭한 정보를 제공한다.

특성

- 전음성 난청을 가진 학생들은 감각신경성 난청을 가진 학생들과는 다른 유형의 청각 손상을 보인다.
- 청력손실의 유형이 항상 개인의 기능적 또는 잔존 청력능력을 정확하게 나타내는 것은 아니다.

청력손실의 영향

아동에게 가장 흔한 청력손실은 감기, 부비동염, 또는 중이염과 같은 귀 감염으로 인해 발생한다. 그 결과로 나타나는 전음성 난청은 보통 일시적이다. 어느 날이든 초등학교 학생의 20%가 경도 전음성 난청을 가지고 있을 가능성이 있다. 또한 모든 아동의 약 80%가 초등학교 시절 중 어느 시점에서 전음성 난청을 경험한다. 이러한 청력손실로 인한 어려움은 귀 감염이 회복되면 사라진다. 일시적이지 않은 다른 전음성 난청은 보통 보청기, 수술, 또는 다른 의료기법으로 교정될 수 있다.

우리는 그림 12.3에 전음성 난청을 가진 트래비

그림 12.3 트래비스의 청력도표: 전음성 난청

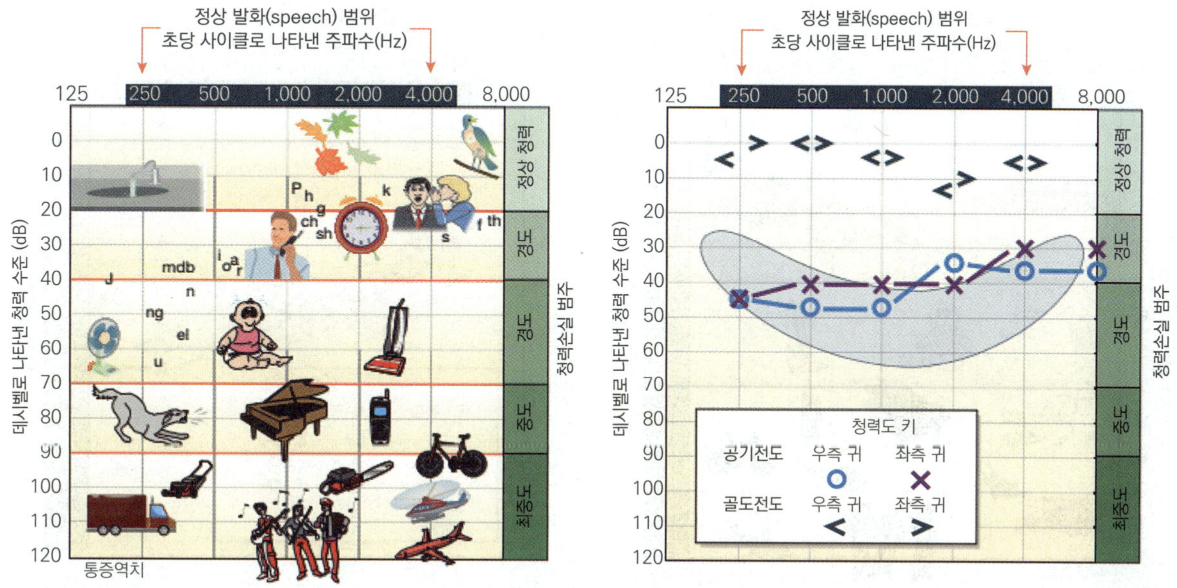

스라는 학생의 청력도표를 포함했다. 다음 그림에서는 트래비스의 청력도표와 그의 청력 수준을 일반적인 소리를 듣는 데 필요한 수준과 비교할 수 있도록 그림 12.2의 청력도표를 보여준다. 트래비스의 청각 사정평가에 대한 정보를 읽으면서 이 두 청력도표를 모두 살펴보자.

각 귀는 기호로 표시된 바와 같이 별도로 검사된다: 기도전도검사에서는 우측 귀를 O, 좌측 귀를 X로; 골도전도검사에서는 우측 귀를 〈, 좌측 귀를 〉로 표시한다. 트래비스가 처음으로 소리를 지각할 수 있는 지점인 청력역치가 각 귀에 대해 청력도표에 표시되어 있다. 약 40dB인 그의 청력손실은 경도 범위에 있다. 그의 청력역치가 일반적인 소리의 그림 아래로 떨어질 때, 그는 그 소리를 지각할 수 없다. 예를 들어, 트래비스는 물방울 떨어지는 소리, 나뭇잎 바스락거리는 소리, 또는 사람들이 속삭이는 소리 같은 것들을 들을 수 없다. 이 청력도표의 연한 파란색 음영 영역(모양 때문에 때때로 "발화(speech)의 바나나"라고 불림)은 발화음이 해당하는 영역을 표시한다. 트래비스의 청력도표는 그가 소수의 발화음(/ng/, /el/, /u/)만 지각할 수 있음을 나타낸다. 또한 트래비스의 기도전도검사와 골도전도검사 프로파일의 차이점을 주목하라. 골도전도검사는 중이가 우회될 때 그의 청력이 0dB에 훨씬 가까워진다는 것을 보여준다. 그의 청력손실은 일시적이거나 수술이나 다른 의료 치료를 통해 교정될 수 있다. 정상 청력을 가진 대부분의 아동은 약 0dB에서 청력역치를 갖는다. 트래비스의 역치는 0보다 상당히 아래에 있다.

전음성 난청을 가진 학생들과 달리, 감각신경성 난청에 영향을 받는 학생들은 서로 다른 강도에서 서로 다른 주파수를 들을 수 있다. 유전, 뇌수막염 같은 질병, 그리고 소음성 난청(NIHL)이 어린 아동과 청소년의 감각신경성 난청의 주요 원인이다. 이러

그림 12.4 헤더의 청력도표: 감각신경성 난청

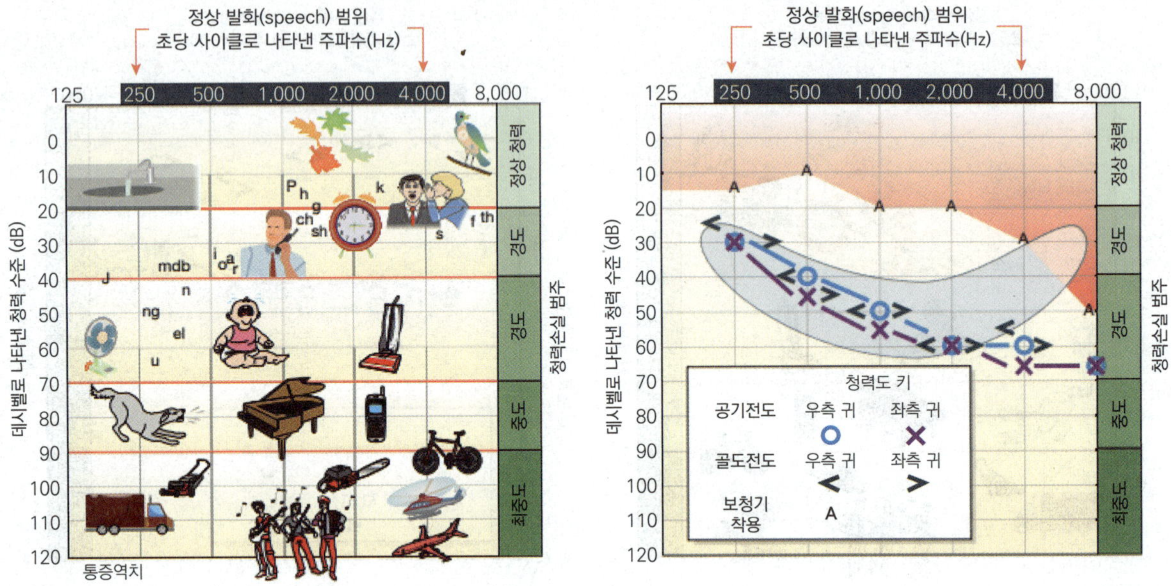

한 학생들에게 보청기는 혼재된 결과를 가질 수 있다. 그림 12.4의 헤더의 청력도표는 그녀가 30dB 감각신경성 난청을 가지고 있음을 나타낸다. 그녀의 기도전도검사와 골도전도검사 점수 간의 유사성을 주목하라. 헤더의 청력은 청력도표의 A 기호로 표시된 바와 같이 보청기를 착용한 상태에서도 검사되었다. 보청기 사용으로 그녀의 청력손실은 그렇게 심각하지 않으며, 이제 경도 기능 수준에 있다. 헤더가 보청기를 사용할 때의 청력능력은 파란색 영역 위에 있기 때문에, 그녀는 청각 사정평가 중에 측정된 음강도에서 발화음을 들을 수 있다.

청력손실과 청각정보 처리능력 간의 관계

교사들은 청력손실의 유형이나 정도에 기반하여 학생의 듣기나 청각정보 처리능력에 대해 가정해서는 안 된다. 그러한 정보가 항상 개인의 듣기능력을 정확하게 나타내는 것은 아니며, 개인이 필요로 할 조정의 유형을 자동으로 나타내지도 않는다. 왜 그럴까? 답은 부분적으로 잔존청력의 양과 유형, 즉 사람이 얼마나 많은 기능적 청력을 갖고 있는가에 달려 있다. 기능적 조직 체계를 사용할 때, 청각장애는 종종 두 범주로 나뉜다:

- 난청—보통 보청기의 도움으로 소리로부터 정보를 처리할 수 있다.
- 농—보청기나 이식기기(인공와우)의 도움 없이는 소리를 거의 인지할 수 없으며 보청기 없이 듣는 청력은 정보를 얻는 주요 수단이 아니다.

청력손실이 경도 범위에 해당한다면, 개인은 거의 모든 발화음과 대부분의 대화를 들을 수 있다. 손실의 정도가 중등도이고 주로 발화음 범위에 있다면, 구어 소통을 사용하고 좋은 발화능력을 발달시키는 것이 더 어렵다. 연속체의 다른 끝에는 보청기를 사용해도 실용적인 청력을 거의 제공받지 못

그림 12.5 장애 출현율, 2021-2022학년도

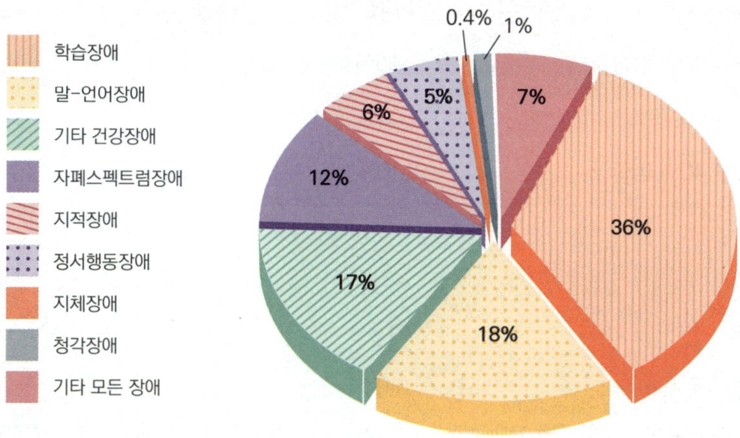

주: 반올림으로 인해 백분율 합계가 100%를 초과함.
출처: 미국 교육부(2022).

하는 사람들이 있다. 농인은 잔존청력이 거의 없거나 전혀 없다. 조정과 특수교육 서비스 없이는 타인과 소통하고 학업과목을 배우는 능력이 심각하게 영향을 받는다.

출현율과 배치

- 다른 장애와 관련하여 농 또는 난청학생은 매우 적다.
- 최중도 청력손실을 가진 많은 학생들, 즉 자신을 농인으로 여기는 학생들은 특수학급이나 특수학교에 다닌다.

학생 수

난청과 농은 저발생률 상태이므로 청력손실을 가진 아동은 상대적으로 적다. 그림 12.5의 차트가 보여주듯이, 청각장애학생의 비율은 고출현율 장애를 가진 학생들의 비율보다 현저히 작다. 질병통제예방센터의 최신 자료는 매년 약 6,000명의 영아가 청력손실을 갖고 태어난다고 나타낸다. 이들 중 90%는 청인 부모를 갖는다. 그러나 청각장애의 출현율은 나이 든 미국인들 사이에서 높다. 70세 이상 사람들의 거의 절반이 청력손실을 갖는다고 추정된다.

장애학생의 약 1%가 장애인교육법의 청각장애와 농 범주를 통해 특수교육 서비스를 받는다. 그러나 이 자료는 청력손실을 가진 학생들의 실제 비율을 반영하지 않는다. 한 가지 이유는 연방정부에 보고할 때 주들이 학생들을 단 하나의 범주에만 배치할 수 있기 때문이다. 청각장애학생의 약 40%가 추가 장애를 갖고 있으며, 그들은 종종 다른 특수교육 범주에 배치된다. 일부 특정 상태들은 청각장애의 가능성이 증가한다. 예를 들어, 다운증후군을 가진 개인의 75%가 전음성 난청을 갖는다. 그러나 이러한 학생들은 보통 지적장애 범주에서 보고된다. 청력손실과 다른 장애를 가진 많은 학생들은 중복장애 범주에서 보고되며, 농맹학생들은 농맹(시청각장애) 범주에 배정된다. 다른 장애와 함께 또는 단독으로 청각장애의 출현율에 대한 더 나은 이해를 위해, 다음 웹

표 12.2 청각장애학생을 위한 교육환경

환경	청각장애	모든 장애
일반교육 학급 내 > 하루 80% 이상	65%	67%
일반교육 학급 내 하루 40-79%	13%	16%
일반교육 학급 내 < 하루 40% 미만	10%	13%
특수학교	8%	2%
거주시설	1%	0.2%
가정/병원	0.2%	0.4%
교정시설	0.02%	0.1%
부모에 의한 사립학교 배치	2%	2%

주: 청각장애라는 용어—장애인교육법 용어—는 여기서 농과 상당한 청력손실을 경험하는 모든 학생들을 포함하는 데 사용된다.
출처: 미국 교육부(2022).

사이트들이 추가 통계와 인구통계를 포함하고 있다:

- 갤러뎃 연구소—http://research.gallaudet.edu/Demographics/
- 질병통제예방센터—http://www.cdc.gov/ncbddd/hearingloss/data.html

배치

일반교육 환경에서의 배치나 통합률은 표 12.2에 제시된 자료에 의해 어느 정도 가려져 있다. 하루 중 일부 시간 동안 일반교육 학급에 다니는 모든 장애학생들과 청력손실 학생들을 비교할 때, 청력손실을 가진 학생들의 비율이 약간 낮다(표의 첫 세 행 참조). 그러나 특수학급과 특수학교에서는 더 높다. 이러한 차이의 이유는 청력손실을 가진 학생들의 두 개의 뚜렷한 그룹에 있다. 최중도 청력손실보다 경도에서 중등도 청력손실을 가진 학생들이 상당히 많다. 최소제한환경(LRE)의 해석은 이 두 그룹의 학생들과 가족들에게 매우 다르다. 좋은 소통기술을 갖고 과외활동에 참여하는 경도에서 중등도 청력손실을 가진 학생들은 통합 일반교육 환경이 긍정적인 교육 경험을 가져다준다는 것을 발견한다. 그들에게는 일반교육 교실과 일반교육 교육과정에 대한 접근이 최소제한환경을 구성한다.

그러나 수어 의사소통 체계(예: 미국수어[ASL] 또는 수화식 영어)를 사용하는 학생들은 급우들과 쉽게 소통할 수 없기 때문에 종종 일반교육 환경을 제한적으로 여긴다. 또한 농고등학생들은 학교에서 유일한 청각장애학생일 때 우정을 발달시키거나 과외활동, 스포츠, 심지어 학급 토론에 참여할 기회가 거의 없다고 종종 보고한다. 이러한 학생들과 가족들 중 다수가 모든 사람이 미국수어를 사용하고 수업과 다른 활동들이 그들이 접근할 수 있는 형식으로 진행되는 특수학교나 특수학급을 선호한다. 즉, 이러한 분리 환경이 실제로는 청인 또래와 함께하는 학급보다 그들에게 덜 제한적이다. 이러한 요인들이 표

12.2에서 볼 수 있듯이 특수학급, 특수학교, 특수기숙학교에 다니는 청각장애학생들의 더 많은 수에 기여한다.

정규 졸업장으로 고등학교를 졸업하는 장애학생들 중 가장 높은 비율 중 하나가 청력손실을 가진 학생들이다. 다른 장애를 가진 학생들과 비교할 때, 이 그룹은(13장에서 배울 시각장애학생들과 함께) 상당히 괜찮은 졸업률(70% 이상)을 갖는다. 비교해보면, 학습장애학생의 60%를 약간 넘는 수와 정서행동장애학생의 45% 미만이 표준 고등학교 졸업장을 취득한다.

특수교육

학습 목표

청력손실이 소통, 대인관계, 학업기술에 미칠 수 있는 영향을 논의하고, 이러한 문제를 줄일 수 있는 조정을 기술하며, 부모와 일반교육교사가 청력손실과 관련된 문제를 줄이기 위해 사용할 수 있는 방법을 설명하고, 농 또는 난청학생들이 학교, 직업, 독립생활 등의 중등후 선택지로 전환하는 데 도움이 되는 지원을 비교한다.

문제와 해결책

청력손실과 관련된 일반적인 문제에는 언어발달, 소통, 학업성취, 대인관계 상호작용, 사회정서발달이 포함된다.

청력손실의 영향을 줄일 수 있는 해결책에는 조기중재, 언어치료, 조정, 미국수어, 보조공학이 포함된다.

청력손실의 문제

인간은 듣기, 말하기, 관찰하기, 읽기를 통해 배우고 소통한다. 대부분의 사람들에게 구화는 소통 과정의 상당한 구성요소이다. 구화를 사용하여 듣거나 말할 수 없는 사람들은 더 제한된 소통능력을 갖는다—이러한 차이는 이 학생들이 타인과 상호작용하는 방식, 그들이 교육받는 방법, 교육과정의 내용, 그리고 적절한 교육을 위해 필요한 관련 서비스를 형성한다.

청력손실을 가진 학생들의 그룹에 따라 문제들이 광범위하게 다르다. 예를 들어, 난청 그룹에 해당하는 학생들—경도에서 중등도 청력손실을 가진 학생들—은 보청기 같은 보조청취기기로부터 이익을 얻으며 특수교육 서비스 자격이 없을 수 있다. 불행히도 교사들이 보조기기가 장애를 완전히 보상한다고 가정하기 때문에 그들의 요구가 간과될 수 있다. 그러나 많은 경우에, 이러한 학생들은 여전히 환경의 소리를 이해하고, 언어를 이해하며, 구두 소통에 참여하는 데 어려움을 갖는다. 농으로 태어났거나 유년기 초기에 농이 된 학생들은 상당한 도움 없이는 구화를 발달시키고 청각적 수단을 통해 정보를 얻는 것이 어렵다고 여긴다. 이러한 개인들은 보청기와 함께 또는 없이 소리를 이해할 수 없다.

이러한 아동들이 직면하는 주요 문제는 소통의 어려움에서 시작한다. 언어음이나 단어를 들을 수 없는 영아와 유아들은 옹알이나 단어 모방을 통해 그것들을 흉내 내지 않는다. 결과적으로 그들은 종종 언어발달이 지체된다. 듣기능력은 또한 언어명료도와 관련이 있다. 일반적인 경험 법칙으로, 언어치료와 함께라도 청력손실의 정도가 증가할수록 명료도는 감소한다.

그림 12.6 농과 난청: 문제들

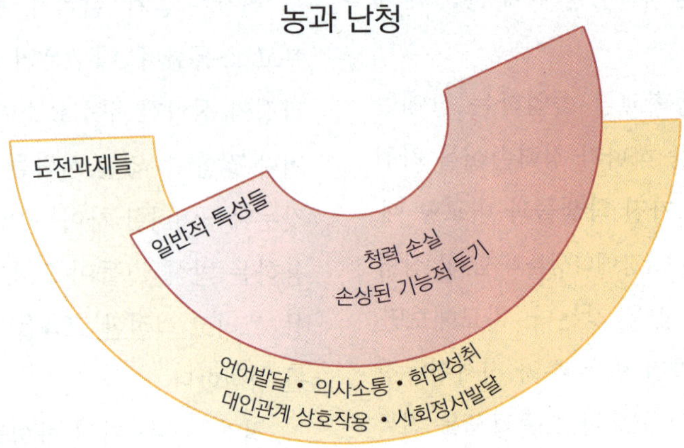

이러한 학생들은 종종 학교에서 어려움을 겪는다. 언어기술은 대부분 과목의 기초이므로, 언어지체는 학업 내용을 쉽게 배우는 능력에 영향을 미친다. 읽기에서의 낮은 학업성취가 특히 우려된다. 강한 읽기기술의 획득은 학생들이 텔레비전, 비디오, 영화의 자막을 읽을 수 있어야 하고, 전화보다는 문자 형식(문자메시지, 이메일)을 통해 종종 소통하기 때문에 중요하다. 또한 중학교와 고등학교 학생들은 강의를 통해서만큼 교과영역 교재를 읽는 것을 통해 배우므로, 학생들이 나이가 들수록 읽기 요구는 더욱 강화된다. 수업 중 주요 구두 정보를 놓친다면 추가 문제를 갖는다. 많은 교사들은 작은 청력손실조차 얼마나 중요한지 알지 못한다. 예를 들어, 시끄러운 교실에서 16dB의 손실(정상 청력으로 여겨지는 범위 내)도 단지 3피트 떨어진 곳에 서 있을 때조차 학생이 교사가 말하는 것의 10%까지 놓치게 할 수 있다. 보조공학을 통한 증폭 없이, 35에서 40dB의 손실—명백히 경도 청력손실 범위—을 가진 학생들은 토론 중에 교사나 급우들이 말하는 것의 50%를 놓칠 수 있다.

난청학생들이 구두 대화, 지시, 놀이 중 언어적 소통("나 열려 있어!" 농구 경기 중), 또는 심지어 일부 비언어적 신호나 단서(예: 깊은 한숨, 목 가다듬기)의 일부를 놓친다면 대인관계 상호작용과 관계가 영향을 받을 수 있다. 급우들이 수어를 할 수 없을 때, 미국수어를 사용하는 청각장애학생들은 배제감을 느낄 수 있다. 그 결과, 그들의 사회정서발달이 영향을 받을 수 있다. 청력손실이 제시하는 문제들의 개요가 그림 12.6에서 발견된다.

청력손실의 문제 극복

첫 번째 단계 중 하나는 조기 판별과 중재이다. 배우게 되겠지만, 보편적 영아 청각선별검사는 생후 몇 개월밖에 안 된 아기들이 보청기를 착용할 수 있게 하고 부모들이 미국수어나 수화식 영어와 언어치료를 즉시 시작할 수 있게 한다. 또한 부모들이 이 장의 "기술" 섹션에서 배울 인공와우와 다른 유형의 수술적 중재에 대한 결정을 아동이 매우 어릴 때 할 수 있게 한다.

언어치료는 소통에 대한 구화 접근법을 결정한 부모들의 아동에게 중요한 관련 서비스이다. 높은

그림 12.7 알파벳 각 글자의 기호들

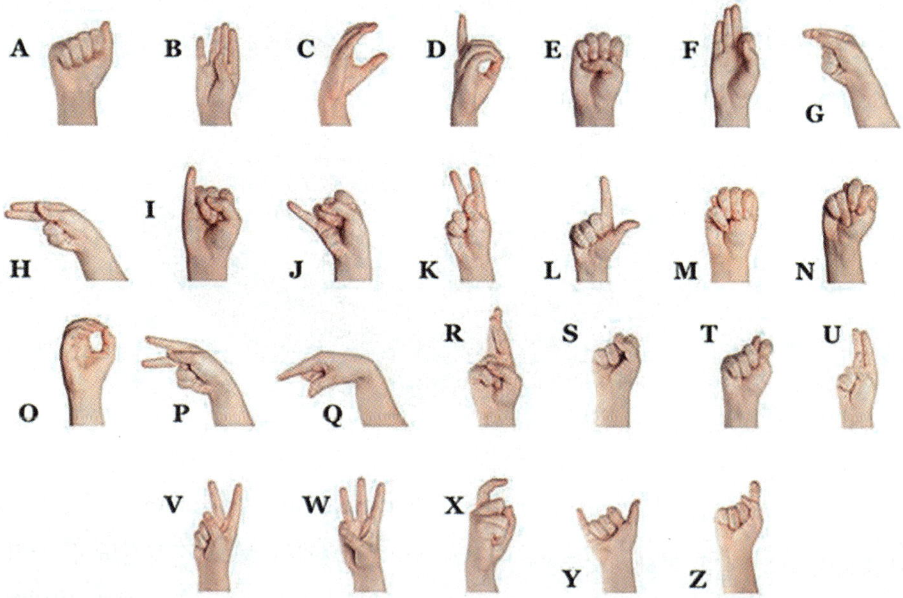

출처: Oleksandr Rybitskiy/Shutterstock

수준의 명료한 언어는 보청기를 착용하거나 인공와우를 가진 학생들조차 농 또는 난청아동에게 자동으로 만들어지지 않는다. 수년간의 언어치료가 종종 필요하다.

다음 섹션에서 읽게 될 조정은 학교에서의 성공의 핵심이다. 이러한 학생들은 많은 시각자료(예: 그림, 그래프, 차트, 서면 노트)와 함께, 차례로 말하는 모든 사람을 볼 수 있도록 특별한 좌석 배치의 지원을 받아야 한다. 배우게 되겠지만, 기술 발전도 청력손실이 제시하는 문제를 극복하는 데 도움이 된다.

청각장애학생들에게 미국수어는 그들의 소통 수단이다. 이는 완전하고 복잡한 언어이며 단순히 영어의 번역이 아니다. 실제로 미국수어는 전국 대학 캠퍼스에서 다섯 번째로 흔히 학습되는 외국어이다! 오늘날 일부 교육구들은 미국수어를 초등학교 연령 학생들을 위해 모든 부모가 고려할 수 있는 이중언어, 이중언어 프로그램 선택지로서 다른 언어들과 함께 높이려고 한다. 미국수어는 문법, 구두점, 문장 순서에 대한 고유한 규칙을 갖는다. 더 나아가, 이는 보편적 언어가 아니다. 각 나라의 수어 버전은 다르다. 예를 들어, 영국수어는 미국수어와 매우 다르다. 지문자는 별개의 언어 체계가 아니다. 그림 12.7에서 보여주듯이, 알파벳의 모든 글자는 고유한 기호를 갖는다. 이 체계는 단어나 이름에 대한 수어가 존재하지 않을 때 미국수어를 지원한다. 차트를 사용하여 당신 이름의 글자들을 수어로 표현해보자.

농과 난청의 일반적 특성이 어떻게 문제를 야기하고, 이것이 차례로 무수한 전략이나 해결책을 통해 줄어들거나 해결될 수 있는지에 대한 빠른 상기를 위해 그림 12.8을 연구해 보시오.

그림 12.8 농과 난청: 해결책들

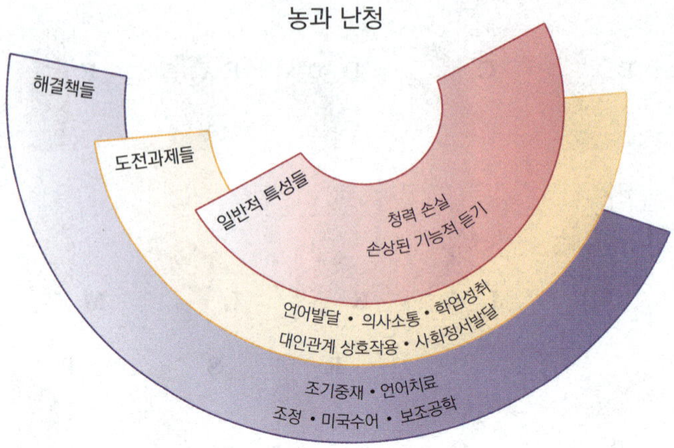

조정

- 경도에서 중등도 청력손실을 가진 학생들조차 수업에서 제시되는 내용에 접근하기 위해 조정이 필요하다.
- 청각장애학생들은 구두로 제시되는 정보에 접근하고, 종종 타인과 소통하기 위해 조정이 필요하다.

난청학생을 위한 조정

청력손실을 가진 대부분의 학생들은 일반교육 교육과정에 완전히 참여하기 위해 조정이 필요하다. 한쪽 귀의 경도 청력손실조차 학생이 학업적으로 어려움을 겪게 할 수 있다. 한 가지 이유는 교사의 말을 주의 깊게 듣고, 노트를 작성하며, 제시되는 것을 처리하는 데 필요한 추가 노력 때문일 수 있다. 강의와 학급 토론을 이해하는 것과 노트 작성에 동시에 집중하지 않아도 될 때, 학생들은 제시되는 교수에 완전히 집중할 수 있다. 이러한 학생들은 많은 시각자료가 지원되어야 하며, 노트 필기자로부터 도움을 받을 수 있다. 노트 필기자가 되기를 원하는 고등학교나 중등후 수준의 또래들은 https://learn.nationaldeafcenter.org/courses/note-taker-training에서 무료 자기진도 온라인 수업을 들을 수 있다. 이는 미국 교육부가 지원하는 센터인 중등후 결과에 관한 전국농인센터(https://www.nationaldeafcenter.org)에서 제공된다. 그들은 청력손실과 효과적인 조정 및 교수전략에 대한 풍부한 정보를 제공한다. 노트 작성 지원 외에도, 청력손실을 가진 학생들은 화자에게 더 가깝게 또는 시끄러운 영역(예: 출입구, 연필깎이, 환기구)에서 더 멀리 배치할 수 있는 우선좌석 같은 다른 조정으로부터도 도움을 받을 수 있다. 수업 교수와 토론을 위해, 청각장애를 가진 학생이 양 끝 중 한곳에(어느 쪽 귀가 더 잘 들리는지에 따라) 앉는 U자형 좌석 배치가 교사와 또래를 듣고 보는 데 가장 효과적이다.

학생들이 어려움을 겪을 수 있는 또 다른 이유는 청력능력의 작은 차이조차도 이해되는 것에 큰 차이를 만들 수 있기 때문이다. 시끄러운 교실에서 약간의 청력손실을 가진 학생이 가까이 있어도 교사가 말하는 것의 10%까지 놓칠 수 있고, 경도 청력손실을 가진 학생들은 수업에서 말해지는 것의

그림 12.9 유도(보청)루프 시스템 구조도

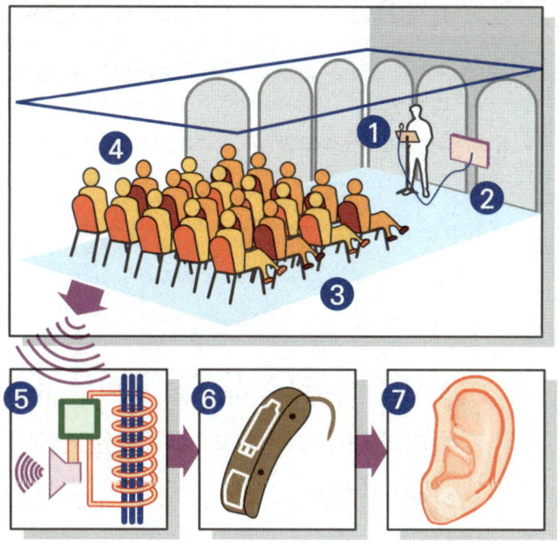

1. 오디오 입력: (예: 기존 PA 시스템, 전용 마이크로폰) 오디오 신호를 유도루프 증폭기에 공급한다.
2. 유도루프 증폭기: 전류를 오디오 루프 또는 루프들로 전달한다.
3. 오디오 루프 또는 루프들: 케이블을 통해 흐르는 전류가 음향 단절과 사각지대가 없는 구역을 형성한다.
4. 자기장: 자기장 신호가 개인의 보청기에 도달한다.
5. 보청기: 텔레코일이 장착되어 있다.
6. 텔레코일: 신호가 고품질 오디오 신호로 증폭되어 개인의 귀에 직접 전달된다.
7. 귀

출처: Ampetronic: Listen to the Difference. How Do Induction Loops Work? www.ampetronic.com/basics_how.asp. 원본 정보와 이미지 저작권 © Ampetronic 2000–2012. 모든 권리 보유.

50%를 놓칠 수 있다는 것을 상기하라. 교실 환경, 강의실, 강당, 그리고 다른 크고 시끄러운 환경에서 배경음을 충분히 제거하지 못하는 경우가 많은 인공와우나 보청기를 가진 학생들조차 중요한 정보를 놓친다. 아래에서 강조된 두 가지 선택지 같은 보조청취기기는 학생들이 구두로 제시되는 내용을 놓치는 것을 방지하는 데 도움이 될 수 있다. 실제로 청각장애학생의 약 45%가 그러한 기기를 사용한다.

- FM(주파수변조) 시스템. 이 무선 보조청취기기는 교사와 학생 모두에게 움직임의 자유를 허용한다. 교사는 작은 마이크로폰에 말하고, 학생은 보청기에 직접 연결된 작은 수신기를 통해 소리를 받는다. 배경소음이 줄어들고, 교사는 항상 모든 학생들의 완전한 시야에 있어야 한다는 걱정 없이 교실을 자유롭게 돌아다닐 수 있다.
- 유도고리 시스템. 이러한 저렴한 보조청취기기는 학교 강당, 콘서트홀, 극장 같은 큰 방에서 소리를 증폭하고 배경소음을 줄인다. 그림 12.9에서 설명된 바와 같이, 이러한 기기들은 소리를 그 근원에서 유도고리를 통해 전달하며, 여기서 소리는 대부분의 보청기의 표준 부품인 t-코일을 통해 청취자의 귀에 직접 전달된다. 추가 이점은 보청기를 가진 사용자들이 시스템을 사용하기 위해 추가적인 전문 장비를 구입할 필요가 없다는 것이다.

청각장애학생을 위한 조정

구두 지시 제공, 과정 설명, 강의, 토론에 얼마나 많은 학급 시간이 할당되는지 생각해보라. 이러한 구성요소들은 학급 교수의 큰 부분을 차지하며, 청각장애학생들은 이를 처리할 수 없다. 입술을 읽는 학생들조차 화자의 입술을 볼 수 없거나 노트 작성 같은 다른 과업에 주의를 기울이고 있기 때문에 많

표 12.3 청각장애학생을 위해 자주 사용되는 조정의 예시들

제시	환경	반응	일정 또는 시간
• 선행조직자 • 보조청취기기 • 자막 • 실시간 자막 • 시각적 단서와 프롬프트 • 시각보조자료	• 우선좌석 • 소음 감소 • 시각적 방해요소 감소 • 특별 조명	• 통역사 • 노트 필기자 • 문자음성변환 소프트웨어	• 청각적, 시각적 과부하를 줄이기 위한 휴식 • 과제 완료를 위한 연장 시간

은 정보를 놓친다. 학생들이 구두 정보에 접근하도록 돕기 위해, 교사들은 그림, 차트, 시각적 단서, 선행조직자, 그리고 토론 주제에 대한 서면 노트 같은 시각보조자료를 사용할 수 있다. 구두로 제시되는 정보를 놓치는 것 외에도, 이러한 학생들은 매우 제한적이거나 아예 언어능력이 없을 수 있다. 통역사는 이 두 문제를 모두 해결하는 효과적인 조정이 될 수 있다: 그들은 구두 정보를 번역할 뿐만 아니라, 학생의 생각과 아이디어를 교사와 또래들에게 전달할 수 있다.

구두로 제시되는 교실 내용과 교육과정에 학생들이 접근하는 것을 돕기 위해, 교사들은 또한 자료를 인쇄된 텍스트로 제시할 수 있다. 이를 수행하는 한 가지 방법은 다양한 방식으로 달성될 수 있는 자막이다.

- 자막 비디오. 바쁜 공항에 있거나 운동할 때 뉴스와 TV 프로그램의 정보에 접근하기 위해 많은 개인들이 의존하는 동일한 유형의 자막을 통해, 청각장애학생들은 교육 비디오에서 제시되는 교수 내용에 접근할 수 있다. 이러한 자막들—오픈 자막이나 클로즈드 자막일 수 있는—은 말해지는 것의 직접적인 번역이다.
- 실시간 자막(RTC). 소통접근 실시간번역(CART)이라고도 불리는 이러한 유형의 번역은 속기타자가 속기기와 특수 소프트웨어를 사용하여 말해지는 것(예: 강의, 연설, 학급 토론에서)을 전사하는 것을 포함한다. 2초 이내에 텍스트는 학생들이 노트북, 아이패드, 모바일 기기, 스크린, 또는 모니터에서 읽을 수 있도록 제공된다. 그러한 시스템의 문제는 구두로 제시되는 정보를 컴퓨터 기반 자막 기술에 입력하는 과업에 전념하는 훈련되고 경험이 있는 인간 자막작성자가 필요하다는 것이다.

모든 장애학생들과 마찬가지로, 청각장애를 가진 학생들은 개별화된 요구를 충족하는 조정으로부터 도움을 받는다. 표 12.3은 농 또는 난청학생들을 위해 종종 사용되는 일부 조정들을 나열한다.

조기중재

- 거의 모든 신생아가 병원을 떠나기 전에 이음향방사 청각선별검사를 받는다. 영아와 유아를 위한 조기 경고 신호는 나중에 청력손실이 발생하는 학생들을 판별하는 데 도움이 될 수 있다.
- 조기중재 서비스는 청각장애아동들에게 강한 장기적 성과를 가져다준다.

표 12.4 청력손실의 조기 경고 신호

영아	어린 아동
• 큰 소리에 놀라지 않음 • 6개월 후에 소리를 향해 머리를 돌리지 않음 • 12개월까지 단어를 말하지 않음 • 시각적 단서(걷기, 손짓)로는 반응하지만 청각적 단서(이름 부르기)에는 반응하지 않음 • 소리를 들을 수 있는 것처럼 보임	• 언어 또는 말하기 지체가 있음 • 불분명하거나 알아듣기 어려운 언어를 함 • 지시사항을 따르는 데 어려움이 있음(주의력 부족으로 잘못 여겨지기도 함) • "뭐?"라고 질문하며 타인의 언어에 반응함 • TV나 음악 음량을 너무 크게 함 • 큰 목소리로 말함

소음성 난청이나 일부 유전적 상태 같은 요인들로 인해, 청력손실은 출생 시에 감지되지 않는다. 부모와 교사들은 표 12.4에서 나타낸 바와 같이 청력손실의 조기 경고 신호에 주의를 기울여야 한다.

조기중재 서비스

조기중재는 농과 난청아동들의 평생 성과에 긍정적으로 영향을 미친다. 조기 판별을 통해 어린 아동들은 개별화가족서비스계획(IFSP)을 갖고 관련 서비스와 보조공학을 포함하는 가족중심 조기중재 서비스를 받을 수 있다. 조기중재는 다음과 같은 방식으로 이러한 어린 아동들의 언어, 말하기, 성취에 긍정적으로 영향을 미친다:

- 아동들이 생후 4주라는 어린 나이에 보청기를 착용하거나 인공와우를 받을 수 있게 한다(현재 첫 번째 생일 전에 가능함).
- 특히 생후 6개월 이전에 시작될 때 후년의 더 나은 읽기 성취와 언어능력을 가져다준다.
- 관련 서비스와 양질의 유치원 프로그램을 통해 적절한 발달 시기 동안 언어기술의 습득을 지원한다.
- 가족들이 자녀의 독특한 요구를 더 잘 이해하고 충족하도록 돕는다.

청력손실을 가진 모든 영아가 언어발달 지체를 갖는 것은 아니다. 농부모의 농아동들은 영아기 동안 모국어로서 수어를 배운다. 그들은 청인 영아들이 언어적 옹알이 소리를 내는 것과 거의 같은 시기에 손으로 "옹알이"를 한다. 그들은 청력손실이 없는 또래들과 거의 같은 시기에 미국수어로 두 단어 발화를 만들어낸다. 이러한 농아동들은 영어를 제2언어로 배운다. 학령기에 도달할 때까지, 그들 대부분은 청인 부모의 농아동들보다 2학년 수준 위에서 읽기를 하고 있다.

가족: 농과 난청아동을 위한 조기중재팀의 필수적 부분

가족의 헌신과 참여는 모든 아동에게 중요하지만, 농과 난청 영아와 유아의 청인 가족구성원들에게는 아마도 더욱 그렇다. 오늘날 가족들은 자녀의 출생 직후 거의 즉시 자녀가 상당한 청력손실을 갖는지 알 수 있다. 일반적으로 아기들이 병원을 떠나기 전에 실시되는 조기 영아 선별검사는 판별 시간을 대폭 줄였다. 최중도 농아동들조차 3세경에 진단되었던 것은 그리 오래전 일이 아니다. 이제 중요한 중재 서비스가 아동들의 생애 초기에 시작되므로, 언어와 사회기술 발달에서 향상된 성과를 위해 중요하다.

청인 부모의 농아동들은 농으로 태어나는 모든 아동의 90%를 차지한다. 이러한 가족들에게 문제는 자녀가 영아기에 현대의 보조청취기기(예: 인공와우)를 이식받은 경우에도 클 수 있다. 이러한 아동들이 정상 청력 아동들과 비교할 때 언어와 문해 격차를 갖는다는 지식은 조기 행동에 대한 요구이다. 인공와우를 가진 학생들의 고등학교에서의 연령에 적절한 읽기기술은 청인 또래들보다 상당히 뒤처진다. 또한 보청기의 조기 사용은, 다시 이제 조기 선별검사 기법으로 가능하며, 이 모든 아동들과 가족들에게 교육이 생애 초기에 시작된다는 것을 의미한다. 구화를 수어 체계로 보강하기로 결정한 가족들의 경우, 어린 농아동들에게 말할 때 새로운 소통 방식을 배워야 한다. 농교육 전문성을 가진 조기중재 전문가팀들이 도움을 줄 준비가 되어 있다. 일부 새로운 연구 결과들은 조기교육자들과 청인 가족들이 어떤 체계를 선택해야 하는지에 대한 중요한 정보를 제공한다.

동시 수어사용은 표현 및 수용 언어 습득에 이익을 제공하는 것으로 보이지만, 사용되는 수어의 유형이 차이를 만들 수 있다. 여러 방법들이 수어와 언어를 결합한다. 예를 들어, 큐드 스피치는 독화할 때 어떤 단어가 말해졌는지 아동이 알 수 있도록 돕는 손 신호를 사용한다. 팬이나 배트 같은 일부 단어들은 말해질 때 비슷하게 보이며, 단서는 실제로 어떤 단어가 말해졌는지 나타내는 데 도움이 될 수 있다. 수화식 영어는 영어를 번역하기 위해 지문자(그림 12.7 다시 참조)를 사용하는 수어 소통의 한 형태이다. 이 방법에서 알파벳의 각 글자에는 수어가 배정되고 영어를 번역하는 데 사용된다. 단어들이 철자로 표현되지만, 문법과 언어의 규칙은 영어 언어와 동일하다. 또 다른 방법인 총체적 의사소통법(total communication)—동시에 말하기와 수어하기—은 구화와 지문자 또는 다른 유형의 수어 소통의 조합을 사용한다. 구화나 문어와 평행하지 않는 고유한 언어인 미국수어를 사용하는 대신, 구화를 보완하기 위해 구어와 서면 영어와 평행한 수어 체계를 사용하는 것이 향상된 성과를 가져올 수 있다. 정확한 영어 수어(SEE; https://seecenter.org)와 수화식 영어는 구화의 문법, 통사, 어휘 체계를 따르며, 큐드 스피치는 수용 및 표현 언어발달을 지원한다. 그러나 동시 수어사용을 적절히 사용하는 방법을 배우겠다는 헌신은 상당하다. 언어가 발달하는 동안 미국수어에만 노출되는 농부모의 아동들은 좋은 언어와 문해기술을 발달시키지만, 영아기에 미국수어와 구화가 쌍을 이룰 때 성과는 그렇게 긍정적이지 않다.

분명히 이러한 결과들은 혼란스럽지만, 농과 난청아동들을 위한 조기중재 기회가 상대적으로 새롭다는 것을 기억하라. 중재 전략에 대한 지식이 발달하고 있으며, 보조청취기술이 매년 향상되고 있다.

학령기

- 교사들은 청력손실을 가진 학생들의 요구를 충족하기 위해 교실 일과, 교수, 환경의 특정 측면을 조정하는 것을 고려해야 한다.
- 청력손실을 가진 대부분의 학생들은 소통하기 위해 언어만 사용하지만, 거의 절반이 추가로 어떤 형태의 수어 소통을 사용한다.

통합 환경에서의 농과 난청학생들

교사들은 이러한 학생들이 학급의 나머지와 동일한 높은 기준에 부합해야 한다는 것을 염두에 두어야 한다. 그들의 청력손실은 자료를 배우는 능력

교사를 위한 팁 **학급 일과, 교수, 그리고 환경 조정**

교사 의사소통

- 분명하게 발음하되 평소 목소리가 특별히 작지 않다면 더 크게 말하지 않는다.
- 더 천천히 말하되 과장된 입 모양은 피한다.
- 질문하기 전에 학생의 주의를 끌기 위해 먼저 학생의 이름을 부른다.
- 말할 때 껌을 씹거나 입을 가리지 않는다.
- 말할 때 학급에 등을 돌리지 않는다.
- 교실을 돌아다닐 때 이것이 학생의 목소리 듣기나 독순술 능력에 어떤 영향을 미칠 수 있는지 인식한다.
- 바꿔 말하기를 통해 정보를 반복한다.
- 화이트보드/칠판 대신 오버헤드 프로젝터나 컴퓨터 프로젝션 시스템을 사용하여 말하는 사람이 말할 때 학급을 향할 수 있도록 한다. 프로젝션을 방해하는 눈부심이 없는지 확인한다.
- 뒤에 직접적인 조명이 있는 곳에 서지 않는다.

추가 학생 지원

- 배경 소음을 가능한 한 줄인다.
- 교수 내용과 주제의 변화를 학생에게 알린다.
- 강의, 초청 강연자, 현장학습, 교수매체의 중요한 정보를 지원하는 유인물을 제공한다.
- 다른 학생들의 질문이 해당 학생에게 명확하게 들리지 않거나 보이지 않으면 다시 말한다.
- 학급 토론에서는 누가 말하려는지 학생이 알도록 하고, 학생이 말하고 있는 각 개인을 볼 수 있도록 한다. 학생들의 의자를 원형이나 U자 형태로 배치하면 학생이 각 급우의 얼굴을 볼 수 있다.
- 학생과 대화하는 시간을 가져 서로의 말을 익숙하게 한다.
- 학생에게 매일 기술 장비의 배터리를 확인하도록 상기시킨다.

급우들의 도움

- 급우들을 필기자로 모집한다.
- 짝 체계를 구축한다: 수업, 단원, 또는 주제마다 한 명의 급우.

타인과의 협력

- 학생과 가족 구성원들로부터 학생의 청각 상태에 관한 조언과 정보를 구한다.
- 보청기나 인공와우의 설정에 관한 파일을 보관한다.
- 학생의 기술 장비의 적절한 사용에 대해 인식하고 정보를 얻는다; 문제 해결 방법을 안다.

교사를 위한 팁 **통역사와 함께 일하기**

계획 및 조직

- 통역사와 교사는 정기 회의 시간을 정한다.
- 교수 중 함께 일하기 위한 명확한 역할을 설정한다.
- 학생에 관한 모든 회의는 학생의 통역사가 참석할 수 있을 때 예정한다.
- 통역사를 위한 보관 및 작업 공간을 지정한다.
- 수업 계획과 지원 자료는 교수 활동 며칠 전에 공유한다.
- 교사와 통역사는 어휘와 내용을 명확히 하기 위해 교수 활동 전에 만날 시간을 갖는다.

교실 조직 및 관리

- 통역사와 학생은 교사와 서로를 볼 수 있다.
- 통역사의 배치는 학급의 다른 학생들에게 방해가 되지 않는다.
- 눈부심과 기타 시각적 방해 요소를 제거한다.

예의와 사회적 관례

- 모든 사람은 통역사가 아닌 학생에게 직접 말한다.
- 통역사가 아닌 학생과 눈을 맞춘다(통역사가 말하고 학생을 위해 수어를 번역하고 있을 때도).
- 통역사는 학업 지도교사나 혼란을 해결하는 학급 관리자가 아니다.
- 통역사는 교사의 강의뿐만 아니라 말해지는 모든 것(예: 학생들의 의견)을 번역한다.

과는 별개의 문제이며, 조정되거나 해결될 수 있는 것이다. 교사를 위한 팁 상자는 권장되는 조정에 관한 교사들을 위한 일반적인 팁들을 제공하며, 이 중 많은 것들이 모든 학생들에게 적용되거나 도움이 된다.

청각장애학생과 난청학생을 위한 의사소통 방법

모든 청각장애 학생의 약 40%를 차지하는 최중도 및 중도 청각장애 학생들은 다양한 수어, 미국수어, 구화, 또는 동시의사소통법을 포함한 여러 다른 의사소통 체계를 사용하는데, 동시의사소통법에서는 수어가 구어와 동시에 표현된다. 학생이 사용하는 의사소통 방법은 교수가 전달되는 방식에 상당한 영향을 미친다.

여러 방법이 수어와 구어를 결합한다는 점을 기억하라. 예를 들어, 큐드 스피치는 독화법을 할 때 비슷해 보이는 단어들을 구별하는 데 도움이 되는 손 신호를 사용한다. 지문자 영어는 영어를 번역하기 위해 지문자를 사용한다. 이 방법에서는 알파벳의 각 글자에 수어가 배정되어 영어를 번역하는 데 사용된다: 단어들은 철자로 표현되지만, 문법과 언어의 규칙은 영어 구어와 동일하다. 총체적 의사소통 접근법—동시에 말하고 수어하기—은 구화와 지문자의 조합을 사용한다. 학생은 가장 쉽고 가장 효과적이며 유아기에 배웠을 가능성이 높은 의사소통 방식을 사용한다. 사용되는 수어 방법에 관계없이 수어의 형태를 사용하는 학생들은 종종 통역사를 제공받는데, 이는 학급교사에게 귀중한 자원이다. 그러나 통역사는 교사나 교육보조원이 아니라는 점을 명심하라. 통역사의 역할은 학생을 가르치는 것이 아니라 교사가 전달하고 있는 정보를 수어로 전달하는 것이다.

전환교육

- 과거보다 청각장애 학생들을 위한 훨씬 더 많은 중등후 교육 기회가 현재 존재한다.
- Map It: What Comes Next?는 청각장애 청소년들이 전환 과정을 탐색하는 데 도움을 주기 위해 설계된 무료 온라인 훈련 모듈 시리즈이다.

중등후 교육 기회

수십 년 전 청각장애학생과 난청학생들은 중등후 교육 선택지가 거의 없었고, 그 몇 개마저도 주로 연방정부의 지원 때문에 존재했다. 청각장애학생과 난청학생들을 위한 대학 선택지는 수년에 걸쳐 증가했다. 오늘날, 갤러뎃 대학교는 학부생과 대학원생 모두에게 서비스를 제공하며 주로 청각장애학생들을 위한 미국 유일의 인문과학 대학교이다. 뉴욕 로체스터 공과대학의 국립농교육기술원(NTID)은 기술 및 직업 학위를 제공한다. 다른 대학들(예: 캘리포니아 주립대학교-노스리지, 세인트 폴 대학)은 2년제 및 4년제 학위를 제공한다.

오늘날 농인과 난청인들은 다양한 대학에 등록하고 있다. 이들의 참여율은 청인 동료들보다 낮지만, 점점 더 많은 수가 중등후 교육 기회의 첫 번째 티켓인 고등학교를 마치고 있다. 2017년 농인과 난청인 성인의 84%가 고등학교를 마쳤으며, 이는 청인 성인의 89%와 비교된다. 지난 15년간 상당한 개선이 있었고, 51%를 약간 넘는 비율이 중등후 학교에 다녔지만(청인 성인의 거의 64%와 비교), 졸업률은 더 뒤처져 있다. 2020년에는 200,000명 이상의 청각장애학생과 난청학생이 대학에 등록했으며, 대다수가 청인 동료들과 함께 공부하고 있다. 그러나 단지 19%만이 학사 학위를 취득했으며(청인 성인의 34%와 비교), 7% 미만이 석사 학위를 보유하고 있다(청인 성인의 거의 13%와 비교). 대학 성취는 농인과 난청인 성인들에게 더 나은 직업과 더 높은 고용률과 연결되어 있다. 경영학이 가장 인기 있는 전공이며, 생물학과 환경과학, 공학, 교육학, 일반과학 같은 분야가 뒤를 따른다. 더 중요한 것은 대부분이 자신의 전공 분야와 관련된 직업을 찾고 있다는 것이다. 이 모든 것은 더 많은 중등후 학교들이 청각장애학생과 난청학생들을 환영하고 이들의 학습 요구를 위한 조정을 제공하는 것에 부분적으로 기인한 더 나은 미래를 보여주는 신호들이다.

IDEA는 대학에 대한 권한이 없다. 그러나 학생들이 초등학교와 고등학교 시절에 받았던 많은 조정들이 이제 대학에서도 이용 가능하다. 대부분의 대학들은 장애학생 지원 사무소를 통해 도움을 제공하고 필기자, 통역 서비스, 보조청취장치와 같은 다양한 조정들을 제공한다. 청각장애학생과 난청학생들의 대다수는 대학에서 받는 지원 서비스에 만족하고 있지만, 특히 강당과 같은 대규모 집합 공간에서 응급 경보와 기타 캠퍼스 전체 보조공학에 대한 접근을 제공하는 개선된 캠퍼스 시설이 필요하다고 보고한다. 이러한 쉽게 이용 가능한 지원들은 청각장애 학생들이 다양한 학교 중에서 선택할 수 있게 한다.

전환지원

모든 장애학생들과 마찬가지로, 청각장애학생이나 난청학생들은 전환계획을 일찍 시작해야 하고 개별화교육프로그램 속에 개별화된 전환계획을 포함해야 한다. 이전 장에서 학습한 다양한 유형의 전환지원(전환전문가, 직무코치, 직업재활상담사) 외에도, 청각장애 청소년들과 그들의 가족은 연방정부가 지원하는 기술지원센터인 국립농센터를 통해 도움과 지원을 받을 수 있다. 이 센터의 사명은 농인이나 난청인이 이용할 수 있는 교육, 직업, 생애 선택지를 증가시키는 것이다. 기술지원은 다양한 의사소통 방법으로 제공되는 실시간 일대일 지원, 대면 및 온라인 훈련, 프로젝트 웹사이트(https://www.nationaldeafcenter.org)를 통해 제공된다. 이전 센터(PepNet)의 독특한 서비스 중 하나는 Map It: What Comes Next?이다—청소년들이 전환 과정을 탐색하는 데 도움을 주는 무료, 온라인, 상호작용적 훈련 모듈 시리즈이다. 이 훈련은 세 가지 질문에 기반한다: 나는 누구인가? 나는 무엇을 원하는가? 어떻게 거기에 도달할 것인가? 학생들은 목적과 그것을 달성하는 데 필요한 단계들을 판별하는 데 도움이 되는 일련의 비디오 삽화(구어 영어와 자막이 포함된 미국수어 수어), 자기사정평가, 상호작용적 질문들을 수행한다. 이들의 작업은 전자 포트폴리오에 저장된다. Map It에 대한 더 많은 정보는 https://dcmp.org/learn/465-map-it-what-comes-next-module에서 찾을 수 있다.

인물과 상황

학습 목표

청각장애 학생들을 위한 교수의 역사를 기록하고 통합의 몇 가지 긍정적인 사례를 공유한다.

기원과 역사

- 시간이 흐르면서 수어는 농인들의 언어가 되었지만, 그들 사이에서 생긴 일부 불화는 존재했다.
- 다른 모든 역사적으로 소외된 집단들과 마찬가지로, 농공동체도 시민권과 사회정의를 위해 싸워야 했다.

수어와 농공동체

다른 장애인 집단들과 달리, 청각장애인들은 수세기 동안 특수교육에 접근할 수 있었다. 일반적으로 특수 프로그램은 분리되어 제공되었으며, 대부분 특수학교에서 이루어졌다. 역사는 상당한 청각장애를 가진 사람들을 위한 특수교육이 1500년대에 시작되었다고 말해준다. 그때 스페인의 한 수도사인 페드로 폰세 데 레온이 청각장애학생들이 읽기, 쓰기, 말하기를 배울 수 있다는 것을 보여주었다. 최초의 농교육자로 인정받는 데 레온은 수어와 쓰기의 조합을 통해 학생들을 가르쳤다. 1600년대에 윌리엄 홀더와 존 월리스가 영국에서 청각장애학생들을 위한 프로그램을 시작했다. 그들은 데 레온의 교수법을 채택하여 교수에서 수어와 쓰기를 모두 사용했다. 이러한 모든 초기 프로그램들은 특수학교에 위치했으며, 일반적으로 기숙형이었다. 1700년대까지 영국, 스코틀랜드, 프랑스, 독일에 농학교들이 설립되었다.

문화적 고려사항 **농문화**

농공동체의 구성원들—전체 청각장애 인구와는 구별되는 별도의 집단을 나타내는 대문자 D(Deaf)에 주목하라—은 자신들을 이 나라의 인종적 또는 민족적 집단과 마찬가지로 역사적으로 소외된 집단으로 여긴다. 그들에게 청각장애는 장애가 아니라 오히려 자신들을 단결시키는 역사와 언어가 풍부한 문화의 한 측면이다. 전 세계의 농공동체는 일관되게 역량 강화, 소속감, 낙관주의를 보고한다.

미국 농공동체의 언어는 미국수어이며, 이는 그들 문화의 모든 측면에서 사용된다. 농인인 많은 미국인들에게 미국수어는 나중에 배우는 제2언어이며, 종종 농문화에 대해서도 배우는 기숙형 학교에서 배운다. 농인들 중 매우 적은 비율만이 출생부터 미국수어를 배운다. 일반적으로 이러한 개인들은 적어도 한 명의 농인 부모를 두고 있으며 Deaf of Deaf(DOD; 농인 부모에게서 태어난 농인)라고 불린다. 그들과 그들의 청인 형제자매들—CODA(농인 성인의 자녀)라고 불림—은 일반적으로 자신들의 농인 유산을 자랑스러워한다. 이러한 개인들이 분명히 작은 집단 내의 매우 작은 집단을 나타내지만, 그들에게는 삶이 상당히 더 쉬울 수 있다. 그들은 수어를 모국어로 학습하며, 청인 아기들이 구어를 발달시키는 것과 마찬가지로 자연스럽게 그리고 전형적인 이정표 시간 틀 내에서 이를 발달시킨다. 이러한 개인들에게 그들의 청각장애는 언어 차이이지 장애가 아니다.

젊은 신학도였던 토마스 홉킨스 갤러뎃은 미국 최초의 농학교를 시작했다. 그는 프랑스에서 사용되고 있던 수어 기법에 감명을 받아 현재 미국 농문화의 아버지로 여겨지는 농인 프랑스인 로랑 클레르를 미국으로 데려왔다. 1817년 클레르와 갤러뎃은 함께 코네티컷주 하트퍼드에서 최초의 미국 농학교를 시작했다. 그곳에서 미국수어가 뿌리를 내렸다. 이는 미국 농인들의 언어가 되었고 미국 농문화의 상징이 되었다.

그러나 농인을 위한 특수학교와 수어 사용은 논란이 되었다. 토마스 갤러뎃의 아들인 에드워드 갤러뎃과 알렉산더 그레이엄 벨이 현재 "백년전쟁"이라고 불리는 갈등을 시작했다. 이 두 남성은 각각 농인 어머니와 매우 성공한 아버지를 두었다. 벨은 전화와 청력계를 발명했고 축음기 작업을 했다. 갤러뎃은 현재 그의 이름을 딴 국립 농대학의 총장이었고 저명한 법학자였다. 이 두 남성은 의사소통 방법을 두고 충돌했다. 벨은 기숙형 학교와 수어 사용이 분리를 조장하고 농인들 간의 더 많은 결혼으로 이어질 것이라고 믿었다. 그는 결국 농인 종족이 나타날 것이라고 생각했다. 따라서 그는 두 농인 성인의 결혼을 금지하고, 기숙형 학교를 없애며, 수어 사용을 금지하고, 농인들이 교사가 되는 것을 막는 법안을 제안했다. 갤러뎃은 벨의 입장에 강력히 반대했고, 중등후 수준에서 청각장애학생들을 위한 국가 지원과 함께 수어 접근법에 대한 의회의 지지를 얻었다. 그 결과 나타난 농학교들의 국가적 네트워크는 미국수어의 사용을 발전시켰고, 농인들의 결속력 있는 공동체를 발전시켰으며, 농문화를 육성했고, 농인들의 권리를 위한 옹호활동을 지원했다.

마사 비니어드의 농인 시민들

마사 비니어드의 17세기 정착민들은 영국 켄트에서 왔다. 이 정착민들은 청각장애에 대한 열성 유전자를 가지고 있었다. 그 결과 많은 사람들이 수어를 사용했다. 섬의 청인 주민들은 이중언어 사용자였으며, 어린 시절부터 구어와 수어 기술을 모두 배웠다. 여러 세대에 걸쳐 섬 주민들의 25% 이상이 들을 수 없었다. 청각장애가 이렇게 높은 비율로 그리고 거의 모든 가족에서 발생했기 때문에, 이러한 농인들은 본토의 농인 주민들과는 다르게 대우받았다. 마사 비니어드에 사는 농인들은 진정한 공동체 존재감을 가졌으며 일, 놀이, 교회 생활의 모든 측면에 포함되었다. 본토의 동료들과 달리, 그들은 원하는 사람과 자유롭게 결혼할 수 있었다. 세금 기록에 따르면, 그들은 일반적으로 평균 또는 평균 이상의 소득을 얻었으며, 일부는 상당히 부유해졌다. 농인들은 청인 이웃들과 가족 구성원들보다 몇 가지 장점을 가지고 있었다. 그들은 코네티컷의 농학교에 다니기 위한 학비 지원을 받았기 때문에 일반 인구보다 문해력이 높고 더 나은 교육을 받았다. 그 결과 많은 사람들이 지역사회의 지도자가 되었다. 청인들이 농인 이웃들에게 무언가를 읽어달라고 하거나 편지를 써달라고 부탁하는 수많은 일화들이 있다. 200년 이상 동안, 이 상대적으로 고립된 환경에서의 삶은 청각장애가 있는 사람들과 없는 사람들에게 거의 동일했다. 이 시민들은 장애가 반드시 제약이 될 필요는 없다는 것을 보여주었다. 그들의 이야기는 농인들의 능력과 그들의 시민권이 의문시될 때 종종 사용된다. 이 흥미로운 이야기에 대해 더 알아보려면 https://actascientific.com/ASOL/pdf/ASOL-03-0172.pdf를 참조하라.

사회정의를 향한 길

시간이 흐르면서 농인들은 공정한 대우와 사회정의를 추구하면서 논란에 둘러싸여 있었다. 우리는 이미 백년전쟁을 언급했는데, 이 기간 동안 청각장애, 인간성, 분리, 존엄성에 대한 격렬한 논쟁이 벌어졌다. 벨과 그의 추종자들은 청각장애가 사람들의 삶에서 긍정적인 경험이 아니라고 믿었다. 그러나 농인 옹호활동 운동에 참여하는 사람들은 종종 1800년대에 마사 비니어드에 살았던 농인들을 완전히 통합적인 사회의 긍정적인 사례로 언급한다. 이 특별한 공동체에 대해서는 위의 박스에서 더 자세히 읽을 수 있다.

제1장에서 농인 자긍심이 1980년대부터 농공동체를 단결시켰고 이 집단의 시민권 옹호활동의 촉매가 되었다는 것을 배웠다. 1988년 갤러뎃 대학교 이사회는 미국수어를 모르는 청인 총장을 임명했다. 농인 갤러뎃 학생들과 농공동체의 항의가 폭발했고 이 위기는 "지금 농인 총장을 운동"이라고 불렸다. 캠퍼스는 폐쇄되었고 학생들은 워싱턴 DC로 행진했다. 그 결과 I. 킹 조던이 최초의 농인 대학 총장이 되었고 농인 옹호활동 운동은 연대를 얻었다.

개인 이야기

- 청각장애인들은 그 어느 때보다 사회에서 더 큰 통합을 경험하고 있다.
- 청각장애인들과 그들의 가족을 위한 지원과 자원을 제공하는 일부 기관들로는 로랑 클레르 국립농교육센터, 중등후 성과에 관한 국립농센터, 농인과 난청인을 위한 알렉산더 그레이엄 벨 협회, 청각장애 및 기타 의사소통장애 국립연구소가 있다.

영상 속에서 **농인 가족의 내부 모습(An Inside Look at a Deaf Family)**

CODA는 농인 배우들이 청인 배우들과 함께 농인 캐릭터를 연기하는 독특한 영화의 예이다. 각본가이자 감독인 시안 헤더는 농인 성인의 청인 자녀인 CODA 한 명만 있는 가족에 대한 이야기를 만들었는데, 이 자녀의 농인 가족에 대한 책임은 청인 세계와의 다리 역할을 하는 것이었지만 자신만의 사람이 되어 대학에서 음악을 공부하고 싶어한다. 헤더는 영화에 장애인 배우들을 포함시키고 많은 농인 가족들의 삶, 농문화, 그리고 "거친 수어"를 포함한 진정성을 공유할 것을 고집했다. 이 영화는 청인 관객들을 농인 경험 속으로 안내하는데, 특히 학교 공연에서 다른 모든 사람들은 딸의 노래를 들을 수 있지만 가족은 조용히 앉아 있는 장면에서 특히 강력하다.

더 통합적인 사회

청각장애인들에 대한 인식과 지원은 계속해서 개선되고 있다. 이 장의 앞부분에서 농문화, CODA, DOD 개인들에 대해 배웠다. 이 공동체는 농인들에게 통합감과 수용감을 제공하며, 모든 행사와 활동이 접근 가능할 뿐만 아니라 청각장애를 주요 고려 사항으로 하여 설계된다. 도입부 삽화에서 CODA에서의 역할로 2022년 아카데미 남우조연상을 수상한 농인 배우 트로이 코처를 만났고, 그의 감동적인 수상 소감을 경험했다. 여러 이유로, 우리는 이 장의 "영상 속에서" 특집에서 영화 CODA를 다루기로 결정했다. 제1장에서 배웠듯이, 장애인 캐릭터의 많은 묘사가 장애가 없는 배우들에 의해 연기되었으며, 그들 중 일부는 그 연기로 아카데미상을 수상했다. 실제로 장애를 가진 배우들의 기회는 드물었고 지금도 드물다.

농문화와 농인 연극을 제작하는 집단들과 대조적으로, No Limits(http://nolimitsfordeafchildren.org)와 같은 기관들은 말하고 듣기를 배우는 농아동들이 연극 기반 및 교육 프로그램을 통해 의사소통 기술과 자존감을 향상시켜 구어 사용을 더 편안하게 느끼도록 돕는다. Kids with No Limits가 제작하는 연극들은 독창적이며 농아동이나 난청아동들을 위해 특별히 작성되어, 또래와의 상호작용을 개선하고 자기표현 능력을 증진시키는 것이 목표이다.

농인들이 강한 공동체를 가지고 있지만, 구어로만 의사소통하는 사람들로부터 고립감을 느낄 수 있다. 그 결과 농인들은 직장이나 일상생활 활동(예: 쇼핑, 커피 주문)에서 의사소통 어려움에 직면할 수 있다. 그러나 문자 메시지나 이메일과 같은 기술의 일반적인 사용은 의사소통을 더 쉽게 만들 수 있다.

지원 기관 및 단체

다수의 기관과 단체들이 가치 있는 정보를 제공하고 지원을 제공한다. 여기서 그 중 몇 가지를 강조한다.

- 워싱턴 DC 갤러뎃 대학교의 로랑 클레르 국립농교육센터는 연방정부 지원을 받는다. 이 센터는 농문화와 교육에 관한 광범위한 자원들을 제공한다. 무료 서비스에는 미국 내 모든 농아동과 난청아동의 교육자들과 가족들에게 정보, 훈련, 기술지원이 포함된다(https://clerccenter.gallaudet.edu/national-resources/resources/). 이는 워싱턴 DC 갤러뎃 대학교에 위치한 연방정부 지원 농교육센터이다. 출판물

섹션에는 조정, 인공와우, 자기옹호 등에 관한 정보가 포함되어 있다.

- 이 장의 앞부분에서 언급된 중등후 성과에 관한 국립농센터(NDC)(www.nationaldeafcenter.org)는 농인과 난청인의 중등후 교육, 훈련, 고용을 지원하는 연방정부 지원 센터이다. 이 장의 앞부분에서 언급된 자원들 외에도, 이 센터는 기술, 의사소통 방법, 조정, 동반 장애 등 많은 영역에서 정보를 제공한다. 직업 인식을 증진하기 위해, 이 센터는 다양한 직업(수의사, 소아과의사, 검안사, 공인재무설계사, 변호사)에 종사하는 농인과 난청인 성인들을 특집으로 다루는 동영상 자료실을 보유하고 있다. 이는 전문가들, 부모와 가족들, 농인과 난청인들에게 풍부한 정보를 제공한다.
- 농인과 난청인을 위한 알렉산더 그레이엄 벨 협회(www.agbell.org)는 구어 발달, 조기중재, 조기 진단을 촉진한다. 또한 동시 말하기와 수어하기와 같은 종합의사소통 방법들과 청각장애학생과 난청학생들이 가능한 한 일찍 의사소통을 배우기 시작하도록 보장하는 기타 방법들을 지원한다. 이 기관은 부모들에게 상당한 지원과 정보를 제공한다.
- 국립보건원의 일부인 청각장애 및 기타 의사소통장애 국립연구소(NIDCD)(https://www.nidcd.nih.gov/health/hearing-ear-infections-deafness)는 청각장애와 청력 손실에 대한 현재 자료와 통계뿐만 아니라, 광범위한 주제들(예: 소음성 청각장애, 미국수어, 보조기기, 자막)에 대한 정보를 보유하고 있다. 이 기관은 또한 부모와 보건 전문가들을 위한 자료들을 특별히 제공한다.

미래 전망

학습 목표

조기중재와 예방의 이점을 설명하고 청각장애의 치료와 대응에서의 기술 발전을 판별한다.

예방: 전수 선별검사와 환경 소음 노출

- 영아의 전수 청력 선별검사는 조기 진단과 치료, 그리고 강력한 언어발달과 의사소통 기술을 위한 더 나은 기회를 모두 가능하게 한다.
- 소음성 청각장애는 환경의 일반적인 소리에 장기간 노출되는 것을 피함으로써 예방될 수 있다.

조기 발견의 발전

두 가지 요인이 중도 및 최중도 청각장애아동들과 그들의 가족이 영아기 동안 중요한 조기중재 서비스를 받을 수 있게 한다: (1) 내이의 모세포가 진동할 때 만들어지는 저수준 소리인 이음향방사(OAE)의 발견과 (2) 현재 전수 신생아 청력 선별검사를 의무화하는 주법들.

이음향방사를 인식할 수 있는 특수 장비의 개발은 신생아의 청각장애를 진단하고 중요한 조기중재 서비스를 실행하는 것을 가능하게 한다. 1993년에는 전국적으로 단지 11개 병원만이 신생아 대부분을 선별검사했다. 동시에 최중도 청각장애아동의 약 70%가 학령전기까지 판별되지 않았다. 오늘날 모든 주가 조기 청력 발견 및 중재 프로그램을 설립했고, 모든 영아의 97%가 실제로 생후 몇 개월 동안 선별검사를 받는다. 영구적인 청각장애를 가진 영아들은 3개월 이전에, 보통 출생 후 병원을 떠나기 전에 판별되며, 6개월 이전에 조기중재 서비스를 받는다. 조기 인식은 청각장애 아기들이 보청기를 착용하거나 인공와우를 받고 조기 언어발달 중재를 받을 수 있게 하기 때문에 중요하다. 그렇지 않으면 이러한 아동들은 핵심 발달 시기 동안 언어와 의사소통 기술을 발달시키지 못할 것이고, 이는 평생에 걸쳐 그들에게 영향을 미칠 것이다.

청각장애 예방

소음성 청각장애(NIHL)는 거의 100% 예방 가능하지만, 대중에게 잘 이해되지 않고 있다. 소음성 청각장애는 2,200만 명 이상의 청소년과 성인에게서 나타나는 청각장애의 원인이다. 이는 보통 어떤 통증이나 인식 없이 수년간의 노출에 걸쳐 천천히 발생하지만, 청각장애로 이어질 수 있다. 폭발의 일회성 소리가 즉각적인 청각장애를 초래할 수 있는 반면, 85dB의 소음에 지속적인 기간 동안 노출되는 것도 귀의 모세포를 손상시키고 감각신경성 청각장애를 야기할 수 있다.

의료 전문가들은 젊은 성인들 사이에서 소음성 청각장애의 놀라운 증가를 지적했다. 최근 연구들은 청소년 5명 중 1명이 어떤 유형의 청각장애를 가지고 있다는 것을 보여준다. 실제로 세계보건기구는 현재 전 세계 11억 명의 젊은이들이 개인 기기와 오락 장소(예: 콘서트, 클럽)에서의 안전하지 않은 청취 수준으로부터 청각장애 위험에 처해 있다고 추정한다. 이어버드와 헤드폰의 인기가 주로 책임이 있다. 이어버드는 외이도에 삽입되고 고막에 더 가깝기 때문에, 듣고 있는 것(예: 음악, 영화, 전화 통화)의 볼륨이 거의 10dB까지 증가할 수 있다—알람시계의 상대적으로 안전한 소음 수준(90dB)에서 오토바이의 안전하지 않은 수준(100dB)까지의 차이이다. 이어버드가 귀에서 밀착되지 않을 때, 사용자들은 배경 소음을 차단하기 위해 볼륨을 더욱 높인다. 100dB에서 15분 이상 음악에 노출되는 것도 안전하지 않지만, 클럽과 콘서트에서 젊은 성인들에게 흔하다. 이어버드와 헤드폰과 관련된 소음성 청각장애를 피하기 위해, 다음 예방책들을 고려하라:

- 60/60 규칙을 사용하라—기기 최대 볼륨의 60% 이하로, 하루 60분 이하로만 듣는다.
- 다른 사람들이 무엇을 들을 수 있는가?—주변 사람들이 당신이 듣고 있는 것을 들을 수 있는지 확인하라. 만약 그들이 들을 수 있다면, 비록 희미하더라도, 그 볼륨은 영구적인 손상을 야기할 만큼 크다.
- 노이즈 캔슬링 헤드폰을 사용하라—이것들도 높은 볼륨으로 장기간 사용하면 여전히 위험을 초래하지만, 배경 소음을 줄이거나 제거하여 더 낮은 볼륨에서 사용될 수 있다.
- 부모 통제 기능을 사용하라—많은 기기들이 현재 볼륨 수준을 제한하거나 고정할 수 있는 부모 통제 기능과 함께 제공된다.

위험한 소음 수준이 있을 가능성이 있는 활동(예: 클럽 가기, 오토바이 타기, 잔디 깎기)에 참여할 때는 귀마개를 착용하라. 부모들은 또한 군중의 소음, 개막식(예: 대포 발사, 제트기 비행), 또는 축하행사(예: 경기 후 불꽃놀이)가 손상을 야기할 수 있는 축구나 농구 경기와 같은 행사에서도 어린 아동들을 위한 귀마개를 휴대해야 한다. 차에서 큰 음악을 듣는 것과 같은 다른 소음성 청각장애 위험들은 단순히 볼륨을 낮춤으로써 줄일 수 있다.

아동 청각장애의 많은 다른 원인들은 예방 가능하다. 예를 들어, 임신 중 풍진(독일홍역)은 한때 신생

그림 12.10 보청기의 유형과 변형

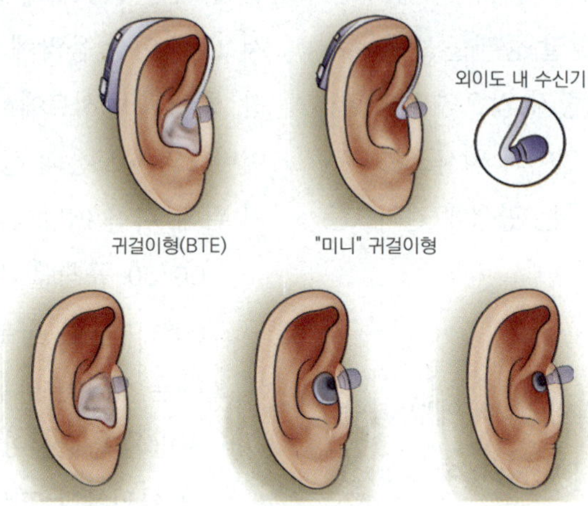

출처: 국립보건원/청각장애 및 기타 의사소통장애 국립연구소

아 청각장애의 주요 원인이었다. 1972년에는 알려진 청각장애 사례의 거의 11%를 차지했다. 오늘날 예방 접종을 통해 거의 모든 사람이 이 질병으로부터 보호받기 때문에 발생률은 무시할 만하다. 청력 문제(및 기타 장애)의 또 다른 원인인 수막염을 예방하기 위한 백신도 이용 가능하다. 많은 대학들이 학생들에게 기숙사 생활 전에 이 백신을 접종받도록 요구한다.

기술: 보청기, 임플란트, 그리고 혁신적인 소프트웨어

- 아동들은 종종 성인들이 착용하는 더 비싼 버전과는 다른 유형의 보청기를 착용한다. 인공와우와 청성뇌간임플란트는 감각신경성 청각장애인들을 위한 수술적 선택지이다.
- 농인들을 위한 흥미로운 새로운 앱과 소프트웨어가 이용 가능해지고 있다.

보청기의 유형

이 장의 앞부분 "조정" 섹션에서 배웠듯이, 대부분의 난청학생들은 보청기와 같은 어떤 종류의 보조청취장치를 사용한다.

이러한 기기들은 마이크로폰을 통해 소리를 받아들이고, 증폭시킨 다음, 스피커를 통해 귀로 전달한다. 1950년대 소형 배터리의 개발 이후, 보청기 기술은 빠르게 발전했고 현재 청력학자들은 생후 4주 된 영아들에게도 보청기를 착용시킬 수 있어, 소리에 대한 더 나은 접근을 제공하고 그들의 언어와 학습 잠재력을 향상시킨다. 보청기는 두 가지 일반적인 유형이 있으며, 각 유형에는 여러 변형이 있다. 이들은 그림 12.10에 도시되어 있다.

- 귀걸이형(BTE) — 보청기의 전자 부품을 포함하는 플라스틱 케이스가 귀 뒤에 착용되며, 외이의 귀본에 연결된다. 소리는 보청기에서 귀본을 통해 이동한 다음 귀로 들어간다.

그림 12.11 인공와우의 스케치

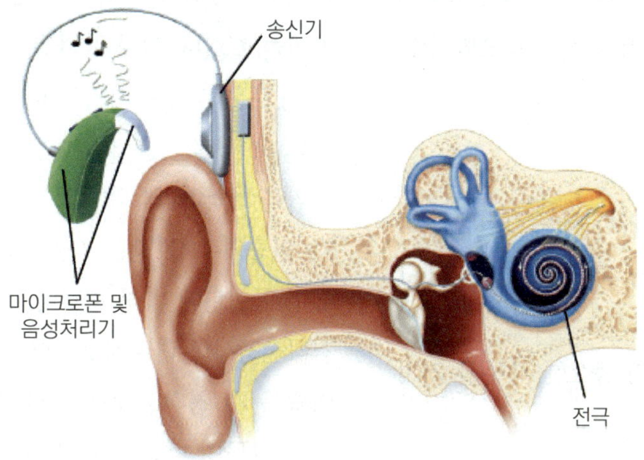

출처: JACOPIN/BSIP/Alamy Stock Photo

- 귓속형(ITE) — 전자 부품을 담고 있는 플라스틱 케이스가 외이 안에 맞춘다. 이 유형의 변형으로는 개인의 외이도에 맞게 성형되는 외이도형(ITC) 보청기와 귀에서 거의 보이지 않는 고막형(CIC)이 있다.

여러 이유로 귀걸이형 보청기가 어린 아동들에게 권장된다. 첫째, 아동들이 성장하면서 외이도의 크기가 변하여, 귓속형 보청기를 정기적으로 교체해야 한다. 둘째, 귓속형 케이스는 딱딱한 플라스틱으로 만들어져서, 손상될 경우 일반적인 아동 놀이 활동 중에 아동의 외이도를 베일 수 있다. 셋째, 외이도형과 고막형 보청기는 극도로 작아서, 미세 운동 기술이 완전히 발달하지 않은 어린 아동들은 이러한 유형의 보청기를 조정하고 제거하는 데 어려움이 있다. 마지막으로, 귓속형 보청기의 작은 크기는 분실하기 쉽게 만들고, 높은 가격은 교체 비용을 더 비싸게 만든다.

많은 보청기들이 현재 다양한 환경에 맞게 프로그래밍될 수 있으며, 사용자는 그에 따라 설정을 선택하고 조정할 수 있다. 더욱이 디지털 보청기는 특정 주파수를 다른 주파수보다 더 증폭하도록 프로그래밍될 수 있다. 그럼에도 불구하고, 교사들은 대부분의 학생들이 착용하는 보청기의 유형이 성인들이 착용하는 것만큼의 선택성을 갖지 않는다는 것을 인식해야 한다. 일반적으로 아동의 보청기는 모든 소리를 증폭시킬 가능성이 높다. 따라서 교사의 목소리가 확대되는 동시에 교실의 배경 소음(예: 발구르기나 연필 두드리기, 속삭임)도 확대된다. 또한 학생으로부터 더 멀리 떨어진 소리들은 희미해진다. 그 결과 교사의 목소리는 3피트(0.91m) 거리에서는 상대적으로 명확하게 들릴 수 있지만 10피트(3m) 거리에서는 희미하게 들릴 수 있다. 일부 주파수는 다른 주파수보다 증폭하기 어렵다. 보청기를 착용한 학생은 여성 교사들의 말을 이해할 수 있지만 특히 낮은 목소리를 가진 남성 교사의 말을 해독하는 데 어려움을 겪을 수 있다. 마지막으로, 아동들이 보청기를 빼거나 끌 수 있다는 것을 인식해야 한다. 경우에 따라서는 학생이 단순히 청각적 휴식이 필요할 수도 있다.

의학적 혁신

인공와우는 수술적으로 이식되고 감각신경성 청력손실이 있는 사람들을 돕는 보청기와는 매우 다르게 작동한다. 그림 12.10과 12.11의 그림을 비교해보라. 이러한 기기들은 네 가지 중요한 부분을 가지고 있다:

- 마이크로폰—환경에서 소리를 받아들임
- 음성처리기—마이크로폰에서 소리를 선택하고 조직함
- 송신기/수신기/자극기—처리기에서 신호를 받아 전기 자극으로 변환함
- 전극배열—자극을 수집하여 청신경의 영역들로 보냄

임플란트는 소리가 아닌 전기 신호를 전달하기 때문에, 인공와우를 받은 사람들은 신호를 해석하는 법을 배워야 하며, 이는 보통 청력학자가 제공하는 치료를 필요로 한다. 말소리 산출을 향상시키기 위해 추가적인 언어치료가 보통 필요하다. 자료에 따르면 최중도 청각장애아동들이 영아기에 임플란트를 받을 때 말과 구어 결과가 더 좋다고 나타난다. (생후 9개월 정도로) 조기에, 따라서 아동들은 점점 더 첫 번째 생일 전에 인공와우를 받고 있다. 정부는 약 65,000명의 아동과 118,100명의 성인이 현재 이러한 임플란트를 가지고 있다고 추정한다. 양측 인공와우—각 귀에 하나의 임플란트—는 어느 정도 추가적인 이익을 제공하는 것 같다. 그러나 결과는 임플란트가 보청기와 결합될 때와 크게 다르지 않다. 따라서 전문가들은 추가 임플란트의 장점에 의문을 제기하고 있다. 그러나 아동의 임플란트는 상대적으로 새로운 것이며 기기의 더 많은 발전과 유아기 동안의 효과적인 중재에 대한 정보로 결과가 개선될 것임을 기억하라.

인공와우를 받은 사람들의 결과는 청각장애의 유형과 연령에 따라 다르다. 종종 나이와 함께 오는 감각신경성 청력손실로부터 가장 자주 나타나는 언어습득 후 청각장애를 가진 사람들의 경우, 인공와우는 그들이 다시 한번 소리를 듣고 이해할 수 있게 한다. 그들에게는 침묵에서 청력으로의 전환이 거의 즉각적이고 기적적이다. 그러나 애초에 기능적 청력을 가진 적이 없어서 환경음을 해석하는 법을 배운 적이 없는 어린 아동들의 경우는 그렇지 않다. 영아기에 임플란트를 받은 많은 아동들이 이해 가능한 말을 발달시키지만, 이 목적을 달성하기 위해서는 수년간의 집중적인 언어치료가 필요할 수 있다. 그들의 결과는 보청기만 사용하는 아동들보다 낫지만, 임플란트를 받은 아동들 중 소수만이 청인 또래와 대등한 수용언어나 표현언어 기술을 달성한다.

미국 식품의약청은 1990년에 처음으로 아동의 인공와우 사용을 승인했다. 이 의학적 발전의 새로움을 고려하는 것이 중요하다. 기기들은 지속적으로 개선되고 있으며, 누가 좋은 후보자인지와 후속 치료 및 교육 실제에 대해 전문가들과 가족들을 안내하기 위한 새로운 연구가 수행되고 있다. 예를 들어, 새로운 발견들은 인지장애도 함께 가진 아동들이 보청기보다 인공와우로부터 더 많은 이익을 얻는다는 것을 나타낸다. 임플란트를 받은 아동들은 인지, 적응행동, 언어, 청취 기술에서 상당한 향상을

보였다. 지금까지 보험회사들은 중도 발달지체도 함께 가진 농아동이 있는 가족들에게 보장을 거부해왔는데, 그들이 그 비용을 들일 가치가 없다고 믿었기 때문이다. 바라건대, 이 연구와 다른 연구들의 결과가 그러한 관행의 변화를 가져올 것이다.

최근 연구들조차 인공와우를 사용하는 아동들 중 약 절반만이 4학년까지 연령에 적절한 능력을 달성한다는 것을 보여주었기 때문에, 많은 전문가들은 임플란트를 받은 어린 아동들과 의사소통할 때 지문자 영어와 구화를 동시에 사용하는 선택지를 권장한다. 그럼에도 불구하고 이러한 개인들 중 일부는 놀라운 구화 능력을 발달시키지만, 그러한 결과는 보편적이지 않다. 마지막으로, 인공와우의 사용은 농공동체에서 논란이 되는데, 그 구성원들은 청각장애가 있는 영아나 아동이 와우를 영구적으로 파괴하는 수술을 받기보다는 받아들여지고 축하받아야 한다고 느낀다.

일부 사람들은 외이도가 없거나 너무 작거나 심각하게 비정상적인 내이(와우)를 가지고 있기 때문에 인공와우를 받을 자격이 없다. 그들에게는 인공와우 기술을 기반으로 하는 더 최근의 의학적 발전인 청성뇌간임플란트가 선택지가 될 수 있다. 청성뇌간임플란트를 사용하면, 수술적으로 이식된 기기가 와우와 청신경을 우회하고 소리를 처리하는 뇌의 부분을 자극한다. 청성뇌간임플란트는 두 부분을 가지고 있다: (1) 인공와우와 같은 외부 처리기, 그리고 (2) 귀 근처 피부 바로 아래에 배치되는 내부 기기로, 외부 구성요소에서 정보를 받아들이고 뇌간에 이식된 임플란트 배열로 전달하는 수신기를 포함한다. 어린 아동들에 대한 이 시술의 결과는 엇갈리며, 음향 지각의 매우 느린 발달과 심각하게 지연된 언어 능력을 보인다. 그럼에도 불구하고 이 시술은 미래에 대한 희망을 가지고 있다.

혁신적인 소프트웨어와 앱

2022년 갤러뎃 대학교 졸업식에서 애플 CEO 팀 쿡은 자신의 회사와 대학교의 파트너십을 강조하고 농공동체 구성원들의 요구를 특별히 다루는 몇 가지 새로운 기술을 선보였다. 그의 연설은 이 장의 도입부와 "영상 속에서" 특집에서 배운 애플의 영화 CODA 제작 성공에 이어진 것이다. 다음은 애플이 갤러뎃과의 파트너십으로 개발한 기술 발전의 몇 가지 예들이다. 이 회사는 농인들이 농인 소유 사업체를 찾는 데 도움이 되는 애플 맵 내 가이드를 만들었다. 한 손의 제스처나 목소리로 워치를 제어할 수 있도록 애플 워치에 조정이 이루어졌다. 수어 지원이 현재 회사 매장에서 이용 가능하다. 일반적으로 청력 문제가 있는 사람들을 위한 다른 접근성 기능들도 이용 가능하다. 예를 들어, 아이폰용 보청기는 사용자가 자신의 보청기를 아이폰, 아이패드, 아이팟 터치와 페어링하여 전화를 걸고 기타 오디오를 더 명확한 소리로 제공할 수 있게 한다. 아이폰용 보청기를 사용하는 '라이브 리슨'은 이러한 기기들을 마이크로폰으로 바꾸어 사용자가 자신의 환경이나 주변 소리를 더 명확하게 들을 수 있게 한다. 실시간 텍스트(RTT) 전화는 메시지의 즉시 전송을 제공하거나 일반 통화를 RTT로 업그레이드한다. 그리고 아이튠즈 스토어의 일부 동영상 콘텐츠는 자막을 제공한다. 더 많은 예시를 보려면 https://support.apple.com/en-us/HT210070으로 가라. 이러한 예시들은 미래에 기술이 펼쳐갈 환상적이고 획기적인 해결책의 서막에 불과하다.

요약

농과 난청의 기술

정상적인 청력 과정은 많은 단계를 포함하며 우리가 소리를 의미 있는 정보로 바꿀 수 있게 한다.

- IDEA는 가장 심각한 유형의 청력 손실을 지칭하기 위해 농이라는 용어를 사용하고, 다른 모든 유형을 지칭하기 위해 청각장애라는 용어를 사용한다.
- 청력학자들은 청력 능력을 검사하고 청력검사표에 결과를 기록하기 위해 기도 및 골도 방법을 사용한다.
- 청력 손실은 유형, 중증도, 또는 청력 손실이 발생한 연령에 따라 분류될 수 있다.
- 일시적이든 영구적이든 청력 손실은 많은 원인을 가진다. 청력 손실의 정도가 항상 개인의 기능적 또는 잔존 청력 능력을 정확하게 나타내는 것은 아니다.
- 다른 장애와 관련하여, 매우 적은 수의 학생들이 농인이거나 난청이다. 자신을 농인으로 여기는 최중도 청력 손실을 가진 많은 학생들이 특수학급이나 특수학교에 다닌다.

특수교육

청력 손실과 관련된 일반적인 어려움에는 언어발달, 의사소통, 학업 성취, 대인관계 상호작용, 사회정서적 발달이 포함된다.

- 경도에서 중등도 청력 손실을 가진 학생들조차 수업에서 제시되는 내용에 접근하기 위해 조정을 필요로 한다. 청각장애학생들은 구두로 제시되는 정보에 접근하고, 종종 다른 사람들과 의사소통하기 위해 조정을 필요로 한다.
- 거의 모든 신생아들이 병원을 떠나기 전에 이음향방사 청력 선별검사를 받는다. 영아와 유아를 위한 조기 경고 신호는 나이가 들면서 청력 손실이 발생하는 사람들을 판별하는 데 도움이 될 수 있으며, 그러면 조기중재 서비스가 시행될 수 있다.
- 교사들은 청각장애 학생들의 요구를 충족하기 위해 학급 일과, 교수, 환경의 특정 측면들을 조정하는 것을 고려해야 한다.
- 대부분의 청각장애 학생들은 의사소통을 위해 구어만을 사용하지만, 거의 절반은 추가적으로 또 다른 형태의 수어를 사용한다.
- 과거보다 청각장애 학생들을 위한 훨씬 더 많은 중등후 교육 기회가 현재 존재한다. 그들이 미래를 계획하는 데 도움을 주기 위해, Map It: What Comes Next?—무료 온라인 훈련 모듈 시리즈—가 청각장애 청소년들이 전환 과정을 탐색하는 데 도움을 줄 수 있다.

인물과 상황

시간이 흐르면서 수어는 농인들의 언어이자 유산과 전통이 풍부한 농문화의 상징이 되었다.

- 다른 모든 역사적으로 소외된 집단들과 마찬가지로, 농 공동체도 시민권과 사회정의를 위해 싸워야 했다.
- 청각장애인들은 그 어느 때보다 사회에서 더 큰 통합을 경험하고 있다.

미래 전망

많은 유형의 청력 손실이 예방될 수 있거나 그 영향(후유증)이 줄어들 수 있다.

- 영아의 전수(전면적) 청력 선별검사는 조기 진단과 치

료, 그리고 강력한 언어발달과 의사소통 기술을 위한 더 나은 기회를 모두 가능하게 한다.

- 소음성 청각장애는 환경의 일반적인 소리에 장기간 노출되는 것을 피함으로써 예방될 수 있다.
- 다양한 유형의 보청기가 있다. 아동들이 착용하는 것들은 종종 성인들이 착용하는 더 비싼 버전과 같은 수준의 음질을 제공하지 않는다.
- 인공와우와 청성뇌간임플란트는 감각신경성 청각장애인들을 위한 수술적 방안이다.

참고문헌

Adams, M. E. (1929). 1865–1935: A few memories of Alexander Graham Bell. *American Annals of the Deaf, 74*, 467–479.

Alby, J. F. (1962, Spring). The educational philosophy of Thomas Hopkins Gallaudet. *Buff and Blue*, pp. 17–23.

Alternative Communication Services. (n.d.). *CART.* http://www.acscaptions.com/subpages/CART.asp

American Speech-Language-Hearing Association. (n.d.). *Hearing assistive technology.* https://www.asha.org/public/hearing/Hearing-Assistive-Technology/

Antia, S. D., Jones, P., Luckner, J., Kreimeyer, K. H., & Reed, S. (2011). Social outcomes of students who are deaf and hard of hearing in general education classrooms. *Exceptional Children, 77*, 489–504.

Apple. (2022, January 19). *Hearing accessibility features in iOS.* https://support.apple.com/en-us/HT210070

Aud, S., & Hannes, G. (Eds.). (2011). *The condition of education 2011 in brief* (NCES 2011-034). U.S. Department of Education, National Center for Education Statistics. https://nces.ed.gov/pubs2011/2011034.pdf

Beech, M. (2018). *Accommodations: Assisting students with disabilities* (4th ed.). Bureau of Exceptional Education and Student Services, Florida Department of Education. https://www.fldoe.org/core/fileparse.php/7690/urlt/0070069-accomm-educator.pdf

Beltone. (2016). *Little ear buds spell big trouble for hearing health.* https://www.beltone.com/hearinghealth/ear-buds.aspx

Boys Town National Research Hospital. (n.d.). *Hearing aid choices.* http://www.babyhearing.org/HearingAmplification/AidChoices/styles.asp

Branson, J., & Miller, D. (2002). Damned for their difference: *The cultural construction of deaf people as disabled.* Gallaudet University Press.

Carlson, N. R. (2004). "*Physiology of behavior*" with neuroscience animations and student study guide CD-ROM (8th ed.). Pearson Education.

Cawthon, S. W., Leppo, R., Ge, J. J., & Bond, M. (2015). Accommodations use patterns in high school and postsecondary settings for students who are d/Deaf and hard of hearing. *American Annals of the Deaf, 160*(1), 9–23.

Centers for Disease Control and Prevention (CDC). (2015a, October 23). *Hearing loss in children*. http://www.cdc.gov/ncbddd/hearingloss/facts.html

Centers for Disease Control and Prevention (CDC). (2015b, October 23). *Summary of 2013 national CDC EHDI data.* http://www.cdc.gov/ncbddd/hearingloss/2013-data/2013_ehdi_hsfs_summary_e.pdf

Cheng, L. J., Soon, S. S., Wu, D. B., Ju, H., & Ng, K. (2019). Cost-effectiveness analysis of bilateral cochlear implants for children with severe-to-profound sensorineural hearing loss in both ears in Singapore. *PLOS One, 14*(8), e0220439.

Commission on the Education of the Deaf. (1988). *Toward equality: Education of the deaf.* U.S. Government Printing Office.

Davey, M. (2005, March 21). As town for Deaf takes shape, debate on isolation re-emerges. *New York Times.* https://www.nytimes.com/2005/03/21/us/as-town-for-deaf-takes-shape-debate-onisolation-reemerges.html

Disabilities, Opportunities, Internetworking, and Technology (DO_IT). (2021, April 9). *What is realtimecaptioning?* University of Washington. https://www.washington.edu/doit/what-real-timecaptioning

Drasgow, E. (1998). American Sign Language as a pathway to linguistic competence. *Exceptional Children, 64*, 329–342.

Echo Initiative. (n.d.). *Overview of otoacoustic emissions*

(OAE) hearing screening. http://www.infanthearing.org/earlychildhood/docs/OAE_overview.pdf

Felzien, M. (2011). Why early audition is important. *Volta Voices, 18*, 22–27.

Gallaudet Research Institute. (2011, April). *Regional and national summary report of data from the 2009–10 Annual Survey of Deaf and Hard of Hearing Children and Youth.* Gallaudet University.

Gannon, J. R. (1989). *The week the world heard Gallaudet.* Gallaudet University Press.

Gannon, J. R. (2011). *A narrative history of Deaf America.* Gallaudet University Press.

Garberoglio, C. L., Palmer, J. L., Cawthon, S., & Sales, A. (2019). *Deaf People and Educational Attainment in the United States:* 2019. U.S. Department of Education, Office of Special Education Programs, National Deaf Center on Postsecondary Outcomes.

Garberoglio, C. L., Palmer, J. L., Ivanko, T., Kinast, L., & Zito, S. (2022). *Supporting deaf college students: Perspectives from disability services professionals.* National Deaf Center on Postsecondary Outcomes, University of Texas at Austin. www.nationaldeafcenter.org/dspodreport

Geers, A. E., Mitchell, C. M., Warner-Czyz, A., Wang, N.Y., Eisenberg, L. S., & the CDaCI Investigative Team. (2017). Early sign language exposure and cochlear implantation benefits. *Pediatrics,* 140(1), e20163489. https://publications.aap.org/pediatrics/article/140/1/e20163489/38019/Early-SignLanguage-Exposure-and-Cochlear?autologincheck=redirected

Greenwald, B. H. (2007). Taking stock: Alexander Graham Bell and eugenics, 1883–1922. In J. V. Van Cleve (Ed.), *The deaf history reader* (pp. 136–152). Gallaudet University Press.

Groce, N. E. (1985). *Everyone here spoke sign language: Hereditary deafness on Martha's Vineyard.* Harvard University Press.

Hands and Voices. (n.d.). *Communication considerations A-Z: Total communication.* https://www.handsandvoices.org/comcon/articles/pdfs/totalcomm.pdf

Hignett, S. (1983). *Brett from Bloomsbury to New Mexico: A biography.* Franklin Watts.

Institute of Education Sciences, National Center for Educational Statistics. (2011). *Student effort and educational progress: Students with disabilities exiting school with a regular high school diploma.* http://nces.ed.gov/programs/coe/2008/section3/indicator22.asp

James, S. D., & Nathanson, K. (2015, June 8). *Generation deaf: Doctors warn of dangers of ear buds.* NBC News. http://www.nbcnews.com/health/health-news/generation-deaf-doctors-warn-dangersear-buds-n360041

Johnson, C. D., & Seaton, J. B. (2012). *Educational audiology handbook* (2nd ed.). Delmar, Cengage Learning.

Kageliery, J. (2002). *The island that spoke by hand.* Martha's Vineyard Chamber of Commerce. www.mvy.com

Keck Medicine. (2022, May 24). *Deaf children with learning delays benefit more from cochlear implants than hearing aids.* University of Southern California. https://news.keckmedicine.org/deaf-childrenwith-learning-delays-benefit-from-cochlear-implants-more-than-hearing-aids/

Kelley, M. W. (2022, June 28). *Progress toward hair cell regeneration and the restoration of hearing: NIDCD Beyond the Lab Series.* National Institute on Deafness and Other Communication Disorders. https://videocast.nih.gov/watch=45266

Kena, G., Hussar, W., McFarland, J., de Brey, C., Musu-Gillette, L., Wang, X., . . . Dunlop Velez, E. (2016). *The Condition of Education 2016* (NCES 2016-144). U.S. Department of Education, National Center for Education Statistics. https://nces.ed.gov/pubs2016/2016144.pdf

Laurent Clerc National Deaf Education Center and Boston Children's Hospital. (2015). *Students with cochlear implants: Guidelines for educational program planning.* http://www.gallaudet.edu/Documents/Clerc/Guidelines2015Cochlear.pdf

Lowenbraun, S. (1995). Hearing impairment. In E. L.

Meyen & T. M. Skrtic (Eds.), *Exceptional children and youth: An introduction* (4th ed., pp. 453–486). Love.

Luckner, J. L., Bruce, S. M., & Ferrell, K. A. (2015). A summary of the communication and literacy evidence-based practices for students who are deaf or hard of hearing, visually impaired, and deafblind. *Communication Disorders Quarterly, 37,* 225–241.

MacKenzie, D. J. (2007). Audiology and hearing loss. In R. E. Owens, Jr., D. E. Metz, & A. Haas (Eds.), *Introduction to communication disorders: A life span perspective* (3rd ed., pp. 404–463). Allyn & Bacon.

Marschark, M., Shaver, D. B., Nagle, K. M., & Newman, L. A. (2015). Predicting the academic achievement of deaf and hard-of-hearing students from individual, household, communication, and educational factors. *Exceptional Children, 81,* 350–369.

Martin, F. N., & Clark, J. G. (2012). *Introduction to audiology* (11th ed.). Pearson.

McSweeny, C., Cushing, S. L., Campos, J. L., Papsin, B. C., & Gordon, K. A. (2021). Functional consequences of poor binaural hearing in development: Evidence from children with unilateral hearing loss and children receiving bilateral cochlear implants. *Trends in Hearing, 25.* [EPub ahead of print]

MedlinePlus, National Library of Medicine. (2022, July 25). *Hearing and cochlea.* https://medlineplus.gov/ency/anatomyvideos/000063.htm

National Center for Hearing Assessment and Management (NCHAM). (2011). *Newborn hearing screening*. www.infanthearing.org/screening/index.html

National Deaf Center (NDC) on Postsecondary Outcomes. (2019). *Assistive Listening Systems 101.* https://www.nationaldeafcenter.org/sites/default/files/Assistive%20Listening%20Systems%20101%20%28FULL%29%286.17.19%29%28ENGLISH%29%28WEB%29.pdf

National Institute of Child Health and Human Development (NICHD). (2017, September 1). *How many newborns are screened in the United States?* https://www.nichd.nih.gov/health/topics/newborn/conditioninfo/infants-screened

National Institute on Deafness and Other Communication Disorders (NIDCD). (2015, May 15). *Noiseinducedhearing loss.* https://www.nidcd.nih.gov/health/noise-induced-hearing-loss

National Institute on Deafness and Other Communication Disorders (NIDCD). (2016a, May 11). *Brainstem implant.* https://www.nidcd.nih.gov/glossary/brainstem-implant

National Institute on Deafness and Other Communication Disorders (NIDCD). (2016b, May 3). *Cochlear implants*. https://www.nidcd.nih.gov/health/cochlear-implants

National Institute on Deafness and Other Communication Disorders (NIDCD). (2017, March 6). *Hearing aids.* https://www.nidcd.nih.gov/health/hearing-aids

National Institute on Deafness and Other Communication Disorders (NIDCD). (2021, March 25). *Quick statistics about hearing.* https://www.nidcd.nih.gov/health/statistics/quick-statistics-hearing

National Institutes of Health. (1993). Early identification of hearing impairment in infants and young children. *NIH Consensus Statement, 11*(1), 1–24.

National Technical Institute for the Deaf (NTID). (2012). *C-Print: Speech-to-text system*. www.ntid.rit.edu/cprint/what_cprint.php

Nemours Foundation. (n.d.). Earbuds. http://kidshealth.org/en/teens/earbuds.html

Nikolaraizi, M., & Makri, M. (2004/2005). Deaf and hearing individuals' beliefs about the capabilities of deaf people. *American Annals of the Deaf, 149,* 404–414.

Northern, J. L., & Downs, M. P. (2002). *Hearing in children* (5th ed.). Lippincott, Williams & Wilkins.

Oghalai, J. S., Bortfeld, H., Feldman, H. M., Chimalakonda, N., Emery, C., Choi, J. S., & Zhou, S. (2022). Cochlear implants for deaf children with early developmental impairment. *Pediatrics, 149*(6), e2021055459.

Owens, R. E., Jr. (2012). *Language development: An introduction* (8th ed.). Allyn & Bacon.

Rajeswaran, R., & Kameswaran, M. (2020, May 2). Auditory brainstem implantation (ABI) in children without neurofibromatosis type II (NF2): Communication performance and safety after 24 months of use. *Cochlear Implants International, 21*(3), 127–135.

Rendel, K., Bargones, J., Blake, B., Luetke, B., & Stryker, D. S. (2018). Signing exact English: A simultaneously spoken and signed communication option in deaf education. *Journal of Early Hearing Detection and Intervention, 3*(2), 18–29.

Rinze, A., & Tange, R. A. (2021). The deafness history of Martha's Vineyard. *Acta Scientific Otolaryngology, 3*(2), 78–82.

Sharp, S. (2022, May 10). Education for deaf is a new battle for parents: LAUSD may elevate status of American Sign Language. *Los Angeles Times.* https://enewspaper.latimes.com/infinity/article_share.aspx?guid=51802d32-e2c0-48be-bfd8-ceaa5b5961e3

Sherr, I., & Morse, A. (2022, May 13). *Apple CEO Tim Cook highlights accessibility at Gallaudet University commencement.* CNET. https://www.cnet.com/tech/apples-ceo-tim-cook-highlights-accessibilityat-gallaudet-university-commencement/

Teagle, H. F. B., Henderson, L., He, S., Ewend, M. G., & Buchman, C. A. (2018). Pediatric auditory brainstem implantation: Surgical, electrophysiologic, and behavioral outcomes. *Ear and Hearing, 39*(2), 326–336.

U.S. Department of Education. (2006). *Assistance to states for the education of children with disabilities program and the early intervention program for infants and toddlers with disabilities; Final regulations. Federal Register,* 34 CRF Parts 300, 301, and 304.

U.S. Department of Education. (2022). *Child count and educational environments* [IDEA Section 618 Data Products: State-level data files]. https://data.ed.gov/dataset/idea-section-618-state-part-b-childcount-and-educational-environments/resources

U.S. Department of Education, Office of Special Education Programs, Data Accountability Center. (2012). *IDEA data: Analytic tool Part B educational environments.* Retrieved from www.ideadata.org

U.S. Department of Education, Office of Special Education Programs, Data Analysis System (DANS). (2012). *Children with disabilities receiving special education under Part B of the Individuals with Disabilities Education Act-2011.* www.ideadata.org

U.S. Government Accountability Office (GAO). (2011, May). *Deaf and hard of hearing children: Federal support for developing language and literacy.* Report No. GAO-11-357.

Välimaa, T. T., Kunnari, S., Aarnisalo, A. A., Dietz, A., Hyvärinen, A., Laitakari, J., . . . Löppönen, H. (2022, January–February). Spoken language skills in children with bilateral hearing aids or bilateral cochlear implants at the age of three years. *Ear Hear, 43*(1), 220–233.

Van Cleve, J. V. (2007). *The deaf history reader.* Gallaudet University Press.

Wertel, K. L., & Hendricks, A. E. (2016). Identifying minimal hearing loss and managing its effects on literacy learning. *TEACHING Exceptional Children, 48*, 213–217.

World Health Organization. (2015, February 27). *1.1 billion people at risk of hearing loss.* http://www.who.int/mediacentre/news/releases/2015/ear-care/en/

제13장

시각장애: 저시력과 맹

“시력이 있었다면 더 나은 조각가가 되었을지 모르겠다. 내 작품이 다소 다르거나 같았을지도 모른다. 모르겠지만, 한 가지는 확실하다: 나는 자신이 장애인이라고 생각하지 않는다. 나는 너무 많이, 너무 열심히 일하고 있고, 내가 하고 있는 일을 하면서 너무 즐거워하고 있어서 장애를 가질 시간이 없다.”

베트남 전쟁에서 부상을 당해 시력을 잃은 후, 마이클 나란호는 맹학교로 보내져 지갑 만들기를 배우라는 말을 들었다. 그는 거부했다. 많은 협상 끝에 그는 마침내 나무 조각을 할 수 있게 되었다. 마이클은 이렇게 쓴다. “다음 한 달 동안 나는 물에서 뛰어오르는 물고기를 조각했다. 그 작품을 보는 사람이 그것이 무엇인지 알았을지는 모르겠지만, 나는 알았다.” 그는 계속해서 기술을 연마했고, 현재 그의 작품들은 바티칸과 백악관을 포함하여 전 세계 중요한 컬렉션에서 발견된다. 마이클과 그의 아내 로리는 젊은 장애인 예술가들을 위한 프로그램인 Very Special Arts에 시간과 전문성을 기여하고 있다. 그들은 또한 전국의 박물관과 정원에 수많은 촉각 미술 전시회를 설립했다. 그러나 마이클이 그의 강사가 그에 대해 가지고 있던 낮은 기대에 맞서 싸우지 않았다면, 예술계에서의 그의 영향력—그리고 그가 함께 작업한 모든 젊은 예술가들에 대한 영향력—은 사라졌을 것이다.

—마이클 나란호의 허락을 받은 인용문

제 13 장 시각장애: 저시력과 맹

학습 목표

13.1 시각장애에 대한 다양한 정의와 각각의 목적을 논의하고, 시력 선별검사와 사정평가의 기능을 설명하며, 시각장애 학생들의 특성을 서술하고, 이러한 학생들이 교육을 받는 다양한 환경을 설명한다.

13.2 시각장애가 학생의 학교 경험의 모든 영역에 어떻게 영향을 미칠 수 있는지 설명하고, 특별교수, 조정, 보조공학이 시력 손실의 어려움을 어떻게 줄일 수 있는지 기술하며, 조기중재의 중요성을 논의하고, 핵심 교육과정을 확장할 수 있는 세 가지 방법을 나열하며, 열악한 고용 결과를 개선하는 방법을 설명한다.

13.3 시각장애 학생들의 교육이 시간이 지나면서 어떻게 변화했는지 기술하고 맹인이거나 저시력을 가진 개인들의 성취 사례를 제공한다.

13.4 의학적 및 기술적 발전을 통해 시력 손실의 영향이 어떻게 줄어들거나 제거되고 있는지 설명한다.

저시력과 맹의 설명

학습 목표

시각장애에 대한 다양한 정의와 각각의 목적을 논의하고, 시력 선별검사와 사정평가의 기능을 설명하며, 시각장애 학생들의 특성을 서술하고, 이러한 학생들이 교육을 받는 다양한 환경을 설명한다.

저시력과 맹의 정의

- 시력 과정은 복잡하며 많은 광학적 구성요소들을 포함한다.
- 시각장애의 일부 정의는 저시력과 맹과 같은 상태들을 구별하는 반면, 다른 정의들은 발병 연령을 나타내거나 정부 서비스 자격을 위해 사용된다.

시력 과정

그림 13.1에 나타난 시력 과정은 복잡하며 광학적 및 신경학적 구성요소들을 모두 포함한다. 사람

그림 13.1 인간 눈의 구조

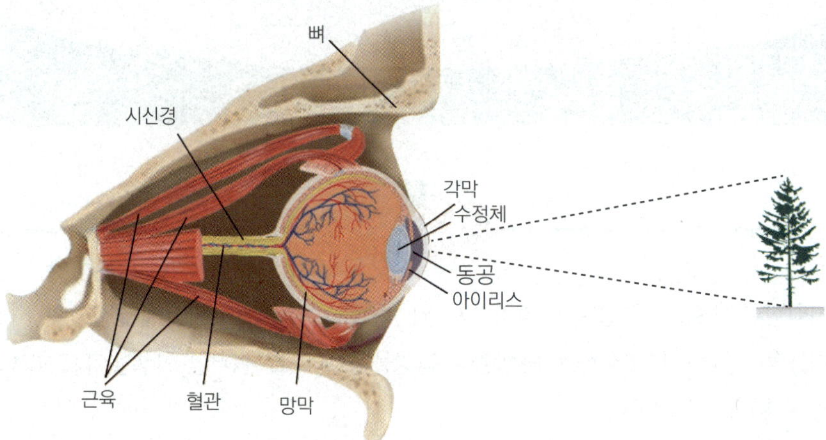

눈은 매우 복잡한 구조이다. 시력 손실은 이 구조가 손상되거나 차단되어 환경의 사물들이 지각되거나 이해될 수 없는 방식으로 발생한다. 눈의 어떤 부분에든 손상이 있으면 개인의 시각 정보를 보고 처리하는 능력에 심각한 제한을 초래할 수 있다.

들이 정상 시력을 가질 때, 네 가지 요소가 존재하고 작동해야 한다:

1. 빛
2. 빛을 반사하는 무언가
3. 반사된 상을 전기적 자극으로 처리하는 눈
4. 이러한 자극을 받아 의미를 부여하는 뇌

시각장애의 정의

시각장애 또는 시각손상이라고도 불리는 시각장애인들은 시력의 사용이 제한되어 있다. 그들이 가진 기능적 시력은 유형과 양에서 크게 다르다. 시각장애는 종종 두 범주로 나뉜다:

1. 저시력. 저시력 학생들은 어느 정도의 기능적 시력을 가지고 있지만, 일상 활동을 수행하는 능력이 영향을 받는다. 이러한 경우들에서 잔존시력은 읽기를 포함한 많은 학교 활동에서 사용하기 위해 더욱 발달시킬 수 있다. 시각장애 학생들의 대다수가 시력을 학습의 주요 방법으로 사용한다는 것을 알면 놀랄 수도 있다.
2. 맹. 시각장애학생들은 기능적 시력이 없으며 그림자나 움직임만을 지각할 수 있다. 이러한 학생들은 촉각과 청각과 같은 다른 감각 통로를 통해 교육받아야 한다.

시각손상에 대한 수많은 정의가 있으며, 그중 일부는 특정 목적을 위해 개발되었다. 예를 들어, 연방정부는 지정된 목적에 따라 시각손상에 대한 다양한 분류 체계를 사용한다. 특수교육 자격을 위해서는 장애인교육법(IDEA)의 시각장애 정의가 부분시력(우리가 저시력이라고 하는)과 맹을 모두 포함한다. 비교육적 목적을 위해서는 연방정부가 특별 혜택을 받을 자격이 있는 개인들을 판별하기 위해 저시력과 법적 맹이라는 용어를 사용한다. 표 13.1은 다양한 연방 기관들로부터 나온 이러한 용어들과 정의들 중 일부를 비교한다.

시각장애를 정의하는 또 다른 방법은 발병 연령

표 13.1 시각장애의 정의

용어	정의	출처
시각손상	맹을 포함한 시각손상은 교정을 하더라도 아동의 교육적 수행에 부정적으로 영향을 미치는 시력 손상을 의미한다. 이 용어는 부분시력과 맹을 모두 포함한다. (주: 이것들은 특수교육 서비스 자격을 위해 사용된다.)	IDEA '04, 미국 교육부
맹	... 시력이 20/200 이하이거나 시야가 20도 이하인 경우	질병통제예방센터(CDC)
시각장애	... 시력이 20/40 이하인 경우	CDC
법적 맹	교정시력이 더 나은 눈에서 20/200 이하이거나 더 나은 눈의 시야가 20도 이하인 경우 (주: 이것들은 사회보장장애보험[SSDI] 프로그램과 추가보장소득[SSI] 프로그램 자격을 위해 사용된다.)	사회보장청; 연방규정집

출처: Centers for Disease Control and Prevention(2020b); U.S. Code of Regulations(1983), 404.1581; U.S. Department of Education(2006), p. 1265에서 발췌.

이다. 선천적 맹인은 출생 시나 영아기부터 맹이었던 사람들이다. 2세 이후에 시력을 잃은 사람들은 후천적 맹이다. 이러한 구분은 중요한데, 2세 이후에 시력을 잃은 사람들은 사물들이 어떻게 생겼는지에 대한 어느 정도의 기억을 가지고 있기 때문이다. 장애가 늦게 발생할수록 더 많이 기억한다. 시각적 기억은 학습에서 중요한 요인인데, 시각적 개념들에 대한 이해에 영향을 미칠 수 있기 때문이다. 일부 시각적 개념들을 파악하는 것이 얼마나 어려울 수 있는지 더 잘 이해하기 위해, 사진을 보라. 이제 당신이 전혀 시력을 가진 적이 없다고 상상해보라. 누군가가 이 바다 풍경을 묘사하기 위해 아름다운, 파란, 반사, 또는 구름과 같은 개념들을 당신이 이해하도록 어떻게 도울 수 있을까?

저시력과 맹의 유형

- 시력 선별검사는 잠재적인 시력 문제를 판별하는 반면, 전문가들이 수행하는 종합적인 시력 사정평가는 다양한 유형의 시각적 상태들을 판별하고 치료한다.
- 시각장애는 광학적 구성요소들의 손상, 시각 과정의 방해, 또는 시각적 자극을 해석하는 뇌의 능력에 대한 간섭으로 인해 야기될 수 있다.

시각장애 판별

대부분의 주에서 학령기 아동들에게 시력 선별검사가 권장된다. 선별검사 동안 학생들은 일반적으로 스넬렌 차트를 사용하여 시력의 간단한 검사를 받는다. 그림 13.2에 보인 이 차트는 5세 이상의 아동들과 함께 사용되어야 하며 여러 버전으로 제공된다: 한 버전은 다양한 크기로 다른 위치에 배치된 문자 E를 사용하고, 다른 버전은 다양한 크기의 알파벳 문자 행들을 사용한다. 학령전 아동들을 위해서는 다른 버전들이 간단한 숫자나 친숙한 동물

그림 13.2 5세 이상을 위한 시력 선별검사 차트

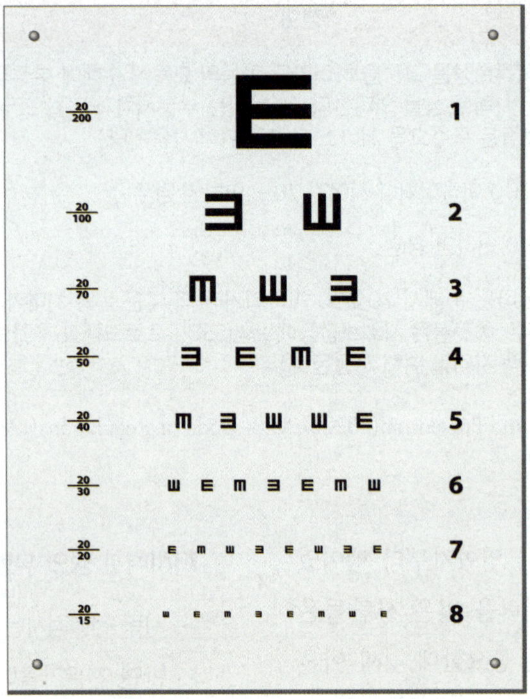

스넬렌 차트는 1862년 네덜란드 안과의사에 의해 처음 개발되었다.

의 그림을 사용한다(아래 그림 13.3의 차트 참조). 시각적 문제가 의심되는 매우 어린 아동들의 경우, 안과의사들은 학교에서 학령기 아동들의 일반적인 선별검사에 사용하는 시력표에 아동이 반응하지 않고도 그들의 시각적 능력을 사정평가할 수 있다.

이상적으로는 시력 선별검사자—종종 훈련받은 자원봉사자, 학교 간호사, 또는 소아과의사—도 문제 지표(예: 어색한 머리 기울임, 눈물이 나거나 초점이 맞지 않는 눈)에 대해 아동을 간단히 관찰한다. 또한 아동이 까끌까끌한 눈이나 두통에 대해 불평하는지, 눈을 지나치게 비비는지, 또는 교실 과제를 완료할 때 글자나 기호를 구별하는 데 어려움이 있는지와 같은 교실 행동과 수행에 대한 교사들의 관찰을 포함하는 것도 도움이 된다.

선별검사가 가능한 눈이나 시력 문제를 판별하면, 학생은 추가 진단과 치료를 위해 안과 전문의에게 의뢰된다:

- 안과의사—눈 질환을 전문으로 하는 의사로, 눈의 신체검사를 수행하고, 교정렌즈와 약물을 처방하며, 약물을 처방하고, 수술을 시행한다.
- 검안사—시력을 측정하고, 교정렌즈를 처방하며, 기능적 권장사항을 제시하는 전문가
- 안경사—안과의사나 검안사의 안경이나 교정렌즈 처방을 조제하는 전문가

이 스넬렌 차트는 다양한 방향으로 배치된 문자 E를 다양한 크기로 보여준다. 왼쪽의 분수들(20/200, 20/100, 20/70, 20/50, 20/40, 20/30, 20/25,

그림 13.3 학령전 아동을 위한 시력 선별검사 차트

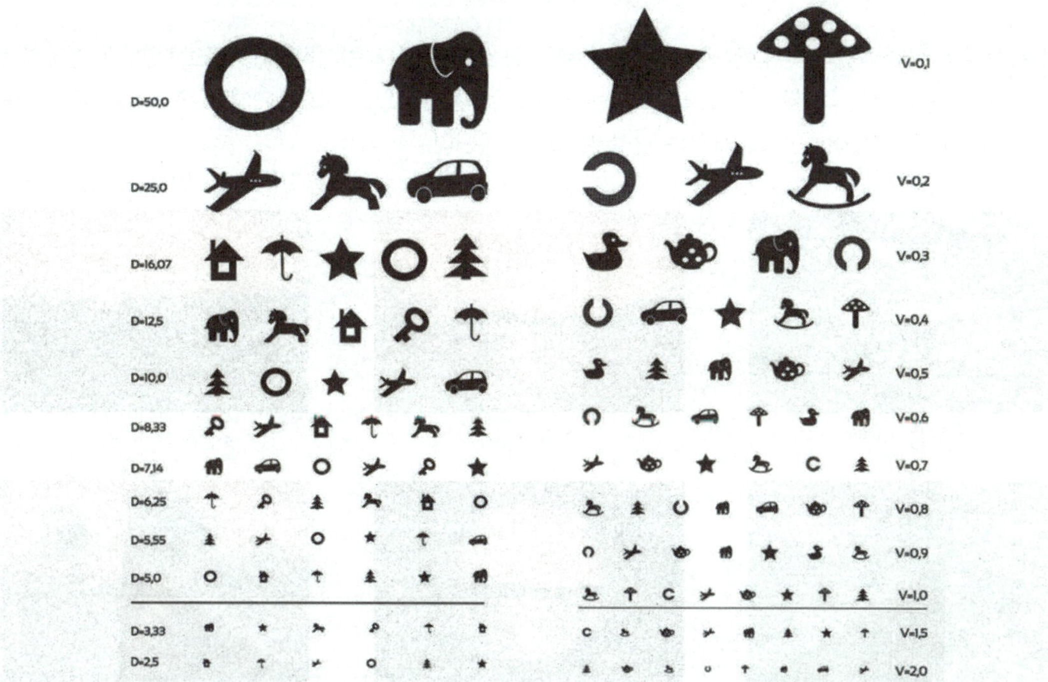

이 차트는 학령전 아동들을 위해 친숙한 기호들과 그림들(원, 코끼리, 별, 버섯, 비행기, 목마, 자동차, 집, 우산, 나무 등)을 다양한 크기로 사용한다. 왼쪽의 D 값들(D=60.0부터 D=3.8까지)과 오른쪽의 V 값들(V=0.1부터 V=2.0까지)은 시력 측정 기준을 나타낸다.

20/20)은 시력 측정값을 나타내며, 오른쪽의 숫자들(1-8)은 줄 번호를 나타낸다.

스넬렌 차트는 1862년 네덜란드 안과의사에 의해 처음 개발되었다.

종합적인 안과 검사에서는 시력이 더 정확하게 사정평가된다. 20피트(6m) 떨어진 물체나 상을 얼마나 정확하게 볼 수 있는지로 측정되는 정상 시력은 20/20으로 정의된다. 시력이 20/40(12m)으로 측정되는 사람은 20피트 떨어진 곳에서 시력 교정(안경이나 콘택트렌즈)이 필요하지 않은 사람들이 40피트 떨어진 곳에서 볼 수 있는 것을 본다. 주와 학군이 특수교육 서비스 자격을 결정하는 데 사용하는 기준에 차이가 있지만, 교정 후 더 나은 눈의 시력이 20/70(21m)에서 20/200(60m)으로 측정되는 사람들은 일반적으로 저시력을 가진 것으로 간주된다. 20/200 미만의 시력은 개인을 법적 맹으로 분류한다.

안과 전문의는 또한 각도 단위로 측정되는 시야를 사정평가할 것이다. 정상 시야는 수평으로 약 160도에서 180도이며 중심시야와 주변시야를 모두 포함한다. 개인이 중심시력은 있지만 제한된 주변시력을 가지는 심각하게 제한된 시야를 지칭하는 관상시(터널시야)라는 용어를 들어봤을 것이다.

시력과 시야

아래 사진들이 보여주듯이, 손상된 시야(시야결손)는 감소된 시력(시력저하)과는 다르지만, 동시에 발생할 수 있다. 시야는 정면을 똑바로 볼 때 볼 수 있는 영역으로, 일반적으로 160도에서 180도의 폭이다. 사람의 시야가 20도 이하로 줄어들면, 그 개인은 법적 맹으로 간주된다.

정상 시력

정상 시야

하부 시야 손상

시력 손상

주변 시야 손상

시야의 "맹점들"

시각장애의 유형과 원인

다양한 상태들이 눈의 서로 다른 부분에 영향을 미치고 서로 다른 시각적 문제들을 초래한다. 눈의 다양한 부분에 영향을 미치는 상태들, 특히 아동들이 경험하는 상태들의 요약에 대해서는 표 13.2를 참조하라.

아동들에게서 가장 흔한 눈 문제는 근시, 사시, 약시이지만, 이러한 상태들은 특수교육 서비스를 필요로 할 만큼 심각한 시력 손실을 초래하지는 않는다. 약시와 사시 모두에서 눈의 정렬 불량은 보통 안근들이 함께 작동할 수 없는 능력 부족으로부터 기인한다. 안경, 수술, 안구 운동은 모두 이러한 상태들에 대한 성공적인 치료 선택지이므로, 특수교육이 필요한 경우는 거의 없다. 다른 많은 질환들의 중증도는 교정렌즈와 의학 기술의 발전으로 줄일 수 있다.

이 장의 "출현율" 섹션에서 배우듯이, 시각손상으로 인해 특수교육 서비스를 필요로 하는 아동들의 수는 예외적으로 낮다—전체 공립학교 인구의 0.05% 미만이다. 따라서 표 13.2의 일부 상태들이 시각손상의 흔한 원인이지만, 많은 것들이 일반 인구에서는 상대적으로 드물다. 그러한 예 중 하나가 미숙아들에게 영향을 미치는 상태인 미숙아망막병증(ROP)이다. 미숙아망막병증에서는 미숙한 망막 혈관들이 망막의 가장자리를 향해 성장하지 못하고 대신 잘못된 방향으로 성장한다. 심각한 경우 흉터

표 13.2 흔한 안과 질환

유형	정의
	눈의 상태
근시	근거리는 초점을 맞출 수 있지만 원거리는 그렇지 않은 근시; 가까운 물체에는 초점을 맞출 수 있지만 멀리 있는 물체에는 그렇지 않음.
원시	원시; 멀리 있는 물체에는 초점을 맞출 수 있지만 가까이 있는 물체에는 그렇지 않음.
난시	망막에 상이 동일하게 초점을 맞추지 못하는 눈의 장애.
약시	"게으른 눈"; 유아기 초기 동안 부적절한 사용으로 인해 한쪽 눈의 시력이 감소함.
사시	한쪽 또는 양쪽 눈이 안쪽(교차) 또는 바깥쪽으로 향할 수 있는 눈의 부적절한 정렬.
안진(안구진탕증)	물체를 초점에 맞추는 것을 방해하는 눈의 빠르고 비자발적인 움직임.
	각막, 홍채, 수정체의 상태
녹내장	눈 안의 체액이 제한되어 압력이 축적되고 망막에 손상을 입힘.
무홍채증	색소 부족(백색증)으로 인한 홍채 미발달; 빛에 극도로 민감함을 초래.
백내장(수정체 혼탁)	눈의 수정체를 덮는 흐린 막.
	망막의 상태
당뇨망막병증	당뇨병으로 인한 눈의 혈관 변화.
황반변성	망막 중심 근처의 작은 영역에 손상; 제한된 중심시력과 읽기 및 쓰기의 어려움을 초래.
미숙아망막병증(ROP)	비정상적인 혈관 성장으로 인한 미숙아의 망막 손상.
망막박리	망막의 분리; 뇌로 시각 정보 전달을 방해함.
색소성망막염	유전적 눈 질환; 진행적으로 맹으로 이어짐; 야맹이 첫 번째 증상.
망막모세포종	시력을 손상시키는 종양.
	시신경의 상태
위축	시신경 기능의 감소.

조직이 발생하여 망막박리를 야기할 수 있다. 현재 연구와 실제들은 미숙아망막병증이 의학적으로 해결되거나 그 영향이 크게 줄어들 수 있다는 큰 희망을 보여주고 있다. 이러한 흥미진진한 발전에 대해서는 이 장의 "미래 전망" 섹션에서 배운다. 유전적 상태들(예: 백색증)도 시각장애를 야기할 수 있다. 아동기 맹의 또 다른 흔한 원인인 선천적 백내장은 산모 감염이나 그러한 감염을 위해 투여된 항생제에 대한 반응과 같은 요인들을 통해 신생아들에게 영향을 미칠 수 있다. 더 큰 아동들에서는 사고, 가정 사고, 스포츠 부상을 통한 눈의 외상이 시력 손실을 야기할 수 있다.

문화적 고려사항 **시각장애 아동과 청소년**

청소년들에 대한 최근 연구는 전통적으로 위험군에서 온 시각적 문제를 가진 아동들에 대한 몇 가지 놀라운 통계를 밝혀낸다. 이전 연구들은 성인들, 특히 50세 이상 연령 집단에 초점을 맞췄다. 그러한 노력들은 예측 가능한 범주들 중에서 불균형적으로 높은 시각손상률을 발견했다: 인종, 민족성, 사회경제적 지위. 시각적 문제는 나이와 함께 증가하며 이러한 사례들 중 많은 것들이 노인들에서 당뇨병과 건강 상태의 증가로 야기된다는 것을 기억하라. 이러한 증가는 의료 접근성 감소로 인해 악화된다.

아마도 현재까지 유일한 종류의 연구가 흑인과 히스패닉 청소년들이 비히스패닉 백인 또래들보다 시각기능 불량에 대한 위험이 3배 높고 더 나은 눈의 시력이 20/40 미만인 비율이 2배 높다는 것을 발견했다. 이러한 연구자들은 또한 이러한 사례들 대부분이 교정 가능하다고 보고한다.

이러한 결과들은 질병통제예방센터와 두 시력 협회의 발견들과 밀접한 관련이 있다: 학령전 아동들의 22% 미만이 시력 선별검사를 받고 모든 학령전 아동들의 15% 미만이 안과 검진을 받는데, 조기 발견이 장기적 결과에 중요하다는 사실에도 불구하고 그렇다. 또한 미국 아동들의 70%만이 적절한 안과 선별검사나 시각 검진을 받는다. 적절한 선별검사를 받을 가능성은 가족 소득에 따라 극적으로 증가한다. 역사적으로 소외된 집단 출신 아동들은 예방 치료를 받는 비율이 훨씬 낮으며, 특히 하와이 원주민과 태평양 도서민들이 그렇다.

여기서 교육자들이 학생들의 배경을 알고 변화를 만들 수 있다. 조산, 유전학과 가족력, 당뇨병, 눈 부상이 아동들의 시각적 문제에 주요 기여 요인들이다. 이러한 고위험 범주의 아동들은 보건 공동체로부터 특별한 관심을 받아야 한다. 불행히도 빈곤선 이하에 사는 사람들은 그러한 자원에 대한 접근이 적고, 학교 간호사, 사회복지사, 전문상담교사, 학교 공동체의 다른 사람들이 부모들이 자녀들에게 필요한 자원을 찾는 데 도움을 줄 수 있을 것이다. 또한 Prevent Blindness와 National Optometric Association과 같은 기관들이 서비스와 재정 지원을 제공할 준비가 되어 있다.

마지막으로, 열악한 교육 결과에 기여하는 시각적 문제를 가진 아동들에게서 인종, 민족성, 가구 소득 간의 연관성이 막 발견되었다. 이러한 시각손상들 중 많은 것들이 예방 가능하거나 치료 가능하다. 이러한 새로운 발견들은 정책입안자들, 보건 공동체, 교육자들 사이에서 경보를 울려야 한다. 우리는 이 장의 문화적 고려사항 박스에서 이러한 관련 연구 결과들을 요약한다.

특성

- 학생들은 교사들에게 시각장애의 존재를 알릴 수 있는 특정한 신체적 및 학습 특성들을 보일 수 있다.
- 시각장애 아동들의 놀이 행동과 사회적 기술은 시력이 있는 또래들의 것과 다를 수 있다.

시각장애의 신체적 및 학습 특성

이 교재 전반에 걸쳐 배웠듯이, 장애는 어떤 두 개인에게도 정확히 같은 방식으로 영향을 미치지 않는다. 시각장애도 마찬가지로, 각 아동에게 행동, 신체 활동, 사회적 기술, 학업 수행의 측면들에 다르게 영향을 미칠 수 있다. 교사들은 시력 문제를 시사하는 미묘한 단서들에 주의해야 한다. 표 13.3에 나열된 것과 같은 징후들을 알아차리는 관찰력 있는 보육 제공자나 교사는 아동을 선별검사나 추가 사정

표 13.3 시력 문제의 가능한 징후들

눈의 외관	학업 문제	행동과 움직임
학생의 눈이...	학생이 다음과 같은 어려움을 보임	학생이...
• 과도하게 눈물이 남 • 빨갛거나 지속적으로 염증이 있음 • 딱지가 앉아 보임 • 흐릿하거나 주름지거나 흐려 보임 • 부어 있음 • 회색이나 흰색으로 보임(한쪽 또는 양쪽 동공) • 정렬되지 않음	• 작은 글자 읽기 • 그림의 세부 사항 판별 • 글자 구별 • 근거리 작업	• 서툴러 보임 • 물체에 부딪히거나 걸려 넘어짐 • 눈-손 협응 문제를 보임(예: 공 잡기) • 읽을 때 한쪽 눈을 가림 • 머리를 기울이거나 눈을 찡그림 • 물체를 눈 가까이 가져와서 봄 • 과제를 한 후 두통을 호소함

평가를 위해 의뢰할 수 있다.

시각장애의 일부 특성들은 시각적 효율성—개인들이 자신의 시력을 얼마나 잘 사용할 수 있는지—와 관련이 있다. 매우 시력이 나쁜 학생은 시력을 개선하려는 시도로 앞으로 몸을 기울이고 눈을 찡그릴 수 있다. 제한된 시야를 가진 아동들은 교사를 비스듬히 바라볼 수 있는데, 교사를 자신이 가장 잘 접근할 수 있는 시야 부분에 위치시키기 위해서이다. 대조적으로, 시각장애학생들은 교사에게 전혀 시선을 고정하지 않을 수 있으며, 대신 최적의 청취 조건을 만들기 위해 머리를 옆으로 돌리거나 기울일 수 있다.

특수교육의 필요를 야기하지는 않지만 교사들이 인식해야 할 시각적 문제의 또 다른 예는 색맹이다. 교사들이 교수의 다른 측면들에 대해 학생들에게 단서를 주기 위해 시각화에서 색상에 의존할 때, 그들은 자신도 모르게 일부 학생들에게 어려움을 제시하고 있을 수 있다—학생들을 잘 아는 것이 중요한 또 다른 이유이다. 그림 13.4에서 숫자 7을 볼 수 있는가? 만약 그렇지 않다면, 색각 결함(색맹)이 있을 수 있다. 색맹을 가진 대부분의 사람들은 적-녹 스펙트럼의 색상들을 구별하는 데 어려움이 있다.

어느 정도 시력이 있는 학생들의 경우, 시각적 효율성은 많은 요인들에 의해 영향을 받을 수 있다: 하루 중 시간, 환경, 또는 조명 수준. 폰트의 유형과 색상 대비도 시각적 텍스트가 얼마나 잘 보일 수 있는지에 영향을 미칠 수 있다. 예를 들어, 그림 13.5의 다음 폰트 샘플들 각각을 보고 다음 질문들에 답해보라: 어떤 폰트가 읽기 가장 쉬웠는가? 어떤 특성들이 그것을 읽기 가장 쉽게 만들었는가(크기, 폰트 유형, 폰트 색상과 배경 간의 대비)? 시각장애를 가진 학생과 함께 사용하기에 어떤 선택지(들)가 더 나을 것이라고 생각하는가?

시각장애 아동들은 시각에 의존하는 대근육 운동 기술과 관련된 영역에서 발달지체를 보일 수 있다. 그들은 또한 또래들과는 다른 활동들에 대한 선호를 보이거나, 특정한 일반적인 행동들을 전혀 보이지 않을 수 있다. 이러한 지체가 종종 명백한 두 가지의 비학업적 영역인 놀이 기술과 사회적 기술을 살펴보면 자주 관찰되는데, 교육자들은 이러한 기술들의 발달이나 개선을 어떻게 촉진할 수 있는지도 생각해보자.

그림 13.4 색상이 시각적 이해에 어떻게 영향을 미치는지의 예

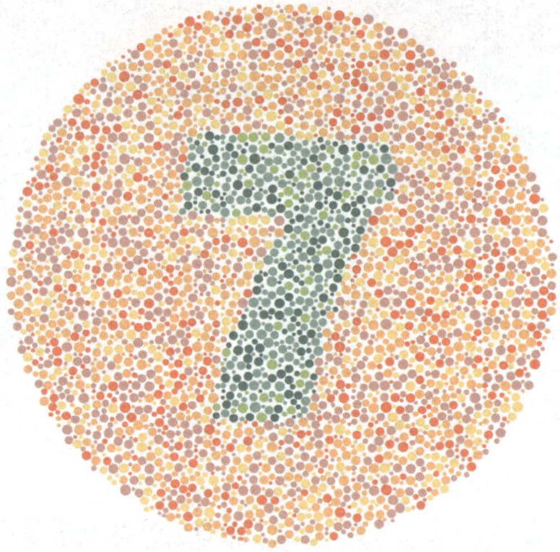

놀이

인간 발달의 중요한 부분인 놀이는 탐색과 운동, 사회적, 언어 기술의 발달을 촉진한다. 시각장애 아동들은 일반적으로 놀이 기술 발달에서 2년의 지체를 보인다. 교사들은 이러한 아동들이 다음과 같은 점에서 다른 아동들과 매우 다르게 놀이한다는 것을 관찰할 수 있다:

- 높은 비율로 혼자 놀이에 빠진다.
- 다른 아동들보다 성인들을 찾는다.
- 자발적인 놀이를 피한다.
- 추상적이거나 상징적인 것보다 시끄러운 놀이 활동을 선호한다.
- 시력이 있는 또래들의 빠르고 예측 불가능한 움직임으로 인해 방향감각을 잃는다.
- 구체적이고 친숙한 물건인 장난감만을 선택한다.

시력이 있는 아동들은 이러한 행동들을 이해하지 못할 수 있어서 시력이 있는 놀이 친구들을 선호한다. 부모가 조정하는 놀이 약속이든 학교에서의 쉬는 시간이든 단순히 아동들을 함께 두는 것만으로는 시력이 있는 아동들과 맹인 아동들 간의 자발적인 놀이가 보장되지 않는다. 긍정적인 상호작용을 보장하기 위해서는 성인들이 시력이 있는 아동들과 시각장애 아동들 모두에게 명시적인 교수를 제공해야 할 수 있다.

사회적 기술

선천적이거나 후천적으로 맹인 아동은 세상이 어떻게 보이는지에 대한 기억이 거의 없거나 전혀 없다는 것을 기억하라. 이러한 아동들은 부모의 미소나 친구의 손 흔듦에 반응하지 않으므로, 간접적인 사회적 학습의 기회가 적다.

시력이 있는 아동들이 영아기부터 종종 일반적인 상호작용을 통해 사회적 기술을 배우기 시작하는 반면, 시각장애를 가진 많은 어린 아동들은 이를 배우기 위해 명시적인 교수가 필요하다. 예를 들어, 사람들이 말할 때 그들의 얼굴을 보는 것은 대화 중 기대되는 행동이지만, 심각하게 제한된 시력을 가

그림 13.5 다양한 폰트와 색상 배경의 예시

텍스트 예시	설명
Once upon a time...	12포인트 Calibri 폰트
Once upon a time…	12포인트 Times New Roman 폰트
Once upon a time...	12포인트 Handwriting-Caitlick 스크립트 폰트
Once upon a time...	16포인트 Calibri 폰트, 굵게, 흰 배경에 검은색 대비
Once upon a time...	16포인트 Calibri 폰트, 굵게, 검은 배경에 흰색 대비
Once upon a time...	16포인트 Calibri 폰트, 굵게, 파란 배경에 검은색 대비
Once upon a time...	16포인트 Calibri 폰트, 굵게, 연한 초록 배경에 진한 초록 색상 대비
Once upon a time...	16포인트 Calibri 폰트, 굵게, 연한 파란 배경에 노란색 색상 대비

진 아동에게는 무관한 것으로 여겨질 수 있다. 그럼에도 불구하고, 시각장애 학생들은 무례하게 보이지 않도록 하거나 상대방이 청취자가 다른 방향을 보는 상황에 익숙하지 않은 시력이 있는 개인들의 불편함을 줄이기 위해 말하고 있는 사람을 향하는 것에 대한 명시적인 교수가 필요할 수 있다.

사회적 기술은 아동기 동안 더욱 발달하므로, 부적절하거나 미성숙한 사회적 행동들이 아동의 친구 만들기, 게임 참여, 갈등 해결 능력을 저해할 수 있다. 시각장애 학생들은:

- 너무 많은 무관한 질문을 한다.
- 순서 지키기나 화자를 향하기와 같은 대화에서의 기대를 이해하지 못한다.
- 너무 가까이 선다(즉, 개인 공간을 침범한다).
- 부적절한 애정 표현을 한다.
- 시력이 있는 또래들보다 덜 자기주장적이다.

교사들, 또래들, 가족 구성원들이 아동들이 사회적 능력을 얻도록 도울 수 있다. 교수자들은 게임과 사회적 상호작용의 명시적이고 암시적인 규칙들을 가르칠 수 있다. 또래들은 적절한 사회적 기술을 모델링하고, 이러한 기술들이 적용되어야 할 때 급우에게 촉진하며, 피드백을 제공하도록 가르쳐질 수 있다. 그리고 부모들은 놀이 약속을 조직하고 대인관계 상호작용에 대해 자녀들에게 피드백을 줄 수 있다. 교사를 위한 팁 박스는 교사들이 교실에서 긍정적인 사회적 상호작용을 촉진할 수 있는 방법의 예시들을 제공한다.

출현율과 배치

- 시각장애는 저발생 장애로, 이 IDEA 범주를 통해 서비스를 받는 학령기 아동들이 매우 적다.
- 대부분의 시각장애 학생들은 시각 전문가들의 지원과 함께 일반교육 환경에서 교육을 받는다.

교사를 위한 팁 **긍정적인 사회적 상호작용 촉진**

저시력이나 맹 학생들을 위해

- 일상적인 사회적 관례(화자를 향하기)에서 교수와 연습을 제공한다.
- 학생들이 적절한 신체 언어를 보일 때 촉진하고 강화한다.
- 다른 사람들과 대화와 활동을 시작하는 적절한 방법을 가르친다.
- 적절한 식사 예절(예: 입을 다물고 씹기)을 가르치고 모니터링하며, 부적절한 예절이 왜 또래들을 짜증 나게 할 수 있는지 설명한다.
- 다른 사람의 감정 상태나 반응을 해석하기 위한 목소리 톤과 같은 비언어적 단서에 대한 교수를 제공한다.

학급 또래들을 위해

- 학생의 시각장애의 특성을 설명한다(학생이 이것에 대해 괜찮다면).
- 학생이 무엇을 볼 수 있고 볼 수 없는지의 예시를 제공한다(예: "샤쿠안은 다가오는 그림자가 사람이라는 것을 알 수 있지만, 어떤 사람인지는 판별할 수 없다").
- 단순히 대화를 시작하기보다는(학생이 참여가 기대된다는 것을 인식하지 못할 수 있음) 관심을 끌고 싶을 때 학생들의 이름을 부르도록 또래들을 지도한다.
- 접촉을 시작할 때 자신을 소개하도록 격려한다.
- 학생들이 그들이 짜증 난다고 느끼는 특정 행동(예: 쉬는 시간에 나갈 때 또래의 옷을 잡는 것)을 하는 이유를 설명하고 학생들이 어떻게 행동하기를 선호하는지 의사소통하는 긍정적인 방법들을 논의한다.

출현율

노화와 관련된 요인들로 인해, 시각장애를 가진 사람들의 대다수는 40세 이상이다. 대조적으로, 아동들 사이에서 저시력과 맹의 발생률은 예외적으로 작다. 18세 미만 아동들의 약 7%가 진단받은 안과 질환을 가지고 있지만, 안경이나 콘택트렌즈의 사용이 이러한 문제들의 대다수를 교정할 수 있다. 대부분은 시력이 교육적 수행에 부정적인 영향을 피할 수 있을 만큼 충분히 개선될 수 있기 때문에 특수교육을 필요로 하지 않는다. 18세 미만 아동들의 거의 3%가 안경이나 콘택트렌즈를 착용해도 보는 데 어려움이 있는 것으로 정의되는 맹이거나 시각장애이다. 전국적으로 5세에서 21세 사이의 시각장애 학생 24,130명만이, 그중 대다수가 저시력을 가지고 있으며, 특수교육 서비스를 받고 있다. 시각장애 아동들의 거의 3분의 2가 하나 이상의 장애를 가지고 있으며 시각장애 범주에서 계산되지 않는다는 것을 이해하는 것이 중요하다. 학생들이 청각장애도 가지고 있다면, 그들은 농맹(시청각장애) 범주에서 계산될 가능성이 높다(제14장 참조). 아동이 시각장애와 중등도 또는 중도 지적장애를 가지고 있다면, 그 아동은 중복장애 범주에 포함될 가능성이 높다(또한 제14장). 그러나 다양한 장애 범주의 조합을 고려하더라도, 모든 학령기 아동들의 작은 일부분(0.05% 미만)만이 특수교육 서비스를 필요로 하는 시각장애를 가지고 있으며, 이는 시각손상이 저발생 장애라는 명확한 지표이다.

그림 13.6 5-21세 학생들의 교육환경

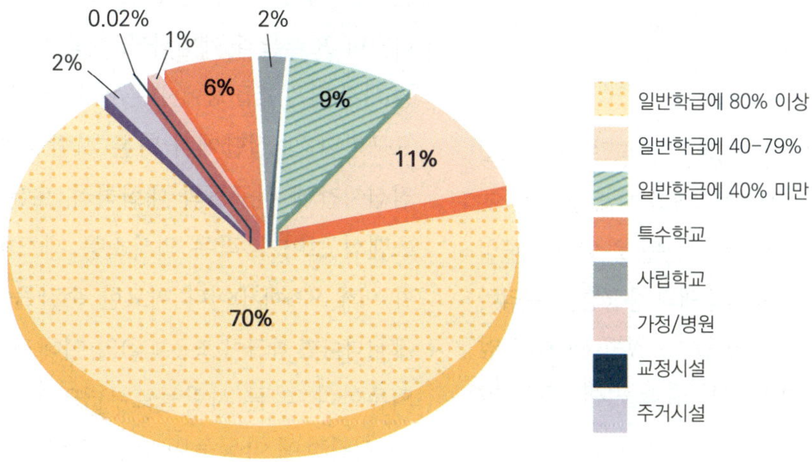

출처: 미국 교육부(2022).

배치

미국에서 시각장애 학생들을 위해 사용되는 교육적 배치가 그림 13.6에 나타나 있다. 대부분은 "학령기" 섹션에서 배우는 시각 전문가들의 지원과 함께 지역 학교에 다닌다. 이러한 학생들은 성인이 되어 결국 고용에서 경쟁하게 될 시력이 있는 또래들과 함께 일반교육 교육과정에 참여한다—따라서 교사들이 그들에게 동일한 높은 기대를 갖는 것의 필요성을 강조한다.

대부분의 시각장애 학생들이 지역 학교에 다니지만, 특수학교(예: 맹인을 위한 기숙학교나 분리학교)가 교육 체계에서 중요한 역할을 한다는 것을 인식하는 것이 중요하다. 수년 전, 중등도에서 중도 시각장애를 가진 학생들이 역사적으로 지역 학교에 통합되어 왔지만, 그들 중 다수가 종종 맹학교라고 불리는 기숙학교에 다녔다. 거의 모든 주가 자체 맹학교를 가지고 있었고, 대부분 여전히 그렇다. IDEA가 학생들의 개별적 요구를 충족하는 다양한 교육적 배치 선택지를 가져야 한다고 요구한다는 것을 기억하라. 특수학교들은 그러한 연속체의 일부이다. 교직원들은 시각장애에 대한 전문성과 훈련을 가지고 있으며, 시설들은 종종 최첨단으로, 사후 고려사항이 아닌 주요 고려사항으로서 시각적 조정을 염두에 두고 설계된다. 학생들은 자신들이 다르다고 느끼지 않는 공동체의 일부가 될 수 있다. 모든 교수와 학교 활동이 필요한 지원이 갖춰진 상태에서 수행되기 때문에, 학생들은 과외 활동, 동아리, 스포츠에 참여할 더 많은 기회를 갖는다. 그러한 학교들은 자체 학교의 학생들에게 서비스를 제공하는 것 외에도, 학년도 동안 지역 학교에 다니는 학생들에게 특수 서비스와 특별 여름 프로그램을 제공한다. 그들 중 80% 이상이 시각장애 교사(TVI)와 보행지도(O&M) 교수자들의 직접 교수를 포함하여 시각장애를 가진 공립학교 학생들에게 지원 서비스를 제공한다. 특수학교 직원들은 또한 일반교육자들이 이러한 학생들에게 더 나은 교수를 제공할 수 있도록 협의적 서비스를 제공하고 현직연수 및 전문성 개발 활동을 수행한다.

학습 목표

시각장애가 학생의 학교 경험의 모든 영역에 어떻게 영향을 미칠 수 있는지 설명하고, 특별교수, 조정, 보조공학이 시력 손실의 어려움을 어떻게 줄일 수 있는지 기술하며, 조기중재의 중요성을 논의하고, 핵심 교육과정을 확장할 수 있는 세 가지 방법을 나열하며, 열악한 고용 결과를 개선하는 방법을 설명한다.

어려움과 그 해결책

- 학업 기술 외에도, 시각장애는 학교 건물 탐색이나 다른 사람들과의 상호작용과 같은 학생의 학교 경험의 다른 영역들에 영향을 미칠 수 있다.
- 시각장애의 영향을 줄일 수 있는 해결책에는 특수교육, 조정, 그리고 보조공학이 포함된다.

어려움

이 장의 첫 번째 부분에서 우리는 다양한 유형의 시력 손실과 그것들이 기능적 시력에 어떻게 영향을 미치는지 논의했다. 그 시력 손실은 중증도에 따라 여러 어려움을 초래한다(그림 13.7 참조).

학급교사들은 학업적 어려움과 시각장애가 칠판을 보거나, 교과서를 읽거나, 동영상을 보는 학생의 능력에 어떻게 영향을 미치는지에 초점을 맞추는 경향이 있을 수 있다. 그러나 학교 하루의 상당 부분이 학생이 한 곳에서 다른 곳으로 독립적으로 이동하는 것을 요구한다는 것을 기억하라: 책상에서 소집단 영역으로 가는 길 찾기; 교실에서 식당으로 걸어가서 점심 줄을 서서 진행하기; 식당에서 운동장, 체육관, 또는 친구들이 어울리는 어느 곳으로든 이동하기; 또는 성공적으로 놀이터 기구를 탐색하거나 또래들과 게임하기. 더욱이, 이와 같은 활동들(다른 많은 것들 중에서)은 사회적 상호작용 기술을 요구한다: 소집단에서 다른 사람들과 잘 협력하기, 점심시간에 친구들과 대화하기, 또는 좋은 팀 스포츠맨십 보이기. 작은 의사소통 제스처들(예: 눈 굴리기, 어깨 으쓱하기)이나 미묘한 순간들(예: 교장이 문간에 나타나면 학급이 조용해짐)의 이해조차 보는 능력에 의존한다. 다른 사람들로부터의 단서나 촉진 없이는, 시각장애 아동들이 당황, 오해 등을 초래하는 미묘한 차이들을 놓칠 수 있다.

해결책

시각손상이 삶의 많은 측면에 영향을 미칠 수 있기 때문에, 이러한 학생들은 시력이 있는 또래들에게는 필요하지 않은 영역에서 추가 교수를 필요로 할 수 있다: 인쇄물 읽기의 대안으로서 점자 기술; 환경을 통한 탐색을 돕는 보행지도 기술; 시력 손실을 보상하는 데 도움이 될 수 있는 새로운 보조공학에 대한 훈련. 더욱이, 이러한 추가 훈련은 교육 인력이 특정 시기에 아동이 필요로 하는 기술들에 대해 작업할 뿐만 아니라 아동이 몇 개월 후, 몇 년 후, 또는 성인이 되어서 필요로 할 수 있는 기술들을 미리 계획하는 것을 요구한다. 학급교사들과 전문가들은 학생들이 일반교육 환경에서, 또래들과의 여가 환경에서, 또는 그들이 선택한 독립적인 활동에서 자신들의 기술을 연습하고 보조공학을 성공적으로 사용할 수 있도록 노력을 조정해야 한다.

이 장의 다음 섹션은 시각장애 학생들이 직면하는 어려움에 대한 조정, 교육적 중재, 기타 해결책에 초점을 맞춘다(그림 13.8 참조). 이러한 실제들 중 많

그림 13.7 시각장애: 어려움

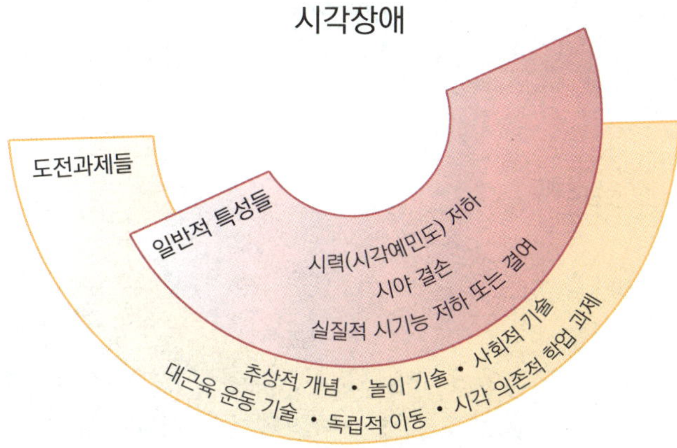

은 것들이 한 섹션에서나 한 연령 집단을 위해 소개되거나 논의되지만, 종종 여러 영역에 걸쳐 있다는 것을 명심하라. 예를 들어, 우리가 이 장의 "학령기" 섹션에서 개념 발달과 관련된 문제들을 논의하지만, 모든 학생들—시각장애를 가진 학생들과 시력이 있는 또래들—은 전체 학교 생활에 걸쳐 구체적이고 추상적인 개념 모두에 노출될 것이다. 우리는 또한 "학령기" 섹션에서 점자와 확장된 핵심 교육과정의 사용을 논의하지만, 아동의 점자와 다른 많은 기술에 대한 입문은 훨씬 일찍 시작되어 졸업까지 계속된다.

조정

- 저시력 학생들은 종종 맹 학생들과는 다른 조정을 필요로 한다.
- 교사들은 시각장애 학생들이 더 안전하고 쉽게 탐색할 수 있도록 교실 환경을 간단히 변화시킬 수 있다.

저시력을 가진 학생들의 요구가 맹인 학생들의 요구와 다르기 때문에, 일부 조정은 모든 시각장애 학생들에게 유익하지만 다른 조정이 필요할 수 있다. 교사들은 개별적 요구와 각 상황의 요구에 기반하여 특정 학생들과 함께 일하는 접근법을 조정해야 한다는 것을 기억하라. 추가적으로, 시각장애 학생들은 종종 학교에서 성공하기 위해 보조기기를 사용해야 한다. 이들 중 일부는 아래에서 논의되며, 다른 것들은 이 장의 "기술" 섹션에서 다뤄진다.

모든 시각장애 학생들을 위한 조정

시각장애 학생들의 경우, 책이나 학급교사가 제시하는 정보에 접근하는 것이 어려울 수 있다. 특히 손으로 쓴 응답이 요구되는 경우, 교실 과제나 사정 평가를 완료하는 것도 어려울 수 있다. 시각장애 학생들이 이러한 장벽들 중 일부를 극복하도록 돕기 위해, 교사는 다음과 같은 조정을 제공할 수 있다:

- 녹음된 책과 텍스트. 많은 책과 텍스트가 전자 파일로 이용 가능하다. 이러한 청각적 형식에 접근하기 위해, 학생들은 컴퓨터, 태블릿, 또는 스마트폰이 필요할 것이다.
- 개인 낭독자. 자료가 청각적 형식으로 이용 가능하지 않을 때, 대안적 해결책은 누군가가 인쇄된 정보를 학생에게 읽어주는 것이다.

그림 13.8 시각장애: 해결책

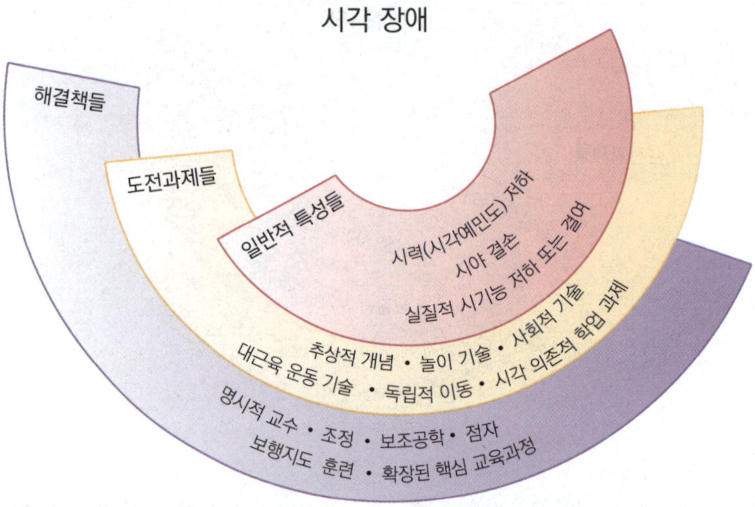

- 기술적 동영상. 동영상에 추가된 내레이션은 학생들이 표정과 같은 중요한 시각적 요소들을 인식하게 한다.
- 디지털 또는 전자 교과서(전자텍스트). IDEA는 출판사들이 학생들이 폰트를 확대하거나, 더 큰 대비를 위해 색상을 조정하거나, 텍스트 음성 변환 애플리케이션을 사용하여 구절을 들을 수 있게 하는 학교 채택 교과서의 디지털 버전을 제공하도록 의무화한다. 시각장애 학생들은 Bookshare(http://bookshare.org)를 통해 100만 권 이상의 텍스트와 책의 무료 전자 버전을 받을 수 있다.
- 대필자. 시각장애 학생들은 자신들의 응답을 다른 개인에게 전달할 수 있고, 그 사람이 그들의 응답을 적어준다.
- 음성 녹음기. 학생들은 자신들의 응답을 녹음하기 위해 다양한 선택지를 사용할 수 있다(예: 녹음 기기, 컴퓨터 소프트웨어).
- 연장 시간. 추가 시간은 학생들이 시각적 피로를 예방하기 위해 휴식을 취하거나 개인 낭독자가 그래픽이나 도표를 묘사할 수 있게 한다. 추가적으로, 저시력 학생들과 점자를 사용하는 학생들은 종종 훨씬 느린 속도로 읽으므로, 읽기 과제나 사정평가를 완료하기 위해 더 많은 시간을 필요로 한다.

저시력 학생들을 위한 조정

시각장애 학생들의 대다수가 시력을 학습의 주요 방법으로 사용한다는 것을 기억하라. 많은 저시력 학생들이 초등학교와 고등학교 교과서에서 사용되는 표준 12포인트 폰트를 읽을 수 있지만, 다양한 글자체와 인쇄 스타일에 맞추기 위해 또래들보다 책을 눈에 더 가까이 들고 있어야 할 수 있다. 교과서의 표준 인쇄물에 접근할 수 없거나 시각적 정보가 다른 형식으로 제시될 때, 학생들은 다음 조정으로부터 이익을 얻을 수 있다:

- 확대 인쇄물. 많은 표준 출판물(예: 사전)이 확대

표 13.4 시각장애 학생들을 위한 자주 사용되는 조정

제시	환경	반응	일정 또는 시간
• 점자(B) • 기술적 동영상 • 디지털 또는 전자 교과서 • 확대 텍스트(인쇄물 및 디지털)(LV) • 확대 기기(LV) • 개인 낭독자 • 녹음된 책과 텍스트 • 촉각 그래픽(B) • 음성 계산기(B)	• 직접 조명(LV) • 시각적 방해 요소 최소화(LV) • 자료나 장비를 위한 더 많은 물리적 공간 • 우선 좌석(LV) • 눈부심 감소(LV) • 소집단 시행	• 점자기(B) • 전자 필기도구 • 시험 책자에 답 기록(LV) • 대필자 • 음성 녹음기 • 컴퓨터에 답 작성	• 휴식 • 연장 시간 • 여러 날에 걸친 시험

인쇄물로 쉽게 이용 가능하다. 더 큰 버전이 이용 가능하지 않다면, 교사들은 복사기, 스캐너, 컴퓨터를 사용하여 인쇄물을 확대할 수 있다.

- 확대 기기. 학생들은 책이나 학습지의 인쇄물을 확대하기 위해 확대경을 사용할 수 있다. 거리에서 읽을 때(예: 화이트보드의 텍스트), 이러한 학생들은 휴대용 망원경이 필요할 수 있다.
- 시각적 단서. 굵은 글씨나 텍스트의 항목들을 강조하는 것은 중요한 항목들에 관심을 끌 수 있다.
- 우선 좌석. 학생 책상의 위치는 개인이 정보에 얼마나 잘 접근하는지에 영향을 미칠 수 있다. 예를 들어, 학생은 칠판에 더 가까이 앉거나 문제가 되는 눈부심을 일으키는 창문에서 멀리 앉아야 할 수 있다.

맹 학생들을 위한 조정

맹 학생들은 저시력 학생들과 크게 다르다. 많은 학생들이 인쇄물을 읽지 않고, 대신 텍스트 자료를 다른 형식으로 변환하여 받는다. 위에서 언급한 오디오 녹음과 텍스트 음성 변환(예: 디지털 책) 선택지 외에도, 맹 학생들은 다음 조정으로부터 이익을 얻을 수 있다: 촉각 자료. 그래프, 차트, 그림, 또는 도표와 같은 시각적 정보를 접근 가능하게 만들기 위해, 교사들은 촉각을 위해 조정된 표현을 제공할 수 있다. 퍼킨스 맹학교는 물리적 환경을 조정하고, 과학 수업을 접근 가능하게 만들며, 촉각 그래픽을 개발하는 방법에 대한 교사들을 위한 시연 동영상을 http://www.perkinselearning.org에서 제공한다.

- 점자. 점자는 손가락으로 읽을 수 있는 돌출된 점들의 사용을 통해 글자, 숫자, 구두점, 단어를 나타내는 방법이다.

표 13.4는 시각장애 학생들에게 도움이 되는 많은 조정들을 강조한다. 이러한 조정들 중 일부는 모든 시각장애 학생들에게 사용되는 반면, 다른 것들은 저시력(LV)을 가진 학생들이나 맹(B) 학생들에게 더 일반적으로 사용된다.

교실 환경에 대한 조정

교수적 조정을 제공하는 것 외에도, 교사들은 다음 박스에 나열된 것과 같은 교실의 물리적 환경에 간단한 변화를 만들 수 있다.

조기중재: 운동 및 개념 발달

- 부모와 보호자들은 초기 운동 발달을 지원할 활동에 시각장애 영아와 유아들을 창의적으로 참여시킬 수 있다.
- 시력 손실을 가진 영아와 유아들은 시력이 있는 또래들이 관찰을 통해 배우는 개념들을 학습하기 위해 추가 교수를 필요로 한다.

초기 운동 발달과 시력 손실

시각은 자신이 보는 물체에 손을 뻗고 만지는 것과 같은 간단한 움직임부터 시작하여 가장 기본적인 영아와 유아 발달 이정표의 달성에 기여한다. 배를 대고 눕혀진 시력이 있는 영아들은 환경을 관찰하기 위해 머리를 들어 올리고, 나중에는 주변을 더 잘 보기 위해 팔을 사용하여 위로 밀어올린다. 그렇게 하면서 그들은 먼저 머리와 목 근육을 발달시키고, 그다음 팔과 몸통의 근육을 발달시킨다. 이러한 초기 활동들은 구르기, 기기, 기어가기, 그리고 결국 걷기로 관심 있는 물체를 향해 작은 몸을 추진하는 법을 배우는 나중 단계의 신체 움직임을 위해 그들을 준비시킨다—보통 12개월경에 달성되는 이정표이다.

대조적으로, 시력 손실을 가진 영아들은 환경에서 매혹적인 물체들을 보지 못하므로, 물건에 손을 뻗거나, 몸을 땅에서 들어 올리거나, 다른 장소로 이동할 동기가 적다. 이러한 신체 활동의 부족은 지체된 대근육 운동 발달을 초래한다. 이러한 영아들은 종종 2세 이후에 걸음마를 배우며, 기기와 기어가기 단계를 건너뛰는 경우가 많고, 학령전기 동안 계속해서 대근육 발달지체와 눈-손 협응 문제를 보인다.

맹 아기들의 가족: 유아기 동안의 중요한 역할

대부분의 가족과 마찬가지로, 영아가 가족 단위에 합류할 때 배울 것이 많다. 시각장애 아동의 부모들은 종종 사랑과 보호본능에서 충격, 두려움, 심지어 분노에 이르기까지 많은 감정을 경험한다. 무엇보다도, 그들은 자녀들에게 최선을 원하며, 다행히도 많은 서비스, 부모 집단, 기관들이 도움을 주기 위해 이용 가능하다. 그러한 집단 중 하나인 Family Connect(www.familyconnect.org)는 어린 아동들을 포함하여 시각장애인들이 있는 가족들을 위한 많은 서비스, 네트워크, 자원을 제공하는 미국 맹인재단이 제공하는 서비스이다. 다음은 이 집단이 새로운 부모들에게 제공하는 몇 가지 제안들이다:

- 서로 껴안고 사랑하는 법을 배운다.
- 당신이 하고 있는 일과 팔이 닿지 않는 곳에 있을 수 있는 것들을 묘사함으로써 아동들이 무슨 일이 일어나고 있는지 알도록 돕는다.
- 사람들과 물체들을 만짐으로써 탐색하게 한다.
- 아기들을 다른 아기들을 대하듯이 대한다—무릎에서 흔들어주고 애정을 제공한다.
- 공원이나 놀이터에 가고, 쇼핑하고, 일상생활에 참여하는 많은 기회들을 즐긴다.

이러한 기본적인 토대 전략들 외에도, 가정이 형식적이고 비형식적인 교수가 시작되는 아기들의 자연스러운 환경이라는 것을 기억하는 것이 중요하다. 장애로 판별된 어린 아동들의 경우, 가정기반 교수는 IDEA를 통해 제공되는 서비스의 일부이다. 가족들은 독립성을 격려하고, 촉각적 탐색과 놀이의 기회를 증가시키며, 그 과정에서 약간의 타박상과 멍이 있더라도 환경을 탐색하도록 허용함으로써 일상생활의 정상적인 일과를 통해 시각장애 자녀들의 운동 및 인지 발달을 지원하는 방법을 배운다.

교실 환경에 대한 조정

물리적 환경 수정하기

교실을 안전하게 만들기

- 문을 완전히 열거나 닫는다(반쯤 열린 문은 위험한 장애물이 될 수 있다).
- 학생들에게 의자를 책상 밑으로 밀어 넣도록 가르친다.
- 낮은 장애물(쓰레기통), 돌출된 물체(연필깎이), 바닥 높이의 변화(계단)와 같은 잠재적 문제 영역들을 학생들에게 익숙하게 한다.
- 러그나 매트를 바닥에 단단히 고정시킨다.

가구를 신중하게 배치하기

- 특히 통로에서 어수선함(예: 전선)을 제거한다.
- 자주 사용되는 가구와 자료를 일관된 장소에 둔다.
- 외투 사물함이나 거치대를 교실 입구 근처에 배치한다; 다른 저장 영역들을 쉽게 접근 가능하도록 위치시킨다.
- 기술 기기들을 수용하기 위해 더 큰 책상과 저장 영역을 제공한다.

조명 요구 고려하기

- 빛의 증가나 감소를 허용하기 위해 조절 가능한 블라인드가 있는 창문 그늘을 사용한다.
- 눈부심이 최소화되는 곳에 학생을 앉힌다.
- 눈부심 방지 컴퓨터 화면을 사용한다.
- 필요하다면 추가 조명을 제공하기 위해 스탠드나 책상 램프를 사용한다.
- 창문 앞에 장비를 두지 않는다.

대비되는 색상 사용하기

- 개인이 쉽게 찾을 수 있도록 학생의 책상을 밝은색 종이로 덮는다.
- 서랍, 찬장, 기타 자주 사용되는 자료들에 고대비의 다채로운 모양들을 부착한다.
- 게시판에는 연한 배경에 어두운 글자를 사용한다.

출처: IRIS 센터(2006a).

시력 손실을 가진 어린 아동들의 개념 발달은 때때로 추가적인 노력이 필요하다. 일반적으로 발달하는 어린 아동들의 경우, 많은 새로운 단어들과 개념들이 시각적으로 도입된다: 어머니가 그림책의 삽화를 가리키며 "코끼리"라고 이름을 말하거나, 형제자매가 하늘을 향해 손짓하며 "와, 달을 봐!"라고 말한다. 부모와 보호자들은 다른 아동들이 시각을 통해 배우지만 정상적인 촉각 경험의 일부가 아닐 수 있

시각장애 학생들을 위한 특수교사들의 역할

시각장애교사는 시각장애를 전문으로 하며 다른 교육자들, 부모들, 학생들에게 자원 역할을 한다. 시각장애교사는 또한 교수 및 사정평가 실제에 대한 전문성과 시각장애 학생들에게 지원을 제공하는 다른 기관들에 대한 지식을 가지고 있다. 교사는 학생과 직접 일할 수 있으며 또한 일반교육 교사와 아동의 학교의 다른 전문가들에게 협의 서비스와 지원을 제공할 수 있다. 구체적으로, 시각장애교사는:

- 점자와 같은 장애별 특화 기술에 대한 교수를 제공한다.
- 핵심 학업 과목들의 개념들을 강화한다.
- 확장된 핵심 교육과정의 구성요소들을 가르친다.
- 학생의 능력, 요구, 필요한 조정을 결정하기 위해 사정평가를 수행한다.
- 조정 실행에 대한 정보를 제공한다.
- 교수 자료에 접근하기 위해 적절한 기관들과 단체들과 협력한다(예: Bookshare를 통해 이용 가능한 디지털 텍스트, 점자, 테이프 책).
- 학업적 성공을 지원하는 자료를 만든다(예: 교실 물품용 점자 라벨, 학생의 점자 작업의 인쇄본, 또는 교실 유인물의 점자 버전).
- 일반교육자들이 물리적 및 학업적 환경을 구조화하도록 돕는다.

는 물건들(예: 찬장, 천장, 커튼, 자동차 핸들)을 만질 기회를 제공함으로써 시각장애 어린 아동들의 개념 발달을 지원할 수 있다.

시각장애 아동들은 간단한 조정이 이루어질 때 책을 읽어주는 것으로부터 이익을 얻는다. 성인들은 평소보다 책의 그림들을 더 자세히 묘사할 수 있으며, 그림이 이야기에 중요한 정보를 보여줄 때 추가 설명을 제공할 수 있다. 3차원 프린터에 능숙한 일부 교사들과 부모들은 심지어 시각장애 아동들이 이야기에 삽화로 그려진 물건들을 느낄 수 있도록(예: 아기 돼지 삼형제; 큰 나쁜 늑대; 엄마, 아빠, 아기 곰) 아동용 이야기책과 함께 제공할 촉각 그림을 만들기도 한다. 다른 경우에는, 보호자들이 이미 가지고 있는 책을 열선총이나 촉각 공예 용품을 사용하여 그림의 윤곽이나 세부사항을 따라 그어서 조정할 수 있다. 그러면 아동들은 실생활에서는 만질 기회를 얻지 못할 책 속 물체들의 독특한 특성들—코끼리의 코나 엄니, 헛간의 사일로(Silo), 또는 달의 다양한 모양들—을 느낄 수 있다. 다른 개념들은 간접적으로 학습되는데, 햇볕이 비치는 날, 축구 경기장 조명 아래, 손전등을 언급할 때 반복적으로 사용되는 단어를 들은 후 밝다는 것이 무엇인지 알아내는 아동의 경우와 같다. 시각장애 어린 아동들은 주변에서 일어나는 모든 활동들을 시각적으로 관찰할 수 없기 때문에, 성인들은 정상적으로 시각을 통해 관찰될 것들을 의사소통하기 위해 명시적으로 설명하고 묘사하는 것과 같은 대안적 방법들을 찾아야 한다.

보행지도사

보행지도사(O&M instructors)는 IDEA에 의해 관련서비스 제공자로 간주되며, 학생들이 교실, 학교, 가정, 지역사회를 독립적으로 이동하는 데 필요한 기술을 교수한다. 보행지도기술을 학습하는 학생들은 자신이 어디에 있는지 판별하고, 가고자 하는 곳을 결정하며, 청각적 단서와 지표물을 활용하여 목적지에 도달하는 계획을 수립하는 방법을 학습한다. 이동성 기술은 학생들이 한 장소에서 다른 장소로 이동할 수 있게 한다. 보행지도사는 다음과 같은 업무를 수행할 수 있다:

- 각 학생의 기능적 시력을 평가하여 보행지도(O&M) 활동에서의 활용도를 결정한다.
- 학생들의 O&M 기술과 확장 핵심교육과정에서의 진전을 사정평가한다.
- 다양한 저시력 및 이동성 기기에 대한 교수를 제공한다.
- 학생들이 다양한 환경에서 보행할 수 있도록 돕는다.
- 학생들에게 한 장소에서 다른 장소로의 특정 경로를 교수한다.
- 환경설계, O&M 기술 강화, 서비스, 장비에 관해 가족 구성원들과 관련 학교 전문가들과 협의한다.
- 추가 자원에 대한 정보를 제공한다(예: 여가 기회, 안내견 시설).

학령기: 확장된 핵심 교육과정

- 시각장애학생들은 일반교육 교육과정에서 다뤄지지 않는 특수 기술들을 배워야 한다. 그러나 개별화교육프로그램팀들은 점자 사용을 고려할 때 다양한 요인들을 고려해야 한다.
- 보행지도 교수는 일찍 시작되어야 하며 지팡이와 안내견의 사용을 포함할 수 있다.

시각장애학생들이 습득해야 하는 추가 기술들

많은 저시력 학생들은 앞서 배운 조정과 보조공학을 통해 교육적 요구가 충족될 수 있다. 그러나 조정이 있더라도, 시각장애학생들은 추가적인 지원을 필요로 한다. 그들은 일반적으로 독립적으로 이동하기 위해 지팡이나 서비스견과 같은 보조 도구를 사용한다. 많은 학생들이 인쇄물을 읽을 수 없어서 대신 텍스트 자료를 다른 형식으로 변환하여 받는다: 오디오 녹음, 인쇄물 음성 변환, 또는 점자. 이전 섹션에서 논의했듯이, 사회화하고 다른 사람들과 상호작용하는 방법을 배우는 것이 자연스럽게 일어나지 않을 수 있다. 따라서 이러한 학생들(그리고 일부 저시력 학생들)은 다음을 다루는 확장된 핵심 교육과정(ECC)을 필요로 한다:

- 보행지도
- 정보에 접근하는 선택지를 포함한 보상 또는 기능적 기술(점자, 확대 인쇄물, 오디오)
- 사회적 기술
- 독립생활(예: 자기관리, 음식 준비, 금전 관리)
- 오락과 여가
- 직업 및 진로 준비
- 보조공학

확장된 핵심 교육과정은 고도로 특수화된 기술들을 다루므로, 시각장애 전문가들—시각장애교사와 보행지도사들—이 일반적으로 이러한 영역에서

그림 13.9 점자 알파벳, 구두점, 숫자

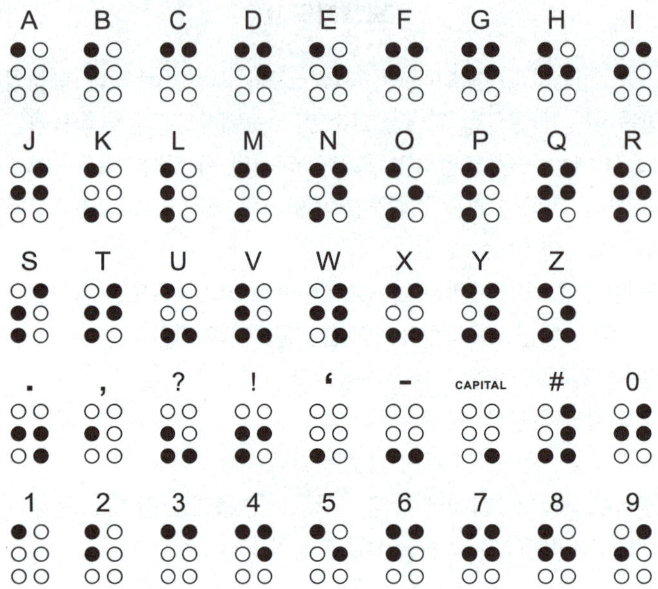

교수를 제공한다. 앞의 박스는 특수교사들의 역할에 대한 더 많은 정보를 제공한다. 이러한 중요한 기술들을 학습하기 위해 추가 시간이 할당되어야 하며, 이는 학생들이 때때로 일반교육 학급에서 나가게 된다는 것을 의미한다. 그 결과, 전문가들은 학생들이 일반교육과 확장된 핵심 교육과정 모두에서 필요한 기술들을 숙달하도록 보장하기 위해 협력해야 한다.

보행지도기술 학습

보행지도는 2세에서 6세 사이에 일찍 시작되어야 한다. 지팡이와 안내견이 보행지도를 돕는다. 지팡이가 어떻게 이동에 도움이 되는가? 사람이 걷는 동안, 지팡이는 땅에 두드려져서 소리를 낸다. 그 소리는 지팡이 끝의 물리적 접촉과 결합되어, 사용자가 복도가 언제 끝나는지, 계단이 언제 시작되고 끝나는지, 또는 경로에 장애물이 언제 있는지 알 수 있게 도와준다. 긴 지팡이의 숙련된 사용은 수년간의 교수와 연습을 필요로 한다. 보행지도사들은 부모와 아동과 협력하여 각 발달 수준에서 최고의 기기를 결정할 수 있다. 지팡이 길이는 아동의 크기나 키에 적절해야 한다. 때때로 꼬마 지팡이나 예비 지팡이라고 불리는 작은 지팡이들은 어린 아동들이 쉽게 다룰 수 있도록 가볍다. 그것들은 올바른 손가락 배치를 격려하기 위해 손잡이에 홈이 있고 아동들이 쉽게 떨어뜨릴 수 없도록 손목 끈이 있다. 끝은 쉬운 미끄러짐 동작을 위해 둥글다.

안내견은 사람을 한 장소에서 다른 장소로 안전하게 인도하도록 훈련받는다. 그들은 연석과 계단에서 자동으로 멈추고, 직접적인 경로를 유지하며(다른 개들을 쫓아가지 않는다!), 장애물을 피하고, 주인을 엘리베이터 버튼으로 인도하며—아마도 가장 중요하게는—주인을 위험에 빠뜨릴 수 있는 주인의 어떤 명령도 무시하도록 광범위한 훈련을 받는다.

IDEA가 말하는 것...

점자와 그 사용

시각장애가 있는 각 학생의 개별화교육프로그램(IEP) 팀은 각 아동의 읽기 방법에 관한 특별한 요소들을 고려해야 한다.

- IEP는 점자 교수와 교실 환경에서의 점자 사용 문제를 다루어야 한다.
- 아동의 읽기 및 쓰기 기술, 교육적 요구, 그리고 향후 점자 교수나 점자 사용에 대한 필요성이 평가되어야 한다.
- 그 방법이 학생에게 적절하다고 판단되면, 점자 교수가 제공되어야 하고 학생은 점자를 사용할 수 있어야 한다.
- 점자 사용 여부에 대한 결정은 대안적 읽기 방법이나 점자 교수의 가용성과 같은 요소들에 기반할 수 없다.
- 일단 결정이 내려지면, 서비스와 자료들은 부당한 지체 없이 전달되어야 한다.

출처: 미국교육부(2006).

점자

확장 핵심교육과정의 또 다른 구성요소는 점자 사용이다. 앞서 언급했듯이, 점자는 손가락으로 읽을 수 있는 융기된 점들의 조합을 사용하여 문자, 숫자, 구두점, 단어를 나타낸다. 그림 13.9에서 보는 바와 같이, 이 방법은 칸 안에 포함된 두 개의 수직선으로 배열된 6개 점의 체계로 구성된다. 칸 내의 각 점은 해당하는 번호가 있다: 왼쪽 수직 점들은 위에서 아래로 번호가 매겨지고(1, 2, 3), 오른쪽 수직 점들도 마찬가지로 위부터 시작하여 4, 5, 6번으로 번호가 매겨진다. 모든 문자, 숫자, 구두점은 칸 내의 융기된 점들의 조합으로 판별된다. 점 1은 문자 a를 나타내고, 점 1, 4, 5의 조합은 문자 d를 나타내는 식이다. 점자는 시각적 읽기에 대한 효과적인 대안이지만, 점자 사용자의 수는 다음과 같은 이유로 감소하고 있다:

- 읽기가 번거롭고 느릴 수 있다.
- 최소한의 숙련도에 도달하는 데에도 광범위한 훈련과 연습이 필요하다.
- 수학과 음악과 같은 다양한 기호들에 대한 추가 코드들로 인해 인지장애가 있는 학생들이 체계를 완전히 숙달하기 어렵다.
- 점자를 사용하거나 교수할 수 있는 교사가 적다.
- 기술적 발전으로 인해 인쇄물을 읽을 필요성이 대체되었다.

시각장애학생들의 문해율과 점자에 대한 우려 때문에, 의회는 IDEA에서 점자 사용에 관한 우려사항들을 다루었으며, 이는 다음 상자에 요약되어 있다.

그림 13.10은 공항 게이트 대기 구역에 위치한 충전소를 보여준다. 이것은 우리 생활의 가장 기본적인 물건들도 모든 사람이 접근할 수 있어야 한다는 점을 상기시켜 준다.

이 장에서 시각장애가 있는 사람들 사이에는 큰

그림 13.10 공항의 충전소

차이가 있다는 것을 학습했다. 대부분은 인쇄물을 읽을 수 있지만, 매우 낮은 시력을 가진 사람들과 맹인들은 인쇄물을 통해 문해력을 습득할 수 없다. 또한 현재의 기술이 환경을 변화시켜 시각적 어려움을 가진 사람들이 더 큰 인쇄물에 접근할 수 있게 하고, 기술이 이 장의 "미래 전망" 섹션에서 더 자세히 학습하게 될 다양한 텍스트 음성변환 옵션들을 통해 인쇄 자료를 읽을 필요성을 제거할 수 있다는 것도 학습했다. 그렇다면 연방정부, 시각장애인을 위한 단체들(예: 미국시각장애인재단), 그리고 많은 시각장애 성인들이 점자 학습의 중요성을 강조하는 이유가 무엇인지 궁금할 것이다. 오늘날의 기술적 발전이 인쇄물에 접근할 다른 수단이 없는 사람들을 위한 점자 교수를 대체해야 하는가? 기술이 읽기 능력을 대체할 수 있는가? 이것들은 합리적인 질문들이며, 종종 숙고되는 것들이다. 앞의 상자에서 점자 사용, 상당한 전문성을 제공하는 시각장애교사들의 교수, 그리고 이러한 쟁점들을 둘러싼 열정을 정당화하는 일부 연구 결과들과 추가 설명들을 제공한다.

전환

- 시각장애가 있는 성인들은 정규직 고용을 찾는 데 어려움에 직면하며, 이는 채용 관리자들과 인사 담당자들이 갖고 있는 잘못된 인식에서 시작된다.
- 시각장애가 있는 성인들의 개선된 고용 결과는 초기 연령에서의 증가된 진로 인식, 청소년기 동안의 파트타임 직업, 확장 핵심교육과정의 일부로서 직업 관련 기술의 개발, 그리고 보조공학의 사용에서 시작된다.

시각장애가 있는 성인들의 고용과 시각장애가 없는 성인들의 비교

장애가 있는 성인들 중에서 시각장애가 있는 사람들은 가장 높은 대학 진학률 중 하나를 보인다; 26%가 2년제 대학에, 43%가 4년제 대학에 진학한다. 학사 학위를 가진 사람들조차 장애가 없는 학사 학위 졸업자들(84%)보다 낮은 고용률(54%)을 갖는다. 불행히도 시각장애가 있는 모든 사람들은 훨씬 낮은 고용률을 갖는다. 최근 자료에 따르면 모든 미국 성인의 경제활동 참가율이 79%인 반면, 시각장애가 있는 사람들의 비율은 44%에 불과했다. 그리고 정규직을 갖고 있다 하더라도 장애가 없는 동료들보다 상당히 적게 번다: 연간 평균 64,000달러 대 거의 79,000달러. 자료는 이야기의 일부만을 말해준다. 일부는 급여를 잃을까 두려워서 노동력에 진입하지 않고; 다른 사람들은 정규직 고용을 찾을 수 없거나 적합한 직업을 얻을 수 없다고 보고한다. 시각적 어려움이 있는 대학 졸업자들은 더 자주 관리인/청소원, 사무원, 보건 보조원으로 일하는 반면; 장애가 없는 동료들은 관리자와 교사이다. 이러한 직업의 차이가 연간 급여의 변동을 잘 설명할 수 있다.

이 문제에 기여하는 한 가지 요소는 많은 인사담당자들—회사의 모집과 채용을 담당하는 사람들—이 시각장애가 있는 직원들에 대해 잘못된 인식을 갖고 있다는 것이다. 이러한 잘못된 인식들 중 일부는:

- 시각장애 직원들은 자신들 회사에서 매우 적은 수의 직업만 수행할 수 있다.
- 시각장애인 근로자들을 위한 조정은 매우 비싸다.
- 시각장애 직원들은 자신의 업무를 수행하는 데 누군가의 도움이 필요하다.
- 미국장애인법 규정들이 시각장애인 직원을 해고하는 것을 어렵게 만든다.

다른 요소들로는 교통 장벽, 온라인 지원 시스템의 접근 불가능성, 그리고 초기 직업 경험을 갖지 못하는 것이 포함된다. 이러한 장벽들과 잘못된 개념들을 고려할 때, 시각장애가 있는 성인들이 정규직 고용을 찾는 데 어려움을 겪는다는 것은 놀랍지 않다. 결과적인 소득 부족은 이후 아파트 임대, 친구들과의 사교, 또는 여가 및 레크리에이션 활동 참여와 같은 다른 독립생활 활동들에 참여하는 그들의 능력에 영향을 미친다.

바람직하지 않은 성인기 결과에 기여하는 또 다른 가능성은 일반 대중이 시각장애가 있거나 저시력인 사람을 만날 때 종종 불편함을 느낀다는 것이다. 종종 그들은 시각장애인과 상호작용하는 방법에 대해 확신이 없기 때문에 상황을 어색하게 느낀다. 약간의 지식만 있으면 시각장애인들과의 상호작용은 그렇게 벅차거나 복잡하지 않다. 간단한 포괄적 원칙들은 시각장애가 있거나 저시력인 사람들이 다른 모든 사람들처럼 대우받기를 원한다는 것이다; 당신의 상호작용은 배려적이고, 존중하며, 편안해야 한다; 그리고 그들에게 당신이 인간 우선 언어 또는 장애 우선 언어를 사용하기를 선호하는지 물어봐야 하는 것을 기억하라. 다음 상자에서 시각장애가 있거나 저시력인 개인들과 상호작용할 때 어색함을 줄여야 하는 몇 가지 지침이나 팁들을 찾아볼 수 있다.

중등교육 이후 성공에 기여하는 요소들

어린 아동들이 주변 환경을 관찰하면서 암묵적으로 진로 인식을 발달시키는 방법을 생각해보라. 그들은 많은 직업들이 제복을 요구한다는 것을(경찰, 소방관, 간호사), 일부는 정장이나 드레스를 요구할 수 있다는 것을(변호사, 기업 임원), 그리고 다른 직업들은 더 캐주얼한 복장 기대치를 가질 수 있다는 것을(보육 종사자, 개인 트레이너) 본다. 이러한 아동들은

연구기반실제에 관한 심층적 탐구 **점자 문해력**

문해력. 문해력 달성이 모든 사람의 목적이 되어야 한다는 상당한 합의가 존재한다. 읽을 수 있는 능력은 문해력 달성의 핵심 요소이다. 또한 문해력이 학습 능력, 상상력, 창의성, 그리고 일상적으로 사용되는 언어와의 소통을 자극하는 데 도움이 된다는 것은 널리 받아들여지고 있다.

점자 문해력. 매우 낮은 시력을 가진 사람들과 시각장애인들에게 점자는 인쇄 자료를 읽을 수 있게 한다. 기술은 인쇄된 것에 접근하는 대안적 수단을 제공하지만, 읽기 기술을 교수하거나 요구하지 않으며 문해력을 복제하지도 않는다.

점자 사용에 대한 증거. 상당한 연구 증거가 점자를 사용하는 저시력 및 시각장애인들이 사용하지 않는 사람들과 다음과 같은 방식으로 다르다는 것을 보여준다:

- 더 높은 교육 수준을 달성한다.
- 더 높은 정규직 고용률과 소득을 갖는다.
- 더 큰 직업적 만족감을 갖는다.
- 더 나은 웰빙 결과를 달성한다(즉, 자신의 삶에 대한 더 많은 만족감, 더 큰 자존감).
- 더 높은 삶의 질과 독립감을 보고한다.

점자 사용과 기술은 상호 배타적이지 않다. 점자를 사용하지 않는 사람들이 기술에만 의존하는 반면, 점자 사용자들은 일상생활에서 기술의 발전과 점자 모두에 의존한다.

또한 일부 직업과 일치하는 차량들을(소방차, 구급차) 인식할 수 있을 뿐만 아니라 사용되는 특별한 장비, 액세서리, 또는 도구들을(청진기, 서류가방) 인식하고; 이러한 사람들이 일하는 장소들을(보육센터, 사무실, 공원) 관찰한다. 이러한 정보가 종종 시각적으로 전달되기 때문에, 시각장애가 있는 개인들은 다른 사람들에게는 눈에 띄지 않을 수 있는 진로 지식 기반의 공백을 갖는다. 이러한 공백들은 학생들이 진로 인식에서 진로 탐색, 준비, 그리고 배치로 진행하면서 중학교 시기와 그 이후까지 계속 커질 수 있다. 우리가 논의한 다른 영역들과 마찬가지로, 교사들과 가족 구성원들은 일상적 광경을 명시적으로 설명하고, 학생들이 직업 관련 물품들을 촉각적으로 탐색할 수 있게 하며(적절한 경우), 그렇지 않으면 상식으로 여겨질 수 있는 것을 설명함으로써(예: "실험실에서 과학자들은 옷을 보호하기 위해 긴 실험복을 입고, 손을 보호하기 위해 라텍스 장갑을 끼고, 눈 위에 고글을 착용합니다. 이러한 것들 중 일부를 만져보거나 착용해보고 싶나요?") 시각장애가 있는 학생들의 진로 지식 기반의 공백을 메워야 한다.

진로 교육 과정의 다음 단계인 진로 탐색은 때때로 시각장애가 있는 학생들에게 어려울 수 있는데, 이는 확장 핵심교육과정에서의 훈련과 연습이 저녁, 주말, 또는 여름 시간을 차지할 수 있기 때문이다—

사회적 예절: 시각장애가 있거나 저시력인 사람들과 상호작용하기 위한 10가지 팁

팁	예시
1. 먼저 말하라.	당신의 이름을 말하라. 당신이 누구인지 설명하라(예: 급우, 교직원, 도움을 원하는 사람).
2. 그 사람이 당신이 그들에게 말하고 있다는 것을 확실히 알게 하라.	당신이 그들의 주의를 끌었는지 확인하라.
3. 정상적으로 말하라.	평소보다 크게 말하지 마라. 평소보다 더 천천히 말하지 마라.
4. 개인에게 직접 말하라.	개인 대신 동행자에게 말하지 마라. 상황을 떠날 때 그들에게 알려라.
5. 명확하고 정확하게 하라.	"저기에 연석이 있다"고 말하는 대신, "당신의 오른쪽에 연석이 있다"고 말하라.
6. 도움이 필요한지 물어보라.	그들이 수락하면, 당신의 팔을 제공하라. 그들이 당신의 팔을 팔꿈치 위쪽에서 잡게 하라.
7. 위험한 상황을 보면.	침착함을 유지하고 그 사람에게 경고하라. 위험을 구체적으로 설명하라(예: "당신 바로 앞의 보도가 막혀 있고 공사 중입니다").
8. 시각 관련 용어나 구문을 피하라.	"그것은 ... 처럼 보인다", "당신을 보고 있다...", "...을 조심하라"와 같은 구문을 사용하지 마라.
9. 다른 모든 사람들과 하는 것처럼 행동하라.	그들을 토론에 참여시켜라.
10. 그 사람이 안내견을 사용한다면...	개를 만지지 마라. 개의 주의를 분산시키지 마라.

이 시간 동안 시각장애가 없는 또래들은 파트타임 직업을 갖고 있다. 교사들과 가족 구성원들은 이러한 첫 직업의 중요성을 과소평가해서는 안 되는데, 이것들이 계획하고 조직하는 능력; 문제를 해결하는 능력; 동료, 상사, 또는 고객과 적절히 상호작용하는 능력; 그리고 팀 구성원으로서 일하고 기여하는 능력과 같은 중요한 고용가능성 기술을 교수하기 때문이다. 이러한 기술들 중 많은 것들은 시간이 지나면서 점진적으로 발달한다. 시각장애가 있는 학생들의 경우, 이러한 기술들 중 일부는 명시적으로 교

수되어야 한다.

대학 생활과 성인 독립을 위해 필요한 확장 핵심 교육과정 기술 영역들—직업 및 진로 준비, 독립생활(자기관리, 음식 준비, 금전 관리 포함), 그리고 여가 및 레크리에이션—은 학생들이 나이가 들고 진로 준비 단계에 진입하면서 더 큰 의미를 갖는다. 보행기술은 독립성을 위해 핵심적이 된다. 실제로 최근 연구 결과들은 졸업 후 고용의 두 가지 예측 요인을 나타낸다:

- 집 밖에서 독립적으로 이동하고, 대중교통을 이용하며, 기차나 비행기 여행을 준비하는 능력
- 높은 결과 기대(예: 고용 획득, 경제적 자립, 독립생활에 대한 능력에 관한 성인의 긍정적 자기 인식)

보조공학이 모든 장애에 대해 관련서비스로 간주되지만 시각장애가 있는 학생들을 위한 확장 핵심교육과정의 구성요소로 명시적으로 판별된다는 것을 상기하라. 적절한 보조공학에 접근할 수 있는 성인들은 이러한 지원을 받지 못하는 사람들보다 더 독립적으로 기능하고 더 큰 성공을 경험할 수 있다.

대학이나 직장 환경으로 전환하면서, 시각장애가 있는 고학년 학생들은 여러 기관들로부터 지원을 받을 수 있다: 교육구, 성인 서비스 기관, 또는 지역사회 재활 제공자. 때때로 한 기관이 다른 기관이 개인의 프로그램의 특정 측면을 다루거나 필요한 지원을 제공한다고 가정할 때 혼란이 발생할 수 있다. 이러한 경우들에서 지원과 서비스가 누락되거나 중단될 수 있다. 여러 기관들이 역할과 책임을 명확히 정의하기 위해 협력할 때, 시각장애가 있는 학생들이 필요한 서비스를 받을 가능성이 더 높다.

인물과 상황

학습 목표

시각장애가 있는 학생들의 교육이 시간이 지나면서 어떻게 변화했는지 설명하고 시각장애가 있거나 저시력인 개인들의 성취 사례를 제공하라.

- 기회가 주어질 때, 시각장애가 있는 개인들은 미국 사회에 완전히 참여할 수 있다는 것을 증명하고 있다.
- 다른 장애가 있는 학생들을 위한 통합교육 혁신이 시작되기 훨씬 전에, 시각장애학생들은 지원 서비스와 추가적인 전문화된 교수와 함께 공립 인근 학교에 성공적으로 다녔다.

시각장애학생들을 위한 교육 프로그램의 발전

시각장애학생들을 위한 교육 프로그램은 18세기 후반 프랑스에서 시작되었다. 당신이 학습한 다른 장애들의 역사와 대조적으로, 시각장애가 있는 개인들을 위한 시설들은 그들을 사회로부터 분리하기 위해서가 아니라, 전문화된 교수를 제공하기 위해 설립되었다. 1784년에 Valentin Haüy는 파리에 시각장애인을 위한 첫 번째 학교인 시각장애 청소년 기관을 열었다. Haüy는 융기된 문자의 문자 체계를 고안했지만, 그의 작업은 프랑스 혁명이 발발한 1789년에 끝났다. 1800년대 초, 역시 프랑스인인 Louis Braille은 읽기와 쓰기를 위한 그의 유명한 촉각 체계인 융기된 6점 칸 체계를 개발했다. 아버지의 작업장에서 사고로 3세에 시력을 잃은 Braille은 점자 체계를 개발했을 때 겨우 15세였다(그가 또한 영재로 간주되어야 한다는 표시; 제15장 참조). 1821년에 Samuel Gridley Howe는 미국 최초의 시각장애학

생 학교인 뉴잉글랜드 맹인 보호소(현재의 퍼킨스 맹인 학교)를 열었다. 1832년경, 부유한 가정의 아동들을 위한 두 개의 사립 기숙학교가 설립되었는데, 뉴욕 맹인 연구소와 펜실베이니아 맹인 교수 기관이었다. 이러한 학교들은 원래 당시 농촌 지역이었던 곳에 설립되었다. 학교 주변 지역에 지역사회가 발달하면서, 그들 중 많은 학교들이 기숙 서비스가 필요하지 않은 지역 학생들에게 통학반을 제공하기 시작했다. 이제 이러한 학교들은 기숙학교가 아닌 전문학교라고 불린다.

미국의 시각장애학생들 통합교육의 역사

첫 번째 통합교육은 1900년에 일리노이 맹인 학교의 교육감인 Frank Hall이 시카고의 인근 학교에 시각장애학생들이 다닐 수 있도록 성공적으로 옹호했을 때 발생했다. 이러한 학생들은 일반교육 수업에 참석했고 점자를 교수하고 일반교육 교육과정에서의 그들의 참여를 지원하는 특수교사를 두었다. (여담으로, Hall은 또한 점자로 쓰고 메모를 작성하기 위한 작고 휴대 가능한 기계인 최초의 기계식 점자 타자기를 개발했다.)

1913년에 Edward Allen은 보스턴에서 저시력 학생들을 위한 첫 번째 수업을 교수했고; 그해 말에 Robert Irwin이 클리블랜드에서 수업을 시작했다. 이러한 프로그램들은 학생들이 가능할 때마다 일반교육에 참여했지만, 학교 과업은 거의 독점적으로 구술로 이루어진 영국의 수업들을 모델로 했다. 읽기와 쓰기 과제들은 남은 시력을 보존하려는 잘못된 시도로 최소한으로 유지되었다. 이 방법은 거의 50년 동안 인기가 있었는데, 1964년 Natalie Barraga의 시각 효율성에 관한 연구가 시력을 지속적으로 사용하지 않으면 악화될 수 있다는 것을 보여준 후, 변화하기 시작했다.

오늘날 분리된 전문학교(특수학교)의 사용

이 장의 "배치" 섹션에서 학습했듯이, 현재 시각장애가 있는 학생들의 6%만이 20세기 초에 인기가 있었던 특수학교에 다니고 있다. 무엇이 이러한 교육 배치의 변화를 이끌었는가? 1950년대와 1960년대 동안, 두 가지 사건이 시각장애가 있는 학생 수의 극적인 증가를 야기했다:

1. 미숙아들이 생존을 위해 추가 산소를 공급받았는데; 아이러니하게도 이것은 앞서 학습한 미숙아망막병증을 초래했다.
2. 풍진(독일 홍역) 전염병이 많은 아동들에게 다중장애를 남겼고, 종종 시각장애를 포함했다.

증가한 학생 수는 이전에 시각장애가 있는 모든 학생들의 85%를 수용했던 특수학교들의 수용력에 부담을 가했다. 동시에 수십 년 전에 시작된 통합교육 운동이 자리를 잡았고, 부모들은 자녀들이 지역 공립학교에 다니도록 옹호했다. 결과적으로 많은 학생들이 결국 기숙학교에서 나와 인근 학교로 돌아갔다. 1975년 IDEA의 통과와 함께 이러한 경향이 계속되어 이제 대부분의 학생들이 집에 살면서 지역 공립학교에 다니고 있지만, 많은 학생들이 전문학교 직원들이 제공하는 아웃리치 서비스를 받고 있다. 결과적으로 특수학교의 등록은 이제 시각장애와 다른 공존 장애(예: 지적장애)가 있는 학생들을 위한 지원과 서비스의 가용성을 반영한다.

개인적 이야기들

- 시각장애가 있는 사람들을 위한 기회, 특히 영화산업에서는 다른 장애가 있는 사람들의 기회보다 뒤처져 있다; 그러나 모든 장애인들을 위한 개선

영상 속에서 **텔레비전 시리즈 'See'**

텔레비전 시리즈 See는 거대한 바이러스 감염에서 살아남은 200만 명이 시력을 갖지 않는 미래 세계에 관한 흥미로운 줄거리를 갖고 있으며—이는 그들의 후손에게 전해진 특성이다. 강력한 여왕은 시각장애가 없는 사람들이 마법을 행한다고 믿어서 그들로부터 자신의 왕국을 보호하고자 한다. 줄거리의 핵심 아이디어는 시각장애가 모든 사람에게 단지 하나의 삶의 방식이며, 조정이 그들로 하여금 숲을 헤쳐 나가고 다른 부족들과 전투를 벌일 수 있게 한다는 것이다.

의 여지가 크지만, 일부 지표들은 시대가 변하고 있음을 보여준다.

- 기회와 적절한 조정이 제공될 때, 시각장애가 있는 개인들은 시각장애가 없는 또래들과 동일한 성취를 달성할 수 있다. 그러나 많은 경우에 성공과 더 공평한 참여를 달성하기 위해 상당한 도전들이 다루어져야 한다.

영화에서의 통합

이 교재 전반에 걸쳐 우리는 영화가 과거와 현재 사회가 장애를 인식하는 방식을 반영하기 때문에, 영화 속 장애인들에 관한 섹션과 논의를 포함해왔다. 많은 장에서 우리는 영화 산업에서 장애가 있는 배우들의 역사적 통합 부족에 대하여 주의를 끌었다. 제1장의 "영화에 반영된 장애에 대한 사회의 인식" 섹션에서 우리는 종종 장애인의 묘사가 악역이거나 동정받을 인물이었다고 지적했다. 우리는 또한 장애가 있는 배우들에게 제공되는 적은 수의 역할에 대한 정보를 조명했고, 주요 역할이 장애인 인물일 때조차 종종 그 장애가 없는 배우가 연기했다는 점을 밝혔다. 이것은 시각장애가 있거나 저시력인 사람들에 관한 영화들의 경우에 명백히 해당한다. 예를 들어, Al Pacino, Jamie Foxx, Anne Bancroft와 같은 배우들이 시각장애인인 주요 인물들을 연기한 여인의 향기, 레이, 기적의 작업자와 같은 수상작들을 보라. 종종 그러한 특정 장애를 가진 충분히 경험 있는 배우들이 이러한 역할에 캐스팅될 수 없다는 것은 변명이다. 시대가 변하고 있다. 제12장에서 당신은 영화 코다(CODA)에서 남우조연상 오스카를 수상한 농인 배우 Troy Kotsur에 대해 학습했다. 제14장에서 당신은 오스카 후보작 Feeling Through에서 시청각장애 인물을 연기할 배우를 찾기 위한 많은 노력을 통해 시청각장애 배우가 주연에 출연했다는 것을 발견한다.

제8장에서 했듯이, 이 장의 "영상 속에서" 특집에서 우리는 더 전통적인 영화 대신 온라인 스트리밍 시리즈를 선보인다. Apple TV는 2019년에 처음 방영된 3시즌 쇼를 제작했는데, 이는 여러 면에서 독특하다. 대본은 제작자들에게 시각장애가 있는 배우들을 캐스팅하고 시각장애인들을 쇼 제작에 참여시킬 수 있는 여러 기회를 제공했고, 그들은 그렇게 했다. 그들이 원래 시즌에 다른 어떤 이전 쇼보다 많은 5명의 시각장애 배우만을 캐스팅할 수 있었지만, 제작자들은 이것을 쇼가 성공한다면 다른 사람들이 제작에 참여하도록 육성할 기회로 보았다.

시각장애가 있는 사람들의 성취

이제 기회가 주어졌을 때, 시각장애가 있는 사람

들이 무엇을 할 수 있는지 보여주기 위해 저시력이나 시각장애가 있는 개인들의 놀라운 성취 몇 가지 예에 주의를 돌려보자.

당신은 산악인인 Erik Weihenmayer에 대해 들어봤을 것이다. 시각장애가 없는 개인들 중 에베레스트산을 등반한 사람은 거의 없지만, Erik은 각 대륙의 최고봉인 세븐 서밋을 등반하려는 탐구의 일환으로 그것을 해냈다. 그 위업을 달성한 350명의 등반가 중에서 그는 시각장애가 있는 유일한 사람이다. 그는 또한 그랜드 캐니언의 콜로라도 강을 통해 277마일을 혼자 카약으로 항해했는데—이는 시각장애 운동선수가 이전에 시도한 적이 없는, 하물며 성취한 적도 없는 업적이다. Erik은 그의 많은 모험을 지원하기 위해 독특한 조정과 함께 보조공학의 배열을 활용한다. 패러글라이딩을 할 때, 그는 교관과 소통하기 위해 무선 시스템을 사용하고(보조공학) 착지를 돕기 위해 다리에 묶인 긴 밧줄에 무거운 방울을 매단다(조정). 방울이 어떻게 도움이 되는가? 그것이 땅에 닿을 때, 소리가 Erik에게 착지 기동을 시작하라는 신호를 준다. 모험 기반 활동을 통해 다른 사람들을 지원하기 위해, 그는 많은 다양한 장애가 있는 사람들이 개인적 도전을 다룸으로써 그들의 완전한 잠재력에 도달하는 것을 돕는 데 헌신하는 비영리 조직인 No Barriers를 공동 설립했다. Erik과 그들의 웹사이트 https://nobarriersusa.org에서 수행되고 있는 작업에 대해 더 자세히 알아볼 수 있다.

Joshua Miele 박사는 시각장애인들을 위한 장벽을 줄이기 위해 촉각 지도와 음성 설명 기술을 개발했다. 그는 2021년 맥아더 재단 펠로우이며 Amazon Lab 126의 적응 기술 설계자로서, 식료품 저장실과 음식 품목들까지 판별할 수 있는 카메라 지원 Echo 기기를 개발하는 작업을 계속하고 있다. Miele과 그의 작업에 대해 https://www.macfound.org/fellows/class-of-2021/joshua-miele#searchresults에서 더 자세히 알아볼 수 있다.

미래 전망

학습 목표

의학적 및 기술적 발전을 통해 시력 상실의 영향이 어떻게 감소되거나 제거되고 있는지 설명하라.

- 의학적 치료의 발전은 일부 유형의 시력 상실을 예방하고 영구적 손상을 방지할 만큼 충분히 다른 상태를 조기에 치료할 수 있다.
- 새로운 기술적 발전은 시각 체계의 손상된 구성요소를 향상시키거나 대체할 잠재력을 갖고 있다.

예방: 의학적 발전과 의료 기술

의학 연구의 발전은 장애의 특정 원인들을 판별하는 데 도움을 주어 많은 새로운 예방 조치들과 의학적 중재로 이어지고 있다. 예를 들어, 이 교재에서 학습했듯이, 백신이 시각장애와 다중장애의 원인인 풍진을 예방한다. 과거에 미숙아망막병증은 종종 미숙아에게 높은 수준의 산소 사용으로 인해 발생했다. 그것이 발견되자 예방 조치들이 취해졌지만, 출생 시 체중이 3파운드 미만인 아기들에게서 여전히 발생할 수 있는 미숙아망막병증의 모든 사례를 제거하지는 못했다. 그러나 이제 중증 미숙아망막병증은 미숙아의 망막 스캔을 통해 조기에 탐지될 수 있다. 경증 형태의 미숙아망막병증을 가진 일부 아기들은 치료 없이 좋아지지만; 그러나 중증 수준의 미숙아망막병증을 가진 아기들은 그렇지 않으며 시각장애가 발생할 가능성이 매우 높다. 레이저, 눈 주사, 또는 수술을 사용한 성공적인 치료들이 이제 영아들이 병원을 떠나기 전에도 이루어지고 있다. 다른 새로운 치료법들로는 망막의 외부 부분을 잠깐 냉동시키는 것을 포함하는 냉동요법(cryotherapy)이 있다. 모든 병원이 이러한 전문성과 장비를 갖고 있지는 않지만, 가까운 미래에 더 일반화될 것이다.

연구자들은 또한 일부 형태의 시각장애를 유발하는 유전자들을 판별하기 위해 노력하고 있다. 이 연구를 통해 야맹증으로 시작하여 완전한 시력 상실로 발전하는 망막색소변성증을 유발하는 유전자가 위치 확인되고 분리되었으며, 리보핵산 유전자 대체 치료법이 유전성 질환인 레버 선천성 흑암증이 있는 사람들의 시각장애를 단 한 번의 주사 후에 되돌리는 데 성공을 보이고 있다. 연구자들은 다른 유전적 기반 시각장애들에 대한 유사한 치료법을 개발하는 것을 목표로 하며, 영구적인 시각 손상이 발생하기 전에 6개월만큼 어린 영아들과 함께 치료를 시작하기를 희망한다. 아동들 사이의 시각장애 발생률을 줄이거나 중증도를 완화하기 위한 의학 연구의 다른 영역들로는 줄기세포 치료, 레이저 치료, 수술, 그리고 각막 이식이 포함된다.

기술, 보조공학, 앱, 그리고 소프트웨어의 발전

보조공학(AT) 기기들은 시각장애가 있는 학생들을 지원한다. 이러한 기기들이나 서비스들은 이러한 학생들이 시각적, 청각적, 또는 촉각적 방법을 사용하여 정보에 접근할 수 있게 한다. 1970년대에 최초의 인쇄물-음성 변환기인 Kurzweil Reader는 모든 인쇄 정보에 즉시 접근할 수 있게 했지만, 그 기계는 크고, 무겁고, 비쌌다. 당시에는 획기적이었지만, 그것은 앞으로 올 놀라운 혁신들을 암시할 뿐이었다. 보조공학 기기들은 이제 과거 세대의 크고 무거운 장비보다 더 접근하기 쉽고 사용하기 쉬워졌다.

오늘날의 기술적 발전은 시각장애가 있는 개인들의 삶을 더 접근 가능하게 만들고 있다. 그것들은 불과 10년 전에는 상상할 수 없었던 방식으로 정보에 접근할 수 있게 하며, 많은 새로운 앱과 기술이 개발 중이다. 다음은 그중 몇 가지이다:

- 모바일 앱들은 미국 지폐를 스캔한 다음 지폐를 판별하기 위해 "말하고"(청각적 출력) 메모, 메모지, 상점 가격표와 같은 물품들의 사진을 찍는다. 그러면 그것들은 텍스트 음성변환 기능(청각적 출력)을 사용하여 사용자에게 정보를 읽어주고 의복의 색깔을 판별하여, 시각장애 사용자들이 룸메이트, 배우자, 자녀, 또는 번거로운 기기들의 도움 없이 의상을 색상 조정할 수 있게 한다.
- Seeing 보조공학은 시각장애인과 저시력인을 위해 설계된 Microsoft에서 개발한 앱으로, 손으로 쓴 메모의 음성 설명을 제공하고 심지어 바코드를 스캔하여 사용자에게 그 제품이 무엇인지 알려준다. 카메라를 무언가에 향하게 함으로써, 그것은 화면의 상단, 하단, 측면에 무엇이 있는지 설명할 수 있고 심지어 몇 명의 사람을 "보는지"도 말해줄 수 있다.
- Microsoft Soundscape는 거리를 걸어가는 사람들이 그 지역의 사운드 맵을 통해 위치에 관한 맥락의 층들과 상세한 설명을 제공함으로

써 그들 주변에서 일어나는 모든 것을 알 수 있게 한다.

- 스마트폰에서 사용되는 Google과 Apple Maps는 셀 타워와 Wi-fi 핫스팟을 사용하여 특정 거리 주소, 가장 가까운 햄버거 레스토랑, 그리고 수백만 개의 관심 지점을 찾는 무료 지도 앱들이다. 이러한 앱들은 당신이 어디에 있는지 알려주고 단계별 방향을 제공할 수 있다.
- 다양한 스크린 리더들이 이제 점자 문서들의 음성 번역을 제공하고 인쇄 문서들을 거의 즉시 점자로 바꿀 수 있다.
- 가상 무선 점자 키보드는 VoiceOver™를 사용하여 어떤 표면에서든 손가락 동작을 iPhone으로 입력한다. 이 혁신은 이 장의 "개인적 이야기" 섹션에서 읽은 Joshua Miele 박사에 의해 개발되었다.

범지구위치결정시스템(GPS), 블루투스, 그리고 비콘 시스템을 사용하여 시각적 어려움이 있는 사람들이 버스 교통을 더 쉽게 이용하고, 상점에 들어가 원하거나 필요한 물품들을 찾고, 지역사회 전체를 자유롭게 이동할 수 있게 할 더욱 새롭고 혁신적인 발명품들의 전망이 임박해 있다. 미래는 시각장애가 있는 개인들을 위한 확장되는 가능성들을 갖고 있다.

요약

저시력과 맹 설명

시각장애아동의 특성은 손상을 야기한 상태와 시력 상실의 중증도에 따라 크게 다르다. 시각장애아동 대부분은 일부 기능적 시력을 갖고 있다.

- 다양한 용어와 정의가 존재하지만, 시각장애는 두 하위 집단으로 구분할 수 있다: 저시력(일부 기능적 시력이 있지만, 일상 기능에 영향을 받음)과 맹(기능적 시력이 없음).
- 시각장애는 광학적 구성요소(예: 망막, 시신경)나 시각적 자극을 해석하는 뇌의 능력에 손상이 있을 때 발생한다.
- 교사들은 아동이 시각장애를 가질 수 있다는 경고 신호에 주의를 기울여야 하며, 이러한 학생들이 다른 유형의 놀이 활동을 선호하고 시각장애가 없는 또래와 다른 사회적 행동을 보일 수 있다는 점을 인식해야 한다.
- 전체 학령아동의 0.05% 미만이 시각장애를 갖고 특수교육 서비스를 받으며, 이 중 대부분은 일반교육 환경에서 제공된다.

특수교육

특수교육 서비스는 장애학생들이 학교에서 성공을 달성하는 데 필요한 지원을 제공할 수 있다.

- 시각장애학생들은 일부 도전에 직면하지만, 이는 조정, 보조공학, 그리고 일부 전문화된 교수를 통해 완화되거나 극복될 수 있다.
- 학업적 조정은 시각장애학생들이 책이나 수업에서 제시된 내용에 접근하고 과제나 시험을 완료할 수 있게 하는 반면, 물리적 환경에 대한 조정은 교실을 접근 가능하고 안전하게 만든다.
- 시력 상실은 대근육 운동 기술의 초기 발달과 추상적 개념의 이해를 방해할 수 있어, 이러한 영역에서 초기 및 지속적인 중재의 필요성을 초래한다.
- 교수적 조정에 더하여, 시각장애학생들은 종종 전문가들이 교수하는 기술들(예: 보행하기, 점자)을 포함하는 확장 핵심교육과정을 필요로 한다.
- 확장 핵심교육과정의 일부 영역들(예: 직업 및 진로 준비, 독립생활)은 학생들이 독립적인 성인 생활로의 전환을 준비하면서 더 큰 의미를 갖는다.

사람과 상황

시각장애인을 위한 교육의 역사는 많은 다른 장애의 역사보다 더 긍정적이다.

- 기숙학교들은 이러한 개인들을 사회로부터 분리하기보다는 전문화된 교수를 제공하는 데 초점을 맞췄다.
- 시각장애인들은 적절한 조정과 지원이 제공될 때 시각장애가 없는 또래들과 상응하는 활동에 참여하고 성취를 달성할 수 있다.

미래 전망

의학적 발전은 시력 상실을 예방하거나 복구하기 위해 노력하는 반면, 기술의 혁신은 시각장애인들의 삶을 개선하고 있다.

- 획기적인 의학적 발전은 시력을 개선하기 위해 시각 체계의 손상된 구성요소들을 향상시키거나 대체하는 것을 목표로 한다.
- 새로운 보조공학 도구들, 소프트웨어 프로그램들, 그리고 애플리케이션들은 읽기, 쓰기, 컴퓨터 작업, 그리고 기타 일상생활 활동들을 수행하는 것을 더 쉽게 만든다.

참고문헌

Adomfeh, J., Jastrzembski, B. G., & Oke, I. (2022). Association of race, ethnicity, and socioeconomic status with visual impairment in adolescent children in the US. *JAMA Ophthalmology, 140*(10), 1006-1010.

American Foundation for the Blind. (n.d.-a). *Mobility devices for young children.* http://www.afb.org/section.asp?SectionID=40&TopicID=168&DocumentID=804

American Foundation for the Blind. (n.d.-b). *Types of accommodations.* http://www.afb.org/info/livingwith-vision-loss/for-job-seekers/for-employers/accommodations-for-workers-with-vision-loss/types-of-accommodations/12345

American Foundation for the Blind. (n.d.-c). *What is braille?* http://www.afb.org/info/living-withvision-loss/braille/what-is-braille/123

American Foundation for the Blind (AFB). (2012, October 29). *Braille remains vital, but modifications are needed.* https://www.afb.org/blog/entry/braille-remains-vital-modifications-needed

American Foundation for the Blind (AFB). (2017). *School experience for children and youth with vision loss.* www.afb.org/section.aspx?FolderID=2&SectionID=15&TopicID=411&DocumentID=4897

American Foundation for the Blind (AFB). (2020a). *Built-in smartphone mapping apps from Google and Apple.* https://www.afb.org/blindness-and-low-vision/using-technology/smartphone-gpsnavigation-people-visual-impairments/built

American Foundation for the Blind (AFB). (2020b). *Key employment statistics for people who are blind or visually impaired.* https://www.afb.org/research-and-initiatives/statistics/archived-statistics/key-employment-statistics

American Foundation for the Blind (AFB). (2020c). *Reviewing the disability employment research on people who are blind or visually impaired: Key takeaways.* https://www.afb.org/research-and-initiatives/employment/reviewing-disability-employment-research-people-blind-visually

American Printing House for the Blind (APH). (2021a). *Babies and toddlers who are blind or visually impaired: FamilyConnect.* https://familyconnect.org/browse-by-age/infants-and-toddlers/

American Printing House for the Blind (APH). (2021b). *Tips for families of children who are blind or visually impaired: FamilyConnect.* from https://familyconnect.org/education/tips-for-families/

Barraga, N. C. (1964). *Increased visual behavior in low vision children.* American Foundation for the Blind.

Barraga, N. C., & Collins, M. E. (1979). Development of efficiency in visual functioning: Rationale for a comprehensive program. *Journal of Visual Impairment & Blindness, 73,* 121-126.

Beech, M. (2018). *Accommodations: Assisting students with disabilities* (4th ed.). Bureau of Exceptional Education and Student Services, Florida Department of Education. https://www.fldoe.org/core/fileparse.php/7690/urlt/0070069-accomm-educator.pdf

Bookshare. (n.d.). *Is Bookshare for me?* https://www.bookshare.org/cms/bookshare-me

Braille Authority of North America. (2011). *Guidelines and standards for tactile graphics, 2010.* www.brailleauthority.org/tg/index.html

Centers for Disease Control and Prevention (CDC). (2020a, June 9). *Vision health initiative: Fast facts of common eye disorders.* https://www.cdc.gov/visionhealth/basics/ced/fastfacts.htm

Centers for Disease Control and Prevention (CDC). (2020b, June 12). *Vision loss: A public health problem.* https://www.cdc.gov/visionhealth/basic_information/vision_loss.htm

Centers for Disease Control and Prevention (CDC). (2020c, June 12). *Vision loss and age.* https://

wwwcdc.gov/visionhealth/risk/age.htm

Centers for Disease Control and Prevention (CDC). (2021, August 24). *Facts about vision loss in children.* https://www.cdc.gov/ncbddd/childdevelopment/facts-about-vision-loss.html

Cmar, J. L. (2015). Orientation and mobility skills and outcome expectations as predictors of employment for young adults with visual impairments. *Journal of Visual Impairment & Blindness, 109,* 95-106.

Corn, A. L. (1989). Instruction in the use of vision for children and adults with low vision: A proposed program model. *RE:view, 21,* 26-38.

Corn, A., & Koenig, A. J. (2002). Literacy for students with low vision: A framework for delivering instruction. *Journal of Visual Impairment & Blindness, 96,* 305-321.

Dixon, J. M. (2011). Braille: The challenge for the future. *Journal of Visual Impairment & Blindness, 105*(11), 742-745.

Envision. (2021, July 23). *How to interact with the blind: Dos and don'ts when interacting with the visually impaired.* https://www.letsenvision.com/blog/how-to-interact-with-the-blind

Erin, J. N., & Corn, A. L. (1994). A survey of children's first understanding of being visually impaired. *Journal of Visual Impairment & Blindness, 88,* 132-139.

Ferrell, K. A., Bruce, S., & Luckner, J. L. (2014). *Evidence-based practices for students with sensory impairments*(Document No. IC-4). University of Florida, Collaboration for Effective Educator, Development, Accountability, and Reform Center. http://ceedar.education.ufl.edu/tools/innovation-configurations/

Fleming, S. (2019, August 8). *7 smart tech developments for people who are blind or have low vision.* Microsoft News: On the Issues. https://news.microsoft.com/on-the-issues/2019/08/08/smarttech-blind-low-vision/

Healthday. (2012). *More success with gene therapy for blindness.* National Library of Medicine, National Institutes of Health. http://www.nlm.nih.gov/medlineplus/news/fullstory_121711.html

Holton, B. (2015, June). Apple receives AFB's prestigious Helen Keller Achievement Award. *AFB AccessWorld Magazine, 16*(6). http://www.afb.org/afbpress/pub.asp?DocID=aw160602

Hoskin, E. R., Coyne, M. K., White, M. J., Dobri, S. C. D., Davies, T. C., & Pinder, S. D. (2022, May 15). Effectiveness of technology for braille literacy education for children: A systematic review. *Disability and Rehabilitation Assistive Technology.* [EPub ahead of print]

Inclusive City Maker. (n.d.). *6 tips to communicate with a blind person.* https://www.inclusivecitymaker.com/6-tips-communicate-blind-visually-impaired-person/

Index Braille. (2014, November 12). *The importance of Braille. Index braille: Braille does matter.* https://www.indexbraille.com/en-us/blog/the-importance-of-braille

IRIS Center. (2006a). *Accommodations to the physical environment: Setting up a classroom for students with visual disabilities.* http://iris.peabody.vanderbilt.edu/module/v01-clearview/

IRIS Center. (2006b). *Instructional accommodations: Making the learning environment accessible to students with visual disabilities.* http://iris.peabody.vanderbilt.edu/module/v02-successsight/

IRIS Center. (2007). *Serving students with visual impairments: The importance of collaboration.* http://iris.peabody.vanderbilt.edu/module/v03-focusplay/

Kaine, N., & Kent, R. (2013). Activities to encourage employability skills in middle childhood. *Journal of Visual Impairment & Blindness, 107,* 524-528.

Let's Envision. (2021, July 23). *How to interact with the blind: The dos and don'ts when interacting with the visually impaired.* https://www.letsenvision.com/blog/how-to-interact-with-the-blind

Lighthouse for the Blind and Visually Impaired. (2012, February 3). *Braille and tactile maps.* http://lighthouse-sf.org/braille-and-tactile-maps/

Lynch, K. A. (2013). Survey reveals myths and

misconceptions abundant among hiring managers about the capabilities of people who are visually impaired. *Journal of Visual Impairment and Blindness, 107*, 408–410.

MacArthur Foundation. (2021, September 21). *Joshua Miele.* https://www.macfound.org/fellows/class-of-2021/joshua-miele#searchresults

Maneki, S. (n.d.). *Integrating print and braille: A recipe for literacy.* National Foundation for the Blind. https://nfb.org/images/nfb/publications/books/integrating-print-braille/integratingprintandbrailletoc.html

McMahon, E. (2014). The role of specialized schools for students with visual impairments in the continuum of placement options: The right help, at the right time, in the right place. *Journal of Visual Impairment and Blindness, 108*, 449–459.

Mogk, L., & Goodrich, G. (2004). The history and future of low vision services in the United States. *Journal of Visual Impairment & Blindness, 98*, 585–600.

National Center for Education Statistics (NCES). (2011). *Fast facts: Students with disabilities.* http://nces.ed.gov/fastfacts/display.asp?id=64

National Center for Educational Research (NCER) & National Center for Special Education Research (NCSER). (2021, January 1). *World Braille Day: Research on teaching students with visual impairments.* https://ies.ed.gov/blogs/research/post/world-braille-day-research-on-teaching-braille-tostudents-with-visual-impairments

National Eye Institute. (2021, April 12). *National Eye Institute: Our accomplishments.* https://www.nei.nih.gov/sites/default/files/2021-04/NEI-Accomplishments-OnePager-2021-04-12.pdf

National Eye Institute. (2022a, March 30). *Retinitis pigmentosa.* https://www.nei.nih.gov/learn-about-eye-health/eye-conditions-and-diseases/retinitis-pigmentosa

National Eye Institute. (2022b, June 24). *Retinopathy of prematurity.* nei.nih.gov/learn-about-eyehealth/eye-conditions-and-diseases/retinopathy-prematurity

National Instructional Materials Accessibility Standard (NIMAS). (2006). *State director of special education suggested responsibilities regarding NIMAS and NIMAC.* http://nimas.cast.org/about/resources/sea_sped

Packer, J., Vizenor, K., & Miele, J. (2015). An overview of video description: History, benefits, and guidelines. *Journal of Visual Impairment and Blindness, 109*, 83–93.

Penn Medicine News. (2021 April 1). *A single injection reverses blindness in patients with a rare genetic disorder.* https://www.pennmedicine.org/news/news-releases/2021/april/a-single-injectionreverses-blindness-in-patient-with-rare-genetic-disorder

Perkins School for the Blind. (2022). *Blind etiquette: Six ways to be considerate when interacting with people with visual impairments.* https://www.perkins.org/blind-etiquette-six-ways-to-be-consideratewhen-interacting-with-people-with-visual-impairments/

Pinquart, M., & Pfeiffer, J. P. (2011). Associations of extroversion and parental overprotection with forming relationships with peers among adolescents with and without visual impairments. *Journal of Visual Impairment and Blindness, 105*(2), 96–107.

Pogrund, R. L., Fazzi, D. L., & Schreier, E. M. (1993). Development of a preschool "Kiddy Cane." *Journal of Visual Impairment and Blindness, 86*, 52–54.

Prevent Blindness. (2010). *Quick facts: Children's eye problems.* http://www.preventblindness.org/sites/default/files/national/documents/fact_sheets/MK03_QuickFactsChildren.pdf

Prevent Blindness. (2013a). *Children's vision screening.* http://www.preventblindness.org/childrensvision-screening

Prevent Blindness. (2013b). *Signs of possible eye problems in children.* http://www.preventblindness.org/signs-possible-eye-problems-children

Prevent Blindness. (2018). *Family income, ethnicity and health literacy may affect children's vision, eye care access.* https://preventblindness.org/wp-content/

uploads/2018/07/ChildrensNational2018.pdf
Rettig, M. (1994). The play of young children with visual impairments: Characteristics and interventions. *Journal of Visual Impairment and Blindness, 88*, 410–420.
Rosenblum, L. P., & Herzbert, T. S. (2015). Braille and tactile graphics: Youths with visual impairments share their experiences. *Journal of Visual Impairment and Blindness, 109,* 173–184.
Sifferlin, A., & Park, A. (2015, September 21). Stepping into the light. Time, 186, 54–59.
Silverman, A. M., & Bell, E. C. (2018). The association between braille reading history and well-being for blind adults. *Journal of Blindness Innovation and Research, 8*(1). https://nfb.org/images/nfb/publications/jbir/jbir18/jbir080103.html
Smith, D. W., & Amato, S. (2012). Synthesis of available accommodations for students with visual impairment on standardized assessments. *Journal of Visual Impairment and Blindness, 106*(5), 299–304.
Social Security Administration. (2022). *Understanding Supplemental Security Income (SSI) if you are disabled or blind – 2022.* https://www.ssa.gov/ssi/text-disable-ussi.htm
Stangl, A., Kim, J., & Yeh, T. (2014). *3D printed tactile picture books for children with visual impairments: A design probe.* http://idc2014.org/wp-content/uploads/2014/09/p321-stanglA.pdf
Thinker Bel Labs. (2020, October 20). *Why braille matters today: Communication, education and technology.* https://thinkerbelllabs.com/blog/why-braille-matters-today-communication-education-technology/
U.S. Code of Regulations. (1983, February 8 [amended]). *Meaning of blindness as defined in the law.*404.1581 – 45 FR 55584.
U.S. Department of Education. (2006). 34 CFR Parts 300 and 303, Assistance to states for the education of children with disabilities and the early intervention program for infants and toddlers with disabilities; Final Regulations (p. 1265), *Federal Register.*
U.S. Department of Education. (2022). *Child count and educational environments* [IDEA Section 618 Data Products: State-level data files]. https://data.ed.gov/dataset/idea-section-618-state-part-b-childcount-and-educational-environments/resources
Weihenmayer, E. (2001). *Touch the top of the world.* Dutton.
Weihenmayer, E., & Stoltz, P. (2010). *The adversity advantage: Turning everyday struggles into everyday greatness.* Simon & Schuster.
Wolffe, K., & Kelly, S. M. (2011). Instruction in areas of the expanded core curriculum linked to transition outcomes for students with visual impairments. *Journal of Visual Impairment and Blindness, 105*(6), 340–349.

제14장

기타 저발생률 장애: 중복장애, 시청각장애, 외상성 뇌손상

하밴 기르마(Haben Girma)를 소개하게 되어 기쁘다. 그녀는 캘리포니아에서 태어났으며 이민자의 딸이다. 그녀의 아버지는 에티오피아에서, 어머니는 에리트레아에서 태어났다. 그들은 내전으로부터 온 난민이며 1983년에 미국에 왔다. Girma는 1988년에 태어났다. 그녀와 그녀의 오빠 모두 아동기 초기에 시작된 원인 불명의 진행성 질환으로 인한 시청각장애를 갖고 있다. 그녀는 통합 공립학교에 다녔고, Lewis and Clark College에서 최우등으로 졸업했으며, 2013년 하버드 로스쿨을 졸업했다. Girma는 캘리포니아 버클리의 Disability Rights Advocates에서 변호사로 일했으며, 현재는 장애 옹호활동가이다. 그녀는 수많은 상을 받았고, 전 세계에서 강연하며, 서핑, 댄싱, 암벽등반, 카약, 사이클링과 같은 많은 신체 활동에 참여한다. 그녀는 안내견과 함께 여행하며 점자로 번역되는 메시지를 받기 위해 기술을 사용한다. 그녀의 회고록 The Deafblind Woman Who Conquered Harvard를 읽고 그녀의 웹사이트 https://habengirma.com을 방문하면 그녀에 대해 더 자세히 알 수 있다.

제 14 장

기타 저발생률 장애: 중복장애, 시청각장애, 외상성 뇌손상

학습 목표

14.1 중복장애, 외상성 뇌손상, 그리고 시청각장애의 정의와 특성을 서술하고; 그들의 출현율을 설명하며; 이러한 학생들이 교육을 받는 다양한 환경을 설명한다.

14.2 중복장애, 외상성 뇌손상, 그리고 시청각장애와 관련된 도전을 완화할 수 있는 다양한 조정을 설명하고; 부모와 일반교사들이 이러한 장애와 관련된 도전을 줄이기 위해 사용할 수 있는 방법들을 설명하며; 학생들이 중등교육 이후 선택지와 독립으로 전환하는 것을 돕는 지원을 논의한다.

14.3 중복장애, 외상성 뇌손상, 그리고 시청각장애가 있는 사람들의 역사에서 두 가지 전환점을 기록하고; 이러한 개인들이 더 많은 지역사회 통합과 참여를 경험할 수 있는 몇 가지 방법을 판별하며; 이러한 개인들과 그들의 가족을 위한 신뢰할 수 있는 정보를 제공하는 평판 있는 조직들을 나열한다.

14.4 외상성 뇌손상에 대한 예방과 즉시 의학적 중재의 이점을 설명하고 최중도 장애가 있는 개인들을 위한 유용한 보조공학을 판별한다.

이 장은 세 가지 별개의 특수교육 범주인 중복장애, 외상성 뇌손상(TBI), 그리고 시청각장애에 대한 정보를 제시하기 때문에 이전 장들과는 다소 다르게 구성되어 있다. 각각은 이러한 범주를 통해 특수 서비스를 받는 학생이 상대적으로 적기 때문에 저출현 장애로 간주된다. 대부분의 경우, 이러한 장애들은 매우 심각하고 복잡한 학습 프로파일을 제시하여, 상당하고 집중적인 조정, 수정, 지원, 교수, 그리고 특수교육 서비스를 필요로 한다. 장애의 영향이 매우 심각하기 때문에, 영향을 받은 학생들은 또한 최중도 장애학생들 또는 중도 장애학생들이라고 불린다.

이러한 장애들은 당신이 이미 학습한 많은 다른 장애들과 일부 특성과 도전을 공유한다. 예를 들어, 중복장애학생들은 적어도 두 가지 장애를 조합으로 갖고 있다. 많은 경우에, 이러한 학생들은 제9장에서 논의한 지적장애를 지체장애나 건강장애(제11장)와 같은 다른 장애와 함께 갖고 있으며, 많은 학생들이 또한 말-언어장애(제5장)를 갖고 있다. 외상성 뇌손상학생들은 종종 학습장애(제6장), 주의력결핍 과잉행동장애(ADHD)(제7장), 그리고 말-언어장애(제5장)와 유사한 특성을 나타낸다. 시청각장애가 있는 개인들을 논의할 때, 우리는 청각장애와 청력 상실(제12장) 그리고 시각장애(제13장)에 대해 학습한 정보를 바탕으로 한다.

이러한 저출현 장애 각각이 고유한 정의와 판별기준을 갖고 있지만, 이러한 장애가 있는 학생들은 종종 독립성 획득, 의미 있는 고용 찾기, 그리고 가능한 한 독립적으로 생활하기와 같은 공통된 목적을 갖는다. 따라서 이 장에서 우리는 일부 논의를 결합하고 이러한 장애들의 특별한 성격을 다루기 위해 다른 장들에서 개별적으로 제시된 핵심 정보를 검토한다.

기타 저발생률 장애 설명

학습 목표

중복장애, 외상성 뇌손상, 시청각장애의 정의와 특성을 명시하고, 출현율을 설명하며, 이들 학생이 교육을 받는 다양한 교육환경을 설명한다.

중복장애

- 중복장애학생들은 적어도 두 가지 복합적인 장애를 갖고 있다.
- 중복장애는 보통 심각하고 다면적인 도전을 초래하며, 종종 개인마다 고유하다.

중복장애가 있는 개인들은 하나 이상의 장애를 갖고 있으며, 그 영향이 심각하여 개인이 극도로 집중적이고 지속적인 개별화 교수와 지원을 필요로 한다.

중복장애 정의

이러한 학생들 중 많은 경우, 그들의 장애 중 하나는 일반적으로 경도 범위에 있지 않은 지적장애이다. 장애인교육법(IDEA)의 중복장애 정의는 표 14.1에 제시되어 있다.

중복장애와 관련된 특성

중복장애가 있는 개인들은 다양한 기술, 능력, 그리고 문제 영역을 갖고 있다. 또한 이 개인들은 공통된 문제가 두드러지는 경향이 있다:

- 매우 제한된 의사소통 능력(다른 사람을 이해하고 자신을 표현하는 것)
- 움직임이나 이동성 문제
- 기억력 어려움
- 한 상황, 환경, 또는 기술에서 다른 것으로 학습을 전이하거나 일반화하는 데 어려움
- 삶의 많은 주요 활동들을 위한 지원의 필요성(일상생활, 여가, 지역사회 참여, 고용)
- 많은 다양한 전문가들과 학문 분야들로부터의 서비스 필요성

모든 개인이 이러한 특성들을 일관되게 다 갖고 있는 것은 아니다. 일부는 한 영역에서만 지원이 필요할 수 있지만, 다른 사람들은 사회에 접근하고 참여하기 위해 수많은 지원을 필요로 한다. 예를 들어, 심각한 인지장애가 있는 개인은 직장을 오가는 교통과 음식 쇼핑 및 건강한 식사 준비와 같은 일상생

표 14.1 중복장애의 정의

용어	정의	출처
중복장애	중복장애는 동반 손상들(지적장애-시각장애 또는 지적장애-지체장애와 같은)을 의미하며, 이들의 조합이 하나의 손상만을 위한 특수교육 프로그램에서는 조정될 수 없을 정도로 심각한 교육적 요구를 야기한다. 중복장애는 시청각장애를 포함하지 않는다.	IDEA '04, 미국 교육부

출처: U.S. Department of Education(2006), pp. 1261, 1263, 1265.

활 활동을 도와줄 사람들로부터의 지원이 필요할 수 있다. 일부는 이동성 문제를 다루기 위해 물리치료가 필요할 수 있다. 중등도 청력 손실도 함께 있는 사람들의 경우, 직장이나 다른 행사들(예: 의사나 치과의사 예약)에서 통역사와 같은 추가적인 도움이 필요할 수 있다. 중도 인지장애가 있는 학생들의 0.2%에서 1.4% 사이가 이중 감각 손실(예: 경도 청력 손실이나 경도 시력 손실)을 갖는 것으로 추정되지만, 이러한 감각 손상 중 하나가 판별되지 않아 중요한 중재 서비스가 다루어지지 않는 경우가 있다.

외상성 뇌손상

- 외상성 뇌손상은 물리적 힘에 의한 두부 손상으로 초래된다.
- 결과적인 도전들은 심각할 수 있으며 말하기, 균형, 이동성, 인지와 같은 여러 영역에 영향을 미칠 수 있다.

외상성 뇌손상 정의

외상성 뇌손상(TBI)은 1990년 IDEA 재승인에서 별개의 장애 범주가 되었다. 교육자들은 외상성 뇌손상이 출생 시 존재하는 상태가 아니며, 뇌졸중, 뇌종양, 또는 다른 내부적으로 야기된 뇌손상으로 인한 것도 아니라는 것을 알아야 한다. 그러나 교육자들이 외상성 뇌손상이 다음과 같다는 것을 이해하는 것도 중요하다:

- 뇌진탕이나 두부 손상으로 인한 것일 수 있으며, 사고, 놀이터에서의 부상, 또는 아동학대로부터 가능하다.
- 항상 명백하거나 가시적이지는 않다.
- 의식 상실을 초래할 수도 있고 그렇지 않을 수도 있다.

외상성 뇌손상의 정의는 표 14.2에서 찾을 수 있다.

외상성 뇌손상과 관련된 특성

두부 손상으로 인한 문제들은 매우 짧은 시간 동안 지속되거나 수년간 지속될 수 있고, 또는 평생에 걸친 문제를 초래할 수 있다. 또한 외상성 뇌손상의 특징은 경도에서 중도까지 다양하다. 중등도에서 중도 손상을 가진 청소년들은 종종 신체적 영향뿐만 아니라 인지적, 행동적, 학업적 기술의 극적인 변화를 경험한다. 표 14.3은 외상성 뇌손상으로 인한 일반적인 특성을 요약한다.

중도의 경우, 외상성 뇌손상학생들은 균형 문제를 경험할 수 있고, 걷기나 다른 대근육 활동을 수행하는 데 어려움을 가질 수 있으며, 또는 걷는 능력을 완전히 잃을 수도 있다. 이러한 학생들은 또한 말

표 14.2 외상성 뇌손상의 정의

용어	정의	출처
외상성 뇌손상	외상성 뇌손상은 외부 물리적 힘에 의해 발생하는 뇌의 후천적 손상을 의미하며, 이로 인해 전체적 또는 부분적 기능 장애나 심리사회적 손상, 또는 둘 다가 발생하여 아동의 교육적 수행능력에 부정적인 영향을 미치는 상태를 말한다. 외상성 뇌손상은 개방성 또는 폐쇄성 두부 손상으로 인해 인지기능(언어, 의사소통, 정보 진행, 기억 등), 정신적 기능(성격 변화 및 심리적 부조화 등) 등 하나 이상의 영역에서 손상을 초래하는 경우에 적용된다. 여기에는 인지, 언어, 기억, 주의력, 추론, 추상적 사고, 판단력, 문제해결, 감각·지각·운동 능력, 심리사회적 행동, 신체적 기능, 정보처리, 언어 등이 포함된다. 이 용어는 선천적이거나 퇴행성 뇌손상 또는 출산 외상으로 인한 뇌손상에는 적용되지 않는다.	IDEA '04, 미국 교육부
외상성 뇌손상	외상성 뇌손상(TBI)은 후천적 뇌손상의 한 형태로, 급작스러운 외상이 뇌에 손상을 일으킬 때 발생한다. TBI는 머리가 갑작스럽고 격렬하게 물체에 부딪히거나, 물체가 두개골을 관통하여 뇌 조직으로 들어갈 때 발생할 수 있다.	국립신경장애 · 뇌졸중 연구소, 국립보건원
외상성 뇌손상	TBI는 머리가 물체에 직접 부딪히거나 혹은 직접적인 충격이 없더라도 가속/감속에 의한 손상을 받거나, 머리에 가해지는 충격, 타격, 진동 또는 관통성 두부 손상으로 인해 뇌의 정상적인 기능이 방해받는 상태이다. 머리에 가해지는 모든 충격이나 진동이 TBI를 초래하는 것은 아니다. TBI의 중증도는 "경증"(즉, 정신 상태나 의식의 일시적인 변화)부터 "중증"(즉, 손상 후 장기간의 의식 불명이나 기억 상실)까지 다양하다. 매년 발생하는 대부분의 TBI는 경증이며, 일반적으로 뇌진탕이라고 불린다.	질병통제예방센터(CDC)

출처: Centers for Disease Control and Prevention(2022a); National Institute of Neurological Disorders and Stroke(2022); U.S. Department of Education(2006), pp. 1261, 1263, 1265에서 빌췌.

하기 능력을 잃고 다시 말하는 방법을 배워야 할 수도 있다. 이러한 상황에서 학생들이 우울이나 위축을 경험하는 것은 흔한 일인데, 이는 그들이 이전의 기술과 능력을 기억하고 현재의 신체적 그리고/또는 인지적 상황을 다루는 데 어려움을 겪기 때문이다. 1960년대 이전에는 중도 외상성 뇌손상을 가진 대부분의 아동들이 외상 후 곧 사망했다. 응급 치료, 영상 기술, 그리고 외과적 치료의 변화로 인해 현재는 95%의 생존율을 보인다. 그러나 의학적 응급상황이 끝난 후에는 집중적인 특수 서비스와 지속적인 의학적 지원이 종종 필요하다.

시청각장애

- 시청각장애가 있는 일부 개인들은 기능적 시력이나 청력이 없지만, 대부분은 청력이나 시력, 또는 둘 다를 어느 정도 사용할 수 있다.
- 각 개인의 장애는 고유한 방식으로 결합되므로, 그 사람의 능력이나 필요한 교육 프로그램에 대해 어떤 가정도 해서는 안 된다.

시청각장애를 생각할 때, 당신은 아마도 시력이나 청력 능력이 전혀 없는 사람을 생각할 것이다. 이것이 일부 개인들에게는 사실이지만, 시청각장애가

표 14.3 외상성 뇌손상의 주요 특성

신체적	인지적	사회적/정서적	교육적
어지러움과 균형 문제	단기 기억 문제	기분 변화나 과민성; 쉽게 화를 냄	다단계 과제의 어려움
두통	장기 기억 문제	불안이나 초조함	일과나 일정 기억하기 문제
피로	주의력 결핍	우울	주의산만
시야 흐림	무조직성(정리력 부족)	안절부절못함	긴 과제의 어려움
불면증	비순차적 사고	동기 부족	새로운 기술 학습의 어려움
빛과 소음에 의한 방해	둔화된 느낌	슬픔	명확한 사고의 어려움

출처: Centers for Disease Control and Prevention(2022d)에서 각색.

있는 대부분의 사람들은 일부 잔존 청력 그리고/또는 시력을 갖고 있다. 그러나 시력과 청력 손실의 조합은 이 개인들에게 독특한 도전을 만들어낸다. 청력과 시력이 모두 중도 또는 최중도 손실의 범위에 해당할 때, 즉각적인 세상은 손끝에서 끝나고 예외적으로 제한될 수 있다.

시청각장애 정의

표 14.4에서 시청각장애에 대한 IDEA 정의를 제공한다.

시청각장애와 관련된 특성

시청각장애학생의 거의 절반이 확대 인쇄물을 읽고, 수화를 보고, 환경에서 이동하며, 친구와 가족을 인식할 수 있을 정도의 충분한 잔존 시력을 갖고 있다. 일부는 특정 음성 소리를 이해하거나 큰 소음을 들을 수 있는 충분한 청력을 갖고 있으며, 일부는 이해할 수 있는 말을 발달시킬 수 있다. 그러나 다른 사람들은 시력과 청력이 너무 제한되어 두 감각 모두에서 거의 도움을 받지 못한다. 청력과 시력 손실의 조합은 세 가지 중요한 도전을 제시한다:

- 고립감. 주변의 다른 사람들을 보거나 들을 수 없는 것은 인간 상호작용의 일반적인 기회를 감소시킨다. 교사들과 가족 구성원들은 학생들을 일상적인 상호작용(예: 수업 중 그룹 토론, 집에서의 가족 대화)에 포함시키기 위해 추가적인 노력을 기울여야 하며, 또한 이러한 개인들이 다른 사람들을 찾고 상호작용을 시작하도록 격려해야 한다.
- 의사소통 문제. 이러한 학생들은 종종 어떤 형태의 촉각적 의사소통 체계를 사용하는데, 이는 "조기 중재" 섹션에서 소개하고 이 장의 뒷부분에서 확장할 예정이다. 가족 구성원들, 교사들, 그리고 또래들이 의사소통 방법에 숙련되지 않을 때 의사소통 기회가 제한되거나 중단이 발생한다. 더욱이 이러한 학생들은 일반적인 메시지를 전달하는 시각적 또는 청각적 단서들(예: 눈동자 굴리기, 웃음)을 놓친다.
- 이동성 문제. 시청각장애가 있는 대부분의 개인들은 안전을 확보하고 환경에 접근할 수 있도록 상당한 지원과 고도로 개별화된 교육 프로그램을 필요로 한다. 목적성 움직임의 구성

표 14.4 시청각장애에 대한 IDEA 정의

용어	정의	출처
시청각장애	시청각장애는 동반되는 청력 및 시각장애를 의미하며, 이들의 조합이 청각장애아동만을 위한 또는 시각장애아동만을 위한 특수교육 프로그램에서는 그 사람이 적절히 교육받을 수 없을 정도로 심각한 의사소통 및 기타 발달적 학습 요구를 야기한다.	IDEA '04, 미국 교육부

출처: U.S. Department of Education(2006), pp. 1261, 1263, 1265.

요소들—환경에 대한 인식과 위치를 바꾸고, 위험으로부터 보호를 추구하며, 언제 움직일지에 대한 결정을 내리는 능력—은 이러한 학생들 중 다수에게 목적이 된다.

표 14.5는 가장 최근의 시청각장애아동 수 조사에서 보고된 개인들의 시력과 청력 손실의 수준이나 중증도를 보여준다. 최중도 청력 손실과 완전 맹을 가진 아동은 약 1%에 불과하며, 99%는 일부 잔존 청력이나 시력을 갖고 있다. 시청각장애학생의 대부분은 학습과 일상 활동에서 활용될 수 있는 일부 기능적 시력을 갖고 있다. 마찬가지로 모든 시청각장애인의 거의 절반이 적절한 잔존 청력을 갖고 있다. 시력과 청력 손실에 더하여, 이러한 개인들의 약 85%가 추가 장애들(예: 지적장애)을 갖는 것으로 추정되어, 그들의 교육 프로그램의 특정 측면들을 중복장애학생들의 것과 유사하게 만든다. 그러나 시청각장애학생의 0.1%만이 중도 인지장애를 갖는다는 점을 주목하는 것이 중요하다.

출현율과 배치

- 중복장애, 외상성 뇌손상, 그리고 시청각장애는 전체 공립학교 학생의 1% 미만의 합산 출현율을 갖는다.
- 중복장애와 시청각장애학생들의 압도적 다수는 특수학급, 특수학교, 가정, 또는 병원 환경에서 교육을 받는다.

저발생률 장애의 유병률

이 세 가지 특수교육 범주는 그림 14.1에서 보는 바와 같이 매우 다른 출현율을 갖는다. 그러나 합산하면 장애학생들의 2.5% 미만이며 전체 공립학교 학생들의 1% 훨씬 미만에 해당한다. 3세에서 9세 학생들은 특정 장애로 판별되지 않고도 이 범주에서 서비스를 받을 수 있다.

미국 교육부에 따르면, 현재 5세에서 21세의 122,215명의 학생만이 중복장애의 연방 특수교육 범주에 포함되어 있다. 주마다 개인들을 하나의 범주 또는 다른 범주에 포함시키는 방식에 따라, 이러한 수치와 비율은 주마다 변동한다. 예를 들어, 일부 주는 지적장애와 경도 시각장애를 함께 가진 학생들을 중복장애 범주에서 보고하는 반면, 다른 주들은 이러한 학생들을 지적장애 범주에서 보고한다. 이러한 이유로 중복장애의 전국 출현율에 대한 정확한 수치는 제공될 수 없다.

외상성 뇌손상 때문에 특수교육 서비스를 받는 학생은 상대적으로 적다. 전국적으로 24,086명의 학생, 즉 장애학생들의 0.4%가 이 범주에 포함되어 있다. 중복장애와 시청각장애학생들과 달리, 외상성

표 14.5 시청각장애학생들 사이의 중증도 수준과 추가 장애

시력 손실	청력 손실
• 4%는 완전 맹 • 6%는 광각만 있음 • 22%는 법적 맹	• 20%는 중도에서 최중도 청력 손실 • 16%는 중등고도 청력 손실 • 19%는 중등도 청력 손실 • 13%는 경도 청력 손실

출처: The 2020 National Deaf-Blind Report, https://www.nationaldb.org/media/doc/2020_National_Deaf-Blind_Child_Count_Report_FINALEDITED_a.pdf.

그림 14.1 장애 출현율: 2021-2022학년도

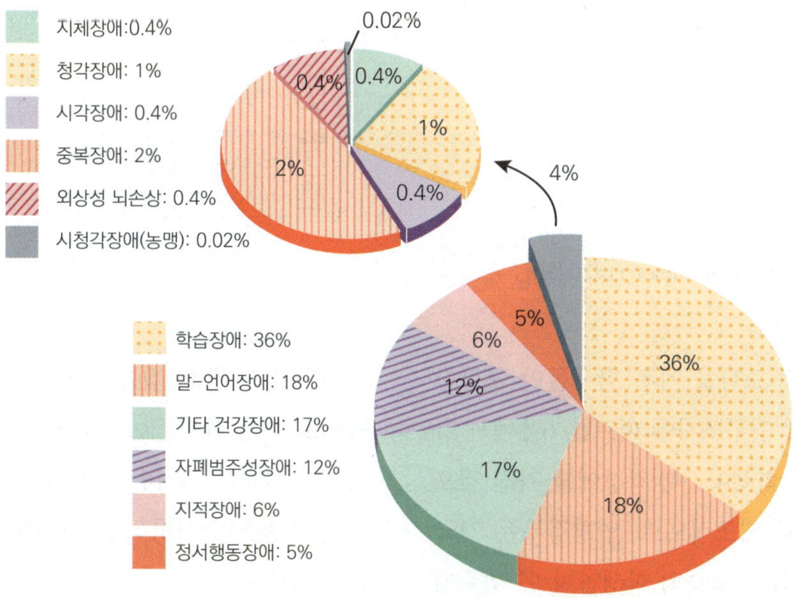

주: 발달지체의 IDEA 범주는 이 도표에 포함되지 않았다.
출처: U.S. Department of Education(2022).

뇌손상을 가진 많은 학생들은 그들의 손상으로부터 회복하는 제한된 시간 동안 특수교육 서비스를 받는다. 일부는 평생 장애를 유지하지만, 다른 학생들은 회복하여 사고 이전의 삶으로 돌아갈 수 있다. 일부는 제한된 기간 동안 504조를 통해 특수교육 서비스나 조정을 받을 수 있다. 다른 학생들, 특히 경도 손상을 가진 학생들은 결코 판별되지 않으며, 그들의 장애는 인식되지 않고 특수교육 서비스를 전혀 받지 못한다.

시청각장애학생 수를 기록하기 위해 두 가지 다른 데이터베이스가 사용된다. 하나는 전국 시청각장애 인구조사라고 불리며 다른 장애도 가진 시청각장애학생들을 포함한다. 다른 데이터베이스는 미국 교육부 특수교육프로그램청에서 유지 관리하며,

그림 14.2 전국 시청각장애 아동 수 조사 지도

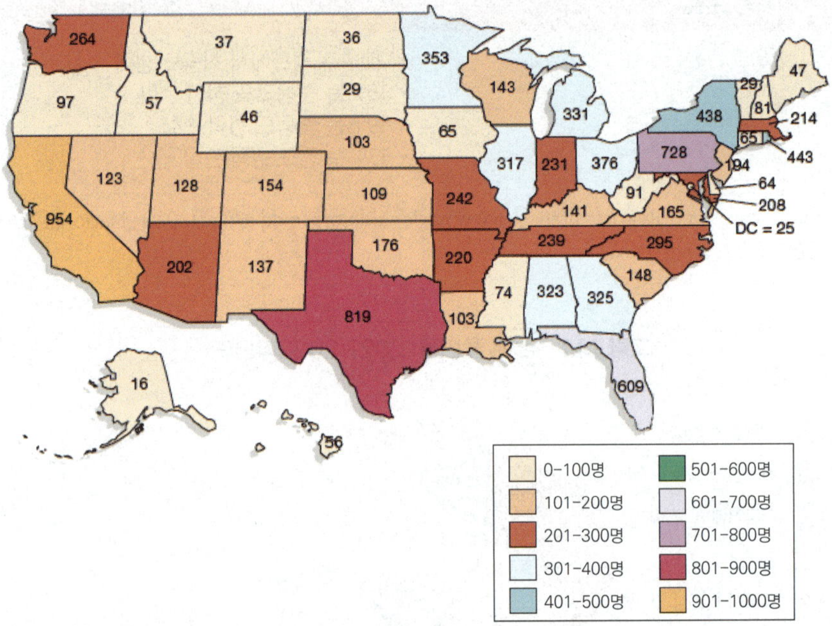

출처: National Center on Deaf-Blindness(2022b).

청력과 시력 손상의 조합을 가진 학생들만 포함한다. 전국 시청각장애 인구조사에 따르면, 6세에서 21세의 약 10,627명의 학생이 시청각장애를 가진 것으로 판별되었다. 이와 대조적으로, 연방정부는 전국에서 5세에서 21세의 1,650명의 학생만이 이 범주에 포함되었다고 보고하는데, 이는 전체 미국 학생들의 0.0034%를 나타낼 정도로 작은 수치이다. 그림 14.2의 지도는 전국 시청각장애센터(NCDB)에 따른 각 주의 시청각장애학생 수를 보여준다. 당신의 주를 찾아 다른 주들과 비교해보고, 다른 장애들에 비해 시청각장애로 판별되는 학생이 얼마나 적은지 생각해보라.

배치

일반교육 참여는 이 세 가지 특수교육 범주에 걸쳐 다양하다. 덜 심각한 요구를 가진 학생들은 복잡한 요구로 인해 더 집중적이거나 개별화된 서비스를 필요로 하는 학생들보다 일반교육 환경에서 더 많은 시간을 보낸다. 표 14.6은 이 세 가지 저출현 장애를 가진 학생들이 사용하는 다양한 교육 환경을 자세히 보여준다.

이 세 가지 특수교육 범주 중에서 외상성 뇌손상학생들이 일반교육에서 가장 높은 통합교육 비율을 갖는다. 5세에서 21세 사이의 학생들 중 약 50%가 하루 중 80% 이상을 일반교육 학급에서 보낸다. 연방정부에 따르면, 시청각장애학생들은 훨씬 낮은 참여율을 보이며, 그들 중 30%만이 하루 중 80% 이상을 장애가 없는 학생들과 함께 학습한다. 일부 데이터베이스는 시청각장애학생들의 통합교육 비율에 대해 약간 다른 그림을 제공한다. 전국 시청각장애센터에 따르면, 이러한 학생들의 18% 약간 미만(약

표 14.6 중복장애, 외상성 뇌손상, 그리고 시청각장애학생들을 위한 교육 환경

환경	중복장애	외상성 뇌손상	시청각장애
하루 중 ≥ 80% 일반교육 학급 내부	15%	51%	30%
하루 중 40-79% 일반교육 학급 내부	18%	21%	11%
하루 중 < 40% 일반교육 학급 내부	44%	20%	32%
특수학교	17%	5%	18%
거주시설	0.9%	0.4%	3%
가정/병원	5%	2%	4%
교정시설	0.07%	0.07%	0.06%
부모가 사립학교에 배치	0.8%	1%	0.8%

출처: U.S. Department of Education(2022).

894명)이 하루 중 80% 이상을 일반교육 학급에 참석한다.

특수교육

학습 목표

중복장애, 외상성 뇌손상, 그리고 시청각장애와 관련된 도전을 완화할 수 있는 다양한 조정을 설명하고; 부모와 일반교사들이 이러한 장애와 관련된 도전을 줄이기 위해 사용할 수 있는 방법들을 설명하며; 학생들이 중등교육 이후 선택지와 독립으로 전환하는 것을 돕는 지원을 논의한다.

조정

- 중복장애, 외상성 뇌손상, 그리고 시청각장애학생들의 요구는 크게 다르지만, 이러한 학생들은 모두 조정으로부터 도움을 받을 수 있다.
- 조정에 더하여, 최중도 장애를 가진 일부 학생들은 수정된 교육과정을 필요로 할 수 있다.

자주 사용되는 조정의 유형

이러한 학생들의 요구와 그들이 교육과정에 접근할 때 직면하는 장벽이 매우 다르기 때문에, 각 집단은 별도로 논의된다. 우리가 각 집단의 일부 공통적인 장벽을 다루기 위한 조정을 강조하지만, 이러한 서비스들은 개별적 기준으로 결정되어야 한다는 점을 명심하라. 학생을 위한 적절한 교수 및 평가 조정과 지원을 판별할 때, 장애의 유형, 장애의 중증도, 그리고 교육적 수행에 대한 장애의 영향이 고려되어야 한다.

중복장애학생들은 경도에서 중도에 이르는 다수의 장애 조합을 가질 수 있기 때문에, 그들의 능력 수준은 크게 다르다. 이는 이 학생 집단과 함께 사용될 수 있는 일반적인 조정을 논의하는 것을 거의 불가능하게 만든다. 그러나 이 장의 "특성" 섹션에서 학습했듯이, 이러한 학생들은 종종 인지 기능, 의

표 14.7 외상성 뇌손상을 위한 조정

• 선행조직자 • 계산기 • 필요한 항목들의 체크리스트 • 그래픽 조직자	• 과제와 시험을 위한 연장된 시간 • 필기 도우미 • 지시사항 반복	• 소음/주의산만 감소 • 언어적 또는 시각적 단서 • 워드 프로세서

사소통 기술, 그리고 기능적 생활 기술에 어려움을 갖는다. 또한 그들은 종종 운동 기술과 감각 기능의 손상을 갖는다. 이러한 학생들 중 다수에게 도움이 될 수 있는 몇 가지 지원은:

- 휴대용 컴퓨터
- 보완대체의사소통
- 또래 친구 지원

외상성 뇌손상학생들은 경도에서 중도에 이르는 손상을 갖지만, 많은 학생들이 정보 기억하기, 집중 유지하기, 아이디어를 표현할 적절한 단어 찾기, 그리고 여러 단계가 있는 과제 수행하기에 문제를 갖는다. 그들의 특성이 학습장애와 주의력결핍 과잉행동장애학생들의 특성과 유사하기 때문에, 그들은 이러한 장애를 가진 학생들을 위해 종종 사용되는 조정으로부터 도움을 받을 수 있다(제7장의 "조정" 섹션 참조). 몇 가지가 표 14.7에 나열되어 있다.

또한 이러한 학생들은 종종 지구력 감소, 발작, 두통, 청력 손실, 그리고 시력 문제를 경험한다. 그들이 여전히 회복 중일 때, 그들이 실제 학습을 보여줄 수 있도록 수업, 숙제, 그리고 평가를 위한 유연한 일정 조정으로부터 도움을 받을 수 있다.

앞서 학습했듯이, 시청각장애학생들의 상당한 비율이 일부 잔존 청력 그리고/또는 시력을 갖고 있다. 그들은 청각장애학생들을 위한 조정(제12장의 "조정" 섹션 참조), 시각장애학생들을 위한 조정(제13장의 "조정" 섹션 참조), 그리고 지적장애학생들을 위한 조정(제9장의 해당 섹션 참조)으로부터 도움을 받을 수 있다. 다른 학생들은 제한된 청력과 시력을 갖고 있어 이러한 조정들 중 많은 것으로부터 도움을 받지 못할 수 있는데, 이는 청각장애를 위해 권장되는 것들이 종종 시각적 조정에 의존하고 시각장애를 위해 사용되는 것들이 종종 청각적 성격을 갖기 때문이다. 또한 이러한 학생들의 약 90%가 말-언어장애, 신체적 건강장애, 복합적 건강 문제와 같은 추가 손상을 갖고 있으며, 일부는 지적장애를 갖는다는 점을 명심하는 것이 중요하다. 이는 잠재적으로 도움이 되는 지원을 판별하는 것을 더욱 어렵게 만들 수 있다. 그럼에도 불구하고 표 14.8에 나열된 많은 지원들이 이 학생 집단에게 적합하다.

일반교육 교육과정 접근과 지식 입증

일반적으로 외상성 뇌손상학생들은 그들의 건강 상태와 의학적 상태가 시간이 지나면서 개선됨에 따라 조정되는 조정과 함께 일반교육 교육과정에 성공적으로 접근할 수 있다. 그러나 이는 보통 중복장애학생들이나 시청각장애학생들의 경우는 아니다. 이러한 학생들이 종종 심각한 인지장애를 갖기 때문에, 그들은 더 실질적인 적응을 필요로 할 수 있다. 제9장에서 상기하듯이 최중도 인지장애를 가진 학생들(전체 장애학생들의 1% 미만)은 대안 성취 표준에 기반한 교수를 받을 수 있다. 이는 학년 수준 내용과 연결된 성취 표준이지만, 내용은 보통 폭, 깊이,

표 14.8 시청각장애를 위한 조정

• 오디오북 • 보청기기 • 점자 자료	• 폐쇄회로 텔레비전 • 통역사 • 큰 활자 텍스트	• 수화 의사소통 • 필기 도우미 • 스크린 리더

복잡성에서 다르다. 내용을 단순화하거나 다루어지는 정보의 양이나 깊이를 줄임으로써, 학생들은 표적 내용과 기술을 파악할 더 많은 시간을 갖는다.

모든 학생들과 마찬가지로, 장애가 있는 학생들 대부분도 다양한 조정(예: 점자, 추가 시간)을 사용하여 표준 주 또는 학군 차원의 사정평가에 참여한다. 최중도 인지장애를 가진 학생들조차도 책무성 목적으로 평가된다. 대안 성취 표준에 기반한 교수를 받는 학생들은 일반 학교 인구에게 주어지는 주 사정평가 대신 대안 사정평가를 실시받는다. 이러한 시험들은 때때로 대안 성취 표준에 기반한 대안 사정평가(AA-AAS)라고 불린다. 앞서 학습했듯이, 이러한 시험들은 학년 수준 내용과 관련되어 있지만, 내용의 일부분이나 내용의 더 단순화된 버전만을 평가한다. 학년 수준 내용을 평가하는 시험에 이러한 학생들을 포함시키는 주요 목적은 이러한 학생들에 대한 높은 기대를 보장하는 것이다. 과거에는 이러한 학생들 중 다수가 생활 기술에서만 교수를 받았지만, 교육자들은 이제 이러한 학생들이 학년 수준의 학업 내용을 학습하고 그로부터 도움을 받을 수 있다는 것을 이해하기 시작하고 있다.

현재 연방정부는 전체 학생들의 1% 이하만이 대안 사정평가를 사용하여 시험을 치를 수 있도록 허용한다. 그래서 때때로 이러한 시험들을 1% 사정평가라고 부른다. 불행히도 이러한 시험을 치르는 학생들은 때때로 1% 아이들과 같은 용어로 불린다. 이러한 용어들이 많은 교육자들 사이에서 자리 잡았지만, 단순히 그들이 대안 교육과정을 사용하거나 조정된 표준을 갖는다는 이유로 학생들을 이런 식으로 명명하는 것은 불공정하다. 이 교재 전반에 걸쳐 학습한 장애 우선 언어와 인간 우선 언어에 대한 우리의 논의를 상기하면서, 장애가 있는 개인들을 낙인화하는 방식으로 언급하지 않는 것도 중요하다. 각 주의 책무성 체계와 대안 사정평가 및 조정에 대한 정책에 관한 최신 정보는 https://nceo.info에서 전국교육성과센터가 유지하는 웹사이트를 방문하시오.

조기 중재

- 그들 상태의 심각성 때문에, 최중도 장애를 가진 영아들은 종종 출생 시 또는 곧이어 판별된다.
- 이러한 어린 아동들은 필요한 치료를 받는 개별화가족서비스계획을 갖고 있으며, 그들의 부모들도 훈련을 받는다.

영유아 조기 발견

다수의 요인들, 또는 요인들의 조합이 유전, 임신 중 합병증, 또는 출생 중 문제를 포함하여 중복장애나 시청각장애와 관련된 상태를 야기할 수 있다. 장애의 심각성 때문에, 이러한 아동들 대부분은 출생 시 또는 출생 직후에 판별된다. 병원 의사들과 간호사들은 종종 신생아의 장애를 경고하는 초기 경고 징후를 인식하며, 보편적 신생아 선별 절차가 청력과 시력 문제를 가진 영아들을 판별한다. 일부 영아들과 유아들은 그들이 일반적인 발달 이정표를 충족하지 못할 때 판별된다. 중복장애나 시청각장애를 가진 아동이 판별되지 않고 유치원에 진학하는 것은 드물지만, 이러한 학생들 중 일부는 그들 장애의 정확한 성격이 확인될 수 있을 때까지 발달지체의 IDEA 범주 하에서 서비스를 받기 시작할 수 있다. 다른 학생들은 그들의 상태가 진행성이고 출생 시 명백하지 않거나 완전한 영향이 나중까지 알려지지 않기 때문에 나중에 판별된다.

이 장의 "개인적 이야기" 섹션에서 찾을 수 있는 문화적 고려사항 상자에서, 당신은 진행성 상태 중 하나인 어셔 증후군에 대해 더 학습하게 되는데, 초기 진단은 출생 직후 병원에서 보편적 선별을 통해 판별된 청력 손실이지만, 시간이 지나면서 추가 장애들이 자리 잡는다. 지금은 어셔 증후군이 1966년에 처음 판별되었지만, 원인 유전자는 2000년까지 발견되지 않았다는 것을 알아두라. 이는 시청각장애와 중복장애를 야기하는 유전적 상태이다. 이는 아동들과 그들 장애의 전체 범위가 보통 나이가 더 들 때까지 확인되지 않는 몇 안 되는 예외 중 하나이다. 과학자들은 이제 세 가지 주요 유형의 어셔 증후군을 발견했다. 1형(USH1)을 가진 개인들은 선천적 청각장애와 진행성 시각장애를 갖는다. 이러한 아동들은 청각장애를 갖고 태어나서 시간이 지나면서 제13장에서 학습한 망막색소변성증, 또는 터널 시각장애라고 불리는 상태 때문에 보는 능력을 잃는다. 또한 어셔 증후군을 가진 많은 사람들이 걷기, 균형, 그리고 다른 운동 활동에 문제를 갖는다. 2형과 3형을 가진 사람들은 경도에서 중등도의 청력 손실과 성인기 동안 시작되는 시력 손실을 가질 수 있으며 보통 보청기로부터 도움을 받는다. 이 열성 X-연관 유전 증후군은 드물어서 100,000명당 대략 4명에게 영향을 미친다. 그러나 그 출현율은 지역에 따라 다르다. 예를 들어, 루이지애나에서는 시청각장애학생들의 15%에서 20%가 USH1을 갖고 있으며, 세 개 교구(카운티)의 모든 청각장애인의 30%가 이 증후군을 갖고 있다. 이에 비해 전국적으로는 시청각장애학생들의 3%에서 6%만이 어떤 형태의 어셔 증후군을 갖고 있다. 왜 루이지애나에 집중되어 있는가? 제12장에서 학습한 마서스 비니어드의 청인 인구에 대한 이야기를 기억하라. 그들은 켄트, 잉글랜드에서 미국으로 와서 선천적 청각장애에 대한 유전자를 가져왔다. 유사한 상황이 루이지애나에서 발생했는데, 노바스코샤에서 이주한 케이준 사람들이 어셔 증후군을 담당하는 유전자를 가져왔다. 긴밀하게 연결된 케이준 지역사회들이 작고, 이동성이 적으며, 지리적으로 고립되어 있기 때문에 출현율이 더 높다. 이러한 지역사회에서 의료 전문가들은 이 증후군에 더 주의를 기울이므로, 영아가 신생아 선별을 통해 출생 직후 선천적 청각장애를 갖는 것으로 즉시 판별될 때, 중요한 조기 중재 서비스가 얼마 전보다 더 빠르게 시행된다.

외상성 뇌손상을 가진 아동들의 판별 과정 또한 의료 전문가들을 포함한다. 영아들과 유아들은 낙상, 사고, 또는 흔들린 아기 증후군을 통해 외상성 뇌손상을 경험할 수 있다(흔들린 아기 증후군에 대한 더 많은 정보는 이 장의 "외상성 뇌손상 예방" 섹션을 참조). 매우 어린 아동들의 외상성 뇌손상 증상은 의식 상실, 무기력, 호흡 곤란, 창백하거나 푸르스름한 피부색, 섭식 곤란, 구토, 그리고 경련을 포함할 수 있다. 중도 외상성 뇌손상은 응급실에서 치료받는 아동들에게서 비교적 빨리 판별될 수 있다. 다른 경우들은 유아가 불안정한 다리로 걸으면서 성인이 보지 않는 사이에 넘어질 때와 같이 즉시 인식되지 않을 수 있다. 나중에 유아가 특이하게 무기력하거나, 반응이 없거나, 또는 섭식에 관심이 없을 때, 소아과 의사가 외상성 뇌손상이 발생했다고 처음으로 결정할 수 있다.

조기 중재 서비스의 유형

최중도 장애를 가진 아동들의 경우, 양질의 조기중재와 유치원 서비스가 강하고 긍정적인 장기 결과를 갖는다. 이러한 서비스의 존재 또는 부재는 성인으로서 필요한 지원의 수와 강도, 독립 수준, 지역사회 존재 수준, 그리고 삶의 질에 영향을 미친다. 결과적으로 심각한 요구를 가진 영아들과 유아들이 그들이 학습하고, 성장하며, 학교와 결국 성인으로서의 삶을 준비하는 데 도움이 될 추가 중재와 지원을 받는 것이 중요하다.

이러한 아동들은 개별화가족서비스계획(IFSP)을 가지고 있으며 대개 가정에서 조기중재 서비스를 받는다. 그러한 서비스는 흔히 다양한 치료(예: 작업치료, 물리치료, 말-언어치료)의 조합을 포함한다. IDEA를 통한 서비스 외에도, 일부 영아들은 의학적 중재(예: 심장 결함을 해결하기 위한 수술), 폐 문제가 있는 아동을 위한 산소치료, 또는 소화기계가 고형음식을 견딜 수 없는 아동을 위한 특수(연식) 식단이 필요하기도 하다.

가족 구성원들 또한 영아와 긍정적이고 지지적인 방식으로 상호작용할 수 있도록 돕는 서비스를 받는다(예: 일상생활 중에 치료를 강화하는 방법). 예를 들어, 여러 차례 수술을 받은 유아는 수술 후의 고통스러운 기억 때문에 팔과 다리를 움직이는 것을 피할 수 있다. 부모들은 사지 움직임을 격려하고 강화하는 방법을 배울 수 있는데, 이는 후속적인 뻗기, 잡기, 뒤집기, 기어다니기, 그리고 걷기 기술을 발달시키는 데 필요하다. 가족 구성원들은 또한 지식과 개념 발달을 지원하는 방법을 배운다. 13장에서 시각장애가 있는 어린 아동에게 추상적 개념을 가르치는 것의 어려움에 대해 배웠다. 그러한 어려움은 아동이 청력 손실도 함께 가지고 있을 때 더욱 가중될 수 있다. 우연학습, 특히 시각적 및 청각적 수단을 통해 일어나는 것이 손상되며, 부모들은 촉각적 방법을 통해 아동에게 정보를 제공하는 다른 방법들을 배워야 한다.

이러한 영아들은 대개 의사소통 기술에서 조기중재가 필요하다. 말-언어치료는 중도장애가 있는 일부 학생들의 언어 의사소통 기술을 향상시킬 수 있다. 이 장의 후반부에서 논의될 보완대체의사소통 기기의 사용 또한 매우 어린 나이에 시작될 수 있다. 일부 시청각장애 아동들은 미국수화(ASL)를 사용할 만큼 충분한 기능적 시력을 가지고 있으며, 일부는 말하는 것을 배울 만큼 충분한 잔존 청력을 가지고 있다(이 장의 도입부에 소개된 하벤 기르마처럼). 많은 경우, 조기중재 전문가들은 아동과 부모에게 촉각적 또는 복합적 방법들을 통해 의사소통하는 방법을 가르친다.

영아와 유아들은 흔히 가정에서 조기중재 서비스를 받지만, 3세에서 5세 사이의 더 큰 아동들은 대개 유치원 프로그램에서 특수교육 서비스를 받는다. 이러한 프로그램들 중 많은 것들이 완전통합이다. 장애가 있는 아동과 없는 아동이 함께 놀고, 배우고, 성장한다. 전형적인 발달 패턴을 보이는 장애가 없는 학생들은 언어, 사회적 행동, 그리고 운동기술의 롤 모델이 된다. 이에 따라 그들은 매우 어린 나이부터 친구들 간의 모든 유형의 차이를 받아들이고 수용하는 것을 배운다.

가족들: 생애 초기, 행동할 때

이 책 전반에 걸쳐 우리는 장애의 특정 원인들을 판별하는 것의 중요성을 강조해왔는데, 이는 과학자들이 장애를 초래하는 상태의 이유를 밝혀내면 해결책이 멀지 않기 때문이다. 이러한 해결책들 중 일부는 의학적 치료, 새로운 기술의 개발, 그리고 문제를 해결하거나 장애의 영향을 줄이기 위해 더 신속하게 실행될 수 있는 중재들이다. 이는 특히 저발생률 장애가 있는 개인과 가족들의 경우에 해당한다. 예를 들어, 청력 손실에 대한 영아 선별검사는 전문가 팀과 가족들이 아동이 태어난 직후 즉시 함께 모일 수 있게 한다. 손실이 경도이든 중도이든 또는 영아가 가진 많은 장애 중 하나이든, 조기 행동을 위한 기회들을 놓쳐서는 안 된다. 과거에는 완전한 청력 손실이 있는 경우에도 너무 자주 유치원 시기나 그 이후까지 판별되지 않았으며, 그 결과 언어, 운동, 그리고 사회적 기술의 발달에 중요한 조기중재의 몇 년을 놓쳤다.

선천성 난청이 있지만 시각 손실은 대개 그렇지 않은 USH1의 경우에, 난청 진단은 의료 전문가들과 영유아 관련 서비스 제공자 팀들이 가족들이 중요한 결정을 내리고 가능한 한 신속하게 지원을 받을 수 있도록 돕기 위해 행동에 나서도록 경고할 수 있다. 이는 행동에 대한 요청인데, 많은 부모들이 자녀의 출생 시점에서 자신들이 난청뿐만 아니라, 진행성 시각장애를 초래하는 열성유전자의 보인자라는 것을 인식하지 못하기 때문이다. 유전자 검사는 USH1의 존재를 확인하기 위해 계획될 수 있다. 이것이 왜 중요한가? USH1 시청각장애가 있는 대부분의 개인들은 시각적 의사소통 체계인 미국수화를 사용하며, 개인들이 나이가 들고 시력이 감소함에 따라 수화를 보는 능력도 감소한다. 따라서 가족들은 난청을 해결하기 위해 신속하게 행동해야 할 뿐만 아니라, 시력이 악화되기 시작할 시기를 대비하여 미리 계획해야 한다. 보청기는 이 집단의 개인들에게 도움을 제공하지 않지만, 인공와우는 완벽한 해결책은 아니지만 도움을 제공한다. 이러한 가족들 중 다수가 미국수화를 배우고 어린 자녀들과 의사소통하는 수단으로 사용하기로 결정한다. 가족들은 영아와 의사소통하는 방법, 사회적 기술 발달, 자녀가 움직이고 놀 수 있는 안전한 환경 조성, 그리고 아동이 9개월 정도 되었을 때 인공와우 수술을 계획해야 하는지 결정하는 데 도움이 필요하다. 조기 발견은 생후 첫 몇 개월 동안 개별화가족서비스계획이 개발될 수 있게 하며, 이는 다학제 팀뿐만 아니라 풍부한 정보와 지원 네트워크를 제공할 수 있는 주 기관과 부모 조직의 광범위한 네트워크를 함께 모을 것이다.

조직과 기관들

조직들은 부모, 전문가, 장애인, 또는 관심 있는 시민들을 대표하는 집단일 수 있다. 기관들은 대개 지역, 주, 또는 연방 정부의 단위들이다. 많은 조직과 기관들이 특정 또는 구체적인 영역을 전문으로 하며, 가치 있는 정보를 제공하고 지원을 제공한다. 여기서 이들 중 몇 개를 강조한다.

- TASH(www.tash.org)는 최중도장애학생들의 학교, 지역사회, 그리고 일상생활에서의 완전통합을 촉진하고자 한다. 이 조직은 사회정의를 촉진하기 위해 노력하며 형평성, 기회, 그리고 인권을 옹호한다.

- CHARGE 증후군 재단(www.chargesyndrome.org)은 중복/중도장애가 있는 개인들에 대해 개인, 가족, 그리고 전문가들에게 지원과 정보를 제공한다.
- 미국 뇌손상 협회(www.biausa.org)는 외상성 뇌손상에 대한 인식과 이해를 높이고자 한다. 주 및 지역 계열사들의 네트워크를 가지고 있으며, 함께 영향을 받은 개인들에게 더 많은 보건 및 사회 서비스가 이용 가능하도록 하기 위해 노력하고 있다.
- 시청각장애 청소년과 성인을 위한 헬렌 켈러 국가센터(www.helenkeller.org)는 16세 이상이며 시청각장애가 있는 사람들에게 훈련과 자원을 제공한다.
- 국립 신경장애 및 뇌졸중 연구소(https://www.ninds.nih.gov/Disorders/All-Disorders/Traumatic-Brain-Injury-Information-Page)는 국립보건원의 일부이며, 외상성 뇌손상에 대한 신뢰할 수 있는 정보를 제공한다.
- 국립 시청각장애센터(www.nationaldb.org)는 미국 교육부의 지원을 받아 시청각장애 아동과 청소년을 위해 각 주에게 기술적 지원을 제공한다. 세계에서 시청각장애와 관련된 가장 큰 정보 컬렉션을 제공한다.

학령기

- 다른 장애에 효과적인 학업 및 행동 중재들 중 많은 것들이 중복장애, 외상성 뇌손상, 그리고 시청각장애가 있는 학생들에게 적절하다.
- 이러한 학생들 중 다수가 일반교육 교육과정의 일부가 아닌 특수교육 교육과정과 교수 주제들을 필요로 한다.

효과적인 중재들

많은 경우, 이전 장들에서 논의한 학업 및 행동 중재들이 이러한 학생들에게 적절하다. 예를 들어, 중복장애가 있는 학생들은 종종 지적장애, 말-언어장애, 그리고 신체적 또는 건강장애를 가지고 있으므로, 그러한 장애들을 위한 연구기반실제들(RBP)이 사용될 수 있다. 외상성 뇌손상(TBI)이 있는 학생들은 종종 학습장애나 주의력결핍 과잉행동장애가 있는 급우들과 유사한 학습 특성을 가지고 있는데, 기억 결함, 주의집중 문제, 언어장애, 그리고 학업 어려움과 같은 것들이므로, 그러한 장들에서 논의된 연구기반실제들이 종종 적용 가능하다. 청력손실이나 시각장애가 있는 학생들에게 적절한 기법과 중재들 중 많은 것들이 시청각장애 학생들과 함께 사용될 수 있는데, 이는 그들이 가진 기능적 청력이나 시력의 정도에 따라 달라진다. 중재를 선택할 때, 핵심은 장애 또는 장애들의 조합이 각 아동에게 영향을 미치는 방식을 인식하고 각각의 기초 수준부터 그러한 요구들을 해결하는 것이다. 표 14.9는 중복장애, 외상성 뇌손상, 또는 시청각장애가 있는 학생들에게 효과적일 수 있는 이전 장들에서 배운 장애들, 연구기반실제들, 그리고 관련 서비스들을 요약한다.

최중도장애학생을 위한 특성화교수

시각장애학생들과 마찬가지로, 시청각장애가 있는 일부 학생들은 점자나 보행기술과 같은 확장된 핵심교육과정의 기술들을 배워야 한다. 일부는 전문 인력의 서비스가 필요하다. 예를 들어, 많은 시청각장애학생들은 의사소통을 촉진하고 환경에서 다른 사람들, 사물들, 또는 정보와 상호작용하는 다리 역할을 하는 중재자의 도움을 받는다. 이러한 전문

표 14.9 연구기반실제들의 요약

장애	연구기반 실제/관련 서비스	모든 장애학생들에게 권장됨
말-언어장애	• 말/언어치료 • 보완대체의사소통 기기 • 그래픽 조직자	• 보편적 학습설계 • 차별화교수 • 조정 • 보조공학 • 자기결정 • 자기옹호
학습장애	• 명시적 교수 • 학습전략 • 학습기술 교수	
주의력결핍 과잉행동장애	• 자기조절 전략 • 행동치료 • 조직화 및 시간관리 교수	
자폐스펙트럼장애	• 응용행동분석 • 그림교환의사소통체계	
지적장애	• 기능적 교육과정 • 지역사회기반교수	
정서행동장애	• 상담/정신건강 서비스 • 기능행동사정평가 • 포괄적 지원	
지체/건강장애	• 물리치료 • 작업치료 • 학교 간호 서비스	
청각장애	• 수동적 의사소통(미국수화) • 통역사	
시각장애	• 점자 • 보행훈련 • 확장된 핵심교육과정	

가들은 청각장애학생을 위한 통역사와 유사한 서비스를 제공한다. 하지만 구어의 번역만을 제공하는 것이 아니라, 중재자들은 또한 교사들과 함께 일하여 교수를 제공하고 촉진한다. 표 14.10은 중재자의 역할에 대한 더 많은 정보를 제공한다. 중재자들은 특화된 의사소통 체계를 사용한다. 때때로 '손아래 손' 방법이라고 불리는 한 가지 유형에서, 그들은 학생들이 촉각을 통해 배울 수 있도록 돕기 위해 자신의 손을 학생들의 손 아래에 지속적으로 유지한다. 의사소통을 위한 또 다른 방법이 2007년 이후 나타났으며, 여전히 진화하고 발전하고 있다. 프로택타일(protactile)이라고 불리는 이 체계는 시청각장애인들에 의해 개발되었으며, 의사소통하기 위해 손뿐만 아니라 신체의 다른 부분들도 사용한다. 이것은 감정을 포함하여 대화의 더 완전한 묘사를 가능하게 한다.

최중도장애학생들은 단일 장애가 있는 학생들보다 더 포괄적인 지원체계가 필요할 수 있는데, 특

표 14.10 중개자의 역할

책임	정보 접근	의사소통 접근	사회정서적 접근
학급교사의 지도하에 일함	교수와 환경적 정보에 대한 일관된 접근을 제공하며, 형식이 달리 이용할 수 없거나 불완전할 때	의사소통 기술의 발달을 촉진함	신뢰할 수 있고 상호작용적인 관계의 발달을 촉진함
학생의 교육팀의 적극적인 구성원으로 참여함	학생을 환경의 사람들과 사물들에 연결함	표현적 및 수용적 의사소통 기술의 발달과 사용을 지원함	학생의 고립감을 감소시킴
자신의 역할에 대해 훈련받고 학생의 의사소통 방법에 능숙하도록 보장함	학생이 우연적 개념과 정보를 배우도록 도움	다른 사람들과의 의사소통을 위한 기회를 제공함	사회적 안녕과 자기결정 기술의 발달을 지원함
학생의 교육팀의 적극적인 구성원으로 참여함	학생을 환경의 사람들과 사물들에 연결함	표현적 및 수용적 의사소통 기술의 발달과 사용을 지원함	학생의 고립감을 감소시킴
자신의 역할에 대해 훈련받고 학생의 의사소통 방법에 능숙하도록 보장함	학생이 우연적 개념과 정보를 배우도록 도움	다른 사람들과의 의사소통을 위한 기회를 제공함	사회적 안녕과 자기결정 기술의 발달을 지원함

출처: 국립 시청각장애센터(2021)에서 각색.

히 장애들의 조합이 복잡하고 심각한 학습 요구를 만들어낼 때 그렇다. 독립적인 생활과 관련된 기술들을 배우기 위해 상당한 시간과 집중적인 중재가 필요한 학생들의 경우, 개인의 일상적 요구와 관련된 교수 영역에 초점을 맞춘 기능적 교육과정 또는 대체 교육과정이 적절하다. 각각의 경우에서, 개별화교육계획 팀 구성원들은 개별적 요구와 능력에 기초하여 학생이 따라야 할 교육과정에 관한 결정을 내린다. 팀 구성원들은 고정관념이나 낮은 기대가 자신들의 결정에 영향을 미치지 않도록 주의해야 한다. 이 장의 도입부에서 하벤 기르마가 보여주듯이, 다중 어려움을 가진 개인들은 적절한 조정, 보조공학, 그리고 지원이 제공될 때 더 뛰어날 수 있다.

개별화교육계획 팀이 학생이 일상생활에서 유용할 수준으로 일반교육 교육과정(예: 생물학, 대수학)의 학업 기술이나 지식을 배울 수 없다고 결정할 때, 팀 구성원들은 기능적 교육과정을 위한 목적과 목표를 개발할 것이다. 기능적 교육과정 내에서의 읽기 교수는 메뉴나 교통 표지판에서 발견되는 것들과 같은 실용적인 단어들을 배우거나, 개인 안전에 중요한 것들(예: 경고, 위험, 독, 주의)을 인식하는 데 초점을 맞춘다. 기능적 수학 기술의 예시들은 돈을 성공적으로 다루거나 요리법의 재료를 측정하는 데 필요한 것들이다. 다른 영역들의 기능적 기술들—교통, 여가와 오락, 개인 관리—은 개인이 가능한 한 많은 독립성을 갖도록 가르쳐진다. 이러한 기술들에 대한 진전에 대한 책무성은 이 장의 앞부분에서 강조된 대체사정평가를 통해 이루어진다.

전환교육

- 중복장애, 외상성 뇌손상, 그리고 시청각장애가 있는 학생들을 위한 개별화전환교육계획(ITP)은

다른 유형의 장애가 있는 학생들을 위한 것들과 같은 종류의 목적들 중 일부를 포함한다.

- 지역사회기반교수는 독립적인 생활에 필요한 것들을 포함하여 많은 기술들을 가르치기 위한 증거기반실제이다.

개별화교육계획의 전환교육 구성요소

이러한 학생들은 대개 개별화교육계획의 구성요소로서 개별화 전환교육계획을 가지고 있다. 그들의 장애가 매우 심각하기 때문에, 많은 학생들이 IDEA 하에서 허용되는 대로 21세까지 특수교육 서비스를 계속 받는다. 대학 진학을 계획하는 학생들의 경우, 졸업에 필요한 고등학교 교과 학점 수를 모으기 위해 추가 연수가 필요할 수 있다. 왜 그럴까? 이러한 학생들은 매년 전체 교과목을 수강할 수 없을 수도 있다. 의학적이고 건강상의 문제가 있는 중복장애나 외상성 뇌손상이 있는 학생들은 많은 학교일수를 결석할 수 있어서, 수업을 재수강하거나 줄어든 수업 부담을 져야 할 수도 있다. 시청각장애가 있는 학생들은 점자나 보행기술을 배우기 위해 하루에 여러 교시를 보내야 할 수도 있으며, 이 또한 그들의 교과 이수율을 감소시킬 수 있다.

학생들이 대학이나 중등교육 이후 직업 훈련이나 취업을 계획하고 있는지와 관계없이, 학생을 포함한 개별화교육계획 팀 구성원들은 이전 장들에서 논의된 요인들과 기술 개발을 고려하여 적절한 선택사항을 신중하게 계획해야 한다:

- 학습 기술
- 시간 관리
- 조직화 기술
- 고등학교 졸업 요건
- 대학 입학 요건
- 대학 장애 서비스
- 직업 준비 기회(예: 직무 관찰, 인턴십)
- 직업 훈련
- 독립생활 기술

개인중심계획(person-centered planning)에 대해서는 9장에서 처음 배웠다. 거기서 개인중심계획은 필요한 서비스, 지원받을 직업, 생활 배치, 그리고 관련 선호도에 대한 결정에 장애인과 가족을 포함시킨다는 것을 배웠다. 개별화교육계획 팀은 또한 미래의 교육 선택사항, 생활 배치, 그리고 고용 기회와 관련된 목적을 개발할 때 학생의 선호도와 관심사를 포함시켜야 한다. 따라서 개인적 선택, 자기결정, 그리고 자기옹호 기술의 촉진은 전환교육 계획의 중요한 구성요소들이다. 이 장의 도입부에서 소개된 하벤 기르마는 하버드 대학교 학생이었을 때의 이야기를 들려주는데, 이는 이 점을 잘 보여준다. 카페테리아에는 다섯 개의 음식 코너가 있었고, 각각에는 학생들이 무엇을 먹을지 결정할 수 있도록 일일 메뉴가 게시되어 있었지만, 그녀는 메뉴를 읽을 수 없었고 그녀에게 메뉴를 읽어줄 직원들의 말을 들을 수도 없었다. 직원들은 기르마가 화면 판독기를 통해 메뉴에 접근할 수 있도록 이메일로 메뉴를 보내주기로 동의했지만, 그들은 종종 보내는 것을 잊었다. 이 문제를 해결하기 위해, 그녀는 카페테리아 직원들에게 1장과 4장에서 배운 미국장애인법에 대해 가르쳤다. 그 결과, 그들은 그녀에게 일관되게 접근 가능한 메뉴를 제공했고, 기르마의 옹호활동에 대한 열정이 불러일으켜졌다. 우리 대부분은 자신의 식사를 선택할 수 있다는 것만큼 단순한 것의 중요성을 깨닫지 못한다—그 선택권이 박탈될 때

지역사회기반교수

14세 미만의 학생들의 경우, 기능적 기술에 대한 교육과 훈련은 교실이나 다른 학교 장소에서 일어나는 시뮬레이션으로 구성될 수 있다. 14세 이후에는 아동 노동법이 허용할 때, 학습은 학생의 관심사와 선호도를 반영하는 실제적이거나 자연적인 환경에서 일어나야 한다. 교수는 체계적이고, 성공을 위해 설계되며, 특수교육 인력, 직무 코치, 또는 직업 전문가에 의해 제공된다.

따라야 할 단계들

1. 학생의 선호도와 관심사를 사정평가한다.
- 학생의 직업 선호도와 관심사를 결정한다.
- 직업 유형과 고용 사업장을 결정하는 데 학생을 참여시킨다.
- 학생을 직업 시업장에 배치하기나 직원과 짝을 이루기 전에 학교에서 연습한다.

2. 지역사회기반 훈련 사업장을 설립한다.
- 작업 사업장 기회들의 목록을 개발한다(예: 사업체의 유형과 규모, 작업 기회들).
- 직업 적절성을 판별하고 분석한다(예: 관심, 연령 적절성, 기술 요건) 그리고 학생과 연결한다.
- 사업장이 환영하는지 확실히 한다. 상사와 동료들을 면담한다.
- 학교와 가정에서 교통수단으로 실현 가능한 거리 내의 직업 사업장을 선택한다.
- 학교와 작업 사업장 간의 열린 의사소통 경로를 설정한다.
- 직업 사업장 평가 기준을 개발한다.

3. 학생이 사업장의 암묵적이고 명시적인 규칙들을 알고 기술 기대를 충족할 수 있도록 보 장한다. 학생에게 다음을 가르친다:
- 학교에서 출발하여 교통수단을 이용하고, 제시간에 직장에 도착하며, 독립적으로 집으로 돌아간다.
- 적절하게 옷을 입고, 제대로 휴식을 취하며, 작업 과제를 올바르게 수행한다.
- 필요할 때 도움을 구하고, 멘토나 직무 코치와 잘 일하며, 동료들과 적절하게 상호작용하고, 직장에서 자연적 지원을 찾는다.

교통 지도의 예시

고등학교 학생이 개발한 이 시각자료는 대중교통을 이용하여 직장에서 집까지 가는 안내를 제공한다.

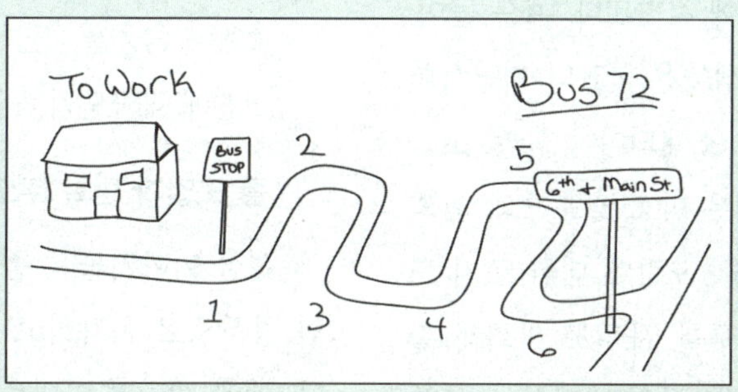

까지는. 식사 시간 동안 선택할 기회 없이 4년을 보내는 것이 얼마나 좌절스러울지 상상해보라—어느 코너에 초콜릿 케이크나 다른 선호하는 선택사항이 있는지 모르면서 말이다. 만약 그녀가 그 상황을 바꾸기 위해 자기결정과 자기옹호 기술을 사용하지 않았다면 그녀의 대학 경험이 어떠했을지 상상해보라. 기르마는 자신의 상황을 개선했을 뿐만 아니라, 카페테리아 직원들의 태도와 인식뿐만 아니라, 시각장애가 있는 미래 학생들의 식사 시간 선택사항도 개선했다. 의사결정 과정에서 학생의 선호도를 고려하는 것을 포함하는 선택권 제공과 같이 단순한 것이 고용과 생활방식과 같은 학생 삶의 광범위한 영역에서 긍정적인 결과를 만들어낼 수 있다.

기능적 기술 가르치기

최중도장애가 있는 많은 학생들에게 학교의 마지막 몇 년은 독립생활과 지역사회 참여에 대한 전반적인 열망에 의해 안내된다. 그들의 개별화 전환교육계획은 종종 고용, 지역사회 참여, 여가와 오락, 평생교육, 독립생활, 그리고 자기결정과 관련된 목적들을 반영한다. 이러한 목적들은 지역사회 내에서 신중하게 조율된 교수와 안내된 경험들을 필요로 하는데, 이는 종종 학생들, 가족 구성원들, 그리고 다양한 기관과 조직의 전문가 팀들의 몇 년간의 작업과 계획을 수반한다. 이러한 안내된 경험들은 종종 그들의 학교 생활 초기에 시작된다. 예를 들어, 초등학교와 중학교 동안, 학생들은 학교와 지역사회에서 스포츠와 여가 활동에 소개되어야 한다. 고등학교에 다닐 때는 적절한 경우 학교 스포츠와 과외 활동에 참여해야 한다. 여가와 오락에 대한 조기 노출의 추가적인 이익들은 친구를 사귀고 사회적 활동에 참여하는 데 필요한 기술들의 발달을 포함한다. 마찬가지로, 기능적 기술을 배울 기회들은 지역사회 또는 자연적 환경에서 일어날 필요가 있다. 함께 제공되는 상자에서 더 자세히 설명된 지역사회기반교수는 자연적 환경에서 이러한 기술들을 가르치는 데 사용되는 증거기반실제이며 전형적인 일상생활 활동에서의 성공과 통합을 개선하고 경쟁고용 기회로 이어지는 것으로 나타났다.

사람들과 상황들

학습 목표

중복장애, 외상성 뇌손상, 그리고 시청각장애가 있는 사람들의 역사에서 두 가지 전환점을 문서화하고, 이러한 개인들이 더 많은 지역사회 통합과 참여를 경험할 수 있는 몇 가지 방법들을 판별하며, 이러한 개인들과 그들의 가족들에게 신뢰할 수 있는 정보를 제공하는 평판 좋은 조직들을 나열한다.

기원과 역사

- 한두 사람의 성취도 중도장애가 있는 수많은 개인들의 처우와 교육에 영향을 미칠 수 있다.
- 단일 사건들은 일부 장애를 예방하거나 장애가 있는 사람들을 지원하는 서비스 개발을 촉진하는 혁신에 대해 영감을 줄 수 있다.

롤 모델과 변화 주도자

성공 이야기들은 종종 다른 사람들이 더 긍정적인 방식으로 생각하고 행동하도록 영감을 줄 수 있다. 헬렌 켈러가 아마도 세계에서 가장 유명한 시청각장애인이지만, 그녀는 저시력이 있었던 교사 앤 설리번 없이는 그녀의 유명한 성취들 중 어느 것도 달성하지 못했을 것이다. 다음은 그들의 흥미로운 이야기인데, 그중 일부는 13장에서 배운 역사와 겹치며 헬렌 켈러의 주목할 만한 "가족 계보"를 보여준다. 기억하겠지만, 사무엘 그리들리 하우는 퍼킨스 맹학교의 설립자였다. 보스턴에 위치한 이 학교는 시각장애학생들을 위한 미국 최초의 학교였다. 하우의 제자 중 한 명은 시청각장애가 있었던 로라 듀이 브리지먼이었다. 로라는 글자를 두드리고 수동 알파벳을 사용하여 다른 사람들과 의사소통했으며, 읽기를 위해 점자를 사용했다. 그녀는 결국 퍼킨스에서 교사가 되었고, 그녀의 학생 중 한 명이 앤 설리번이었다.

20세에 앤은 헬렌 켈러를 가르치기 위해 앨라배마로 이주했는데, 헬렌은 정상적인 시력과 청력을 가지고 태어났지만 19개월 때 심각한 질병 후에 청각과 시각을 잃은 6세 아동이었다. 앤은 퍼킨스 맹학교 학생들이 헬렌을 위해 만든 사진에 보이는 인형을 선물로 가져왔다. 헬렌이 인형을 안고 있을 때, 앤은 그녀가 수동 철자법과 구체적인 사물들을 연결하도록 돕기 위해 그녀의 손에 "d-o-l-l"을 철자했다. 결국, 물(water)과 "w-a-t-e-r" 사이의 연결이 헬렌이 이러한 연결을 만들 수 있게 했고, 그녀의 교육이 시작되었다. 앤은 헬렌의 학교 시절 내내 그녀를 가르쳤고 헬렌이 래드클리프 대학에 다닐 때도 함께 있었는데, 악화되는 시력으로 무거운 읽기 요구사항들과 씨름하면서 그녀가 읽는 모든 것을 헬렌에게 수동으로 수화했다. 헬렌은 1904년에 래드클리프를 졸업했는데, 이는 당시 여성으로서는 놀라운 성취였다. 두 여성은 1936년 앤이 죽을 때까지 평생 동반자로 남았고, 그때 그들의 비서였던 폴리 톰슨이 앤의 책임을 맡았다. 헬렌은 작가이자 사회 활동가로서 긴 경력을 가졌으며, 전 세계를 여행하고 많은 세계 지도자들을 만났다. 그녀의 성공들은 사람들이 장애인들이 결심, 열심히 일함, 적절한 조정, 그리고 의미 있는 지원으로 달성할 수 있는 성취들을 인식하도록 도왔다.

주요 역사적 전환점

때때로 불행하게도, 비극적인 사건이 문제에 주의를 환기시켜 사람들이 해결책을 만들어내도록 강요한다. 예를 들어, 1960년대 이전에는 풍진에 대한 백신이 없어서 질병을 예방할 수 없었다. 1962년과 1965년 사이에 풍진 전염병이 전국을 휩쓸었다. 여파는 파괴적이었는데, 특히 임신 중에 어머니가 이 질병에 걸린 아동들에게 그랬다. 이러한 아동들은 장애, 특히 실명, 청각장애, 그리고 시청각장애를 가지고 태어났다. 전염병 이전에는 출현율이 예외적으로 낮았는데—1920년 인구조사에서 단지 20명의 시청각장애인이 보고되었고 1930년에는 160명이었다. 그때까지 헬렌 켈러가 받은 인정에도 불구하고, 이 극히 작은 인구집단을 위한 서비스는 거의 이용할 수 없었다. 그러다가 1960년대의 전염병이 발생했고 약 2,500명의 아기가 시청각장애를 가지고 태어났으며 많은 다른 아기들이 심각한 시력과 청력 문제를 가지게 되었다. 곧, 홍역, 볼거리, 그리고 풍진으로부터 아동들을 보호하는 백신들이 개발되어 아동들이 백신을 접종받지 않는 한 1960년대 풍진 전염병의 파괴적인 결과들이 다시는 일어나지 않게 되었다. IDEA는 아직 제정되기 전이었지만, 의회는 이러한 아동들과 그들의 가족들에게 서비스를 제공하는 것의 중요성을 인식했다. 1967년에 의회는 시청각장애

헬렌 켈러(왼쪽)가 앤 설리번(오른쪽)에게서 받은 인형을 들고 있다.

인들에게 재활 서비스를 제공하기 위해 헬렌 켈러 국가센터를 설립했다. 그 이후로 기술적 지원과 다른 서비스들의 개발이 계속되고 확장되었다.

개인적 이야기들

- 때때로 창의적인 개인들이 많은 사람들의 여가와 오락 경험에 놀라운 차이를 만드는 프로그램과 기회들을 개발한다.
- 여러 평판 좋은 조직들이 장애인과 그들의 가족들을 위한 신뢰할 수 있는 정보와 지원을 제공한다.

지역사회 참여

중복장애, 외상성 뇌손상, 또는 시청각장애가 있는 학생과 성인들은 종종 지역사회 참여율이 낮다. 최근까지 이러한 개인들은 여행과 여가 활동이 그들에게 이용 가능하지 않다는 것을 발견했다. 가족 나들이조차도 우리 대부분이 예상할 수 없는 어려움들을 내포하고 있다. 하지만 일부 개인들의 창의성과 독창성 덕분에 많은 지역에서 참여 기회들이 크게 확대되었다. 그러나 여가와 오락 활동에 대한 접근은 교통이나 감독 또는 비용에 대한 도움을 필요로 하는 집중적 지원 요구로 인해 제한된다. 다음에 참여와 통합을 위한 기회들이 어떻게 증가해왔고 증가하고 있는지를 보여주고 이러한 발전들이 얼마나 최근의 것인지를 추적하기 위한 몇 가지 예시들을 제공한다.

1979년에 앤서니 디 살보는 복합장애가 있어 다른 방법으로는 휴가를 갈 수 없는 사람들을 위해 특별히 설계된 최초의 휴가 프로그램 중 하나인 고 스프라우트를 만들었다. 팬데믹으로 고 스프라우트는 끝났지만, 이 그룹은 주요 역할에 발달장애가 있는 배우들이 출연하는 영화를 제작하고 상영하는 영화 제작 구성요소인 스프라우트플릭스와 지적 및 발달장애가 있는 개인들의 삶과 관련된 영화와 비디오를 상영하는 스프라우트 영화제를 계속하고 있다. 하지만 초기 여행 프로그램은 다른 방법으로는 미국과 세계를 탐험할 수 없는 사람들을 위한 여행과 여가 프로그램을 개발하도록 다른 사람들을 자극했다. 예를 들어, 뉴 디렉션스 트래블(www.newdirectionstravel.org)은 미국 전역의 놀이공원

영상 속에서 **Feeling Through**

필링 스루가 구상, 캐스팅, 제작에서 개봉까지 거친 긴 여정은 매혹적이고, 매력적이며, 설득력이 있다. 영화에 대한 아이디어는 뉴욕시의 한 길모퉁이에서 시나리오 작가/감독 더그 롤랜드가 시청각장애인이 길을 건너는 데 도움을 요청했을 때의 우연한 만남에서 촉발되었다. 그는 그 남성과 그들의 만남에 대한 단편 영화를 개발하기로 결정했다. 거기서부터 그가 헬렌 켈러 국가센터와 함께 그 남성을 찾고 영화를 만들기 위해 일하면서, 영화에서 연기한 최초의 시청각장애인인 로버트 타랑고라는 시청각장애 배우를 주연으로 사용하겠다고 고집하면서 놀라운 모험이 시작되었다. 그 결과는 오스카상 후보에 지명된 마음을 따뜻하게 하는 영화이다.

으로의 모험을 보호자와 함께 계획했으며 심지어 하와이, 라스베이거스, 그리고 바하 크루즈로의 여행 경험을 제공하기도 한다. 피플 앤 플레이시즈(www.people-and-places.org)는 크루즈와 동물 보호구역 및 국립공원으로의 놀라운 야외 모험에서 인간 서비스 전문가들이 동행하는 소규모 여행객 그룹을 위한 모험을 조직한다. 그들은 또한 역사적인 도시들(예: 워싱턴 DC, 윌리엄스버그, 뉴올리언스, 그리고 필라델피아), 서부 개척지(예: 산타페, 투손), 뉴잉글랜드 연안, 그리고 많은 다른 여행 목적지로의 여행을 진행한다. 현재 여행과 여가 기회를 제공하는 회사들의 수가 확대되었다. 선택사항들이 거의 압도적이다. 불과 몇십 년 전에는 불가능한 꿈이었던 것이 이제는 호황을 누리는 사업이 되었다. 그 수혜자는 매우 복합적인 장애가 있는 개인들과 가족 구성원을 지속적으로 돌보는 일에서 벗어나 휴식을 즐길 수 있는 그들의 가족들이다.

모건스 원더랜드(www.MorgansWonderland.com)는 다른 유형의 여가와 오락 기회를 제공한다: 텍사스 샌안토니오에 있는 완전히 접근 가능한 비영리 테마파크이다. 이 공원은 모든 사회경제적 배경과 모든 연령대의 장애가 있는 사람과 없는 사람을 위한 통합적 기회와 상호작용을 개선하도록 설계되었다(예: "시니어 금요일"). 여기서 장애인들(무료로 입장)과 그들의 가족과 친구들은 모든 종류의 재미있는 활동에 참여할 수 있다: 센서리 빌리지에 접근하고, 휠체어 농구와 다른 스포츠를 하며, 완전히 접근 가능한 놀이터에서 특별히 설계된 미끄럼틀과 다른 장비를 탐험하고, 휠체어 접근 가능한 기차(원더랜드 익스프레스)를 탄다. 공원은 또한 페리스 휠, 회전목마, 그리고 오프로드 어드벤처 라이드를 가지고 있는데, 이 모든 것들이 휠체어를 탄 사람들에게 완전히 접근 가능하다. 공원의 인기 때문에 2017년에는 25개의 초접근 가능한 어트랙션을 포함하도록 확장되었다. 인스피레이션 아일랜드는 심지어 방수 휠체어가 완비된 스플래시 파크도 포함한다! 공원의 설계자들은 신체적 통합성뿐만 아니라 정서적 수용을 위해서도 계획했다. 예를 들어, 페리스 휠 직원들은 미리 설정된 시간 일정에 따라가 아니라 탑승자들의 요구에 따라 곤돌라를 탑승시킨다. 따라서 가족들은 탑승하고 자신들과 그들의 장비를 배치하는 데 몇 분이 걸려도 직원들이나 다른 탑승자들로부터 스트레스나 압박감을 느끼지 않는다. 공원은 양보다 질을 강조하므로 거대한 군중은 문제가 되

문화적 고려사항 **두 문화 연결하기**

루이지애나 라파예트 남쪽에 있는 스타벅스에서 열리는 월례 금요일 밤 모임에서, 농/시청각장애 대화 그룹이 이야기를 나누고 연결한다. 그들은 미국에서 어셔 증후군을 가진 미국 시민들 중 가장 큰 인구집단의 대표들이다. 이 그룹의 구성원들은 모두 이 질환의 가장 심각한 형태인 USH1을 가지고 있다. 대부분은 루이지애나 주에서 제공하는 지원 서비스 제공자들이 동행한다. 이 그룹은 피들 왈츠나 프랑스어 한마디도 들어본 적이 없지만, 친구들과 함께 있고, 포장된 문 상품을 받고, 검은 마커로 주문하는 것을 즐긴다. 대부분은 농문화와 강하게 연관되어 있지만, 음악, 민속, 그리고 요리로 유명한 활기찬 문화인 케이준 문화와도 연관되어 있다. 그들은 지리, 가족, 종교(가톨릭), 그리고 언어(케이준 프랑스어)로 결속되어 있다. 일부는 이모, 삼촌, 조부모, 사촌, 그리고 다른 가족 구성원들 사이에서 시청각장애의 역사를 알고 있는 반면, 다른 이들은 USH1 진단을 받을 때까지 그들의 배경에 대해 알지 못했다. 모임에 참석한 모든 사람들은 의사소통하기 위해 어떤 형태의 미국수화(예: 대개 시야 범위 내에서 수화하기, 손위손 사용하기)를 사용한다. 인공와우를 가진 그룹의 젊은 구성원들 중 일부는 미국수화와 구어를 사용한다. 많은 이들이 루이지애나 농학교에 다녔는데, 거기서 그들은 미국수화를 배우고, 농인 친구들을 만나고, 농공동체와 유대를 맺었다. 많은 이들이 결혼하고, 자녀를 가지고, 일한다. 여러 명이 학사 학위를 가지고 있으며, 한 명은 워싱턴 DC의 갤러뎃 대학교라는 먼 곳에서 받았다. 졸업 후, 그 그룹 구성원은 그의 아내와 케이준 공동체와 함께 있기 위해 돌아왔고, 거기서 그는 긴밀한 농/시청각장애 공동체에 합류했다. 그들은 고립감을 느끼지 않는다. 그들은 사랑에 빠지고, 결혼하고, 스포츠를 하고, 가재를 삶고, 함께 예배한다. 그들은 의미 있는 경력을 가지고 있으며 정치적으로 활동적이 되었고 독립을 원한다.

오늘날 USH1을 가지고 태어난 자녀를 둔 가족들은 그들의 부모가 다룰 필요가 없었던 딜레마에 직면한다. 그들은 자녀들이 인공와우의 세계, 미국수화의 농인 세계, 또는 둘 다에서 살 것인지를 결정해야 한다. 대부분이 오늘날의 버전들이 자연스러운 소리를 구성하는 주파수의 일부만을 제공할 수도 있음에도 불구하고 인공와우를 선택한다고 보고된다. 그들은 집중적인 언어치료와 교육적 중재가 가족의 헌신이 될 것이며, 만약 그들이 이미 그 의사소통 체계를 알지 못했다면 전체 가족이 미국수화를 배울 시간을 거의 남기지 않을 것이라는 것을 안다. 농공동체는 가족들이 미국수화를 배우도록 격려하며, 농공동체의 일부는 인공와우가 미국수화가 하는 것처럼 완전한 의사소통 수단을 제공하지 않는다고 주장한다. 하지만 그들은 또한 미국수화만 아는 것이 청인이면서 수화를 모르는 사람들과 대화해야 할 때 제한적일 수 있다는 것을 안다. 어려움과 결정들이 남아 있으며 일찍 내려져야 한다. 그들의 자녀들이 농공동체나 청인 케이준 공동체 중 하나의 문화의 일부가 될 것인지, 아니면 둘 다를 연결할 것인지.

지 않는다. 가족 구성원들은 서로를 추적하는 데 도움이 되는 특수 컴퓨터화된 팔찌를 착용할 수 있다.

변화하는 시대와 놀이 및 여가 시간 활동을 위한 더 통합적이고 접근 가능한 기회의 또 다른 징표는 전국의 지역사회와 동네에서 찾을 수 있다. 접근 가능한 놀이터들은 미국 장애인법 요구사항을 넘어서며 휠체어를 사용하는 사람들이 안전하게 놀이 장비에 접근하고 사용할 수 있도록 보장한다. 그들은 또한 모든 사람이 함께 놀 수 있도록 보장한다. 그러한 놀이터들이 풍부하다. 렛 키즈 플레이!는 https://www.accessibleplayground.net/playground-directory/?doing_wp_cron=1658935868.4411270618438720703125에서 디렉토리를 제공한다.

일부 지역 놀이 공간들은 작은 동네 공원보다 더 정교하다. 캘리포니아 산타모니카 근처에 살거나 방문할 만큼 운이 좋다면 여기 훌륭한 예가 있다. 이 도시는 최근 해변과 바다를 따라 새로운 시설을 개장했다. 산타모니카 노스 비치는 2세에서 5세 아동을 위한 별도의 구역과 5세에서 12세 아동을 위한 또 다른 구역을 포함하는 새로운 놀이터이다. 각각은 이중 돛대 스페이스 네트, 바스켓 그네, 그리고 감각 정원을 포함한 무장벽 장비를 포함한다. 접근 가능한 표면과 경로를 따라 이동할 충분한 공간이 있다. 가능성에 대한 인식이 점점 더 많아지면서, 더 통합적인 사회를 위해 미래가 어떤 것을 담고 있을지 상상해보라.

통합 실제

이제 통합실제의 다른 예시들을 살펴보자. 1장과 12장에서 텔레비전 프로그램과 영화들이 최근 장애인 배우들을 캐스팅하기 시작했으며, 때때로 장애가 있거나 없는 인물 역할에 캐스팅한다는 것을 논의했다는 것을 기억하라. 우리는 이 장의 "영상 속에서" 특집에서, 중심인물과 그 역할을 연기한 배우가 시청각장애를 가진 2021년 오스카상 후보에 오른 단편 영화 필링 스루를 공유하게 되어 기쁘다. 이 영화의 후보 지명과 트로이 코처의 2022년 오스카 남우조연상 수상은 더 많은 통합과 지역사회 참여의 시대가 도래했다는 분명한 신호들이다.

마지막으로, 통합이 각기 다른 공동체마다 어떻게 다른 의미를 지닐 수 있는지에 대해 생각해 보자. 이번 장의 '문화적 고려사항'에서는 두 문화권에서의 통합이 때로 상충할 수 있음을 확장된 시각으로 살펴보고자 한다. 이러한 상황은 가족들이 자녀가 어느 문화에 속할지, 혹은 두 개의 서로 구분되면서도 독특한 공동체를 모두 아우를 수 있을지에 대해 중요한 결정을 내려야 하는 경우를 만들기도 한다.

미래 전망

학습 목표

외상성 뇌손상에 대한 예방과 즉각적인 의학적 중재의 이점을 설명하고 최중도장애가 있는 개인들을 위한 도움이 되는 보조공학을 판별한다.

예방: 외상성 뇌손상(TBI)

- 많은 경우에서 외상성 뇌손상의 원인이 알려지지 않았지만, 아동청소년의 경우 접촉 스포츠, 자전거 사고, 자동차 사고, 그리고 추락이 주요 요인들이다.
- 원인에 맞춘 예방 조치를 실행할 경우, 외상성 뇌손상의 많은 경우들이 예방되거나 그 영향이 줄어들 수 있다.

외상성 뇌손상의 주요 원인

대부분의 경우 특정 상태나 장애의 원인을 아는 것이 예방 조치로 이어진다. 불행히도 아동과 청소년의 외상성 뇌손상 출현율과 구체적 원인에 관한 데이터베이스는 일관성이 없는데, 그 이유는 (1) 자료 출처가 다르고(입원 대 응급실 방문), (2) 많은 사례가 초기에 보고되지 않으며, (3) 원인을 알 수 없고,

(4) 종종 자료가 특정 연령 집단별로 보고되지 않으며, (5) 다양한 기관이 서로 다른 자료와 정보를 보관하기 때문이다. 그럼에도 불구하고 이해해야 할 중요한 현재 사실들은 다음과 같다:

- 아동과 청소년의 모든 외상성 뇌손상 사례 중 20%가 접촉 스포츠로 인한 것이다. 그중:
  - 72%는 미식축구 경기 중 필드에서의 플레이로 인한 것
  - 42%는 농구로 인한 것
  - 36%는 축구로 인한 것
- 이 세 종목을 합치면 외상성 뇌손상으로 인한 모든 응급실 방문의 45%를 차지함
- 성인과 아동을 합친 두부 외상의 가장 일반적인 원인은 자전거 사고이다
- 외상성 뇌손상의 기타 보고된 일반적 원인들:
  - 자동차 사고
  - 추락
  - 승마 사고
  - 오프로드 차량 사고

외상성 뇌손상의 발생률은 연령 집단과 남성 또는 여성인지에 따라 달라진다. 아주 어린 아동, 초등학교와 중학교 아동, 청소년, 성인 간에는 큰 차이가 있다. 예를 들어, 흔들린 아기 증후군은 이 장의 "조기 중재" 섹션에서 언급되었으며 영아에게만 발생한다. 이러한 학대 사례의 대부분은 영아의 과도한 울음에 좌절감을 느끼고 물리적 힘으로 대응하는 남성 부모와 양육자(아버지, 계부, 어머니의 남자친구)에 의해 발생한다. 안타깝게도 학대는 4세 미만 아동의 외상성 뇌손상 관련 사망의 주요 원인이다.

아이들이 참여하는 접촉 스포츠의 유형은 그들의 연령과 관련이 있다. 이러한 부상은 일반적으로 나이가 많은 아동, 특히 접촉 스포츠에 참여하거나 자전거 타기, 스케이트보드 타기, 전지형 차량(ATV) 운전과 같은 활동에 참여하면서 안전 예방 조치(즉, 헬멧 착용)를 취하지 않는 십대 남학생들에게 발생한다. 실제로 남성의 외상성 뇌손상 비율은 연령 집단에 따라 여성의 2~3배 높다. 심각한 자전거 사고는 아동보다 성인에게 더 흔하다. 이러한 정보는 다음에 알아볼 바와 같이 예방 조치가 특정 활동을 대상으로 할 수 있게 한다.

외상성 뇌손상 예방

다행히 많은 외상성 뇌손상 사례는 예방하거나 부상을 최소화할 수 있으며, 최근 자료가 이를 입증한다. 수십 년간 증가율이 상승한 후, 미식축구 부상은 2013년과 2018년 사이에 39% 감소했고 모든 접촉 스포츠에서 32% 감소했다. 연습이 아닌 경기 중에 가장 자주 발생하는 미식축구 사고로 인한 외상성 뇌손상의 감소는 참여 감소, 장비 개선, 두부 외상 발생 시 코치가 따라야 할 더 나은 지침 때문이다. 자전거 타기, 스케이트보드 타기, 접촉 스포츠를 할 때 헬멧을 착용하는 것도 외상성 뇌손상의 가능성을 줄일 수 있다.

자전거 사고는 특히 청소년과 성인의 경우 신체 활동과 레크리에이션 및 직장 통근 목적으로 사용이 증가하면서 증가하고 있다. 여기서 예방 절차는 지역사회와 주 정책에 더 달려 있다. 교통으로부터 특별히 보호되는 더 많은 자전거 도로가 해결책의 중요한 부분이다. 더 많은 공중 인식과 옹호활동이 중요하다.

자동차 사고는 15세에서 24세 사이의 주요 원인이다. 이러한 사고의 많은 수는 일반적인 안전 조치

그림 14.3 외상성 뇌손상을 위한 단기 조정

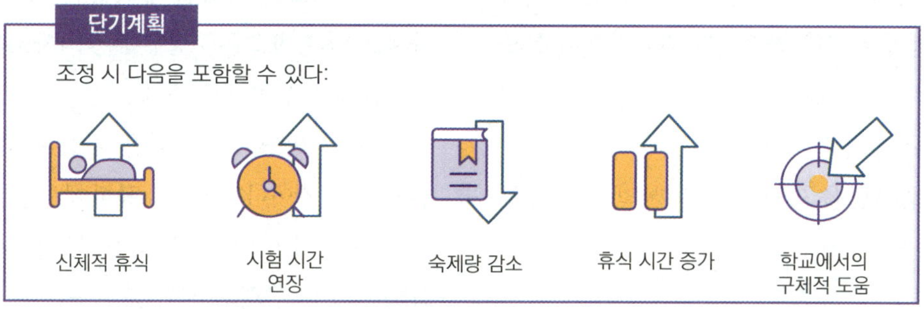

출처: 질병통제예방센터(2018), 42쪽.

를 통해 예방할 수 있다: 안전벨트 착용과 위험하거나 무모한 운전 행동(과속, 거리 점령, 문자 메시지나 주의 산만한 운전 활동, 알코올이나 약물 영향하에서의 운전) 자제. 고위험 행동을 피하는 것은 비극적인 사고를 예방할 수 있지만, 사고가 발생했을 때는 즉각적인 의료 처치가 손상의 심각성을 줄일 수 있다. 의료 접근성이 중요하지만, 일부 아동은 규칙을 어긴 것으로 곤란을 당하고 싶지 않거나 무책임하게 행동한 것을 부끄러워하기 때문에 부모와 교사로부터 부상을 숨기려고 한다. 다른 경우에는 부상을 기억하지 못하거나, 그 심각성을 이해하지 못하거나, 자신이 경험하고 있는 증상이 두부 외상을 나타낸다는 것을 깨닫지 못할 수 있다. 결과적으로 그들은 성인에게 증상을 말하지 않는다. 부상이 발생했을 때를 인식하고 즉각적인 의료적 도움을 받기 위해 교사와 부모는 이러한 증상에 주의해야 한다.

모든 뇌진탕은 외상성 뇌손상으로 간주되지 않거나 의식 잃음이나 입원을 초래하지 않는 것이라도 심각하다. 추가 뇌손상을 예방하기 위해 뇌진탕 프로토콜을 따르는 것이 중요하며, 이는 외상성 뇌손상으로 발전할 수 있다. 부상당한 운동선수는 뇌진탕 평가에 훈련받았거나 전문화된 신경과 의사나 의료 제공자의 허가를 받을 때까지 경기에 복귀해서는 안 된다. 소아과 의사나 코치는 뇌손상을 적절히 평가하는 데 필요한 전문성이 없을 수 있기 때문이다. 부상당한 뇌는 완전한 휴식이 필요하므로, 뇌진탕에서 회복 중인 학생은 가장 일반적인 과제들도 피해야 한다: 읽기와 쓰기(학교 과제뿐만 아니라 문자 메시지 포함), 운전, 텔레비전 시청, 비디오 게임, 전화 통화. 대부분의 아동과 청소년은 어떤 활동에도 참여하지 않고 조용히 앉아 있는 데 어려움을 겪기 때문에 부모가 이를 시행하기 어려울 수 있다. 그러나 뇌진탕 문제가 해결되고 학생이 적절한 의료진의 허가를 받을 때까지, 이러한 행동들은 뇌를 보호하고 나중에 더 심각한 결과를 예방할 수 있다. 그림 14.3은 질병통제예방센터에서 권장하는 단기 조정을 보여준다.

마지막으로, 학대성 두부손상(AHI)에는 흔들린 아기 증후군이 포함되는데, 이는 5세 미만 아동의 뇌손상에서 어린 아동의 신체적 아동학대 사망의 주요 원인이다. 이러한 비극은 완전히 예방 가능하다. 흔들린 아기 증후군에 대한 부모와 지역사회

훈련은 부모에게 우는 영아를 다루는 더 나은 방법을 가르칠 수 있다. 증가된 대중 인식은 또한 지역사회 구성원들에게 부모나 양육자가 좌절감이나 분노 문제로 어려워하는 것으로 보일 때 이를 인식하고 개입할 수 있는 방법을 제공할 수 있다. 아래 박스는 흔들린 아기 증후군을 예방하기 위한 몇 가지 구체적 전략을 제공한다.

기술: 접근성 향상

- 스위치는 다양한 유형의 보조공학기기의 기능을 향상시킬 수 있는 장치이다.
- 기술의 발전은 가장 중도의 장애를 가진 사람들이 이전보다 지역사회에 더 많이 접근할 수 있게 한다.

의사소통을 위한 기술 선택사항

5장에서 논의된 보완대체의사소통(AAC) 장치는 중도장애를 가진 많은 개인들에게 달리 불가능했을 의사소통을 가능하게 한다. AAC 사용은 구어 의사소통을 보완하거나 대체하는 문서화된 입증된 실제이다. 앞서 학습한 바와 같이, AAC 장치나 시스템은 개인이 그림을 사용하여 자신의 요구를 알리고, 감정을 표현하거나, 타인과 상호작용할 수 있게 하는 의사소통 판과 같이 매우 간단할 수 있다. 또한 개인을 위해 음성 단어를 생성하는 음성 합성기와 같은 장치와 시스템을 포함하는 첨단공학일 수도 있다. 이러한 시스템 중 많은 경우에서 개인은 터치스크린의 기호를 터치하면 장치가 메시지를 음성으로 변환한다.

그러나 일부 장애인들은 그림이나 기호를 가리키는 것과 같은 겉보기에 간단한 행동을 수행하는 데 필요한 신체적 힘이나 운동 기술이 없다. 다른 경우에는 개인이 읽기를 요구하거나, 인쇄 기호 이해를 수반하거나, 그 사람이 이해하고 사용하기 어려운 AAC 시스템 사용을 금지하는 중도 인지장애를 가지고 있다. 또 다른 경우에는 의사소통 목적이 점심시간에 우유보다 주스에 대한 선호를 나타내거나 "아니오"가 아닌 "예"와 같은 가장 간단한 메시지를 전달하는 것이다. 이러한 상황에서는 스위치 사용이 도움이 될 수 있다. 스위치—두 번째 장치를 활성화하는 모든 유형의 전기 도구—는 많은 다른 유형의 장치에 연결될 수 있어서 개인의 요구를 충족할 수 있는 보조공학 "번들(묶음)"을 만든다.

접근성 개선을 위한 기술 선택사항

스위치는 의사소통 외의 다른 목적으로도 사용될 수 있다. 스위치는 휠체어를 조작하고, 수업 과제에 참여하고, 컴퓨터 게임을 하는 데 도움이 될 수 있다. 또한 장애인이 일상 활동에 대해 어느 정도 자율성을 갖도록 도울 수 있다: 좋아하는 노래나 아티스트를 듣기 위해 음악을 켜거나, TV를 작동시키거나, 불을 끄는 것. 스위치는 다양한 기능과 사용자 능력을 다루는 여러 스타일로 제공된다:

- 활성화 선택사항—터치, 근접성(예: 장치로부터 설정된 거리 내에서 움직임 감지), 적외선, 빨아들이기와 불어내기
- 피드백 유형—촉각적, 청각적, 시각적
- 크기—소형, 중형 또는 대형 표면 영역
- 활성화에 필요한 힘이나 압력의 양

장애인을 위한 기술 혁신이 빠른 속도로 이루어지고 있으며, 최신 발전을 따라가는 것이 도전이 될 수 있다. 또한 이러한 기술의 비용은 특히 중복장애, 외상성 뇌손상, 농맹을 가진 사람들은 고소득 직업을 가진 경우가 거의 없고 의료비, 추가적 지

흔들린 아기 증후군 예방을 위한 팁

1. 아기들은 처음 몇 달 동안 많이 우는 것이 정상이지만, 점차 나아진다는 것을 기억하라.
2. 우는 것은 말할 수 없는 아동의 필요(예: 배고픔, 아픔, 불편함)를 전달하는 정상적인 영아 행동이라는 것을 이해하라. 이것이 나쁜 부모가 상황을 야기했다는 의미는 아니다.
3. 아기를 흔들거나, 던지거나, 때리는 것은 절대 올바른 반응이 아니다.
4. 우는 것의 신체적 원인을 해결하려고 노력하라(예: 배고픔, 젖은 기저귀, 트림이 필요함, 이가 나는 것).
5. 아기를 달래기 위한 다른 방법들을 시도하라:

- 아이의 등을 문지르기
- 부드럽게 흔들어주기
- 담요로 아이를 감싸주기
- 아이에게 젖꼭지 제공하기
- 부드럽게 노래하거나 말하기
- 유모차에 아기를 태우고 산책하기
- 적절한 카시트에 아기를 태우고 차로 드라이브하기

6. 아기가 아플 수 있다고 생각되면 의사에게 연락하라.

스트레스를 받거나 화가 날 때:

1. 아기를 안전한 장소(예: 침대, 놀이 울타리)에 두고 휴식을 취하라. 5-10분마다 영아를 확인하는 것을 잊지 마라.
2. 다시 차분해질 때까지 친구나 가족에게 잠시 아기를 돌봐달라고 부탁하라.
3. 지속적인 분노 감정에 대해 친구, 친척, 이웃, 상담사 또는 기타 의료 전문가로부터 지원을 구하라.
4. 폭력 이력, 분노 조절 문제가 있거나 쉽게 화를 내는 사람과 아기를 혼자 두지 마라.

원의 필요 등으로 인해 전반적인 생활비가 높은 경우가 많기 때문에 재정적 부담이 크다. 그러나 농맹을 가진 사람들에게는 재정적 지원이 가능하다. 의회는 2011년에 때때로 iCan Connect라고 불리는 국가 농맹 장비 배포 프로그램을 설립했다. 이 법은 대부분의 농맹인들에게 최근 개발된 의사소통 서비스에 대한 접근을 제공한다. 전문화된 장비와 "기성품" 장비 모두의 구매 및 유지비용이 이제 지원된다. 이 법은 필요한 사람들이 사회로의 문을 열고 일상생활에서 고립을 없애는 장치를 가지고 사용할 수 있게 한다. 유용한 기술의 예들이 너무 많아서 이 교재에 모두 포함하는 것은 불가능할 것이다. 더욱이 기술이 너무 빠르게 변화하여 우리가 강조한 혁신들조차도 이 교재가 인쇄되는 시점과 여러분이 읽는 시점 사이에 개선되거나 업그레이드되었을 것이다! 장애인을 위해 개발된 많은 기술들이 이제 모든 소비자들 사이에서 수요가 있는 반면, 일상적 사용을 위해 설계된 다른 장치들과 앱들은 장애인들에게 혜택을 준다.

의학적 발전: 더 밝은 미래의 약속

어셔 증후군에 초점을 맞춘 많은 섹션에서 학습한 바와 같이, 원인이 되는 유전자는 2000년까지 발견되지 않았다. 그 이후로 세 가지 다른 유형의 어셔 증후군이 판별되었다: 각각 다른 증상 패턴을 가지고 있으며, 따라서 각각 다른 치료 선택사항을 가진다. 가장 심각한 상태인 1형(UHS1)을 가진 사람들은 선천성 청각장애를 가지고 태어난다. 한 특정 유전자 돌연변이가 루이지애나의 케이준 인구에서 거의 독점적으로 존재한다. 우리는 또한 이제 보청기가 그들에게 어떤 혜택도 제공하지 않는다는 것을 안다; 인공와우는 상당한 혜택을 제공한다고 보고되었다. 진행성 실명이 생애 첫 20년 내에 시작되며 일반적으로 젊은 성인기까지 완전한 실명을 초래한다. 이 집단은 또한 18개월이 될 때까지 독립적으로 걷는 데 어려움을 겪는다. 이러한 사실들은 다학제 팀에게 적절한 중재 계획을 실행에 옮기는 중요한 정보를 제공하는데, 이는 USH1을 가진 성인들이 아동이었을 때는 불가능했던 것이다.

2형 어셔 증후군을 가진 개인들은 유사하지만 더 경미한 증상을 가진다. 그들의 청력 손실은 중등도에서 중도이며, 보청기로부터 혜택을 받는다. 영아를 위한 전수조사 때문에 그들의 청력 손실은 출생 시 판별되며, 보청기를 착용할 수 있고 치료가 생애 초기에 제공될 수 있다. 그들의 시각 손실은 진행성이지만 30대와 40대에 시작된다. 3형을 가진 사람들의 경우, 청력 손실은 진행성이며 시각 어려움의 시작은 가변적이다. 이제 무료 또는 저비용으로 DNA 또는 유전자 검사를 할 수 있는 기술적 능력이 있기에, 이 정보를 원하는 사람들에게 유전자 돌연변이의 존재를 발견할 수 있는 기회가 제공된다. 혜택은 미래의 실명을 예방할 수 있는 것들을 포함하여 조기 중재 치료 계획이 시행될 수 있다는 것이다.

이러한 과학적 발견으로부터의 또 다른 혜택들은 미래에 대한 큰 희망을 가져다준다. 가족력이 있는 사람들의 경우, DNA 검사는 개인들이 돌연변이 유전자의 보인자인지 그리고 그것을 자신의 후손에게 전달할 수 있는지를 알 수 있게 한다. 이 정보는 그들이 자신의 선택사항을 고려하고, 더 많은 정서적 평화를 가지며, 미래를 계획할 수 있게 한다. 또한 더 정교해지고 있는 유전자 치료와 세포 치료가 어셔 증후군의 사례들—시각과 청각 문제 모두—를 예방할 수 있을 것이라는 희망도 있다. 우리는 이 증후군을 예로 들어 장애를 유발하는 여러 질환들에 대한 의료 기술의 밝은 전망을 보여주고자 했다.

요약

기술된 기타 저발생률 장애

세 가지 유형의 저발생률 장애는 복잡하고 매우 개별화된 교육적 대응을 요구한다: 중복장애, 외상성 뇌손상(TBI), 그리고 농맹.

- 중복장애를 가진 학생들은 심각하고 다면적인 도전을 초래하는 적어도 두 가지 복잡한 장애를 가지고 있으며, 개인마다 고유하다.
- 외상성 뇌손상은 물리적 힘에 의해 생성된 두부 손상으로부터 초래되며; 이 손상은 심각한 도전을 제시하고 언어, 균형, 이동성, 인지와 같은 영역에 영향을 줄 수 있다.
- 농맹을 가진 일부 개인들은 기능적 시각이나 청력이 없다; 그러나 대부분은 청력이나 시각, 또는 둘 다의 일부 사용이 가능하다.
- 중복장애, 외상성 뇌손상, 그리고 농맹은 모든 공립학교 학생의 1%보다 훨씬 적은 합산 출현율을 가진다; 이러한 학생들 중 다수가 다른 장애학생들보다 더 제한적인 환경에서 교육을 받는다.

특수교육

중복장애, 외상성 뇌손상, 그리고 농맹을 가진 학생들은 그들의 장애에서 기인하는 고유한 도전을 충족하기 위해 고도로 개별화되고 특별히 고안된 교육(SDE)을 요구한다.

- 중복장애, 외상성 뇌손상, 농맹을 가진 학생들의 요구가 크게 다르지만, 이러한 학생들은 모두 조정으로부터 혜택을 받을 수 있다.
- 이러한 장애를 가진 일부 학생들은 수정된 교육과정을 요구할 수 있다.
- 그들의 상태의 심각성 때문에, 가장 중도의 장애를 가진 영아들은 종종 출생 시 또는 그 직후에 판별된다. 이러한 어린 아동들은 필요한 치료를 받는 개별화가족지원계획을 가지고 있으며, 그들의 부모도 훈련을 받는다.
- 다른 장애에 효과적인 학업적 및 행동적 중재의 많은 부분이 중복장애, 외상성 뇌손상, 농맹을 가진 학생들에게 적절하다. 그러나 이러한 학생들 중 다수는 일반교육 교육과정의 일부가 아닌, 특별한 교육과정과 교수주제를 요구한다.
- 중복장애, 외상성 뇌손상, 농맹을 가진 학생들을 위한 개별화된 전환 계획은 다른 유형의 장애를 가진 학생들을 위한 것과 같은 종류의 목적 중 일부를 포함한다. 또한, 지역사회중심교수는 독립적 생활에 필요한 기술들을 포함하여 많은 기술을 가르치는 데 사용될 수 있는 증거기반실제이다.

사람과 상황

한두 사람의 업적이 수많은 장애인의 치료와 교육에 영향을 줄 수 있다

- 단일 사건들이 일부 장애를 예방하거나 장애를 가진 사람들을 지원하는 서비스의 개발을 촉진하는 혁신을 불러일으킬 수 있다.
- 때로는 창조적인 개인들이 많은 사람들의 여가 활동과 여가 경험에 놀라운 변화를 가져오는 프로그램과 기회를 개발한다.

미래 전망

이 장에서 논의된 세 가지 유형의 장애 중, 외상성 뇌손상이 성공적인 예방 조치의 가장 높은 잠재력을 가진다. 그

러나 기술적 발전은 이러한 모든 장애를 가진 개인들의 일상생활을 개선할 수 있다.

- 외상성 뇌손상의 원인이 많은 경우에 알려지지 않았지만, 자동차 사고와 추락이 주요 요인이다. 결과적으로, 간단한 예방 행동과 부모 훈련이 외상성 뇌손상의 많은 사례를 예방할 수 있다.
- 스위치는 많은 유형의 보조공학의 기능을 향상시킬 수 있는 장치이다.
- 기술의 발전은 가장 중도의 장애를 가진 개인들이 이전보다 지역사회에 더 많은 접근을 할 수 있게 한다.
- 최근 몇 년간의 의학적 발전은 오늘날 장애에 효과적인 치료를 가져올 뿐만 아니라, 가까운 미래에 장애를 완치하거나 그 영향을 줄일 절차를 제공할 가능성을 제시하고 있다.

참고문헌

29 USC Chapter 21-Helen Keller National Center for Youths and Adults Who Are Deaf-Blind.

Alsop, L., Berg, C., Hartman, V., Knapp, M., Levasseur, C., Prouty, M., & Prouty, S. (2012). *A family's guide to interveners for children with combined vision and hearing loss*. Utah State University SKI-HI Institute. http://intervener.org/wp-content/uploads/2012/06/A-Familys-Guide-to-Interveners.pdf

Alwell, M., & Cobb, B. (2006). *Teaching functional skills to youth with disabilities: Executive summary*. National Secondary Transition Technical Assistance Center. https://interwork.sdsu.edu/sp/tscp/files/2015/06/life_skills_executive_summary.pdf

American Foundation for the Blind. (n.d.). *Helen Keller biography*. http://www.afb.org/info/about-us/helen-keller/biography-and-chronology/biography/1235

Annen, J., Filippini, M. M., Bonin, E., Cassol, H., Aubinet, C., Carrière, M., . . . Chatelle, C. (2019). Diagnostic accuracy of the CRS-R index in patients with disorders of consciousness. *Brain Injury, 33*(11), 1409-1412.

Battu, R., Ratra, D., & Gopal L. (2022). Newer therapeutic options for inherited retinal diseases: Gene and cell replacement therapy. *Indian Journal of Ophthalmology, 70*(7), 2316-2325.

Beech, M. (2018). *Accommodations: Assisting students with disabilities* (4th ed.). Bureau of Exceptional Education and Student Services, Florida Department of Education. https://www.fldoe.org/core/fileparse.php/7690/urlt/0070069-accomm-educator.pdf

Centers for Disease Control and Prevention (CDC). (2018). *Report to Congress: The management of traumatic brain injury in children*. National Center for Injury Prevention and Control; Division of Unintentional Injury Prevention.

Centers for Disease Control and Prevention (CDC). (2022a, March 22). *Get the facts about TBI*. https://www.cdc.gov/traumaticbraininjury/get_the_facts.html

Centers for Disease Control and Prevention (CDC). (2022b, April 6). *Preventing abusive head trauma*. https://www.cdc.gov/violenceprevention/childabuseandneglect/Abusive-Head-Trauma.html

Centers for Disease Control and Prevention (CDC). (2022c). *Surveillance report of traumatic brain injuryrelateddeaths by age group, sex, and mechanism of injury—United States, 2018 and 2019*. https://www.cdc.gov/traumaticbraininjury/pdf/tbi-surveillance-report-2016-2017-508.pdf

Centers for Disease Control and Prevention (CDC). (2022d, March 7). *Symptoms of mild TBI and concussion*. https://www.cdc.gov/traumaticbraininjury/concussion/symptoms.html

Federal Communications Commission. (2011, April 6). *FCC acts to ensure that deaf-blind individuals have access to 21st century communications technologies*. http://hraunfoss.fcc.gov/edocs_public/attachmatch/DOC-305587A1.pdf

Griffard, P. B. (2017, Summer). *Cajun strong: Advances in genetics provide new hope for Acadiana's closeknitpopulation of Usher's syndrome carriers*. https://64parishes.org/cajun-strong

Haben, G. (2019). *Haben: The deafblind woman who conquered Harvard Law*. Twelve.

Hartshorne, T. S., Hefner, M. A., Davenport, S. L. H., & Thelin, J. W. (2010). *Charge syndrome*. Plural.

Holcomb, M., & Wood, S. (1989). *Deaf woman: A parade through the decades*. DawnSignPress.

Lentz, J. L. (2020, July 6). USH2020: Usher syndrome Type *1C research update* [Presentation]. Usher Syndrome Coalition. https://www.usher-syndrome.org/what-is-usher-syndrome/presentations/ush-talks/ush2020-virtual-presentations/ush2020-usher-syndrome-type-1c-research-update.htmlpe%201C%20Research%20Update_corrected.pdf

Morgan's Wonderland. (2022). *The story of Morgan's Wonderland*. https://morganswonderland.com/

about-us/

Naraian, S. (2010). "Why not have fun?": Peers make sense of an inclusive high school. *Intellectual and Developmental Disabilities, 48*, 14–30.

National Center on Deaf-Blindness. (2021). *Intervener services and interveners in educational settings: Definition.* https://www.nationaldb.org/media/doc/NCDB_Intervener_Services_Definition.pdf

National Center on Deaf-Blindness. (2022a). *National child count: National Deaf-Blind child interactive maps.* https://www.nationaldb.org/info-center/national-child-count/interactive-maps/

National Center on Deaf-Blindness. (2022b). *National child count report.* https://www.nationaldb.org/products/national-child-count/report-2020

National Center on Educational Outcomes. (n.d.). *Alternate assessments based on alternate achievement standards (AA-AAS).* https://nceo.info/Assessments/aa-aas

National Institute of Neurological Disorders and Stroke. (2022, July 25). *Traumatic brain injury: Definition.* National Institutes of Health. https://www.ninds.nih.gov/health-information/disorders/traumaticbrain-injury

Sarmiento, K., Jaileyesus, T., Waltzman, D., & Daugherty, J. (2021). Emergency department visits for bicycle-related traumatic brain injuries among children and adults – United States, 2009–2018. *Morbidity and Mortality Weekly Report, 70*(19), 693–697.

Savas, S., & Keats, B. J. B. (2022). *Type I Usher syndrome in the Acadian population of Louisiana.* LSU Health School of Medicine. https://www.medschool.lsuhsc.edu/genetics/louisiana_genetics_and_hereditary_health_care_usher_syndrome.aspx

Schaefer, J. M., & Andzik, N. R. (2016). Switch on the learning: Teaching students with significant disabilities to use switches. *TEACHING Exceptional Children, 48*, 204–212.

Sproutflix. (n.d.). *About Sproutflix.* http://sproutflix.org/about/

Sullivan, K. (2019, July 30). *Sports leading cause of traumatic brain injury in teens, study finds.* https://www.everydayhealth.com/neurology/sports-leading-cause-traumatic-brain-injury-teens-studyfinds/

Test, D., & Mazzotti, V. L. (2011). Transitioning from school to employment. In M. E. Snell & F. Brown (Eds.), *Instruction of students with severe disabilities* (7th ed., pp. 569–611). Pearson Education.

Theadom, A., Mahon, S., Hume, P., Starkey, N., Barker-Collo, S., Jones, K., . . . Feigin, V. L. (2020). Incidence of sports-related traumatic brain injury of all severities: A systematic review. *Neuroepidemiology, 54*, 192–199.

U.S. Department of Education. (2006, August 14). Assistance to states for the education of children with disabilities and preschool grants for children with disabilities; Final Rule (pp. 1263–1264), *Federal Register,* 34 CFR Parts 300 and 301.

U.S. Department of Education. (2022). *Child count and educational environments* [IDEA Section 618 Data Products: State-level data files]. https://data.ed.gov/dataset/idea-section-618-state-part-b-childcount-and-educational-environments/resources

U.S. Department of Education, National Center for Education Statistics. (2022). Table 203.65. Enrollment in public elementary and secondary schools, by level, grade, and race/ethnicity: Selected years, fall 1999 through fall 2021. *Digest of Education Statistics.* https://nces.ed.gov/programs/digest/d22/tables/dt22_203.65.asp

Usher Syndrome Coalition. (2022). *Frequent questions.* https://www.usher-syndrome.org/resources/frequent-questions.html

Visitor Services Department. (2020, December 11). *What does it mean to be Cajun?*: 12 stories to understand this identity. https://www.hnoc.org/publications/first-draft/what-does-it-mean-be-cajun-12-storiesunderstand-identity

Waltzman, D., Womack, L. S., Thomas, K. R., & Sarmiento, K. (2020). Trends in emergency department visits for contact sports: Related traumatic brain injuries among children: United States, 2001–1018. *Morbidity and Mortality Weekly Report, 69*, 870–874.

제15장

영재 및 재능아

어제 내 아들이 계산기와 종이, 펜을 가지고 혼자 깊은 집중에 빠져 10분간 앉아 있다가 갑자기 벌떡 일어나 소리쳤다. "바로 그거야! 맞아! 0.9999... 무한반복이 1과 같아! 정말이야! 확실히 1과 같다고!" 내 아들은 3살이다!

그 아이가 흥분해서 나에게 뛰어올라 자신의 유레카 순간에 대해 멈추지 않고 이야기하는 것을 보며 무슨 말을 해야 할지 몰랐다. 그래서 마음을 가라앉힌 후 "혹시 0.9999 무한반복은 1과 거의 같은 것 아닐까?"라고 말했다. 그 아이는 나를 이상하게 쳐다봤다. 그래서 "0.9는 1보다 얼마나 작지?"라고 물었다. 그 아이는 "10분의 1"이라고 답했다. "그럼 0.999999는 1보다 얼마나 작을까?"라고 물으니 "100만분의 1"이라고 답했다. "그럼" 내가 마무리하며 말했다. "혹시 0.9999 무한반복은 항상 작은 조각이 빠져있는 건 아닐까?"

그 아이는 즉시 이렇게 반박했다: "3분의 1은 0.3333 무한반복과 같고, 3분의 2는 0.6666 무한반복과 같아." 그리고 이렇게 마무리했다. "3분의 1 더하기 3분의 2는 1이야. 그리고 0.3333 무한반복 더하기 0.6666 무한반복은 0.9999 무한반복이야... 그러니까 0.9999는 1과 같아!" 그러고는 기뻐서 소리지르며 뛰어다녔다.

생후 3개월에 말이 나오기 시작하면서부터 이 아이와 함께한 수많은 놀라운 순간들 때문에 나는 그 아이의 독특함에 어느 정도 무뎌져 있다. 밤에 기저귀를 차고 잔잔히 잠들어 있는 그 아이를 보면, 하루 종일 미소 지었던 흔적이 얼굴에 남아 있는데, 내가 어떻게 이렇게 운이 좋은지 궁금해진다. 그리고 정리를 하면서 바닥에서 그 아이보다 10살 위 아이들을 대상으로 한 수학책들을 줍고, 그날 그 아이가 만든 파워포인트 프레젠테이션을 끄는데(그 안에는 그 아이가 쓰고 그린 이야기가 들어있다), 곳곳에 널린 실제 3살 아이 장난감 더미에 걸려 넘어질 뻔하면서, 나는 모든 것을 걱정하기 시작한다.

—고도영재 아동의 아빠 (Davis et al. [2011]에서 인용.)

제 15 장 영재 및 재능아

학습 목표

15.1 영재 학생의 특성을 설명할 수 있다.

15.2 영재 학생이 학교에서 겪는 학업적 및 사회적 어려움을 해결할 수 있는 조정 방안을 설명할 수 있다.

15.3 영재교육의 역사를 설명하고, 영재 학생과 그 학부모를 위한 자원을 제시할 수 있다.

15.4 많은 영재 및 재능아 학생들이 자신의 학습 요구에 부합하는 교육적 지원 및 서비스를 받지 못하는 이유를 설명할 수 있다.

영재 및 재능아의 정의

학습 목표

영재 학생의 특성을 설명할 수 있다.

영재 및 재능아의 정의

- 영재와 재능이 뛰어난 아동은 탁월한 능력과 재능을 가지고 있다
- 영재 및 재능아의 정의는 주(state)마다 다르다.

영재 및 재능아에 대한 개념과 정의는 시간이 흐르면서 변화해왔다. 영재성의 정의는 인지, 추론, 그리고 지능검사 점수에만 근거한 협의적 관점에서부터 지능, 적성, 능력, 창의성, 재능 등 다차원적 관점에 이르기까지 다양하게 변화해왔다.

영재성의 정의는 특수 프로그램에 적격한 학생을 판별하는 데 사용된다. 이러한 프로그램들은 영재 및 재능이 있는 학생의 요구를 충족시키기 위해 설계되어 있지만, 다른 예외적 학생들이 받을 수 있는 특수교육 프로그램과는 차별화되어 있다. 이 장의 후반부에서 다루겠지만, 영재 프로그램은 장애인교육법(IDEA)에 의해 의무화되어 있지 않으며, 모든 주나 교육구에서 제공되는 것도 아니다. 표 15.1에는 영재 또는 재능아로 간주되는 학생을 설명하는 데 일반적으로 사용되는 세 가지 정의가 제시되어 있다. 첫 번째는 1972년 Marland 보고서가 의회에 제출되면서 전국적으로 주목받은 미국 교육부의

표 15.1 영재 및 재능아의 정의

용어	정의	출처
영재 및 재능아 아동	영재 및 재능이 있는 아동은 전문적으로 자격을 갖춘 인사에 의해 판별된 아동으로, 탁월한 능력으로 인해 높은 성취를 보일 수 있는 자를 의미한다. 이들은 일반적인 학교 프로그램에서 제공하는 것보다 더 차별화된 교육 프로그램과 서비스를 필요로 하며, 이를 통해 자신과 사회에 기여할 수 있도록 한다. 높은 수행 능력을 지닌 아동은 다음 영역 중 하나 이상에서 입증된 성취 또는 잠재력을 보이는 경우를 포함한다: 1. 일반 지적 능력 2. 특정 학문적 적성 3. 창의적 또는 생산적 사고 4. 리더십 능력 5. 시각 또는 공연 예술 6. 심리운동 능력 이러한 기준을 활용할 때, 영재 및 재능아로 판별되는 학생은 전체 학생의 최소 3~5%에 이를 수 있다.	미국 교육부(Marland 정의)
영재 및 재능아	... (학생, 아동, 또는 청소년이) 지적, 창의적, 예술적, 리더십 역량, 또는 특정 학문 분야 등에서 높은 성취 역량을 보이며, 학교에서 일반적으로 제공하지 않는 서비스나 활동이 필요하여 그 역량을 충분히 개발할 수 있는 자.	초·중등교육법(2002), PL 107-110, 정의 22, 모든 학생의 성공법(2015) 재승인
영재 개인	영재성과 재능을 지닌 학생은 동년배, 유사한 경험, 환경의 다른 학생들에 비해 한 개 이상의 영역에서 더 높은 수준으로 수행하거나 수행할 수 있는 능력을 가진다. 이들은 잠재력 실현을 위해 교육 경험의 조정이 필요하다. 영재성과 재능을 지닌 학생은 다음과 같은 특성을 보인다: - 모든 인종, 민족, 문화 집단 및 경제적 계층에서 나타난다. - 잠재력 실현을 위해 적절한 학습 기회에 충분히 접근할 수 있어야 한다. - 전문적인 중재와 조정이 필요한 학습 및 정보처리 장애를 가질 수 있다. - 사회적·정서적으로, 그리고 관심 분야에서 성장할 수 있도록 지원과 안내가 필요하다. - 변화하는 요구에 따라 다양한 서비스가 필요하다.	미국영재아동협회

출처: 초·중등교육법 제9편 일반조항, 제9101조, 미국 교육부; 미국영재아동협회(2019b); 미국 교육부(1972).

영재성 정의이다. 이 영재교육 보고서는 당시 미국 교육부 장관이었던 시드니 말랜드가 작성했기 때문에 "Marland 정의"라고도 불린다. 1988년 Jacob K. Javits 영재 및 재능아 학생 교육법(PL 100-297)이 제정되면서 영재교육과 재능 개발에 대한 보다 포괄적인 관점이 등장했고, 이 기본 정의는 초·중등교육법(ESEA)의 모든 재승인 과정에서 유지되고 있다. 세 번째 정의는 영재아동의 능력과 재능 개발을 지원하는 교육자, 학부모, 그리고 정책입안자를 위한 단체인 미국영재아동협회의 정의이다.

비록 표 15.1에 두 개의 연방 차원의 영재 및 재능아 정의가 제시되어 있지만, 각 주는 자체 정의를 개발할 수 있으며, 일부 주는 특별한 재능이나 탁월한 창의성과 같은 특성을 포함하기도 한다. 그러나 연방 차원의 정의가 대부분 주에서 현재 사용되는 정의의 근거가 되고 있다. 각 주의 영재성 정의 목록은 미국영재아동협회 웹사이트(http://nagc.org.442elmp01.blackmesh.com/state-definitions-giftedness)에서 확인할 수 있다.

영재학생 판별

- 영재 및 재능학생을 판별하는 절차는 교육구와 주마다 다르다.
- 영재 및 재능학생의 판별은 종종 지능검사나 학업

그림 15.1 정규분포 곡선에 따른 IQ 점수 분포

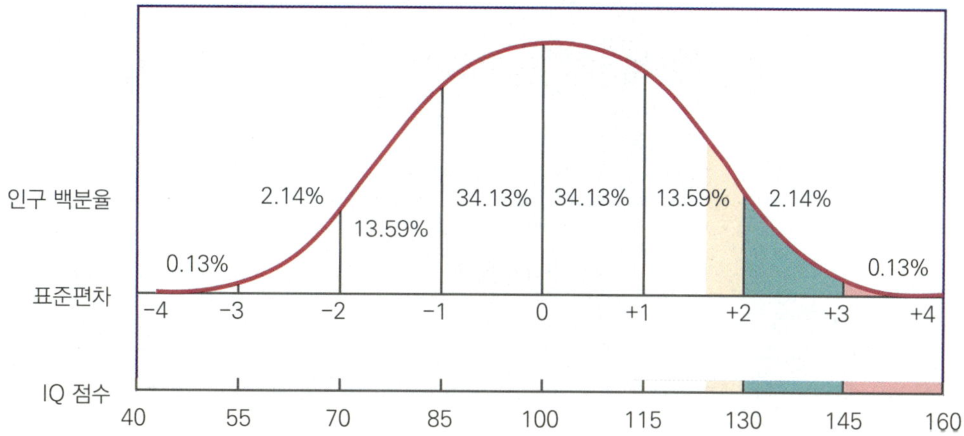

성취도 검사 결과에 근거하지만, 다양한 출처의 정보를 함께 고려해야 한다.

영재아 판별은 대개 조기에 이루어진다. 이들은 거의 태어날 때부터 독특함을 드러낸다. 이러한 영아와 유아는 또래보다 발달 이정표를 더 빨리 달성하며, 초기 아동기 전반에 걸쳐 또래보다 앞서 나간다. 이들은 만 1세가 되기 전에 혼자 걷고, 만 2세가 되기 전에 완전한 문장으로 말한다. 생후 6개월이면 책의 페이지를 넘기고, 유치원에 입학하기 전부터 책을 읽는 경우도 흔하다. 부모, 소아과 의사, 또는 보육 제공자가 아동이 기대보다 빨리 발달 이정표에 도달하는 것을 발견하면, 이들을 특수 프로그램이나 조기 입학 대상으로 연계할 수 있다. 부모는 보통 자녀의 영재성을 가장 먼저 알아채고 교사에게 알린다. 그러나 교사는 영재 행동을 인식하지 못해 학생을 초기 검사 대상으로 연계하지 못하는 경우가 많다. 그럼에도 불구하고, 교사는 일반적으로 사정평가 과정의 첫 단계인 선별 또는 검사 연계에 관여한다.

사정평가는 일반적으로 영재교육 진입의 관문이지만, 판별 방법은 다양하다. 일부에서는 지능이 주요 고려 요소가 되어 IQ 점수가 우선시된다. 이 방법을 이해하기 위해 9장에서 학습한 정규분포 곡선을 간단히 복습해보자. 대부분 학생의 점수(68% 이상)는 평균에서 한 표준편차 이내(85~115점)에 분포한다. 영재학생 판별에 대한 표준이 존재하지 않기 때문에, 학교, 교육구, 주마다 서로 다른 기준을 사용할 수 있으며, 이는 판별되는 학생 수에 큰 영향을 미칠 수 있다. 이는 "출현율과 배치" 절에서 더 자세히 다루겠지만, 서로 다른 기준을 적용할 때 판별되는 학생 수를 비교해보자(그림 15.1 참조).

- 학교, 교육구, 주에서 124점 이상(보라색 음영 영역 및 그 이상)을 영재로 간주하면 전체 아동의 6%가 영재 및 재능아로 판별된다.
- 130점 이상, 즉 평균에서 두 표준편차 이상(파란색 음영 영역 및 그 이상)을 요구할 경우, 전체 학생의 약 2%만이 영재로 판별된다.

또한, 서로 다른 절단점이 학생의 영재성 수준을 분류하는 데 적용될 수 있다. 그림 15.1은 학생을

그림 15.2 렌줄리의 3고리 영재성 개념

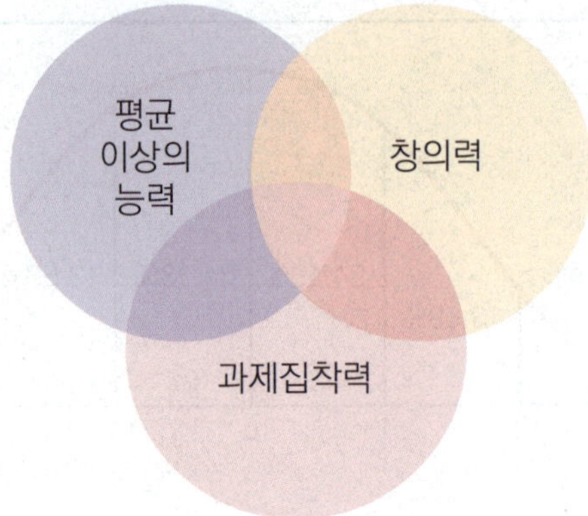

분류하는 한 가지 예시를 보여준다. 130~145점(파란색 음영 영역)에 해당하는 학생은 "영재"에서 "중등도 영재"로, 145~160점(녹색 음영 영역)은 "고도 영재"에서 "탁월한 영재"로, 160점 초과(약 3만 명 중 1명, 즉 0.0003%)의 극소수 학생은 "최고도 영재"로 분류된다.

다른 학교, 교육구, 주에서는 학생의 학업성취를 우선시하여, 영재 판별 기준을 성취도 점수(예: 상위 3~5% 학생 또는 95백분위 이상)로 설정하기도 한다. 그러나 IQ 점수나 학업성취에 근거한 영재 판별은 문화적·언어적으로 다양한 학생이나 저소득층 학생의 잠재력을 반영하지 못하는 경우가 많으며, 이들의 지능 및 성취도 검사 점수는 실제 잠재력을 제대로 나타내지 못할 수 있다. 이러한 방법은 또한 탁월한 창의성을 보이는 학생을 판별하지 못한다. 이러한 여러 이유로, 영재학생 판별에는 다양한 출처의 자료를 활용하는 것이 중요하다.

Talent Pool 판별 체계는 더 폭넓은 특성과 다양한 자료원을 고려하여, 영재성과 창의성을 보이는 모든 학생을 찾기 위해 고안된 방식이다. 이 판별 절차는 Joseph Renzulli의 삼원/세 고리(Three-Ring) 영재성 개념에 근거하며, 이는 평균 이상의 능력, 창의성, 과제집착력이라는 세 가지 영재 특성을 고려한다(그림 15.2).

지능지수나 성취검사에 의존하기보다는, 교사들은 다양한 영역에서 뛰어난 기술을 보이는 학생들을 고려하도록 장려된다(예: 언어적 및 비언어적 추론, 리더십, 학업, 예술, 창의적 글쓰기, 구어). 재능집단의 다단계 과정은 많은 판별 측정방법들을 통합한다(그림 15.3 참조):

- 지능검사(비언어적 측정 포함)
- 성취검사
- 창의성 검사
- 교사 추천
- 부모 추천
- 또래 추천
- 자기 추천
- 작품 샘플 또는 포트폴리오
- 수행(예: 음악, 연극)

재능집단 체계는 다양한 배경이나 고빈곤 배경 출신 또는 영재 부진아와 같이 소외될 위험이 있는 학생들을 찾아내는 데 유익하다(이러한 집단들에 대한

그림 15.3 재능집단 판별체계

1단계: 검사점수 추천	• 92백분위 이상의 학생들이 허용된다. • 이러한 학생들은 재능집단의 대략 절반을 차지하게 된다.
2단계: 교사 추천	• 교사들은 탁월한 창의성, 동기, 재능, 수행력, 또는 잠재력과 같은 준거를 사용하여 추가 학생들을 추천한다.
3단계: 대안 경로	• 다른 학생들은 부모, 또래, 또는 자기추천, 특별 검사(창의적 글쓰기, 기계적 능력), 작품 또는 포트폴리오 검토 등을 통해 고려된다. • 입학은 심사위원회에 의해 결정된다.
4단계: 특별 추천 (안전장치 1호)	• 1–3단계의 학생 목록이 모든 교사들에게 전달되며, 교사들은 추가 학생들을 추천할 수 있다. • 이는 자원실 교사, 전년도 교사, 그리고 특별한 재능과 소질을 인식할 수 있는 다른 사람들로부터의 추천을 가능하게 한다.
5단계: 행동정보 추천 (안전장치 2호)	• 특정 주제에 탁월한 관심을 가지거나 독립적으로 학습하고자 하는 욕구를 가진 학생들이 포함된다.

출처: Renzulli(n.d.)에서 각색.

더 자세한 내용은 "해결해야 할 쟁점들" 섹션에서 후술한다). 다른 장점들로는 재능집단 판별체계가 더 많은 학생들이 영재 프로그램에 참여할 수 있게 하고, 교사 편견이나 과도추천 및 과소추천과 관련된 문제들을 제거하며, 엘리트주의적이거나 배타적으로 여겨지지 않는다는 점이 있다.

하워드 가드너의 다중지능 이론 또한 지능검사 점수로 포착할 수 있는 것보다 영재와 재능아에 대한 더 폭넓은 관점을 제공한다. 가드너는 지능이 모든 사람이 소유하고 있지만 정도가 다른 많은 차원들을 가지고 있으며, 개인은 하나 또는 그 이상의 영역에서 뛰어날 수 있지만 반드시 모든 영역에서 그런 것은 아니라고 이론화한다. 가드너는 처음에 일곱 가지 지능 차원을 제안했지만, 그와 동료들은 현재 여덟 개 영역을 포함한다(표 15.2 참조).

가드너는 아홉 번째 지능 영역인 실존지능(영성이라고도 함)을 추가하는 것을 고려하고 있다. 이는 인간의 조건과 전 세계적 쟁점들에 대한 고조된 인식과 삶, 죽음, 사랑과 같은 개념들의 의미에 대한 관심을 의미한다. 이러한 유형의 지능을 소유한 사람들에는 철학자, 신학자, 종교 지도자, 예술가, 작가들이 포함된다. 그들은 사회의 더 큰 선을 위해 자신의 삶을 바친 마더 테레사와 마틴 루터 킹 주니어, 그리고 윤리적 행동을 탐구한 소크라테스와 같은 사람들이다. 이러한 유형의 지능이 최근 몇 년간 많은 관심을 받고 있지만, 가드너는 아직 이를 자신의 목록에 추가하지 않았는데, 그 이유는 이것이 그가 포함을 위해 제시한 모든 준거를 충족시키지 못하기 때문이다.

재능탐색과 상위수준 검사

재능탐색 개념은 원래 존스홉킨스 대학교의 심리학자인 줄리안 스탠리에 의해 개발되었다. 스탠리는 한 중학생의 수학적 능력을 사정평가하기 위해 대학 입학시험인 학력적성검사(SAT)를 사용했는데, 그 이유는 그의 기술이 학년수준 검사가 측정할 수 있는 것보다 더 진전되어 있었기 때문이다. 오늘날 재능탐색은 학년수준 및 상위수준 검사를 사용하여 학생들을 프로그램에 자격을 부여하며, 이는 추가적인 재능개발 기회인 속진 주말 또는 여름 프로그램, 멘토링, 진로상담을 제공한다. 연구자들은 최고수행 학생들의 미세한 차이를 탐지하는 상위수준 검사의 능력을 지지한다(예: 능력 수준 상위 0.01%에 속하는 학생들을 구별하는 것). 프로그램 참여자들의 성과는 뛰어나다: 높은 성적, 조기 졸업, 명문대학 입학, 그리고 탁월한 진로 성취이다. 재능탐색 기회에 대해 더 알아보려면 https://www.davidsongifted.org/gifted-blog/talent-search-opportunities-for-gifted-students/를 방문하라.

프로그램에 대한 우려는 참여자들의 인구통계학적 특성에 집중되는데, 이들 중 다수가 중산층 및 상류층 배경의 백인 학생들이 주를 이룬다. 프로그램들이 교육구 주도의 사업이 아니기 때문에 관련 비용이 발생하므로, 저소득 가정 출신 학생들—이들 중 다수가 문화언어적으로 다양하다—에게 재능탐색 기회를 제공하려는 노력이 중요하다.

특성

- 영재와 재능이 있는 학생들이 많은 영역에서 예외적인 능력을 보일 수 있지만, 그들은 종종 공통된 특성을 가진다.
- 영재와 재능학생들 또한 장애를 가질 수 있다.

전문가들은 영재학생들이 또래들과 구별되는 몇 가지 공통된 특성을 공유한다는 데 동의한다. 기억할 수 있듯이, 렌줄리는 과제 집착력을 영재 행동의 세 가지 차원(평균 이상의 능력 및 창의성과 함께) 중 하나로 포함한다. 과제 집착력에 대한 그의 개념화는 극도로 동기화되고, 집중하거나, 과제 지향적이거나 또는 뛰어난 끈기를 보이는 영재학생에게서 반영된다—이는 높은 성취자들의 핵심 특성이다. 또한, 영재학생들은 종종 다음의 여섯 영역 중 하나 또는 그 이상에서 뛰어난 재능과, 아마도 예외적인 헌신과 몰입을 보인다:

- 지적 능력(예: 추상적으로 추론함, 빠르게 학습함)
- 학업 적성(예: 많은 양의 정보를 기억함, 주제에 광범위하게 집중함)
- 창의성 또는 생산적 사고(예: 개인주의, 유머감각을 나타냄)
- 리더십 능력(예: 훌륭한 결정을 내림, 자신감을 소유함)
- 시각 및 공연 예술 재능(예: 춤을 통해 감정을 표현함)
- 정신운동 능력(예: 활기참, 정확한 움직임을 보임)

이러한 광범위한 영역들 각각에서, 학생들은 더 특정한 영역에서 뛰어날 수 있다. 예를 들어, 학업 적성 영역에서 학생들은 과학이나 수학에서 특별한 강점을 보일 수 있다. 시각 및 공연 예술 영역에서 예

표 15.2 가드너의 다중지능

지능	설명	성인기 결과
1. 언어적	단어로 사고하고 복잡한 방식으로 언어를 사용하는 능력	변호사, 시인, 연설가, 작가
2. 논리-수학적	계산하고, 정량화하고, 가설을 세우며 패턴을 인식하는 능력	엔지니어, 수학자, 과학자
3. 공간적	3차원적으로 사고하는 능력	건축가, 예술가, 조종사, 외과의사
4. 신체-운동감각적	신체와 손을 능숙하게 사용하는 능력	안무가, 암벽등반가, 숙련 장인
5. 음악적	리듬, 음높이, 선율, 음색에 대한 민감성	음향 엔지니어, 작곡가, 음악가
6. 대인관계적	타인의 행동과 동기를 이해하고 생산적으로 행동하는 능력	배우, 정치 지도자, 판매원, 교사, 치료사
7 개인내적	자신의 감정과 능력을 이해하는 능력	자서전 작가, 감수성이 뛰어난 개인, 훌륭한 의사결정자
8. 자연친화적	패턴을 관찰하고, 분류를 만들며, 체계를 개발하고 이해하는 창의성	고고학자, 농부, 사냥꾼, 조경 건축가

출처: 다양한 자료 및 Gardner(1983)를 기반으로 함.

외적인 재능을 나타내는 다른 학생들은 춤이나 음악을 통해 그렇게 할 수 있다. 다른 모든 예외성을 가진 학생들과 마찬가지로, 영재학생들이 이질적 집단을 구성한다는 점을 염두에 두는 것이 중요하다. 그들이 종종 공통된 특성을 보이지만, 이러한 학생들은 독특하며 프로그램을 계획하고 서비스를 제공할 때 고려되어야 하는 개별적 요구를 가진다.

완전하지는 않지만, 표 15.3은 영재학생들에게 공통된 여러 특성들을 나열한다. 이러한 특성들 중 일부가 위에 나열된 여섯 영역과 일치한다는 점을 주목하라. 표의 다른 특성들이 이러한 영역들과 어떻게 연관되는지 잠시 고려해 보자.

수십 년 동안 연구자들은 영재학생들이 사회정서적 발달이나 기술 영역에서 또래들과 어떻게 비교되는지를 확인하려고 시도해왔다. 1921년 루이스 터만("기원과 역사" 섹션에서 더 자세히 알아볼 예정)은 높은 지능지수를 가진 1,500명 이상의 학생들을 추적하기 시작했다. 그들의 심리적 안녕감에 대한 자료를 수십 년간 수집한 후, 그는 영재학생들이 일반적으로 발달하는 또래들보다 더 적은 심리적 문제를 경험한다고 결론지었다. 그 이후로 연구자들은 다수의 연구를 수행했으며 영재학생들의 심리적 안녕감에 관해 상반된 결과들을 발견했다. 그러나 18개 연구에 대한 최근 검토에서, 압도적인 발견은 영재인 학생들이 비영재 또래들보다 사회적으로 그리고 정서적으로 더 잘 적응한다는 것이었다. 더 구체적으로, 집단으로서 그들은 불안, 우울, 외현화 행동에서 더 적은 문제를 가지며 더 큰 자존감과 사회적 기술을 가진다. 더 나아가, 두 개의 최근 연구들은 전체적으로 이러한 학생들이 일반적으로 발달하는 또래들만큼 심리적으로 잘 적응한다는 것을 보여주었다. 그리고 이는 유아기 초기부터 성인기까지 그러했다—한 연구는 1, 2학년 학생들을 조사했고 다른 연구는 13세에 학생들을 판별하여 40년간 추적한

표 15.3 영재학생의 공통 특성

지적/학업적	사회적/정서적
추상적으로 추론함	자신을 비판함
개념화하고 종합함	공감함
정보를 빠르고 의미 있게 관리하고 처리함	나이 많은 친구들과 놀음
어려운 문제를 해결함	지속함
빠르게 학습함	강렬함
지적 호기심을 보임	개인주의를 나타냄
폭넓은 관심을 가짐	인격의 힘을 가짐
훈련과 일상을 싫어함	리더십 능력을 보임
학습을 일반화함	윤리적 쟁점에 관심을 가짐
많은 양의 자료를 기억함	위험을 감수함
강한 언어 기술을 보임	독립적이고 자율적임
조용한 학습 환경을 선호함	타인과 자신에게 매우 민감함
새로운 학습 상황에 적응함	성숙한 유머감각을 가짐
다양한 추론 및 사고 기술을 적용함	비순응적임
학업 과제에 의해 고도로 동기화됨	다양한 표현 방식을 사용함
주제나 아이디어에 집중하고 긴 시간 동안 몰두함	실패로부터 극심한 스트레스를 경험함
훌륭한 결정을 내림	자신감을 소유함
고도로 조직화되어 있음	또래들에게 사랑받음
창조하고 발명함	자신과 타인에 대해 높은 기대를 가짐
자기 동기화됨	감정과 아이디어를 유창하게 표현함
대용량 어휘를 가짐	완벽을 추구함

종단연구였다. 더욱이, 종단연구는 중년기의 이러한 성인들이 긍정적 감정과 삶에 대한 만족감, 진로 방향, 그리고 관계에 대해 높은 평점을 보고했다고 밝혔다.

평균적으로 이러한 학생들이 사회적으로 그리고 정서적으로 잘 지내지만, 이 집단 내에서도(다른 어떤 집단에서와 마찬가지로) 사회정서적 쟁점들을 경험하는 학생들이 있을 것이라는 점을 이해하는 것이 중요하다. 특히, 다음의 하위집단들이 더 많은 심리적 문제를 가지는 것으로 나타났다.

- 영재 부진아들과 창의적 재능을 보이는 학생들은 낮은 자기개념과 내재화 및 외현화 행동과 같은 더 많은 심리적 쟁점들을 경험할 수 있다. 그러나 이것이 반드시 그들의 영재성 자체와 연결된 것은 아니며 오히려 적절하고 도전적인 교과과정의 부족과 관련된다.
- 최고도의 영재 학생들은 또래들보다 더 많은 행동 문제를 보이는 것으로 발견되었으며, 이러한 쟁점들은 영재성 수준에 비례하여 증가할 수 있다. 이미 알고 있고 몇 년 전에 학습했을 수도 있는 정보를 매일 몇 시간씩 "가르침" 받는 것이 어떨지 생각해보라. 이것이 어떻게 지루함과 좌절감으로 이어질 수 있고, 결과적으로 일탈행동으로 이어질 수 있는지 쉽게 알 수 있다.

또한, 일부 영재학생들은 진전된 의사소통 기술을 가지고 있고, 종종 사회적으로 성숙하며, 매우 다른 관심사를 가지고 있기 때문에 같은 연령의 또래들과 연결하는 데 어려움을 가질 수 있다. 이는 이러한 학생들이 사회적으로 무능하다는 의미가 아니라 오히려 같은 연령의 또래들과 어울리는 데 어려움을 가질 수 있다는 의미이다. 결과적으로, 이러한 학생들은 종종 지적으로 더 유사한 나이 많은 아동들과 관계 맺는 것을 선호한다. 실제로, 나이 많은 학생들과 함께 수업에 참여하고 더 마음이 맞는 또래들과 상호작용할 기회를 가지는 대부분의 학생들은 사회적으로 그리고 정서적으로 잘 적응한다. 추가적으로, 일반 학생 집단 내에서와 유사하게, 영재학생들 사이에서도 불안이 증가하고 있지만, 원인은 다를 수 있다. 영재학생들 사이의 불안은 타인과 자신에 대한 고조된 민감성, 완벽주의적 경향, 비동시성 발달, 그리고 일반적으로 발달하는 학급친구들과 어울리지 않는다는 감각과 같이 위에서 강조된 특성들 중 일부와 연결될 수 있다.

영재학생들은 또한 공존하는 학습장애, 자폐증, 정서행동장애 등을 가질 수 있다. 이러한 독특한 학습자 집단은 장애영재(twice-exceptional, 또는 2e) 학생들로 지칭되지만, 일부 사람들과 기관들은 이 용어를 학습장애를 가진 영재학생들에게 특별히 사용한다.

장애를 가지면서 동시에 영재이거나 뛰어난 재능을 가진 사람들을 생각해보라고 한다면, 이전 장들에서 언급된 이러한 사람들을 떠올릴 수 있을 것이다: 스티븐 호킹(지체장애), 루드비히 반 베토벤(청각장애), 토마스 에디슨(학습장애), 헬렌 켈러(농맹), 프랭클린 D. 루즈벨트(지체장애), 찰스 슈왑(학습장애), 그리고 마이클 펠프스(ADHD). 5장에서 사라 솔로몬을 만났다. 그녀가 뇌성마비를 가지고 있지만, 그것이 그녀가 상당히 주목할 만한 성취 목록을 쌓는 것을 막지 못했다는 점을 기억하라(예: 조지 W. 부시 전 대통령, 블랙 엔터프라이즈 매거진, 그리고 기업가정신 연구소로부터의 인정). 이러한 사람들은 위대한 일들을 성취했고, 각자의 분야에 주요한 기여를 했으며, 상당한 인정을 받았고, 누구나 예외적인 능력, 재능, 또는 창의성을 가질 수 있다는 것을 증명했다.

장애를 가진 영재학생들에 대한 관심은 상대적으로 새로운 것이다. 1970년대 동안 준 메이커는 특정 학습자 하위집단인 학습장애를 가진 영재학생들의 요구에 대해 분야의 관심을 끌었다. 1977년 그녀는 자신의 연구 결과를 발표하여 이전에 인식되지 않았던 이 학생 집단에 대해 조명하고 그들에게 독특한 교육 경험을 제공하는 것의 중요성을 강조했다. 오늘날에도 장애영재 학생들이 항상 판별되는 것은 아니다. 이는 종종 다음과 같은 이유 때문이다:

- 영재로는 판별되지만 장애를 가진 것으로는 판별되지 않는데, 이는 영재성이 장애를 가린다.
- 장애를 가진 것으로는 판별되지만 영재로는 판별되지 않는데, 이는 장애가 영재성을 가린다.
- 전혀 판별되지 않는데, 이는 각 조건이 서로를 가린다.

다음은 장애영재 학생들의 몇 가지 공통된 특성들이다. 목록을 읽으면서 (1) 처음 다섯 가지 특성이 표 15.3에 언급되어 있다는 점을 주목하고 (2) 마지막 네 가지 특성이 어떻게 학생의 영재성을 가리고 판별을 어렵게 만들 수 있는지 고려해보라.

- 어려운 문제를 해결함
- 지적 호기심을 보임
- 다양한 추론 및 사고 기술을 적용함
- 주제나 아이디어에 긴 시간 동안 집중하고 몰두함
- 매우 민감함
- 학교에 대해 부정적 태도를 가짐
- 낮은 자존감과 자신감을 가짐
- 부족한 사회적 기술을 가짐
- 읽기와 쓰기에 어려움을 가짐
- 행동 문제를 보임

출현율과 배치

- 각 주의 정의와 판별 준거는 영재와 재능아 서비스나 프로그램에 적격한 학생 수와 그들이 받는 서비스 유형에 영향을 미친다.
- 학생들에게 제공되는 서비스 유형은 학년 수준에 따라 다르다.

영재나 재능학생들의 교육이 IDEA에 의해 의무화되거나 자금이 지원되지 않기 때문에, 주들은 장애학생들에 대한 연방정부 보고서에 이러한 학생들의 출현율 정보를 포함하지 않는다. 그러나 미국 교육부 민권청은 영재학생들에 대한 자료를 수집한다. 이 자료에 따르면, 2017-2018학년도에 영재와 재능아로 판별된 공립학교 학생이 330만 명을 넘었다. 그러나 이는 미국의 영재학생 수를 심각하게 과소대표하는 것일 수 있다. '접근 거부'(Gentry et al., 2019) 보고서에 따르면, 2016년 약 3분의 1의 학생들이 영재학생을 판별하지 않는 학교에 다녔으며, 더욱이 판별 방법을 갖춘 학교들조차 종종 영재학생들을 과소판별했다. 판별된 330만 명의 공립학교 학생들에 추가하여, 이 보고서는 미국에 210만 명에서 360만 명의 추가 영재학생들이 있다고 추정한다.

영재와 재능아로 간주되는 학생 수에 관하여 주별로 상당한 차이가 발생한다. 전국 평균이 6-10% 사이인 반면, 전국영재협회는 2020-2021학년도에 네바다주 전체 학생의 1.7%가 영재와 재능아로 판별된 반면, 인디애나주 전체 학생의 12.7%가 그렇게 판별되었다고 보고했다. 인디애나의 아동들이 네바다에 사는 아동들보다 더 똑똑하고 재능이 있을 가능성은 없다. 오히려 이전에 학습한 바와 같이, 각 주가 영재성을 정의하는 방식이 극적으로 다르다. 준거가 더 제한적일수록(예: 지능지수 124점 이상 대 130점 이상 요구), 인정받고 서비스를 받는 학생 수는 더 적다. 더 나아가, 많은 주들이 학생들을 판별하지만 특별 프로그램을 의무화하지 않기 때문에, 영재교육이 일부 학교에서는 제공되지만 다른 학교에서는 그렇지 않을 수 있다("해결해야 할 쟁점들"에서 주 정책과 지원의 차이점들을 더 자세히 탐구한다). 전국적 지침이 없으면 이러한 불일치가 계속될 것이며, 많은 학생들이 그들이 받을 자격이 있고 필요로 하는 교육 기회를 갖지 못하게 될 것이다. 또한 재능집단이 지능지수나 성취 점수를 통해서는 쉽게 드러나지 않는 재능이나 소질을 가진 많은 학생들을 판별한다는 점을 이전에 학습했다. 이러한 학생들은 창의성, 리더십, 예술적 능력과 같은 다른 재능이나 소질을 통해 발견될 수 있다. 결과적으로, 영재나 재능아에 대한 이러한 더 폭넓은 정의를 사용하는 교육구와 주들은 더 많은 수의 영재와 재능아 학생들을 갖게 될 것이다(인디애나의 경우와 같이).

장애영재 학생들에 대한 자료가 과거에는 이용 가능하지 않았지만, 2017-2018학년도 미국 교육부 민권청 자료는 영재로 판별된 학생들의 2.8%가 또한 장애를 가지고 있다는 것을 보여준다. 다시, 이 수치는 주별로 다르며, 루이지애나의 0.02%에서 웨스트버지니아의 21%까지 범위를 보인다.

일반교육 학급은 여전히 모든 학년 수준에서 영재 서비스를 제공하는 가장 일반적으로 사용되는 환경 중 하나이다. 그러나 서비스 제공 옵션은 대개 학생의 연령과 학생이 다니는 교육구에 따라 달라진다. 초등학생들의 경우, 서비스에는 일반교육 학급에서의 차별화교수 활동, 교과목 속진, 그리고 집단별 편성("학교 생활" 섹션에서 더 자세히 논의됨)뿐만 아니라 학생들이 매주 1-4시간의 전문화된 교수를 받는 별도 프로그램이 포함된다. 중학교 학생들은 영재학생들을 위해 설계된 특별 학급, 능력별로 학생들을 편성하는 고급 또는 우등 학급, 또는 일반 학급에서의 차별화교수 활동이나 교과목 속진을 통해 교수를 받을 가능성이 높다. 고등학교에서는 이러한 학생들이 일반적으로 고급배치(AP) 학급, 이중등록 학급, 또는 우등 학급—단지 영재인 학생들뿐만 아니라 높은 성취를 보이는 모든 학생들에게 이용 가능한 학급—에서 서비스를 받는다. 초등학교 학생들과 마찬가지로, 중학교와 고등학교 학생들은 주당 단지 1-4시간의 영재 서비스만 받을 가능성이 높다. 그들의 나머지 시간은 일반적으로 일반교육 학급에서 보내며, 여기서 그들은 또래들과 같은 수준의 교수를 받는다. 결과적으로, 이러한 학생들은 하루의 상당 부분을 도전받지 않으며 보낸다. 이는 불행한 일인데, 수학적으로 영재인 학생들에 대한 종단연구가 대학 이전의 STEM(과학, 기술, 공학, 수학) 교육 기회의 시간 또는 양이 후에 삶의 STEM 성취와 직접적으로 관련이 있다고 시사하기 때문이다: 학창 시절 동안 더 많은 기회를 경험한 학생들이 성인이 되어 더 뛰어난 STEM 성취를 갖는다. 추가적으로, 영재학생들이 다양한 학습 요구를 가지지만, 그들은 모두 일반적으로 그들의 강점, 학습 선호도, 또는 관심사에 대한 고려 없이 주어진 학교 내에서 동일한 서비스를 받는다. 다시 말해, 이러한 "일률적인" 접근법은 개별적 요구를 다루지 않는다.

이미 언급된 것들과 같은 집단별 편성 관행(예: 우등 학급, 영재학생을 위한 특별 학급)은 학생들이 유사한 능력을 가진 또래들과 함께 전문화된 교수를 받을 수 있게 하며 영재학생들이 일반적인 학급에서 종종 경험하는 지루함과 좌절감에 대한 해결책을 제공한다. 집단별 편성 관행은 전일제 프로그램(예: 영재와 재능아를 위한 자석학교나 특별학교)에서 시간제 또는 임시 프로그램(예: 별도 프로그램, 특별 관심 동아리)까지 범위를 갖는다. 연구가 영재학생들이 전문화된 교수를 위해 집단으로 편성될 때 학업적 이익이 향상된다는 것을 일관되게 보여주지만, 집단별 편성은 이러한 관행에 대한 명확한 이해가 부족한 개인들에 의해 부당하게 비판받아왔다. 일부는 그것들이 엘리트주의적이거나 학생들의 오만함을 조장한다고 잘못 주장한다; 사실상, 연구는 이러한 프로그램의 학생들이 자신들과 능력이 상응하는 다른 아동들에 대한 노출 덕분에 덜 오만하다는 것을 보여주었다. 다른 비판자들은 집단별 편성이 수준별 편성과 동일하다고 우려한다; 그러나 집단별 편성 관행은 교수를 향상시키고자 하는 반면, 수준별 편성은 일부 학생들, 특히 덜 엄격한 수준에 배정된 학생들의 더 높은 성취를 방해한다. 미래를 바라볼 때, 우리는 영재학생들을 위한 더 나은 프로그램들을 제공해야 한다. 우리는 부진을 예방하고 창의성, 영재성, 그리고 다른 재능들을 억압하기보다는 향상시키는 더 나은 일을 해야 한다.

특수교육

학습 목표

영재학생들이 학교에서 마주치는 학업적 및 사회적 도전과제들을 다룰 수 있는 조정들을 설명한다.

도전과제들과 그 해결책들

- 영재학생들은 학교에서 여러 도전과제들을 마주치며, 이들 중 많은 것들이 종종 간과된다.
- 이러한 도전과제들에 대한 해결책들에는 조기중재, 속진, 차별화교수, 그리고 심화가 포함된다.

도전과제들

영재와 재능학생들이 직면하는 가장 큰 장애물 중 하나는 아마도 그들이 도전과제들을 경험하지 않고 따라서 그들의 완전한 잠재력에 도달하고 재능을 개발하기 위해 특별한 관심이나 독특한 교육 프로그램이 필요하지 않다는 가정을 극복하는 것이다. 이러한 태도는 종종 교수가 일반적으로 발달하는 학생을 대상으로 하고 추가적인 시간과 노력이 치료교육에 쓰이는 학급에서 반영된다. 이는 또한 영재 프로그램과 서비스에 거의 또는 전혀 자금을 배정하지 않는 경향이 있는 연방 정책 입안자들의 행동에서도 반영된다. 영재학생들의 교육에 관한 전국 법률인 제이콥 K. 자비츠 영재와 재능학생 교육법은 이러한 학생들에 대한 보장이나 완전한 보호를 포함하지 않는다. 이는 주들이 특별 프로그램이나 서비스를 제공하도록 의무화하지 않으며, "기원과 역사" 섹션에서 학습하게 되듯이, 종종 자금이 부족하거나 전혀 자금이 지원되지 않는다. 영재학생들이 독특한 도전과제들을 가진다는 것을 인정하면, 다음 단계는 우리가 이러한 도전과제들을 인식하고 다룰 수 있도록 이들을 탐구하는 것이다. 여기서 우리는 이러한 학생들이 종종 마주치는 다섯 가지 도전과제들을 논의한다: 도전 부족, 부진, 창의적 능력에 대해 판별되지 않음, 비동시성, 그리고 따돌림과 괴롭힘(그림 15.4 참조).

아마도 가장 일반적인 도전과제는 자극적이고 까다로운 교육과정이나 더 빠른 속도의 교수를 제공함으로써 영재학생들의 학습 요구를 다루지 않는 환경에 있는 것이다. 영재학생들은 일반적으로 하루의 80%를 일반교육 학급에서 일반적으로 발달하는 학급친구들과 동일한 내용과 기술을 다루며 보

그림 15.4 영재와 재능아: 도전과제

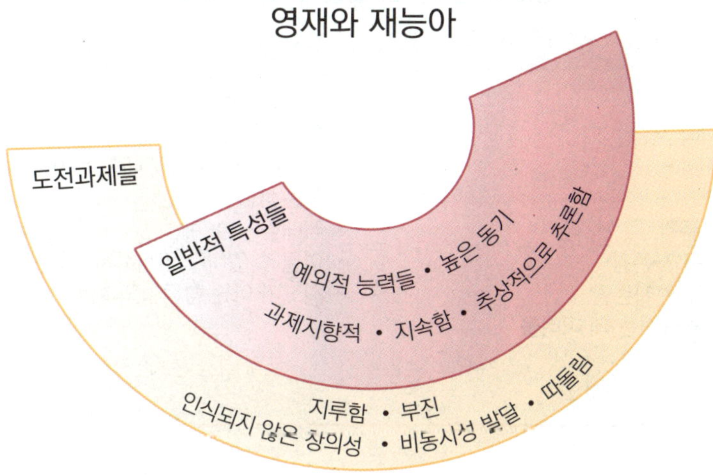

내지만, 그들은 이미 그 교수의 40-50%를 숙달하고 있다. 그러면 이러한 학생들은 하루의 상당 부분 동안 학업적으로 참여하지 않게 되며, 이는 지적으로 발달할 기회들을 놓치는 결과를 낳는다. 교사가 다른 학생들이 내용을 학습하도록 돕기 위해 정보를 반복하거나 행동상의 방해가 발생할 경우 학생들은 더욱 많은 시간을 비참여 상태로 경험할 수 있다. 이러한 학업적 참여 부족 때문에, 학생들은 종종 지루함, 좌절감, 그리고 낮은 동기를 경험한다. 추가적으로, 그들은 거의 또는 전혀 노력하지 않고도 성공할 수 있다고 믿게 되고 결과적으로 좋은 학습 습관을 기르지 못한다. 이것이 학교 초기 년도 동안의 경우일 수 있지만, 이러한 학생들 중 다수가 결과적으로 고등학교와 그 이후의 고급 과정과 어려운 과제들을 다룰 준비가 되어 있지 않다. 수년간의 거의 완벽한 수행 후에, 적은 노력으로 높은 수준의 수행을 유지할 수 없음과 예외적인 성적이나 성취를 유지해야 한다는 그들의 기대가 결합되어 그들로 하여금 비틀거리거나 물러나게 한다.

도전적이지 못한 것은 종종 학생들이 그들의 최대 잠재력을 달성하는 것을 방해한다. 일부 전문가들은 모든 영재학생들의 절반이 그들의 잠재력에 상응하는 수행을 보이지 않는다고 추정한다. 그들의 학급 성취가 평균적일 수 있기 때문에, 교사들은 그들의 영재 행동을 인식하지 못하거나 선별이나 사정평가를 위해 연계하지 못하므로, 이러한 학생들은 종종 영재로 판별되지 않는다. 영재학생들은 또한 동기가 부족하거나 낮은 자기효능감이나 자기조절 기술을 가지고 있기 때문에 부진을 보일 수 있다. 부진의 세 번째 원인은 성취에 영향을 미치는 장애(장애영재)의 존재이다. 부진은 학업적 잠재력에 도달하지 못하게 할 뿐만 아니라, 종종 영재학생들의 학교 중퇴를 촉발한다. 놀랍게도, 추정에 따르면 모든 고등학교 중퇴자들의 최대 4분의 1이 영재학생들이다. 불행하게도, 영재 중퇴자들은 다른 중퇴자들과 동일한 유형의 부정적 결과들을 경험한다: 낮은 임금, 실업, 건강 문제, 그리고 정부 지원에 대한 의존.

또 다른 도전과제는 창의적 능력과 재능을 가진

영재 부진아들이 보일 수 있는 특성

- 비순응성
- 교사에 대한 반항이나 저항
- 충동성
- 규칙에 대한 무관심
- 낮거나 변화하는 자존감
- 강점 영역에서의 높은 자존감
- 비강점 영역에서의 낮은 자존감
- 영재로서의 기대에 부응하는 데 어려움
- 학습된 무력감
- 회피 행동
- 평범하거나 실패에 대한 두려움과 연결된 노력 부족
- 의존성
- 적대감
- 이길 수 있다고 인식하지 않는 한 경쟁 활동 회피
- 최고가 아닌 활동들의 회피

학생들이 종종 영재로 판별되지 않고, 따라서 그들의 재능을 개발하는 서비스와 지원을 받지 못한다는 것이다. 전문가들은 이러한 창의성 억압이 인생 초기에 시작된다고 믿는다. 예를 들어, 많은 부모들이 유아들이 매일 몇 시간씩 정신을 마비시키는 텔레비전을 보도록 허용한다. 아동들은 제한된 수의 미리 프로그램된 문구를 "말하는" 인형과 액션 피규어를 가지고 놀며, 이는 가장 기본적인 형태의 창의성을 저해한다. 많은 인기 있는 비디오 게임들은 성취 지향적이지만(임무 완수, 상 획득) 창의적 사고나 문제 해결을 장려하지 않는다. 학교에서 교사들은 학업적으로 잘하는 고지능 학생들을 선호하지만, 발산적이고 독립적이거나 상상력이 풍부한 행동을 항상 높이 평가하지는 않는다. 책무성 체계(예: 고부담 검사)는 내용 표준에 초점을 맞추고 전체 학급이 표준 수준의 성취에 도달하도록 보장해야 한다는 압력을 만든다. 많은 교사들이 표준 교육과정의 모든 것을 다루는 데 도전을 느끼며, 더 심화된 학습이나 추가적인 관심 주제들을 다룰 시간이 거의 남지 않는다. 사고 기술, 예술, 음악, 또는 창의성에 초점을 맞춘 활동들에 더 적은 시간이 할당된다. 경직된 교육과정과 학급에 갇힌 일부 학생들은 자신들이 영재나 창의적 행동을 가지고 있다는 것을 깨닫지도 못한다. 이러한 요인들의 누적된 결과는 높은 능력을 가진 학생들이 관심을 끄고, 차단하거나, 탈락한다는 것이다.

영재학생들은 또한 비동시성 발달 또는 비동시성이라고 불리는 고르지 않은 시적, 사회적, 신체적 발달을 경험할 수 있다. 이는 이 학생 집단에게 드문 일이 아니며 최고영재 학생들에게 종종 더 큰 수준으로 발생한다. 예를 들어, 학생들이 지적으로는 진전되어 있지만, 그들의 미세(소근육)운동 발달이나 사회적 기술이 따라가지 못했거나, 학생이 한 교과에서는 크게 뛰어나지만 다른 교과에서는 그렇지 않을 수 있다. 그들이 종종 인지적으로 더 진전되어 있고 매우 다른 관심사를 가지고 있기 때문에, 그들은 같은 연령의 또래들과 관계를 맺는 데 어려움을 가질 수 있다.

마지막 도전과제는 일부 환경에서 영재이거나 학업적으로 뛰어난 것과 관련된 사회적 낙인이 있

그림 15.5 영재와 재능아: 해결책들

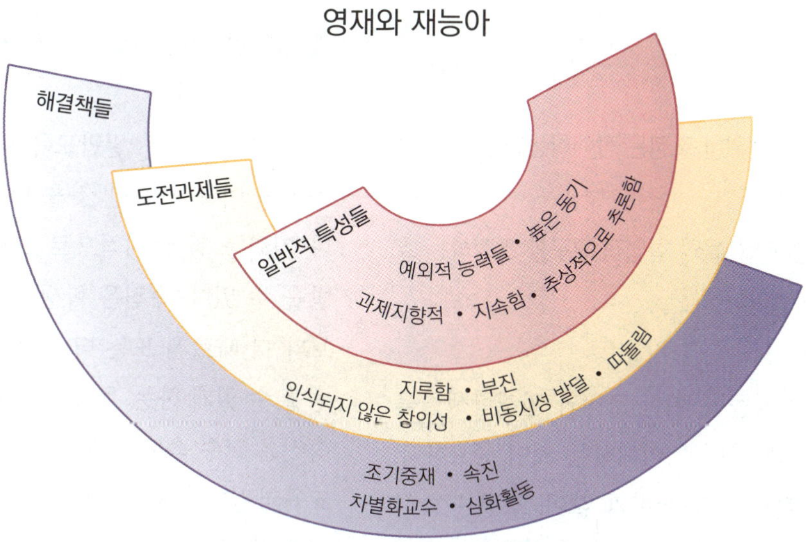

다는 것이다. 그러한 학생들은 또래들과 다르다는 점에서 두드러지며 종종 따돌림과 괴롭힘을 당하는데, 특히 중학교 시기에 그렇다. 이는 학생들이 별도 프로그램에서 별도의 서비스를 받기 위해 선별될 때 더욱 문제가 될 수 있다. 이에 대응하여, 일부 학생들은 위축되는 반면 다른 학생들은 그들의 재능을 가리려고 시도한다. 추가적으로, 특정 문화적 및 인종적 또는 민족적 집단의 구성원인 학생들은 높은 표준에 성취할 때 또래의 압력과 수용 부족에 직면한다.

해결책들

영재학생들이 마주치는 도전과제들을 다루는 여러 방법들이 있다(그림 15.5 참조). 모든 예외성을 가진 아동들과 마찬가지로, 조기중재가 중요하다. 유아교육에서 아동의 개별적 요구를 다루는 것은 지루함을 예방하고 재능과 소질을 최대 잠재력까지 개발하는 데 도움이 될 수 있다. 학생들이 학교에 입학할 때, 교사들이 도전적인 교육과정, 빠른 속도의 교수, 그리고 관심 주제들을 탐구할 기회를 제공함으로써 그들의 개별적 요구를 충족시키는 것이 중요하다. 그러나 연구는 영재 중퇴자들이 초등학교 시기부터 좌절하기 시작하고 학교에서 이탈하기 시작한다고 시사한다. 고려해야 할 한 가지 요인은 많은 영재 초등학생들이 경험하는 유일한 형태의 전문화된 교수인 주당 1-4시간의 자원실 교수가 이러한 학생들을 참여시키기에 충분한지 여부이다.

어린 학생들뿐만 아니라 중학교와 고등학교 학생들의 요구를 충족시키는 가장 효과적인 방법 중 하나는 속진이며, 이는 학생들이 또래들보다 더 빠른 속도로 또는 더 어린 나이에 내용을 학습할 수 있게 한다. 학생들을 더 진전되거나 도전적인 교육과정에 노출시키는 수많은 유형의 속진 옵션들이 "조정" 섹션에서 심층적으로 탐구된다. 일반교육과 특수교육 교사들은 또한 차별화교수와 심화 기회를 제공함으로써 영재학생들에게 더 진전된 학습 기회를 제공할 수 있으며, 이 두 가지 모두 "학교 생활"에서 논의된다.

조정

- 영재학생들을 위한 조정은 장애학생들을 위한 것과 약간 다르다.
- 속진은 영재학생들의 학업적 요구를 조정하는 효과적인 방법이다.

첫째, 장애학생들을 위한 조정과 영재학생들을 위한 조정 사이의 차이를 이해하는 것이 중요하다. 이 책 전반에 걸쳐 학습한 바와 같이, 조정은 학생이 교수 내용에 접근하고 학습을 증명하는 방법의 변화이다. 장애학생들의 경우, 조정은 그들이 일반교육 교육과정에 접근하고 장애가 없는 또래들과 보조를 맞출 수 있도록 학습 장벽을 제거한다. 반면에 영재학생들을 위한 조정은 학생들이 그들 자신의 독특한 학습 요구에 상응하는 속도와 수준에서 학습하는 것을 방해하는 장벽들을 제거한다. 영재학생들이 더 빠르게 학습하고, 더 추상적으로 사고하며, 또래들보다 주제들을 더 큰 깊이나 복잡성으로 탐구하기를 좋아한다는 점을 기억하라. 그들의 최고 잠재력을 달성하기 위해, 영재학생들은 그들 자신의 수준에서 교육과정에 접근할 수 있어야 하며 지적으로 그리고 학업적으로 도전받아야 한다. 그들의 학습을 향상시키는 적절한 조정과 학업적 전략 없이는, 영재학생들이 종종 부정적 결과들을 경험한다: 그들은 좌절하고 지루해하며, 학교에 환멸을 느끼고, 그들의 최대 잠재력을 달성하지 못하며, 때로는 학교를 중퇴한다. 반면에, 루빈스키와 벤보우가 언급한 바와 같이, "예외적으로 조숙한 청소년들의 전반적인 전문적 성과가 그들의 능력만큼 예외적이지만, 충분한 양의 교육적 중재는 그들이 예외적으로 영향력 있는 진로를 이끌고 창의적 기여를 할 가능성을 향상시킨다."

영재학생들은 일반교육 학급의 일반적 학습자들에게 이용 가능한 것을 넘어서는 추가적인 교수나 기회를 통해 지적으로 그리고 학업적으로 도전받을 수 있다. 속진은 학생들이 같은 연령의 또래들보다 더 빠르게 또는 더 어린 나이에 교육과정을 진행할 수 있게 하는 효과적인 옵션이다. 어느 경우든, 속진은 교수 속도를 빠르게 하고 학생들을 도전적인 교육과정에 노출시킨다. 속진은 잘 연구되어 있으며 학생 학습에 긍정적 효과를 갖는 것으로 나타났다. 실제로, 속진에 대한 전국 보고서인 "역량을 갖춘 국가: 증거가 미국의 가장 뛰어난 학생들을 가로막는 핑계들을 능가한다"의 저자들에 따르면, 연구는 그것이 "고능력의, 고도로 동기화된 학생들을 위한 최선의, 가장 비용효과적인 학업적 '중재'"라고 나타낸다. 긍정적인 학업적 성과들에 추가하여, 속진의 이익들에는 다음이 포함된다:

- 학생들이 사회정서적 향상을 보이는 경향이 있다.
- 학생들이 전통적인 일반교육 교육과정을 더 짧은 시간에 완료할 수 있으며 고등학교를 몇 년 일찍 마칠 수 있다.
- 학업 내용을 더 빠르게 숙달할 수 있어, 학생들이 관련 주제들을 더 깊이 있게 학습할 수 있다.
- 일부 학생들이 더 나은 자기개념과 교과 내용 및 학교에 대한 더 긍정적인 태도를 기른다.
- 이 접근법은 비용효과적이다. 학교들은 특별교사를 고용하고 특별 과정을 제공할 필요가

없어 비용을 절약한다. 추가적으로, 가족들은 학생들이 동시수강, AP, 시험학점과 같은 속진 옵션들을 통해 전형적인 것보다 적은 시간에 대학 요건을 완료하기 때문에 대학 등록금 비용을 절약한다.

속진이 긍정적 이익을 갖는 것으로 나타났지만, 많은 교육자들과 부모들은 잠재적인 장기적 부정적 심리적 효과들에 대해 우려한다. 그러나 많은 단기 연구들이 이를 반증했으며, 더 최근에는 종단연구의 발견들 또한 부정적 심리적 효과가 없다는 것을 보여주었다. 이 연구에서, 35년 이상 추적된 학생들이 50세에 평가되었다. 실제로 이 집단에 대한 발견들은 그들의 심리적 안녕감이 평균 이상임을 시사한다.

영재학생들에게 20가지 유형의 속진이 제공될 수 있다. 일부는 내용기반 속진으로, 학생들이 전형적인 것보다 더 이른 나이에 더 심층적이거나 복잡한 내용에 참여할 수 있게 한다. 학생들은 그들의 학년수준 학급에서 더 진전된 자료를 받을 수 있거나, 하루의 일부 동안, 종종 그들이 뛰어난 단일 교과목을 위해 나이 많은 학생들과 함께 다른 학급에서 교수를 받을 수 있다. 내용기반 속진에서, 영재학생들은 하루의 일부분이 아니라면 전체 시간 동안 연령수준 또래들과 함께 있다. 다른 유형의 속진 옵션들은 학년기반 속진으로 분류되며, 이는 학생이 K-12 학급에 다니는 년수를 줄인다. 다음 박스는 다양한 속진 유형들을 나열한다. 박스 다음에, 유아교육 아동, 초등학교 학생, 그리고 중등학교 학생들을 위한 주요 속진 옵션들에 대해 학습한다.

유아교육 학생들의 경우, 가장 일반적인 속진 유형 중 하나는 유치원 또는 심지어 1학년으로의 조기입학이다. 이 옵션은 아동의 영재성이 유아기나 유아교육 년도 동안 명백할 때 고려되어야 한다. 이 접근법은 여러 장점을 갖는다: 아동들이 이미 숙달한 기초 내용의 1년을 건너뛸 수 있고, 그들은 월반할 때 이미 학교에 있는 학생들이 경험할 수 있는 학업 내용이나 사회적 관계에서의 중단을 경험하지 않을 것이며, 부모들은 유아교육 비용을 절약한다. 유치원 조기입학 적격성을 결정하기 위해, 아동들은 인지적으로, 학업적으로, 그리고 사회적으로 준비되어 있는지 확인하기 위해 검사를 받아야 한다. 이러한 유형의 검사 결과를 기반으로 조기에 학교에 입학하는 아동들은 일반적으로 학업적으로 그리고 사회적으로 잘 수행한다. 이 옵션은 "조기중재" 섹션에서 더 자세히 논의된다.

학생들이 일단 초등학교에 있으면, 그들은 월반(때로는 이중승급 또는 전학년 속진이라고 지칭됨)에 적격할 수 있다. 이 접근법으로, 학생들은 그들의 같은 연령 학급친구들보다 앞선 학년으로 진급한다. 연구가 이 옵션의 효과성을 입증하지만, 모든 학생들의 1.5% 미만이 월반하거나 조기에 학교에 입학한다. 이는 불행한 일인데, 다음 박스에서 논의되는 바와 같이 월반하는 학생들의 성과가 매우 긍정적인 경향이 있기 때문이다.

이 연령대와 그 이후를 위해 고려할 수 있는 또 다른 옵션은 교육과정 압축이다. 일반교육 교사는 도입 수업을 건너뛰고 학생이 빠르게 숙달하는 개념이나 정보에 보다 적은 시간을 할애함으로써 주제를 다루는 범위를 줄이거나 심지어 제거할 수 있다. 이는 학생이 학년 수준의 읽기 교육과정을 40~50% 적게 읽는 결과를 가져올 수 있다. 절약된 시간은 다

속진의 유형들

내용기반 속진	학년기반 속진
• 연속진도 • 자기주도 교수 • 교과목 속진/부분 속진 • 교육과정 압축 • 멘토링 • 교과외 프로그램 • 원격학습 과정 • 동시수강(이중등록) • AP • 국제 바칼로레아(IB) 프로그램 • 속진형 고등학교(우등 고등학교) 또는 기숙형 고등학교 • 시험학점 • 대학에서의 속진	• 유치원 조기입학 • 1학년 조기입학 • 월반 • 복합학급 • 압축 교육과정 • 고등학교 또는 대학 조기 졸업

른 활동들(예: 독립 연구, 인턴십, 심화 학습)에 재배분될 수 있다.

고등학교에서 학생들은 AP과목을 수강할 수 있다. 고등학교 환경에서 수강하는 이러한 대학 수준의 과목들은 학생들이 대학 학점을 취득할 수 있게 해준다. 영재학생을 위해 특별히 개발된 것은 아니지만, AP과목은 특정 학습 영역에서 보다 도전적이고 심층적인 학습을 위한 옵션을 제공한다. AP과목은 가장 빠르게 증가하는 속진 옵션이다. 지난 10년간 이러한 과목을 수강하는 학생 수가 크게 증가했다. 이는 부분적으로 기술 때문인데, 이전에는 AP과목에 접근할 수 없었던 소규모 농촌 지역의 학생들이 이 속진 옵션을 활용할 수 있게 해주었다. 대학 학점을 취득하는 것의 이점은 학생들이 대학에서 이러한 과목들을 다시 수강할 필요가 없다는 것이다. 장기적 효과도 축적된다. 고등학교에서 AP과목을 수강한 대학생들은 그렇지 않은 대학 동료들보다 학사 및 석사 학위를 취득할 가능성이 더 높다.

속진이 영재학생을 위한 가장 효과적인 중재라는 것을 보여주는 속진의 긍정적 효과에 대한 증거에도 불구하고, 속진에 관한 정책을 가진 주는 13개에 불과하다. 속진은 부정적 인식으로 인해 종종 활용도가 낮다. 많은 교육자와 부모들은 학생들이 사회적으로 어려움을 겪을 것이라고 믿기 때문에 저항하거나 반대한다. 그러나 연구에 따르면 속진된 학생들은 자신감, 사회적 관계, 특별활동 참여에 관하여 속진되지 않은 동료들과 사회적, 정서적으로 동등하거나 더 나은 성과를 보인다. 실제로 이러한 학생들 대부분은 나이가 많은 학생들과 더 일치하는 의사소통 기술을 가지고 있으며 그들과 상호작용하기를 선호한다. 속진에 대한 또 다른 오해는 아동들이 빠른 속도로 학습한 내용에 대해 진정한 이해

월반의 장기적 이익들

속진—특히, 월반—의 이익들은 영재학생들에게만 명백한 것이 아니라 사회 전체에게도 그렇다. 수학적으로 조숙한 청소년 연구(SMPY)의 종단 자료를 고려해보라. 연구자들은 월반한 SMPY 출신 개인들의 성인기 전문적 성취를 그렇지 않은 사람들과 비교했다. 월반자들은 STEM 분야에서 고급 학위를 추구하고, 더 이른 나이에 그러한 학위들을 취득하며, 비월반자들보다 더 많이 인용되는 STEM 관련 연구를 발표할 가능성이 더 높았다. 이것이 왜 중요한가? 속진(즉, 월반)은 이러한 영재 개인들이 학교에서의 시간을 줄일 수 있게 했고, 이는 그들에게 각자의 분야에서 더 많은 시간을 제공했으며, 더 많은 과학적 발견과 진보를 가져왔다. 이러한 개인들—월반자들과 비월반자들 모두—은 이미 수학적으로 재능 있는 청소년들의 상위 1%로 판별되었다. 그러나 월반의 단순한 제공이 사회에 대한 그들의 기여에서 상당한 차이를 만들었다.

를 얻지 못할 것이라는 것이다. 실제로 연구에 따르면 고등학생들은 대학원에서도 여전히 그 정보를 기억할 수 있다. 속진될 때 학생이 성공할 가능성이 있는지 판단하는 데 도움이 되도록, 교사들은 정보에 기반한 결정을 내리는 데 도움이 되는 효과적인 도구인 Iowa 속진 척도를 사용할 수 있다. 이 도구는 교육자와 부모가 학업 능력, 학업 성취, 사회적 기술, 성숙도, 동기와 같은 여러 영역에서 정보를 수집하는 데 안내한다. 교육자들은 또한 온라인 도구인 IDEAL Solutions® for STEM Acceleration(http://www.idealsolutionsmath.com)을 사용하여 STEM 교과목에서의 속진이 초등학교 및 중학교 학생에게 좋은 옵션인지 판단할 수 있다. 학생의 표준화 검사 점수(예: ACT 점수)를 입력한 후, 프로그램은 어떻게 진행할지에 대한 안내를 제공한다.

속진과 그 이점에 대해 더 자세히 알아보려면 http://www.accelerationinstitute.org에서 속진 연구소(Acceleration Institute)를 방문할 수 있다. 또한 Belin-Blank IDEAL Solutions for STEM Acceleration 웹사이트(http://www.idealsolutionsmath.com/Ecomm/Product/Default.aspx)에서 무료로 다운로드할 수 있는 국가 보고서인 A Nation Empowered: Evidence Trumps the Excuses Holding Back America's Brightest Students에서 속진에 대한 최신 연구 결과를 읽을 수 있다.

조정을 시행하는 데 있어서, 장애영재 학생들은 난제를 제시한다. 예를 들어, 영재학생이 학습장애를 가지고 있다면, 교사는 어떤 특성을 다루어야 할까? 답은 둘 다이다. 학생이 주의력결핍 과잉행동장애를 가지고 있다면, 행동 문제가 장애의 반영인지, 아니면 학생이 학업 내용에 지루해하고 도전받지 못하고 있는 것인지, 교사는 자료를 수집하여 체계적으로 답을 결정해야 한다. (8장과 10장에서 학습한 기능적행동사정평가를 기억하라.) 전문가들은 강점기반 접근을 권장한다. 이 접근에서는 학생을 먼저 재능과 소질의 개발을 촉진하는 특별한 지원이 필요한 영재학생으로 생각해야 한다. 그다음 학생을 재능과 소질의 개발을 방해하는 장벽을 다루기 위한 조정이 필요한 장애가 있는 학생으로 생각해야 한다. 이는 학생의 강점에 초점을 유지하고 학생의 학업적 또는 행동적 결핍에 매달리는 교수 프로그래밍을 피한다. 다음은 이러한 학생들을 지원하기 위한 권장사항들이다:

1. 학생들의 학업적 강점과 재능을 촉진하거나 구축하는 교수 기회를 제공한다.
2. 학생들의 학업적 약점이나 장애를 다룬다.
3. 학생들의 사회정서적 욕구를 다룬다.
4. 학생들의 행동적 욕구를 다룬다.
5. 특수교사, 영재교육을 제공하는 교사, 학생의 가족과 협력한다.

다음 교사를 위한 팁 박스는 교사들이 따를 수 있는 이러한 다섯 영역 내에서 보다 구체적인 제안들을 제공한다. 이러한 팁들 중 많은 것이 이전 장에서 학습한 실제들을 반영한다는 점에 주목하라.

더 자세히 알아보려면, https://cdn.ymaws.com/nagc.org/resource/resmgr/knowledgecenter/position-statements/Framing_Twice_Exceptional.pdf에서 장애영재 학생에 대한 전국영재아동협회의 입장 성명서를 살펴보라.

조기중재

- 조기중재는 영재 유아의 인지적 및 사회정서적 발달에 매우 중요하다.
- 영재아동을 위한 조기중재 전략에는 유치원 또는 1학년으로의 조기 입학과 아동의 독특한 학습 요구를 다루는 교실 전략들이 포함된다.

이전 장에서 학습했듯이, 조기중재는 장애학생에게 매우 중요하며 종종 그들의 장애로 인한 어려움을 완화할 수 있다. 이는 영재학생에게도 마찬가지이다. 일부 연구자들은 이러한 학생들을 위한 서비스가 가능하다면 더 일찍 시작되어야 한다고 제안한다. 왜냐하면 그들은 일반적으로 발달하는 아동들이나 지체 또는 장애가 있는 아동들보다 훨씬 어린 나이에 발달 이정표(예: 말하기, 걷기, 읽기)를 통과하기 때문이다. 유아기에 흥미롭고 풍부한 환경을 제공하는 것은 인지적 및 정서적 발달을 지원할 수 있다. 조기중재는 또한 영재학생에게 다른 긍정적 결과를 가져온다. 즉, 학습에 대한 열망, 더 큰 자신감, 자기 수용, 학교의 학업적 및 사회적 요구에 대한 더 나은 적응이다. 또한 조기중재는 성취 부진을 예방할 수 있는데, 앞서 학습했듯이 이는 이러한 많은 아동들이 완전한 잠재력에 도달하는 데 장벽이 된다.

조기중재가 매우 중요함에도 불구하고, 유아교육기관의 많은 학생들은 아직 판별되지 않아서 적절한 지원을 받지 못하고 있다. 유아교사들은 일반적으로 높은 잠재력을 가진 아동을 발견하는 방법에 대한 훈련을 받지 않으며 종종 그 특성들을 인식하지 못한다. 부모들이 종종 자신의 아이가 영재라고 의심하는 첫 번째 사람이지만, 그들은 종종 자신의 평가에 확신이 없으며 교사와 자신의 아이의 재능이나 소질에 대해 논의하는 것을 주저한다. 이는 교실에서 바람직하지 않은 행동을 보이는 아동들(예: 소란 피우기, 지시 따르지 않기, 교실 활동 대신 흥미로운 것에 집중하기)의 부모들에게 특히 그럴 수 있다.

유아교육기관에서 아동들이 판별된다 하더라도, 영재 유아를 위한 프로그램을 가진 지역사회는 거의 없다. 게다가 유아교사들 중 자신의 프로그램에서 영재아동을 위해 적절한 조정을 하는 방법을 아는 교사는 거의 없으며, 이러한 아동들에게 도움이

교사를 위한 팁 장애영재 학생 지원

학생들의 학업적 강점과 재능을 촉진하거나 구축하는 교수 기회 제공

- 학생들의 학업적 강점과 재능을 촉진하거나 구축하는 교수 기회를 제공한다.
- 적절할 때마다 영재교육 서비스(예: 속진, 차별화교수)를 제공한다.
- 심화 프로그램과 활동을 제공한다.
- 학생의 강점, 관심, 열정을 활용하여 흥미를 불러일으키고, 교재를 가르치며, 이해를 평가한다.
- 학생들이 자신의 학습을 보여줄 수 있는 다양한 방법을 허용한다.

학생들의 학업적 약점이나 장애 다루기

- 실습 학습, 그래픽 조직자, 학습전략 교수와 같은 타당성이 검증된 교수방법을 사용한다.
- 장애로 영향받는 기술 영역(예: 읽기, 쓰기, 수학)에서 명시적 교수를 제공한다.
- 교수 및 검사 조정(예: 사전 조직자, 검사 시간 연장)을 제공한다.
- 장애 영역을 보상하기 위해 공학(예: 음성-텍스트 프로그램, 오디오북, Bookshare)을 사용한다.
- 학습기술 전략(예: 조직화 및 시간 관리 기술)을 가르친다.

학생들의 사회정서적 요구 다루기

- 물리적이고 정서적으로 안전한 학습 환경을 조성한다.
- 그들의 비동시적 발달을 이해하고 지지한다.
- 학생들에게 스트레스와 스트레스 완화 기법에 대해 (소그룹이나 전문가와) 대화할 기회를 제공한다.
- 다른 장애영재 학생들과 상호작용할 기회를 제공한다.
- 성공한 장애영재 성인과의 멘토십을 마련한다.
- 학생들이 자신의 요구를 위해 자기옹호하도록 가르친다.
- 사회적 기술을 가르친다.

학생들의 행동적 요구 다루기

- (행동관리 체계를 실행하여) 잘 구조화되고 일관된 교실 환경을 유지한다.
- 적절한 행동을 촉진하기 위해 긍정적 행동지원을 제공한다.
- 행동의 기능을 결정하기 위해 필요시 기능적 행동사정평가를 실시한다.
- 원하지 않거나 부정적인 행동을 대체할 긍정적 행동을 가르친다.

특수교사, 영재교육을 제공하는 교사, 학생의 가족과 협력

- 학생의 요구 충족과 적절한 조정 제공에 대해 특수교사와 소통한다.
- 학생의 강점을 촉진하고 고등사고를 증진하는 방법을 파악하기 위해 영재교사와 협력한다.
- 아동의 강점과 열정에 대한 중요한 통찰을 공유할 수 있고 학교 밖에서 학생의 학습과 사회정서적 웰빙을 지원하는 데 도움을 줄 수 있는 가족과 협력한다.

출처: Josephson et al.(2018); National Education Association(2006)에서 발췌.

될 수 있는 유형의 심화 교재에 접근할 수도 없다. 이러한 장벽들이 모든 영재학생의 인지적 성장을 방해할 수 있지만, 유아기 동안 이러한 지원의 부족은 저대표성 집단 출신 아동들이나 빈곤 상황에 사는 아동들의 인지적 발달에 훨씬 더 큰 부정적 영향을 미칠 수 있다. 중산층 및 고소득 가정들은 종종 자신의 아이들에게 심화 교재와 경험을 제공하는데, 이는 저소득 배경의 가정들이 종종 제공할 수 없는 것이다.

영재 유아를 위한 효과적인 전략에 대한 연구는 제한적이지만, 증거에 따르면 유치원이나 1학년으로의 조기 입학은 자극적인 학습 환경을 제공하고 일부 영재학생들에게 긍정적인 결과를 가져올 수 있다. 이 옵션을 고려할 때, 아동들이 정식 학교 환경으로 진학할 지적, 학업적, 사회적 준비가 되어 있는지 확인하기 위해 신중하게 선별되는 것이 중요하다. 여기에는 아동이 진전된 인지적 기술을 가지고 있는지, 필요한 학업적 능력(유치원 조기 입학의 경우, 읽기와 수학 계산 학습에 대한 흥미; 1학년 조기 입학의 경우, 최소한 1학년 수준의 읽기 이해와 수학 추론 기술)을 가지고 있는지, 교실 준비도와 학습 기술(예: 일과 따르기, 소집단에서 상호작용하기)을 가지고 있는지, 소근육 기술과 손-눈 협응력을 가지고 있는지, 그리고 사회정서적 성숙도를 가지고 있는지 확인하는 것이 포함된다. 많은 교사들이 이러한 학생들의 사회적 성숙도에 대해 우려를 가지고 있지만, 상당수의 영재학생들은 자신의 나이에 비해 사회적으로 성숙하며, 종종 진전된 사회적 및 의사소통 기술을 보여주고 나이가 많은 아동들과 상호작용하기를 선호한다. 전반적으로, 유치원이나 1학년으로 진학하기 위해 신중하게 선별된 아동들은 매우 성공적이며, 자신의 학년 수준 또래들만큼, 그리고 종종 그들보다 더 잘 수행한다. 그러나 유치원과 1학년으로의 조기 입학에 관한 주 정책들은 다양하다. 안타깝게도 주의 약 25%가 유치원으로의 조기 입학을 금지하고 있다. 모든 주의 약 18%가 유치원으로의 조기 입학을 구체적으로 허용하는 정책을 가지고 있지만, 대부분의 주는 암묵적 정책을 가지고 있든 없든 그 결정을 지역교육청에 맡기고 있다. 조기 학교 입학을 고려할 때, 주들이 유치원 출석과 관련하여 서로 다른 정책을 가지고 있다는 것을 이해하는 것이 중요하다. 모든 주의 40% 미만이 학생들에게 유치원 출석을 요구하고, 약 3분의 1이 교육구에 종일제 프로그램 제공을 요구하며, 대다수가 교육구에 최소한 반일제 프로그램 제공을 요구한다.

학년 속진은 모든 영재아동에게 적합한 옵션이 아니다. 그러나 모든 영재아동은 자신의 완전한 잠재력에 도달할 수 있도록 도전받아야 한다. 전국영재아동협회는 영재학생들이 "학습하고 자신의 잠재력을 실현하기 위해 교육적 경험에 대한 수정이 필요하다"고 언급한다. 다음은 교사들이 바로 그것을 실행하기 위해 시행할 수 있는 몇 가지 전략이나 실제들이다.

- 학생의 학업적 요구와 흥미에 반응하는 학생 중심 활동을 시행한다. 도전적이고 흥미로운 학습 활동은 이전에 교육적 요구가 충족되지 않았던 아동들이 보이는 바람직하지 않은 행동을 줄이거나 제거할 수 있다.
- 아동의 근접발달영역(ZPD)에서 교수를 제공한다. 즉, 학생의 현재 수행 수준보다 약간 위에서 도전적이 되도록 한다. 아동이 모든 영역에서 뛰어나지 않을 수 있으므로 표적 영역에서만 심화 교수가 필요할 수 있다는 점을 명심한다.

- 교실에서 발견되는 일반적인 자료보다 더 진전된 책, 게임, 기타 교육 자료를 제공한다.
- 이러한 아동들이 나이가 많은 아동들과 놀고 상호작용할 기회를 제공한다.
- 서로 다른 난이도 수준의 자료를 포함하는 흥미 센터를 개발하고 동일한 강점이나 흥미를 가진 학생들과 함께 작업하기 위해 유연한 집단구성을 사용함으로써 다양한 흥미, 강점, 기술을 가진 아동들을 위해 차별화교수를 한다.
- 가족과 협력한다. 부모들은 자신의 아이의 흥미와 강점에 관한 훌륭한 정보원이며 판별 과정과 학습 환경 계획에서 파트너가 되어야 한다.

학령기

- 일반교육교사들은 차별화교수를 시행함으로써 자신의 영재학생들의 독특한 학습 요구를 다룰 수 있다.
- 심화 프로그램은 종종 표준 수업일 외에 특별한 기회를 제공한다.

오늘날 대부분의 영재학생들은 일반교육 교실에서 교수를 받는다. 교사들은 학생들의 학업적 준비도, 학습 프로파일, 흥미에 반응하여 차별화교수를 시행함으로써 영재학생을 포함한 모든 학습자의 요구를 다룰 수 있다. 이전 장에서 학습했듯이, 교사들은 장애학생들이 내용에 더 쉽게 접근하고 학습한 다음 학습을 증명할 수 있도록 차별화교수를 한다. 그러나 영재 학습자의 경우, 이 개념은 기본 교육과정과 내용 표준의 학습을 확장하고 확대하는 데 사용된다. 이것이 학생들에게 도전적인 내용을 제공하는 것을 의미한다는 것을 이해하는 것이 중요하다. 너무 자주, 이러한 학생들이 활동이나 과제를 빨리 완료하면, 그들은 단순히 같은 수준의 더 많은 문제들을 받게 된다. 만약 그들이 내용이나 기술을 숙달했다면, 이는 학생들을 좌절시킬 뿐이며 때로는 처벌처럼 보인다. 또한 알아야 할 중요한 점은 영재학생을 위한 차별화교수가 그들로 하여금 학급 동료들의 내용 학습을 돕게 하는 것이 아니라 오히려 이러한 학생들이 요구 영역에서 성장할 기회를 제공하는 것이라는 점이다. 명심해야 할 또 다른 요인은 영재 학급이나 프로그램 내에서도 학생들의 능력, 학습 선호도, 흥미의 광범위한 범위를 다루기 위해 차별화교수가 사용되어야 한다는 것이다.

이러한 학생들은 내용과 기술을 더 빠르게 학습하기 때문에, 그들은 더 빠른 속도로 작업하고, 복잡한 주제를 탐구하며, 내용을 더 깊이 파고들 기회가 필요하다. 또한 그들은 종종 학급 동료들과는 상당히 다른 흥미를 가지고 있으며, 이러한 주제들을 심층적으로 탐구할 수 있도록 허용되어야 한다. 이러한 학생들이 학급 또래들과는 다른 수준과 속도로 작업할 것이라는 점을 고려할 때, 그들이 자신의 학습을 증명하는 대안적 방법이 필요한 것은 당연하다. 교사들이 네 가지 교수 영역인 내용, 과정, 산출물, 그리고 학습환경을 수정함으로써 차별화교수를 할 수 있다는 점을 기억하라. 다음은 영재학생을 위해 각 요소를 차별화하는 몇 가지 전략들이다. 이러한 전략들을 읽으면서, 각 영재학생의 요구, 강점, 흥미는 독특하며 차별화교수를 할 때 고려되어야 한다는 점을 명심하라.

- 내용. 교사들은 이러한 학생들이 보다 복잡한 개념과 기술을 다룰 수 있게 해주는 높은 수준의 교재를 제공할 수 있다. 또한 학생들이 아이

디어를 통합하고 다른 개념들과의 연결을 만들 뿐만 아니라, 그들이 학습한 정보와 기술을 적용할 수 있는 심화 학습 기회를 제공할 수 있다. 교사들은 또한 앞서 "조정"에서 제시된 내용 기반 속진 옵션들 중 일부를 시행함으로써 내용을 차별화할 수 있다. 여기에는 교육과정 압축과 자기주도형 교수가 포함된다.

- 과정. 교사들은 학생들이 정보를 학습하고 회상할 뿐만 아니라, 내용을 분석, 종합, 평가하도록 요구하는 활동을 제공해야 한다. 또한 사실적 질문보다는 개방형 질문을 학생들에게 함으로써 이러한 고등사고기술을 활용할 수 있다. 목적은 학생들이 내용에 대해 더 깊이 있고 추상적으로 사고하도록 하는 것이다.
- 산출물. 내용을 요약하여 학습을 증명하도록 학생들에게 요구하는 대신, 교사들은 학생들이 학습한 정보를 종합할 수 있게 해주는 평가 옵션들을 제공해야 한다.
- 학습환경. 교사들은 높은 능력의 학생들이나 유사한 흥미를 가진 학생들이 함께 작업할 수 있게 해주는 유연한 집단구성 전략을 사용할 수 있다.

영재학생의 요구를 충족하기 위해 교수를 수정하는 방법에 대해 더 잘 이해하기 위해, 다음 페이지의 박스에서 일반적인 과제들을 심화 학습자를 위해 차별화된 과제들과 비교해보라.

교수를 수정하는 차별화교수와는 달리, 심화는 학년 수준 교육과정을 보완하거나 교육과정과 관련이 없는 활동이나 기회를 제공하는 방법이다. 그러나 심화 프로그램의 정의는 다양하며, 일부는 이를 높은 성취자와 영재학생 모두의 교육적 요구를 충족하는 차별화의 한 형태로 간주한다. 광범위하게 말하면, 이 접근은 일반교육 교육과정의 폭과 깊이를 확장하거나 추가적인 주제의 탐구를 가능하게 한다. 심화의 목적은 주어진 주제나 교과 영역에서 고등사고와 창의성을 격려하는 것이다. 학생들은 특별한 과제에서 독립적으로(예: 사회과 교과서에서 학습하고 있는 시대에 대한 심층 보고서 준비, 과학적 주제에 대한 추가 정보를 인터넷에서 수집) 또는 집단으로(예: 동아리) 작업할 수 있다. 심화 활동의 예시들은 다음과 같다:

- 독립 연구
- 현장학습
- 학업 경연대회
- 학습 또는 흥미 센터
- 토요 프로그램
- 여름 프로그램(예: 주지사 학교 프로그램, 해외 연수, 대학 주최 프로그램, 캠프)
- 멘토십/인턴십
- 전국과 전 세계의 학생들을 연결하는 프로그램(예: Future Problem Solving, Odyssey of the Mind, Destination ImagiNation, MATHCOUNTS, Junior Great Books)

인기 있고 오래 지속되어온 심화 모형 중 하나는 학교차원심화모형(SEM)이다. 이 모형은 학교의 모든 학생들의 재능을 개발하고 심화 학습 기회를 제공할 뿐만 아니라, 학생들의 강점과 흥미에 기반하여 추가적인 기회를 제공하고자 한다. 학생들은 다음의 세 유형의 심화 활동을 포함하는 프로그램의 다양한 수준으로 "순환하여" 들어가고 나온다.

- 유형 1. 탐색 활동은 학생들을 일반적으로 수업에서 다루지 않는 새롭고 흥미진진한 내용

일반적인 과제와 차별화된 과제의 비교

일반적인 과제

1. John Steinbeck의 소설 『진주』에서 줄거리, 배경, 등장인물을 논의하라.
2. Charles는 1월에 주식에 10,000달러를 투자했다. 그가 12월에 그것을 팔았을 때, 가격은 그의 구매 가격보다 10퍼센트 상승했다. 이 주식에서 그의 이익은 얼마였는가?
3. 제2차 세계대전을 연구하는 뉴스캐스터인 척하라. 당신의 역할에 기반하여 다음 중 하나를 선택하여 완성하라:
   a. 전쟁에서 중요한 사건을 개괄하는 뉴스 보고서를 작성하라.
   b. 중요한 사건을 재현하고 그 사건이 전쟁의 결과에 어떻게 중요했는지 설명하라.
   c. 중요한 사건에 기반한 전단지를 설계하라.

차별화된 과제

1. John Steinbeck의 두 소설인 『진주』와 『생쥐와 인간』의 줄거리, 배경, 등장인물, 동기, 주제, 절정을 비교하고 대조하라. 작가의 스타일을 어떻게 특성화하겠는가?
2. 다음 중 어떤 것을 선택하겠는가?
   a. 1년 차에 80퍼센트 이익과 2년 차에 50% 손실.
   b. 1년 차에 5퍼센트 이익과 2년 차에 5% 이익.
3. 당신의 추론을 글로 설명하고, 당신의 사고를 학급과 공유하라.
   당신이 선택한 매체(노래, 춤, 포스터, 파워포인트 프레젠테이션, 순서도 등)를 사용하여 제2차 세계대전의 촉발 사건들 간의 원인-결과 관계를 설명하라.

(예: 주제, 직업, 사건)에 노출시킨다. 이는 다양한 교수 접근(예: 연사, 현장학습, 시연, 비디오와 영화, 흥미 센터)을 통해 수행된다.

- 유형 2. 집단 훈련 활동은 학생들이 자신의 표현 기술(예: 연극 쓰기, 펜과 잉크 스케치 만들기, 장비 사용)을 통해 비판적 사고와 문제해결을 포함한 인지적 및 정의적 능력을 개발하도록 격려한다.
- 유형 3. 실제 문제의 개별 및 소집단 탐구는 특정 주제, 쟁점, 아이디어에 큰 흥미를 보이고 동기를 받는 학생들이 그것들을 추구할 수 있게 해준다. 그들은 전문화된 교수와 활동을 제공받으며 심화된 탐구적이고 창의적인 기술을 적용하도록 격려받는다.

SEM에 대한 더 자세한 정보는 http://gift-ed.uconn.edu/schoolwide-enrichment-model/sem3rd/를 참조하시오.

부모와 가족

이 교재 전반에 걸쳐 학습했듯이, 부모 참여는 장애학생 교육의 중요한 구성요소이다. 마찬가지로, 부모나 주된 돌봄제공자는 영재학생의 교육에서 핵심적인 역할을 한다. 위에서 언급했듯이, 부모들은 종종 자신의 아이의 뛰어난 능력을 가장 먼저 알아차린다. 부모가 이에 대해 교사에게 접근하든 교사가 먼저 학생의 뛰어난 능력을 의심하든, 부모들은 판별 과정과 아동의 학습을 가장 잘 지원하고 향상시키는 방법에 대한 후속 계획에서 파트너가 되어야 한다. 부모들은 자신의 아이의 흥미와 강점에 관한 훌륭한 정보원일 뿐만 아니라, 가정 환경에서 자신의 아이의 재능과 소질의 발달을 촉진하는 데 도움을 줄 수 있다. 여기에는 열정과 흥미를 지원하고 격려하며 심화 활동에 참여할 기회를 제공하는 것이 포함된다.

학교와 가정 간의 쌍방향 의사소통을 구축함으로써, 교사들은 교수 실제와 교실에서 일어나는 학습에 대한 정보를 제공할 수 있고 부모들은 자신의 아이가 어떻게 반응하고 있는지에 대한 피드백을 제공할 수 있다. 더 구체적으로, 부모들은 자신의 아이가 적절하게 도전받고 있는지, 또는 교수 변화가 필요한지, 그리고 자신의 아이가 정서적으로 사회적으로 어떻게 지내고 있는지에 대한 통찰을 제공할 수 있다. 이는 일반적으로 영재 프로그램에서 저대표성을 보이는 아동들, 즉 문화적으로, 언어적으로, 사회경제적으로 다양한 아동들이나 장애영재 아동들에게 특히 도움이 될 수 있다. 학생들의 배경, 경험, 개별적 학습 요구를 이해하는 것은 교사들이 도전적이고, 문화감응적이며, 흥미로운 교수 기회와 필요한 지원을 제공하는 데 도움이 될 수 있다.

전환

- 영재학생들은 고등학교에서 대학으로 성공적으로 전환하기 위해 종종 지원이 필요하다.
- 전환 서비스는 중학교에서 시작되어야 하며, 학생들이 대학을 계획하고 성공하는 데 도움이 되는 기술을 다루어야 한다.

영재학생들이 학업적으로, 그리고 종종 다른 영역에서도 뛰어나기 때문에, 학교 직원들은 그들이 고등학교에서 대학으로 원활하게 전환할 것이라고 가정할 수 있다. 그러나 모든 대학 진학 학생들에게 제공되는 일반적인 지원에 더하여, 일부 영재학생들은 이 전환을 위해 추가적인 지원이 필요하다. 예를 들어, 경제적으로 불리한 학생들뿐만 아니라 다양한 가정 출신의 학생들은 대학을 준비하는 적절한 과목(예: AP 과목, 우등 프로그램)을 선택하는 데 도움이 필요할 수 있다. 일부 학생들은 우수 대학의 요구사항을 충족했는지 확인하고 자신의 학업적 및 사회적 요구와 흥미에 적합한 학교를 선택하는 데 안내가 필요할 수 있다. 이러한 유형의 준비와 사전 계획은 영재학생들의 대학 중퇴율을 해결하는 데 도움이 될 수 있다. 또한 대학으로의 조기 입학을 고려하는 학생들과 그들의 부모는 이 옵션의 긍정적이고 부정적인 측면을 연구할 때 지원이 필요할 수 있다. 대학으로의 성공하지 못한 전환은 부정적인 결과를 가져올 수 있다. 즉, 열악한 학업 성과, 일상 활동을 방해하는 심리적 증상, 그리고 심지어 대학 중퇴까지 말이다.

고등학교에서 대학으로 전환하기 전후에 학생들이 직면하는 일반적인 어려움들(예: 대학 선택, 향수병, 세탁과 일상 업무 처리, 음주의 유혹)을 다루는 것에 더

하여, 영재학생들은 다음과 관련된 독특한 문제들에 직면한다:

- 다양한 재능. 이러한 학생들 중 일부는 많은 영역에서 뛰어나서, 그들이 초점을 좁히고 진로를 선택하기 어렵게 만든다.
- 기대에 대한 인식. 영재학생에 대한 기대는 자기 부과든 타인에 의해 부과되든 종종 매우 높다. 이는 다른 사람들을 기쁘게 하기 위한 결정 내리기, 성공이 확실하지 않은 수업이나 활동 피하기, 무한정 미루기, 고등학교 이후의 삶을 계획하지 않기와 같은 행동을 초래할 수 있다.
- 완벽주의. 영재학생들은 종종 자신에게 매우 높은 기준을 설정하는 완벽주의자들이다. 과제가 더 도전적이 될수록, 이러한 학생들은 자신의 결과가 자신의 기대나 다른 사람들의 기대에 미치지 못할 때 스트레스와 좌절을 경험할 수 있다. 그러한 많은 학생들은 대학에 입학하기 전까지 A보다 낮은 성적을 받아본 적이 없을 것이며, 이것이 처음 일어날 때는 충격적일 수 있다.
- 학습 기술의 부족. 많은 영재학생들이 고등학교 학업을 쉽게 통과하는 것은 드문 일이 아니다. 이 때문에, 그들은 대학의 요구를 충족하는 데 필요한 학습 기술을 결코 습득하지 못했다.
- 경쟁에 대한 제한된 경험. 이러한 학생들은 고등학교에서 학업적 경쟁을 거의 또는 전혀 경험하지 못했을 수 있으며, 항상 가장 높은 성적을 받았다. 많은 학생들에게 대학은 그들이 학업적 경쟁을 처음 만나는 곳이다. 그들은 종종 이에 준비되어 있지 않으며, 자신의 학업적 능력에 대한 믿음이 감소한다. 자신이 학급에서 가장 똑똑한 학생이어야 한다고 생각하는 것에서 보람 있는 진로로 이끌 수 있는 내용을 학습하는 것으로 전환하는 것은 어렵다.
- 비동시성. 영재학생들의 지적 발달이 사회정서적 발달을 앞지르는 것은 드문 일이 아니라는 점을 기억하라. 이러한 이유로, 일부 학생들은 또래와의 사회적 관계 형성, 의사결정, 목표 설정에 어려움을 겪을 수 있다. 이러한 문제들은 학생들이 학년을 건너뛰고 어린 나이에 대학에 입학하는 경우 더욱 문제가 될 수 있다. 학생들이 이러한 자극적인 환경에 지적으로 준비되어 있을 수 있지만, 보다 독립적인 환경에 사회적으로 그리고 정서적으로 준비되어 있지 않을 수 있다.

학생들을 준비시키는 데 도움이 되도록, 학교 직원들은 학생들이 고등학교를 졸업하기 4~6년 전에 전환 계획을 시작해야 한다. 이러한 서비스들은 학생들이 필요로 할 기술들을 다룰 뿐만 아니라, 그들이 대학 선택과 입학 과정을 탐색하는 데 도움을 준다. 표 15.4(다음 페이지)는 다양한 학년 수준에서 다루어지거나 탐구되어야 할 기술과 활동들을 개괄한다.

"어려움과 해결책" 섹션에서 언급했듯이, 다양한 배경의 학생들은 종종 영재 범주에서 저대표성을 보인다. 학업적 가능성을 보여주는 그러한 학생들을 위해, 학업적 성공을 촉진하고 대학으로의 전환을 지원하는 여러 프로그램들이 있다:

- GEAR UP(Gaining Early Awareness and Readiness for Undergraduate Programs) – 미국 교육부는 주와 파트너십에 자금을 지원하여 고빈곤 중고등학교의 학생 집단에게 6~7년 기간(늦어도 7학년에 시작하여 고등학교까지 연

표 15.4 전환 활동

학년	기술 또는 활동
7-8학년	• 자기인식 • 시간 관리 • 학습 기술 • 진로 인식 • 의사결정 • 심화 과목과 대학에서 요구하는 과목들을 포함하는 학업 계획 수립 • 지역 재능 탐색에 참여
9-10학년	• 자기인식과 의사결정(지속) • 목적 설정 • 흥미 추구 • 잠재적 진로 흥미를 취미와 구별하기 시작 • 학업적 재능, 가치, 흥미와 잠재적 진로 간의 연결 만들기 • 학업적 및 비학업적 상과 인정 목록 작성 • 대학 입학시험 준비(예: 모의고사 응시) • 의미 있는 활동 참여(예: 자원봉사 경험, 특별활동, 리더십 기회)
11-12학년	• 인턴십 확보 • 멘토 주선 • 대학 지원과 선택 과정 시작 • 대학 입학시험 응시 • 재정 지원 옵션 연구 및 장학금 신청서 작성

출처: Berger(1998, 2014)에서 각색.

장) 동안 서비스를 제공한다. 더 자세한 정보는 https://www.edpartnerships.org/about-gear-up을 방문하라.

- Posse Foundation – 이 민간 비영리 조직은 훌륭한 학업적 및 리더십 잠재력을 보여주지만 종종 대학에서 간과되는 학생들에게 지원을 제공한다. 재단은 그들을 서로의 개별적 성장을 지원하는 유사한 학생들의 소규모 다양한 집단(Posse)에 배치한다. Posse는 대학들과 파트너십을 맺어 이러한 학생들에게 장학금을 제공한다. https://www.possefoundation.org에서 더 자세히 알아보라.

사람들과 상황들

학습 목표

영재교육의 역사를 설명하고, 영재학생과 그들의 부모를 위한 자원을 판별한다.

기원과 역사

- 특별한 재능과 소질을 가진 개인들은 오랫동안 인정받아 왔지만, 미국에서 이러한 학생들을 위한 교육 서비스의 성장을 목격한 것은 20세기에 들어서였다.

터마이트들(The Termites)

Terman의 유명한 종단연구에 참여한 학생들은 "터마이트들"로 알려져 있는데, 높은 IQ를 가졌을 뿐만 아니라 또래들보다 심리적으로, 신체적으로, 사회적으로 우수하다고 여겨졌다. 많은 이들이 각자의 분야에서 위대한 성취를 이루었다. 그러나 결국 노벨상을 받게 된 두 명, Luis Alvarez와 William B. Shockley는 충분히 높은 IQ 점수를 갖지 못해 결국 Terman의 연구에서 제외되었다. 그들의 사례가 나타내듯이, 영재성에는 분명히 단순히 높은 지능보다 더 많은 것이 있다.

- 특별 프로그램과 영재교육에 대한 공적 지원은 시대별로 변동을 보여왔다.

이미 기원전 3000년에, 이집트인들은 최고의 학생들을(왕족과 함께) 궁정 학교에 보내거나 그들의 특별한 재능을 개발하기 위해 집중적인 인턴십에서 그들과 함께 일할 멘토를 배정했다. 기원전 500년경, 중국 철학자인 공자는 영재아동을 위한 특수교육을 제안했고, 서기 618년까지 영재아동들은 우수한 교육을 위해 중국 황실에 선발되어 입궁하였다. 훨씬 후인 1869년에, Francis Galton은 천재성이 유전적으로 결정되며 탁월함은 오직 두 가지 요인, 즉 (1) 뛰어나고자 하는 내적 동기와 (2) 지능에 기인한다고 제안했다. 수십 년 후인 1901년에, 미국에서 영재학생을 위한 첫 번째 학교가 매사추세츠 주 우스터에 개설되었다. 1905년에 Alfred Binet가 최초의 지능검사를 개발했다. 이것이 원래 영재학생을 판별하기 위해 만들어진 것은 아니었지만, 이 검사는 그럼에도 불구하고 이 나라에서 그러한 개인들에 대한 관심의 시작을 표시하며 오늘날에도 영재학생을 판별하는 데 여전히 크게 의존되고 있다. 1916년 컬럼비아 대학교 사범대학 교수진에 합류한 영재교육 분야의 초기 개척자 중 한 명인 Leta Hollingworth는 이 영역에서 첫 번째 과목을 가르치고 첫 번째 교과서를 썼다. 곧이어 1920년대에 이러한 개인들을 위한 교육 서비스가 확대되었다. Hollingworth가 이 분야에 기여한 주요한 공헌 중 하나는 영재성이 유전과 환경 모두에 의해 영향을 받는다는 그녀의 이론이었는데, 이는 오늘날 널리 받아들여지는 개념이다.

1925년에 Lewis Terman은 IQ 점수가 135 이상(대부분 140 이상)인 뛰어난 인지적 적성을 가진 1,528명의 아동에 대한 50년간의 종단연구를 시작했다. Terman의 영재성에 대한 편협한 관점은 높은 지능을 높은 학업 성취와 연관시켰다. Terman은 또한 지능을 고정된 특성, 즉 사람들이 태어날 때 가지고 있으며 시간이 지나도 증가하거나 감소하지 않는 것이라고 믿었다. 오늘날의 전문가들은 표준화 검사의 결과에 대해 Terman보다 훨씬 덜 확신한다. 그들은 이제 그러한 검사들이 주류 미국 문화 출신이 아니거나 강하고 전통적인 교육적 기반을 받지 못한 개인들에게 본질적으로 편향될 수 있다는 것을 인식한다. 그들은 또한 지능이 다른 모든 특성처럼 유전과 환경 모두에 의해 영향을 받는다는 것을 이해한다. 그것은 고정된 특성이 아니며, 높은 IQ 점수로만 나타나는 것도 아니다. 오늘날 영재성을 정의할 때 뛰어난 지능, 적성, 창의성, 재능들에 대한 훨씬 더 폭넓은 관점들이 고려된다.

미국인들은 영재학생에 대해 부침 있는 헌신을 보여왔다. 영재교육에 대한 부정적 태도는 형평성과 사회정의에 대한 관념에 깊이 뿌리박혀 있다. 게다가 많은 사람들이 이러한 학생들이 특별 프로그램 없이도 성공할 것이며, 그들이 스스로 해낼 수 있다는 잘못된 가정을 갖고 있다. 매우 안타깝게도, 이는 단순히 사실이 아니다. 영재 개인들은 종종 자신들의 교육 프로그램이 그들의 요구를 충족하지 못했기 때문에 자신의 잠재력에 도달하지 못한다.

18세기 동안, 미국의 지도자들 중 많은 이들이 교육을 엘리트를 위한 최선의 것으로 여겼다. 그러나 Thomas Jefferson은 엘리트주의에 반대하며, 교육의 목적이 민주주의를 육성하는 것이라고 믿었다. 19세기 동안, 평등주의, 즉 누구도 특별한 대우를 받아서는 안 된다는 관념이 인기를 얻었다. 평등주의적 입장은 타고난 능력, 지위, 교육에 관계없이 어떤 개인도 다른 누구보다 나은 것으로 여겨져서는 안 된다고 주장했다. 그 결과, 영재아동을 위한 교육은 비민주적이고, 엘리트주의적이며, 불필요하고, 낭비적인 것으로 여겨졌다.

안보, 국가적 자부심, 또는 세계 경제에서의 지위가 위험에 처해 있다고 인식될 때, 태도는 변화하는 경향이 있다. 예를 들어, 1957년에 러시아가 최초의 우주 위성인 스푸트니크를 발사했다. 이 발사는 미국 국가안보에 대한 위험이자 국가적 자부심에 대한 타격으로 여겨졌다. 미국 지도자들은 경쟁을 따라잡고 능가하겠다고 다짐했다. 높은 성취를 보이는 학생들을(특히 수학과 과학에서) 판별하는 방법을 개발하고, 특별 프로그램을 설립하며, 이러한 학습자들을 위한 효과적인 교수에 대한 연구를 수행하기 위해 연방 자금이 할당되었다. 영재학생들은 위대한 국가적 자원으로 여겨졌다. 즉, 미국을 다시 한번 세계 지도국으로 만들 사람들이었다. 그러한 관심은 성과를 거두었다. 미국인들이 달에 최초로 착륙하여 "우주 경쟁"에서 승리했고, 과학과 기술에서 놀라운 혁신을 개발했다. 영재학생들의 잠재력 개발에 대한 이러한 초점은 단명했다. 1960년대가 시민권 운동을 일으키면서, 영재교육은 다시 엘리트주의적이고 분리주의적인 것으로 여겨졌다. 이러한 태도는 다음 십 년간 두드러지게 남아있었고, 그 결과 1975년에 IDEA가 통과되었을 때, 장애학생들은 특별하고 독특한 교육 서비스를 보장받았지만 영재학생들은 그러한 보장에 포함되지 않았다.

그러나 1988년에 의회는 영재교육을 지원하는 별도의 국가 법률인 Jacob K. Javits 영재학생교육법을 통과시켰다. Javits법은 다음을 지원했다:

- 영재교육 프로그램 시행과 개선을 위한 주와 교육구에 대한 교부금
- 저대표성 영재학생을 위한 모형을 개발하고 확장하기 위한 대학, 주교육청, 지역 교육구에 대한 교부금
- 영재교육에서 타당성이 검증된 실제에 대한 정보를 제공하는 전국영재연구센터

장애학생에 대한 완전한 보호를 보장하는 IDEA와 달리, Javits법은 영재학생에 대해서는 그렇게 하지 않는다. 또한 주들이 영재학생에게 특별 프로그램이나 서비스를 제공하도록 요구하는 국가적 의무조항을 포함하지 않는다. 게다가 Javits법은 역사적으로 자금이 부족했다. 2005년에 미국 하원은 영재교육 프로그램에 대한 무예산을 의결했지만, 미

표 15.5 자금 지원 수준 비교 (2023년)

프로그램	2023년 연방 세출
IDEA Part B (학령기)	142억 달러
IDEA Part B (유아)	4억 2천만 달러
IDEA Part C (영유아)	5억 4천만 달러
Jacob Javits법 (영재)	1,650만 달러

출처: Jacob Javits Gifted & Talented Students Education Act, https://nagc.org/page/jacob-javits-gifted-andtalented-students-education-act; NCLD Applauds Congress for Increases in IDEA Funding for Fiscal Year 2023, https://www.ncld.org/news/ncld-applauds-congress-for-increases-in-idea-funding-for-fiscal-year-2023/.

국 상원은 그해 세출예산에서 일부 자금을 복원했다. 영재교육에 대한 부침 있는 헌신을 더욱 보여주는 것은, Javits법에 대한 자금 지원이 2011년에 완전히 제거되었다는 점이다. 그러나 3년 후인 2014년에 500만 달러로 부분적으로 복원되었고 2015년에 1,000만 달러로, 2023년에 1,650만 달러로 증액되었다. 표 15.5의 정보를 검토해보면, 영유아를 위한 IDEA 자금(Part C 자금)과 유아, 아동, 청소년을 위한 IDEA 자금(Part B 자금)에 비해 영재학생을 위한 2023년 자금 지원 수준의 현저한 차이를 알 수 있다.

최근 몇 년간의 자금 지원 증가에 기반할 때, 영재교육이 다시 더 많은 호감을 얻고 있는 것으로 보인다. 2015년 초중등교육법의 재승인, 현재 '모든 학생 성공법'으로 불리는 이 법은 영재학생을 지원하는 더 많은 조항들을 포함한다. 이 개정은 Title 1 자금이 이러한 학생들을 판별하고 지원하는 데 사용될 수 있음을 명확히 나타낸다. 그러나 영재교육이 엘리트주의적인지에 대한 논란은 계속되고 있다. 예를 들어, 2021년에 뉴욕시 시장은 초등학교의 영재 프로그래밍을 점진적으로 제거하겠다는 계획을 발표했는데, 이는 그것들이 형평성을 촉진하지 않고 오히려 더 큰 인종적 분리를 만들어냈기 때문이었다. 이 결정은 2022년에 번복되었는데, 부분적으로는 시위자들과 부모 옹호자들의 반응 때문이었으며, 대신 뉴욕은 현재 "속진 학습" 프로그램이라고 부르는 것을 확장하고 보다 공평한 판별 과정을 시행할 것이다. 전국적으로 유사한 논쟁들이 일어나고 있어서, 영재학생을 위한 특별 프로그래밍에 대한 논란이 여전히 존재함을 나타낸다.

개인적 이야기들

- 영재 개인들은 모든 삶의 영역에서 발견되며 우리 수변의 세상을 변화시킬 능력을 가지고 있다.
- 전국영재아동협회, Davidson 연구소, Duke TIP와 같은 조직들이 영재학생, 그들의 가족, 교육자들에게 지원을 제공한다.

우리 세상은 영재 개인들에 의해 크게 영향을 받아왔다. 예를 들어, 당신이 매일 사용하는 전자기기와 소프트웨어에 대해 생각해보라. 그중 얼마나 많은 것이 Apple 제품인가(예: iPhone, iPad, Mac 컴퓨터)? Microsoft 제품을(예: Word, Excel) 얼마나 자

영상 속에서 **영재(Gifted)**

영화 『영재』는 어머니의 자살 후 외삼촌 Frank와 함께 사는 7세 수학 신동 Mary의 이야기이다. Frank는 Mary를 홈스쿨링하다가 지역 초등학교 1학년에 입학시킨다. 그녀의 교사는 곧 Mary가 비범한 수학적 능력을 가지고 있다는 것을 깨닫고 근처의 영재학교에서 Mary에게 전액 장학금 가능성에 대해 Frank에게 접근한다. 역시 수학 천재였던 어머니와 달리 Mary가 평범한 어린 시절을 보내기를 바라는 Frank는 이 제안을 고려하기를 거부한다. 교장이 Mary의 능력에 대해 외할머니에게 연락한 후, Frank와 그의 어머니는 양육권 분쟁에 휘말리게 된다. 짧은 기간 동안 Mary는 위탁가정에서 생활하며 영재를 위한 사립학교에 다니게 된다. Frank가 자신의 어머니가 위탁가정 거주지에서 사교육을 감독하고 있다는 것을 알게 되자, 그는 개입한다. Mary가 Frank와 함께 살기 위해 돌아온 후, 그녀는 오전에는 대학 수업을, 오후에는 초등학교 수업을 듣는다. 많은 영재학생들, 특히 Mary처럼 고도영재인 학생들과 마찬가지로, 그녀는 비동시성을 경험한다. 그녀는 겨우 7세이지만, 그녀의 수학적 기술은 대학생 수준이다. 그녀는 1학년 교수에 대해 극도로 지루해할 뿐만 아니라, 처음에는 학급 동료들과 관계 맺기에 어려움을 겪는다.

주 사용하는가? 소셜미디어 계정을(예: Facebook) 하루에 여러 번 확인하는가? 대부분의 사람들에게 이러한 제품이나 서비스는 우리 일상생활의 일부이며, 모두 영재 개인들에 의해 개발되었다. 이러한 제품과 서비스의 개발자들은 표 15.6에 나열되어 있다. 이제 당신이 즐거움을 위해 하는 일에 대해 생각해보라(예: 읽기, 음악 듣기, 영화 보기). 표에서 예술적 개인들을 찾아보라. 목록에 있는 사람들은 놀라운 성공을 거두었을 뿐만 아니라, 어린 나이에 그러한 성공을 경험하기 시작했다. 또한 표를 검토하면서, 이러한 개인들 중 많은 이들이 고등학교나 대학을 일찍 졸업했다는 점에 주목하라. 이는 속진의 긍정적 이점에 대해 연구가 말하는 바에 대한 추가적 증거를 제공한다. 더욱이, 몇몇이 지루함과 좌절을 경험했고 일부는 대학을 중퇴했다는 점을 관찰하라. 다시, 이는 영재학생과 그들이 때때로 학교에서 경험하는 부정적 감정에 대해 이 장 앞부분에서 학습한 내용을 보여준다. 마지막으로, 영재학생들이 많은 영역에서(예: 기술, 음악, 연기, 과학, 정치, 인권) 번영한다는 것을 알 수 있다.

학습했듯이, 영화 『영재』의 Mary와 같은 영재학생들은 독특한 어려움을 경험하며 자신의 완전한 잠재력에 도달하고 재능을 개발하기 위해 전문화된 교수와 지원이 필요하다. 그러나 영재 프로그램이 IDEA에 의해 의무화되지 않아서 모든 주나 교육구에서 제공되지 않기 때문에, 많은 영재학생들이 이러한 필요한 지원을 받지 못한다. 이러한 학생들 중 많은 이들이 학교에서 제한된 기회와 지원을 받고 있지만, 여러 조직들이 영재학생, 그들의 가족, 교육자들을 위해 가치 있는 정보를 제공하고 지원을 제공한다. 이러한 조직들은 다음과 같다:

- 전국영재아동협회. 이 조직은 영재아동에게 도움이 되는 연구와 전문성 개발을 지원할 뿐만 아니라, 그들의 요구를 표적으로 하는 정책과 실제를 개발함으로써 이러한 학생들을 옹호한다. 웹사이트는 관리자, 교육자, 부모를 위

표 15.6 뛰어난 영재들과 그들의 업적

인물	분야	주요 성취	특별한 점
Albert Einstein	물리학	• 상대성이론 개발 • 십 대에 첫 번째 주요 물리학 논문 작성 • 물리학 노벨상 수상	초등학교에서 소외감을 느꼈음
Martin Luther King, Jr.	시민권 운동	• 시민권 운동의 지도자 • 노벨상 수상자	15세에 대학 입학, 19세에 학사학위로 졸업
Yo-Yo Ma	음악	• 세계적 수준의 첼리스트 • 15세에 카네기홀에서 첫 공연	15세에 고등학교 졸업
Sandra Day O'Connor	법조계	• 대법원에서 역임한 첫 번째 여성	16세에 고등학교 졸업, 20세에 스탠포드 대학교에서 학사학위 취득
Condoleezza Rice	정치/외교	• 스탠포드 대학교 총장을 역임한 첫 번째 흑인 여성 • 미국 국가안보보좌관 • 미국 국무장관(2005-2009)	15세에 고등학교 졸업, 20세에 대학 졸업, 21세에 석사학위 취득
Michael Kearney	교육/학문	• 16세에 밴더빌트 대학교에서 교육 시작	10세에 학사학위로 대학 졸업, 14세에 생화학 석사학위 취득
Christopher Paolini	문학	• 15세에 상속자 사이클 시리즈의 첫 번째 책인 『에라곤』을 집필	초기에 홈스쿨링을 받았고 15세에 고등학교 졸업을 위해 공인 통신과정을 완료
Mark Zuckerberg	기술/IT	• Facebook의 공동 설립자이자 CEO	Facebook에 시간을 투자하기 위해 하버드 2학년 후 중퇴
Steve Jobs	기술/IT	• Apple, Inc.의 공동 설립자	학교 관리자들이 학년 속진을 제안했지만 부모가 반대; 한 학기 후 대학 중퇴
Bill Gates	기술/IT	• Microsoft의 공동 설립자	13세에 공립학교에서 지루해하고 위축되어 부모가 예비학교로 전학시킴; 15세에 사업 파트너와 함께 첫 번째 컴퓨터 프로그램을 판매
Whoopi Goldberg	연예	• 수상 경력의 배우이자 코미디언	장애영재: 영재이면서 난독증; 17세에 학교 중퇴
Will Smith	연예	• 배우이자 음악가	첫 번째 랩 앨범으로 17세에 백만장자가 됨
Taylor Swift	음악	• 그래미상 수상 가수이자 작곡가	16세에 첫 번째 톱 10 싱글

한 풍부한 자료를 포함하고 있으며, 영재학생에게 도움이 되는 여러 교육적 실제에 대한 정보를 제공하고, 각 주의 영재교육 정책과 통계에 대한 정보를 제공한다. 이 정보에 접근하려면 https://www.nagc.org를 방문하라.

- Davidson 재능개발연구소. 이 민간 자금 지원 재단은 18세 이하의 고도영재학생들(성취도나 IQ 검사에서 99.9백분위수에 해당하는 점수를 받

은 학생들)의 발달을 지원하는 프로그램, 서비스, 자료를 제공한다. 서비스에는 아동의 재능 발달을 지원하는 데 도움을 주기 위해 5세에서 18세 아동의 가족에게 제공되는 무료 프로그램인 Young Scholars Program, 13세에서 16세 학생들이 캠퍼스에서 대학 수준의 과목을 수강하는 3주간의 기숙 프로그램인 THINK Summer Institute, 학생뿐만 아니라 교육자들을 위한 풍부한 정보를 제공하는 Davidson Resource Library가 포함된다. Davidson 연구소가 제공하는 것에 대해 더 자세히 알아보려면 http://www.davidsongifted.org를 방문하라. Davidson Young Scholars의 혜택을 받은 학생들과 그들의 가족의 개인적 성공 사례를 http://www.davidsongifted.org/Young-Scholars/Success-Stories에서 읽을 수 있다.

- Johns Hopkins 영재센터 - 이 비영리 조직은 학업적으로 앞선 대학 전 학생들에게 서비스를 제공한다. 2학년부터 12학년까지의 학생들을 위한 온라인 프로그램을 제공하는 것에 더하여, 여름에 3주간의 통학 및 기숙 프로그램을 제공한다. 이러한 기회에 대해 더 자세히 알아보려면 https://cty.jhu.edu/programs를 방문하라. 또한 https://cty.jhu.edu/resources에서 가족과 교육자를 위한 자료를 탐색할 수 있다.

미래 전망

학습 목표

많은 영재학생들이 자신의 학습 요구를 충족하는 교육적 지원과 서비스를 받지 못하는 이유를 설명한다.

해결해야 할 과제

- 영재학생을 위한 교육 프로그래밍이 연방 차원에서 의무화되지 않기 때문에, 이러한 학생들은 종종 자신의 요구를 충족하는 교수 서비스를 받지 못한다.
- 문화적으로 언어적으로 다양한 학생들, 저소득 배경의 학생들, 장애영재 학생들이 영재 프로그램에서 저대표성을 보인다.

영재교육 프로그램은 의무화되지 않았다

영재학생들이 직면하는 가장 큰 어려움 중 하나는 아마도 그들이 완전한 잠재력에 도달하고 재능을 개발하기 위해 특별한 관심이나 독특한 교육 프로그램이 필요하지 않다는 가정을 극복하는 것이다. 앞서 읽었듯이, 영재교육에 대한 부정적 태도는 미국의 형평성 개념에 깊이 뿌리박혀 있으며, 또한 영재학생에 대한 신화에서 비롯된다. 이러한 개인들이 특별 프로그램 없이도 번영할 것이며, 그들이 스스로 해낼 수 있다는 가정들이 있는 것 같다. 매우 안타깝게도, 이는 단순히 사실이 아니다. 영재들은 종종 자신들의 교육 프로그램이 그들의 요구를 충족하지 못했기 때문에 자신의 잠재력에 도달하지 못한다.

"기원과 역사" 섹션에서 학습했듯이, 의회는 1988년에 영재교육을 지원하기 위해 국가 법률인

그림 15.6 미국 전역의 영재교육 의무화와 자금 지원 비교

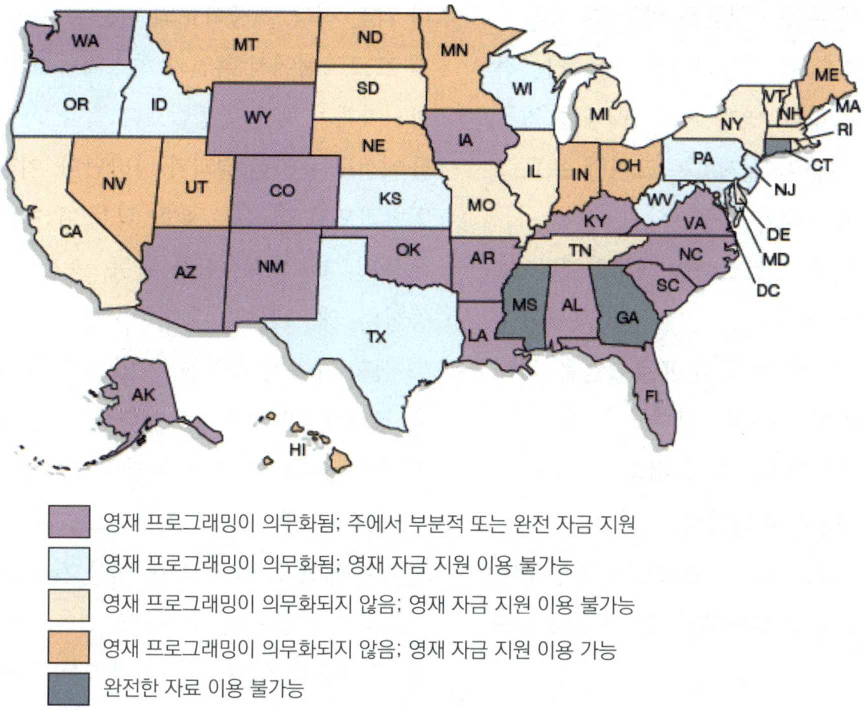

이 지도는 미국의 각 주가 영재교육에 대해 얼마나 다른 접근을 하고 있는지를 명확히 보여주고 있다. 일부 주는 의무화하면서도 자금을 지원하지 않고, 반대로 의무화하지 않으면서도 자금을 지원하는 주들도 있어서 매우 복잡한 양상을 보이고 있다.

출처: 2020-2021 State of the States in Gifted Education, National Association for Gifted Children and the Council of State Directors of Programs for the Gifted, https://cdn.ymaws.com/nagc.org/resource/resmgr/2020-21_state_of_the_states_.pdf.

Jacob K. Javits 영재학생교육법을 통과시켰다. 이 법률이 장애학생에 대한 IDEA처럼 영재학생에 대한 보장이나 완전한 보호를 포함하지 않으며, 결과적으로 주들이 영재학생에게 특별 프로그램이나 서비스를 제공하도록 의무화하지 않는다는 점을 기억하라. 국가적 의무조항이 존재하지 않기 때문에, 모든 주는 영재교육에 관하여 다른 정책을 가지고 있다(그림 15.6 참조). 또한 영재 프로그램에 대한 자금 지원은 주마다 크게 다르다. 이에 더해, 주들은 시간에 걸쳐 그들의 정책과 자금 지원 수준을 변경할 수 있다. 지난 몇 년 동안, 영재교육을 의무화했던 4개 주가 그들의 정책을 번복하여, 이제 이러한 학생들을 위한 어떤 서비스도 요구하지 않는다. 영재교육에 대한 부분적 자금 지원을 했던 또 다른 3개 주는 그러한 프로그램에 대한 주 자금 지원을 제거했다. 이는 다시 연방 차원에서 일어난 일을 반영하여, 영재교육에 대한 부침 있는 헌신을 지적한다. 일관된 자금 지원 없이는, 영재학생들을 위해 이용 가능한 제

한된 서비스들이 위험에 처해 있다. 다음은 2020-2021학년도 자료이다. 영재 프로그래밍을 의무화하는 주들에서도 영재 프로그래밍을 위한 주 자금이 항상 지역교육청(LEAs)에 제공되지는 않는다는 점에 주목하라. 흥미롭게도, 영재 프로그래밍을 의무화하지 않는 일부 주들이 실제로는 그러한 프로그래밍을 위해 LEAs에 자금을 제공한다.

- 27개 주만이 영재 프로그램을 의무화했다. 보고한 25개 주 중:
  - 16개 주(60% 미만)가 영재 프로그램을 위해 LEAs에 전용 자금을 제공했다.
  - 9개 주는 영재 프로그램을 위해 LEAs에 전용 자금을 제공하지 않았다.
- 22개 주(전체 주의 44%)와 컬럼비아 특별구는 영재 프로그램을 의무화하지 않았다. 보고한 23개 중:
  - 10개 주가 영재 프로그램을 위해 LEAs에 전용 자금을 제공했다.
  - 13개 주는 영재 프로그램을 위해 LEAs에 전용 자금을 제공하지 않았다.

영재 프로그램에서 소외되는 학생 집단들

영재학생들이 전반적으로 서비스를 제대로 받지 못하는 집단이지만, 세 집단의 영재학생들이 자신의 잠재력 달성에서 특별한 어려움에 직면한다: 저소득 학생들, 다양한 배경의 학생들, 그리고 장애영재 학생들.

가난한 영재학생들은 종종 서비스를 제대로 받지 못한다. 최근 연구 결과에 따르면 고빈곤 초중학교와 저빈곤 초중학교(각각 75% 이상과 25% 미만의 학생들이 무료 및 할인 급식을 받는 학교)가 영재 프로그램을 가질 가능성이 동일함에도 불구하고, 고빈곤 학교의 학생들(6.1%) 중 이러한 프로그램에 참여하는 학생 수는 저빈곤 학교 학생들(12.4%)의 절반보다 약간 적다. 초중학교의 빈곤 수준에 관계없이, 영재 프로그램에서 흑인과 히스패닉 학생들의 참여는 아시아계와 백인 학생들보다 적다. 고빈곤 고등학교들에서도 유사한 결과가 나타난다. 이러한 학교들은 일반적으로 더 적은 심화 과목(예: 미적분학, 물리학), 우등반, AP 과목, 심화 활동, 속진 프로그램을 제공한다. 왜 그럴까? 다시, 이러한 학교들 중 많은 곳이 심화 과목을 가르칠 수 있는 자원이나 자격을 갖춘 교사가 없다. 그리고 안타깝게도, 가난한 아이들이 중산층이나 고소득 학생들만큼 잘 수행할 수 없으므로 이러한 프로그램이 필요 없다는 인식이 여전히 존재한다. AP 과목이 이용 가능하다 하더라도, 저소득 학생들은 종종 저대표성을 보인다. 일반적으로, 고빈곤 학교들(도시와 농촌 모두)은 영재 프로그램을 위한 교수 자료가 더 적고 심화 과목을 더 적게 제공할 수 있다. 또한, 그들은 종종 경험이 적은 관리자들, 영재성이나 창의성의 징후를 인식하거나 다룰 수 없는 더 많은 무자격 및 경험 없는 교사들, 그리고 자주 결근하는 교사들의 비율이 더 높다. 학교 직원들의 낮은 기대에 더하여, 이러한 학생들은 성취 부진이거나 부모들이(경제적으로 더 유리한 학생들의 부모들보다 고등학교나 대학 교육을 받을 가능성이 낮은) 심화 과목 수강을 격려하지 않기 때문에 저대표성을 보일 수 있다. 우리가 이러한 학생들에게 필요한 지원을 제공하지 않을 때 얼마나 많은 재능이 낭비되고, 얼마나 많은 성취가 상실되는지 생각해보라.

위에서 언급했듯이, 흑인과 히스패닉 학생들은 영재 특별 프로그램에 학교 인구에서 그들의 비율이 예측하는 것보다 상당히 낮은 비율로 참여한다.

그림 15.7 인종/민족별 영재학생 비율, 2004년부터 2018년까지 선정 연도들

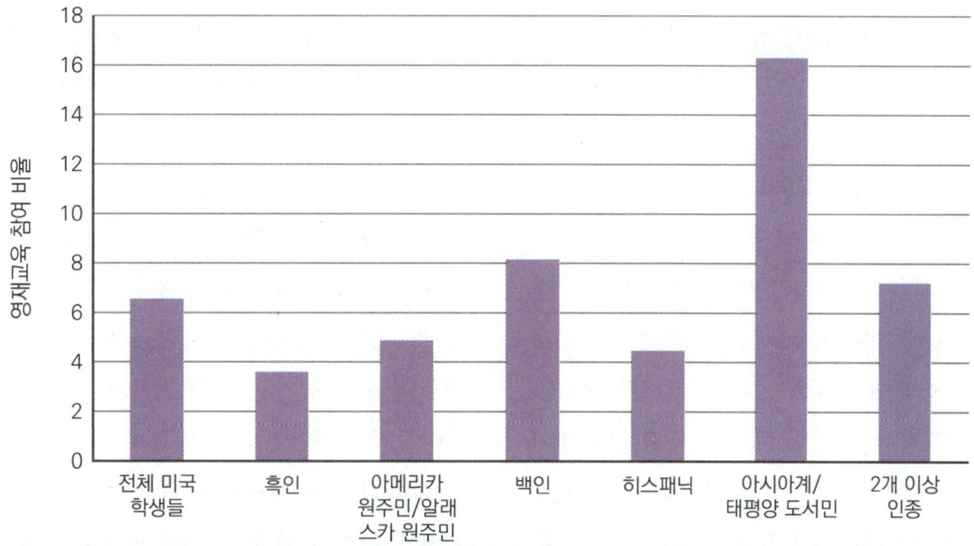

이 그래프는 인종/민족별 영재교육 참여 비율의 현저한 차이를 보여주고 있다. 아시아계/태평양 도서민 학생들이 가장 높은 참여율(약 16%)을 보이는 반면, 흑인 학생들은 가장 낮은 참여율(약 3.5%)을 보여 상당한 격차가 있음을 알 수 있다.

주: 아시아계/태평양 도서민 학생의 16.3%가 판별되지만, 이들 학생 중 특정 하위집단들은(예: 사모아인, 몽족) 빈곤 속에서 살 가능성이 더 높고 영재교육으로 판별될 가능성이 더 낮다.

출처: National Center for Education Statistics (2021), Table 204.90.

이는 아메리카 원주민과 알래스카 원주민 학생들에게도 마찬가지이다(그림 15.7 참조). 영재 프로그램에서 흑인 학생들의 참여는 전체 학생들보다 약 45% 적고, 히스패닉 학생들은 약 30% 적으며, 아메리카 원주민/알래스카 원주민 참여는 약 25% 적다는 점에 주목하라. 이는 비백인 학생 비율이 높은 초중학교들이 비백인 학생 비율이 낮은 학교들만큼 영재 프로그램을 가질 가능성이 동일함에도 불구하고 그렇다(백인 학생이 85% 이상인 학교나 비백인 학생이 거의 100%인 학교 제외). 이는 여러 요인 때문일 수 있다. 방금 언급했듯이, 이러한 학생들 중 많은 이들이 영재학생을 위한 자원과 교육 기회가 더 적은 고빈곤 학교에 다닌다. 또한 앞서 언급했듯이, 낮은 학업 성취 수준과 지능 및 성취도 검사에서의 낮은 수행이 교사들로 하여금 문화적으로 인종적으로 다양한 학생들을 영재 프로그램에서 간과하게 할 수 있다. 다시, 많은 아시아계와 백인 학생들이 경험하는 경제적 이점들도 영향을 미칠 수 있다. 최근 보고서에 따르면 흑인과 히스패닉 학생들이 뉴욕시 공립학교 전체 학생의 65%를 차지한다. 그러나 아시아계와 백인 학생들이 영재 프로그램 학생의 약 75%를 차지한다. 이는 부분적으로 그들이 학교에 입학하기 전부터 자녀들이 표준화 검사에서 뛰어나도록 준비시킬 수 있는 경제적 자원 때문이다. 히스패닉 학생들의 경우, 제2언어 습득의 효과가 그들의 영재성이나 창의성을 가릴 수 있다.

다양한 배경의 학생들, 특히 흑인 학생들도 종종 참여를 원하지 않기 때문에 저대표성을 보일 수 있다. 그들은 학교에서 좋은 성과를 보이면 또래의 거부나 조롱에 직면할 수 있으며, 때로는 가족들이 영재교육 판별을 지지하지 않거나 덜 인식하고 있다. 게다가 많은 다양한 배경의 학생들은 다른 인종적, 민족적, 문화적 배경의 교사들에게 교육받고 있다. 문화적 지식의 부족이나 문화 간 불일치와 관련된 요인들 때문에, 이러한 교사들은 학생들의 영재성을(반드시 성취와 연결되지는 않는) 인식하지 못하거나, 편견을 가지거나, 다양한 배경의 학생들에 대해 낮은 기대를 가질 수 있다. 또한 학생들은 같은 인종적, 민족적, 문화적 배경의 교사에게 교육받을 때 다르게 수행할 수 있으며(예: 자신의 영재적 행동들 중 일부를 보여주는 데 더 편안함), 부모들은 같은 인종/민족의 교사와 자신의 아이의 독특한 능력에 대해 논의하는 것을 더 편안하게 느낄 수 있다. 영재 프로그램이 항상 문화감응적이고 이러한 학생들의 특정 요구에 맞춰지지 않기 때문에, 이러한 프로그램에 입학하는 일부 학생들은 교사들에게 환영받지 못한다고 느끼고 중도 포기한다. 분명히, 교육자들은 다양한 배경의 영재학생들을 판별하고 그들을 프로그램에 유지하는 일을 더 잘해야 한다. 이 학생 집단을 판별하고 서비스하는 것에 대해 더 자세히 알아보려면 https://nagc.org/page/equity에서 Increasing Equity in Gifted Education Programs and Services를 읽어볼 수 있다.

"영재성의 유형" 섹션에서 학습했듯이, 장애영재는 장애가 영재성을 가리기 때문에 항상 판별되지는 않는다. 판별된다 하더라도, 많은 학생들이 자신의 영재성이나 장애를 다루는 서비스를 받지만, 둘 다를 다루지는 않는다. 또한 많은 학교들이 학습장애가 있는 학생들을 발견하기 위해 전통적으로 사용되던 종합평가 방법을 대체하는 중재반응모형(RTI) 과정을 시행했다. 학습장애가 있는 영재학생들(장애영재의 가장 큰 비율)은 학업적 약점을 보상할 수 있지만 학업적으로 뛰어나지는 않기 때문에 이 과정을 통해 영재이거나 장애가 있다고 인식되지 않는 경우가 많다. 그러한 경우들은 종종 종합평가를 필요로 한다. 판별과 서비스 제공은 두 영역 모두에서 전문성을 가진 학교 전문가들 간의 보다 협조적이고 협력적인 노력을 필요로 하지만, 교육자들이 각 학생의 학습 요구를 충족하는 것이 중요하다. 적절한 서비스와 함께, 이러한 학생들은 자신의 높은 잠재력을 달성할 수 있다.

저소득 학생들, 다양한 배경의 학생들, 장애영재가 종종 영재 프로그램에서 저대표성을 보이지만, 영재 판별을 보다 공평하게 만들기 위한 권장사항들이 있다. 첫 번째는 교사에 의해 주목받지 못하고 추천되지 않을 수 있는 학생들을 판별할 잠재력을 가진 전수조사를 실시하는 것이다. 또 다른 것은 영재 프로그램의 혜택을 받을 가능성이 높은 학생들을 판별하기 위해 교육구나 국가 규준(예: 교육구나 국가에서 상위 5%) 대신 지역 규준(예: 학교에서 상위 5%)을 고려하는 것이다. 또 다른 것은 흑인과 히스패닉 학생들을 판별하는 데 있어서 교사 편견을 다루는 것이다. 이러한 학생들의 재능과 소질이 다른 문화적 또는 민족적 배경의 교사들에 의해 인식되지 않는 경우가 너무 자주 발생한다.

잠재력과 손실

"미국은 많은 젊은이들, 특히 불리한 환경과 소수 집단 배경의 높은 능력을 가진 소년소녀들의 타고난 재능을 배양하지 못함으로써 엄청난 양의 인적 자본을 낭비하고 있다. 그러한 실패는 국가 경제에 큰 비용을 부과하고, 소득의 고통스러운 격차를 확대하며, 상향 이동을 촉진하려는 노력을 좌절시키고, 시민적 쇠퇴와 정치적 분열에 기여하며, 우리 사회의 많은 요소들을 괴롭히는 불평등을 악화시킨다."

—Chester E. Finn, Jr. and Amber M. Northern, 2018년 1월, 서문,
『영재 격차가 존재하는가?: 고빈곤 학교의 영재교육』
(Is There a Gifted Gap?: Gifted Education in High-Poverty Schools)

기술: 확장되는 선택지

- 온라인 학습은 흥미 있는 주제에 대한 심층 정보에 대한 접근을 제공함으로써 차별화교수와 심화 기회를 지원할 수 있다.
- 원격학습은 학생의 학교나 교육구에서 이용할 수 없는 속진 기회를 제공할 수 있다.

느린 속도의 교수에 지루해하거나 이미 숙달한 내용에 대한 수업을 들어야 하는 것에 좌절하는 학생들에게, 기술은 그들이 심화된 주제를 더 깊이 연구할 수 있게 해준다. 이제 교사들이 내용과 교수를 차별화하고 심화 학습자들에게 심화 기회를 제공할 수 있게 해주는 많은 원격학습(때로는 이러닝 또는 온라인 학습이라고 불림) 기회들이 이용 가능하다. 예를 들어, NASA의 제트추진연구소 웹사이트에는 비디오와 프로젝트들이 포함되어 있다. 한 프로젝트는 학생들이 지정된 목표물에 우주선을 착륙시키는 실험을 할 수 있게 해준다. 예술 분야에서, 학생들은 파리의 루브르 박물관을 가상으로 둘러보고 실제로 그곳에 있다면 절대 허용되지 않을 만큼 가까이에서 걸작들을 자세히 살펴볼 수 있다. 스미소니언은 예술, 역사, 과학 등에서 수백 시간, 아니 수천 시간의 학습을 제공하는 가상 투어, 온라인 컬렉션, 상호작용 STEM 게임과 시뮬레이션과 같은 풍부한 기회들을 제공한다.

학습 게임들 또한 학생들의 개별적 요구를 표적으로 하는 효과적인 자료이다. 이러한 게임들은 새로운 내용이나 기술 학습뿐만 아니라, 피드백과 함께하는 연습 기회를 통합한다. 온라인 게임 형식으로 내용과 상호작용하는 학생들은 과제에 참여하고 동기를 부여받는 경향이 있을 뿐만 아니라 성취에서 상당한 향상을 보인다. 수많은 게임들이 이용 가능하지만, 모든 교육 자료와 마찬가지로, 교사들은 그것들이 교육 내용을 다룬다는 주장에 부응하는지 확인하기 위해 검토해야 한다. 표 15.7은 차별화 학습을 위해 사용되고 영재학생들에게 심화 기회를 제공할 수 있는 여러 온라인 학습 사이트들(위에 나열된 것들 포함)과 온라인 학습 게임들을 나열한다.

종종 대학 과목에서 사용되는 온라인 교육 기술의 발전은 영재학생들에게 큰 이점을 가져다줄 수

표 15.7 온라인 학습 자료와 앱

자료명	웹사이트	설명
NASA 제트추진연구소	http://www.jpl.nasa.gov	여러 STEM 관련 주제에 대한 상호작용 활동 제공
스미소니언	http://www.si.edu	예술, 역사, 항공우주 등의 영역에서 가상 투어, 온라인 컬렉션, 상호작용 게임과 시뮬레이션 제공
루브르	http://www.louvre.fr/en	가상 투어와 미술 전시 및 컬렉션의 면밀한 검토 가능
Gizmos	https://www.explorelearning.com	수학과 과학 게임 및 시뮬레이션 제공

있다. 원격교육은 지역 학교에서 심화 과목이 이용 가능하지 않은 학생들이나 학교에서 다루지 않는 주제를 탐구하고 싶은 학생들에게 속진 기회를 제공할 수 있으며, 학생들은 전국 어디서나 학점을 위한 온라인 과목을 수강할 수 있다. 예를 들어, 한 학생은 화학이나 물리학의 온라인 튜토리얼을 진행할 수 있고, 학급 동료는 환경 모니터링 및 제어 시스템을 개발하는 데 필요한 컴퓨터 프로그래밍을 학습할 수 있다. 원격교육은 또한 특히 농촌과 외딴 지역에 사는 학생들을 위해 차별화교수와 심화를 촉진하는 데 사용될 수 있다. 또한 기술의 사용을 통해, 학생들은 전 세계의 다른 사람들과 시사와 쟁점에 대한 중요한 대화에 참여할 수 있다. 예를 들어, UNICEF의 Voices of Youth는 전 세계 학생들이 환경 문제와 기아와 같은 중요한 주제들을 논의할 수 있는 디지털 공동체이다.

일부 원격교육 제공은 영재교육에 참여하는 학생들을 위해 설계되고 그들만 사용하는 반면, 다른 것들은 누구에게나 이용 가능하지만 일반적으로 나이가 많은 학생들이나 성인들을 표적으로 한다. 표 15.8은 대학들과 다른 프로그램들이 제공하는 원격 학습 기회들의 목록을 제공한다.

온라인 학습의 모든 장점에도 불구하고, 영재학생들의 완료율은 실망스럽다. 80%를 훨씬 밑돈다. 학생들의 흥미가 과목 제공과 일치해야 하며, 성공에 필요한 독립 학습 기술이 갖춰져 있어야 한다. 신중한 선택과 시행으로, 원격 전달 옵션의 이점이 우려를 능가한다. 온라인 학습은 많은 영재학생들에게 빠져있던 교육적 요소를 제공할 수 있으며, 전통적인 교육 시스템이 부과하는 제한을 제거하고 세상의 거의 모든 주제의 탐구를 가능하게 한다.

표 15.8 원격학습 기회

기관/프로그램	웹사이트	설명
Stanford Pre-Collegiate Studies	https://spcs.stanford.edu	심화 주제를 학습하고 싶어 하는 고등학생들을 위한 엄격한 온라인 과목 제공
Johns Hopkins 영재센터	http://cty.jhu.edu	수학, 과학, 컴퓨터 과학과 기술, 역사와 사회과학, 세계 언어와 같은 주제에서 2학년부터 12학년까지를 위한 온라인 과목 제공
Northwestern 재능개발센터	http://www.ctd.northwestern.edu/program_type/online-programs	K-12 영재학생들을 위한 온라인 과목, 심화 기회 등 제공
Khan Academy	https://www.khanacademy.org	교수 비디오와 연습 기회를 통해 수학, 과학, 컴퓨터 프로그래밍, 역사와 같은 여러 주제에 대한 교수 제공
Alcumus	http://www.artofproblemsolving.com/alcumus	13,000개 이상의 수학 문제를 포함하며, 그중 많은 것이 전국 수학 경시대회 출제 문제이고, 학생 수행에 기반하여 학습을 조정함; 높은 성취를 보이는 학생들을 표적으로 함
대규모 공개 온라인 과목(MOOC)	https://www.mooc.org	무료 대학 수준 과목을 이용 가능하게 하지만 학위에는 포함되지 않음; 많은 대학들(예: Duke, MIT, Yale, Carnegie Mellon, UC Berkeley)에서 제공

잠재력과 손실

기술은 학생들이 그것에 접근할 수 있는 경우에만 영재 프로그래밍 부족에 대한 해결책이 된다. 안타깝게도, 기술적 발전으로부터 가장 큰 혜택을 받을 수 있는 바로 그 학생들이 가장 적은 접근을 가질 수 있다. AP, 우등반, 심화 옵션이 거의 없는 고빈곤 학교의 학생들은 또한 구식 기술 인프라를 갖는 경향이 있다. 그들은 필요한 소프트웨어가 없는 오래된 컴퓨터를 가지고 있거나 제한된 인터넷 연결을 가지고 있을 수 있다. 게다가, 이러한 학교들은 교수 기술 직원이나 지원이 부족할 수 있는데, 이는 고장 난 컴퓨터가 수리되거나 교체되지 않거나 시스템이나 소프트웨어 문제가 해결되지 않는다는 것을 의미한다.

또 다른 쟁점은 일반적인 온라인 안전 고려사항에 중점을 둔다. 학생들이 영재라 하더라도, 그들은 여전히 또래들과 같은 온라인 위험에 노출되어 있다. 따라서 교사들은 특히 학생들이 전국적으로 그리고 전 세계적으로 다른 장소의 십 대와 성인들과 협력 작업에 참여할 때 발생할 수 있는 안전 문제들(예: 개인 정보 제공)과 개인적 행동들(예: 네티켓, 성적 메시지 전송)을 다루어야 한다.

요약

영재 및 재능아 설명

영재아동은 하나 이상의 영역(예: 지적, 창의적, 예술적, 리더십)에서 뛰어난 능력과 재능을 보유하고 있으며, 이들의 영재성은 대개 매우 이른 나이에 드러난다.

- 영재학생은 종종 지능검사나 성취도 검사 점수를 통해 판별되지만, 다양한 출처의 정보를 고려해야 한다.
- 영재학생을 분류하는 데 사용되는 두 가지 방법은 IQ 점수 범위와 가드너의 다중지능 이론이다.
- 영재학생들은 종종 추상적 추론, 지속성, 빠른 정보 학습, 강한 언어 능력과 같은 공통적 특성을 공유하며, 사회적·정서적으로 잘 적응하는 경향이 있다.
- 영재학생이 받는 서비스와 지원은 주별 정의와 판별 기준의 차이로 인해 주마다 크게 달라진다.

특수교육

영재학생이 최대한의 잠재력을 발휘하려면 매우 이른 나이부터 서비스와 지원을 받아야 한다.

- 영재학생이 학교에서 겪는 많은 어려움은 조기중재, 속진교육, 차별화교수, 심화교육을 통해 해결할 수 있다.
- 영재학생을 위한 조정은 학생들이 자신의 고유한 학습 요구에 상응하는 속도와 수준에서 학습하는 것을 방해하는 장벽을 제거한다.
- 어린 영재학생의 고유한 요구는 매력적이고 풍부한 학습 환경을 제공하거나 유치원이나 1학년 조기 입학을 허용함으로써 충족될 수 있다.
- 학령기 동안 영재학생의 학습 요구는 차별화교수와 심화 기회 및 프로그램을 통해 해결할 수 있다.
- 부모와 가족은 재능 있는 영재학생의 판별과 발달에 중요한 역할을 한다.
- 영재학생은 대학 선택과 입학 과정을 탐색하고 대학에서 필요한 기술을 다루기 위해 전환 서비스를 필요로 하는 경우가 많다.

인물과 상황

뛰어난 재능과 능력을 가진 개인들이 수 세기 동안 인정받아 왔지만, 영재학생에게 교육적 지원과 서비스를 제공하는 것의 중요성은 20세기에 이르러서야 미국에서 인식되었다.

- 영재학생을 위한 특별 프로그램과 서비스에 대한 공적 지원과 자금 지원은 시대에 따라 일관성이 없었다.
- 영재 개인들의 기여는 세계에 크게 영향을 미치며, 이러한 학생들을 지원하고 최대한의 잠재력에 도달하도록 돕는 조직들이 존재한다.

미래 전망

영재학생을 위한 교육 프로그래밍이 연방 차원에서 의무화되어 있지 않기 때문에, 영재학생들은 종종 뛰어난 성과를 내는 데 필요한 교수 서비스와 지원을 받지 못한다.

- 영재 프로그램에서 과소대표되는 여러 집단이 있다: 문화적·언어적으로 다양한 학생, 저소득층 배경의 학생, 그리고 장애영재학생.
- 온라인 학습은 차별화, 심화 활동, 속진 기회를 허용하기 때문에 영재학생의 요구를 충족하는 효과적인 방법이다.

참고문헌

Acceleration Institute. (n.d.). *State acceleration policy.* http://www.accelerationinstitute.org/Resources/Policy/By_State/

Armstrong, T. (2009). *Multiple intelligences in the classroom* (3rd ed.). Association for Supervision and Curriculum Development.

Assouline, S. G., Colangelo, N., Heo, N., & Dockery, L. (2013). High-ability students' participation in specialized instructional delivery models: Variations by aptitude, grade, gender, and content area. *Gifted Child Quarterly, 57*(2), 135–147.

Assouline, S. G., Colangelo, N., & VanTassel-Baska, J. (2015). *A nation empowered: Evidence trumps the excuses holding back America's brightest students* (Vol. 1). The Belin-Blank Center.

Barshay, J. (2019, April). Is there a trade-off between racial diversity and academic excellence in gifted classrooms? *The Hechinger Report.* Retrieved from https://hechingerreport.org/is-there-a-tradeoff-between-racial-diversity-and-academic-excellence-in-gifted-classrooms/

Baum, S. M., Schader, R. M., & Hébert, T. P. (2014). Through a different lens: Reflecting on a strengthsbased,talent-focused approach for twice-exceptional learners. *Gifted Child Quarterly, 58*(4), 311–327.

Beckmann, E., & Minnaert, A. (2018). Non-cognitive characteristics of gifted students with learning disabilities: An in-depth systematic review. *Frontiers in Psychology, 9*, 504.

Bell, S. M., Taylor, E. P., McCallum, R. S., Coles, J. T., & Hays, E. (2015). Comparing prospective twiceexceptionalstudents with high-performing peers on high-stakes tests of achievement. *Journal for the Education of the Gifted, 38*(3), 294–317.

Benbow, C. P., & Lubinski, D. (2007). *Future career path of gifted youth can be predicted by age 13.* Vanderbilt University. https://news.vanderbilt.edu/2007/09/07/future-career-path-of-gifted-youth-can-bepredicted-by-age-13-58489/

Benbow, C. P., & Stanley, J. C. (1996). Inequity in equity: How "equity" can lead to inequity for highpotentialstudents. *Psychology, Public Policy, and Law, 2*, 249–292.

Berger, S. (1991). *Differentiating curriculum for gifted students* (Eric Digest No. E510). Council for Exceptional Children. Retrieved from Eric Database (ED342175). https://files.eric.ed.gov/fulltext/ED342175.pdf

Berger, S. L. (1998). *College planning for gifted students* (2nd ed.). Council for Exceptional Children. Retrieved from ERIC Database (ED439566).

Berger, S. L. (2014). *College planning for gifted students: Choosing and getting into the right college* (4th ed.). Prufrock Press.

Bernal, E. M. (2003). To no longer educate the gifted: Programming for gifted students beyond the era of inclusionism. *Gifted Child Quarterly, 47*, 183–191.

Bernstein, B. O., Lubinski, D., & Benbow, C. P. (2021). Academic acceleration in gifted youth and fruitless concerns regarding psychological well-being: A 35-year longitudinal study. *Journal of Educational Psychology, 113*(4), 830–845.

Binet, A., & Simon, T. (1905). Méthodes nouvelles pour le diagnostic du niveau intellectual des anormaux. *L'Année psychologique, 11*, 191–336.

Biography.com Editors. (n.d.-a). *Bill Gates biography.* http://www.biography.com/people/bill-gates9307520#early-career

Biography.com Editors. (n.d.-b). *Mark Zuckerberg biography.* http:ww.biography.com/people/markzuckerberg-507402

Biography.com Editors. (n.d.-c). *Steve Jobs biography.* http://www.biography.com/people/stevejobs-9354805#departure-from-apple

Biography.com Editors. (n.d.-d). *Taylor Swift biography.*

http://www.biography.com/people/taylorswift-369608#commercial-success

Biography.com Editors. (n.d.-e). *Whoopi Goldberg biography.* http://www.biography.com/people/whoopi-goldberg-9314384

Biography.com Editors. (n.d.-f). *Will Smith biography.* http://www.biography.com/people/will-smith9542165

Bleske-Rechek, A., Lubinski, D., & Benbow, C. P. (2004). Meeting the educational needs of special populations: Advanced Placement's role in developing exceptional human capital. *Psychological Science, 15*, 217-224.

Brehe-Gunter, E. (2021, April). *Duke TIP has ended: Advice for families moving forward.* https://kdcollegeprep.com/duke-tip-ended-advice-moving-forward/

Briggs, C. J., Reis, S. M., & Sullivan, E. E. (2008). A national view of promising programs and practices for culturally, linguistically, and ethnically diverse gifted and talented students. *Gifted Child Quarterly, 52*, 131-145.

Brulles, D., Cohn, S., & Saunders, R. (2010). Improving performance for gifted students in a cluster grouping model. *Journal for the Education of the Gifted, 34*(2), 327-350.

Calvan, B. C. (2021, October). *Schools debate: Gifted and talented, or racist and elitist?* AP News. https://apnews.com/article/new-york-education-new-york-city-united-states-race-andethnicity-f8cbdb50edba9802fe9ad503cfe7d467

Callahan, C. M. (2008). Assessing and improving services provided to gifted students: A plan for program evaluation. In F. A. Karnes & K. R. Stephens (Eds.), *Achieving excellence: Educating the gifted and talented* (pp. 230-245). Merrill/Pearson Education.

Callahan, C. M., Moon, T. R., Oh, S., Azano, A. P., & Hailey, E. P. (2015). What works in gifted education: Documenting the effects of an integrated curricular/instructional model for gifted students. *American Educational Research Journal, 52*(1), 1-31.

Clark, B. (2008). *Growing up gifted: Developing the potential of children at home and school* (7th ed.). Merrill/Pearson Education.

Clemens, T. L. (2008). *Underachieving gifted students: A social cognitive model.* National Research Center on the Gifted and Talented, University of Connecticut.

Colangelo, N., Assouline, S., & Gross, M. (2004). *A nation deceived: How schools hold back America's brightest students* (Vols. 1 & 2). University of Iowa Press.

Coleman, L. J., Micko, K. J., & Cross, T. L. (2015). Twenty-five years of research on the lived experience of being gifted in school: Capturing the students' voices. *Journal for the Education of the Gifted, 38*(4), 358-376

College Board. (2019, February). *Student participation and performance in advanced placement rise in tandem.* https://newsroom.collegeboard.org/student-participation-and-performance-advancedplacement-rise-tandem

Contreras, F. (2011). Strengthening the bridge to higher education for academically promising underrepresented students. *Journal of Advanced Academics, 22*(3), 500-526.

Council for Exceptional Children. (2015, June). *Federal outlook for exceptional children: Fiscal year 2016.* https://www.cec.sped.org/~/media/Files/Policy/Current%20Sped%20Issues%20Home/Federal%20Outlook%202016%20FINAL.pdf

Cukierkorn, J. R., Karnes, F. A., Manning, S. J., Houston, H., & Besnoy, K. (2007). Serving the preschool gifted child: Programming and resources. *Roeper Review, 29*, 271-276.

Dare, L., & Nowicki, E. (2015). Conceptualizing concurrent enrollment: Why high-achieving students go for it. *Gifted Child Quarterly, 59*(4), 249-264.

Davidson Institute. (n.d.-a). *Gifted education in the U.S.-State policy & legislation.* https://www.davidsongifted.org/gifted-blog/gifted-education-in-the-u-s-state-policy-legislation/

Davidson Institute. (n.d.-b). *Twice exceptional: Definition, characteristics & identification.* https://www.davidsongifted.org/gifted-blog/twice-exceptional-definition-characteristics-identification/

Davidson Institute. (n.d.-c). *Types of acceleration.* https://www.davidsongifted.org/gifted-blog/types-of-acceleration/

Davidson Institute. (2018). *Twice-exceptionality: A resource guide for parents.* https://www.davidsongifted.org/wp-content/uploads/2021/03/Twice-Exceptionality-A-Resource-Guide-for-Parents-15-June2018.pdf

Davidson Institute. (2022, July). *Anxiety and gifted students.* https://www.davidsongifted.org/giftedblog/anxiety-and-gifted-children/

Davidson Institute for Talent Development. (n.d.). IQ and educational needs. http://presskit.ditd.org/Davidson_Institute_Press_Kit/ditd_*IQ_and_Educational_Needs*.html

Davis, G. A., Rimm, S. B., & Siegle, D. (2011). *Education of the gifted and talented* (6th ed.). Pearson Education.

Duke University Talent Identification Program. (2014, September 30). The social and emotional transition to middle school [Blog post]. Gifted Today. https://blogs.tip.duke.edu/giftedtoday/2014/09/30/thesocial-and-emotional-transition-to-middle-school/

Esping, A., & Plucker, J. A. (2008). Theories of intelligence. In F. A. Karnes & K. R. Stephens (Eds.), *Achieving excellence: Educating the gifted and talented* (pp. 36-48). Merrill/Pearson Education.

Firmender, J. M., Reis, S. M., & Sweeny, S. M. (2013). Reading comprehension and fluency levels ranges across diverse classrooms: The need for differentiated reading instruction and content. *Gifted Child Quarterly, 57*(1), 3-14.

Ford, D. Y. (2011). Reversing underachievement among gifted Black students (2nd ed.). Prufrock Press.

Ford, D. (2015). Culturally responsive gifted classrooms for culturally different students: A focus on invitational learning. *Gifted Child Today, 38*(1), 67-69.

Ford, D. Y., & Whiting, G. W. (2007). A mind is a terrible thing to erase: Black students' underrepresentation in gifted education. *Multiple Voices, 10*, 28-44.

Francis, R., Hawes, D. J., & Abbott, M. (2016). Intellectual giftedness and psychopathology in children and adolescents: A systematic literature review. *Exceptional Children, 82*(3), 279-302.

Friend, M., & Bursuck, W. D. (2006). *Including students with special needs: A practical guide for classroom teachers* (4th ed.). Allyn & Bacon.

Gagné, F. (2004). An imperative, but, alas, improbable consensus. *Roeper Review,* 27, 12-14.

Gardner, H. (1983). *Frames of mind: Theory of multiple intelligences.* Basic Books.

Gardner, H. (1993). *Multiple intelligences: The theory in practice.* Basic Books.

Gardner, J. W. (1984). *Excellence: Can we be equal and excellent too?* (Rev. ed.). Norton.

Gentry, M., Gray, A., Whiting, G. W., Maeda, Y., & Pereira, N. (2019). *Access denied/system failure. Gifted education in the United States: Laws, access, equity, and missingness across the country by locale, Title I school status, and race.* Purdue University & Jack Kent Cooke Foundation.

Gibbons, M. M., Pelchar, T. K., & Cochran, J. L. (2012). Gifted students from low-education backgrounds. *Roeper Review, 34,* 114-122.

Gifted Development Center. (n.d.). *Highly-profoundly gifted: Educational planning for highly to profoundly gifted children.* http://www.gifteddevelopment.com/about-our-center/our-services/k-12-educationalplanning/highly—profoundly-gifted

Gilman, B. J., Lovecky, D. V., Kearney, K., Peters, D. B., Wasserman, J. D., Silverman, L. K., . . . Rimm, S. B. (2013). Critical issues in the identification of gifted students with co-existing disabilities: The twiceexceptional. *SAGE Open, 3*(3).

Grantham, T. C. (2002). Underrepresentation in gifted education: How did we get here and what needs to change? *Roeper Review, 24*, 50-51.

Grantham, T. C. (2004). Multicultural mentoring to increase Black male representation in gifted programs. *Gifted Child Quarterly, 48,* 232–245.

Grissom, J. A., & Redding, C. (2016). Discretion and disproportionality: Explaining the underrepresentation of high-achieving students of color in gifted programs. *AERA Open, 2.*

Gross, M. (1999). Small poppies: Highly gifted children in the early years. *Roeper Review, 21*(3). http://www.davidsongifted.org/db/Articles_id_10124.aspx

Guenther, A. (1998). *What parents and teachers should know about academic acceleration* [Practitioners' Guide #A9815]. National Research Center on the Gifted and Talented. http://nrcgt.uconn.edu/wp-content/uploads/sites/953/2015/04/A9815P.pdf

Guibault, K. M. (2012). *Early enrichment for young gifted children.* http://mcgate.org/early-enrichmentfor-young-gifted-children/

Henderson, L. M., & Ebner, F. F. (1997). The biological basis for early intervention with gifted children. *Peabody Journal of Education, 72*(3/4), 59–80.

Henfield, M. S., Moore, J. L., III, & Wood, C. (2008). Inside and outside gifted education programming: Hidden challenges for African American students. *Exceptional Children, 74*, 433–453.

Hertberg-Davis, H., & Callahan, C. M. (2008). A narrow escape: Gifted students' perceptions of advanced placement and International Baccalaureate programs. Gifted Child Quarterly, 52, 199–216.

Hoagies' Gifted Education Page. (2016). *Distance learning programs.* http://www.hoagiesgifted.org/distance_learning.htm

Holdren, J. P. (2011, January 6). *America COMPETES Act keeps America's leadership on target* [Blog post]. The White House Blog. www.whitehouse.gov/blog/2011/01/06/america-competes-act-keepsamericas-leadership-target

Hunsaker, S. L. (1995). The gifted metaphor from the perspective of traditional civilizations. *Journal for the Education of the Gifted, 18*, 255–268.

IMDb. (n.d.) *Gifted plot.* https://www.imdb.com/title/tt4481414/plotsummary/

Inheritance Wiki. (n.d.). *Christopher Paolini.* http://inheritance.wikia.com/wiki/Christopher_Paolini

Jeffrey, T. (2008, Spring). Differentiating content using a conceptual lens. *Compass Points*, pp. 8–9.

Johnsen, S. K. (2008). Identifying gifted and talented learners. In F. A. Karnes & K. R. Stephens (Eds.), *Achieving excellence: Educating the gifted and talented* (pp. 135–153). Merrill/Pearson Education.

Josephson, J., Wolfganf, C., & Mehrenberg, R. (2018). Strategies for supporting students who are twiceexceptional. *Journal of Special Education Apprenticeship, 7*(2).

Karnes, F. A., & Stephens, K. R. (Eds.). (2008). *Achieving excellence: Educating the gifted and talented.* Merrill/Pearson Education.

Kelley, B., Weyer, M., McCann, M., Broom, S., & Keily, T. (2020). *50-state comparison: State K-3 policies.* Education Commission of the States. https://www.ecs.org/kindergarten-policies/

Kim, M. (2016). A meta-analysis of the effect of enrichment programs on gifted students. *Gifted Child Quarterly, 60*(2), 102–116.

Kirschenbaum, R. J. (1998). The creativity classification systems: An assessment theory. *Roeper Review, 21,* 20–26.

Kornhaber, M., Fierros, E., & Veenema, S. (2004). *Multiple intelligences: Best ideas from research to practice.* Allyn & Bacon.

Kottmeyer, C. (n.d.). *What is highly gifted? Exceptionally gifted? Profoundly gifted? And what does it mean?*http://www.hoagiesgifted.org/highly_profoundly.htm

Kowalske, K. (2016). Portrait of Olivia: A case study of a spiritually gifted student. *Gifted Education International, 32*, 258–270.

Kroesbergen, E. H., van Hooijdonk, M., Viersen, S. V., Middel-Lalleman, M. M. N., & Reijnders, J. J. W. (2016). The psychological well-being of early identified gifted children. *Gifted Child Quarterly, 60*(1), 16–30.

Landis, R. N., & Reschly, A. L. (2013). Reexamining gifted underachievement and dropout through the lens of student engagement. *Journal of the Education of the Gifted, 36*(2), 220–249.

Lee, S., Matthews, M. S., & Olszewski-Kubilius, P. (2008). A national picture of talent search and talent search educational programs. *Gifted Child Quarterly, 52*, 55–69.

Lee, S., Olszewski-Kubilius, P., Makel, M. C., & Putallaz, M. (2015). Gifted students' perceptions of an accelerated summer program and social support. *Gifted Child Quarterly, 59*(4), 265–282.

Lockhar, K., & Mun, R. U. (2020). Developing a strong home-school connection to better identify and serve culturally, linguistically, and economically diverse gifted and talented students. *Gifted Child Today, 43*(4), 231–238.

Lubinski, D., & Benbow, C. P. (1995). Optimal development of talent: Respond educationally to individual differences in personality. *Educational Forum, 59*, 381–392.

Lubinski, D., & Benbow, C. P. (2006). Study of mathematically precocious youth after 35 years: Uncovering antecedents for the development of math-science expertise. *Perspectives on Psychological Science, 1*, 316–345.

Lubinski, D., & Benbow, C. P. (2021). Intellectual precocity: What have we learned since Terman? *Gifted Child Quarterly, 65*(1), 3–28.

Lubinski, D., Benbow, C. P., & Kell, H. J. (2014). Life paths and accomplishments of mathematically precocious males and females four decades later. *Psychological Science, 25*(12), 2217–2232.

Lubinski, D., Benbow, C. P., Webb, R. M., & Bleske-Rechek, A. (2006). Tracking exceptional human capital over two decades. *Psychological Science, 17*, 194–199.

Maker, C. J. (1977). *Providing programs for the gifted handicapped*. Council for Exceptional Children.

Maker, C. J. (1986). Education of the gifted: Significant trends. In R. J. Morris & B. Blatt (Eds.), *Special education: Research and trends* (pp. 190–221). Pergamon.

Manning, S., & Bosnoy, K. D. (2008). Special populations. In F. A. Karnes & K. R. Stephens (Eds.), *Achieving excellence: Educating the gifted and talented* (pp. 116–134). Merrill/Pearson Education.

Marland, S. P., Jr. (1972). *Education of the gifted and talented. Vol. 1. Report to Congress of the United States by the U.S. Commissioner of Education*. U.S. Government Printing Office.

McGee, C. D., & Hughes, C. E. (2011). Identifying and supporting young gifted learners. *Young Children, 66*(4), 100–105.

Mendaglio, S. (2013). Gifted students' transition to university. *Gifted Education International, 29*(1), 3–12.

Moon, S. M. (2009). Myth 15: High-ability students don't face problems and challenges. *Gifted Child Quarterly, 53*(4), 274–276.

Naglieri, J. A., & Ford, D. Y. (2005). Increasing minority children's participation in gifted classes using the NNAT: A response to Lohman. *Gifted Child Quarterly, 49*, 29–36.

National Association for Gifted Children. (n.d.-a). *Asynchronous development.* http://www.nagc.org/resources-publications/resources/social-emotional-issues/asynchronous-development

National Association for Gifted Children. (n.d.-b). *A brief history of gifted and talented education.* https://dev.nagc.org/resources-publications/resources/gifted-education-us/brief-history-gifted-and-talentededucation

National Association for Gifted Children. (n.d.-c). *Gifted education in the U.S.* http://nagc.org.442elmp01.blackmesh.com/resources-publications/resources/gifted-education-us

National Association for Gifted Children. (n.d.-d). *Gifted education strategies.* https://nagc.org/page/Gifted-Education-Strategies

National Association for Gifted Children. (n.d.-e). *Jacob Javits Gifted & Talented Students Education Act.* https://nagc.org/page/jacob-javits-gifted-and-talented-students-education-act

National Association for Gifted Children. (n.d.-f). *Identification.* https://dev.nagc.org/resourcespublications/gifted-education-practices/identification

National Association for Gifted Children. (n.d.-g). *Increasing equity in gifted education programs and services.* Retrieved from https://nagc.org/page/equity

National Association for Gifted Children. (n.d.-h).

Theoretical frameworks for giftedness. http://nagc.org.442elmp01.blackmesh.com/theoretical-frameworks-giftedness

National Association for Gifted Children. (2004). *Acceleration* [Position Statement]. https://cdn.ymaws.com/nagc.org/resource/resmgr/knowledge-center/position-statements/acceleration_position_statem.pdf

National Association for Gifted Children. (2006). *Early childhood* [Position Statement]. https://cdn.ymaws.com/nagc.org/resource/resmgr/knowledge-center/position-statements/early_childhood_position_sta.pdf

National Association for Gifted Children. (2008). *The big picture: Gifted education in the U.S.* www.nagc.org/index.aspx?id=532

National Association for Gifted Children. (2009). *Twice-exceptionality* [Position Statement]. https://cdn.ymaws.com/nagc.org/resource/resmgr/knowledge-center/position-statements/Framing_Twice_Exceptional.pdf

National Association for Gifted Children. (2014a). *Collaboration among all educators to meet the needs of gifted learners* [Position Statement]. https://cdn.ymaws.com/nagc.org/resource/resmgr/knowledge-center/position-statements/collaboration_among_educator.pdf

National Association for Gifted Children. (2014b). *A definition of giftedness that guides best practice*[Position Statement]. https://cdn.ymaws.com/nagc.org/resource/resmgr/knowledge-center/position-statements/a_definition_of_giftedness_t.pdf

National Association for Gifted Children. (2014c). *Differentiating curriculum and instruction for gifted and talented students* [Position Statement]. https://cdn.ymaws.com/nagc.org/resource/resmgr/knowledge-center/position-statements/differentiating_curriculum_a.pdf

National Association for Gifted Children. (2019a). *The importance of parent, family, and community engagement* [Position Statement]. https://cdn.ymaws.com/nagc.org/resource/resmgr/knowledgecenter/position-statements/Parent_Family_Community_Posi.pdf

National Association for Gifted Children. (2019b). *Key considerations in identifying and supporting gifted and talented learners.* https://files.eric.ed.gov/fulltext/ED600214.pdf

National Center for Education Statistics. (2015). *Student readiness and progress through school* (Data table: Types of state and district requirements for kindergarten entrance and attendance, by state: 2014). https://nces.ed.gov/programs/statereform/tab5_3.asp

National Center for Education Statistics. (2021). Percentage of public school students enrolled in gifted and talented programs, by sex, race/ethnicity, and state: Selected years, 2004 through 2017-2018 (Table 204.90). *Digest of Education Statistics.* https://nces.ed.gov/programs/digest/d21/tables/dt21_204.90.asp

National Center for Learning Disabilities. (2022, December). *NCLD applauds Congress for increases in IDEA funding for fiscal year 2023.* https://www.ncld.org/news/ncld-applauds-congress-for-increasesin-idea-funding-for-fiscal-year-2023/

National Education Association. (2006). *The twice-exceptional dilemma.* Washington, DC: Author.

National Society for the Gifted and Talented. (n.d.). *Giftedness defined.* http://www.nsgt.org/giftednessdefined/#9

Neag Center for Creativity, Gifted Education, and Talent Development. (n.d.). *Schoolwide Enrichment Model (SEM).* http://gifted.uconn.edu/schoolwide-enrichment-model/

Nichols, H. J., & Baum, S. (2000, December). High achievers: Keys to helping youngsters with stress reduction. *Parenting for High Potential*, pp. 9-12.

Nielsen, M. E. (2002). Gifted students with learning disabilities: Recommendations for identification and programming. *Exceptionality, 10*, 93-111.

Nielsen, M. E., & Higgins, L. D. (2005). The eye of the storm: Services and programs for twice-exceptional learners. *Teaching Exceptional Children, 38*, 8-15.

Noble, K. D., Childers, S. A., & Vaughan, R. C. (2008). A place to be celebrated and understood: The impact of early university entrance programs from parents' points of view. *Gifted Child Quarterly, 52,* 256–268.

Oden, M. H. (1968). The fulfillment of promise: 40-year follow-up of the Terman gifted group. *Genetic Psychology Monographs, 77,* 3–93.

Olszewski-Kubilus, P., & Lee, S. Y. (2008). Specialized programs serving the gifted. In F. A. Karnes & K. R. Stephens (Eds.), *Achieving excellence: Educating the gifted and talented* (pp. 192–209). Merrill/Pearson Education.

Paik, S. J., & Walberg, H. J. (Eds.). (2007). *Narrowing the achievement gap: Strategies for educating Latino, Black, and Asian students.* Springer.

Park, G., Lubinski, D., & Benbow, C. P. (2008). Ability differences among people who have commensurate degrees matter for scientific creativity. *Psychological Science, 19,* 957–961.

Park, G., Lubinski, D., & Benbow, C. P. (2013). When less is more: Effects of grade skipping on adult STEM productivity among mathematically precocious adolescents. *Journal of Educational Psychology, 105,* 176–190.

Peterson, J. S. (2009). Myth 17: Gifted and talented individuals do not have unique social and emotional needs. *Gifted Child Quarterly, 53*(4), 280–282.

Plucker, J., Giancola, J., Healey, G., Arndt, D., & Wang, C. (2015). *Equal talents, unequal opportunities: A report card on state support for academically talented low-income students.* http://classcoalition.org/wp-content/uploads/2015/09/JKCF_ETUO_Report.pdf

Ralabate, P. (2006). *The twice-exceptional dilemma.* National Education Association.

Reardon, S. F., Weathers, E. S., Fahle, E. M., Jang, H., & Kalogrides, D. (2022). *Is separate still unequal?: New evidence on school segregation and racial academic achievement gaps.* https://cepa.stanford.edu/content/separate-still-unequal-new-evidence-school-segregation-and-racial-academic-achievement-gaps

Reis, S. M. (n.d.). *Major turning points in gifted education in the 20th century.* http://gifted.uconn.edu/schoolwide-enrichment-model/major_turning_points/

Reis, S., & Housand, A. M. (2008). Characteristics of gifted and talented learners: Similarities and differences across domains. In F. A. Karnes & K. R. Stephens (Eds.), *Achieving excellence: Educating the gifted and talented* (pp. 62–81). Merrill/Pearson Education.

Reis, S. M., & McCoach, D. B. (n.d.). *Underachievement in gifted and talented students with special needs.* http://gifted.uconn.edu/schoolwide-enrichment-model/gifted_underachievers/

Renzulli, J. S. (n.d.). *A practical system for identifying gifted and talented students.* http://gifted.uconn.edu/schoolwide-enrichment-model/identifygt/

Renzulli, J. S. (1999, October). A rising tide lifts all ships: Developing the gifts and talents of all students. *Phi Delta Kappan, 80,* 104–111.

Renzulli, J. S. (2000). Gifted dropouts: The who and the why. *Gifted Child Quarterly, 44,* 261–271.

Renzulli, J. S. (2004). The myth: The gifted constitute 3–5% of the population. In J. S. Renzulli (Ed.), *Identification of students for gifted and talented programs.* Corwin Press and National Association for Gifted Children.

Renzulli, J. S. (2005). *Equity, excellence, and economy in a system for identifying students in gifted education programs: A guidebook.* National Research Center on the Gifted and Talented.

Renzulli, J. S. (2012). Reexamining the role of gifted education and talent development for the 21st century: A four-part theoretical approach. *Gifted Child Quarterly, 56,* 150–159.

Renzulli, J. S., & Reis, S. M. (n.d.). *The Schoolwide Enrichment Model executive summary.* http://gifted.uconn.edu/schoolwide-enrichment-model/semexec/

Renzulli, J. S., & Reis, S. M. (2007). *Enriching curriculum for all students.* Sage.

Rimm, S. (2008). Parenting gifted children. In F. A. Karnes & K. R. Stephens (Eds.), *Achieving excellence: Educating the gifted and talented* (pp. 262–277). Merrill/Pearson Education.

Rinn, A. N., & Bishop, J. (2015). Gifted adult: A systematic review and analysis of the literature. *Gifted Child Quarterly, 59*(4), 213–235.

Rinn, A. N., Mun, R. U., & Hodges, J. (2022). *2020-2021 State of the states in gifted education.* National Association for Gifted Children and the Council of State Directors of Programs for the Gifted. https://cdn.ymaws.com/nagc.org/resource/resmgr/2020-21_state_of_the_states_.pdf

Roberts, J. L. (2008). Teachers of the gifted and talented. In F. A. Karnes & K. R. Stephens (Eds.), *Achieving excellence: Educating the gifted and talented* (pp. 246–261). Merrill/Pearson Education.

Robinson, A. (2006, Spring). Blueprints for biography: Differentiating the curriculum for talented readers. *Compass Points*, pp. 7–8.

Robinson, G. (2016). *What is International Baccalaureate?* http://www.greatschools.org/gk/articles/what-is-ib-international-baccalaureate/

Robinson, N., & Weminer, L. (1991). Selection of candidates for early admission to kindergarten and first grade. In W. T. Southern & E. Jones (Eds.), *The academic acceleration of gifted children* (pp. 29–50). Teachers College Press. http://www.davidsongifted.org/db/Articles_id_10123.aspx

Robinson, S. M. (1999). Meeting the needs of students who are gifted and have learning disabilities. *Intervention in School and Clinic, 34*, 195–204.

Rogers, K. B. (1999). The lifelong productivity of the female researchers in Terman's genetic studies of genius longitudinal study. *Gifted Child Quarterly, 43*, 150–169.

Rogers, K. B. (2002). Grouping the gifted and talented: Questions and answers. *Roeper Review, 16*, 8–12.

Rosalind, L. W., Kemp, C. R., Hodge, K. A., & Bowes, J. M. (2012). Searching for evidence-based practice: A review of the research on educational interventions for intellectually gifted children in the early childhood years. *Journal for the Education of the Gifted, 35*(2), 103–108.

Schader, R. M., & Eckert, R. D. (2006). What do we need to know about children who have already mastered pre-school or kindergarten skills prior to entering the classroom? *Connecting for High Potential*(Issue 3). http://www.nagc.org/sites/default/files/Publication%20CHP/CHP%20Issue%203_0.pdf

Schweinhart, L. J. (2005). *The High/Scope Perry Preschool study through age 40: Summary, conclusions, and frequently asked questions.* High/Scope Educational Research Foundation.

Sgueglia, K., & Paul, D. J. (2022, April 14). *New York revives gifted and talented program with major expansion.* CNN. https://www.cnn.com/2022/04/14/us/new-york-gifted-talented-education-programexpansion/index.html

Siegle, D. (2015). Technology: Learning can be fun and games. *Gifted Child Today, 38*(3), 192–197.

Siegle, D., Gubbins, E. J., O'Rourke, P., Langley, S. D., Mun, R. R., Luria, S. R., . . . Plucker, J. A. (2016). Barriers to underserved students' participation in gifted programs and possible solutions. *Journal for the Education of the Gifted, 39*(2), 103–131.

Silverman, L. (2005). *What we have learned about gifted children.* Gifted Development Center. www.gifteddevelopment.com

Sisk, D. A. (2016). Spiritual intelligence: Developing higher consciousness revisited. *Gifted Education International, 32*, 194–208.

Smith, M. K. (2008). *Howard Gardner, multiple intelligences and education.* https://infed.org/mobi/howardgardner-multiple-intelligences-and-education/

Stambaugh, T. (2010). The education of promising students in rural areas: What do we know and what can we do? In J. VanTassel-Baska (Ed.), *Patterns and profiles from promising learners of poverty*(pp. 59–83). Prufrock Press.

Steenbergen-Hu, S., & Moon, S. M. (2011). The effects of acceleration on high-ability learners: A meta-analysis. *Gifted Child Quarterly, 55*(1), 39–53.

Sweeney, N. S. (2007). Gifted children have special needs, too. *Earlychildhood NEWS.* http://www.earlychildhoodnews.com/earlychildhood/article_view.aspx?ArticleID=248

Szymanski, A. (2021). High expectations, limited options: How gifted students living in poverty approach the demands of AP coursework. *Journal for the Education of the Gifted, 44*(2), 149–170.

Terman, L. (1925). *Genetic studies of genius* (Vol. 1). Stanford University Press.

Terman, L. M., & Oden, M. H. (1959). *The gifted group at midlife.* Stanford University Press.

Tomlinson, C. A., & Hockett, J. A. (2008). Instructional strategies and programming models for gifted learners. In F. A. Karnes & K. R. Stephens (Eds.), *Achieving excellence: Educating the gifted and talented*(pp. 154–169). Merrill/Pearson Education.

Tornatzky, L. G., Pachon, H. P., & Torres, C. (2003). *Closing achievement gaps: Improving educational outcomes for Hispanic children.* Center for Latino Educational Excellence, Tomás Rivera Policy Institute, University of Southern California.

U.S. Congress. *Every Student Succeeds Act of 2015.* PL 114–95.

U.S. Congress. *Individuals with Disabilities Education Improvement Act of 2004.* PL No. 108–446.

U.S. Congress. *Jacob K. Javits Gifted and Talented Students Education Act of 1988.* PL 100–297.

U.S. Department of Education. (1972). *The Marland Report (The Marland Definition)* (pp. 10–11). U.S. Government Printing Office.

U.S. Department of Education, Office for Civil Rights. Civil Rights Data Collection. (n.d.). *2017–18 state and national estimations: Gifted and talented.* Retrieved from https://ocrdata.ed.gov/estimations/2017-2018

U.S. Government Accountability Office. (2018, October). *K-12 education: Public high schools with more student in poverty and smaller school provide fewer academic offerings to prepare for college.* Report to the Ranking Member, Committee on Education and the Workforce, House of Representatives. https://www.gao.gov/assets/gao-19-8.pdf

VanTassel-Baska, J., & Stambaugh, T. (2006). *Comprehensive curriculum for gifted learners* (3rd ed.). Allyn & Bacon.

VanTassel-Baska, J., & Wood, S. (2008). Curriculum development in gifted education: A challenge to provide optimal learning experiences. In F. A. Karnes & K. R. Stephens (Eds.), *Achieving excellence: Educating the gifted and talented* (pp. 209–229). Merrill/Pearson Education.

Wai, J., Lubinski, D., & Benbow, C. P. (2009). Spatial ability for STEM domains: Aligning over 50 years of cumulative psychological knowledge solidifies its importance. *Journal of Educational Psychology, 4,* 817–835.

Wai, J., Lubinski, D., & Benbow, C. P. (2010). Accomplishment in science, technology, engineering, and mathematics (STEM) and its relation to STEM educational dose: A 25-year longitudinal study. *Journal of Educational Psychology, 102*(4), 860–871.

Warne, R. T. (2012). History and development of above-level testing of the gifted. *Roeper Review, 34,* 183–193.

Wolfe, G. (1996, February 1). Steve Jobs: The next insanely great thing. *WIRED.* https://www.wired.com/1996/02/jobs-2/

Yaluma, C. B., & Tyner, A. (2018). *Is there a gifted gap?: Gifted education in high-poverty schools.* Thomas B. Fordham Institute. https://fordhaminstitute.org/national/research/there-gifted-gap-giftededucation-high-poverty-schools

Young Exceptionally Gifted Students. (n.d.). *YEGS Hall of Fame.* http://yegs.org/yegs-hall-of-famemain-page/

용어집

504 계획(504 plan): 1973년 재활법 504조에 근거하여 IDEA의 특수교육 서비스 대상은 아니지만 장애가 있는 학생에게 필요한 편의제공과 교육적 조정사항을 명시한 계획

ABC 분석(ABC analysis): 선행사건(Antecedent), 행동(Behavior), 결과(Consequence)를 체계적으로 분석하여 문제행동의 원인과 유지 요인을 파악하고 효과적인 행동 중재 방법을 선택하는 행동 분석 기법

상급수준 평가(above-level testing): 영재학생의 높은 능력 수준을 정확히 측정하기 위해 해당 학년보다 상급 학년을 대상으로 하는 평가(예: ACT 또는 SAT)를 실시하는 평가 방법

소발작(absence seizures/petit mal): 짧은 시간 동안 빠르게 눈을 깜빡이거나 몇 초간 멍하게 허공을 응시하는 증상

학대성 두부 손상(abusive head trauma, AHT): 5세 미만 아동의 사망 원인이 되는 흔들린 아기 증후군과 뇌 손상을 포함함

속진 고등학교(accelerated high school): 영재학생을 위한 고등학교 프로그램으로, 대학 진학 과정과 협업 또는 인턴으로 일할 기회를 제공함. 고등학교에 추가로 일부 학점의 경우 대학 과정 이수 가능. 우등 고등학교(honors high school)라고도 함

속진(acceleration): 연령이나 학년에 따른 정규 교육과정보다 짧은 기간 동안 교육과정을 통해 학생을 이동시키는 것

조정(accommodations): 장애학생이 장애로 인한 어려움과 관련된 지식을 변경, 보완 또는 입증할 수 있도록 하는 서비스나 지원. 과제나 평가 기준에 대한 기대치를 변경하지 않음

성취격차(achievement gap): 다양한 인종, 민족, 언어, 저소득층, 소외계층 학생들과 주류 사회나 상위 소득층 학생들 간에 나타나는 학업 성취도의 차이

능동적 감독(active supervision): 교사가 교실을 순회하며 학생들을 관찰하고 모니터링하며, 학생들과 상호작용하고 피드백을 제공하여 적절한 행동을 유지하고 문제 행동을 예방하는 교실 관리 전략

적응행동(adaptive behavior): 일상생활에서 필요한 기술들의 수행으로, 성인기에 요구되는 적응기술이라고도 함

부가적 이중언어(additive bilingualism): 모국어를 유지하면서 제2언어를 추가로 습득하는 이중언어 발달 모델

선행조직자(advance organizers): 학습할 내용의 구조와 핵심 사항을 미리 제시하여 학생들이 새로운 학습 내용을 효과적으로 이해할 수 있도록 돕는 교수 전략

대학과목 선이수제(Advanced Placement, AP): 고등학교에서 대학 수준의 교과목을 이수하고 시험을 통과하면 대학 학점을 인정받을 수 있는 교육과정

후천적(adventitious): 출생 후에 획득되거나 발생한 것을 의미함

후천적 맹/실명(adventitiously blind): 2세 이후에 시력을 상실함

발병 연령(age of onset): 특정인이 처음으로 조건이나 장애를 획득하거나 질병의 증상이 처음 나타나는 시기를 판별하는 의학적 용어

공격성(aggression): 신체적 및 언어적 행동, 자기나 타인, 또는 물리적 환경을 향한 적대적이고 공격적인 행동을 포함할 수 있음

대기 전도 청력측정법(air conduction audiometry method): 청력계가 생성한 순음을 사용하여 청력을 검사하는 방법

백색증(albinism): 신체가 정상적인 양의 멜라닌(색소)을 생성하지 못하여 개인의 눈, 피부, 머리카락에 색이 거의 또는 전혀 없는 유전적 장애

대체적 성취 표준(alternate achievement standards): 내용의 수준이나 양이 단순화되거나 줄어든 성취 표준을 기반으로 함. 1%의 가장 심각한 인지장애 학생들을 위해 개발됨. 이러한 평가들은 학년수준 내용을 평가하지만, 일반적 버전의 내용 중 단순화되거나 양이 더 적은 부분에 대한 학생의 지식만을 평가함

대체 사정평가(Alternate Assessments): 가장 중대한 인지장애(significant cognitive disabilities)를 가진 학생 약 1%를 대상으로 실시하는 평가로, 학년 수준 교육과정과 연계되지만 전체 내용의 일부 또는 단순화된 내용을 평가하여 학생의 지식 수준을 측정함.

대체 교육과정(alternate curriculum): 가장 중도 장애학생들을 위해 설계된 교육과정으로, 일반교육 교육과정에 중요한 수정이나 그들이 일반교육 교육과정에 유익하거나 접근할 수 없는 학생들을 위한 것

약시(amblyopia): 부적절한 사용으로 인해 한쪽 눈의 시력이 감소된 "게으른 눈"

미국 수어(American Sign Language, ASL): 미국 농인들이 사용하는 수동 의사소통 언어; 농문화의 신호

식욕부진증(anorexia): 체중 증가에 대한 극심한 두려움, 왜곡된 신체 이미지, 만성적인 식욕 부족이나 음식 거부로 특징지어지는 상태. 적어도 체중의 25% 이상의 심각한 체중 감소를 초래함(최소한 체중의 25%)

선행사건기반 중재(antecedent-based interventions): 표적행동의 가능성을 높이고 덜 바람직한 행동을 줄이기 위한 활동 준비

불안장애(anxiety disorders): 고통스러운 불안감, 정서적 긴장, 또는 정서적 혼란을 야기하는 상태

실어증(aphasia): 뇌 손상으로 인한 언어 능력의 손실 또는 손상

응용행동분석(applied behavior analysis, ABA): 환경을 변경하여 행동을 수정하는 과정으로, 선행사건(행동 전에 발생하는 것)과 결과(행동 후에 발생하는 것)를 포함함. 보통 행동을 결정하는 기능을 포함하거나, B. F. 스키너와 동료들이 개발한 강화의 원리를 사용하는 중재에 대한 타당성 있는 접근법

도제제도(apprenticeship): 학생이 무역별 기술을 배우고 시간이나 역량 기반으로 배울 수 있는 공식적인 직업 준비

아스퍼거 장애/아스퍼거 증후군(Asperger disorder/Asperger syndrome): 자폐 스펙트럼 내에서 별도의 장애로 더 이상 간주되지 않음. 자폐 스펙트럼 장애가 일반적으로 평균 이상의 인지와 언어 발달을 가진 개인을 언급할 때 정의된 유형으로 한때 정의됨

보조 청취기기(assistive listening devices, ALDs): FM 전송 장치 등 잔존 청력을 개선하는 데 사용되는 장비

보조공학(assistive technology): 장비, 아이템, 소프트웨어 또는 장애가 있는 개인의 학습이나 기능을 개선하는 데 사용되는 기술적 장치

망명 신청자(Asylum seekers): 인권 침해 또는 박해로부터 보호를 받기 위해 다른 나라로 이주하여 보호를 신청한 개인들을 말하며, 아직 난민(refugees)으로 인정받지 못한 상태로 법적 결정(난민 인정을 위한 심사)을 기다리는 자를 의미함.

비동기성(asynchrony): 영재 개인 내에서 인지적, 정서적, 신체적 기술의 고르지 않은 발달. 일부 기술(예: 인지)은 연령 이상으로 발달하는 반면 다른 기술(예: 신체)은 발달하지 않음

주의력결핍 과잉행동장애(attention deficit hyperactivity disorder, ADHD): 과잉행동, 충동성 및/또는 부주의로 특징지어지는 상태. 기타 건강장애 범주에 속함

음성 설명(audio description): 시각 정보를 비디오나 영화에서 보지 못하고 들을 수 없는 핵심 시각 정보를 언어로 서술함

청능사(audiogram): 사람의 청력을 나타내는 데 사용되는 격자나 그래프

청력학자(audiologist): 청력 손실을 진단하고 청각 문제를 가진 서비스 제공자로 교육받은 관련 서비스 제공자

청력계(audiometer): 청력을 측정하는 데 사용하는 청력학자가 사용하는 도구

청신경뇌간이식술(auditory brainstem implant): 달팽이관 이식의 혜택을 받을 수 없는 개인을 위해 청각 신경을 우회하는 수술 장치

청각관(auditory canal): 외이나 중이를 연결하는 관

청각 신호(auditory cue): 특정 시간대나 활동의 시작이나 끝을 신호하는 소리

청각신경병 스펙트럼 장애(auditory neuropathy spectrum disorder): 내이나 청각 신경의 손상으로 인한 상태로 뇌가 소리를 이해할 수 없게 됨

청각 처리(auditory processing): 뇌가 청각 정보를 해석, 이해 및 처리하는 방식

청각 지원(auditory support): 원하는 행동의 습득과 시연을 지원하기 위해 소리나 단어(예: 종, 언어 지시) 사용

보완대체의사소통(augmentative and alternative communication, AAC): 글쓰기, 그림, 기호 및 보조 기술 장치와 같은 제스처, 말하기 언어를 사용하여 장애가 있는 사람의 의사소통 능력을 보상하거나 향상시키려는 시도를 포함하는 의사소통 방법

보완대체의사소통 기기(augmentative and alternative communication, AAC devices): 언어를 생성하는 데 도움이 되는 개인이 의사소통하는 데 도움이 되는 보조 기술. 기기에는 사진을 사용하는 언어

자폐증(autism): 자폐 스펙트럼 장애를 언급하는 데 이전에 사용된 용어로 교육적 정의(예: 장애인교육법)에 여전히 사용됨

자폐스펙트럼장애(autism spectrum disorder, ASD): 사회적 의사소통 기술과 제한적이고 반복적인 행동의 차이로 특징지어지는 발달장애. 경증에서 중증까지 연속선 상에 존재함

자폐 서번트(autistic savant): 자폐 스펙트럼 장애의 특성을 보이면서도 특정 영역에서 뛰어난 재능이나 특별한 기능을 가진 개인(서번트 신드롬)

기본적 대인관계 의사소통 기술(Basic Interpersonal Communication Skills, BICS): 일상적인 사회적 상황에서 필요한 기본적인 언어 기술로, 학업적 언어 능력과는 구별되는 대화 중심의 의사소통 능력

행동중재계획(behavior intervention planm, BIP): 학생의 개별화 교육 프로그램(IEP)의 일부로 기능적 행동사정 평가와 중재 및 문제 행동을 예방하고 학생 행동을 개선하기 위한 절차를 포함함

행동수정(behavior modification): 학생의 관찰 가능한 반응을 제어하는 환경적 사건의 체계적 통제. 특정 변화를 만들기 위한 결과, 즉 강화, 처벌, 자기 규제 및 학생의 행동 반응을 증가시키거나 감소시키는 기타 기술을 포함할 수 있음

행동주의(behaviorism): 모든 행동은 특히 사회, 언어적 행동과 함께 학습이론, 고전적 조건화(이반 파블로프) 및 조작적 조건화(B.F. 스키너)의 원리를 통해 가르칠 수 있다고 가정하는 이론. 학습을 변화시키기 위해 개인의 관찰 가능한 행동을 체계적으로 조작하는 것을 포함함

행동치료(behavior therapy): 부정적이고 바람직하지 않은 행동을 대체하기 위해 새롭고 긍정적이고 적절한 행동을 촉진하는 기법. 특성에는 거짓말, 공격성, 재산 파

괴, 불순종, 규칙 위반, 난폭함, 절도, 지속적으로 타인의 정서적 행복을 방해하고 파괴하는 행동 등이 포함됨

베스트 버디 인터내셔널(Best Buddies International): 중고등학교와 대학생들을 지적장애 및 발달장애가 있는 또래와 연결하여 우정을 형성하고 지원을 제공하는 전 세계 자원봉사 단체

전맹(blind/blindness): 개인이 시력을 기능적으로 사용하지 못하는 시력 손실 정도

공인행동분석가(Board Certified Behavior Analyst™, BCBA): 자폐 스펙트럼 장애 및 기타 장애에 대한 행동 원리를 적용하는 개인의 입증된 전문성. 다른 장애 학생들의 중재를 개발하고 국가 및 교육 요구 사항을 충족해야 함

골전도 청력측정법(bone conduction audiometry method): 외이와 중이를 우회하여 내이로 직접 진동을 생성하는 진동기를 사용하여 손실을 더 적게 한 청력을 평가하는 방법

점자(braille): 1824년 루이 브라유가 만든 종이에 양각 점을 사용하는 읽기 및 쓰기 시스템. 촉각 읽기의 한 형태

폭식증(bulimia): 폭식을 하거나 다른 방법으로 이미 소비한 음식을 제거하는 만성적인 특징의 상태

따돌림(bullying): 반복적이고 의도적이며 공격적인 행동으로 일반적으로 권력 불균형을 포함하며 신체적으로나 정서적으로 해를 끼치려는 의도가 있음

호출 응답(call-and-response): 화자로부터 구두 또는 비언어적 반응을 이끌어내는 종류의 앞뒤로 의사소통. 청자로부터 구두 또는 비언어적 반응

진로 인식(career awareness): 직장 세계에 대한 초기 인지; 진로 교육의 첫 단계

사례 관리자(case manager): 개별 학생을 위한 관련 서비스를 조정하는 전문가

도뇨관(catheter): 방광에 삽입된 관으로 액체를 도입하거나 제거함

뇌성마비(cerebral palsy): 일반적으로 출생 시 존재하지만 종종 진단되지 않는 유아기에 뇌 손상이나 감염으로 인해 발생하며 운동 장애에 영향을 미치는 신경학적 장애 그룹

체크인/체크아웃(Check In/Check Out .CICO): 학생이 매일 아침 선생님 및 동료와 긍정적인 행동 중재 및 지원 수준의 2차 예방 수준에서 표적 중재. "체크아웃"하기 전에 하루 종일 교사와 부모가 집에서 교사와 함께 행동 카드에 표시함

장애아동 조기발견(Child Find): 장애아동 및 청소년을 판별하고, 소재를 확인하며, 그리고 평가할 수 있도록 지원하기 위한 장애인교육법(Individuals with Disabilities Education Act)의 장애아동 조기발견(Child Find) 규정

소아기 붕괴성 장애(childhood disintegrative disorder, CDD): 자폐 스펙트럼 내에서 별도의 장애로 한때 고려됨. 아동이 최소 2년 이상 일반적인 발달을 보이다가 그 후 상당한 기술 상실을 경험함

만성 질환(chronic illnesses): 장기간 또는 자주 재발하는 건강 상태로 특별한 교육 서비스가 필요한 결과

구개열(cleft lip): 윗입술이 형성되지 않거나 제대로 연결되지 않아 입의 지붕에 입술에 수정되거나 구멍이 생기는 선천적 상태. 언어 장애로 이어짐

구개파열(cleft palate): 입의 지붕이 비강을 통과하는 개구부를 일으키는 선천적 상태로 언어 장애를 초래함

폐쇄 자막(closed captions): 이 옵션을 선택할 때 볼 수 있는 자막

군집 그룹화(cluster grouping): 혼합 능력 교실에서 차별화된 교수를 충족시키기 위해 4-6명의 영재 학생을 배치함

흘어짐(cluttering): 개인의 언어 패턴에서 불규칙한 속도로 급속하고 비조직화되거나 말할 수 없는 소리나 단어 부분의 누락이 포함된 유창성 장애의 한 유형

달팽이관(cochlea): 청각 기관을 포함하는 내이의 구조

달팽이관 이식(cochlear implant): 수술로 귀에 배치된 마이크로프로세서로 감각신경성 청력 손실이 있는 사람들에게 인지할 수 있는 소리를 제공할 수 있도록 달

팽이관을 대체함

농인 부모 자녀(CODA): 농인 성인의 자녀로서 청각장애를 가질 수도 있고 가지지 않을 수도 있는 자녀

인지(cognition): 사고 기술

인지적 학업 언어 숙달도(cognitive academic language proficiency, CALP): 교실 환경에서 요구되는 고차원적이고 복잡한 언어를 이해하고 활용할 수 있는 능력을 가리키는 용어로, 일반 교육과정에 접근하고 수업으로부터 효과적으로 학습하는 데 필요한 언어적 기술 수준을 의미함

대학 및 진로 준비(college- and career-readiness): 고등학교 졸업생들이 중등 후 학습 기회(예: 2년제 또는 4년제 대학, 직업 훈련)에서 성공하는 데 필요한 적절한 지식과 기술을 갖추는 목표(교정 없이)

인종 회피주의(color evasiveness): 인종적 차이나 불평등의 존재를 무시하거나 부정하는 편견에 기반한 믿음의 한 유형

복식 학급(combined classes): 여러 학년의 학생들로 구성된 교실 편성 방식으로, 저학년 학생들이 고학년 학생들과 학업적·사회적으로 상호작용할 기회를 갖게 되는 교육 환경

실시간 문자통역 서비스(communication access real-time translation, CART): 속기기, 노트북 컴퓨터, 전문 소프트웨어를 사용하여 음성 언어를 즉시 문자로 변환해 제공하는 컴퓨터 지원 전사 서비스로, 실시간 자막 서비스라고도 불림

의사소통 보드(communication boards): 개인이 의사소통 요점을 나타낼 수 있는 단어를 표시하는 저기술 보조 기술 기기

의사소통 장애(communication disorder): 말, 언어 또는 청력에서 의사소통을 손상시키는 장애

의사소통 역량(communicative competence): 사회 및 학습 상황에서 의사소통의 모든 측면에서의 능숙함

실천 공동체(communities of practice): 상호 관심 주제를 다루며 인터넷을 통해 연결된 개인들로 이루어진 집단

지역사회의 존재감(community presence): 정상화의 목표로, 독립적인 생활과 작업, 사회적 포용, 그리고 지원 여부와 관계없이 지역사회 일상에 참여하는 이상을 촉진하는 것이다.

지역사회 기반 교수(community-based instruction, CBI): 지역사회 환경에서 필요한 기능적 및 직업적 기술을 가르치는 전략

공존질환/동반이환(comorbidity): 공존하는 장애들

복합 부분 발작(complex focal seizures): 환자가 몇 분간 혼란스럽거나 멍한 상태가 되어 질문에 답하거나 지시를 따를 수 없게 만들 수 있는 발작 유형

이해 가능한 입력(comprehensible input): 교사가 학생의 현재 언어 능력 수준보다 약간 높은 단계에서 수업을 제공하되, 정보를 이해하는 데 필요한 지원을 함께 제공하여 언어 기술과 교과 내용 지식을 모두 향상시키는 보호된 교수법

동시 수강제(concurrent enrollment): 한 과목을 수강하지만 학문적으로 관련된 두 개의 별도 과목에 대한 학점을 취득할 수 있는 가속화 옵션으로, 종종 서로 다른 교육기관에서 이루어지며 (예: 학생이 고등학교에서 대학 수준의 영어 수업을 듣고 동시에 고등학교와 대학교 학점을 모두 취득), 이중 등록(dual enrollment)이라고도 불림

품행장애(conduct disorder, CD): 극도의 공격성, 타인과 재산에 대한 파괴적인 행동을 포함하는 정신 건강 상태. 특징으로는 거짓말, 공격성, 재산 파괴, 불순종, 규칙 위반, 난동, 절도 및 도둑질이 포함됨

전도성 난청(conductive hearing loss): 중이나 외이로 인한 소리 전달 차단으로 인한 청력 손상

선천성(congenital): 출생 전이나 출생 시 발생

선천성 백내장(congenital cataracts): 출생 시 수정체가 흐리거나(맑지 않은) 상태로 곧 출생 후 주요 유아기 실명 원인으로 발생함

선천성 맹(congenitally blind): 출생 시 또는 유아기 초기에 실명

자문교사/협의교사(consulting teachers): 일반 교육 교사를 지원하는 특수교육 교사

학업 내용(content-academic): 특정 학습 단원에서 요구되는 필수 지식이나 기술

언어 내용(content-language): 의사소통에서 전달되는 메시지의 의도와 의미를 지배하는 언어의 한 측면

연속적 진도제(continuous progress): 학생이 현재 학습하고 있는 기술이나 개념을 완전히 습득하고 숙달하는 즉시 새로운 내용을 제공하는 가속화 유형

구축(contracture): 움직임을 제한하는 조직(예: 근육, 건)의 단축, 변형, 또는 경화

각막(cornea): 눈의 앞쪽에 위치한 투명하고 굽은 부분

체벌(corporal punishment): 고통을 가함으로써(예: 때리기, 매질) 행동을 변화시키려고 시도하는 신체적 처벌의 한 형태

협력교수(co-teaching): 일반교육교사와 특수교육교사가 팀을 이뤄 가르치는 교수 모델

창의성(creativity): 탐구심, 상상력, 수완, "틀에 박힌 사고를 벗어나는" 능력과 같은 특성들의 집합체로, 새롭거나 독창적인 아이디어를 개발하는 능력

시험 학점 인정제(credit by examination): 실제 과목을 수강하는 대신 시험에서 해당 내용의 숙달도를 입증함으로써 과목 학점을 취득하는 방식

문화 간 부조화(cross-cultural dissonance): 가정 문화와 학교 문화가 상충하는 상황

냉동치료법(cryotherapy): 미숙아 망막병증을 해결하기 위해 망막의 외곽 부분을 냉동시키는 치료법

큐드 스피치(cued speech): 언어 읽기를 돕는 언어 소리에 대한 수신호

문화적 불연속성(cultural discontinuity): 가정과 학교 문화 간의 불일치. 교차문화적 불일치도 참조

문화적 다원주의(cultural pluralism): 사회의 모든 문화 그룹이 가치가 있는 구성요소. 각 그룹의 언어와 전통이 유지됨

문화적으로 유능한(culturally competent): 다양한 공동체의 문화적 표준을 알고 이해함

문화적으로 다양한(culturally diverse): 유럽계 또는 주류 미국인이 아닌 문화 그룹에서 온 것

문화감응교수(culturally responsive instruction): 학생들의 문화적 지식, 경험 및 학습 이력을 더 관련성 있고 효과적으로 만들기 위해 특히 학생들의 다양한 문화의 사용을 포함함

문화적으로 지속 가능한(culturally sustaining): 다양성을 넘어서 이동함. 학생들이 그들의 집과 지역사회를 그들의 학습에 연결하고 그들의 가정 문화와 언어를 강화하고 유지하도록 도움

연석 경사로(curb cut): 보노에서 거리로 내려가는 경사로

교육과정(curriculum): 교실에서 학습(즉, 지식, 기술)이 일어나도록 지정하는 계획

교육과정 압축(curriculum compacting): 학생이 이미 마스터했거나 빠르게 배울 수 있는 소개 활동을 제거하거나 줄이는 속진의 한 유형. 이를 통해 학생들은 주제에 대해 더 고급 자료를 공부하거나 풍부한 활동에 참여할 수 있음

교육과정중심측정(curriculum-based measurement, CBM): 학습 진행을 자주(예: 매주, 매월) 평가하고 직접 모니터링하는 진행 모니터링의 한 유형. 전체 교육과정에서 직접 수집된 데이터. 일반 성과 측정으로도 알려짐

사이버따돌림(cyberbullying): 반복적이고 의도적이며 전자 수단(예: 문자 메시지 및 소셜 미디어 플랫폼)을 통한 공격적인 행동. 일반적으로 권력 불균형을 포함하며 개인에게 해를 끼치려는 의도가 있음

데이터기반 의사결정(data-based decision making): 학생들로부터 수집된 데이터를 기반으로 교수 결정을 안내하거나 변경하는 과정

농문화(Deaf culture): 미국 수어(American Sign Language), 춤, 연극, 문학 및 기타 문화 활동을 포함한 사회적 관계, 언어의 구조를 농인들이 농인 공동체와 결속시킴

농인 가정 농인(Deaf of Deaf): 언어 습득 이전에 청각장애를 갖게 되고 적어도 한 명의 부모가 농인인 농인 공동체의 구성원

농맹/시청각장애(deaf-blindness): 시각과 청각 문제를 모두 포함하는 장애

농/심도 청각장애(deafness): 기능적 청력이 거의 또는 전혀 없는 가장 심각한 유형의 청력 손상

데시벨(decibels, dB): 소리의 강도 측정 단위

청소년 비행(delinquency): 청소년에 의한 불법 행동에 참여하는 행위

인구통계학(demographics): 인종, 민족, 사회경제적 수준, 나이 또는 사람들의 다양한 그룹의 장애 상태와 같은 특성

우울증(depression): 우울하고 낙담한 기분 상태

발달지체(developmental delay): 9세 이하의 아동을 위한 IDEA 범주로 특정 장애의 확인에 적합하지 않음

발달장애(developmental disability): 지적장애뿐만 아니라 아동기에 발생하는 다른 장애를 포함하는 포괄적인 용어

당뇨병(diabetes): 부적절한 인슐린 수치로 인한 건강 상태. 장기간의 합병증에는 혈관 문제, 신경 손실, 나이, 피부 감염이 포함될 수 있음

진단적 사정평가(diagnostic assessment): 학생의 강점과 약점을 식별하기 위해 수행된 평가 유형

대안행동 차별강화(differential reinforcement of alternative behavior, DRA): 바람직하지 않은 행동에 관여하지 않을 때 긍정적 결과(즉, 보상)를 통해 바람직한 행동을 체계적으로 증가시키는 과정

차별화 교수(differentiated instruction): 교사가 교육과정, 교수 및 평가를 조정하여 모든 학생의 학습 요구를 해결하는 교육 프레임워크

직접 교수(direct instruction): 명시적으로 목표 기술이나 행동을 가르치는 것. 명시적 교수로도 언급됨

장애 우선 언어(disability-first language): 정체성 우선 언어(identity-first language)라고도 불리며, 장애가 있는 사람을 지칭할 때 그 사람의 진단명을 앞세워 표현하는 것을 선호하는 방식

개별 시행 교수법(discrete trials): 교사 주도 활동, 연습을 통한 기술 반복, 보상의 신중한 적용을 사용하는 증거 기반 중재법

불균형 대표성(disproportionate representation): 더 큰 인구집단과 비교했을 때 집단 참여의 불균등한 비율로, 과대 또는 과소 대표를 의미함

원격교육 또는 원격학습(distance education or distance learning): 여러 다른 장소에 교육을 전달하기 위해 사용되는 통신기술

원격 학습 과정(distance learning courses): 일반적으로 대학, 대학 및 조직에서 제공하는 온라인 과정. 학생들은 학교 시간 동안이나 밖에서 이러한 과정을 수강할 수 있으며 일반적으로 학점을 위해 수여됨

다운증후군(down syndrome): 신체적 및 지적 발달에 지연을 일으키는 식별 가능한 신체적 특성을 가진 염색체 장애

이중 등록제(dual enrollment): 한 과목을 수강하지만 학문적으로 관련된 두 개의 별도 과목에 대한 학점을 취득할 수 있는 가속화 옵션으로, 종종 서로 다른 교육기관에서 이루어지며 (예: 학생이 고등학교에서 대학 수준의 영어 수업을 듣고 동시에 고등학교와 대학교 학점을 모두 취득), 동시 수강제(concurrent enrollment)라고도 불림

이중언어 학습자(dual-language learner): 두 개 이상의 언어를 동시에(3세 이전) 또는 순차적으로(3세 이후에 추가 언어 학습) 배우는 아동

적법절차(due process): 부모와 학교 직원이 특수교육 문제에 대해 의견이 다를 때 사용할 수 있는 공정한 심리관의 비법정 절차

비유창성(dysfluencies): 사람의 말의 흐름을 방해하는 소리나 단어의 망설임, 연장, 중단, 또는 반복으로 나타나는 언어장애

고막(eardrum): 중이의 구조물로, 음파가 있을 때 진동

하여 중이의 이소골을 자극하며, 고막(tympanic membrane)이라고도 불림

조기개입(early intervening): 학생이 학업적 어려움을 보이는 즉시 교육적 중재를 제공하여 뒤처지지 않게 하고 학교 실패를 예방하는 것

조기중재(early intervention): 장애가 있거나 발달 지연의 징후를 보이는 영유아에게 제공되는 전문 서비스로, 출생부터 3세까지(즉, 3번째 생일까지) 제공됨

이-버디즈(e-Buddies): 지적장애가 있는 사람과 없는 사람 사이의 이메일 우정을 만드는 프로그램

반향어/반향증(echolalia): 의사소통 의도, 의미, 또는 이해 없이 단어, 소리, 또는 소리 패턴을 반복하는 것

장애아동교육법(Education for All Handicapped Children Act, EAHCA or EHA): 1975년 제정된 미국 의회법으로 모든 장애학생에게 무상이고 적절한 공교육을 보장하는 다양한 조항을 담고 있으며, 후에 장애인교육법(IDEA)으로 개명됨

응급상황 대응계획(Emergency Care Plan): 가족 및 의사 연락처, 복용 약물, 의료 응급상황 시 대처 단계 등 중요한 정보를 담은 쉽게 접근 가능한 문서

정서행동장애(emotional and behavioral disorders, EBD): 모든 규범과 준거집단과 매우 다른 극단적인 행동적 또는 정서적 반응을 특징으로 하는 장애

정서장애(emotional disturbance): 교육적 수행에 부정적 영향을 미치는 정서적 및 행동적 문제를 가진 학생에 대해 장애인교육법에서 사용하는 용어

영어학습자(English language learner, ELL; English learner, EL): 영어를 제2언어로 학습하는 학생

확대문자(enlarged print): 저시력자가 읽을 수 있도록 글자 크기를 조정한 인쇄물

심화학습(enrichment): 교육과정에 주제나 기술을 추가하거나 특정 주제를 더 깊이 있게 다루는 것

뇌전증(epilepsy): 뇌신경의 비정상적 방전으로 인한 경련을 동반하는 반복적 발작 경향을 특징으로 하는 질환

평등교육(equal education): 모든 학생이 동일한 교육, 자원, 기회를 받는 것

공평교육(equitable education): 모든 학생이 동등한 성과를 달성하는 데 필요한 교육 지도, 자원, 지원, 기회를 받는 것

우생학(eugenics): 부적절하거나 열등하다고 여겨지는 사람들의 번식을 방지하여 인간 종족을 개선하고 사회를 보호하려는 선별적 번식 촉진 사상

유스타키오관(eustachian tube): 고막 양쪽의 압력을 균형 있게 조절하는 귀의 구조

증거기반실제(evidence-based practices, EBPs): 연구를 통해 효과성이 검증되고 원하는 교육적 성과를 달성한 것으로 입증된 교수 기법과 전략

우수성 격차(excellence gaps): 학생의 학업적 필요가 제대로 충족되지 않아 잠재 능력을 충분히 발휘하지 못하는 현상

실행기능(executive functions): 정보 처리, 기억 저장 및 인출, 학습 자료와 시간 관리, 효과적인 학습 전략 활용 등 학습 관련 활동을 통제하고 조율하는 인지적 과정

수업정리활동지(exit ticket): 수업에서 가르친 기술, 개념, 정보에 대한 학생들의 이해도를 평가하기 위해 수업 마지막에 실시하는 간단한 형성평가

확장 핵심 교육과정(expanded core curriculum): 시각장애 학생의 장애 특성별 요구를 다루기 위해 일반교육과정에 보완적으로 추가되는 기술 영역

명시적 교수법(explicit instruction): 원하는 교수 기술, 목표, 또는 표적 행동을 직접적으로 가르치는 방법

표현언어(expressive language): 생각, 감정, 정보를 전달하는 데 사용되는 언어

외현화 행동(externalizing behaviors): 타인을 향해 나타나는 행동(예: 공격적 행동)으로, 일반적으로 쉽게 관찰 가능한 행동

소거(extinction): 문제행동을 감소시키거나 제거하기 위해 강화 사건을 제거하는 것

교과외 프로그램(extracurricular programs): 고급 교육이나 심화 기회를 제공하는 방과후 또는 여름 프로그

램이나 과정

위양성(false positives): **일반적으로 검사에서 나타나는** 결과로, 실제로는 없는 상태를 잘못 있다고 나타내는 것(예: 장애가 없는 학생을 장애가 있다고 잘못 판별)

위양성 결과(false-positive results): 검사에서 양성 징후를 나타내지만 추가 검사를 통해 부정확한 것으로 판명되는 상황

태아알코올스펙트럼장애(fetal alcohol spectrum disorders, FASDs): 임신 중 산모의 음주로 인해 발생하는 선천적 질환으로, 지적 기능 저하, 행동 문제, 때로는 신체적 차이를 초래함

태아알코올증후군(fetal alcohol syndrome, FAS): 태아알코올스펙트럼장애에서 가장 심각한 형태의 질환

태아수술(fetal surgery): 선천적 결함의 영향을 줄이거나 치료하기 위해 태아가 자궁 내에 있는 동안 시행하는 수술

충실도(fidelity): 실행충실도 참조

실행충실도(fidelity of implementation): 교수 기법이나 중재가 검증된 절차에 따라 정확하게 실행되는 정도

시야(field of vision): 사람이 볼 수 있는 영역의 폭으로 각도로 측정됨

지화법(finger spelling): 영어 알파벳을 사용하는 수동 의사소통 체계

탄력적 집단편성(flexible grouping): 학습 활동과 학생들의 서로 다른 요구를 충족하기 위해 변화하는 학생 그룹편성 방법

유창성(fluency): 언어 산출의 흐름, 매끄러움, 속도, 연속성

FM 송신장치(FM transmission device): 청각장애 학생에게 교사의 음성을 직접 전달하는 보조청취장치

부분발작(focal seizures): 뇌의 한 영역에서 발생하는 발작

식품 사막/푸드 데저트(food desert): 주민들이 저렴하고 건강한 식품(예: 신선한 과일과 채소)에 접근할 수 있는 장소가 제한적인 지역으로, 보통 저소득층이 거주하는 도시 지역

식량불안정(food insecurity): 가계 소득이 부족하여 가족 구성원에게 충분한 식량을 제공할 수 없는 상태

언어형식(form): 음성학, 형태학, 구문론을 포함하는 언어의 규칙 체계

형성 사정평가(formative assessment): 학생의 학습 성과나 기술 습득에 대한 피드백을 얻기 위해 지속적으로 데이터를 수집하는 방법으로, 숙달도 측정과 일반적 성과 측정을 포함한 진도 점검이 형성평가의 유형임

취약X증후군(fragile X syndrome, FXS): 지적장애의 가장 흔한 유전적 원인

무상적절공교육(free appropriate public education, FAPE): 장애학생이 가족에게 비용 부담 없이 필요한 교육과 서비스를 받을 수 있도록 보장하는 것으로, 장애인교육법의 기본 보장 사항 중 하나

음파 주파수(frequency of sound): 공기, 물, 전선과 같은 매체를 통한 분자의 초당 진동 횟수로, 소리를 발생시킴

기능적 행동사정평가(functional behavioral assessment, FBA): 학생이 특정 행동을 하는 이유를 파악하기 위해 데이터를 수집하는 과정으로, 부적절한 행동을 더 수용 가능한 행동으로 대체하도록 돕는 것이 목표

기능적 교육과정(functional curriculum): 자연적인 환경에서 일상생활에 관련된 생활 및 직업 기술을 위한 교수에 필요한 교수 기술

일반교육 교육과정(general education curriculum): 장애가 없는 학생들을 위해 설계된 동일한 교육과정, 학년 수준에 따라 수정 사항이 있거나 없음

일반적 성과 측정(general outcome measure, GOM): 학년 수준에서 모든 학생에게 테스트하는 학술 영역 전반의 일반적인 기술에 대한 학생의 기술을 테스트하는 형성평가의 한 유형(예: 수학, 읽기, 쓰기). 종종 교육과정중심측정이라고 함

일반화(generalization): 처음 학습한 환경이나 상황에서 습득한 정보나 전략을 다른 환경, 사람, 시간, 사건으로 전이시키는 것

전신발작(generalized seizures): 뇌의 양쪽 모두에 영향을 미치는 발작

영재(gifted): 높은 수준의 지능, 창의성, 뛰어난 능력, 고성취 잠재력을 가진 개인을 지칭하는 용어로, 재능아(talented)라고도 불림

목적설정(goal setting): 원하는 학업적 또는 행동적 수행에 대한 미리 정해진 기준을 결정하는 것

좋은 행동 게임(Good Behavior Game): 팀 구성원 모두가 미리 정해진 수준의 적절한 행동에 참여할 때 교사가 학생 팀에게 긍정적 강화를 제공하는 행동 관리 전략

주지사 학교 프로그램(Governor's School programs): 영재 학생을 위한 여름 기숙 프로그램으로, 비용은 주정부에서 지원함(항상 전액은 아님)

월반(grade-skipping): 속진의 한 형태로, 학생을 동연령 또래보다 한 학년 앞서 진급시키는 것

그래픽 조직자(graphic organizers): 학생들이 학업 내용을 조직하고 이해하며 기억하는 데 도움을 주는 시각적 보조 도구

대근육 운동(gross motor): 기어가기, 걷기, 달리기에 필요한 신체의 큰 근육 사용

그룹홈(group home): 소수의 장애인이 지역사회에서 함께 거주하는 주거시설 또는 센터

능력별 집단편성(grouping): 고급 능력, 잠재력, 성취 수준을 가진 학생들을 같은 학급에 배치하여 적절히 도전적인 교육을 받도록 하는 것으로, 수준별 분반(tracking)과는 구별됨

손 아래 손 기법(hand under hand): 시청각장애인이 사용하는 수동 의사소통 시스템으로, 통역사나 중재자가 상대방의 손 아래에 자신의 손을 놓고 의사소통 기호를 수어로 표현하는 방법

핸디캡(handicaps): 타인에 의해 부과되는 도전과 장벽

난청(hard of hearing): 경도에서 중등도의 청각 손실

건강장애(health disabilities): 만성 또는 급성 건강 문제로 인한 체력, 활력, 각성도의 제한과 기타 건강상 손상 및 특별한 의료적 돌봄 요구

청각장애(hearing impairments): 소리 이해와 의사소통을 방해하는 모든 유형의 청각 손실로, 청각 과정의 어느 구성요소 손상으로도 발생할 수 있음

헤르츠(hertz, Hz): 음 주파수의 측정 단위

고효과 교수법(high-leverage practice, HLP): 시간이 지나도 효과가 입증된 교육적 실제

첨단기술 기기(high-tech devices): 일반적으로 전자장치나 컴퓨터를 사용하는 복잡한 보조공학 기기

우등반(honors classes): 특정 교과 영역에서 높은 성취를 보이는 학생들을 위한 고급 수업

우등고등학교(honors high school): 영재 학생만을 대상으로 하는 고등학교 프로그램으로, 고급 과정과 멘토와의 협력 또는 인턴십 기회를 제공하며, 학생들은 종종 고등학교 학점과 함께 대학 학점도 취득할 수 있음; 속진 고등학교라고도 불림

과잉행동(hyperactivity): 극도로 과도한 신체 활동 수준으로, 적절한 시간 동안 가만히 있는 능력의 손상

과민반응(hyperresponsive): 자극(예: 소리, 촉각)에 대한 과도한 반응성 수준; 과잉반응

과소반응(hyporesponsive): 자극(예: 소리, 촉각)에 대한 감소된 반응성 수준; 거의 또는 전혀 반응하지 않음

개별화교육계획 과정(IEP process): 장애학생을 식별하고 자격을 갖춘 학생에게 특수교육 서비스를 제공하기 위해 사용되는 8단계 절차

암묵적 편견(implicit bias): 특정 집단(예: 인종, 민족, 성별)에 대한 부정적 고정관념에 기반한 무의식적 또는 의도하지 않은 가정으로, 해당 집단 구성원에 대한 상호작용이나 행동에 영향을 미침

충동성(impulsivity): 자신의 행동을 통제하거나 억제하는 능력의 손상

부주의(inattention): 주의를 기울이거나 집중하지 못하는 상태

통합교육(inclusion): 장애학생이 일반교육 환경에서 교육받고, 일반교육과정에 접근하며, 비장애 또래와 함께 학습하는 것

개별화교육계획(individualized education program, IEP): 3세부터 21세까지의 장애아동을 위한 현재 발달

수준, 목표, 개별화교육, 편의제공, 교육과정 수정, 관련 서비스를 명시한 문서

개별화가족서비스계획(Individualized Family Service Plan, IFSP): 영유아 장애아동(출생부터 3세까지)과 그 가족을 위한 개별화된 서비스, 자원, 목표를 상세히 기술한 문서

개별화건강관리계획(individualized healthcare plan, IHP): 학교 간호사가 작성하는 계획으로, 학생의 의료팀이 수립한 의료 계획을 실행하기 위한 전략을 포함하며, 학생과 가족 구성원 및 개별화교육계획(IEP) 또는 504 계획 팀이 검토함

개별화전환계획(individualized transition plan, ITP): 고등학교에서 대학이나 직장과 같은 졸업 후 환경으로의 원활한 전환에 필요한 서비스를 명시한 고등학생 개별화교육계획(IEP)의 일부로, 학생의 16세 생일까지 마련되어야 함

장애인교육법(Individuals with Disabilities Education Act, IDEA): 1990년 전 장애아동 교육법에 부여된 명칭으로 이후 모든 법 재승인에 사용되며, 장애학생에게 최소제한환경에서 무상적절공교육을 받을 권리를 보장함

유도루프시스템(induction loop system): 특별히 설계된 보청기를 통해 음원에서 청취자의 귀로 직접 소리를 전달하는 청취 장치

감염성 질환(infectious diseases): 건강장애를 야기할 수 있는 전염성 건강 상태로, 종종 단기간이지만 특수교육 서비스 필요로 이어질 수 있음

교내정학(in-school suspension): 학생을 교실에서 제거하여 장기간 교내 별도 장소에 두는 징계 조치

교수적 조정(instructional accommodations): 교수 자료나 교실 수업 전달 방식의 변경으로, 학생에 대한 기대 수준은 변경하지 않음

지적장애 (intellectual disability): 지적기능 손상, 적응행동 제한, 지원 필요를 특징으로 하며 18세 이전에 처음 발생하는 상태

지적기능(intellectual functioning): 인지적 능력

강도(intensity): 말할 때 생성되는 소리의 크기나 작음을 지칭하는 음성의 한 측면

임시대안교육배치(Interim Alternative Educational Setting, IAES): 개별화교육계획(IEP) 목표 진전을 보장하기 위한 특수교육 배치로, 심각한 행동 위반으로 현재 배치에서 제거가 필요할 때 지정됨

내재화 행동(internalizing behaviors): 자신을 향해 나타나는 행동(예: 위축, 불안, 우울)으로, 외현화 행동보다 관찰하기 어려움

국제 바칼로레아 프로그램(International Baccalaureate, IB program): 선별된 학교에서 제공되는 학업적으로 도전적인 프로그램으로, 고등학교 프로그램은 교과 영역의 큰 아이디어와 지식 적용에 중점을 두며, 프로그램을 완료하고 시험에 합격한 학생은 선별된 대학에서 인정받을 수 있음

현장실습(internship): 고용주와의 공식 협약을 통해 학생이 미리 정해진 기간 동안 특정 직무를 학습하고 수행하는 진로 탐색의 구성요소로, 유급 또는 무급 가능

중재자(intervener): 시청각장애 학생에게 일대일 통역과 교육적 지원을 제공하는 관련서비스 제공자

IQ-성취도 불일치(IQ-achievement discrepancy): 학습장애 판별을 위해 사용되는 선동적 방법으로, 잠재력 또는 기대 수행(지능검사 점수 기반)과 성취도 검사 점수 간의 유의한 차이를 요구함

직업코치(job coach): 지역사회와 실제 직장 환경에서 직업 기술을 가르치는 전환 전문가

직업관찰(job shadowing): 학생이 직장에서 시간을 보내며 일상 업무를 수행하는 직원을 관찰하는 진로 탐색의 구성요소

공동주의집중(joint attention): 두 사람이 같은 대상이나 사건에 주의를 집중하는 사회적 의사소통 활동으로, 종종 아동과 성인 사이에서 상호 관심사를 조율하기 위해 몸짓과 시선(응시)을 사용함

아동용 흰지팡이(kiddie canes): 전지팡이라고도 불리며, 시각장애나 저시력 아동을 위해 크기를 조정한 보행용

지팡이

언어(language): 의사소통에 사용되는 규칙 기반 방법

언어발달지체(language delays): 언어 기술의 발달 지체로, 언어장애로 이어질 수도 있고 그렇지 않을 수도 있음

언어장애(language impairment): 언어의 다양한 규칙 체계를 습득하는 데 어려움이나 불능이 의사소통을 방해하는 장애

언어 소수자 학생(language minority students): 미국에서 영어 이외의 언어를 사용하는 학생들

언어가 풍부한 환경(language-rich environments): 언어 발달을 촉진, 육성 및 지원하는 교실 및 기타 환경

언어에 민감한 환경(language-sensitive environments): 학생들의 특별한 언어적 요구를 인식하는 교실과 교사들이 다양한 지시를 조정하고 그들의 학습을 지원하기 위해 적절한 지원과 조정을 제공하는 환경

학습된 무력감(learned helplessness): 개인이 과업을 시도하려는 의지가 줄어들거나 자신의 행동이 성공에 미치는 영향을 이해하지 못하게 되는 상태로, 보통 많은 노력을 기울였음에도 반복적인 실패를 경험하거나 타인의 과도한 개입과 통제로 인해 발생함

학습센터(learning centers): 특정 주제에 초점을 맞춘 다양한 활동이 포함된 교실의 특정 영역으로, 학생들이 독립적으로, 짝을 이루어, 또는 소그룹으로 작업하여 지식을 깊게 하거나 새로 배운 기술을 구축하고 강화할 수 있음

학습장애(learning disabilities, LD): 학생이 예상치 못한 저성취와 전통적 교수에 저항하는 학업적 어려움을 보이는 장애

학습환경(learning environment): 교실의 물리적 요소와 분위기

학습메뉴(learning menus): 학습 목표와 관련된 선택지나 옵션 목록(메뉴)을 학생에게 제공하는 차별화 교수의 한 측면

학습전략(learning strategies): 학생들이 전략적 방식으로 학습하고, 공부하고, 중요한 개념을 기억하고, 어려운 읽기 자료에 접근하도록 돕기 위해 설계된 교수 유형

최소제한환경(least restrictive environment, LRE): 가능한 한 그리고 적절한 범위에서 장애학생이 일반 학습자와 함께 교육받아야 한다는 장애인교육법의 보장 조항

법적 실명(legally blind): 연방 및 주 혜택 자격을 위해 사용되는 실명 범주

언어적 다양성(linguistically diverse): 영어가 아닌 가정어나 모국어를 가진 상태

저시력(low vision): 시각이 학습이나 과업 수행에 여전히 유용한 정도의 시력 손실

저기술 기기(low-tech devices): 의사소통판과 같은 단순한 보조공학 기기

장애관련성 판정(manifestation determination): 학생의 징계 문제가 장애로 인한 것인지에 대한 결정

숙달도 측정(mastery measurement, MM): 교사가 학생을 단일 기술(예: 두 자리 덧셈)에 대해 평가하는 평가 유형

수학장애(mathematics disabilities): 학생의 학습장애가 수학 영역에서 가장 심각한 상태

조정(mediation): 학생의 개별화교육계획과 배치 및 서비스에 대한 질문을 해결하기 위해 중립적 당사자가 부모와 학교 관계자 간의 회의를 촉진하는 과정

의학적 취약(medically fragile): 심각한 건강장애를 가진 일부 개인의 상태를 설명하는 데 사용되는 용어

용광로 개념(melting pot): 균질화된 미국이라는 개념으로, 문화적 전통과 모국어를 새로운 미국 문화를 위해 포기하는 것

멘토링(mentoring): 학생이 일반적으로 관심 영역이나 분야에서 멘토와 함께 작업하여 더 고급 내용과 기술을 배우거나 더 빠른 속도로 학습할 기회를 제공하는 속진 유형

메타인지(Metacognitive): 자신이 어떻게 배우는지를 능동적으로 인식하고 조절하는 과정과 관련된 것으로, 자신의 학습 과정을 계획, 모니터링, 평가하며 학습 전략을 조정하는 사고 활동을 의미함. 쉽게 말해 '자기 자

신의 사고에 대해 생각하는 것'으로, 효과적인 학습을 위해 자신의 인지 과정을 이해하고 통제하는 능력을 포함함

마이크로어그레션/미세공격(Microaggressions): 주로 역사적으로 소외된 집단에 속한 개인에 대해 경멸적이거나 부정적인 생각이나 감정을 암시하는 짧고 미묘한 행동이나 언행. 학교 현장에서는 또래나 교사가 호기심에 학생의 머리카락을 만지거나, 학생이 시험을 잘 봤거나 영어를 잘 한다는 사실에 놀라움을 표현하거나, 학생 부모가 이민자라고 추정하거나, 학생 이름을 올바르게 발음하거나 철자하지 않는 경우 등이 포함됨.

발음 장애(Misarticulations): 말소리를 비정상적으로 발음하는 것.

복합 난청(Mixed Hearing Loss): 전도성 난청과 감각신경성 난청이 동시에 존재하는 청력 손실.

기억술(Mnemonics): 정보를 기억하거나 학습을 촉진하는 전략으로, 예를 들어 목록의 첫 글자를 단어, 문장, 그림 등과 연관 짓는 방법(예: 대호수(Great Lakes)를 HOMES로 기억).

이동성(Mobility): 이동하거나 이동할 수 있는 능력으로, 일반적으로 장소 간 이동을 의미하며, 관절 제한 등 신체 부위의 움직임을 포함하기도 함.

이동 기술(Mobility Skills): 장애 학생(특히 시각장애 학생)이 한 장소에서 다른 장소로 안전하고 효율적으로 이동할 수 있는 능력으로, 이를 위한 교육 주제.

모델링(Modeling): 목표 행동을 시범으로 보여 주는 것.

수정(Modification): 교육 내용, 교육과정, 평가에서 학생에게 요구되는 조건이나 수준을 낮추고 기대치를 변경하는 것.

형태론(Morphology): 단어의 구조와 형태를 규정하는 규칙으로, 단어의 기본 의미를 구성하는 요소.

운동 기능(Motor Functioning): 정밀하거나 복잡한 근육 움직임을 수행하는 능력. 대근육 운동은 걷기나 달리기와 같은 큰 움직임, 소근육 운동은 글쓰기나 단추 풀기 같은 작은 움직임을 포함함.

다문화 교육(Multicultural Education): 모든 학생의 문화를 교육 내용에 통합하는 교육 접근법.

복합 장애(Multiple Disabilities): 두 가지 이상의 장애가 결합되어 개인에게 복합적이고 심각한 영향을 끼치는 상태.

다중 지능(Multiple Intelligences): 지능을 여러 차원으로 바라보는 접근법으로, 8가지 영역 중 어느 하나에서 탁월한 능력을 보이는 경우 영재로 간주함.

다층지원체계(Multi-Tiered System of Supports, MTSS): 학습과 행동 관리를 위해 점차 강화되는 수준별 지원과 도움을 제공하는 체계.

근골격계 질환(Muscular/Skeletal Conditions): 근육이나 뼈에 영향을 미쳐 기능 제한을 초래하는 상태.

상호 조정/수용(Mutual Accommodation): 학생들의 언어와 문화를 교실에서 인정하고 활용하되, 동시에 학교의 기대와 문화를 가르치는 것.

근시(Myopia): 가까운 것은 잘 보이나 먼 곳은 흐릿하게 보이는 시력 문제로, 아동에게 흔함.

배외주의(nativism): 국가의 지배적 문화 유지에 위협이 된다고 여겨지는 이민에 대한 강한 반대 입장

자연 환경(Natural Environments): 장애가 없는 영유아들이 일반적으로 생활하는 환경으로, 가정이나 지역사회(예: 어린이집, 놀이 모임) 등이 포함됨.

자연적 환경(Natural Setting): 일상의 일반적인 삶의 행위가 이루어지는 장소로, 가정이나 지역사회 내 매장, 음식점 등.

지원 네트워크(Network of Supports): 교사, 친구, 동료, 사회복지 기관 등 다양한 자원으로부터 받는 도움으로, 특히 지적장애인의 독립 생활 및 적응 능력 향상을 위한 지원망.

신경운동장애(Neuromotor Impairments): 신경과 근육 및 운동 기능에 관련된 장애 상태.

신생아 선별 검사(Newborn Screening): 신생아가 장애를 가지고 있거나 장애 위험이 있는지 검사하는 제도

소음성 난청(Noise-Induced Hearing Loss, NIHL): 큰

소음이 내이의 유모 세포를 손상시켜 발생하는 영구적인 청력 손실; 폭발과 같은 한 번의 매우 큰 소음이나 음악 등과 같은 지속적 또는 장기간 큰 소음에 노출되어 발생할 수 있음

비준수(Noncompliance): 규칙이나 지시를 따르기를 거부하는 행위

정규 분포 또는 종 모양 곡선(Normal Curve or Bell-Shaped Curve): 지능과 같은 인간 특성의 전형적인 분포에 대한 이론적 개념

정상화(Normalization): 일상 생활의 일반적인 양상과 조건을 제공하는 것

강박장애(Obsessive-Compulsive Disorder): 재발하는 원치 않는 생각과 반복적인 행동이 특징인 불안 장애의 한 유형

작업치료사(Occupational Therapist, OT): 근육 조절을 개선하고 자립 기술을 개발하도록 도움을 주는 활동을 지도하는 전문가; 특수 교육 관련 서비스 제공자

오픈 캡션(Open Captions): 말하는 내용을 듣는 대신 또는 더해 화면에 모두가 볼 수 있도록 표시되는 자막 또는 텍스트

안과 전문의(Ophthalmologist): 눈 질환을 전문적으로 치료하는 의사

반응 기회(Opportunities to Respond, OTR): 학생들이 질문에 답하거나 과제를 수행하거나 지시를 따르면서 학습 활동에 적극적으로 참여하도록 하는 방법; 분당 8~12회까지 발생할 수 있음

기회 격차(Opportunity Gap): 기본적 또는 확장된 교육 기회(예: 숙제 도움, 여름 캠프)가 있는 학생과 그렇지 않은 학생 간의 학업 성취 격차

적대적 반항장애(Oppositional Defiant Disorder, ODD): 권위자를 향한 반복적인 불복종, 적대감 또는 반항적 행동을 특징으로 하는 상태

안경사(optician): 안과의사나 검안사의 안경이나 교정렌즈 처방전을 조제하는 사람

검안사(optometrist): 시력을 측정하고 교정렌즈(안경이나 콘택트렌즈)를 처방할 수 있는 전문가

보행지도사(Orientation and Mobility Instructors, O&M): 시각장애 학생이 환경을 자유롭게 이동하고 독립적으로 안전하게 여행할 수 있도록 지도하는 전문가; 관련 서비스 제공자임

보행기술(Orientation Skills):사람들이 환경을 이동할 때 사용하는 정신적 지도; 시각장애 학생에게 가르치는 주제

정형외과적 손상(Orthopedic Impairment): 특수 보건 관리가 필요한 지체장애를 나타내는 Individuals with Disabilities Education Act(IDEA) 용어

이소골(ossicles): 중이에 있는 세 개의 작은 뼈(망치뼈 또는 추골, 모루뼈 또는 침골, 등자뼈 또는 등골)로 와우각에 정보를 전달함

기타 건강손상(other health impairment): 건강장애와 특별한 의료적 돌봄 필요에 대해 장애인교육법에서 사용하는 용어로, 주의력결핍 과잉행동장애를 포함함

중이염(otitis media): 정상적인 언어 발달을 방해할 수 있는 유아기에 흔한 중이 감염

이음향방사(otoacoustic emissions, OAEs): 내이의 유모세포가 진동할 때 생성되는 낮은 수준의 소리

교외정학(out-of-school suspension): 학생을 장기간 학교에서 제거하는 징계 조치

과대표상(overrepresentation): 전체 학생 인구에서의 비율을 기준으로 예상되는 수준을 넘어 특정 다양성 집단의 학생들이 특수교육 범주에 너무 많이 참여하는 것

교육보조원/지원인력(paraprofessionals): 교실, 학교, 교통수단, 기타 다양한 환경에서 장애학생의 개별화교육계획(IEP) 실행을 돕는 교육 보조자(교육보조사라고도 불림)

부분 속진(Partial Acceleration): 학생이 한 과목 이상에서 학년 수준을 초과하는 콘텐츠를 학습하는 속진화 옵션; 하루 일부 시간에 상위 학년 수업에 참여하거나 학년 교실에서 상위 학년 커리큘럼을 학습함; 과목 속진이라고도 함

또래 기반 교수 및 중재(Peer-Based Instruction and Intervention, PBII): 자폐 스펙트럼 장애 학생과의 사회적 상호작용을 촉진하기 위해 또래가 직접 지원하고 돕는 방법

사람 우선 언어(People-First Language): 장애를 가진 대부분의 집단을 언급할 때 적절한 표현 방식; 장애를 언급하기 전에 사람을 먼저 언급함

개인 중심(Person Centered): 도전을 해결하기 위한 지원을 계획하고 제공할 때 개인이 참여하는 개별화된 접근법

전반적 발달장애-달리 분류되지 않는(pervasive developmental disorder-not otherwise specified, PDD-NOS): 과거 DSM IV까지는 자폐 스펙트럼 내에서 별도의 장애로 간주되었던 상태로, 개인이 적어도 한 핵심 영역(예: 사회적 상호작용, 의사소통)에서 증상을 보이지만 자폐증의 모든 기준을 충족하지 않는 상태

페닐케톤뇨증(Phenylketonuria, PKU): 아미노산 페닐알라닌이 정상적으로 대사되지 않는 유전 질환; 출생 직후 식이 조절이 이루어지지 않으면 지적장애를 초래할 수 있음

발성(Phonation): 음성의 한 측면; 숨결 섞임, 쉰 목소리, 긴장된 음색 등을 포함하는 말소리의 음색

음소 인식(Phonemic Awareness): 단어를 만드는 가장 작은 소리 단위인 음소를 듣고, 식별하며 조작하는 능력

음운 인식(Phonological Awareness): 음소(글자 소리, 운율)를 이해, 식별 및 적용하고, 말소리 단위들을 분리하거나 조작하는 능력

음운론(Phonology): 말소리를 조합하여 단어와 문장을 만드는 언어 내 규칙 체계

지체장애(Physical Disabilities): 골격계 및 관련 운동 기능의 신체적 결함이나 장애와 관련된 상태; 신체 장애 또는 정형외과 장애

물리치료사(Physical Therapist, PT): 비의료적 방법으로 지체장애를 치료하고 운동 기능을 개선하는 전문가; 특수 교육 관련 서비스 제공자

이식증(pica): 개인이 음식이 아닌 물질(예: 흙, 머리카락, 페인트, 천)을 먹는 상태

그림 의사소통판(picture communication boards): 개인이 의사소통을 위해 가리킬 수 있는 그림을 표시하는 저기술 보조공학 기기

그림교환 의사소통체계(Picture Exchange Communication System, PECS): 언어적 능력이 거의 없거나 전혀 없는 자폐 스펙트럼 장애인을 위한 검증된 중재로, 그림을 사용하여 의사소통하고 욕구와 바람을 표현함

이개(pinna): 귀의 외부 구조

음높이(pitch): 음성의 한 측면으로, 높거나 낮게 인지되는 소리의 성질

긍정적행동중재및지원(Positive Behavioral Interventions and Supports, PBIS): 문제행동을 예방하고 기존 문제를 해결하기 위해 증거기반 중재를 사용하는 것을 목표로 하는 다층 체계

언어습득 후 농(postlingual deafness): 언어를 발달시킨 후에 청력을 상실한 상태로, 후천성 또는 중도 농

중등교육 후 교육(postsecondary education): 고등학교 이후의 교육으로 대학, 종합대학, 전문대학, 직업훈련을 포함할 수 있음

동력 외골격(powered exoskeleton): 사지 움직임에 대한 기술적 지원을 제공하기 위해 사람이 착용할 수 있는 외부 골격

화용론(pragmatics): 사회적 맥락에서의 언어의 적절한 사용

사전 결정(predetermination): 학교 및/또는 학군 회의가 개별화 교육 프로그램(IEP) 팀 회의 전에 결정을 내리는 상황(학부모를 포함한 학생, 또는 학생 의견 없이 또는 학생 의견을 입력하지 않음)

언어전 농(prelingual deafness): 언어 발달 전에 청력을 잃는 것

의뢰 전 과정(pre-referral process): 개별화교육계획(IEP) 과정의 첫 단계로, 불필요한 특수교육 의뢰를 방지하기 위해 학생의 요구를 해결하는 전략을 사용함

유병률(prevalence): 특정 시점에서의 총 사례 수

1차 예방(primary prevention): 다층 체계의 첫 번째 수

준으로, 중재반응 체계에서는 고품질 교수를 의미하고, 긍정적행동중재및지원 체계에서는 전교 행동관리 계획을 의미하며, 때로 1단계라고도 불림

절차적 요구사항(procedural requirements): 개별화교육계획(IEP) 과정이 지정된 기간 내에 따라지고 IEP가 모든 필수 정보를 포함하도록 보장하기 위해 설계된 장애인교육법 요구사항

과정(process): 학생이 학업 내용이나 자료에 접근하는 방식

과정/결과 논쟁(process/product debate): 읽기 교육에서 지각훈련과 명시적 교수 중 어느 것이 더 효과적인지에 대한 논쟁

결과물(product): 학생이 학습을 입증하는 결과나 방법

진도 점검(progress monitoring): 학생 학습이나 기술 습득에 대한 지속적인 피드백을 수집하기 위해 빈번하게(예: 월별, 주별) 학생 학습을 평가하는 평가 형태로, 종종 교육과정기반측정이라고 불리는 일반적 성과 측정과 숙달도 측정이 진도 점검의 유형임

진도 점검 측정도구(progress monitoring measures): 특정 영역(예: 단어 인식 유창성, 수학 계산)의 짧은 검사로 빠르게(종종 5분 이내) 실시할 수 있고 교육과정 일부 전반의 기술을 평가함

진도 점검 검사(progress monitoring probes): 특정 영역(예: 단어 인식 유창성, 수학 계산)에서 교육과정 일부 전반의 기술을 평가하고 빠르게(종종 5분 이내) 실시할 수 있는 간단한 검사

촉진(prompting): 표적 행동의 습득이나 사용을 돕기 위해 몸짓, 언어적 단서, 기타 "힌트"를 사용하는 것

의지/의수족(prosthetics): 인공 사지

촉각 의사소통(protactile): 시청각장애인을 위한 새롭게 등장하는 촉각 기반 의사소통 체계로, 보다 완전한 상호작용을 위해 손뿐만 아니라 다른 촉각 요소도 활용함

순음(pure sounds): 개인의 청력 능력을 검사하기 위해 특정 주파수에서 사용되는 순음 음파

조용한 공간(quiet space): 학습 환경에서 분리되고 방해 요소가 없는 교실 내 지정된 영역

무작위 대조 시험(randomized controlled trial): 학생들이 중재군 또는 대조군에 무작위로 배정되는 연구

빠른 글자 명명(rapid letter naming): 알파벳 글자 목록을 읽고 가능한 한 빠르게 소리 내어 말하는 것

읽기장애(reading disabilities): 학생의 학습장애가 읽기에서 가장 심각한 상태

실시간 자막(real-time captioning, RTC): 속기기, 노트북 컴퓨터, 전문 소프트웨어를 사용하여 음성 언어를 즉시 문자로 변환해 제공하는 컴퓨터 지원 전사 서비스로, 실시간 문자통역이라고도 불림

수용언어(receptive language): 보기, 듣기, 만지기(예: 점자)를 통해 받은 정보를 이해하는 것

난민(refugees): 그들의 삶이나 안전이 위험했던 나라에서 도망친 후 대피를 찾고 국제법에 의해 보호되는 개인

강화(reinforcement): 원하는 행동(예: 보상, 칭찬)의 빈도를 증가시키기 위한 결과를 제공함

관련 서비스(related services): 장애가 있는 아동이 장애로부터 혜택을 받을 수 있도록 전문가가 제공하는 지원 서비스. 개별화된 교육에서 넓은 범위의 서비스에서 혜택을 받을 수 있음

기숙형 고등학교(residential high school): 영재 학생들을 위한 고등학교 프로그램으로, 학생들이 캠퍼스에 거주하며 대학 수준의 고도한 학업 과정을 이수하고 대학 학점을 동시에 취득할 수 있음

잔존 청력(residual hearing): 개인이 보유하고 있는 기능적 청력의 양

잔존 시력(residual vision): 시각장애에도 불구하고 남아 있는 기능적 시력의 양과 정도

교수 저항성(resistant to instruction): 적절한 교수 방법이 사용되었음에도 불구하고 충분한 학습이 이루어지지 않는 특성으로, 학습장애 학생이 효과적인 교수에 충분히 반응하지 않는 상태

공명(resonance): 과도하거나 불충분한 비강 음향을 포함하는 음성의 음질적 측면

중재반응모형(response to intervention, RTI): 점진적으

로 집중도를 높인 중재와 지원을 제공하는 다층 체계로, 진전도 점검과 결합하여 학습장애 학생을 판별하는 데 사용됨

회복적 정의 실천(restorative justice practices): 갈등을 해결하고 피해를 복구하기 위해 학생들이 참여하는 대안적 갈등 해결 접근법

신체적 제지/억압(restraint): 개인의 이동 자유나 신체 활동을 제한하는 방법

유급(retention): 학업 향상 부족으로 인한 학년 반복

망막(retina): 눈 안쪽의 막

미숙아 망막증(retinopathy of prematurity, ROP): 산소 수치가 너무 높아 망막 혈관이 비정상적으로 성장하여 조산아의 정상 시력 발달을 방해하는 상태

레트증후군(Rett disorder/Rett syndrome): 과거 자폐스펙트럼 내 별도 장애로 분류되었으며, 거의 여아에게만 영향을 미치는 장애로 정상 발달 후 뇌 성장 둔화와 습득 기술 상실이 나타남

위험지수(risk index): 특정 인종 집단 내에서 특수교육 서비스를 받는 학생의 비율을 측정하는 지표

위험비율(risk ratio): 한 인종 집단의 위험지수를 다른 인종 집단의 위험지수로 나눈 값으로, 불균형적 대표성을 측정하는 도구. 1.0보다 크거나 작으면 과대 또는 과소 대표를 의미함

로봇공학(robotics): 다양한 작업을 이동하고 수행할 수 있는 첨단 기기를 제작하는 과학

발판/비계/스캐폴딩 교수법(scaffolded instruction): 교사가 새로운 기술 습득을 위해 체계적으로 지원을 구축하는 교수 기법

조현병(schizophrenia): 환청, 사고장애, 망상, 이상 행동을 포함하는 희귀한 정신질환

학교간호사(school nurse): 특수교육 관련서비스 제공자로, 의료적 치료를 조정하고 장애학생에게 건강 관리 및 편의제공을 지원함

학교심리학자(school psychologist): 학습, 행동, 정서적 문제를 평가하고 상담하는 특수교육 관련서비스 제공자

학교차원의 심화학습 모형(Schoolwide Enrichment Model, SEM): 전교생의 약 15-20%가 사고력, 문제해결력, 창의력 개발을 위한 특별 활동에 참여하는 영재교육 모델

격리(seclusion): 학생을 물리적으로 벗어날 수 없는 방이나 공간에 혼자 가두는 징계 행위

이차성 전신발작(secondary generalized seizures): 뇌의 한 부분에서 시작된 부분발작이 전체 뇌로 확산되어 전신발작으로 발전하는 것

2차 예방(secondary prevention): 1차 예방으로 충분한 진전이 없는 학생들에게 중등도 강도의 추가 지원을 제공하는 다층 지원 체계의 단계로, 2단계라고도 불림

재활법 504조(Section 504 of the Rehabilitation Act): 연방 지원을 받는 모든 프로그램에서 장애인의 차별을 금지하고 동등한 기회와 적절한 서비스 접근을 보장하는 연방법

분리 환경(segregated settings): 장애학생이 일반교육 환경에서 완전히 분리되어 비장애 학생과 거의 상호작용하지 않는 교육 환경

발작(seizure): 뇌의 비정상적이고 과도한 신경 활동으로 인해 일시적으로 행동, 의식, 감각, 움직임의 변화가 나타나는 현상

자기옹호(self-advocacy): 자신의 권리와 이익을 스스로 주장하고 요구사항을 효과적으로 의사소통하는 능력

자기결정(self-determination): 독립적 생활을 위한 의사결정, 선호 표현, 자기옹호 등으로 구성된 기술 체계

자해(self-injury): 자신에게 의도적으로 해를 가하는 행동(예: 머리 박기, 눈 찌르기)

자기교수(self-instruction): 스스로에게 하는 말을 통해 활동이나 과제를 안내하는 전략

자기관리 전략(self-management strategies): 학생이 자신의 행동을 수정하기 위해 사용하는 절차로, 자기모니터링, 자기교수, 목표설정, 자기강화를 포함함

자기모니터링/점검(self-monitoring): 자신의 학업이나 행동 수행을 추적하고 기록하는 것

자기진도 교수(self-paced instruction): 학생이 자신의 학습 속도를 결정하는 가속화 형태

자기강화(self-reinforcement): 과제 완료나 목표 달성 시 스스로 선택한 보상을 제공하는 것

자기대화(self-talk): 활동이나 과제 수행 시 자신을 안내하는 내적 언어

의미론(semantics): 언어 내에서 단어의 내용, 의도, 의미를 지배하는 체계

감각신경성 난청(sensorineural hearing loss): 내이나 청신경 손상으로 인한 청력 손실

서비스 동물(service animals): 장애인을 돕기 위해 고도로 훈련된 동물(예: 안내견, 도우미 원숭이)

서비스 조정자(service coordinator): 개별화가족서비스계획(IFSP)의 실행과 평가를 감독하는 사례관리자

서비스 학습(service learning): 학생들이 지역사회 봉사활동에 참여하는 교육 프로그램

흔들린 아기 증후군(shaken baby syndrome): 주로 2세 이하 유아를 격렬하게 흔들었을 때 발생하는 질환. 뇌출혈 및 뇌손상으로 인해 종종 사망에 이르며, 심각한 후유증을 동반하는 질환

보호교수(sheltered instruction): 영어 학습자가 학업 내용을 배우는 데 도움이 되는 교수법. 시각 자료, 맥락적 단서, 수정된 언어 등을 활용하여 내용 이해를 돕는 교육 접근법

보호된 교수 관찰 프로토콜(Sheltered Instruction Observation Protocol, SIOP): 영어 학습자를 위한 효과적이고 일관된 교수법을 제공하기 위해 개발된 연구 기반 모델. 언어 목표와 내용 목표를 모두 포함하는 체계적 교수 프레임워크

겸상적혈구병(sickle cell disease): 유전성 혈액 장애로, 적혈구가 굳어지고 낫 모양으로 변형되어 온몸에 산소 전달을 방해하는 질환. 주로 아프리카계 사람들에게서 발생

서명된 영어(signed English): 영어를 시각적 의사소통 형태로 표현하는 수화 체계

간단한 부분 발작(simple focal seizures): 의식 변화 없이 발생하는 부분 발작으로, 감각 이상이나 경미한 운동 증상 등의 특이한 감각을 나타냄

동시 서명(simultaneous signing): 구어와 수화를 동시에 사용하는 의사소통 방식

단일사례 설계(single-case design): 개별 참여자(예: 읽기 유창성)를 여러 조건이나 단계(예: 기초선, 중재 중, 중재 후)에서 반복적이고 체계적으로 측정하는 연구 설계. 개인이 자신의 통제집단 역할을 하여 개입의 효과를 검증

스넬렌 차트(Snellen chart): 1862년에 개발된 표준화된 시력 검사표로, 시각적 예민함을 측정하는 데 사용됨

사회적 정의(social justice): 형평성, 공정성 및 인권의 원칙에 기반하여 평등한 사회를 지향하는 개념. 모든 사람의 존엄성을 존중함

사회적 부적응(social maladjustment): 개인이 사회 규범을 따르지 않는 상태를 나타내는 용어로, 장애인교육법 서비스 대상에는 해당하지 않는 학생들에게 적용됨

사회적 이야기/사회적 서술(social story/social narrative): 학생이 일반적으로 발생하는 상황(예: 또래와 함께 활동에 참여)에 대비할 수 있도록 돕는 이야기. 예상되는 사회적 상황, 학생이 인식해야 할 사회적 또는 행동적 신호, 그리고 학생이 보여야 할 적절한 반응이나 행동을 설명함

사회경제적 수준(socioeconomic level): 사회경제적 지위(SES)라고도 함. 개인이나 가족의 경제적 및 사회적 지위를 나타내는 지표(연간 소득, 교육 수준, 직업 등 기준)

사회경제적 지위(socioeconomic status, SES): 소득, 교육 수준, 직업을 기준으로 다른 사람들과 비교한 개인 또는 가족의 경제적 및 사회적 위치

소리 강도(sound intensity): 음량의 크기

특별 건강 관리 요구(special health care needs): 만성적이거나 급성의 건강 문제로 인해 제한된 체력, 활력 또는 주의력을 갖는 상태를 설명할 때 사용되는 용어. 기타 건강장애에 해당

특수 올림픽(Special Olympics): 지적장애가 있는 개인을

위해 특별히 조직된 세계 최대 규모의 스포츠 단체

특별히 고안된 교수(specially designed instruction, SDI): 장애로 인한 학생의 고유한 요구를 충족시키기 위해 개별화된 교수법. 특수교육자나 기타 전문가가 제공하며, 일반교육 교육과정에 대한 접근을 보장함

특정 칭찬(Specific Praise): 학생이 보인 행동을 구체적이고 명확하게 지적하여 제공하는 긍정적이고 강화적인 피드백

말(speech): 언어를 음성으로 산출하는 것

말장애(speech impairment): 비정상적인 음성 산출로 특징지어지는 장애로, 의사소통에 어려움을 초래함

언어재활사/말-언어 병리학자(speech-language pathologist, SLP): 말-언어 장애를 진단하고 치료하는 전문가이자 특수교육 관련 서비스 제공자

언어치료/언어재활(speech-language therapy): 말 또는 언어(예: 표현, 수용) 기술을 개선하기 위해 학생에게 제공되는 특수교육 관련 서비스

음성 합성기(Speech Synthesizer): 컴퓨터가 생성한 음성 또는 인공적인 말소리를 만들어 내는 보조기술 장치

분리 기술(splinter skill): 개인의 전반적인 기능 수준보다 현저히 뛰어나지만 다른 영역으로 일반화되지 않는 고립된 능력이나 기술

고정관념(stereotypies): 손 펄럭임, 몸 흔들기, 회전 등과 같은 반복적이고 비기능적인 행동으로, 자폐 스펙트럼 장애가 있는 개인에게 흔히 관찰됨

자극 행동(stims): 자기자극 행동(self-stimulatory behavior)의 축약어로, 개인을 진정시키거나 각성시키는 목적으로 행하는 반복적인 행동

각성제 약물(stimulant medication): 뇌의 활동을 증가시켜 주의집중력과 각성 상태를 일시적으로 개선하는 향정신성 약물

사시(Strabismus): 두 눈의 정렬이 맞지 않아 안구가 서로 다른 방향을 향하는 상태로, 어린이에게 가장 흔한 안과 질환 중 하나

강점 기반 접근(strengths-based approach): 학생의 결점이나 부족함보다는 강점과 관심사를 중심으로 교육과 지원을 제공하는 접근법

학습 어려움 학생(struggling learners): 학업 내용을 습득하는 데 어려움을 겪어 추가적이거나 집중적인 교육 지원이 필요한 학생들

유색인종 학생(students of color): 아프리카계 미국인, 히스패닉/라틴계, 아메리카 원주민 등 백인이 아닌 다양한 인종적 배경을 가진 학생들을 지칭하는 포괄적 용어

학습 기술(study skills): 효과적인 학습을 위한 체계적인 전략으로, 조직화, 경청, 노트 필기, 정보 처리, 자기 점검, 시험 응시 등의 기술을 포함함

말더듬(stuttering): 언어의 유창성 부족으로 특징지어지는 의사소통 장애로, 소리나 단어의 반복, 연장, 막힘 등으로 나타남

교과 속진(subject-matter acceleration): 특정 교과 영역에서 학생이 연령에 비해 고급 수준의 내용을 학습하도록 하는 가속 교육 방식으로, 부분 가속이라고도 함

실질적 요구사항(substantive requirements): IEP가 학생을 위해 적절히 설계되었는지 확인하기 위한 IDEA의 요구사항으로, 학생의 진전이 모니터링되고 필요시 적절한 변경이 이루어져야 함을 의미

총괄 사정평가(summative assessment): 학기말이나 단원 종료 시점에서 학습 성과나 기술 습득 정도를 측정하기 위해 실시하는 평가 방법

지원고용(supported employment): 장애가 있는 개인이 일반 직장에서 급여를 받으며 일할 수 있도록 지원 서비스와 고용주 교육을 제공하는 직업 재활 전략

스위치(switch): 전자 회로를 연결, 차단 또는 변경하는 장치로, 신체적 제한이 있는 사용자가 보조기술을 활성화하여 과제를 수행할 수 있도록 돕는 도구

상징 의사소통판(symbol communication boards): 그림이나 상징을 사용하여 개인이 의사소통할 수 있도록 돕는 저기술 보조기술 장치

통사론/구문론(syntax): 문장에서 단어의 순서와 단어 간의 관계, 그리고 문법적 규칙을 다루는 언어학 분야

지원 시스템 또는 네트워크(systems or networks of supports): 지적장애가 있는 개인의 삶의 질을 향상시키기 위해 조정되는 다양한 서비스와 지원의 체계로, 지적장애 정의의 세 번째 핵심 요소

인재 발굴(talent search): 뛰어난 학업 능력을 가진 학생들을 발견하여 주말 프로그램, 여름 캠프, 멘토십, 진로 상담 등의 추가적인 재능 개발 기회를 제공하는 방법

재능있는(talented): 높은 수준의 지능, 창의성, 특별한 능력, 그리고 우수한 성취에 대한 잠재력을 가진 개인을 지칭하는 용어

과제 분석(task analysis): 복잡한 활동이나 과제를 더 작고 관리 가능한 구성요소들로 세분화하여 학습을 용이하게 하는 과정

과제 몰입(task commitment): 주어진 과제나 목표에 대한 인내력, 헌신, 동기, 그리고 높은 기대치를 유지하며 지속적으로 노력하는 능력

자폐아동 및 의사소통 장애아동 치료 및 교육(TEACCH or structured TEACCHing): 자폐 스펙트럼 장애가 있는 학생들을 위해 개발된 구조화된 교수 프로그램으로, 시각적 지원을 활용하여 학생들이 환경을 이해하고 예측 가능하게 구조화하도록 돕는 접근법

시각장애학생 교사(teachers of students with visual impairments, TVIs): 시각장애학생을 위해 전문적으로 훈련받은 자격증 소지 교사로, 직접 교수나 컨설팅 형태의 특수교육 서비스를 제공하는 관련서비스 제공자

압축 교육과정(Telescoping Curriculum): 일반적인 학습 기간보다 짧은 시간(예: 1년 과정을 한 학기에) 내에 교육과정을 완료하도록 하는 속진 교육 방식

3차 예방(Tertiary Prevention): 다단계 지원 체계의 세 번째 단계로, 1·2차 예방에 적절히 반응하지 않는 학생들에게 제공되는 집중적이고 개별화된 지원으로 Tier 3라고도 함

시험 조정(Testing Accommodations): 학생에 대한 기대 수준은 변경하지 않으면서 시험 실시 방법이나 학생의 응답 방식을 조정하는 지원 조치

1단계(Tier 1): 다단계 지원 체계의 첫 번째 수준으로, 모든 학생을 대상으로 하는 양질의 교수와 전교적 차원의 긍정적 행동 지원을 포함하는 일차 예방 단계

2단계(Tier 2): 다단계 지원 체계의 두 번째 수준으로, 1단계 지원만으로는 적절한 진전을 보이지 않는 학생들에게 제공되는 추가적 지원으로 2차 예방이라고도 함

3단계(Tier 3): 다단계 지원 체계의 세 번째 수준으로, 1·2단계에 반응하지 않는 학생들을 위한 집중적이고 개별화된 지원으로 3차 예방이라고도 함

수준별 활동(tiered activities): 학생들의 서로 다른 준비도 수준에 맞춰 다양한 복잡성, 추상성, 깊이를 가진 교수 과제로 설계된 차별화된 학습 활동

수준별 내용(tiered content): 동일한 학습 내용을 학생의 준비도에 따라 다양한 깊이와 복잡성 수준에서 제시하되, 핵심적인 학습 목표와 과정은 동일하게 유지하는 방식

시간 관리(time management): 특정 활동에 소요되는 시간을 의식적으로 계획하고 점검하는 능력으로, 일반적으로 효율성, 생산성, 학습 성과 향상을 목적으로 함

강직-간대발작(tonic-clonic seizures, grand mal): 심한 근육 경직(강직기)과 반복적인 경련(간대기)이 나타나는 발작으로, 환자가 갑작스럽게 의식을 잃고 넘어지며 전신 경련을 보이고, 발작 후 심한 피로감이나 혼돈 상태가 뒤따름

총체적 의사소통 접근법(total communication approach): 청각장애가 있는 학생들과의 의사소통에서 구화, 수화, 미국수어, 몸짓 등 모든 가능한 의사소통 방법을 동시에 활용하는 교수법

능력별 집단편성(tracking): 학생들을 성취도나 능력 수준에 따라 분류하는 과정으로, 학생의 관심사, 동기, 과거 성취에 대한 고려가 부족하며 저소득층 학생들이 낮은 수준의 집단에 배치되는 경향이 있어 혼합 집단편성과 구별됨

전환 전문가(transition specialist): 장애학생의 성인기 전환을 위해 개인과 다양한 기관 간의 협력과 연계를

보장하는 전문가

외상성 뇌손상(traumatic brain injury, TBI): 외부의 물리적 힘에 의해 머리나 뇌에 타격이나 충격이 가해져 발생하는 뇌손상 상태

터널 시야(tunnel vision): 시야의 중심부는 보이지만 주변부 시야가 심각하게 제한된 상태

장애영재(twice exceptional): 영재성과 장애를 동시에 가진 학생을 지칭하는 용어

고막(tympanic membrane): 외이와 중이를 구분하는 막으로, 소리에 반응하여 진동하는 중이의 구조물

제1형 당뇨병(type 1 diabetes): 신체가 충분한 인슐린을 생산하지 못하는 건강 상태로, 전체 당뇨병 환자의 약 5%에 해당하며 과거에는 소아 당뇨병으로 불림

제2형 당뇨병(type 2 diabetes): 신체가 인슐린을 제대로 사용하지 못하는 건강 상태로, 전체 당뇨병 환자의 약 95%에 해당하며 비만과 밀접한 관련이 있음

학습부진(underachievement): 개인의 높은 잠재 능력과 실제 낮은 성취 수준 간의 불일치

과소대표(underrepresentation): 전체 학생 인구 비율에 비해 특정 집단의 학생들이 특수교육 범주에 예상보다 적게 분류되는 현상

예상하지 못한 학습부진(unexpected underachievement): 충분한 지능을 가지고 있음에도 불구하고 기대되는 학업 성취를 보이지 못하는 상태로, 지적장애로는 설명되지 않는 학습 결핍을 특징으로 함

보편적 설계(universal design): 신체적 장애나 제약에 관계없이 모든 사람이 접근하고 사용할 수 있도록 환경과 제품을 설계하는 건축 및 디자인 원칙

보편적 학습설계(Universal Design for Learning, UDL): 모든 학생의 다양한 학습 스타일과 요구에 맞춰 유연한 교수 자료, 방법, 전략을 통합하여 일반교육과정에 대한 접근성을 향상시키는 교육 프레임워크

보편적 감염관리 지침(universal health care precautions): 감염성 질병의 확산을 예방하기 위해 모든 환자를 대상으로 적용하는 표준 감염관리 절차

신생아 청력 선별검사(universal newborn hearing screening): 청력 손실을 조기에 발견하기 위해 모든 신생아를 대상으로 실시하는 청력 검사

보편적 선별검사(Universal Screening, Academic): 중재반응모형(RTI) 과정의 첫 단계로, 학년 초에 간단한 검사를 실시하며 필요에 따라 학년도 중 1~2회 추가 실시할 수 있음. 학습에 어려움을 겪을 가능성이 있는 학생을 조기에 발견하여 적절한 지원이 필요한 학생을 식별하는 것이 목적

언어 사용능력(Use): 다양한 상황에서 언어 규칙을 올바르게 적용하는 능력

어셔 증후군(Usher Syndrome): 유전적 원인에 의한 진행성 질환으로, 선천적 청각장애에서 시작하여 점진적으로 시력 문제가 악화되어 청각-시각 중복장애 상태에 이르는 질환

언어적 사전 예고(Verbal Advance Warning): 일정 시간 후에 수행될 활동과 그 시간이 끝날 때 어떤 일이 일어날지에 대해 구두로 미리 알려주는 의사소통 방법

비디오 모델링(video modeling): 학생이 학습해야 할 기술이나 행동을 비디오로 시연하여 보여준 후 학생이 그 행동을 모방하도록 하는 교수 방법

시력(visual acuity): 사람이 사물을 보고 명확하게 구별할 수 있는 능력의 정도

시각장애(visual disabilities): 교정을 하더라도 교육 성과와 지역사회 접근에 영향을 미치는 시력 손상

시각 효율성(visual efficiency): 개인이 보유한 시력을 얼마나 효과적으로 사용할 수 있는지를 나타내는 능력

시각 처리(visual processing): 뇌가 눈을 통해 받아들인 시각 정보를 해석, 이해, 처리하는 방식

시각 일정표(visual schedule): 예정된 활동이나 원하는 행동을 그림이나 글자로 나타내어 발생 순서대로 배열한 시각적 지원 도구

시각 지원(visual supports): 의사소통이나 바람직한 행동의 습득과 수행을 돕기 위해 사용되는 그림, 기호, 라벨 등의 시각적 자료

시각 타이머(visual timer): 남은 시간을 눈으로 확인할 수 있도록 시각적으로 표시하는 시간 측정 장치

직업 재활 기관(vocational rehabilitation agencies): 장애가 있는 성인에게 취업, 교육, 훈련과 관련된 자원과 서비스를 제공하는 주정부 차원의 기관

음성 문제(voice problems): 비정상적인 음높이, 강도, 음질로 특징지어지는 발성 장애

대기 시간(wait time): 교사가 질문을 한 후 학생이 응답할 때까지 기다리는 시간

정기 영유아 건강검진(Well-Baby Visit): 영유아의 신체적, 인지적, 정서적 건강과 성장 발달을 확인하고 예방접종을 실시하며, 건강 위험 요인을 조기에 발견하기 위해 정기적으로 실시하는 건강검진으로, 연령이 증가하면 정기 아동 건강검진으로 이어짐

직무 체험(Work Sampling): 학생이 잠재적 직업의 실제 업무를 작업 현장에서 무급으로 경험해보는 진로 탐색 활동으로, 해당 직업의 특성을 직접 체험함으로써 진로 결정에 도움을 주는 과정

작업 기억(working memory): 정보를 일시적으로 저장하고 조작하는 단기 기억 시스템으로, 추론, 이해, 문제 해결, 학습 등의 복잡한 인지 과제나 다단계 수학 문제 해결에 필요한 기억 체계

포괄적 지원 서비스(wraparound services): 아동과 가족의 다양한 요구를 충족하기 위해 교육자, 상담사, 치료사, 의료진, 지역사회 기관 전문가 등 다학제 팀이 통합적으로 제공하는 서비스

포괄적 지원(wraparound supports): 교육, 정신건강, 사회서비스, 지역사회 등 여러 기관과 체계 간의 협력을 통해 개인의 요구를 충족하는 통합적 서비스 전달 모델

쓰기장애(writing disabilities): 철자법을 포함한 쓰기 영역에서 학생의 학습장애가 가장 두드러지게 나타나는 상태

영유아 자폐 프로그램(Young Autism Program, YAP): 이바 로바스(Ivar Lovaas)가 개발한 자폐스펙트럼장애 아동을 위한 검증된 치료 프로그램으로, 응용행동분석(ABA) 원리에 기반함

근접발달영역(zone of proximal development, ZPD): 학습자가 현재 독립적으로 수행할 수 있는 수준과 타인의 도움을 받아 수행할 수 있는 수준 사이의 영역으로, 교육적 개입이 가장 효과적인 학습 구간

저자 소개

데보라 도이치 스미스(Deborah Deutsch Smith)는 특수교육 입문 교재의 대표 저자로서, 초판 하드커버의 8개 개정판과 웹 기반 인터랙티브 버전인 New Horizons의 3개 개정판을 통해 지속적으로 활동해왔다. 그녀는 피처 칼리지(Pitzer College), 미주리 대학교(University of Missouri), 워싱턴 대학교(University of Washington)를 졸업했으며, 캘리포니아 주립대학교 노스리지 캠퍼스(California State University, Northridge)에서 일반 교육 교사 자격 준비 과정을 거쳤다. 스미스 교수는 뉴멕시코 대학교(University of New Mexico), 밴더빌트 대학교(Vanderbilt University), 클레어몬트 대학원 대학교(Claremont Graduate University)에서 특수교육학 교수로 재직했다. 그녀는 20권의 교재와 40편 이상의 장(chapter) 및 학술지 논문을 저술했으며, Alliance Project, 특수교육 수요 및 공급 평가, IRIS 센터 등 4천만 달러가 넘는 외부 자금 지원 프로젝트를 다수 감독했다. 또한, 수많은 상을 수상했으며 국제적인 발표 활동도 활발히 진행해 왔다.

킴벌리 가너 스코우(Kimberly Garner Skow)는 현재 미국 교육부 특수교육 프로그램 사무국(U.S. Department of Education, Office of Special Education Programs)의 지원을 받아 밴더빌트 대학교에 소재한 IRIS 센터의 부소장으로 재직 중이다. 스코우 부소장은 IRIS 센터의 증거 기반 교수 및 행동 실천 관련 자료 및 온라인 도구 제작을 조정하고 감독하는 것 외에도 20년 이상 IRIS의 주요 교육 설계자 및 자료 개발자 중 한 명으로 활동하면서 해당 분야의 최고 연구자들과 협력하여 그들의 연구 내용을 교육자들이 실제 교실에서 활용할 수 있는 실질적인 정보로 전환하는 데 기여하고 있다.

나오미 초두리 타일러(Naomi Chowdhuri Tyler)는 밴더빌트 대학교 피바디 교육·인간발달대학(Peabody College of Education and Human Development at Vanderbilt University)에 소재한 IRIS 센터의 소장이자 특수교육학 부교수이다. 이 교재에 대한 그녀의 연구는 학부 및 석사 과정 학생들을 대상으로 '예외성 입문' 강좌를 15년간 강의한 경험을 바탕으로 한다. 고등 교육 분야에 종사하기 전에는 뉴멕시코와 하와이의 농촌 및 도시 학교에서 다양한 인종, 민족 및 사회경제적 배경을 가진 학생들을 대상으로 10년간 특수교육 교사로 근무했다. 타일러 교수의 전문 분야는 연구와 실제 간의 격차를 해소하고 모든 학생, 특히 학습에 어려움을 겪는 학생과 장애 학생들을 효과적으로 지도할 수 있도록 교육자들의 지식과 기술을 향상시키는 데 초점을 맞추고 있다.

역자 소개

심성용은 서울대학교에서 특수교육 전공으로 박사학위를 취득하고, 동 대학교 BK21PLUS 미래교육디자인 연구사업단에서 박사후과정을 수료하였다.

특수교육을 전공하기 이전에는 음악치료 전문가로 활동하며 국내외에서 다양한 장애 유형의 특수교육 대상 아동 및 청소년을 대상으로 풍부한 임상 경험을 쌓았다. 특히 음악 심리치료(Music psychotherapy)를 전문영역으로 하여 학부 및 대학원 과정에서 체계적인 훈련을 받았으며, 이러한 배경은 현재 치료교육 전문가로서의 전문성을 확립하는 토대가 되었다.

2012년 1학기부터 현재까지 국내 20여 개 대학의 학부 및 대학원에서 특수교육학개론을 강의하고 있으며, 교육대학원에서는 10년 이상 예비 전문상담교사 및 현역 전문상담교사(1·2급)를 대상으로 특수아상담을 가르치고 있다. 서울대학교, 고려대학교, 연세대학교에서 강사로 재직하였으며, 현재는 서강대학교 대우교수와 성균관대학교 초빙교수를 겸임하고 있다. 이와 함께 경희대학교, 동국대학교, 한양대학교 등에서 특수교육, 학교폭력예방, 상담 관련 과목들을 담당하고 있다.

역자 약력

심성용

서울대학교 특수교육 박사, PhD
Wilfrid Laurier University 음악치료 석사, MMT
Wilfrid Laurier University 음악치료 우등학사, BMT(Honours)

현) 서강대학교 대우교수
현) 성균관대학교 초빙교수
현) 경희대학교/동국대학교/한양대학교 강사
전) 서울대학교/고려대학교/연세대학교/이화여자대학교 강사 & 중앙대학교 객원교수
전) 서울대학교 BK21PLUS 미래교육디자인 연구사업단 박사후연구원(Post-doc)
전) JB Music Therapy Inc. 선임음악치료사(Senior Music Therapist), Calgary, Canada

한국공인음악중재전문가 (KCMT)
미국공인음악치료사 (MT-BC)
캐나다공인음악치료사 (MTA)
대한적십자사 심리사회적지지 강사 (PSSI)

현대 특수교육학개론: 새로운 지평

초판발행 2025년 8월 29일

지은이 Deborah Deutsch Smith · Kimberly Garner Skow · Naomi Chowdhuri Tyler
옮긴이 심성용
펴낸이 노 현

편 집 김다혜
기획/마케팅 이선경
표지디자인 이은지
제 작 고철민 · 김원표

펴낸곳 ㈜ 피와이메이트
서울특별시 금천구 가산디지털2로 53, 210호(가산동, 한라시그마밸리)
등록 2014. 2. 12. 제2018-000080호
전 화 02)733-6771
f a x 02)736-4818
e-mail pys@pybook.co.kr
homepage www.pybook.co.kr
ISBN 979-11-7279-153-7 93370

* 파본은 구입하신 곳에서 교환해 드립니다. 본서의 무단복제행위를 금합니다.

정 가 39,500원

박영스토리는 박영사와 함께하는 브랜드입니다.